Sommaire

DANEMARK

NORVÈGE

SUÈDE

FINLANDE

Principales curiosités

Vaut le voyage ★★★

Mérite un détour ★★

Intéressant ★

Les curiosités décrites dans
ce guide figurent en noir.
Consultez l'index.

0 — 150 km

La LAPONIE est décrite sous les titres suivants: Finnmark, Lappland et Lappi.

Grandes stations et manifestations

SVERIGE
NORGE
SUOMI / FINLAND
DANMARK
DEUTSCHLAND
POLSKA
NORSKEHAVET
NORDSJØEN
SKAGERRAK
KATTEGAT
BOTTENVIKEN
PERÄMERI
BOTTENHAVET
BOTTNISKA VIKEN POHJANLAHTI
SELKÄMERI
ÖSTERSJÖN
ITÄMERI
Hurtigruten
TRONDHEIM
Stiklestad
Molde
Ålesund
ØRNEVEGEN
GEIRANGER
NORDFJORD
Briksdalsbreen
Urnes
SOGNEFJORD
BERGEN
Hardangerfjord
Uvdal
Nore
Numedal
Heddal
Kongsberg
OSLO
MOSS
SKIEN
Telemark
Setesdal
STAVANGER
Arendal
Flekkefjord
Kristiansand
Mandal
Røros
Gudbrandsdal
Lillehammer
Trollpark
Glomma
ÖSTERSUND
Härnösand
SUNDSVALL
Höga Kusten
UMEÅ
Skellefteå
Ljusnan
Dalarna
Mora
Rättvik
Leksand
Falun
Västerdalälven
Klarälven
Arvika
Karlstad
Vänern
UPPSALA
VÄSTERÅS
Strömsholm
Eskilstuna
Strängnäs
Julita
STOCKHOLM
Roslagen
Nyköping
NORRKÖPING
LINKÖPING
Göta Kanal
Vadstena
Vättern
JÖNKÖPING
Mariestad
Lidköping
Uddevalla
Bohuslän
GÖTEBORG
Varberg
Falkenberg
Halmstad
Växjö
Kalmar
Öland
Karlshamn
Karlskrona
Skåne
Helsingborg
Lund
MALMÖ
Simrishamn
Ystad
Rønne
Bornholm
Gotland
Gdansk
KIEL
HAMBURG
ÅLBORG
KØBENHAVN
ODENSE
Ahvenanmaa/ Åland
ULEÅBORG
Oulujoki
Oulujärvi
Kajaani
Kuhmo
Iisalmi
Kokkola/ Karleby
VAASA / VASA
PIELINEN
KUOPIO
JOENSUU
Keuruu
JYVÄSKYLÄ
Savonlinna
JÄRVI-SUOMI
Saimaa
Päijänne
Kristinestad / Kristiinankaupunki
Yyteri
TAMPERE
PORI/BJÖRNEBORG
Rauma
Hattula
LAHTI
Imatra
Lappeenranta
Hämeenlinna/ Tavastehus
Hyvinkää
Naantali/ Nådendal
TURKU/ ÅBO
Lohja
Espoo/Esbo
Ekenäs / Tammisaari
Hanko/Hangö
Ingå/ Inkoo
HELSINKI/HELSINGFORS
Porvoo/ Borgå
Kotka
Loviisa/Lovisa
Hamina
SANKT-PETERBURG
Skagen
Hirtshals
Frederikshavn
Sæby
Voergård
ÅLBORG
Limfjorden
Salling
Fyrkat
Viborg
JYLLAND
DANMARK
Grenå
Silkeborg
ÅRHUS
Herning
Ringkøbing Fjord
Jelling
Billund
Vejle
Kolding
Ribe
Rømø
Haderslev
Tønder
Sønderborg
ODENSE
Kerteminde
FYN
Egeskov
Fåborg
Tåsinge
Svendborg
Nyborg
Langeland
Lolland
Trelleborg
Kalundborg
Holbæk
Roskilde Fjord
Roskilde
Ringsted
Sorø
Næstved
Køge
SÆJLLAND
Mons Klint
Møn
Falster
HELSINGØR
Hillerød
KØBENHAVN
MALMÖ
Varberg
Halmstad
GÖTEBORG
SVERIGE
KATTEGAT
KIEL
0
50km

Hovden
TELEMARK
ROGALAND
VESTFOLD
Stavanger F
F Skien
Sandefjord
Stavern
VEST-AGDER
AUST-AGDER
Arendal F
E18
F Kristiansand
OSLO F
ØSTFOLD
Moss F
Tønsberg F
Strömstad
Grebbestad
Fjällbacka
Gustafsberg
Lysekil
GÖTEBORG OCH BOHUS
Marstrand
Göteborg
ÄLVSBORG
Åsa
Varberg
Apelviken
Falkenberg
HALLAND
Halmstad
Tylösand
Båstad
Arild
Mölle
Helsingborg
MALMÖHUS
KØBENHAVN
Malmö
Skanör
Falsterbo
Trelleborg
Ystad
Söderskog
Stenshuvud
Åhus
Sölvesborg
Hällevik
Ronneby
Kristianstad
KRISTIANSTAD
BLEKINGE
Karlskrona
Rønne
Bornholm
KRONOBERG
Växjö
Kalmar
KALMAR
Öland
Blå Jungfrun
Store Mosse
JÖNKÖPING
Jönköping
Norra Kvill
ÖSTERGÖTLAND
Linköping
Vadstena
Tiveden
SKARABORG
Vänersborg
Mariestad
Vänern
Garphyttan
ÖREBRO
Örebro
Karlstad
Sunne
Skinnskatteberg
VÄSTMANLAND
Västerås
Vaxholm
Saltsjöbaden
STOCKHOLM
Drottningholm
Trosa
SÖDERMANLAND
Nyköping
Gotska Sandön
Angsö
Visby
Gotland
SKAGERRAK
NORDSJØEN
DANMARK
E 45
E 20
KIEL
DEUTSCHLAND
HAMBURG
E 22
E 28
Gdansk
POLSKA
ÖSTERSJÖN

Ingå/Inkoo
Skiveren
Hulsig
Frederikshavn
Saltum
Blokhus
Rødhus
E 39
E 45
Ålborg
SVERIGE
Varberg
E 6-E 20
Halmstad
KATTEGAT
Limfjorden
JYLLAND
Viborg
DANMARK
Grenå
Århus
Vedersø Klit
Ringkøbing
Ajstrup
Tisvildeleje
Hornbæk
Liseleje
Hillerød
Rørvig
Vesterlying
KØBENHAVN
Hovstrup
Henne
Vejle
Roskilde
Dragør
Malmö
Fanø
Ribe
Kerteminde
Sorø
Odense
E 47-E 55
SJÆLLAND
Rømø
FYN
Åbenrå
Langeland
Møn
Maribo
Nykøbing
Marielyst
E 45-A 7
KIEL
0
50 km

Scandinavie, mythe ou réalité ?

A proprement parler, le nom Scandinavie désigne le Danemark et les deux pays de la péninsule scandinave, la Norvège et la Suède. Selon le point de vue que l'on adopte, géologique ou linguistique, on y associe, soit la Finlande, soit l'Islande. Dans ce guide, nous désignons sous le nom de Scandinavie ou de « pays scandinaves » les pays suivants : le Danemark, la Finlande, la Norvège et la Suède.

Des liens particuliers unissent-ils toujours ces pays ou bien furent-ils tranchés une fois pour toutes lorsque échoua le mouvement panscandinave à la fin du 19e s. ? La plupart des visiteurs remarquent très vite qu'au-delà de leur apparente diversité les pays scandinaves forment, tant par leurs paysages que par leur climat, un tout homogène doté d'un passé et d'un environnement culturels communs. Ces éléments ont façonné l'âme des Scandinaves et contribué à l'élaboration de ce que l'on appelle aujourd'hui le mode de vie scandinave, dont s'enorgueillissent tout autant les Danois démonstratifs que les Suédois formalistes ou les Finlandais et les Norvégiens réservés.

L'originalité de cette réalité réside dans l'équilibre subtil entre deux aspects contradictoires du tempérament scandinave : un individualisme profondément enraciné, se caractérisant par un besoin ardent d'espace et de solitude en communion avec la nature, et un respect inné pour l'ordre social et pour autrui. Cette apparente contradiction a tissé au cours des siècles des liens solides et durables entre les peuples scandinaves et donne aujourd'hui toute sa vigueur à la société scandinave.

Difficile à définir quoique aisément perceptible, cette spécificité scandinave, que soulignent encore des langues étroitement apparentées (hormis le finnois), se manifeste dans de nombreux aspects de la vie quotidienne. Avec un système politique démocratique identique dans chaque pays, tous les Scandinaves peuvent jouir d'une liberté de mouvement totale à l'intérieur de la Scandinavie. De même, le « design », mondialement renommé, exprime à la perfection la prédilection des Scandinaves pour le confort allié à la beauté, alors que, par ailleurs, leur désir de retour à la nature leur fait apprécier le confort rudimentaire d'une petite maison de vacances.

Fondé en 1952 dans le but de promouvoir une coopération plus étroite entre les pays scandinaves, le Conseil nordique a consolidé leurs points communs, transformé leurs différences en atouts et est devenu un symbole d'unité, donnant par là même tout son sens au nom Scandinavie.

Introduction

otopland/Tourisme de Finlande

La Scandinavie en chiffres

DANMARK
Danemark

Superficie : 43 069 km^2 sans les îles Féroé et le Groenland qui, avec une superficie de plus de 2 millions de km^2, est la plus grande île du monde (si l'on excepte le continent australien). Le Danemark comprend la presqu'île du Jutland et 406 îles (dont 97 sont inhabitées). 70 % des terres sont cultivées.
Frontière : avec l'Allemagne dans le Jutland du Sud.
Latitude : 54°34' à 57°45' de latitude Nord - **Heure :** GMT + 1.
Population : 5 180 640 - **Densité :** 96 au km^2.
Capitale : København (Copenhague) ; **Villes principales :** Århus, Odense, Ålborg.
Système politique : monarchie constitutionnelle, Parlement à assemblée unique (Folketing).
Divisions administratives : 14 *amter* et 2 *kommuner* (agglomération de København).
Fête nationale : 5 juin, jour anniversaire de la Constitution.
Langue : le danois, langue germanique apparentée au suédois et au norvégien.
Religion : le luthéranisme (plus de 90 %).
Monnaie : 1 *krone* (Dkr) = 100 *øre.*

NORGE
Norvège

Superficie : 323 878 km^2 sans l'archipel du Svalbard situé dans l'océan Arctique. Une grande partie du pays est montagneuse et seulement 4 % des terres sont cultivées.
Frontières : avec la Suède, la Finlande et la Russie.
Latitude : 58° à 71°10' de latitude Nord - **Heure :** GMT + 1.
Population : 4 299 231 - **Densité :** 13 au km^2.
Capitale : Oslo ; **Villes principales :** Bergen, Stavanger, Trondheim. Hammerfest est la ville la plus septentrionale du monde.
Système politique : monarchie constitutionnelle, Parlement à assemblée unique (Storting).
Divisions administratives : 19 *fylker.*
Fête nationale : 17 mai, jour anniversaire de la Constitution.
Langues officielles : le bokmål (apparenté au danois) et le nynorsk (néo-norvégien).
Religion : le luthéranisme (plus de 90 %).
Monnaie : 1 *krone* (Nkr) = 100 *øre.*

SUOMI
Finlande

Superficie : 338 145 km^2 ; les forêts représentent 65 % de la superficie totale, les lacs 10 %, les terres cultivées 8 %.
Frontières : avec la Suède, la Norvège et la Russie.
Latitude : 60° à 70° de latitude Nord - **Heure :** GMT + 2.
Population : 5 100 000 - **Densité :** 15 au km^2.
Capitale : Helsinki (Helsingfors) ; **Villes principales :** Tampere, Turku.
Système politique : république, président élu et Parlement à assemblée unique (Eduskunta ou Riksdag).
Divisions administratives : 12 *lääniä.*
Fête nationale : 6 décembre, jour anniversaire de l'Indépendance.
Langues officielles : le finnois (langue finno-ougrienne comme l'estonien) et le suédois.
Religions : le luthéranisme (plus de 90 %) et la religion orthodoxe (1 %).
Monnaie : 1 *markka* (FIM) = 100 *penniä.*

SVERIGE
Suède

Superficie : 449 964 km^2, dont 40 000 km^2 de lacs et de voies navigables ; les forêts couvrent 55 % de la superficie totale et 10 % des terres sont cultivées.
Frontières : avec la Norvège et la Finlande.
Latitude : 55° à 69° de latitude Nord - **Heure :** GMT + 1.
Population : 8 559 000 - **Densité :** 19 au km^2, mais les 3/4 des Suédois vivent dans le Sud du pays.
Capitale : Stockholm ; **Villes principales :** Göteborg, Malmö.
Système politique : monarchie constitutionnelle, Parlement à assemblée unique (Riksdag).
Divisions administratives : 24 *län.*
Fête nationale : 6 juin, Journée du drapeau suédois.
Langue officielle : le suédois ; le finnois est également parlé par une minorité.
Religion : le luthéranisme (plus de 90 %).
Monnaie : 1 *krona* (Skr ou SEK) = 100 *öre.*

Pour tout ce qui fait l'objet d'un texte dans ce guide (villes, sites, curiosités isolées, rubriques d'histoire ou de géographie, etc.), reportez-vous à l'index.

La terre nordique

La Scandinavie est la partie la plus septentrionale du continent européen. C'est un vaste territoire d'environ 1 155 000 km^2, dont près d'un tiers est situé au Nord du cercle polaire (66° 33' N). Bordée par la mer du Nord et l'Atlantique à l'Ouest et par la Baltique à l'Est, la péninsule scandinave s'étire sur 1 800 km, de 55° à 71° de latitude Nord, partagée entre la Norvège à l'Ouest et la Suède à l'Est. Au Sud, le Danemark forme, entre la péninsule et le continent européen, un pont naturel prenant appui sur le Jutland tandis qu'à l'Est la Finlande constitue le lien géographique entre la Scandinavie et l'Europe de l'Est.

TOPOGRAPHIE

Plusieurs chaînes montagneuses s'étirant tout le long de la frontière suédo-norvégienne forment l'épine dorsale de la péninsule scandinave : une succession presque continue de hauts plateaux dominés par quelques sommets pouvant atteindre 2 500 m (le **Kebnekaise**, à l'Ouest de Kiruna, est le plus haut sommet suédois tandis que le **Glittertind**, au coeur du Jotunheimen, massif montagneux de la Norvège méridionale, culmine à 2 470 m) ; ces régions montagneuses sont couronnées d'imposants glaciers en raison de leur latitude nordique et malgré leur altitude relativement basse, comparée à celle des Alpes par exemple.
A l'Ouest, la côte norvégienne est profondément entaillée par des fjords qui pénètrent jusqu'à 200 km à l'intérieur des terres. Des chapelets d'îles et de récifs s'échelonnent le long des côtes exposées à la violence des vents d'Ouest.
Le versant oriental des montagnes s'abaisse graduellement et forme une région de collines entrecoupées, du Nord-Ouest au Sud-Est, de larges vallées parallèles. Les paysages suédois sont parsemés du Nord au Sud de milliers de lacs, tandis que les terres arables sont essentiellement situées dans les plaines méridionales faisant face au Danemark. La côte du golfe de Botnie, qui sépare la Suède et la Finlande, est bordée de groupes d'îles et de récifs.
Au-delà du golfe de Botnie s'étend la Finlande, qui se caractérise par un réseau complexe de lacs et de voies d'eau, depuis la Laponie jusqu'à la **crête de Salpausselkä** s'abaissant en pente douce vers le golfe de Finlande. A l'Ouest et au Sud, la bande côtière, s'élevant doucement vers l'intérieur, est bordée de nombreux archipels, dont le plus important est l'**archipel d'Åland.**
Les régions les plus septentrionales de la Scandinavie offrent des paysages arides de roches dénudées près des côtes et de maigre végétation à l'intérieur : un ensemble de hauts plateaux stériles forme l'essentiel du comté de Finnmark en Norvège, tandis que des forêts de bouleaux et des landes marécageuses couvrent le Nord de la Suède, contrastant avec les régions encore vierges du Nord de la Finlande, où alternent lacs et hautes collines appelées *tunturi*. Ces vastes étendues, connues sous le nom de **Laponie** en Norvège, en Finlande et en Suède, sont habitées par les Sâmes, nomades autochtones qui vivent traditionnellement de l'élevage du renne mais dont le mode de vie change rapidement sous l'influence du confort à la scandinave.
Le Danemark qui, mis à part la presqu'île du Jutland, se compose de nombreuses îles, est un pays plat ou faiblement vallonné ne dépassant pas 170 m. Les forêts y ont depuis longtemps cédé la place aux cultures et la campagne danoise n'est en rien comparable à celle du reste de la Scandinavie. Seules les **landes du Jutland occidental** sont restées à l'état naturel. Cependant, les fjords profonds qui découpent les côtes du **Jutland oriental** et du **Sjælland du Nord** rattachent par la topographie le Danemark à la Scandinavie.

GÉOLOGIE

Les paysages scandinaves ont été fortement modelés par la dernière glaciation. Pendant plusieurs milliers d'années, l'Europe du Nord fut recouverte d'un manteau de glace qui exerça une pression énorme sur la masse terrestre. Lorsque le climat de la terre se réchauffa, la couche de glace recula vers le Nord, le niveau de la mer Baltique monta et celle-ci fut reliée à l'Atlantique Nord par la dépression du centre de la Suède de même qu'à la mer Blanche au Nord ; la Scandinavie septentrionale forma ainsi une île. Simultanément, les sols, libérés du poids de la glace, se soulevèrent et la Baltique se retira graduellement, laissant derrière elle de grands lacs comme le Väner et le Vätter en Suède ainsi que le vaste système lacustre de la Finlande. Ce n'est que bien plus tard, il y a environ 7 000 ans, que la Baltique fut reliée à la mer du Nord par l'Øresund, détroit allongé séparant le Sjælland de la Suède méridionale.
Lacs et fjords envahirent les vallées en auge creusées par les puissants glaciers qui recouvrirent autrefois la Scandinavie. Les moraines, déposées par les glaces, formèrent des crêtes, telle la crête de Salpausselkä dans le Sud de la Finlande. Les glaces érodèrent et polirent également les roches sur lesquelles elles reposaient, provoquant ainsi la formation de dépressions peu profondes. Toutefois, les fjords sont sans aucun doute l'élément géologique le plus caractéristique des paysages scandinaves *(voir plus loin : Les fjords)*.

0
200 Km
OCÉAN ARCTIQUE
Vesterålen
Møysalen
1262
Lofoten
Kebnekais
2111
Kirur
Malmbe
Bodø
66°33
Cercle Polaire Arctique
MER DE NORVÈGE
Sulitjelma
1860
Svartisen
Mo i Rana
Fem
Dalar
Borgefjell
1677
Storuman
Skellefteå
Umeälven
Ångermanälven
OCÉAN
ATLANTIQUE
Hitra
Kristiansund
Trondheim
SUÈDE
Umeå
Ålesund
Östersund
Storsjon
Nordfjord
Femundsmarka
Jostedalsbreen
Jotunheimen
Glittertind
2470
Femund
Sognefjorden
Ljusnan
NORVÈGE
GOLFE
Bergen
Siljan
Mjøsa
Klarälven
Hardangerfjorden
Hardangervidda
1883
Gaustadtoppen
OSLO
Dalälven
Åland
Ahvenan
Glomma
Mälaren
STOCKHOL
Stavanger
Vänern
Norrköping
Vättern
Skagerrak
Götaälv
Göteborg
377
Gotland
Ålborg
Kattegat
Jylland
Öland
Århus
Skåne
DANEMARK
COPENHAGUE
MER DU NORD
Odense
Sjælland
Malmö
Fyn
Møn
Øresund
MER BALTIQUE
Lolland
Falster
Bornholm
Kalining
Gdańsk
ALLEMAGNE
POLOGNE

CLIMAT

La Scandinavie, bien que située à la même latitude que l'Alaska, jouit d'un climat plus tempéré : les températures moyennes y sont de 25° plus élevées, grâce au Gulf Stream. Ce courant chaud a deux effets : d'abord il empêche l'Atlantique Nord et l'océan Arctique d'être bloqués par les glaces en hiver, ensuite il réchauffe les vents d'Ouest et de Sud-Ouest qui soufflent de la mer. La Suède et surtout la Finlande ont donc un climat plus continental que la Norvège, avec des périodes de froid intense arrivant de l'Est en hiver et des vagues de chaleur faisant grimper le thermomètre à 30 °C en été. En dépit de ces variations, la forêt (conifères et bouleaux) pousse presque jusqu'au cap Nord.

Du fait de sa latitude, la péninsule scandinave bénéficie d'une lumière diurne pratiquement continue en été mais est plongée dans la nuit pendant plusieurs semaines en hiver *(voir plus loin le chapitre : Au Nord du cercle polaire)*. Cependant, les régions arctiques sont habitées et Hammerfest est la ville la plus septentrionale du monde. Les saisons sont bien définies : par exemple, en Finlande, l'été se termine dans un embrasement de couleurs magnifiques que les Finlandais appellent *ruska*. Le climat de la Scandinavie du Sud est plus clément que celui des régions nordiques, la différence étant sensible surtout en hiver durant les nuits polaires. Si l'on tient compte des variations existant entre les régions orientales et les régions occidentales, plus soumises à l'influence océanique, la température estivale moyenne est d'environ 18 °C et la température hivernale de – 4 °C. Dans le Nord, l'hiver est beaucoup plus froid et l'été plus frais.

Les précipitations, quatre fois plus importantes sur la côte occidentale de Norvège qu'en Suède et Finlande, sont encore plus abondantes dans les montagnes ; en revanche, elles sont sensiblement réduites dans le Nord de la Scandinavie. En général, mai est le mois le moins pluvieux et l'automne la saison où il pleut le plus. Le Danemark jouit d'un climat océanique frais, les températures moyennes oscillant entre 0 °C en hiver et 18 °C en été. La saison pluvieuse s'étend d'août à octobre et il tombe peu de neige en hiver.

Les fjords

Éléments les plus caractéristiques de la nature scandinave, les fjords sont devenus le symbole de la saisissante beauté des paysages nordiques. Aucun visiteur ne songerait à nier le mérite de cette réputation, surtout en ce qui concerne le « Royaume des fjords », région située le long de la côte occidentale de Norvège, entre Stavanger et Kristiansund, où l'on peut admirer les fjords les plus célèbres.

Découvrir l'imposante beauté des fjords

Quand on prononce le mot fjord, certains noms viennent immédiatement à l'esprit : Geirangerfjord, Hardangerfjord, Nordfjord, mais il existe une infinité d'autres fjords à explorer et diverses façons de le faire. Le moyen idéal est de prendre le bateau, voire l'un des ferries, qui, sans effort de votre part, vous permettent d'admirer les splendides paysages se déroulant sous vos yeux. L'hélicoptère ou l'hydravion offrent d'époustouflantes vues aériennes sur la rude beauté de la région des fjords. Quand la route bénéficie des avantages du terrain, les conducteurs sont souvent récompensés par le plaisir de larges vues ou d'ensorcelants panoramas. Le poney de fjord est un moyen commode d'accéder à quelques sites magnifiques ou d'atteindre le nez d'un glacier et son lac turquoise. L'escalade permet aux plus vaillants de monter jusqu'à quelque point élevé où le monde semble s'étendre à ses pieds. Les intrépides, recherchant une vision nouvelle des fjords, peuvent pratiquer la marche sur glaciers et surplomber les larges vallées en auge qu'ils ont laissées.

FORMATION GÉOLOGIQUE

Fjord est un mot norvégien désignant un bras de mer long et étroit qui pénètre à l'intérieur des terres. Il existe des éléments topographiques semblables dans d'autres régions du globe, mais ce qui fait la particularité des fjords scandinaves, c'est leur taille imposante : ils peuvent en effet atteindre 200 km de longueur, 1 350 m de profondeur et avoir de nombreuses ramifications formant un réseau compliqué de bras. Ces caractéristiques résultent de leur formation durant la dernière glaciation. Des glaciers occupaient alors les anciennes vallées fluviales, que leur poids creusa encore plus profondément en leur donnant la forme d'auge caractéristique des vallées glaciaires. L'action des glaciers fut toutefois moins forte à proximité de la côte du fait de la proximité de la mer, ce qui explique que les fjords soient moins profonds à leur jonction avec les mers qu'à l'intérieur des terres. Avec la fonte des glaciers et la remontée du niveau des eaux, la mer envahit ces vallées tandis que les glaciers reculaient vers les sommets montagneux, rejoignant encore la mer par endroits.

Aurlandsfjord, Norvège

Perrin/SLIDE

Cascade près de Flam, Norvège

C'est ainsi qu'un bras du Svartisen, second glacier de Norvège par sa superficie, vient se désagréger dans le Holandsfjord au Sud de Bodø. En maints endroits, l'eau de fonte des glaciers tombe en cascade le long des à-pics montagneux, formant de pittoresques chutes et donnant à l'eau des fjords sa couleur caractéristique.

PAYSAGES DE FJORDS

Cette lente formation eut des effets différents selon les formes du relief ; au Danemark où le sol est plat, les fjords, tel l'Isefjord en Sjælland du Nord, sont larges et parsemés d'îles, leurs rives basses, souvent marécageuses, et bordées de roseaux. Le long des côtes suédoise et finlandaise du golfe de Botnie, les fjords pénètrent à peine à l'intérieur des terres, serpentant à travers les archipels. Les fjords de la côte méridionale de Norvège, et au-delà de la frontière suédo-norvégienne, ne sont pas très longs, mais, dans l'Ouest de la Norvège, où les régions côtières sont encadrées de montagnes abruptes, le processus atteignit une ampleur exceptionnelle et donna des résultats grandioses.
Le « Royaume des fjords » offre des paysages d'une infinie variété d'un fjord à l'autre, variété qu'accentue encore la rapide variation de la lumière. L'étroit Lyse-fjord, près de Stavanger, est encadré de murailles rocheuses qui atteignent 600 m de hauteur. Le Hardangerfjord offre, au contraire, par-delà ses rives en pente douce, des échappées grandioses vers les sommets couronnés de neige et dévoile au printemps des paysages idylliques qui inspirèrent le grand compositeur norvégien Edvard Grieg. Le Geirangerfjord, probablement le plus célèbre de tous, est un bras du Nordfjord, cerné de sommets culminant à 1 500 m, qui sinue jusqu'au cœur des montagnes.
Dans cette région où la mer vient lécher le pied des montagnes, les saisons sont très marquées. Certains fjords, tel l'Aurlandsfjord au Nord-Est de Bergen, ne sont accessibles qu'en bateau. Des communications difficiles expliquent la présence dans cette région du **fjording** ou poney des fjords, petit cheval beige au pied sûr, moyen de transport idéal le long des chemins de montagne empierrés.

Les paysages nordiques

La principale caractéristique des paysages nordiques est probablement leur infinie diversité faite de contrastes frappants et de nuances subtiles. Les éléments qui composent ces paysages varient d'un pays à l'autre : en Norvège, la roche prédomine tandis qu'en Suède et en Finlande, les forêts de conifères sombres qui s'étendent sur des milliers de km^2 confèrent aux paysages une certaine austérité ; en revanche, le Danemark est empreint d'un charme paisible qu'il doit aux riches prairies et aux vallons verdoyants des îles. Au-delà de ces particularités évidentes, les paysages scandinaves ont en commun une somptueuse palette de couleurs et un renouvellement continu des jeux de lumière sur l'eau omniprésente, qui rehaussent la beauté envoûtante de la nature scandinave tout en soulignant sa spécificité.
Les contrastes les plus frappants, qui rendent les paysages nordiques si fascinants, apparaissent essentiellement entre la côte et l'intérieur de la Scandinavie avec, bien sûr, des variations importantes d'une région à l'autre.

D'audacieux ouvrages d'art

Les côtes scandinaves, avec leur cordon d'innombrables îles et leurs fjords imposants, ont de tout temps posé un problème de communications et mis au défi l'imagination des ingénieurs des ponts et chaussées. Faisant preuve d'audace sans s'écarter de principes esthétiques bien définis, ils ont construit des milliers de ponts (17 300 en Norvège) et creusé des tunnels dans la roche, sous la mer et même sous les glaciers. La route de l'intérieur, qui conduit de Stavanger à Bergen en Norvège, suit les rives du sauvage Åkrafjord ; creusée dans la paroi rocheuse verticale surplombant le fjord, elle franchit 24 ponts et passe dans 12 tunnels sur une distance de 24 km seulement ! Dans la même région, la route côtière qui relie un certain nombre d'îles, emprunte un tunnel de 6 km de long, creusé à une profondeur de 45 m au-dessous du fond marin. Toujours en Norvège, la route de l'Atlantique, de Molde à Kristiansund, est un extraordinaire ouvrage d'art qui, sur une distance de 8 274 m, est constitué de 8 ponts serpentant d'un îlot rocheux à un autre, avec l'océan de part et d'autre ; elle est totalement exposée aux tempêtes venant de l'Atlantique. Il était, par ailleurs, d'une importance vitale pour le Danemark d'établir des liaisons rapides entre les principales îles et le Jutland ; le projet le plus ambitieux qu'aient envisagé les Danois est celui qui prévoit un pont et un tunnel combinés pour franchir le Storebælt et relier ainsi le Sjælland et la Fionie. Quant aux Suédois, ils ont eux aussi construit l'un des plus longs ponts du monde qui relie l'île d'Öland à la côte sur 6 070 m.

LA CÔTE SCANDINAVE

Bien qu'elle suive une ligne relativement droite, la côte scandinave est dans son ensemble profondément découpée par les fjords et bordée d'un nombre impressionnant d'îles et de récifs, du Sud de la Suède jusqu'aux régions les plus septentrionales de la Norvège, au-delà du cap Nord en allant vers la frontière russe.
Tout le long des côtes de la mer du Nord, de l'Atlantique et de la Baltique, on retrouve des paysages marins similaires, un réseau complexe de chenaux sinueux se faufilant entre les îles et la côte rocheuse. Celle-ci est à ce point dépourvue de relief qu'il est souvent difficile de distinguer une quelconque ligne de démarcation entre la terre et la mer.
De tels paysages sont fréquents le long de la **côte occidentale de la Norvège,** en particulier entre Molde et Kristiansund et entre Namsos et Bodø : les routes longent la côte de très près et enjambent même parfois des bras de mer, ce qui crée des sensations étonnantes quand on les emprunte !

Côte des Lofoten, Norvège

La **côte orientale de la Suède** est tout aussi mal définie, surtout aux abords de Stockholm où les eaux du lac Mälar, parsemées de nombreuses îles, se mêlent à celles de la Baltique émaillées de récifs. De même, de l'autre côté du golfe de Botnie, l'**archipel** qui entoure le port finlandais de Turku *(voir à ce nom)* offre des paysages typiquement scandinaves.
Une des particularités de ces régions côtières est qu'elles sont traditionnellement tournées vers la mer, leur principale source de richesse par le biais de la pêche et du commerce ; les marins habiles qui naviguent constamment entre les îles et les récifs, souvent à fleur d'eau, font l'admiration des visiteurs.
Au Nord du cercle polaire *(voir plus loin)*, la côte change peu à peu tout en restant extrêmement entaillée.
En revanche, la **côte méridionale de la Norvège** est découpée de façon moins spectaculaire ; son contour plus régulier présente de petites criques abritant des ports de pêche pittoresques bordés de maisons de bois peintes en blanc : Risør, Lyngør, Grimstad, Lillesand, Mandal et Flekkefjord sont les plus typiques. L'un d'entre eux, Kragerø, inspira le célèbre peintre norvégien, Edvard Munch.
Cette côte ensoleillée est bordée par quelques plages agréables comme celle de Mandal. Protégées par des dunes couvertes de buissons verdoyants, elles sont très appréciées des vacanciers norvégiens. Plages et dunes sont aussi l'un des attraits de la Scanie, ou province suédoise de **Skåne** *(voir à ce nom)*, située dans l'extrême Sud du pays, dont Malmö, deuxième port de Suède, est la ville principale et qui compte plusieurs stations balnéaires de luxe, telles Båstad, Angelholm, Skanör et Falsterbo, envahies de monde en été.
La **côte occidentale de la presqu'île du Jutland**, bordée par la mer du Nord, offre un contraste total : de vastes lagunes fermées par d'étroits bancs de sable et des plages de sable blanc tracées en ligne droite s'étendant à perte de vue *(voir plus loin le chapitre : Les grands espaces sauvages)*.

LES ÎLES

Les côtes scandinaves sont bordées de milliers d'îles ; la plupart sont petites et dénudées et souvent proches de la côte à laquelle elles sont généralement reliées par des ponts et des tunnels. Les îles forment partie intégrante de la ligne côtière en raison de leurs caractéristiques identiques. Lorsque la configuration des lieux s'y prêtait, des villes ont été construites à cheval sur plusieurs îles, ce qui a conféré à certains sites une originalité dont l'attrait sur les visiteurs est incontestable ; tel est le cas d'**Ålesund**, ville pittoresque du centre de la Norvège, où fleurit le style Art Nouveau, de **Tromsø**, située très au Nord du cercle polaire, ou encore de **Stockholm**, à la jonction de la Baltique et du lac Mälar.
De nombreux îlots rocheux sont aujourd'hui des réserves ornithologiques protégées par une stricte réglementation concernant l'environnement. **Runde**, située à l'Ouest d'Ålesund, dont les sombres falaises fourmillent d'oiseaux de différentes espèces, est l'une des réserves les plus célèbres.
Presque toutes les grandes îles situées au large des côtes scandinaves et ayant un caractère propre sont baignées par les eaux de la Baltique, à l'exception des îles Lofoten et Vesterålen qui s'étendent le long de la côte occidentale de la Norvège, au Nord du cercle polaire.

STF/SUNSET

Les îles danoises

Les Møns Klint, Danemark

Deux grandes îles, qui semblent avoir été placées au milieu de la Baltique pour servir de transition entre la presqu'île du Jutland et la province de Scanie dans le Sud de la Suède, constituent la partie centrale du territoire danois : ce sont la Fionie et le Sjælland.
La plus petite des deux, **Fyn,** fut qualifiée de « jardin du Danemark » par son enfant le plus célèbre, Hans Christian Andersen, qui avait gardé l'image de ses riches prairies, de ses vergers et de sa campagne vallonnée, parsemée de villages pittoresques aux chaumières à colombage. La côte méridionale accueillante peut abriter des voiliers de toutes tailles. En **Sjælland** on trouve de vastes étendues de terres cultivées, des villes anciennes, des manoirs et de charmantes églises de campagne. Le Nord de l'île est le lieu de villégiature préféré des habitants de la capitale, Copenhague, située sur la côte orientale ; c'est une région offrant une nature admirablement apprivoisée, une côte pittoresque que l'on surnomme souvent « Riviera danoise », de magnifiques châteaux tels Kronborg et Frederiksborg et de splendides musées comme celui de Louisiana qui s'harmonise de façon remarquable avec le paysage.
Les deux îles principales sont reliées au Sud par un chapelet d'îles plus petites disposées en demi-cercle ; des ponts franchissent quelques-uns des étroits bras de mer qui les séparent et cette liaison partielle est complétée par un service continu de ferries. C'est sur ces îles méridionales que se trouvent les plages les plus ensoleillées ainsi que les spectaculaires falaises dites **Møns Klint,** qui dressent, le long de la côte orientale de l'île de Møn, leur mur de craie blanche coiffé d'une épaisse forêt de hêtres.

Lofoten et Vesterålen

La beauté austère des **îles Lofoten et Vesterålen** est légendaire et loin d'être exagérée. Elles sont caractérisées par des montagnes abruptes plongeant dans la mer et des criques peu profondes pouvant à peine abriter quelques minuscules *rorbuer* (ces cabanes de pêcheurs traditionnelles, construites en bois et peintes d'une couleur rouge particulière). On y voit souvent de pittoresques cadres de bois sur lesquels la morue sèche au soleil et, le mode de vie, qui n'a pas changé depuis des siècles, y est authentique. Impressions fortes et images inoubliables se pressent pêle-mêle : des roches sombres, parmi les plus anciennes au monde, formant l'épine dorsale des îles, des phoques se dorant au soleil, des safaris à la baleine, des falaises couvertes d'oiseaux, des fjords et des détroits, des fleurs des champs multicolores, des touffes cotonneuses d'herbacées ondulant dans le vent à la surface des marais, des tapis de varech estompant le contour accidenté des anses et, bien sûr, une remarquable abondance de poissons.

Öland, Gotland et l'archipel d'Åland

Située au Sud-Est de la côte suédoise à laquelle elle est reliée par un pont, l'île d'**Öland** est en grande partie une lande aux couleurs riches, battue par les vents et bordée de plages ensoleillées. Plus au large se situe l'île de **Gotland,** bordée de belles plages de sable alternant avec d'étranges formations rocheuses connues sous le nom de *raukers*. Les rosiers, le lilas et le chèvrefeuille croissent sous son climat ensoleillé et l'on y trouve encore des espèces rares de moutons et de chevaux. Les deux îles sont habitées depuis les temps préhistoriques et Visby, principale ville de Gotland, est une ancienne cité de la Hanse, entourée de fortifications impressionnantes.
Obstruant en partie l'entrée du golfe de Botnie, l'**archipel d'Åland** comprend plusieurs milliers d'îles, tantôt dénudées, tantôt couvertes de forêts sombres et de fleurs sauvages. C'est le paradis des pêcheurs et les yachts peuvent mouiller en toute sécurité parmi les îles.

LACS ET VOIES D'EAU

La Finlande est célèbre pour sa magnifique région des lacs, réseau complexe de lacs reliés entre eux par des voies d'eau, qui couvre un dixième de la superficie totale du pays. Les eaux pâles et tranquilles des lacs reflètent la silhouette sombre des forêts qui s'étendent à perte de vue, recouvrant même les nombreuses îles. Le **lac Päijänne**, situé au Nord d'Helsinki, est le plus long de Finlande tandis que le **lac Saimaa** est le plus grand ; entre les deux s'étend la région lacustre la plus vaste d'Europe, poétiquement surnommée la « terre des mille lacs », bien qu'elle en compte plus de cent fois plus ! Maintes rivières et cours d'eau, souvent coupés de rapides, relient les lacs entre eux et il est tout à fait possible de parcourir en canoë ce labyrinthe de voies d'eau sur une distance de 360 km. Plusieurs parcs nationaux permettent aux visiteurs de découvrir et d'apprécier cette région unique.

En Suède, la région des lacs crée une impression totalement différente : le pays est coupé en deux par deux lacs immenses, derniers vestiges de la mer qui s'engouffra dans la dépression du centre de la Suède à la fin de la dernière glaciation. Le **lac Väner** et le **lac Vätter** sont reliés par le célèbre **Göta Kanal**, qui rejoint Göteborg à l'Ouest et Norrköping à l'Est, légèrement au Sud de Stockholm. Le parcours entre la côte occidentale et la côte orientale dure quatre jours et offre des tableaux paisibles de champs cultivés, de bois et de villages anciens.

Plus au Nord, des rivières au cours tourmenté, prenant naissance dans les montagnes qui séparent la Norvège et la Suède, coulent du Nord-Ouest vers le Sud-Est pour se jeter dans le golfe de Botnie. En chemin, elles s'élargissent souvent pour former de vastes plans d'eau, telle l'Umeälven qui devient le **lac Storuman**, avant de poursuivre leurs cours parfois interrompu par une chute d'eau comme celle de **Storforsen**, au Nord-Ouest de Piteå. Parmi les plus grands lacs de Suède, les plus pittoresques sont le **Storsjön** et surtout le **Siljan**, aux rives très belles et où les traditions, très anciennes, sont bien préservées.

Y. Travert/DIAF

Storforsen, Suède

MONTAGNES ET GLACIERS

Le Danemark ne possède aucune montagne et la Laponie finlandaise ne présente que de rares sommets isolés d'altitude moyenne. La Norvège et la Suède se partagent donc la seule chaîne montagneuse scandinave, qui sépare les deux pays, de la Laponie à la côte méridionale de Norvège.

Malgré l'altitude relativement basse de ces montagnes, inférieures de 1 000 m aux sommets alpins, leur latitude les dote de paysages ressemblant à ceux des Alpes, surtout du côté norvégien, où les sommets sont plus hauts et les versants plus raides. L'existence de glaciers imposants, vestiges de la dernière glaciation, caractérisent ces montagnes. Le plus grand d'entre eux, le **Jostedalbreen**, situé au cœur des plus hauts massifs de Norvège, est une masse informe de glace aux reflets bleutés s'étalant en tous sens et glissant lentement le long du flanc des montagnes. Une randonnée sur un glacier en compagnie d'un guide local peut être une aventure palpitante ! Au-dessus de 1 000 m, l'épaisse couche de neige qui tombe durant l'hiver ne fond que partiellement en été : il existe en Norvège et en Suède plusieurs centres de ski très fréquentés l'été. Les lacs de montagne conservent souvent tout l'été une fine pellicule de glace, tandis que plus bas dans les vallées, les vaches paissent sur les versants alpins.

F. Gohier/EXPLORER

Le Briksdalsbreen, Norvège

En hiver, tout le centre de la Norvège est recouvert de neige et les hauts plateaux du **Jotunheimen** et du **Dovrefjell** offrent leurs vastes espaces aux amateurs de ski de fond, de randonnées à traîneaux et de pêche à travers la glace des lacs. Les montagnes de la Norvège méridionale ne sont pas si élevées, le plus haut sommet, le **Gaustadtoppen,** culminant à 1 883 m ; pourtant, le ski à la scandinave est originaire du petit village de **Morgedal** dans le comté de Telemark. L'été peut être très chaud dans les vallées orientées vers la côte méridionale ensoleillée.

Le ski à la scandinave

En Scandinavie, le ski est bien plus qu'un sport, c'est un mode de vie vieux de 4 000 ans comme en témoignent les **gravures rupestres.** L'homme préhistorique utilisait des skis pour aller à la chasse et à la pêche et, récemment encore, c'était le seul moyen de transport en hiver car, dans les régions les plus reculées, les communautés restaient isolées pendant plusieurs mois de l'année. Les **sagas islandaises** datant du Moyen Âge décrivent le ski comme un moyen de voyager tout à fait courant et il suffit de savoir qu'il y avait un dieu et une déesse du ski dans la mythologie nordique pour comprendre l'importance que les Scandinaves attachaient autrefois à cette activité vitale. Il est également intéressant de constater que les Same, peuple autochtone de la Laponie, avaient coutume d'utiliser des skis lorsqu'ils gardaient leurs troupeaux de rennes sur les hauts plateaux du Finnmark. On pouvait aussi échapper à un danger en s'enfuyant à skis comme le décrit si bien la **légende des Birkebeiner** *(voir à Lillehammer)*.

Ce test d'endurance est commémoré chaque année par la course des Birkebeiner qui suit le même itinéraire et à laquelle participent plusieurs milliers de concurrents. Le ski de fond était donc l'un des éléments essentiels de la vie dans les pays nordiques avant de devenir un sport. De nos jours, les Scandinaves apprennent toujours à skier presque avant de savoir marcher, mais c'est devenu un passe-temps excitant que l'on pratique en famille et avec des amis. Des milliers de km de pistes balisées franchissent de vastes étendues et traversent des forêts. Et pour les amateurs de défis, il y a la célèbre **« Vasaloppet »,** course de près de 90 km qui se déroule en Dalécarlie, en Suède et à laquelle prennent part chaque année plus de 12 000 concurrents !

Le ski moderne fut inventé en tant que sport vers 1870, dans le comté de **Telemark,** par **Sondre Norheim** qui mit au point des attaches fixes, modifia la forme des skis et perfectionna sa propre technique connue sous le nom de Telemark : il pouvait tourner dans tous les sens en maintenant un ski devant l'autre ; il pouvait aussi sauter et atterrir en pliant les genoux pour amortir le choc, comme on le fait encore aujourd'hui. Et il avait une telle confiance en ses capacités qu'en 1867 il entreprit de se porter concurrent à la première course nationale de ski de fond en reliant le comté de Telemark à Oslo, ce qui représente un parcours de 200 km.

Partout, les stations de ski modernes offrent la possibilité de faire du ski alpin et du ski de fond nordique. La saison se prolonge jusqu'en mai et les centres de ski d'été – pratique de plus en plus populaire parmi les jeunes – prennent ensuite la relève.

Les grands espaces sauvages

Contrairement à ce que l'on pourrait penser, les quelques grands espaces sauvages d'Europe situés en Scandinavie ne se trouvent pas seulement au Nord du Cercle polaire *(voir plus loin le chapitre : Au Nord du cercle polaire)*. En effet, avec une superficie totale de plus d'un million de kilomètres carrés et seulement 23 millions d'habitants répartis de façon inégale, la Scandinavie dispose d'un espace illimité où des régions entières, pratiquement inhabitées, sont restées dans leur état naturel.

PROTECTION DE L'ENVIRONNEMENT

Sans respect de la nature, la seule disponibilité d'espaces vierges ne suffit pas pour qualifier ceux-ci de grands espaces sauvages. Le sol est riche en ressources naturelles telles que le bois et l'eau et il serait facile de céder à la tentation de surexploiter ces matières premières dans un monde où concurrence et rentabilité sont les mots clés. Aussi l'existence en Scandinavie d'espaces préservés repose-t-elle sur la détermination des hommes : la prise de conscience collective des Scandinaves en matière d'environnement et leur volonté de sauvegarder la nature sont sans égales. Les Scandinaves s'identifient totalement avec leur environnement naturel et l'intérêt qu'ils portent à son équilibre fait partie de leurs convictions profondes ; loin d'éprouver une fausse impression de sécurité du fait de leur position géographique à la périphérie du continent européen, ils ont été les premiers à faire face avec réalisme aux dangers croissants de la pollution. Ils se sont attaqués au problème de manière typiquement nordique, et leur politique de protection de l'environnement se fonde à la fois sur une **réglementation stricte** et sur la **responsablité individuelle.**
La **faune** et la **flore** sont extrêmement bien protégées, en particulier les espèces rares comme l'ours, rapidement décimé en Norvège à la suite d'un déboisement à grande échelle, le lynx, le glouton, le bœuf musqué, l'otarie, le renard des neiges ainsi que plusieurs espèces d'oiseaux sérieusement menacées, tels le grand-duc et le guillemot. Il y a eu quelques victoires dans ce domaine puisque le nombre des aigles de mer, des élans et des castors s'est considérablement accru et que ces espèces sont aujourd'hui exportées vers les pays où elles avaient disparu. Bien que la cueillette de nombreuses variétés de baies et de champignons sauvages soit très répandue en Scandinavie, les plantes et arbres rares sont protégés depuis longtemps et les botanistes amateurs doivent se contenter d'admirer la flore dans son cadre naturel.

Animals Animals/SUNSET

Élan solitaire

Parmi les mesures adoptées pour la protection de l'environnement, il faut citer la création de **parcs nationaux** et de **réserves naturelles**, une vingtaine en Norvège et Suède ainsi qu'une trentaine en Finlande. Régions d'une beauté naturelle particulière, aux écosystèmes vulnérables, aucune intervention humaine n'y est tolérée.
Les pays scandinaves sont confrontés aux mêmes problèmes concernant l'environnement que les autres pays industrialisés mais, alors qu'ils ont appris à maîtriser le recyclage des déchets, les dépenses d'énergie et l'appauvrissement des sols, ils n'ont pu parvenir au contrôle de la pollution de l'air et de l'eau, provoquée essentiellement par les pays voisins. Ainsi, les effets dévastateurs des **« pluies acides »** ont fait la une des médias : la fumée des usines mélangée à la pluie et à la neige provoque la formation d'acide sulfurique qui s'attaque aux forêts et détruit la flore et la faune des lacs et des rivières. Le Sud de la Norvège a été contaminé par les pluies acides en provenance du continent nord-américain, charriées par les vents d'Ouest franchissant l'Atlantique. Les lacs suédois et finlandais ont été quant à eux pollués par les pluies acides venues de Russie et d'Europe de l'Est. Bien que d'ampleur mondiale, ce problème est particulièrement sensible en Scandinavie où le sol est peu calcaire et les effets nuisibles de l'acide ne peuvent être neutralisés. Les Suédois ont donc entrepris d'ajouter de la chaux à l'eau des lacs afin de rétablir l'équilibre écologique tandis que les Finlandais ont proposé leur technologie avancée en matière d'environnement à la Russie et à la Pologne afin d'essayer de ralentir le processus d'acidification.

LES GRANDS ESPACES SCANDINAVES

Le Danemark, en raison de sa faible superficie et de la nature des sols, voués en quasi-totalité à l'agriculture, ne possède presque plus d'espaces naturels intacts. Toutefois, la région qui ressemble le plus à un grand espace naturel est la **côte occidentale du Jutland**, battue par les vents, dont certaines parties sont bordées de lagunes aux eaux calmes et de dunes mouvantes couvertes d'herbes folles ; le temps change rapidement et la force de la nature se manifeste sans ambiguïté lorsque le ciel se pare de couleurs sombres et que, soulevée par de cinglants vents d'ouest, la mer se brise contre le rivage dans un tumulte assourdissant.

Ch. Bastin-J. Evrard

Côte occidentale du Jutland, Danemark

Hardangervidda (Norvège)

Couvrant une superficie de 10 000 km², ce vaste plateau montagneux du Sud de la Norvège est bordé à l'Est par la Numedal, vallée verdoyante et pittoresque, et au Sud par la région montagneuse du Telemark. La partie occidentale du Hardangervidda, agrémentée de vallées étroites où coulent des torrents, et de nombreuses chutes d'eau, est la plus sauvage. La faune et la flore, malgré la différence de latitude, sont apparentées à celles des régions arctiques. La traversée du plateau à pied, le long de pistes balisées, prend plusieurs jours ; il est possible de passer la nuit dans des cabanes de rondins rustiques et de rencontrer les derniers troupeaux de rennes sauvages du monde.

Femundsmarka (Norvège)

Situé plus au Nord, près de l'ancienne ville minière de Røros, le Femundsmarka s'étend vers l'Est, du lac Femund à la frontière suédoise. Un vieux bateau à vapeur parcourt le lac dans toute sa longueur, faisant escale en plusieurs endroits d'où les randonneurs doivent gagner à pied le **Parc national du Femundsmarka**, qui englobe toute la région jusqu'à la frontière. Le sol y est pauvre et couvert de mousse, de bruyère et de lichen ; des pins chétifs poussent dans les endroits boisés. Le bœuf musqué, le glouton et le lynx habitent les lieux en compagnie de nombreuses espèces d'oiseaux dont le pygargue, la mésange lapone et l'émerillon. Lacs et cours d'eau quant à eux abondent en truites.

Ch. Uddfeldt

Lac Storuman, Suède

Fem Dalar (Suède)

Le nom « Cinq Vallées » désigne une région de montagnes, de vallées et de lacs située dans la partie méridionale de la Laponie suédoise, à proximité de la frontière norvégienne, entre **Ammarnäs** au Nord et **Borgafjäll** au Sud. Cette région sauvage offre des paysages contrastés de marais, de montagnes dénudées, de lacs aux eaux limpides et glacées, de ravins profonds et de rivières à l'état naturel qui descendent des montagnes vers la Baltique et sont toutes orientées du Nord-Ouest au Sud-Est. La meilleure façon de profiter de la beauté naturelle et exaltante de cette région et d'éprouver le sentiment de liberté qu'y procure une nature intacte est, en hiver, de faire une excursion en traîneau ou en scooter des neiges et, en été, une randonnée à cheval ou à pied, ou encore un safari en canoë. Dans les torrents, on trouve des améthystes, des grenats et diverses pierres semi-précieuses.

Linnaeus

C'est le nom latin du botaniste suédois, **Carl von Linné** (1707-1778), fondateur de l'Académie des Sciences de Suède et médecin, qui voyagea à travers la Laponie et visita plusieurs pays d'Europe. Il définit les principes de la classification des plantes en donnant à chacune deux noms latins, l'un pour le genre et l'autre pour l'espèce. Ce système, bien que modifié, est toujours en vigueur. Linné décrivit 7 000 plantes selon cette méthode et fit, de son vivant, autorité dans le monde entier. En 1734, il visita la Norvège et, traversant le Femundsmarka pour se rendre à Røros, passa la nuit à Nordvika.

Carélie du Nord (Finlande)

Entre le lac Pielinen et la frontière russe, au centre d'une région de marais, de forêts, de lacs et de rivières tumultueuses, le **Parc National de Patvinsuo** couvre 10 000 ha. La descente en radeau pneumatique des rapides de la Jongunjoki, au Nord-Est de Nurmes ou de la Ruunaa, à l'Est de Lieksa, est l'une des activités passionnantes qu'offre cette région sauvage. D'autres activités ont pour but la découverte de la nature, en particulier les randonnées le long de pistes balisées aux noms évocateurs comme Karhunpolku, la **piste de l'ours**, ou Susitaival, la **piste du loup**, longues de 100 km chacune et se terminant dans le parc national.

Kuusamo (Finlande)

Plus au Nord, le long de la frontière russe, la région de Kuusamo est aussi une contrée sauvage : des rivières tumultueuses coulant avec impétuosité dans des ravins profonds, des forêts et des marais, de nombreux lacs et les collines élevées du plateau de Kuusamo d'où l'on a un aperçu grandiose de ces espaces sauvages.
Situé au cœur de la région, le **Parc National d'Oulanka** offre les plus beaux paysages ; le long des pistes de découverte de la nature, on rencontre parfois des ponts de cordages qui franchissent les rapides. La flore de Kuusamo est particulièrement variée et l'on peut admirer de nombreuses espèces rares que l'on trouve généralement dans d'autres régions de Finlande. Toutefois, les forêts se composent principalement d'épicéas de couleur sombre et sont habitées par des ours, des loups et autres prédateurs.

Fin d'été en Laponie finlandaise

La faune des grands espaces

La sauvegarde du milieu naturel assurant le maintien d'une faune sauvage, la Scandinavie a conservé, à l'abri de ses vastes forêts protégées, une grande variété d'espèces qui ont aujourd'hui presque ou totalement disparu d'autres régions du monde. Les **ours** et les **loups** habitent encore les épaisses forêts finlandaises ; les **lynx** et les **gloutons** cohabitent avec les renards, les cerfs, les castors et les lièvres. Mais il y aussi des espèces que l'on ne trouve qu'à une latitude nordique : parmi elles, la plus courante est le **renne**, dont l'espèce domestique, que l'on peut voir paître sur les vastes plateaux de la Laponie, s'est multipliée. Les **élans**, qui étaient devenus une espèce menacée, ont été sauvés par une réglementation stricte et leur nombre s'est considérablement accru au cours des 40 dernières années. Parmi les autres habitants des régions polaires, il faut citer le **renard des neiges** et le **lemming**, petit rongeur que chasse l'imposant **hibou blanc**.
On peut observer à loisir ces animaux magnifiques et souvent timides au zoo le plus septentrional du monde, situé à **Ranua**, à 82 km au Sud-Est de Rovaniemi en Finlande.

G. Lacz/SUNSET

Lynx

Au Nord du cercle polaire

Le « vrai Nord » commence à 66° 33' de latitude Nord, ligne imaginaire connue sous le nom de cercle polaire, qui marque un changement significatif dans les paysages, le climat et le mode de vie. On voyage pour ainsi dire à une autre échelle lorsque l'on parcourt les vastes territoires à peine peuplés de la **Laponie** finlandaise, suédoise et norvégienne : les distances paraissent augmenter tandis que les paysages deviennent plus monotones (sauf dans le Sud de la Laponie suédoise) et que les buissons brunâtres, les lichens et les bouleaux argentés nains, caractéristiques des hauts plateaux du Finnmark, disparaissent presque entièrement sous la neige. Et cependant la plupart des visiteurs sont fascinés par la région tout entière car elle leur offre quelque chose d'unique : l'occasion de redécouvrir la nature sous des conditions climatiques inhabituelles, et dans un environnement totalement insolite, qui procure une foule de sensations nouvelles.

SOLEIL DE MINUIT ET AURORES BORÉALES

Un des principaux attraits de la Laponie est le **soleil de minuit** et sa contrepartie hivernale, la **nuit polaire**, tous deux caractéristiques des régions arctiques ; dus aux variations considérables de la durée du jour et de la nuit entre l'hiver et l'été, ils peuvent être observés pendant des périodes de plus en plus longues au fur et à mesure que l'on se dirige vers le Nord. De la fin mai à la fin juillet, le soleil ne se couche jamais et, à proximité du cap Nord, il semble s'immobiliser à minuit au-dessus de l'horizon, puis reprendre son ascension à l'aube d'une nouvelle journée. D'autre part, en décembre et janvier, le soleil ne paraît jamais au-dessus de l'horizon et la longue nuit polaire cède brièvement la place à une sorte de **crépuscule bleuâtre** qu'accentue la blancheur de la neige. De temps à autre, des arcs lumineux déchirent la nuit et soulignent les contours du paysage ; ce phénomène atmosphérique chargé d'électricité est connu sous le nom d'**aurore boréale**. Les habitants des régions polaires ont adapté leur mode de vie aux longues journées d'été et aux tout aussi longues nuits d'hiver. Les animaux vivent dans l'urgence en été, s'occupant sans cesse de leurs petits et se préparant pour une hibernation forcée. Les humains font de même, dormant très peu l'été et festoyant souvent toute la nuit.

H. Donrezan/EXPLORER

Traîneau à chiens

CONTRASTES

Les régions situées au Nord du cercle polaire représentent environ le quart de la superficie totale de la Scandinavie. De ce fait, au-delà des caractéristiques communes s'offrent des contrastes marqués entre les zones côtières et l'intérieur du pays ainsi qu'entre le Sud de la Laponie suédoise et finlandaise et les territoires de la Norvège et de la Finlande septentrionales.

Des montagnes bordent **la côte** sans interruption de Bodø à Hammerfest, leurs sommets atteignant presque 2 000 m dans les **Lyngsalpene** (Alpes de Lyngen) près de Tromsø. L'Express côtier se faufile entre les innombrables îles et passe au pied de pics dénudés qui surplombent la mer. En hiver, les scooters des neiges, qui parcourent la région austère située entre le cap Nord et Kirkenes, semblent faire du toboggan dans un paysage lunaire.

Rennes au pâturage en Finlande

L'intérieur de la Laponie septentrionale comprend les grands espaces arides du **Finnmark** et la région sauvage entourant le **lac Inari**, tous deux bastions de la culture sâme. C'est sur le haut plateau du **Finnmarksvidda** que paissent les milliers de rennes dont le peuple nomade des Sâmes fait l'élevage. Des rivières impétueuses se jettent dans le lac Inari, troisième lac de Finlande, parsemé de milliers d'îles et situé à la limite septentrionale de la forêt de conifères. En outre, le Sud de la Laponie comprend deux régions montagneuses très pittoresques: en Finlande, entre Kittilä et la frontière suédoise, une série de **monts isolés**, arrondis et dénudés, faciles à escalader, sillonnés de rivières poissonneuses ; en Suède, à l'Ouest de Kiruna et de Malmberget, les plus **hauts sommets suédois** culminent à plus de 2 000 m. Idéale pour pratiquer le ski, la région séduit les amoureux de la nature par ses lacs sauvages et ses rivières impétueuses coulant en direction de la Baltique.
Les paysages urbains du Grand Nord sont eux aussi caractéristiques. A l'intérieur des terres, les villes minières suédoises de **Kiruna** et **Gällivare/Malmberget** furent construites à la hâte à la fin du siècle dernier en prévision d'un boom économique mais sans aucun souci de l'environnement. Des agglomérations sâmes, telles **Karasjok** et **Kautokeino** dans le Finnmark ou **Utsjoki**, **Inari** et **Menesjärvi** dans le Nord de la Finlande, lieux de rencontre traditionnels des éleveurs de rennes, ressemblent à des villes frontières dont il ne resterait pratiquement aucune trace si elles disparaissaient brusquement. Le long de la côte norvégienne, au contraire, des villes comme **Narvik** et surtout **Tromsø** sont bien plus attrayantes. Le cadre naturel de Tromsø, construite à cheval sur plusieurs îles et entourée de sommets enneigés, est particulièrement pittoresque sous la lumière argentée des régions arctiques.

Expéditions polaires

Le Musée polaire de Tromsø *(voir à ce nom)*, s'il illustre les activités traditionnelles des régions polaires : chasse à la trappe, chasse au phoque et à la baleine, est aussi consacré aux expéditions polaires de Roald Amundsen, célèbre explorateur norvégien, qui fut le premier homme à atteindre le pôle Sud en 1911, quelques jours seulement avant Robert Falcon Scott. Quelques années auparavant, Amundsen avait découvert le légendaire « passage du Nord-Ouest » reliant l'Europe et l'Asie. Son contemporain, Fridtjof Nansen, eut également beaucoup de succès dans ses expéditions : à l'âge de 26 ans, il traversa la calotte glacée du Groenland et, plus tard, mena à bien plusieurs expéditions dans la région du pôle Nord, recueillant de très utiles renseignements scientifiques à bord de son navire polaire, le *Fram*, actuellement exposé à Oslo.

ROGER VIOLLET

Fridtjof Nansen

Histoire

TABLEAU CHRONOLOGIQUE

En italique : les événements survenant dans le reste de l'Europe et du monde.

AVANT J.-C.

7000-1800	**Age de la pierre :** des groupes de chasseurs et de pêcheurs sont installés au Danemark, dans le Sud de la Suède et le long des côtes de Norvège ; les gravures rupestres d'Alta datent de cette époque. L'agriculture fait son apparition durant la période néolithique. Arrivée du peuple dit des « haches naviformes » *(voir Premiers peuplements sédentaires).*
1800-500	**Age du bronze :** des échanges avec l'Europe continentale s'établissent parallèlement au développement de l'agriculture et du travail des métaux.
500 av. J.-C. 500 ap. J.-C.	**Age du fer :** dans le Sud de la Scandinavie, l'agriculture se développe comme en témoignent des vestiges de villages entourés de petits champs. *Progression des Celtes à travers l'Europe.* Arrivée des Finlandais venus de l'Est.

APRÈS J.-C.

1er s.	*Rome occupe l'Europe méridionale et occidentale.*
	Les Romains établissent un commerce florissant avec la Scandinavie.
3e s.	Premières inscriptions runiques.
6e s.	Les Svear s'installent de façon durable en Suède qui leur doit son nom.

800-1050
Période viking

800	*Charlemagne empereur des Francs.*
vers 875	Harald le Blond réalise l'unification d'une grande partie de la Norvège.
9e-10e s.	Les Vikings danois et norvégiens pillent l'Europe septentrionale, occidentale et méridionale tandis que les Vikings suédois s'attaquent aux côtes de la Baltique.
911	*Le chef viking Rollon devient duc de Normandie sous le nom de Robert Ier.*
980	Unification et christianisation du Danemark par Harald à la Dent Bleue.
vers 1000	*Découverte de l'Amérique du Nord par les Vikings norvégiens installés en Islande.*
	Olav Skötkonung est le premier roi chrétien de Suède, mais le pays ne se convertit que progressivement au cours du siècle suivant.
1000-1013	Conquête de la Norvège et de l'Angleterre par le chef danois Sven Ier. Son fils, Canut le Grand, règne sur un vaste empire.
1015-1030	Le Norvégien saint Olav impose la religion chrétienne à son pays. Il meurt à la bataille de Stiklestad et devient un héros national.
1048	Fondation d'Oslo par Harald Hardråde, demi-frère de saint Olav.

1157-1375
La dynastie des Valdemar règne sur le Danemark

	Le pays prospère et s'étend vers l'Est.
1165	Fondation de Copenhague.
12e-13e s.	Construction des églises en bois debout de Norvège. Les premières églises de pierre sont érigées en Suède (à Uppsala et Lund). La Suède conquiert la Finlande et y répand le christianisme.

Les prémices de l'Union...

En 1312, Éric, fils cadet du roi de Suède Magnus Ier, avait épousé Ingeburge, unique héritière de la couronne de Norvège. En 1319, âgé de 2 ou 3 ans, leur fils était devenu roi de Norvège sous le nom de Magnus II, puis roi de Suède après que les Suédois eurent écarté du trône son oncle Birger Ier. Passant alternativement 6 mois dans chacun des royaumes, il parvint à sa majorité, mais en 1344 les Norvégiens mécontents le contraignirent à abandonner la couronne au profit de son fils cadet Håkon, âgé de 4 ans, imités en 1350 par les Suédois, qui choisirent l'aîné, Éric XII, alors âgé lui de 12 ans. Celui-ci mourut en 1359, et le trône retourna à Magnus... qui fut à nouveau écarté en 1362 au profit d'Håkon, lequel restitua son trône à son père l'année suivante. Mais en 1364, les Suédois chassèrent à nouveau Magnus, qui, après quelques années d'emprisonnement, alla finir ses jours en Norvège, où régnait toujours Håkon, qui avait épousé Margrethe de Danemark, héritière de ce royaume. Leur fils fut roi de Danemark et de Norvège, mais mourut adolescent, transmettant ses droits sur les trois couronnes à sa mère, qui avait compris que seul un pouvoir fort permettait d'éviter et les interventions des nobles, et les relais sur le trône...

1255 Fondation de Stockholm.

1350 Une épidémie de peste emporte un tiers de la population scandinave.

1370 **La Ligue hanséatique acquiert des droits commerciaux dans l'Øresund.**

14e s. La Finlande devient suédoise (le suédois est langue officielle, Turku capitale), mais la Carélie, province orientale de la Finlande, est partagée entre la Suède et la Russie à la suite de la paix de Pähkinäsaari (1323).

1389-1523 Union de Kalmar

1389 Margrethe de Danemark devient reine de Danemark, de Norvège et de Suède.

1397 Les représentants des trois royaumes, réunis à Kalmar, acceptent l'union des trois États. L'économie norvégienne est contrôlée par la Ligue hanséatique.

1477 Fondation de la première université scandinave à Uppsala.

1492 *Christophe Colomb découvre l'Amérique.*

1521-1523 Christian II est chassé de Suède par Gustave Vasa qui y instaure une monarchie héréditaire. Le Danemark et la Norvège restent unis.

1523-1654 La dynastie Vasa règne sur la Suède

Lutte pour l'hégémonie dans la Baltique.

1523-1536 Adoption de la Réforme dans les trois royaumes.

1534-1536 Le Danemark et la Suède s'allient contre la Ligue hanséatique.

1559 Déclin de la Ligue en Norvège.

1563-1570 Conflit entre le Danemark et la Suède au sujet des droits de péage dans l'Øresund.

1588-1648 **Christian IV, le roi bâtisseur, règne sur le Danemark et la Norvège.**

Épanouissement de l'architecture, développement des mines d'argent et de cuivre en Norvège, expansion du commerce du hareng.

1611-1660 Guerres entre le Danemark et la Suède pendant les règnes de Gustave II Adolphe et de Christine. Le Danemark perd ses territoires suédois.

1660 Le Danemark et la Norvège deviennent une monarchie absolue.

1660-1715 *Règne de Louis XIV, le Roi-Soleil.*

1675-1720 Nouvelles guerres entre le Danemark et la Suède qui cède ses provinces baltes et une partie de la Finlande à la Russie (traité de paix de Nystad), et cesse d'être une grande puissance.

1750 Début d'une période de neutralité et d'expansion économique pour le Danemark et la Norvège.

1776 *Guerre d'Indépendance des États-Unis d'Amérique.*

1789 *Début de la Révolution française.*

1792 Abolition de l'esclavage au Danemark.

1806 Le Danemark adhère au Blocus continental décidé par Napoléon Ier.

1807 Bombardement de Copenhague par la flotte britannique.

La Suède se joint à la coalition contre Napoléon.

1809 **La Finlande passe sous domination russe.**

1812 Helsinki devient capitale de la Finlande.

1814 **Traité de Kiel :** le Danemark cède la Norvège à la Suède et reçoit la Poméranie en échange. Les duchés de Holstein et de Lauenbourg sont accordés à titre personnel au roi de Danemark.

1814-1905 Union de la Norvège et de la Suède dans le cadre d'une fédération

Progrès économiques de la Norvège et prise de conscience nationale.

1818 Le maréchal Bernadotte devient roi de Suède sous le nom de Charles XIV Jean.

1835 Publication du **Kalevala,** poème épique finlandais.

1849 Le Danemark devient une monarchie constitutionnelle.

1857 Abolition du péage de l'Øresund, instauré au début du 15e s.

1864 L'affaire des duchés entraîne le Danemark dans une guerre contre la Prusse et l'Autriche.

Maréchal d'Empire, roi de Suède et ancêtre des monarques scandinaves...

Jean-Baptiste Bernadotte naquit à Pau le 26 janvier 1763. Issu d'une famille paysanne originaire de Maucor, en Béarn, et parvenue à la petite bourgeoisie, son père exerçait la fonction de procureur auprès du sénéchal de Pau. Cadet de la famille, il s'engage à 17 ans et gagne ses galons à la faveur des guerres de la Révolution et de l'Empire : général de division en 1794, il est ambassadeur à Vienne en 1798, et ministre de la Guerre en 1799, mais démissionne pour n'avoir pas rallié le Premier Consul lors du coup d'État du 18 Brumaire ; l'Empereur ne lui en tiendra cependant pas rigueur et fera du « sergent Bellejambe » (on l'appelait ainsi à l'armée en raison de sa prestance), son gouverneur du Hanovre et un maréchal d'Empire en 1804, avant de lui attribuer le titre de prince de Pontecorvo.

En 1806, lors des campagnes de Prusse et de Poméranie, il remporte les victoires de Halle, de Nossentin et de Lübeck sur les Prussiens, celles de Mohrungen et de Spande sur les Russes, et se fait remarquer par sa mansuétude auprès des prisonniers, parmi lesquels se trouvaient quelques Suédois. Cette attitude lui vaudra, outre son prestige personnel et ses relations – souvent crispées – avec le maître du moment, d'être élu le 21 août 1810 prince héréditaire de Suède par les États suédois tenus à Orebro. Adopté par le roi Charles XIII, converti à la religion luthérienne, il prend dès son arrivée la direction des affaires et se heurte vite à Napoléon à propos du Blocus continental.

Lors de la 6e coalition, il obtient de l'Angleterre, en échange de son alliance, la promesse que la Norvège sera accordée à la Suède à la cessation des hostilités au cours desquelles il bat les maréchaux Oudinot à Gross-Beeren et Ney à Dennewitz. Devenu roi le 5 février 1818, il ne recherche plus jusqu'à sa mort le 8 mars 1844 que la paix et la prospérité pour ses États.

En 1798, il avait épousé une jeune Marseillaise, **Désirée Clary**, que Napoléon avait un temps courtisée et dont la sœur aînée, Julie, était elle-même l'épouse de Joseph Bonaparte. Désespérée à l'idée de devoir quitter la France et de ne plus voir le soleil marseillais, elle ne s'installa à Stockholm qu'en 1823, se faisant envoyer les fruits récoltés dans son jardin de la rue d'Anjou. Comme son époux, elle ne parvint jamais à apprendre le suédois et se désolait, dit-on, du tempérament peu expansif de ses sujets, auxquels elle avait sacrifié son nom pour celui de Désidaria. Leur fils unique, Oscar Ier, épousera Joséphine de Beauharnais-Leuchtenberg, petite-fille de l'impératrice Joséphine, et sera l'ancêtre des trois actuels souverains scandinaves.

Charles XIV Jean
(Jean-Baptiste Bernadotte)
(1763-1844)
roi de Suède et de Norvège
ép. Désirée Clary

Oscar Ier
(1799-1859)
roi de Suède et de Norvège
ép. Joséphine de Beauharnais-Leuchtenberg

Charles XV
(1826-1872)
roi de Suède et de Norvège
ép. Louise des Pays-Bas

Louise
(1851-1926)
ép. Frédéric VIII
roi de Danemark

Christian X
(1870-1947)
roi de Danemark
ép. Alexandrine
de Mecklembourg

Frédérick IX
(1899-1972)
roi de Danemark
ép. Ingrid de Suède

Margrethe II
(1940)
reine de Danemark
ép. Henri de Monpezat

Frédéric
(1968)
prince héritier

Håkon VII
(1872-1957)
roi de Norvège en 1905
ép. Maud
de Grande-Bretagne

Olav V
(1903-1991)
roi de Norvège
ép. Marthe de Suède

Harald V
(1937)
roi de Norvège
ép. Sonia Haraldsen

Håkon
(1973)
prince héritier

Oscar II
(1829-1907)
roi de Suède et de Norvège, puis de Suède seule
ép. Sophie de Nassau

Gustave V Adolphe
(1858-1950)
roi de Suède
ép. Victoria de Bade

Gustave VI Adolphe
(1882-1973)
roi de Suède
ép. 1° Marguerite
de Grande-Bretagne

Gustave-Adolphe
(1906-1947)
duc de Västerbotten
ép. Sibylle de Saxe-Cobourg

Charles XVI Gustave
(1946)
roi de Suède
ép. Silvia Sommerlath

Victoria
(1977)
princesse héritière

Ingrid
(1910)
ép. Frédéric IX
roi de Danemark

Charles
(1861-1951)
duc de Västergötland
ép. Ingeburge de Danemark

Marthe
(1901-1954)
ép. Olav V
roi de Norvège

1865	Nouvelle constitution suédoise instaurant une représentation parlementaire à deux chambres.
1905	L'union entre la Norvège et la Suède est dissoute par référendum.
1906	Nouvelle constitution finlandaise accordant le droit de vote aux femmes.
1913	Les Norvégiennes obtiennent le droit de vote.
1914	*Début de la Première Guerre mondiale.* Le Danemark, la Norvège et la Suède restent neutres.
1915	Les Danoises obtiennent le droit de vote.
1917	**Déclaration d'indépendance de la Finlande.**
1918	Guerre de libération de la Finlande. Toutes les Suédoises (les femmes mariées votaient aux élections municipales depuis 1862) obtiennent le droit de vote total.
1919	**La Finlande devient une république.**
1920	**La partie du Slesvig-Holstein qui parle danois est rendue au Danemark.** La Norvège adhère à la Société des Nations.
1925	Le Svalbard devient norvégien.
1926	La Suède devient membre non permanent de la S.D.N.
1939	*Début de la Seconde Guerre mondiale.* Le Danemark signe un pacte de non-agression avec l'Allemagne. « Guerre d'Hiver » entre la Finlande et l'Union soviétique. La perte d'une partie de la Carélie provoque un exode massif.
1940	L'Allemagne envahit le Danemark et la Norvège (bataille de Narvik). Organisation de mouvements de résistance. Le roi de Norvège et son gouvernement se réfugient en Grande-Bretagne. La Suède reste neutre.
1941-1944	« Guerre de Continuation » entre la Finlande et l'Union soviétique.
1945	La Norvège est membre fondateur de l'ONU, à laquelle adhère le Danemark – le premier secrétaire général est norvégien.
1946	La Suède adhère à l'ONU.
1948	Les îles Féroé deviennent autonomes. La Finlande et l'Union soviétique signent un Traité d'amitié, de coopération et d'assistance mutuelle.
1949	Le Danemark et la Norvège deviennent membres de l'OTAN.
1952	**Fondation du Conseil nordique,** dont le but est de promouvoir la coopération économique, sociale et culturelle entre les pays nordiques.
1953	Le Suédois Dag Hammarskjöld est élu secrétaire général des Nations Unies. Révision de la constitution danoise afin de permettre aux femmes de régner : Margrethe devient héritière de la couronne.
1955	La Finlande adhère à l'ONU.
1958	*Signature du Traité de Rome entre les six membres fondateurs de la Communauté Économique Européenne.*
1960	Le Danemark, la Norvège et la Suède deviennent membres de l'AELE (Association Européenne de Libre-Échange).
1961	La Finlande devient membre associé de l'AELE.
1962	Signature de la Convention d'Helsinki dont le but est de promouvoir la coopération entre les quatre pays nordiques.
1972	Margrethe II monte sur le trône du Danemark.
1973	Le Danemark devient membre de la CEE (Communauté Économique Européenne). La Norvège et la Suède s'abstiennent mais signent un accord de libre-échange, que la Finlande signe également. Charles XVI Gustave devient roi de Suède.
1974	La nouvelle constitution suédoise réduit encore plus le pouvoir royal. Premiers forages de puits de pétrole et de gaz en mer du Nord.
1979	En Suède, une loi est votée pour permettre à l'aîné, qu'il soit homme ou femme, d'accéder au trône.
1989	La Finlande devient membre du Conseil de l'Europe. Son statut de pays neutre est reconnu par l'Union soviétique.
1991	Harald V monte sur le trône de Norvège.
1992	La Norvège signe l'accord sur la zone économique européenne, qui doit entrer en vigueur en même temps que le marché unique.
1995	A la suite d'un référendum, la Finlande et la Suède deviennent membres de l'Union européenne ; la Norvège se prononce contre l'adhésion.

NOTES HISTORIQUES

Premiers peuplements sédentaires

Il y a environ 10 000 ans, à la fin de la dernière glaciation, les premiers habitants de la Scandinavie vivaient de la chasse et de la pêche. Ils s'étaient d'abord installés au Danemark puis déplacés le long de la côte occidentale de Norvège, qui fut libérée des glaces avant les terres de l'intérieur. Ces premiers sédentaires utilisaient des outils taillés dans l'os et plus tard la pierre ; leur mode de vie est illustré par les très anciennes gravures rupestres découvertes en Norvège.

Pendant la période la plus récente de l'âge de pierre, connue sous le nom de période néolithique, l'agriculture se développa progressivement dans le Sud de la Scandinavie et des vestiges de campements permanents ont été découverts ; les premières poteries datent de cette époque. C'est aussi durant cette période que s'installèrent des populations venues du Sud et de l'Est : certaines construisirent des dolmens et des allées couvertes au Danemark *(voir Grønjægers Høj sur l'île de Møn)* et dans le Sud de la Suède. Le peuple dit des « haches naviformes » leur succéda, apportant avec lui des outils et des armes plus élaborés et probablement sa langue indo-européenne.

Le commerce se développa pendant l'âge du bronze, l'ambre, les fourrures et les esclaves étant échangés contre du cuivre et de l'étain utilisés en alliage dans la composition du bronze. Les gravures rupestres témoignent des méthodes employées alors pour travailler la terre et de la science de la mer que l'on possédait déjà. A partir de 500 avant J.-C., les Scandinaves surent fabriquer le fer : ils extrayaient le minerai des marais et utilisaient la tourbe comme combustible. C'est précisément dans les marais que l'on a fait les découvertes archéologiques les plus intéressantes : objets divers déposés en offrande à la divinité des marais mais, surtout, corps humains parfaitement conservés, victimes probables de sacrifices humains, tel l'Homme de Tollund découvert près de Silkeborg dans le Jutland.

Au cours des 500 premières années de l'ère chrétienne, période pendant laquelle l'Europe continentale fut le théâtre d'importantes migrations, les inscriptions runiques firent leur apparition et des forts à but défensif furent érigés. Les Svear s'imposèrent en Suède, les Finlandais pénétrèrent peu à peu à l'intérieur des terres mais la Scandinavie resta en dehors du grand bouleversement européen jusqu'au début de l'époque viking.

Gravures rupestres

La Scandinavie est particulièrement riche en gravures et dessins réalisés sur des roches lisses par les premiers habitants sédentaires. Ils fournissent des renseignements précieux sur le mode de vie des hommes préhistoriques de l'âge de pierre et de l'âge du bronze. Les plus récents, tels ceux découverts près de **Tanum** dans le Sud de la Suède, illustrent des rites de fertilité ainsi que le travail des champs et représentent des bateaux ressemblant étrangement aux drakkars des Vikings. Les plus anciennes gravures rupestres furent découvertes en 1973 le long de l'**Altafjord** dans le Nord de la Norvège. Réparties par milliers sur une vaste superficie, elles montrent divers animaux et des bateaux ainsi que des scènes de chasse ou de pêche et même d'élevage de rennes. Réalisées avec un ciseau à pierre et un marteau, elles constituent une découverte si importante que l'UNESCO les a inscrites au patrimoine culturel mondial.

Alta Museum

Les Vikings

L'époque des Vikings, qui s'étend de 800 à 1050, marque la fin de l'isolement de la Scandinavie face au reste de l'Europe. En l'espace de 250 ans, les Vikings ont changé le cours de l'histoire scandinave et européenne, bien que l'on se doive de prononcer le mot « histoire » avec précaution puisque tout ce que nous connaissons de cette période s'appuie sur des fouilles archéologiques, sur des chroniques contemporaines écrites dans des monastères européens et sur des sagas des 12e et 13e s. Les découvertes archéologiques fournissent des renseignements précis mais incomplets sur le mode de vie des Vikings, tandis que les chroniques et les sagas sont indubitablement moins fiables. Les moines, qui ont rapporté dans leurs annales les actes des Vikings, avaient eux-mêmes été victimes de ces guerriers féroces ou avaient entendu parler du pillage terrifiant auquel ils se livraient et ne peuvent donc pas être considérés comme objectifs. Quant aux sagas, elles ont été écrites beaucoup plus tard d'après les traditions orales des bardes qui, très souvent, adaptaient leurs contes au goût de leur auditoire. Cependant, une chose est certaine, les Vikings ont fait une forte impression sur leurs contemporains et leur réputation de violence, de rapidité et d'audace s'est répandue comme une traînée de poudre à travers l'Europe et le monde arabe.

Sites et musées vikings

Monuments en terre : Danevirke, muraille défensive barrant l'accès du Jutland méridional aux envahisseurs saxons.

Principaux sites funéraires : Birka sur le lac Mälar dans le Sud de la Suède, Hedeby et Jelling dans le Jutland méridional, au Danemark, Lindholm Høje près d'Ålborg dans le Nord du Jutland.

Forteresses : Trelleborg dans le Sud du Sjælland, Fyrkat et Aggersborg dans le Nord du Jutland, toutes trois au Danemark.

Principaux musées : le Musée national à Copenhague, le musée des Antiquités Nationales à Stockholm, les musées des Bateaux vikings à Oslo d'une part et à Roskilde, au Danemark, d'autre part.

Qui étaient les Vikings ?

Ils descendaient des immigrants installés en Scandinavie et devenus agriculteurs et commerçants au sein de sociétés hiérarchisées et bien organisées. Hors de leur pays, ils étaient connus sous le nom de **Normanni** ou Hommes du nord par les Francs et **Dani** ou Danois par les Anglo-Saxons ; ces noms étaient indifféremment attribués aux Vikings danois et norvégiens car leurs contemporains ne faisaient aucune distinction entre eux. Quant aux Vikings suédois, qui s'aventuraient vers l'Est jusqu'en Russie et au Moyen-Orient, ils étaient surnommés **Rus**, nom d'origine finnoise signifiant « rameurs ».

Le nom de **Vikings** était utilisé par les Scandinaves eux-mêmes : la plupart des historiens s'accordent à dire que c'est un mot d'origine norroise, signifiant « hommes des criques ou des fjords », et s'appliquant donc parfaitement à des pirates qui se dissimulaient dans les échancrures naturelles des côtes pour surprendre leurs proies. Le terme fut probablement utilisé tout d'abord pour désigner uniquement les maraudeurs, mais plus tard il devint synonyme du peuple scandinave tout entier dont les descendants sont aujourd'hui fiers de leurs origines vikings.

Les expéditions vikings

Même si le tempérament aventureux, audacieux et guerrier des Vikings explique en grande partie les sanglantes campagnes systématiques auxquelles ils se livrèrent, ces pratiques avaient aussi des mobiles économiques et démographiques. En effet, au début du 9e s., la Scandinavie connut un accroissement démographique que ne pouvait compenser l'extension des terres agricoles, rendue impossible par la nature du pays.

Bateaux vikings

Les Vikings étaient de grands navigateurs et, dès le 9e s., ils avaient mis au point des navires faciles à manœuvrer, tenant bien la mer au cours des tempêtes, connus sous le nom de drakkars. Leur légèreté leur permettait de rebondir sur les vagues, ils étaient rapides et leur tirant d'eau était si faible que les équipages pouvaient s'approcher de n'importe quel point de la côte et tirer leurs navires à terre, s'assurant ainsi que l'élément de surprise jouerait en leur faveur. Les navires de guerre vikings avaient une proue élevée, à la courbe caractéristique qui est devenue le symbole des expéditions vikings. Leur gréement se composait d'une voile carrée et ils étaient, de surcroît, équipés de rames. Ils pouvaient transporter un équipage de 100 hommes et naviguer à une vitesse maximale de 12 nœuds. Les navires marchands, de taille et de forme variables, mais tout aussi aptes à la navigation, étaient utilisés pour commercer avec les pays lointains et pour transporter les émigrants en partance vers le pays de leur choix, mais aussi pour rapporter le butin amassé au cours des expéditions lointaines.

En outre, la loi viking faisait des fils aînés les seuls héritiers et les cadets devaient donc quitter la maison familiale et aller chercher fortune ailleurs. D'autre part, les Scandinaves savaient extraire le fer des marais et fabriquer des armes redoutables. Cependant, c'est grâce au développement de leurs invincibles navires, les célèbres drakkars, qu'ils purent mettre en pratique une stratégie extrêmement efficace, fondée sur une attaque soudaine et rapide, et s'assurer ainsi une supériorité militaire décisive.

La mise à sac en 793 du **monastère de Lindisfarne**, situé sur une île au Nord-Est de l'Angleterre, marque le début des expéditions vikings qui durèrent deux cents ans. Les Vikings massacrèrent, pillèrent et brûlèrent, mais ils établirent aussi des accords commerciaux durables avec de nombreux pays d'Europe et fondèrent de nouveaux royaumes. Si certains, comme celui de York et le Danelaw d'Angleterre, ne leur survécurent pas, d'autres devinrent puissants et très prospères. Ce fut le cas de la Normandie, d'où les descendants de Rollon repartirent à la conquête de l'Angleterre, mais aussi celui de la principauté de Novgorod, d'où les descendants de Rurik passèrent à Kiev, fondant ainsi l'État russe sur lequel ils régnèrent jusqu'en 1578. Les exploits de Rurik et de son successeur, Oleg, font l'objet des chroniques d'un moine de Kiev, Nestor, et la fondation de la Russie par les Suédois est confirmée tant par l'archéologie que par l'épigraphie runique.

Illustrations : R. Corbel

Les invasions vikings s'effectuèrent selon deux courants, issus l'un de la Suède, l'autre de la Norvège et du Danemark, ce qui ne signifie pas cependant qu'ils aient été totalement dissociés l'un de l'autre. Les Vikings suédois, ou **Varègues,** entreprirent leur expansion par la voie terrestre le long des côtes de la Baltique, de la Volga et du Dniepr, fondant Novgorod et Kiev. Ils échangeaient des fourrures et de l'ambre contre de l'or, de l'argent et des produits de luxe, s'assurant le monopole du trafic de la Caspienne comme le raconte l'écrivain persan du 10e s. Mas'oudi, et tentèrent même à diverses reprises de s'emparer de Constantinople. Les Vikings norvégiens et danois, de leur côté, firent voile vers l'Ouest, se dirigeant vers la Grande-Bretagne, les Shetland, les Orcades, l'Irlande, la France et l'Espagne. Ils franchirent même le détroit de Gibraltar et traversèrent la Méditerranée, rejoignant les Vikings suédois à Constantinople. Des Vikings norvégiens colonisèrent l'Islande et le Groenland et de là se dirigèrent vers l'Ouest et découvrirent l'Amérique 500 ans avant Christophe Colomb. Leurs exploits sont rapportés par les sagas islandaises et leur installation en Amérique du Nord confirmée par des vestiges d'habitat et divers objets découverts le long de la côte septentrionale de Terre-Neuve.

La société viking

Bien organisés, les Vikings se révélaient être des agriculteurs et des artisans habiles doués pour le travail des métaux, ainsi que des chasseurs adroits et de brillants cavaliers. Ils cultivaient diverses céréales et pratiquaient l'élevage dans des enclos contigus à leurs longues maisons de bois groupées en villages. Dans les cités vikings, l'activité reposait sur l'artisanat et le négoce. Les principales villes étaient **Birka,** située sur l'île Björkö du lac Mälaren (près de Stockholm), **Kaupang** sur la côte méridionale de la Norvège, **Ribe** dans le Jutland occidental et, dans le Jutland méridional, **Hedeby,** qui était alors la ville la plus importante de Scandinavie. De ces quatre villes, seule Ribe a survécu, mais hors de Scandinavie, York et Kiev ont prospéré et se sont développées bien après la fin de l'ère viking. Les hommes et les femmes portaient des vêtements en laine, en soie ou en lin. Les hommes portaient aussi une épée à la ceinture et les femmes se paraient de bijoux tels que des bracelets en argent et en or.
Il y avait trois classes sociales bien distinctes. L'aristocratie, hiérarchisée, est composée de seigneurs fonciers ; le roi, également grand prêtre de la religion d'Odin, est élu par les chefs de clans, mais le fait que seuls les membres de la famille du défunt roi soient éligibles conduira peu à peu à rendre la monarchie plus ou moins héréditaire. Les hommes libres, pour la plupart paysans, jouissent des droits du citoyen et se réunissent en assemblées nommées *thing* qui font appliquer la loi et débattent des problèmes locaux. Les esclaves, ou *thraell,* proviennent de divers horizons : condamnés de droit commun, débiteurs insolvables, ou étrangers capturés lors des raids. Traités comme des travailleurs ordinaires, ils n'ont cependant aucun droit, mais peuvent être affranchis après rachat de leur liberté, sans pour autant bénéficier des droits des hommes libres. Le statut d'homme libre n'est reconnu aux successeurs des affranchis qu'au bout de plusieurs générations.

Les armes

L'arme favorite des Vikings était la hache qu'ils maniaient avec une grande dextérité ; venait ensuite la longue épée plate à double tranchant, puis la lance, l'arc et les flèches et le couteau en fer à un tranchant. Les objets retrouvés dans les tombes des Vikings indiquent que ceux-ci n'utilisaient jamais toutes ces armes à la fois. Pour se protéger au cours d'une bataille, les guerriers revêtaient une cotte de mailles en fer, un casque rond en cuir ou en fer et se protégeaient avec un bouclier en bois. Les sagas racontent que certains Vikings étaient des combattants particulièrement féroces, que l'on appelait *berserks* et qui se battaient sans armure, « comme des bêtes sauvages ». Ils furent sans doute largement responsables du sentiment de terreur qui se répandit en Europe à cette époque !

ÉPOQUE VIKING
(Fin du 8e s. au début du 11e s.)

Peuplement Scandinave

● Villes Scandinaves
(866) ● Ville fondée ou transformée par les Vikings
Itil, ● Centres d'échanges commerciaux
(965) ● Ville assiégée ou pillée

Paganisme et christianisme

La société viking était polythéiste et nantie d'une mythologie complexe qui tentait d'expliquer la création du monde et d'en prédire la fin. Comme en Grèce et à Rome, la religion s'adressait à un vaste panthéon de dieux et de déesses dont une profusion de mythes et de fables, parfois très poétiques, racontaient les aventures. Plus grands que nature, ces dieux occupaient une place bien définie dans la hiérarchie mythologique.

Odin était le dieu suprême, le dieu de la guerre et des guerriers morts au combat, mais il était également à l'origine des aspirations et des sentiments les plus nobles de l'Homme, aussi était-il représenté accompagné de deux corbeaux symbolisant la pensée et la mémoire, et de deux loups symbolisant l'audace et l'avidité. Toutefois, sa personnalité avait un côté sombre et dangereux, car rien ne pouvait l'arrêter dans sa poursuite de la sagesse et du savoir universel.

Avec un grand marteau pour emblème, **Thor**, maître du tonnerre, était aussi un dieu guerrier, protecteur des Vikings ordinaires ; ses intercessions avaient des résultats plus positifs et bénéfiques et il était plus populaire que le redoutable Odin.

Venaient ensuite, par ordre d'importance, **Freyr** et sa sœur **Freyja**, seconde épouse d'Odin, qui incarnaient l'amour, la fertilité et les plaisirs ; il semblerait qu'ils aient été particulièrement populaires en Suède. Outre les dieux, la religion viking célébrait aussi le culte de nombreux demi-dieux et accordait un intérêt marqué à une multitude de génies malfaisants ou bénéfiques. Des sacrifices rituels étaient régulièrement organisés dans les temples, plus tard remplacés par des églises chrétiennes, comme ce fut le cas à Jelling dans le Jutland méridional et à Uppsala dans le Sud de la Suède.

La conversion des Vikings au christianisme fut progressive et pratiquement terminée à la fin du 11e s. Souvent, les maraudeurs se convertirent lors de leurs lointaines expéditions et ramenèrent chez eux des missionnaires pour les aider à faire accepter la nouvelle religion. Puis les expéditions cessèrent et, par le jeu des relations commerciales, la Scandinavie devint partie intégrante de l'Europe.

Avènement du christianisme

L'adoption par les Vikings de la religion chrétienne coïncida avec le déclin de leur hégémonie dans les mers de l'Europe du Nord-Ouest et marqua l'arrivée de la Scandinavie sur l'échiquier des nations européennes. Si la christianisation massive des pays nordiques ne fut pas la seule cause de l'affaiblissement du pouvoir des Vikings, elle en accéléra le processus : leur esprit de conquête et leur indéniable supériorité guerrière s'écroulèrent en un espace de temps relativement bref.
Canut le Grand, dont le royaume s'étendait non seulement sur le Danemark, la Norvège, et la Suède mais aussi sur l'Angleterre et l'Écosse, s'employa à réaliser la conversion de son puissant empire avec l'aide de l'Église d'Angleterre. Cependant, cette cohésion politique fut de courte durée et, après sa mort en 1035, les guerres intestines reprirent de plus belle entre des chefs ambitieux qui durent tout de même accepter le pouvoir grandissant de l'Église.
Une fois le christianisme établi en Scandinavie, son influence ne cessa de s'accroître et l'Église joua peu à peu le même rôle que dans le reste de l'Europe, celui de précieuse alliée ou d'adversaire redoutable selon les circonstances. Dans ce climat de lutte constante pour le pouvoir, un **système féodal** s'installa progressivement au Danemark, en Norvège et en Suède qui devinrent des **royaumes chrétiens** rivaux. A la fin du 11e s., chacun de ces trois pays était parvenu, sous la bannière du christianisme, à une unité fragile. Des évêchés furent fondés dans toute la Scandinavie, mais, sans que la pérennité de la religion chrétienne fût remise en question, les croyances païennes demeurèrent vivaces encore longtemps comme l'attestent les motifs décorant les églises en bois debout de Norvège.
La Finlande était restée en dehors des bouleversements de l'ère viking et ne formait pas encore, au milieu du 12e s., un tout politiquement cohérent. Il est maintenant pratiquement établi que les Finlandais connaissaient déjà la religion chrétienne lorsqu'en **1157** les Suédois, emmenés par le roi Éric IX, symbole du « parfait » chrétien, lancèrent une **croisade d'évangélisation** contre leurs voisins avec l'appui de l'évêque d'Uppsala et conquirent le pays. Cette domination de la Finlande par les Suédois devait durer jusqu'en 1809.
L'Église fut le canal par lequel la culture et l'architecture de l'Europe occidentale furent acheminées vers les pays nordiques au cours des 11e et 12e s. ; ceci est particulièrement vrai au Danemark où l'Église pouvait compter sur l'appui d'une dynastie puissante, les Valdemars.

L'union de Kalmar

A la fin du 14e s., le Danemark était le plus puissant et le mieux organisé des trois pays scandinaves, la Finlande étant province suédoise. **Valdemar IV**, roi du Danemark de 1340 à 1375, avait consolidé la monarchie danoise mais les deux autres royaumes, en l'absence d'un pouvoir politique fort, étaient harcelés par la Ligue hanséatique et menacés par la suprématie économique allemande. Une union entre les pays nordiques paraissait être leur seul espoir de salut, mais les Suédois craignaient la domination danoise au sein d'une éventuelle union et s'y opposaient donc.
Pourtant, la volonté acharnée d'une femme ambitieuse, **Margrethe de Danemark** (1353-1412), permit la réalisation de cette union. Fille et héritière de Valdemar IV de Danemark, Margrethe épousa Håkon, roi de Norvège (1340-1380). A la mort de Valdemar, le fils de Margrethe, **Olav** (1370-1387), devint roi du Danemark, puis roi de Norvège quelques années plus tard lorsque son propre père mourut.

Château de Kalmar, Suède

Comme Olav était trop jeune pour régner, Margrethe obtint la **régence du Danemark et de la Norvège.** Ce fut le début de l'union entre le Danemark et la Norvège qui dura jusqu'en 1814.
Pendant ce temps, la Suède était gouvernée par l'héritier d'un puissant duché allemand, Albert de Mecklembourg, et la noblesse suédoise craignait de voir abolir ses privilèges car l'influence allemande se faisait de plus en plus oppressante. Devenue « dame-maîtresse » (reine-régente) du Danemark et de la Norvège à la mort de son fils, Margrethe, en 1388, proposa un marché aux nobles suédois : s'ils la reconnaissaient comme **souveraine légitime de la Suède,** elle garantirait leurs privilèges. Une fois l'accord conclu, elle entreprit une campagne contre Albert et le détrôna en 1389. Régnant désormais sur chacun des trois royaumes, Margrethe, sans héritier direct, pressentit que seule l'unification totale pouvait préserver son héritage. En 1397, les Grands des trois pays acceptèrent d'être unis en un même pays et le **traité d'union fut signé à Kalmar,** tandis que la reine désignait son neveu, **Éric de Poméranie,** pour héritier légitime. L'Union fut prospère tant que Margrethe gouverna, mais Éric et ses successeurs eurent moins de succès et, au cours du 15e s., la noblesse suédoise tenta à diverses reprises de retrouver son indépendance *(voir à la rubrique Stockholm : Les héros nationaux suédois),* ce à quoi elle parvint au début du 16e s.

De la Baltique à la mer du Nord

Les cités marchandes de la Baltique et de la mer du Nord, ayant à leur tête la cité de **Lübeck,** avaient constitué une association économique, la **Hanse,** ou Ligue hanséatique, afin de contrôler le commerce de l'Europe du Nord. Son influence économique et politique fut à son apogée entre les 13e et 15e s. et elle devint si puissante qu'elle fut en mesure de dicter ses propres lois aux rois et aux nations. Dès le milieu du 14e s., les marchands de la Hanse possédaient un *kontor* (comptoir commercial) prospère à **Bergen** *(voir à ce nom)* sur la côte occidentale de la Norvège et, au début du 15e s., la Ligue regroupait **70 cités.**
Cependant, lorsque Valdemar devint roi du Danemark en 1340, il se fixa pour objectif de réduire l'influence allemande dans la Baltique et de restaurer l'hégémonie danoise. En 1361, il conquit l'île suédoise de **Gotland** dont la principale ville, **Visby,** était un important comptoir hanséatique. Une coalition réunissant la Suède, la Hanse et le Mecklembourg se dressa en représailles contre le Danemark et Valdemar fut contraint de signer le **traité de Stralsund** en 1370 : la Ligue consolidait ses droits commerciaux dans la Baltique en s'assurant le contrôle de trois places fortes situées le long de la côte Sud-Ouest de la Suède et accordait la paix au Danemark à condition qu'il ouvre ses ports aux commerçants et marchandises de la Hanse, qui avait alors atteint l'apogée de sa puissance dont le déclin n'intervint qu'au cours du 16e s.

La Réforme

La Réforme s'implanta en Scandinavie entre 1523 et 1536 presque sans résistance. Des prédicateurs allemands et des marchands de la Hanse avaient fait connaître les enseignements de Luther bien avant que la nouvelle religion ne fût officiellement instaurée. La Suède fut la première à se convertir ; le **roi Gustave Vasa,** ambitieux et récemment élu, cherchait à assainir les finances de l'État tout en renforçant son propre pouvoir. En 1527, il fit approuver par le Parlement réuni à Västerås la confiscation par l'État des biens de l'Église, et, en 1528, au concile d'Orebro, l'Église suédoise se sépara de Rome et adopta le **luthéranisme** comme religion d'État. L'établissement de la nouvelle religion en Finlande, qui était alors province suédoise, passa presque inaperçue.

ROGER-VIOLLET

Gustave Vasa

Au Danemark, les événements se déroulèrent de façon totalement différente mais le résultat fut le même et, une fois de plus, la volonté du monarque l'emporta. Lorsque **Christian III** succéda à son père à l'issue d'une lutte fratricide acharnée, lui aussi eut un besoin urgent d'argent pour payer ses mercenaires, mais les évêques catholiques refusèrent d'accéder à ses demandes ; le roi donna alors l'ordre de les arrêter et les contraignit à accepter le luthéranisme comme nouvelle religion officielle. Les biens de l'Église furent confisqués et le roi vendit une partie de son nouveau patrimoine à la noblesse. Une tentative de résistance de la part des Norvégiens fut immédiatement réprimée et le luthéranisme contribua donc à renforcer le contrôle que les Danois exerçaient sur le pays car la Bible et tous les écrits ecclésiastiques étaient en danois.
C'est ainsi que la Réforme consolida le pouvoir royal dans l'ensemble des pays scandinaves qui devinrent bientôt des **monarchies absolues.**

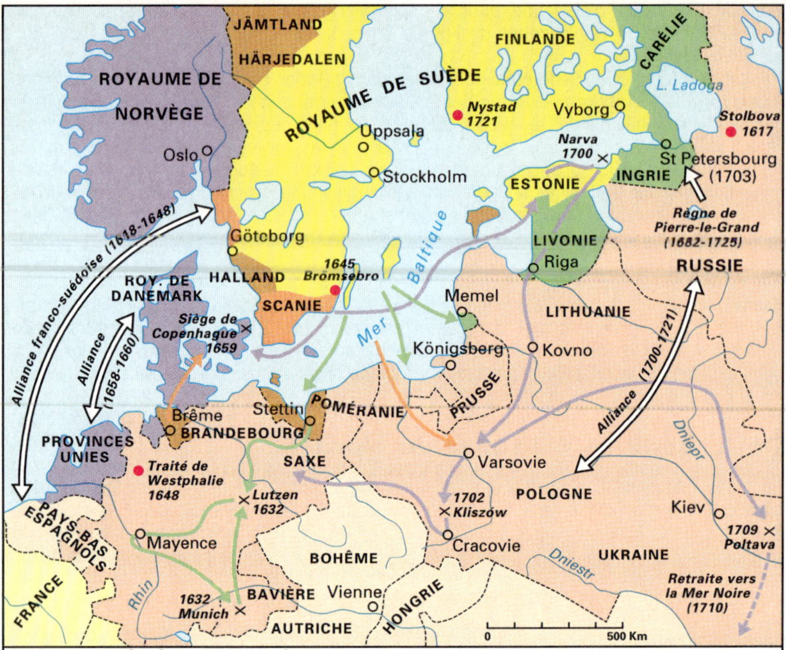

L'HÉGÉMONIE SUÉDOISE EN EUROPE DU NORD (17 e S.)

- la Suède à la fin du 16 e s.
- Acquisitions de Christine de Suède (1632-1654)
- Campagnes de Charles XII (1700-1718)
- Campagnes et conquêtes de Gustave II Adolphe (1611-1632)
- Campagnes et conquêtes de Charles X Gustave (1634-1660)
- × Batailles
- ● Traités de paix

Un siècle de conflits

Le 17e s. fut marqué par la lutte pour l'hégémonie dans la Baltique entre le **Danemark et la Suède**, dont la puissance était à peu près égale. Le Danemark occupait depuis très longtemps les provinces du Sud de la Suède, situation intolérable pour les Suédois qui éprouvaient un sentiment nouveau de fierté nationale et qui les empêchait d'accéder aux ports de la côte occidentale. D'autre part, à l'Est, la Suède était menacée par la Pologne, où régnait un petit-fils de Gustave Vasa, écarté du trône suédois parce que catholique mais rêvant de reconquérir la couronne et de restaurer le catholicisme, ainsi que par la Russie, qui avait des visées sur la Finlande. Ce fut une longue succession de guerres dont la monotonie fut néanmoins compensée par deux fortes personnalités, le roi du Danemark, **Christian IV**, et le roi de Suède, **Gustave II Adolphe.**

Les Suédois tentèrent donc, par une série de guerres, de réaliser leur rêve d'expansion territoriale et de contrôle de l'Øresund, détroit séparant la Baltique de la mer du Nord. Les deux rois prirent part à la **guerre de Trente Ans** qui fit rage sur le continent mais où Gustave Adolphe trouva la mort (Lützen, en 1632). Aux traités de Westphalie (1648), tandis que le Danemark, allié à l'Empereur, sortait économiquement affaibli du conflit, la Suède acquérait la Poméranie occidentale le long des côtes méridionales de la Baltique et Brême et Werden sur la mer du Nord. En **1657**, le roi de Suède envahit le Jutland et fit franchir la mer gelée à son armée, menaçant ainsi la capitale danoise. Le Danemark reconnut sa défaite et signa le **traité de Roskilde** (1658), qui donnait à la Suède les provinces méridionales de **Halland**, de **Scanie** et de **Blekinge** ainsi que l'île de **Gotland.** L'empire suédois était à son apogée. Cependant, le roi de Suède rompit le traité et une fois de plus marcha sur Copenhague ; le Danemark fit appel à ses alliés et le **traité de Copenhague,** maintenant le statu quo, fut signé en **1660.** Le Danemark avait ainsi perdu la suprématie dans les détroits de la Baltique et ne contrôlait plus le commerce dans cette région.

En 1700, la Russie, la Pologne et le Danemark reprenaient la lutte contre la Suède où régnait **Charles XII.** Celui-ci écrasa rapidement la coalition, envahit la Pologne où il fit élire roi Stanislas Leszczynski, mais fut vaincu à Poltava (1709) et se réfugia en Turquie, où il demeura semi-captif durant 5 ans tandis que ses ennemis, auxquels s'étaient joints la Prusse et la Bavière, occupaient ses territoires baltes. De retour en 1715, il dut reprendre la lutte et fut tué en 1718 au siège de Fredrikshald, en Norvège, qu'il avait envahie. De ces nouvelles guerres, la Suède sortit ravalée au rang de nation secondaire, ne gardant que quelques possessions extérieures.

La montée des mouvements nationalistes

La Révolution française sonna le réveil du nationalisme à travers toute l'Europe et les révolutions qui suivirent en 1830 et 1848 renforcèrent la détermination de l'ensemble des mouvements nationalistes, vigoureux au 19e s. Ce réveil des sentiments nationalistes eut des causes multiples et se manifesta de différentes façons mais le but fut toujours de faire reconnaître l'identité nationale tant sur le plan culturel que sur le plan politique.

La fierté nationale du **Danemark** fut sévèrement humiliée lors de l'affaire des duchés de Slesvig, Holstein et Lauenburg. Leur population était en partie danoise et en partie allemande, et ils étaient propriété personnelle du roi de Danemark, pour partie depuis le 15e s., pour partie depuis le Congrès de Vienne. En 1815, le Holstein et le Lauenburg adhérèrent à la Confédération germanique et essayèrent de convaincre le Slesvig de les imiter. Mais l'opinion publique danoise y était défavorable et souhaitait que le Slesvig, dont la population était en majorité danoise, devînt territoire danois à part entière. Le Holstein, de son côté, ne pouvait accepter la séparation des deux duchés ; le problème semblait donc sans issue. En 1848, le soulèvement de la population allemande du Holstein donna aux Prussiens l'excuse qu'ils cherchaient pour envahir le Jutland ; la Russie, l'Angleterre et la Suède intervinrent et un armistice fut signé en 1850 sans que le problème fût résolu pour autant. Le conflit s'enflamma à nouveau et, à la suite de longues négociations, un traité signé à Londres accorda leur autonomie aux duchés sous contrôle danois ! Mécontent de cet accord, le Danemark essaya une fois de plus d'annexer le Slesvig en révisant sa constitution. La Prusse lui déclara la guerre en 1864, mais aucun des alliés du Danemark ne voulut être impliqué. La défaite fut donc rapide et coûteuse et les trois duchés furent rattachés à la Prusse. Cette humiliation sur la scène internationale nourrit le mouvement romantique national représenté dans le domaine de l'art et de la littérature par le sculpteur Thorvaldsen, le peintre Høyen, champion d'une forme d'art populaire, et les écrivains Andersen, Kierkegaard et Grundtvig *(voir à ces noms)* qui incarnaient tous trois les caractéristiques du peuple danois.

Il y avait en **Norvège**, depuis le 18e s., une forme de nationalisme latent prêt à se réveiller à la première occasion. Cette occasion se présenta en 1814 lorsque les Danois furent contraints de céder la Norvège à la Suède. Les Norvégiens furent prompts à déclarer leur indépendance et à proclamer une nouvelle constitution le 17 mai 1814, demandant à un prince danois d'être leur roi. Mais par crainte d'une guerre avec la Suède, les puissances européennes ne soutinrent pas l'initiative norvégienne et l'accord d'origine fut maintenu ; une fédération avec la Suède fut instaurée, au sein de laquelle la Norvège conservait sa nouvelle constitution et son parlement. Le nationalisme norvégien ne s'éteignit pas pour autant et même se cristallisa dans l'expression artistique : c'est ainsi que l'amour de la terre norvégienne fut exprimé à leur manière tout à fait personnelle par le peintre J. C. Dahl, le dramaturge Henrik Ibsen et le compositeur Edvard Grieg *(voir à ces noms)*. Par ailleurs, le politicien Johan Sverdrup encouragea sans relâche le parlement à assumer entièrement son rôle sans s'occuper de l'opposition constante du roi jusqu'à ce qu'en 1905 l'union avec la Suède fût dissoute et la Norvège devînt une monarchie constitutionnelle indépendante.

La **Finlande** n'avait jamais été indépendante car, après avoir été sous contrôle suédois, elle était simplement passée sous contrôle russe ; la capitale aussi avait changé : ce n'était plus Turku mais Helsinki, plus proche de la frontière russe. Au début du 19e s., le problème de la langue devint critique : en effet, la Finlande, devenue grand-duché de l'Empire russe, avait conservé le suédois comme langue officielle, ce que la plupart des Finnois considéraient comme injuste et ridicule. Sous l'impulsion de Johan Wilhelm Snellman se développa un mouvement de soutien au finnois réclamant qu'il devînt la langue officielle. Il y eut une opposition farouche de la part de la minorité de langue suédoise. C'est à cette époque que l'écrivain finlandais Elias Lönnrot publia le *Kalevala*, poème épique national, fondé sur d'anciens contes folkloriques. Le finnois et le suédois finirent par être reconnus tous deux comme langues officielles. Vers la fin du 19e s., cependant, il y eut un revirement brutal et une tentative de la part du tsar de Russie, Nicolas Ier, pour faire de la Finlande une simple province russe, ce qui provoqua un tollé général. La réplique des artistes et intellectuels finlandais fut prompte et spectaculaire : Sibelius, par exemple, composa son célèbre poème symphonique *Finlandia* et Akseli Gallen-Kallela peignit des scènes du Kalevala. Rien ne fit céder le tsar et ce n'est que lorsque la révolution d'Octobre l'eut renversé que la Finlande obtint son indépendance.

La Seconde Guerre mondiale

La Scandinavie fut déchirée par la Seconde Guerre mondiale, non seulement parce qu'elle endura les souffrances de la guerre, mais aussi parce que les quatre pays scandinaves se retrouvèrent dans des camps opposés. Bien que tous eussent exprimé le souhait de rester neutres avant même que la guerre ne commençât, la Scandinavie représentait un enjeu trop important sur le plan international pour être ignorée par les Allemands ou les Alliés.

Seule la **Suède** réussit à préserver sa neutralité pendant toute la durée de la guerre même si le gouvernement fut obligé de faire des concessions aux Allemands ; c'est ainsi que le passage des troupes allemandes par la Suède fut autorisé sous la pression du commandement allemand. Ces concessions furent très impopulaires et il y eut des discussions passionnées au sujet de leur légitimité. Cependant, plusieurs actions humanitaires courageuses furent entreprises : des milliers de réfugiés en provenance d'autres pays scandinaves et des pays baltes, y compris de nombreux juifs danois, furent accueillis en Suède.

La position du **Danemark** ne fut pas moins ambiguë, surtout avant 1943, malgré des circonstances totalement différentes. Se sentant en état d'infériorité à la veille de la guerre, les Danois signèrent en 1939 un pacte de non-agression avec Hitler et proclamèrent une fois de plus leur neutralité. Ce fut peine perdue car, en avril 1940, le Danemark fut occupé par les troupes allemandes en route pour la Norvège. L'invasion fut achevée en quelques heures et il n'y eut aucune résistance. Dès lors, les Danois tentèrent de gérer la situation pour le mieux, avec le moins de souffrances possible, et cela se traduisit en pratique par une collaboration avec les Allemands. Les choses changèrent en 1943 au fur et à mesure que la résistance s'organisait : les journaux clandestins se multiplièrent, l'ambassadeur du Danemark à Londres se rangea ouvertement du côté des Alliés et le Conseil danois pour la liberté, qui fut d'abord un mouvement clandestin, fut reconnu en tant que gouvernement légitime du Danemark. L'intimidation et la répression allemandes ne se firent pas attendre et continuèrent jusqu'à la libération du pays le 5 mai 1945.

En avril 1940, les Alliés et les Allemands portèrent leur attention sur le port norvégien de **Narvik** *(voir à ce nom)* qui exportait le minerai de fer suédois. Au début, les Norvégiens résistèrent farouchement, mais ils furent écrasés par la supériorité allemande et en juin 1940 le roi quitta le pays avec son gouvernement pour se réfugier à Londres où il resta jusqu'à la fin de la guerre. Pendant ce temps, la résistance civile empêchait le pays de fonctionner normalement et les Allemands procédèrent à des arrestations en masse et à des déportations en guise de représailles. Un mouvement de résistance militaire, agissant sur ordres de Londres, recueillit de précieux renseignements pour le compte des Alliés et organisa des opérations de sabotage dans tout le pays, en particulier à Rjukan dans le Telemark, où une usine de fabrication d'eau lourde fut systématiquement détruite *(voir à Telemark)*. Les actes de sabotage s'intensifièrent après le débarquement, jusqu'à la reddition des Allemands le 7 mai 1945.

En ce qui concerne la **Finlande**, l'agression vint de l'Est : en effet, l'Union soviétique – alliée alors à l'Allemagne – envahit la Carélie en novembre 1939. Durant la guerre d'Hiver qui s'ensuivit, les Finlandais en nombre inférieur se défendirent vaillamment, mais furent finalement contraints de signer la paix de Moscou et de céder la moitié de la Carélie. Après cette guerre, la Finlande isolée se tourna vers l'Allemagne pour son approvisionnement en vivres et en armes et dut affronter avec l'U.R.S.S. une autre guerre, dite guerre de Continuation. L'Armée rouge était alors du côté des Alliés qui déclarèrent à leur tour la guerre à la Finlande à la fin de l'année 1941. Jusqu'en août 1944, date à laquelle un traité de paix mit fin à la guerre, la Finlande fut déchirée entre l'Allemagne et l'Union soviétique, et de ce fait condamnée d'avance à être perdante.

La Baltique aujourd'hui

L'équilibre politique dans la Baltique a considérablement changé au cours des dernières années. A l'Est, l'éclatement de l'Union Soviétique en plusieurs États de moindre importance et l'effondrement économique de l'ancienne grande puissance ont renversé les rôles ; tout en poursuivant toujours sa politique de **stricte neutralité**, la Finlande a conservé ses liens commerciaux avec les nouvelles républiques et leur a offert une aide financière pour l'achat de nourriture et la sauvegarde de l'environnement. En même temps, la Finlande est devenue membre de l'Union européenne et continue à coopérer étroitement avec les autres pays scandinaves.

Depuis la fin de la guerre, la politique étrangère de la Suède a été quelque peu contradictoire, prônant une prise de position ferme vis-à-vis des problèmes internationaux tels que le désarmement et la paix dans le Tiers Monde en même temps qu'un **refus systématique de toute alliance** ; c'est ainsi que les Suédois refusèrent d'adhérer à l'OTAN en 1949. Par ailleurs, leur politique économique libérale les conduisit à devenir membres du Conseil Nordique, de l'Association Européenne de Libre-Échange (AELE) et, en 1995, de l'Union européenne.

Le Danemark fut le premier pays scandinave à devenir membre de l'Union européenne en 1972 ; néanmoins, le fait de ne pas avoir ratifié le traité de Maastricht par référendum en 1992, même si ce fut à une majorité très faible, a placé le pays dans une position inconfortable, en dehors de la principale sphère d'influence de l'Union.

Immédiatement après la guerre, la Norvège devint membre de l'ONU et de l'OTAN. Depuis trente ans, elle est partagée à propos de son adhésion à l'Union européenne et les Norvégiens se sont prononcés par deux fois par référendums (1972 et 1994) contre le projet d'adhésion. Cela peut en partie s'expliquer par la prospérité qu'apporte à la Norvège le pétrole de la mer du Nord, mais il faut peut-être en chercher aussi la raison dans le tempérament très individualiste des Norvégiens.

Économie

On estime souvent que la Scandinavie est parvenue à concilier capitalisme et progrès social, assurant ainsi aux citoyens de chacun des États un niveau de vie élevé et l'une des premières places dans le rapport annuel des Nations Unies sur le Développement de l'Homme. Cette opinion est en grande partie justifiée ; cependant, les impôts et salaires élevés, conséquence de la politique scandinave en matière économique et sociale, ont amoindri le pouvoir compétitif de l'industrie, qui comptait pourtant beaucoup sur ses exportations.

TENDANCES GÉNÉRALES

Durant les récentes crises économiques mondiales, c'est-à-dire à la fin des années 70 et en 1992, la situation se détériora et la croissance économique atteignit son taux le plus bas ; les pays scandinaves furent donc forcés de laisser flotter leur monnaie ; la conséquence en fut parfois une dévaluation importante qui donna un nouvel élan aux exportations. En même temps, les réductions considérables des dépenses des États, les restructurations et la modernisation des entreprises aggravèrent le chômage.
Le développement des technologies de pointe, de la formation spécialisée et de la recherche (les investissements de la Suède dans le domaine de la recherche industrielle, qui représentaient 3 % du produit national brut en 1989, sont parmi les plus importants du monde) a également contribué à rendre les produits scandinaves plus compétitifs. Les entreprises ont investi à l'étranger, quelques-unes même parvenant à fusionner avec leurs homologues d'autres pays (tel fut le cas de l'entreprise suédoise Asea, spécialisée dans l'électronique lourde, qui s'est alliée avec l'entreprise suisse Brown Boveri pour former le plus grand groupe dans ce domaine sous le nom de ABB). D'autres exportent leur technologie et s'implantant à l'étranger, comme Norske Skog, fabricant de pâte à papier et de papier. A l'instar de certains pays industrialisés, la Scandinavie connaît un développement important de ses industries de services. Au cours des vingt dernières années, les règles du commerce international ont considérablement changé du fait de la consolidation d'alliances économiques telles que l'Union européenne et l'AELE (Association européenne de libre-échange). Les États scandinaves, tous quatre membres de l'AELE, ont demandé à adhérer à l'Union européenne à des moments différents : le Danemark d'abord, en 1972, conscient de l'occasion extraordinaire qui s'offrait à son agriculture et à son industrie de la pêche ; la Finlande et la Suède en 1995. La Norvège, dont l'économie est prospère grâce aux exportations de pétrole et de gaz de la mer du Nord, a repoussé le projet par référendum, mais se montre cependant tout à fait favorable au récent accord sur la zone d'influence économique européenne signé par l'Union européenne et l'AELE.

L'AGRICULTURE DANOISE

Au Danemark, où les terres cultivées représentent 70 % de la superficie totale contre moins de 10 % dans les trois autres pays, 8 % seulement de la population travaillent dans l'agriculture, intensive et très mécanisée, dont les produits sont de grande qualité, grâce à l'usage généralisé du système coopératif. L'industrie laitière est la principale activité avec la production de viande de porc et l'aviculture ; le beurre et le bacon danois sont exportés dans le monde entier.

LA PÊCHE NORVÉGIENNE

Si la pêche est importante dans toute la Scandinavie, de très ancienne tradition maritime, c'est à la Norvège, disposant de 21 000 km de côtes et d'eaux parmi les plus poissonneuses du monde, que revient le premier rôle en ce domaine.
Au cours des dernières années, la **pisciculture**, qui concerne principalement le saumon et la truite, s'est répandue le long des côtes.

O. Martel/EXPLORER

Pêcheur de saumon

La production de poisson, provenant tant de la pêche que de l'élevage, dépasse les 2 millions de tonnes, dont 90 % sont exportés. Par ailleurs, l'industrie de la pêche se développe régulièrement grâce à la recherche en milieu marin : des **« fermes marines »** expérimentales associent pêche et élevage afin de garantir un approvisionnement régulier. Dans d'autres domaines, la coopération internationale est nécessaire pour contrôler l'utilisation des ressources marines dans la zone de protection de la pêche dont la Norvège est responsable.

ÉNERGIE ET RESSOURCES NATURELLES

C'est également la Norvège qui est en tête pour la production d'énergie. L'**énergie hydro-électrique** est un facteur essentiel des économies finlandaise, suédoise et norvégienne, mais, alors que la Norvège produit pratiquement assez d'hydro-électricité pour satisfaire ses propres besoins, 15 % seulement de l'énergie suédoise proviennent de la puissance hydraulique et le pourcentage est encore plus faible en Finlande. D'autre part, la Norvège est, depuis la fin des années 60, l'un des plus gros producteurs de pétrole du monde : les plus grandes **nappes de pétrole** se trouvent au large des côtes, à l'Ouest de Bergen et de Stavanger. Aussi une industrie pétrochimique prospère s'est-elle développée.

Groupe d'éoliennes au Danemark

Le Danemark, en revanche, continue à importer la plus grande partie de son énergie tout en mettant à l'essai d'autres sources d'énergie : une des plus prometteuses est l'**énergie éolienne,** qui produit de l'électricité grâce à des éoliennes très modernes, souvent regroupées dans des parcs. Leurs hautes silhouettes se profilent sur le ciel du Jutland et du Sjælland méridional.

Le sol scandinave est riche en minéraux de toutes sortes que l'on extrait depuis le Moyen Âge. Aujourd'hui, les centres miniers les plus importants sont **Kiruna** en Laponie suédoise (fer) et **Outokumpu** dans la partie occidentale de la Carélie du Nord (cuivre).

L'INDUSTRIE FORESTIÈRE

La Finlande, la Suède et la Norvège possèdent des quantités très importantes de cette précieuse matière première qu'est le bois. Les trois pays produisent du bois de construction et de mobilier, mais également de la pâte à papier et du papier, ainsi que de la cellulose et divers produits chimiques ; des quantités de plus en plus grandes de papier recyclé sont utilisées dans le processus de production et une part importante des produits finis est exportée. La Finlande, dont plus des 2/3 de la superficie sont couverts de forêts, est le pays le plus boisé d'Europe. Une famille sur cinq est propriétaire d'un bois, en majeure partie de conifères, mais aussi d'espèces à feuillage caduc (bouleaux, chênes, érables et frênes). Au début du 20e s., l'exportation du bois représentait plus de 85 % des exportations nationales.

LES LEADERS DE L'INDUSTRIE SCANDINAVE

Pami les plus grandes entreprises scandinaves, il faut citer **ABB,** société suédoise et internationale spécialisée dans l'électronique, **Astra** et **Pharmacia,** importants groupes pharmaceutiques suédois, **Bang & Olufsen,** fabricant danois de télévision et d'équipement hi-fi, **Electrolux,** le plus gros fabricant mondial d'appareils ménagers, **Ericsson,** leader mondial dans le domaine des télécommunications, **Ikea,** fabricant suédois de meubles et spécialiste de l'aménagement de la maison, **Kværner** en Norvège, première entreprise de constructions navales d'Europe, **Nokia,** première entreprise finlandaise dans le domaine des télécommunications, **Norske Skogindustrier,** premier fabricant norvégien de pâte à papier et de papier, **Statoil,** premier exportateur mondial de produits pétroliers légers en dehors de l'OPEP, **Tandberg Data,** fabricant norvégien de produits informatiques de grande qualité, **Tetra-Laval,** premier groupe industriel à l'échelle mondiale dans le domaine de l'emballage alimentaire, dont le siège est à Lund (Suède), **Volvo** et **Saab** constructeurs suédois de voitures de tourisme et de camions.

Architecture

Tous les principaux styles européens furent successivement repris en Scandinavie, mais leur influence fut plus marquée au Danemark et en Suède que dans les autres pays. Les cathédrales de Ribe au Danemark, de Stavanger en Norvège et de Lund en Suède sont de magnifiques exemples d'architecture romane. Le style gothique du Nord, où prédomine l'usage de la brique, est bien représenté par la cathédrale de Roskilde au Danemark et celle d'Uppsala en Suède. La Renaissance hollandaise a laissé son empreinte sur l'imposant château de Frederiksborg, au Nord de Copenhague, et sur le château de Rosenborg, qui orne la capitale danoise. L'exubérance étincelante du style baroque du palais de Christiansborg à Copenhague et du Palais royal de Stockholm contraste avec le style classique de l'ancien opéra de Stockholm. Le style néo-gothique, très en vogue à la fin du 19e s., fut adopté pour l'hôtel de ville de Copenhague.
La Scandinavie n'a pas moins apporté sa propre contribution dans l'évolution des styles et des techniques, se révélant extrêmement originale avec les églises rurales médiévales du Danemark, les églises en bois debout de Norvège *(voir plus loin : Le bois dans l'architecture)*, et, au 20e s., l'architecture moderne et le design.

Les églises rurales danoises du Moyen Âge – La construction des églises fut intense au Danemark au cours du 12e s. Parmi les centaines de modestes églises de campagne, qui surgirent alors, de nombreuses subsistent dans le Sud du Sjælland, l'île de Møn, le Jutland et, en Suède méridionale, en Scanie, alors province danoise. Plusieurs sont décorées de fresques pleines de vie, témoignages du réalisme imaginatif des artistes médiévaux tel le **maître d'Elmelunde**, qui décora plusieurs églises de l'île de Møn et inspira d'autres artistes, mais aussi de la vie quotidienne de l'époque, des structures de la société médiévale, des croyances religieuses et des tabous.

L'architecture moderne en Scandinavie – Au début du 20e s., la Finlande fut la première à passer du romantisme national à l'architecture moderne. La transition fut l'œuvre de l'architecte **Eliel Saarinen**(1873-1950), que l'on peut considérer comme l'un des fondateurs de l'architecture moderne et du fonctionnalisme. Il dessina les plans de l'imposante gare centrale d'Helsinki, puis émigra aux États-Unis où son œuvre, poursuivie par son fils **Eero**, influença considérablement l'urbanisme moderne. Mondialement célèbre à la fin des années 20, **Alvar Aalto** (1898-1976), représentant majeur du fonctionnalisme, dressa aussi des plans d'urbanisme : Rovaniemi, entièrement détruite pendant la Seconde Guerre mondiale, fut reconstruite sur ses plans, inspirés des bois d'un renne.
Au Danemark, un autre fonctionnaliste, **Arne Jacobsen**, devint célèbre pour avoir dessiné, au début des années 40, les plans de l'austère hôtel de ville d'Århus, entièrement construit en béton. Son homologue suédois, **Gunnar Asplund** (1885-1940), fut moins célèbre sur le plan international.
Parmi les architectes contemporains, il faut citer le Danois **Søren Robert Lund**, qui dessina le Musée d'Art Moderne de Køge, de conception très audacieuse, et **Jørn Utzon**, architecte de l'opéra de Sydney en Australie, ainsi que le couple finlandais **Reima et Raili Pietilä**, concepteurs de la nouvelle résidence officielle du président finlandais. A l'Ouest de Paris, la Grande Arche de la Défense a été conçue par le Danois **Otto von Spreckelsen**.

E. Morris

Église de Bregninge, Danemark

Le bois dans l'architecture

Les vastes forêts recouvrant la Norvège, la Finlande et la Suède garantissaient la production de quantités illimitées de bois de construction, facile à travailler, la pierre étant par contre difficile à extraire du sol gelé durant plusieurs mois. De plus, les bâtiments en pierre étaient difficiles à chauffer, et c'est donc pour des raisons économiques que les églises et les châteaux furent les seuls édifices construits en pierre, par des communautés par ailleurs aisées.
L'utilisation du bois se généralisa dans toute la Scandinavie (à l'exception du Danemark pour des raisons climatiques) bien avant l'ère viking, mais les techniques à la fois complexes et remarquables, qui permirent aux constructions de bois de résister à l'usure du temps, furent mises au point par les Vikings dont l'esprit d'innovation s'appliqua tout autant à la construction des bâtiments qu'à celle des navires. Des siècles d'expérience permirent aux artisans d'acquérir une connaissance approfondie des qualités intrinsèques de ce matériau et de mettre au point des techniques qui conféraient aux bâtiments une solidité exceptionnelle.
D'autre part, les sculptures et peintures aussi belles que complexes qui décorent certains édifices en bois montrent la confiance que les bâtisseurs du passé avaient dans leur capacité à construire des œuvres durables avec un matériau qu'ils connaissaient parfaitement et auquel leur culture attribuait une signification spirituelle. Aujourd'hui, le **Sylvanum**, musée du bois situé à Gävle, au Nord de Stockholm, illustre les méthodes de l'industrie forestière et de ses sous-produits, offrant ainsi une preuve éclatante que le bois est toujours un élément essentiel de la culture scandinave.

Deux techniques de base

La diversité des constructions de bois en Scandinavie est due à l'emploi de deux techniques très différentes qui datent du 9e s. A cette époque, les Vikings, grands voyageurs, rapportèrent d'Orient la première de ces techniques, à savoir la construction de cabanes en rondins selon la méthode de l'assemblage à tenons et mortaises : les troncs, grossièrement dépouillés de leur écorce, étaient simplement empilés les uns sur les autres et les interstices remplis de terre et de mousse ; les extrémités des rondins étaient entaillées et assemblées par emboîtage ; il n'y avait pas de fondations et la charpente était recouverte d'écorce de bouleau maintenue en place par une couche de terre garnie d'herbe. Les cabanes en rondins étaient carrées ou rectangulaires et ne comportaient qu'une seule pièce à foyer central.

Église en bois debout de Hopperstad, à Vik, Norvège

Ce plan simple fut utilisé, avec quelques variantes, dans toute la Scandinavie, de la Norvège à la Carélie, dans l'Est de la Finlande, et l'on peut encore en voir de très beaux spécimens. Il fut également utilisé au siècle dernier par les émigrants du Nouveau Monde, qui construisirent avec fierté leurs cabanes traditionnelles dans les vastes plaines de l'Amérique du Nord.
La technique utilisée pour la construction des cabanes en rondins s'appelle *laft* en norvégien, par opposition à une autre technique plus complexe appelée *stav*, qui fut mise au point en Scandinavie et atteignit un remarquable degré de perfection au cours des 12ᵉ et 13ᵉ s. lors de la construction d'églises en bois d'un type très original, qui portent le nom approprié de *stavkirker* (églises en bois debout). L'originalité de cette technique consistait à maintenir des rangées de rondins ou de planches verticales dans un cadre fait de poutres horizontales garnies de rainures ; la présence d'une sablière basse empêchait la détérioration des murs, ce qui explique pourquoi les édifices construits de cette façon ont résisté pendant 800 ans. Qu'ils soient construits selon la technique *laft* ou *stav*, les murs étaient très souvent doublés extérieurement de planches horizontales ou verticales soigneusement assemblées et peintes de couleurs traditionnelles ; ce doublage servait principalement d'isolation thermique et de protection contre la pluie et la neige, mais il rendait aussi les constructions plus attrayantes et fut à l'origine d'une certaine recherche esthétique qui se traduisit, entre autres, par la décoration des encadrements de portes et de fenêtres.
Ces techniques de base furent couramment utilisées dans l'architecture traditionnelle, soit séparément soit ensemble avec des variantes régionales, car elles pouvaient être facilement adaptées aux conditions climatiques et aux exigences économiques.

LES STAVKIRKER NORVÉGIENNES

Les églises en bois debout de Norvège sont les plus complexes des édifices en bois jamais érigés en Scandinavie. Les premières furent construites au temps des Vikings vers la fin du 10ᵉ s. et, dès le début du 14ᵉ s., on en dénombrait environ un millier. Sombres, elles étaient ornées de clochers pointus et de pignons à pente raide surmontés de têtes de dragons : ayant renoncé à leurs expéditions lointaines, les Vikings n'avaient pu sans doute se résigner à abandonner pour autant le symbole de leur puissance... Au cours du 14ᵉ s., une épidémie de peste décima un tiers de la population et, ainsi désertées, beaucoup d'églises en bois debout tombèrent en ruine ou furent détruites par le feu. Plus tard, d'autres, devenues trop exiguës, furent démolies et remplacées par des églises plus grandes, souvent construites en bois mais dans un style totalement différent. Les dernières, mal entretenues, se dégradèrent et au 19ᵉ s. il n'en demeurait qu'une trentaine en Norvège. L'attention du public fut attirée sur l'inévitable disparition de cet héritage national unique par le peintre J. C. Dahl et les églises furent progressivement restaurées.

Prat-Pries/DIAF

Église de Hopperstad – Détail intérieur

Elles datent toutes des 12ᵉ et 13ᵉ s. et sont situées dans la moitié Sud de la Norvège. Bien que de taille et de forme variables, on les identifie aisément car la même technique fut scrupuleusement utilisée pour les construire ; aussi ont-elles plusieurs caractéristiques communes. Qu'elles aient des nefs latérales ou qu'elles soient entourées d'une galerie extérieure, leur charpente en paliers est recouverte de galets de bois qui ressemblent à des écailles de poisson. Le goudron de bois employé pour les préserver de la décomposition donne une impression d'obscurité et d'austérité que confirme l'entrée à l'intérieur par un portail bas. A l'origine conçues sans fenêtres, elles n'étaient éclairées que par de petites ouvertures pratiquées au sommet des murs. Le manque de lumière n'incitait pas à les décorer intérieurement, à l'exception de quelques sculptures sur les piliers circulaires et sur les chapiteaux. Seul le portail Ouest était richement décoré extérieurement de sculptures d'animaux et de feuillage entrelacés, formant des motifs attrayants. Sous l'influence du style roman, le plan des églises devint plus complexe et les nefs latérales et les absides semi-circulaires firent leur apparition.

Mais l'ornementation d'inspiration viking fut maintenue et les édifices conservèrent leur aspect d'origine, à la fois païen et chrétien. Des arcs en plein cintre séparèrent la nef du chœur et, dans certains cas, des fenêtres furent percées dans les murs. Vers les 16e et 17e s., on peignit des fresques sur les murs et l'usage de mobilier raffiné atténua leur caractère austère. Les plus intéressantes églises en bois debout sont celle d'Urnes, la plus ancienne, située au bord du Sognefjord, celle de Borgund, située non loin d'Urnes, l'une des plus imposantes et la plus richement ornée, celle de Heddal *(voir à ce nom)*, située dans le Telemark, la plus grande et la mieux conservée, celles d'Uvdal et de Nore *(voir à ces noms)*, situées dans la Numedal, plus petites mais plus intimes, qui offrent une profusion de décorations variées.

ARCHITECTURE RURALE TRADITIONNELLE

Au cours des siècles, les techniques de base *laft* et *stav* ont été utilisées pour la construction de toutes sortes de bâtiments ruraux, de la simple cabane en rondins au manoir campagnard, et ont été habilement adaptées selon les besoins. Les **bâtiments de ferme** ont des murs doublés et une élégante galerie extérieure qui leur donne un aspect confortable ; ils sont peints de couleurs lumineuses comme le blanc qui domine dans le Sud de la Norvège ou le rouge qui se rencontre dans toute la Scandinavie. Les **fermes d'été**, répandues dans les régions montagneuses de Norvège et de Suède, ont souvent conservé l'aspect rustique des cabanes en rondins, au toit couvert de couches de terre garnies d'herbe. Appelées *fäbodar* en Suède, on peut en voir dans la région centrale du Härjedalen ainsi que dans la région de Røros en Norvège. Les dépendances comprenaient des greniers qui, en Norvège, se présentaient sous la forme d'un bâtiment séparé reposant sur des piliers de pierre ou de bois ; ces *stabbur* sont fréquents dans la Numedal, dans le Sud de la Norvège. En Finlande de simples cabanes en rondins faisaient office de saunas.

C. Boisvieux

Maison au musée de plein air de Trondheim, Norvège

En Suède et dans l'Ouest de la Finlande, les riches propriétaires habitaient généralement des **manoirs** en bois à deux étages, assez grands pour abriter 30 à 40 personnes. C'étaient en fait de vastes cabanes de rondins, posées sur des fondations surélevées par un mur bas en pierre. La pièce commune était la seule qui fût décorée, le reste de la maison étant meublé avec une extrême simplicité. Les manoirs qui ont survécu datent de la fin du 18e s.
En dépit du fait qu'elles paraissent sans intérêt à côté des églises en bois debout, les **églises rurales** sont également dignes d'attention, car elles possèdent souvent un certain charme. C'est le cas des églises d'Olden et de Geiranger dans la région des fjords, ou encore de la minuscule église du 14e s. à Södra Råda dans le Västergötland, région de la Suède occidentale.
En Suède, à proximité des églises, dont les fermes étaient souvent très éloignées, les pratiquants construisaient de petites maisons où ils se reposaient avant de prendre le long chemin du retour. Des villages entiers, auxquels on donnait naturellement le nom de *kyrkstaden* (village de l'église), furent ainsi édifiés, en particulier dans le Nord ; certains, préservés, sont situés sur les bords du golfe de Botnie, entre Luleå et Umeå.
Les **cabanes de pêcheurs** sont également très typiques : construites au bord de l'eau, en partie sur le rocher et en partie sur pilotis, peintes en rouge, elles forment un tableau particulièrement pittoresque sur fond austère de roche et de ciel. Les plus attrayantes se trouvent dans le Bohuslän, province du Sud-Ouest de la Suède, et dans les îles Lofoten, au large de la côte occidentale de Norvège.

LES VILLES DE BOIS

Même si les villes scandinaves sont antérieures au 18e s., la plupart des quartiers de bois qu'elles ont conservés datent de ce même siècle, car elles ont inévitablement été dévastées par le feu au moins une fois. Ces quartiers anciens offrent au visiteur un aspect et une atmosphère totalement différents selon les villes et les régions. Les **« villes blanches »** de la Norvège méridionale, avec leurs petites maisons blanches alignées au bord de l'eau, baignent dans une ambiance estivale animée et détendue : la magnifique rangée d'entrepôts aux lignes austères qui se reflètent dans les eaux du vieux port de **Bergen** *(voir à ce nom)* offre une vue inoubliable. A **Stavanger** *(voir à ce nom)*, port commercial actif, les petites maisons de marins et d'artisans, perchées au-dessus du vieux port, ont été restaurées avec goût et peintes de couleurs claires. **Rauma** *(voir à ce nom)*, sur les bords du golfe de Botnie, est sans doute la mieux préservée des villes de bois finlandaises, car elle n'a pas changé depuis le dernier grand incendie qui date de la fin du 17e s. Plus au Nord, **Kokkola** a conservé des spécimens intéressants de demeures de riches marchands et de maisons d'artisans plus modestes.
Les villes minières ont, par contraste, un aspect plus sévère : en se promenant dans les rues de **Røros** *(voir à ce nom)* en Norvège, on comprend combien la vie était rude et dépendait entièrement de la fonderie de cuivre. Les distinctions entre les différentes classes sociales étaient soulignées par la taille et l'aspect des maisons, de la cabane en rondins au toit couvert de touffes d'herbe pour les ouvriers pauvres aux grandes maisons colorées réservées aux dirigeants de la mine.
En Suède, seule **Göteborg**, sur la côte occidentale, présente un grand nombre de maisons de bois.

B. Morandi

Røros, Norvège

La littérature

Ce n'est qu'au 19e s. que l'intérêt porté à la littérature scandinave prit un caractère international et que fut reconnue la contribution de la Scandinavie à la culture mondiale. Les raisons sont complexes et liées tout autant à la situation politique et culturelle en Scandinavie qu'à l'attitude du reste du monde envers les pays nordiques. Avant le 19e s., on pensait en général que la culture scandinave avait été considérablement influencée par les mouvements artistiques européens et avait nourri son inspiration de l'œuvre des artistes et écrivains italiens, français ou allemands, mais qu'en retour elle n'avait engendré aucune forme originale d'expression culturelle. Les opinions se modifièrent au début du 19e s., lorsque le mystère qui entourait la préhistoire scandinave fut en partie élucidé ; on se rendit alors compte que la Scandinavie avait contribué à alimenter le vaste creuset européen bien avant sa christianisation au 11e s. ; les historiens commencèrent à réaliser les effets que les Vikings avaient eu sur la civilisation occidentale. C'est aussi à cette époque que les communications devinrent plus faciles et que de nombreux visiteurs décrivirent avec enthousiasme la beauté des paysages scandinaves. Puis, vers le milieu du 19e s., des millions d'Européens, chassés de leurs pays par la misère, émigrèrent vers le Nouveau Monde ; parmi eux il y avait un million de Norvégiens et autant de Suédois qui emportèrent leur culture avec eux et furent ensuite fiers de la partager avec leurs compatriotes américains.

Une éclosion soudaine

Ce fut cependant l'extraordinaire vigueur avec laquelle la littérature scandinave s'épanouit d'un seul coup qui retint l'attention du monde entier. Après le bouleversement causé par les guerres napoléoniennes, le Danemark et la Suède éprouvèrent le besoin de réaffirmer leur identité nationale, tandis que la Norvège et la Finlande étaient à la recherche de leur propre identité. Ils tournèrent tous leurs efforts vers leur lointain passé et leur héritage commun, les **sagas.**

Au temps des Vikings, lors des festins, des scaldes, bardes nordiques, avaient coutume de réciter devant de larges assemblées des poèmes épiques fondés sur des événements historiques. Les narrateurs adaptaient généralement avec soin leurs contes afin de plaire aux chefs de clans qui louaient leurs services ; c'est ainsi que les actes héroïques furent racontés à maintes reprises et embellis selon les besoins. Proches de la légende, ces contes furent plus tard regroupés sous forme de textes manuscrits qui enregistrèrent pour la postérité le glorieux passé de la Scandinavie.

Les thèmes qui nourrissent la littérature scandinave des 19e et 20e s. montrent que les écrivains ont puisé leur inspiration dans ces sagas qui contenaient l'essence même du tempérament et de la culture scandinaves : la communion avec la nature, un sentiment latent d'angoisse et de mélancolie, l'obsession de la solitude, qui confère néanmoins une certaine force, et un amour profond pour le folklore en tant que racine même de l'identité scandinave.

Voici un aperçu de la littérature scandinave à travers quelques-uns de ses plus grands écrivains. Il est intéressant de remarquer que les auteurs de littérature enfantine furent les premiers à attirer l'attention du monde entier sur la littérature scandinave puisque Hans Christian Andersen, Selma Lagerlöf, Astrid Lindgren et Tove Jansson, qui imagina les Moomins (personnages ressemblant à des hippopotames, *voir Illustration à Tampere*), sont devenus extrêmement populaires de leur vivant.

Danemark

Le 19e s. est dominé par trois personnalités très différentes. **Hans Christian Andersen** (1805-1875) fut un conteur de génie dont les histoires dévoilent une imagination sans bornes et un optimisme incorrigible. Le philosophe **Søren Kierkegaard** (1813-1855), en revanche, exprima l'angoisse de l'Homme confronté à la responsabilité de sa propre existence. Le théologien et professeur **Nikolaj Grundtvig** (1783-1872) préconisait une attitude libérale dans le domaine de la religion et fut le champion de la liberté individuelle dans le domaine de l'éducation. **Karen Blixen** (1885-1962) est probablement l'écrivain danois du 20e s. le plus célèbre ; plusieurs de ses romans ont été portés à l'écran, en particulier *La ferme africaine*, récit autobiographique de sa vie dans une plantation du Kenya. **Peter Høeg** (né en 1957), auteur de *Smilla et l'Amour de la Neige*, roman à suspense de grande qualité, fait partie de la nouvelle vague des écrivains danois.

Hans Christian Andersen

Finlande

Les champions du nationalisme finlandais se tournèrent tout naturellement vers les très anciens récits folkloriques qui représentaient pour eux l'âme de leur pays avant qu'il ne fût assimilé à une province suédoise. En 1835, **Elias Lönnrot** (1802-1884) devint un héros national lorsqu'il publia son *Kalevala*, recueil de récits et de légendes tirés du folklore national, présenté sous forme de poème épique, qui inspira toutes les générations suivantes. Les principaux thèmes de la nouvelle littérature finlandaise étaient la nature et le monde rural ; le premier roman écrit en finlandais fut celui d'**Alexis Kivi** (1834-1872), *Les Sept Frères*. Ce même thème fut plus tard repris par **Frans Emil Sillanpää** (1888-1964), qui fut le seul Finlandais à obtenir le prix Nobel en 1939. Les écrivains finlandais contemporains se sont tournés vers des préoccupations à caractère plus universel : **Väinö Linna** (1920) décrit dans *Soldats Inconnus* les effets de la guerre sur les simples soldats, tandis qu'**Arto Paasilinna** (1942) rejette avec un humour cinglant dans *le Lièvre de Vatanen* le monde artificiel dans lequel évolue l'Homme.

Norvège

En tête des éminents représentants de la littérature norvégienne du 19e s. et du début du 20e s., on n'hésitera pas à placer les dramaturges **Henrik Ibsen** (1828-1906) et **Bjørnstjerne Bjørnson** (1832-1910) ainsi que le romancier **Knut Hamsun** (1859-1952) ; leurs œuvres sont imprégnées d'angoisse, de doute et même de désespoir, car ils ne croient pas que l'Homme puisse vivre en harmonie avec le monde. **Sigrid Undset** (1882-1949) acquit une renommée internationale grâce à sa trilogie historique qui fait revivre la Norvège médiévale. **Tarjei Vesaas** (1897-1970) est considéré comme l'un des écrivains norvégiens majeurs du 20e s. : un courant sombre parcourt ses romans dans lesquels la solitude de l'Homme est décrite à la fois comme une faiblesse et comme une force.

La littérature norvégienne contemporaine est brillamment représentée par **Jostein Gaarder** (1952), dont *Le Monde de Sophie*, publié en 1991, a connu un succès mondial.

Suède

Le dramaturge **August Strindberg** (1849-1912) se distingue comme l'écrivain suédois le plus important. Son œuvre, marquée par l'influence d'Ibsen, révèle une analyse obsessionnelle de la psychologie de ses personnages qui fit de lui le précurseur du surréalisme avec, entre autres, *Le Songe*, publié en 1901. D'inspiration totalement différente, **Selma Lagerlöf** (1858-1940), dont Marguerite Yourcenar disait : « Parmi les femmes de grand talent ou de génie, aucune à mon sens ne se situe plus haut », devint célèbre grâce à un conte féerique, *Le Merveilleux Voyage de Nils Holgersson* dans lequel elle décrit les merveilles de son pays natal. Au 20e s., **Pär Lagerkvist** (1891-1974) laissa une œuvre romanesque (*Le Nain*, 1944 – *Barabbas*, 1950), poétique et dramatique imprégnée d'un profond pessimisme et **Stig Dagerman** (1923-1954) écrivit des romans empreints d'un réalisme cruel et se suicida à l'âge de 31 ans. De son côté, le romancier contemporain **Per Olov Enquist** (1934) décrit avec une extrême lucidité l'éternel conflit entre l'individu et la société dans laquelle il vit.

Peinture et sculpture

La situation périphérique de la Scandinavie l'écarta de toute influence sur les mouvements artistiques européens, que les Scandinaves se contentèrent d'adopter. Dès le Moyen Âge, ils firent appel, pour décorer les églises romanes et gothiques, à des artistes étrangers, principalement hollandais et allemands, que les artistes locaux imitèrent. C'est ainsi qu'au 15e s. et au début du 16e, **Bernt Notke** et **Claus Berg** furent les initiateurs du style allemand de sculpture religieuse et eurent de nombreux disciples en Scandinavie.

L'appel aux artistes étrangers se perpétua tout au long du 17e s., qui marque l'avènement de la Renaissance en Scandinavie avec un siècle de retard sur le reste de l'Europe. De nombreux peintres et sculpteurs, ainsi que des architectes, furent attirés au Danemark et en Suède par le roi de Danemark, Christian IV, et par les monarques cultivés de Suède, Gustave Adolphe et sa fille Christine ; ces mécènes des arts puisèrent dans les riches réserves d'artistes européens pour embellir leurs palais et orner leurs galeries d'art.

Ce n'est qu'au 18e s. que des **écoles d'art nationales** virent le jour au Danemark et en Suède. Au Danemark, la fondation de l'**Académie Royale des Arts** permit à des artistes danois de recevoir un enseignement approprié dans leur pays natal avant d'accomplir leur tour d'Europe ; en Suède, le premier style vraiment original, connu sous le nom de **style gustavien**, fut particulièrement bien représenté par le sculpteur **Johan Tobias Sergel** (1740-1814), auteur de la statue de Gustave III à Stockholm. Par la suite, les aspirations des différentes tendances romantiques nationales du 19e s. provoquèrent un épanouissement sans précédent de l'art scandinave.

L'Âge d'Or danois

Par suite des conséquences désastreuses de la politique danoise pendant les guerres napoléoniennes, les Danois mirent leur énergie créatrice au service de l'art et le 19e s. devint ainsi l'âge d'or de l'art danois. **Bertel Thorvaldsen** (1770-1844), que l'on considère en général comme le plus grand sculpteur danois, domina la première moitié du siècle. Il passa de nombreuses années à Rome où il acquit une renommée internationale en tant que remarquable représentant du néoclassicisme ; à son retour dans son pays natal, il fut accueilli en héros et légua son œuvre tout entière à la ville de Copenhague qui fit construire un musée en son honneur.
Son contemporain, le peintre **Christoffer Wilhelm Eckersbeg** (1783-1853), au style net et élégant, par l'influence qu'il exerça sur plusieurs générations de peintres pendant ses 35 années d'enseignement à l'Académie Royale des Arts, fut le fondateur de l'école danoise.
A partir de 1850, les artistes danois se tournèrent vers le réalisme et choisirent la nature comme principale source d'inspiration. Les **« peintres de Skagen »** *(voir à ce nom)* concentrèrent leurs recherches sur la lumière et s'attachèrent à peindre les scènes de la vie quotidienne. Ils furent suivis notamment par les **« peintres fioniens »** dont les plus célèbres furent **Johannes Larsen** (1867-1961) et **Peter Hansen** (1868-1928). **Jens Ferdinand Willumsen** (1863-1958), l'un des plus grands peintres scandinaves et l'un des représentants du symbolisme et de l'expressionnisme, fit partie du groupe de Pont-Aven où il travailla avec Paul Gauguin à la fin du 19e s.

Les plus grands noms de la peinture scandinave

Le Norvégien **Edvard Munch** (1863-1944) *(voir à Oslo)*, qui fut l'un des chefs de file de l'expressionnisme, fut sans aucun doute le plus grand peintre scandinave de tous les temps. En Finlande, **Akseli Gallen-Kallela** (1865-1931) fut à l'origine d'une école nationale finlandaise, tandis que **Tyko Sallinen** (1879-1955) fut l'un des leaders du mouvement expressionniste finlandais. Au Danemark, on retiendra en particulier les noms d'**Asger Jorn** (1914-1973), fondateur du groupe international Cobra par réaction contre la société d'après-guerre, et du peintre et sculpteur **Per Kirkeby** (né en 1938), dont le but est de transposer sa propre expérience sur la toile. En Suède, **Carl Larsson** (1853-1919) acquit une immense popularité grâce à ses interprétations très détaillées de scènes de la vie quotidienne et à ses illustrations de livres d'enfants. En revanche, **Anders Zorn** (1860-1920), que l'on considère souvent comme le plus grand peintre suédois des temps modernes, fut un impressionniste tardif qui peignit des paysages de sa région natale, la Dalécarlie, immortalisant sur ses toiles la culture rurale qu'il aimait tant et dont les portraits à l'eau-forte sont célèbres pour l'énergie qu'ils dégagent.

Munch : *Autoportrait* (1909)

La sculpture scandinave

Le sculpteur le plus éminent est le Norvégien **Gustav Vigeland** (1869-1943), qui fut le meilleur représentant d'un style de sculpture monumentale typiquement scandinave ; ses œuvres ornent le parc Frogner à Oslo. La Suède eut également un sculpteur célèbre, **Carl Milles** (1875-1955), dont on peut voir les œuvres monumentales non seulement à Millesgården, à Stockholm, mais aussi aux USA où il passa la dernière partie de sa vie à créer des fontaines majestueuses. En Finlande, il faut retenir deux artistes parmi un grand nombre d'excellents sculpteurs : **Wäinö Aaltonen** (1894-1966) utilisa le granit dans plusieurs de ses œuvres et, en plus des nombreuses statues qu'il sculpta, dont celles de Paavo Nurmi et d'Alexis Kivi à Helsinki, il réalisa également des œuvres monumentales dans la plus pure tradition scandinave. Plus récemment, **Eila Hiltunen** (née en 1922) fut reconnue par un large public grâce à son monument à la gloire de Sibelius, érigé à Helsinki. Parmi les meilleurs sculpteurs danois, on peut citer **Kai Nielsen** (1882-1924), qui développa son propre style monumental, et **Robert Jacobsen** (1912-1993) qui travailla essentiellement les métaux et s'exprima dans un style abstrait très personnel.

Musique

NORVÈGE ET FINLANDE : RETOUR AUX SOURCES

Deux compositeurs se partagent le privilège d'incarner l'âme scandinave : le Norvégien **Edvard Grieg** (1843-1907) et le Finlandais **Jean Sibelius** (1865-1957). Nés à une époque de grande incertitude politique, ils furent les porte-parole de leurs pays en quête d'identité nationale avec toute la force de leur génie artistique et reçurent tous deux une pension annuelle de l'État pour poursuivre leur tâche sans connaître de pré-occupations financières.

Les deux hommes étudièrent en Allemagne et furent influencés par le puissant mouvement romantique allemand qui leur donna un élan formidable au début de leur carrière artistique. Bien que leurs personnalités fussent totalement différentes et leurs styles indiscutablement originaux, ils puisèrent tous deux leur inspiration à deux sources typiquement scandinaves : la nature et la musique folklorique nordique. Ils peignirent avec beaucoup de lyrisme la beauté sereine et parfois déroutante de la nature norvégienne et finlandaise et les anciens mythes et sagas scandinaves firent vibrer leur imagination. Cela ne les écarta pas pour autant des mouvements artistiques ni des grands courants musicaux européens. Bien au contraire, ils parvinrent à exprimer, dans le langage musical de leur époque, l'intérêt profondément empreint d'émotion avec lequel ils espéraient la reconnaissance de l'identité nationale de leurs pays.

ROGER-VIOLLET

Edvard Grieg

Grieg porta la musique norvégienne sur le devant de la scène culturelle européenne et Sibelius fut le fondateur de la musique finlandaise, ouvrant la voie à d'autres artistes à un moment où la Finlande était à la recherche de sa propre forme d'expression artistique.

Grieg et Sibelius furent, de leur vivant, reconnus par leurs pairs et acclamés par le public du monde entier. Les œuvres les plus célèbres de Grieg sont le *Concerto pour piano* en la mineur, les *Danses norvégiennes* et les *Suites de Peer Gynt*, musique de scène écrite pour le drame d'Ibsen. Sibelius composa sept symphonies, un concerto pour violon en ré mineur et plusieurs poèmes symphoniques, dont *Finlandia*, mondialement célèbre, qui a donné son nom à la salle de concerts de Helsinki.

SUÈDE : UNE TRADITION MUSICALE TRÈS ANCIENNE

La musique classique devint une préoccupation officielle en Suède lorsque le roi Gustave Vasa décida en 1526 d'encourager dans son pays cet aspect de la culture en fondant l'Orchestre Royal qui existe encore aujourd'hui sous le nom d'Orchestre de l'Opéra Royal à Stockholm. Dès cette époque, des musiciens italiens et allemands furent systématiquement invités à s'installer en Suède afin de stimuler la vie musicale. Ils y importèrent les idées et les styles musicaux en vogue en Europe ; ceux-ci furent aisément assimilés et adoptés mais il n'y eut aucun génie musical de l'envergure de Grieg ou de Sibelius pour donner à la musique suédoise son identité propre. Il y eut cependant des interprètes de renommée mondiale comme par exemple les chanteuses d'opéra **Kristina Nilsson** et **Jenny Lind** qui firent carrière à l'étranger et entrèrent dans la légende de leur vivant, accomplissant de ce fait une ascension fulgurante de l'échelle sociale. Cette tradition a été reprise récemment dans le domaine de la musique populaire par le groupe **ABBA** dont le nom devint célèbre après son succès dans le Concours Eurovision de la Chanson avec *Waterloo* et qui occupa à plusieurs reprises le premier rang des hit-parades entre 1970 et 1980.

DANEMARK : CARL NIELSEN (1865-1931)

A l'exemple de ses contemporains Grieg et Sibelius, le compositeur danois Carl Nielsen fut, au début de sa carrière, nourri de romantisme allemand. En tant qu'interprète (il était violoniste et chef d'orchestre), et en tant que professeur (il fut un remarquable directeur du Conservatoire de musique de Copenhague), il joua un rôle de premier ordre dans la vie musicale de son pays et se fit une renommée internationale grâce à sa conception novatrice de la tonalité et à son style clair et très personnel. Parmi les œuvres les plus célèbres de ce compositeur prolifique, il faut citer des opéras tels que *Saül et David*, et *Mascarade*, six symphonies, trois concertos et des pièces de musique de chambre.

Sur la scène scandinave

Malgré son relatif isolement géographique et linguistique, la Scandinavie est très présente dans la vie culturelle internationale et elle a maintes fois fait preuve d'innovation dans des domaines aussi divers que le théâtre, la danse, la musique et le cinéma, provoquant en retour d'inévitables critiques. En conséquence, de nombreux Scandinaves se sont retrouvés à l'avant de la scène internationale et sont devenus célèbres, au point, parfois, d'incarner leur art dans l'esprit du public ; c'est le cas du réalisateur suédois Ingmar Bergman, de son jeune homologue finlandais Aki Kaurismäki ou du non moins jeune chef d'orchestre finlandais Esa-Pekka Salonen.

Les festivals

Populaires dans toute la Scandinavie, les festivals sont néanmoins une spécialité finlandaise. La plupart ont lieu en été, à l'époque où les journées très longues incitent à faire la fête. Ils sont très variés et le choix est déconcertant ; toutefois, l'un deux prédomine en tant qu'événement international de grande qualité : c'est le **Festival international d'opéra de Savonlinna** qui a lieu en juillet au cœur de la région des lacs finlandais ; à côté du grand répertoire international, le festival propose les œuvres les plus récentes des compositeurs finlandais, Aulis Sallinen et Joonas Kokkonen.
Parmi les principaux festivals de Finlande, il faut citer aussi le **Festival de musique de Naantali** en juin, le **Festival du cinéma de Sodankylä**, également en juin, fondé en Laponie par les frères Kaurismäki, le **Festival du théâtre de Tampere** et le **Festival multi-culturel d'Helsinki** en août.
Dans les autres pays scandinaves, plusieurs festivals ont réussi à fidéliser un public international. Le Danemark se spécialise dans le jazz et le rock avec le **Festival de rock de Roskilde** en juin et le **Festival de jazz de Copenhague** en juillet, point culminant de la vie musicale de la capitale danoise, très active dans le domaine du jazz. L'événement majeur en Norvège est **le Festival international de Bergen** qui propose un programme varié de musique classique, de théâtre et de ballet pendant les deux premières semaines de juin. En Suède, par ailleurs, la musique et la danse folkloriques sont des passe-temps d'intérêt national qui conduisent joueurs et spectateurs fervents à se retrouver avec enthousiasme, chaque année au mois de juillet, au **Festival du lac Siljan.**
Le théâtre est inévitablement, du fait de la barrière linguistique, un aspect de la culture scandinave moins attrayant pour les étrangers. Cependant, il est intéressant de remarquer que les Suédois adorent le théâtre et qu'il y a un plus grand nombre de théâtres à Stockholm que dans toute autre capitale européenne. Les représentations sont de grande qualité et les prix des places raisonnables.

La musique, l'opéra et le ballet

Dans le domaine de la musique classique, bien que toutes les grandes villes scandinaves aient de bons orchestres et de belles salles de concerts, la Finlande a sans aucun doute fait des efforts spectaculaires pour se faire une renommée internationale et de nombreux interprètes sont aujourd'hui très connus et régulièrement invités par des salles prestigieuses telles que le Metropolitan Opera à New York ou Covent Garden à Londres. L'inauguration du nouvel opéra d'Helsinki montre la confiance indéniable que les Finlandais ont dans leurs étoiles montantes ; parmi celles-ci, la jeune soprano **Karita Mattila** est en voie de faire une belle carrière internationale, tandis que le chef d'orchestre **Esa-Pekka Salonen** a déjà exporté son talent aux États-Unis où il est actuellement directeur musical d'un grand orchestre américain.
S'il est vrai qu'en Suède l'opéra est fondé sur une tradition ancienne, le **théâtre musical**, qui lui est apparenté, a connu un succès grandissant ces dernières années ; c'est un mélange de théâtre et de cabaret, la musique étant pratiquement intégrée à la représentation puisque les musiciens, présents sur scène, sont à la fois interprètes, chanteurs et comédiens ; le nombre des groupes de théâtre musical ne cesse de croître et **Oktober**, établi dans les environs de Stockholm, est l'un des plus en vogue.
Copenhague est depuis 30 ans la **capitale scandinave du jazz**, titre qu'elle tient à conserver comme le montre l'inauguration récente de la nouvelle **« maison du jazz »** ; celle-ci donnera une autre dimension aux activités déjà nombreuses dans ce domaine et renforcera le rôle primordial que jouaient jusqu'à présent la vingtaine de **clubs de jazz.**
Le **Ballet Royal du Danemark**, installé au Théâtre Royal, à Copenhague, est l'une des meilleures troupes du monde et les chorégraphes danois exercent depuis longtemps déjà une influence majeure sur le développement du ballet moderne. La génération actuelle comprend **Kim Brandstrup**, qui travaille à Londres et a sa propre troupe, et **Peter Martins**, actuel directeur du Ballet de la Ville de New York.

Le cinéma

La production cinématographique scandinave a toujours été numériquement réduite, même si elle s'est élargie depuis la Seconde Guerre mondiale. Des années précédant le conflit, les quelques noms qui émergent sont ceux de réalisateurs dont la carrière s'est partiellement déroulée hors de leurs pays : le Danois **Carl Dreyer** (1889-1968),

Bergman, Liv Ullman et Bibi Andersson dans *Bergman par Bergman*

qui réalisa en France en 1928 une célèbre *Passion de Jeanne d'Arc*, le Suédois **Victor Sjøstrøm** (1879-1960), dont le chef-d'œuvre *La Lettre écarlate* fut tourné aux États-Unis en 1926, et le Finlandais **Mauritz Stiller** (1883-1928), qui tira du roman de Selma Lagerlöf la version suédoise filmée de *La Légende de Gösta Berling* (1924), où Greta Garbo interprétait son premier véritable rôle. Il faudra le talent du Suédois **Ingmar Bergman** (1918), que révéla en 1955 *Sourires d'une nuit d'été*, pour que, dans son sillage, se développe une œuvre originale, qui connaîtra quelques succès internationaux grâce à des chefs-d'œuvre tels que *Le Festin de Babette* (1985), film danois de **Gabriel Axel** (1918), fondé sur une nouvelle de Karen Blixen, qui obtint l'Oscar du meilleur film étranger en 1986, *Pelle le Conquérant* (1987), coproduction suédo-danoise de **Bille August** (1948), Palme d'or au festival de Cannes en 1988, ou *Breaking the Waves*, du Danois Lars von Trier, qui obtint le Grand Prix de Cannes en 1996. Le cinéma finlandais connaît quant à lui un renouveau certain sous l'impulsion artistique de l'excentrique **Aki Kaurismäki.** A la suite d'une série de films très originaux, qui reflétaient son pessimisme personnel et sa déception à l'encontre de son pays (*Ariel*, 1988), il s'exila mais *Au loin s'en vont les nuages* (1996) et son amère ironie marquent son retour au premier plan.
Plusieurs acteurs et actrices scandinaves sont devenus mondialement célèbres et quelques-uns ont leur place parmi les plus grands : la légendaire **Greta Garbo** (1905-1990) et **Ingrid Bergman** (1915-1982) sont sans aucun doute parmi ceux-là ; plus récemment le Suédois **Max von Sydow** et **Liv Ullman,** épouse d'Ingmar Bergman, ont bâti de brillantes carrières internationales.

Tête de file du 7e Art...

Bien qu'il ait assuré des mises en scène pour l'opéra, le théâtre et la télévision, c'est en tant que cinéaste qu'**Ingmar Bergman** acquit une réputation mondiale. Si ses premiers films, *Monika* (1952), *la Nuit des forains* (1953), et *Sourires d'une nuit d'été* (1955) abordent sous une forme symbolique les difficultés de la vie de couple (« l'enfer à deux », selon l'expression de Bergman même), il élargit ensuite sa réflexion autour de plusieurs thèmes essentiels : Dieu, son existence, sa manifestation, le Bien et le Mal, le sens de la vie. Son œuvre est alors jalonnée de films souvent austères, inspirés soit du cinéma muet nordique – *le Septième sceau* (1956), *les Fraises sauvages* (1957) – soit du cinéma japonais – *la Source* (1960 – Oscar du meilleur film étranger) –, où l'interrogation métaphysique s'exerce à travers une observation clinique du huis clos vécu par les personnages : *A travers le miroir* (1961), *les Communiants* (1962) et *le Silence* (1963). Puis elle évolue vers une investigation analytique tant du psychisme humain, avec *Persona* (1966), que de l'univers obsessionnel de l'artiste, avec *l'Heure du loup* (1967), films très épurés n'excluant pas cependant un certain esthétisme, plus appuyé dans *Cris et chuchotements* (1973).
Ses derniers films, notamment *Scènes de la vie conjugale* (1973), initialement réalisé pour la télévision, et *Fanny et Alexandre* (1982 – Oscar du meilleur film étranger), se référant souvent par les thèmes abordés aux œuvres antérieures, témoignent d'une tendresse grandissante pour l'être humain.

La société scandinave

Vue de l'extérieur, la société scandinave paraît stable, très bien organisée et, dans l'ensemble, confiante dans sa poursuite du bonheur et du succès. C'est pourquoi la Scandinavie est souvent citée comme modèle de société, société dont on observe soit avec intérêt, soit avec curiosité ou scepticisme, les comportements.

QUI SONT LES SCANDINAVES D'AUJOURD'HUI?

En raison de sa situation géographique, la Scandinavie a pu conserver pratiquement intacte l'homogénéité de sa population. La péninsule scandinave ne s'est jamais trouvée sur la route des grandes invasions qui ont, à maintes reprises, traversé l'Europe après la chute de l'Empire romain, balayant tout sur leur passage et transformant le continent européen en un creuset où se mêlaient les populations. Au contraire, la population scandinave, composée de **trois principaux groupes ethniques** qui cohabitent plus ou moins paisiblement depuis le début de l'ère chrétienne, est restée pratiquement inchangée jusqu'à nos jours. Dans leur grande majorité, Danois, Norvégiens et Suédois descendent des **Vikings**, peuple puissant, qui a façonné le destin de la Scandinavie et, dans une certaine mesure, celui de l'Europe occidentale de 800 à 1050.

Totalement différents des Vikings modernes, les **Sâmes**, peuple nomade originaire d'Europe de l'Est, vivent dans le Nord de la péninsule scandinave que l'on appelle la Laponie *(voir à ce nom)*. Après s'être tenus à l'écart du reste de la société pendant des siècles, ils ont maintenant en grande partie adopté le mode de vie scandinave tout en faisant montre d'une volonté farouche de préserver leur langue et leurs traditions.

Les **Finnois** constituent le troisième groupe ethnique, venu de Russie centrale, que 2 000 ans d'histoire commune lie aux deux autres groupes.

Malgré des différences régionales marquées, le danois, le norvégien et le suédois sont des langues germaniques très proches l'une de l'autre, ce qui a contribué à préserver des liens étroits entre les trois pays. Très différent, le finnois est une langue finno-ougrienne vaguement apparentée à la langue des Sâmes, dont il existe plusieurs dialectes.

L'immigration, virtuellement inexistante il y a encore peu, est insignifiante et touche principalement des populations nomades d'origine scandinave ; toutefois, des réfugiés du Tiers Monde ont été accueillis en nombre restreint et leur présence commence à influencer le mode de vie scandinave.

LE TEMPÉRAMENT SCANDINAVE

Toute personne qui tente de brosser le portrait d'une nation, et à plus forte raison de quatre nations bien distinctes, se doit d'insister sur le caractère subjectif de ses efforts si elle ne veut pas provoquer une vive controverse. La complexité du tempérament scandinave repose sur d'évidentes contradictions et sur un mélange variable de certaines composantes de base, ce qui explique les similitudes entre les habitants des quatre pays mais aussi leurs différences.

Une des caractéristiques communes à tous les Scandinaves est leur fierté nationale, profondément ancrée dans les mentalités par le biais de l'éducation et des traditions. Fondée sur un amour ancestral de la terre, elle est alimentée par l'absolue confiance dans la stabilité politique et sociale de leurs pays et par un optimisme sans bornes, plus perceptible chez les Danois, plus démonstratifs. Cependant, elle est tempérée par l'aptitude des Scandinaves à ne pas se prendre au sérieux, ce qui se traduit par une forme d'autodérision dénuée de cynisme.

Éduqués dans une perspective d'autonomie et d'indépendance individuelles dans le respect de l'autonomie et de l'indépendance d'autrui, les Scandinaves sont aussi très individualistes, mais leur sens civique très développé freine tout naturellement leur désir exclusif de liberté totale. Ceci est particulièrement évident dans leur attitude extrêmement positive en matière de protection de l'environnement.

Émigration

Durant la seconde moitié du 19e s., à l'aube de la révolution industrielle, un million de Norvégiens et un million de Suédois, provenant essentiellement du monde agricole, quittèrent leurs pays pour l'Amérique du Nord. Un nombre moins important de Danois partit aussi pour le Nouveau Monde. Cet exode atteignit son point culminant vers 1880, où des navires partaient chaque jour de ports tels que Göteborg. La plupart de ces émigrants trouvèrent dans leur nouvelle patrie la prospérité dont ils rêvaient et envoyèrent une aide financière aux membres de leurs familles restés au pays ; quelques émigrés revinrent dans leur pays natal, parfois 50 ans plus tard. La **Maison des Émigrants** fut établie à Växjö *(voir à ce nom)* à la mémoire de ces pionniers : c'est la source d'information sur l'émigration la plus complète dont on dispose en Europe. Un autre site, connu sous le nom de **Cabane de Lincoln** et situé au cœur de la forêt de Rold Skov au centre du Jutland (Danemark), fut fondé par des Américains d'origine danoise à la mémoire de leurs ancêtres *(voir à Ålborg, Excursions)*.

Le sauna

Connu dans le monde entier comme l'un des meilleurs moyens de se détendre, le sauna est une véritable institution en Scandinavie, particulièrement en Finlande, où l'on n'en compte pas moins de 1 500 000 pour 5 millions d'habitants.

La forme la plus primitive de sauna était constituée par une fosse dans le sol, ce que signifie justement le mot same *saun*. Le terme (en Suède on emploie le mot *bastu*) désigne à la fois la pièce et le bain de vapeur. L'installation comprend le plus souvent un vestiaire, une salle d'eau et le sauna proprement dit, toujours construit en bois pour absorber l'humidité de l'air et permettre un bain de vapeur sèche. La pièce ne dispose que de quelques gradins étagés (plus on est haut, plus la température est élevée), également en bois, et d'une source de chaleur. Afin de maintenir l'humidité ambiante au niveau souhaité, on verse de temps à autre de l'eau sur un nid de pierres posées sur un poêle. Une variante consiste à mettre un peu de bière sur les pierres, qui dégagent alors une agréable odeur de levure.

N. Mertin/VLOO

Détente au sauna

Sous l'action de la chaleur, les pores se dilatent et libèrent des toxines. Quand on a le sentiment d'avoir assez transpiré, on prend une douche glacée dans la salle d'eau ; l'hiver, les plus courageux se roulent dans la neige ou effectuent un plongeon dans un lac gelé (en s'assurant toutefois d'avoir pied...), puis on recommence l'opération, une fois ou deux : la pratique du sauna doit être un moment agréable et non un record de durée, et si l'alternance du chaud et du froid active la circulation du sang, le choc thermique doit être évité...

Il y a trois types de sauna : le **torbastu**, sauna sec où la température peut atteindre 100 °C, le **våtbastu**, plus humide et pratiqué aux environs de 75 °C, et l'**ångbastu**, très humide, pratiqué à 60 °C, qui s'apparente au bain turc, car la vapeur est alors introduite par jets dans une pièce carrelée retenant l'humidité.

Les Scandinaves prennent un sauna en général une fois par semaine. Être invité à le partager avec eux est un honneur que l'on ne saurait refuser : laissant alors ses a priori comme ses vêtements au vestiaire (se munir quand même d'une serviette si le sauna est mixte), l'homme réapparaît sous sa plus humble expression et cet environnement égalitaire favorise échanges et rencontres. Un repas consistant accompagné de café fumant est généralement servi à la sortie, car il convient de prendre son sauna à jeun.

Une autre caractéristique commune à tous les Scandinaves est leur efficacité légendaire : leur capacité d'organisation est bien connue et ils sont consciencieux dans leur travail, ne négligeant aucun effort. L'ambition qui les pousse à mener leurs entreprises à bien est canalisée par leur sens pragmatique et leur passion pour l'égalité.

On attribue souvent, et cela fait fréquemment l'objet de controverses, à de la timidité, du manque de chaleur humaine, de l'indifférence voire du formalisme la réserve que manifestent au premier abord les Norvégiens et les Suédois, car les Finlandais et surtout les Danois sont généralement plus spontanés et plus expansifs. Quoi qu'il en soit, cette retenue est largement compensée par le sens parfait qu'ont les Scandinaves de l'hospitalité.

LE MODE DE VIE SCANDINAVE

Leur attachement profond à la notion d'égalité a poussé les peuples scandinaves à élaborer, au cours des 50 dernières années, une société égalitaire où les niveaux de vie et d'imposition sont élevés, la différence entre hauts et bas salaires relativement minime et la protection sociale une des plus complètes d'Europe occidentale. Les Vikings modernes ont depuis longtemps abandonné leurs instincts guerriers et rien ne les rend plus heureux que de passer le week-end dans une cabane solitaire au bord

d'un lac ou dans de charmantes vieilles chaumières. Ce « retour à la nature » se pratique en famille, car les Scandinaves de tout âge ressentent le même amour profond de la nature et les citadins sont ravis d'aller à la campagne dès qu'ils ont un moment de liberté. L'habitat scandinave est de grand standing, offrant beaucoup d'espace, un confort ultramoderne et du mobilier de haute qualité.
La plupart des couples n'ont que deux enfants qui, jusqu'à ce qu'ils atteignent l'âge scolaire, vont dans des crèches et des garderies pendant que leurs parents travaillent ; c'est là qu'ils apprennent à être indépendants dès leur plus jeune âge. La grande majorité des femmes travaille à plein temps tout en élevant leurs enfants ; toutefois, le congé parental a été considérablement allongé et assoupli à la suite des revendications du mouvement féministe de la fin des années 60 et du début des années 70. Si l'on peut véritablement affirmer que les Scandinaves sont des travailleurs consciencieux, il faut néanmoins ajouter qu'ils savent profiter pleinement de leurs loisirs ; c'est au cours des week-ends qu'ils reçoivent leurs invités, sont invités par leurs familles et leurs amis, ou s'adonnent à des activités de plein air, telles que la pêche, le vélo ou la voile. Les salariés souhaitent cependant davantage de loisirs et un débat sur la question est déjà engagé.

TRADITIONS ET FOLKLORE

Peu peuplée et de mœurs encore très rurales, la Scandinavie a conservé un bon nombre de ses traditions, ce qui renforce les liens sociaux et favorise le maintien d'un identité nationale forte.

Fêtes et divertissements

Répandus dans toute la Scandinavie, leurs origines remontent aux traditions païennes, chrétiennes ou simplement rurales, et ils se perpétuent en raison de l'amour inépuisable des Scandinaves pour leurs pays.
Les saisons ont une signification particulière dans les pays nordiques. Ainsi la **Saint-Jean,** jour du solstice d'été, donne lieu à des réjouissances populaires : on se pare du traditionnel costume régional aux couleurs vives, on mange, on boit et on danse sous le mai garni de fleurs des champs, aux sons d'airs folkloriques. Cette fête a ses origines dans une ancienne tradition païenne dont les vieilles croyances impressionnent encore certains Scandinaves. Une profusion de décorations colorées, où dominent les rouges et les verts, éclaire la période de **Noël** alors que le sol est recouvert d'un tapis de neige ; le menu de Noël comprend du poisson, du porc et des gâteaux aux fruits secs et c'est le lutin de Noël qui distribue les cadeaux ! Les fêtes de Noël, connues sous le nom de **Jul,** sont restées plus proches de la tradition dans les campagnes qu'à la ville : dans les fermes de Norvège par exemple, une bière est brassée tout spécialement pour cette occasion et les gens lèvent leurs verres le soir de Noël en prononçant le célèbre *skål,* comme le faisaient il y a mille ans leurs ancêtres vikings. Les **fêtes nationales** ont aussi une signification spéciale en Scandinavie, particulièrement en Norvège où le **17 mai** marque un tournant important dans l'histoire du pays : c'est le jour de l'Indépendance et de la Constitution, que l'on célèbre avec ferveur, mais c'est aussi une sorte de festival de printemps où les enfants jouent le rôle principal.

Folklore et art folklorique

En Scandinavie, la culture rurale baigne dans le folklore ; elle a donné naissance à un art varié et haut en couleur, que l'on peut appeler folklorique et qui, vieux de plusieurs siècles, fleurit encore aujourd'hui.
Des contes, trouvant leur inspiration dans le surnaturel et transmis de génération en génération, ont de tout temps excité l'imagination des Scandinaves qui parlent encore avec affection de personnages légendaires tels que les **trolls,** ces étranges habitants des montagnes, extrêmement vieux et laids, affublés de nez énormes, que l'on ne peut voir que la nuit et qui ont le pouvoir de changer d'apparence afin de tromper les humains ; il est, dit-on, sage de ne pas provoquer leur colère qui peut être terrible. En revanche, les **vetter** (esprits) sont totalement différents ; ce sont de petits êtres malicieux qui habitent sous terre ou à l'intérieur des montagnes. Les **lutins,** quant à eux, sont des êtres aimables qui veillent sur les fermes et ne cessent de se battre entre eux.
L'art et l'artisanat ont aussi leurs racines dans le folklore scandinave et s'épanouissent sous différentes formes, dont la sculpture sur bois et la peinture. Aux 18e et 19e s., les paysans suédois et norvégiens décoraient l'intérieur de leurs maisons et de leurs remises en peignant sur les murs, sur le mobilier et sur les ustensiles d'usage courant des motifs polychromes à fleurs et à feuilles de vigne ou en tentant parfois de peindre des paysages ou des scènes religieuses. Ce style de décoration fut très populaire en Dalécarlie, en Suède, et dans le Telemark, en Norvège. On trouve aussi de splendides exemples de sculpture sur bois réalisés par de modestes paysans pendant leurs loisirs. Mais les **petits chevaux de bois** de Dalécarlie, dont la fabrication traditionnelle s'est perpétuée jusqu'à nous, constituent sans aucun doute la manifestation la plus connue d'art folklorique. Les premiers furent sculptés au 18e s. par les bûcherons qui passaient de longs mois dans les forêts, loin de chez eux ; à leur retour, ils offraient à leurs enfants ces objets qui, au fil des ans, eurent de plus en plus de succès et furent même décorés à partir du 19e s. de motifs floraux semblables à ceux qui ornaient les murs et le mobilier.

SPORT

Une des conséquences logiques de l'amour que les Scandinaves ont pour la nature est leur engouement pour le sport, dont la pratique bénéficie de conditions des plus favorables : beaucoup d'espace, souvent à proximité du domicile, de l'eau à volonté pour faire de la voile, du ski nautique, du canoë ou du radeau pneumatique, du poisson en abondance pour tous les genres de pêche, de la neige et de la glace en quantité plus que suffisante pour s'adonner aux sports d'hiver tout au long de l'année et, à l'exclusion de la Norvège, de vastes étendues plates pour faire du vélo dont la pratique est, dans les pays nordiques, plus un mode de vie qu'un sport !
La participation massive des Scandinaves aux courses de ski de fond comme la **Vasaloppet** en Suède, la **Birkebeiner** en Norvège ou la **Finlandia** en Finlande méridionale démontre l'intérêt généralement porté aux sports. Il n'est donc pas surprenant que de nombreux Scandinaves soient devenus médaillés olympiques ou champions du monde en ski de fond, saut à skis et course à pied, particulièrement en course de fond. Mais la Scandinavie peut aussi produire des champions dans des domaines où elle paraît a priori être moins favorisée par son milieu naturel. Tel est le cas pour les joueurs de tennis suédois qui, comme Borg, Willander ou Edberg ont inspiré plus d'un champion en herbe, ou pour les champions finlandais de rallyes automobiles tels que Ari Vatanen, Juha Kankkunen et Hannu Mikkola.

Le Danemark à vélo

Pratiqué en Scandinavie à l'exception de la Norvège, le cyclisme est une activité très bien organisée au Danemark où ce moyen de transport non polluant a gagné l'estime de toute la nation, y compris des automobilistes. Des pistes cyclables bien définies guident des nuées de cyclistes à travers une circulation dense dans les grandes villes et le long des routes nationales. En été, des familles au grand complet partent en vacances en arrimant avec soin tout ce dont ils ont besoin sur leurs porte-bagages ; le temps ne pourrait pas être plus favorable : ni trop chaud ni trop frais et juste assez de soleil pour rendre la promenade agréable. Ceux qui ne possèdent pas de bicyclette peuvent très facilement en louer : des vélos sont disponibles dans les gares de chemin de fer et dans la plupart des villes, y compris Copenhague. Les régions les plus fréquentées par les cyclotouristes sont la Fionie et les îles méridionales, dont les villages sont si pittoresques, ainsi que la côte occidentale du Jutland avec ses dunes et ses longues plages rectilignes.

SCANDINAVES CÉLÈBRES

Les personnalités scandinaves du monde des arts et des lettres sont mentionnées dans les chapitres : Littérature, Peinture et Sculpture, Architecture, Musique et Scène scandinave, et les explorateurs au chapitre : Au Nord du cercle polaire.

Souverains

Quelques-uns seulement ont joué un rôle déterminant sur le développement de leur pays. **Olav Haraldsson,** descendant de Harald le Blond, entreprit d'unifier la Norvège à la fin du 9e s. Son objectif fut atteint après la bataille de Stiklestad *(voir à ce nom)* en 1030 : le roi perdit la bataille et la vie, mais il fut très vite vénéré à l'égal d'un saint et devint le héros national de la Norvège. Les Vasas se succédèrent en Suède de 1523 à l'abdication en 1654 de la très aimée reine **Christine** dont le père, **Gustave II Adolphe,** qui régna de 1611 à 1632, stimula l'économie suédoise et étendit les territoires suédois sur le pourtour de la Baltique. **Charles XII,** roi de Suède de 1697 à 1718, aux prises avec d'ambitieux voisins, fera vivre à son pays une épopée préfigurant celle de Napoléon Ier un siècle plus tard, mais laissera la Suède exsangue et ravalée au rang de nation secondaire. **Christian IV,** roi de Danemark et de Norvège de 1588 à 1648, fut à juste titre connu sous le nom de « roi bâtisseur » car, bien qu'il ait encouragé le commerce et fait prospérer son pays, il passa la majeure partie de son long règne à construire des villes et de magnifiques monuments ainsi qu'à collectionner les œuvres d'art.

Hommes politiques et diplomates

Plusieurs personnalités dominent la politique du 20e s. En Finlande, l'après-guerre fut marqué par deux présidents : le maréchal **Mannerheim** (1867-1951), brillant soldat sorti des rangs de l'armée russe, qui commanda les forces finlandaises pendant la Seconde Guerre mondiale, et **Urho Kaleva Kekkonen** (1900-1986), issu d'une famille modeste de Finlande orientale, qui fit des études de droit avant de se lancer dans la politique. Tous deux s'efforcèrent de convaincre le monde de la volonté de neutralité de leur pays, et c'est ainsi que la Conférence sur la Sécurité et la Coopération en Europe fut signée à Helsinki en 1975.

Plusieurs personnalités suédoises consacrèrent leur vie à la paix et aux causes humanitaires : parmi eux, le **comte Folke Bernadotte**, neveu du roi Gustave V Adolphe, obtint la libération d'un grand nombre de prisonniers retenus dans les camps de concentration nazis, tandis que **Raoul Wallenberg** sauva la vie de milliers de juifs hongrois avant de disparaître mystérieusement à la fin de la guerre. Pendant la période dite de la guerre froide, **Dag Hammarskjöld** devint secrétaire général des Nations unies dont il fonda la force de pacification. Par une cruelle ironie du sort, il fut tué dans un accident d'avion alors qu'il prenait part à une mission pour la paix au Congo en 1961. Plus récemment, **Olof Palme**, plusieurs fois Premier ministre de Suède, fut un adversaire farouche de la politique américaine au Viêt-nam et ne cessa de faire campagne en faveur du désarmement à l'échelle mondiale. L'explorateur norvégien **Fridtjof Nansen** se dévoua avec tout autant de détermination à la cause de la paix.

Savants et inventeurs

L'astronome danois **Tycho Brahe** (1546-1601) consacra sa vie à l'étude des mouvements des planètes, tout d'abord à Copenhague et plus tard à Prague où il mourut. Un autre Danois, le physicien **Niels Bohr** (1885-1962), prit part aux premières études atomiques et obtint le prix Nobel en 1922. En 1943, il se réfugia en Amérique et travailla sur le projet de bombe atomique, malgré ses réserves sur les implications politiques d'un tel projet. Le médecin norvégien **G. H. Armauer Hansen** isola le bacille de la lèpre en 1874 et contribua ainsi grandement à la suppression de cette maladie. Quant à l'inventeur suédois **Alfred Nobel**, il est aujourd'hui plus connu pour les prix qu'il institua dans les domaines de la science, de la littérature et de la paix que pour son invention de la dynamite *(voir chapitre : La politique)*.

Sportifs

Si la Scandinavie a donné de nombreux champions de ski, elle a aussi été à l'origine du développement de ce sport avec le Norvégien **Sondre Norheim** qui, vers 1870, conçut le prototype du ski moderne connu sous le nom de ski Telemark. La patineuse sur glace **Sonia Henie** (1912-1969), également originaire de Norvège, est célèbre pour les dix titres de championne du monde et les trois médailles olympiques qu'elle gagna. La Finlande est très fière de son coureur de fond, **Paavo Nurmi** (1897-1973), dont la brillante carrière fut ponctuée par neuf médailles d'or et trois médailles d'argent olympiques ainsi que par de nombreux records du monde. Plus récemment, le nom de la Suède a été mis à l'honneur dans le domaine du tennis, du fait de la carrière exceptionnelle de **Björn Borg**, qui remporta le tournoi de Wimbledon cinq fois de suite et domina sa discipline pendant près de dix ans, entraînant dans son sillage d'autres champions de tennis suédois, tels **Mats Wilander** et **Stefan Edberg**.

G. Sollitoe/RAPHO

Stefan Edberg

La politique

DÉMOCRATIES PARLEMENTAIRES

Les quatre pays scandinaves ont tous adopté un système démocratique de type occidental mais d'inspiration indubitablement nordique. Trois d'entre eux, le Danemark, la Norvège et la Suède, sont des **monarchies constitutionnelles** héréditaires : le souverain n'a aucun pouvoir politique mais incarne l'idée de la nation, raison pour laquelle il est respecté et aimé.
Le pouvoir exécutif est confié au gouvernement qui comprend le Premier ministre et son cabinet, choisis au sein de la majorité (bien que des gouvernements minoritaires fonctionnent très bien en Suède), et responsables envers un Parlement à chambre unique élu par l'ensemble des citoyens âgés de plus de 18 ans. Les médiateurs jouent un rôle actif dans la protection des droits de l'individu contre tout abus de pouvoir de la part de l'administration. Parallèlement au gouvernement central, un système complexe de gouvernement local comprenant des conseils municipaux gère entre autres l'enseignement, le logement, la culture et les loisirs.
La **république** de Finlande possède un Parlement à chambre unique doté de tous les pouvoirs législatifs. Le président de la République, qui détient un pouvoir exécutif considérable, est élu pour six ans. Il gouverne avec l'aide du Premier ministre et de son cabinet et, dans la pratique, il prend les décisions en accord avec ses ministres. En Finlande, comme dans le reste de la Scandinavie, le rôle du gouvernement régional est très important, chaque *lääni* (province) étant dirigée par un gouverneur.

RELATIONS INTERNATIONALES

Le Danemark, la Finlande, la Norvège et la Suède adoptent des positions communes en matière de relations internationales. Malgré des prises de position très différentes en matière de défense (le Danemark et la Norvège sont membres actifs de l'OTAN alors que la Finlande et la Suède sont restées neutres), les quatre pays ont tissé des liens étroits et établi des projets de coopération par l'intermédiaire d'organismes tels que le Conseil nordique, qui reflètent leur philosophie politique commune. La coopération entre les quatre pays est fondée sur une entière liberté d'opinion, un respect et une confiance mutuels ainsi qu'un sens aigu de la justice dans les négociations internationales. Leur engagement infaillible envers la paix dans le monde est une tradition déjà ancienne, symbolisée par le prix annuel de la Paix institué par Alfred Nobel, et soutenue par l'organisation d'événements internationaux comme la conférence d'Helsinki sur les Droits de l'Homme (1975) et la conférence de Stockholm sur la Sécurité et la Coopération européennes (1986). De plus, la Scandinavie accorde une aide importante aux pays en voie de développement et à la protection de l'environnement à l'échelle mondiale.

Alfred Nobel (1833-1896)

Ce chimiste suédois qui vécut au 19e s. est devenu le symbole de la culture et de la paix dans le monde. Il commença sa carrière professionnelle dans une fabrique d'explosifs. L'invention de la dynamite en 1867 assura sa fortune et il décida d'en faire bénéficier l'humanité tout entière. Il institua par testament une fondation dont la tâche est d'attribuer chaque année d'importantes récompenses à des hommes et des femmes de mérite exceptionnel dans les domaines de la littérature, de la physique, de la chimie, de la médecine et dans l'action en faveur de la paix. Un prix dans le domaine de l'économie fut ajouté en 1969. Cinq prix sont remis à Stockholm le 10 décembre, jour anniversaire de la mort d'Alfred Nobel, tandis que le sixième, le Prix Nobel de la Paix, est officiellement remis à Oslo *(voir à ce nom)*.

Alfred Nobel

Gastronomie

Les Scandinaves aiment manger et consomment souvent de grandes quantités d'alcool au cours des repas, pris à des heures variables selon l'emploi du temps de chacun. Ceci explique le nombre de snack-bars et de boutiques proposant des plats à emporter que l'on trouve dans les grandes villes.

LES REPAS

Le **petit déjeuner** est important car destiné à fournir l'énergie nécessaire à chacun pour tenir bon jusqu'au milieu de l'après-midi. C'est un repas équilibré et varié qui comprend des œufs à la coque, de la viande froide, du fromage et surtout un choix étonnant de harengs marinés très appétissants, le tout servi avec une variété de pain et de petits pains. Des céréales, des fruits, de la confiture ou de la marmelade ainsi que du café (de préférence au thé) le complètent.

Le **déjeuner** n'est pas considéré comme essentiel et nombre de personnes se contentent d'un léger en-cas : la collation de midi est alors l'occasion de manger les célèbres canapés scandinaves achetés dans des boutiques spécialisées ou dans des snack-bars ou qu'ils confectionnent tout simplement chez eux.

Le **dîner**, principal repas de la journée, est pris indifféremment du milieu de l'après-midi au début de la soirée. Il comprend deux ou trois plats, un plat de viande ou de poisson, des légumes et un dessert. Les hors-d'œuvre variés à la scandinave, que l'on estime trop copieux de nos jours, sont devenus un repas en eux-mêmes, sous forme de buffet raffiné offrant un large choix de viande froide, de fruits de mer, de salades et un ou deux plats chauds. Cette formule est connue sous le nom de *smörgåsbord* en Suède, *koldtbord* en Norvège et *voileipäpöytä* en Finlande. Des rôtis et du gibier accompagnés d'une sauce à la crème ainsi que du renne ou de l'élan composent le plat principal. Parmi les desserts, on peut compter des soufflés, des gâteaux à la crème, du gâteau de riz, de la glace et un choix de fruits sauvages en été ; les fausses mûres, qui ressemblent à de pâles framboises et poussent en Laponie, ont un goût très délicat.

Le soir, un dernier repas est en général constitué d'une légère collation composée de gâteaux ou de biscuits servis avec du thé ou du café.

Le canapé scandinave

Les Danois l'appellent *smørrebrød*, les Norvégiens *smørbrød*, les Suédois *smörgås* et les Finlandais *voileipäpöytä...* Cet en-cas universel est le plus hétéroclite des sandwiches : une fine tranche de pain de seigle beurrée recouverte d'un choix étonnant de garnitures salées, viande froide, saumon fumé, harengs, œufs, saucisses, fromage, le tout garni de salade. Le secret d'un bon sandwich réside dans le choix de la garniture et le mélange des ingrédients : dans les snack-bars élégants, le menu énumérant les différentes garnitures occupe souvent deux pages ! Le choix est donc extrêmement difficile, mais il y a toujours un serveur complaisant pour vous conseiller et vous recommander la spécialité de la maison. Consommé avec un verre de bière danoise ou norvégienne, le canapé scandinave constitue une collation rafraîchissante et nourrissante, particulièrement en été.

LES METS

Le **poisson** et les **fruits de mer** constituent la base de la cuisine scandinave. Le saumon frais, la truite et la morue, très appréciés, sont souvent servis pochés avec une noisette de beurre et du persil ou tout simplement grillés. Le poisson est aussi fumé ou mariné, ce qui produit des spécialités très recherchées telles que l'anguille fumée, le *gravad lax*, saumon mariné à l'aneth, le hareng salé (consommé avec un verre de schnaps) et la coquille Saint-Jacques marinée. Les crustacés et les fruits de mer le plus fréquemment consommés sont le homard, les crevettes, les huîtres, le crabe et les fameuses écrevisses que l'on mange en Finlande et en Suède lors des festivités importantes, en les accompagnant, comme les harengs, de plusieurs verres de schnaps.

LES BOISSONS

La **bière** est la boisson nationale, le Danemark et la Norvège produisant des bières légères de renommée internationale. L'**aquavit** est une boisson fortement alcoolisée servie avec les hors-d'œuvre dans les grands repas : l'akvavit danois d'Ålborg, dans le Nord du Jutland, a la réputation d'être l'un des meilleurs comme d'ailleurs l'aquavit *linie* de Norvège, auquel on fait faire le voyage aller et retour jusqu'en Australie sous prétexte que le fait de franchir l'équateur en améliore considérablement la qualité !

Pratt-Pries/DIAF

Livraison de bière

Egeskov

Danemark

C. Boisvieux

ÅLBORG et ÅRHUS

Voir à la fin du chapitre

BILLUND★

Ribe – 5 356 habitants

Carte Michelin n° 985 – Q 6 ou Atlas Europe p. 108

La petite ville de Billund est située à la frontière des comtés de Vejle et de Ribe, où les pittoresques collines du Jutland oriental cèdent la place aux vastes étendues sans relief du Jutland occidental.
La ville, moderne et sans attrait particulier, n'en recèle pas moins une des plus célèbres attractions touristiques du Danemark, **Legoland**, ainsi qu'un complexe culturel ultra-moderne comprenant trois musées, **Center Mobilium**, tous deux situés à la périphérie de la ville et attirant un grand nombre de visiteurs.

Legoland

★★LEGOLAND ⓥ

Legoland symbolise parfaitement le succès de l'industrie danoise et l'histoire de ce succès ressemble à un conte d'Andersen.
Pendant la dépression des années 30 qui affecta tous les pays industrialisés, Ole Kirk Christiansen, un menuisier au chômage natif de Billund, décida de se lancer dans la fabrication de jouets en bois. Cette intuition heureuse lui permit bientôt d'acquérir sa propre usine et il choisit le nom de **Lego**, dérivé du danois *Leg godt*, qui signifie « joue bien ».
En 1947, le bois céda la place au plastique, et le petit cube multicolore fit son apparition, consacrant la célébrité du nom Lego. Le fils d'Ole, Godfred, décédé en 1995 en laissant la plus grosse fortune industrielle du Danemark, conçut l'idée d'un parc à thème entièrement réalisé avec des cubes et lui donna tout naturellement le nom de Legoland.
Plusieurs millions de ces cubes servirent à la création de **Miniland**, version moderne du pays de Lilliput dans *Les Voyages de Gulliver* contenant de fidèles reproductions en miniature de monuments célèbres ou de quartiers de cités européennes, telles Amsterdam, Bruxelles et Copenhague. Il y a des ports, des canaux, des ponts mobiles, des aéroports, des gares, des navires et des trains, dont tous les mouvements sont contrôlés par un ordinateur. Un petit train fait le tour du parc, et les enfants peuvent conduire une voiture ou un bateau réalisés en cubes. Legoland possède, d'autre part, une belle collection de jouets comprenant des poupées et des maisons de poupées, en particulier un palais miniature connu sous le nom de **Palais de Titania**. Construit au début du siècle par un Anglais excentrique qui le meubla de façon exquise et l'offrit à sa fille, il fut acheté par Legoland en 1978.
Du haut de la tour d'observation, la vue s'étend sur tout ce pays de contes de fées qui offre l'hospitalité de ses restaurants et de son hôtel. Plus d'un million de visiteurs par an consacrent le succès de Legoland, qui rivalise ainsi avec celui de la marque dont il est censé assurer la publicité.

★ CENTER MOBILIUM ⊙

Ce complexe moderne abritant trois musées fait honneur au design danois contemporain : son style architectural fonctionnel privilégie la lumière et surtout l'espace, avec une surface intérieure de 11 000 m² et extérieure de 32 000 m². Initialement conçu pour accueillir le seul Musée de l'aviation, il fut inauguré en 1990 en incluant un Musée de l'automobile et un Musée des véhicules de secours. Diverses activités sont proposées aux visiteurs qui, grâce à l'effet de simulation, peuvent ressentir les sensations fortes associées au parapente ou au décollage dans un avion à réaction.

Danmarks Flyvemuseum – Le **Musée danois de l'aviation** a été implanté à proximité de l'aéroport de Billund, deuxième aéroport danois, pour souligner la continuité de l'histoire de l'aviation depuis le premier survol du Danemark par **Jacob Christian Ellehammer** en 1906, à bord d'un appareil équipé d'un moteur de 3 cylindres refroidi à l'air, d'une puissance de 18 CV. Parmi les avions exposés, on remarque surtout un Spitfire, célèbre chasseur britannique de la Seconde Guerre mondiale, un DC 3, un Gloster Meteor, chasseur à réaction, et un Sikorsky S 55, hélicoptère de sauvetage.
Divers modèles téléguidés décollent et atterrissent près du musée.

Danmarks Bilmuseum – Le **Musée danois de l'automobile** abrite une collection de 75 voitures d'origines diverses, dont la plus ancienne est une Daimler monocylindre de 1886. On peut aussi voir une Cord tout à fait extraordinaire de 1936, dont le moteur à 8 cylindres a une puissance de 125 CV ; par comparaison, la petite Austin 7 de 1931 avec son moteur de 4 cylindres et ses 19 CV apparaît bien modeste ! Il y a en outre des Mercedes, d'imposantes Plymouth et Chrysler, mais aussi une Ford modèle T de 1926 et une 4 CV Renault de 1955.

Falck Museet – Le **Musée des véhicules de secours** porte le nom du corps de sauvetage danois fondé en 1906 par Sophus Falck pour marquer l'anniversaire du terrible incendie qui détruisit en partie le palais de Christiansborg *(voir à Copenhague)* et dont Falck avait été témoin dans sa jeunesse. Il y a des ambulances, des camionnettes de dépannage et des pompes à incendie équipées d'un système spécial inventé par Ellehammer *(voir ci-dessus)* en 1920.

BORNHOLM★

Bornholm – 47 000 habitants

Carte Michelin n° 985 – Q 7 ou Atlas Europe p. 109

La petite île granitique de Bornholm est l'endroit rêvé pour qui recherche le calme absolu. Elle offre des paysages variés : des étendues boisées, de charmants villages de pêcheurs, une côte rocheuse enserrant des baies sablonneuses et quelques magnifiques plages. Située au milieu de la Baltique, à 37 km de la Suède et à 150 km de Copenhague, elle a, de tout temps, été convoitée par ses puissants voisins. Les Burgondes furent les premiers à s'y installer, suivis par les archevêques suédois de la ville de Lund qui y régnèrent pendant plus de deux siècles ; après une courte période de domination danoise, l'île tomba, au 16ᵉ s., sous la coupe de la ville de Lübeck pour une période de 50 ans. La côte est ponctuée par de nombreux villages de pêcheurs (Hasle, Tejn, Gudhjem, Melsted), où l'on peut goûter aux harengs fumés.

L'île de Bornholm, cependant, est surtout connue pour ses églises rondes du 12ᵉ s. : Østerlars Kirke, Nylars Kirke, Ols Kirke et Nykirke. Ces églises massives étaient fortifiées, car elles servaient de refuges en cas de menace. La plus connue d'entre elles est celle d'**Østerlars** avec ses trois niveaux et son abside de forme ovale.

COPENHAGUE★★★

Voir KØBENHAVN

EGESKOV SLOT★★★

Fyn

Carte Michelin n° 985 – Q 7 ou Atlas Europe p. 108

Le **château d'Egeskov** est non seulement l'un des plus célèbres du Danemark, mais aussi l'un des mieux conservés de l'époque Renaissance *(illustration p. 64)*. Situé dans le Sud vallonné de la Fionie, entre Svendborg et Odense, à proximité de la petite ville de Kværndrup, il se dresse sur une île au milieu d'un lac entouré d'une forêt de chênes qui donna son nom au site (*egeskov* signifie « forêt de chênes » en danois).

Un château caractéristique de la Renaissance – Construit en 1554 sur des fondations en bois de chêne, il reflète les préoccupations de l'époque : nécessité de se défendre contre des seigneurs belliqueux ou des bandes de pillards, et désir d'une vie moins rude et plus confortable. C'est pourquoi il fut doté d'un pont-levis et de mâchicoulis, appareil de défense déjà dépassé, tandis que les murs étaient percés de larges baies inondant l'intérieur de lumière. Le corps principal, rectangulaire, se compose de deux bâtiments contigus : des cheminées et deux escaliers secrets furent installés entre les deux murs. Du côté du pont-levis, le château est encadré de deux tours rondes coiffées d'un toit pointu en cuivre. Les murs extérieurs, d'une belle couleur rouge patinée par le temps, sont surmontés de pignons à redans. Il se dégage de l'ensemble une impression d'élégance raffinée.

VISITE ⓥ

Intérieur – Toujours habité par les descendants de son bâtisseur, le château n'est que partiellement ouvert au public. Entièrement restaurée en 1975, la Grande Salle, où l'on donne régulièrement des concerts, est particulièrement remarquable. A l'une des extrémités, on peut admirer un imposant portrait équestre de Christian IV. A la fin du 16e s., la petite fille du fondateur d'Egeskov fut emprisonnée pendant 5 ans dans la salle Rigborg pour être tombée amoureuse d'un des héritiers de la famille Rosenkrantz *(voir à ce nom)* et lui avoir donné un fils. Reconnu par la suite, l'enfant devint le premier membre de la branche norvégienne des Rosenkrantz. Le château est décoré de nombreux trophées de chasse rapportés d'Afrique par l'avant-dernier propriétaire. La tour abritant l'escalier conduit au grenier où se tient une exposition sur les travaux de restauration de la charpente et du toit, et, comme tout château digne de ce nom a sa légende, on dit qu'il suffirait de retirer *Troemanden,* mystérieuse poupée de bois couchée sous la charpente d'une des tours, pour que le château s'écroule.

Parc ⓥ – Il date de 1730 environ et avait été complètement négligé avant d'être restauré en 1959. C'est aujourd'hui l'un des parcs les mieux entretenus, divisé en plusieurs sections délimitées par des haies ; il y a, entre autres, le jardin des fuchsias qui contient 75 variétés différentes, le jardin Renaissance, agrémenté de fontaines, le jardin anglais, le jardin nautique et le jardin des herbes aromatiques et médicinales, sans oublier le labyrinthe.

Musée ⓥ – Le domaine comprend également un musée de 3 000 m^2 présentant une collection de voitures anciennes, d'avions, de motos et de voitures à chevaux.

ELSENEUR★

Voir HELSINGØR

FALSTER

Storstrøm

Carte Michelin n° 985 – R 8 ou Atlas Europe p. 108

Falster se trouve au centre d'un groupe d'îles reliées à la pointe méridionale du Sjælland, groupe dont elle est l'une des trois plus grandes avec Lolland et Møn *(voir à ces noms)*. A sa pointe Sud, le port de Gedser, à 2 heures de ferry des côtes allemandes et situé à 150 km au Sud de Copenhague, est la ville la plus méridionale du Danemark. Tout comme Lolland, Falster bénéficie d'un climat en général plus doux et plus ensoleillé que le reste du pays, et les magnifiques plages de sa côte orientale, sur les bords de la Baltique, sont réputées.

Pont du Storstrøm et ponts de Farø – Deux voies rapides relient Falster au Sud du Sjælland en franchissant le détroit du Storstrøm. A l'Ouest, **le pont du Storstrøm,** réalisé avant la Seconde Guerre mondiale, a une longueur de 3 200 m. Devant l'augmentation du trafic, il fut doublé par les **ponts de Farø,** inaugurés en 1985. D'une longueur totale de 3 322 m, ces deux ponts font franchir le détroit à l'autoroute E 55 : le plus petit relie le Sjælland et l'île de Farø, située au milieu du détroit, alors que le plus grand, impressionnant pont à haubans entre Farø et Falster, s'élance très haut au-dessus de la mer pour permettre le passage des navires.
Un **musée routier** ⓥ, situé sur Farø, retrace l'histoire des communications routières et en évoque les perspectives de développement.

Nykøbing Falster – Ville la plus importante de l'île, située sur le Guldborg Sund, détroit séparant Falster et Lolland, elle n'a gardé de son prospère passé médiéval que son église de style gothique tardif, ancienne chapelle d'un monastère franciscain, et quelques maisons à colombage près du centre. L'une d'elles, dite **Czarens Hus** ou Maison du tsar depuis que Pierre le Grand y fit halte lors d'une visite à Copenhague au début du 18e s., abrite maintenant un restaurant et le **Musée de Falster** ⓥ consacré à l'histoire locale. De l'autre côté du détroit, le **Middelaldercentret** ⓥ est un intéressant centre médiéval où sont expliquées les techniques du Moyen Âge, avec démonstrations à l'appui.

Marielyst et Bøtø – *10 km au Sud de Nykøbing Falster.*
La côte orientale de Falster est bordée sur plus de 20 kilomètres de plages de sable blanc comptant parmi les plus belles du Danemark et réputées pour la propreté exceptionnelle de l'eau. C'est là que se trouvent la célèbre station balnéaire de **Marielyst**, et, un peu plus au Sud, près de Bøtø, la base de loisirs de **Sommerland Falster** ⓥ, qui, sur plus de 20 ha, offre les attractions d'une base nautique et d'un parc de jeux. Les amoureux de la nature apprécieront également la **réserve ornithologique** de Bøtø.

Nørre Alslev – *15 km au Nord de Nykøbing Falster.*

Église – A l'intérieur de cette église gothique en brique se trouve une fresque rare ayant pour thème une danse macabre. La Mort, suivie par différents représentants de la société médiévale danoise, mène la danse. On pourra rapprocher cette fresque de celle de l'église de Jungshoved *(voir à Køge, Excursion)*, traitant le même sujet.

FYN

FIONIE

Carte Michelin n° 985 – Q 7 ou Atlas Europe – p. 108

Avec une superficie de 3 500 km^2, la **Fionie** est la seconde des îles danoises après le Sjælland. Elle occupe une situation intermédiaire entre le Jutland, à l'Ouest, auquel elle est reliée par un pont sur le Lillebælt (« petit détroit »), et le Sjælland, à l'Est, dont elle est séparée par le Storebælt (« grand détroit »). Une liaison routière empruntant successivement un pont et un tunnel est en cours de réalisation entre les 2 îles, de Korsør à Nyborg *(voir à ce nom)*, pour remplacer la traversée par ferry qui, actuellement, s'effectue en 1 h. Le projet devrait considérablement modifier le contexte économique de l'île, qui, moins densément peuplée que le reste du pays et dotée de terres fertiles sous un climat tempéré, est traditionnellement tournée vers l'agriculture, avec une prédilection pour l'horticulture. Les paysages fioniens comptent parmi les plus attrayants du Danemark en raison de la multiplicité de fermes soigneusement entretenues, de l'aspect pittoresque des villages aux chaumières chatoyantes de couleurs et de la densité des manoirs. Le paisible rythme de vie de l'île et les faibles distances constituent deux arguments pour faire de la Fionie un lieu idéal de cyclotourisme.
Le Nord de l'île, et plus spécialement la presqu'île de Hindsholm, est beaucoup plus austère que le Sud, mieux exposé, dont la côte découpée est tournée vers un pittoresque archipel faisant partie du département de Fionie. Cet archipel comprend 3 îles principales : Tåsinge *(voir à ce nom)*, Langeland *(voir à ce nom)*, toutes deux accessibles par des ponts, et Ærø, que l'on ne joint que par ferry. La tradition maritime du Sud de la Fionie en fait un paradis pour les amoureux de la voile, auxquels sont proposées des croisières à bord de voiliers d'autrefois ou des locations de bateaux, et pour les amateurs de pêche à la truite de mer.
La ville la plus importante de l'île est son chef-lieu administratif, **Odense**★★ *(voir à ce nom)*, troisième ville danoise, qui s'enorgueillit d'être la patrie de Hans Christian Andersen, un passionné de nature qui disait de la Fionie qu'elle était le « jardin du Danemark ».

FYRKAT★

Nordjylland

Carte Michelin n° 985 – P 6 ou Atlas Europe – p. 108
3 km à l'Ouest de Hobro

Une puissante forteresse viking se dressait autrefois sur ce promontoire battu par les vents. C'est avec Trelleborg *(voir à ce nom)* l'une des deux places fortes les mieux conservées de cette époque au Danemark. Construite vers 980, sans doute par Harald à la Dent Bleue, roi de Danemark qui introduisit le christianisme dans son pays, elle servit peut-être de garnison aux guerriers vikings se préparant à leurs lointaines incursions ; mais cette hypothèse est aujourd'hui mise en doute et l'on pense que des familles entières habitèrent les lieux. L'emplacement de tels forts était toujours choisi avec soin, et c'est probablement la proximité du fjord de Mariager débouchant sur le Kattegat qui fut déterminante pour le choix du site de Fyrkat.

VISITE ⓥ

Fyrkat fut construite selon le plan habituel des forteresses vikings. Le camp était protégé par un mur d'enceinte circulaire d'un diamètre atteignant 120 mètres ; à l'intérieur, deux « rues » perpendiculaires menant aux portes principales orientées vers les 4 points cardinaux délimitaient 4 quartiers où s'élevaient 4 bâtiments de bois, aux murs convexes, de forme allongée et disposés en carré autour d'une maison plus petite. Chacun des bâtiments était divisé en 3 sections et pouvait loger 50 personnes. Une reconstitution en chêne a été réalisée à l'extérieur de l'enceinte.

Bâtiment principal d'un village viking

De précieux renseignements sur la vie militaire à l'époque viking ont pu être recueillis à Fyrkat, contribuant ainsi à mieux connaître un peuple puissant dont l'influence sur le destin de l'Europe du Nord fut considérable *(voir en Introduction, chapitre Histoire, la rubrique consacrée aux Vikings)*. Le produit des fouilles de Fyrkat est exposé au **musée de Hobro** ⓥ, installé dans un pittoresque bâtiment ancien. Les fouilles se poursuivent dans la région, et la reconstitution, dans la vallée, d'un village de 9 maisons est entreprise afin de montrer le mode de vie des fermiers vikings.

FÆRØERNE

Carte Michelin n° 985 ou Atlas Europe – p. 96

Quand on évoque les îles **Féroé** (Føroyar en féroïen), on pense tout de suite pêche et bulletins météorologiques mais on ne sait préciser leur situation exacte. Cet archipel de minuscules îles volcaniques est situé dans l'océan Atlantique, à équidistance de l'Écosse, de la Norvège et de l'Islande. Avec une superficie totale de 1 400 km^2 et une population de 47 000 h, les 18 îles forment une communauté autonome relevant de la Couronne danoise. Elles servirent d'abord de retraite aux missionnaires irlandais, qui furent suivis par les colonisateurs vikings ; leur lutte pour la vie dans un environnement hostile a fait l'objet de récits dans *la Saga des Féroïens*. Au 11e s., saint Olav, roi de Norvège, les convertit au christianisme et les soumit à l'autorité norvégienne. Après avoir été occupé par l'Angleterre de 1807 à 1814, l'archipel demeura danois quand prit fin l'union des deux couronnes danoise et norvégienne, puis devint autonome en 1948. Ces îles, qui s'enorgueillissent d'être la patrie de Niels Finsen (1860-1904), récipiendaire du prix Nobel de médecine en 1903 pour avoir découvert l'utilisation des rayons lumineux dans le traitement de certaines maladies, ont pour principaux attraits leur mode de vie particulier et leur isolement, une hospitalité chaleureuse, et la présence de nombreux oiseaux. Le féroïen, ou féringien, langue parlée localement, ressemble au norvégien.

FÅBORG★

Fyn – 7 235 habitants

Carte Michelin n° 985 – Q 7 ou Atlas Europe – p. 108

Située au cœur d'un paysage vallonné dont les collines recouvertes d'un épais manteau forestier portent le nom d'Alpes fioniennes, Fåborg est une ancienne cité pittoresque et animée sur la côte méridionale de la Fionie. Des environs attrayants, un bord de mer magnifique et un contexte historique bien mis en valeur en font l'une des plus jolies villes danoises, offrant un choix varié d'événements culturels, tels que concerts et expositions d'art, et d'activités de plein air telles que la voile et la planche à voile. Doté d'un équipement des plus modernes, le port est avec celui de Svendborg *(voir à ce nom)* la principale escale de voiliers naviguant le long de la côte méridionale. Des ferries assurent également des liaisons régulières avec les îles les plus importantes.

Mentionnée pour la première fois en 1229, la ville était au Moyen Âge défendue par un château et entourée d'une muraille rasée au 16e s. Elle se développa cependant du fait des relations commerciales qu'elle entretenait avec les duchés de Holstein et de Schleswig, et, au 18e s., elle était l'un des principaux centres du commerce des céréales et de la viande, connaissant une prospérité que ses anciennes maisons reflètent encore.

LA VIEILLE VILLE

Des anciennes fortifications ne subsiste plus que la porte occidentale, dans Vestergade. La vieille ville a pour centre Torvet, la place principale, où se dresse une imposante fontaine moderne de bronze, œuvre de Kaj Nielsen *(voir à ce nom)*. A proximité, le beffroi du 15e s. domine le quartier. Autour de la place, les rues étroites aux pavés inégaux sont bordées de maisons à colombage, peintes de couleurs vives, remarquables par la diversité de leur architecture : de modestes maisons d'artisans côtoient des demeures de marchands cossus.

Den Gamle Gård – *Holkegade.*
Cette ancienne maison bourgeoise abrite le **Kulturhistoriske Museet** ⊙, musée historique rappelant le passé prospère de la ville par des reconstitutions d'intérieurs ou l'exposition d'objets liés à la navigation.

Fåborg Museum for Fynsk Malerkunst ⊙ – *Gronnegade.*
Le **Musée d'art fionien** fut fondé par un mécène, Mads Rasmussen, qui en fit don à la ville en 1915. Il est célèbre au Danemark pour sa superbe collection de toiles de peintres fioniens, dont Peter Hansen et Johannes Larsen *(voir à ce nom)*.

HADERSLEV★

Sonderjylland – 20 329 habitants
Carte Michelin n° 985 – Q 6 ou Atlas Europe – p. 108

Située sur les rives d'un fjord étroit portant le même nom, à 15 km de la côte, Haderslev est une ville active et un agréable centre touristique. Occupant une position clé sur la principale voie Nord-Sud du Jutland, elle fut tôt vouée au négoce, qui y a toujours joué un rôle important. En 1292, elle obtint sa propre charte et son histoire fut alors jalonnée d'événements soulignant son importance. En 1448, la mort du roi Christophe ayant provisoirement mis un terme à l'Union de Kalmar *(voir Introduction, chapitre : Histoire)*, Christian Ier signa à Haderslev une charte lui assurant le trône danois, tandis que la Suède prenait pour roi Charles Knutsson (l'Union sera rétablie en 1457 quand Christian Ier sera élu roi de Suède avec l'appui de l'archevêque d'Upsal). En 1597, Christian IV y célébra ses noces avec Anne-Catherine de Brandebourg. Mais l'épisode le plus significatif de l'histoire de Haderslev se déroula entre 1864 et 1920, quand la ville fit partie, sous la férule prussienne, du duché de Schleswig-Holstein.

★★**Cathédrale** ⊙ – Construite en brique rouge, c'est l'un des monuments gothiques les plus intéressants du Danemark. L'intérieur a été entièrement passé au blanc de chaux, ce qui reflète la lumière plongeant sur le chœur (15e s.) à travers les hautes fenêtres. Le transept et la nef aux voûtes remarquablement hautes datent du 13e s. Les fonts baptismaux en bronze sont de la fin du 15e s. et la chaire baroque date de 1636.
Mais le trésor de la cathédrale est sans aucun doute l'orgue, de facture Sieseby et récemment restauré, dont le son à la fois clair et velouté se fait de nouveau entendre régulièrement.

Vieille ville – Dominée par la cathédrale, elle occupe une position élevée et ses rues sinueuses aux pavés irréguliers sont bordées de maisons anciennes ayant parfois près de 400 ans. Une restauration effectuée avec goût valut à Haderslev le titre de « Ville de l'année » en 1984.
Au n° 20 de Slotsgade, l'un des plus vieux édifices de la ville date de la fin du 16e s. et abrite aujourd'hui une collection de céramiques, la **Ehlers Samlingen** ⊙.
Dans Sejlstensgyde, la **Slesvigske Vognsamling** ⊙ est une belle collection de voitures à chevaux datant des 17e, 18e et 19e s.
Le **musée de Haderslev** ⊙, dans Dalgade, comprend une section consacrée aux fouilles archéologiques de la région et aux objets découverts dans les marais avoisinants. En face, un petit musée de plein air regroupe de vieux bâtiments du 17e s. dont un moulin à vent.

Pour tout ce qui fait l'objet d'un texte dans ce guide (villes, sites, curiosités isolées, rubriques d'histoire ou de géographie, etc.), reportez-vous à l'index.

HELSINGØR★

ELSENEUR – Frederiksborg – 56 000 habitants

Carte Michelin n° 985 – P 9 et pli 9 ou Atlas Europe – p. 108 – Schéma : SJÆLLAND

A 45 km au Nord de Copenhague, Elseneur est séparée de la capitale par une bande côtière connue sous le nom de Riviera danoise. La ville est un centre touristique et commerçant florissant, ainsi qu'un port actif grâce au trafic important de ferries effectuant la navette avec Helsingborg, sur la côte suédoise, dont elle n'est séparée que par un détroit de 4 km. L'orgueil de la ville est son château, devenu célèbre dans le monde entier sous le nom d'Elseneur dans la tragédie de Shakespeare, *Hamlet, Prince de Danemark.*

Porte d'accès à la Baltique – Dès qu'il devint roi de Danemark, de Norvège et de Suède, **Éric de Poméranie** décida de tirer parti de la position stratégique d'Elseneur à l'entrée de l'Øresund, bras de mer reliant la mer du Nord et la Baltique. En 1427, il imposa donc un péage aux navires empruntant cette voie et construisit une forteresse afin de le faire respecter. La ville prospéra rapidement, attira de nombreux négociants étrangers et menaça de supplanter Copenhague au premier rang des cités danoises. Cette prospérité dura 400 ans jusqu'à l'abolition du péage en 1857. Cependant, les constructions navales, le tourisme et le trafic maritime ininterrompu entre le Danemark et la Suède ont permis à Elseneur de conserver son animation et son intérêt.

Tycho Brahe

L'astronome danois Tycho Brahe (1564-1601) fit construire son nouvel observatoire en 1576 sur la petite île de Ven au milieu du détroit séparant le Danemark de la Suède, à équidistance de Copenhague et d'Elseneur. Alors que le téléscope n'était pas encore inventé, ses observations et calculs (il établit notamment un catalogue d'étoiles et montra que les comètes n'étaient pas des phénomènes atmosphériques) concoururent à faire accepter la théorie de Copernic selon laquelle le centre de l'univers était le soleil et non la terre. A la mort du roi, Tycho se vit contraint à chercher des mécènes. Il finit ses jours à Prague où **Johannes Kepler**, astronome allemand, reprenant ses observations sur la planète Mars, énonça les lois sur les mouvements des planètes.

★★★ KRONBORG SLOT (BX) ⊙

Se dressant sur une péninsule sur l'Øresund, le **château de Kronborg** est devenu le plus célèbre château du Danemark non seulement pour avoir été choisi sous le nom de château d'Elseneur comme cadre romantique à la tragédie que Shakespeare écrivit vers 1601, mais aussi parce qu'il symbolise la puissance maritime danoise, personnifiée par le mythique Holger Danske (Ogier le Danois) qui, dit-on, hante les souterrains où il serait enterré. Sa masse impressionnante, soulignée de tours imposantes et couverte d'un toit de cuivre vert surmonté d'élégantes flèches déchirant le ciel bas et plombé, continue à défier la mer comme elle l'a fait durant des siècles.

De Krogen à Kronborg – En 1574, Frédéric II engagea deux architectes hollandais, Hans van Paeschen et Antonius Van Opberger, pour reconstruire et agrandir Krogen, la forteresse d'Éric de Poméranie, à laquelle on donna le nom de Kronborg. L'influence de la Renaissance hollandaise est particulièrement sensible dans l'aile orientale. Après l'incendie qui ravagea le château en 1629, Christian IV, fils de Frédéric, le fit restaurer et lui rendit sa splendeur d'origine. A la fin du 17e s., Christian V fit ajouter Kronværksport afin de fortifier le château du côté opposé à la mer.

Visite

Extérieur – Des corniches soulignent l'encadrement des fenêtres et une balustrade ouvragée garnit la partie supérieure de la façade recouverte de grès. Entouré de douves profondes, le château est accessible par un pont de bois et une porte du 16e s., Mørkeport, qui donne sur la cour principale. Mais avant d'entrer dans le château, il est recommandé de faire le tour des douves pour gagner le front de mer et admirer la vue panoramique sur le détroit et la côte suédoise. On affirme que c'est sur la terrasse, où sont alignés de puissants canons de bronze, qu'Hamlet vit le fantôme de son père enveloppé d'un manteau de brume épaisse. Dans la pièce, l'endroit est mentionné sans précision comme étant « une terrasse devant le château », ce qui n'est pas surprenant puisque l'on est à peu près certain que Shakespeare ne visita jamais Elseneur et fonda son récit sur la légende du prince Amled qui vécut au Jutland bien avant qu'Éric de Poméranie ne construise le premier château.

E. Baret

Château de Kronborg

Intérieur – Le château comprend de nombreuses salles, pour la plupart ouvertes au public. Les plus intéressantes sont la **chapelle,** dont la magnifique décoration Renaissance a été épargnée par l'incendie de 1629, les **chambres du roi et de la reine,** aux plafonds ornés de peintures à la demande de Christian IV, et la **Salle de bal,** l'une des plus longues d'Europe du Nord, dont le sol de marbre en damier est remarquable mais qui a malheureusement perdu son plafond à caissons d'origine.
Les **tapisseries du Roi** – 40 tapisseries représentant 111 rois de Danemark – recouvraient les murs de la Salle de Bal dans les grandes occasions. Commandées par Frédéric II, elles furent réalisées à Elseneur vers 1585 sous la direction de Hans Knieper, peintre tisserand originaire d'Anvers. Aujourd'hui, il n'en reste que 14, dont 7 se trouvent au Musée national à Copenhague et les 7 autres à Kronborg.
Dans les **casemates,** que l'on atteint en passant par les cuisines, on peut voir une statue d'Ogier le Danois qui, si l'on en croit la légende, se dressera lorsque son pays aura besoin de lui et combattra de toutes ses forces pour le sauver.

LA VIEILLE VILLE

Elseneur a conservé de nombreuses maisons à colombage, restaurées avec soin. Les marchands aisés et les armateurs habitaient à proximité du port tandis que les artisans et les marins vivaient à la périphérie de la ville. La vieille ville est de nos jours en grande partie piétonne ; ainsi les visiteurs peuvent se promener le long de Stengade, la rue principale, et des rues adjacentes telles Skt Anna Gade et Strandgade, à la découverte de ruelles pittoresques et de belles maisons anciennes (pharmacie du 16e s. au n° 77, Strandgade).

Sankt Olai Kirke (**BY**) – Construite entre 1200 et 1560, la médiévale **église St-Olaf,** devenue cathédrale, se dresse au croisement de Skt Anna Gade et de Skt Olai Gade. Son mobilier est essentiellement de style Renaissance et baroque ; on remarquera tout particulièrement le retable et les fonts baptismaux.

Karmeliterkloster (**BY**) – Le **monastère des carmes** fut construit près de Skt Olai Kirke au début du 15e s. Le compositeur allemand Dietrich Buxtehude occupa la chaire d'organiste de **Skt Maria Kirke** de 1660 à 1668 avant d'obtenir un poste à Lübeck. Il est possible de visiter le **cloître** et les jardins du monastère d'où l'on aperçoit le château de Kronborg.
L'hôpital, fondé par les moines et devenu plus tard un asile pour les pauvres, abrite aujourd'hui le **musée municipal**, où l'on peut voir une maquette du premier château d'Elseneur.

Marienlyst Slot (**AX**) – Situé le long de Lappen, qui prolonge Skt Anna Gade, le **château de Marienlyst** était la résidence d'été du roi Frédéric II. Construit au 16e s., il fut modifié et agrandi pour la reine Juliane Marie dans la deuxième moitié du 18e s. par l'architecte français Nicolas Jardin, qui le transforma en un petit palais de style Louis XVI. Le parc renferme une pierre tombale à la mémoire du prince Hamlet.

HELSINGØR

Danmarks Tekniske Museum ⓥ – *A la périphérie de la ville, sur la route de Gilleleje* (**AX**).

Le **Musée danois de la Technique** illustre le développement des sciences et des techniques à travers les âges.

EXCURSIONS

La Suède par le ferry – Il ne faut que 25 mn pour franchir le détroit et atteindre Helsingborg et, comme 3 compagnies maritimes assurent plusieurs traversées par heure, il serait dommage de se priver de la vue sur Elseneur et son château.

La côte septentrionale d'Elseneur à Gilleleje – *25 km au Nord-Ouest par la route 237* (**AX**). *Voir schéma à SJÆLLAND.*

Cette côte magnifique offre de belles plages, des dunes battues par les vents, des villages de pêcheurs aux couleurs vives et des stations balnéaires à la mode.

Hornbæk – C'est l'un des plus anciens villages de pêcheurs du Nord du Sjælland, où l'on peut encore voir quelques maisons traditionnelles. Dans l'église du 18e s. sont suspendues de nombreuses maquettes de bateaux. Mais Hornbæk est avant tout la station balnéaire la plus fréquentée de la région, car elle possède l'une des plus belles plages du Danemark, longue étendue de sable blanc ourlée de dunes couvertes d'herbes folles. Légèrement en retrait, les bois environnant le village sont parsemés de villas, souvent luxueuses.

★ **Gilleleje** – Ce traditionnel village de pêcheurs est devenu l'un des ports de pêche les plus actifs du Nord du Sjælland et les ventes à la criée tôt le matin sont un spectacle à ne pas manquer. Le port a conservé sa simplicité d'origine et abrite une foule de bateaux multicolores de toutes tailles, que côtoient désormais les yachts modernes. Deux petits restaurants décorés avec goût participent au charme indéniable de l'ensemble.
A l'Ouest du village, un chemin conduit au sommet d'une colline surplombant la mer, nommée Gilbjerg Hoved. Le philosophe **Søren Kierkegaard** s'y rendait souvent pour contempler l'admirable vue sur le Kattegat et la côte suédoise.

Søren Kierkegaard (1813-1855)

Søren Kierkegaard étudia la philosophie et la théologie à l'université de Copenhague, sa ville natale. Profondément marqué par son éducation religieuse, la personnalité de son père et des échecs dans sa vie personnelle, il suivit dans sa vie l'itinéraire qu'il décrivit dans ses œuvres. On peut y définir trois étapes : le *stade esthétique*, où l'on ne vit que dans l'instant, le *stade éthique*, où, se conformant aux devoirs sociaux, on découvre l'alternative du bien et du mal, le *stade religieux*, caractérisé par la conscience de la faute totale de l'individu devant Dieu. S'opposant au système hégélien, Kierkegaard fait de l'angoisse l'expérience fondamentale de l'homme, qui se sent irréductible à tout système. Peu connue de son temps, la pensée de Kierkegaard eut une influence significative sur les philosophes de l'existence (athées et chrétiens), Heidegger et Sartre.

HILLERØD

Frederiksborg – 25 488 habitants

Carte Michelin n° 985 – Q 9 et pli 9 ou Atlas Europe – p. 108 – Schéma : SJÆLLAND

Située au centre du Sjælland du Nord, à 35 km de Copenhague et 23 km d'Elseneur, Hillerød s'est développée à l'ombre du magnifique château de Frederiksborg dont la masse domine la ville. Elle n'a conservé que peu de vestiges de son passé, mais elle prospère grâce aux touristes qui, après la visite du château, envahissent l'attractif centre commerçant.

★★★ FREDERIKSBORG SLOT ⊙

Au Nord de la ville, le **château de Frederiksborg** s'étale sur trois petites îles au milieu du Slotssø (lac du château). En 1560, Frédéric II acheta le manoir de Hillerød qui s'élevait sur l'île la plus septentrionale, l'agrandit et l'appela Frederiksborg. Son fils, Christian IV, décida de construire un château totalement neuf, mais le projet était si ambitieux que les travaux durèrent plus de 20 ans (1599-1622), depuis l'édifice principal au Nord, composé de trois ailes, jusqu'à la haute tour à barbacanes située sur l'île centrale. On décida alors de conserver les constructions qui se trouvaient sur l'île méridionale, et comme elles n'étaient pas alignées avec le nouveau château, on construisit un pont en forme de S pour les relier.

Symbole de la monarchie absolue – Pendant cent ans, Frederiksborg servit de résidence royale et les monarques qui se succédèrent sur le trône du Danemark furent sacrés dans la chapelle du château jusqu'à l'abolition de la monarchie absolue. Les jardins à la française furent dessinés au début du 18e s. Plus tard, la famille royale utilisa de préférence le moins grandiose château de Fredensborg *(voir ci-dessous)* situé non loin de Frederiksborg, qui fut peu à peu transformé en musée royal abritant une collection de portraits historiques rassemblés par Frédéric VI.

Musée – En 1859, un incendie ravagea l'intérieur et une partie extérieure du château, qui fut cependant rapidement restauré grâce à la participation financière de la nation danoise et en particulier de J. C. Jacobsen, propriétaire de la brasserie Carlsberg. Sur ses conseils, Frederiksborg devint en 1878 un **Musée national d'Histoire danoise**, géré en tant que département indépendant de la Fondation Carlsberg. Ouvert au public en 1882, il abrite du mobilier et des objets présentant un intérêt historique, ainsi qu'une collection de portraits et de tableaux qui s'est considérablement enrichie.

E. Baret

Château de Frederiksborg

Visite

Construit en brique rouge soulignée de décorations en grès et agrémenté d'élégants pignons, le château de Christian IV est un bel exemple d'architecture de la Renaissance hollandaise, alors que les édifices du règne de Frédéric II ont une allure presque médiévale. Il est préférable d'accéder au château par la porte de la ville, située sur l'île méridionale.

Extérieur – A l'extrémité des bâtiments de Frédéric II, de part et d'autre de l'étroite Stræde t, se dressent deux tours rondes surmontées de dômes, qui datent de 1562. Le pont en forme de S conduit à l'imposante **tour à barbacanes** précédant le grandiose château de Christian IV. Au centre de la cour est érigée la **fontaine de Neptune**, qui, lors de l'occupation de Frederiksborg par les Suédois en 1659, fut dépouillée de ses statues de bronze réalisées (1623) par Adrian de Vries ; une reproduction fut installée en 1888. Au-delà de la fontaine, un splendide portail surmonté d'un fronton sculpté marque l'entrée de la cour intérieure délimitée par les trois ailes de l'édifice principal : au Nord, l'**aile du Roi** et sa belle galerie de marbre à deux étages, à l'Ouest, l'**aile de la Chapelle** flanquée d'une large tour, et, à l'Est, l'**aile de la Princesse.** Quatre tourelles abritant chacune un escalier à vis relient les trois étages du château. L'entrée principale du musée se trouve dans l'aile du Roi.

Intérieur – Au rez-de-chaussée, l'aile de la Princesse est utilisée pour les expositions temporaires ; entièrement restaurée après l'incendie de 1859, la **Rose**, ou salle des Chevaliers, présente un plafond voûté soutenu par des colonnes de marbre et orné de subtiles décorations en stuc. Au premier étage, on accède à la **chapelle** par une loggia ouverte située au même niveau que la galerie courant autour de l'édifice, abondamment décoré et à peine touché par l'incendie. Des décorations en stuc peint et doré recouvrent entièrement la voûte de la nef ; le retable et la chaire, ornés d'or, d'argent et d'ébène, sont dus à Jacob Mores, de Hambourg ; à l'extrémité de la galerie surmontant l'autel se trouve l'orgue, réalisé en 1610 par Compenius, célèbre facteur d'orgue originaire de Brunswick. Plusieurs rangées de blasons superposés garnissent les murs. Un pont couvert, surnommé le **passage privé**, donne accès à la **salle des Audiences**, surmontée d'une coupole baroque. Les salles des premier et second étages des ailes du Roi et de la Princesse abritent les collections, classées par ordre chronologique. La **grande salle**, située au-dessus de la chapelle, fut reconstruite après l'incendie d'après des croquis réalisés quelque temps auparavant : on peut y admirer le plafond de bois sculpté, la cheminée de marbre noir, les tapisseries et la galerie des musiciens.

EXCURSIONS

★ **Fredensborg** ⊙ – *9 km au Nord-Est par la route 6 – Visite : 1 h (compter 1 h 30, quand le palais est ouvert).*
De style baroque, le palais fut construit au 18e s. sur les bords du lac Esrum par Frédéric IV, qui lui donna le nom de « château de la paix » pour célébrer la fin de la guerre avec la Suède. Inauguré en 1722, il ne fut terminé que beaucoup plus tard. Œuvre de Johan Cornelius Krieger, la partie centrale, la plus ancienne, cerne une cour octogonale ; de célèbres architectes tels Eigtved, Lairids de Thurah et Nicolas Jardin, participèrent à la construction des autres bâtiments. Le tout

forme un ensemble harmonieux d'un blanc lumineux, recouvert de toits de cuivre vert. Au printemps et à l'automne, la famille royale réside au palais qui n'est ouvert au public que pendant le mois de juillet ; toutefois, le parc est accessible toute l'année.
Le **parc**, dont les larges allées ombragées conduisent jusqu'aux rives du lac Esrum, fut redessiné vers 1760 par Nicolas Jardin, qui sut tirer profit de la beauté naturelle du site. Il est parsemé – plus particulièrement dans Marmorhaven, jardins privés de la famille royale – de nombreuses statues, parmi lesquelles on note une série mettant en scène des paysans norvégiens ou originaires des îles Féroé. Près du lac se dressent deux petits pavillons édifiés en 1765-66, jadis utilisés comme résidences d'été.
A l'**intérieur** du palais, on remarquera tout particulièrement le hall d'entrée, surmonté d'une vaste coupole, le jardin d'hiver rococo et la chapelle baroque.

Forêt de Gribskov – Elle s'étend au Nord de Hillerød, sur la rive occidentale du lac Esrum, et offre maintes possibilités de promenades à pied ou en voiture parmi les hêtres et les conifères. La route 227, qui longe le lac, traverse le village de **Nødebo**, où l'on peut voir une intéressante église médiévale.

Skævinge – *10 km au Sud-Ouest.*
Les murs de l'église sont recouverts de fresques du 16e s. illustrant des scènes de la Bible. Mais le plus surprenant est d'y voir aussi une peinture représentant le héros national danois, Holger Danske, qui, selon la légende, repose sous le château d'Elseneur *(voir à Helsingør)*.

Selon l'étymologie, « Islande » veut dire « pays de glace » et « Groenland » « pays vert ». Étonné par le sens incongru de ces définitions, qui semblent contredire la réalité, un scientifique islandais entama des recherches. En fin de compte, il attribua cette initiative aux Vikings, qui auraient établi ces appellations fallacieuses pour induire en erreur les éventuels envahisseurs de « bonnes terres ».

HOLBÆK

Vestsjælland – 21 851 habitants

Carte Michelin n° 985 – Q 8 ou Atlas Europe – p. 108 – Schéma : SJÆLLAND

Très bien situé au fond de l'Isefjord, second fjord danois par la dimension, et sur la ligne ferroviaire reliant Copenhague à Kalundborg, cet ancien bourg, qui a su préserver son environnement naturel et culturel, est devenu une ville commerçante moderne et un des principaux centres touristiques de la région. On peut ainsi découvrir le pittoresque vieux port relié au quartier commerçant par de petites ruelles, des espaces verts tels que Strandparken qui s'étend jusqu'aux rives du fjord, et, dans les bois environnants, de vénérables arbres bicentenaires, des cerfs, des sangliers et des paons. A l'entrée de Holbæk Fjord, baie interne de l'Isefjord, un port de plaisance moderne, un espace naturel protégé et un terrain de golf viennent compléter les attraits de ce plaisant lieu de séjour.

***Au port de plaisance de Holbæk, on peut louer des canoës (certains sont équipés pour y passer la nuit) ou des bateaux à moteur, afin d'explorer les rives, les petites criques et les étroits chenaux du fjord.
Le tour du fjord peut être effectué à vélo en utilisant des routes secondaires, des pistes et des chemins, clairement indiqués sur 3 cartes cyclistes que l'on peut se procurer dans les offices de tourisme.***

Musée ⊙ – *Klosterstræde.*
Cet important musée régional consacré à l'histoire locale est réparti dans neuf bâtiments anciens, construits entre 1660 et 1867. Les 51 salles offrent des expositions très variées : objets trouvés lors de fouilles archéologiques, poteries, céramiques, mais aussi reconstitutions d'intérieurs de fermes, de maisons bourgeoises et d'ateliers, restituant la vie d'autrefois.

EXCURSIONS

★ **Église de Tveje Merløse** ⊙ – *4 km au Sud par la route 57.*
Cette église romane est unique au Danemark. Construite au 12e s. en pierre de taille, elle n'a pratiquement pas été modifiée depuis, et c'est la seule à posséder encore, au-dessus du porche, les deux imposantes tours jumelles d'origine. L'intérieur est décoré de nombreuses fresques du 13e s. représentant des scènes du Nouveau Testament. Celles qui ornent l'abside et les groupes de soldats en armures représentés en plein combat sur le mur occidental sont absolument remarquables.

C. Boisvieux

Église de Tuse - Détail des fresques

Église de Tuse – *6 km à l'Ouest par la route 155.*
Cette autre église romane renferme également des fresques intéressantes et bien conservées. Peintes vers 1450, elles opposent en un contraste frappant scènes bibliques et scènes de la vie quotidienne au Moyen Âge, caractérisées par la présence de démons.

Isefjord – Il s'élargit en pénétrant à l'intérieur des terres et couvre une vaste étendue dont l'environnement protégé offre aux amoureux de la nature de nombreuses activités de plein air. La pêche à la truite de mer est devenue un passe-temps apprécié, et d'agréables ports de plaisance ainsi que des mouillages ourlent le fjord. La grande île inhabitée d'Orø présente une belle plage, un parc animalier et des itinéraires de découverte de la nature le long de la côte.

Circuit autour du fjord – *85 km.* On peut effectuer le tour complet du fjord en combinant trajets en voiture et traversées en ferry.

Quitter Holbæk par la route 155.

Église de Tuse – *voir ci-dessus.*

Revenir à la route 21 et gagner Rørvig, où l'on prend le ferry pour Hundersted (traversée : 25 mn), puis rouler jusqu'à Sølager et traverser en ferry (8 mn) vers Kulhuse, puis prendre la route 207 en direction de Jægerpris.

Palais de Jægerpris – *voir à Roskilde Fjord.*

Joindre Lyngerup, et, par la route 53, se rendre à Skibby.

Église de Skibby – *voir à Roskilde Fjord.*

Gagner Hammer Bakke, se rendre en ferry (traversée : 6 mn) sur l'île d'Orø, rouler jusqu'au port de Brønde et prendre le bac pour retourner à Holbæk.

JELLING★

Vejle – 2 289 habitants

Carte Michelin n° 985 – Q 6 ou Atlas Europe – p. 108

Paisible village édifié dans un charmant paysage lacustre entouré de collines boisées, Jelling est aujourd'hui l'une des principales attractions touristiques du Jutland en raison d'événements qui s'y déroulèrent au cours du 10e s. A l'apogée de la période viking *(voir Introduction, chapitre : Histoire)*, il fut, durant les règnes des fondateurs de la dynastie danoise, Gorm le Vieux et son fils Harald à la Dent Bleue, le siège de la royauté, comme en attestent les deux imposants tumuli et les deux pierres runiques qu'ils laissèrent, connues sous le nom de pierres de Jelling.

Les pierres de Jelling – Selon les inscriptions qu'elle portent, la plus petite fut érigée par Gorm : « Le roi Gorm érigea ce monument à la mémoire de sa femme Thyra, l'orgueil du Danemark. » Quant à la plus grosse, elle porte ces mots : « Le roi Harald fit ériger ce monument en l'honneur de son père Gorm et de sa mère Thyra, ce même Harald qui conquit le Danemark tout entier ainsi que la Norvège et convertit les Danois au christianisme. » C'est la première fois que le Danemark est mentionné comme royaume unifié et une date de conversion du peuple danois au christianisme établie.

Les pierres se dressent devant le porche de l'**église** du 12e s. située entre les deux tumuli et ornée de fresques comptant parmi les plus anciennes du Danemark mais, malheureusement, très mal restaurées.
Des fouilles ont révélé la présence d'une chambre funéraire sous le tumulus Nord, qui, bien que conçu pour recevoir deux corps, ne contenait pas d'ossements, le tumulus Sud ne comportant pas quant à lui de chambre funéraire. Des fouilles effectuées plus tard sous l'église permirent d'affirmer que trois églises en bois s'étaient succédé sur le site, la première ayant été bâtie par Harald. On trouva également des ossements humains, qui semblaient avoir été déplacés. Cela conduisit les archéologues à émettre l'hypothèse qu'Harald avait fait transférer les restes de ses parents du tumulus Nord sous l'église, construite sur l'emplacement d'un temple païen. Toutefois, les raisons d'un tel geste demeurent obscures et l'hypothèse d'un enterrement chrétien n'est plus retenue par certains historiens. Quant au tumulus Sud, il aurait été construit pour servir de mémorial.

Ch. Bastin-J. Évrard

Pierre de Jelling

L'Office de tourisme, situé à l'entrée de l'enceinte de l'église, abrite une belle collection de plus de 300 oiseaux naturalisés.
Au Sud de Jelling, le lac Fårup offre un spectacle haut en couleur : aux mains d'un équipage en costumes d'époque, un **vaisseau viking** long de 15 m et reconstitué entre 1986 et 1990 par des volontaires glisse calmement sur les eaux.

EXCURSION

Givskud Løveparken ⏲ – *8 km au Nord par la route 18.*
Sur 160 ha, le parc aux lions de Givskud présente lions, éléphants, zèbres, rhinocéros, chameaux et autres espèces animales sauvages ou domestiques et possède une aire de jeux pour enfants.

Les pierres runiques

Les inscriptions runiques représentent la première forme d'écriture utilisée par les Scandinaves à partir du 3e s. après J.-C. ; sculptées dans le bois, la pierre ou le métal, elles ont été retrouvées non seulement en Scandinavie mais aussi dans les pays où se rendaient les Vikings. Il semble que les pierres les plus imposantes (elles peuvent peser plusieurs tonnes) aient servi de mémorial pour célébrer des exploits ou des personnages ; elles portent non seulement le nom de la personne ainsi honorée, mais aussi celui de la personne qui les fit ériger. Elles relatent aussi parfois des événements, tantôt d'importance locale, tantôt d'intérêt historique, comme par exemple à Jelling, dans le Jutland méridional, où sont ainsi célébrées l'unification et la christianisation du Danemark par Harald à la Dent Bleue. Des milliers de pierres runiques ont été retrouvées en Suède, la plupart à proximité de Stockholm. Vers la fin de l'ère viking, les pierres runiques furent décorées d'emblèmes chrétiens, en parti-culier de croix, figurant ainsi à côté d'animaux mythologiques tels que les dragons et les serpents *(voir aussi Heddal, en Norvège).*

JYLLAND

JUTLAND – Carte Michelin n° 985 – P,Q,R 5 à 7 ou Atlas Europe – p. 108

Vaste péninsule rattachée au continent européen, le **Jutland** constitue la partie la plus importante du territoire danois. S'étendant au Nord de la frontière allemande sur une distance de 300 km, il est entouré par la mer du Nord, le Skagerrak et le Kattegat, et le Petit Belt, étroit couloir le séparant de la Fionie. Ses paysages sauvages, façonnés par les vents d'Ouest dominants, ne ressemblent en rien à ceux des autres régions danoises. L'Est, verdoyant, dont les prairies et les forêts de conifères ne sont pas sans évoquer les régions alpines, contraste violemment avec l'Ouest, plus sauvage, aux larges étendues de lande, où l'infini des plages s'ourle de dunes envahies d'herbes folles *(illustration en introduction, chapitre : Les grands espaces sauvages)*. A cette différence naturelle s'ajoute l'opposition entre un Jutland occidental traditionnellement moins peuplé et un Jutland oriental économiquement plus développé. Le long de la côte s'égrènent des fjords et des îles, comme Rømø et Fanø, où l'environnement naturel est préservé.

Une distinction marquée s'effectue également du Nord au Sud. Le Jutland du Nord, malgré l'abondance de plages et de petits villages de pêcheurs, paraît très austère du fait de ses étendues dépouillées et vit au rythme des échanges avec la Norvège et la Suède, établis de longue date par les ports de Hirthals et de Frederiksborg. Le Jutland du Centre, plus ondulé, offre un grande variété de paysages, spécialement dans la région des lacs, autour de Silkeborg, et s'organise autour d'Århus, seconde ville danoise. Enfin, le Jutland du Sud, dépourvu de relief et couvert de forêts, a gardé des liens étroits avec l'Allemagne moderne depuis son occupation par la Prusse *(voir à Haderslev)*.

Aussi le Jutland a-t-il beaucoup à offrir à ceux qui le visitent : ses villes historiques (Ribe, Viborg), ses splendides châteaux (Rosenholm, Voergård), ses importants sites vikings (Fyrkat, Lindholm Høje), ses églises rurales et ses magnifiques musées (Silkeborg, Århus, Ålborg) constituent autant d'atouts pour l'intérêt du tourisme que la diversité de ses paysages et la variété de ses distractions.

KALUNDBORG

Vestsjælland – 15 304 habitants

Carte Michelin n° 985 – Q 8 ou Atlas Europe – p. 108 – Schéma : SJÆLLAND

Sur la côte occidentale du Sjælland, Kalundborg occupe la rive Nord du fjord du même nom, formé par deux presqu'îles qui l'encadrent. Port actif, il doit son développement aux importants échanges par mer entre le Sjælland et le Jutland. C'est aujourd'hui une ville industrielle moderne, en liaison permanente par ferry avec Århus et par train avec la capitale.

La ville fut fondée par Esbern Snare, frère de l'évêque Absalon, lui-même fondateur de Copenhague. Il construisit une église et un château sur les bords du fjord à la fin du 12e s. Plus tard, Valdemar IV construisit un autre château pour renforcer les fortifications de la ville qui devint un important centre de commerce ainsi qu'un lieu de rendez-vous pour le roi et la noblesse. Une charte lui fut accordée en 1485.

Les fortifications furent détruites pendant l'occupation suédoise, de 1658 à 1660, et il ne reste des châteaux que quelques ruines et une tour isolée. Une grande partie de la ville fut incendiée, et les seules maisons anciennes se trouvent à proximité de l'église, celle-là même que fit édifier Esbern Snare.

CURIOSITÉS

★ **Vor Frue Kirke** – Fondée vers 1170, **l'église Notre-Dame** est l'une des plus curieuses églises danoises avec ses cinq tours évoquant les églises byzantines. Son fondateur, Esbern Snare, membre de la puissante famille des Hvide proche de la famille royale, ayant sans doute voyagé à l'étranger, en influença le style architectural.

Extérieur – Construit en forme de croix grecque, avec quatre branches d'égale longueur, l'édifice est surmonté de tours octogonales nommées Sainte-Gertrude, Sainte-Catherine, Sainte-Anne et Sainte-Marie-Madeleine, tandis qu'une massive tour carrée, plus haute, repose sur la croisée. Vue de loin, l'église est très imposante.

Intérieur – La nef, carrée, paraît relativement petite. Quatre piliers massifs supportent le poids de la tour centrale. Les curieux fonts baptismaux datent de la fondation de l'église, et le retable baroque, sculpté dans l'atelier de Lorenz Jørgensen, du 17e s.

Lindegård – *Adelgade.* A l'Ouest de l'église, ce groupe de bâtiments anciens accueille l'intéressant **Musée d'histoire régionale** ⊙.

A proximité de l'église et de Torvet, ancienne place du marché, on peut parcourir d'autres rues pittoresques telles Præstegade, Lindegade et Kordilgade.

EXCURSION

Églises d'Ubby, de Bregninge et de Viskinge – *40 km – 1 h 30.*
Ces églises villageoises romanes sont toutes contemporaines de l'église Notre-Dame de Kalundborg.

Quitter Kalundborg par la route 22 au Sud ; à 7 km, tourner à gauche vers Ubby.

Église d'Ubby ⓥ – De proportions particulièrement harmonieuses, elle fut, selon une inscription apposée sur le mur extérieur du porche, fondée par Esbern Snare en 1179. L'intérieur recèle un remarquable retable du 17e s. et une chaire plus ancienne.

Continuer sur la route 219 pendant 5 km et tourner à gauche aux abords du lac Tis ; poursuivre vers le Nord par la route 225 ; traverser la route 23 : 3 km plus loin, on arrive à Bregninge.

★ **Église de Bregninge** ⓥ – L'imposante église en brique et pierre *(illustration en Introduction, chapitre : Architecture)* est peinte de couleur rouge vif contrastant avec les pignons à redans, blancs. A l'intérieur, la voûte de la nef est recouverte de fresques de différentes époques illustrant des scènes bibliques soulignées par des motifs d'animaux et de fleurs.

Revenir vers la route 23 pour la prendre à droite vers Kalundborg.

Église de Viskinge ⓥ – De belles fresques du 15e s. ornent la voûte de la nef et les piliers.

KERTEMINDE

Fyn – 5 388 habitants

Carte Michelin n° 985 – Q 7 ou Atlas Europe – p. 108

Située à l'entrée du fjord de Kerteminde, sur la côte Nord-Ouest de la Fionie, Kerteminde est une charmante petite ville agrémentée de belles plages sûres et d'un port de plaisance moderne.
Depuis le Moyen Âge, la pêche est l'activité principale de ce port qui offre un spectacle coloré et vivant qui faisait dire au peintre Johannes Larsen que sa ville natale était « la plus jolie petite ville du monde ». De nombreuses maisons anciennes jalonnent les petites rues qui bordent le port.

Maisons anciennes – Dans Landgade, **Farvergården** est une imposante résidence du 17e s. qui abrite le **musée** ⓥ, consacré à l'histoire locale, où l'on peut voir la reconstitution d'un intérieur traditionnel. Dans Trollegade, **Høkeren** a été réaménagée en épicerie d'autrefois.
Située sur le flanc d'une colline regardant vers le port, **Møllebaken** fut la demeure de **Johannes Larsen**, dont les sujets préférés étaient les scènes de la vie quotidienne et la nature. Le **Johannes Larsen Museet** ⓥ, consacré à son œuvre mais aussi à celles d'autres peintres fioniens, y est installé désormais. Un moulin à vent, **Svanemøllen**, soigneusement restauré, la domine de sa masse.

ENVIRONS

Ladby – *3 km au Nord-Ouest.*
Depuis le centre du village, une signalisation guide jusqu'à **Ladbyskibet**, navire viking découvert en 1935, dans lequel un guerrier avait été enterré au 10e s. avec ses armes, ses chiens et ses chevaux.
Les clous et les ancres de ce bateau long de 22 m étaient encore intacts, de même que les ossements et les armes, si bien que les archéologues ont pu reconstituer le drakkar et aménager un **musée** ⓥ tout autour, une grande voûte de béton ayant été réalisée pour abriter le navire.

KOLDING

Vejle – 45 514 habitants

Carte Michelin n° 985 – Q 6 ou Atlas Europe – p. 108

Kolding est aujourd'hui un important centre industriel et commercial s'étalant sur les deux rives de la Kolding Å, rivière qui se jette dans le Koldingfjord. Du haut de sa butte, le château domine la cité.
Prospère ville commerçante dès le Moyen Âge, Kolding a pendant longtemps joué un rôle primordial dans l'histoire du Danemark, d'abord en tant que siège de la monarchie, puis en tant que ville-frontière lorsque le Jutland méridional fut rattaché au duché de Schleswig-Holstein. Plus récemment, sa situation au carrefour de voies de communication importantes se révéla vitale pour le développement économique de la ville, qui est devenue le principal centre exportateur de bétail du pays.

Ch. Bastin - J. Évrard

Vue intérieure du château de Kolding

KOLDINGHUS ⓥ

Au milieu du 13e s., Éric Glipping, roi du Danemark, fit construire le **château de Kolding** pour renforcer ses défenses sur la frontière méridionale du royaume. Au cours du Moyen Âge, il devint l'une des principales places fortes du pays, mais il ne subsiste rien des fortifications de cette période. Fréquemment remanié, ses parties les plus anciennes datent du 15e s. Au 16e s., il servit de résidence royale et fut alors reconstruit sans ouvrages défensifs. Au début du 18e s., Frédéric IV entreprit un nouveau remaniement, mais le château ne fut guère utilisé par la suite. En 1808, un incendie le ravagea et il demeura en ruine durant un siècle. Au début du 20e s., il fut restauré, restauration qui apparaît comme un magnifique exemple d'innovation architecturale, car, défiant toute convention, des structures modernes furent associées avec bonheur aux ruines anciennes.

Visite

C'est dans la grande salle, la chapelle et l'aile méridionale que se manifeste avec le plus de vigueur l'originalité de la restauration. Le château est maintenant aménagé en musée présentant des collections d'artisanat et d'art décoratif danois, de la Renaissance à nos jours.

AUTRES CURIOSITÉS

La vieille ville – Située sur le flanc Sud du château, elle recèle dans ses pittoresques ruelles pavées nombre de maisons rénovées. L'un des édifices les plus beaux est une demeure à pignons de style Renaissance, **Borchs Gård**.

Geografiske Have ⓥ – *Christian IVs Vej.*
Ce **jardin botanique** en périphérie de la ville contient plus de 2 000 espèces de plantes originaires du monde entier. La roseraie et le bosquet aux bambous, les plus grands de leur genre en Europe du Nord, sont remarquables. Des activités spécialement conçues pour les enfants, des concerts et la possibilité de piqueniquer y favorisent les sorties familiales.

Kunstmuseet Trapholt ⓥ – *Æblehaven.*
Le **Musée des Beaux-Arts**, consacré à la peinture et à la sculpture danoises du 20e s., occupe une magnifique situation dans un parc surplombant le fjord.

EXCURSION

Kolding Ford – Kolding possède l'un des ports de plaisance les plus importants (capacité d'accueil : 1 000 bateaux) et les plus modernes du Danemark. Des excursions quotidiennes autour du fjord sont organisées pendant l'été. On peut aussi louer des bateaux pour découvrir à sa convenance les paysages variés du fjord.

Vous prendrez plus d'intérêt à la visite des monuments si vous avez lu en introduction le chapitre sur l'art.

KØBENHAVN★★★

COPENHAGUE – 622 000 habitants

Carte Michelin n° 985 – Q 9 et pli 13 ou Atlas Europe – p. 108 – Schéma : SJÆLLAND

Plan de la ville dans le guide Rouge Michelin « main cities Europe »

Métropole de taille moyenne aux proportions harmonieuses, située sur la côte Nord-Est de l'île du Sjælland, **Copenhague** séduit dès le premier abord ses visiteurs, qui se sentent très vite à l'aise. Cet attrait immédiat est dû à la combinaison subtile de contradictions : la capitale danoise n'offre pas de panorama grandiose, mais ses places imposantes, ses larges avenues, ses vastes parcs et ses lacs créent une indéniable impression d'espace. En outre, le contraste entre les différents styles d'architecture, qu'illustrent bien les maisons du 18e s. aux couleurs vives blotties autour du vieux port, le sombre hôtel de ville de la fin du 19e s. ou encore les galeries marchandes ultramodernes inondées de cette caractéristique lumière nordique, ne nuit en rien à l'unité de l'ensemble, accentuée par les édifices de brique rouge, les toits de cuivre verts et les flèches élancées qui déchirent le ciel. Mais la contradiction la plus frappante émane sans doute de l'atmosphère unique de la ville, incitant à la relaxation tout en faisant naître un sentiment d'agitation fiévreuse, ce qui pourrait expliquer pourquoi tant de personnes sont fascinées par la silhouette solitaire de la Petite Sirène scrutant le large à l'entrée du port. Ainsi, si l'on devait décrire Copenhague en une seule phrase, on pourrait dire que c'est une ville de province charmante avec l'ambiance d'une capitale.

UN PEU D'HISTOIRE

Un port de marchands – Le nom même de København qui signifie « port des marchands » rappelle la vieille tradition commerçante de la ville, tradition établie pratiquement dès sa fondation par l'évêque Absalon en 1167. Le destin de Copenhague fut arrêté lorsque l'ambitieux évêque de Roskilde décida de faire construire un château sur l'île de Slotsholmen, à l'emplacement de l'actuel château de Christiansborg.

Un commerce prospère s'établit sous le contrôle vigilant des évêques de Roskilde jusqu'à ce qu'au 15e s. la ville fût rattachée à la couronne et qu'Éric de Poméranie en fît la capitale du royaume unifié de Danemark, Norvège et Suède. Outre son rôle de centre commercial et administratif, Copenhague se vit confier celui de creuset culturel lorsqu'en 1479 fut fondée l'université. Cependant, la Réforme provoqua au 16e s. une période d'incertitudes et de troubles politiques.

L'âge d'or de la cité – Au cours du règne de Christian IV (1588-1648), Copenhague redevint une cité prospère dont le développement fut alors tel que l'on peut donner à cette période le nom d'âge d'or. L'ambition du roi à l'égard de sa capitale était sans limites, et il se lança dans une série de réalisations architecturales qui dotèrent Copenhague de ses plus beaux monuments, ainsi que du château de Rosenborg, de la Bourse et du pittoresque quartier de Christianhavn, auquel le roi donna son nom.

De la richesse à la ruine – Cette période de prospérité fut suivie d'une succession de revers de fortune : après avoir résisté à une tentative d'invasion suédoise, la ville fut frappée par une épidémie de peste bubonique en 1711 et perdit le tiers de sa population. En 1728, un gigantesque incendie détruisit une grande partie du centre de la ville, avant qu'un second incendie, à la fin du siècle, ne la ravageât à nouveau. Toutefois, c'est entre ces deux catastrophes que se développa l'élégant quartier Est, autour de Kongens Nytorv et Amalienborg. La dernière et non la moindre de ces calamités fut le bombardement de Copenhague en 1807, durant les guerres napoléoniennes, par la flotte anglaise qui ne tint aucun compte de la neutralité du Danemark.

Ch. Bastin-J. Évrard

Flèche de l'église Notre-Sauveur

COPENHAGUE PRATIQUE

Transports – La ville possède un bon réseau de bus et de trains. Des billets forfaitaires sont valables 24 heures.

Se déplacer à vélo – Des bicyclettes d'un jaune étincelant et soigneusement rangées sont à la disposition des résidents et des touristes. Comme pour les caddies dans les supermarchés, il suffit, pour les utiliser, d'introduire, dans l'un des 150 stands à vélos, une pièce de 20 couronnes que l'on récupère à la remise de la bicyclette. On évite ainsi d'aggraver la pollution atmosphérique et la densité de circulation automobile. Leur couleur, d'une part, et, d'autre part, la mise en place d'un système de repérage électronique et l'utilisation dans leur fabrication d'éléments non standardisés, interdisent toute disparition..

Tourisme – On peut effectuer une promenade sur les canaux de la capitale danoise à bord de confortables bateaux à ciel ouvert (durée : 50 mn – Départs toutes les demi-heures à partir de 10 h, de mi avril à mi-septembre). Embarcadères : Gammel Strand (**CZ 26**) et Nyhavn (**DY**). Renseignements et réservations : ☏ 33 13 31 05.
L'Association des guides de tourisme organise des visites guidées de la ville, commentées en plusieurs langues, tous les jours en juillet et août, uniquement les week-ends en avril, mai, juin, septembre et octobre. Renseignements et réservations à l'Office de Tourisme, 1 Bernstorffgade, ☏ 33 11 13 25. Départs des bus Rådhuspladsen (**BZ 57**).
La carte « **Copenhagen Card** » permet d'accéder gratuitement au réseau urbain de transports en commun, de visiter 60 musées et sites, d'effectuer à tarif réduit des traversées sur les ferries à destination de la Suède, les promenades sur les canaux et des locations de voitures. Valable pour une durée de 24, 48 ou 72 heures, elle doit être compostée dès le jour d'achat. L'Office de Tourisme délivre une brochure à son sujet.

Handicapés – L'Office de Tourisme danois édite une brochure de faible coût signalant les sites, hôtels et moyens de transport accessibles en fauteuil roulant.

Shopping – La principale rue commerçante, Strøget, est piétonne. Comédiens, musiciens et bateleurs s'y bousculent pour divertir acheteurs, touristes et simples promeneurs. On y trouve deux grands magasins : **Magasin et Illum.** Le centre commercial Scala, 2 Axeltorv, outre ses magasins et ses boutiques, dispose de restaurants, de cafés, de boîtes et de cinémas, tout comme le centre commercial de la gare centrale. On peut acheter des souvenirs au magasin d'usine de Royal Copenhagen, 45 Smallegade (☏ : 31 86 48 48). Dans Amagertorv, le design danois prédomine avec l'argenterie de Georg Jansen, la délicate porcelaine et les antiquités de Royal Copenhagen, le cristal de Holmegaard, et le design moderne au Bolighus du magasin Illum. A Lyngby, au Nord de Copenhague, un gigantesque marché aux puces a lieu tous les dimanches, de 9 h à 14 h entre mai et septembre.

Cafés – A l'heure de midi, Copenhague offre le choix de ses nombreux restaurants et cafés, tant sur le front de mer à Nyhavn qu'au complexe Bolten dans Kongensgade ou dans Gråbrødretorv (Peder Oxe). Le quartier de Christianshavn dispose aussi d'un éventail de restaurants et de bars, comme les cafés Wilder et Luna à l'angle de Skt Annæ Gade, où les employés des ministères proches se mêlent à la communauté libre Christiana. A Christiana même, on peut prendre un repas à Spiseloppen ou une boisson à Månefiskeren. Dans Christianshavns Torv, on peut prendre une pâtisserie ou une bière. Les jardins de Tivoli possèdent plusieurs restaurants : Fægerkron, Belle Terrasse et Groøften, mais de nombreux Danois préfèrent les crevettes fraîches sur une tartine de pain blanc accompagnées d'une bière. On peut encore fréquenter les jardins familiaux ou les restaurants plus excentrés dans Pile Allé, où l'on sert le traditionnel smørrebrød. Dans les « konditorier », on sert un café avec de la pâtisserie. Le Café Sommersko, dans Kronprinsensgade, est un endroit animé la nuit. L'Electronic Café International, Vej 13, bygning 90, dans le quartier de Holmen, rassemble les fanatiques d'Internet.

Distractions, loisirs – L'amateur a le choix entre le Théâtre royal (danse, théâtre et art lyrique), la compagnie permanente « Royal Danish Ballet » et la troupe du « Baron Boltens Gård ». Les billets sont délivrés pour le jour même au kiosque situé à l'angle de Fiolstræde et Nørrevoldgade, ouvert du lundi au vendredi de 12 h à 19 h (13 h le samedi).
Pour ceux qui préfèrent les courses, le choix s'effectue entre Charlottenlund Travbane, spécialisé dans le trot, et Klampenborg Galopbane, réservé au galop.
A une demi-heure de la capitale, Strandparken offre 7 km de plages de sable et un large éventail d'activités sportives (natation, équitation, golf, tennis, location de bateaux et de bicyclettes, planche à voile).
A Kalvebod Brygge, les amateurs de sensations fortes trouveront un mur d'escalade et des installations pour sauts à l'élastique, mis à leur disposition par le « Copenhagen Action Center » (☏ : 39 27 27 77).
Et naturellement, il ne faut pas oublier les attractions du célèbre parc de Tivoli...

Copenhague aujourd'hui – La ville, moderne et spacieuse, prit son aspect actuel après la destruction des fortifications au milieu du 19e s. et la réalisation, sur leur emplacement, de parcs et de lacs. Après la Seconde Guerre mondiale, une grande partie de la vieille ville fut aménagée en quartier piétonnier, ce qui en fit le paradis des promeneurs désireux de flâner devant les vitrines, d'admirer les dernières merveilles du design national et de savourer tranquillement un smørrebrød en contemplant le spectacle de la rue, sillonnée par un nombre impressionnant de cyclistes. La ville est célèbre aussi pour ses distractions et pour la qualité de ses groupes de jazz.

CHRISTIANSBORG SLOT ET SLOTSHOLMEN (CZ)

Entouré de canaux, Slotsholmen est le centre historique de Copenhague, l'île qu'Absalon choisit pour y construire sa forteresse. Aujourd'hui, sa statue se dresse sur Højbro Plads, de l'autre côté du canal, au Nord de l'île, comme si le célèbre évêque veillait toujours sur sa cité.

★ **Christiansborg Slot** ⊙ – Le château actuel est le cinquième construit sur le même site depuis 1167. De style baroque allemand, le premier palais moderne de Christiansborg fut édifié par Christian VI au 18e s. mais fut presque entièrement détruit par un incendie en 1794. Le palais suivant, de style néo-classique, fut aussi ravagé par les flammes moins d'un siècle plus tard. Des fouilles, exécutées au début de la construction du palais actuel en 1907, mirent au jour les ruines, désormais accessibles au public, de la forteresse d'origine et du château médiéval. Terminé en 1928, Christiansborg inclut les Écuries royales et le Théâtre de la cour (transformé en musée), vestiges du premier palais, et la chapelle du second. Sa façade de granit, son toit de cuivre vert et sa haute tour carrée imitent le style des précédents édifices. Il ne servit jamais de résidence royale et abrite aujourd'hui le Folketing, parlement danois, la Cour suprême et les salons de réception, que l'on peut visiter.

★ **Marmorbroen** (CZ 50) – Ce **pont de marbre**, de style rococo, franchit Frederiksholms Kanal et assure l'accès à la vaste cour de Christiansborg. Dessiné par le célèbre architecte du 18e s., **Eigtved**, il fut construit en même temps que le premier palais. Vu des rives ombragées du canal, il offre, avec ses arches élégantes, un des spectacles les plus attrayants de Copenhague.

★★ **Thorvaldsens Museum** (CZ M[1]) ⊙ – Sur le flanc Nord-Ouest de Christiansborg, près de la chapelle, ce musée fut édifié à la mémoire du plus célèbre sculpteur danois, **Bertel Thorvaldsen** (1780-1844), qui passa la plus grande partie de sa vie à Rome et fut accueilli en héros lorsqu'il revint dans son pays natal. Délibérément construit dans le style néo-classique, il abrite l'importante collection de sculptures classiques et d'œuvres personnelles de l'artiste.

★ **Børsen** (CDZ) – *Fermée au public.* La **Bourse**, construite en 1619 sur les ordres de Christian IV, est un remarquable édifice caractéristique du style de la Renaissance hollandaise. Sa flèche élancée, autour de laquelle s'enroulent les queues de 4 dragons, est un point de repère familier dans le ciel de Copenhague.

Holmens Kirke (CZ B) – Presque en face de la Bourse, de l'autre côté du canal enjambé par l'Holmens Bro, l'**église de la Marine**, de style Renaissance, construite également par Christian IV, abrite un magnifique retable et une belle chaire. C'est là que fut célébré le mariage de la reine Margrethe II en 1967.

LE QUARTIER DE L'UNIVERSITÉ ET STRØGET

Le « Quartier latin » de Copenhague, animé, est délimité au Sud par Strøget, principale artère commerçante de la ville, et au Nord par Gothersgade, large avenue séparant Rosenborg et la « ville neuve » de la vieille ville. Le quartier est en grande partie piéton, et les rues étroites sont bordées de librairies, de magasins d'antiquités ou de mode, de pizzerias et de cafés, petites boutiques occupant souvent le sous-sol des maisons du 18e s., alignées en rangs serrés. Il faut prendre le temps de flâner le long de Købmagergade, Fiolstræde et quelques-unes des rues adjacentes. Løvstræde et Skindergade mènent à **Gråbrødretorv**★ (CY 28), pittoresque petite place envahie l'été par les tables et les parasols de ses restaurants et de ses cafés, souvent bondés.

Vor Frue Kirke (BY D) ⊙ – Depuis Gråbrødretorv, Skindergade mène à la Vor Frue Plads, où s'élève l'**église Notre-Dame**, cathédrale néo-classique construite en 1829 sur les plans de C.F. Hansen. C'est la troisième à occuper ce site puisque l'édifice gothique fut détruit lors de l'incendie de 1728, et la seconde cathédrale sévèrement endommagée par les obus anglais en 1807. L'intérieur est orné de sculptures de Thorvaldsen.
Les bâtiments de l'**Université** occupent le côté Nord de la place sur laquelle donne la façade du bâtiment principal, construit en même temps que la cathédrale. Le bâtiment réservé aux étudiants, situé le long de Nørregade, fut quant à lui édifié un siècle plus tôt. Sur le côté opposé de Nørregade, au coin de Skt Pederstræde, se dresse **Skt Petri Kirke** (BY), austère église également incendiée et bombardée qui a conservé cependant son haut clocher du 16e s.

B Holmens Kirke
C Baron Bolten's Gård
D Vor Frue Kirke
E Rundetårn
F Sankt Nikolaj Kirke
G Helligåndskirke

Le tracé des voies de traversée et d'accès apparaît en rouge ou en jaune sur les plans de villes.

ernbanegade	BZ	35	Marmorbroen	CZ	50	Store Kannikestræde	CY	64
ulius Thomsens Gade	AY	36	Niels Juels Gade	DZ	51	Studiestræde	BYZ	66
ampmannsgade	AZ	37	Nybrogade	CZ	52	Sølvtorvet	CX	67
nippelsbro	DZ	38	Nytorv	BZ	53	Tietgensgade	BZ	68
ompagnistræde	CZ	39	Pistolstræde	CY	54	Vandkunsten	CZ	70
risten Bernikows Gade	CY	41	Polititorvet	BZ	55	Webersgade	BX	71
rystalgade	BCY	42	Reventlowsgade	BZ	56	Ved Stranden	CZ	72
vægtorvsgade	ABZ	44	Rådhuspladsen	BZ	57	Ved Vesterport	AZ	74
ngebro	CZ	45	Rådhusstræde	CZ	59	Vestergade	BZ	75
ederstræde	CYZ	46	Sankt Annæ Plads	DY	60	Vindebrogade	CZ	78
ngangstræde	BZ	48	Sankt Peders Stræde	BY	62	Værnedamsvej	AZ	79
vstræde	CY	49	Skindergade	CY	63			

H Rådhus
K Charlottenborg

M[1] Thorvaldsens Museum
M[3] Frihedsmuseet

M[2] Musikhistorisk Museum

ans la liste des rues qui accompagne chaque plan de ville,
s voies commerçantes sont imprimées en

★ **Rundetårn** (**CY E**) ⓥ – A partir de Vor Frue Plads, en suivant Store Kannike-stræde, on parvient au pied de la **Tour Ronde,** haute de 35 m, construite en 1642 sur l'ordre de Christian IV pour servir d'observatoire et à laquelle Andersen fait allusion dans *Le Briquet*. Une curieuse rampe en spirale, inégalement pavée, permet d'accéder au sommet, d'où l'on découvre une **vue panoramique** sur la ville avec sa forêt de flèches. On raconte que, lors de sa visite en 1716, le tsar Pierre le Grand monta à cheval jusqu'au sommet, suivi de la tsarine dans un carrosse tiré par 6 chevaux.
La tour est rattachée à la **Trinitas Kirke,** conçue par Christian IV comme lieu de culte universitaire et complétée par une bibliothèque située à l'étage. L'édifice fut achevé par son successeur en 1656. A l'intérieur on peut voir un magnifique retable sculpté, de style baroque, et une horloge rococo à carillon.

Le **Musikhistorisk Museum** ⓥ (**CY M²**), intéressant musée abritant des instruments de musique anciens dont certains datent du 16ᵉ s. se trouve au Nord de l'église, dans Abenrå.

★ **Strøget** (**BCYZ**) – Cette voie piétonne longue de 1,5 km relie Kongens Nytorv (Nouvelle Place royale) à Rådhuspladsen (Place de l'Hôtel de Ville). Elle est en fait constituée par une succession de rues et de places bordées des plus beaux magasins de Copenhague, animées à toute heure du jour et offrant au visiteur des distractions variées : musiciens et artistes ambulants, terrasses de cafés, défilés de la Garde royale, pittoresques galeries marchandes et souvenirs de l'histoire de la cité. Donnant dans la partie appelée Østergade **Pistolstræde** (**CY 54**) est une charmante rue bordée de maisons du 18ᵉ s., restaurées avec goût, et de boutiques attrayantes. Un peu plus loin à gauche, face au grand magasin Illum, s'élève **Skt Nikolaj Kirke** (**CY F**), dotée d'une impressionnante tour carrée du 16ᵉ s. soutenue par 6 arcs-boutants ; l'édifice luimême, relativement récent, abrite aujourd'hui un centre d'expositions d'art.
Au carrefour avec Købmagergade, Strøget s'élargit pour former Amagertorv, place ornée d'une fontaine du 19ᵉ s., la **Storkespringvand** (fontaine aux Cigognes). Plus loin, sur la droite, **Helligåndskirke** (église du St-Esprit – **CY G**), seul édifice médiéval de la ville, est édifiée au milieu d'un paisible jardin offrant un contraste frappant avec l'animation fiévreuse de la rue. L'ensemble faisait partie d'un monastère maintenant disparu, mais l'église, restaurée depuis, fut reconstruite après l'incendie de 1728.
La voie, changeant à nouveau de nom (Vimmelskaftet, puis Nygade), s'ouvre sur une vaste place constituée en fait de deux places contiguës en vis-à-vis : à droite **Gammeltorv** (Ancienne Place – **BYZ 27**), la plus vieille place de marché à Copenhague dont le centre est occupé par la **fontaine Caritas** du 17ᵉ s., et à gauche, **Nytor** (Nouvelle Place – **BZ 53**), dans un coin de laquelle se dissimule le **Domhus** (Tribunal), ancien hôtel de ville.
Par la section nommée Frederiksberggade, on parvient à Rådhuspladsen.

Noces franco-danoises

14 août 1193, Amiens célèbre le mariage du roi **Philippe,** deuxième du nom, et d'**Ingeborg.** Ils ne se sont jamais rencontrés, mais être la fille du roi Valdemar de Danemark constitue un argument solide pour Philippe qui cherche de puissants soutiens avant de conquérir la Normandie. Ingeborg paraît, dans la splendeur de ses atours et la fraîcheur de ses 17 ans. A l'instant, le jeune roi (déjà veuf à 28 ans) est sous le charme et devient impatient de désir : quand donc s'achèvera cette cérémonie qui traîne en longueur... Les dernières prières à peine égrenées, il entraîne sa nouvelle épouse. Hélas, le voilà dans l'incapacité d'assumer son rôle d'époux. Il ne pardonnera jamais à Ingeborg d'avoir été le témoin de cette inaptitude momentanée, et, avec le même empressement qu'il avait eu à vouloir consommer, la répudiera. Il faudra un interdit papal sur l'ensemble du royaume pour qu'en 1200 Philippe II renonce à la solide Tyrolienne qui a remplacé Ingeborg et fasse asseoir celle-ci à ses côtés, mais lors des seules cérémonies officielles, car la malheureuse héroïne de ce roman d'amour avorté vécut la plupart du temps reléguée à Étampes.
10 juin 1967, Copenhague en liesse marie sa princesse héritière, **Margrethe.** Dix jours de fête ont précédé le solennel mariage en l'église de la Marine. Qui est l'heureux élu ? Un jeune diplomate français, **Henri de Laborde de Monpezat,** né à Talence en 1934, dont la famille est d'origine béarnaise comme l'était Bernadotte, aïeul de la mariée. Il a passé son enfance au Tonkin, où son grand-père avait créé une plantation de caféiers et d'hévéas. Après des études à Cahors, Bordeaux puis Paris, après le service militaire, diplômé de l'École des Langues orientales, il a passé le concours des Affaires étrangères. Attaché à l'ambassade de France à Londres, c'est là, dit-on, qu'il a rencontré sa princesse. Leur histoire n'a pas échoué comme celle de Philippe et d'Ingeborg, et le Cahors que produit la propriété de vacances qu'ils ont acquise et restaurée dans le Lot coule fréquemment sur la table royale.

C. Boisvieux

Coin tranquille à Tivoli

RÅDHUSPLADSEN ET TIVOLI (BZ)

La **place de l'Hôtel de Ville** est une vaste place animée, traversée par plusieurs artères importantes véhiculant une circulation abondante. L'îlot central grouille de monde, en particulier de badauds qui se pressent autour des divers stands de nourriture sans se préoccuper du brouhaha qui les enveloppe. Plusieurs lignes de bus partent de cette place, et l'on peut, en empruntant la ligne n° 50, effectuer un parcours de découverte de la ville jusqu'au front de mer, où la Petite Sirène attend patiemment la foule de ses admirateurs.
L'impressionnant hôtel de ville en brique rouge s'élève sur le côté Sud de la place. A sa gauche, lorsqu'on lui fait face, est érigée depuis 1914 une statue de bronze très appréciée de la foule et représentant **deux joueurs de trompette antique**, alors qu'à sa droite se trouve la **fontaine du Dragon**, exécutée en 1923 par les artistes danois Skovgaard et Bindesbøll. Une statue de Hans Christian Andersen perdu dans ses rêves se dissimule presque dans les frondaisons agrémentant le côté Ouest.

Rådhus ⓥ (**BZ H**) – **L'hôtel de ville** est un massif édifice de brique rouge, construit au début du 20e s. d'après les plans de Martin Nyrop qui s'inspira de l'architecture danoise médiévale et du style Renaissance de l'Italie du Nord. Du haut de la tour, on jouit d'une très belle **vue** sur la ville et le port.
A l'intérieur, deux salles sont consacrées à l'**horloge astronomique★ de Jens Olsen.** Né en 1872 à Ribe, Jens Olsen ne put voir se concrétiser son rêve le plus cher, car il mourut avant que sa célèbre horloge ne fût installée sous ses dômes de verre. Le fascinant mécanisme donne l'heure sidérale en même temps que l'heure solaire partout dans le monde. Il indique la trajectoire des planètes autour du soleil et calcule les éclipses du soleil et de la lune avec une précision de l'ordre d'une demi-seconde tous les 300 ans.

★★ **Tivoli** ⓥ – Situé au cœur de la ville, entre la place de l'Hôtel de Ville et la gare centrale, Tivoli est l'un des plus anciens parcs d'attractions au monde (il fut inauguré en 1843) et l'endroit le plus visité du Danemark, avec plus de 4 millions de visiteurs par an. Il fut imaginé par Georg Carstensen, fils du consul général de Danemark en Algérie, qui s'inspira de parcs déjà existants, à Paris et à Londres, mais en y apportant la touche d'exotisme dont il s'était imprégné au cours de ses nombreux voyages.
Les distractions, la fantaisie et le charme animent ces merveilleux jardins éclairés la nuit des mille feux des lanternes vénitiennes suspendues aux arbres. Les nombreux restaurants et cafés illuminés à l'ancienne créent une ambiance favorable à la détente. La musique y est constamment à l'honneur, dans la journée par des concerts en plein air, à intervalles réguliers, en soirée dans la salle de concerts où se produisent orchestres et solistes internationaux.
A l'agrément des très beaux arrangements floraux, au charme des édifices exotiques et des palais de contes de fées dont les arches sont soulignées, la nuit venue, par le scintillement de milliers de petites ampoules, s'ajoute pour les touristes le dépaysement d'un repas typiquement danois, pris à bord de la frégate Skt Georg III

Les secrets d'un succès

Les jardins de Tivoli couvrent une surface de 83 000 m² et 400 000 fleurs s'y épanouissent chaque année. Le parc propose 29 restaurants et 25 attractions différentes. 110 000 ampoules sont nécessaires à la création quotidienne de son atmosphère enchanteresse. 100 concerts ont lieu chaque saison dans la salle de concerts, et parmi les artistes contemporains à s'y être produits on peut citer Arthur Rubinstein, Benjamino Gigli, Yehudi Menuhin, Isaac Stern, Janet Baker, Mstislav Rostropovitch. Le succès de Tivoli réside dans la diversité de ce qu'il présente, mais aussi dans l'originalité et la vivacité que le tempérament danois apporte à cette présentation.

ancrée sur le lac. Les gardes de Tivoli, vêtus d'uniformes rouges et blancs et coiffés de bonnets à poil, défilent régulièrement tandis que des pantomimes mettent en scène les personnages de la commedia dell'arte et que les attractions (autos tamponneuses, maison hantée, et, depuis peu, la trompe volante inspirée des contes d'Andersen) rivalisent d'ingéniosité dans le domaine du sensationnel. Trois fois par semaine, des feux d'artifice embrasent le ciel de Tivoli.

LES PRINCIPAUX MUSÉES

De nombreux musées de Copenhague présentent un intérêt certain, mais trois d'entre eux abritent des collections si riches qu'il faut prévoir de leur consacrer une visite spéciale. Le Musée national et la Glyptothèque se trouvent près de l'hôtel de ville, le Musée des Beaux-Arts, dans le quartier Nord, près du château de Rosenborg, dans un parc aménagé au 19ᵉ s.

★★★ **Nationalmuseet** (**CZ**) ⏲ – Agrandi plusieurs fois depuis sa fondation au début du 19ᵉ s., le **Musée national** vient de se doter d'un bâtiment moderne et spacieux avec un hall grandiose, mais inclut toujours le **Prinsens Palæ** (Palais du Prince), construit en 1774 par Eigtved pour l'héritier du trône. Ses 6 départements sont maintenant répartis sur 3 étages et une surface considérable est désormais réservée aux expositions temporaires. En outre, un espace est affecté à un musée pour enfants.

La **préhistoire danoise**, de 13 000 ans av. J.-C. au 10ᵉ s. de notre ère, constitue le véritable joyau du musée. Sont présentés de nombreux objets en bronze et en or, tels le Char du Soleil, retrouvé dans un marais proche de Trundholm et datant du 12ᵉ s. av. J.-C. Il représente le soleil parcourant le firmament sur un char tiré par un cheval. La collection de pierres runiques du 10ᵉ s. provenant de l'île de Lolland et du Jutland est remarquable, comme le sont les objets de la période viking.

Le **Moyen Âge** et la **Renaissance** sont représentés par du mobilier, des tapisseries et des objets religieux ; les plus beaux sont un autel en or du 12ᵉ s. provenant d'Århus, des retables en bois peint, des vases sacrés des 15ᵉ et 16ᵉ s., des cornes à boire (vers 1400) et des tapisseries flamandes du 16ᵉ s.

Les **collections danoises** (1660-1830) comprennent surtout du mobilier, du verre, des cristaux et des porcelaines ainsi que d'authentiques intérieurs.

Les **collections d'antiquités du Proche-Orient, de la Grèce et de Rome** se composent essentiellement de poteries et de céramiques grecques, de momies égyptiennes, d'objets trouvés dans des tombes et d'une petite section d'art romain.

Les **collections ethnographiques** comptent parmi les plus riches du monde ; consacrées aux cultures non européennes, elles comprennent une section tout à fait unique sur les Eskimos du Groenland, du Canada et de l'Alaska.

La **collection royale de monnaies et de médailles**, très riche en monnaies grecques et romaines, présente des spécimens de différents pays.

★★★ **Ny Carlsberg Glyptotek** (**BZ**) ⏲ – L'importante collection d'œuvres d'art fondée en 1882 par le brasseur Carl Jacobsen est exposée dans un édifice conçu par Vilhem Dahlerup. Inauguré en 1897, sa riche ornementation intérieure met parfaitement en valeur les collections. Un autre bâtiment, ajouté ultérieurement par Hack Kampmann, est relié au premier par un monumental jardin d'hiver dont le bassin central est décoré d'une sculpture allégorique de Kaj Nielsen.

Surtout intéressé par l'art antique, Jacobsen ne négligeait pas pour autant la peinture et la sculpture françaises du 19ᵉ s. C'est pourquoi, les pièces principales du musée appartiennent à ces deux domaines, qui ne cessent de s'enrichir par les acquisitions de la Fondation Carlsberg, mise en place par Jacobsen.

La **collection d'Antiquités** provenant de Mésopotamie, d'Égypte, de Grèce et d'Italie est la plus importante d'Europe du Nord, la section étrusque étant particulièrement riche.

La **collection d'Art français des 19ᵉ et 20ᵉ s.** comprend surtout un grand choix d'œuvres impressionnistes et post-impressionnistes ainsi qu'un nombre impressionnant de sculptures de Degas et de Rodin (bronzes), mais aussi de Carpeaux et de Maillol.

Sont présentés quelques Manet célèbres *(Le buveur d'absinthe* et *L'exécution de l'empereur Maximilien)*, des Cézanne *(Quatre baigneuses)*, de charmantes scènes parisiennes signées Pissarro, des paysages pleins de fraîcheur par Guillaumin, quelques œuvres de jeunesse de Gauguin, dont on peut aussi voir certaines des toiles les plus originales qu'il ait peintes à Tahiti *(Tahitienne à la fleur)*, et plusieurs tableaux et sculptures de Bonnard.
Enfin, le musée possède une large collection de **sculpture danoise** et une petite collection de toiles majeures de **peintres danois du 19e s.**

★★ **Statens Museum for Kunst** (CX) ⏲ – L'édifice qui abrite le **Musée national des Beaux-Arts** fut également conçu par Vilhem Dahlerup en même temps que la Glyptothèque, mais l'intérieur fut modernisé ultérieurement afin d'y privilégier l'espace et la lumière. Les collections, royales à l'origine, ont été considérablement enrichies depuis 1900 et ne peuvent être toutes exposées faute de place. Le musée comporte deux sections.
La **section d'Art étranger** comprend un choix de toiles de l'école italienne du 14e au 18e s. et de l'école française du 17e et du 18e s., mais c'est la collection de peintures flamandes et hollandaises du 15e au 18e s. qui se révèle être la plus remarquable, avec, entre autres, des œuvres de Bruegel, Rembrandt, Hals, Rubens, Ruisdaël et Memling. L'art moderne est également bien représenté, avec une exceptionnelle collection de toiles françaises du 20e s., de Matisse et ses contemporains à Picasso, Braque, Derain et Vlaminck. Avec quelques très beaux tableaux, Edvard Munch est également présent.
La **section d'Art danois** illustre le développement de la peinture danoise du 18e s. à nos jours, à commencer par Jens Juel. La période de l'Âge d'Or danois est représentée par des œuvres de Joachim et Niels Skovgaard, Johannes Larsen, Theodor Philipsen, Peter Hansen, l'École de Skagen et Vilhem Hammershøi. Harald Giersing, Edvard Weie et Asgern Jorn, chef de file du groupe Cobra, témoignent, entre autres, des mouvements du 20e s.

ROSENBORG

Au Nord de Gothersgade, large avenue délimitant la vieille ville, s'étend un vaste parc où se dresse le château de Rosenborg. Au début du 17e s., Christian IV décida la construction d'un modeste pavillon en dehors de la ville où il se sentait à l'étroit.

★★★ **Rosenborg Slot** (CX) ⏲ – Épargné par les incendies et les bombardements, le **château de Rosenborg** garde le même aspect extérieur qu'en 1633, bien qu'il ait perdu les douves qui l'entouraient à l'origine. Inspiré par l'architecture de la Renaissance hollandaise, il est construit en brique rouge décorée de tuffeau.

Du pavillon d'été à la résidence royale – En 1606, Christian IV commença d'abord par faire planter un jardin, **Kongens Have** (Jardin du Roi), charmant havre de paix resplendissant au printemps de ses rhododendrons en fleur. Puis il entreprit de faire édifier un pavillon d'été de deux étages, agrémenté d'une petite tourelle d'escalier. Mais des problèmes de fondations nécessitèrent de modifier les plans et le roi, pris par sa frénésie de bâtisseur, décida une construction plus conséquente, si bien qu'en 1615 le pavillon avait doublé de dimension. Au cours de la décennie suivante, il était surélevé d'un troisième étage, puis la Grande Tour était ajoutée, puis deux autres tours plus petites érigées, et le petit pavillon projeté devenait la résidence royale... En 1624, le roi lui attribua le nom de Rosenborg avant que ne fût adjointe une tourelle d'escalier centrale en 1633. C'est en 1710 qu'il cessa d'être résidence royale, Frédéric IV le jugeant trop petit !

Prat-Pries/DIAF

Château de Rosenborg

Un roi bâtisseur

Le roi Christian IV (1577-1648), personnage truculent et doué d'un fort tempérament, avait, après le décès de la reine Anne Catherine, épousé Kirsten Munk, dont le blason s'ornait de trois roses.
C'est en son honneur qu'il baptisa « château des roses » le palais qu'il venait de bâtir et où il s'émerveillait d'avoir introduit les techniques les plus avancées : la salle de bains disposait de l'eau courante et un ingénieux mécanisme lui permettait d'actionner le pont-levis depuis le salon d'Hiver.
Outre les nombreux édifices qu'il légua à la ville de Copenhague, il a également laissé son empreinte aux châteaux de **Kronborg**, **Frederiksborg**, **Jægerpris** et Valdemar à **Tåsinge**. Amateur d'art militaire, c'est sous son règne que des travaux furent exécutés à **Bohus**, **Halmstad** et **Varberg**, en territoire suédois alors danois, que fut reconstruite Christiana, la future **Oslo**, et que furent fondées en Norvège les villes de **Kongsberg** et de **Kristiansand** *(on pourra voir à ces noms le détail des travaux réalisés).*

Les collections – Toiles, tapisseries, mobilier rare, argenterie et porcelaine furent rassemblés au château par les successeurs de Christian IV. En 1833, les collections furent disposées par ordre chronologique et le château ouvert au public. Les salles les plus intéressantes sont le bureau de travail de Christian IV, pratiquement inchangé, le Salon d'hiver, orné de tableaux incorporés aux panneaux muraux, la Salle de marbre, de style baroque, la Chambre du roi, tendue de tapisseries flamandes, et, au dernier étage, la Grande salle au splendide plafond en stuc datant du 18e s., où trois lions d'argent montent la garde autour du trône. Dans les sous-sols, le trésor expose les joyaux de la Couronne et les insignes de la royauté.

Botanisk Have (**BCX**) ⊙ – Le **jardin botanique** (entrée à l'angle de Øster Voldgade et de Gothersgade) se trouve face au château de Rosenborg. Il fut planté vers 1870 sur un terrain libéré par la démolition des fortifications. La serre des palmiers et les serres contenant les cactus et les orchidées sont particulièrement intéressantes. Un musée présente une belle collection de plantes originaires du Danemark, des îles Féroé et du Groenland.

Den Hirschsprungske Samling (**CX**) ⊙ – Cette **collection** fut offerte au Danemark par **Heinrich Hirschsprung**, propriétaire d'une manufacture de tabac. Logée dans un édifice néo-classique inauguré en 1911 et situé derrière le Musée des Beaux-Arts, elle est exclusivement consacrée à l'art danois du 19e s. : peintures, sculptures, aquarelles et dessins. Dans la plupart des salles, du mobilier provenant des maisons des artistes renforce l'impression artistique qui se dégage des œuvres.

Davids Samling (**CY**) ⊙ – La **collection David** est située sur le pourtour de Kongens Have dans une belle maison du 19e s. appartenant jadis à un avocat, C.L. David, qui, en 1945, en fit une institution publique en pourvoyant à son entretien. Elle contient une riche collection d'art islamique du Moyen Âge ainsi que des tableaux, de la vaisselle et du mobilier français du 18e s., du mobilier anglais, de la céramique et de l'argenterie scandinave.

KONGENS NYTORV ET LA VILLE DU 18e SIÈCLE

Cette « nouvelle ville », qui se développa sur le bord de mer au Nord-Est de la vieille ville à la fin du 17e s. et tout au long du 18e, est aujourd'hui le quartier élégant de Copenhague. Autour du palais d'Amalienborg, résidence officielle de la souveraine, elle offre la perspective de ses larges avenues et concentre hôtels et commerces de luxe.

★ **Kongens Nytorv** (**DY**) – La saisissante opposition entre cette magnifique **place Royale** et les pittoresques quais de Nyhavn est l'un de ces contrastes qui rendent captivante la découverte de la ville.
La réalisation de cette place fut la première opération d'urbanisme liée à la construction de la nouvelle ville, que le surpeuplement de la vieille ville rendait nécessaire. Achevée en 1688, elle reçut en son centre une statue équestre de Christian V, toujours en place dans un bosquet. La plupart des édifices bâtis alors ont maintenant disparu, mais l'harmonie architecturale recherchée a été respectée. Un palais baroque édifié en 1670, **Charlottenborg** (**DY K**), situé sur la rive Sud de Nyhavn et abritant aujourd'hui l'Académie royale des arts, en constitue le bâtiment le plus ancien. En faisant le tour de la place dans le sens des aiguilles d'une montre, on passe devant le **Kongelige Teater** (Théâtre royal), imposant monument en pierre de taille construit en 1870. De l'autre côté de Holmens Kanal, un hôtel particulier du 18e s. accueille une banque. Vient ensuite le **Magasin du Nord**, grand magasin le plus couru de Copenhague, puis l'**Hôtel d'Angleterre**, qui passe pour être l'hôtel le plus chic de la ville. A l'angle de Gothersgade et

de Store Kongensgade se dresse un nouveau centre culturel, **Baron Boltens Gård** (**C**), familièrement appelé Boltens. Plus loin, au coin de Bredgade, on peut admirer l'un des premiers édifices construits sur la place, **Thotts Palæ** (1685), qui appartint à l'un des héros nationaux, l'amiral Niels Juel *(voir à ce nom)*. L'immeuble est actuellement occupé par l'ambassade de France. Bordée d'élégants magasins d'antiquités et de galeries d'art, **Bredgade** est l'artère principale du quartier, le reliant directement à Churchill Park et à la Petite Sirène.

★★ **Nyhavn** (**DY**) – Ce pittoresque bassin, aujourd'hui un des sites les plus connus de Copenhague, fut creusé à la fin du 17e s. pour permettre l'accès des navires à Kongens Nytorv. L'essor rapide du commerce entraîna la construction d'entrepôts et d'étroites demeures pour les marchands. Mais la présence de marins de toutes nationalités eut bientôt pour effet de voir transformés en tavernes et estaminets les rez-de-chaussée... Les rixes fréquentes sur les quais contribuèrent à la mauvaise réputation de Nyhavn, où de respectables citoyens n'en continuèrent pas moins à demeurer. Ce fut le cas de Hans Christian Andersen, qui habita successivement aux nos 20, 67 puis 18.

C. Boisvieux

Soirée ensoleillée à Nyhavn

Aujourd'hui, la réputation de Nyhavn n'est plus qu'un mauvais souvenir, et les bars louches sont devenus de petits restaurants chaleureux débordant sur les quais devant des façades restaurées égayées de couleurs vives, tandis que le canal ne voit plus passer que quelques nostalgiques voiliers. L'été, les habitants de Copenhague se mêlent aux touristes sur le quai Nord, ensoleillé et interdit aux voitures, et l'animation atteint son paroxysme l'après-midi, quand les terrasses sont bondées et que les bars à bière parviennent à peine à satisfaire à la demande.

Au n° 69, aménagé en centre culturel sous le nom de **Hans Christian Andersen-Nyhavn**, sont organisées des expositions et diverses manifestations, mais on y trouve aussi un café et une boutique proposant livres et souvenirs.

A l'extrémité du bassin, côté place Royale, une ancre monumentale, que l'on pourrait croire échouée là à la suite de quelque tempête, commémore le souvenir des marins danois morts pendant la Seconde Guerre mondiale. A proximité se trouve l'embarcadère pour les excursions le long des canaux et autour du port.

Amalienborg Plads (**DY 3**) – Le palais, la place et l'église de marbre un peu plus loin furent conçus en 1749 par Frédéric V pour former le cœur d'un nouveau quartier magnifique auquel il envisageait de donner le nom de Frederiksstaden. Eigtved *(voir à ce nom)* dessina en même temps les plans de 4 édifices identiques autour d'une place octogonale et ceux de l'église.

Conformément au souhait du roi, 4 personnes éminentes, prenant en charge les frais de construction, se virent attribuer un terrain sur lequel elles devaient faire édifier un des 4 bâtiments. En 1768, la statue équestre de Frédéric V, réalisée par le sculpteur français Jacques François Joseph Saly, fut installée au centre de la place.

★★ **Amalienborg** (DY) ⊙ – Le palais devint la résidence officielle de la famille royale après la destruction de Christiansborg par un incendie. Lorsque la reine réside au palais, la pittoresque cérémonie de la relève de la garde a lieu tous les jours à midi. En 1994, le palais de Christian VIII a ouvert pour la première fois ses portes au public, révélant des appartements privés ou officiels remis à neuf selon leur état entre 1863 et 1947. On remarquera surtout le bureau du roi Christian IX, l'élégant salon de son épouse, la reine Louise, le bureau du roi Frédéric VIII avec son mobilier d'origine, et celui du roi Christian X. Le musée possède aussi une galerie de costumes et de joyaux.
Un petit jardin, **Amalienhaven,** sépare le palais du front de mer, dont les entrepôts, restaurés avec goût, ont été convertis en appartements et même en hôtel.

★ **Marmorkirke** (DY) – L'**église de marbre,** qui s'appelle en réalité Frederiks Kirke, ne fut achevée qu'à la fin du 19e s. Son énorme dôme est un des points de repère de la ville. A proximité, dans Bredgade, se trouve un autre édifice conçu par Eigtved, l'ancien hôpital Frederik, qui abrite aujourd'hui les collections européennes et orientales du **Kunstindustrimuseet** (DX) ⊙ (Musée des Arts Décoratifs).

★ KASTELLET ET LA PETITE SIRÈNE (DX)

Au Nord d'Amalienborg, au-delà d'Esplanaden, s'étend Churchill Park, vaste parc au milieu duquel se dresse le **Kastellet★**, ancienne citadelle. Cette caserne du début du 18e s. comprend plusieurs rangées de bâtiments de brique rouge le long d'une rue pavée s'achevant à chaque extrémité par une porte fortifiée ; l'ensemble est entouré de plans d'eau tranquilles bordés de roseaux et de saules pleureurs dans un paysage séduisant. En contournant le parc, et en se dirigeant vers le Nord, on passe devant le **Frihedsmuseet** (**M³**) ⊙, Musée de la Résistance commémorant la résistance danoise à l'occupation allemande pendant la Seconde Guerre mondiale, puis on parvient devant l'imposante **fontaine Gefion** à trois étages, surmontée d'une sculpture de bronze représentant une femme menant avec fougue deux paires de bœufs. Sur la gauche on peut voir l'**église anglicane St-Alban.** Derrière la fontaine, une passerelle en fer forgé permet de s'enfoncer dans le parc.
Plus loin, sur le front de mer, on aperçoit **Den Lille Havfrue★★.** Véritable symbole de la ville de Copenhague, la Petite Sirène, silhouette énigmatique assise sur un rocher au bord de l'eau, le regard perdu au loin vers l'entrée du vaste port, paraît si modeste et si étrangère au cadre ingrat qui l'entoure, que la plupart des gens sont fascinés et séduits sur-le-champ. Œuvre d'Edvard Eriksen, la statue de bronze fut offerte à la ville de Copenhague en 1913 par Carl Jacobsen, fils du fondateur des brasseries Carlsberg.

La Petite Sirène

Quand Andersen imagina la Petite Sirène, à laquelle il prêta sa propre aspiration à un univers de liberté, il eut été probablement flatté de savoir qu'elle deviendrait un jour, à l'instar du Manneken Pis pour Bruxelles, la figure emblématique de Copenhague. Car, lorsqu'il voulut offrir à la ville une œuvre qui symboliserait l'attachement des Danois à la mer, c'est à elle que songea Carl Jacobsen qui, par la même occasion, honorait celui qui était considéré comme l'un des plus grands écrivains nationaux.

AUTRES CURIOSITÉS

Christianshavn (DZ) – Un pont, Knippelsbro (**38**), relie Slotsholmen à Christianshavn, ville fortifiée de Christian IV. Un long canal creusé au 17e s. la traverse en son milieu et facilite son accès au port.
Son aspect d'origine a été presque totalement préservé et le quartier propose d'agréables promenades le long du canal bordé de maisons du 18e s. restaurées. Dans Prinsessegade, **Vor Frelsers Kirke** (Église Notre-Sauveur) est célèbre pour sa flèche élancée : les amateurs d'émotions fortes et de vues à couper le souffle peuvent grimper l'escalier en colimaçon qui s'enroule à l'extérieur de la flèche !

Ch. Bastin-J. Évrard

Canal de Christianshavn

Frederiksberg – Ce faubourg agréable situé à l'Ouest de Copenhague est facilement accessible par Vesterbrogade qui, prolongée par Frederiksberg Allé (**AZ 19**), conduit directement à Frederiksberg Park que traverse un pittoresque canal sinueux.

Au Nord du parc, dans Smallegade, on peut visiter la célèbre **Manufacture royale de porcelaine de Copenhague** ⊙.

Au Sud du parc, le long de Ny Carlsbergvej, se dresse l'imposant bâtiment des **brasseries Carlsberg** ⊙.

Assistens Kirkegård (**AX**) – Dans ce cimetière sont inhumés Hans Christian Andersen et Søren Kierkegaard *(voir à ces noms)*.

Christiania : une expérience unique de société

La communauté de Christiania, la plus grande communauté hippie du monde, a été fondée dans les années 1970 et, aujourd'hui, les squatters qui avaient les premiers investi un camp militaire établi au 18e s. sont des gens d'âge mûr. Certains travaillent comme médecins, avocats ou professeurs, reprenant le soir leur mode de vie alternatif, tandis que d'autres travaillent dans les ateliers du quartier. La seconde génération s'occupe d'environnement. En 1988, un acte gouvernemental leur ayant accordé des droits civiques et des responsabilités, les membres de la communauté ainsi reconnue durent acquitter impôts et factures d'eau et d'électricité... Si panneaux muraux et étals de produits biologiques ont quelque peu modifié l'apparence de la communauté, les armes, la violence et les drogues dures y sont toujours proscrits.

ENVIRONS

★ **Dragør** – *13 km au Sud – Visite : 2 h.*

Cette petite ville côtière située sur les rives de l'Øresund, à l'extrémité méridionale de l'île d'Amager, et tout près de l'aéroport international de Kastrup, a pourtant su rester un véritable havre de paix dans cette partie très peuplée du Nord du Sjælland.

La tradition maritime de Dragør remonte au Moyen Âge, quand la pêche et le commerce du hareng étaient la ressource principale. Plus tard, Dragør devint l'un des plus importants ports de commerce du Danemark, ce qui explique la taille disproportionnée des installations portuaires par rapport à celle de la ville. Aujourd'hui, ses activités se réduisent à un service régulier de ferry avec la Suède et à la pêche locale.

Un entrepôt restauré, datant de 1682, abrite le **musée** ⊙, qui présente une intéressante collection maritime et des reconstitutions d'intérieurs de maisons de marins et de pêcheurs. Un grand nombre d'entre elles, maintenant classées, ont été conservées le long des étroites ruelles pavées entourant le port ; la plupart sont peintes en jaune, certaines ont un toit de chaume, d'autres sont couvertes de tuiles rouges.

★★ **Ordrupgård** ⏲ – *10 km au Nord – Visite : environ 3 h.*
Dans un lieu retiré, à l'abri d'un écran de très vieux hêtres, Ordrupgaard est une imposante demeure construite en 1918 par l'homme d'affaires Vilhem Hansen pour abriter son exceptionnelle collection d'art français et danois des 19e et 20e s. Hansen n'avait que 24 ans lorsqu'il acheta sa première toile et, jusqu'à sa mort en 1936, il investit toute sa fortune et son énergie débordante dans l'acquisition d'œuvres d'art. Quand sa femme mourut en 1951, les biens et les collections furent légués à l'État et le musée fut officiellement ouvert au public en 1953.
La **collection danoise**, exposée au rez-de chaussée du bâtiment principal, ancien domicile des Hansen n'ayant guère changé depuis lors, est constituée d'œuvres de la plupart des artistes danois importants des 19e et 20e s. : Christen Købke, Michael Ancher, Vilhelm Hammershøj – dont on reconnaît à nouveau le talent – Johannes Larsen, célèbre peintre fionien, Theodor Philipsen, la famille Skovgaard, L.A. Ring et Peter Hansen, ami de longue date de Vilhelm Hansen.
La **collection française** est, quant à elle, exposée dans une galerie spéciale, contiguë au bâtiment principal. La section des Impressionnistes est exceptionnelle, mais il y a aussi des œuvres de tous les grands peintres français du 19e s. et du début du 20e s., en particulier Corot *(Le pont à Mantes, Route de campagne, Souvenir des environs d'Amiens)*, Delacroix *(George Sand)*, Manet *(Femme attachant sa jarretière)*, Degas *(Femme assise sur un balcon, Trois danseuses)*, Monet *(Le pont de Waterloo)*, Pissarro *(Pruniers en Fleurs)*, Renoir *(Moulin de la Galette*, étude pour le tableau du Musée d'Orsay à Paris), Gauguin *(Arbres bleus, Arles, Vendanges à Arles, Femme tahitienne)*.

Jægersborg Dyrehave – *11 km au Nord – Visite : 1/2 journée.*
Ce « parc aux cerfs » fut jadis un terrain de chasse royal entourant le pavillon de chasse du roi, connu sous le nom d'Ermitagen (Ermitage), datant de 1736. La chasse à courre n'est plus qu'un souvenir, mais les cerfs continuent à paître sur ces vastes prairies qui sont devenues un des lieux de détente favoris des habitants de Copenhague en toute saison, qu'ils aiment la marche, l'équitation, le golf ou même le ski, car le terrain, vallonné, se prête aux sports d'hiver. En été, les visiteurs qui viennent pour la journée peuvent soit savourer les plaisirs d'un pique-nique, soit prendre un repas dans un des restaurants du parc. Ceux qui préfèrent les distractions plus artificielles (et plus bruyantes), trouveront le long de Klampenborgvej, **Dyrehavsbakken**, le plus ancien parc d'amusements du Danemark, plus ancien même que Tivoli puisque ses origines remontent, dit-on, à une foire du 16e s. Avec plus de 100 attractions différentes, un choix de restaurants, de la musique live, de la danse et des chansons de cabaret, sa tradition de divertissement populaire a été maintenue.

Lyngby – *10 km au Nord – Visite : 1/2 journée.*
La petite ville de Lyngby occupe un agréable site boisé, agrémenté de lacs ; c'est donc tout naturellement un point de départ idéal pour découvrir les paysages attrayants et variés du Nord du Sjælland. Les trois lacs les plus proches de la ville sont reliés entre eux par une rivière, la Mølle, sur les rives de laquelle s'élevaient autrefois moulins, fonderies de cuivre et usines textiles. Certains ont été restaurés, tel le moulin à eau près de Lyngby Hovedgade et l'usine textile de Brede au Nord de Lyngby. Le musée de Brede, **Bredemuseet** ⏲, annexe du Musée national, présente deux expositions permanentes : *Le berceau de l'industrie* illustre le développement de l'industrie danoise à ses débuts, tandis que *Les costumes et la mode* raconte l'histoire de la mode danoise durant trois siècles.
Non loin, **Frilandsmuseet** ★ ⏲, également rattaché au Musée national, est un musée de plein air montrant la vie dans les campagnes aux 18e et 19e s. Sur un terrain de 35 ha, une centaine de bâtiments différents provenant du Sjælland, du Jutland et de la Fionie, mais aussi de Suède et des îles Féroé, ont été remontés avec le souci de respecter leur environnement d'origine.

EXCURSIONS

La côte Nord-Est du Sjælland est particulièrement attrayante par sa beauté naturelle, par la variété de son architecture et par la richesse de ses musées. En quittant Copenhague, la route côtière (Strandvejen) suit de près l'Øresund dont on peut admirer les couleurs changeantes, virant du bleu au vert émeraude ou au blanc argenté lorsque le soleil frappe de plein fouet, ou encore tournant au gris foncé comme l'étain lorsqu'une tempête se lève sur l'horizon et que la côte suédoise disparaît sous l'amoncellement des nuages. La route est bordée de belles villas disséminées parmi les arbres d'espèces différentes, dont de magnifiques hêtres. De temps en temps, une trouée permet d'apercevoir un petit port idyllique. C'est un de ces rares endroits où l'homme et la nature semblent avoir œuvré en harmonie pour parfaire la beauté de l'environnement.
Rungstedlund, Nivågaard et Louisiana sont tous trois situés le long de la route côtière, ce qui permet de visiter un, deux ou même les trois musées sans perdre de temps. Ils sont également accessibles par le train S au départ de Copenhague, mais il est indéniable que le parcours en voiture est bien plus intéressant.

Karen Blixen (1885-1962)

Elle naquit dans la demeure familiale, ancienne auberge du 16e s. entourée d'un vaste parc de 16 ha comprenant une réserve ornithologique, que son père avait achetée en 1879. En 1914, elle épousa le propriétaire d'une plantation de caféiers et partit vivre au Kenya, ne revenant au Danemark qu'en 1931 pour s'installer à Rungstedlund où elle demeura jusqu'à sa mort ; elle est enterrée dans la propriété. *La ferme africaine* est l'histoire de sa vie au Kenya et de l'influence que le pays exerça sur elle. Quelques années avant sa mort, d'un commun accord avec son frère et sa sœur, elle institua la Fondation Rungstedlund, financée par ses droits d'auteur, afin d'assurer la sauvegarde de la maison familiale et la protection de son environnement immédiat.

★ **Rungstedlund** ⊙ – *25 km au Nord de Copenhague.*
Situé sur les rives de l'Øresund, près d'un minuscule port où mouillent toutes sortes de bateaux de plaisance aux couleurs vives, Rungstedlund est la splendide maison natale de Karen Blixen, auteur féminin le plus célèbre du Danemark, dont le livre autobiographique *La ferme africaine* connut une notoriété mondiale après son adaptation à l'écran en 1985 avec Robert Redford et Meryl Streep *(Out of Africa)*.
La maison a été transformée en musée, tout en restant en grande partie telle qu'elle était du vivant de l'écrivain. Le mobilier familial y demeure encore ainsi que ses dessins, ses toiles et ses souvenirs d'Afrique. Une partie des combles abrite une exposition où sa vie et son œuvre sont retracées à travers des photographies et des objets personnels tels que sa vieille machine à écrire Corona.

Nivågård ⊙ – *30 km au Nord de Copenhague.*
A 5 km au Nord de Rungsted, ce manoir abrite une collection de toiles de maîtres de divers pays d'Europe, rassemblée par un propriétaire terrien, Johannes Hage ; le musée fut ouvert au public en 1908. La majeure partie de la collection consiste en tableaux de l'école hollandaise du 17e s., représentée par Steen, Ruysdaël, Hobbema et Rembrandt *(Portrait d'une dame)*. Il y a également des œuvres de maîtres italiens et flamands et une seule toile française, un chef-d'œuvre de Claude Le Lorrain datant de 1646-47, illustrant la fuite en Égypte sur fond champêtre.

★★ **Louisiana** ⊙ – *A Humlebæk, 35 km au Nord de Copenhague.*
Le **Museum for Moderne Kunst** est l'un des plus intéressants musées d'Art moderne du Danemark. Son originalité réside dans le fait que la beauté naturelle du cadre joue un rôle primordial dans la présentation des collections. C'est ainsi que les sculptures, disséminées dans le parc aux arbres vénérables, avec en fond l'étendue immense de l'Øresund, créent chez les visiteurs une impression forte.
Louisiana fut fondé en 1958 par Knud W. Jensen pour abriter sa collection personnelle d'art moderne. Plusieurs bâtiments ont été érigés depuis, chacun tirant le meilleur parti du cadre qui est, pour ainsi dire, incorporé à l'architecture. Le verre est bien sûr largement utilisé pour faire la liaison entre les bâtiments et leur environnement.

Ch. Bastin-J. Évrard

Louisiana

Copenhague 96

12e ville à porter le titre de « Capitale » culturelle européenne en 1996, la capitale danoise a établi un vaste programme de manifestations touchant à tous les domaines de la culture. A cette fin ont été bâties de nouvelles structures comme le musée d'Art moderne, sur une plage au Sud de la ville ; conçue par le jeune architecte danois, Søren Robert Lund, l'« Arche » (Arken) évoque une immense coque de bateau noir et blanc. Les vieux bâtiments d'Oksenhallen, ancien marché aux bestiaux, sont peu à peu transformés en centre culturel et récréatif. Dans l'archipel de Holmen, occupé autrefois par la marine nationale, un complexe universitaire dédié aux arts est en train de voir le jour. Par ailleurs, on a ajouté une aile à la Ny Carlsberg Glyptotek, pour y loger la section consacrée à la peinture française.

La collection comprend des sculptures de Arp, Calder, Ernst, Dubuffet, Poore, Jacobsen mais aussi des Giacometti exposés dans des salles d'où l'on peut contempler le lac de Humlebæk à travers d'immenses panneaux de verre.
Le musée organise régulièrement des expositions temporaires consacrées à des pionniers de l'Art moderne comme Matisse, Picasso et Magritte, ou à des artistes contemporains souvent controversés tel le peintre expressionniste allemand Georg Baselitz, tous représentants de l'art étranger.
Mais Louisiana est aussi ouvert aux autres formes d'expression artistique, puisque des films et des pièces de théâtre y sont présentés et des concerts donnés dans la salle de concerts.

Sur un plan de ville, les curiosités apparaissent en orange.
Elles sont identifiées soit par leur nom propre,
soit par une lettre repère
reprise en légende dans un encadré vert.

KØGE★

Roskilde – 31 801 habitants

Carte Michelin n° 985 – Q 9 ou Atlas Europe p. 108 – Schéma : SJÆLLAND

Køge est une ville de province animée située sur la côte orientale du Sjælland, à 38 km au Sud de Copenhague ; un important marché s'y tient le mercredi et le samedi. La pêche locale est déchargée tous les jours au port principal tandis qu'à 2 km de là, des bateaux de plaisance de toutes tailles sont amarrés dans le nouveau port de plaisance. Sa charte datant de 1288 fait de Køge l'une des plus anciennes cités du Danemark, qui s'est développée autour de la place du marché et du port naturel à l'embouchure de la rivière. Dès le 16e s., Køge devint un bourg prospère grâce à son commerce avec les pays de la Baltique.

La bataille de la baie de Køge – La ville fut considérablement éprouvée par les guerres avec la Suède et elle se trouva plus d'une fois en première ligne. En 1677, une bataille navale de grande envergure eut lieu dans la baie de Køge. Le roi Christian V assista du haut de la tour de l'église St-Nicolas au triomphe du héros national danois, l'amiral **Niels Juel.**
Le prolongement de la ligne du train S, qui dessert la banlieue de Copenhague jusqu'à Køge, a donné une nouvelle vigueur à la ville déjà pourvue d'industries modernes et d'installations portuaires efficaces.

LA VIEILLE VILLE

Torvet – La **place du marché** est le centre d'intérêt de la vieille ville ; c'est là que se dresse l'hôtel de ville, ou **Rådhus** ⊙, datant de 1803 et agrémenté d'une belle façade de style classique. Plusieurs rues, bordées de vieilles maisons construites entre le 16e et le 19e s., convergent vers la place. On peut voir dans Nørregade un splendide entrepôt à colombage du début du 17e s. qui abrite aujourd'hui le **Musée municipal** ⊙, consacré à l'histoire et aux traditions locales. Il y a une autre belle maison à colombage dans Brogade qui conduit à la paisible rivière de la Køge. Kirkestræde a aussi conservé plusieurs vieilles maisons des 16e et 17e s., dont la plus ancienne, au n° 20, date de 1527. Par contre, les maisons qui bordent Laugshusgade, perpendiculaire à Kirkestræde, datent surtout des 18e et 19e s.

Skt Nicolai Kirke ⊙ – Édifiée au 14e s., l'église St-Nicolas est ornée d'une tour à pignon surmontée d'une lanterne utilisée jadis pour guider les navires. A l'intérieur, le mobilier du 17e s., très travaillé, comprend une chaire sculptée de style Renaissance et un retable baroque, œuvre de Lorens Jørgensen.

EXCURSION

Falaises de Stevns et la route côtière jusqu'à Præsto – *Environ 120 km – 1/2 journée – Voir schéma : SJÆLLAND.*
La presqu'île de Stevns offre une succession de beaux paysages, parmi les plus variés du Danemark.

Prendre la route 209 vers le Sud-Est pendant 4 km, puis tourner à droite et suivre les panneaux indiquant Vallø Slot.

Château de Vallø – Une charmante auberge vieille de 200 ans, Vallø Slotskro, fait face à l'entrée du château. Datant de 1580, cet élégant édifice Renaissance, entouré d'arbres séculaires, se dresse dans un site retiré, au milieu d'un **parc à l'anglaise** ouvert au public, alors que le château, résidence traditionnelle des demoiselles célibataires de la noblesse danoise, ne se visite pas.

Continuer en direction de Valløby, puis revenir vers Køge par la route 209 ; prendre à droite la route 261 qui conduit à Store Heddinge, puis poursuivre en direction de Højerup et Stevns Klint (les falaises de Stevns).

Højerup – La route aboutit devant la vieille **église** du village, qui se dresse au bord de la falaise. Malgré une légende qui affirme que l'église se déplace vers l'intérieur des terres chaque année le soir de Noël, le chœur s'abîma dans les flots en 1928 ! Plusieurs chemins conduisent à travers bois au bord des falaises blanches qui s'étendent sur 15 km et surplombent la mer de 41 m à leur point le plus élevé.

Suivre la route côtière vers le Sud-Ouest jusqu'à Præstø.

On traverse les pittoresques ports de pêche de **Rødvig** et **Fakse Ladeplads**, ainsi que le coquet village de **Vindbyholt**, caractéristique du Sjælland.

Præstø – Paisiblement étalé sur les rives d'une baie abritée, le village offre la vue attrayante de son port de pêche haut en couleur, de sa place du marché aux vieux pavés inégaux, de ses rues étroites et de ses maisons bien conservées.

Continuer le long de la côte jusqu'à Jungshoved situé à l'extrémité de la péninsule.

Jungshoved – L'**église**★ surgit brusquement, silhouette blanche se détachant sur un fond où se mêlent le ciel, la mer, les arbres et les ondulations vert tendre du terrain. A l'intérieur, on peut voir une fresque intéressante ayant pour sujet « la Danse de la mort ».

Suivre la route 265, puis prendre à droite la route 151 pour revenir à Køge.

LANGELAND

Fyn

Carte Michelin n° 985 – R 7 ou Atlas Europe – p. 108

Langeland est une île longue et étroite située au large de la côte méridionale de la Fionie, souvent considérée comme marche-pied entre l'île de Lolland *(voir à ce nom)* et la Fionie ; cependant, ses belles plages et son atmosphère paisible commencent à attirer de plus en plus de touristes. A partir de Lolland, on y accède par ferry au départ de Tårs, et par un pont à partir de Tåsinge à l'Ouest.

Rudkøbing – Principale ville de l'île, au centre de la côte occidentale, Rudkøbing, dont l'ambiance incite à la détente, est dotée d'un port de plaisance accueillant. Le long de ses étroites rues pavées, des portes cochères laissent entrevoir de charmantes cours cachées derrière les vieilles maisons peintes de couleurs vives. La statue de **Hans Christian Ørsted**, qui découvrit le principe de l'électromagnétisme en 1820, se dresse au centre de la place du marché (Torvet). Il naquit dans la **vieille pharmacie**, située dans Brogade. Il y a aussi d'imposantes maisons bourgeoises dans Østergade (Bays Gård) et Nørregade (Bondos Gård).
La nef romane est la partie la plus ancienne de l'**église**. La découverte d'une vieille cloche portant une inscription runique a permis de dater sa fondation à 1105. Le moulin du 18e s. situé rue Stræde est le seul encore debout des trois moulins de la ville. Le **Langelands Museum** ⊙, situé dans Jens Winthersvej, est consacré à la préhistoire et à l'histoire de la région.

Tranekær – *10 km au Nord de Rudkøbing sur la route 305.*
Pittoresque village aux maisons peintes de couleurs vives et couvertes de tuiles, on y remarque une auberge à l'architecture intéressante. Les habitants ont des liens étroits avec le **château** depuis qu'à la fin du 18e s. l'un de ses propriétaires, connu sous le nom de « Général », essaya d'instaurer une sorte de principauté à Langeland, créant de ce fait une certaine prospérité.
Le château est rouge vif : c'est le résultat d'un remaniement de l'édifice du 12e s., réalisé en 1863. La même famille l'habite depuis 1535, et il n'est pas ouvert au public. Mais le **parc** sauvage est accessible gratuitement ; une grande partie est boisée et compte de nombreuses espèces d'arbres, des rhododendrons, des étangs et des ponts de bois ; il comprend aussi une réserve ornithologique.

LOLLAND

Storstrøm

Carte Michelin n° 985 – R 8 ou Atlas Europe – p. 108

Par sa taille, Lolland est la troisième île danoise après le Sjælland et la Fionie ; elle est directement reliée au Sjælland par plusieurs ponts qui enjambent Falster. Du port de Rødbyhavn sur la côte méridionale partent régulièrement des ferries vers Puttgarden en Allemagne, tandis que la côte Ouest est reliée, par ferry également, à Langeland et à la Fionie. Sans relief et vouée à l'agriculture, Lolland offre de vastes étendues de prairies ponctuées, à l'horizon, par les graciles ailes blanches des éoliennes.

★ **Maribo** – Située au cœur de Lolland, Maribo est une ville de province pittoresque au bord d'un lac romantique, un centre commercial et culturel traditionnel. La ville a grandi autour d'un couvent de l'ordre des Brigittines, fondé par Éric de Poméranie *(voir à ce nom)* en 1416. Aujourd'hui, il n'en reste que l'église, devenue la **cathédrale** ⓥ de Maribo, édifice massif construit en brique avec des contreforts et des corbeaux. A l'intérieur, la voûte assez basse de la nef est épaulée par des bas-côtés ; des traces de fresques subsistent au-dessus de l'orgue du côté de l'entrée. Les rues adjacentes sont bordées de maisons du 18e s. destinées, à l'origine, à des artisans et à des commerçants. Outre le **Musée d'Histoire régionale** ⓥ et le petit musée de plein air, **Friluftsmuseet**, ⓥ, Maribo possède un important musée d'art, **Lolland-Falsters Kunstmuseum** ⓥ, consacré à l'art danois, du 18e s. à nos jours.

Knuthenborg Safari Park ⓥ – *8 km au Nord de Maribo par les routes 9 et 289.*
Installé dans le parc d'un manoir privé, près du village de Bandholm, ce parc animalier est le plus grand de son genre au Danemark. 16 km de routes en sillonnent l'étendue, sur laquelle se promènent en toute liberté plus de 800 animaux et oiseaux exotiques. Au centre du parc se trouve une aire de jeux pour les enfants.

Aalholm Slot ⓥ – *environ 25 km au Sud-Est de Maribo.*
Le château d'Aalholm s'élève dans un très beau paysage sur les rives de la petite baie de Nysted. On dit que c'est l'un des plus anciens châteaux habités au monde, car certaines parties datent du 12e s. Le roi le vendit en 1725 à une famille noble dont les descendants l'habitent encore. Il renferme un beau mobilier et de nombreuses œuvres d'art et a conservé son escalier secret, sa salle des tortures et son donjon.
A proximité, on peut voir le **Musée de l'automobile d'Aalholm** ⓥ, qui possède l'une des plus importantes collections de voitures du monde, regroupant plus de 200 modèles datant de 1886 à 1972, exposés dans quatre grandes salles.

MØN

Storstrøm

Carte Michelin n° 985 – Q 9 ou Atlas Europe – p. 108

Malgré de bonnes liaisons avec le Sjælland et Falster et malgré la beauté de ses paysages, l'île de Møn est restée à l'écart des grands courants touristiques et ses attraits naturels sont demeurés intacts. La qualité exceptionnelle de son environnement est un ajout supplémentaire à la liste considérable de ses charmes : plages de sable blanc protégées par un écran de dunes, magnifiques régions boisées, impressionnantes falaises sauvages, diversité de la faune et de la flore, et trois églises ornées de fresques comptant parmi les plus belles du Danemark, des tombes préhistoriques et un bourg animé.

Stege – La principale localité de l'île est la seule du Danemark qui ait conservé des douves et des remparts médiévaux en bon état, mais il ne subsiste qu'une des trois portes fortifiées de la ville, **Mølleporten**. Dans cet ancien bourg, le temps semble avoir arrêté sa course folle pour le plus grand bonheur des visiteurs.
Près de Mølleporten, Empiregården abrite le **musée de Møn**, où l'on peut voir une collection d'objets préhistoriques. L'**église gothique**, construite au 13e s. et agrandie au 15e s., est ornée de belles fresques.

★ **Église de Keldby** ⓥ – *4 km à l'Est par la route 287.*
C'est l'une des trois églises de l'île, célèbres à juste titre pour la profusion des fresques magnifiques qu'elles recèlent, et pour présenter quelques exemples remarquables de peintures narratives du 15e s. Les fresques de Keldby, illustrant diverses scènes de l'Ancien et du Nouveau Testament, datent du 13e s. pour ce qui est de celles ornant le chœur, tandis que celles qui recouvrent la voûte de la nef furent réalisées au 15e s. par le **maître d'Elmelunde** *(voir ci-dessous)*, considéré comme l'un des grands artistes du Moyen Âge.

C. Boisvieux

Église de Keldby - Détail des fresques

★ **Église d'Elmelunde** ⊙ – *8 km à l'Est par la route 287.*
Le « maître » décora l'église de son village natal de scènes bibliques parmi lesquelles on remarque une splendide interprétation du Jugement Dernier et du Christ en majesté.

★★ **Møns Klint** ⊙ – *18 km à l'Est par la route 287.*
Ces **falaises** de craie blanche, recouvertes d'un épais manteau d'arbres sombres, s'étendent sur plusieurs kilomètres et surplombent la mer d'une hauteur qui atteint 128 m au point le plus élevé *(Voir illustration en Introduction, chapitre : Les paysages nordiques).* Elles ont été formées par des sédiments glaciaires que la mer a érodés. Plusieurs sentiers mènent à travers bois jusqu'au bord de la falaise d'où la vue est impressionnante. La grève, en contrebas, est parsemée de fossiles.

★ **Église de Fanefjord** ⊙ – *12 km au Sud-Ouest par la route 287 jusqu'à Damsholte, puis à gauche par une route secondaire.*
C'est la troisième de l'île à avoir été décorée par le maître d'Elmelunde. Les fresques du chœur datent d'environ 1350, les autres sont de sa main ; la diversité des sujets, l'interprétation originale et la subtilité des couleurs sont remarquables.
A proximité, **Grønjægers Høj** est un tertre funéraire préhistorique entouré d'un cercle de pierres.
Au Nord de Fanefjord, à 8 km en direction de Tostenæs, on peut voir **Kong Asgers Høj**, imposante allée couverte, comprenant un corridor ouvrant sur une vaste chambre funéraire.

Pour trouver la description d'une ville ou d'une curiosité isolée, consultez l'index.

NYBORG

Fyn – 15 352 habitants
Carte Michelin n° 985 – Q 7 ou Atlas Europe – p. 108

Nyborg doit son développement et sa vitalité économique actuelle à sa situation sur la côte orientale de la Fionie, sur la principale voie de communication entre le Sjælland et le reste du Danemark. La ville grandit autour de son château construit en 1170 pour protéger le détroit séparant la Fionie et le Sjælland ; pendant longtemps, elle eut le statut de résidence royale et de siège du Danehof (Diète), assemblée médiévale réunissant la noblesse et le clergé.

Château ⊙ – Ses vestiges se dressent sur un monticule entouré d'eau ; la terrasse qui le précède est soulignée par une rangée de canons en bronze pointés sur la ville.
L'aile occidentale a été restaurée et comprend la salle des Chevaliers, la salle de réunion de la Diète, la chambre du Roi et les appartements des enfants royaux.
La **Landport**, porte de la ville construite en 1660, se trouve au Nord du château. On peut voir dans Slotsgade une grande maison à colombages, datant de 1601 et surnommée **Mads Lerches Gård**, en souvenir de son premier propriétaire, qui accueille aujourd'hui le **musée municipal**, consacré à l'histoire régionale.

Vor Frue Kirke ⊙ – L'**église Notre-Dame** fut construite au 14e s. et remaniée au 19e s.; elle contient des fonts baptismaux Renaissance en bois sculpté, une chaire baroque de 1653 et d'élégantes grilles en fer forgé, réalisées en 1649 par l'artisan officiel de Christian IV, Caspar Fincke.
Près de l'église, au coin d'Adelgade et de Korsbrødregade, se dresse **Korsbrødregård**, vaste demeure de pierre datant de 1396.

Storebælt Udstillningscenter ⊙ – *En partant d'Aldegade, se diriger vers l'Est le long d'Havnegade et Storebæltsvej, traverser l'autoroute puis prendre Hjejlevej à droite et suivre les panneaux indiquant Udstillingscenter (Centre d'information).*
Au **Centre d'information du Storebælt**, maquettes, photographies et films vidéo commentent l'ambitieux projet de construction d'un pont et d'un tunnel destinés à relier Knudshoved en Fionie et Halsskov en Sjælland.

NÆSTVED

Storstrøm – 38 185 habitants
Carte Michelin n° 985 – Q 8 ou Atlas Europe – p. 108
Schéma : SJÆLLAND

Næstved est l'une des plus anciennes villes du Danemark. Elle se développa autour d'un monastère fondé au 12e s. et fut un bourg prospère tout au long du Moyen Âge. L'extension du port au début du 20e s. attira de nouvelles industries, mais la ville a conservé son caractère de bourg traditionnel, animé le mercredi et le samedi par un marché qui se tient sur Akseltorv.

Skt Peders Kirke ⊙ – La vaste **église St-Pierre**, de style gothique mais remaniée au 19e s., a conservé quelques fresques médiévales ; l'une d'entre elles, datant d'environ 1375, représente le roi Valdemar IV et la reine Hedwige en prières ; elle contient également de beaux fonts baptismaux en bronze.
Face à l'église se dresse **Rådhuskirken**, construit vers 1450 pour remplir les fonctions d'hôtel de ville, ce qui en fait le plus ancien édifice danois destiné à cet usage.

Skt Mortens Kirke ⊙ – Du même style mais plus petite que l'église St-Pierre, l'**église St-Martin** contient une fresque représentant saint Martin de Tours, saint patron de l'église, ainsi qu'un grand retable sculpté en 1667 par Abel Schrøder le Jeune et une chaire, œuvre de son père.
Non loin, dans Riddergade, on peut voir **Apostelhuset**, maison à colombages construite en 1510 qui doit son nom aux sculptures encadrant les fenêtres et représentant Jésus-Christ et les douze apôtres.

EXCURSION

★ **Château de Gavnø** ⊙ – *6 km au Sud-Ouest ; prendre la route 22 en direction du Sud, puis tourner à droite vers Gavnø.*
Ce château du 18e s., de style rococo, est entouré d'un parc magnifique ; toujours habité, il contient la plus importante collection privée de peintures du Danemark. La collection de tableaux, exposée dans la grande galerie, comprend un grand nombre de portraits et quelques toiles de maîtres.
Rattachée au bâtiment principal, la chapelle est somptueusement décorée de panneaux sculptés.
Le **parc**★ est particulièrement attrayant en mai lorsque fleurissent les tulipes et autres plantes bulbeuses et que leurs couleurs vives brillent au milieu des grands arbres centenaires.

ODENSE★★

Fyn – 140 886 habitants
Carte Michelin n° 985 – Q 7 ou Atlas Europe – p. 108

Située au cœur de la plus verte des îles danoises, la troisième ville du Danemark est une métropole moderne dont les origines remontent à plus de mille ans, mais qui se tourne avec confiance vers l'avenir, surtout depuis que la construction d'un pont/tunnel pour franchir le Storebælt a consolidé sa position sur le principal axe de communications Est-Ouest. Malgré cela, aux yeux des milliers de visiteurs du monde entier qui affluent chaque année, Odense est tout simplement la ville natale de Hans Christian Andersen.
Il est sans doute difficile de concilier les exigences d'une société moderne en évolution avec la vision d'un monde féerique et intemporel ; c'est pourquoi Odense donne l'impression d'avoir une double personnalité et peut tour à tour décevoir par son manque d'éclat et désarmer par son charme. Sur la rive septentrionale de l'Odense qui serpente calmement vers le fjord, le centre-ville, commerçant et réservé aux piétons, est purement fonctionnel et semble n'avoir rien de commun avec le vieux quartier admirablement conservé, dont l'air suranné est plein de charme.

NOTES HISTORIQUES

Bien avant l'époque d'Andersen, la ville fut associée au monde de l'imaginaire puisqu'elle doit son nom à **Odin**, dieu suprême de la mythologie scandinave. Odense fut très probablement à l'époque viking le site d'un sanctuaire dédié à Odin, mais elle entra dans l'histoire lorsque le roi Canut fut assassiné dans l'église St-Alban en 1086 pour être canonisé peu de temps après ; la cité devint alors un lieu de pèlerinage qui comptait nombre de monastères et de couvents et dont l'importance économique et spirituelle ne cessa de s'accroître pendant tout le Moyen Âge. Après la Réforme, des périodes de prospérité alternèrent avec des périodes où incendies et guerres ravagèrent la ville. Cela dura jusqu'au 19e s.; à cette époque, le canal reliant Odense au fjord fut percé et permit l'installation d'un port et l'implantation d'industries importantes. Au même moment, la célébrité mondiale de Hans Christian Andersen donna à Odense une dimension culturelle qu'elle a mis un point d'honneur à conserver depuis.

QUARTIER ANDERSEN

Les rues pavées de ce vieux quartier sont bordées de petites maisons basses à colombages datant de la fin du 18e s. et du début du 19e s. Soigneusement restaurées et repeintes, elles sont charmantes avec leurs minuscules fenêtres carrées dont le bas seulement est orné de rideaux ; mais, bien qu'elles soient habitées et forment un ensemble harmonieux, le quartier tout entier est empreint d'une telle nostalgie que l'on semble contempler un décor de scène oublié là, longtemps après que les feux de la rampe se soient éteints.

ODENSE

Asylgade	AY	5
Bangs Boder	BY	6
Bredstedgade	BY	12
Brogade	BZ	14
Claus Bergs Gade	BY	15
Flakhaven	AZ	17
Frue Kirkestræde	BYZ	18
Grønnegade	AZ	22
Gråbrødre Plads	AZ	24
Hans Jensens Stræde	BY	25
Jernbanegade	AY	27
Kirkegårds Allé	AZ	28
Klaregade	AZ	30
Klosterbakken	ABZ	32
Klostervej	AY	34
Kragsbjergvej	BZ	35
Kronprinsensgade	BZ	38
Mules Gade	BY	40
Munkebjergvej	BZ	41
Munkemøllestræde	AZ	42
Nedergade	BYZ	43
Nonnebakken	BZ	45
Nyborgvej	BZ	47
Nørregade	BY	48
Overgade	BYZ	50
Pantheonsgade	AZ	52
Skt. Knuds Gade	BZ	57
Skt. Knuds Kirkestræde	AZ	58
Slotsgade	AYZ	59
Torvegade	BZ	60

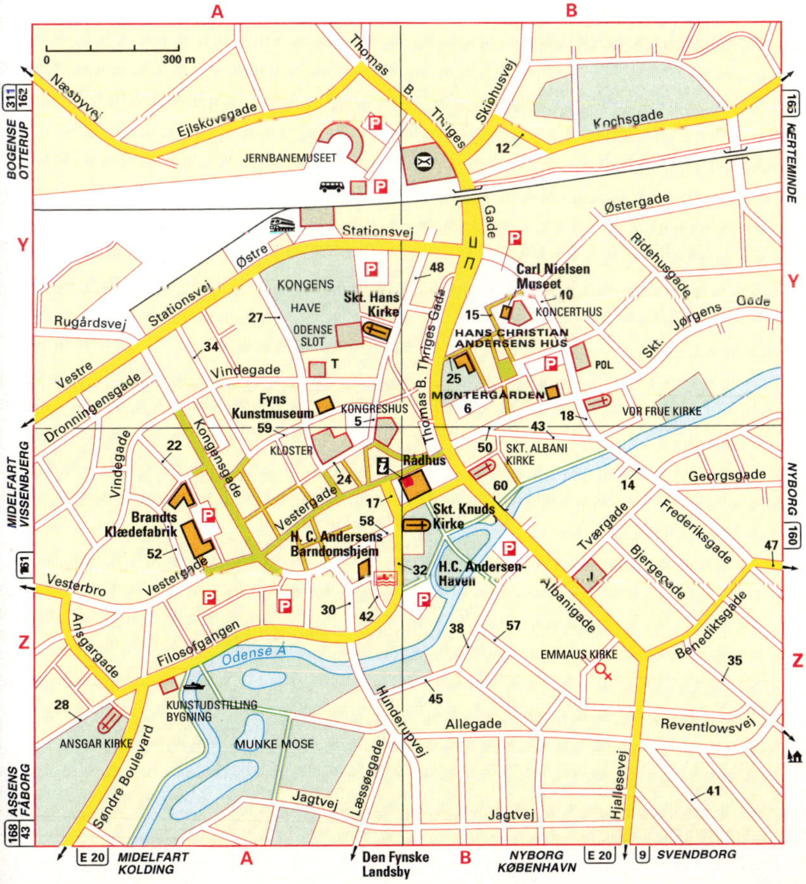

Maison natale d'Andersen

★★ **Hans Christian Andersen Hus** (BY) – La modeste **maison** au coin de Hans Jensensstræde et Bangs Boder, où Andersen naquit le 2 avril 1805, a été transformée en musée, dont l'entrée est surmontée d'une immense reproduction d'un des découpages réalisé par l'écrivain. Des lettres, des notes, des manuscrits et des éditions rares de ses œuvres y sont présentés ainsi que des illustrations originales, des tableaux, des objets personnels et la reconstitution de son bureau avec le mobilier d'origine. Dans la bibliothèque attenante on peut écouter des enregistrements de ses contes.

« Ma vie est une charmante histoire... » avait coutume de dire **Hans Christian Andersen.** Fils d'un cordonnier qui préférait les livres aux souliers, Hans Christian apprit très jeune à utiliser son imagination en jouant avec un théâtre dont son son père avait taillé les poupées. A l'âge de 8 ans, il perdit son père, et cette disparition exacerba sa sensibilité, déjà marquée par les railleries de ses camarades qui le tournaient en ridicule pour son physique et son goût de la solitude.
A 14 ans, attiré par les lumières étincelantes de la capitale et pour fuir un beau-père qui voulait le mettre en apprentissage, il quitta Odense. Il rêva alors de devenir comédien ou chanteur, apprit le danois et le latin, entreprit d'écrire des pièces qui furent refusées par le Théâtre Royal et passa des examens. Il publia ensuite quelques poèmes, que la critique éreinta, et des romans, qui ne furent pas davantage appréciés. Une pension que le roi lui accorda lui permit d'entreprendre un voyage en Italie, où il rencontra Thorwaldsen. A son retour, il publia l'*Improvisateur*, roman qui enfin lui apporta une certaine estime. D'autres suivirent, entre l'écriture desquels il imaginait des contes, pour son seul plaisir. Réunis en un volume, les premiers furent publiés en 1835 et connurent immédiatement un immense succès populaire, qui dépassa très vite les frontières du royaume.
Il se mit alors à voyager et visita de nombreux pays, dressant des croquis de tout ce qui frappait son esprit. En 1842, il fit un séjour à Paris. Victor Hugo le reçut, ainsi qu'Alexandre Dumas père, et il rencontra Lamartine, Vigny, Balzac... Les éloges dont on l'encensait flattaient son amour-propre de fils de cordonnier, comme le flattaient les attentions dont l'entouraient les souverains de Prusse et de Danemark ou les riches amis qu'il s'était enfin trouvés, pour les enfants desquels il confectionnait des livres d'images à partir de découpages.
Repoussé par les rares jeunes femmes dont il s'éprenait (au nombre desquelles figure la cantatrice suédoise Jenny Lind), il restait désespérément seul et mélancolique, si mélancolique que Charles Dickens, qui le reçut en 1847 durant 5 semaines mit après son départ dans la chambre qu'il avait occupée l'inscription : *« Hans Andersen a dormi dans cette chambre cinq semaines, qui, à la famille, ont paru cinq siècles. »*
Il lui fallut un temps considérable pour accepter l'idée que ses contes étaient ses chefs-d'œuvre. De son vivant, il reçut honneurs et décorations du monde entier, fut fait en 1867 citoyen d'honneur de sa ville natale – qui organisa à l'occasion de magnifiques manifestations – et sa statue fut érigée dans Kongens Have à Copenhague. Passant la majeure partie de son temps dans deux familles aisées qui le recevaient à tour de rôle, il termina néanmoins sa vie en solitaire, et mourut à Copenhague le 4 août 1875, sans que sa vie ait été aussi charmante qu'il voulait s'en persuader.

Carl Nielsen Museet (**BY**) ⊙ – Dans un cadre totalement différent, ce musée est consacré au compositeur Carl Nielsen, fionien de naissance, et à sa femme, le sculpteur Anne Marie Carl-Nielsen. Outre les souvenirs habituels, il y a un documentaire vidéo et des enregistrements de la musique du compositeur.

★ **Møntergården** (**BY**) ⊙ – Au Sud du Musée Nielsen, un ensemble remarquable de maisons bourgeoises des 16e et 17e s. abrite le **Musée d'histoire et de culture.** L'allée qui jouxte le côté droit de la cour principale est bordée de petites maisons d'ouvriers, datant de la même époque.

LA CATHÉDRALE ET LE QUARTIER SKT KNUD

En plein centre-ville, à deux pas de la principale rue piétonne, sur la vaste place de Flakhaven, se dresse l'imposant **hôtel de ville** construit à la fin du 19e s. et, tout près, la cathédrale.

★ **Skt Knuds Kirke** (**BZ**) ⊙ – Cette cathédrale gothique, construite en brique et dédiée au roi assassiné, s'élève sur le site d'un autre édifice ravagé par deux incendies. Les travaux furent entrepris au 13e s. et terminés 2 siècles plus tard seulement. La **crypte** contient les reliquaires de saint Canut et de son frère Benedikt ainsi que plusieurs tombes royales. Derrière l'autel, les couleurs lumineuses du magnifique **triptyque,** haut de 5 m, réalisé par Claus Berg vers 1520, ressortent admirablement sur le fond blanc des murs ; il se compose de plus de 300 personnages sculptés et son panneau central représente la Crucifixion. La cathédrale contient aussi des **grilles de fer forgé** réalisées par Caspar Fincke, artisan officiel de Christian IV, des **fonts baptismaux** du 17e s. en bronze et une **chaire** du 18e s.

En quittant la cathédrale, suivre Skt Knuds Kirkestræde et tourner à gauche dans Munkemøllestræde.

H.C. Andersens Barndomshjem (**AZ**) ⊙ – La maison où Andersen vécut jusqu'à son départ pour Copenhague a été transformée en petit musée exposant des souvenirs de son enfance.

Descendre Munkemøllestræde et gagner le parc, de l'autre côté de Klosterbakken.

H.C. Andersen Haven (**BZ**) – Dans ce parc romantique, qui s'étend sur une île et la rive Nord de la rivière, on peut voir la statue du conteur, érigée en 1888. Chaque année, à l'occasion de son anniversaire le 2 avril, des fleurs sont déposées à ses pieds.

AUTRES CURIOSITÉS

Skt Hans Kirke (**AY**) ⊙ – Cette église gothique, qui fit jadis partie du monastère St-Jean et où Andersen fut baptisé, possède une curieuse chaire extérieure du haut de laquelle les prêtres prêchaient aux lépreux qui n'avaient pas le droit d'entrer dans l'église.
Non loin se dresse le château d'Odense, considérablement remanié, qui sert aujourd'hui de résidence au préfet de la Fionie.

Fyns Kunstmuseum (**AY**) ⊙ – Situé au Nord du quartier piéton, le **Musée fionien des Beaux Arts** abrite une des collections d'art danois les plus complètes, couvrant la période qui s'étend du 18e s. à nos jours.

Brandts Klædefabrik (**AZ**) ⊙ – C'est une ancienne manufacture de textiles rénovée qui abrite le nouveau centre culturel d'Odense, comprenant boutiques, cinémas, restaurants et musées ; parmi ces derniers, citons le Musée de l'Imprimerie et de l'Art graphique, **Grafiske Museum**, ainsi que le Musée de la Photographie, **Pressemuseum** ; il y a également une grande salle d'expositions.

★ **Den Fynske Landsby** ⊙ – *En périphérie Sud, sur la route de Svendborg, par Læssøegade* (**AZ**).
Connu sous le nom de **Village fionien,** ce musée de plein air comprend des bâtiments ruraux des 18e et 19e s. patiemment reconstruits pour former un village fionien typique, avec ses fermes, ses ateliers, ses moulins, son école, son presbytère, etc.

RIBE★★

Ribe – 7 892 habitants

Carte Michelin n° 985 – Q 5 ou Atlas Europe – p. 108

Ribe est située le long de la côte plate du Jutland occidental et séparée de la mer par une étendue marécageuse régulièrement recouverte par la marée et abritant une des plus importantes réserves ornithologiques d'Europe. Ribe est la plus célèbre cité médiévale du Danemark et, du fait de ses proportions modestes, elle a pu préserver son unité architecturale et son atmosphère d'une autre époque sans perdre de son animation. La principale rue commerçante, réservée aux piétons, voit constamment défiler une foule affairée vaquant à ses occupations quotidiennes comme elle le fait depuis des siècles.

NOTES HISTORIQUES

A l'époque viking, Ribe était déjà un important centre commercial sur la mer du Nord, importance corroborée par la construction à Ribe de l'une des premières églises chrétiennes, avant même que le Danemark ne fût officiellement christianisé. La ville eut son premier évêque en 948. Au cours du Moyen Âge, elle devint un port influent par lequel transitait le commerce entre la Scandinavie et la plupart des villes européennes ainsi que celui entre les ports de la Baltique et de la mer du Nord. Toutefois, vers la fin du Moyen Âge, les progrès techniques réalisés dans le domaine de la construction navale amenèrent des changements dans les itinéraires maritimes et la Réforme fut également néfaste à la prospérité de la ville. Plus tard, la suprématie grandissante de Copenhague, encouragée par l'instauration de la monarchie absolue, la concurrence des autres ports et l'enlisement de la rivière provoquèrent le déclin progressif de Ribe, qui n'a jamais recouvré sa gloire. Demeurée une petite ville, elle a cependant gardé une vie culturelle intense.

★LA CATHÉDRALE ⊘

De style roman, elle se dresse sur la place principale, à 1,5 m au-dessous du niveau actuel du sol ; elle date de la seconde moitié du 12e s. mais a été remaniée à diverses reprises. Du haut de l'imposante tour carrée du 13e s., les sonneries de cloches avertissaient les habitants d'un danger imminent, que ce soit une invasion ou la mer ! La vue remarquable de la ville et des marécages environnants vaut l'effort de l'ascension. Les cloches se trouvent maintenant dans l'autre tour dite tour Maria ; elles jouent différents airs selon les heures de la journée.
Le portail méridional est un exemple rare de sculpture romane au Danemark ; on remarque en particulier son tympan représentant la Descente de Croix.
A l'intérieur, la large nef est flanquée de deux bas-côtés et la croisée est surmontée d'un dôme. On voit sur certains piliers des traces de fresques médiévales, mais les fresques modernes ainsi que les mosaïques, derrière l'autel, sont l'œuvre de Carl-Henning Pedersen.

LA VIEILLE VILLE

La ville médiévale entoure la cathédrale. Sur la **Torvet**, place principale, face à l'hôtel Dagmar, on remarque une curieuse petite auberge du début du 17e s., **Weis' Stue** ; l'intérieur 18e s. est charmant avec ses poutres apparentes, ses murs décorés de boiseries peintes et de carreaux hollandais en parfaite harmonie avec les tables et les chopes du même style.
Plusieurs rues pavées, toutes plus pittoresques les unes que les autres, convergent vers la place. A l'Ouest de la cathédrale, dans Skolegade, on peut visiter la **maison**, aménagée dans une partie de la résidence épiscopale du 16e s., où **Hans Tausen**, premier Danois à prêcher la Réforme, passa les dix dernières années de sa vie ; c'est aujourd'hui un musée archéologique, **Ribes Vikinger** ⊘. Le plus ancien **hôtel de ville** du Danemark, datant de 1496, est situé à l'angle de Sønderportsgade et Stenbrogade ; il est encore utilisé occasionnellement pour les réunions du conseil municipal. En suivant Puggårdsgade en direction du Sud, on peut voir sur la gauche **Tårnborg**, imposante demeure en pierre de taille, l'une des anciennes résidences des chanoines de la cathédrale comme **Puggård**, située un peu plus loin dans Gravsgade et construite vers 1400. L'**église Ste-Catherine** ⊘, à l'Est de la Torvet, est avec la cathédrale la seule église antérieure à la Réforme qui ait survécu. On accède au cloître de l'abbaye dominicaine en passant par l'église. A l'angle de Sortebrødregade et d'Overdammen, **Quedens Gård** est une vieille demeure bourgeoise construite vers 1580 et transformée en **musée** ⊘. On y voit des reconstitutions d'intérieurs du début du 17e s. et une collection d'objets régionaux. A partir de Fiskergade, on peut suivre l'une des ruelles menant au **port** (Skibbroen) où se tient un marché les mercredis d'été.
De l'autre côté de la digue protégeant la ville des inondations, un bus tracteur transporte les passagers à travers la zone marécageuse jusqu'à **Mandø**, petite île comptant 100 habitants, où une auberge dispose de quelques chambres.

RINGKØBING FJORD★

Ringkøbing

Carte Michelin n° 985 – P 5 ou Atlas Europe – p. 108

La région qui s'étend au Nord d'Esbjerg entre Varde et Ringkøbing offre des paysages variés caractéristiques de la côte occidentale du Jutland : une vaste lagune, des dunes mouvantes couvertes d'herbes folles et de bruyère, d'immenses plages, des réserves naturelles d'une richesse fascinante et des « plantations », mot qu'utilisent les Danois pour désigner les endroits où des arbres ont été systématiquement plantés pour fixer les dunes. De nombreux sentiers pédestres et pistes cyclables permettent de profiter au maximum de la découverte de cet environnement unique.

Circuit au départ de Varde – *150 km environ – 1/2 journée – Quitter Varde à l'Ouest par la route 181, et bifurquer à gauche sur la route 431.*

★ **Église de Janderup** – La silhouette d'un blanc éclatant de cette imposante église romane domine le bosquet d'arbres sombres qui l'entoure, tandis que son image se reflète dans les eaux calmes de la Varde. A l'intérieur, la voûte de la nef et le chœur apparaissent couverts de fresques du début du 16e s., caractérisés par des motifs géométriques entrelacés et des fleurs de lis. La tribune d'orgues située au-dessus de l'entrée est ornée de panneaux de bois peint, représentant les douze apôtres ; l'église contient aussi d'intéressantes sculptures médiévales dont un crucifix datant d'environ 1300 et une Vierge à l'Enfant de 1503. Le retable très travaillé date de 1645.

Reprendre la route 431 vers Oksbøl, à l'Ouest.

Oskbøl – Situé dans le village mais connu sous le nom d'**église d'Aal** ⊙, cet édifice roman du 12e s. a conservé une partie de ses fresques d'origine ; la frise qui orne le côté Nord est la plus célèbre, car le sujet qu'elle met en scène n'est pas tiré de la Bible : il s'agit d'une bataille entre chevaliers montés sur leurs destriers.

Par une route secondaire, se diriger vers le Nord pour rejoindre la route 465, où l'on tourne à gauche vers la côte.

Blåbjerg Klitplantage – C'est une région de plages de sable ourlées de dunes qui se déplaçaient continuellement jusqu'à ce qu'une « plantation » *(voir ci-dessus)* fût effectuée en 1878. Blåbjerg est un nom empreint de poésie, signifiant « la Montagne bleue » et désignant la plus haute dune telle qu'elle apparaît vue du large. La région, aujourd'hui zone protégée, est sillonnée par tout un réseau de sentiers à la disposition de ceux qui veulent la découvrir. La plage de **Henne Strand** est particulièrement attrayante.

Suivre la route secondaire qui contourne la plantation par l'Est et se diriger vers le Nord pour rejoindre la route 181.

Réserve naturelle de Tipperne – La péninsule qui avance dans le fjord ainsi que la zone marécageuse qui l'entoure forment une réserve ornithologique importante, dont l'environnement est protégé et les horaires de visite limités.

Continuer le long de la route 181.

Hvide Sande – Située au milieu de Holmsland Klit, langue de terre séparant le fjord de la mer, la ville de Hvide Sande et son port de pêche se développèrent après la réalisation en 1931 du canal et des écluses reliant le fjord à la mer ; aujourd'hui le port occupe la 5e place au niveau national. Du point de vue touristique, la ville dispose d'une plage magnifique face au large et le fjord est le paradis des amateurs de planche à voile. Un sentier court sur la crête des dunes, entre la mer et le fjord, offrant de part et d'autre de belles **vues.**
Du haut du **phare de Nørre Lyngvig,** à 5 km de Hvide Sande, une **vue** splendide sur toute la région justifie largement l'effort de l'ascension.

Continuer jusqu'à Søndervig puis prendre à droite la route 15 vers Ringkøbing.

Ringkøbing – C'est sur Torvet, place ombragée par des tilleuls centenaires, que l'on peut voir les traces de la prospérité passée de Ringkøbing : l'**église** ⊙ du 15e s. et l'ancienne **résidence du maire**, édifice de style Empire datant de 1807. Le **musée** ⊙, qui se trouve dans Kongevej, est consacré à l'histoire locale et abrite une exposition spéciale sur l'expédition de Mylius Erichsen au Groenland en 1906-1908. A Hee, au Nord de Ringkøbing, **Sommerland West** ⊙ est un parc d'attractions proposant les activités de plein air habituelles ainsi qu'une spécialité danoise, les fêtes vikings.

Poursuivre le long du fjord jusqu'à Skjern.

La **Skjern** est un fleuve célèbre pour la pêche à la truite et au saumon qui dure de mars à octobre et attire les pratiquants les plus zélés en août lors du concours annuel.

Rejoindre Varde par la route 11.

RINGSTED

Vestsjælland – 17 457 habitants
Carte Michelin n° 985 – Q 8 ou Atlas Europe – p. 108
Schéma : SJÆLLAND

De nos jours, Ringsted est une ville de province moderne qui a cependant conservé dans le centre-ville le symbole de l'influence spirituelle qu'elle exerçait au Moyen Âge à la fois comme centre religieux et comme siège de la justice.

★ **Église Sankt Bendts** – Dominant la place du marché, c'est une des plus vieilles églises de brique du Danemark et l'ancienne abbatiale d'un monastère bénédictin construit durant la seconde moitié du 12e s.
Pendant deux cents ans, les monarques et les membres de la famille royale y furent inhumés. Elle renferme les portraits de certains d'entre eux, ainsi que 20 tombeaux royaux, dont celui de Valdemar Ier qui décida de faire de l'église la sépulture royale officielle.

ROSKILDE★★

Roskilde – 40 928 habitants

Carte Michelin n° 985 – Q 9 ou Atlas Europe – p. 108 – Schéma : SJÆLLAND

Située au fond d'un fjord long et étroit, à 30 km de Copenhague, l'ancienne capitale du Danemark est aujourd'hui une ville de province tranquille. C'est une importante ville commerçante dont le marché animé se tient sur la place principale le mercredi et le samedi, mais aussi un centre culturel récemment doté d'une université, accueillant début juillet le plus grand festival européen de rock. C'est là que fut signé en 1658 le **traité** par lequel le Danemark cédait la Scanie, le Blekinge et le Halland à la Suède.

NOTES HISTORIQUES

Capitale viking – Après avoir unifié le Danemark et la Norvège, Harald à la Dent Bleue, qui érigea la pierre runique de Jelling *(voir à ce nom)*, choisit Roskilde comme capitale de son nouveau royaume et fit probablement construire une église de bois, la première à occuper le site où s'élève aujourd'hui la cathédrale. L'importance de Roskilde à l'époque viking est confirmée par les efforts que l'on fit pour la protéger des invasions.

Les évêques de Roskilde – L'influence religieuse de la ville s'accrut rapidement et, dès 1020, elle devenait le siège d'un évêché. Pendant plus de trois cents ans, il fut occupé par une longue série d'ecclésiastiques puissants qui contrôlèrent le cours de la politique au Danemark. Le plus célèbre d'entre eux fut Absalon, fondateur officiel de Copenhague.

Lieu de sépulture royale – Roskilde perdit de son importance sur le plan politique en 1417, lorsque Éric de Poméranie choisit Copenhague comme capitale. Les monarques danois continuèrent cependant à être inhumés dans la cathédrale de Roskilde, comme l'avait été la reine Margrethe Ire, même après la Réforme (1536) qui néanmoins mit fin à la prospérité de la ville : tous les couvents et les monastères ainsi que la plupart des églises furent démolis et Roskilde déclina rapidement. La ville ne connut de renouveau économique qu'à partir du 19e s., lorsqu'elle fut reliée à Copenhague par chemin de fer.

★★★ CATHÉDRALE ⊙

Bâtie de brique rouge et surmontée de deux tours jumelles, la cathédrale, inscrite sur la liste du patrimoine mondial de L'UNESCO, est le symbole même du passé glorieux de Roskilde. Elle se dresse au centre de la ville, sur un terrain légèrement surélevé, juste au Nord de Stændertorvet, place principale de Roskilde.
Elle est à la fois de style roman et gothique primitif car les travaux, commencés en 1170 sous l'épiscopat d'Absalon, ne furent terminés qu'au 13e s. Les **deux tours** furent érigées au 14e s. et surmontées par la suite de flèches élancées recouvertes de cuivre vert. L'entrée se situe au Sud.
A l'intérieur, les voûtes blanchies à la chaux accroissent l'impression d'espace et d'élévation ; la nef, flanquée de deux bas-côtés, est prolongée par une large abside. L'absence de croisée est compensée par un grand nombre de chapelles latérales, construites à différentes époques et parfois particulièrement vastes et ornementées. Les **stalles** gothiques richement sculptées sont décorées de scènes de l'Ancien et du Nouveau Testament et le magnifique **retable** doré fut sculpté au 16e s. à Anvers. Derrière l'autel principal se trouve le **sarcophage de marbre blanc de la reine Margrethe Ire**, premier monarque à être enterré dans la cathédrale de Roskilde. Son exemple fut suivi par 38 reines et rois, dont les tombeaux se situent pour la plupart dans les chapelles. L'une des plus remarquables est la **chapelle de Christian IV**, sur le flanc Nord, fermée par une élégante grille de fer forgé et décorée de peintures murales illustrant la vie du roi ; sa statue en bronze est due à Thorvaldsen *(voir à ce nom)*. Sur le flanc Sud, dans la **chapelle de Christian Ier** datant du 15e s., on peut voir une colonne portant des marques qui indiquent la taille de plusieurs rois. Du même côté, la **chapelle** fin 18e, début 19e s. **dédiée à Frédéric V** et surmontée d'une coupole diffère des autres par sa dimension et sa luminosité.

Détail du retable : l'Annonciation

★★VIKINGESKIBSHALLEN ⊙

Le **Musée des bateaux vikings**, logé dans un édifice moderne au bord du fjord, fut fondé pour abriter les épaves de 5 navires vikings découverts en 1962 au fond du fjord, à 20 km au Nord de Roskilde. Ils avaient été coulés vers l'an 1000 pour protéger la ville des incursions de pirates, probablement des Vikings norvégiens. Un film de 15 mn explique comment ces épaves furent remontées puis traitées selon une méthode compliquée et enfin reconstituées morceau par morceau.
Le musée est construit sur plusieurs niveaux sans cloisonnement, ce qui permet d'avoir sous des angles différents une vision générale des bateaux : un navire marchand de 16,5 m de longueur servant au commerce avec les pays lointains, un autre, plus petit, utilisé pour le commerce dans la Baltique et le long des rivières, un bateau de pêche (le plus court de tous), un vaisseau de guerre et un autre, tout aussi impressionnant, utilisé pour les raids le long des côtes d'Europe occidentale. Le musée comprend également une exposition sur la vie sur terre et sur mer à l'époque des Vikings.
Amarrés devant le musée, deux bateaux vikings, construits selon la méthode employée par les Vikings mêmes, sont utilisés pour une **excursion** de 4 heures, possible seulement de début juillet à mi-août.

Église de Sankt Jørgensbjerg ⊙ – Près du musée, sur une colline dominant le fjord, se dresse la vieille église de Skt Jørgensbjerg, au centre de ce qui était au Moyen Âge un village de pêcheurs. La nef et le chœur datent du début du 12e s. tandis que la tour et le porche sont de style gothique tardif. A l'époque médiévale, Skt Jørgensbjerg servait aussi d'église à l'hôpital pour lépreux situé non loin de là, dont le saint patron était saint Georges.

EXCURSION

Lejre – *8 km au Sud-Ouest ; de 2 h à 1/2 journée. Suivre la route 14 qui passe sous la voie express, puis prendre à droite la route 155 vers Holbæk et tourner immédiatement à gauche sur une route secondaire conduisant à Lejre et Ledreborg.*

Historisk-Arkæologisk Forsøgscenter ⊙ – Le **Centre de recherches historiques et archéologiques** de Lejre fut installé en 1964 sur un parc vallonné de 25 ha, agrémenté de lacs et d'étangs. Son but est de faire découvrir, de reconstituer et d'expliquer l'artisanat, l'habitat et les conditions physiques auxquelles les hommes étaient confrontés dans le passé tout en développant chez l'homme moderne la connaissance de la nature.
On peut voir un village reconstitué dans un site tel que celui qu'il occupait près d'une forêt, il y a 2 000 ans, à l'âge du fer, et, dans d'autres parties du Centre, des ateliers qui réalisent diverses expériences. Des animaux domestiques ou à demi sauvages se promènent en liberté ou, comme les sangliers par exemple, sont retenus dans des enclos. Toutes sortes d'activités sont possibles : abattre des arbres, faire la cuisine sur des barbecues préhistoriques, s'exercer à ramer dans des canoës primitifs faits de troncs d'arbres évidés, etc.

★ **Château de Ledreborg** ⊙ – Près du Centre de recherches, ce château, construit aux 17e et 18e s. et peint en jaune vif, est un bel exemple d'architecture baroque danoise. L'édifice principal est flanqué de deux ailes identiques formant une vaste cour dans laquelle on pénètre par une porte monumentale surmontée d'un campanile de cuivre vert. Habité par la même famille depuis 1739, le château possède toujours son mobilier d'origine. Descendant en terrasse vers un étang, le jardin est entouré d'un parc boisé également ouvert au public.

ROSKILDE FJORD

Frederiksborg et Roskilde

Carte Michelin n° 985 – Q 8 et 9 ou Atlas Europe – p. 108

Schéma : SJÆLLAND

La région située au Nord de Roskilde est connue sous le nom de « région des fjords » car elle comprend deux des plus importants fjords danois, l'Isefjord *(voir à ce nom)* et le Roskilde Fjord qui débouchent au même endroit dans le Kattegat ; les terres qui les bordent et la presqu'île de Hornsherred qui les sépare font aussi partie de cette région aquatique. Le Roskilde Fjord est le plus étroit des deux, ses rives sont particulièrement attrayantes et ses paysages apaisants : des collines aux formes arrondies s'abaissent doucement vers les eaux tranquilles du fjord bordées de roseaux qui frissonnent dans le vent, tandis que de nombreux îlots se dessinent au loin. Il y a des bois et de basses prairies, des rivières qui se jettent dans le fjord et de jolis villages sur la presqu'île de Hornsherred.
Pour voir ces paysages sous un autre angle, il est recommandé de faire une excursion à bord du **M/S Sagafjord** qui part du port de Roskilde et longe de pittoresques bras de mer ainsi que la réserve ornithologique de l'île de Ringø.

Drakkars dans le fjord de Roskilde

DE ROSKILDE A FREDERIKSSUND *50 km – 1/2 journée.*

L'excursion sur la rive orientale du fjord, le long de routes secondaires qui serpentent à travers la presqu'île de Hornsherred jusqu'au château de Jægerpris à quelques kilomètres de Frederikssund, offre maintes occasions d'admirer la beauté simple et naturelle de la région des fjords.

Prendre l'autoroute 21 vers l'Ouest ; la quitter à la sortie n° 15 et se diriger vers le Nord en direction de Lyndby.

Sæby et Gershøj – Ces deux villages pittoresques situés sur les bords du fjord sont distants de 3 km seulement. Sæby est légèrement à l'intérieur des terres et Gershøj est un minuscule port de pêche à l'air coquet avec son église de brique rouge et ses chaumières peintes de couleurs vives.

Continuer vers le Nord jusqu'à Skibby.

Skibby ⊙ – L'extérieur de l'**église** ⊙ est si peu attrayant que l'on ne peut éviter un mouvement de surprise en y pénétrant. Essentiellement de style roman, elle a conservé dans l'abside de belles fresques datant de la fin du 12ᵉ s., où l'on peut voir un Christ en majesté.

Prendre la direction de Selsø à l'Est.

★ **Château de Selsø** ⊙ – La route longe un lac, le Selsø, avant d'atteindre l'église, près de laquelle on peut stationner. Le château se dresse dans un site isolé dominant le fjord. L'édifice du 16ᵉ s. a été considérablement remanié pendant la première moitié du 18ᵉ s. et apparaît aujourd'hui comme un exemple typique d'architecture baroque danoise. Soigneusement restauré, l'intérieur a retrouvé sa splendeur du 18ᵉ s. grâce à ses panneaux de marbre, ses plafonds en stuc et ses glaces immenses, ainsi que ses tableaux d'Henrik Krock, peintre officiel de l'époque. De la Renaissance, il ne subsiste que la voûte du cellier et les cuisines. On peut voir un cachot sous la porte monumentale et un grand puits médiéval dans la cour.

Continuer vers le Nord en passant par Skuldelev et Gerlev jusqu'à Jægerpris.

Jægerpris Palae ⊙ – Le nom de ce **palais** est depuis longtemps associé à la famille royale, particulièrement au roi Frédéric VII et à son épouse morganatique, la comtesse Danner, qu'il épousa en troisièmes noces et à qui il légua le domaine. Celle-ci en fit don à une institution pour jeunes filles en détresse, en exprimant le vœu que l'aile Sud des 17ᵉ et 18ᵉ s., qu'elle avait occupée avec le roi, soit préservée et ouverte au public. L'entrée principale du palais est située au centre de cette aile ; à l'arrière, on peut voir l'aile Nord construite autour de la partie la plus ancienne du palais datant du 15ᵉ s., ainsi qu'une imposante tour d'escalier ajoutée par Christian IV. Une troisième aile fut édifiée plus tard.

Se diriger vers l'Est par la route 207 jusqu'à Frederikssund.

Frederikssund – Située sur la rive orientale du Roskilde Fjord, dans sa partie la plus étroite qu'enjambe un pont, la ville de Frederikssund est célèbre pour son **Festival viking** qui a lieu pendant la seconde quinzaine de juin ; à cette occasion, une représentation théâtrale sur un thème viking est donnée en plein air.
J-F Willumsen, qui fut l'un des principaux artistes danois du 20ᵉ s., légua sa collection personnelle de ses propres œuvres à la ville de Frederikssund et le **Musée J-F Willumsen** ⊙ fut inauguré en 1957.

RØMØ

Sønderjylland

Carte Michelin n° 985 – Q 5 ou Atlas Europe – p. 108

Rømø est la plus grande des îles de la mer des Wadden, nom donné à la partie de la mer du Nord proche des côtes du Sud-Ouest du Jutland, d'Esbjerg à la frontière allemande et au-delà. On y accède par une chaussée sur digue de 10 km de long. La côte basse, les eaux peu profondes baignant des étendues immenses et les effets très sensibles de la marée ont contribué à créer un environnement naturel unique où se sont développées une flore que l'on ne retrouve nulle part ailleurs et une faune intéressante qui change avec la marée : sur les bancs de sable délaissés par la mer, des milliers d'oiseaux succèdent à d'abondants bancs de poissons et l'on peut aussi voir des phoques le long de la côte occidentale, bordée d'une plage extrêmement large.

Des chenaux qui serpentent à travers les eaux peu profondes permettent l'accès du port de Havneby aux bateaux de pêche et aux ferries. Au 18e s., la pêche à la baleine dans les mers nordiques, particulièrement au large des côtes du Groenland, apporta une certaine prospérité et les capitaines de baleiniers firent construire de belles maisons. L'une d'elles, **Kommandørgården** ⓥ, à Toftum, a été restaurée et abrite aujourd'hui un musée local. L'**église Skt Clemens**, église des marins de Kirkeby, ornée de splendides modèles réduits d'anciens navires, est le symbole des liens étroits que Rømø a gardé avec son passé.

Les villages sont groupés sur la côte orientale, mais les vacanciers se pressent sur la magnifique plage de la côte occidentale où la planche à voile est reine.

PRESQU'ÎLE DE SALLING

Viborg

Carte Michelin n° 985 – P 5 et 6 ou Atlas Europe – p. 108

La presqu'île de Salling et l'île de Mors obstruent presque entièrement la partie la plus large du tortueux Limfjord, créant ainsi un réseau complexe de détroits et de petits fjords qui sont le paradis des amateurs de voile ; ceux-ci ont en effet un grand choix de mouillages allant du modeste port de pêche au port de plaisance bien abrité comme celui de Skive sur la côte Est de Salling.

Salling est une région de landes et de forêts et abrite un parc naturel de toute beauté qui entoure le plus grand lac danois de ce type d'écosystème. On peut aussi y voir de vieilles églises très intéressantes et l'un des plus beaux châteaux médiévaux du Danemark. La ville animée de Skive occupe une position centrale et s'impose donc comme le point de départ le plus commode de tout circuit à travers la presqu'île.

CIRCUIT DANS LA PRESQU'ÎLE *75 km – 1/2 journée.*

Skive – Avant d'entreprendre le circuit, visiter la vieille église essentiellement romane qui contient un ensemble de fresques du 16e s. représentant de nombreux saints et personnages sacrés sur un fond aux motifs floraux.

Quitter Skive par la route 189 et prendre à gauche, à la sortie de la ville, la route 34 vers Herning ; 7 km plus loin, prendre la fourche de droite vers Sevel.

Sevel – La vieille **église** de ce charmant village possède un carillon qui joue des hymnes trois fois par jour.

A partir de Sevel, suivre la route secondaire qui conduit vers le Nord, au Musée de plein air de Hjerl Hede.

Hjerl Hede Friluftsmuseum ⓥ **et le lac Flynder** – Situé sur un site protégé couvrant plus de 1 000 ha de collines revêtues de bruyère et de forêt, le **Musée de plein air** présente la reconstitution d'un campement de l'âge de la pierre et un vieux village illustrant la vie rurale au Danemark du 16e au 19e s. On y voit des fermes, une auberge, une école, une église, un moulin à eau, une forge et d'autres ateliers ainsi qu'une épicerie. Tout s'anime en juillet, car des volontaires habitent et travaillent alors dans les vieilles maisons, s'efforçant de faire revivre les coutumes d'antan pour le plus grand plaisir des visiteurs.

En quittant le vieux village, suivre l'indication Udsigten.

Une vue magnifique se développe sur le lac Flynder, long et étroit, qui fut formé à la fin de l'ère glaciaire.

Continuer jusqu'à Sahl, à 3 km vers l'Ouest.

Sahl – L'**église** romane fut construite en pierre vers 1150. Elle contient des restes de **fresques** du début du 16e s. et un ensemble rare de bancs en chêne datant de 1600 environ (ceux destinés aux hommes sont côté Sud, ceux destinés aux femmes côté Nord). Mais l'élément le plus remarquable est l'autel réalisé vers 1200 par un artisan de Ribe et fait de cuivre ciselé doré à l'or fin, reposant sur une base en chêne. A l'origine, le frontal était placé devant l'autel, tandis que l'actuelle prédelle était placée au-dessus : les deux parties furent ensuite inversées.

Se diriger vers le Nord pendant 4 km puis tourner à gauche vers Ejsing.

Ejsing – L'**église** est également romane, mais l'empreinte du style gothique est importante. A l'intérieur, il y a du beau mobilier peint, datant de 1760, et de splendides **fresques** du 16e s. aux tons d'ocre chauds, représentant Adam et Ève ainsi que diverses scènes de la Bible ; elles se trouvent dans l'abside et une chapelle latérale accessible par une porte en bois sculpté.

Continuer vers le Nord jusqu'à Rødding en passant par Lem ; le château de Spøttrup est tout proche.

Château de Spøttrup ⊙ – Deux ponts de bois donnent accès à ce remarquable château médiéval, construit en brique et entouré de deux fossés successifs, séparés par un haut remblai de terre. Érigé par les évêques de Viborg pour protéger leurs domaines, il fut achevé vers 1500 et comprend trois ailes, le quatrième côté du quadrilatère étant fermé par une porte fortifiée. Après la Réforme, le château fut confisqué par la Couronne, mais en 1579, il fut offert à un pair du royaume et devint un manoir privé ; deux tourelles d'escaliers furent alors construites dans la cour. En 1937, l'État acheta Spøttrup et le restaura peu à peu. C'est aujourd'hui le château médiéval le mieux conservé du Danemark.

Revenir à Skive en passant par Sønder Balling.

La légende en p. 2 donne la signification des signes conventionnels employés dans ce guide.

SILKEBORG

Århus – 35 027 habitants

Carte Michelin n° 985 – P 6 ou Atlas Europe – p. 108

Silkeborg fut fondée au milieu du 19e s au cœur du Jutland oriental, dans une région de hautes collines recouvertes d'un vaste manteau de forêts et de lacs reliés entre eux par la Gudenå, le plus long fleuve danois. Cette agréable et paisible ville de province qui s'étend sur les bords du lac Lang possède deux splendides musées.

MUSÉES

★★ **Kunstmuseum** ⊙ – Le **Musée des Beaux-Arts** est l'un des plus intéressants musées d'art moderne de Scandinavie. Fondé par **Asger Jorn**, l'un des peintres danois les plus importants de l'après-guerre, il est admirablement mis en valeur par sa situation privilégiée sur la rive gauche de la Gudenå dans un édifice construit pour abriter la collection personnelle de l'artiste. Elle comprend environ 400 de ses toiles ainsi que des œuvres d'autres peintres qui comptèrent parmi ses amis, depuis ses débuts à Paris avant la Seconde Guerre mondiale jusqu'à sa mort en 1973. En 1947, en réaction non seulement contre le tragique désordre social causé par la guerre mais aussi contre les tendances artistiques en vogue, il avait fondé le **groupe Cobra** qui comprenait des artistes belges, hollandais et danois, dont Appel, Constant, Alechinsky et Jacobsen. Parmi toutes les œuvres de Jorn, *Stalingrad* apparaît comme un chef-d'œuvre effrayant. Léger, Picasso, Miró, Ernst, Le Corbusier et Dubuffet sont également bien représentés et il y a une importante collection d'art danois du 20e s.

★ **Museum** ⊙ – A proximité de Torvet, place principale de la ville, le **musée** a pour cadre le plus ancien édifice de la ville, Hevedgården, manoir construit en 1767. Consacré à l'histoire régionale et à l'artisanat local, il abrite dans une aile récente une exposition permanente ayant pour thème l'âge du fer et, plus précisément, la vie quotidienne vers 200 avant J.-C. des contemporains de l'**Homme de Tollund**. Son corps, pièce maîtresse du musée, fut découvert en 1950 dans une tourbière près de Silkeborg ; l'homme avait été offert en sacrifice aux divinités, puis, la corde encore passée autour du cou, étendu dans la tourbière où il se momifia ; l'expression de son visage est étrangement vivante et extrêmement touchante.

L'Homme de Tollund

EXCURSIONS

Himmelbjerg – *Circuit de 50 km – 3 h.*
Les environs de Silkeborg représentent la région idéale pour les amoureux de la nature, car on y rencontre les plus beaux paysages du Danemark et un choix d'auberges pittoresques.

Se diriger vers l'Est par la route secondaire longeant la rive droite de la rivière Gudenå.

La première partie du circuit jusqu'à Ry suit de très près le fleuve et les lacs et traverse d'épaisses forêts, offrant de temps à autre une belle vue du Himmelbjerg de l'autre côté du lac Jul.

A Ry, tourner à droite vers Gammel Rye, puis prendre une seconde fois à droite la route 461.

Le **Himmelbjerg**, qui signifie la « colline du ciel », n'a que 147 m d'altitude, mais il faut avouer qu'elle est bien plus impressionnante que l'on pourrait se l'imaginer. Du haut de la tour de 25 m qui la coiffe, on découvre une vue panoramique des environs, au caractère presque tyrolien avec leurs forêts sombres, comparables à celles des Alpes, se reflétant dans le lac.

Retourner au croisement de la route 445 et tourner à droite en direction de Silkeborg.

Le circuit en voiture peut être remplacé par la **remontée du fleuve** jusqu'au Himmelbjerg *(prévoir 1/2 journée)*. Cette agréable excursion s'effectue sur un vieux bateau à vapeur nommé Hjejlen. Inauguré en 1861 et amarré près du pont dans le centre de la ville, il remonte régulièrement le fleuve, pénètre dans le lac Jul et s'arrête au pied du Himmelbjerg, dont on peut facilement entreprendre l'ascension à partir de la rive du lac.

Circuit au Nord de Silkeborg – *60 km – environ 3 h. Prendre la route 46 en direction du Nord jusqu'à Grønbæk.*

Église de Grønbæk – Son abside est décorée de magnifiques fresques du début du 13e s.

Continuer vers le Nord en suivant une route touristique qui passe par Ans et Tange.

Tange Sø – Le **lac de Tange** résulte de la construction d'un barrage sur la Gudenå. La centrale électrique, inaugurée en 1921, fournit de l'électricité à toute la région et abrite maintenant le **Musée de l'électricité** ⊙, évoquant le rôle de l'électricité dans notre vie quotidienne.

Continuer vers l'Ouest jusqu'à Rødkærsbro, puis prendre au Sud vers Levring et Vinderslev.

★ **Église de Vinderslev** – Construite en granite dans le style roman, elle présente de beaux portails sculptés et deux groupes de fresques peintes à des époques différentes. La nef est couverte de scènes bibliques datant de la fin du 13e s., tandis que les fresques plus récentes qui ornent le chœur datent probablement de la fin du 16e s. ; plus fouillées, elles sont caractérisées par des motifs floraux assez complexes.

Revenir à Silkeborg par la route 52.

SJÆLLAND

Carte Michelin n° 985 – Q 8 ou Atlas Europe – p. 108.
Voir schéma pages suivantes

Proche de la Suède au Nord et relié aux îles méridionales par plusieurs ponts, le Sjælland est la plus grande des îles danoises et de loin la plus peuplée, avec ses 2 millions d'habitants dont 1 million et demi dans la seule agglomération de Copenhague. Cette concentration de main-d'œuvre et l'influence politique exercée par la capitale ont depuis longtemps donné à l'île un avantage économique et culturel indéniable.
La grande diversité de ses superbes paysages, de magnifiques forêts de hêtres, des lacs, des fjords profonds et de belles plages, dans un rayon de 50 km autour de Copenhague, ont amené l'implantation des plus beaux châteaux et des musées les plus prestigieux dans le Nord du Sjælland qui est ainsi devenu la région la plus touristique du Danemark.
Le Sud de l'île, pour des raisons différentes mais moins évidentes, ne manque pas pour autant d'attrait. Plus agricole, la campagne, paisible voire idyllique, est parsemée de coquets villages aux maisons à colombages peintes de couleurs vives, d'anciens bourgs animés comme Køge et Næstved *(voir à ces noms)* et de vieilles églises rurales ornées de fresques médiévales. Le rythme de la vie y est moins effréné et l'ambiance décontractée caractérisant les îles méridionales s'y fait également sentir.

SJÆLLAND
0
10 Km
... Plage
GRENÅ
EBELTOFT
ÅRHUS
JUELSMINDE
ODENSE
NYKØBING F
KATTEGAT
Sjællands Odde
Hundested
Rørvig
Solager
Nykøbing S
Sejerø
Sejerø
Bugt
Samsø Bælt
Isefjord
225
Orø
Brønde
21
Hammer Bakke
Kalundborg Fjord
Kalundborg
Bregninge
155
Tuse
Holbæk
Tveje Merløse
18
Jyderup
17
16
Viskinge
23
Ubby
219
Åmose Å
Tissø
STOREBÆLT
57
22
Bjernede
Tudeå
E 20
37
Sorø
Fjenneslev
Ringsted
Slagelse
Vester Broby
Alsted
Trelleborg
39
157
Gimlinge
Tystrup Sø
42
Halsskov
46
45
Nyborg
Korsør
Flakkebjerg
239
14
Fuglebjerg
22
Skælskør
Næstved
Ørslev
Agersø
Bisserup
Gavnø
Omø
Lohals
Langeland
Smålandsfarvandet
Fejø
Femø
Spodsbjerg
Lolland

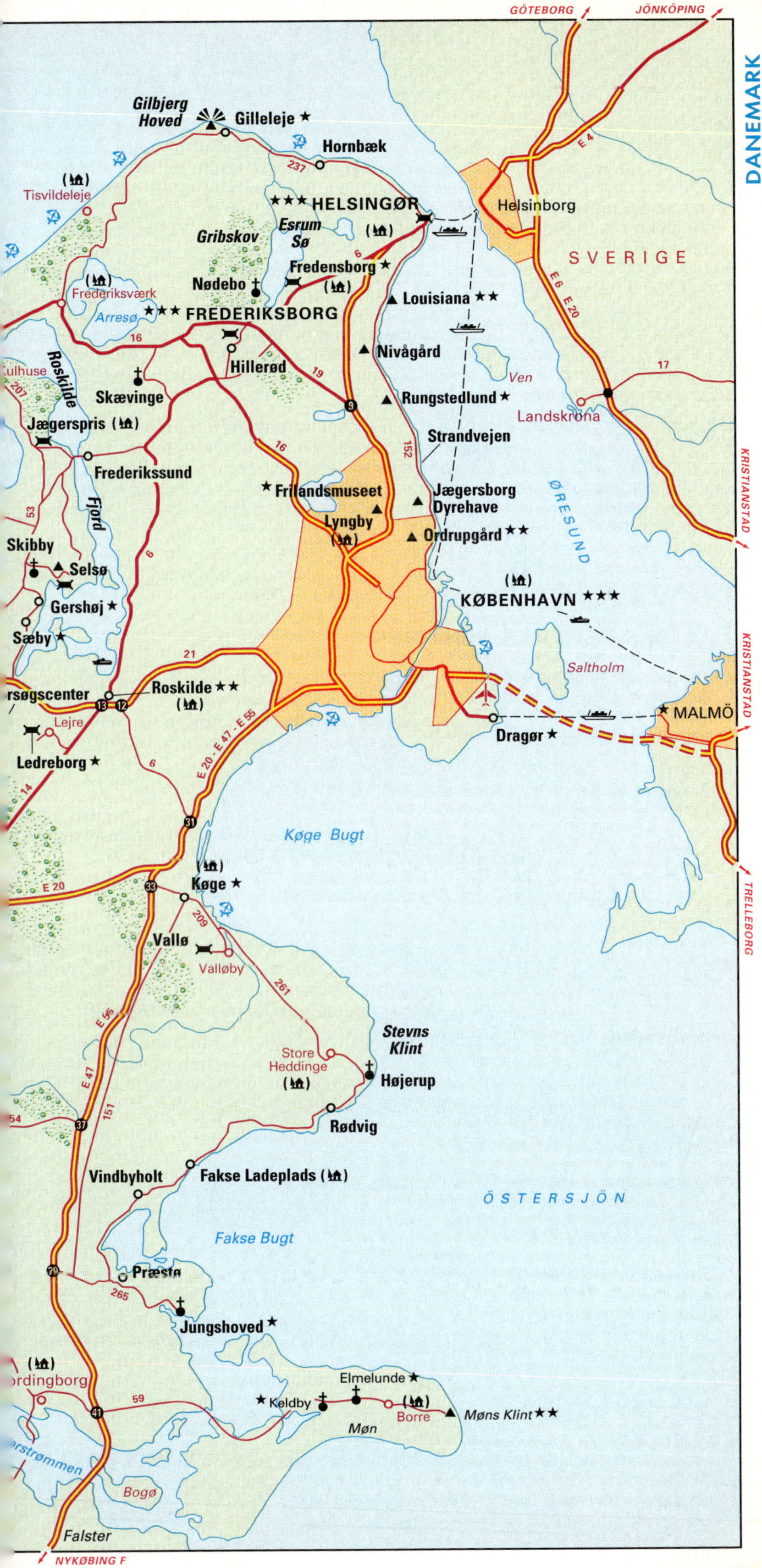
GÖTEBORG
JÖNKÖPING
Gilbjerg Hoved
Gilleleje ★
Hornbæk
237
(🏠)
Tisvildeleje
★★★ HELSINGØR
Helsinborg
E 4
Gribskov
Esrum Sø
(🏠)
SVERIGE
6
Fredensborg ★
(🏠)
Frederiksværk
Nødebo
(🏠)
Louisiana ★★
E 6 E 20
Arresø
★★★ FREDERIKSBORG
16
Roskilde
Hillerød
Nivågård
Kulhuse
19
Ven
17
207
Skævinge
Rungstedlund ★
Landskrona
Jægerspris (🏠)
9
Strandvejen
152
16
KRISTIANSTAD
Frederikssund
★ Frilandsmuseet
Jægersborg Dyrehave
ØRESUND
Fjord
53
Lyngby (🏠)
Ordrupgård ★★
Skibby
Selsø
6
(🏠)
KØBENHAVN ★★★
Gershøj ★
Sæby ★
KRISTIANSTAD
Saltholm
21
Roskilde ★★ (🏠)
forsøgscenter
13
12
Lejre
MALMÖ
Dragør ★
Ledreborg ★
6
E 20 - E 47 - E 55
14
31
Køge Bugt
(🏠)
Køge ★
E 20
33
209
TRELLEBORG
Vallø
Valløby
261
E 55
Stevns Klint
Store Heddinge (🏠)
Højerup
E 47
151
54
37
Rødvig
Vindbyholt
Fakse Ladeplads (🏠)
ÖSTERSJÖN
Fakse Bugt
Præstø
265
Jungshoved ★
(🏠)
Vordingborg
Elmelunde ★
59
★ Keldby
(🏠)
Borre
Møns Klint ★★
41
Møn
Storstrømmen
Bogø
Falster
NYKØBING F

SKAGEN★★

Nordjylland – 11 248 habitants

Carte Michelin n° 985 – O 7 ou Atlas Europe – p. 108 – Schéma : SJÆLLAND

Célèbre dans le monde entier, le nom de Skagen évoque l'histoire étonnante d'un simple village de pêcheurs devenu l'un des lieux de villégiature les plus connus au Danemark depuis qu'un groupe de peintres s'y installa à la fin du 19e s.
A l'extrême pointe septentrionale du Jutland, dans une région de dunes désertiques, de landes et de marais encerclée par la mer, Skagen est l'un des principaux ports de pêche danois, doté d'installations modernes et d'une importante flottille. Communauté prospère au Moyen Âge, il n'était plus au 19e s. qu'une simple bourgade que la progression inéluctable des dunes avait envahie, forçant même sa population de pêcheurs à déplacer le village de la côte Ouest, bordée par le Skagerrak (appelé aujourd'hui Gammel Skagen, le « Vieux Skagen »), sur la côte Est baignée par le Kattegat.
La construction d'une ligne de chemin de fer à la fin du 19e s. lui permit de devenir une station balnéaire réputée pour ses belles plages et ses rues commerçantes animées. Mais c'est aussi et avant tout la ville où naquit et se développa le mouvement artistique connu sous le nom d'école de Skagen.

Les peintres de Skagen – Vers 1870, un groupe de peintres découvrit Skagen et fut séduit à la fois par les paysages désertiques battus par les vents et par la lumière, continuellement changeante ; les artistes furent aussi frappés d'admiration par le courage des gens du pays qui, en dépit des difficultés extrêmes, continuaient à défier la nature et restaient dans cet endroit abandonné. Michael et Anna Ancher s'y installèrent à la fin du 19e s. en compagnie de leur ami peintre et poète, Holger Drachmann ; ils attirèrent bientôt auprès d'eux d'autres artistes scandinaves qui leur rendaient visite régulièrement et travaillaient avec eux ; parmi ceux-ci se trouvaient P. S. Krøyer, Christian Krohg, Oscar Björck, Laurits Tuxen et Carl Locher.

LE SKAGEN DES PEINTRES

Le quartier intéressant de la ville longe la mer et se situe entre la rue principale, Skt Laurentiivej, et le port. Il compte de nombreuses rues étroites bordées de vieilles maisons de pêcheurs, parfaitement entretenues et peintes en jaune foncé. L'hôtel Brøndums, dans Anchersvej, où les artistes avaient l'habitude de se rencontrer, a conservé son charme désuet du siècle passé.

★★ **Skagens Museum** ⊙ – Près de l'hôtel, dans Brøndumsvej, l'édifice construit pour abriter le musée fondé par Michael Ancher et ses amis, fut inauguré en 1928, puis agrandi en 1980 et 1989 ; il contient quelque 1 500 toiles, dessins, sculptures et objets qui sont les œuvres de ceux qui travaillèrent à Skagen entre 1830 et 1930. On remarque en particulier les portraits et tableaux peints sur les panneaux muraux de la salle à manger de l'hôtel Brøndums, transférés au musée en 1946.

★ **Michael & Anna Anchers Hus** ⊙ – Non loin du musée, dans Markvej, on peut voir la **maison** dans laquelle le couple vécut à partir de 1884. Après la mort de leur fille Helga, peintre elle aussi, en 1964, la maison fut soigneusement restaurée afin de recréer l'atmosphère unique empreinte de créativité artistique qui y régnait ; elle contient leur mobilier, des livres, des chevalets, des toiles et, bien sûr, de nombreux tableaux.

Drachmanns Hus ⊙ – La **maison** que le poète et peintre acheta en 1902 et dans laquelle il passa les six dernières années de sa vie reçut le nom significatif de Villa Pax. Située dans Hans Baghs Vej, de l'autre côté du centre-ville, elle contient de nombreux tableaux de Drachmann et de ses amis.

AUTRES CURIOSITÉS

Skagen Fortidsminder ⊙ – Ce **musée de plein air** illustre la vie à Skagen au 19e s. ; on peut y voir la maison d'un pêcheur modeste et celle d'un riche pêcheur côte à côte, ainsi qu'une section sur les naufrages et la pêche, et un canot de sauvetage.

Skt Laurentii Kirke ⊙ – Dédiée à saint Laurent, saint patron des marins, cette église du 14e s. fut ensevelie par les dunes à la fin du 18e s. et fermée par décret royal en 1795. En 1810, la nef fut enlevée et aujourd'hui seule la tour est visible au-dessus du sable. On peut l'atteindre en suivant Gammel Kirkestræde, au Sud du centre-ville.

EXCURSIONS

Grenen – *3 km au Nord-Est.*
La route 40 continue au-delà de Skagen jusqu'à Grenen, point le plus septentrional du Danemark ; du parking qui se trouve à côté des dunes où est enterré Holger Drachmann, on peut aller à pied à l'extrémité même de la presqu'île qui sépare le Skagerrak du Kattegat et semble disparaître dans les flots. A cet endroit, les courants sont très forts, et il est strictement interdit de se baigner.

★ **Rådbjerg Mile** – *10 km au Sud-Ouest.*
Aux alentours de Skagen, les dunes constituent un environnement particulièrement vulnérable puisque leur végétation est fragile et le sable ne cesse d'avancer, en dépit des plantations mises en place pour contrôler ce processus. Ainsi, la grande **dune blanche de Rådbjerg**, haute de 41 m, formée au cours des siècles, continue-t-elle à se déplacer vers l'Est.

Ørnereservat ⓥ – *15 km au Sud-Ouest.*
A mi-chemin entre Ålbæk et Tver-sted, la **réserve naturelle de Tuen** unique en son genre abrite notamment des **aigles royaux** que l'on peut observer chassant en toute liberté. Une présentation photographique illustre les divers aspects de la vie des aigles.

SORØ

Vestsjælland – 6 454 habitants

Carte Michelin n° 985 – Q 8 ou Atlas Europe – p. 108 – Schéma : SJÆLLAND

De nos jours, Sorø est une petite agglomération rurale paisible occupant un site pittoresque entre deux lacs cernés de forêts, mais au Moyen Âge c'était un important centre religieux et culturel. Un monastère cistercien y fut fondé en 1160, très probablement par l'évêque Absalon dont la famille, les Hvide, était de la région. Au moment de la Réforme, en 1536, le monastère fut fermé et les bâtiments utilisés par une école jusqu'au jour où Christian IV décida en 1623 de créer une académie pour jeunes aristocrates. Cette institution, connue sous le nom d'**Académie de Sorø**, existe toujours, bien qu'elle ait dû être reconstruite à la suite d'un incendie. Dans le parc ouvert au public, on peut voir la statue de Ludwig Holberg, poète et dramaturge du 18e s. qui fit don à l'Académie de sa fortune et de sa bibliothèque.

Église ⓥ – L'ancienne abbatiale est un édifice roman imposant construit sur le modèle de l'abbaye cistercienne de Fontenay et restauré au 19e s. A l'intérieur on remarque un majestueux Christ en croix du 16e s., œuvre de Claus Berg, et le tombeau de l'évêque Absalon derrière l'autel. L'église eut aussi des rapports étroits avec la famille royale dont plusieurs membres furent enterrés dans diverses parties de l'édifice au cours du 14e s. ; parmi eux citons Oluf, fils de la reine Margrethe Ire. A sa mort en 1412, celle-ci fut tout d'abord enterrée à Sorø comme elle le souhaitait, mais son corps fut plus tard transféré à la cathédrale de Roskilde *(voir à ce nom)*.

EXCURSION

Églises rurales du Sud du Sjælland – *environ 85 km – 1/2 journée.*
La plupart des églises qui font l'objet de ce circuit sont de style roman ou premier gothique, construites en brique avec des tours carrées massives et des gables à redans. Leurs murs blanchis à la chaux et leurs toits de tuiles rouges, que l'on repère de loin, ressortent bien au milieu de leur petit enclos bien entretenu, décoré de parterres fleuris multicolores entourés par de minuscules haies de buis.

Suivre la route 157 vers le Sud, traverser Haldagerlille, puis prendre la route 22 à droite et ensuite tourner à gauche vers Gimlinge.

Églises de Gimlinge et Flakkebjerg – Distantes de 3 km l'une de l'autre, elles possèdent toutes deux des fresques intéressantes des 14e et 15e s. ornées à Flakkebjerg de motifs floraux et géométriques.

Suivre la route secondaire qui conduit à Ørslev.

★ **Église d'Ørslev** – Sa taille imposante est rare pour une église rurale ; elle contient des fresques intéressantes illustrant la vie rurale au Moyen Âge et mettant en scène par exemple un bal villageois animé.

Prendre la direction de l'Est jusqu'à Bisserup, puis bifurquer vers le Nord-Est ; traverser Fuglebjerg et longer la rive méridionale du lac Tystrup pour rejoindre la route 239 ; tourner à gauche puis encore à gauche vers Vester Broby.

★ **Église de Vester Broby** ⓥ – Cette petite église recèle diverses fresques du 12e et du 14e s. Peintes dans un style naïf, elles sont très expressives ; noter en particulier Adam et Ève mangeant le fruit défendu et Caïn poignardant Abel.

Rejoindre la route 239, tourner à gauche puis à droite vers Alsted et enfin à gauche vers Fjenneslev.

★ **Église de Fjenneslev** ⓥ – Les deux tours de cette église romane construite en 1130 par Asser Rig, père d'Absalon, furent ajoutées à la fin du 12e s. Les fresques datent aussi de cette époque ; l'une d'entre elles dépeint, dit-on, Absalon et sa femme.

Suivre la direction de Sorø, puis tourner à droite vers Bjernede.

Église de Bjernede ⓥ – C'est la seule église ronde du Sjælland ; construite pendant la seconde moitié du 12e s. et soigneusement restaurée, c'est aujourd'hui la mieux conservée des églises rondes au Danemark. A l'intérieur, la voûte repose sur quatre énormes piliers circulaires.

SVENDBORG

Fyn – 26 525 habitants

Carte Michelin n° 985 – Q 7 ou Atlas Europe – p. 108

Situé sur les bords du détroit qui sépare Tåsinge de la Fionie, Svendborg est un centre industriel et commercial important et la deuxième ville de Fionie.
C'était au Moyen Âge un bourg prospère dont la vocation maritime, reposant sur un commerce régulier avec les ports de la Baltique et de la Ligue hanséatique, était déjà bien établie. Aujourd'hui, les activités maritimes de Svendborg se résument essentiellement en un service de ferries d'importance primordiale avec Ærø et d'autres îles de l'archipel proche de la côte méridionale de la Fionie. Le centre de la ville est toujours aussi animé les jours de marché (mercredi et samedi) qui offrent aux visiteurs, assis confortablement à la terrasse d'un café, l'occasion d'assister au spectacle de la rue.

VIEILLE VILLE

Le vieux quartier de la ville comprend Torvet, la place du marché, et les rues pavées avoisinantes, d'où l'on peut, à l'occasion, apercevoir une charmante cour intérieure.

Vor Frue Kirke ⓥ – Essentiellement gothique, l'**église Notre-Dame** domine la place du marché et son carillon de 27 cloches sonne quatre fois par jour.

Anne Hvides Gård ⓥ – Située presque en face de l'église, dans Fruestræde, la plus ancienne maison de Svendborg est un imposant édifice à colombages datant de 1560 qui abrite aujourd'hui une partie du musée local, le reste, c'est-à-dire le produit des fouilles archéologiques de la région, étant logé dans l'ancien asile de la ville, **Viebæltegård** ⓥ, dans Grubbemøllevej, qui a conservé son intérieur d'origine.

Skt Nicolai Kirke ⓥ – L'**église St-Nicolas**, du 13e s., est la plus vieille de Svendborg ; située au carrefour de Gerritsgade et Skt Nicolai Gade, au Sud de la place du marché, elle fut soigneusement restaurée à la fin du 19e s. et dotée d'un retable exécuté par Joachim Skovgaard.
La ville est ornée de plusieurs statues sculptées par **Kai Nielsen** (1882-1924), originaire de Svendborg. L'une d'elles se dresse à proximité de l'église.
Le plus récent des musées de Svendborg, le Musée des jouets, **Legetøjsmuseet** ⓥ, se trouve aussi près de l'église, dans Skt Nicolai Gade.

SÆBY

Nordjylland – 8 424 habitants

Carte Michelin n° 985 – O 7 ou Atlas Europe – p. 108

La petite ville côtière de Sæby s'étend au bord du Kattegat, à 12 km au Sud de Frederikshavn. Elle a conservé de nombreux exemples d'architecture urbaine, dont quelques édifices publics du 18e s. le long de la rue principale, Algade, et des alignements de maisons basses peintes de couleurs vives.

★ÉGLISE ⓥ

Elle faisait partie du couvent carmélite dédié à la Vierge Marie et fondé à la fin du 15e s. sur un site où existait déjà une église qui fut ensuite agrandie. Le monastère fut fermé lors de la Réforme en 1536, et les bâtiments démolis un à un.
L'église contient un intéressant mobilier du 16e s et quelques **fresques de la fin du Moyen Âge**, d'une rare beauté, qui furent recouvertes d'une couche de peinture blanche à la Réforme et redécouvertes en 1905 seulement. Les plus anciennes, datant du 15e s., ornent le côté gauche de la nef, partie subsistante de l'église primitive. Les autres, qui recouvrent une partie de la voûte, furent exécutées après l'agrandissement de l'église. Elles sont très expressives et les couleurs sont chaudes, avec une prédominance des ocres aux nuances subtiles. Des motifs floraux et géométriques compliqués séparent les différentes scènes. On distingue deux ensembles : le premier illustre la légende de **Joachim et d'Anne**, parents de Marie, qui eurent la révélation de la naissance imminente de leur fille. L'autre met en scène le **Jugement Dernier** avec quelques interprétations réalistes, dont des tombes ouvertes, une représentation en partie effacée de l'Enfer où l'on note, parmi les couvre-chefs portés par les damnés, une tiare pontificale et une mitre d'évêque ! A un autre endroit, le diable arrache l'âme d'un mourant, tandis que sa femme se laisse consoler par son amant.
Le magnifique **retable**, très probablement réalisé à Anvers aux alentours de 1520, comporte un panneau central sculpté représentant la Vierge et l'Enfant entourés d'anges adorateurs et plusieurs panneaux latéraux illustrant l'Adoration de Jésus par les bergers et les Rois mages.
On remarque une très belle **chaire** Renaissance surmontée d'un baldaquin en bois peint, une vingtaine de stalles d'origine dont certaines ont conservé leurs miséricordes et, dans le transept, une splendide **sculpture sur bois** de la Vierge à l'Enfant, de style gothique tardif, probablement réalisée dans l'atelier de Claus Berg.

SØNDERBORG

Sønderjylland – 25 551 habitants

Carte Michelin n° 985 – R 6 ou Atlas Europe – p. 108

Sønderborg est une ville industrielle moderne établie sur l'île d'Als, le long du détroit qui sépare Als de la côte Est du Jutland méridional et que franchit le pont Christian X. Il ne subsiste aujourd'hui de la vieille ville, aux abords du pont, que quelques rues bordées de minuscules maisons peintes et couvertes de tuiles rouges, ainsi qu'un massif château dominant l'entrée du détroit.

★ SØNDERBORG SLOT ⓥ

Le premier **château** fut probablement construit vers 1170 par le roi Valdemar le Grand afin de défendre la côte contre les attaques des Wendes. Il fut agrandi plusieurs fois et dès 1500 avait l'allure d'une forteresse imposante. Le roi Christian II, après avoir été destitué par la noblesse, y fut retenu de 1532 à 1549. Durant la seconde moitié du 16e s., il fut reconstruit dans le style Renaissance mais les guerres et la négligence le ruinèrent. Au début du 18e s., il fut reconstruit à nouveau dans le style baroque. En 1921, à nouveau délabré, il fut restauré et aménagé en musée.

Visite – Le Musée historique a une signification particulière, car une section importante y est consacrée à la guerre de 1864 contre la Prusse, qui se termina pour les Danois par la perte du Jutland méridional dont l'occupation dura jusqu'à la fin de la Première Guerre mondiale.
Les collections sont réparties sur trois étages. La **chapelle Renaissance de la reine Dorothée**, au rez-de-chaussée, retient particulièrement l'attention par son triptyque réalisé par Franz Floris d'Anvers et ses fonts baptismaux en marbre et albâtre, œuvre d'un autre artiste hollandais, Cornelis Floris. La **grande salle de bal** occupe tout le second étage de l'aile Nord, étage où l'on trouve également le chemin de ronde et les mâchicoulis médiévaux.

EXCURSION

Circuit dans le Broager Land – *25 km – 2 h 30. On peut réduire cette excursion en éliminant la promenade le long du fjord.*

Traverser le détroit et suivre Dybbølgade sur 3 km environ.

Dybbøl Mølle ⓥ – Le **moulin de Dybbøl** se dresse sur un site qui, en 1848 et 1864, fut témoin de batailles meurtrières entre les troupes danoises et prussiennes ; aussi est-il tout naturellement devenu un symbole de la nation danoise et le **Dybbøl Banke Historiecenter** ⓥ est un centre historique récemment inauguré sur les lieux, afin de fournir un documentation complète sur les batailles des deux guerres et la réunification en 1920.

Continuer sur la route 481, puis prendre à gauche la route 8.

Église de Broager – Campée sur une haute colline et flanquée de deux tours aux clochers élancés, elle est visible de loin. La majeure partie de l'édifice est de style roman et du premier gothique, tandis que les tours ont été ajoutées plus tard. Les fresques du 13e et du 16e s. ne furent découvertes qu'en 1923. L'abside abrite un splendide Christ en majesté datant de 1250 environ et le transept Nord des scènes de la légende de saint Georges datant du 16e s. Le retable, richement décoré, date du 18e s.

Continuer sur la route 8 et tourner à gauche à Alnor.

Flensborg Fjord – Une route pittoresque longe la rive Nord du fjord, offrant de belles vues de la vaste étendue d'eau dont le bleu aux reflets argentés contraste avec le sombre manteau boisé qui recouvre les rives du fjord.

Pour choisir un lieu de séjour à votre convenance, consultez la carte thématique au début de ce guide.
Elle distingue :
- *les centres d'excursions,*
- *les stations balnéaires, les stations thermales et les stations de montagne,*
- *les principaux festivals et les parcs nationaux.*

TRELLEBORG★

Vestsjælland

Carte Michelin n° 985 – Q 8 ou Atlas Europe – p. 108 – Schéma : SJÆLLAND

Le paysage a complètement changé depuis l'édification de cette forteresse viking vers 980 et il est difficile aujourd'hui d'en comprendre l'intérêt stratégique. Il y a mille ans, elle se dressait au milieu de terres marécageuses, à 4 km de la côte, près du confluent de deux rivières se jetant dans le Storebælt. Le fait que l'emplacement choisi apparaisse idéal pour la construction d'un ouvrage défensif laisse à penser que des forteresses comme Trelleborg ou Fyrkat *(voir à ce nom)* n'étaient peut-être pas destinées à servir de garnison aux guerriers s'entraînant pour des incursions dans des pays lointains. Il semble néanmoins certain que la dimension de ces ouvrages était telle que seul le roi pouvait réunir les matériaux et les énormes ressources humaines nécessaires pour mener à bien pareille entreprise. Les hypothèses avancées aujourd'hui semblent indiquer que ces forteresses avaient pour objectif de renforcer le pouvoir royal en cette époque où Harald à la Dent Bleue prétendait avoir « conquis tout le Danemark et la Norvège » *(voir à Jelling)*.

VISITE

S'étendant sur environ 7 ha, le fort s'ordonnait autour d'une aire centrale circulaire entourée d'un rempart en terre et divisée en quadrants par deux « rues » perpendiculaires conduisant à quatre portes orientées chacune vers un point cardinal. A l'intérieur de chaque quadrant se dressaient quatre bâtiments allongés, disposés en carré. Un large fossé protégeait le rempart à l'Est, qui ne bénéficiait pas de la protection naturelle du marécage. Au-delà du rempart, se trouvait une autre rangée de bâtiments qui en épousait la courbe. Cet espace extérieur comprenait un cimetière et était lui-même protégé par un remblai de terre et un fossé. Les maisons étaient toutes construites selon un modèle unique, entièrement en chêne, y compris le toit. Une reconstitution in situ, moins conforme cependant que celle réalisée à Fyrkat car moins récente, donne une excellente idée de leur aspect général, hormis un détail : les poteaux extérieurs s'appuyaient normalement contre les murs pour les soutenir comme des contreforts et n'étaient pas destinés à former un auvent.

TØNDER★

Sønderjylland – 8 019 habitants

Carte Michelin n° 985 – R 5 ou Atlas Europe – p. 108

A proximité de la frontière allemande, sur les bords de la Vidå, Tønder est un vieux bourg charmant à l'ambiance méridionale très vivante. Pour aussi étonnant que cela puisse paraître aujourd'hui, c'était au Moyen Âge le siège d'un marché actif et son important port de commerce était spécialisé dans l'exportation de bétail et de chevaux. Malheureusement, à plusieurs reprises victime d'inondations en raison de son environnement de terres basses, Tønder fut au 16e s. ceinturée de digues qui la privèrent de son port. Elle retrouva cependant une certaine prospérité avec le développement de l'industrie de la dentelle qui, au début du 18e s., employait près de 12 000 artisans travaillant chez eux.

VIEILLE VILLE

La plupart des vieilles maisons que l'on peut encore voir dans la ville, datent de cette période de prospérité. La rue principale, qui porte successivement les noms de **Østergade, Storegade** et **Vestergade**, est bordée de maisons bourgeoises des 17e et 18e s., aux portails richement décorés (remarquer notamment la résidence de l'intendant des digues, dans Vestergade, et la pharmacie, dans Østergade), tandis que, le long des rues moins importantes telles que **Uldgade** et **Spikergade**, on peut voir de plus modestes habitations avec leurs traditionnelles fenêtres en saillie qui, au 17e s., appartenaient à des artisans.

L'**église du Christ** ⓥ, richement décorée, témoigne aussi de la prospérité de Tønder aux 17e et 18e s. Elle fut construite à la fin du 16e s. pour remplacer l'église St-Nicolas qui était devenue trop petite. Toutefois, la tour fut sauvée ainsi que les fonts baptismaux de 1350 et la chaire de 1586. La splendide galerie du jubé date de 1625 et le retable de 1695.

Une vieille porte monumentale, dernier vestige du château, abrite le **musée** ⓥ ; agrandi en 1920, celui-ci contient une large collection de faïences et de carreaux hollandais en céramique, et une collection non moins importante de dentelles et d'argenterie. Logé dans le même édifice, le **musée des Beaux-Arts du Jutland méridional** ⓥ présente divers aspects de l'art danois, y compris la peinture surréaliste et l'art contemporain.

EXCURSIONS

Møgeltønder et Højer – *12 km à l'Ouest – 1 h 30.*

Møgeltønder – Charmant village d'autrefois à 5 km à l'Ouest de Tønder, on le dirait presque sorti d'un conte de fées. A l'une des extrêmités de Slotsgade, longue rue principale pavée et bordée de maisons basses à pignons, parfois couvertes de chaume, et frangée d'une double rangée de tilleuls régulièrement espacés, se dresse l'église du 12e s. On peut y voir d'intéressantes fresques dont les plus anciennes se trouvent dans le chœur (1550) et sur l'arche du chœur (1275). Un beau retable de 1500 environ, des fonts baptismaux romans, une chaire baroque et un orgue fait à Hambourg en 1679 ajoutent à l'intérêt de cette église.
Slotsgade conduit au château, datant de la fin du 17e s. et toujours habité par la même famille.

Højer – Ce pittoresque village est implanté sur un banc de sable surélevé, dans une zone protégée des inondations par des digues et des écluses. Le moulin à vent restauré, connu sous le nom de **Højer Mølle** ⓥ, a été transformé en musée consacré au système de contrôle des inondations.

Løgumkloster – *17 km au Nord – 2 h.*
Ce petit bourg est célèbre pour son monastère cistercien fondé en 1173, dont ne subsistent que le **chapitre** et le **dortoir**, restaurés. L'**abbatiale**★ en brique rouge fut construite au début du 13e s. dans un style transitoire qui mariait le roman et le gothique. Les proportions de l'intérieur sont admirables et l'absence de décorations le font paraître encore plus spacieux. Il y a des traces de fresques dans la nef, un reliquaire du 14e s. et d'élégantes stalles datant d'environ 1500.

TÅSINGE

Fyn

Carte Michelin n° 985 – R 7 ou Atlas Europe – p. 108

Enserrée entre la côte méridionale de la Fionie et Langeland, auxquelles la relient des ponts, Tåsinge n'est plus vraiment une île. Le flot de voitures joignant Lolland et Odense la traverse sans s'arrêter alors qu'un détour vers la côte Est permettrait de visiter **Troense**, l'un des plus pittoresques villages du Danemark, avec ses jolies petites maisons à colombages peintes en blanc, ses haies basses, ses barrières blanches et son minuscule port blotti au creux d'une anse paisible.
Près du village, dans un site boisé au bord d'un grand étang, se dresse **Valdemars Slot**★ ⓥ, imposant **château** de style baroque. Construit entre 1639 et 1644 par Christian IV pour son fils Valdemar, il fut offert ensuite au héros national **Niels Juel** qui le remania dans le style baroque à la fin du 17e s. Ses descendants en sont toujours propriétaires et l'ont en partie ouvert au public. Les salles sont meublées comme si elles étaient utilisées, que ce soit la Grande Salle ou les pièces des domestiques, ce qui recrée l'atmosphère authentique d'une résidence cossue.
Du haut de la tour de l'église du village de **Bregninge**, sur la route 9, on a une vue étonnante de tout l'archipel enserrant le Sud de la Fionie.

VIBORG

Viborg – 29 867 habitants

Carte Michelin n° 985 – P 6 ou Atlas Europe – p. 108

Située au cœur d'une région vallonnée agrémentée de lacs et de forêts, cette paisible ville provinciale est l'une des plus anciennes cités danoises.

Ancienne capitale du Jutland – Il est fort probable que Viborg fut un lieu de culte païen avant de devenir un des plus importants diocèses du Danemark, doté d'une magnifique cathédrale. Durant tout le Moyen Âge, il était de coutume que le nouveau roi fût nommé à Viborg ; c'est pourquoi s'y maintint jusqu'au milieu du 17e s. une cérémonie au cours de laquelle le nouveau roi recevait l'hommage de ses sujets. La ville prospérait alors grâce au très lucratif commerce du bétail : elle était un centre important d'exportation, établi à la tête de ce que l'on appelle toujours « l'ancienne route du bétail » qui menait au Schleswig en traversant le centre du Jutland. Le célèbre Hans Tausen *(voir à ce nom)*, artisan de la Réforme au Danemark, y prêcha sa nouvelle doctrine et initia le mouvement qui aboutit à l'adoption de la religion évangélique comme religion d'État en 1536. Plusieurs incendies, dont le plus dévastateur fut celui de 1726, détruisirent la plus grande partie de la ville, tandis que la concentration progressive des pouvoirs à Copenhague accélérait le déclin de la ville. L'inauguration du chemin de fer favorisa le retour d'une certaine prospérité au 19e s. et, depuis, Viborg est devenue une ville industrielle et commerciale moderne et un centre administratif régional. Hormis quelques vieilles maisons dans les rues avoisinant la cathédrale, la ville ne recèle presque plus d'anciens monuments.

CURIOSITÉS

Cathédrale – Du vaste sanctuaire roman du 12e s. il ne reste que la crypte, d'un imposant volume, construite en 1130 et comprenant trois nefs reposant sur d'énormes piliers. L'actuelle cathédrale en granit rose fut achevée en 1876, et son style néo-roman tente d'être aussi fidèle que possible à l'édifice original. Son ornement le plus remarquable est l'ensemble de **fresques** peintes par **Joachim Skovgaard** au début du 20e s. et représentant des scènes de la Bible.

Skovgaard Museet ⊙ – *Domkirkestræde.* Il abrite une collection de toiles de Joachim Skovgaard et de divers membres de sa famille.

Søndre Sogn Kirke ⊙ – Au Sud de la cathédrale, l'**église de la paroisse Sud**, ancienne chapelle d'un monastère dominicain, est aujourd'hui la plus vieille église de Viborg. Entièrement remaniée en 1728 à la suite d'un incendie, seuls le chœur et la nef subsistent de l'ancien édifice. Elle contient un retable hollandais très ouvragé datant du 16e s.

EXCURSIONS

Hald Sø – *Circuit de 25 km – 1 h – Emprunter la route 13 vers le Sud sur 3 km, puis tourner à droite sur une route secondaire.*
Cette route pittoresque traverse une belle région boisée et longe la rive occidentale du lac Hald (Hald Sø), dominé par le manoir de Hald Hovedgård.

La route continue vers le Sud et rejoint la route 13. Prendre à gauche pour retourner à Viborg.

Danmarks Cykelmuseum ⊙ – *30 km au Nord, à Ålestrup.*
A l'Ouest de la route 13, le **Musée danois de la bicyclette** illustre l'histoire de la bicyclette, du vélocipède aux modèles les plus récents.

Mariager Fjord – *45 km jusqu'à Mariager.*
Ce fjord étroit pénètre à l'intérieur des terres jusqu'à la ville de Hobro, proche de la forteresse viking de Fyrkat *(voir à ce nom).*

Il est possible d'explorer les deux rives du fjord en prenant la route 555 qui longe la rive Sud, puis en traversant au pont de Hadsund et en suivant la route 541 le long de la rive Nord.

Particulièrement pittoresque entre la vieille ville de Mariager et Hadsund, le parcours présente une grande variété de paysages, où s'harmonisent le manteau forestier descendant jusqu'aux rives du fjord, les grasses prairies et les cours d'eau sinueux. Tout au long du fjord alternent mouillages bien abrités et petits villages de pêcheurs comme Stinesminde.
Mariager a conservé son cachet ancien qui donne un attrait tout particulier à une promenade le long des rues pavées bordées de superbes vieilles maisons telles que Købmandsgården, dans Kirkegade, transformée en musée municipal, et Postgården, auberge du 18e s. convertie en hôtel.

VOERGÅRD SLOT★★

Nordjylland

Carte Michelin n° 985 – O 7 ou Atlas Europe – p. 108

Entouré de larges douves et d'un grand parc boisé, le **château de Voergård**, élégant monument Renaissance, se dresse dans un lieu retiré au cœur d'une région agricole du Jutland du Nord, entre Ålborg et Sæby. Construit à la fin du 16e s. sur un site déjà occupé par un édifice de pierre qui fut incorporé à l'aile Nord, il changea souvent de propriétaire et fut restauré au 20e s. par le dernier, le comte Oberbech-Clausen, qui avait épousé la fille du célèbre chirurgien français Jules Péan, veuve du comte Chenu-Lafitte. A la mort de sa femme, il fit transférer à Voergård, où elle est maintenant exposée, l'importante collection d'œuvres d'art qu'elle lui avait léguée, et il instaura une fondation pour l'entretien du domaine en exprimant le vœu que le château soit ouvert au public après sa mort.

Visite ⊙ – L'aile orientale du château apparaît dans toute sa splendeur au fond d'une avenue rectiligne, prolongée par un pont de pierre franchissant les douves. L'édifice de brique rouge est agrémenté de décorations en grès et d'un portail superbe, don du roi Frédéric II en 1588 mais, à l'origine, probablement destiné au château de Frederiksborg *(voir à ce nom).* Le château contient une magnifique collection de toiles de maîtres tels que Goya, Rubens, Fragonard et Watteau, du mobilier ancien, de la porcelaine et des objets d'art, essentiellement français et chinois, dont certains présentent un intérêt historique ; c'est le cas notamment d'un service en porcelaine qui fut utilisé par Louis XVI et Marie-Antoinette pendant leur emprisonnement au Temple, ainsi que d'un service exécuté spécialement pour Napoléon Ier durant la période des Cent-Jours en 1815.

ÅLBORG★

Nordjylland – 114 970 habitants

Carte Michelin n° 985 – O 6 ou Atlas Europe – p. 108

Quatrième ville danoise par sa population, Ålborg est le principal pôle économique et culturel du Jutland du Nord, une capitale régionale dynamique encourageant l'esprit d'entreprise et orientée vers l'avenir comme en témoignent ses hôtels et son splendide musée d'art moderne. Admirablement située à l'endroit le plus étroit du Limfjord, Ålborg était déjà au 11ᵉ s. un port viking florissant qui possédait une flottille de pêche et commerçait régulièrement avec la Norvège. Le Moyen Âge vit s'accroître la prospérité de la ville, qui connut ensuite aux 16ᵉ et 17ᵉ s. des périodes de récession dues aux incendies et aux guerres. Au 19ᵉ s., l'industrialisation et l'avènement du chemin de fer rétablirent la situation économique et le port fut modernisé. Ålborg possède des industries solidement implantées dans les domaines de la construction navale, du ciment et du matériel roulant, et a établi une part de son renom sur l'aquavit d'Ålborg, l'« autre » boisson nationale.

Les deux boissons nationales danoises

Ålborg doit une part considérable de sa renommée internationale à l'**aquavit**, eau-de-vie dont la production était entièrement assurée jadis par une seule société d'État. Élaboré par distillation à partir soit de grains de seigle, soit de pomme de terre, le produit, caractérisé par une certaine rudesse, est ensuite parfumé par macération de graines ou fleurs, de provenance diverse, chaque distillateur cherchant ainsi à personnaliser son produit : cumin, épices, fleurs de sureau, fenouil, baies de genièvre...
Si les Danois sont réputés pour consommer d'importantes quantités d'aquavit, ils sont d'abord grands consommateurs de **bière** (les seconds au monde). Leur goût pour cette boisson n'est probablement pas étranger à l'art qu'ils apportent à sa fabrication, art qui lui-même a permis au produit d'acquérir son renom de qualité. Si les brasseries **Carlsberg** et **Tuborg** sont sans aucun doute les plus connues mondialement, Thisted, Wiibroe, Albani et Ceres produisent des breuvages fort appréciés au Danemark.

CENTRE-VILLE

Lauréate du concours *Ville d'Europe la plus propre*, Ålborg s'ordonne autour d'un centre compact constitué d'un réseau de rues piétonnes environnées d'espaces verts et ceinturé d'un large boulevard circulaire.

Budolfi Domkirke (**BY**) ⊙ – La **cathédrale** dédiée à Botulfe, saint d'origine anglaise, fut construite vers 1400, mais on a retrouvé les traces d'un édifice antérieur, datant de 1100 environ. La massive tour carrée est surmontée d'une flèche baroque ajoutée en 1779. Le carillon sonne toutes les heures de 9 h à 22 h. Le porche est orné de belles fresques de la fin du Moyen Âge, tandis que le retable et la chaire datent de la fin du 17ᵉ s. Le reste du mobilier est du 18ᵉ s.

Ålborgs Historiske Museum (**BY M¹**) ⊙ – Près de la cathédrale, le **Musée historique** abrite une collection d'objets de l'âge de la pierre et de différentes périodes ayant marqué l'histoire de la ville. D'un intérêt tout particulier, la « salle d'Ålborg » expose un intérieur Renaissance de 1602, constitué de pièces authentiques.

Helligåndskloster (**BY F**) ⊙ – Fondé en 1431, le **monastère du Saint-Esprit**, derrière le musée, a conservé son rôle d'institution caritative et recueille toujours 26 personnes âgées. L'édifice contient de belles fresques datant d'environ 1500.

Jomfru Ane Gade (**BY 32**) – Cette rue piétonne, située au Nord du monastère et consacrée entièrement à l'amusement, est bordée de cafés, de restaurants et de discothèques, dans un décor qui pourrait être celui d'un film historique, exprimant admirablement bien le sens de la fête à la danoise.

Au bout de la rue, tourner à droite dans Ved Stranden ; le château se dresse face au fjord, de l'autre côté d'Østerågade.

Ålborghus (**BY**) – Construit entre 1539 et 1555, le **château** est un édifice à colombages qui abrite aujourd'hui les services administratifs du département. Toutefois, le public est admis dans la cour, les cachots et les passages souterrains.

Østerågade (**BY 68**) – Sur la droite de cette rue, en tournant le dos au fjord, on peut voir deux splendides maisons bourgeoises du 17ᵉ s. La première, **Jørgen Olufsens Gård** (**S**), au n° 25, à colombages, fut construite en 1616 par Jørgen Olufsen. La seconde, **Jens Bangs Stenhus** (**V**), au n° 9 au coin d'Adelgade, est une imposante résidence de cinq étages construite en 1624, également par un négociant, Jens Bang. Ce magnifique édifice de brique rouge rehaussé de pierres en relief et de pignons travaillés est la plus belle résidence privée de style Renaissance au Danemark.

ÅLBORG

- Algade ... BY 2
- Anders Borks Vej ... AY 3
- Bispensgade ... BY 6
- Borgergade ... BY 7
- Bredegade ... BY 8
- CA Olesens Gade ... AY 12
- Christiansgade ... BZ 13
- CW Obels Plads ... BY 15
- Dag Hammarskjölds Gade ... BZ 16
- Dronning Christines Vej ... AY 20
- Frederikstorv ... BZ 22
- Fyensgade ... BZ 23
- Færøgade ... BZ 24
- Gammeltorv ... BY 26
- Gravensgade ... ABY 27
- Håndværkervej ... BZ 29
- Jernbanegade ... AY 30
- Jomfru Ane Gade ... BY 32
- Møllegade ... BY 36
- Mølleparkvej ... AZ 38
- Niels Ebbesens Gade ... BZ 39
- Nytorv ... BY 42
- Poul Paghs Gade ... AY 48
- Rantzausgade ... BZ 49
- Rømersvej ... AZ 52
- Sankelmarksgade ... ABY 53
- Sjællandsgade ... BZ 56
- Slotsgade ... BY 57
- Steen Blichers Gade ... BZ 58
- Søndergade ... BZ 59
- Valdemarsgade ... AY 62
- Ved Stranden ... BY 63
- Vingårdsgade ... ABY 65
- Østerågade ... BY 68

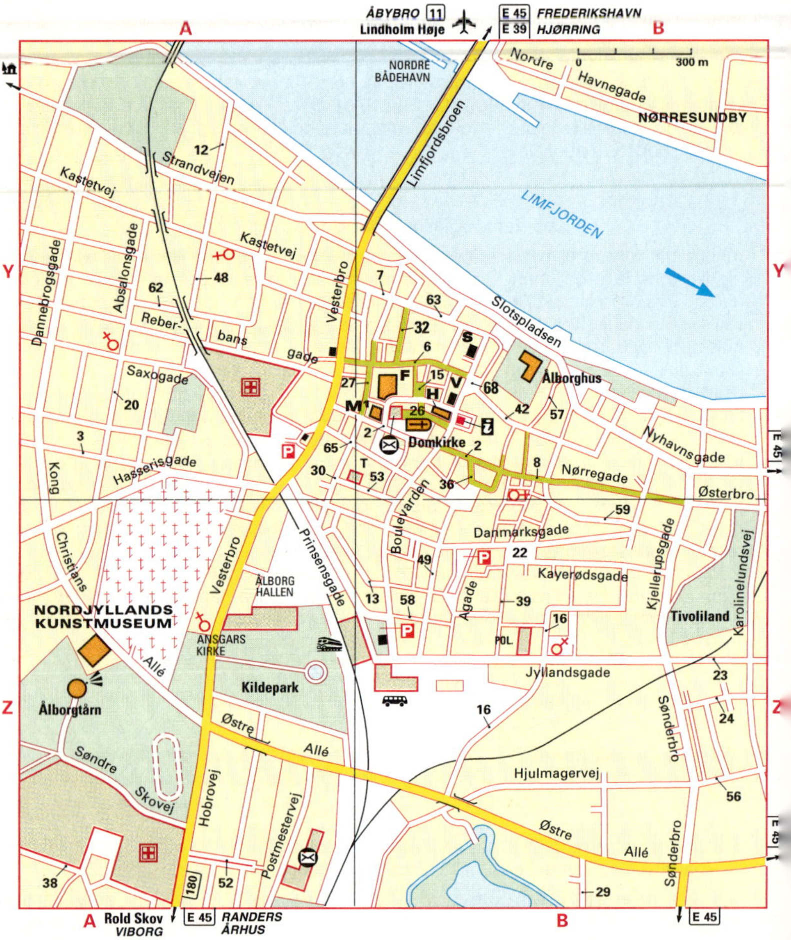

- **F** Helligåndskloster
- **S** Jørgen Olufsens Gård
- **H** Rådhus
- **M¹** Ålborgs Historiske Museum
- **V** Jens Bangs Stenhus

Rådhus (**BY H**) – Un peu en retrait d'Østerågade, l'**hôtel de ville**, élégant édifice de style baroque tardif construit en 1762 et peint en jaune vif, ne peut passer inaperçu ; la devise en latin du roi Frédéric V, *Prudentia et Constantia*, est inscrite au-dessus de la porte.

AUTRES CURIOSITÉS

★★ **Nordjyllands Kunstmuseum** (**AZ**) ⊙ – Le **Musée des Beaux-Arts du Jutland du Nord** est sans aucun doute l'un des plus beaux musées d'art du Danemark. Situé sur une section du boulevard circulaire, et inauguré en 1972, le bel édifice moderne, conçu et réalisé par Elissa et Alvar Aalto ainsi que par Jean-Jacques Baruël, est environné par un parc boisé dont la couleur vert foncé contraste avec le marbre blanc de Carrare revêtant le bâtiment. A l'intérieur, l'impression d'espace a été favorisée par un système de cloisons mobiles et la lumière pénètre librement par le toit. Outre les salles d'exposition et les galeries, sont accessibles une salle de musique de chambre, des salles de lecture, un atelier, une bibliothèque, un café, un parc de sculptures et un amphithéâtre où musique et théâtre sont programmés en été.

Le musée abrite des collections permanentes d'**art danois et étranger du 20e s.**, tableaux, sculptures, céramiques, textiles et collages, avec une majorité d'œuvres danoises. Ces collections proviennent de deux collections privées. Celle d'Anna et Kresten Krestensen, acquise en 1967, comprend des œuvres du modernisme et de membres du groupe Cobra, avec de nombreuses toiles d'Asger Jorn *(voir à ce nom)*, et d'Ejler Bille entre autres ; l'art étranger des années 1940 et 1950 est plus modestement représenté par des œuvres d'Appel, Alechinsky et Poliakoff. La collection de Kirsten et Axel P. Nielsen, offerte au musée en 1986, est consacrée à une période plus tardive du 20e s., aux mouvements surréaliste et néo-dadaïste des années 60 et 70.

Ålborgtårn (**AZ**) ⊙ – Du haut de cette **tour**, qui culmine à 105 m au-dessus du niveau de la mer, on découvre un beau panorama de la ville et du Limfjord.

Kildepark (**AZ**) – A l'Est et à proximité du musée, ce parc, le plus ancien de la ville, accueille de nombreuses statues classiques. Les plus remarquables sont *Les Trois Grâces* de Thorvaldsen *(voir à ce nom)*, et *Bacchus Enfant*, d'Anne Marie Carl Nielsen *(voir à ce nom)*.

Tivoliland (**BZ**) ⊙ – *Karolinelundsvej*. C'est un parc d'amusement, inspiré du Tivoli de Copenhague.

EXCURSIONS

★ **Lindholm Høje** – *3 km au Nord par le pont sur le Limfjord* (**BY**), *à Nørresundby.*
Sur ce site très ancien, au sommet d'une vaste colline, s'étendaient un cimetière et une colonie de la fin de l'âge du fer et de la période viking. L'emplacement des sépultures avait été recouvert d'une couche de sable de plusieurs mètres apportée par les vents, phénomène qui, s'il avait sans doute été à l'origine de l'abandon de la colonie, avait par contre contribué à la conservation du site pendant près de mille ans.
Des fouilles, terminées en 1958, mirent au jour près de 700 tombes, pour la plupart délimitées par des pierres disposées en triangle pour les plus anciennes tombes, en cercle, en ovale ou en forme de bateau pour les plus récentes. Dans leur majorité, les corps avaient été incinérés. On trouva dans les tombes des objets variés, certains datant du 7e s. On découvrit aussi des traces d'habitations, en particulier des foyers, et des trous qui avaient servi à faire la cuisine ou dans lesquels étaient enfoncés des piliers ; au Nord du cimetière on trouva même les traces d'une rue qui avait été pourvue d'un pavage de bois, ce qui indiquerait la présence d'un village important.
Un très intéressant petit **musée** ⊙, arrangé avec goût, permet, grâce au produit des fouilles et à d'astucieuses reconstitutions, d'imaginer avec précision la vie à Lindholm Høje.

C. Boisvieux

Le cimetière viking de Lindholm Høje

Funérailles vikings

De nombreuses tombes ont été découvertes et leur diversité est particulièrement frappante. Les Vikings enterraient ou incinéraient indifféremment leurs morts. Pour les enterrements mêmes, les coutumes variaient : certains étaient enterrés dans des chambres funéraires en bois, d'autres dans des navires, et les tombes enfouies sous un tumulus ou signalées par le contour d'un navire symbolisé par des pierres alignées. La présence dans certains navires-tombeaux d'un choix d'objets ayant appartenu au défunt (des esclaves, des chevaux et des chiens étaient souvent enterrés avec leur maître, à côté d'armes, de bijoux, de vêtements, d'objets en bois sculpté ou en cuir, d'ustensiles de cuisine et de nourriture) donne à penser que, pour les Vikings, la vie continuait probablement après la mort comme elle s'était déroulée sur terre *(voir aussi en Introduction : Les Vikings, au chapitre Histoire).*

Rold Skov – *environ 25 km au Sud par la route E 45* (**AZ**) – *1/2 journée.*
La **forêt de Rold**, parcourue de sentiers et de pistes cyclables, est la plus vaste forêt danoise, avec ses paysages variés de landes, ses grandes étendues où alternent conifères, hêtres splendides et marais. A 3 km à l'Ouest de Skørping, Rebild est un point de départ idéal pour les randonnées en forêt.
En 1912, des Américains d'origine danoise achetèrent les terrains vallonnés entourant le village de Rebild et en firent don à l'État danois, sous réserve de les transformer en parc national et de leur permettre d'y célébrer les fêtes américaines. Depuis, des milliers d'Américains se rendent à Rebild chaque année pour prendre part aux célébrations du 4 juillet et visiter **Lincoln Blokhuset** ⊙, la cabane de Lincoln, qui abrite un petit musée consacré aux émigrants danois qui s'installèrent aux U.S.A.

ÅRHUS★★

Århus – 204 139 habitants
Carte Michelin n° 985 – P 7 ou Atlas Europe – p. 108

L'influence de Copenhague ne s'exerçant que sur l'Est du Danemark, Århus joue le rôle de capitale de l'Ouest dans un pays qui manque d'unité géographique.
Occupant une position idéale sur la côte Est du Jutland central, au fond d'une large baie protégée par la presqu'île de Helgenes, Århus se trouve au cœur d'un réseau de communications terrestres et maritimes entre l'ensemble du Jutland et les deux principales îles danoises, le Sjælland et la Fionie. La ville est ainsi assurée d'un taux de croissance régulier, fondé sur l'électronique, les communications, le design, l'agroalimentaire, et ses activités portuaires en font le second port danois. De plus, Århus semble dotée d'une vitalité culturelle exceptionnelle : elle possède un important institut archéologique relevant de son université, un musée des Beaux-Arts en pleine expansion, un complexe consacré à la musique et un orchestre symphonique renommé. Deux festivals prestigieux, le Festival international de jazz d'Århus, en juillet, et le Festival d'Århus, en septembre, dont le programme comporte diverses rencontres culturelles, s'y déroulent chaque année.

UN PEU D'HISTOIRE

Århus fut à l'origine une importante colonie viking, probablement fondée au début du 10e s. à l'embouchure d'une rivière, son nom dérivant d'åros, qui signifie « estuaire ». Elle se développa rapidement, devint évêché en 948 et la première église épiscopale fut établie en 1060 à l'emplacement de l'actuelle Vor Frue Kirke. Cette prospérité précoce fut confirmée par la construction de la cathédrale, entreprise en 1201. Toutefois, durant le Moyen Âge, guerres et épidémies de peste bubonique freinèrent le développement de la ville, que la Réforme de 1536 ralentit encore. Le commerce retrouva son élan au 17e s. et, au cours du 19e s., le chemin de fer provoqua une forte industrialisation qui, à son tour, entraîna l'augmentation du commerce maritime.

CENTRE-VILLE

Le cœur de la ville se trouve toujours à proximité du port, quartier où l'on a retrouvé des traces de l'ancienne cité viking.

Vikingemuseet (**BZ**) ⊙ – Le **Musée viking** est curieusement installé dans les sous-sols de l'Unibank, face à la cathédrale, car les objets exposés, d'un grand intérêt archéologique, furent découverts par hasard lors de la construction de la banque. Le bâtiment fut spécialement repensé pour abriter la partie de remparts de la cité viking mise au jour avec quelques outils et des vestiges de maisons dont on peut voir une reconstitution.

ÅRHUS

Banegårdspladsen .... BZ 2
Dynkarken .... BZ 3
Fredensgade .... BZ 5
Frederiksgade .... ABZ
Havnegade .... BZ 7
Hjortensgade .... AZ 8
Immervad .... BZ 9
Kannikegade .... BZ 13
Ny Banegårdsgade .... BZ 17
Park Allé .... AZ 18
Rådhuspladsen .... AZ 21
Sankt Clemens Stræde .... BZ 22
Sankt Clemens Torv .... BZ 23
Sankt Olufs Gade .... BZ 25
Skolebakken .... BZ 26
Skolegade .... BZ 27
Skolegyde .... BZ 28
Store Torv .... BZ 30
Søndergade .... BZ
Thomas Jensens Allé .... AZ 32
Østbanetorvet .... BY 33

★★ **Domkirke** (BZ) – La **cathédrale** fut érigée au début du 13e s. dans le style roman et dédiée à saint Clément, mais elle fut entièrement remaniée au cours du 15e s. dans le style gothique flamboyant puis retouchée à l'époque moderne (la flèche du clocher fut reconstruite au début du 20e s.).

Avec ses 93 m, la nef, flanquée de bas-côtés, est la plus longue du Danemark, et la largeur du chœur et du transept, compensant l'effet de longueur sans lui ôter de son ampleur, lui confère des proportions à la fois harmonieuses et élégantes. Les chapelles romanes situées dans les bras du transept sont les seules parties subsistantes de l'édifice d'origine. Dans différentes parties de l'église subsistent des fresques de la fin du 15e s. : celles qui ornent la voûte du transept sont mieux conservées que celles qui apparaissent sur les murs des bas-côtés et sur les piliers.

Le magnifique **triptyque** placé au-dessus du maître-autel fut exécuté en 1479 par Bernt Notke de Lübeck. Les fonts baptismaux en bronze datent de 1481, tandis que la chaire est de la fin du 16e s.

★ **Vor Frue Kirke** (BZ) ⓥ – Une courte distance sépare la cathédrale de l'**église Notre-Dame** que l'on atteint en traversant Store Torv et en suivant Vestegade. Cette ancienne abbatiale d'un monastère dominicain fut construite entre le 13e et le 15e s. Elle renferme des traces de fresques, mais surtout un splendide **retable** de Claus Berg datant d'environ 1520, qui, dans un style extrêmement expressif rappelant les tableaux de Pieter Brueghel l'Ancien, dépeint une scène de la Passion. Lors de travaux de restauration exécutés dans les années 50, on découvrit, sous le chœur, la crypte de la première église romane, construite en 1060. C'est le plus vieil édifice à voûtes de Scandinavie, auquel on accède par un escalier.

Quartier de la cathédrale (BZ) – Au Nord de la cathédrale se trouve le plus ancien quartier de la ville, connu sous le nom de **« Quartier Latin »** : ses rues étroites, ses cafés, ses boutiques originales et ses petites galeries d'art créent une ambiance jeune et vivante. Au Sud, le quartier commerçant est traversé par la principale rue piétonne, **Skt Clemens Torv**, prolongée par Søndergade et connue sous le nom de **Strøget.**

Rådhus (AZ H) ⓥ – Cet **hôtel de ville** moderne, conçu par Arne Jacobsen juste avant la Seconde Guerre mondiale, a un aspect trop visiblement fonctionnel pour être agréable à regarder, malgré le marbre gris de Norvège qui recouvre les murs. Du haut de la tour, le regard embrasse toute la ville.

Musikhuset (AZ) – A l'Ouest de l'hôtel de ville, de l'autre côté de Frederiks Allé, se dresse la **maison de la Musique**, impressionnant ensemble architectural à façade de verre, inauguré en 1982 et entièrement consacré à la musique. La plus grande des deux salles de concerts peut contenir 1 500 personnes. C'est là que se produit l'Orchestre symphonique d'Århus, mais on y donne également des ballets et des opéras.

AUTRES CURIOSITÉS

★★ **Den Gamle By** (AZ) ⓥ – Dans un parc, le long de Viborgvej, dans la périphérie Ouest de la ville, la **« Vieille ville »** est un des plus beaux et des plus pittoresques musées de plein air du Danemark. Malgré son nom, il n'a rien à voir avec les anciens quartiers d'Århus : plusieurs bâtiments anciens provenant de différentes villes et datant des 17e, 18e et 19e s., y ont été remontés avec soin afin de reconstituer une ville d'autrefois. Le musée met en lumière tous les aspects de la vie d'antan en milieu urbain et regroupe, entre autres, des ateliers entièrement équipés, une école, une pharmacie, une boulangerie, un bureau de poste, un bureau de douane et un théâtre du début du 19e s.

Aucun détail n'a été omis pour assurer l'authenticité du cadre de vie ; l'aspect esthétique n'a pas été davantage négligé, et on éprouve un réel plaisir à se promener le long des rues pavées.

La **résidence du maire**, bel édifice à colombage de 1597, provient d'Århus même, et l'on peut y suivre l'évolution de la décoration intérieure à travers les siècles. L'imposant bâtiment des douanes et la tannerie sont bâtis sur pilotis au-dessus de la rivière. Dans le jardin d'un café à l'ancienne, Simonsens Have, un kiosque à musique accueille des concerts en été.

C. Boisvieux

La vieille ville

★ **Kunstmuseum** (BY) ⓥ – Le **Musée des Beaux-Arts** est renommé pour son importante collection d'art danois, depuis le milieu du 18e s. à nos jours. L'âge d'or de la peinture danoise est particulièrement bien représenté et le musée a récemment acquis des œuvres modernes d'artistes danois ainsi que quelques œuvres d'artistes étrangers.

ENVIRONS

★ **Forhistorisk Museum** ⓥ – *A Moesgård, 8 km au Sud par la route côtière.*
A la périphérie de la ville, la Strandvejen est une route côtière traversant la **forêt de Marselisborg** où se trouvent **Marselisborg Slot,** une des résidences d'été de la famille royale, et **Dyrehaven,** parc où cerfs, daims et sangliers vivent en liberté.
Le **Musée de Préhistoire,** logé dans un manoir du 18e s., décrit la période allant de l'âge de la pierre à l'époque viking. On peut y voir le fameux **Homme de Grauballe,** nom donné à un corps humain découvert dans une tourbière près du village de Grauballe, au Nord de Silkeborg. Tout comme l'Homme de Tollund à Silkeborg *(voir à ce nom)*, il fut probablement l'objet d'un sacrifice à quelque divinité païenne.
A l'extérieur du musée, un « sentier préhistorique » conduit à plusieurs reconstitutions d'habitations d'époques différentes, replacées dans un contexte naturel approprié.

EXCURSIONS

Circuit autour de la baie d'Århus – *environ 129 km. Quitter Århus par la route n° 15 au Nord, puis emprunter à gauche la route 563.*

★ **Rosenholm Slot** ⓥ – Cet imposant **château** Renaissance fut construit en 1559 sur une petite île au milieu d'un lac. Un pont gardé par des lions de pierre conduit à l'entrée principale dont l'arche est ornée des armes de **Jørgen Rosenkrantz** et de sa femme, premiers propriétaires du château. Il appartient depuis plus de quatre siècles à cette famille dont les origines, si l'on en croit la légende, remontent au 7e s. et à une touchante histoire d'amour entre une princesse anglaise et un prince danois.
Les nombreuses salles et galeries ouvertes au public sont essentiellement meublées dans le style rococo ou hispano-mauresque ; le cuir décoré à la feuille d'or, qui recouvre les murs de la salle d'Hiver, est remarquablement bien conservé, comme le sont d'ailleurs les tapisseries françaises et flamandes, vieilles de 300 ans, qui ornent les murs de la salle d'angle et de la salle de la Tour. Dans la grande salle, on peut voir un remarquable portrait de Frédéric V par le peintre officiel de la cour C. G. Pilo. Le minuscule pavillon Renaissance qui se dresse non loin du château a été surnommé « première université du Jutland », car c'est là que le second propriétaire de Rosenholm, Holger le Savant (1574-1642), enseignait la théologie, l'histoire et le latin.
Revenir vers Auning, et par Pindstrup et des routes secondaires, gagner Thorsager.

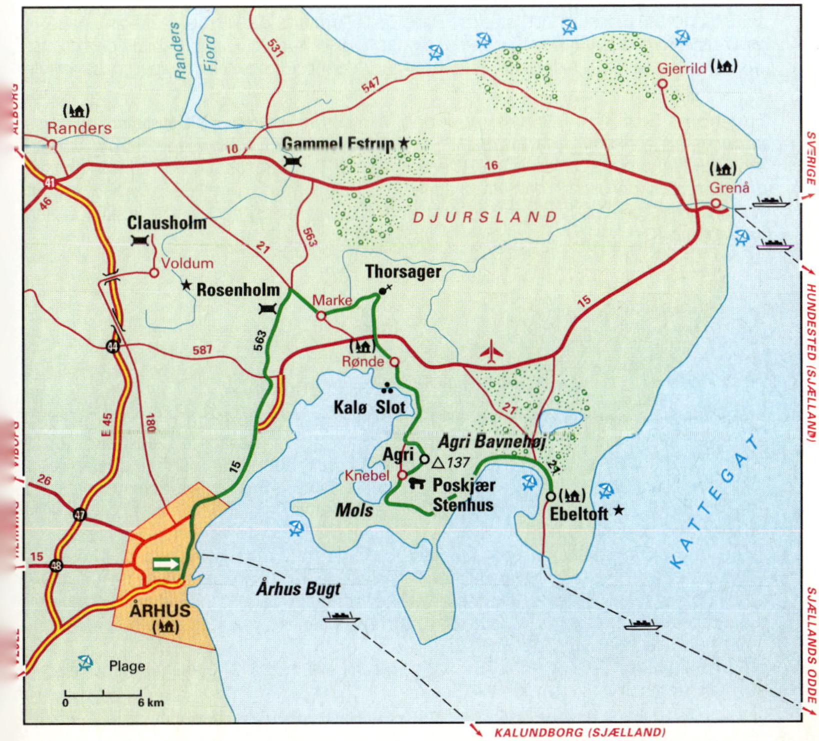

Église de Thorsager ⓥ – Cette **église ronde**, construite au début du 13e s. au sommet d'une colline, est la seule église de ce type au Jutland. L'épaisseur des murs (1 m) laisse à penser qu'elle avait un rôle défensif.

Se diriger vers le Sud jusqu'à Rønde.

Kalø Slot – Le **château de Kalø** fut érigé en 1313 par le roi Erik Menved sur les rives de la baie d'Århus afin de la protéger. Le roi de Suède, Gustave Vasa, y fut retenu prisonnier en 1519. Aujourd'hui, autour du donjon à demi écroulé, la forteresse n'est plus qu'une ruine romantique.

Poursuivre vers le Sud jusqu'à Vrinners, et prendre à gauche après le village vers Agri.

Presqu'île de Mols – Sa partie centrale, connue sous le nom de **Mols Bjerge** (les hauteurs de Mols), est une zone de pittoresques collines séparées par des vallées et des ravins, où alternent landes et forêts. Le point culminant, Agri Bavnehøj, près du village d'Agri, n'atteint que 137 m d'altitude mais offre de splendides panoramas. Le lac d'Agri, qui occupe une dépression formée à la fin de la dernière période glaciaire, est un lac d'accumulation que n'alimente aucun cours d'eau. Entre Agri et Knebel, **Poskjær Stenhus**, une chambre funéraire entourée de 23 énormes rochers disposés en cercle, date, croit-on, de 2 000 ans avant J.-C.

De Knebel, se diriger au Sud-Est vers Viderup et gagner la route côtière en direction d'Ebeltoft.

★ **Ebeltoft** – Cette ville de province traditionnelle, dont le nom poétique rappelle un verger de pommiers, est imprégnée du charme d'une autre époque et une promenade le long de ses rues pavées et tortueuses est un véritable voyage dans le passé. La rue principale, Adelgade, est bordée de belles maisons bourgeoises à colombage et sur la place, Torvet, on peut voir le plus petit hôtel de ville du monde, du moins d'après les habitants. Il sert aujourd'hui de **musée municipal** ⓥ, mais on y célèbre encore des mariages tous les samedis. Encadrant ce curieux édifice, Nedergade et Overgade sont bordées de vieilles maisons dont certaines penchent d'un côté de façon cocasse. Ces rues conduisent à l'église vieille de 700 ans et à l'ancien presbytère qui abrite le Musée de la poupée, **Missers Dukkemuseum** ⓥ. Près du port de ferries, un grand champ d'éoliennes produit assez d'électricité pour alimenter 600 habitations tout au long de l'année.

Revenir à Århus par les routes 21 puis 15.

★ **Gammel Estrup** – *40 km au Nord-Est par les routes 15 et 563.*
L'élégance de ce beau manoir Renaissance, incorporant des parties d'un château du 15e s, est soulignée par la sveltesse des tours octogonales. Il abrite le **Jyllands Herregårds Museum** ⓥ, Musée des manoirs du Jutland, qui contient une importante collection de mobilier comprenant quelques pièces rares et illustrant les différents styles adoptés au cours des siècles. Dans les bâtiments de ferme a été aménagé le **Dansk Landbrugs-museum** ⓥ, Musée danois de l'Agriculture qui, par le biais de reconstitutions de scènes d'extérieur et d'intérieur, donne une excellent aperçu de la vie à la campagne.

Clausholm Slot ⓥ – *30 km au Nord.* L'imposant **château de Clausholm**, de style baroque, fut construit à la fin du 17e s. par le comte Reventlow dont la benjamine, Anne-Sophie, s'enfuit avec le roi Frederic IV qui l'épousa plus tard. L'intérieur est abondamment décoré et dans la chapelle, où des concerts ont lieu en été, on peut voir un orgue de 1601, en parfait état de fonctionnement, sensé être le plus ancien du Danemark.

Une marquise de Maintenon danoise

Anne-Sophie Reventlow naquit en 1693 au château de Clausholm dont son père Conrad avait hérité 7 années plus tôt. C'est lors d'un passage à Clausholm, en juin 1712, que le roi Frédéric IV l'enleva. Bien que déjà marié à **Louise de Mecklembourg-Güstrow**, le roi épousa secrètement Anne-Sophie, lui octroyant par la même occasion le titre de duchesse de Schleswig.
Délaissée, la reine Louise mourut le 15 mars 1721, et le roi officialisa sa liaison le 4 avril suivant en épousant une seconde fois, mais beaucoup plus légalement, la duchesse... Et pour bien affirmer la légitimité de celle-ci en tant qu'épouse, il lui décerna le titre de reine, titre auquel elle ne pouvait cependant prétendre devant les autres cours européennes mais sous lequel on la désigna à la cour de Copenhague.
Après la mort du roi en 1730, Anne-Sophie se retira à Clausholm, où elle devait décéder le 7 janvier 1743.

Une dynastie européenne

En 1448, à la mort sans descendance du roi Christophe Ier, un certain flottement mit provisoirement un terme à l'Union des trois royaumes. Le trône danois fut alors confié à un souverain allemand, Christian VIII, comte d'**Oldenbourg**, tandis que la Norvège et la Suède nommaient un roi commun, Charles VIII Knutsson, noble suédois appartenant à la famille Bonde. Le nouveau roi de Danemark, Christian Ier, parvint cependant à reprendre la couronne norvégienne en 1450 puis celle de Suède en 1457, auxquelles il ajouta la souveraineté du comté de Holstein et du duché de Schleswig. Au cours des siècles, les possessions allemandes de Christian Ier furent, comme de coutume, maintes fois partagées entre différents héritiers mais si la couronne suédoise échappa à ses descendants en 1523 après la révolte de Gustave Vasa, elle leur revint cependant entre 1751 et 1818. Ils se maintinrent par contre sur les trônes danois et norvégien, et, par le jeu d'alliances, occupèrent – ou sont destinés à occuper – plusieurs trônes européens.

- **Christian Ier** (1425-1481), roi de Danemark (1448-1481), roi de Norvège (1450-1481), roi de Suède (1457-1464)
  - **Jean II** (1455-1513), roi de Danemark et Norvège (1481-1513), roi de Suède (1483-1513)
    - **Christian II** (1481-1559), roi de Danemark, Norvège et Suède (1513-1523)
  - **Frédéric Ier** (1471-1533), duc de Schleswig et Holstein (1482-1533), roi de Danemark et Norvège (1523-1533)
    - **Christian III** (1503-1559), roi de Danemark et Norvège (1534-1559)
      - **Frédéric II** (1534-1588), roi de Danemark et Norvège *(ses descendants règnent sur ces deux royaumes jusqu'en 1863)*
      - Jean (1545-1622), duc à Sonderburg
        - Alexandre (1573-1627), duc à Sonderburg
          - Auguste Philippe (1612-1675), duc à Beck
            - Frédéric Louis (1653-1728), duc à Beck
              - …
                - Guillaume (1785-1831), duc à Glücksburg
                  - **Christian IX** (1817-1898), roi de Danemark et Norvège en 1863
                    - **Frédéric VIII** (1843-1912), roi de Danemark et Norvège
                      - **Christian X** (1870-1947), roi de Danemark
                        - …
                          - **Margrethe II**, reine de Danemark (1940)
                      - **Haakon VII** (1872-1957), roi de Norvège en 1905
                        - …
                          - **Harald V**, roi de Norvège (1937)
                    - **Georges Ier** (1845-1913), roi des Hellènes en 1863
                      - **Constantin Ier** (1868-1923), roi des Hellènes *(ses descendants règnent en Grèce jusqu'en 1967)*
                      - André (1882-1944)
                        - Philippe (1921), duc d'Édimbourg
                          - Charles, prince de Galles (1948)
    - Adolphe (1536-1586), duc à Gottorp
      - Jean-Adolphe (1575-1616), duc à Gottorp
        - Jean (1606-1655), duc à Gottorp
          - Christian Albert (1641-1695), duc à Gottorp
            - Frédéric IV (1671-1702), duc à Gottorp
              - Charles Frédéric (1700-1739), duc à Gottorp
                - **Pierre III** (1728-1762), tsar de Russie en 1762 *(ses descendants règnent en Russie jusqu'en 1918)*
            - Christian Auguste (1673-1726), duc à Eutin
              - **Adolphe Frédéric** (1710-1771), roi de Suède en 1751 *(ses descendants règnent en Suède jusqu'en 1818)*

Geiranger Fjord

Norvège

C. Boisvieux

ÅLESUND★

Voir à la fin du chapitre.

ALTA

Finnmark – 12 000 habitants

Carte Michelin n° 985 – C 20 ou Atlas Europe – p. 95

Bien abritée au fond d'un fjord profond, en liaison permanente avec Oslo par des vols quotidiens, Alta est l'un des principaux centres touristiques de la Norvège du Nord à partir duquel on peut facilement accéder au cap Nord et au plateau désertique du Finnmarksvidda, au cœur de la Laponie. La région environnante est réputée pour ses paysages superbes et les passionnantes activités de plein air qu'elle propose tout au long de l'année, que ce soit la pêche en haute mer, la pêche au saumon, le canoë, le ski, les excursions en traîneau à chiens ou les safaris en motoneige. Mais la renommée internationale d'Alta est essentiellement fondée sur son ensemble de gravures rupestres préhistoriques, le plus important d'Europe du Nord et le seul de Scandinavie que l'UNESCO ait inscrit au patrimoine culturel mondial.
Bien que située à 70° de latitude Nord, comme l'Alaska et la Sibérie, Alta jouit d'un climat relativement doux grâce au Gulf Stream, et l'on sait que, dès 8 000 ans avant J.-C., la bande côtière était déjà habitée par des tribus de chasseurs. Dès l'âge de la pierre, des colonies sédentaires avaient fondé des villages et Alta était un centre religieux. Vers la fin du Moyen Âge, Alta devint un important centre de commerce des produits fabriqués par les Sâmes à partir du renne. Aujourd'hui, Alta est une ville nouvelle florissante dont l'économie est fondée sur l'agriculture, la pêche, l'extraction de minerais et d'ardoise, et les communications.

★★MUSÉE ⊙

Il est situé le long de la route E 6, à la sortie d'Alta en direction de Tromsø. Inauguré en juin 1991, le nouveau musée inclut non seulement un édifice moderne et spacieux avec salles d'exposition, café, boutique et bureau de poste, mais aussi l'ensemble des gravures rupestres réparties sur un vaste terrain clos.
Les **salles d'exposition** sont disposées sur deux étages et illustrent cinq thèmes ayant trait à l'histoire et au développement de la région : *Des gravures rupestres à l'ère chrétienne* concerne les différentes époques de l'art rupestre à Alta mais aussi certains aspects de l'art médiéval ; *Richesse et Marché* dépeint Alta en tant que centre commerçant important ; *Alta – Rivière et fjord – De l'ère glaciaire à l'hydroélectricité* met en parallèle économie et culture à travers les âges ; *Guerre et paix au Finnmark* relate l'histoire militaire de la région, en particulier durant la Seconde Guerre mondiale ; enfin, la section intitulée *Aurores boréales et mines de cuivre* est consacrée à l'Observatoire des aurores boréales, situé sur la montagne Haldde, à l'extraction du minerai de cuivre dans la région, aux expéditions scientifiques et aux débuts du tourisme.
Le terrain clos attenant au musée descend en pente douce vers les rives du fjord, étendue d'eau tranquille aux reflets argentés, encadrée de montagnes aux crêtes enneigées. Un réseau de chemins surélevés, d'une longueur totale de 5 km, permet aux visiteurs de voir une partie plus ou moins importante des **gravures rupestres** largement disséminées et soulignées par un trait de couleur rouge brique, identique à celle employée pour les peintures rupestres plus récentes *(voir p. 33)*.
Les gravures, réalisées pendant la période néolithique entre 4000 et 500 avant J.-C., furent découvertes en 1973 et, bien qu'on en ait dénombré 3 000 jusqu'à présent, beaucoup n'ont pas encore été mises à nu ; les plus anciennes se trouvent sur les hauteurs et les plus récentes sur les bords du fjord, le niveau de la mer ayant baissé depuis la fin de la dernière glaciation. La variété des sujets traités est étonnante : scènes de pêche et de chasse – où l'on reconnaît des élans, des ours et des rennes –, bateaux, armes, outils, oiseaux, ainsi qu'hommes, femmes et enfants, représentés dans diverses situations. On pense que ces gravures avaient une signification religieuse et servaient à implorer la protection des dieux, mais il ne faut bien évidemment, pour l'instant, exclure aucune autre interprétation.

EXCURSIONS

Il y a peu de routes dans le Nord de la Norvège, car l'entretien pose des problèmes presque insolubles dans une région si peu peuplée. Cependant, des **excursions** sont organisées été comme hiver par des moyens aussi divers que l'autocar, l'hélicoptère, le traîneau, la motoneige, le cheval et le bateau.

L'Alta – Célèbre pour son saumon, ce fleuve offre des paysages splendides que l'on peut admirer au cours d'une excursion en bateau jusqu'au **cañon de Savtso**, le plus grand d'Europe du Nord, que l'on peut aussi atteindre par terre *(compter 4 h – quitter Alta en direction du Sud par l'ancienne route de Boeskades, faire 26 km, puis suivre un chemin balisé qui conduit au cañon)*.

Croisières sur le fjord – Un circuit en bateau sur l'**Altafjord** et autour de l'archipel peut être combiné avec une partie de pêche et se terminer par un festin composé de la prise de la journée.

Mont Haldde – *4 h. Aller jusqu'à Kîfjord à 10 km au Sud-Ouest d'Alta sur la route E 6, puis suivre le chemin balisé.*
Au sommet de cette « montagne sacrée », à environ 1 000 m d'altitude, se dresse l'**Observatoire des aurores boréales**, construit en 1899, en partie détruit pendant la Seconde Guerre mondiale et récemment restauré. L'aurore boréale est un phénomène naturel que l'on peut observer durant les longues nuits polaires, de fin novembre à fin janvier ; de magnifiques flèches lumineuses éclairent alors le ciel.

Sur un plan de ville, les curiosités apparaissent en orange.
Elles sont identifiées soit par leur nom propre,
soit par une lettre repère
reprise en légende dans un encadré vert.

BERGEN★★★

Hordaland – 218 136 habitants
Carte Michelin n° 985 – L 2 ou Atlas Europe – p. 104
Plan d'agglomération sur la carte Michelin n° 985

Souvent surnommée « la cité de bois » ou « la porte de la région des fjords », Bergen, deuxième ville de Norvège, fascine ses visiteurs avant même qu'ils ne découvrent avec enchantement cette ville cosmopolite très animée au riche passé. Occupant une position privilégiée sur la magnifique côte occidentale de la Norvège, à proximité de fabuleux sites naturels, parmi les plus beaux du pays, Bergen est protégée à l'Ouest par un chapelet d'îles et à l'Est par un cirque montagneux.

BERGEN PRATIQUE

La « Bergen Card » – Elle est incontournable pour les visiteurs de Bergen. Ce laissez-passer coûte 110 NOK (55 NOK pour les enfants âgés de 3 à 15 ans) pour 24 h et 170 NOK (80 NOK pour les enfants âgés de 3 à 15 ans) pour 48 h. On peut trouver la carte à l'Office de Tourisme, dans les hôtels, à la gare routière et ferroviaire ainsi qu'auprès des agences de voyages émettant des billets de train. Elle permet de bénéficier gratuitement de l'accès à la majeure partie des curiosités, au funiculaire de Fløyen et donne droit à des tarifs réduits pour les salles de concerts, les théâtres et les cinémas ainsi que pour certains tours de ville.
Une carte de bus et une carte de stationnement sont comprises dans le forfait ; la carte de bus donne l'accès gratuit au réseau central de Bergen et à quelques-uns des plus importants sites comme Troldhaugen, mais ne permet pas d'emprunter la navette entre la ville et l'aéroport ni les bus de nuit ; des feuillets sur les lignes et les horaires sont disponibles à la gare routière, Strømgaten 8.
La carte de stationnement permet de stationner gratuitement en respectant les règles de durée autorisées. La carte donne droit à 50 % de réduction dans les parkings à plusieurs niveaux.

Visites guidées – Remontez le temps et visitez la cité médiévale de Bergen. Des départs ont lieu tous les jours à partir du Bryggens Museum à 10 h et 13 h de juin à fin août. Durée : 1 h 30 ; prix : 50 NOK ; accès libre pour les enfants de moins de 10 ans.

Visites en bus – Départs devant l'Office de Tourisme pour le centre de Bergen et Troldhaugen. Durée : 3 h ; prix : 175 NOK. Visite en nocturne : 2 h, prix : 100 NK.

Le petit train « Bergens-Expressen » – Le train fonctionne tous les jours de mi-mai à mi-septembre. Départ devant l'Office de Tourisme.

Souvenirs – Laissez-vous tenter par les pulls norvégiens et leurs jolis motifs, les objets en bois, en étain, en verre ou les bijoux en argent. Les rues piétonnes Gamle Strandgaten, Torgalmenningen et Marken sont bordées de boutiques où l'on peut trouver de l'artisanat norvégien. Autres points de vente : magasins Galleriet, Kløveerhusets et Bystasjonen.

Tous les conducteurs de voitures pénétrant dans le centre-ville de Bergen entre 6 h et 22 h du lundi au vendredi doivent payer un péage.

BERGEN

Des activités portuaires importantes, des chantiers de construction navale et des industries liées à la pêche ont, depuis très longtemps, assuré la prospérité de la ville, mais le développement rapide de l'industrie pétrolière en mer du Nord a posé un nouveau défi à Bergen : être une métropole industrielle moderne tout en préservant son patrimoine architectural unique inscrit par l'UNESCO parmi les hauts lieux du patrimoine culturel mondial. La construction du Bryggens Museum sur un site archéologique important au cœur même de la cité confirme la prise de conscience, sur le plan culturel, de cette ville universitaire qui construisit le premier théâtre permanent de Norvège en 1850, se dota d'une belle salle de concerts en 1978 et organise un festival musical et artistique international tous les ans aux mois de mai et juin.

NOTES HISTORIQUES

Ancienne capitale de la Norvège – Fondée en 1070 par le roi Olav Kyrre (le Tranquille), Bergen fut l'un des deux premiers évêchés norvégiens, l'autre étant Trondheim. Les nombreuses églises et monastères en firent un centre ecclésiastique important, privilège qu'elle conserva durant tout le Moyen Âge. Son port naturel unique et sa position centrale le long de la côte occidentale lui valurent de devenir un centre florissant d'exportation de poisson séché, denrée très appréciée en Europe à cette époque. Bergen fut la capitale de la Norvège jusqu'à la fin du 13e s. et, bien que supplantée par Oslo en 1299, elle continua à prospérer et demeura jusqu'au 19e s. la plus grande ville du royaume.

La Ligue hanséatique – Cette association de cités d'Allemagne du Nord tient son nom de la Hanse, corporation médiévale de marchands. En 1241, plusieurs villes allemandes signèrent un traité d'alliance commerciale pour encourager les monopoles et développer le commerce entre l'Est et l'Ouest de l'Europe du Nord, contrebalançant ainsi l'influence de Venise qui contrôlait les échanges commerciaux en Méditerranée et au Moyen-Orient. Leurs représentants se réunissaient à Lübeck et le sceau de Lübeck, sur lequel figurait un navire, symbole des activités de la Ligue, conférait à leurs décisions l'autorité nécessaire pour être exécutées dans tous les pays de la Baltique. Leur influence s'étendit bientôt vers l'Est jusqu'en Russie et à l'Ouest en Angleterre et en Écosse ; la Ligue installa des comptoirs commerciaux ou *kontore* sur toute l'Europe du Nord, de Novgorod à Londres et de Bergen à Bruges, si bien qu'à la fin du Moyen Âge l'association ne comptait pas moins de 100 villes. Ces *kontore* avaient leurs propres magistrats, leurs tribunaux et leurs systèmes financiers, certains organisaient même d'importantes foires internationales, comme Bruges par exemple qui, jusqu'à l'enlisement de son port à la fin du 15e s., fut la plaque tournante européenne de l'importation et de l'exportation des marchandises transportées par les navires vénitiens et hanséatiques.

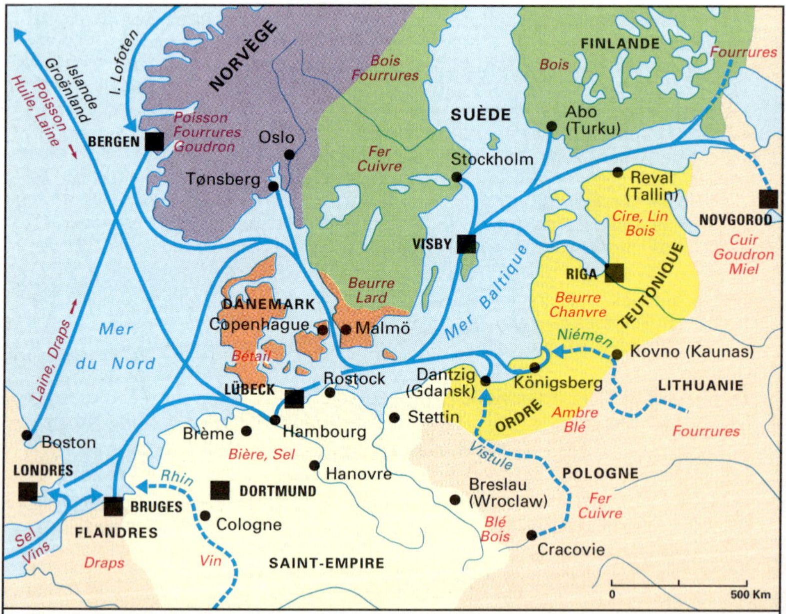

LES PAYS NORDIQUES ET LA HANSE (14e-15e S.)

■ Chefs-lieux et comptoirs hanséatiques
● Villes hanséatiques
— Grands courants commerciaux

D'importantes réserves d'épices, de soieries, de vins et de fruits en provenance de la Méditerranée, mais aussi du poisson, des métaux, du bois de construction, des textiles et des fourrures d'Europe du Nord étaient stockés dans des entrepôts, en attendant d'être expédiés dans le monde entier. Les financiers italiens faisaient des bénéfices énormes grâce à leurs agences sur place. A part Bruges, la Ligue hanséatique contrôlait trois autres comptoirs importants, chacun spécialisé dans des produits indispensables à l'économie européenne du Moyen Âge : Novgorod fournissait les fourrures russes très recherchées, Londres, la laine et les tissus de qualité, et Bergen, le bois de construction norvégien et le poisson séché.
La Ligue hanséatique avait choisi Bergen en raison de la proximité des bancs de poissons et des marchés de la mer du Nord et de la Baltique. La ville fonctionna en tant que *kontor* à partir de 1350 environ ; elle importait des céréales et exportait du bois de construction et du poisson séché, provenant essentiellement des îles Lofoten, distantes de 1 000 km. La ville se développa rapidement, et au fur et à mesure que le commerce de la Baltique accentuait sa prospérité, le pouvoir politique de la Ligue s'accroissait au point d'imposer ses conditions aux souverains norvégiens. Le quartier allemand, situé le long de Bryggen, du côté Est du port, comptait un grand nombre de maisons de bois à deux ou trois étages, où vivaient et travaillaient ouvriers et marchands. Après la découverte de l'Amérique, l'ouverture de nouveaux itinéraires et de nouveaux marchés amorça le déclin de la Ligue hanséatique, et le *kontor* de Bergen fut définitivement fermé en 1754.

★★★ BRYGGEN (BV)

Connu autrefois sous le nom de Tyskebryggen ou « quai des Allemands », Bryggen formait le cœur même de la cité médiévale : aujourd'hui, il constitue l'unique ensemble d'édifices en bois, caractéristiques, de par leur architecture, de ces célèbres *kontore* établis dans toute l'Europe du Nord par la Ligue hanséatique *(voir ci-dessus)*.
Très peuplée, l'agglomération médiévale s'étendait le long de la rive orientale du Vågen, entre Bryggen et Øvregaten ; les bâtiments de bois, qui servaient à la fois d'habitations, d'entrepôts et d'ateliers, étaient alignés en rangées séparées par d'étroits passages, qu'assombrissaient des étages en surplomb. Nombre de ces maisons furent détruites par les incendies qui se succédèrent au cours des siècles, mais elles furent patiemment reconstruites à chaque fois ; celles qui ont survécu le long des quais ont été incrites par l'UNESCO sur la liste du patrimoine mondial. Elles ont été soigneusement restaurées et la plupart sont peintes en rouge brique ou en ocre ; leurs pignons pointus tournés vers le port sont facilement identifiables et, vus du quai Ouest du Vågen, ils forment un tableau très pittoresque avec les montagnes en arrière-plan. Ces maisons sont aujourd'hui occupées par des restaurants, des cafés et des ateliers où l'on peut voir les artisans à l'œuvre. En se promenant au cœur de ce quartier, on peut facilement imaginer la vie telle qu'elle était au Moyen Âge. D'Øvregaten, qui est parallèle à Bryggen mais légèrement en hauteur, s'offre une intéressante vue d'ensemble sur les habitations en bois.
A partir du 14e s., toutes les marchandises importées et exportées transitèrent obligatoirement par Bergen qui contrôlait toutes les transactions commerciales sur la côte occidentale et septentrionale de la Norvège y compris l'Islande, le Groenland, les îles Féroé, les îles Shetland et les Orcades. C'est ainsi que le port de Bergen accueillait jusqu'à 60 navires marchands par an et, comme il était interdit à quiconque de traiter directement avec ces navires, les cargaisons étaient entreposées au rez-de-chaussée des maisons longeant Bryggen avant d'être vendues sur place ou sur le marché. Le quartier tout entier fourmillait donc d'activités diverses ayant un rapport avec le commerce maritime et la vie quotidienne était organisée en conséquence. Les bâtiments de bois le long de Bryggen étaient destinés à un usage bien défini : ceux qui longeaient les quais comprenaient les entrepôts, les logements et les ateliers, tandis que ceux qui étaient situés à l'arrière étaient destinés à un usage collectif. En plus de leurs propriétaires, ces maisons abritaient principalement des ouvriers et des domestiques. Parmi les propriétaires, il y avait une large proportion de marchands de la Ligue qui vivaient à Bergen toute l'année et employaient de jeunes ouvriers et des apprentis. Deux bâtiments typiques ont été aménagés en musées pour montrer le mode de vie à Bryggen au temps de la Ligue hanséatique.

Det Hanseatiske Museet (BV) ⊙ – Situé sur les quais, c'est l'un des bâtiments de bois les mieux conservés ; reconstruit après l'incendie de 1702, c'est aussi le plus ancien. Le style d'architecture n'avait quasiment pas changé depuis le Moyen Âge et cette maison de trois étages donne une excellente idée du mode de vie spartiate d'un marchand de la Ligue et des personnes qui vivaient sous son toit ; l'entrepôt, le bureau du marchand où l'on gardait les livres de comptes et les registres concernant le mouvement des navires et les transactions, ainsi que plusieurs pièces servant d'ateliers occupaient les étages inférieurs ; le dernier étage servait de dortoir aux employés, pour la plupart de jeunes hommes célibataires venant de l'étranger pour apprendre le négoce ou travailler comme artisans pendant quelques années. Le risque d'incendie interdisait toute forme de chauffage ou d'éclairage et l'on ne faisait même pas la cuisine sur place.

C. Boisvieux

Bryggen

Schøtstuene (**BV**) – Situé à l'arrière du groupe de maisons, c'est un bâtiment collectif qui remplissait diverses fonctions. La nourriture était préparée dans la cuisine et servie aux marchands et aux ouvriers dans le vaste réfectoire ; le menu quotidien comprenait une bouillie de céréales, du pain, des laitages, du poisson et de la viande répartis entre les deux principaux repas de la journée, le petit déjeuner et le souper. De légères collations pendant les heures de travail complétaient ce menu. En cas de grand froid, les hommes se réunissaient après le travail pour boire de la bière et se réchauffer dans les bâtiments collectifs qui étaient ainsi au centre de la vie sociale, mais servaient également d'écoles aux nombreux apprentis vivant dans les habitations de bois. Les bâtiments collectifs étaient proches d'**Øvrestretet** (aujourd'hui Øvregaten) où se tenait le marché principal de la ville et où œuvraient de nombreux artisans : cordonniers, fabricants de peignes (en bois de renne ou d'élan), sculpteurs sur bois, orfèvres, tailleurs et fourreurs ; chaque groupe avait sa place assignée le long de la rue.

Bryggens Museum (**BV**) ⊙ – Plusieurs bâtiments hanséatiques furent entièrement détruits par l'incendie de 1955. Ayant à faire face à la perte irréparable d'une partie de l'héritage culturel de Bergen, les archéologues saisirent l'occasion pour procéder à des fouilles dans le quartier situé entre Bryggen et Mariakirken, à l'endroit où se dressaient les bâtiments. Elles se poursuivirent pendant 14 ans et mirent au jour les vestiges du plus ancien ensemble de bâtiments datant du 12e s. ; cette découverte fournit de précieux renseignements sur divers aspects de la vie à Bergen pendant le Moyen Âge. Destiné à abriter le produit des fouilles entreprises entre 1955 et 1969, ainsi que d'autres objets découverts sur d'autres sites après 1970, le musée moderne a été construit autour des vestiges qui constituent la partie centrale des collections réparties entre deux expositions permanentes :

Les bâtiments anciens : vestiges datant du premier siècle d'existence de la ville – Cette exposition comprend les vestiges de cinq bâtiments en bois, très probablement des entrepôts, qui se trouvent à l'endroit exact où ils ont été découverts, le long de l'ancien quai, juste au-dessous de Mariakirken. Quatre d'entre eux furent construits au 12e s. et détruits par un indendie peu de temps après ; le cinquième fut construit immédiatement après l'incendie et détruit à la fin du siècle par un autre incendie. Les bâtiments reposaient sur les piliers, afin que les planchers restent bien secs ; des sections de passages en bois retrouvées indiquent que ces ensembles de bâtiments furent construits au 12e s. selon un plan semblable en tous points à celui qui fut utilisé plus tard : deux rangées de bâtiments séparées par une allée commune.

La ville médiévale : Bergen vers 1300 – La seconde exposition illustre les principaux aspects de la vie urbaine au Moyen Âge, à une époque où Bergen était la capitale de la Norvège et un centre religieux important qui comptait 20 églises ou chapelles et cinq monastères. La « visite guidée » de Bergen telle qu'elle était il y a près de 700 ans commence par le quartier du négoce le long de Bryggen, elle se poursuit le long d'Øvrestretet, rue du marché et centre de l'artisanat, et se termine à Holmen, qui marque l'entrée du Vågen et où se dresse aujourd'hui Håkonshallen et la tour Rosenkrantz. C'est ici qu'était située la résidence royale, à proximité de la cathédrale et de la résidence épiscopale. Des inscriptions runiques découvertes au cours des fouilles confirment l'intensité de la vie intellectuelle à Bergen, particulièrement dans le domaine de l'éducation et d'activités littéraires liées à la religion et au droit.

AUTOUR DU VÅGEN (BV)

Vågen est le nom donné au vieux port autour duquel la cité se développa dès le début du 12e s. Tandis que le volume des activités commerciales de Bergen augmentait, la ligne du rivage fut modifiée et le quai fut élargi jusqu'au chenal d'eau profonde afin de permettre aux navires importants d'accoster directement.

Torget (BV) – Cette place située au bord de l'eau, en plein cœur de la cité, est l'endroit le plus vivant de Bergen, car le marché au poisson quotidien attire une foule dense d'autochtones et de visiteurs enchantés de flâner parmi les étalages sur lesquels on peut voir une grande variété de poissons frais, de crustacés, de kippers et de saumon fumé. D'appétissants sandwiches au saumon fumé, préparés au fur et à mesure, sont vendus sur-le-champ. D'autres étalages proposent des fruits, des légumes, des fleurs et des objets artisanaux. Torget est aussi le point de départ d'excursions en bateau vers les îles proches.

★★ **Mariakirke** (BV) ⊙ – De l'époque médiévale, la ville n'a conservé que trois de ses édifices religieux : la cathédrale St-Olav, qui n'a pratiquement plus rien de médiéval, Korskirken, presque entièrement reconstruite au 17e s. dans le style Renaissance, et l'**église Sainte-Marie**, qui est aujourd'hui le plus ancien édifice de Bergen et un beau spécimen d'architecture romane, rare en Norvège.

Construite au 12e s., l'église Sainte-Marie fut épargnée par les incendies qui dévastèrent la ville à intervalles réguliers. De ce fait, l'édifice n'a pratiquement pas changé depuis le 13e s. La nef, flanquée de deux bas-côtés et surmontée d'un triforium, forme avec les deux hautes tours carrées un ensemble imposant mais harmonieux qui fait penser que l'église fut conçue pour former le principal édifice religieux de la ville. De 1408 à 1766, ce fut la paroisse des marchands de la Ligue hanséatique. Le plafond à poutres apparentes fut remplacé par des voûtes d'arêtes, probablement vers la fin du 12e s., afin de réduire le risque d'incendie. Les fenêtres du chœur gothique semblent indiquer qu'il fut agrandi au 13e s. Les quatre portails sont tous médiévaux mais furent réalisés à des époques différentes, le plus ancien étant celui du bas-côté Nord en alignement avec le mur extérieur et surmonté d'un linteau droit. Par comparaison, le portail Sud très travaillé est caractéristique de la fin de l'époque romane.

Les proportions harmonieuses confèrent à l'intérieur un charme particulier rehaussé par un mobilier rare. L'objet le plus ancien est le beau **triptyque** qui se trouve derrière l'autel et fut probablement réalisé à Lübeck à la fin du 15e s. Le chœur abrite aussi 15 statues datant de 1634 et représentant les 12 apôtres accompagnés de Moïse, de saint Jean-Baptiste et de saint Paul. La magnifique **chaire**, surmontée d'un dais, fut offerte à l'église par un groupe de marchands en 1676. Ce superbe exemple d'art baroque proviendrait des Pays-Bas comme semble l'indiquer l'écaille et la laque utilisées. Les nombreux tableaux qui ornent les murs illustrent le style en vogue en Allemagne du Nord aux 17e et 18e s., influencé par l'école hollandaise. Il y a également des traces de fresques du 15e s. sur les murs de la nef au-dessus du triforium et sur l'arc du chœur.

Rosenkrantztårn (BV) ⊙ – La **tour** doit son nom à Erik Rosenkrantz qui fut gouverneur de la **Bergenhus** aux environs de 1560. Conçue à la fois comme ouvrage défensif et comme résidence, elle fut érigée par des maîtres d'œuvre écossais qui incorporèrent à l'ensemble un donjon massif datant de 1270 et un retranchement extérieur de 1520. Du côté Sud tourné vers la ville, l'édifice haut de cinq étages offre une façade Renaissance surmontée d'une petite tour octogonale coiffée d'une coupole. La tour fut sérieusement endommagée par une explosion dans le port pendant la Seconde Guerre mondiale. La chapelle du roi Magnus Lagabøte (le Législateur), située au deuxième étage du donjon, est particulièrement intéressante ; la chambre du roi qui se trouvait au-dessus fut transformée en élégante salle de réception au 17e s. Des canons furent mis en place au sommet de la tour, sous la toiture. Du haut des créneaux, s'offre une belle **vue** sur la ville.

Håkonshalle (BV) ⊙ – Construit de 1247 à 1261 par le roi Håkon Håkonsson, père du roi Magnus, comme salle de réception, Håkonshallen fut utilisé pour la première fois à l'occasion du mariage et du couronnement du roi Magnus. Puis, lorsque la résidence royale cessa d'être habitée au 16e s., il tomba dans le délabrement et ne fut restauré qu'à la fin du 19e s. Pendant la Seconde Guerre mondiale, il fut ravagé par les flammes à la suite de l'explosion qui ébranla le port et détruisit en partie la tour Rosenkrantz ; seuls les murs restèrent debout. Une seconde restauration après la guerre lui permit d'être utilisé à nouveau régulièrement pour des cérémonies et des concerts, surtout pendant le Festival de Bergen. Un portail de style gothique tardif inséré dans le mur Sud au cours du 15e s. sert aujourd'hui d'entrée royale à cette « grande salle » qui fait 33 m de long, 13 m de large et 17 m de haut. Les boiseries et les décorations intérieures sont modernes. Sous la grande salle, il y a deux étages ; l'étage intermédiaire, juste au-dessous, servait de lieu de travail : la voûte en pierre fut ajoutée après coup, afin d'éviter la propagation des flammes au parquet en bois de la grande salle en cas d'incendie. Plus bas, le sous-sol servait au stockage des provisions.

Pour pénétrer en voiture au centre de Bergen et d'Oslo, du lundi au vendredi entre 6 h et 22 h, il est nécessaire d'acquitter un péage, payable par achat soit de tickets uniques, soit de cartes d'abonnement.

Au passage des barrières de péage (Bompenger), situées ci-dessus sur le plan de la ville, les possesseurs de cartes d'abonnement empruntent la voie signalée par un panneau bleu "Abonnement", les autres automobilistes prenant la file signalée par le panneau jaune "Mynt" (monnaie) s'ils disposent du montant exact du péage ou la file signalée par un panneau gris "Manuell" s'ils n'ont pas de monnaie.

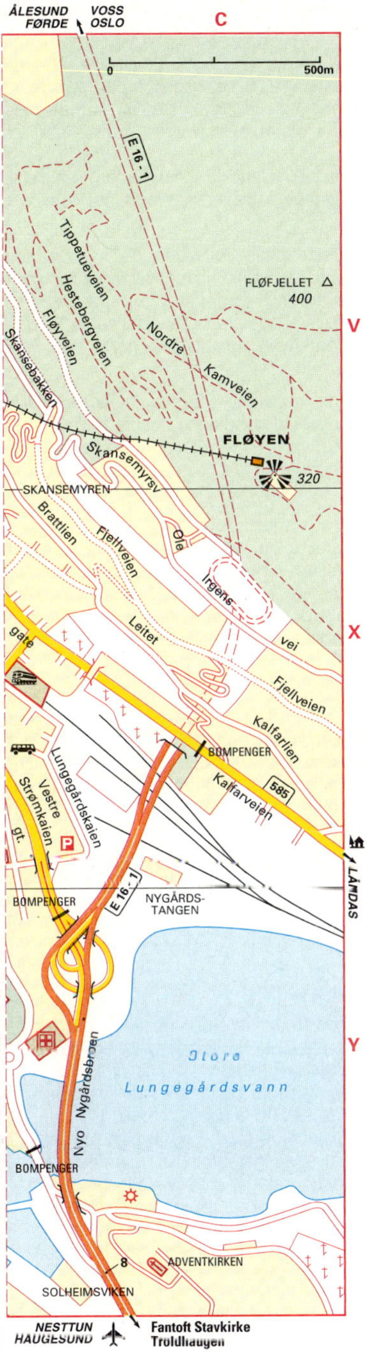

BERGEN

Allehelgens gate	BX	2
Ch. Michelsens gate	BX	5
Dreggsalmenningen	BV	7
Fjøsangerveien	CY	8
Fyllingsveien	AY	9
Gyldenprisveien	AY	12
Hans Tanks gate	BXY	13
Helgesens gate	BV	14
Holbergsalmenningen	AV	17
Jon Smørs gate	BVX	18
Jonsvollsgaten	BX	20
Komediebakken	ABX	21
Konsul Børs gate	BY	23
Langes gate	BX	24
Lodin Lepps gate	BV	26
Magnus Barfots gate	BX	27
Marken	BX	29
Markeveien	BX	30
Museplass	BX	32
Nicolaikirkealmenningen	BV	33
Nordnesbakken	AV	35
Olaf Ryes vei	BXY	36
Ole Bulls plass	BX	38
Professor Keysers gate	BX	39
Rosenbergsgaten	BX	41
Småstrandgaten	BX	42
Steinkjellergaten	BV	44
Storms gate	BY	45
Stølegaten	BV	47
Svingen	AY	48
Teatergaten	BX	50
Tollbodalmenningen	AV	51
Torgalmenningen	BX	52
Vaskerelven	BX	54
Vestre Muralmenningen	AX	55
Vetrlidsalmenningen	BV	57
Villaveien	BX	58
Welhavens gate	BXY	60
Wolffs gate	BY	61
Zetlitz gate	BY	63
Øisteins gate	BX	64
Østre Muralmenningen	BV	65
Øvre Blekeveien	BV	67

B	Rhododendrarium
M[1]	Rasmus Meyers Samlinger
M[2]	Stenersens Samling

Le Bergens-Expressen

Un lumineux train coloré emmène les touristes dans une visite de la ville pour découvrir le marché aux poissons, les quais de Bryggen, avec leurs édifices médiévaux et les quartiers les plus pittoresques de Bergen.

En fin de parcours, on admire l'un des plus beaux points de vue sur la « porte des fjords ».

L'excursion dure 1 h et le train part en face de l'Office de Tourisme. Les billets sont en vente sur place ou à l'Office même. Le train fonctionne de mai à mi-septembre.

AUTRES CURIOSITÉS

★★ **Le mont Fløyen en funiculaire** (**CV**) ⊙ – *Durée du trajet en funiculaire : 8 mn.*
Le funiculaire (Fløybanen), qui fonctionne depuis 1918, transporte des passagers du centre-ville (à 150 m de Torget en suivant Vetrlidsalm) jusqu'au sommet du mont Fløyen, à 320 m d'altitude. Il s'arrête trois fois, car il est utilisé par les habitants.
Les **panoramas**★★ sur la ville et les îles alentour valent le déplacement et cette découverte peut être complétée par une promenade à travers les bois qui couvrent le mont Fløyen.

Collection Rasmus Meyer (**BX M**[1]) ⊙ – Cette belle collection d'art norvégien est exposée dans une grande villa donnant sur Lille Lungegårdsvann, petit lac entouré de pelouses et d'arbres. Elle comprend essentiellement des œuvres d'Edvard Munch ainsi que des toiles d'artistes suédois et danois, entre autres Willumsen qui fit partie de l'école de Pont-Aven groupée autour de Paul Gauguin.

Collection Stenersen (**BX M**[2]) ⊙ – A côté de la galerie Meyers, la **Bergen Billedgalleri** est le musée municipal consacré à la peinture norvégienne depuis le milieu du 19e s. A l'intérieur, une galerie indépendante abrite la collection Stenersen qui regroupe quelque 250 œuvres d'art moderne signées par des artistes de renom international tels que Munch, Klee et Picasso.

Rhododendrarium (**BX B**) – Les rhododendrons firent leur apparition à Bergen vers 1850 et l'on s'aperçut très vite que la qualité du sol et le climat convenaient parfaitement à leur développement. De nouvelles variétés furent alors importées et la culture des rhododendrons devint une activité à la mode si bien qu'en 1987 Bergen reçut le titre de « cité des rhododendrons » et un rhododendrarium fut inauguré en 1988 sur la rive Sud de Lille Lungegårdsvann : il contient 82 variétés et des espèces hybrides.

★ **Gamle Bergen** ⊙ – *Au Nord par la route 585* (**BV**).
Situé sur la côte, le « Vieux Bergen » est un musée de plein air qui comprend plus de 35 maisons de bois originaires de Bergen et datant des 18e et 19e s. Elles ont été transportées ici dans le but de les sauvegarder, et, dans un souci évident d'authenticité, ont été garnies avec du mobilier d'époque, illustrant de façon réaliste la vie d'autrefois. On peut voir le studio d'un photographe vers 1900, la maison d'une humble couturière datant de 1860 environ, la résidence d'été d'un marchand cossu, construite en 1798 dans le style néo-classique, la maison d'un boulanger avec son magasin, ainsi que le fournil à l'arrière, la boutique d'un barbier, reconstituée avec minutie, et bien d'autres maisons encore.

Edvard Grieg (1843-1907)

Il est sans aucun doute le plus grand compositeur de Norvège et le citoyen le plus fidèle à l'identité artistique de son pays. Né à Bergen, Grieg quitta sa ville natale à l'âge de 15 ans pour poursuivre pendant 4 ans des études musicales au Conservatoire de Leipzig. Là, il subit certainement l'influence du romantisme allemand. Par la suite, il s'installa à Copenhague et commença à composer divers morceaux qu'il renia plus tard. Ces années de jeunesse pendant lesquelles il fut en quête d'un style personnel et manifesta un vif intérêt pour la musique folklorique de son pays, marquèrent le début d'un long processus créatif le menant à la genèse des œuvres de maturité, où se mêlent harmonieusement la tradition norvégienne et les tendances artistiques de son temps. En 1866, Grieg s'installa à Oslo qui s'appelait alors Christiania. Il ne se contenta pas de composer, mais il enseigna la musique et amorça une carrière de pianiste et de chef d'orchestre. C'est en 1868 que parut son premier chef-d'œuvre, le *Concerto pour piano* en la mineur. Pour composer, Grieg aimait se trouver au cœur de la nature norvégienne, où il trouvait son inspiration. Éprouvant le besoin de rencontrer d'autres artistes européens, il fit des séjours réguliers dans les capitales européennes ; c'est ainsi qu'en 1869, il rencontra Liszt à Rome. Durant les années 1870, Grieg composa la célèbre musique de *Peer Gynt* d'après le drame d'Ibsen, ce qui lui valut une allocation annuelle. De retour à Bergen, il composa quelques-unes de ses œuvres les plus réussies comme les *Danses norvégiennes* et la *Suite de Holberg.* En 1885, il emménagea avec sa femme Nina à Troldhaugen ; c'est dans cette maison qu'il passa les 20 dernières années de sa vie alternant la composition et les tournées. Sa musique reçut un accueil chaleureux non seulement auprès du public, mais aussi auprès d'autres compositeurs comme Ravel et Bartok, qui surent apprécier son rôle déterminant dans l'évolution ultérieure de cet art.

EXCURSIONS

Fantoft stavkirke ⓥ – *A Paradis, 6 km au Sud par la route 1* (**CY**).
Construite à l'origine à Fortun dans la région du Sognefjord vers 1150, l'**église en bois debout de Fantoft** fut remontée sur ce site en 1883. Considérant que c'était un modèle caractéristique d'église en bois debout *(voir en Introduction, chapitre : Architecture)*, les experts décidèrent, après l'incendie qui la ravagea en juin 1992, de la reconstruire telle qu'elle était en utilisant le bois qui avait pu être sauvé des flammes ainsi que du bois vieux de 400 ans provenant d'autres édifices. Ce fut l'occasion unique de redécouvrir des techniques de construction spécifiques.

★ **Troldhaugen** ⓥ – *A Hop, 8 km au Sud par la route 1* (**CY**).
Située sur une hauteur dominant le lac Nordås à la périphérie de Bergen, l'imposante maison de bois peinte en blanc est célèbre dans le monde entier car Edvard Grieg y passa les 20 dernières années de sa vie. Le cadre idyllique où se trouve la maison et la quantité de souvenirs qu'elle contient, concourent à faire de Troldhaugen l'un des endroits les plus visités de la Norvège.

Ch. Bastin-J. Évrard

Troldhaugen

Troldhaugen, qui signifie « colline des trolls », est le nom que choisit la femme de Grieg pour désigner la nouvelle maison du couple. La salle à manger et le salon ont à peine changé depuis le temps où les Grieg y habitaient ; le Steinway qui leur fut offert en 1892 à l'occasion de leurs noces d'argent occupe la place d'honneur sous un grand paysage danois. La cabane, qu'il se fit construire dans le jardin afin de s'y réfugier pour composer en toute tranquillité, abrite sa table de travail et quelques objets personnels, son piano droit et sa chaise à bascule. Après sa mort, Nina continua pendant un certain temps à recevoir des amis musiciens, mais elle fut finalement contrainte de vendre la maison. Celle-ci fut achetée par un cousin du compositeur qui en fit don à la municipalité ; elle fut plus tard transformée en musée.
Depuis les débuts du Festival de Bergen en 1953, des récitals ont lieu régulièrement à Troldhaugen et, en 1985, un auditorium de 200 places, Troldsalen, fut inauguré. L'architecte a su tirer le meilleur parti de la configuration du terrain pour dissimuler la salle afin de ne pas gâcher le site.
La tombe d'Edvard et de Nina Grieg, creusée dans la falaise, est accessible par une série de marches et un chemin à travers bois.

Manoir de Damsgård (**AY**) ⓥ – *Laksevåg, 3 km à l'Ouest.*
Construite vers 1770, cette « maison de campagne » est un très beau manoir rococo en bois. Inspiré par les tendances stylistiques en vogue en Europe, il reste tout de même fidèle à la tradition norvégienne. Acheté par un riche marchand en 1797, il appartint pendant près de 200 ans à sa descendance qui le vendit à l'État et à la municipalité de Bergen en 1983. Classé monument historique, il fut restauré, retrouva son aspect d'origine et fut transformé en musée. Les collections illustrent le mode de vie de la classe dirigeante de Bergen aux 18e et 19e s. Le jardin a également été soigneusement refait et l'on y a planté des variétés courantes à Bergen à la fin du 18e s.

Excursions en bateau – Les nombreuses possibilités portent aussi bien sur des croisières d'une ou deux heures autour des îles que sur des excursions d'une journée sur les fjords. Les excursions les plus courtes se font en bateau, tandis que les plus longues combinent en général plusieurs moyens de transport, bateau, train et autocar. Les plus intéressantes sont mentionnées ci-dessous.
Tous les jours on peut découvrir le port de Bergen (excursion de 1 h). D'autres excursions d'une durée de quatre heures permettent de voir de plus près le chapelet d'îles qui protège l'entrée du port. Les bateaux sont amarrés le long du quai devant Torget (**BV**), dans le centre-ville.
Les excursions d'une journée dans le Sognefjord *(voir à ce nom)*, incluant le retour en autocar et en train, partent aussi de Torget, mais les circuits d'une demi-journée en bateau le long de la côte au Sud de Bergen partent de Munkebryggen (**AV**) sur la rive occidentale du Vågen.
Il est possible de combiner une visite à l'île d'Osterøy, située à 15 km seulement au Nord-Est de Bergen, avec une excursion en bateau sur l'Osterfjord.

★ **« La Norvège en abrégé »** – *1 journée.*
Cette excursion est riche en expériences inoubliables le long de fjords magnifiques à travers une région de montagnes escarpées ; elle permet aux visiteurs de découvrir les paysages les plus spectaculaires de Norvège. Le circuit commence par un trajet en train jusqu'à Voss, puis à travers les montagnes jusqu'à Myrdal où un autre train dévale une pente de 900 m en 40 mn dans la vallée de Flåm pour atteindre l'Aurlandsfjord. La construction de la ligne, caractérisée par une des pentes les plus raides du monde, a nécessité des prouesses technologiques, le train étant équipé de cinq jeux de freins indépendants ! Mis à part le frisson garanti, le trajet en train offre des vues à vous couper le souffle, dont une avec une impressionnante chute d'eau. A partir de Flåm, le ferry longe les rives d'Aurlandsfjord et de Nærøyfjord, qui sont deux bras étroits du Sognefjord, pour arriver à Gudvangen où un autocar attend les passagers ; après avoir gravi la côte abrupte jusqu'à Stadheim, il poursuit sa route vers Voss. Le circuit est complété par le retour en train à Bergen.
Il est possible de commencer et de terminer cette excursion à Voss, en évitant ainsi l'aller et retour Bergen-Voss.

Voss – *106 km au Nord-Est. Quitter Bergen par la E 16-1* (**CV**).
La E 16 entre Bergen et Voss longe le charmant Sørfjord, puis traverse un cañon pittoresque avant d'atteindre Voss. Hormis son intéressante église gothique construite en 1277, la ville n'a rien de particulièrement attrayant, mais c'est un point de départ commode pour les excursions vers le Sognefjord et le Hardangerfjord *(voir à ces noms)*, les deux plus beaux fjords du Sud de la Norvège.
De décembre à avril, la région montagneuse qui entoure Voss se prête à la pratique du ski alpin et du ski de fond à tous les niveaux. Les pistes sont accessibles par téléphérique ou par remonte-pentes. L'école de ski est ouverte tous les jours pendant la saison et on peut louer la totalité de son équipement.

CERCLE POLAIRE

Voir à Polarsirkelen

EXPRESS COTIER★★

Voir à Hurtigruten

FINNMARK★★★

Carte Michelin n° 985 – A/D 18/27 ou Atlas Europe – p. 95
Schéma : LAPPLAND (Suède)

Le Finnmark est la province qui englobe presque toute la partie norvégienne de la Laponie. Ce nom a généralement une résonance romantique, car il évoque les régions désertiques et froides du Nord de la Scandinavie, habitées par les Lapons, peuple de nomades, et qui forment une sorte d'enclave primitive dans une Europe très civilisée. La réalité est à la fois proche et très éloignée de cette conception simpliste.
Sa superficie de 48 000 km^2 en fait, de loin, la plus grande province norvégienne, mais aussi la moins peuplée, puisqu'elle ne compte qu'un peu plus de 75 000 habitants.

La terre – Le Finnmark offre un climat contrasté : les régions côtières verdoyantes jouissent d'une température relativement douce grâce à l'influence du Gulf Stream, tandis que sur les hauts plateaux de l'intérieur règnent des températures extrêmes (+ 32 °C en été et – 50 °C en hiver) qui ont façonné des paysages arides.
La lumière arctique contribue énormément à l'attrait qu'exerce le Finnmark sur les visiteurs : en été, la lumière du jour, qui baigne pendant 24 heures les vastes étendues de landes, accentue l'impression d'infini, tandis qu'en hiver, les nuits polaires, les aurores à peine marquées et la lune dans le ciel créent une atmosphère mystérieuse, ponctuée de temps en temps par les aurores boréales *(voir à ce nom)*.

La population – Bien que très clairsemée, la population du Finnmark est assez variée. Les ressources économiques de cette vaste région ont, en effet, attiré des vagues successives d'immigrants tout au long de son histoire. Les autochtones ou Sâmes sont venus de l'Est, il y a très longtemps, et les principales vagues d'immigrants arrivèrent aux 17e, 18e et 19e s. du Sud de la Norvège, de Finlande et de Suède. Ces colons devinrent agriculteurs et développèrent l'industrie de la pêche. Dans certains lieux on parle trois langues : le norvégien, le sâme et le finnois. De nouvelles activités comme l'aquaculture, le tourisme et la prospection du pétrole et du gaz au large des côtes ont récemment attiré des populations qui viennent s'installer au Finnmark. De ce fait, la province connaît maintenant un développement économique rapide.

Les Sâmes – Ils représentent la population autochtone du Finnmark et leur mode de vie attire des visiteurs en Laponie. Cette minorité ethnique est de l'ordre de 70 000 personnes, dont 40 000 vivent en Norvège.
Les Sâmes sont originaires de la région du lac Onega en Russie, mais on ignore quand ils émigrèrent vers l'Ouest et le Nord de la Scandinavie, et si les Komsa, qui vivaient sur la côte norvégienne il y a environ 10 000 ans, étaient leurs ancêtres directs. Les Sâmes sont mentionnés pour la première fois, mais sous un nom différent, dans un livre d'histoire romaine ; on les retrouve ensuite dans les sagas d'Islande et dans diverses chroniques médiévales. Il semble qu'ils aient eu des échanges commerciaux avec plusieurs états limitrophes et qu'ils aient dû payer de lourdes taxes. Ils furent christianisés au 18e s. et, pendant le 19e s. et au début du 20e s., l'État norvégien essaya de les contraindre à abandonner leur langue ; ce n'est qu'après 1960 qu'on leur reconnut le droit de préserver leur culture. Aujourd'hui, leur langue, qui est apparentée au finnois et à l'estonien, est enseignée dans les écoles et un parlement sâme siège depuis peu à Karasjok. Élu par les Sâmes, il a le pouvoir de traiter de tous les sujets concernant le peuple sâme.

C. Boisvieux

Couple sâme dans sa tente

La culture et le mode de vie des Sâmes – Jusqu'au 16e s., les Sâmes vivaient de la chasse et de la pêche. A partir de cette époque, au lieu de chasser les rennes sauvages, ils se mirent à les élever. Ils devinrent ainsi un peuple nomade, suivant les troupeaux à travers le Finnmark, passant l'hiver sur les plateaux de l'intérieur et se déplaçant vers les prairies bordant la côte en été. Ce mode de vie ancestral constitue la base de la culture sâme, dont les éléments les plus importants sont :
– la langue, qui compte de nombreuses légendes et une production littéraire récente mais en plein essor,
– la musique que l'on appelle *joik* et qui consiste en chants poétiques rythmés,
– le costume et les rites qui l'accompagnent,
– l'artisanat, ou *duodji*,
– l'utilisation du renne comme moyen de transport.
Il paraît évident de nos jours que l'élevage du renne est primordial si l'on veut préserver la culture sâme ; et pourtant, ils sont tous deux menacés par le changement rapide du mode de vie. Aujourd'hui, dix pour cent seulement des Sâmes sont nomades et élèvent le renne ; qui plus est cette occupation traditionnelle a elle-même été « modernisée » dans le but d'accroître la production de viande. Les familles vivent désormais dans des maisons au lieu de la traditionnelle *kohte*, elles se déplacent en voiture ou en motoneige et ne revêtent leur costume traditionnel que pour les grandes occasions.
Toutefois, la reconnaissance officielle du droit des Sâmes à préserver et développer leur culture a ravivé leur propre intérêt : ils ont créé leur musée *(voir Karasjok ci-dessous)* ainsi qu'une compagnie théâtrale à Kautokeino.

Finnmarksvidda, au cœur de la Laponie – Le Finnmarksvidda est un plateau de hauteurs, immense et sauvage, parcouru par de nombreux torrents et rivières et parsemé de lacs. Il reste enfoui sous un épais manteau de neige pendant les longs mois d'hiver et les rennes sont contraints d'aller chercher leur nourriture sous la neige. Au cœur de l'été, la maigre végétation est complètement desséchée par le soleil brûlant, mais les troupeaux partent vers la côte à la recherche de pâturages plus appropriés.
Bien qu'il n'y ait pas de routes, il est possible de traverser le Finnmarksvidda en utilisant différents moyens de transport ; ainsi diverses excursions sont organisées tant en hiver qu'en été, au départ de Karasjok ou de Kautokeino. On peut effectuer des promenades sur les rivières à bord de bateaux sâmes, s'adonner à des parties de pêche au saumon ou faire des randonnées accompagnées de chiens au cours desquelles on fait étape dans des auberges de montagne. En hiver, lorsque les rennes sont de retour, on peut faire des excursions d'un ou deux jours en motoneige jusqu'à un camp sâme, ou encore assister à des courses de rennes et entreprendre des excursions en traîneau le long de l'ancienne route de montagne.

★ **Karasjok** – 2 700 habitants. Karasjok est le centre culturel et administratif le plus important de la Laponie norvégienne. A l'origine du développement de Karasjok au 18e s., il y avait un campement d'hiver établi à proximité mais ce dernier fut complètement détruit durant la Seconde Guerre mondiale, sauf l'église de 1807, que l'on peut visiter et qui est la plus ancienne du Finnmark. Aujourd'hui, 90 % des habitants de Karasjok sont des Sâmes et l'économie locale repose essentiellement sur l'élevage du renne, l'agriculture et l'artisanat. Par ailleurs, plusieurs institutions culturelles et administratives sâmes ont leur siège à Karasjok : le parlement, la radio et la télévision, le musée, la bibliothèque, le centre d'art, le centre de soins et l'école d'études supérieures sâme.

Samelandssenter ⊙ – Ce complexe initie à certains aspects de la culture sâme et fournit d'utiles renseignements pratiques. Il comprend le centre d'artisanat sâme animé par un bijoutier et un coutellier, un camp d'éleveurs de rennes, l'office du tourisme et une cafétéria. Une projection de diapositives fait découvrir la vie d'une famille d'éleveurs. Non loin, au restaurant Gammen, des plats traditionnels sâmes sont servis dans un intérieur sâme reconstitué.

De Samiske Samlinger ⊙ – Le musée national de la culture sâme illustre le mode de vie des Sâmes grâce à des objets et des vêtements utilisés dans la vie quotidienne et dans les grandes occasions.

Kautokeino – 3 000 habitants. C'est la deuxième agglomération importante en Laponie ; son activité est axée sur l'enseignement et la recherche. A partir du 16e s. le nom de Kautokeino est mentionné dans les registres, mais le camp ne devint véritablement permanent qu'au 17e s. lorsque les Sâmes se mirent à élever des rennes. C'est encore aujourd'hui l'occupation principale de la population. Le Festival de Pâques, qui a lieu avant le départ pour la côte des éleveurs, est un événement culturel renommé. En été, Kautokeino, déserté par les Sâmes, ressemble à un village fantôme.

Musée ⊙ – Il comprend une exposition illustrant certains aspects de la culture sâme et une section de plein air où l'on peut voir des bâtiments anciens, essentiellement des cabanes de tourbe utilisées par les agriculteurs d'autrefois.
Parmi les ateliers et boutiques qui vendent divers objets faits à la main et aussi des pièces d'argenterie, **Juhl's Silver Gallery** se distingue par le bâtiment à l'architecture futuriste qui l'abrite et qui fut conçu par les propriétaires, puis agrandi au fur et à mesure des besoins.

FLEKKEFJORD★

Vest-Agder – 9 000 habitants

Carte Michelin n° 985 – N 3 ou Atlas Europe – p. 104

Cette petite ville côtière pittoresque occupe une position agréable entre Kristiansand et Stavanger, le long de la côte occidentale ensoleillée connue sous le nom de « Côte verte » en raison de ses champs minuscules formant damier, de ses arbustes vivaces et de ses collines boisées.
Jusqu'à la fin du siècle dernier, les ports établis sur cette côte entretenaient un commerce régulier avec l'Europe continentale, car les communications étaient plus faciles à assurer par mer que par terre, le terrain montagneux étant un obstacle plus redoutable que les sautes d'humeur de la mer du Nord. Flekkefjord était alors l'un des ports les plus actifs entretenant depuis le Moyen Âge des échanges avec le reste de l'Europe. L'exportation de bois de construction et de harengs vers la Hollande assura la prospérité de Flekkefjord au début du 19e s., ce que traduit le nom de Hollenderbyen (ville des Hollandais) désignant les vieux quartiers de la ville.
Ces dernières années, Flekkefjord a décidé de tirer parti de sa position exceptionnelle entre le Grisefjord et le Flekkefjord ainsi que de son patrimoine architectural. Ce lieu de séjour charmant et animé est l'une des plus jolies « villes blanches » qui jalonnent la côte.
De nombreuses petites boutiques rehaussent de leurs couleurs vives les rues étroites et tortueuses bordées de maisons en bois peintes en blanc et dont l'entrée est souvent soulignée par une rampe en fer forgé ornée de plantes grimpantes. Certains édifices ont fait l'objet d'un décret de conservation, comme par exemple le **Rådhus** ⊙, hôtel de ville, et la plus ancienne maison de Flekkefjord qui date de 1720 et abrite le **Flekkefjord Bymuseum** ⊙, musée municipal.
L'église octogonale de 1833 est également intéressante avec sa tour carrée surmontée d'un lanternon. Un autre tableau pittoresque est formé par les maisons en bois sur les rives des fjords avec leurs balcons surplombant les abris à bateaux et les mouillages privés.

EXCURSIONS

Fedafjord – *26 km à l'Est de Kvinesdal – Quitter Flekkefjord par la route E 18 vers l'Est et parcourir 15 km.*

Situé sur la rive occidentale de l'étroit Fedafjord, qui est un bras du Listafjord, le charmant village de **Feda** est l'un des mieux conservés de la région ; plusieurs édifices anciens, dont le bureau de poste du 17e s. et l'église de 1802, contribuent à lui donner beaucoup de cachet.

Continuer sur la route E 18 jusqu'à Kvinesdal.

Après Feda, la route dut être creusée dans la paroi rocheuse afin de suivre de près le bord du fjord, si bien que lorsqu'elle ne passe pas dans un tunnel, elle dévoile un paysage austère de falaises couvertes d'arbustes sauvages vert foncé se reflétant dans l'eau vert clair.

Kvinesdal se trouve au fond du fjord ; la population a émigré aux États-Unis à raison d'un habitant sur dix *(sur l'émigration scandinave aux États-Unis, voir en Introduction : La société scandinave)*. Chaque année un Festival de l'Émigration célèbre les liens puissants que la ville entretient avec l'Amérique.

La Sirdal – *94 km au Nord jusqu'à Svartevatn – Quitter Flekkefjord par la route E 18 vers le Nord et après 4 km prendre à droite la route 466 vers Sandvatn.*

Continuer vers le Nord par la route 42 jusqu'à Tonstad.

La route suit le lac Sirdalvatn, long et étroit, qui forme la partie inférieure de la Sirdal (vallée de la Sira), l'un des plus importants centres de production d'hydroélectricité du pays ; l'une des plus grandes centrales est située près de **Tonstad** dans la montagne. Toute la région est sillonnée de nombreuses pistes, idéales pour les longues randonnées.
En amont, il se peut qu'on assiste à un événement pittoresque qui a lieu tous les ans en septembre : la transhumance de 40 000 moutons redescendant des montagnes où ils ont brouté tout l'été. C'est un prétexte pour faire la fête dans toute la vallée.

A partir de Svartevatn on peut atteindre Stavanger soit en suivant la route 45 vers Sandnes (87 km), soit en continuant vers le Nord.

Au bout de 12 km, la route vire en direction de l'Est à travers les montagnes, où l'on peut parfois voir des troupeaux de rennes sauvages en liberté, et se dirige vers la Setesdal *(voir à ce nom)*, tandis qu'une route secondaire prend à gauche et entame une descente vertigineuse de 1 000 m sur une distance d'à peine 20 km, jusqu'à Lysebotn au fond du Lysefjord *(voir à ce nom)* ; malgré les 30 virages en épingle à cheveux, le trajet en voiture est recommandé car il offre une série de vues spectaculaires.

En été, un ferry quitte Lysebotn et parcourt toute la longueur du fjord étroit jusqu'à Stavanger.

GEIRANGER★★★

Møre og Romsdal – 300 habitants

Carte Michelin n° 985 – J 4 ou Atlas Europe – p. 100

Ce modeste village de montagne porte l'un des noms les plus célèbres de Norvège qui, pour la plupart des gens, qu'ils aient déjà visité la Norvège ou soient sur le point d'y aller, évoque les paysages les plus beaux et les plus impressionnants de tout le pays.

★★★ LE VILLAGE

Geiranger est blotti au fond du Geirangerfjord, entouré de hautes montagnes dont les sommets atteignent près de 2 000 m. Malgré ses atouts touristiques exceptionnels, qui occasionnent un certain encombrement en plein été, le village a conservé son atmosphère champêtre caractérisée par son vigoureux torrent de montagne, qui dévale la pente abrupte des rives du fjord, par la situation de son terrain de camping au bord de l'eau et par sa petite **église** ⓥ octogonale en bois qui n'a pas changé depuis 150 ans. Les hôtels et autres formes d'hébergement sont dispersés tout autour et aucune concentration ne vient gâcher la beauté sauvage de la nature. Bien que Geiranger attire les touristes depuis plus de 100 ans déjà et que les navires de croisière du monde entier y mouillent fréquemment depuis 1869, il n'a jamais été envisagé de construire un port sophistiqué ; ainsi, les navires se contentent-ils de jeter l'ancre à 100 m de la rive et leurs massives silhouettes blanches se détachent-elles étrangement sur les reflets bleus et verts du fjord serti dans un cadre montagneux.
Les environs offrent de nombreuses possibilités de randonnées : elles sont de tous niveaux et les sentiers sont bien balisés *(contacter l'Office de Tourisme)*.

B. Gérard/EXPLORER

Village près du Dalsnibba

★★ LE FJORD

Geirangerfjord est un bras du Storfjord qui serpente vers l'intérieur à partir d'Ålesund et s'étire sur une distance de 16 km entre Hellesylt et Geiranger ; un ferry relie les deux à intervalles réguliers. Geiranger est situé à 100 km de la mer et il est difficile de croire, si l'on ignore tout de la formation des fjords, qu'un énorme paquebot comme le *Queen Elizabeth* puisse en toute sécurité s'introduire si loin à l'intérieur des terres !
Au cours de la dernière glaciation, la Norvège était entièrement recouverte d'un manteau de glace qui était relativement mince en bordure des côtes mais beaucoup plus épais à l'intérieur. Le poids de ces masses considérables de glace élargit et creusa les vallées qui existaient déjà, au point que lorsque la glace fondit, la mer prit sa place et les vallées devinrent des fjords. Leur profondeur varie considérablement : peu profonds sur la côte, ils peuvent atteindre des profondeurs de l'ordre de 1 300 m à l'intérieur. Geirangerfjord se situe dans les normes et bien qu'il n'ait que 500 m de large à son point le plus étroit, il atteint 360 m de profondeur à certains endroits et les montagnes à pic qui le bordent s'élèvent jusqu'à 1 900 m.

★★★ **Mini-croisière sur le fjord** – *1 h 30.*

Ce n'est que d'un bateau que l'on peut apprécier toute la splendeur de Geirangerfjord, car il est entièrement enveloppé dans un cadre montagneux aux parois à pic et aux sommets couronnés de neige toute l'année. Le ferry régulier relie Hellesylt à Geiranger en 70 mn tous les jours de mai à septembre. Cependant, il vaut mieux choisir l'excursion à partir de Geiranger (plusieurs départs par jour) car le bateau est plus petit et peut donc s'approcher des rives du fjord donnant la possibilité aux passagers d'avoir les meilleurs points de vue possibles et de les photographier, voire de les filmer. De plus, les points forts de l'excursion sont commentés en plusieurs langues.

Le fjord décrit une courbe gracieuse en forme de S entre deux murs presque verticaux de roche gris foncé en partie recouverts par une végétation sauvage. Au fur et à mesure que le bateau fend l'eau du fjord, on a l'impression de découvrir à chaque courbe un paysage encore plus sublime que le précédent. Partout l'eau ruisselle le long de la paroi rocheuse qui scintille au soleil ; on peut voir de magnifiques chutes d'eau qui parfois, telles les célèbres **Sju Søstre** (les Sept Sœurs), tombent d'une grande hauteur avec un bruit assourdissant, tandis que d'autres donnent l'impression de descendre du sommet de la montagne en flottant comme un voile blanc et en étincelant au soleil avec des reflets d'arc-en-ciel. De temps en temps, de puissants surplombs de roche nue, tel celui que l'on appelle familièrement **Prekestolen** (la Chaire), projettent sur l'eau leur ombre impressionnante. On aperçoit en plusieurs endroits, à mi-pente, des rebords étroits auxquels s'accrochent de maigres carrés d'herbe et des bâtiments de ferme abandonnés : jusqu'à il y a 20 ans, ces lopins de terre étaient cultivés bien qu'ils ne soient souvent accessibles qu'à partir du fjord, ce qui nécessitait une certaine compétence en matière d'escalade ; en conséquence, les conditions de travail extrêmement difficiles et l'inévitable isolement chassèrent les fermiers un à un. Certains bâtiments ont déjà été restaurés car ils appartiennent au patrimoine culturel de la région.

Pour ceux qui aiment avoir une vue d'ensemble, des **hydravions** et des **hélicoptères** survolent Geirangerfjord à partir de Geiranger. Les vols durent 15 mn.

EXCURSIONS

Deux routes impressionnantes relient Geiranger au monde extérieur en franchissant les montagnes, l'une vers le Nord en direction d'Eidsdal et de Storfjord, l'autre vers le Sud en direction de Langevatn et de là vers Grotli ou Stryn ; en fait c'est la même route qui traverse Geiranger et se prolonge vers le Nord jusqu'à Andalsnes en passant par le Trollstigvegen ; les vues que l'on découvre tout le long de cette route sont tellement belles qu'on l'a appelée la « Route dorée ». En voiture, on ne peut arriver à Geiranger qu'en suivant cette route, que ce soit par le Nord ou par le Sud, à moins que l'on prenne le ferry Hellesylt-Geiranger. Quoi qu'il en soit, il faut prendre son temps et apprécier pleinement chaque minute du trajet, tant les impressions produites par les grandioses paysages sont puissantes.

★★★ **Dalsnibba** – *A 21 km au Sud.*

Cette section de la route 63 fut inaugurée en 1889 ; elle remonte en lacet une vallée en pente raide et grimpe de 0 à 1 000 m d'altitude sur une distance de 15 km environ ; elle offre de nombreux panoramas, mais la descente est encore plus impressionnante car l'on voit grandir au fur et à mesure qu'ils se rapprochent le fjord, son cadre sauvage et le minuscule village blotti au creux des montagnes.

Flydalsjuvet – *A 4 km de Geiranger.* De cet endroit on embrasse une merveilleuse **vue**★★★ sur les gorges du Flydal et au-delà sur le village et le fjord.

Djupvasshytta – Ici la route atteint 1 038 m d'altitude ; comme beaucoup de lacs de montagne dans la région, le Djupvatnet est souvent gelé, même en plein été. A côté du café, la route dite Nibbevegen commence son ascension vers le Dalsnibba (1 495 m).

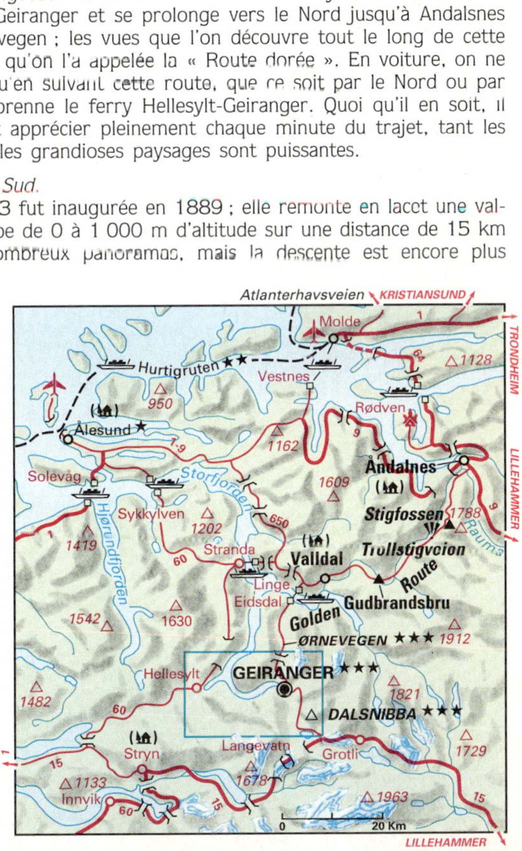

Elle n'est pas très large, les virages y sont très prononcés et dépourvus de garde-fous, mais des sensations fortes vous attendent au sommet lorsque vous découvrez le vaste **panorama**★★★ qui se déploie dans toutes les directions : des pics coiffés de neige à perte de vue et, tout au fond de la vallée, 1 500 m en contrebas, Geirangerfjord, impossible à atteindre, semble-t-il !

★★★ **Ørnevegen et Trollstigvegen** – *86 km vers le Nord jusqu'à Andalsnes.*
Inaugurée en 1952, Ørnevegen, la **route de l'Aigle**, ouvrit une voie d'accès à partir de Geiranger vers le Nord et en particulier vers les villes de Ålesund, qu'on ne pouvait atteindre auparavant qu'en passant par Hellesylt, et Andalsnes, qui n'était pas du tout accessible. La route grimpe à 620 m d'altitude sur une distance de 8 km. A la hauteur du dernier virage en épingle à cheveux, connu sous le nom d'**Ørnesvingen** (le virage de l'Aigle), s'offre une **vue**★★★ extraordinaire du Geirangerfjord qui embrasse l'une de ses deux courbes harmonieuses et s'étend à la fois vers Geiranger au fond du fjord et dans l'autre direction vers Hellesylt.

Au-delà d'un portail en bois, un chemin escarpé conduit à l'extrémité du promontoire.

De là, la **vue**★★★ est encore plus grandiose car elle révèle les Sept Sœurs déroulant leur voile blanc le long de la sombre paroi rocheuse jusque dans les eaux vert foncé du fjord.

A Eidsdal, prendre le ferry qui traverse le Storfjord en 15 mn. De l'autre côté, à Linge, prendre la route 63 vers le Nord-Est en direction d'Andalsnes.

Vallée de Valldal – Les paysages reposants de la fertile vallée offrent un contraste sensible avec les paysages sauvages rencontrés jusque-là ; les cultures fruitières sont la principale ressource de cette vallée ensoleillée et les beaux vergers que l'on voit seront sans doute les derniers dans cet itinéraire car les latitudes plus nordiques ne conviennent pas à la culture fruitière.

Gudbrandsbru – *A 13 km de Valldal.* De ce pont on peut voir des torrents d'eau écumeuse se précipiter en grondant à travers une gorge très étroite, **Gudbrandsjuvet**, dans un cadre très pittoresque.
Ouverte en 1936, la route **Trollstigvegen** traverse l'une des régions les plus désertiques de Norvège. Lorsqu'on atteint le col, la route passe entre plusieurs sommets qui culminent entre 1 500 m et 1 800 m, le plus élevé étant Trolltindene à l'Est. Sur les pentes raides et nues s'effritent de nombreuses roches. Juste avant que la route ne plonge dans la vallée profonde de l'autre versant, un chemin à droite conduit à une terrasse taillée dans le rocher, d'où la vue est tout à fait exceptionnelle. A cette distance, la route qui descend vers Åndalsnes ressemble à une éraflure à la surface de la paroi rocheuse. Au cours de la descente, on s'approche de deux chutes d'eau impressionnantes ; un pont enjambe la **Stigfoss** qui tombe d'une hauteur d'environ 180 m.

Åndalsnes – La petite ville est située à l'embouchure de la Rauma qui se jette dans le Romsdalfjord. De par sa position sur les rives d'un fjord pittoresque et au début de la « Route dorée » aux paysages inoubliables, elle est devenue un centre touristique animé. En la quittant, il est possible de longer le Romsdalfjord en direction de l'Ouest à travers une région vallonnée parsemée de fermes et de villages, puis de continuer le long du Storfjord jusqu'à la ville d'Ålesund construite sur plusieurs îles.

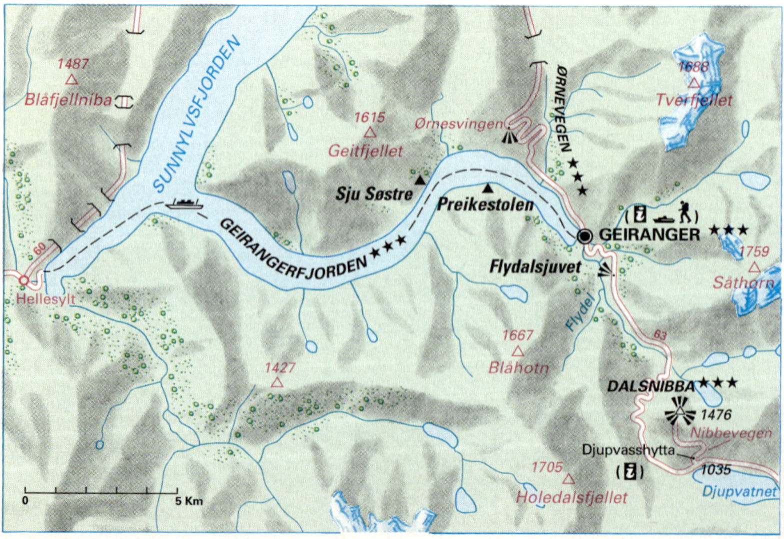

HARDANGERFJORD★★

Hordaland

Carte Michelin n° 985 – L/M 2/3 ou Atlas Europe – p. 104

Facilement accessible à partir de Bergen ou de Stavanger, le Hardangerfjord s'enfonce à l'intérieur des terres en direction du Nord-Est sur une distance de 179 km et se divise en plusieurs bras. Près de la côte, le fjord est large et ouvert, et sur ses berges en pente douce on peut voir des vergers, des prairies et de coquets villages ; puis, au fur et à mesure qu'il pénètre dans les régions montagneuses, il devient plus étroit et les paysages deviennent plus sauvages. Toutefois, le Hardangerfjord peut réserver des surprises avec ses charmantes prairies, ses vergers et une ferme contrastant de façon marquée avec les austères paysages de montagne. De nombreuses chutes d'eau sont présentes dans la région : certaines surgissent soudain au détour d'un virage, d'autres, visibles de loin, rebondissent dans un nuage d'écume sur le flanc des montagnes. Une succession de routes touristiques permet d'apprécier la variété des paysages ; elles longent le fjord depuis Skånevik près de la côte (à 87 km au Nord-Est de Haugesund) jusqu'à Norheimsund (à 81 km à l'Est de Bergen).

C. Boisvieux

Hardangerfjord

DE SKÅNEVIK A NORHEIMSUND

193 km par les routes 48, 11, 13 et 7. Cette excursion peut se faire en un ou plusieurs jours, car la région offre une grande variété de paysages magnifiques ainsi que diverses possibilités de randonnées en plaine ou en montagne, d'excursions, de croisières sur le fjord, etc. En outre, les localités de Skånevik, Odda, Lofthus, Kinsarvik, Eidfjord, Ulvik et Norheimsund offrent un grand choix d'hébergement.

Skånevik – Ce port pittoresque est blotti au creux d'une petite crique au fond du Skånevikfjord, bras du Hardangerfjord. Tout près des rives, de minuscules îles, sur lesquelles poussent quelques arbres, forment un splendide tableau romantique surtout pendant les longs crépuscules d'été, lorsqu'elles se découpent en ombres chinoises sur fond de montagnes enneigées, éclairées par les reflets argentés des eaux du fjord.

Suivre la route 48 jusqu'à Håland (13 km) et prendre la route 11 à gauche ; entre Tjelmeland (16 km) et Fjæra (40 km), la route longe l'Åkrafjord, autre bras du Hardangerfjord.

Åkrafjord – Littéralement creusée dans la montagne, la route est dominée par des surplombs impressionnants en saillie sur la paroi rocheuse quand elle ne passe pas dans des tunnels ou sur des ponts. Les sommets arrondis couverts de neige qui se profilent au loin forment un agréable contraste avec le fjord couleur vert. A chaque virage on découvre de nouveaux paysages où s'inscrivent de minuscules villages dont les maisons peintes de couleurs vives et couvertes de lauzes s'accrochent au rocher, quelques bateaux de pêche amarrés le long des berges et des chutes d'eau étincelant au soleil.

A **Langfoss bro**, 4 km avant Fjæra, une écume blanche, projetée du haut de la montagne à 600 m d'altitude, rebondit plusieurs fois sur la paroi rocheuse.

Continuer sur la route 11 jusqu'à Jøsendal (54 km), puis prendre la route 13 vers Odda (74 km).

Låtefoss bro – *5 km après Jøsendal.*
La route suit maintenant le cours tumultueux d'un torrent de montagne et traverse une région variée où l'on aperçoit quelques carrés de terre cultivée. Puis le cours d'eau et la route pénètrent dans un cañon et l'on se trouve soudain face à l'impressionnante chute d'eau de Låtefoss bro. La quantité d'eau, qui jaillit de deux crevasses dans le flanc de la montagne, est si importante qu'un voile d'embruns brouille en partie la vue.
Une fois sorti du cañon, le torrent devient une rivière qui serpente à travers une vallée plus large et rebondit sur d'énormes rochers avant de se jeter dans le Sørfjord à Odda.

Odda – Ce centre touristique est la principale ville de la région. L'attraction principale est l'excursion au **Buarbreen**, glacier que l'on peut atteindre par une route secondaire qui commence à 2 km au Sud d'Odda.

6 km plus loin, on parvient à la fin de la route ; à partir du parking, un chemin bien indiqué conduit au bord du glacier (1 h de marche). Les promenades sur le glacier même se font sous la conduite de guides locaux.

Buarbreen fait partie du **Folgefonn**, troisième glacier norvégien par la taille, d'une longueur de 37 km, d'une largeur de 16 km et d'une épaisseur allant jusqu'à 170 m.

Des excursions au sommet du Folgefonn (1 660 m), comprenant une nuit dans un refuge à Holmaskjer, sont organisées à partir de Buar.

Sørfjord – La route 13 longe la rive orientale du Sørfjord, autre bras du Hardangerfjord, depuis Odda jusqu'à Kinsarvik sur une distance de 41 km. Le fjord est long et étroit mais la vue est plus dégagée ici qu'au long d'Åkrafjord, car le flanc de la montagne, couvert alternativement de buissons sauvages et d'arbres fruitiers, descend en pente douce jusqu'au niveau de l'eau, tandis que les cimes enneigées forment au-dessus une ligne blanche continue.
A l'Est du fjord se trouve le vaste plateau montagneux du **Hardangervidda**, situé à une altitude comprise entre 1 000 et 1 200 m et d'une superficie de 7 500 km², dont une partie est classée parc national. Le plateau est habité par des rennes sauvages que rejoignent en été, sur les riches prairies, des milliers de moutons, de chèvres et de chevaux. Les pistes et sentiers très anciens sont de nos jours utilisés par les randonneurs qui peuvent passer la nuit dans des cabanes bâties en troncs d'arbre. Kinsarvik et Eidfjord sont de bons points de départ *(contacter les offices de tourisme locaux)*.

Lofthus et Kinsarvik – *A 105 km et 115 km respectivement.*
Les deux villages font partie de la commune d'Ullensvang, au cœur d'une région où les cultures fruitières se font depuis le 13ᵉ s. Grâce à la richesse du sol, aux hivers doux et aux longues heures d'ensoleillement en été et en dépit d'une latitude de 60° Nord, ces cultures fournissent aujourd'hui une grande partie de la production norvégienne. Pendant les deux dernières semaines de mai et la première semaine de juin, les rives de Sørfjord offrent un véritable festival de couleurs.

Lofthus – **L'église gothique d'Ullensvang** fut construite en pierre à la fin du 13ᵉ s. et remaniée à la fin du 19ᵉ s. Elle contient une chaire datant de la Réforme et un retable de 1699. Dans le parc de l'hôtel Ullensvang, au bord du fjord, se dresse une cabane utilisée par Edvard Grieg *(voir à ce nom)* lors de son séjour dans la région en 1877-78 *(demander la clé à la réception de l'hôtel)*.

Kinsarvik – C'est la principale agglomération de la commune d'Ullensvang ; c'est aussi une charmante station de vacances à l'embouchure de la Kinso. L'**église**, l'une des plus vieilles de Norvège, aurait été construite par des maîtres d'œuvre écossais pendant la seconde moitié du 12ᵉ s. ; cette hypothèse est tout à fait plausible puisque l'on sait que Kinsarvik exportait du bois de construction vers l'Écosse au Moyen Âge. Le chœur fut ajouté plus tard, probablement au début du 13ᵉ s. A l'intérieur, subsistent des traces de fresques médiévales, représentant, entre autres, un curieux Jugement Dernier où saint Michel tient une balance et pèse les âmes de ceux qui souhaitent entrer au Paradis, tandis que des démons armés de crochets font de leur mieux pour l'en empêcher. L'église abrite aussi une chaire peinte par Peter Reimers en 1609 et un retable datant de 1695 environ.

De Kinsarvik à Brimnes (133 km), la route 13 continue le long de l'Eidfjord, sauvage et splendide. Avant de prendre le ferry pour Bruravik, il est recommandé de faire un détour vers Eidfjord, à 11 km à l'Est de Brimnes.

Eidfjord – Cette station pittoresque offre plusieurs possibilités d'excursions dans un rayon de 20 km.

Continuer vers l'Est jusqu'à Fossli (1 km), puis suivre le chemin qui conduit à la chute de Vöringfoss (1 h AR).

Située à 18 km d'Eidfjord le long de la route principale, **Vøringfoss**, dont la chute verticale fait 182 m de hauteur, est l'une des chutes d'eau les plus spectaculaires de Norvège.

Revenir vers Eidfjord et prendre la direction Nord-Est sur 12 km.

A **Kjeåsen**, une ferme de montagne typique préservée avec soin est perchée à 600 m au-dessus du fjord dans un admirable décor de style alpin. L'accès se fait par une pittoresque route sinueuse qui passe dans un tunnel de plus de 2 km de long.

Revenir à Brimnes et traverser l'Eidfjord. De Bruravik on peut aller directement à Granvin (14 km) en passant par un tunnel de 7,5 km de long ou en faisant un détour par Ulvik (10 km au Nord de Bruravik).

Ulvik – C'est aussi une station de vacances importante à l'intérieur des terres. Elle offre diverses possibilités : le survol des fjords, des glaciers et des chutes d'eau à bord d'un hydravion ainsi que des excursions en bateau sur l'Ulvikfjord et l'Osafjord.
Les alentours sont le paradis des ornithologues, en particulier la région boisée proche d'Ulvik et le marais salant s'étendant sur les rives du fjord qui est très intéressant à marée basse, d'autant plus qu'il y a tout près une cabane d'observation des oiseaux.

A Granvin, prendre à gauche la route 7 vers Norheimsund (193 km).

La route longe le majestueux Hardangerfjord qui s'élargit considérablement par endroits, atteignant des proportions impressionnantes et permettant de découvrir des panoramas grandioses. En chemin on rencontre quelques jolis villages aux couleurs vives comme **Ålvik.**

Norheimsund – C'est la principale agglomération sur la rive Nord du Hardangerfjord ; la grande attraction touristique est la chute de **Steindalsfoss** : le café qui tient lieu de boutique de souvenirs situé au pied de la chute est souvent envahi de monde en été, mais plusieurs chemins permettent d'explorer les environs ; l'un d'eux conduit sous la chute.

Pour tout ce qui fait l'objet d'un texte dans ce guide (villes, sites, curiosités isolées, rubriques d'histoire ou de géographie, etc.), reportez-vous à l'index.

HEDDAL**

Telemark

Carte Michelin n° 985 – M 6 ou Atlas Europe – p. 104

Située à 5 km à l'Ouest de la ville de Notoden, la petite commune rurale de Heddal doit sa célébrité à sa splendide église en bois debout, qui est la plus grande de Norvège et l'un des plus beaux exemples de ces édifices médiévaux en bois.

LES ÉGLISES EN BOIS DEBOUT

Ces églises n'existent qu'en Norvège et on les considère à juste titre aujourd'hui comme des pièces uniques du patrimoine national *(voir en Introduction, chapitre : Architecture)*. Ce n'est qu'au 19e s., à la suite de la publication par le peintre J.C. Dahl d'un livre sur le sujet, que la valeur architecturale et historique des églises en bois debout fut reconnue par tous. Il ne reste plus aujourd'hui que 30 églises de ce genre, presque toutes situées dans les régions montagneuses du Sud et, bien qu'elles aient été soigneusement restaurées, elles sont constamment menacées de destruction comme l'atteste l'incendie qui ravagea en 1992 l'église de Fantoft *(voir à Bergen)*.

Une technique de construction révolutionnaire – Ce type d'architecture très caractéristique se développa surtout aux 12e et 13e s. Les églises en bois debout furent construites alors pour remplacer en général un type de construction semblable datant du 11e s. Les premiers édifices durèrent à peine cent ans parce que leurs piliers s'enfonçaient dans le sol et se décomposaient peu à peu. Au début du 12e s., une nouvelle technique fit son apparition : elle permit à l'ensemble de l'édifice d'être surélevé et donc de durer bien plus longtemps. Chaque mur comportait des poutres horizontales en haut et en bas, reliées par des poteaux verticaux appelés *stav* et formant un cadre très résistant renforcé par des planches verticales. Une fois assemblés, les quatre murs formaient une structure solide sur laquelle reposait tout l'édifice.

Variations de style – Cette technique fut adaptée à divers styles d'architecture. Au début, les églises furent construites selon un plan rectangulaire tout simple comprenant une nef et un chœur. Plus tard on ajouta une abside en demi-cercle et la partie centrale de la nef fut surélevée et séparée des bas-côtés par des piliers comme dans les églises en pierre de l'époque : ce fut le cas de l'église de Heddal. D'autres églises, comme celles de Nore et d'Uvdal dans la Numedal *(voir à ce nom)*, furent construites avec un pilier central s'élevant jusqu'au sommet de la toiture.

Quel que soit leur style, elles furent presque toutes entourées d'une galerie extérieure qui servait de porche et protégeait le bas des murs. La toiture s'élevait en trois paliers et était parfois surmontée d'une ou plusieurs tourelles ; la couverture était en galets de bois. L'édifice était entièrement badigeonné au goudron de bois pour éviter la décomposition, précaution que l'on pratique encore aujourd'hui selon une recette très ancienne.

Décoration – Les églises en bois debout étaient décorées avec plus ou moins de raffinement de sculptures représentant généralement des animaux, réels ou mythiques, comme le voulait la tradition viking. Les encadrements de portes étaient souvent décorés de haut en bas avec des motifs complexes et ceux qui ont survécu jusqu'à nos jours témoignent de l'originalité de l'art médiéval norvégien. Le faîte des nombreux pignons était dans la plupart des cas surmonté de dragons en guise de protection contre les mauvais esprits.
L'intérieur des églises est généralement très sombre car, à l'origine construites sans fenêtres, la lumière ne pouvait y pénétrer que par les petites ouvertures rondes placées sous la toiture. Et pourtant, la richesse de la décoration est étonnante ; certains piliers, par exemple, sont coiffés de chapiteaux sculptés tout comme ceux des églises romanes en pierre et les murs et les plafonds furent souvent couverts de fresques à la fin du Moyen Âge ou même après la Réforme.

★★ ÉGLISE ⓥ

Selon une inscription runique qui se trouve sous la galerie couverte, l'église, qui fait toujours office d'église paroissiale, aurait été construite en 1242 et dédiée à la Vierge Marie, mais on admet généralement que le chœur est plus ancien que le reste d'une centaine d'années et servit probablement de nef à une église antérieure devenue trop petite. Heddal fut remaniée plusieurs fois, mais l'édifice a été restauré afin de retrouver son aspect médiéval.
On entre par le portail Ouest, le plus richement décoré de motifs d'animaux et de feuillages entrelacés caractéristiques de la décoration du 13e s.
La nef est séparée des bas-côtés par des piliers circulaires ornés de sculptures représentant des masques très expressifs et reliés au sommet par des croix de Saint-André et des poutres horizontales.
Le seul mobilier médiéval que l'église ait conservé est un fauteuil en bois, connu sous le nom de fauteuil de l'évêque, orné de fines sculptures illustrant une légende de la mythologie nordique, ce qui a fait dire à certains experts que le fauteuil pourrait dater de l'époque pré-chrétienne. Le retable date de 1667 et les murs de la nef et du chœur sont couverts de peintures de deux époques différentes, la plus récente étant la fin du 17e s.

Heddal Bygdetun – Située à 300 m au Sud de l'église, la **ferme de Heddal** comprend plusieurs anciens bâtiments caractéristiques de l'architecture en bois dans la région du Telemark.

L'écriture runique

L'écriture runique *(voir aussi « Les pierres runiques » à Jelling, Danemark)* correspond à la représentation d'une phonétique, c'est-à-dire qu'à chaque signe ou **rune** correspond un son. L'ensemble des runes constitue une sorte d'alphabet, appelé *futhark* d'après les 6 premières lettres qui le composent, comprenant 24 caractères. Au 9e s. le nombre des signes fut réduit à 16.
L'écriture runique n'est pas le seul fait des peuples scandinaves ; elle a été utilisée par tous les peuples germaniques. Les plus anciennes inscriptions connues datent du 2e s., mais, dans la plupart des pays, l'utilisation du futhark cesse vers le 10e s., sauf en Scandinavie où l'on continue à s'en servir pendant tout le Moyen Âge.
Ces inscriptions sur pierre, bois, métal ou os sont riches d'enseignement sur la société viking ; elle relatent de hauts faits, sont des marques de propriété, des dédicaces ou des incantations.

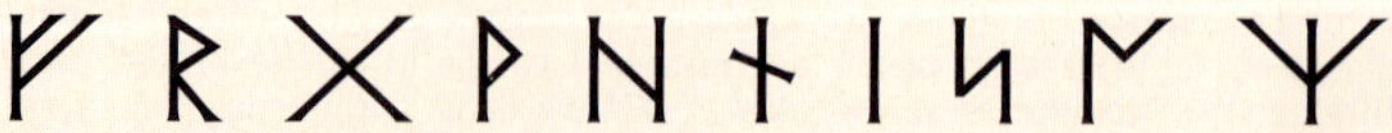

HURTIGRUTEN★★

Roi des nombreux ferries norvégiens, **Hurtigruten** *(1)*, ou l'**Express côtier**, assure la survie des régions septentrionales : il parcourt la moitié de son trajet au nord du cercle polaire et son arrivée dans les ports de la côte Nord-Ouest de Norvège est un événement quotidien qui rythme la vie des régions arctiques. Le service régulier fonctionne avec succès depuis plus de cent ans et ce fut, pour les hommes qui l'inaugurèrent, une entreprise hardie et une démonstration de grande compétence en matière de navigation.

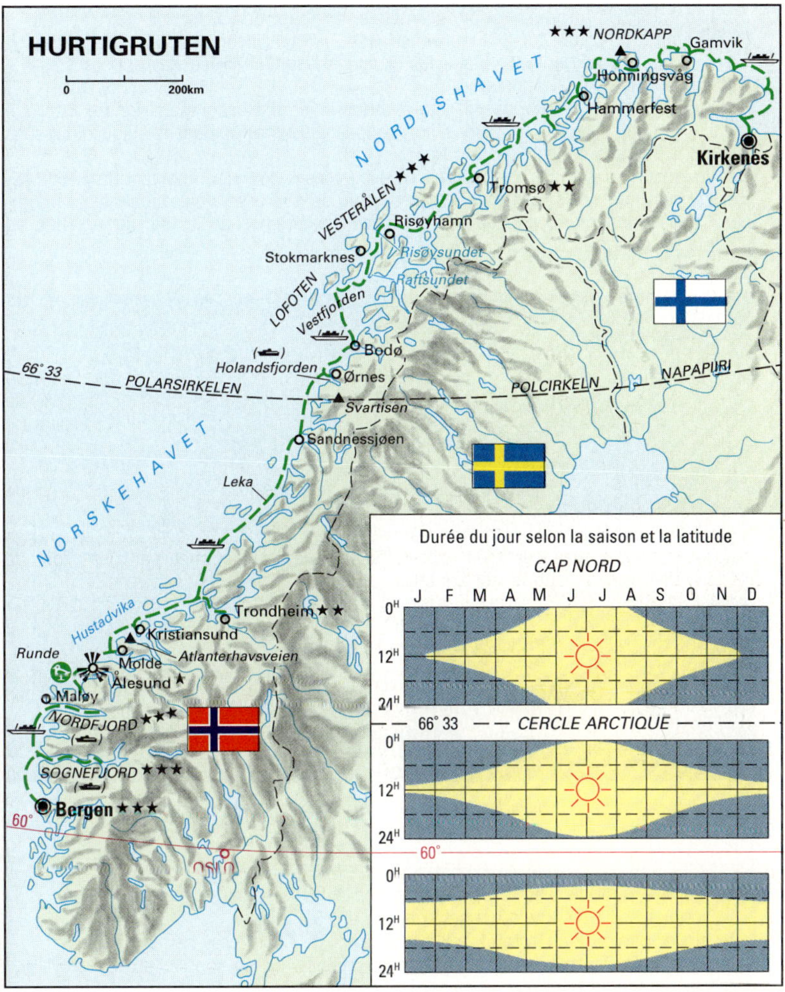

Hurtigruten – Avant 1893, le Nord de la Norvège était coupé du reste du pays pendant le long hiver arctique et le service postal était interrompu pendant cette période. Pour faire avancer le projet de la mise en service de l'Express côtier, on avança, il y a 100 ans, la nécessité d'instaurer un service postal régulier fonctionnant toute l'année.

Bien qu'étant à la même latitude que l'Alaska et la Sibérie, la Norvège, en particulier le long des côtes, jouit d'un climat beaucoup plus clément ; cela est dû à la présence du Gulf Stream qui part du golfe du Mexique, traverse l'Atlantique, longe les côtes de l'Europe occidentale et pénètre dans les mers arctiques sur une distance de 1 000 km, empêchant ainsi les côtes de Norvège d'être bloquées par les glaces. Cependant, jusqu'à la fin du 19e s., les navires n'osaient longer la côte et contourner le cap Nord que durant les mois d'été, car ils craignaient la violence des tempêtes hivernales et l'obscurité profonde des nuits polaires. Deux hommes furent assez hardis pour tenter une expérience de ce genre : **Richard With**, fondateur du service, et **Ånders Holte**, meilleur pilote côtier de Norvège à l'époque, qui fut le premier à naviguer durant les hivers polaires.

(1) En réalité ce nom désigne le service de ferries qui assure la liaison Bergen-Kirkenes.

C'est le 2 juillet 1893 que le premier navire, le *Vesterålen*, termina son voyage inaugural après avoir couvert la distance de Trondheim à Hammerfest et effectué le retour en moins de six jours. Au fil des ans, le service gagna en rapidité et l'itinéraire fut prolongé au-delà du cap Nord jusqu'à Kirkenes à la frontière russe. Un service de ce genre nécessitait une flotte de plusieurs navires qui s'ajoutèrent au Vesterålen et dont le nombre n'a cessé d'augmenter depuis. On améliora également l'accès à certains ports : ainsi le détroit de Risøy entre Andøya et Hinnøya, deux îles de l'archipel des Vesterålen, était trop peu profond pour les gros navires et il fallut donc le draguer pour permettre à l'Express côtier de faire escale à Risøyhamn ; la route fut inaugurée en 1922. Par ailleurs, le port de pêche de Gamvik sur la côte septentrionale dut attendre jusqu'au milieu des années 1980 la construction d'un quai approprié.
Ainsi naquit et se développa ce service dont le nom Hurtigruten signifie littéralement « la ligne rapide », mais que l'on connaît plus communément aujourd'hui sous le nom d'Express côtier.
Dès le début du service, les navires transportèrent courrier, marchandises et passagers, dont un nombre sans cesse croissant de touristes qui souhaitaient accomplir un passionnant voyage en mer et faire l'expérience de la vie norvégienne au rythme de la ligne.

L'une des unités constituant L'Express côtier

Quelques faits

– Un service quotidien est assuré de Bergen à Kirkenes et vice versa.
– Le long des 2 537 km du trajet, on compte 35 escales.
– La flotte parcourt au total 1 million et demi de kilomètres par an.
– Jusqu'à 3 000 passagers embarquent et débarquent au cours d'un seul voyage.
– Il y a en tout 11 navires appartenant à 3 compagnies différentes. Trois de ces navires furent lancés en 1993 pour commémorer le centenaire du service. Les navires les plus vieux datent de 1950 mais ont été remis à neuf dans les années 80. Le *Vesterålen* porte le nom du premier Express côtier, qui appartenait à la Compagnie des Navires à Vapeur des Vesterålen du capitaine With, basée sur les îles Vesterålen. Un autre navire récent a été baptisé *Midnatsol* (Soleil de Minuit), nom romantique fort approprié pour un navire qui vogue vers les régions où le soleil ne se couche pas pendant deux mois en été. D'autre part, le *Polarlys* doit son nom à un phénomène, l'aurore boréale, qui survient durant les longues nuits polaires : des électrons solaires s'enflamment en pénétrant dans le champ magnétique de la terre et peuvent ainsi éclairer le ciel pendant 20 heures.

Le voyage – L'aller et retour Bergen-Kirkenes-Bergen dure 11 jours, mais c'est plutôt un circuit qu'un aller et retour parce que, lorsqu'un navire fait escale dans un port de nuit durant l'aller, il fera presque certainement escale dans ce même port de jour lors du retour. Il est bien entendu possible d'embarquer ou de débarquer dans n'importe quel port avec ou sans voiture, mais les réservations doivent être faites longtemps à l'avance. Il y a une troisième possibilité qui consiste à combiner un voyage aller ou retour avec un vol vers ou au départ d'un des ports d'escale. A bord, on insiste surtout sur le confort et l'absence de formalités selon la tradition norvégienne et on a maintes fois l'occasion de se familiariser avec le mode de vie norvégien.

Les sites – Les navires longent la côte et se faufilent entre les îles presque tout le long du trajet, ne donnant à l'ennui aucune chance de s'installer puisque les plus beaux paysages de Norvège défilent à une vitesse de 15 nœuds. Cela permet d'admirer et de filmer à loisir des spectacles étonnants comme celui de l'île aux oiseaux de **Runde** *(voir à ce nom)*, près d'Ålesund, visible seulement du navire. La plupart des escales sont assez longues pour permettre aux passagers d'aller à terre et de visiter le port ; par ailleurs, des excursions vers le cap Nord ou vers l'impressionnant glacier Svartisen sont organisées pour coïncider avec les horaires de l'Express côtier.

Embarquement immédiat – La première escale importante à partir de Bergen en direction du Nord, à **Ålesund**★ *(voir à ce nom)*, dure trois heures, ce qui permet de visiter la ville à loisir et de monter au sommet du mont Aksla pour admirer le panorama. L'escale suivante est **Molde**, mise en valeur par son cadre montagneux pittoresque, et réputée pour être la ville des roses malgré sa latitude nordique ; les passagers peuvent soit continuer le voyage par mer vers **Kristiansund** en saisissant une des rares occasions de naviguer en pleine mer et de franchir Hustadvika, soit quitter momentanément le navire et se joindre à une excursion le long de la spectaculaire **Atlanterhavsveien**★ *(voir à ce nom)* pour embarquer de nouveau à Kristiansund. Ce port de pêche, à cheval sur trois îles, peut se visiter au retour. **Trondheim**★★ *(voir à ce nom)* marque une autre escale importante à l'aller et au retour, et il est tout à fait possible de visiter une partie de cette ancienne cité, dotée d'un original musée d'instruments de musique. Après Trondheim, l'occasion se présente à nouveau de respirer l'air du large entre Stokksund et Rørvik ; au-delà s'étend la bande étroite qui forme le Nord de la Norvège.
L'île de **Leka**, peu après Rørvik, occupe une place de choix dans la mythologie nordique : selon la légende, la montagne qui se trouve sur l'île serait la jeune vierge Leka, pétrifiée par le soleil alors qu'elle tentait d'échapper à un cavalier qui l'avait regardée se baigner nue.
Après avoir franchi le cercle polaire, au Nord duquel 70 % de tout le poisson norvégien est pêché, ceux qui recherchent une expérience exceptionnelle pourront prendre un bateau plus petit qui les conduira le long du Holandsfjord jusqu'au pied du glacier **Engebreen**, bras du **Svartisen** *(voir à ce nom)*, puis aller à Bodø en autocar pour y reprendre l'Express côtier.
Bodø *(voir à ce nom)* est la dernière escale avant que l'Express côtier ne vire vers le Nord-Ouest et ne traverse le vaste Vestfjord pour atteindre les **îles Lofoten**★★★ *(voir à ce nom)*. Le navire se faufile avec une grande dextérité entre les îles, en passant par les détroits de Raftsundet et de Risøyrenna bordés de phares ; la plus grande partie du trajet se fait de nuit à l'aller, mais, au retour, il est possible d'admirer pendant toute une journée les paysages uniques qu'offrent les îles Vesterålen et Lofoten. Le bateau fait escale à **Stokmarknes**, où l'idée de créer l'Express côtier vit le jour : un musée fut inauguré à l'occasion du centenaire du service.
La ville polaire de **Tromsø**★★ *(voir à ce nom)* peut se visiter soit à l'aller, soit au retour ; on a même le temps de prendre un téléphérique pour apercevoir le soleil de minuit. L'Express côtier jette l'ancre à **Hammerfest**, ville la plus septentrionale de Norvège, puis dans le port de pêche de Honningsvåg où des excursions coïncidant aussi bien avec l'horaire de l'aller qu'avec celui du retour permettent de se rendre au célèbre **cap Nord**★★★ *(voir à Nordkapp)*. La ville minière de **Kirkenes**, près de laquelle sont situées les plus importantes mines de fer de Norvège, marque le terminus d'un long voyage passionnant de la région des fjords aux régions polaires désertiques et le début d'un autre voyage puisque l'Express côtier fait demi-tour et repart vers le Sud.

KONGSBERG★

Buskerud – 21 138 habitants

Carte Michelin n° 985 – M 6 ou Atlas Europe – p. 104

Située à 80 km à l'Ouest d'Oslo, au cœur d'une région montagneuse, Kongsberg s'étale sur les deux rives de la Lågen qui descend la Numedal *(voir à ce nom)* en direction du Sud. Le pont qui relie la vieille ville et les nouveaux quartiers franchit la rivière à l'endroit où elle rebondit en cascade par-dessus un barrage dans un cadre pittoresque dominé par la tour massive de l'église.

Les mines d'argent – Des gisements d'argent, découverts dans les montagnes à l'Ouest de la rivière, furent à l'origine de la fondation de la ville en 1624 par le roi du Danemark Christian IV. Les mines fonctionnèrent pendant plus de 300 ans avant d'être définitivement fermées en 1958. Durant toute cette période, elles permirent à Kongsberg de jouir d'une prospérité considérable qui se reflète encore dans le quartier situé autour de l'imposante église du 18e s. Les mines connurent pourtant une récession au début du 19e s. et en 1814 on créa l'usine d'armement.

Le ski, une tradition – A une époque plus récente, Kongsberg devint célèbre dans le domaine du sport grâce à ses champions de ski qui gagnèrent un nombre impressionnant de médailles olympiques et de championnats du monde durant les années 1930 et 1940. Leurs exploits sont relatés au musée du Ski de la ville, tandis que le complexe de ski très moderne tente de perpétuer la tradition.
De nos jours, Kongsberg est une ville industrielle et commerciale moderne, soucieuse de préserver son patrimoine mais consciente de sa nouvelle image de pôle touristique au centre de la région de la Numedal et du Telemark. Elle offre de nombreuses possiblités d'excursions, de pratique du ski, de pêche à la truite dans la rivière et les lacs de montagne, et organise un festival de jazz en juin.

CURIOSITÉS

★★ **Église** ⊙ – Elle a été construite pour être la plus grande de Norvège et son intérieur baroque est magnifique. L'édifice dont les proportions dénotent un projet particulièrement ambitieux dans le contexte norvégien, remplaça une église antérieure qui était devenue trop exiguë après l'expansion rapide de la ville au 18e s. Le projet fut financé par des fonds issus des mines d'argent. L'église fut achevée en 1761 et la date fut gravée sur le fronton situé sous la tour ; immédiatement au-dessus est dessiné l'emblème de la mine, que l'on peut voir également sur l'église d'une autre ville minière, Røros.
Bien que l'église ait été construite en forme de croix, la tour fut placée sur un des bras du transept et l'intérieur fut décoré comme si l'édifice était rectangulaire. L'autel se dresse au milieu de l'un des longs bras, la chaire et l'orgue étant placés immédiatement au-dessus. Sur le mur opposé se trouvent la loge royale ainsi que des loges plus petites réservées aux hauts fonctionnaires des mines d'argent. Les bancs qui se trouvent en bas et dans les galeries étaient destinés aux autres paroissiens selon leur rang social. Parmi les décorations de toute beauté, on peut admirer trois énormes **lustres** réalisés par des artisans norvégiens, ainsi que plusieurs objets en argent de grande valeur dont un coffret et un pichet à vin provenant de l'église précédente.
Les deux cloches de la tour furent fondues au Danemark ; il fallait les efforts de 6 hommes pour faire sonner la grosse cloche que l'on entendait dans toute la ville !

★ **Norsk Bergverksmuseum** ⊙ – Situé au cœur de la ville, l'ancien quartier général de la compagnie des mines d'argent abrite aujourd'hui le **musée des Mines de Norvège**, qui retrace l'histoire des mines d'argent de Kongsberg pendant leurs 300 années d'existence grâce à des maquettes illustrant l'accès aux mines et les conditions de travail des mineurs, les méthodes d'extraction du minerai d'argent, etc. Une des pièces uniques du musée est une maquette du 18e s. en parfait état de fonctionnement qui montre le procédé d'extraction et de fusion du minerai. L'ancienne fonderie est située au sous-sol du musée. Il y a en outre une collection unique de minerais et de spécimens rares d'argent pur aux formes étranges, découverts à différentes époques.

Den Kongelige Mynts museum ⊙ – Situé dans le même bâtiment, le **musée de la Monnaie** abrite une collection de monnaies frappées à Kongsberg après que l'hôtel de la monnaie eut été transféré dans la ville en 1886.

Musée du Ski ⊙ – C'est le troisième musée abrité sous le toit de l'ancienne compagnie des mines. Fondé par les champions du monde et médaillés d'or olympiques Birger Ruud et Petter Hugsted, il contient une collection de skis et d'équipements anciens ainsi que des coupes et des médailles gagnées par les skieurs de la ville. Il y a également une bibliothèque qui contient des archives importantes concernant les événements du ski international ; on y rencontre souvent les fondateurs enthousiastes du musée qui cherchent constamment à l'améliorer et l'agrandir.

Lågdalsmuseet ⊙ – Situé près du centre-ville, ce musée de plein air comprend une sélection de bâtiments anciens illustrant le mode de vie traditionnel dans la ville mais aussi dans les villages de la Numedal.

EXCURSION

★ **Kongsberg Sølvgruver** ⊙ – *A Saggrenda, 8 km à l'Ouest.*
La visite guidée de la **mine d'argent de Kongsberg** commence par un trajet dans un train miniature qui s'enfonce au cœur de la montagne sur 2,3 km jusqu'à la mine du Roi, la plus importante des mines de Kongsberg.

Tout ce qui brille n'est pas or – Durant l'été de 1623, deux jeunes bergers découvrirent une veine d'argent pur sous un tapis de mousse. Des fouilles systématiques furent bientôt entreprises et Christian IV, qui revendiqua la totalité des richesses pouvant découler de cette découverte, fit venir des mineurs allemands pour travailler sur le site.

A la fin du 18e s., il y avait environ 80 mines employant 4 000 hommes. Puis, au début du 19e s., les mines furent fermées par suite de difficultés financières. Avant leur réouverture, des galeries d'accès furent creusées pour faciliter le travail et augmenter le rendement ; les résultats se firent très vite sentir : 400 hommes seulement extrayaient une quantité déterminée alors qu'il en fallait dix fois plus auparavant. Mais à partir de 1870, le prix de l'argent commença à chuter et la qualité du minerai se détériora, ce qui eut pour conséquence la fermeture définitive des mines en 1958. De 1623 à 1958, 1 350 tonnes d'argent pur furent produites, ce qui représente environ 4 tonnes par an ; cela paraît être une performance considérable lorsque l'on sait qu'une tonne de minerai ne produit que 200 à 500 grammes d'argent !

Kongens Gruve – Le train s'arrête à 342 m de profondeur, à l'entrée de la **mine du Roi**, où se trouvaient les principaux compresseurs qui alimentaient les foreuses et autres équipements situés à plusieurs kilomètres de distance. La mine du Roi se trouvait à 1 070 m de profondeur, soit 500 m au-dessous du niveau de la mer. Le puits principal est assez large pour que deux ascenseurs opèrent de front, chacun pouvant descendre quatre ou cinq mineurs aux différents niveaux. On assiste aussi à une démonstration de la *Fahrkunst*, première machine capable de monter et descendre les hommes dans la mine ; allemande de conception, elle fut installée vers 1880. Dans la salle de repos, les mineurs effectuaient leur pause déjeuner.

KRISTIANSAND

Vest-Agder – 66 398 habitants

Carte Michelin n° 985 – N 4/5 ou Atlas Europe – p. 104

Kristiansand est la cinquième ville de Norvège et la capitale du Sørland, région côtière bordant le Skagerrak. Ce port de ferries, l'un des plus importants de Norvège, assure un service régulier avec Hirstals au Danemark et Newcastle en Grande-Bretagne. C'est aussi un centre industriel et commercial très actif et l'une des « villes blanches » les plus animées de la Norvège du Sud, ainsi appelées à cause de leurs maisons blanches caractéristiques.

Kvadraturen – La cité fut fondée en 1641 par le roi Christian IV de Danemark à l'embouchure de l'Otra. Conçu par le roi lui-même, son plan géométrique, avec la place du marché au centre, était caractéristique des villes de la Renaissance au 17e s. Le centre de la ville a conservé son réseau de rues se coupant à angle droit qui valut au quartier le nom de Kvadraturen, encore utilisé aujourd'hui.
Afin de protéger la ville contre toute attaque venue de la mer, le roi construisit un fort sur la rive du fjord, **Christiansholm Festning** ⏱, qui a résisté à l'épreuve du temps. Au 20e s., l'industrialisation entraîna une période de prospérité pour la ville qui s'étendit sur la rive Est de l'Otra.

LA VIEILLE VILLE

Le centre comprend un quartier bien conservé, appelé **Posebyen**★, situé le long de la rivière. Son cachet ancien lui confère beaucoup de charme, ses maisons blanches, dont certaines datent du 17e s., ont des encadrements de portes et de fenêtres rehaussés de couleurs vives ; les toits couverts de tuiles et les rampes en fer forgé ajoutent une note enjouée à ce tableau provincial. Plusieurs galeries d'art élégantes bordent certaines rues. Sur la place du marché s'élève la cathédrale, reconstruite à la fin du 19e s. dans le style néogothique.
Au Nord-Ouest de Posebyen, de l'autre côté de la route E 18, **Baneheia** regroupe des espaces verts, sillonnés de sentiers de promenades, et des lacs.

AUTRES CURIOSITÉS

Vest-Agder Fylkesmuseum ⏱ – A l'Est de la ville, le **musée régional du Vest-Agder** comprend une section de plein air, où l'on peut voir une rue ancienne de Kristiansand, reconstituée, ainsi que des fermes caractéristiques du Vest Agder et de la Setesdal. Le bâtiment principal abrite des expositions à thèmes.

Agder Naturmuseum og Botaniske hage ⏱ – Fondé en 1828, le **musée d'Histoire naturelle de l'Agder** est l'un des plus anciens musées d'Histoire naturelle de Norvège. Ses collections ont entièrement été rénovées en 1990 et installées dans Gimle Gård juste au Nord de la route E 18 ; le musée illustre une partie de l'histoire naturelle de la Norvège du Sud depuis la dernière glaciation : il montre par exemple comment les glaciers ont façonné les paysages, comment des rochers, venus de Suède et du Danemark, se trouvèrent emprisonnés dans des icebergs ; il montre également la faune caractéristique des différentes périodes climatiques.
Un **jardin botanique** est rattaché au musée.

EXCURSIONS

Kristiansand Dyrepark – *12 km à l'Est.*
Cette base de loisirs comprend un zoo, un parc à thèmes où l'on peut visiter une ville imaginaire du nom de « Kardemomme », une base de jeux aquatiques ; on y pratique diverses activités de plein air et on y organise des manifestations théâtrales.

La côte méridionale de Kristiansand à Årendal – *67 km vers l'Est. Quitter Kristiansand par la route E 18 en direction d'Oslo.*

Lillesand – *28 km.* Cette « ville blanche » typique a su préserver son cachet ancien ainsi que plusieurs élégantes demeures des 18ᵉ et 19ᵉ s. Certaines d'entre elles sont désormais protégées, tel l'ancien édifice des douanes. Lillesand est célèbre pour la profusion de roses et de géraniums qu'elle déploie en saison donnant ainsi l'impression que chaque jour est un jour de fête. La ville dispose d'un nouveau port de plaisance, d'où l'on peut faire d'intéressantes excursions en bateau en suivant Blindleia, chenal pittoresque qui serpente à travers les îles situées juste au large du port.

Grimstad – *47 km.* Deux des plus célèbres écrivains norvégiens, Henrik Ibsen et Knut Hamsun, ont vécu à Grimstad, ville animée par de nombreuses activités culturelles, dont les principales sont les manifestations théâtrales d'été, le Séminaire international Ibsen et le Festival du cinéma, sans compter les concerts et les expositions.

Ibsenhuset, ou Grimstad Museum, est le musée municipal, abritant une foule de souvenirs du célèbre dramaturge, dont la vieille pharmacie, où il fut employé comme apprenti. Chaque année en été, la « Ville blanche » baignée de soleil est envahie par une foule de vacanciers enthousiastes qui profitent de la mer et des îles tout autant que des activités culturelles.

Årendal – *67 km.* Ce centre administratif et commercial, construit sur un groupe de sept îles reliées par des canaux, portait autrefois le nom de Venise du Nord. Les canaux ont été comblés mais la ville a gardé une partie de son attrait, surtout à proximité du vieux port, à **Pollen**, et à **Tyholmen**, l'un des sites urbains les mieux conservés de Norvège. Quelques maisons de bois imposantes, conçues comme résidences privées, témoignent de la vitalité d'Årendal en tant que port de commerce important. L'**hôtel de ville** (Rådhus) ⊙ en est un exemple : construit en 1815, c'est un superbe édifice en bois de style Empire, le plus élevé de Norvège ; il a été transformé en hôtel de ville en 1844.

LAPONIE★★★

Voir à Finnmark

LILLEHAMMER★★

Oppland – 23 264 habitants

Carte Michelin n° 985 – K 7 ou Atlas Europe – p. 105

Située sur la rive orientale du lac Mjøsa, à 160 km au Nord d'Oslo, Lillehammer est construite au pied de versants montagneux, à l'entrée de la superbe Gudbrandsdal *(voir à ce nom)*. Bien qu'elle soit l'un des principaux centres touristiques de la Norvège du Sud, elle a conservé son cachet de ville provinciale du 19ᵉ s. avec ses maisons basses en bois qui bordent la rue principale Storgata.
Pourtant, Lillehammer n'est pas restée statique ; c'est au contraire une ville moderne dotée d'un centre piétonnier où se serrent les terrasses des cafés, les boutiques élégantes et animé par une dense vie nocturne. Enfin, Lillehammer a fait preuve d'un dynamisme sans bornes en organisant les Jeux Olympiques d'hiver de 1994.

La légende des deux Birkebeiner – Birkebeiner signifie littéralement « jambes de bouleau ». La saga de Håkon Håkonson raconte l'histoire de deux hommes courageux qui sauvèrent la vie de l'héritier du trône, Håkon, âgé de deux ans, en le soustrayant à ses ennemis et en lui faisant franchir, durant l'hiver de 1205-1206, les montagnes qui dominent Lillehammer. Il est probable qu'ils passèrent une nuit ou deux à Lillehammer avant d'entamer leur périlleux voyage. Un tableau romantique peint en 1869 par K. Bergslien met en scène les deux hommes courbés sous le poids des armes en train de skier à travers une tempête de neige tout en portant le jeune prince dans leurs bras.
Chaque année, une course de ski de fond, qui s'effectue entre Lillehammer et Rena sur une distance de 56 km, commémore l'événement : on l'appelle la **course des Birkebeiner.**

Sigrid Undset (1882-1949) – La romancière reçut en 1928 le Prix Nobel de littérature pour sa série de romans, dont l'action se déroule dans la Norvège médiévale. Elle vécut de 1919 jusqu'à sa mort en 1949 à Bjerkebæk, maison située à la périphérie de Lillehammer. Son père était un archéologue célèbre et dès son plus jeune âge elle s'intéressa beaucoup à l'histoire et en particulier aux sagas nordiques. Mais l'espoir qu'elle nourrissait d'aller à l'université s'évanouit lorsque son père mourut et qu'elle dut se mettre à travailler pour aider sa mère et ses deux sœurs. Elle commença à écrire pendant ses moments de loisirs et à l'âge de 25 ans publia son premier roman, histoire réaliste ayant pour cadre Oslo (qui s'appelait alors Christiania). Jusqu'en 1919, elle écrivit des romans du même genre et décrivit avec beaucoup de réalisme la vie de tous les jours des gens ordinaires. En 1909, elle voyagea à l'étranger ; c'est ainsi qu'à Rome elle rencontra son futur mari, un peintre norvégien. Ils se marièrent en 1912 et eurent trois enfants, mais ils se séparèrent en 1919 et elle alla vivre à Lillehammer avec ses enfants. C'est alors qu'elle commença son premier roman historique, *Kristin Lavransdatter*, qui est généralement considéré comme son chef-d'œuvre ; il fut suivi d'*Olav Audunssøn*, et c'est pour ces deux volumineux ouvrages qu'elle reçut le Prix Nobel.
En 1940, elle se réfugia aux États-Unis et durant toute la guerre elle écrivit et parla sans cesse de son pays occupé. Les années de guerre semblèrent la priver de ses talents littéraires et après son retour en Norvège en 1945, elle cessa complètement d'écrire.

Ville olympique en 1994 – En février 1994 pendant 16 jours, les yeux du monde entier se portèrent sur Lillehammer, car la ville fut l'hôte des 17e Jeux Olympiques d'hiver. Tous les sites étaient situés dans un rayon de 50 km autour de Lillehammer : dans la ville et ses environs immédiats eurent lieu les épreuves de ski de fond, de saut et de hockey sur glace ; les épreuves de ski alpin se déroulèrent à Hatfjell et Kvitfjell au Nord, et celles de patinage et de hockey sur glace à Hamar et Gjøvik au Sud.
Visiter la tour du tremplin de saut et le stade Håkon, tous deux construits spécialement à cette occasion, présente un intérêt certain.

CURIOSITÉS

★★ **Maihaugen : De Sandvigske Samlinger** ⊙ – Maihaugen est l'un des plus beaux musées de plein air de la Norvège, en raison d'abord de sa situation sur le versant de la montagne qui domine le centre de Lillehammer et ensuite par le nombre impressionnant de bâtiments de bois qu'il regroupe sur un terrain boisé d'une superficie de 369 hectares. Lors de l'inauguration de Maihaugen en 1904, Anders Sandvig vit se réaliser son rêve : sauvegarder la civilisation rurale. Depuis, les **collections Sandvig** se sont accrues et le musée constitue aujourd'hui l'un des plus grands musées de plein air d'Europe.
Près de 150 maisons de la Gudbrandsdal, datant des 18e et 19e s., ont été reconstruites à Maihaugen pour illustrer la grande diversité architecturale de la région ; on a soigneusement recréé une commune rurale dans un paysage de lacs et de cours d'eau afin de donner à la fois l'impression d'espace et d'unité. La réussite du musée réside dans la recherche d'harmonie entre ces deux tendances. Une église en bois debout a été transportée de Lom et reconstruite telle qu'elle était au 18e s., tandis que les 27 bâtiments d'une grande ferme ont été remontés à Maihaugen en respectant scrupuleusement leur disposition d'origine. Une commune urbaine est maintenant en chantier. Composée essentiellement de bâtiments originaires de Lillehammer, elle est située près de l'édifice principal du musée, lequel abrite des intérieurs d'ateliers, une collection d'objets d'art et d'artisanat provenant de toutes les régions de Norvège, une salle de concerts et de théâtre.

B. Gérard/EXPLORER

Tapisserie du début du 18e s.

Y est également présentée une exposition permanente intitulée *Nous avons conquis le pays*, qui illustre de façon originale l'histoire de la Norvège au moyen de maquettes et de projections de diapositives ménageant des effets sonores et lumineux tout à fait spéciaux.
Maihaugen est aussi un musée vivant : l'été, des personnes et des animaux occupent la ferme Øygarden et des artisans s'affairent dans les ateliers.

Kunstmuseum ⊙ – Le **musée des Beaux-Arts** est situé sur la place centrale dans un bâtiment en forme de piano à queue. Il abrite une large collection de peintures norvégiennes de 1830 à nos jours et propose également des expositions temporaires consacrées à des artistes norvégiens et étrangers.

★ **Les sites olympiques** – **Håkons Hall** ⊙, conçu pour le hockey sur glace, est situé à Lillehammer même ; c'est un splendide exemple d'architecture norvégienne contemporaine en bois, tandis que la construction du **tremplin de saut de Lysgårdsbakkene** représente une véritable prouesse technique : en effet l'inclinaison naturelle du terrain a été exploitée de telle sorte que les deux rampes se fondent dans le paysage boisé. Du haut de la tour, la **vue**★★★ sur la ville et le lac est superbe.

EXCURSIONS

Les environs de Lillehammer offrent, selon la saison, de nombreuses et passionnantes possibilités d'excursions, de randonnées, de parcours à ski ou de rafting. On peut profiter pleinement des divers attraits qu'offre une nature encore intacte.

Lac Mjøsa – Situé au cœur d'une riche région agricole, c'est le plus grand lac de Norvège ; Eidsvoll, à son extrémité méridionale, n'est qu'à 70 km d'Oslo et c'est là qu'en 1814 la constitution norvégienne fut rédigée et que l'indépendance de la Norvège fut proclamée. La première ligne de chemin de fer du pays reliant Christiania (Oslo) à Eidsvoll fut inaugurée en 1854. Deux ans plus tard, un bateau à vapeur, le **Skibladner**, assurait un service régulier sur toute la longueur du lac et, dans les années 1880, quelque 40 bateaux naviguaient sur le lac. Aujourd'hui, le Skibladner est le seul qui ait été maintenu et il faut reconnaître qu'il a très peu changé d'aspect. Certaines excursions en autocar sont organisées en fonction des horaires du bateau *(Renseignements à l'Office de tourisme de Hamar)*.
Sur la rive orientale du lac, **Hamar** n'a conservé de son passé que les ruines romantiques de sa cathédrale. Cependant, on peut y visiter l'intéressant **Jerbanemuseet** ⊙, le plus vieux **musée du Chemin de Fer** de Scandinavie ; un petit train à vapeur fait le tour du parc en été. L'**Olympia Hall**, en forme de vaisseau viking, fut construit pour les épreuves de patinage des Jeux Olympiques d'hiver de 1994.

Parc de loisirs de Hunderfossen ⊙ – *A 13 km au Nord.*
C'est à la fois un parc à thèmes, fondé sur les contes du folklore norvégien, et un parc d'amusements à vocation éducative : on y trouve une section sur l'énergie, une section sur le pétrole et le gaz, une école de conduite pour enfants, et aussi la grotte des fées, dont l'entrée est gardée par un troll géant. Un film vidéo propose un voyage à travers toute la Norvège.

Nordseter et Sjusjøen – *Respectivement à 12 km et 22 km au Nord-Est.*
Ces deux pittoresques stations de montagne sont traversées par la route à péage qui porte le nom de **Birkebeinerveien** en souvenir des deux hommes courageux de la légende *(voir ci-dessus)*. Elle descend jusqu'à Messelt dans l'Østerdalen en traversant une magnifique région montagneuse parsemée de fermes traditionnelles.

Les Jeux Olympiques d'hiver

Quand le 25 novembre 1892 le baron Pierre Frédy de Coubertin proposa le rétablissement des jeux olympiques sur une base conforme aux conditions de la vie moderne et quand les premiers Jeux de la première olympiade se déroulèrent à Athènes en 1896, nul ne songeait aux sports de neige et de glace, pratiquement inexistants. Devant le développement des sports d'hiver, le Comité international olympique, dont Pierre de Coubertin était président, décidait plus tard de procéder à des jeux d'hiver (le patinage artistique était inscrit au programme des J.O. depuis 1908) : ils se tiendraient la même année que les Jeux de l'olympiade, dans un site différent, plus propice. Les premiers eurent lieu à Chamonix, en 1924, tandis que Paris accueillait les Jeux d'été.
Les compétitions, qui comprenaient alors 16 épreuves – dont une seule féminine – dans 5 disciplines (ski nordique, patinage artistique, patinage de vitesse, hockey et bobsleigh, le ski alpin n'apparaissant qu'en 1948), virent se confronter 258 participants issus de 16 nations.
Les Jeux de Lillehammer, les premiers à se dérouler l'année intermédiaire de l'olympiade, réunirent pour leur part 1 737 athlètes de 67 nationalités différentes concourant dans 61 épreuves. Les chiffres disent assez le développement pris par les sports d'hiver et l'intérêt comme l'attention qu'y portent les nations !

Îles LOFOTEN et VESTERÅLEN★★★

Nordland

Carte Michelin n° 985 – C/E 9/13 ou Atlas Europe – p. 94 et 97

NORVÈGE

Depuis des générations, ces îles excitent l'imagination des voyageurs qui rêvent d'admirer leurs paysages sauvages et aspirent à retrouver le mode de vie simple et naturel depuis longtemps disparu de notre monde civilisé. Il est indéniable que ceux qui recherchent des impressions inoubliables ne seront pas déçus s'ils font le voyage en partant de Bodø, par ferry ou par l'Express côtier, car, tandis que le bateau traverse Vestfjorden, la vue de la masse sombre du célèbre **Lofotveggen**, ou « Mur des Lofoten », se profilant au loin puis barrant littéralement l'horizon, est bien plus impressionnante que l'on aurait pu l'imaginer *(voir illustration en Introduction, chapitre : Les paysages nordiques)*. La chaîne montagneuse, austère et déchiquetée, qui s'étire sur 100 km, est une merveille de la nature qui semble surgir de la mer jusqu'à ce que l'on s'approche et que l'on distingue peu à peu les minuscules villages entourés de carrés d'herbe verte, blottis au pied des cimes escarpées.

C. Boisvieux

Rorbuer à Mortsund

Accès – L'Express côtier *(voir à Hurtigruten)* fait escale quotidiennement et dans les deux sens à Solvær, Stockmarknes, Sortland et Risøyhamn. Un service de ferries fait également la navette entre Bodø et Moskenes et entre Skutvik et Svolvær.
Des vols relient aussi Andenes, Stockmarknes, Svolvær et Leknes ainsi que Værøy et Røst, les deux îles les plus méridionales, à la Norvège continentale.
Au Nord, les îles Vesterålen sont reliées à la côte par des ponts et sont accessibles par la route E 10 qui traverse les deux archipels du Nord au Sud, avec une seule liaison par ferry de Fiskebøl à Melbu.

Quelques faits et chiffres :

	Lofoten	Vesterålen
Superficie	1 227 km^2	2 368 km^2
Population	24 000	32 000
Villes principales	Svolvær	Sortland

Les îles Lofoten et Vesterålen forment deux archipels distincts qui s'étirent du Sud-Ouest au Nord-Est le long de la côte occidentale de la Norvège, à 200 km au Nord du cercle polaire.
Les plages et les prairies où poussent les fleurs sauvages ne peuvent faire oublier les sommets sombres des montagnes omniprésentes. Les îles sont faites de nombreuses roches qui se formèrent à des périodes géologiques différentes. Certaines datent d'il y a 3,5 milliards d'années, d'autres (sur Andøya par exemple) remontent à peine à 150 millions d'années et elles sont composées, entre autres, de couches de charbon et de fossiles. Quatre glaciations successives et les variations du niveau de la mer qui en résultèrent ont modelé les paysages, nivelé une bonne couche de sol arable le long de la côte, laissé à d'autres endroits d'énormes rochers peu à peu arrondis par les vagues, et provoqué la formation de lacs en amont des moraines déposées par les glaciers.

Climat – Les îles jouissent d'un climat océanique humide caractérisé par de fréquents changements de temps et un écart relativement faible entre les températures d'été et celles d'hiver. D'autre part, l'influence du Gulf Stream rend les températures plus douces qu'elles ne le sont normalement à la même latitude : il gèle rarement en janvier mais, en été, la température moyenne est de 12° C.

Cependant, lorsque le vent souffle de l'Est, il fait froid et sec en hiver ou, au contraire, particulièrement chaud en été. Tout comme les autres régions arctiques, les Lofoten et les Vesterålen sont plongées dans le noir pendant le mois de décembre et une partie du mois de janvier mais, par contre, le soleil ne se couche pas en juin et en juillet. Les marées sont particulièrement fortes et il y a des courants puissants entre les îles, dont le plus célèbre est le *Moskenesstrømmen* entre Moskenes et Værøy, déjà connu des anciens.

Notes historiques – Les premiers habitants des îles furent des chasseurs et des pêcheurs primitifs, attirés par la présence d'animaux et de poissons en grand nombre. Durant la période viking et le Moyen Âge, c'est l'exportation, via Bergen, de grandes quantités de morue séchée vers l'Europe continentale et en particulier vers les villes hanséatiques d'Allemagne du Nord, qui assura le développement des Lofoten et des Vesterålen.
Près de Kabelvåg, des fouilles ont révélé l'existence de la plus ancienne ville connue au Nord du cercle polaire *(voir musée des Lofoten à Kabelvåg)*, ce qui confirme bien l'importance des îles pendant le Moyen Âge. Une fois Bergen privée de son monopole, les périodes de prospérité alternèrent avec les périodes de déclin jusque pendant la deuxième moitié du 19e s., lorsque la pêche aux harengs ramena la richesse dans la région et que la population s'accrut rapidement.
Puis, à la fin du 19e s., l'Express côtier fut inauguré à Stokmarknes, et depuis cette époque, les îles ont été en liaison régulière avec la Norvège continentale.

C. Boisvieux

Poissons mis au séchage

La pêche – La pêche à la morue est, depuis des siècles, la principale occupation des habitants. Elle a lieu de janvier à avril, époque où les poissons adultes de 7 à 10 ans d'âge quittent la mer de Barents et se dirigent vers le Sud jusqu'au Vestfjord afin de se reproduire dans les eaux tièdes de l'Atlantique qui jouent un rôle essentiel dans le développement des œufs. Les petites morues naissent au bout de trois semaines et toutes repartent vers la mer de Barents.
Pendant la saison de la pêche, les pêcheurs vivent dans des cabanes en bois appelées **rorbuer**, qui, de nos jours, sont souvent louées à des vacanciers pendant l'été. Dans tout l'archipel, les poissons sont vidés et séchés en plein air sur des cadres de bois spécialement conçus, puis ils sont exportés vers différentes parties du monde. Les têtes sont séchées séparément et exportées vers les pays du tiers monde qui en font de la soupe. Autrefois, tout le poisson pêché était séché sur place, de nos jours la moitié est congelée avant d'être exportée.

Les oiseaux – Le nombre et la variété des oiseaux sédentaires et migrateurs font des îles Lofoten et Vesterålen un paradis pour les ornithologues. Les plus intéressants sont ceux qui nichent en colonies importantes sur les falaises de la côte occidentale des îles, face à l'océan ; des milliers d'oiseaux cohabitent, chaque espèce ayant sa place réservée le long de la paroi rocheuse selon sa taille et son aptitude à voler ; les cormorans, par exemple, qui sont les moins habiles, vivent au pied de la falaise. Lorsque le soir approche, la paroi sombre disparaît sous un véritable nuage d'oiseaux tourbillonnant et poussant des cris perçants : guillemots, mouettes, macareux et, moins nombreux, fous de Bassan et fulmars.
Les falaises les plus célèbres et les plus fascinantes se trouvent à Bleiksøya, au large d'Andøya, Nykan près du port de pêche de Nykvåg à l'Ouest de Langøya, et sur les îles les plus méridionales de l'archipel des Lofoten, Værøy et Røst.

Les spécialités culinaires – Les produits de la mer jouent un rôle essentiel dans l'économie locale. Parmi les spécialités que l'on trouve dans les restaurants, il faut retenir: *Fiskemølje*, foie et œufs de morue sur des toasts très fins ; soupe de hareng et d'orge ; *Boknafisk*, ragoût de poisson en partie séché ; steaks de phoque et *Finnbiff*, viande de renne accompagnée d'une sauce aux airelles.

Les itinéraires maritimes empruntés par les ferries entre les îles ou à travers les nombreux détroits font partie intégrante du réseau routier.
Les ferries, même l'Express côtier, sont des navires de commerce fonctionnant régulièrement selon des horaires précis. Ils ne peuvent donc en aucun cas être considérés comme des navires de croisière.

Henningsvær

CURIOSITÉS

Les curiosités sont présentées du Sud au Nord, en commençant par l'extrémité méridionale de Moskenesøy. Le moyen le plus commode pour se rendre dans le Sud de l'archipel est de prendre le ferry sur la ligne Bodø-Moskenes.

Å – Ce village de pêcheurs situé à l'extrémité de Moskenesøy, terminus de la route E 10, est l'un des plus pittoresques des îles Lofoten, car il a conservé son cadre typique. Des *rorbuer* peintes en rouge et construites sur pilotis enserrent le minuscule port, ajoutant ainsi une note de couleur au paysage sombre dominé par les cimes bleu foncé des montagnes. Le cri perçant des mouettes, tourbillonnant au-dessus des morues qui sèchent sur leurs cadres de bois, devient vite obsédant. Quelques bâtiments anciens ont été rénovés et le village forme maintenant un musée de plein air, **Fiskeværsmuseet** ⓥ (musée de village de pêcheurs), qui rappelle le 19e s. alors qu' Å était un centre commercial important. Sont présents sur le site un hangar de bateau, une fabrique d'huile de foie de morue, une cabane de pêcheurs, une boulangerie et d'autres bâtiments intéressants.

Sakrisøy – *Près de Reine.* Ce petit village abrite une collection de poupées et de jouets exposés avec goût dans le **Dagmars Dukkemuseum** ⓥ, musée des Poupées Dagmar où des poupées allemandes et françaises ainsi que des poupées norvégiennes d'après-guerre côtoient des ours en peluche et divers autres jouets. Tout près on peut voir une rangée de *rorbuer* rénovés et meublés selon la tradition, leurs balcons en bois donnant directement sur le port ; ils sont loués en été, canot inclus.

Reine est située au pied d'impressionnantes montagnes escarpées qui attirent les alpinistes. Le vieux village de **Nusfjord**, qui est sur la liste des sites protégés de l'UNESCO, est peu à peu restauré. Après Napp, les paysages deviennent moins austères et plus ouverts ; les prairies alternent avec la lande.

Kabelvåg – Ce vaste village constituait, au 19e s., le premier port de pêche des Lofoten, mais il y a des siècles, à l'époque viking, c'était déjà un centre de négoce important contrôlant l'exportation du poisson séché. Des fouilles sont en cours pour essayer de découvrir de nouvelles données sur le plus ancien village de la Norvège du Nord.
Le site archéologique se trouve à côté du **Lofotmuseet** ⓥ, musée des Lofoten, qui illustre l'histoire et les coutumes locales. **Svolvær** est la principale ville des Lofoten. Un service de ferries opérant entre Fiskebøl et Melbu relie les Lofoten aux Vesterålen.

Melbu – L'animation se concentre sur le port ; un musée d'histoire locale, le **musée des Vesterålen** ⏲, est aménagé dans une ferme et divers bâtiments du début du siècle. Le village s'anime vraiment en été lors des Estivales de Melbu, festival culturel de réputation internationale qui propose des concerts, des festivités de plein air, des expositions, une pantomime, des séminaires et des démonstrations gastronomiques.

Église de Hadsel – Cette église octogonale en bois date de 1824, mais elle contient un retable de 1520 et un lustre du 12e s.

Stokmarknes – C'est une place commerciale ancienne et la ville « natale » du Hurtigruten, l'Express côtier mis en service en 1893. Le **musée de l'Express côtier** ⏲, aménagé dans l'ancienne résidence du directeur, retrace l'histoire de ce service maritime.
La route E 10 traverse **Sortland**, principale agglomération des Vesterålen, puis la route 820 à gauche conduit à la côte occidentale de Langøya. Juste au Nord de Sortland, le vieux centre commercial de **Jennestad** n'a pratiquement pas changé depuis le début du siècle, époque à laquelle c'était le magasin général et le lieu de rendez-vous des habitants.

Nykvåg – Près de ce port de pêche animé et pittoresque se dresse une falaise occupée par de nombreuses colonies d'oiseaux ; elle est particulièrement intéressante au moment de la nidification. Plus au Nord, **Nyksund**, qui a été déserté par ses habitants, est devenu un village fantôme, mais plus pour longtemps, car les bâtiments sont restaurés un à un par des jeunes gens en provenance de différents pays européens.

Andenes – Ce centre de pêche important situé à l'extrémité Nord d'Andøya est aujourd'hui une base de l'OTAN, mais, aux 16e et 17e s., c'était le point de départ de la chasse à la baleine. On peut visiter un **centre baleinier** dans le port, alors que cette pratique a cédé la place aux safaris aux baleines *(voir ci-dessous)*. L'île de **Bleiksøya**, située au large de la côte est célèbre pour sa falaise aux oiseaux.

Église de Trondenes ⏲ – *A 3 km au Nord de Harstad.*
Elle date de 1250 environ ; à l'origine, elle était surmontée de fortifications dont on peut encore voir les vestiges aujourd'hui.

EXCURSIONS

Les paysages superbes et l'environnement unique de îles Lofoten et Vesterålen offrent de nombreuses possibilités d'excursions en bateau.

★★ **Trollfjord** – *Environ 3 h.* Ce fjord étroit, encadré de parois rocheuses presque verticales, n'est accessible que par bateau à partir du Raftsundet, long détroit qui sépare Austvågøy et Hinnøya. En été, des excursions régulières sont organisées au départ de Svolvær et Stokmarknes et l'Express côtier fait quelquefois un détour vers le fjord, lequel est si étroit que les navires arrivent à peine à manœuvrer.

★ **Bleiksøya** – *Environ 2 h. Réservations au Centre baleinier d'Andenes.*
Des excursions quotidiennes sont organisées au départ de Bleik près d'Andenes vers l'île aux oiseaux qui ressemble à un cône sombre surgissant de la mer ; en sous-sol s'étire une grotte sur toute la longueur de l'île. La population locale est toujours attachée à la tradition du ramassage des œufs qui a lieu tous les ans en mai.

★★ **Safari aux baleines** – *5 à 6 h. Réservations au Centre baleinier d'Andenes.*
Au cours de ce safari, on peut observer différentes espèces de baleines, dont la plus imposante de toutes, le cachalot, que *Moby Dick* a rendue célèbre et qui peut mesurer 20 m de long et peser 60 tonnes. Les bateaux utilisés pour ces safaris sont des baleiniers ou de gros chalutiers.

★ **Møysalen** – *Environ 9 h, trajet en bateau compris.*
L'ascension du plus haut sommet des îles Lofoten et Vesterålen est une expérience enivrante qui permet de découvrir de superbes panoramas. L'excursion commence à Hennes sur les rives du Hadselfjord.

MAGERØYA

Finnmark

Carte Michelin n° 985 – A/B 22/23 ou Atlas Europe – p. 95

Magerøya est l'île la plus septentrionale de Norvège ; à son extrémité se trouve le célèbre cap Nord (Nordkapp – *voir à ce nom*), pointant droit vers le pôle Nord à 2 000 km de distance au-delà de l'océan Arctique.
L'île a un aspect austère et dénudé, car sa végétation clairsemée consiste principalement en lichens et en mousses ; cependant, malgré l'extrême latitude Nord, le climat relativement doux permet à certaines espèces de la flore alpine ainsi qu'à d'autres plantes délicates, dont de petites orchidées, de fleurir en été et d'apporter une note de couleur contrastant avec la roche sombre prédominante.

Les habitants de Magerøya ont toujours vécu de la pêche et ne font pas d'élevage ; les seuls animaux domestiques que l'on rencontre sur l'île sont donc les rennes des Sâmes qui, l'été, se nourrissent de lichens ; traditionnellement, ils traversent à la nage le détroit de 3 km qui sépare Magerøya de la presqu'île de Porsanger, mais de nos jours, seuls les animaux les plus robustes peuvent entreprendre cette pénible traversée, tandis que les autres sont transportés dans des péniches de débarquement. En septembre, les troupeaux retournent sur le continent et traversent le Finnmark pour se rendre sur le plateau sauvage du Finnmarksvidda.
Les pêches réservées autour de Magerøya sont parmi les plus riches au monde en poisson et assurent depuis des siècles leurs moyens d'existence aux habitants de l'île. De nos jours, toutefois, le poisson se fait plus rare et de nombreux petits villages de pêcheurs situés aux points les plus exposés de la côte ont été abandonnés ; il ne reste donc que trois principaux ports de pêche, abrités au fond d'une anse, Honningsvåg au Sud, Gjesvær à l'Ouest et Skarsvåg au Nord. Incendiés par les Allemands pendant la Seconde Guerre mondiale, ils durent être entièrement reconstruits. Heureusement, le tourisme a relancé l'économie locale suite aux efforts considérables qui ont été faits pour améliorer les routes et l'hébergement, ainsi que pour proposer des excursions intéressantes aux nombreux visiteurs que le cap Nord attire chaque année.

Accès – Il y a des vols quotidiens entre Honningsvåg et Hammerfest, mais le gros du trafic entre Magerøya et le continent se fait par mer entre Kåfjord, à l'extrémité de la presqu'île de Porsanger, et Honningsvåg. Les visiteurs sont confrontés à un changement radical de paysage dès qu'ils quittent la E 6, qui continue vers Kirkenes à l'Est, pour suivre la E 69 qui longe le vaste Porsangerfjord en direction du Nord. Tout le long du trajet on peut voir d'étranges parois rocheuses stratifiées, riches en fossiles, auxquelles l'érosion a donné des formes impressionnantes. Le plus gros car-ferry de Norvège assure quotidiennement 22 traversées de 45 mn entre Kåfjord et Honningsvåg.

Honningsvåg – Seule l'église a échappé au vent de destruction de la Seconde Guerre mondiale ; aujourd'hui reconstruit, Honningsvåg, qui compte la plus forte population de Magerøya, est le plus grand port de pêche du Finnmark et l'un des centres de pilotage les plus importants de la côte. Le port est l'un des plus animés du pays, car c'est le port d'attache de nombreux chalutiers et l'une des escales régulières de nombreux autres navires qui utilisent les services d'un pilote. Les industries dérivées de la pêche et les chantiers navals spécialisés dans la réparation des bateaux de pêche sont situés aux abords du port.
En plein centre de la ville, **Nordkappmuseet** ⏲, ou musée du cap Nord, abrite des expositions permanentes sur le tourisme au cap Nord depuis le 17e s., sur l'histoire de la pêche le long des côtes du Finnmark et le mode de vie à Magerøya.
Parmi les événements annuels qui se produisent à Honningsvåg, ceux qui attirent le plus de monde sont le **Marathon du cap Nord** en juin et le **Festival du cap Nord**, également en juin ; ce dernier propose diverses activités culturelles dont des danses traditionnelles.
Sont aussi proposées des excursions vers des hameaux de pêcheurs désertés, ou vers des réserves ornithologiques et d'autres sites intéressants, ainsi que des expéditions passionnantes en pleine mer à bord de grands canots pneumatiques qui peuvent atteindre des vitesses de l'ordre de 30 nœuds.

Gjesvær – Ce petit village de pêcheurs situé sur la côte occidentale de Magerøya est le point de départ d'un **safari ornithologique**★★ *(compter 2 à 3 h)* à bord d'un gros bateau de pêche réaménagé, piloté par un capitaine sympathique, prêt à partager avec ses passagers son amour et sa connaissance de la mer. La destination est la **réserve naturelle de Gjesværstappan** ⏲, située à 15 km à l'Ouest du cap Nord. Il s'agit d'une réserve ornithologique qui s'étend sur trois îles rocheuses, Storstappan, Kirkestappan et Bukkestappan, sur lesquelles nichent des milliers d'oiseaux, mouettes, cormorans, petits pingouins, guillemots, fous de Bassan, fulmars et pétrels, sans oublier la plus grande colonie de macareux de toute la Norvège, soit au total quelque 360 000 oiseaux.
Leurs plongeons hardis et leurs acrobaties spectaculaires sont des plus comiques et le capitaine du bateau raconte que, de toutes les variétés d'oiseaux, les macareux sont celle dont le comportement est le plus surprenant. Ils arrivent sur les îles Stappan au début d'avril, mais à l'encontre d'autres espèces, choisissent leur moment de façon très précise ; car, aussi loin qu'il peut remonter dans ses souvenirs, le capitaine peut affirmer que chaque année les oiseaux se rassemblent autour des îles le 6 avril, arrivant par vagues successives durant toute la journée ; puis à 18 heures précises, ils se précipitent tous ensemble vers les falaises et prennent possession d'un rebord ou d'un trou.
Le bateau se faufile avec une aisance admirable entre les nombreux écueils, qui sont parfois à peine visibles. Des phoques se prélassent près des rochers, dans les eaux peu profondes, tandis que des aigles de mer volant très haut se précipitent sur les nids d'autres espèces.
Ceux qui souhaitent une immersion totale et enivrante dans ce milieu arctique d'une beauté sauvage peuvent s'adonner à la pêche tout en visitant la réserve.

MANDAL★

Vest-Agder – 12 584 habitants

Carte Michelin n° 985 – N 4 ou Atlas Europe – p. 104

Mandal est la ville la plus méridionale de Norvège et l'une des plus anciennes de la côte Sud : le petit port de Kleven remonte au début du 16e s. Elle s'abrite au fond d'une petite baie protégée par un groupe d'îles pittoresques, à l'embouchure de la Mandalselva, célèbre au 17e s. pour la qualité de son saumon.

Les maisons de bois peintes en blanc, les rues pavées, les terrasses des cafés, le marché à ciel ouvert, les boutiques aux couleurs vives et l'atmosphère détendue contribuent à faire de cette « ville blanche » l'une des plus attrayantes de la côte Sud. Le centre est animé tout au long de l'été, surtout en août pendant le **Festival des crustacés,** lorsque, pour le plus grand délice des gourmets, toutes sortes de fruits de mer délicieux sont disposés sur une immense table au beau milieu de la rue piétonne.

L'extrémité de la minuscule presqu'île proche du centre est un site protégé agrémenté d'une belle plage orientée vers le Sud, connue sous le nom de **Sjøsanden.** La courbe gracieuse que décrit cette étendue de sable blond autour d'une petite baie ouverte est soulignée par une rangée de buissons vert foncé couverts au début de l'été de jolies fleurs cramoisies.

Ch. Bastin-J. Évrard

Mandal, ville blanche

EXCURSIONS

Lindesnes – *38 km vers le Sud-Ouest jusqu'au phare de Lindesnes.*

La région de Lindesnes comprend 90 km de côte aux échancrures profondes qui abritent de minuscules ports et des plages de sable ; de nombreuses petites îles et des écueils bordent la côte. A l'intérieur, s'étend la lande, peuplée d'élans.

Le **phare** ⊙ se dresse à la pointe la plus méridionale de la Norvège, à 2 518 km du cap Nord. Il est en service depuis 1655 et accueille les visiteurs.

Vigeland – *11 km à l'Ouest par la E 18.*

C'est le village natal de **Gustav Vigeland** (1869-1943), célèbre sculpteur qui conçut le monumental parc d'Oslo qui porte son nom *(voir à Oslo).* La galerie Gustav Vigeland organise de juin à septembre des expositions et des projections de films.

En fin de volume figurent d'indispensables Renseignements pratiques :
- *Organismes habilités à fournir toutes informations ;*
- *Loisirs sportifs ;*
- *Livres et films sur la région ou le pays ;*
- *Manifestations touristiques ;*
- *Conditions de visite des sites et des monuments...*

MÅLSELVFOSSEN

Troms

Carte Michelin n° 985 – C 15 ou Atlas Europe – p. 94

Cette impressionnante chute d'eau est située à 30 km au Nord de Bardu, au cœur d'une région agrémentée de vastes étendues boisées à la beauté naturelle encore intacte et à l'écart de la civilisation bien que proche de la route E 6, principal axe Nord-Sud.

En quittant Bardu, se diriger vers le Nord jusqu'à Elverum (19 km) ; prendre à droite la route 87, puis tourner à gauche et suivre les panneaux indiquant Målselvfossen (11,5 km).

La Målselva est une rivière réputée pour son saumon ; c'est la plus importante du comté de Troms. Le site de la chute est grandiose car la rivière est particulièrement large à cet endroit et d'énormes quantités d'eau écumeuse rebondissent sur trois marches gigantesques sur une distance de 600 m. Une échelle à saumon très longue fut construite en 1910 pour permettre aux poissons de remonter le courant ; on peut les voir à l'œuvre sautant hors de l'eau vers la fin juin et le début juillet.
Un centre touristique perché sur les berges escarpées domine la rivière ; il propose des chalets à louer et un restaurant ; le terrain de camping, un peu plus bas, est doté d'une piscine en plein air chauffée. Outre la pêche au saumon, les activités de plein air proposées par le centre incluent des randonnées à cheval, le long des pistes de montagne, ou en traîneau à chiens, ainsi que la descente des rapides de la Målselva en canot pneumatique.

EXCURSION

Gravures rupestres près de Storsteinnes – *70 km au Nord. Il y a deux façons d'atteindre Storsteinnes : en suivant la E 6 vers le Nord ou la route 87 jusqu'à Skjold puis les routes 857 et 858. Après Storsteinnes, suivre la route 859 jusqu'à l'église de Balsfjord qui domine le fjord (10,5 km). Du parking, un chemin indiquant « Helleristninger » conduit au site à 150 m.*
Les gravures rupestres, qui datent du néolithique (entre 5 000 et 3 000 ans), représentent des animaux, surtout des rennes et des poissons. Recouvrant de larges rochers plats envahis par la mousse, elles sont disséminées sur un terrain vallonné et boisé.

NARVIK

Nordland – 18 736 habitants

Carte Michelin n° 985 – D 14 ou Atlas Europe – p. 94

Située à 345 km au Nord du cercle polaire et à quelques kilomètres seulement de la frontière suédoise, Narvik domine l'Ofotfjord et le Rombakfjord. Reconstruite après la Seconde Guerre mondiale, cette ville moderne et industrielle agrémentée d'un centre-ville spacieux est aujourd'hui le deuxième port de Norvège. Le récent déclin de l'exportation du minerai de fer, sur laquelle l'économie de la ville était fondée, a poussé Narvik à trouver d'autres créneaux d'activité comme la construction mécanique, l'électronique, l'imprimerie, le traitement des déchets, le conseil en entreprise, la recherche et le tourisme.Pour tenir son pari (devenir une station touristique d'été et d'hiver), Narvik compte sur deux atouts essentiels : un excellent réseau de communications et la proximité des montagnes. En été, s'offrent plusieurs possibilités tentantes d'excursions dans la région, en particulier vers les Lofoten à bord d'un bateau express et vers la Suède par le célèbre **Ofotbanen** *(voir ci-dessous)*. En hiver, les versants du mont Fagernes offrent les meilleures possibilités de ski alpin de la Norvège du Nord grâce à un équipement ultramoderne. Tout au long de l'année, un téléphérique offre une vue panoramique de Narvik dans son cadre exceptionnel, entre fjord et montagnes escarpées.

NOTES HISTORIQUES

Ville du minerai de fer – Narvik fut fondée à la fin du 19e s., lorsque les États unifiés de Norvège et de Suède décidèrent d'aménager un port qui ne soit jamais bloqué par les glaces et d'où ils pourraient exporter le précieux minerai de fer extrait non loin de là, en Laponie suédoise. La construction d'une ligne de chemin de fer entre Kiruna et Narvik commença en 1898 et dura quatre ans. Longue de 168 km, la ligne d'Ofot (Ofotbanen) est l'œuvre de travailleurs itinérants connus sous le nom de **rallare** qui vivaient dans le village de Rombaksbotn, au fond de l'étroit Rombakfjord. Le village fut détruit par un incendie en 1903 et de nombreux ouvriers s'installèrent à Narvik tandis que la ville prospérait rapidement. Chaque année en mars, un festival culturel célèbre le souvenir de ces hommes qui contribuèrent tant au développement de la ville. On a restauré une ancienne route, appelée Rallaveien, construite à l'époque pour relier Rombaksbotn à la frontière suédoise dans les montagnes. Elle offre maintenant de bonnes possibilités d'excursions dans les environs.

Ofotbanen – Le chemin de fer grimpe le long des versants montagneux sur une distance de 42 km jusqu'à la frontière suédoise, frôlant des précipices et empruntant 22 tunnels et 9 ponts. 13 trains transportent quotidiennement le minerai de fer jusqu'au port de Narvik. Chaque train est composé de 52 wagons et chaque wagon a une charge de 80 tonnes environ. Il faudrait 300 camions pour transporter la charge totale d'un train !

La bataille de Narvik – Le 9 avril 1940, le port fut attaqué par 10 destroyers allemands et la ville fut occupée par les troupes allemandes. La marine britannique riposta immédiatement en faisant sauter les navires allemands. En mai, des troupes britanniques, françaises et polonaises débarquèrent et se joignirent aux forces norvégiennes. Les Allemands furent contraints de se retirer dans les montagnes et le 28 mai Narvik fut libérée, mais les bombardiers allemands réussirent à détruire le centre de la ville. Malheureusement, les Alliés durent se retirer le 8 juin car la bataille de France faisait rage et on avait besoin d'eux sur le front. Cependant, la bataille de Narvik représente la première défaite des Allemands dans leur dessein d'envahir toute l'Europe et elle aida les pays occupés à reprendre espoir dans l'issue finale de la guerre.

CURIOSITÉS

Krigsminnemuseum ⊙ – Le **musée de la Guerre** appartient à la section de la Croix-Rouge norvégienne qui en assure le fonctionnement. Il est consacré à la bataille de Narvik d'avril/mai 1940 et à l'occupation allemande de juin 1940 à mai 1945. Les collections sont présentées par ordre chronologique et thématique et expliquent le rôle des forces britanniques, françaises, polonaises, norvégiennes et allemandes (armes, uniformes, médailles, photos, dessins, cartes et maquettes).

Ofoten Museum ⊙ – Ce petit musée montre le développement spectaculaire de Narvik qui, de simple ferme, devint une ville en quelques années, après la construction de la ligne d'Ofot.

Le port minéralier – C'est l'un des plus grands et des plus efficaces au monde. Les trains sont déchargés grâce à un système de trappes sous les wagons et le minerai est trié selon sa qualité. Des navires de plus de 250 000 tonnes peuvent être amarrés au quai d'embarquement, et chaque année 14 millions de tonnes de minerai sont chargés sur 220 navires environ. En été ont lieu des visites guidées quotidiennes des aires de stockage et du quai d'embarquement.

NORDFJORD★★★

Sogn og Fjordane

Carte Michelin n° 985 – K 2/4 ou Atlas Europe – p. 100

Le port de pêche de **Måløy** est situé au large de la côte occidentale de Norvège sur une des îles contrôlant l'entrée du Nordfjord, l'un des plus beaux fjords de Norvège, qui s'enfonce de plus de 100 km à l'intérieur des terres, dans une région montagneuse, et s'arrête au pied du plus grand glacier de Norvège, le **Jostedalsbreen**.
L'Express côtier fait une escale quotidienne à Måløy, relié à la côte par un curieux pont en forme de S, long de 1 224 m, qui, dit-on, « chante » un do lorsque le vent souffle dans une certaine direction. À partir de là, il est possible de parcourir le Nordfjord sur toute sa longueur, car la route 15 longe pratiquement la rive Nord de la côte jusqu'à Loen au fond du fjord. Ce trajet permet de découvrir une grande variété de paysages. Les paysages se succèdent si vite qu'il est presque impossible d'en apprécier la beauté le long des quelque 100 kilomètres : îles austères à l'entrée du fjord, rives parsemées de minuscules villages, versants abrupts, cimes enneigées en toile de fond, promontoires rocheux se reflétant dans les eaux tranquilles, prairies verdoyantes descendant en pente douce jusqu'au bord du fjord...
Le Nordfjord est aussi facilement accessible par la route, en venant du Sud via Skei et Byrkjelo et en venant de l'Est via Grotli ou Geiranger *(voir à ce nom)* : au fond du fjord, des lieux de séjour tranquilles comme Olden et Loen sont des points de départ excellents pour explorer à sa guise les multiples aspects de la région. On peut explorer les glaciers, entreprendre des excursions en bateau ou même en voiture le long des routes secondaires étroites qui font le tour des lacs de montagne.

CURIOSITÉS

Nordfjordeid – Situé sur la rive Nord, à mi-chemin entre la côte et le fond du fjord, ce centre régional est renommé pour le **Norsk Fjordhestsenter** ⊙, ou Centre norvégien du fjordhest (poney de fjord), qui abrite environ 40 poneys de fjord et organise des concours hippiques pendant l'été ainsi que des présentations d'étalons toute l'année. Les spectacles ont lieu dans un grand stade couvert. Des cours d'équitation et des promenades en calèche sont également organisés. Le *fjordhest*, également appelé *fjording*, est un pur-sang originaire des fjords de la Norvège occidentale, parfaitement adapté au terrain montagneux ; son poil est blond de la tête à la queue et sa nature placide le fait aimer des visiteurs de la région.

Sandane – Situé tout au fond du Gloppenfjord, bras du Nordfjord, Sandane est un autre centre commercial animé de la région. Le **Nordfjord Folkemuseum**, ou musée folklorique du Nordfjord, est un musée de plein air comprenant 29 bâtiments anciens provenant de différents endroits ; on peut voir, entre autres, une curieuse habitation d'une seule pièce avec un foyer central et un trou dans la toiture en guise de cheminée.
La vieille **église de Gjemmestad**, datant de 1692, se dresse sur la rive occidentale du fjord, à 5 km de Sandane, le long de la route 612.

L'arrière-pays – La région la plus reculée du Nordfjord et les trois vallées fermées, qui s'étendent de Stryn, Loen et Olden, au fond du fjord, jusqu'au pied du Jostedalbreen, forment l'arrière-pays, d'une grande beauté naturelle. Les montagnes, les lacs, les chutes d'eau et les glaciers y forment quelques-uns des paysages les plus harmonieux de Norvège, à la fois secrets, familiers et reposants.
Une route part de Byrkjelo au Sud et grimpe jusqu'à 630 m d'altitude, puis redescend de l'autre côté de l'Utvikfjell, dévoilant de splendides **vues** du Nordfjord qui, tout en décrivant une courbe gracieuse, traverse un paysage sauvage et austère éclairé çà et là par de vertes vallées, un groupe de fermes ou des villages aux couleurs vives tels Utvik et Innvik.

Olden – Ce village au bord du fjord, au fond d'une magnifique vallée, est un lieu de séjour agréable avec un choix d'hébergement de qualité et de nombreuses possibilités de promenades et d'excursions dont des survols du glacier. La remontée en voiture puis à pied de la vallée de l'Olden (Oldendalen) jusqu'au Briksdalbreen, bras du Jostedalbreen, est une excursion à ne pas manquer.
La **vieille église** d'Olden, datant de 1759, fut construite en forme de croix grecque à l'emplacement d'une église en bois debout dont une partie fut utilisée pour la construction de l'édifice actuel. L'intérieur est très intéressant, en particulier les vieux bancs dont chaque rangée est fermée par une porte sculptée surmontée d'un porte-chapeau ; on remarque aussi le retable de 1772 et une bible imprimée à Copenhague en 1550.
Non loin se trouve **Singerheimen**, ancienne demeure de **William Henry Singer**, millionnaire américain, qui s'installa en Norvège et se consacra entièrement à la peinture. Ses meilleures toiles sont exposées dans son studio qui abrite une partie de ses meubles, ses livres, etc. Un peu plus haut, sa demeure a, selon ses souhaits, été transformée en maison d'accueil pour les infirmières de l'hôpital de la région.

★★ **Briksdalbreen** – *23 km vers le Sud jusqu'au parking, puis 4 km à pied ou en carriole ; il est recommandé de porter des chaussures à talon plat – compter 1/2 journée.*
La remontée de la vallée de l'Olden est magnifique. Le torrent tumultueux qui descend du glacier s'élargit pour former trois lacs successifs encadrés de versants montagneux en pente raide, avec en toile de fond la masse blanche du glacier. Les sédiments que charrient les rivières nourries par les glaciers donnent à l'eau des lacs et des fjords norvégiens sa couleur verte caractéristique en été.
Au bout de la route, près du parking, se trouve un relais de montagne, Briksdalbre Fjellstove, doté d'une cafétéria et d'une boutique de souvenirs ; de là, la distance jusqu'au pied du glacier est de 4 km.

Une partie du trajet peut se faire en carriole à deux roues appelée **stolkjerre**, tirée par un fjordhest. C'est une expérience très agréable car elle permet d'admirer à loisir le superbe paysage, tandis que le petit cheval robuste monte courageusement la piste raide ponctuée de virages en épingle à cheveux. La piste passe tout près d'une chute d'eau au grondement impressionnant et s'arrête avant d'atteindre le glacier. Un chemin étroit se faufile entre d'énormes rochers jusqu'au pied du glacier qui descend de 1 700 m d'altitude à seulement 346 m. La vue de cette masse énorme de glace, entaillée de larges crevasses et retenue par deux murs de roche sombre telle une coulée de lave blanche, vous coupe littéralement le souffle. Des blocs de glace, parfois très gros en été, se détachent du glacier et tombent dans un lac peu profond où ils glissent lentement sur les eaux vertes comme de petits icebergs avant de fondre au soleil.

Loen – Cette commune agricole est, tout comme Olden, une petite station agréable et accueillante dotée d'hôtels, de chalets et de campings. Elle offre de nombreuses possibilités d'activités de plein air dans un site magnifique.
Lovatn et la vallée supérieure de la Lo sont encore plus sauvages que la vallée de l'Olden. La route qui longe la rive orientale du lac est extrêmement étroite par endroits et surplombée par des à-pics rocheux. Ces roches sont déchiquetées et semblent parfois menaçantes. Rien d'étonnant quand on sait qu'il y a déjà eu trois glissements de terrain depuis le début du siècle près du hameau de Bødal, où le lac rétrécit considérablement, entraînant à chaque effondrement partiel de Ramnefjell (la montagne du corbeau), la formation d'une vague énorme qui, un jour, souleva le vapeur du lac et le transporta à 400 m à l'intérieur des terres ! On peut encore en voir les traces dans le flanc de la montagne. La route s'arrête au relais de montagne Kjenndalsbre Fjellstove et le reste du trajet jusqu'au pied du **Kjenndalsbreen**★, autre bras du Jostedalbreen, s'effectue à pied *(environ 3/4 h).*

Stryn – Strynefjellet Sommarski ⊙ – *A l'Est de la localité, sur la route 258 entre Videseter et Grotli. Prendre la route 15 qui longe le lac de Stryn et grimpe jusqu'au premier tunnel, puis prendre à droite l'ancienne route 258 en laissant la route 15 continuer vers Geiranger.*
Fermée jusqu'au 15 juin, l'ancienne voie d'accès, **Strynefjellsveien**★ monte en une série de virages en épingle à cheveux vers le glacier **Tystig** et vers le **centre de ski d'été de Stryn.** En chemin on découvre des vues superbes de la vallée, particulièrement à partir de l'**hôtel Videseter** situé à une altitude de 600 m. Tout près coule une impressionnante chute d'eau.
Un télésiège et un remonte-pente conduisent les skieurs sur le glacier où ils peuvent choisir entre le ski alpin (slalom et descente) et le ski de fond sur le plateau du glacier. La bonne qualité de la neige, même en été, attire de nombreux visiteurs et, lorsque le soleil brille, la plupart des gens font du ski en short ou en maillot de bain.
Au-delà du centre de ski, la route atteint une altitude de 1 139 m et traverse un haut plateau aride et inhabité tout en longeant des lacs en partie gelés puis redescend vers Grotli.

A Grotli, prendre la route 15 à gauche, puis la route 63 à droite pour gagner Geiranger.

Pour vous rendre dans les pays nordiques,
utilisez la carte Michelin n° 987 au 1/1 000 000
(Benelux, Allemagne, Autriche, République tchèque)
et la carte Michelin n° 985 au 1/1 500 000 (Scandinavie, Finlande).

NORDKAPP★★★

Finnmark

Carte Michelin n° 985 – A 22 ou Atlas Europe – p. 95

Le **cap Nord,** le point le plus septentrional du continent européen, est situé à 71°10'21" de latitude Nord. C'est un promontoire impressionnant qui avance dans l'océan Arctique. Son ancien nom nordique était Knyskanes et les Russes l'appelaient Murmanski Noss, le cap des Hommes du Nord, mais en 1553 Richard Chancellor, explorateur anglais qui tentait de trouver un passage vers la Chine par le Nord-Est, le nomma cap Nord.

Visiteurs célèbres – Le cap Nord était depuis longtemps un point de repère pour les marins, pêcheurs, baleiniers et même pirates lorsqu'au 17e s. il devint une véritable attraction touristique. Francesco Negri, prêtre italien originaire de Ravenne, fut probablement en 1665 le premier visiteur.
Louis-Philippe d'Orléans, qui devint plus tard le roi Louis-Philippe, après avoir fui l'armée française avec Dumouriez et opiniâtrement refusé d'intégrer l'armée des Princes, mit à profit un voyage en Scandinavie pour se rendre au cap Nord en 1795. Beaucoup plus tard, il fit don aux habitants de Masøy d'un buste en bronze le représentant ; ce buste fut détruit pendant la Seconde Guerre mondiale et, en 1959, l'État français envoya au peuple norvégien une copie en marbre blanc aujourd'hui placée à l'intérieur du nouveau bâtiment édifié sur le promontoire du cap Nord.
Après la visite en 1873 du roi Oscar II de Suède et de Norvège, Thomas Cook inaugura le premier voyage organisé au cap Nord. Jusqu'en 1956, les touristes arrivaient par mer, débarquaient au pied de la falaise et devaient ensuite affronter la montée en pente raide jusqu'au plateau.
Depuis la construction de la route de Honningsvåg, longue de 34 km, le nombre des touristes a régulièrement augmenté.

LE PLATEAU DU CAP NORD

Le trajet de Honningsvåg au cap Nord se fait par une route sinueuse qui semble ne mener nulle part et qui traverse des collines dénudées parsemées de cratères remplis d'eau gelée. Elle donne indéniablement un avant-goût de l'expérience unique qui attend le visiteur. Le plateau est souvent enveloppé dans le brouillard, mais celui-ci peut se lever en cinq minutes et dévoiler l'immensité de l'océan, vaste étendue qui s'étire sur 2 000 km entre le cap Nord et le pôle Nord.
On peut aller à pied jusqu'au bord de la falaise et apercevoir la paroi rocheuse à pic qui plonge directement dans la mer 307 m plus bas. Le globe transparent, érigé près du bord pour capter les rayons du soleil de minuit, fait partie du paysage du cap Nord. En 1988, sept enfants de différents points de la terre exécutèrent des dessins sur le thème de la paix et du soleil ; ces derniers ont été reproduits sur sept dalles rondes sous le nom *Enfants de la Terre* pour symboliser l'unité des peuples du monde.

Le premier édifice octogonal, construit en 1898 sur le plateau, abritait un bureau de poste et un magasin de champagne. Le plus récent, construit par la compagnie SAS en 1988 et judicieusement dissimulé dans le flanc de la falaise, est un complexe ambitieux de quatre étages qui porte le nom de **Centre expérimental du cap Nord** ⊙. C'est un endroit accueillant doté d'équipements modernes et permettant aux visiteurs de se distraire utilement.

Photo X

A l'extrémité de la terre...

Une **projection vidéo** illustre de façon frappante, sur un écran de 225°, les divers aspects du cap Nord et de son environnement selon les saisons. Une terrasse, appelée la **Grotte**, a été creusée dans le roc ; elle pointe vers le Nord et offre une vue de l'immensité qui s'étend au-delà du cap. En retrait se trouve un amphithéâtre doté de fenêtres panoramiques et d'un bar. Une petite **chapelle** œcuménique a été construite au cœur de la falaise. A l'étage supérieur, un **restaurant** propose des spécialités du Nord préparées avec soin ; on y trouve aussi un **bureau de poste** et une **boutique de souvenirs.**

La plupart des gens vont au cap Nord pendant la période où le soleil ne se couche jamais (du 14 juin au 30 juillet), mais le tourisme d'hiver est de plus en plus à la mode, car nombreux sont ceux qui veulent pouvoir admirer les aurores boréales et partir en safari sur le plateau en motoneige.

En été, cependant, l'animation atteint son point culminant à minuit car, si le temps est clair, la vue est inoubliable. Mais même s'il y a de la brume, peu de gens sont déçus car ils ont conscience d'avoir vécu une expérience unique.

La NUMEDAL★★

Buskerud

Carte Michelin n° 985 – L 5/M 6 ou Atlas Europe – p. 104

La région montagneuse du Sud de la Norvège, située à quelque 200 km au Nord-Ouest d'Oslo, est caractérisée par de vastes étendues de forêt dense, qui, au-dessus d'une certaine altitude, cède la place à la lande, et de vallées profondes occupées par des cours d'eau et des rivières au débit puissant. Les versants raides sont recouverts d'une herbe grasse jusqu'au niveau de la forêt et dans cette région de tradition agricole s'élèvent de nombreux bâtiments ruraux en bois. La Numedal est sans aucun doute la plus caractéristique et la plus pittoresque de ces vallées, avec ses belles fermes anciennes souvent construites sur des hauteurs et ses églises en bois debout uniques.

DE GOL A KONGSBERG *216 km – compter 1 journée*

La route choisie pour cette excursion part de Gol et des prairies de la haute Hallingdal, puis suit la Numedal vers le Sud jusqu'à Kongsberg *(voir à ce nom)*, ville des mines d'argent.

Gol – Ce centre régional de commerce est aussi un lieu de séjour animé l'été comme l'hiver, qui occupe une position centrale à proximité du Sognefjord *(voir à ce nom)* et du Hardangerfjord *(voir à ce nom)* dans la Hemsedal et en bordure de la route 7. La vieille église en bois debout a été transférée au Norsk Folkemuseum d'Oslo *(voir à ce nom)* mais le site sur lequel elle se dressait est désormais protégé et peut être visité.

Parmi les nombreuses excursions proposées par l'Office du tourisme, la visite des fermes de montagne est l'une des plus intéressantes.

Suivre la route 7 vers l'Ouest jusqu'à Torpo (16 km).

Église en bois debout de Torpo ⓥ – Construite au milieu du 12e s., c'est l'une des plus vieilles églises en bois debout *(voir à ce nom)* qui ait résisté à l'épreuve du temps. Le chœur, l'abside et la galerie extérieure ont été démolies au 19e s. ; il ne subsiste plus que la nef et les bas-côtés. Les portails Ouest et Sud sont magnifiquement décorés de motifs sculptés représentant des animaux entrelacés. La voûte est particulièrement remarquable : reposant sur des chapiteaux sculptés, elle est recouverte de peintures de 1260, représentant le Christ avec six apôtres de chaque côté ainsi que des scènes de la vie de sainte Marguerite.

Ål – *26 km.* Le **Bygdamuseum** ⓥ, musée cantonal, comprend 25 vieilles maisons et une collection rare de « peinture à la rose », tradition qui vint de France au 17e s. et se développa en Norvège, particulièrement dans le Telemark et la Numedal. On peut voir de fort beaux exemples de cette technique dans les églises en bois debout d'Uvdal et de Nore.

Geilo – *53 km.* Comme Gol, Geilo est une belle station de montagne et le point de départ idéal de nombreuses excursions, notamment vers le plateau reculé du Hardangervidda.

Prendre la direction du Sud et suivre la route 40 qui descend la Numedal. A Uvdal, face à la « nouvelle » église, une route secondaire conduit à l'église en bois debout (5 km) et à l'Uvdal Bygdetun.

★★ **Les églises en bois debout d'Uvdal et de Nore** – *Respectivement aux 108e et 136e kilomètres de l'excursion.*

Ces églises ont plusieurs points en commun : elles ont toutes deux été construites à la fin du 12e s. autour d'un pilier central qui soutient la structure tout entière, puis elles ont été remaniées au 17e s. et décorées par le même artiste. Dans l'**église d'Uvdal** ⓥ, les peintures les plus anciennes datent de 1656 et créent une illusion de vitraux encadrés de motifs de fleurs et de fruits de couleur ocre et anthracite, tandis que d'autres peintures, dont l'une représente Adam et Ève peints dans un style naïf, datent de 1720. La chaire est décorée de scènes représentant quatre apôtres accompagnés chacun d'un animal, mais pas celui avec lequel ils sont généralement associés : on voit par exemple saint Mathieu accompagné d'un bouc !
Dans l'**Uvdal Bygdetun,** musée de plein air situé près de l'église, se dressent de splendides bâtiments de ferme anciens. La vue sur la vallée est très belle.

A Hvåle, traverser la rivière sur le pont de Norefjord pour aller voir l'église en bois debout de Nore.

Lorsque l'**église de Nore** ⓥ fut agrandie en 1683, les architectes utilisèrent à nouveau des panneaux peints en 1656, mais ne s'attachèrent pas à faire coïncider les motifs entre eux. Les rébus, peints sur les panneaux des murs Nord et Sud sous la galerie, sont des copies d'une bible illustrée imprimée à Copenhague en 1710. Le pilier central est couvert d'inscriptions runiques.

OSLO★★★

467 000 habitants
Carte Michelin n° 985 – M 7 ou Atlas Europe – p.105
Plan d'agglomération : carte Michelin n° 985

Oslo est une cité moderne dotée d'un riche passé. Malgré sa taille modérée, son influence internationale dans les domaines de la politique et des affaires s'est accrue rapidement au cours des dernières décennies, au point qu'elle est en passe de devenir l'une des principales capitales du monde.
La ville est située au fond de l'Oslofjord, seul grand fjord de la côte sud, sur des terres basses entourées de collines boisées aux versants escarpés. La zone urbaine est très étendue et agrémentée d'espaces verts recelant une vie provinciale paisible. Par contraste, le centre-ville est dense et très animé, ce qui donne tout son charme à Oslo.
Oslo jouit d'un climat tempéré, avec des hivers modérés et juste assez de neige pour que l'on puisse skier dans de bonnes conditions, tandis que le printemps et l'été sont doux et ensoleillés. En raison de ces conditions favorables, les habitants aiment sortir, se promener dans les rues ou le long des quais pendant les longues journées d'été, mais aussi la nuit... Ils aiment s'asseoir aux terrasses des cafés après leur travail et dîner tard dans la nuit, détendus et insouciants.
En tant que siège de la plus ancienne université du pays, Oslo a une forte tradition culturelle et offre à ses visiteurs un grand choix de musées, une saison théâtrale bien remplie et un Festival international de jazz en août.
Le comté d'Akershus entoure la ville comme une ceinture de verdure, dotée de lacs, de forêts et de villages pittoresques où les citadins peuvent s'adonner à diverses activités de plein air dans un environnement naturel intact, à quelques kilomètres du centre-ville. En été, le passe-temps favori consiste à faire de la voile sur le fjord tandis qu'en hiver il semble tout à fait normal de faire du ski sur le pas de sa porte. En effet, les Norvégiens attachent beaucoup de prix à la qualité de leur vie et ils veulent pouvoir vivre dans la capitale sans avoir à supporter les inconvénients de la grande ville.

OSLO PRATIQUE

Centres d'information touristique – Le Centre d'information touristique de Norvège, Vestbaneplassen 1, logé dans l'ancienne gare de Vestbanen, est le principal centre de renseignements sur Oslo et la Norvège ; le centre de la Gare centrale d'Oslo, Jernbanetorget 2, effectue des réservations d'hôtels, délivre la Carte d'Oslo et des billets pour les visites guidées.

Transports – Oslo est facile à visiter à pied. La capitale dispose cependant d'un bon réseau de transports en commun ; renseignements : Trafikanten, place de la gare centrale. Le **métro (T-bane)** possède 6 lignes qui convergent à la station de Stortinget. Le **tramway** possède 8 lignes qui convergent au centre-ville. 20 lignes de **bus** partant de la gare routière à côté de la gare de chemin de fer desservent la banlieue. Des **ferries**, partant de Rådhusbrygga 3 en face de l'hôtel de ville, traversent le port et atteignent la verte presqu'île de Bygdøy célèbre pour ses musées.

La Carte d'Oslo (Oslo kortet) – Elle donne accès (gratuitement) aux musées et aux monuments historiques renommés, aux transports en commun, aux parkings municipaux. Valable 1, 2 ou 3 jours aux prix respectifs de 130, 200 ou 240 NOK, elle est disponible dans la plupart des hôtels de la ville, dans les bureaux d'information touristique et les terrains de camping d'Oslo, au bureau « Trafikanten » place de la Gare centrale, dans les kiosques et les bureaux de poste.

Shopping – Les principales rues commerçantes sont Karl Johans gate, les rues piétonnes du centre-ville et Vikaterrassen, rue en terrasses. On peut aussi faire du shopping à Aker Brygge dans le port, dans la galerie Paléet, dans le centre commercial d'Oslo City ou fréquenter les grands magasins comme Steen et Strøm et GlasMagasinet. Comme idées de cadeaux ou de souvenirs à rapporter, pensez aux trolls, aux objets en étain, en bois naturel ou peint, en argent, aux émaux et naturellement aux tricots avec leurs motifs chatoyants. Le magasin Husfliden, Møllergaten 4, derrière GlasMagasinet, offre un grand choix de produits d'artisanat d'art norvégiens.

Sports – La ville des parcs et des espaces de plein air offre un éventail particulièrement riche d'activités sportives. La cité possède des pistes de patins à roulettes, des terrains de sport et des piscines en grand nombre. Le saut à ski se pratique à Holmenkollen et est très suivi lors des championnats mondiaux. Le Festival de ski et les Concerts d'été sont deux événements populaires qui ont lieu tous les ans.

Excursions – Elles incluent des randonnées à ski accompagnées en hiver, des randonnées à bicyclettes en été ou des promenades en land-rover dans la ceinture boisée qui entoure la capitale. Il existe aussi des possibilités de promenades attelées dans le centre-ville. Des bateaux d'excursions permettent de gagner, entre autres, Drøbak, les îles et le fjord.

NOTES HISTORIQUES

La colonie viking occupant le fond de l'Oslofjord était déjà un port actif lorsque Harald Hadråde fonda officiellement la cité en 1048. Il subsiste encore des vestiges de cette première cité à l'Est du centre-ville, dans le parc qui se trouve à l'angle de la Bispegata et de la Oslogate. Oslo devint capitale de la Norvège à la fin du 13e s. et Håkon V construisit la forteresse d'Akershus pour défendre la ville. Cependant, plusieurs facteurs contraires contribuèrent à entraver son développement : tout d'abord, la Ligue hanséatique *(voir à ce nom)*, qui avait conclu des accords commerciaux exclusivement avec Bergen, contrôlait le commerce de la Baltique, ensuite, la peste tua la moitié de la population en 1348 et, plus tard, la Norvège fut annexée par le Danemark, ce qui signifie que Copenhague continua pendant très longtemps à être la capitale de la Norvège. En 1624, lorsque Oslo fut ravagée par les flammes, Christian IV fit construire une nouvelle ville de style Renaissance près de la forteresse d'Akershus et l'appela Christiania. A partir de 1814, qui marque la fin de l'union avec la Suède, la ville se développa rapidement et se dota de nouveaux édifices publics. En 1905, l'indépendance donna un nouvel élan à cette expansion et en 1925, au 300e anniversaire de la fondation de Christiania, il fut décidé de reprendre le nom d'origine de la capitale, Oslo.

CENTRE *1/2 journée*

Le centre-ville est assez petit pour être visité à pied, et les difficultés de stationnement incitent à laisser la voiture dans l'un des grands parkings au Nord de Karl Johans gate.

Rådhus (CY H) ⊙ – L'**hôtel de ville** est un édifice élevé en brique rouge dominant le port et le fjord, et ses deux tours massives servent de point de repère aux navires qui remontent le fjord. Il fut inauguré en 1950 pour célébrer le 900e anniversaire de la fondation d'Oslo. La décoration intérieure rend hommage à l'art moderne norvégien et, à travers les thèmes choisis, à l'histoire de la Norvège et à la vie quotidienne dans le pays. Chaque année en décembre, la cérémonie officielle de remise du **Prix Nobel de la Paix** a lieu à l'hôtel de ville. Le prix fut institué par le testament d'Alfred Nobel (1833-1896), chimiste et ingénieur suédois qui inventa les explosifs, avec les quatre autres Prix de littérature, de physique, de chimie et de médecine, leur attribution étant effectuée par les autorités suédoises ; un autre, celui de sciences économiques, fut instauré en 1969. Parmi les plus récents bénéficiaires du Prix Nobel de la Paix, les plus célèbres furent Albert Schweitzer, Willy Brandt, mère Teresa, Lech Walesa, Andrei Sakharov et Mikhail Gorbachev.

Tout à côté se trouve le **Norges Informasjonssenter**, le Centre d'information touristique de Norvège, qui présente des expositions sur les événements de portée internationale et fournit des renseignements sur Oslo et la Norvège tout entière. Le centre comprend une galerie d'exposition et une boutique dévolues à l'artisanat et aux arts décoratifs, un restaurant norvégien et un magasin de presse internationale.

Aker Brygge (BYZ) – De l'autre côté de Rådhusplassen, au bord du fjord, Aker Brygge est, avec Karl Johans gate, l'endroit le plus animé de la capitale. Les quais sont entièrement occupés par des terrasses de café et des restaurants en grand nombre fréquentés dès 18 h en été par une clientèle assidue. On peut voir amarrés côte à côte le long du quai, le ferry de Bygdøy *(voir plus loin)* et de nombreux bateaux de pêche bariolés, dont les propriétaires se détendent tranquillement sur le pont en attendant que les badauds viennent acheter leurs crevettes toutes fraîches.

Les anciens entrepôts le long du quai ont été réaménagés pour former un superbe complexe ultramoderne, à la fois galerie marchande et centre récréatif, où l'on trouve des théâtres, des cinémas, des restaurants et des snack-bars et où l'on peut se restaurer vite et à petits prix.

★ **Akershus Festning** (CZ) ⊙ – Toujours utilisé pour les fonctions officielles, la **forteresse d'Akershus** a aujourd'hui l'allure d'un château Renaissance rénové ayant conservé des traces du premier château fort médiéval d'origine. Cette dernière fut construite vers 1300 par Håkon Magnusson pour servir de résidence royale et de forteresse pour défendre la ville à l'Est ; elle se dresse sur un promontoire dominant le fjord.

Le château fut considérablement remanié par le roi Christian IV au début du 17e s. : le périmètre de défense fut prolongé, des tours Renaissance élancées furent ajoutées, la cour et les fenêtres furent agrandies et l'intérieur fut richement décoré. Après le siège des Suédois au début du 18e s., ses défenses furent de nouveau renforcées. L'entrée du parc est à l'extrémité de Myntgata ; l'emplacement du donjon massif est visible sur le sol de la cour du château ; deux grandes salles, la salle d'Olav et la salle de Christian IV occupent le dernier étage des ailes Nord et Sud ; on peut également visiter les cachots.

Dans le parc du château, un autre édifice abrite le **Norges Hjemmefrontmuseum★** (**CZ** M^2), musée de la Résistance, qui illustre, grâce à des documents, des photos, des affiches, des modèles et des enregistrements, l'histoire de l'occupation de la Norvège pendant la Seconde Guerre mondiale, le rôle de la Résistance durant les cinq années d'épreuves et sa contribution à la victoire finale, avec l'épisode de la « bataille de l'eau lourde » *(voir à Telemark)* dans la région de Rjukan en 1943-44. Le site du musée est tout à fait approprié puisque Akershus fut le quartier général allemand pendant l'occupation.

Museet for Samtidskunst (**CZ** M^3) – Inauguré en 1990, le **musée d'Art contemporain** occupe l'ancien bâtiment de la Banque de Norvège, érigé entre 1902 et 1907. Il abrite les collections d'après-guerre d'art norvégien et international exposées précédemment à la Galerie nationale et à la Galerie d'État de Norvège.

Domkirke (**CY**) – Construite pendant la seconde moitié du 17e s. et consacrée « Église de Notre Sauveur », la **cathédrale** fut considérablement restaurée au 19e s. puis de nouveau en 1950 si bien qu'aujourd'hui il ne reste plus rien de l'intérieur d'origine excepté la **chaire** et le **retable** sculptés à la fin du 17e s. et décorés de motifs de feuilles d'acanthe. Le buffet d'orgue date du 18e s. La voûte tout entière est couverte de fresques peintes entre 1936 et 1950 et les vitraux sont l'œuvre d'Emmanuel Vigeland, frère de Gustav Vigeland *(voir ce nom)*.
De la salle du garde de nuit aménagée dans le clocher ajouté en 1950, on a une très belle **vue★★** de la ville.
Un marché aux fleurs éclaire la place principale, **Stortorvet**, situé devant la cathédrale. Sur les côtés et à l'arrière de minuscules boutiques, les **Basarhallene**, construites en 1850, qui vendent aujourd'hui des produits artisanaux et des antiquités. Dans un petit café pittoresque, les tables et les chaises reposent en porte-à-faux sur les pavés inégaux.

Karl Johans gate (**BCDY**) – C'est la plus célèbre et la plus animée des rues d'Oslo ; elle s'étend de la gare centrale au Palais royal, en traversant le cœur de la ville. La rue commence par grimper une côte assez raide, longe la cathédrale sur la droite, puis cesse de monter juste avant d'être au niveau, sur la gauche, de **Stortinget**, imposant édifice du Parlement construit entre 1861 et 1866. Cette première section de Karl Johans gate est piétonne de même que les rues adjacentes. Elle est bordée de boutiques de toutes dimensions et voit défiler tout au long de la journée des badauds et des promeneurs qui profitent pleinement de l'ambiance animée. Entre le Parlement et le Palais royal, Karl Johans gate prend un aspect plus conventionnel au fur et à mesure que les boutiques cèdent la place aux hôtels chic et aux restaurants et cafés coûteux. Sur la gauche, les jardins de l'Université, **Studenterlunden**, sont un lieu de rencontre pour les habitants de la capitale et sur la droite, à l'extrémité de la rue, se trouvent les bâtiments de l'**Université**. Karl Johans gate se termine devant la statue de Karl XIV Johan, l'ancien général Bernadotte, qui devint roi de Suède et de Norvège après le traité de 1814. Au-delà de la statue se dresse le château royal, **Det Kongelige Slott**, au milieu d'un parc ouvert au public.

Le port d'Oslo

★★ **Nasjonalgalleriet** (**CY M**[1]) – Située derrière l'Université, la **Galerie nationale** abrite la plus importante collection d'art norvégien et international de tout le pays. Constitué en 1836, le musée fut aménagé dans l'édifice actuel en 1881. Depuis 1990, les œuvres des artistes nés après 1920 ont été transférées au musée d'Art contemporain *(voir ci-dessus)*. Les collections sont réparties sur trois étages.

La **peinture norvégienne** (deuxième et troisième étages) est particulièrement bien représentée. Elle illustre parfaitement le développement de la peinture norvégienne après 1814. Le **romantisme** est représenté par les paysages de J. C. Dahl, l'un des leaders du mouvement ; et par *Voyage de noces sur le Hardangerfjord*, chef-d'œuvre de deux autres romantiques célèbres, Adolph Tidemand et Hans Gude.

Une période de réalisme inspirée par la peinture française précéda un retour au romantisme (néo-romantisme) vers la fin du 19e s. C'est à cette époque que le nom d'**Edvard Munch** commença à être connu. Deux salles du musée lui sont entièrement consacrées : elles contiennent 58 toiles, datant principalement des années 1890, telles *Clair de lune*, *Le cri*, *Cendres* et *La danse de la vie*.

Le début du 20e s. fut dominé par les peintres expressionnistes et néo-impressionnistes, entre autres Erichsen, Svarstad, Lund et Onsager, suivis, pendant l'entre-deux-guerres, par un groupe d'élèves de Matisse, tandis que d'autres tendances artistiques telles que le cubisme et l'expressionnisme allemand s'épanouissaient aussi.

Plusieurs salles du troisième étage sont consacrées à la **peinture danoise et suédoise :** on remarque tout particulièrement la salle qui contient les œuvres de l'**âge d'Or de la peinture danoise.**

Bien qu'elles ne soient pas très importantes, les collections de **peinture européenne** sont excellentes et contiennent un bon nombre d'œuvres majeures, caractéristiques de leurs auteurs et des mouvements représentés.

Les **écoles anciennes de peinture européenne** (rez-de-chaussée) sont surtout représentées par des artistes flamands (Van Dyck, Rubens) et hollandais (Ludens, Kessel) ; on remarque aussi un *Saint Pierre repenti*, du Greco, particulièrement intéressant.

Toutefois, le point fort du musée dans cette section est constitué par l'importante collection de **peintures françaises des 19e et 20e s.**, allant de Corot et Delacroix à Braque et Léger, en passant par Picasso et Juan Gris. Citons en particulier *Toilette matinale* de Degas, *Bords de Seine* et *Étretat* de Monet, *Après le bain* de Renoir, *Autoportrait* de Cézanne, *Bretagne 1889* de Gauguin, *Autoportrait* de Van Gogh, *La Seine en hiver* de Marquet, *Pauvre ménage* et *Guitare* de Picasso, *Le Journal* de Juan Gris, *Nature morte* de Léger et *Sieste dans le jardin* de Bonnard.

Henrik-Ibsenmuseet (**BY M**[4]) – Inauguré en 1993 et consacré au plus célèbre dramaturge norvégien, le **musée Henrik Ibsen** occupe l'appartement que l'écrivain habita et qui se trouve à proximité du Théâtre National dans Stortingsgata, là où un grand nombre de ses pièces furent représentées.

Il passa les onze dernières années de sa vie au n° 1 Arbinsgate, où il écrivit quelques-uns de ses chefs-d'œuvre. L'appartement a été remis dans l'état où il se trouvait à la mort d'Ibsen.

P. Thompson/SUNSET

NORVÈGE

OSLO

Karl Johans gate .... BCDY
Grensen .... CY
Lille Grensen........................ CY 37
Torggata .... CDY

Apotekergata......................... CY 2
Biskop Gunnerus gate........... DY 5
Bygdøy kappellvei................. AZ 7
Christian Frederiks plass...... DY 9
Christiania torv .... CY 12
Damstredet......................... CDX 13
Dronningens gate................ CYZ 14
Dronning Mauds gate........... BY 16
Edvard Storms gate.............. CX 17
Elisenbergveien .... AX 19
Fredriksborgveien.................. AZ 20
Fridtjof Nansens plass.......... CY 21
Frimanns gate........................ CX 23
Gimleveien .... AX 24
Grubbegata .... CY 27
Haakon VII's gate .... BY 28
Hammersborgtunnelen .... CY 29
Holbergs gate .... CX 30
Jernbanetorget .... DY 31
Josefines gate....................... BX 32
Kristian Augusts gate .... CY 33
Langés gate........................... CX 34
Lapsetorvet............................ AY 35
Lassons gate .... BY 36
Løchenveien .... ABZ 38
Løkkeveien............................. BY 39
Munchs gate .... CXY 41
Munkedamsveien................ ABY 42

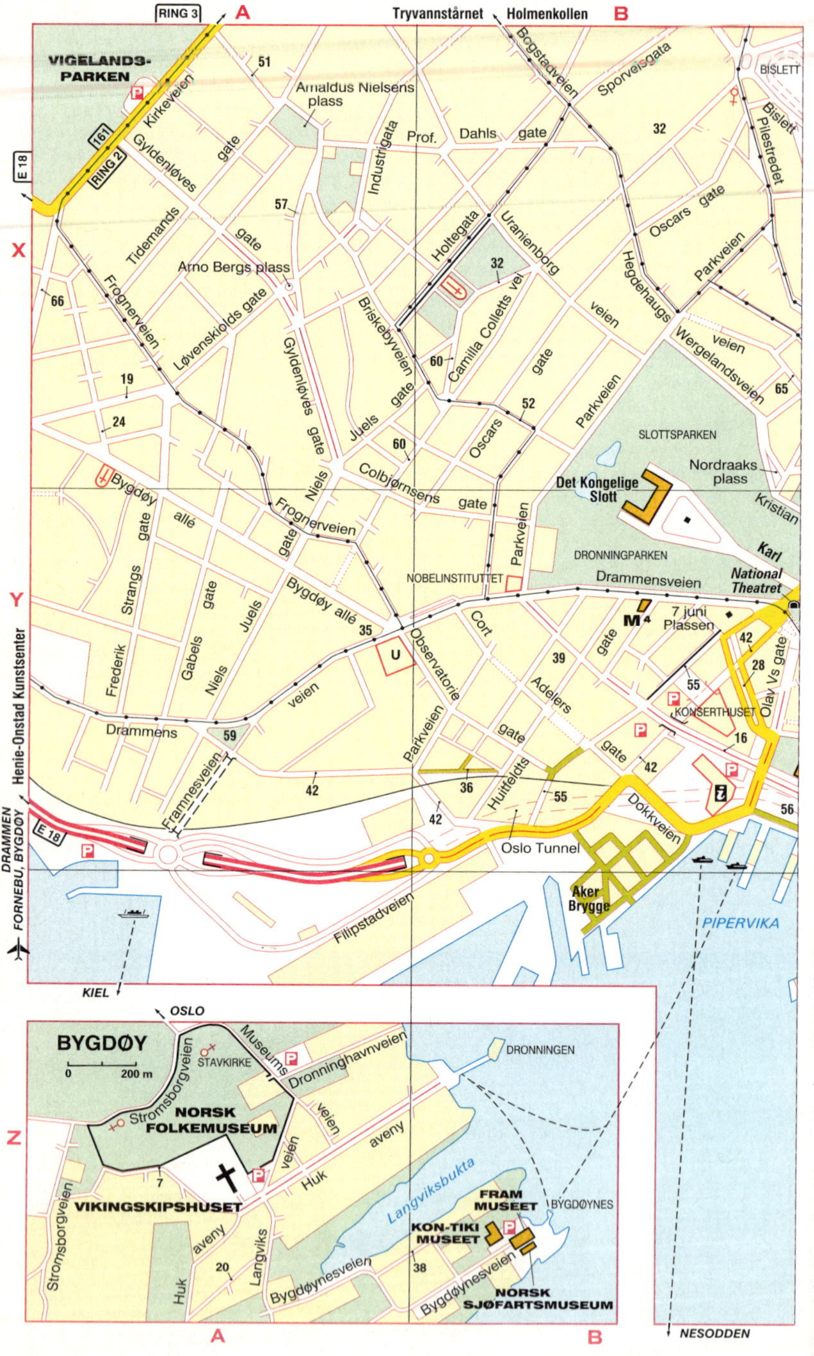

Pour pénétrer en voiture au centre de Bergen et d'Oslo, du lundi au vendredi entre 6 h et 22 h, il est nécessaire d'acquitter un péage, payable par achat soit de tickets uniques, soit de cartes d'abonnement.
Au passage des barrières de péage (Bompenger), les possesseurs de cartes

Nedre Slottsgate .... CYZ 44
Nedre Vollgate .... CY 45
Nygata .... DY 46
Olaf Ryes plass .... DX 47
Pløens gate .... CDY 48
Professor Aschehougs plass .... CY 49
Professor Dahls gate .... AX 51
Riddervolds gate .... BX 52
Roald Amundsens gate .... CY 53
Rosteds gate .... DX 54
Ruseløkkveien .... BY 55
Rådhusplassen .... BCY 56
Schives gate .... AX 57
Schweigaards gate .... DY 58
Skillebekk .... AY 59
Skovveien .... ABX 60
Stortingsgata .... CY 62
Stortorvet .... CY 63
Strandgata .... DZ 64
Sven Bruns gate .... BX 65
Thomas Heftyes gate .... AX 66
Thor Olsens gate .... CX 67
Tullins gate .... CX 68
Uelands gate .... DX 69
Vaterlandtunnelen .... DY 71
Youngstorget .... DY 72
Øvre Slottsgate .... CY 73

H Rådhus
M¹ Nasjonalgalleriet
M² Hjemmefrontmuseum
M³ Museet for Samtidskunst
M⁴ Henrik-Ibsenmuseet

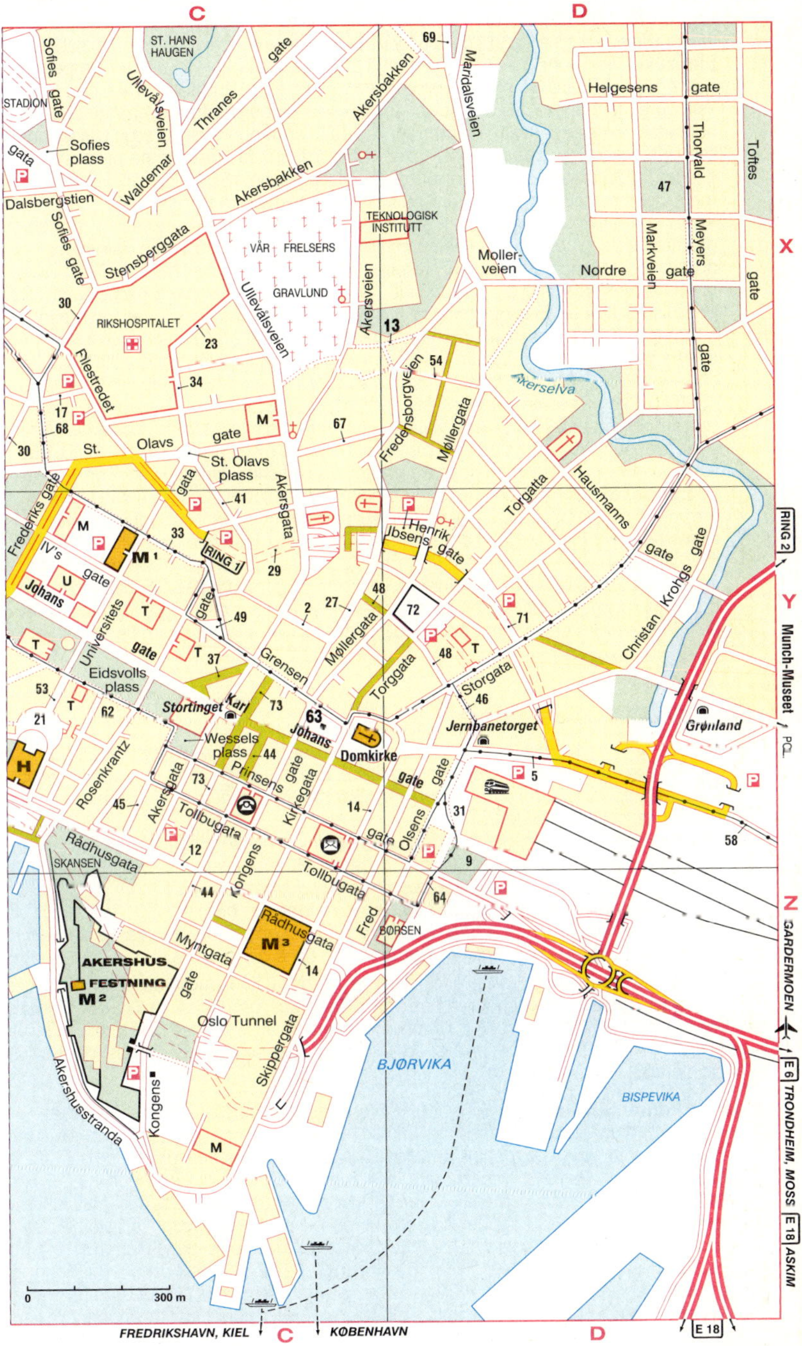

d'abonnement empruntent la voie signalée par un panneau bleu "Abonnement", les autres automobilistes prenant la file signalée par le panneau jaune "Mynt" (monnaie) s'ils disposent du montant exact du péage ou la file signalée par un panneau gris "Manuell" s'ils n'ont pas de monnaie.

Henrik Ibsen (1828-1906)

Henrik Ibsen passa son enfance à Skien (Telemark), sa ville natale, et son adolescence à Grimstad sur la côte Sud comme apprenti dans une pharmacie. Ses origines modestes expliquent en grande partie la conception de la vie qu'il développa à l'âge adulte et sa position à l'égard des problèmes de société. Il travailla pendant 12 ans dans les théâtres de Bergen et de Christiania (aujourd'hui Oslo), tout en écrivant des pièces mais sans grand succès. Il se sentait concerné par les efforts de son pays en quête de son identité nationale et, avec son ami Bjørnstjerne Bjørnson (Prix Nobel de littérature en 1903), il fonda en 1859 la « Compagnie norvégienne » dans le but de promouvoir l'art et la culture norvégiens. Cela l'encouragea à écrire des drames historiques se déroulant au Moyen Âge et comportant un message clair à l'intention de ses contemporains. Il acquit ainsi une certaine renommée. Cependant, il fut outré lorsque la Norvège ne proposa pas d'aider le Danemark en guerre contre la Prusse et, en 1864, il s'exila volontairement pour ne revenir que 27 ans plus tard et s'installer à Christiania.
Après son départ de Norvège, il abandonna les pièces historiques et écrivit deux drames sur le problème de la personnalité dans lesquels on discerne clairement les doutes et les angoisses que lui inspire son pays. L'un d'entre eux, *Peer Gynt* (1867), met en scène un personnage faible qui découvre qu'il a gaché sa vie et perdu son identité. Bien que l'œuvre n'ait pas été destinée à être jouée, mais plutôt à être lue, *Peer Gynt* est maintenant considéré comme un élément précurseur du drame moderne. Ibsen acquit finalement une renommée internationale dans les années 1880 grâce aux pièces *Une maison de poupée* (1879) et *Les revenants* (1881). Ces pièces et celles qui suivirent contribuèrent à la création du drame contemporain, essentiellement réaliste, mettant en scène les vrais problèmes de la société et dénonçant l'hypocrisie. Les personnages d'Ibsen prennent conscience que leurs valeurs et leur soif de liberté sont en contradiction avec leur environnement bourgeois, ce qui entraîne une menace pour l'ordre social. Tout le théâtre d'Ibsen est animé par un profond courant de désespoir au fur et à mesure que les personnages réalisent l'abîme qui sépare leurs aspirations et leur chance réelle de les réaliser. Dans son dernier drame, *Quand nous nous réveillerons d'entre les morts*, écrit en 1899, Ibsen va même plus loin : en effet, le personnage principal, artiste de métier, exprime sa conception pessimiste non seulement de l'humanité mais aussi de lui-même, se condamnant pour avoir sacrifié sa vie à la poursuite de son art.

BYGDØY (AZ) *1/2 journée.*

La presqu'île de Bygdøy est accessible en voiture. Suivre la E 18 vers l'Ouest et prendre la sortie Bygdøy ; tourner à gauche dans Bygdøy allé, puis de nouveau à gauche et franchir l'autoroute ; Dronning Blancas vei conduit à Museumveien où se trouve le musée du Folklore.
En été, on peut prendre le ferry de Bygdøy à partir de Rådhusbrygga 3 jusqu'à Dronningen, d'où le train du musée dessert les différentes curiosités ; on peut ensuite retourner au centre-ville à partir de Bygdøynes.
Il existe une troisième possibilité en empruntant le bus n° 30 au départ de Stortingsgata dans le centre-ville. La Carte d'Oslo permet de voyager gratuitement sur le ferry et le bus et d'entrer gratuitement dans les musées.

La presqu'île de Bygdøy, qui avance dans le fjord au Sud-Ouest du centre-ville, est un quartier résidentiel chic agrémenté de plages du côté Ouest, à Huk et Paradisbukta. Mais la visite de Bygdøy s'impose surtout à cause de ses cinq musées splendides, dont chacun illustre un aspect différent de la culture et des réalisations norvégiennes.

★★★ **Norsk Folkemuseum** (AZ) ⌚ – *Dans Museumveien, parking face à l'entrée.*
Au milieu d'un parc naturel, le **musée du Folklore norvégien** retrace l'histoire culturelle de la Norvège depuis le Moyen Âge. C'est le plus grand musée de ce genre dans tout le pays, répartissant ses collections tant à l'intérieur qu'à l'extérieur. Il a célébré son centenaire en 1994, ce qui en fait l'un des plus anciens musées de ce genre au monde. La section de plein air, attraction principale, comprend 140 bâtiments illustrant l'architecture rurale en bois de différentes régions et surtout du Sud de la Norvège. Des fermes de la Gudbrandsdal, du Sogn og Fjordane, de l'Østerdal, de la Hallingdal et d'autres régions, reliées par un réseau de pittoresques chemins sinueux, montrent les techniques traditionnelles de construction ainsi que leurs variantes d'une région à l'autre. Les ensembles les plus représentatifs sont originaires de la Setesdal, de la Numedal et du Telemark. La plus belle pièce du musée est l'**église en bois debout de Gol** *(voir à Numedal)*, transférée depuis plus de cent ans de la petite ville de Gol à 224 km au Nord-Ouest d'Oslo. Elle a à peine changé depuis sa construction vers 1200 et n'a toujours pas de fenêtre ; toutefois, les peintures de l'abside datent du 17e s. ; remarquer la *Cène* au-dessus de l'autel.

Le reste des collections, exposé dans les grands bâtiments qui se trouvent à l'entrée du musée, comprend des objets en argent, du mobilier, des instruments de musique anciens, etc., ainsi que des intérieurs du 19e s. reconstitués, en particulier la salle du Parlement norvégien telle qu'elle était dans les années 1820. On peut voir aussi une exposition sur la culture sâme.

Continuer et prendre à droite Langviksveien qui mène au musée des Bateaux vikings tout proche.

★★★ **Vikingskiphuset** (**AZ**) – Le fascinant **musée des Bateaux vikings** abrite le contenu de trois tombeaux vikings découverts à proximité de l'Oslofjord entre 1867 et 1904. Selon une pratique courante chez les Vikings, les trois bateaux retrouvés avaient servi à des funérailles. C'est Arnstein Arneberg qui conçut le musée en 1913 pour abriter ces bateaux. Il est construit en forme de croix : le **bateau d'Oseberg** est exposé dans la « nef », juste au-delà de l'entrée, tandis que les **bateaux de Gokstad et de Tune** occupent chacun une aile. La nef est prolongée par l'**aile Oseberg** qui contient d'autres objets trouvés dans les tombes. L'état de conservation exceptionnel des objets découverts s'explique par le fait que le sous-sol est composé d'argile dense qui protège les matériaux des effets nuisibles de l'air et de l'eau. Le contenu du tombeau de Tune est très fragmentaire, mais celui des tombeaux d'Oseberg et de Gokstad est varié et très intéressant. Le tombeau d'Oseberg, datant de 850 environ, est le plus ancien, les deux autres ayant 30 ou 40 ans de moins. Les trois tombeaux furent pillés par des professionnels qui ne laissèrent que les objets en bois, en cuir et en tissu. Ceux-ci fournissent malgré tout des renseignements précieux sur les traditions vikings, la vie quotidienne, les croyances religieuses, les pratiques funéraires et la navigation.

C. Boisvieux

Le bâteau d'Oseberg

Funérailles vikings – La religion viking comptait de nombreuses divinités et, comme dans la mythologie grecque, celles-ci menaient une vie comparable à celle des hommes, se battant, mangeant, buvant et même invitant à leur table des guerriers morts au combat. De tout cela découle la conviction que les besoins des hommes et des femmes après leur mort sont les mêmes que durant leur vie. C'est sur cette conviction que furent fondées les traditions funéraires des Vikings, particulièrement riches en Norvège. Un mort pouvait être enterré ou incinéré mais, quel que soit le cas, on plaçait à ses côtés des présents à la hauteur de son rang social. Les personnes importantes étaient souvent enterrées dans des bateaux. Le bateau servant de cercueil était placé dans un trou et le corps posé sur un lit dans une chambre funéraire spécialement conçue. Le bateau était alors rempli de provisions et, selon le cas, d'armes, d'outils agricoles, de bijoux, d'ustensiles de cuisine, etc. On sacrifiait également des chiens et des chevaux. Pour finir, on édifiait un tumulus pour recouvrir le bateau.

Dans le tombeau d'Oseberg, on retrouva deux femmes ainsi qu'un chariot et trois traîneaux, des ustensiles de cuisine, du matériel agricole et des instruments à tisser, une selle, des fragments de tapisseries et beaucoup de provisions. Les objets en bois, surtout le chariot et les traîneaux, sont magnifiquement décorés de sculptures complexes représentant des animaux et des personnes. Les objets trouvés dans les tombes de Gokstad et de Tune ne sont comparables ni en quantité ni en qualité à ceux découverts dans la tombe d'Oseberg.

Bateaux vikings – L'examen minutieux des bateaux vikings tels que ceux d'Oseberg et de Gokstad permet de mieux comprendre la suprématie des Vikings en tant que peuple marin sur des sociétés solidement établies comme celles qui occupaient l'Angleterre, la France et l'Irlande de 800 à 1050 après J.-C. Leur supériorité résidait dans leur compétence en matière de construction navale. Leurs navires étaient rapides, équipés d'un mât central et d'une voile carrée ce qui permettait à l'équipage de ramer même lorsque la voile était déployée. Ils étaient conçus de telle façon que même avec une charge maximale, des navires de la taille de celui de Gokstad (24 m de longueur et 5 m de largeur) n'avaient besoin que d'un mètre de tirant d'eau et pouvaient donc s'approcher de n'importe quelle côte et remonter n'importe quelle rivière. Par ailleurs, les bateaux vikings étaient particulièrement résistants, ce qui fut prouvé en 1893 lorqu'on fit traverser l'Atlantique par une réplique du bateau de Gokstad. Ils étaient légers et flexibles, munis d'une quille solide et d'une proue incurvée caractéristique qui est devenue le symbole de la puissance des Vikings. Les Vikings ne se contentèrent pas de traverser la mer du Nord avec leurs navires, mais ils franchirent aussi l'Atlantique pour aller jusqu'au Groenland et en Amérique que Leif Eiriksson découvrit presque 500 ans avant Christophe Colomb. Grâce à leurs expéditions, les Vikings acquirent une grande expérience de la construction navale et un examen minutieux des bateaux d'Oseberg et de Gok-stad confirma l'évolution rapide de la forme des coques. Au fur et à mesure que leurs techniques s'amélioraient, les Vikings construisirent différents types de bateaux, des navires de guerre rapides manœuvrés par un grand nombre d'hommes et des navires marchands plus lents à l'équipage moins nombreux mais avec plus de place pour la cargaison.

Continuer à suivre Langviksveien, puis prendre à gauche Bygdøynesveien qui conduit aux trois autres musées ayant tous un rapport avec la navigation.

★★ **Frammuseet** (BZ) ⏲ – Ce très intéressant musée n'abrite que le **vaisseau polaire Fram**, construit spécialement à Larvik par Colinn Archer pour l'explorateur norvégien **Fridtjof Nansen** (1861-1930) qui, à l'âge de 27 ans, était déjà célèbre pour avoir traversé à skis la calotte de glace du Groenland et se préparait à se rapprocher le plus possible du pôle Nord à travers l'océan Arctique, en utilisant les courants polaires. Les spécificités du navire portaient sur la coque entièrement lisse pour que la glace n'ait pas de prise sur elle et sur le réseau serré de poutres et d'armatures en chêne pour renforcer la coque de l'intérieur. On pouvait également surélever le gouvernail et l'hélice lorsque la glace enserrait le navire. Nansen commanda la première expédition qui quitta la Norvège en 1893. Le Fram parvint à atteindre le degré 86 de la latitude Nord et fut immobilisé par la glace pendant trois hivers consécutifs ; il dut résister à un poids supplémentaire considérable chaque fois que d'énormes blocs de glace s'écrasaient sur le pont ; le navire retourna en Norvège en 1896, après avoir dérivé vers l'Ouest comme prévu. Nansen devint plus tard un homme d'État respecté, d'abord comme ambassadeur en Grande-Bretagne, puis comme représentant de la Norvège à la Société des Nations au sein de laquelle il mena à bien plusieurs missions humanitaires. Le Prix Nobel de la Paix lui fut décerné en 1922.

La seconde expédition du Fram fut commandée par Otto Sverdrup qui avait traversé la calotte glaciaire du Groenland avec Nansen et assumé le rôle de capitaine du Fram lors de son premier voyage. Cette fois-ci, on découvrit plusieurs îles au Nord du Canada.

Lors de son troisième voyage, le Fram emmena **Roald Amundsen** en Antarctique et celui-ci fut, par la suite, le premier homme à atteindre le pôle Sud *(voir à Tromsø)*. Le voyage dura deux ans (1910-1912), le navire étant chargé d'effectuer une expédition océanographique le long de la côte de l'Antarctique.

★★ **Kon-Tikimuseet** (BZ) ⏲ – Ce musée est, comme le précédent, consacré aux expéditions maritimes extraordinaires, mais d'une autre sorte puisqu'il retrace les voyages de **Thor Heyerdahl** (né à Larvik en 1914) dont le but était non pas de découvrir de nouvelles terres mais de retrouver les itinéraires probablement suivis par les peuples anciens. En 1947, Heyerdahl quitta le Pérou en direction de la Polynésie sur un radeau en bois de balsa (bois très léger). Son but était de prouver que les Polynésiens étaient originaires d'Amérique du Sud. Le radeau, auquel il donna le nom de Kon-Tiki, était une réplique exacte de ceux que fabriquaient les Indiens avant la période Inca. Le Kon-Tiki est exposé de telle façon qu'il est possible d'en voir le fond. Plus tard, des expéditions archéologiques vers les îles Galapagos et l'île de Pâques confirmèrent les théories d'Heyerdahl sur l'ethnologie, mais elles sont encore aujourd'hui contestées dans certains milieux scientifiques.

Le deuxième radeau exposé, appelé **Ra II** et construit en papyrus, fut utilisé par Heyerdahl en 1970 pour traverser l'Atlantique de Safi, au Maroc, jusqu'aux Barbades, afin de montrer que les anciens Égyptiens auraient pu traverser l'Atlantique et exercer une influence sur la civilisation des Indiens d'Amérique centrale.

★★ **Norsk Sjøfartsmuseum** (**BZ**) ⊙ – Inauguré en 1974, ce moderne **musée de la Marine norvégienne** occupe deux bâtiments séparés. Le bâtiment principal, aux vastes perspectives intérieures, abrite diverses collections dont des maquettes, des tableaux, des sections de navires retrouvées à la suite de naufrages, des instruments de navigation, des canons de brume, des cuisines de navires, des objets d'intérêt archéologique, etc., qui sont présentés par thèmes : « Conditions de vie à bord », « Au port », « Navigation », « Phares et balises », « Pilotage et sauvetage en mer », « Transport de passagers », « Navigation dans l'Antiquité et au Moyen Âge », « L'âge de la découverte », « Les colonies et les guerres », « Voiliers des 18ᵉ et 19ᵉ s. », « Explorations polaires » et « Du bateau à aubes au pétrolier ».
La **salle des bateaux** illustre l'évolution des bateaux de pêche à l'aide de spécimens provenant de différentes régions. On peut voir par exemple un *fembøring* du Nord et son gréement, qui s'apparente aux bateaux vikings, ainsi que des bateaux fluviaux et un bateau sâmâ. Le navire polaire **Gjøa**, dans lequel Roald Amundsen navigua à travers le passage du Nord-Ouest en 1903-06, est exposé à l'extérieur du musée, face à la mer.

AUTRES CURIOSITÉS

★★ **Munchmuseet** ⊙ – *Sortir d'Oslo par Grønland* (**DY**).
Dans son testament, Edvard Munch légua toutes ses œuvres à la ville d'Oslo, don qui, avec les œuvres acquises plus tard, représente une immense collection de 1 100 toiles et de 18 000 estampes, de dessins, de lettres, etc. Le musée fut inauguré en 1963, mais en raison de l'ampleur de la collection, les œuvres sont exposées par roulement. Par ailleurs, de nombreuses toiles sont prêtées pour des expositions temporaires dans le pays et à l'étranger. Cependant, le musée réussit toujours à exposer un choix d'œuvres représentatives, si bien que même après une visite de la superbe collection Munch de la Galerie nationale, il vaut la peine, pour les admirateurs de l'artiste, d'aller faire un tour au Musée Munch.

Edvard Munch (1863-1944)

Edvard Munch *(voir son autoportrait en Introduction, chapitre : Peinture et Sculpture)* fut élevé à Christiania dans un environnement où la culture occupait une place importante, et pourtant, au lieu d'être heureuse, son enfance fut assombrie par une longue maladie, suivie de la mort de sa mère et de sa jeune sœur, ce qui le marqua de façon indélébile. Plus tard, la mort et le chagrin devinrent de puissants leitmotive dans son œuvre. Durant ses études il fut inspiré par le courant réaliste français et en 1885 il s'installa à Paris où il commença à travailler sur l'*Enfant malade*, œuvre qui, bien que fortement critiquée, attira l'attention sur l'artiste. De retour à Christiania, il s'introduisit dans le milieu des anarchistes radicaux et voulut peindre le désespoir de l'homme moderne. Cependant, en 1889, il obtint une bourse de voyage de trois ans et retourna à Paris où il rejeta le courant réaliste et fut, pendant un moment, attiré par l'impressionnisme, mais il fut probablement plus influencé par le symbolisme.
L'exposition de ses œuvres à Berlin en 1892 fit scandale, mais il décida de s'installer malgré tout dans cette ville. Il rencontra le dramaturge suédois August Strindberg, avec lequel il s'entretint sur Nietzsche et la philosophie en général. Ce dernier eut une grande influence sur sa créativité. En 1893, il exposa quelques-unes de ses œuvres les plus connues, une partie du cycle de la *Frise de la Vie*, dans lequel les thèmes principaux sont l'amour, la mort, l'obscurité et l'anxiété, et *Le Cri* qui fit de lui le précurseur du mouvement expressionniste.
En 1896, il retourna à Paris à l'époque où le symbolisme était en plein essor; il se consacra avec succès à la lithographie.
De retour en Norvège, il peignit plusieurs immenses paysages de l'Oslofjord, mais à la suite d'une affaire de cœur tragique, il fit une dépression nerveuse en 1902 et rompit définitivement avec ses anciens amis anarchistes.
En 1909, il s'installa définitivement en Norvège et réalisa la décoration du nouvel auditorium de l'université d'Oslo, prenant le soleil pour thème principal. Son intérêt pour le mouvement travailliste grandissant eut pour suite logique la réalisation du célèbre *Travailleurs rentrant chez eux* (1913-15). A partir de 1916, il vécut seul dans sa maison de la banlieue d'Oslo et durant les dernières années de sa vie, il peignit des paysages sensuels aux couleurs fortes qui semblent indiquer qu'il en était arrivé à une vision plus sereine de la vie.

★ **Vigelandsanlegget** (**AX**) – *Entrée principale dans Kirkeveien.*
Ce parc conçu selon un plan très structuré s'inscrit dans le vaste parc Frogner, situé au Nord-Ouest du centre-ville. C'est l'un des endroits les plus visités d'Oslo. Il a été dessiné par **Gustav Vigeland** (1869-1943), le plus célèbre sculpteur norvégien du 20e s., qui y travailla pendant près de 20 ans, mais mourut un an avant qu'il ne soit terminé. Le parc contient 200 sculptures monumentales de Gustav Vigeland sur le thème de la destinée de l'homme, depuis l'enfance jusqu'à la vie adulte. Une fois les imposantes grilles de fer forgé franchies, on peut contempler l'expression puissante et sans détour des statues massives et réalistes représentant des hommes, des femmes et des enfants, des gens ordinaires croqués dans différentes scènes de la vie quotidienne. A travers elles, on perçoit la vision personnelle qu'avait Vigeland de la vie. Au-delà du pont, de ses groupes de statues en bronze et de la fontaine centrale allégorique, on atteint le point culminant du parc, un monticule étagé en terrasses, surmonté d'une colonne centrale entourée de statues illustrant divers aspects des relations humaines telles que le combat, l'amour, etc. Sur toute la hauteur de la colonne, une multitude de formes entrelacées essayant péniblement d'atteindre le sommet symbolise la lutte pour la vie, thème qui revient sans cesse dans l'œuvre de Vigeland.
Le **Vigelandsmuseet** ⓥ est situé à gauche de l'entrée principale du parc, dans Nobelsgate. Il est aménagé dans l'ancien studio de l'artiste, maison que lui fit construire la ville d'Oslo, où il vécut et travailla pendant les années 1920. Il contient presque toutes ses œuvres, ses dessins, ses gravures sur bois, ses moulages, ainsi que les esquisses et les moules ayant servi à réaliser les sculptures du parc.

E. Baret

Le Monolithe de Gustav Vigeland

★ **Holmenkollen** – *Environ 10 km au Nord-Ouest du centre-ville. En quittant le parc Vigeland, tourner à gauche dans Sørkedalsveien, puis à droite dans Holmenkollveien que l'on suit jusqu'aux tremplin de ski et musée du ski.*
Ce tremplin de ski a été élevé en 1892 sur cette colline dominant l'Oslofjord, mais le nom de Holmenkollen ne devint célèbre qu'en 1952 lorsque les Jeux Olympiques d'hiver s'y déroulèrent. Modernisé plusieurs fois, le tremplin de ski continue à être utilisé pour des compétitions internationales ; le Festival de ski de Holmenkollen s'y tient chaque année en mars. La marche de Holmenkollen, rencontre très populaire, est une course de ski de fond à laquelle participent des milliers de skieurs et qui se termine de façon spectaculaire au pied du tremplin. Du haut de la tour, on a une **vue** superbe sur Oslo et le fjord.
Le **musée du Ski** ⓥ illustre l'évolution de la fabrication des skis depuis la préhistoire. Les collections comprennent également des vêtements et des équipements, en particulier ceux des expéditions polaires de Nansen et d'Amundsen. Dans un ancien atelier, on peut assister à la fabrication des skis suivant une méthode traditionnelle.

Continuer le long de Holmenkollenveien, tourner à gauche dans Voksenkollveien, puis à droite dans Tryvannsveien où l'on gare la voiture sur le parking.

Tryvannstårn ⓥ – *Ascenseur rapide.*
De la salle d'observation située au sommet de la **tour de la télévision**, à 588 m d'altitude, la vue s'étend jusqu'à la frontière suédoise et sur l'ensemble de l'Oslofjord.

Damstredet (**CDX 13**) – Ce quartier pittoresque, au charme suranné, est un ancien faubourg résidentiel, dont les maisons en bois construites au 19e s. ont été restaurées avec goût et sont à présent occupées par des artistes.
Continuer le long de Damstredet et prendre Møllerveien à droite.
Le long des rives de l'Akerselva, on peut faire d'agréables promenades et même remonter jusqu'au centre de la ville.

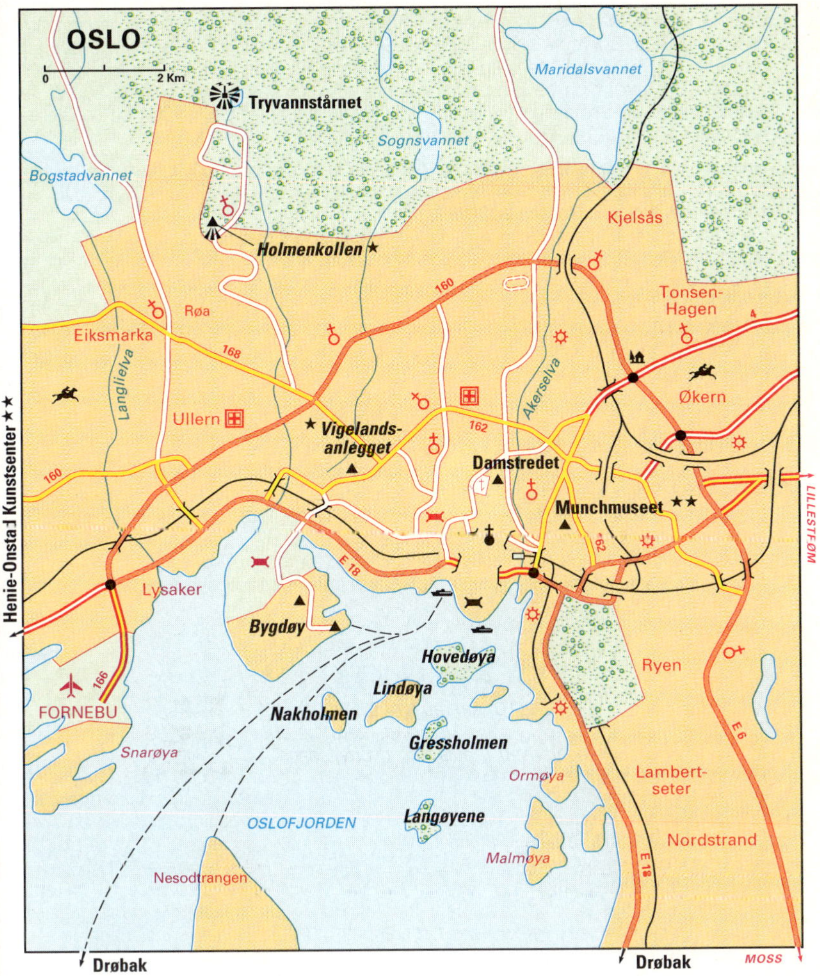

EXCURSIONS

L'Oslofjord offre diverses possibilités d'excursions : en bateau vers les îles et la presqu'île de Nesodden, en voiture le long des rives.

★★ **Henie-Onstad Kunstsenter** ⓥ – *A Høvikodden, 12 km au Sud-Ouest. Quitter Oslo par la E 18 à l'Ouest* (**AY**). Le **centre d'Art moderne Sonja Henie** occupe un site magnifique sur la rive occidentale boisée du fjord. Il fut inauguré en 1968 pour abriter 300 œuvres d'art dont la danseuse sur glace Sonja Henie et son mari, l'armateur Niels Onstad, firent don à la Norvège. Depuis, la collection s'est considérablement élargie et constitue aujourd'hui la plus importante collection d'art moderne international que possède la Norvège. Les expositions se succèdent tout au long de l'année, permettant ainsi au Centre d'exposer son fonds par roulement. Les principales tendances du 20e s. sont bien représentées : le cubisme par Braque, Juan Gris et Picasso, le surréalisme par Miro et Ernst, le groupe Cobra par plusieurs œuvres de son fondateur Asger Jorn et de Karel Appel. Les diverses tendances de l'art abstrait sont bien évoquées. Une salle est consacrée aux trophées et médailles, remportés par Sonja Henie. Selon les vœux des fondateurs, le Centre propose un choix d'activités culturelles dans les domaines de la musique, de la danse, du théâtre, du cinéma et de la poésie.

Excursions en bateau sur l'Oslofjord

Les îles proches d'Oslo – Au départ de l'embarcadère de Vippetangen Brygge *(services fréquents)*, juste au Sud du château d'Akershus, on peut facilement accéder par ferry à l'archipel d'îles situées à proximité du port d'Oslo. Sur l'île la plus proche, **Hovedøya**, les ruines romantiques d'une abbaye cistercienne, construite par des moines anglais originaires de Kirkstead, se dressent dans un site charmant, qui offre en outre plusieurs points de baignade. Les ferries desservent d'autres îles, telles **Lindøya**, **Nakholmen** et **Gressholmen**, proches les unes des autres, mais aussi **Langøyene**, située plus au Sud, agrémentée de belles plages.

Croisières sur le fjord – Plusieurs départs par jour ont lieu en été de l'embarcadère de Rådhusbrygge 3, face à l'hôtel de ville. L'éventail d'excursions propose un tour du port (50 mn) permettant de voir de près Akershus et les îles les plus proches, une excursion de 2 h pour ceux qui désirent s'aventurer plus au Sud et se faufiler entre les îles de la rive occidentale, enfin plusieurs possibilités de croisières nocturnes.

Drøbak (AY) – *Par bateau express à partir de l'embarcadère d'Aker Brygge ou par la route qui longe la côte orientale du fjord, en suivant la E 18 – E 6, puis en tournant à droite à Horgen (40 km).*
Ce vieux bourg animé a conservé quelques charmantes maisons de bois datant pour la plupart du 19e s. Au début du 20e s., plusieurs artistes, dont Christian Krogh et Frits Thaulow, vinrent y travailler en été ; depuis ce temps-là, Drøbak reçoit régulièrement la visite d'un grand nombre d'artistes, ce qui explique l'existence de nombreuses galeries de peinture et d'ateliers d'artisans. L'intérieur baroque de l'église de bois, datant de 1776 et peinte en blanc, est fort intéressant.

Monet en Norvège

Entre février et mars 1895, à l'âge de 55 ans, Claude Monet, attiré par les beautés de l'hiver nordique, fit un séjour en Norvège. Les débuts furent difficiles en raison d'un hiver rigoureux, de sites rendus inaccessibles et des variations continuelles du climat. Dans une lettre du 1er mars adressée à sa belle-fille, il parle des « effets de neige qui sont absolument stupéfiants, mais d'une difficulté inouïe ». Anxieux et souvent découragé, il fit preuve d'obstination, toutefois, et peignit 28 tableaux dont *Maisons dans la neige, Le fjord de Christiania* et *Le mont Kolsaas.*

POLARSIRKELEN★

CERCLE POLAIRE – Nordland

Carte Michelin n° 985 – F 10/12 ou Atlas Europe – p. 97

Le **cercle polaire** est le parallèle situé à 66° 33' de latitude Nord. Cette ligne imaginaire traverse le territoire norvégien juste au Nord de Mo i Rana dans une région de glaciers et de plateaux désertiques. Plus au Nord se trouvent les régions polaires ou arctiques dont le caractère fascinant explique l'attrait magique que le cercle polaire exerce sur la plupart des gens.
En Norvège, il y a deux façons de franchir le cercle polaire. La première en suivant la route 17 qui longe la côte entre Steinkjer et Bodø ; on franchit le cercle polaire à bord du ferry qui relie Kilboghamn et Jektvik : les paysages sont magnifiques, mais l'événement passerait totalement inaperçu si le capitaine n'annonçait dans les haut-parleurs le franchissement du cercle polaire. La seconde façon – et sans aucun doute la plus mémorable – consiste à suivre l'itinéraire européen E 6 qui relie Oslo au cap Nord. Le **centre du cercle polaire** est situé sur le bord de la route, sur le plateau désertique du Saltfjellet, à 650 m d'altitude, d'où le regard embrasse de vastes étendues de neige et de roche. De part et d'autre de l'édifice circulaire en forme d'igloo, des monuments marquent l'emplacement de la ligne imaginaire. En été, les alentours du centre sont en partie libérés de leur manteau de neige et de glace et, en souvenir de leur passage, les visiteurs du monde entier élèvent de petits monticules de pierres sur la terre nue, en faisant un vœu. Quelques-uns écrivent leur nom et celui de leur pays sur de minuscules morceaux de papier que le vent emporte immédiatement tandis que le petit monticule résiste un peu plus longtemps avant de s'écrouler pour être élevé à nouveau par d'autres touristes. A l'intérieur du centre, il fait bon et l'ambiance est accueillante. On trouve une boutique de souvenirs, une cafétéria, des expositions sur l'art et l'industrie de la Norvège du Nord ainsi que sur la faune des régions arctiques sous forme d'animaux naturalisés, dont le grand ours polaire. On peut suivre également une présentation vidéo intitulée *Norge Norge*. Dans le bureau de poste on applique sur les cartes postales le tampon spécifique du cercle polaire ! A l'extérieur de l'édifice, se dresse un monument élevé à la mémoire des prisonniers russes et yougoslaves pendant la Seconde Guerre mondiale.

RÉGION DU CERCLE POLAIRE

Le climat arctique et la chaîne montagneuse du Saltfjellet jouent un rôle déterminant dans la région du cercle polaire, empêchant la survie de certaines espèces animales et végétales au Nord de cette ligne. Ainsi les ormes et les frênes sont-ils remplacés par des conifères et des bouleaux. De plus, on ne rencontre pas de serpents au Nord du Saltfjellet. Par contre, d'autres espèces animales présentes dans les climats tempérés le sont aussi au Nord du cercle polaire, en particulier les renards, les castors, les aigles royaux et les dauphins.

La région traversée par le cercle polaire s'inscrit presque entièrement dans le Parc national du Saltfjellet/Svartisen où l'on peut admirer la nature dans toute sa beauté sauvage à partir de **Mo i Rana**, qui constitue une base idéale d'exploration. L'itinéraire en voiture du cercle polaire à Mo i Rana sur une distance de 80 km à travers la Dunderlandsdal (vallée du pays qui gronde) est extrêmement pittoresque car le décor change de façon radicale : de la roche nue et des neiges éternelles, on passe à des paysages alpins où domine la verdure, où coule un torrent de montagne qui s'élargit peu à peu tandis que des bovins paissent tranquillement sur les versants dominés par la masse sombre des sapins.

★ **Svartisen** – *32 km au Nord de Mo i Rana – 1/2 journée.*
Prendre la E 6 en direction du Nord jusqu'à Røssvoll puis tourner à gauche et suivre les panneaux ; un bateau assure la traversée du lac Svartisvatn en 20 mn ; un chemin long de 3 km conduit ensuite au pied de l'Østerdalsisen, glacier qui est un bras du Svartisen.
Par sa surface, le Svartisen est le deuxième glacier de Norvège (370 km^2). Il compte soixante bras dont le plus célèbre est l'Østerdalsisen. En dépit de chutes de neige importantes et régulières sur le plateau, le glacier recule et dévoile un paysage fascinant. La vue de cette masse de glace énorme, qui se désintègre lentement en formant de minuscules icebergs qui dérivent de façon imperceptible sur le lac, est très impressionnante.

Grønligrotta – *20 km au Nord de Mo i Rana – 2 h.*
Suivre les mêmes indications que ci-dessus ; 10 km après avoir tourné à gauche, on atteint un parking, d'où l'on gagne l'entrée de la grotte en 20 mn de marche.
Grønligrotta est une grotte calcaire naturelle dotée d'une salle immense, de passages étroits et d'une rivière souterraine qui la traverse à vive allure. On peut aussi admirer des stalactites et des stalagmites.
Tout près, une grotte semblable, **Setergrotta**, conviendra mieux aux personnes plus audacieuses.

ROUTE 17★★★

Nord-Trøndelag et Nordland

Carte Michelin n° 985 – H 9 / E 11 ou Atlas Europe – p. 97

Cet itinéraire, qui longe la côte du Helgeland par voie terrestre et maritime, relie Høylandet au Sud et Bodø au Nord. Il offre la possibilité de faire un voyage passionnant en découvrant des paysages fascinants et une région authentique du littoral norvégien. On traverse 460 km d'un pays où la nature est reine tandis que se déroule un spectacle inoubliable dont les éléments (la mer, les rochers et le ciel), se renouvellent constamment, semble-t-il, comme les images changeantes d'un kaléidoscope. La route sinueuse, divisée en tronçons reliés par six ferries et de nombreux ponts, progresse entre ciel et mer en épousant les contours du terrain. Pendant la majeure partie du trajet, le regard embrasse de vastes étendues dénudées limitées à l'horizon par des pics escarpés.
La côte du Helgeland est extraordinaire, basse et tres découpée, bordée de montagnes d'un côté et de l'autre d'innombrables îles de dimensions et de formes très variées. Cette large ceinture d'îles et de récifs est probablement le résultat de l'assaut répété des vagues combiné à la rigueur du gel qui fit éclater les roches au cours des glaciations successives. De beaux ponts, ouvrages d'art réussis, franchissent parfois les nombreux fjords et détroits, souvent très resserrés et orientés en tous sens, mais ce sont sans aucun doute les ferries que l'on voit le plus couramment. Ils font partie du paysage et assurent leurs services de liaison entre plusieurs centaines d'îles habitées et la côte.
La région est peuplée depuis la préhistoire. La beauté étrange et austère des paysages frappèrent sans aucun doute l'imagination des habitants puisque des points de repère aussi singuliers que l'île rocheuse de Torghatten ou la chaîne montagneuse des Sept Sœurs occupent une place importante dans le monde fantastique des sagas nordiques. Aujourd'hui, la population côtière du Helgeland est divisée en petites communautés dont le rythme de vie est réglé sur les horaires des ferries. Il n'y a pas de véritable ville le long de la côte, la commune la plus importante étant Sandnessjøen qui compte 7 500 habitants.
L'hébergement, cependant, ne manque pas, sans pour autant être luxueux. Tout au long de la route, on trouve des hôtels de taille moyenne, des pensions, des auberges, des motels et des terrains de camping. Mais le choix est plus intéressant à Brønnøysund et Sandnessjøen, ensuite à Glomfjord, Ørnes, Nesna, Lovund, Sleneset et Saltstraumen. Les occasions de découvrir l'environnement naturel unique de la région sont nombreuses, par le biais de la randonnée, de l'escalade, du cyclotourisme dans les îles, de la pêche en haute mer, de la plongée, etc.

La route est bonne en général et bordée de nombreuses aires de pique-nique. Les ferries sont à l'heure et synchronisés ; il faut donc planifier son voyage en tenant compte des horaires afin d'éviter les longues attentes aux points de passage. Il y a en tout six traversées en ferry entre Høylandet et Bodø. Il est possible de faire le trajet en deux jours, mais si l'on dispose de quatre jours ou plus, on pourra faire les excursions et visiter les îles.

DE HØYLANDET A BRØNNØYSUND

147 km et une traversée en ferry de 20 mn – Prévoir 1 journée.

Suivre la E 6 vers le Nord à partir de Trondheim, puis, 6 km au-delà de Grong, prendre la route 775 à gauche et tourner à droite vers Høylandet où l'on rejoint la route 17.

10 km avant Foldereid, la route devient très pittoresque tandis qu'elle longe la rive Sud du fjord étroit, encadré de chaque côté par des murailles rocheuses à pic.

Foldereid – Foldereid bénéficie d'un courant marin, connu sous le nom de Kollstraumen, qui lui fournit beaucoup de poissons.

Holm – Vennesund : traversée en ferry : 20 mn (fréquence : toutes les heures environ).

Vik – La route côtière caractéristique commence à Vennesund où le paysage change radicalement et, aussi loin que l'on puisse voir, le regard embrasse un ensemble d'îles dont certaines dépassent à peine le niveau de la mer, tandis que d'autres profilent leurs formes étranges sur le ciel changeant. D'autres encore apparaissent sous la forme d'une masse rocheuse dénudée, mystérieusement lisse et arrondie comme le dos de quelque monstre aquatique, alors que sur les îles voisines pousse une maigre végétation, petits arbres, buissons, mousse et herbe rase. A Vik, le musée cantonal, **Sømna Bygdetun**, illustre la pêche traditionnelle dans le Sud du Helgeland.

Brønnøysund – Le petit port est particulièrement animé lorsque l'Express côtier arrive tard dans l'après-midi.
Dans le cinéma local, on projette des diapositives sur la région *(renseignements à l'Office du tourisme).*
Une route franchit le détroit de Brønnøy par un pont élégant et conduit, 15 km plus loin, au pied de **Torghatten**, éminence rocheuse haute de 256 m, épousant la forme d'un chapeau percé d'un trou en son milieu. Une légende très ancienne raconte comment, une nuit, Hestmannen, fils d'un roi puissant, pourchassait Lekamøyen, jeune fille de l'île Leka ; de peur qu'elle ne lui échappe, il envoya une flèche dans sa direction, mais le roi de Sømna, qui observait la scène, lança son chapeau sur la trajectoire de la flèche et sauva ainsi la jeune fille. La flèche perça le chapeau et, le soleil se levant au même moment, tout fut pétrifié.
En réalité, l'explication est beaucoup moins poétique : le trou est en fait une conséquence de l'érosion de la mer à un moment où son niveau était beaucoup plus élevé c'est-à-dire à la fin de la dernière glaciation.
Un chemin conduit jusqu'au trou *(20 mn)* qui a 35 m de profondeur, 20 m de largeur et 160 m de longueur.
A partir de Brønnøysund, il est possible de faire diverses excursions en bateau vers l'archipel qui borde la côte et vers l'île de **Vega** *(liaison rapide par bateau au départ de Brønnøysund ou ferry régulier au départ de Horn)*, qui est habitée depuis 10 000 ans et où l'on a trouvé des traces de peuplement datant de l'âge de la pierre. On peut suivre une piste facile sur 3 km, jalonnée de panneaux d'information. La lande offre d'intéressantes possibilités de découverte pour les ornithologues.

DE BRØNNØYSUND A SANDNESSJØEN

64 km et 2 traversées en ferry – compter 1/2 journée.

De Brønnøysund à Forvik – Un écran ininterrompu d'îles barre la vue vers le large. Entre les îles et la côte, s'étendent de paisibles baies fermées et des criques pittoresques, pratiquement à sec à marée basse. De temps en temps, quelques carrés de terre cultivée, des fermes isolées et des villages charmants aux églises de bois peintes en blanc viennent interrompre l'aridité dominante.

Horn – Andalsvågen : traversée en ferry, 15 mn (fréquence : toutes les 90 mn environ). Forvik – Tjøtta : traversée en ferry, 60 mn (fréquence : toutes les 2 heures environ).

Parmi les anciennes gravures rupestres de l'île de **Tro** *(ferry au départ de Forvik ou Tjøtta)*, on peut voir le célèbre skieur qui fut choisi comme emblème des Jeux olympiques d'hiver de Lillehammer en 1994.

Église d'Alstahaug – *19 km au Nord de Tjøtta.*
Construite au 12e s., elle fut considérablement agrandie au 19e s. **Peter Dass**, qui en fut le curé à la fin du 17e s., écrivit *Nordlands Trompet*, poème vibrant dans lequel il décrit la région et la vie rude des habitants. Le **presbytère**, où il vécut, est aujourd'hui un musée consacré à sa mémoire.
Entre Alstahaug et Sandnessjøen, la ligne de crêtes des **Sju Søstre**, chaîne montagneuse connue sous le nom des Sept Sœurs, barre l'horizon de façon impressionnante. Le point culminant s'élève à 1 072 m d'altitude, et il est possible d'accéder aux sept pics sans équipement spécial *(sentiers balisés).*

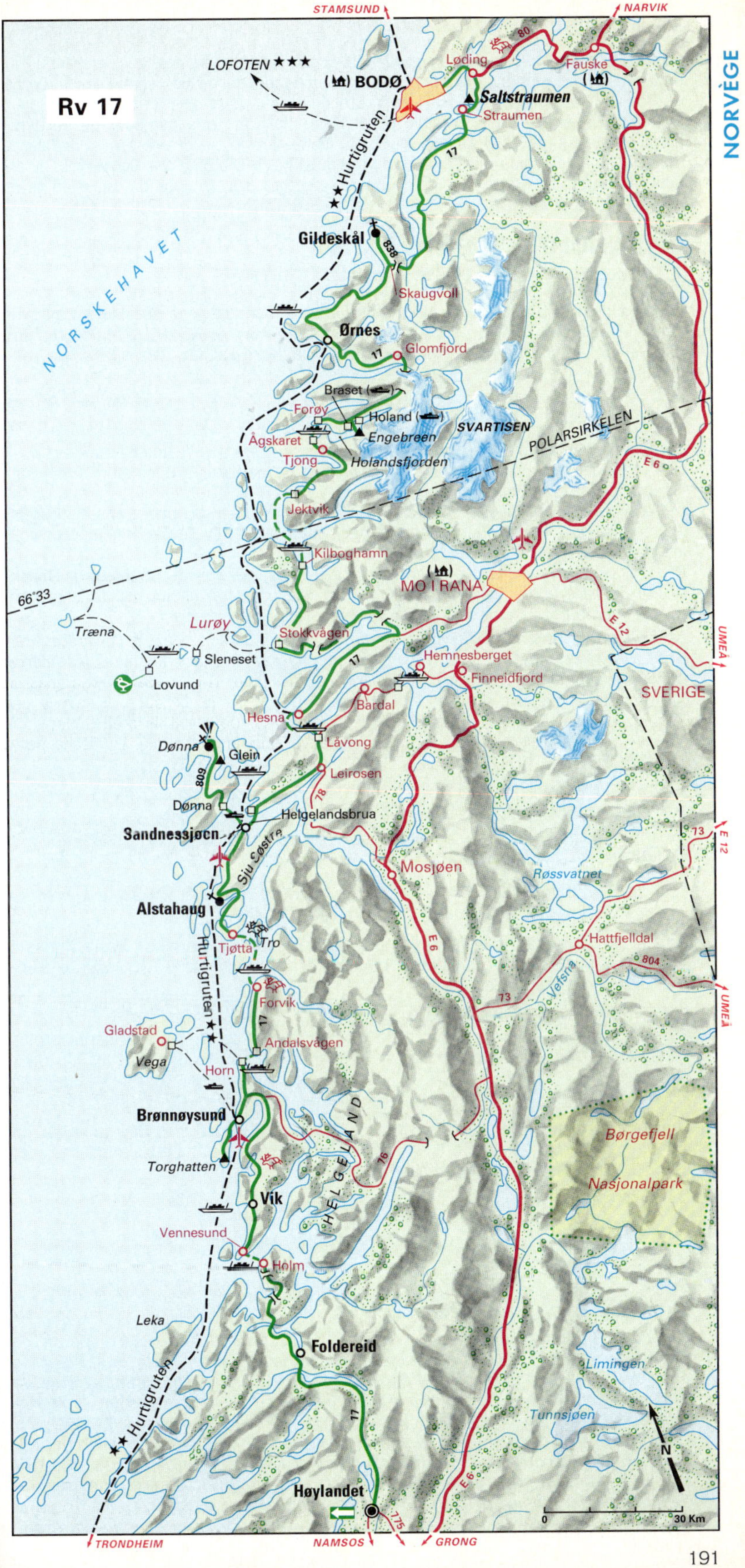

Rv 17
NORVÈGE
STAMSUND
NARVIK
LOFOTEN ★★★
BODØ
Løding
Fauske
Saltstraumen
Straumen
80
17
★★ Hurtigruten
Gildeskål
838
Skaugvoll
NORSKEHAVET
Ørnes
Glomfjord
Braset
Forøy
Holand
Ågskaret
Engebreen
SVARTISEN
Tjong
Holandsfjorden
POLARSIRKELEN
E 6
Jektvik
Kilboghamn
66°33
MO I RANA
Træna
Lurøy
Stokkvågen
Sleneset
Lovund
Hemnesberget
Finneidfjord
E 12
UMEÅ
SVERIGE
Bardal
Hesna
Lavong
Dønna
Glein
Leirosen
809
78
Helgelandsbrua
Sandnessjøen
Sju Søstre
Mosjøen
Røssvatnet
73
Alstahaug
Hurtigruten
Tjøtta
Tro
Hattfjelldal
804
Vefsna
Forvik
Gladstad
Vega
Andalsvågen
Horn
Brønnøysund
HELGELAND
76
Børgefjell
Nasjonalpark
Torghatten
Vik
Vennesund
Holm
Leka
Foldereid
Limingen
Tunnsjøen
★★ Hurtigruten
N
Høylandet
775
0
30 Km
TRONDHEIM
NAMSOS
GRONG

Sandnessjøen – Port d'escale pour l'Express côtier, Sandnessjøen est aussi un bon centre d'excursions *(location de bicyclettes)* en particulier vers l'île de **Dønna** *(1/2 h de traversée)*. Du port, une route mène au Nord de l'île. A **Glein**, on peut voir sur un tertre funéraire un phallus en marbre, jadis symbole de fertilité, élevé entre 400 et 600 av. J.-C. A l'extrémité de l'île se dresse l'**église de Dønnes** dont la partie la plus ancienne remonte au 11e s. Du haut de **Donnesfjell**, qu'on peut atteindre en voiture, s'offre une **vue** superbe sur la côte du Helgeland, les îles et les montagnes.

DE SANDNESSJØEN A ØRNES

210 km et 3 traversées en ferry – compter 1 journée.

Un pont de 1 065 m de long, **Helgelandsbrua**, relie Sandnessjøen et la côte. La route longe le Leirfjord puis, à partir de Leirosen, vire vers le Nord. La région montagneuse qui s'étend entre Leirosen et Bardal au Nord-Est est idéale pour les randonnées.

Levang – Nesna : traversée en ferry, 30 mn (fréquence : toutes les heures ou 2 heures).

Sleneset et Lovund – Des ferries quittent Stokkvågen pour Sleneset où il est possible de louer un *rorbu* (cabane de pêcheur) et de naviguer à bord d'un *fembøring* (grand bateau traditionnel).
Le ferry va jusqu'à Lovund où 200 000 macareux nichent au printemps et passent les mois d'été à élever leurs petits. On peut aussi visiter un élevage d'huîtres et voir les vestiges d'une colonie de l'âge de la pierre.
De Stokkvågen on peut également se diriger vers le large et l'archipel de **Træna**, situé à la hauteur du Cercle polaire *(voir à Polarsirkelen)*; habité depuis la préhistoire, il compte 1 300 îles et récifs et seulement 500 habitants.

Kilboghamn – Jektvik : traversée en ferry, 60 mn (fréquence : 5 traversées par jour). Ågskaret – Forøy : traversée en ferry, 10 mn (fréquence : toutes les heures ou 2 heures).

Svartisen – Après Forøy, la route longe la côte Nord du **Holandsfjord** ; de **Braset** *(à 9 km de Forøy)*, on peut voir l'**Engebreen**, l'un des bras du Svartisen *(voir à ce nom)*, qui descend jusqu'au fjord et s'arrête à 20 m à peine du niveau de l'eau. De petits bateaux font la navette de Braset au pied du glacier *(15 mn)*.
Au fond du Holandsfjord, un tunnel long de 7,6 km conduit à Glomfjord ; la route 17 continue le long de la côte vers le pittoresque village d'**Ørnes**.

D'ØRNES A BODØ

125 km – compter 1/2 journée. A 38 km au Nord d'Ørnes, à Skaugvoll, prendre la route 838 à gauche et rouler pendant 9 km.

Église de Gildeskål – Le nom suggère qu'avant la christianisation de la Norvège le site était un lieu de culte païen. L'église fut construite vers 1130 par le frère d'un croisé et agrandie au 18e s.

Saltstraumen – *Parking au-delà du pont.*
Ce maelstrom qui change de direction toutes les 6 h est le courant marin le plus puissant de Norvège : 400 millions de mètres cubes d'eau s'engouffrent dans un détroit de moins de 150 m de large à une vitesse qui peut atteindre 28 nœuds.

Bodø – Principale ville de la province de Nordland, Bodø fut fondée au début du 19e s. puis détruite en 1940. C'est aujourd'hui un centre commercial moderne avec un port actif et un service de ferries régulier vers les îles Lofoten.

Le Raid Auto-Photo Paris-Cap Nord
Depuis 1988, chaque année au mois d'août, près de 200 participants se retrouvent sur les routes et les pistes scandinaves pour vivre une aventure passionnante. Loin des courses chronométrées, chaque équipage s'efforce de réaliser un reportage photo et un reportage écrit ou vidéo tout en se signalant aux points de contrôle le long des 12 000 km parcourus. En alternative, plusieurs activités sportives sont organisées : VTT, rafting, marche, ski de descente et courses d'orientation. Ouvert à tous (il suffit d'avoir une voiture) et sans limite d'âge, il requiert des qualités d'endurance et de débrouillardise et, avant tout, une grande ouverture d'esprit.
Cap Nord Organisation, 245, rue Paul-Bert - 69003 LYON, ☏ 02 72 33 32 88.

RØROS★★

Sør-Trondelag – 4 000 habitants

Carte Michelin n° 985 – J 8 ou Atlas Europe – p. 101

Autrefois vouée à l'exploitation des mines de cuivre, Røros est située à l'écart des grands axes, dans les montagnes de l'Est de la Norvège, à 150 km au Sud-Ouest de Trondheim et à proximité de la frontière suédoise. La ville et ses alentours sont si bien conservés et si authentiques qu'ils furent, en 1984, officiellement inscrits par l'UNESCO sur la liste du patrimoine mondial.
Røros se trouve au cœur d'une région montagneuse aux paysages vastes et variés, où dominent les forêts de conifères et de bouleaux, les marais, les torrents et les rivières ainsi que de nombreux lacs. Le climat continental est caractérisé par un niveau d'humidité bas, des étés chauds et des hivers très froids, les plus rigoureux de toute la Norvège. Lorsque les mines furent fermées, Røros se tourna vers l'autre matière première qui abonde dans la région, le bois, et à la conservation de son patrimoine culturel. Aujourd'hui, la ville peut compter sur un tourisme en pleine expansion qui s'appuie non seulement sur le passé minier de la ville mais aussi sur un grand choix d'excursions (visites guidées des troupeaux sâmes, par exemple) et d'activités de plein air en été comme en hiver, où figurent la pêche, le canoë, le ski et les promenades en traîneau.

K. Pesjak/FRESSENS BILD

Røros

NOTES HISTORIQUES

Bien qu'éloignée des grands courants de communications, la région de Røros est habitée depuis l'âge de la pierre : ses lacs, ses rivières et ses forêts formaient en effet un terrain de chasse idéal pour les hommes préhistoriques. Au Moyen Âge, les pèlerins se rendant de Suède à la célèbre cathédrale de Nidaros (Trondheim) passaient par Røros qui, à cette époque, se trouvait au cœur d'une région agricole occupée par des éleveurs de bovins et de moutons et probablement par des Sames nomades.

La ville du cuivre – En 1644, Hans Olsen Åsen, dont la ferme était située à l'Ouest de l'église, découvrit un filon de minerai de cuivre. Deux ans plus tard, le roi Christian IV accorda une charte royale à la fonderie de cuivre établie sur les rives de la Hyttelva. Cela lui donnait le monopole de toutes les activités minières dans la région, dans un rayon de 40 km autour de la première mine située à quelques kilomètres au Nord-Est de Røros. Ces activités nécessitaient une grande consommation de bois dans les mines et à la fonderie ; c'est ainsi que commença à grande échelle le défrichement des forêts. D'énormes troncs d'arbres étaient transportés par flottage sur les rivières et les lacs et un système de canaux reliant les lacs Femund et Feragen fut mis en place au 18e s. La charte stipulait également que les fermiers des environs devaient travailler pour la société minière en plus de leurs activités agricoles. Au même moment, les habitants des communes proches, attirés par la possibilité de trouver du travail, s'installèrent à Røros et la société fit appel à des experts allemands. La ville se développa rapidement et l'imposante église construite à la fin du 18e s. témoigne indubitablement de sa prospérité. Contrairement aux autres villes construites en bois, Røros fut épargnée par les incendies et nous est parvenue intacte jusqu'à ce jour. La fonderie fut définitivement fermée en 1977 après avoir fonctionné pendant 333 ans.

Élevage d'été – De nombreux fermiers, dont les terres se trouvaient dans la vallée ou à Røros même, se consacraient à l'élevage d'été sur les hauteurs dominant la ville. Ils utilisaient ces terres comme pâturages pendant les mois d'été et y cultivaient le foin qu'ils emmagasinaient pour l'hiver. Ils prirent peu à peu l'habitude de passer quelques mois dans leurs propriétés d'été et y construisirent des cabanes pour eux-mêmes et leur famille, ainsi que des granges pour abriter le foin et des étables pour le bétail. Aujourd'hui, cette coutume a presque entièrement disparu, mais certains lieux comme Småsetran *(voir ci-dessous)*, à la périphérie de la ville, ont conservé leur aspect caractéristique.

ÉGLISE ⓥ

Elle domine la ville tout entière non seulement de par sa situation presque au sommet de la colline, en haut de Kjerkgata, mais aussi parce que c'est, de loin, l'édifice le plus élevé et le plus imposant de Røros. Il témoigne de la richesse économique que la ville tira de plus de 300 ans d'exploitation des mines de cuivre.
La première église de bois construite en 1650 ne dura que 130 ans, car elle devint vite trop petite. L'édifice actuel en pierre fut construit en 5 ans à peine et achevé en 1784. Le contraste est frappant entre sa silhouette peinte en blanc et les maisons marron foncé et rouge brique qui l'entourent. L'horloge située au sommet de la haute tour carrée est surmontée de l'emblème de la société minière. L'intérieur baroque tardif ressemble à celui de l'église de Kongsberg *(voir à ce nom)*, ville du Sud de la Norvège célèbre pour ses mines d'argent. La chaire est placée au-dessus de l'autel et l'orgue au-dessus d'elle. L'église peut contenir 1 600 personnes assises, en bas et dans les galeries ; des loges séparées étant prévues pour les riches et la famille royale. Les drapeaux exposés dans l'église appartenaient à l'armée privée de la société minière ; la couleur bleue correspondait aux mineurs de fond et le beige aux travailleurs de surface. L'église renferme aussi de nombreux portraits représentant des directeurs célèbres, des prédicateurs et d'autres personnalités importantes.

SMELTHYTTA ⓥ

Située près de l'église, sur la **Malmplass**, vaste cour ouverte où arrivaient les chargements de minerai de cuivre pour être pesés sur un pont-bascule avant le traitement, Smelthytta est une réplique de l'édifice original, datant de 1888, qui fut détruit par un indendie. Lorsque la fonderie fut définitivement fermée en 1977, le gouvernement norvégien acheta le terrain et les bâtiments pour en faire un musée illustrant les techniques d'extraction et de fusion du minerai à l'aide de magnifiques maquettes réalisées à la main.
Tout près se trouve **Hyttklokka**, cloche qui sonnait le début et la fin de chaque période de travail à la fonderie.
Les crassiers, ou **slegghaugan**, occupent un vaste espace sur l'autre rive de la Hyttelva, et leur masse sombre fait maintenant partie du paysage. A leur pied, on peut voir une petite rue, **Sleggveien**, bordée de petites maisons en bois où les ouvriers pauvres et quelques artisans habitaient sans même bénéficier d'un petit coin d'herbe ou de cour. Cinq d'entre elles datant du début du 19e s. appartiennent aujourd'hui au musée de Røros.
Les alentours immédiats de la fonderie sont plutôt dénudés car la fumée qui s'échappait des hauts fourneaux a détruit toute végétation.

BERGSTADEN

C'est sous ce nom qu'est connue la vieille ville qui s'étend au-dessous de l'église et de la fonderie. C'est un ensemble important de maisons de bois d'un style unique, aux murs construits avec des poutres épaisses et parfois recouverts de planches en guise de protection contre les intempéries. Les couleurs traditionnelles, c'est-à-dire le rouge et l'ocre, dominent et l'ensemble présente une unité remarquable. Les deux rues principales, **Kjerkgata** et **Bergmannsgata**, escaladent la colline, l'une vers l'église, l'autre vers la fonderie. Kjerkgata est bordée de diverses boutiques d'artisanat où l'on trouve de l'argenterie, de la verrerie, de la céramique, etc., tandis que Bergmannsgata est plus résidentielle. Les grandes maisons situées au pied de la colline, qui sont les plus éloignées de la fonderie, étaient destinées aux directeurs de la mine et aux dignitaires de la ville, tandis que les mineurs et les ouvriers habitaient dans les modestes maisons aux toits de chaume construites à proximité de la fonderie. L'Hyttelva, qui est plutôt un torrent de montagne qu'une rivière, traverse la ville en bouillonnant et longe la fonderie ainsi que le **Pressemuseet Fjell-Ljom** ⓥ, musée de l'Imprimerie aménagé dans le bâtiment autrefois occupé par le journal Fjell-Ljom. Ce musée, présentant les anciennes presses du journal et du matériel divers provenant d'autres régions, illustre un savoir-faire devenu obsolète.

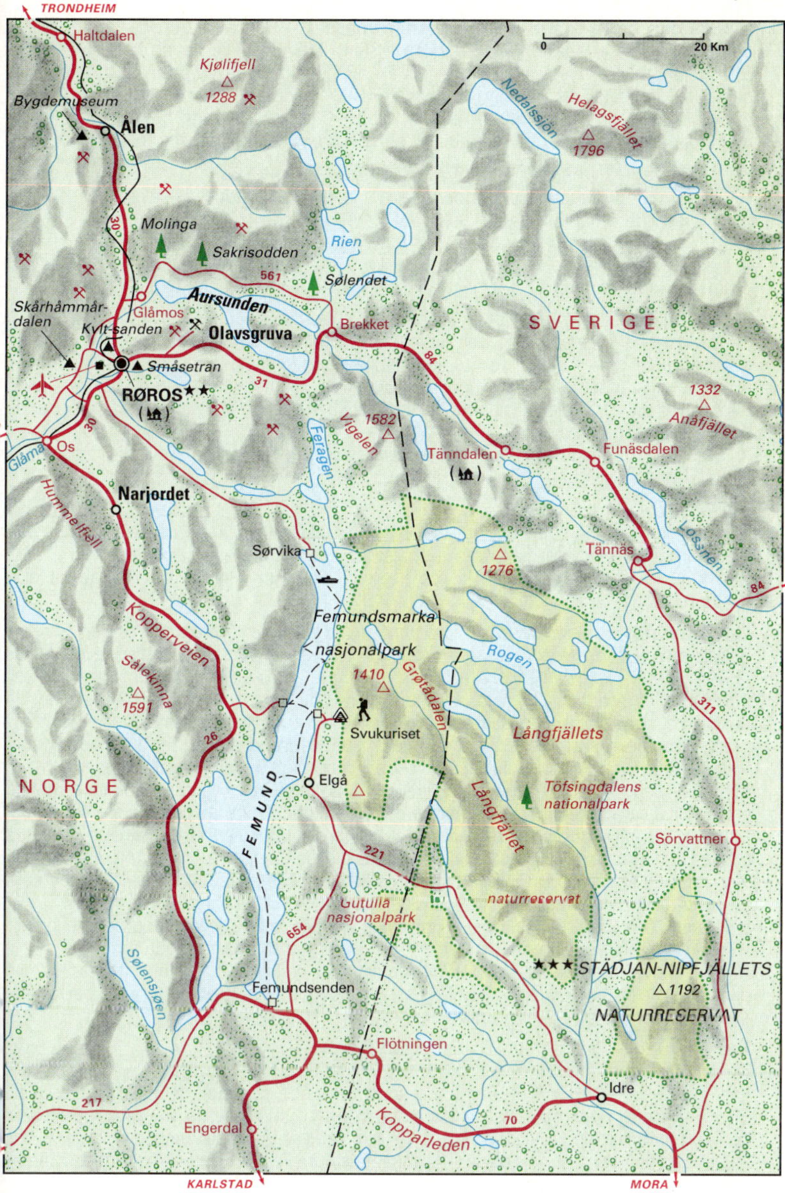

EXCURSIONS

Småsetran et Olavsgruva – *13 km au Nord-Est. Quitter Røros par la route 31 en direction de la frontière suédoise.*

La route longe les crassiers à gauche et se rapproche de **Småsetran** à droite, endroit charmant où l'on pratiquait jadis l'élevage d'été. Les prairies sont en friche, les chemins sont bordés d'arbres, de murets en pierre sèche et de petites maisons en bois. Un peu plus loin, **Olavsgruva** ⓥ comprend deux mines attenantes, Nyberget, l'une des plus vieilles de la région, et la mine du prince Olav, l'une des dernières à fonctionner. Une partie de la mine fut restaurée et ouverte au public en 1979. Le musée situé à l'entrée fut inauguré deux ans plus tard.

Des visites guidées détaillées permettent de visiter les deux mines. Tout au long du parcours, des effets spéciaux recréent la vie et le travail dans les mines jusqu'à leur fermeture. On peut suivre, par exemple, une démonstration des différentes méthodes d'extraction du minerai par le feu, le forage à air comprimé et l'explosion. Parmi les objets exposés, on peut voir un crampon, un buggy utilisé pour transporter le minerai, des lampes et des sièges en bois spécialement conçus pour le repos des mineurs pendant leurs moments de détente. La visite s'achève à 50 m sous terre, dans une vaste salle, Bergmannshallen, où ont lieu des concerts et des représentations théâtrales.

Kvitsanden et le cañon de la Skårhammardal – *3 km à l'Ouest.*
Kvitsanden est un ensemble de dunes de sable formées à la fin de la dernière glaciation, lorsque les glaciers fondirent et que les rivières charrièrent de grandes quantités de sable et de petits cailloux. Sur ce sol en partie dénudé poussent quelques pins, de la bruyère et des buissons. C'est un paysage qu'on trouve rarement dans une région montagneuse : de ce fait, il est désormais protégé.

Après Kvitsanden, tourner à gauche vers Os.

La route qui longe la rive occidentale de la Glåma conduit à un cañon sauvage de 1,2 km de longueur et de 30 m de profondeur, aux versants abrupts, qui fut probablement creusé par une rivière formée lors de la fonte des glaces à la fin de la période glaciaire. Une promenade le long du chemin qui serpente au fond du cañon permet d'apprécier l'atmosphère paisible qui règne dans ce lieu retiré.

Ålen – *36 km au Nord. Quitter Røros par la route 30.*
Située dans le village même, la **Norsk Naturfotogalleri**, ou Galerie norvégienne de la photographie de nature, abrite une exposition permanente de photographies primées ainsi que des expositions temporaires réunissant des œuvres de divers photographes norvégiens renommés, spécialistes de la nature. Des projections de diapositives sont données.
A la sortie du village on peut voir le **Bygdemuseum**, musée de plein air consacré à l'agriculture.

Narjordet – *25 km au Sud.*
Dans ce village, une splendide ferme ancienne, **Oddenhuset**, a été conservée dans son état d'origine, avec ses curieuses décorations extérieures et intérieures.
Non loin, un chemin mène de la route principale à un vieux moulin à eau en état de marche.

Lac Aursund – *Circuit de 92 km. Compter 1/2 journée. Quitter Røros par la route 30 en direction du Nord, puis prendre à droite vers Glåmos, en restant à droite de la voie ferrée ; tourner encore à droite et longer la rive Nord du lac Aursund.*
Pâturages et prairies alternent avec une forêt de bouleaux et des marais dont la flore très riche compte des espèces rares et la faune intéressante et variée comprend des chevreuils et des élans que l'on peut surprendre en train de brouter, surtout le soir. La rive Nord du lac est bordée par trois réserves naturelles.
Protégée depuis 1983, la **réserve naturelle de Molinga**, à l'extrémité occidentale du lac, est un site caractérisé par des marais et riche d'une faune et d'une flore sauvages. C'est là que nichent plusieurs espèces de canards, dont les harles, ainsi que divers échassiers comme les grues, mais aussi des bruants des roseaux, ou encore des sternes de l'Arctique. La réserve sert également de refuge aux oiseaux migrateurs en attendant que la neige fonde sur les sites où ils ont l'habitude de nicher.
Un peu plus à l'Est, sur la **zone de protection végétale de Sakrisodden** pousse une plante très rare, l'aster de Sibérie, qui fleurit de la mi-juillet à la mi-août.
A l'extrémité orientale du lac, la **réserve naturelle de Sølende**t est un site caractérisé par sa forêt de bouleaux et ses marais, où abondent des plantes variées, parmi lesquelles prennent place de nombreuses espèces d'orchidées.

Lac Femund – *34 km au Sud-Est jusqu'à Sørvika.*
Durant l'été, un bateau assure un service régulier sur le troisième lac de Norvège, entre Sørvika au Nord et Femundsenden au Sud, ponctué de plusieurs escales.
Situés entre la rive orientale du lac et la frontière suédoise, le **site pour la protection de l'environnement du Femundsmarka** et le **Parc national du Femundsmarka** couvrent une vaste région reculée, sauvage et inhabitée, à l'exception de quelques Sâmes nomades. Ils sont riches en conifères, lacs et rivières, et forment un véritable paradis pour les pêcheurs et les amoureux de la nature. Le parc est accessible par la route à partir de l'extrémité Sud du lac Femund *(109 km de Røros à Femund, puis 37 km jusqu'à Elgå sur la rive orientale du lac ; à partir d'Elgå, une route secondaire mène à la cabane de Svukuriset, à 10 km au Nord).* La cabane est le point de départ idéal pour les randonnées et les parties de pêche dans le Parc national du Femundsmarka.

La SETESDAL★★

Aust-Agder

Carte Michelin n° 985 – M et N 4 ou Atlas Europe – p. 104

Setesdal est le nom donné à la longue vallée de l'Otra qui s'enfonce profondément au cœur d'une région de hauts plateaux et se fraie un chemin vers le Sud pour se jeter finalement dans le Skagerrak à Kristiansand. Lorsque les versants sont trop abrupts, les torrents de montagne se transforment en chutes d'eau, tandis que la rivière, tumultueuse dans son cours supérieur, s'élargit tout à coup en formant une série de lacs étroits (appelés fjords), grossis par la fonte des neiges au printemps. La route 39 longe tour à tour la rive gauche et la rive droite, offrant de belles vues, traversant de petits villages et longeant des fermes isolées.

Ph. Roy/EXPLORER

Un *stabbur*

Souvent caractéristiques de l'architecture rurale traditionnelle, ces dernières se présentent sous forme de maisons construites en poutres de bois partiellement équarries et de **stabbur**, greniers typiques du Sud de la Norvège, montés sur de courts piliers. La Setesdal est aussi l'une des régions les plus pittoresques et les plus intéressantes à visiter en raison de son folklore varié représenté en particulier par des costumes richement brodés *(bunad)*, une musique exécutée surtout au violon, des danses traditionnelles et un artisanat consacré à la sculpture sur bois et à la bijouterie.

Valle – Encadrée de montagnes escarpées, Valle est l'agglomération principale de la haute Setesdal. On peut y voir diverses boutiques d'artisanat, dont plusieurs bijouteries. Le **musée de la Setesdal** est un musée régional qui organise diverses expositions illustrant les traditions de la Setesdal. Le musée possède également une ancienne ferme, **Tveitentunet**, comprenant plusieurs bâtiments dont les plus vieux remontent au 16e s. Une autre ferme, située à Rygnestad à 12 km au Nord de Valle, constitue une section de plein air du musée de la Setesdal, qui illustre la vie quotidienne dans une ferme à travers les âges ; au nombre des anciens bâtiments dignes d'intérêt compte le grenier **Rygnestadloft**, bâti il y a 500 ans.

DE VALLE A KRISTIANSAND *150 km par la route 39 – compter 4 h.*

De la haute Setesdal pratiquement jusqu'à la mer, la route touristique déroule ses paysages changeants sur arrière-plan de montagnes.
A la sortie de Valle, Hallandsfossen est l'une des nombreuses chutes d'eau de la région. Quelques kilomètres plus loin, une nouvelle route reliant Brokke et Suleskar dans la haute Sirdal *(voir à Flekkefjord)* a permis de raccourcir le trajet d'Oslo à Stavanger de quelque 100 km.

Hylestad et Helle – Ces deux villages proches l'un de l'autre sont renommés pour la beauté de leurs bijoux en argent et pour leurs ouvrages en filigrane, dont la technique se transmet d'une génération à l'autre. L'**église de Hylestad**, datant de 1838, est l'une des églises octogonales de la Setesdal, qui furent toutes construites durant la première moitié du 19e s.

Byglandsfjord – Au-delà d'Ose, l'Otra s'élargit et forme le premier d'une série de lacs, **Araksfjord**. La route suit la rive droite, dévoilant de belles vues à Frøysnes, puis elle change de rive à Storstraumen, où l'écluse a récemment été restaurée et où commence Byglandsfjord, long et tortueux. L'eau du fjord aux reflets d'argent scintillant au soleil offre un contraste frappant avec les montagnes sombres qui projettent leur ombre à la surface.
L'**église de Grendi**, construite en 1827, est un édifice octogonal en bois caractéristique de la région. Dans le cimetière attenant on peut voir une pierre runique.

Evje – C'est le principal centre commercial de la basse Setesdal. La région est riche en minéraux rares et le **Setesdal Mineralpark** ⊙, situé à Auesneset à 5 km au Sud d'Evje, est un centre d'exposition creusé dans le roc, cadre idéal aux collections de minéraux provenant de la région et d'autres parties du monde. Sur place un « chemin des minéraux », balisé, conduit à plusieurs mines des environs *(renseignements à l'Office du tourisme d'Evje)*. **Hornnes** et **Hægeland** possèdent deux autres églises octogonales en bois datant respectivement de 1828 et 1830.

SOGNEFJORD★★★

Sogn og Fjordane

Carte Michelin n° 985 – K 2 à 4 ou Atlas Europe – p 104

Le Sognefjord est le plus long (205 km) des fjords norvégiens et l'un des plus impressionnants. Il pénètre à l'intérieur des terres d'Est en Ouest et étend ses bras presque jusqu'à la plus élevée des chaînes montagneuses de Norvège, le massif du Jotunheimen et jusqu'au plus grand glacier norvégien, le Jostedalsbreen. A peu près à mi-chemin, près de Høyanger, le fjord atteint sa profondeur maximale, 1 308 m. Entre la côte et Balestrand, il est plutôt large et offre de vastes panoramas, mais il se resserre à l'Est de Balestrand et certains de ses bras, tel le Nærøyfjord qui s'étend vers le Sud jusqu'à Gudvangen, sont particulièrement étroits. Cet arrière-pays est la partie la plus attrayante, car le fjord y dévoile tout l'éventail des ses aspects, se révélant tour à tour grandiose, énigmatique, sauvage, austère, lumineux et coloré. C'est à la fin du printemps qu'il apparaît dans toute sa beauté, particulièrement dans la région de Leikanger, lorsque les arbres fruitiers sont en fleurs et forment un tableau idyllique sur fond de cimes enneigées. A ce moment-là a lieu la **Semaine de la vie quotidienne dans le Sognefjord**, marquant la renaissance après les longs mois d'hiver, et ponctuée d'événements sportifs, de concerts, de pièces de théâtre, de festivals, d'expositions et de services religieux célébrés dans les églises en bois debout. La région du Sognefjord se prête également à toutes sortes d'activités de plein air : randonnées en montagne, promenades équestres, escalade, ski alpin, cyclotourisme, voile, etc.
Le Sognefjord est facilement accessible par avion à partir d'Oslo *(vols réguliers Oslo-Sogndal)* ou par bateau à partir de Bergen. L'Express côtier assure en effet des services rapides jusqu'à Flåm et Årdal au fond du fjord, avec plusieurs escales en cours de route. Il est également possible de se rendre dans la région par train en suivant différents itinéraires, le plus intéressant étant sans aucun doute la ligne Myrdal-Flåm *(voir à Bergen – Excursions)*. Plusieurs routes mènent au Sognefjord en partant du Nord, du Sud et de l'Est, mais deux d'entre elles offrent des vues particulièrement superbes. La première est la route 13, qui part de Voss au Sud, franchit le Vikafjell (986 m) et redescend sur Vik situé sur la rive méridionale du fjord. La seconde est la route 55, connue sous le nom de route du Sognefjell, qui part de Lom au Nord-Est, franchit le plus haut col de Norvège (1 440 m) puis redescend en lacet jusqu'à Skjolden au fond du Lustrafjord, bras du Sognefjord le plus éloigné de la côte. La route 55 continue ensuite le long de la rive septentrionale du Sognefjord presque jusqu'à Lavik, les sections les plus pittoresques étant les bords du Lustrafjord *(voir ci-dessous)* et le trajet de Sogndal à Balestrand.

CURIOSITÉS

Vik – Situé sur la rive méridionale du fjord, ce centre régional animé est célèbre pour l'**église en bois debout de Hopperstad**, datant de 1130 environ, qui a retrouvé son aspect médiéval et dont l'intérieur est très sombre *(illustrations en Introduction, chapitre : Architecture)*. Il est tout de même possible d'admirer le beau retable gothique à baldaquin.
Un festival de ski a lieu en mai sur les versants de Vikafjell ; il est accompagné de manifestations culturelles qui se déroulent dans le village.

Balestrand – Balestrand accueille depuis longtemps des visiteurs du monde entier en raison de sa position pittoresque dans un coude du Sognefjord et à l'entrée du Fjærlandfjord, bras isolé du Sognefjord. La petite agglomération paraît complètement encerclée de montagnes ennneigées et le calme plan d'eau qui s'étend devant le port ressemble fort à un lac fermé de tous côtés ; on ne peut retenir un mouvement de surprise lorsqu'on voit le ferry pointer soudainement au loin. Le splendide **Hôtel Kvikne**, de style suisse, se dresse sur les bords du fjord depuis 1877 et le site attire les artistes depuis les années 1820.
Le village est le point de départ de plusieurs excursions en bateau et en autocar, les plus intéressantes étant le Nærøyfjord et Gudvangen, le Jostedalsbreen, et l'église en bois debout d'Urnes. Un **Centre viking**, fort instructif, a été aménagé à Dragsvik, à 9 km au Nord.

Fjærland – Jusqu'en 1987, Fjærland n'était relié au reste du monde que par le ferry qui parcourt toute la longueur du Fjærlandfjord à partir de Balestrand ou de Hella. Depuis, un tunnel creusé sous le glacier de Jostedal a permis de relier le village et Skei, d'où la route 1 se dirige vers le Nord. Situé à 3 km du terminus du ferry, le **Norsk Bremuseum** ⓥ est un musée sur les glaciers norvégiens, très instructif et riche en maquettes que l'on peut actionner soi-même. On peut voir un film fascinant de 20 minutes projeté sur un écran géant semi-circulaire.

Aurlandsfjord – Ce bras du Sognefjord s'étend vers le Sud et se divise en deux autres bras : l'un d'eux, le Nærøyfjord, encaissé entre de hautes montagnes, est le fjord le plus étroit de Norvège. On ne peut voir l'Aurlandsfjord que du pont d'un ferry. Il est possible de réaliser un circuit passionnant en combinant un itinéraire en voiture avec des trajets en ferry. Avant de quitter **Kaupanger** sur la rive septentrionale du Sognefjord, il est recommandé de visiter l'imposante église en bois debout construite en 1184 et remaniée au 17e s.

Un ferry relie Kaupanger et Gudvangen au fond du Nærøyfjord ; un autre ferry rejoint Aurland et de là une route touristique de 45 km de longueur conduit à Erdal, offrant des vues mémorables sur l'Aurlandsfjord. Pour compléter le circuit, on effectue encore une traversée en ferry de Revsnes à Kaupanger *(compter une journée ; la route de montagne n'est pas praticable pour les caravanes).*

Lustrafjord – La route 55 longe le Lustrafjord, autre bras du Sognefjord, jusqu'à Skjolden. Juste avant Hafslo, une route secondaire part à droite et conduit au petit village de Solvorn où un service de ferries emmène les passagers de l'autre côté du fjord pour visiter l'**église en bois debout d'Urnes**★★, la plus ancienne et l'une des plus belles de Norvège, construite vers 1130-50 et désormais inscrite par l'UNESCO sur la liste du patrimoine mondial. Son portail, orné de dragons et de serpents sculptés inspirés par l'art viking, est particulièrement remarquable. A l'intérieur, les colonnes et les chapiteaux sont richement décorés de sculptures représentant des animaux, des formes humaines, des dragons et des centaures. Un beau retable baroque représente la Crucifixion. Plus loin, à Gaupne, la route 604 à gauche conduit à Gjerde (30 km) où l'on peut visiter le nouveau **centre des Glaciers**, présentant une foule d'informations sur l'évolution des glaciers durant les derniers 20 000 ans. Des visites guidées du glacier et du parc national qui l'entoure sont également organisées.

STAVANGER★

Rogaland – 99 764 habitants

Carte Michelin n° 985 – N 2 ou Atlas Europe – p. 104

La quatrième ville de Norvège est située dans un paysage caractéristique de la côte occidentale de Norvège : sur une presqu'île qui s'avance dans la mer du Nord, le long d'une côte dentelée protégée par un chapelet d'îles. Si Stavanger est aujourd'hui la capitale régionale prospère du Sud-Ouest, c'est à sa détermination obstinée et à sa faculté d'adaptation qu'elle le doit. Depuis ses débuts modestes, la ville a toujours compté sur la mer du Nord pour lui fournir ses ressources essentielles et lui assurer une croissance économique saine.

Au début du 12e s., Stavanger n'était qu'un village d'agriculteurs et de pêcheurs et un avant-poste commercial le long de la côte lorsqu'en 1125 l'évêché de St-Svithun fut fondé et la cathédrale fut construite. Au fur et à mesure que la ville devenait un centre culturel florissant, sa richesse économique, fondée sur la pêche au hareng, grandissait. En même temps, la construction navale prenait un tel essor qu'à la fin du 18e s. Stavanger possédait une flotte importante de navires marchands qui faisaient voile vers tous les points du globe, de la Baltique à la Méditerranée et aux Antilles. Lorsqu'au 19e s. le hareng se fit rare, il fut remplacé par la sardine et la cité posséda bientôt un nombre impressionnant de conserveries. Aujourd'hui, le pétrole de la mer du Nord a donné un nouvel élan à l'économie locale qui s'est impliquée dans toutes les branches de l'industrie pétrolière, depuis la construction de plates-formes de forage jusqu'au raffinage et au transport du pétrole brut. Cette activité a inévitablement encouragé le développement du secteur tertiaire et Stavanger a ainsi acquis une nouvelle dimension internationale.

L'essor économique se reflète dans l'ambiance cosmopolite de la ville, sa vie nocturne animée et son nombre croissant de restaurants étrangers. Cependant, le vieux port a gardé son cachet typiquement norvégien et la vieille ville a conservé son charme d'autrefois même si elle tend un peu trop à ressembler à un musée.

Les temps forts des activités culturelles de Stavanger sont le Festival international de musique de chambre et le Festival de danse qui ont lieu en août, les concerts étant donnés dans la cathédrale et dans la salle de concerts de l'hôtel de ville.

★★ DOMKIRKE ⏲

L'évêque Reinald arriva de Winchester en Angleterre avec les reliques de saint Svithun auquel la **cathédrale**, construite entre 1125 et 1135, fut dédiée. L'édifice roman, en partie détruit par les flammes en 1272, fut reconstruit avec un chœur beaucoup plus grand de style gothique et flanqué à l'Est de deux tours carrées tandis qu'à l'Ouest un vaste porche remplaçait la tour d'origine, dotant ainsi la cathédrale d'une façade imposante. A la Réforme, la cathédrale fut dépouillée de tous ses trésors, dont les cloches, plusieurs autels et, bien sûr, les reliques de saint Svithun. La restauration effectuée entre 1938 et 1942 tenta de redonner son caractère médiéval à la cathédrale qui est aujourd'hui l'une des églises médiévales les mieux conservées de Norvège.

Intérieur – La longueur totale de l'édifice est de 65 m et le chœur seul fait déjà 21,5 m de longueur. En pénétrant à l'intérieur, on est tout d'abord frappé par le contraste entre la simplicité de la nef, avec ses piliers circulaires massifs surmontés de chapiteaux carrés, et l'ornementation délicate du chœur agrémenté de fines colonnes engagées et de corbeaux richement sculptés soutenant l'élégante voûte à nervures. Dans la nef, certains chapiteaux sont ornés de scènes de la Bible où sont représentées des créatures fabuleuses comme les griffons et les dragons, appartenant à l'imaginaire médiéval.

La chaire baroque, décorée avec profusion, s'appuie contre la dernière arche de la nef ; c'est un chef-d'œuvre de la sculpture sur bois, qui illustre l'Ancien Testament depuis la Création jusqu'à la Fuite en Égypte. Elle est surmontée d'un baldaquin célébrant les victoires du Christ dans une flambée de gloire.
A l'entrée du chœur on peut voir des fonts baptismaux gothiques recouverts d'une plaque d'argent du 18e s. La lumière, qui pénètre par les hautes fenêtres et inonde le chœur, joue sur les motifs sculptés et sur les têtes des souverains médiévaux. Du côté Est du chœur, remarquer un vitrail moderne de toute beauté, datant de 1957. L'élégant portail de l'Évêque sur le côté Sud du chœur mérite d'être admiré de l'extérieur et comparé aux deux portails romans plus simples situés sur les flancs Nord et Sud de la nef.

★ LE VIEUX STAVANGER

Au fond du vieux port, **Vågen**, transformé en port de plaisance abritant quelques voiliers pittoresques, se tient le marché au poisson ; toujours très animé jusqu'à 16 heures, il attire quotidiennement une foule de badauds fascinés par les quantités énormes de crevettes et autres crustacés de la mer du Nord exposés sur les étalages. Tout près, **Sjøfartsmuseet** ⊙, le musée de la Marine, illustre l'importance de la mer dans le développement de la ville au cours de 200 années d'histoire maritime, à l'aide de maquettes, de boutiques et d'une agence maritime reconstituées, ainsi que de divers objets ayant trait à la navigation.
La **vieille ville** proprement dite est située à l'Ouest de Vågen, et étagée sur un versant en pente raide dominant Strandkaien. C'était à l'origine un quartier ouvrier, construit à la fin du 18e s. lorsque la sardine était la principale source de richesse de la ville et que les conserveries employaient beaucoup de monde. Environ 150 maisons, datant des 18e et 19e s., ont été restaurées et sont désormais protégées. On peut faire une promenade agréable le long des rues pavées et étroites et se replonger ainsi dans un passé authentique : des plantes grimpantes garnissent généralement le seuil des maisons de bois peintes en blanc, qui sont parfois séparées par de minuscules jardins en terrasses, tandis que des lampadaires démodés complètent ce décor charmant. Les maisons sont toutes habitées et le quartier est devenu très prisé.
Dans Øvre Strandgate, **Hermetikkmuseet** ⊙, aménagé dans une ancienne conserverie, illustre les différentes étapes du processus de mise en conserve des sardines à la fin du 19e s. et au début du 20e s.

EXCURSIONS

La beauté de la région de Stavanger est due au contraste frappant entre les paysages marins dénudés et austères et, ceux, spectaculaires, des fjords encadrés de montagnes dans lesquelles des rochers impressionnants semblent avoir été taillés avec une hache gigantesque.

Les deux premières excursions peuvent faire partie d'un itinéraire plus long vers les fjords de l'Ouest ou être combinées en une excursion d'une journée avec Stavanger comme point de départ.

Nordsjøvegen : route côtière de Stavanger à Haugesund – *70 km vers le Nord et une traversée en ferry (50 mn). Quitter Stavanger par la route 1 en direction du Nord.*
La route côtière est en constante évolution, car les liaisons par tunnels remplacent peu à peu les traversées en ferry. Un tronçon récent de Randaberg à l'extrémité de Rennesøy a nécessité la construction de deux tunnels sous la mer, le plus long étant le tunnel du Byfjord (5 830 m), qui descend à 45 m au-dessous du fond marin.
A Askje on peut faire un détour intéressant vers **Utstein Kloster** ⊙, situé à la pointe de Mosterøy. Fondé en 1265 par le roi Magnus Lagabøter, c'est le seul monastère médiéval que la Norvège ait conservé. Des concerts y sont donnés en été.

Mortavika – Skudeneshavn : traversée en ferry, 50 mn (fréquence : toutes les 2 heures).

Skudeneshavn – C'est un village côtier très pittoresque et bien conservé où l'on peut voir des entrepôts au cachet ancien bordant les quais et de charmantes maisons de bois peintes en blanc le long des rues étroites. Comme son nom l'indique, l'île de **Karmøy** sert d'écran contre l'acharnement de la mer ; sa côte est découpée et l'intérieur est une vaste lande vallonnée.
A Avaldsnes, l'église d'Olav, **Olavskirke** ⊙, qui date de 1250, n'a presque pas changé depuis sa construction.

Ryfylkeveien – *160 km vers le Nord-Est jusqu'à Dans et 2 courtes traversées en ferry. Prendre la direction du Sud jusqu'à Sandnes, puis tourner à gauche et suivre la route 13 jusqu'à Lauvik, où la traversée en ferry vers Oanes dure 10 mn.*
Entre Oanes et Tau, la **route de Ryfylke** est une route touristique longeant la côte.

Environ 20 km après Oanes, une route sur la droite mène à la cabane de Prekestolen où l'on peut garer sa voiture. De là, il faut 2 à 3 h de marche pour atteindre le rocher de « la Chaire » (il est également possible de s'y rendre à cheval).

★ **Prekestolen** – Le **rocher de « la Chaire »** doit son nom à sa forme car son sommet est complètement plat et sa paroi verticale surplombe Lysefjord de 600 m ; l'expérience donne le frisson et la **vue**★★★ sur le fjord et les îles est prodigieuse.
Entre Tau et Hjelmeland, la route traverse une région montagneuse, offrant de belles vues sur des paysages dénudés et sauvages. Construite au début du 16e s., l'**église d'Årdal** ⊙ à Hjelmeland est célèbre pour sa magnifique décoration intérieure.

Hjelmeland – Nesvik : traversée en ferry, 15 mn.

Au-delà de Nesvik, la route longe le **Jøsenfjord** de près, puis se dirige vers le Nord-Ouest à partir de Vindsvik et, tout en s'éloignant du fjord en grimpant, elle offre de belles vues sur cette étroite bande d'eau.
Avant d'atteindre Sand, une route secondaire sur la gauche convie à un plaisant détour par les maisons en bois et l'**église** ⊙ Renaissance du village côtier de **Jelsa.**

A Sand, il y a deux possibilités : prendre le ferry pour Ropeid et continuer en voiture vers Ølen et Haugesund (voir ci-dessus) ou poursuivre par la route 13 jusqu'à Odda et le Sørfjord, bras étroit du Hardangerfjord.

★ **Lysefjord** – *Lysefjord n'est accessible que par bateau et des excursions de 3 heures et de 6 heures sont organisées au départ de Stavanger (renseignements auprès de l'Office du tourisme). On peut aussi faire une excursion combinant un circuit en voiture et un trajet en ferry (compter 1 journée) – 135 km vers l'Est par la E 18, la route 45, puis une route secondaire jusqu'à Lysebotn (trajet en ferry : 4 h, réservations nécessaires).*
Une route extraordinaire part de Suleskar, situé sur le plateau de la Sirdal, et descend en 27 lacets d'une altitude de 900 m jusqu'à Lysebotn au fond du fjord dont on découvre des vues magnifiques. Le ferry passe sous le rocher de « la Chaire » *(voir ci-dessus)*, et la vue est aussi impressionnante d'en bas que du sommet.

Attention, les moustiques prolifèrent dans les pays nordiques en été. Pour s'en protéger, il est conseillé de se procurer des produits anti-moustiques dans les pharmacies sur place.

STIKLESTAD

Nord-Trøndelag

Carte Michelin n° 985 – E 8 ou Atlas Europe – p. 101

Stiklestad est l'un des sites historiques les plus célèbres de Norvège, car l'événement qui s'y produisit, il y a près de 1 000 ans, marqua un tournant décisif dans l'histoire du pays. En effet, la bataille qui se déroula le 29 juillet 1030 entre l'armée du roi Olav Haraldsson et les forces nettement supérieures de quelques chefs locaux soutenus par le roi de Danemark et d'Angleterre **Canut Ier**, qui après avoir conquis la Suède tentait de s'emparer de la Norvège, n'eut pas de signification particulière sur le plan militaire, mais la mort d'Olav au cours de la bataille changea le cours de l'histoire, et les historiens considèrent en général que Stiklestad annonce la fin de l'ère viking et le début du Moyen Âge.

Un événement important à l'échelle nationale – La bataille eut lieu pour des raisons très simples qui n'avaient certainement rien d'original à l'époque. Il ne s'agissait rien d'autre que d'une tentative de plus de la part d'un roi viking pour soumettre des chefs rebelles et unifier la Norvège sous son autorité suprême, tout en imposant la religion chrétienne à ses sujets et en essayant de préserver l'indépendance de la Norvège. A l'époque viking, le Trøndelag du Nord était une région importante sur le plan économique et militaire et il était primordial pour Olav en tant que chef suprême de sauvegarder son prestige en s'imposant dans cette région. Canut devint roi de Norvège et gagna la bataille où Olav perdit la vie, mais sa mort transforma sa défaite en victoire et eut de lourdes conséquences.
La mort d'Olav fut instantanément considérée comme le martyre d'un missionnaire du christianisme et il devint en même temps un saint et le symbole de la nation norvégienne. Plusieurs rois avaient auparavant tenté de christianiser la Norvège et n'avaient que partiellement réussi, mais à partir de 1030, le christianisme se répandit rapidement, des églises et des monastères furent fondés et la pratique de la langue norvégienne écrite se généralisa. De plus, l'unification de la Norvège sous l'autorité d'un seul souverain devint plus facile pour les successeurs d'Olav parce qu'il avait suscité l'admiration et le respect.

Saint Olav – Bien que le roi n'ait jamais été officiellement canonisé, son culte se répandit non seulement dans toute la Scandinavie mais aussi au-delà de la mer du Nord, jusqu'en Angleterre, où subsistaient encore quelques royaumes vikings et où des églises dédiées à saint Olav furent construites en maints lieux.

Les pèlerins venaient de loin pour voir sa tombe dans la cathédrale de Nidaros (Trondheim) ainsi que le lieu où il mourut à Stiklestad. Les « miracles » qu'il accomplit durant sa vie furent consignés par écrit, ce qui renforça la légende qui entourait son nom. Depuis ce temps-là, saint Olav continue à jouer un rôle unificateur en soutenant le moral de la nation dans les périodes difficiles.

Jeu de St-Olav – Tous les ans, le jour de l'anniversaire de la bataille, un spectacle est donné dans le théâtre en plein air de Stiklestad par 300 participants devant 10 000 spectateurs. Il relate les derniers jours du roi dans le cadre de la bataille et tente de décrire la vie, les croyances et les idées des gens de l'époque.

Le Jeu de St-Olav

Stiklestad Nasjonale Kultursenter

CURIOSITÉS

Nasjonale Kultursenter ⊙ – Inauguré en 1992, le **centre culturel national** ultra-moderne abrite une exposition intitulée *Stiklestad 1030*, qui, à l'aide de scènes reconstituées d'après les découvertes archéologiques, illustre le contexte dans lequel s'inscrivit la bataille. Certains objets archéologiques sont exposés.

Église ⊙ – L'édifice roman, qui date de 1150, remplaça une église en bois construite à l'endroit même où le roi Olav serait tombé au cours de la bataille ; la nef fut agrandie en 1500. Au cours des travaux de restauration exécutés à l'occasion du 900e anniversaire de la bataille, on découvrit sur les murs de la nef des fresques du 16e s. qui illustrent diverses scènes bibliques, dont la Passion sur le mur Nord. Les fonts baptismaux en stéatite datent du 12e s.
Les peintures qui ornent le chœur furent commandées spécialement pour le 900e anniversaire de la bataille. Elles sont l'œuvre d'Alf Rolfsen et illustrent par des scènes successives le déroulement des événements tout au long de la journée historique : le roi et ses hommes avant la bataille, le roi mourant s'appuyant contre une pierre, le Christ apparaissant une épée dans une main et un lys dans l'autre ; la dernière scène se passe la nuit, après la bataille : un aveugle retrouve la vue lorsque le sang du roi touche ses yeux et, en voyant ce miracle, Tore Hund, l'un des guerriers qui blessa mortellement le roi, décide de faire un pèlerinage en Terre Sainte pour retrouver la paix intérieure.

Musée ⊙ – Ce petit musée de plein air illustre la vie d'un village d'autrefois grâce à des démonstrations de méthodes de travail traditionnelles dans une ferme laitière, dans une forge, dans une boulangerie, dans un moulin, etc. Les bâtiments datent des 17e, 18e et 19e s. et comprennent notamment un moulin à eau, un *stabbur (voir à Setesdal)*, une maison de charpentier et même un sauna du début du 18e s.

TELEMARK★

Carte Michelin n° 985 – M 4 à 6 ou Atlas Europe – p. 104

Région montagneuse située au cœur de la Norvège méridionale, le Telemark est célèbre dans le monde entier pour être le pays natal du ski. Des cimes enneigées, des forêts denses, des vallées profondes et des lacs mais aussi une côte, bordée d'îles et ensoleillée, forment les paysages de cette région riche en contrastes. Elle a conservé de nombreuses traditions, son dialecte, ses costumes, sa musique folklorique et sa danse (mis en valeur lors du Festival folklorique du Telemark à Bø), ainsi que ses robustes maisons en bois et son artisanat qui s'exerce dans le travail de l'argent, la sculpture sur bois et le tissage.

M. Nanes/PRESSENS BILD

Technique *télémark*

Pays natal du ski – C'est de Morgedal qu'arriva la flamme des Jeux olympiques d'hiver qui se tinrent à Lillehammer en 1994. Au centre du village se dresse fièrement la statue de **Sondre Norheim**, premier champion du ski norvégien, originaire de Morgedal. La torche olympique fut allumée dans la maison où il naquit en 1825. Modifiant la forme traditionnelle de ses skis et des attaches, il essaya de nouvelles techniques qui furent, plus tard, universellement adoptées. En 1868, à Oslo, lors d'une exposition consacrée au ski, il fit, avec son équipement révolutionnaire, une démonstration des nouvelles possibilités qui s'offraient : par exemple le virage *télémark* utilisé pour changer de direction ou s'arrêter court et l'atterrissage *télémark* utilisé en saut afin d'amortir la secousse. Sondre Norheim peut donc bien être considéré comme le père du ski moderne. En 1884, il émigra aux États-Unis et contribua à promouvoir le ski en tant que discipline sportive dans son pays d'adoption.

L'origine du mot **slalom** est peu connue : *slalåm* est un mot emprunté au dialecte parlé au Telemark qui signifie « piste le long d'une pente ». Il était autrefois employé pour désigner une course de ski de fond à travers champs, arbres et buissons.

La bataille de l'eau lourde – La ville de Rjukan située au pied de l'imposant mont Gausta, dans le Nord du Telemark, devint brusquement célèbre pendant la Seconde Guerre mondiale lorsqu'elle se trouva au cœur d'une bataille acharnée dont l'enjeu était le contrôle de l'eau lourde, élément essentiel dans la fabrication des bombes atomiques. A la centrale de Vemork, on produisait et on stockait de l'eau lourde ; les Allemands avaient l'intention de l'envoyer en Allemagne par bateau et dès le mois de mai 1940 avaient exigé que leur fût livrée une tonne et demie d'eau lourde.

Dès que les Alliés eurent la certitude que les Allemands s'engageaient dans la course à l'arme atomique, ils décidèrent de saboter la centrale ; le raid, préparé avec soin, eut lieu en février 1943. Ce fut un succès total, mais quelques mois plus tard la centrale produisit de nouveau de l'eau lourde. Cette fois-ci, les bombardiers alliés détruisirent entièrement l'usine ; la production fut stoppée, mais les stocks étaient intacts et les Allemands décidèrent de les envoyer immédiatement en Allemagne. Cependant, la Résistance, en février 1944, fit sauter le ferry qui transportait l'eau lourde sur le lac Tinn. La bataille avait duré un an et coûté la vie à 30 soldats britanniques et 40 civils norvégiens.

La vieille centrale, située à 7 km à l'Ouest de Rjukan, abrite aujourd'hui le **Norsk Industriarbeidermuseum** ⊙, ou musée des Travailleurs industriels, qui présente des expositions spécifiques consacrées à la bataille de l'eau lourde et à l'hydro-électricité.

« L'eau lourde »

C'est un composé dans lequel l'hydrogène de l'eau est remplacé par du deutérium. Elle pèse 10 % de plus que l'eau ordinaire, qui en contient des quantités infimes. Dans certains réacteurs nucléaires, elle agit comme modérateur en ralentissant les neutrons et en les rendant plus aptes à provoquer la fission des atomes d'uranium 235. Elle est donc une composante essentielle dans le fonctionnement de la pile atomique. Il faut une énergie considérable pour extraire l'eau lourde de l'eau ordinaire. Dans les années 40, seule l'usine Norsks Hydro Hydrogen Electrolysis à Vemork en Norvège était en mesure d'en produire de grandes quantités. Aussi, en effectuant des opérations de sabotage sur le site de Vemork, s'agissait-il, à l'époque, d'empêcher Hitler de s'approvisionner en eau lourde pour fabriquer une bombe atomique.

« La bataille de l'eau lourde », c'est aussi le titre du film franco-norvégien réalisé en 1948 par Titus Vibe Müller et Jean Dréville sur les lieux mêmes de l'événement avec dans leurs propres rôles, à une exception près, les parachutistes des corps francs norvégiens qui participèrent à l'opération entre février 1943 et février 1944.

Telemarkskanal – Inauguré en 1892, le **canal du Telemark**, long de 110 km, relie Skien sur la côte Sud à Dalen, au cœur du Telemark. Il comporte 18 écluses, toutes construites en pierre et commandées manuellement. A Ulefoss, le canal se divise en deux bras, le plus court prenant la direction du Nord vers Notodden, non loin de la célèbre église en bois debout de Heddal *(voir à ce nom)*, le plus long virant vers l'Ouest et aboutissant à Dalen au pied du plateau du Hardangervidda.

Des excursions en bateau le long du canal sont organisées au départ de Skien. Elles durent 1/2 journée ou 1 journée entière, y compris le retour à Skien par autocar. Il est également possible de louer des bateaux (renseignements auprès de l'Office du tourisme de Skien).

Bien que la route ne suive pas toujours le canal de près jusqu'à Dalen, le trajet en voiture est malgré tout très intéressant, car les paysages changent continuellement.

Skien-Dalen : 160 km – compter au moins 1/2 journée. Prendre la route 36 vers le Nord jusqu'à Ulefoss, puis la route 359 jusqu'à Bø où l'on rejoint la route 36 ; poursuivre la route principale jusqu'à Brunkeberg, prendre ensuite la route 41 jusqu'à Vrådal et la route 38 en direction de l'Ouest pour atteindre Dalen.

Skien – Principale agglomération du Telemark, c'est la ville natale d'Henrik Ibsen *(voir à ce nom)*. Sa maison d'enfance, **Nordre Venstøp**, est située à Gjerpen, faubourg au Nord de Skien. C'est là que le jeune Ibsen fit ses premières armes comme dramaturge et metteur en scène d'un théâtre de marionnettes qu'il avait fabriqué lui-même. Par ailleurs, les combles de Venstøp forment « le grenier sombre » dont il parle dans sa célèbre pièce le *Canard sauvage*. Le musée de Folklore du Telemark, **Brekkeparken Fylkesmuseet for Telemark** ⊙, est situé au milieu d'un parc. Le bâtiment principal est un ancien manoir datant du début du 19e s. ; il abrite d'importantes collections folkloriques du Telemark, dont un splendide intérieur décoré selon la technique de la « peinture à la rose », spécialité de la région. Le musée abrite aussi les appartements reconstitués d'Henrik Ibsen. Le musée de plein air comprend des bâtiments représentant les divers styles architecturaux de différentes régions.

L'**écluse de Vrangfoss**, entre Ulefoss et Lunde, la plus intéressante de tout le parcours, compte six vannes pour une dénivellation de 23 m. **Telemark Sommarland**, à Bø, est un parc aquatique équipé d'un générateur de vagues permettant la pratique du surf. A partir de **Seljord**, pittoresque petite ville au bord d'un lac, la route serpente le long de versants abrupts couverts de forêts jusqu'à **Kviteseid**, située au bord d'un autre lac ; les balcons des fermes peintes en blanc sont garnis de jardinières de fleurs et il y a presque toujours un *stabbur* à proximité. Un pont suspendu enjambe le lac et les lacets de la route offrent de belles vues sur le lac.

Entre Vrådal et Dalen, la route longe le Vråvatn puis pénètre dans les montagnes pour redescendre ensuite en dévoilant des vues pittoresques sur **Dalen** et son lac. L'**église en bois debout d'Eidsborg** ⊙ est située sur la route 45, à 5 km au Nord de Dalen ; construite au 14e s., elle fut restaurée en 1927 lorsqu'on découvrit des fresques du 17e s. à l'intérieur. A proximité se trouve le **Lårdal Bygdemuseum** ⊙, qui comprend deux vieilles fermes et leurs dépendances ; sur l'une d'entre elles on peut voir une inscription runique datant d'environ 1300.

TROLL PARK

Oppland et Hedmark

Carte Michelin n° 985 – J 5 à L 8 ou Atlas Europe – p. 100

Situé au Nord d'Oslo, Troll Park est une vaste région montagneuse recouvrant à peu près le triangle formé par Eidsvoll à l'extrémité Sud du lac Mjøsa, Geiranger au Nord-Ouest et Røros au Nord-Est. La région doit son nom aux êtres surnaturels du folklore norvégien, appelés **trolls**, qui vivent dans les forêts et les montagnes et ne se montrent que le soir ou la nuit. Ils ressemblent à des êtres humains bien que certains d'entre eux soient gigantesques et d'autres au contraire très petits ; ils ont tous le nez très long, sont plutôt vilains et tout Norvégien sait qu'il est prudent d'être en bons termes avec eux, car leur colère est effrayante !

D. Mar/EXPLORER

Visages de trolls

D'une superficie totale de 55 000 km², Troll Park comprend les provinces d'Oppland et de Hedmark, dont les vastes paysages comptent parmi les plus beaux de la Norvège intérieure. Coupant Troll Park en deux du Nord-Ouest au Sud-Est, la plus longue et la plus large vallée de Norvège, la **Gudbrandsdal**, est encadrée par les massifs du **Jotunheimen**, du **Rondane** et du **Dovre**, qui sont les plus hautes montagnes du pays. A l'Est, le long de l'Østerdal, coule la **Glomma**, le plus long fleuve de Norvège, tandis qu'au Sud de Lillehammer se trouve le **lac Mjøsa**, le plus grand du pays ; légèrement à l'écart, à l'Est, le **lac Femund**, le deuxième de Norvège, occupe le centre d'une vaste région sauvage unique, **Femundsmarka** *(voir à Røros – Excursions)*. Troll Park est recouvert en grande partie par des forêts denses ; plusieurs parcs nationaux s'étendent dans les montagnes et le Femundsmarka.
De par la variété de ses paysages et la richesse de son environnement naturel, Troll Park est une région touristique idéale qui se prête à des activités de plein air passionnantes tant en été qu'en hiver. Par exemple, la descente en canot des nombreuses rivières qui dévalent les versants des montagnes, plus particulièrement la **Sjoa**, juste au Sud d'Otta, dont les rapides sont connus sous le nom de « machine à laver », est une expérience mémorable ; par ailleurs, entreprendre un safari dans les régions sauvages est une aventure tout aussi fascinante. Troll Park est sillonné du Nord au Sud par plus de 250 km de pistes skiables balisées ; la région est dotée de plusieurs complexes de ski convenant aux loisirs familiaux et de nombreuses stations telles que Lillehammer *(voir à ce nom)* et Beitostølen au pied du Jotunheimen *(pour obtenir des renseignements détaillés sur les diverses possibilités, s'adresser à l'Office de tourisme de Lillehammer)*.

★★ LA GUDBRANDSDAL

La Lågen coule au fond de la plus longue vallée de Norvège depuis Bjørli au Nord jusqu'à Lillehammer au Sud, sur une distance de 203 km. La Gudbrandsdal (vallée du dieu du feu) creuse un profond sillon au cœur de cette région montagneuse ouvrant ainsi une voie d'accès vers d'autres régions.

Une des meilleures façons de visiter Troll Park est donc de suivre la route 9 puis la E 6, en s'arrêtant à Dombas, Otta, Vinstra et Ringebu où il y a d'excellentes possibilités d'hébergement.

Le choix d'excursions, de randonnées et de voyages organisés est vaste : safaris au bœuf musqué, à l'élan et au renne, balades à cheval sur les pistes de montagne, connaissance de la flore et de la faune en suivant les itinéraires de découverte de la nature, visite d'une ferme de montagne à l'Ouest de Vinstra, où commença en 1863 la fabrication du gudbrandsdal, fromage célèbre proposé aux visiteurs avec un trancheur spécialement inventé en 1925 !
A **Vinstra**, on peut suivre une autre route vers le Sud, **Peer Gynt Velen**, qui porte le nom du personnage légendaire, héros du drame d'Ibsen dont l'action se passe dans cette région. La route étroite est parallèle à la E 6 et offre des vues magnifiques sur les massifs du Jotunheimen et du Rondane.

Rejoindre la E 6 à Tretten ou plus au Sud à Fåberg.

Juste après le village, l'**église en bois debout de Ringebu** ⓥ est un spécimen intéressant datant du 13ᵉ s., dont l'aspect extérieur contraste de façon saisissante avec la décoration baroque de l'intérieur dont les éléments essentiels sont un retable et une chaire magnifiques ainsi qu'un orgue et des piliers peints de couleurs vives.

TROMSØ★★

Troms – 52 459 habitants

Carte Michelin n° 985 – C 15 et 16 ou Atlas Europe – p. 94

Le cadre dans lequel se situe la plus grande ville du Nord de la Norvège est unique en son genre et on lui doit en grande partie l'attrait indéniable que la cité arctique exerce sur ses visiteurs.
Tromsø est située sur Tromsøya, île plate et relativement petite (10 km de longueur), au milieu d'un large chenal, entre la côte à l'Est et l'île de Kvaløya aux contours dentelés qui reçoit de plein fouet les tempêtes venant de l'Ouest. L'île de Tromsøya s'inscrit dans un cirque de montagnes bleutées aux cimes enneigées qui reflètent l'étrange lumière arctique inondant d'un scintillement d'argent les eaux calmes du détroit et enveloppant ce paysage sublime d'un voile quasi irréel.
De par sa position bien au Nord du cercle polaire, à 70° de latitude Nord, Tromsø jouit du soleil de minuit pendant deux mois d'été, mais, de la mi-novembre à la mi-janvier, elle est plongée dans une nuit profonde qu'éclairent de temps en temps les aurores boréales. Il n'est donc pas surprenant que le 21 janvier qui marque le retour du soleil sur l'horizon soit un jour de fête à Tromsø ! L'hiver dure de novembre à mai et l'effet refroidissant de la neige, qui persiste jusqu'en juin, empêche l'atmosphère de se réchauffer vraiment jusqu'au mois de juillet.

L'été dure tout juste deux mois mais le soleil de minuit réchauffe si vite la terre qu'il n'est pas rare, mais tout de même très surprenant, qu'il y ait des « nuits tropicales », comme les habitants disent, durant lesquelles la température ne tombe jamais au-dessous de 20 °C. Pendant les longs hivers, les habitants emmagasinent assez d'énergie pour pouvoir, l'été, profiter pleinement des journées en se distrayant jusqu'à une heure avancée de la « nuit » dans les nombreux restaurants, cafés, pubs et discothèques tout en dormant très peu.

NOTES HISTORIQUES

Un décret royal fit de Tromsø un centre ecclésiastique dès 1252, mais la ville continua à dépendre de Bergen sur le plan économique durant tout le Moyen Âge. Ce n'est qu'après avoir obtenu sa propre charte en 1794, qu'elle se développa véritablement. Au début du 19ᵉ s., le commerce avec la Russie et les profits générés par la chasse dans les régions arctiques donnèrent finalement à Tromsø son indépendance économique. Au milieu du 19ᵉ s. s'instaura une période de prospérité et, grâce à un commerce maritime en plein essor, la ville subit l'influence du continent européen et se vit décerner le titre de « Paris du Nord ».
En même temps, Tromsø devint un évêché, un centre administratif et pédagogique ; elle fut également la base d'où partirent de nombreuses expéditions de recherches et de chasse dans les régions arctiques.

TROMSØ

Conrad Holmboes vei	3
Fr. Langes gate	4
Grønnegata	6
Kongsbakken	7
Petersborggata	9
Sjøgata	12
Sommerfeldts gate	15
Sommerlystveien	16
Storgata	19
Stortorget	20
Th. Øiens gate	21

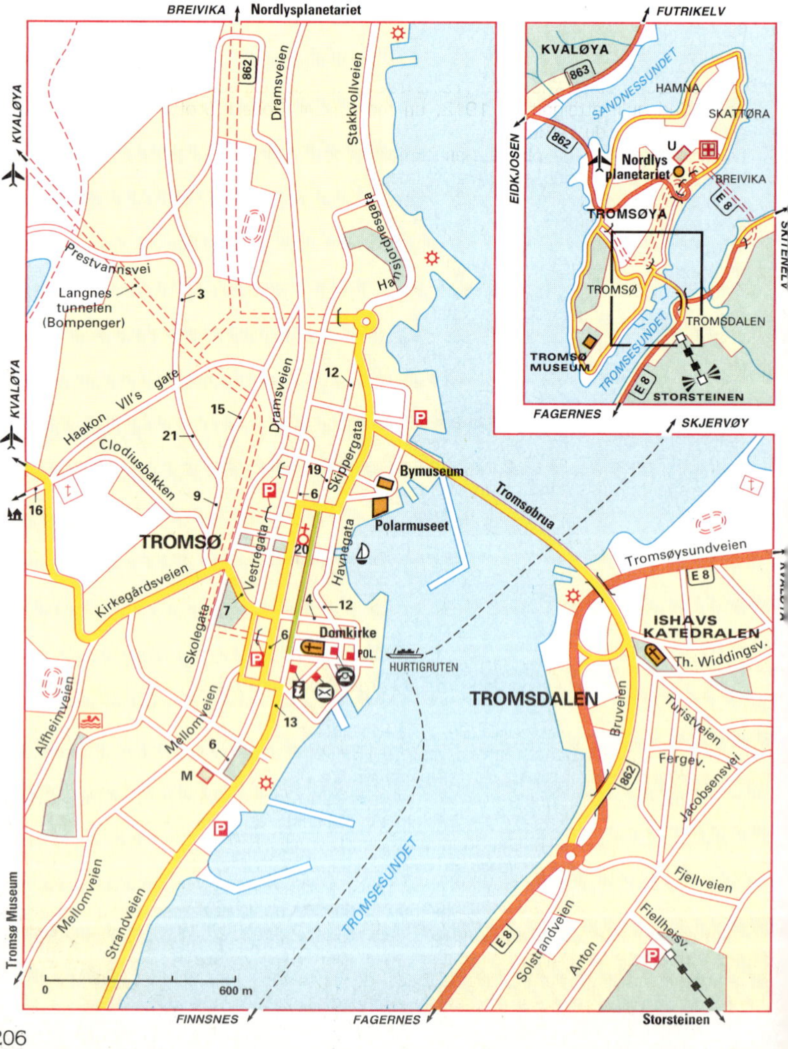

Tirpitz – Endommagé par les bombes alliées, le légendaire cuirassé allemand Tirpitz se réfugia dans le détroit de Tromsø en octobre 1944, pensant être protégé par les montagnes environnantes et faisant confiance à l'efficacité de son énorme puissance de feu. Cependant, le 12 novembre, le navire fut attaqué par 32 bombardiers Lancaster et touché plusieurs fois ; il prit feu, explosa et coula, entraînant dans la mort plus de 1 000 hommes d'équipage. L'épave fut renflouée durant les années 1950.
Le pont de Tromsø reliant la ville à la côte fut mis en service en 1960 et en 1972 l'université la plus septentrionale du monde fut officiellement inaugurée par le roi Olav. Les travaux de recherche, qui y sont menés, ont en partie une portée internationale. Tel est le cas, par exemple, de l'étude en cours concernant l'atmosphère des régions arctiques. Les ressources économiques de Tromsø sont toujours la pêche et la construction navale, mais l'aquaculture et la haute technologie se sont considérablement développées ces dernières années. La ville s'ouvre à nouveau au monde extérieur et constitue l'une des trois principales villes de congrès en Norvège.

CURIOSITÉS

Centre – En 1969 un énorme incendie dans le centre de la ville détruisit, malheureusement, un grand nombre de maisons traditionnelles en bois. Il en est resté suffisamment cependant pour que soit préservé en partie le cachet que la ville revêtait au 19e s. Partiellement piétonne, Storgata est la principale rue commerçante. Des édifices intéressants bordent les rues Sjøgata, Vestregate, Havnegata et les quais.
Construite en 1861 et surmontée d'une flèche élancée, la **cathédrale** ⓥ peinte en gris et jaune est l'une des plus grandes églises de bois de Norvège.
Le **Polarmuseet** ⓥ, qui fut inauguré en 1976 et aménagé dans un ancien entrepôt des douanes, retrace l'histoire des expéditions de chasseurs, de trappeurs et d'explorateurs dans les régions arctiques. On peut voir divers objets et des scènes de chasse ainsi qu'une hutte de trappeur, reconstituées, et maintes autres choses. Les thèmes évoqués sont la chasse à la baleine au 17e s., la chasse aux animaux à fourrure au 18e s., la chasse aux phoques de 1700 à nos jours, la chasse à l'ours polaire, au bœuf musqué et au morse. Une salle entière est consacrée au célèbre explorateur Roald Amundsen (1872-1928) et à ses expéditions au pôle Nord et au pôle Sud qu'il atteignit en 1912, un mois avant Robert Scott qui trouva la mort sur le chemin du retour.
A proximité, dans la plus ancienne maison de la ville (19e s.), se trouve le musée municipal, **Bymuseum** ⓥ, illustrant l'évolution de l'architecture à Tromsø au cours des deux siècles passés.

★★ **Ishavskatedralen** ⓥ – La « cathédrale Arctique » constitue sans aucun doute le plus bel édifice de Tromsø. Ce chef-d'œuvre d'architecture moderne unit le verre et le béton pour former un ensemble géométrique simple mais saisissant, qui utilise la lumière arctique pour créer un effet d'iceberg dressant son arête tranchante vers le ciel. Se détachant sur l'imposante silhouette du mont Tromsdalstind (1 238 m), l'église est particulièrement impressionnante surtout si on la regarde depuis l'autre côté du pont de Tromsø. La façade triangulaire se compose de panneaux de verre neutre, tandis qu'à l'autre extrémité, un immense vitrail projette sur l'autel une lumière chaude aux couleurs vives.

C. Boisvieux

La « cathédrale Arctique »

Storsteinen – Le terminus du téléphérique est proche. Le **trajet**★, qui ne dure que quelques minutes, vaut le déplacement, particulièrement tard le soir en été, lorsque le temps est clair. La cabine grimpe jusqu'au sommet de Storsteinen, le « gros rocher », à 420 m d'altitude, offrant de superbes **vues**★★★ de Tromsø, du détroit, des deux ponts et des montagnes enneigées de l'île Kvaløya.

★ **Musée** ⊙ – Situé dans Folkeparken, à l'extrémité Sud de Tromsøya, et dépendant de l'université, il est divisé en sept départements : ceux qui sont consacrés aux sciences naturelles (géologie, zoologie et botanique) sont au rez-de-chaussée, ceux qui se rapportent à la civilisation (archéologie, ethnographie same, musique folklorique) sont au premier étage. Les collections zoologiques consacrées à la faune de la Norvège du Nord et l'exposition same sont remarquables.

Nordlysplanitariet ⊙ – *Au Nord par la route 862.* Le **Planétarium des aurores boréales** présente, sur un écran de 360°, un film intitulé *Lumière arctique*, consacré aux aurores boréales et au soleil de minuit.

TRONDHEIM★★

Sør-Trondelag – 139 000 habitants

Carte Michelin n° 985 – I 7 ou Atlas Europe – p. 100

Blottie au creux de la courbe que décrit le profond Trondheimsfjord, à l'embouchure de la Nid(elva), Trondheim, troisième ville de Norvège, est aussi l'une des plus anciennes cités du pays. Elle s'est développée à l'ombre de sa célèbre cathédrale et a toujours joué un rôle essentiel dans la vie culturelle et spirituelle de la Norvège. En raison de sa position centrale, on la désigne souvent sous le nom de « la porte d'accès du Nord », rôle qu'elle a déjà assumé lorsque les communications étaient difficiles en devenant le point de départ du service régulier de l'Express côtier *(voir à Hurtigruten)*. Ce dernier est devenu plus important aujourd'hui en raison du développement accéléré des comtés du Nord, en particulier du Finnmark, et de la nécessité de disposer de moyens de communications rapides.
Le centre ville assez compact occupe une petite superficie triangulaire presque entièrement entourée d'eau, ce qui explique son charme. Les larges avenues tracées à travers les vieux quartiers vers la fin du 17e s. afin de réduire le risque d'incendie, créent une impression d'espace qui accentue son caractère provincial. Le **fort de Kristiansten** (Z) mérite une visite : il se dresse sur une colline à l'Est de la cathédrale, et offre une belle **vue** générale sur Trondheim et son fjord.

NOTES HISTORIQUES

Nidaros – Dans son effort pour unifier le royaume de Norvège sous son autorité, le roi viking Olav Tryggvason fonda en 997 la ville de Nidaros, dont le nom signifie : à l'embouchure de la Nid, et construisit une résidence royale, instituant ainsi la première capitale de Norvège. Il édifia en même temps la première église de Nidaros afin de convertir la population à la nouvelle religion chrétienne.

Saint Olav – Olav Tryggvason n'avait que partiellement réalisé sa double tâche d'unifier et de convertir son peuple lorsque 30 ans plus tard, des chefs vikings rebelles, qui étaient particulièrement puissants dans le Trøndelag, forcèrent un autre roi chrétien, Olav Haraldsson, à s'enfuir de son royaume. Il y revint cependant en 1030 mais fut tué à la bataille de Stiklestad *(voir à ce nom)*, à 100 km au Nord-Est de Nidaros (Trondheim). Ce qu'il ne put accomplir de son vivant le fut lorsqu'on le sanctifia. Il fut enterré à Nidaros et les pèlerins vinrent de la Scandinavie tout entière et même de plus loin pour visiter son sanctuaire. Ce flot constant de visiteurs assura la prospérité de la ville qui se développa rapidement et la construction de la cathédrale actuelle commença en 1070.

Capitale spirituelle de la Norvège – L'importance attachée au sanctuaire de saint Olav conféra à l'église de Nidaros une grande envergure spirituelle, et son influence incontestée ne cessa de croître pendant le Moyen Âge ; les rois de Norvège prirent l'habitude de se faire couronner dans la cathédrale. Une fois bien établie, cette tradition se perpétua même après la Réforme. La cérémonie du couronnement n'a plus lieu de nos jours, mais le roi Harald V se fit officiellement consacrer à Trondheim en 1991 au cours d'un service dans la cathédrale de Nidaros.

De Nidaros à Trondheim – Durant tout le Moyen Âge, les activités portuaires de la ville augmentèrent, mais la Réforme mit un frein à cet essor économique et en 1681, Nidaros, qui avait pris le nom de Trondheim, fut dévastée par un incendie : une partie de la vieille ville fut détruite. Le général Caspar de Cicignon, descendant d'un huguenot français qui avait émigré en Norvège, remodela le centre de la ville tel qu'il est aujourd'hui en le dotant de larges avenues rectilignes. Il fit également construire le fort de Kristiansen sur une élévation dominant la cité afin de la protéger d'une invasion suédoise.

L'université se distingue dans le domaine des arts comme en témoigne le musée d'Histoire de la Musique à Ringve, célèbre dans tout le pays. Par ailleurs, après la fondation en 1910 de l'Institut norvégien de technologie, Trondheim est devenue l'un des centres de haute technologie les plus importants de Norvège. Cependant, la tradition ne risque pas de céder la place au modernisme et chaque année un festival culturel a lieu aux alentours du 29 juillet, en l'honneur de saint Olav qui occupe toujours une place de choix dans le cœur des Norvégiens.

★★★ NIDAROSDOMEN (Z)

La **cathédrale de Nidaros** recèle dans ses murs toute l'histoire de Trondheim et du royaume de Norvège et on la considère aujourd'hui encore comme le sanctuaire national.
Après la bataille de Stiklestad, le roi Olav Haraldsson fut enterré sous le maître autel de la première église de bois construite par le roi Olav Tryggvasson, l'un de ses prédécesseurs. Comme des rumeurs s'étaient rapidement répandues au sujet de miracles s'étant produits sur sa tombe, on déclara qu'Olav était un saint et ses restes furent placés dans un précieux reliquaire. Plus tard, le roi Olav Kyrre décida de remplacer l'église de bois par une église en pierre dédiée au Christ ; les travaux commencèrent en 1070. Les pèlerins affluèrent dans l'église en nombre croissant et bientôt celle-ci s'avéra trop petite surtout lorsqu'en 1153 Nidaros, qui n'était jusqu'alors que simple évêché, devint archevêché à la suite d'un décret papal. Cela signifiait que la ville était le siège ecclésiastique non seulement de Norvège mais aussi d'Islande, du Groenland, des îles Féroé, des Orcades et de l'île de Man.
De style roman, les parties les plus anciennes de la cathédrale furent construites avant la fin du 12e s. par le second évêque, Eystein Erlendsson : l'édifice de pierre fut agrandi par l'adjonction du transept et de la salle du chapitre. Vint ensuite la construction de l'octogone et du chœur mais cette fois-ci dans le style gothique et la nef qui remplaça la nef romane fut achevée vers 1300.
Bien que la cathédrale ait été plusieurs fois endommagée par des incendies, elle fut chaque fois réparée ou partiellement reconstruite et elle continua d'être jusqu'à la Réforme un lieu de pèlerinage célèbre dans toute l'Europe du Nord ainsi que le lieu de sépulture traditionnel des monarques norvégiens. Cependant, à la Réforme, elle fut dépouillée de tous ses trésors et le culte de saint Olav fut interdit par l'église évangélique luthérienne qui devint alors et est toujours l'église officielle de Norvège. L'archevêché fut aboli et la cathédrale réduite au rang d'église paroissiale en 1585. La restauration de l'édifice commença en 1869 et aujourd'hui la cathédrale joue un rôle important dans la vie culturelle de la cité, puisqu'elle est au centre du Festival de St-Olav.

Visite – Construite en stéatite grise, la cathédrale se dresse dans un site harmonieux, au creux d'un méandre de la Nidelva. Côté Ouest, la façade imposante est décorée de rangées de personnages sculptés représentant des saints et des rois.

C. Boisvieux

« Cathédrale de Nidaros »

TRONDHEIM

M[1] Nordenfjeldske Kunstindustrimuseum

Le portail principal est surmonté d'un tympan travaillé, mais la caractéristique la plus frappante est sans aucun doute la magnifique **rosace.**

L'intérieur est vaste et l'impression de hauteur est accentuée par la prédominance des lignes verticales. Les piliers massifs de la nef sont entourés de colonnes engagées tandis que de fines colonnes, reliées par des arches sculptées avec raffinement, séparent la nef du chœur. Les chapiteaux sont richement sculptés, notamment celui qui est situé à l'entrée de l'octogone, sur lequel on peut voir sept têtes très expressives. Tous les vitraux ont en général des couleurs magnifiques.

Les **joyaux de la couronne** utilisés pour le couronnement des rois de Norvège avant l'abolition de la cérémonie en 1906 furent exposés pour la première fois au public en 1988 et se trouvent maintenant dans la **chapelle Nord,** du côté Ouest. Ils furent exécutés en Suède au 19e s., excepté la couronne portée par l'héritier du trône qui fut réalisée en Norvège.

AUTRES CURIOSITÉS

★ **Erkebispegården** (Z) ⓥ – Proche de la cathédrale, le **palais de l'archevêque** fut construit en même temps qu'elle par le second archevêque, Eystein Erlendsson. Il servit de résidence archiépiscopale jusqu'à la Réforme. Il devint ensuite la résidence officielle des gouverneurs danois avant d'être réquisitionné par l'armée. A cette époque la grande Salle servit de grenier à grains et le toit fut surélevé. La plus ancienne partie du palais est Østhuset, datant de 1160-1170 et comprenant les salles de réception.

Vesthuset, construite vers 1230, comprenait les appartements privés et le bureau de travail de l'archevêque. Les deux édifices furent reliés par une tour agrémentée d'une entrée voûtée, qui fut plus tard démolie, tandis que le palais subit plusieurs agrandissements notamment au 15e s., où il fut également fortifié. Il fut finalement restauré en 1975 et sert désormais d'appartements pour accueillir les invités officiels.

★ **Gamle Bybro et les quais** (**Z**) – Au Nord de la cathédrale, Gamle Bybro, le vieux pont de la ville, fut construit en 1861 à la place d'un pont plus ancien qui datait de la fin du 17e s. Du pont, on découvre de belles **vues** des entrepôts à pignons alignés le long de la rivière, qui sont en majorité des bâtiments en bois peints en rouge et en brun, construits sur pilotis au 18e s.
De vieilles maisons bordent Kjøpmannsgate, à l'arrière des entrepôts. Elles sont transformées pour la plupart en pubs ou en restaurants animés.

★★ **Nordenfjeldske Kunstindustrimuseum** (**Z M1**) ⊙ – Fondé en 1893, le **musée des Arts et Métiers** abrite diverses collections illustrant les principaux mouvements artistiques internationaux, surtout dans le domaine de l'artisanat et du design contemporains. Une partie des collections est répartie sur trois étages et en outre une vingtaine d'expositions temporaires ont lieu par an.
Les **collections historiques** à l'étage inférieur sont exposées par ordre chronologique de 1500 à 1930. Elles comprennent du mobilier norvégien, anglais, hollandais et allemand du Nord, ainsi que de l'argenterie ancienne provenant de Trondheim, des verreries norvégiennes du 18e s. et des tapisseries de la Gudbrandsdal.
Le **mouvement des Arts et Métiers**, qui, à la fin du 19e s., eut William Morris pour chef de file, est représenté par des collections de textiles imprimés, de métaux travaillés, des céramiques et des verreries, dont la plupart furent acquis dans les années 1890.
La **collection d'Art nouveau** comprend des objets illustrant le style Art nouveau français, en majorité achetés à l'Exposition universelle de 1900 qui eut lieu à Paris. Au rez-de-chaussée, une salle est consacrée à l'architecte belge Henri Van de Velde.
La **collection moderne** comprend des objets fabriqués après 1945 en Europe, Amérique du Nord et Australie. Le design scandinave de 1950 à 1965 et de la décennie 1980 est bien représenté. On remarquera en particulier au rez-de-chaussée l'intérieur design entièrement décoré par l'architecte danois Finn Juhl en 1952.
Les **tapisseries d'Hannah Ryggen**, au nombre de 20, sont regroupées dans une salle unique. Elles représentent bien sa production artistique de 1920 à 1969. Née à Malmø en Suède en 1894, Hannah épousa le peintre norvégien Hans Ryggen et s'installa à Ørlandet, près de Trondheim. Elle mourut en 1970.
La **collection de costumes** comprend des spécimens de la fin du 17e s. à nos jours. La période rococo est particulièrement bien représentée comme le sont d'ailleurs les années 1920 et 1930, tandis que la collection contemporaine ne cesse de s'agrandir.
La **collection japonaise** comprend de la poterie, des laques, des objets en métal, des textiles, etc.
La **collection de bijoux** compte environ 250 pièces représentant un style international.

★★ **Ringve Museum** ⊙ – *A 3 km au Nord-Est, par Innherredesveinen* (**Y**).
Ce fascinant **musée des Instruments de musique**, aménagé dans le splendide manoir de Ringve construit au 19e s. sur la presqu'île de Lade, domine la cité et le fjord.

C. Boisvieux

Le clavecin français du Ringve Museum

La visite guidée *(obligatoire)* comprend la démonstration par des étudiants de certains instruments souvent très rares.
Parmi ces spécimens rares et parfois extrêmement curieux, citons des cloches éoliennes norvégiennes du 18e s., un superbe clavecin réalisé à Londres en 1767 par Jacob Kirkman, un piano à queue datant de 1783, œuvre de Johann Andreas Stein auquel Mozart rendit visite en 1777, un piano harpe exécuté à Bruxelles à la fin du 19e s. par Christian Dietz, une cithare norvégienne provenant du Telemark, un violon d'Amati datant de 1612, un téorbe allemand (instrument apparenté au luth) de 1700, un élégant clavecin français de couleur noire datant du 18e s., dont l'intérieur est décoré d'un paysage, un étrange piano rectangulaire du 18e s., des orgues de barbarie, des instruments miniatures, des instruments exotiques, un sélectionneur de disques américain de 1948 – dont la présence témoigne de l'éclectisme du musée en matière d'instrument de musique –, des violons richement décorés de la région de Hardanger.

EXCURSION

Excursion en bateau au château d'Austråt – *1/2 journée. Départ du Fosenkaia* (**Y**), *près de la gare.*
Partant de Trondheim, un catamaran longe le fjord jusqu'à Brekstad où un autocar emmène les passagers jusqu'à Austråt. Au cours de la visite guidée, on fait le tour du château du 17e s., qui a conservé des vestiges d'un édifice médiéval. On admire de remarquables pièces en fer forgé, du mobilier baroque, ainsi que, dans la chapelle, des sculptures sur bois médiévales.

Dans ce guide,
les plans de villes indiquent essentiellement
les rues principales et les accès aux curiosités.
Les schémas mettent en évidence les grandes routes et l'itinéraire de visite.

ÅLESUND★

More og Romsdal – 36 117 habitants
Carte Michelin n° 985J 3 ou Atlas Europe – p. 100

La découverte d'Ålesund réserve des surprises en partie à cause de son site étonnant, mais aussi à cause de son architecture Art nouveau. La ville est située en plein océan Atlantique, au centre d'un archipel. Elle s'est développée sur les rives d'un détroit qui lui a donné son nom et s'est peu à peu répandue sur cinq îles reliées entre elles par des ponts. D'autres îles plus éloignées de la côte sont également reliées par des ponts et, plus récemment, par des tunnels creusés sous le sol marin. En fait, tout le long de la côte entre Ålesund et Kristiansund, se succèdent de très nombreux ponts aux formes bizarres et audacieuses, véritables prouesses techniques *(voir Atlanterhavsveien ci-dessous)*, qui ont façonné le paysage marin.

La ville Art nouveau – Les îles sont habitées depuis l'âge de la pierre par des pêcheurs attirés par l'abondance insolite de poissons. Le premier habitant de marque fut Rollon, chef viking qui devint le premier duc de Normandie et fut l'ancêtre de Guillaume le Conquérant. On dit qu'il était originaire de l'île de Giske, à l'Ouest d'Ålesund. Cependant, Bergen et Trondheim empêchèrent Ålesund jusqu'en 1848 de bénéficier du statut de ville. En janvier 1904, au cours d'une tempête d'une rare violence, Ålesund fut ravagée par les flammes ; le centre de la ville fut presque entièrement détruit et le lendemain matin 10 000 personnes se retrouvèrent sans abri. De nombreux pays envoyèrent des secours, l'empereur Guillaume II se montrant particulièrement généreux.
La ville fut reconstruite en trois ans dans le style en vogue à l'époque, l'Art nouveau. Aujourd'hui, Ålesund est fière d'être la ville d'Europe occidentale qui a conservé et préservé le plus grand nombre de bâtiments de style Art nouveau.

VISITE

Ålesund a su allier avec harmonie l'architecture moderne et son patrimoine unique du début du siècle. Le centre environne Brosundet, l'ancien port de pêche animé et généralement encombré de petits bateaux de pêche et de bateaux de plaisance, hauts en couleur. Des marches pittoresques descendent jusqu'au niveau de l'eau dans laquelle se reflètent les entrepôts alignés. On peut acheter du poisson frais et des crevettes le long de Skansegata. De nombreux bâtiments sont agrémentés de flèches, de tourelles et de sculptures raffinées, dans le plus pur style Art nouveau, auquel sont venues s'ajouter quelques touches typiquement norvégiennes telles que des têtes de dragons. Les rues les plus intéressantes sont la rue piétonne, **Kongensgate**, ainsi qu'**Apotekergata**, **Kirkegata** et **Løvenvoldgata**.

STF/SUNSET

Ålesund

A l'Est, une route sinueuse traverse un beau quartier résidentiel et grimpe jusqu'au sommet du **mont Aksla,** promontoire dominant la ville. La route se termine à Fjellstua (le chalet), d'où l'on a une vue surprenante sur la ville et les différentes îles *(on peut aussi atteindre le sommet en montant 417 marches à partir du parc situé au pied de la montagne).*

EXCURSIONS

Île de Giske – *Route à péage.*
Giske est maintenant reliée à Ålesund et à la côte par des ponts et des tunnels. Sur l'île se dresse une charmante petite **église** romane en marbre, ancienne chapelle privée. Elle fut restaurée au 18e s., et la chaire et le retable datent de cette époque.

Île de Runde – *40 km jusqu'à Ulsteinvik, puis 4 h de bateau pour faire le tour de l'île.*
Plus éloignée de la côte, et située au Sud-Ouest d'Ålesund, l'île de Runde est l'une des plus célèbres réserves ornithologiques de Norvège. Plus de 1,5 million d'oiseaux de 40 espèces différentes nichent sur les falaises et peuvent être observés de mars à août. La réserve est très protégée et des règlements stricts sont en vigueur.

★ **Atlanterhavsveien** – *150 km jusqu'à Kristiansund.*
Atlanterhavsveien, ou Route de l'Atlantique, est le nom d'une route de 8 km de longueur comprenant 8 ponts, construite au large de Kristiansund et utilisant un chapelet d'îles comme points d'appui. Le résultat est absolument étonnant : les îles plates et dénudées, les récifs et la mer toujours présente s'allient pour créer une impression de vastes étendues où la route semble s'éloigner de plus en plus.

Stockholm – La vieille ville

Suède

P. Thompson/SUNSET

ARVIKA

Värmland – 27 000 habitants

Carte Michelin n° 985 – M 9 ou Atlas Europe – p. 105

Arvika est un centre culturel situé dans un cadre attrayant sur les rives du Glafsfjord. Au début du 20e s., plusieurs artistes s'installèrent sur les bords du petit lac de Racken dans le but de s'imprégner de la lumière nordique. Le sculpteur et artisan **Christian Eriksson** (1858-1935), natif de la région, fut le fondateur de la **colonie de Rackstad.** Les membres du groupe furent séduits par la beauté naturelle de la campagne environnante qui correspondait parfaitement à l'idéal du mouvement romantique national de l'époque. La colonie attachait également un grand prix à l'artisanat d'art. Eriksson, son père et ses frères étaient tous d'habiles ébénistes. Eriksson séjourna à Stockholm, Hambourg et Paris pour étudier la sculpture et ce n'est qu'en 1894 qu'il revint s'installer à Arvika. **Gustaf Fjæstad** (1868-1948) réussit à recréer le silence des paysages blancs d'hiver dans ses œuvres dont un grand nombre furent reproduites sous forme de splendides tapisseries par sa femme **Maja Fjæstad** (1873-1961). Parmi les autres membres de la colonie, il faut citer **Fritz Lindström** (1874-1962), portraitiste et peintre de natures mortes, qui croquait souvent les paysages du Värmland sous la lumière du crépuscule, et **Björn Ahlgrensson** (1872-1918).

CURIOSITÉS

★ **Rackstadmuseet** ⊙ – *Avant d'entrer dans Arvika en arrivant de l'Est, tourner à droite au rond-point (toujours sur la route 61), puis prendre la première rue à droite (le musée est signalé).*

Ce musée spacieux et bien éclairé est une annexe de la demeure familiale des Eriksson. Inauguré en juin 1993, il est consacré aux artistes de la colonie de Rackstad. La salle d'exposition contient une sélection des œuvres du groupe, représentatives de l'art suédois au début du 20e s., tandis que l'artisanat d'art est exposé au sous-sol.

Le studio, **Oppstuhage★**, situé au Sud-Est du musée de Rackstad, a été aménagé en musée à la mémoire de Christian Eriksson et contient diverses sculptures, petites et monumentales, en granit, en marbre, en bronze et en bois.

Trefaldighetskyrka ⊙ – *Suivre Torggatan, l'entrée se trouve dans Tingsgatan.* Cette imposante église blanche fut construite en 1911 par Ivar Tengbom (1878-1968) dans le style Art nouveau ; on peut y admirer le travail des artistes et artisans de la colonie de Rackstad.

Sågudden Friluftsmuseum ⊙ – *A 5 mn de marche du parking situé devant l'Office de tourisme.*

Cette ancienne ferme, entourée de petites maisons des 17e et 19e s., abrite un musée où l'on peut voir des peintures paysannes bien conservées. Des soirées musicales sont organisées en été.

Brunskog ⊙ – *Musée du Patrimoine Skutboudden.*

Ce musée de plein air s'anime pendant la dernière semaine de juillet, à l'occasion d'un festival du temps jadis, **Gammelvala**, durant lequel les villageois se replongent cent ans en arrière.

EXCURSION

Klässbol : Linneväveri AB ⊙ – *16 km au Sud en direction de Säffle par la route 175, puis 1,5 km par une route secondaire.*

La Linneväveri AB est une **usine textile** (la dernière du genre en Scandinavie) qui produit sans interruption depuis 1921 de l'étoffe de lin damassée. De magnifiques nappes et serviettes sont tissées et ornées de motifs traditionnels qui n'ont pas changé depuis 70 ans. La société fournit les nappes damassées utilisées à l'hôtel de ville de Stockholm lors des banquets offerts à l'occasion de la remise des Prix Nobel.

BIRKA★

Stockholm

Carte Michelin n° 985 – M 14 ou Atlas Europe – p 106

Schéma : STOCKHOLM – Environs

Tout comme Drottningholm, Birka, située dans l'île de Björkö sur le lac Mälaren, fait partie du patrimoine mondial de l'UNESCO. Le campement de Birka fut le plus grand marché viking de 800 à 960 après J.-C. et les fouilles archéologiques ont révélé l'existence d'échanges commerciaux avec l'Orient par l'intermédiaire de la Russie et de Byzance. C'est pour se rendre dans ce lieu de négoce que le premier missionnaire chrétien de renom, **Anschaire** (Ansgar), s'embarqua en 829 pour convertir les Svíar (Svear) païens. Il revint en 852, mais fut reçu de façon beaucoup plus hostile, car une grande partie de la population était déjà retournée au paganisme. Après la mort du saint à Brême en 865, il n'y eut plus de tentative d'évangélisation de la Suède avant le 11e s. Mais, à cette époque, Birka était sur le déclin tandis que Sigtuna et Gotland *(voir à ces noms)* étaient devenues les nouveaux centres du commerce de la Baltique.

Le site aujourd'hui ⓥ – Il est connu sous le nom de « lieu de la Terre Noire ». On imagine difficilement l'atmosphère de cette ville où 700 à 1 000 personnes vivaient, travaillaient et commerçaient à l'intérieur de l'enceinte semi-circulaire. Au-delà des remparts de terre, on a retrouvé plusieurs **cimetières**, dont les plus grands comprennent environ 1 600 tombes vikings. Le produit des fouilles se trouve en grande partie au Statens Historiska Museum à Stockholm, tandis que le **musée** implanté sur le site reconstitue la vie à Birka telle qu'elle se déroulait il y a 1 000 ans. Du haut de la colline, couronnée d'un **monument** (1834) commémorant la mission d'Ansgar, on peut plus facilement apprécier la position stratégique de Birka sur le lac Mälaren. A proximité, la petite **chapelle d'Anschaire** (consacrée en 1930) abrite trois sculptures de Carl Eldh (1873-1954) et plusieurs peintures d'Olle Hjortsberg (1872-1959).

BOHUSLÄN★★

Göteborg och Bohus

Carte Michelin n° 985 – N/O 8 ou Atlas Europe – pp. 105 et 108

L'aspect solitaire et la beauté sauvage de la côte occidentale de la Suède, au Nord de Göteborg, avec sa ligne dentelée, ses échancrures et ses îlots, ses rochers, ses récifs et ses villages de pêcheurs hauts en couleur, font de cette province un des lieux de prédilection des touristes suédois aussi bien qu'étrangers. Aujourd'hui, le tourisme détrône la pêche en tant que principale ressource économique de la région côtière.

Séjour dans le Bohuslän – Il va sans dire qu'il faut voir le Bohuslän de la mer et le choix d'excursions en bateau est considérable. Ceux qui préfèrent hisser leurs propres voiles ou tenir la barre de leur propre bateau à moteur ont à leur disposition une bonne sélection de spécialistes de location de toutes sortes de bateaux. Quant aux marins d'eau douce, bien que les hôtels ne manquent pas dans la région, il leur est recommandé d'essayer d'autres formes d'hébergement, par exemple un séjour à la ferme ou dans une pension de famille, dans une petite maison de vacances en location ou même dans une des auberges de jeunesse de l'archipel.

Vacances actives – La pêche en mer, la plongée, le canoë, la pêche en eau douce et la natation sont des activités très pratiquées dans le Bohuslän. Ceux qui préfèrent le vélo peuvent pédaler le long de la **piste du Bohuslän** sur une distance de 290 km entre Svinesund, près de la frontière norvégienne et Göteborg. Les randonneurs peuvent parcourir un chemin de grande randonnée, **Bohusleden**, long de 360 km, qui relie Strömstad et Lindome. Les offices de tourisme locaux tiennent à la disposition des personnes intéressées des brochures et des cartes concernant ces activités.

DE GÖTEBORG A SVINESUND *220 km*

La E 6 est la principale route du Nord, mais il est vivement conseillé de faire quelques détours vers les villages côtiers et les îles bordant la côte. Quitter Göteborg en direction du Nord par la E 6, puis prendre la route 155. Un ferry assure la liaison entre Hjuvik et Hönö en 12 mn, toutes les demi-heures.

Archipel d'Öckerö – *Voir à Göteborg : Excursions.*

Rejoindre la E 6 et se diriger vers le Nord jusqu'à Kungälv.

★★ **Bohus fästning** ⓥ – A la périphérie Sud de Kungälv, on peut voir les ruines d'une puissante **forteresse** sur une île du Nordre älv. En 1308, le roi Håkon de Norvège fit construire le fort de Bohus, qui donna son nom à la province ; sa position stratégique lui permettait de défendre l'accès de cette région marécageuse. La forteresse joua un rôle primordial dans la guerre nordique de Sept Ans (1563-1570) et par la suite le roi Christian IV de Danemark fit fortifier le site – en même temps qu'il faisait renforcer les fortifications danoises dans toute la province de Scanie et le long de l'Öresund – au moyen de bastions en étoile entourant le château lui-même transformé en palais Renaissance. Après le traité de Roskilde en 1658, la forteresse passa aux mains des Suédois et, comme elle avait perdu tout intérêt stratégique, elle fut abandonnée et tomba en ruine. L'imposante tour ronde surnommée Fars Hatt (le Chapeau de Papa) est la seule tour d'angle encore debout. De nos jours, des concerts et autres divertissements ont lieu dans la cour intérieure en été.

Kungälv – Le campement d'origine, situé au bord du fleuve, 5 km plus à l'Ouest, s'appelait Kungahälla. Au Moyen Âge, ce fut une importante ville norvégienne qui fut détruite à plusieurs reprises. En 1613, Kungälv fut reconstruite sur Fästningsholmen, au pied de la puissante forteresse de Bohus, puis, en 1676, la ville fut déplacée pour être reconstruite le long d'une seule rue en raison du manque de place. De nos jours, Gamla Torget, Östra Gatan et Västra Gatan, avec leurs agréables édifices de bois (18e s.-19e s.) peints de couleurs pastel, forment le centre pittoresque de la ville. L'extérieur sobre et peint en blanc de l'**église** ⓥ de bois érigée en 1679 cache un intérieur baroque riche en couleurs.

Suivre la route 168 sur 28 km. Les voitures ne sont pas admises sur le groupe d'îles portant Marstrand : laisser la voiture au parking situé à l'embarcadère du ferry (service régulier, durée : 7 mn).

★★ **Marstrand** – Le village du 13e s. se développa au 16e s. en un important centre de négoce de pêche au hareng. Au milieu du 19e s., Marstrand vit grandir sa renommée de station thermale et connut son apogée à la fin du siècle lorsque le roi Oscar II (1829-1907) lui-même en fit une ville d'eau à la mode. Ses maisons de bois décorées avec goût, ses ruelles étroites et sinueuses résonnant de l'animation des boutiques et des restaurants, et l'activité de son port de plaisance, où se balancent yachts et canots, en font la station estivale par excellence de la région du Bohuslän. Aujourd'hui, ce lieu de séjour populaire est le rendez-vous obligatoire des plaisanciers attirés par plusieurs compétitions internationales et des régates annuelles très suivies. La ville est dominée par la masse de sa forteresse, **Carlstens fästning**★ ⊙ qui fut construite sur une période de 200 ans et achevée avec l'aide de 200 prisonniers. La construction commença peu après le traité de Roskilde et en 1719 la forteresse fut prise par les flottes danoise et norvégienne réunies sous le commandement de l'amiral Peter Tordenskjold, qui l'utilisa ensuite comme base pour attaquer le fort de Nya Elfsborg qui défendait le chenal de Göteborg.

Reprendre la voiture et revenir sur la E 6 que l'on quitte juste au Sud de Stenungsund pour suivre la route 160 en direction de Tjörn-Orust.

La route suit le Hakefjord jusqu'au pont, le **Tjörnbron**★; une fois sur l'île, après les premiers feux rouges (café et point d'informations touristiques), on découvre un magnifique **panorama**★★★ qui embrasse plusieurs fjords et une myriade d'îles.

Pour se rendre à Tjörn, prendre la route 169 à gauche en direction de Skärhamn et Rönnäng.

★★ **Tjörn** – Les îles de Tjörn et d'Orust ont toutes deux, en raison de leur lumière, inspiré des artistes tels que Karl Nordström, l'un des peintres de l'école de Varberg (*voir à ce nom*) et deux autres peintres du groupe de Göteborg *(voir à ce nom)*, Ragnar Sandberg et Ivan Ivarsson.
Les côtes occidentales de ces îles sont ponctuées de villages de pêcheurs hauts en couleur, où les hangars à bateaux peints en rouge s'alignent le long du port, tandis qu'un dédale de ruelles serpente à travers les maisons blanches serrées les unes contre les autres. Les petites îles proches des côtes sont desservies par les ferries locaux.

Skärhamn★★, principale agglomération de l'île, est aussi une des bases de la marine suédoise et un port de commerce dont le passé est évoqué dans son petit musée maritime, **Sjöfartsmuseum** ⊙
L'île de **Klädesholmen**★★ est reliée à Tjörn par un pont ; depuis le 16e s., les habitants vivent de la pêche et les conserveries artisanales de harengs constituent encore leur principale activité.
Des ferries au départ de Rönnäng desservent **Åstol**★★ dont les maisons blanches s'accrochent à la roche nue en se pressant l'une contre l'autre derrière le quai bordé de hangars à bateaux. Les maquereaux qui viennent d'être fumés sont une spécialité locale appétissante.
La route 160 longe la côte Nord de Tjörn et offre des panoramas ininterrompus sur les falaises et le rivage jusqu'au pont, le **Skåpesundsbron.** Du parking, il y a une belle vue.

Orust – Hauteurs boisées et terres cultivées alternent sur cette île renommée pour sa tradition de construction navale. Kungsviken et Henån sont les principaux centres. Bien que les coques soient désormais presque toutes en plastique, il y a encore un maître charpentier spécialisé dans les bateaux en bois.

Käringön – Ce hameau de pêcheurs est accessible par ferry au départ de Hälleviksstrand ou par bateau à partir de Lysekil et Uddevalla.
A partir de Tuvesvik, les ferries gagnent **Gullholmen,** île habitée depuis le 13e s. dont les maisons se serrent les unes contre les autres plus encore que partout ailleurs dans le Bohuslän. Près du port, on peut voir **Skepparhuset** ⊙, demeure d'un capitaine datant de 1893, contenant le mobilier et les ustensiles domestiques traditionnels, et complétée par un hangar à bateau, un musée de la pêche et un atelier de confection de voiles.
4 km au-delà de Henån, agglomération principale de l'île d'Orust, un belvédère offre de belles **vues** sur le **pont de Nötesund** qui permet de rejoindre la côte.

Au croisement des routes 160 et 161, tourner à gauche en direction de Lysekil et Fiskebäckskil.

Bokenäs – L'**église** médiévale, dont le sol du porche est pavé, date du 12e s. L'abside en demi-cercle et l'absence de fenêtres dans le mur Nord sont des détails caractéristiques de cette époque. La tour et les peintures de l'intérieur furent ajoutés au 18e s.

Continuer en direction de l'Ouest : un ferry transporte gratuitement les voitures et leurs passagers de l'autre côté du Gullmarsfjord. Un peu plus loin, au carrefour en T, tourner à gauche et suivre la route 162 jusqu'à Lysekil.

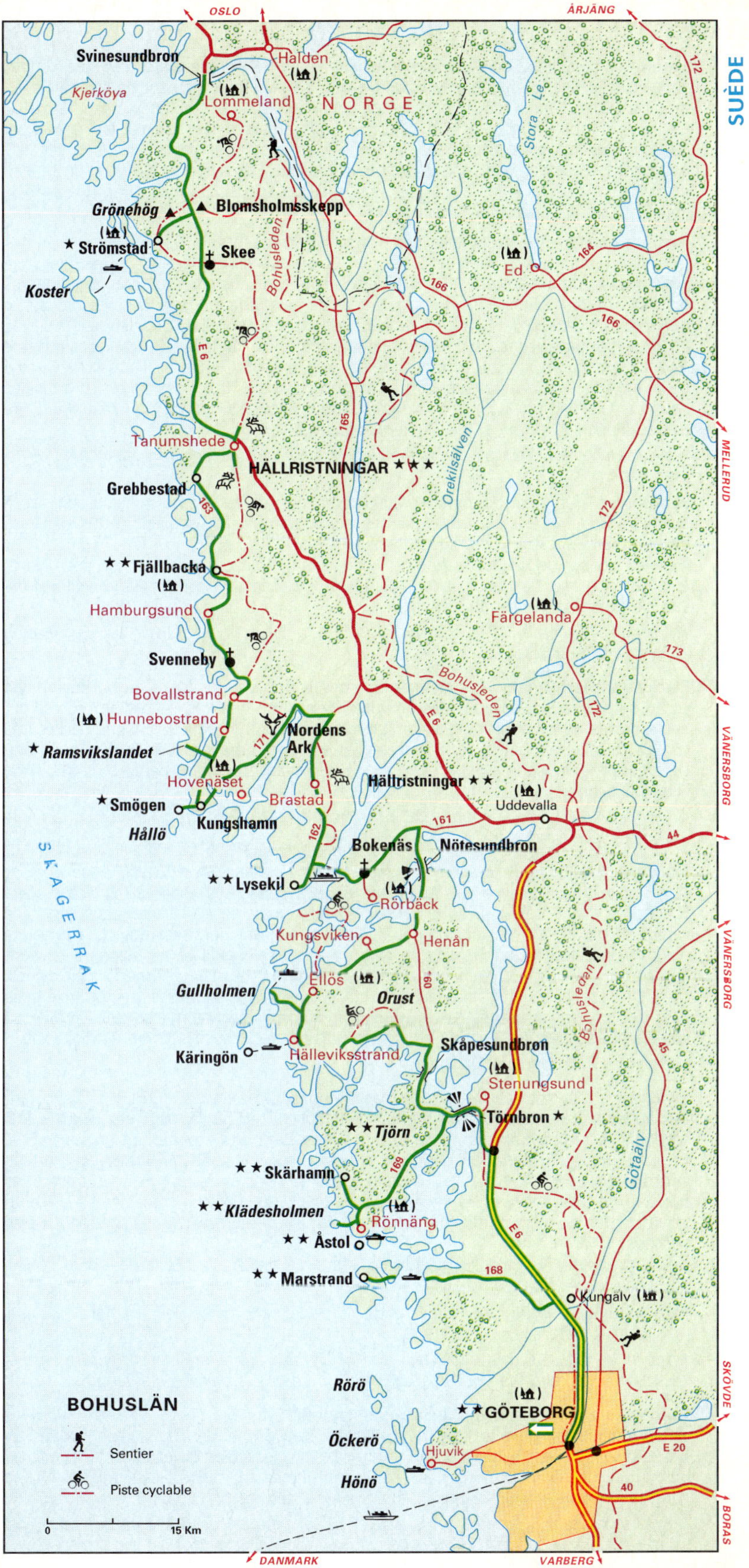

OSLO
ÅRJÄNG
SUÈDE
Svinesundbron
Halden
Kjerköya
Lommeland
NORGE
Stora Le
Grönehög
Blomsholmsskepp
★ Strömstad
Skee
Ed
Koster
Bohusleden
Tanumshede
HÄLLRISTNINGAR ★★★
Grebbestad
Orekilsälven
MELLERUD
★★ Fjällbacka
Hamburgsund
Färgelanda
Svenneby
Bovallstrand
Hunnebostrand
Nordens Ark
★ Ramsviklandet
Hovenäset
Hällristningar ★★
Uddevalla
VÄNERSBORG
★ Smögen
Brastad
Kungshamn
Hållö
SKAGERRAK
Bokenäs
Nötesundbron
★★ Lysekil
Rörbäck
Kungsviken
Henån
Ellös
Gullholmen
Orust
Käringön
Hälleviksstrand
Skåpesundbron
Stenungsund
Törnbron ★
★★ Tjörn
Götaälv
★★ Skärhamn
★★ Klädesholmen
Rönnäng
★★ Åstol
★★ Marstrand
Kungälv
SKÖVDE
Rörö
BOHUSLÄN
★★ GÖTEBORG
Öckerö
Hjuvik
Sentier
Hönö
Piste cyclable
BORAS
0
15 Km
DANMARK
VARBERG

★★ **Lysekil** – Lysekil se développa rapidement au 18e s. grâce au succès que connut soudain la pêche au hareng. Mais elle acquit sa renommée au milieu du 19e s. en tant que ville d'eau ; elle a conservé quelques-uns de ses établissements thermaux. La rue principale longe le port Sud, où sont amarrés les bateaux de pêche qui approvisionnent les conserveries locales. Pour avoir des renseignements sur les excursions en bateau, les croisières nocturnes et les parties de pêche sur un bateau de pêcheur professionnel, s'adresser à l'Office de tourisme *(Södra Hamngatan 6).*

Continuer le long de Södra Hamngatan.

Havsbadsområdet – Le front de mer reflète la fréquentation que connut très tôt Lysekil en tant que station estivale ; la **Curmanska villan** rouge et jaune, de style nordique traditionnel, était la résidence d'été du docteur qui recommanda les bienfaits de la station à un grand nombre de ses patients ; les thermes richement décorés, qui datent de 1864, et la salle des fêtes à tourelles, **Societetshus** (copie de l'édifice d'origine) sont situés dans Havsbadsparken. **Havets Hus** ⓥ *(à l'extrémité de Södra Hamngatan)* abrite un petit musée – annexe du Centre de Recherche marine de Göteborg – consacré à la vie en milieu marin le long des côtes et dans les eaux de Guilmarsfjord. Suivre la signalisation jusqu'à **Vikarvet** ⓥ *(Turistgatan)* ; le musée illustre la pêche et les carrières locales.

Suivre le chemin à gauche derrière Vikarvet, puis tourner encore à gauche en direction des quais.

★ **Stångehuvud** – On peut s'étonner à juste titre que ce promontoire de granite rose abrite plus de 250 espèces de plantes au point qu'il est souvent inclus dans les expéditions à vocation botanique et géologique.
L'ancien centre de pêche au hareng (Gamlestan) était situé autour du port Nord. L'église en granit de Bohus datant de 1901, perchée au sommet de la colline, servait de point de repère aux marins.

Reprendre la route 162, tourner à droite à Brastad et suivre la signalisation « Backa Hällristningar ».

★★ **Backa hällristningar** – Les **gravures rupestres de Backa** sont situées en bordure d'une route de campagne. La première gravure importante que l'on rencontre représente, entre autres, la silhouette grandeur nature d'un homme brandissant une hache. Des cercles (disques du soleil) sont représentés sur une autre gravure 600 m plus loin. Le soleil et les saisons avaient une grande importance pour les peuples du début de l'âge du bronze.

Continuer le long de la route 162 en direction de la E 6. Prendre ensuite la route 171 vers Kungshamn.

Nordens Ark ⓥ – *La réserve fait partie d'un domaine (Åby Säteri) situé près de la route 171.* La réserve de l'Arche nordique destinée aux espèces menacées a été fondée en collaboration avec le Jersey Wildlife Preservation Trust, pour servir de refuge et de lieu de reproduction aux animaux menacés de disparition. La campagne environnante fournit aux enclos un cadre naturel splendide et les visiteurs peuvent apercevoir les animaux (renards argentés, gloutons, otaries, panthères des neiges, chevaux Przewalski et grands-ducs) en se promenant le long des trottoirs de bois. L'un des projets envisagés est la réinstallation de l'amusant macareux, symbole de la réserve, sur ses anciens lieux de reproduction au large des côtes du Bohuslän.

La route 171 conduit à Smögen.

★ **Smögen** – L'île est reliée à la côte par un pont. C'est un port de pêche important qui accueille les chalutiers au retour de la pêche et où la **vente des crevettes à la criée**★ ⓥ est une distraction quotidienne. Plus de 2 000 tonnes de poisson et de fruits de mer sont vendues ici chaque année. Le quai de bois, **Smögenbryggan**, est un endroit apprécié des visiteurs ; il pointe vers le large en se faufilant à travers les bateaux de plaisance et les hangars à bateaux, aujourd'hui transformés en boutiques, cafés et restaurants, où l'on peut déguster les crevettes de Smögen toutes fraîches.
De l'autre côté du détroit, **Kungshamn**, station balnéaire et port de pêche côtier, constitue le pendant de Smögen.

Hållö – Située au large de Smögen, cette île aride, renommée pour sa flore rare, est une réserve naturelle.

Prendre au Nord la route 174 sur environ 7 km ; une route sur la gauche permet de franchir le canal de Sote et d'atteindre la réserve naturelle de Ramsvik.

★ **Ramsvikslandet** – C'est une réserve naturelle où l'on peut également voir les affleurements de granite rose du Bohuslän balayés par les puissantes vagues du Skagerrak à l'Ouest et léchés à l'Est par les eaux paisibles du canal de Sote. Tourner à gauche après le pont pour admirer l'alignement austère des falaises ou au contraire à droite pour rejoindre la plage et le terrain de camping.

Suivre la route 174 qui longe la côte et, 3 km au-delà de Bovallstrand, tourner à gauche en direction de Hamburgsund.

C. Boisvieux

Smögen

Église de Svenneby – Un porche en bois fut ajouté au 18e s. à cette église romane du début du 12e s., à nef rectangulaire et abside étroite. Les magnifiques **peintures★★** de la voûte en bois datent de 1741. On remarquera un morceau de crucifix ainsi que d'autres sculptures rares du 13e s.

Au-delà de Hamburgsund, suivre la route 163.

★★ **Fjällbacka** – Homards, écrevisses, huîtres et crabes sont quelques-unes des spécialités de ce port de pêche, qui est également connu comme retraite estivale préférée d'une star du cinéma, **Ingrid Bergman.** Une statue de bronze a été érigée à la mémoire de l'actrice sur la place qui porte aussi son nom.

Tout le long de la côte, la terre arable alterne avec les affleurements rocheux.

Grebbestad – Cette localité est, elle aussi, réputée pour ses huîtres et ses homards.

La route 163 rejoint la E 6 à Tanumshede. Rester à droite et 400 m plus loin tourner de nouveau à droite. La route d'accès aux gravures rupestres (Hällristningar) est indiquée à partir de l'église.

★★★ **Gravures rupestres de Tanum** – Tanum est célèbre pour ses gravures rupestres du début de l'âge du bronze (1500-500 av. J.-C.). Les gravures du Nord de la Scandinavie représentent de façon très caractéristique des scènes de chasse, tandis que celles des régions du Sud, y compris le Bohuslän, illustrent le plus souvent des thèmes agricoles. Il est tout à fait possible qu'à l'origine les gravures aient été peintes en ocre rouge. Certaines ont été repeintes afin qu'elles soient plus faciles à repérer. La signification des gravures n'est pas très claire ; tout ce que l'on peut dire c'est qu'animaux et êtres humains – femme aux cheveux longs et homme représenté avec son pénis – sont esquissés.

C. Boisvieux

Gravures rupestres de Vitlycke

Dans la plupart des cas, chaque silhouette forme un tableau séparé, mais il arrive qu'elles soient groupées pour former une véritable scène.

Vitlycke – *2 km au Sud de l'église de Tanum.* Ces gravures rupestres représentent divers bateaux rudimentaires, des personnages brandissant des haches et des couples d'amoureux. L'Institut local des gravures rupestres anime le **Hällristnings-museum** qui fournit des renseignements sur les gravures, leurs auteurs et leur mode de vie. Une ferme de l'âge du bronze donne une idée de ce qu'était la vie à cette époque.

Aspeberget – *Continuer encore pendant 500 m ; la gravure se trouve à 100 m au-delà du parking, en bordure de route.* Parmi cette succession de gravures, le visiteur pourra distinguer plusieurs silhouettes, une rangée de taureaux robustes suivis d'un homme, peut-être le gardien du troupeau, un laboureur, un archer et un grand chariot à quatre roues tiré par deux animaux.

Litsleby – *500 m plus loin, tourner à droite (indication : « Tegneby »), puis continuer pendant 800 m pour apercevoir le parking et les gravures sur la gauche.* La silhouette de plus de 2 m de hauteur d'un homme brandissant un épieu a été gravée sur des gravures antérieures.

Fossum – *4 km à l'Est de l'église de Tanum par la route 163 en suivant la signalisation « Hällristningar ». Le parking est à droite de la route et les gravures de l'autre côté, à peu près 10 m plus loin.* Ici les silhouettes sont groupées en rangs serrés. On peut voir de nombreux bateaux presque identiques et plusieurs scènes de chasse.

Reprendre la E 6 vers le Nord, puis prendre à droite la route 164 et suivre la signalisation pour « Sleekyrka » pendant 2 km.

Église de Skee – L'abside et les trois portails de cette église romane, qui date d'environ 1150, sont caractéristiques de cette période. Le **chœur**★★ est un joyau d'architecture romane. Le retable de Lübeck date des années 1490 malgré son cadre et sa base de style baroque ajoutés en 1686. La **Vierge de Skee**, placée sur un autel à gauche, en stéatite de couleur sombre, date du 13e s. A l'origine, la statue se trouvait au-dessus du portail Ouest. Les peintures du plafond datent de la restauration de 1924.

★ **Strömstad** – Cette station balnéaire bien établie appartint à la Norvège jusqu'en 1658, puis on l'encouragea à jouer le rôle de nouveau centre commerçant. Aujourd'hui le port est animé par le va-et-vient des ferries à destination de Sandefjord en Norvège et la ville est un centre commerçant actif, mais ce sont les crevettes et les homards frais (marché au poisson du mardi au vendredi à partir de 7 h) qui ont fait sa réputation.
Des services réguliers de ferries permettent de se rendre sur les **îles Koster**★ ⊙ où les voitures sont interdites. Ces îles habitées, les plus occidentales de Suède, jouissent d'une douceur climatique particulière due au Gulf Stream qui leur permet d'avoir une végétation luxuriante et une faune variée.

En sortant de Strömstad par le Nord, se diriger vers le croisement de la route 176 et de la E 6.

Le tumulus de **Grönehög**, qui a 6 m de hauteur et 45 à 50 m de diamètre, date d'environ 500 av. J.-C.

Reprendre la E 6 et tourner à droite.

Blomsholmsskepp – *On atteint un parking d'où un chemin à gauche – 200 m – conduit au bateau de pierres tandis que le chemin de droite – 250 m – mène au cercle de pierres.*
Le **bateau de pierres** est un imposant alignement en forme de bateau, de 42 m de long et 9 m de large et doté d'une pierre de 4,3 m de hauteur marquant la proue. Le bateau et les petites pierres funéraires qui l'entourent datent de l'âge du fer ou peut-être de la période des migrations (400-600) comme le **cercle de pierres**, d'un diamètre de 33 m.

Svinesundsbron – Le **pont de Svinesund**, arc de cercle de 420 m de long reliant la Suède et la Norvège, fut construit entre 1939 et 1942 au-dessus du détroit et ouvert à la circulation quatre ans plus tard.

*Les pages consacrées à l'art
au Danemark, en Norvège, en Suède et en Finlande
offrent une vision générale
des créations artistiques de ces pays,
et permettent de replacer dans son contexte
un monument ou une œuvre au moment de sa découverte.*

Ce chapitre peut en outre donner des idées d'itinéraires de visite.

Un conseil : parcourez-le avant de partir !

DALARNA★★★

DALÉCARLIE – Kopparberg

Carte Michelin n° 985 – K/L 11/12 ou Atlas Europe – p. 105

La Dalécarlie représente tout ce qui est Suédois par excellence, les costumes de couleurs vives, la danse et la musique pleines d'entrain, en particulier pour la St-Jean, avec toujours en toile de fond un magnifique paysage champêtre. De nos jours, les traditions folkloriques de la Dalécarlie, dont le nom suédois de Dalarna signifie « les Vallées », attirent de nombreux visiteurs. Les villages d'autrefois sont demeurés intacts et les villageois ont conservé un solide sens de l'intérêt commun.

Fermes d'été – Autrefois, les animaux transhumaient vers les fermes d'été et des bâtiments modestes furent érigés pour abriter les animaux et les gens de la ferme ainsi que pour engranger le fourrage pour l'hiver. En règle générale, ces fermes d'été appartenaient à plusieurs familles. En Dalécarlie, ce système de fermage atteignit son apogée dans les années 1870-1880 puis déclina lentement à partir de la fin du 19e s. De nos jours, les fermes d'été revivent et, bien que pratiquement sans confort (pas d'électricité ni d'eau courante), isolées et d'un accès difficile, elles sont appréciées des visiteurs qui désirent goûter à la vie d'autrefois : voir battre le beurre (messmör), le déguster ainsi que le fromage (mesost) doux traditionnel ou d'autres produits de la ferme, sans oublier le vrai café préparé à la mode campagnarde.

C. Boisvieux

Peinture dalécarlienne

Artisanat – Au début du 20e s., des associations folkloriques se formèrent pour tenter de faire revivre les anciens métiers et aujourd'hui de nombreux artisans ont réussi à préserver les méthodes traditionnelles de tissage, de fabrication des paniers et de la poterie ainsi que l'art de la ferronnerie.

Costumes – Les habitants de la Dalécarlie sont très fiers de leurs costumes régionaux. Chaque village a ses couleurs et ses motifs propres et le costume des femmes comprend une foule d'accessoires dont chacun a sa signification particulière. Toutes les festivités, surtout la fête de la St-Jean, offrent aux Dalécarliens l'occasion de revêtir leurs ensembles aux couleurs vives.

Musique folklorique – Le rappel des animaux au son d'une mélopée féminine ou d'un cor est l'une des plus anciennes traditions musicales de Dalécarlie. Le violon était l'instrument le plus populaire, souvent accompagné par une harpe et une clarinette jusqu'à ce que l'accordéon prenne le pas. Les réunions d'un grand nombre de musiciens *(spelmansstämmor)* ont toujours fait partie de la vie musicale locale et, aujourd'hui, ce genre de spectacle attire des milliers de visiteurs.

La peinture dalécarlienne – Les motifs floraux ont de tout temps été utilisés pour décorer les buffets et les armoires mais, vers la fin du 18e s., des artistes itinérants entreprirent de décorer les demeures rustiques de la région. Des scènes bibliques, souvent inspirées de la Bible des Pauvres, étaient replacées dans un cadre dalécarlien et les personnages représentés en costume régional. Un des artistes les plus connus fut Winter Carl Hansson (1777-1805) qui travailla à la ferme des Daniel à Bingsjö *(voir à Rättvik, Excursion)*. On peut voir des collections de peintures dalécarliennes à Falun et à Leksand.

Festivals – Les villages de Dalécarlie sont célèbres pour leurs fêtes estivales traditionnelles, telle l'érection du mât de mai, accompagnées de musique et de danse folklorique et, dans certains cas, d'une représentation théâtrale traditionnelle en plein air.

Fête de la St-Jean – Le solstice d'été est célébré en Dalécarlie avec plus d'enthousiasme qu'ailleurs et les mâts de mai sont érigés pendant une période de plusieurs semaines. On les laisse ensuite en place pendant toute l'année et on se contente de les décorer à nouveau l'année suivante de verdure et de fleurs fraîches.

C. Boisvieux

Procession de la St-Jean

Musique sur le lac Siljan – Pendant neuf jours, la région du lac Siljan résonne des accents de la musique, depuis très tôt le matin jusque tard le soir, à l'occasion de cette grande fête de la musique folklorique.

Festival folklorique de Rättvik (Rättviksdansen) – Ce festival international de musique et de danse folkloriques accueille tous les deux ans des musiciens et des danseurs du monde entier.

Courses de « bateaux d'église » – Il était de coutume autrefois, sur le pourtour du lac Siljan, de se rendre à l'église en bateau à rames et la rencontre de deux bateaux était alors l'occasion d'une course. Des courses annuelles entretiennent cette vénérable tradition, de la St-Jean à la fin juillet.

LE LAC SILJAN ET SES RIVES

Lac Siljan – Situé à une altitude de 161 m, il fait partie du fameux « Cercle du Siljan » (Siljansringen), formé croit-on il y a 360 millions d'années par la chute d'une météorite. L'énorme dépression ainsi formée comprend, outre le lac Siljan, les lacs Orsa, Skattungen et Ore. La beauté célèbre de la région et l'attachement des habitants de Leksand, Rättvik, Mora et Orsa aux vieilles traditions du folklore dalécarlien sont caractéristiques et attirent une foule de touristes.

Leksand, Mora et **Rättvik** – *Voir à ces noms.*

Orsa – Cette ville est à la limite de la zone agricole ; au Nord s'étendent les terres sauvages. A 12 km au Nord-Ouest en direction de Fryksås, se trouve le parc aux ours de Grönklitt, **Grönklitts Björnpark** ⊙, où des ours vivent dans leur environnement forestier naturel. Un kilomètre plus loin, on peut voir la ferme d'été de Fryksås, qui fait revivre le mode de vie d'autrefois. Quelques-unes des anciennes cabanes sont réservées aux visiteurs afin qu'ils puissent profiter de la beauté, de la tranquillité et du silence qui règne dans cet endroit champêtre.

DU SILJAN A LA FRONTIÈRE NORVÉGIENNE

Älvdalen – Situé dans la vallée de l'Österdalälv et entouré de forêts denses, le village se trouve également sur l'ancienne route du cuivre, Kopparleden, qui reliait Falun à Røros en Norvège. Elle traverse la région sauvage la plus méridionale de Suède, où les ours, les lynx, les castors, les élans et les gloutons évoluent dans leur environnement naturel. Les offices de tourisme locaux organisent des safaris à l'élan et au castor ainsi que des parties de pêche. On trouve dans les environs de nombreuses fermes d'été.

On travaille le porphyre volcanique à Älvdalen depuis 1788, et il y a encore une fabrique, **Nya Porfyrverket** (de l'autre côté de la rivière en direction de Sälen), qui produit de petits objets, des ornements et des bijoux. Au centre du village, le **Porfyrmuseet**★ ⊙ abrite une importante collection d'objets en porphyre ainsi qu'une section de géologie. Älvdalen est également célèbre pour ses guitares électriques *Hagström*, utilisées par des stars de la musique « pop » telles que Björn Ulveus du groupe ABBA, Elvis Presley et Frank Zappa. D'autre part, une ancienne fabrique d'accordéons abrite maintenant **Hagströmsamlingen** ⊙, collection d'instruments célèbres et de guitares électriques. Derrière l'église se trouve une curieuse grange à dîme (kyrkhärbre : le grenier de l'église).

Särna – Tout comme Idre *(voir ci-dessous)*, Särna est la porte d'accès d'une région montagneuse et sauvage. Les deux villages appartenaient autrefois à la Norvège et ne devinrent suédois qu'en 1644 lorsque le pasteur d'Älvdalen les revendiqua au nom de la reine Christine. L'événement est commémoré par une stèle sur le côté de l'église. L'**ancienne église*** ⊙ *(à 100 m de l'église actuelle peinte en blanc)*, qui date du 17e s., est caractéristique du style norvégien traditionnel. L'intérieur est richement décoré ; la chaire est l'œuvre du « pasteur conquérant ». Non loin on peut voir plusieurs bâtiments en bois, **Gammelgård**, datant du 18e s.

** **Njupeskär** – *30 km par la route 70, puis à gauche en direction de Mörket. Un chemin conduit du parking à la chute d'eau.*
Fulufjället est un massif montagneux au sommet aplati, qui culmine à 1044 m. La principale attraction de la région est l'une des plus hautes chutes d'eau de Suède, **Njupeskär****, dont la hauteur totale est de 125 m. Les autres chemins de grande randonnée de la région ne pourront être empruntés que par les personnes bien équipées, car le terrain peut s'avérer très difficile.

Idre – Cet authentique village de montagne est une station de ski populaire, fréquentée en été par de nombreux visiteurs attirés par un grand choix d'activités sportives : pêche, randonnée, descente des rapides et équitation. Sur les pentes du sommet le plus élevé, le Nipfjället (1 191 m), la station de montagne de **Idre Fjäll**, lieu de séjour familial, convient aux skieurs de tout niveau. La **réserve naturelle de Städjan-Nipfjället**** est dominée par l'ancien volcan Städjan à la forme caractéristique (1 131 m). Une route grimpant au Nipfjället jusqu'à une altitude de 1 000 m offre un **panorama***** saisissant qui embrasse les montagnes environnantes souvent auréolées de nuages.

Grövelsjön – La route se termine à Grövelsjön, à la frontière norvégienne, et c'est là que commencent les grands espaces sauvages. Les visiteurs viennent profiter du silence et de la beauté irrésistible de la nature ou encore refaire le parcours que suivit **Linné** en 1734, lorsqu'il passa par Grövelsjön pour se rendre à Røros. La station touristique du STF (Touring Club Suédois) fournit l'hébergement aux randonneurs ; il existe un grand choix de pistes et de chemins balisés qu'il est possible d'emprunter pour des randonnées pouvant durer de 2 heures à plusieurs jours. Situé à une altitude de 762 m, le lac Grövel est le plus élevé de Suède.

DROTTNINGHOLM***

Stockholm

Carte Michelin n° 985 – M 14 ou Atlas Europe – p. 106
Schéma : STOCKHOLM – Environs

La magnifique résidence royale de Drottningholm avec son palais, son théâtre, ses jardins et son pavillon chinois fait partie du patrimoine mondial de l'UNESCO. Le palais est situé dans l'île de Lovö sur le lac Mälar. En s'y rendant par bateau *(traversée d'une heure au départ du quai face au Stadhuset de Stockholm)*, on bénéficie d'une belle vue de la façade et de l'entrée principales. La famille royale de Suède occupe l'aile Sud depuis 1981.

Histoire – L'architecte **Nicodemus Tessin l'Ancien** (1615-1681) fut chargé en 1662 par la reine mère Hedwige Éléonore, veuve du roi Charles X Gustave, de dessiner un palais sur le modèle des grands palais baroques de France et des Provinces-Unies. L'imposant intérieur baroque est en grande partie l'œuvre de son fils, **Nicodemus Tessin le Jeune** (1654-1728). En 1744, la princesse Louise-Ulrique de Prusse, sœur de Frédéric le Grand, reçut le palais en cadeau de mariage lorsqu'elle épousa le roi Adolphe Frédéric. Carl Hårleman ajouta un étage aux ailes et l'intérieur fut réaménagé au goût de l'époque. Jean Eric Rehn (1717-1793), véritable initiateur du style gustavien, réalisa la décoration tandis que l'ébéniste Georg Haupt (1741-1784) se chargeait du mobilier. En Suède comme ailleurs, l'effet de réaction au style rococo favorisa un néo-classicisme plus strict, connu sous le nom de style gustavien ; c'était dans une certaine mesure une variante suédoise du style Louis XVI français.
La vie de cour à Drottningholm connut son plus brillant éclat sous le règne de la reine Louise Ulrique et de son fils le roi Gustave III. La famille royale actuelle a fait de Drottningholm sa résidence principale.

VISITE ⊙

*** **Les appartements** – En dépit de changements ultérieurs, c'est la décoration baroque qui prédomine partout. L'abondante décoration en stuc du majestueux **escalier** est l'œuvre du maître italien Giovanni Carove. D'autres artistes de renom ont contribué à la décoration intérieure. Les appartements officiels sont ouverts au public. On remarquera en particulier la très belle chambre d'apparat d'Hedwige Éléonore, dessinée par Tessin l'Ancien et achevée en 1683. Le noir et l'or furent utilisés jusqu'en 1701, date à laquelle la reine mère mit fin à la période de deuil officiel et fit décorer la pièce en bleu comme elle l'est actuellement.

La superbe **bibliothèque** de la reine Louise-Ulrique est intéressante car c'est un bel exemple de style gustavien réalisé par Jean Eric Rehn.

Le Théâtre royal – *Il n'est possible d'admirer le théâtre qu'au cours des visites guidées.* Ce joyau d'architecture baroque, dessiné par Carl Fredrik Adelcrantz pour la reine Louise Ulrique, était destiné à remplacer le précédent théâtre détruit par un incendie. La représentation d'inauguration eut lieu en 1766, mais c'est sous le règne de son fils Gustave III, grand mécène qui fonda en 1773 l'Académie royale de musique et l'Opéra royal, que ce petit théâtre connut son âge d'or.
La pureté des lignes, l'harmonie des proportions et la délicatesse de son décor bleu et blanc en font un chef-d'œuvre de décoration. On admirera le complexe mécanisme de bois réalisé par Donato Stopani. En 1791, l'architecte et paysagiste Louis-Jean Deprez ajouta la salle de bal. On y donne en été des spectacles d'opéra et de ballet.

Drottningholm

Theatermuseum ⓥ – Le pavillon du duc Charles abrite une exposition sur le théâtre européen depuis le 16e s. qui comprend une section sur le Théâtre royal de Drottningholm.

Les prémisses d'un chef-d'œuvre de l'art lyrique...

Fils d'Adolphe-Frédéric et de Louise-Ulrique de Prusse, sœur de Frédéric II le Grand, le roi de Suède Gustave III (1742-1792) avait été élevé à la française et s'était rallié très tôt au parti francophile des *Chapeaux* tout en ménageant un certain équilibre avec le parti opposé des *Bonnets*. En bon despote éclairé, il imposa la constitution de 1772, puis accomplit jusqu'en 1783 plusieurs réformes importantes, dont la suppression de la vénalité des charges. Fort mécontente d'avoir perdu, entre autres, le privilège de décider de la paix et de la guerre, la noblesse suédoise fomenta une conspiration.
Dans la nuit du 15 au 16 mars 1792, au cours d'un bal masqué à l'Opéra royal de Stockholm, un fanatique du nom d'Anckarström, ancien capitaine de la garde, tira à bout portant un coup de pistolet sur le roi. Gustave III mourut deux semaines plus tard.
En 1833, sur une musique d'Auber et un livret de Scribe, fut donné à Paris l'opéra *Gustave III* ou le *Bal masqué*. En 1859, Verdi dans son opéra *Un Ballo in maschera* traitera du même sujet, mais comme la censure napolitaine était opposée à la représentation d'un régicide sur scène, il situera l'action vers 1700 au Massachusetts et Gustave III deviendra Riccardo, comte de Warwick, gouverneur de Boston.

Les jardins – En 1681, Tessin le Jeune commença à dresser les plans strictement symétriques de jardins baroques cernés par des avenues de tilleuls. Le parterre le plus proche du palais, au dessin complexe, a été remplacé par des pelouses bordées de haies de buis. Œuvre d'Adrian de Vries, la *Fontaine d'Hercule*, comme tous les autres bronzes disséminés dans les jardins, fut rapportée comme butin de guerre, soit de Prague en 1648, soit du Danemark en 1659 *(voir Frederiksborg Slot, à Hillerød)*.
Au-delà on peut voir le jardin des eaux avec ses dix jets d'eaux et ses pelouses bordées de buis. Le jardin qui se trouve à l'entrée a été redessiné selon les plans d'origine. Le parc paysager est agrémenté de deux bassins, de canaux, d'îles et de ponts dans le style anglais ; il fut conçu en 1780 pour contraster avec les jardins dessinés au cordeau.

★ **Kinesiska paviljongen** ⓥ – Avec sa silhouette exotique, le **Pavillon chinois** est une version suédoise du Grand Trianon qui remplaça un édifice construit en 1753 pour la reine Louise-Ulrique. Carl Fredrik Adelcrantz réalisa cette fantaisie chinoise de 1763 à 1767.

C. Boisvieux

Jean Eric Rehn se surpassa lorsqu'il dessina les pièces rouge, verte, jaune et bleue et les orna de panneaux laqués, d'abondantes décorations et de vitrines, où sont exposés de délicats objets chinois.

ESKILSTUNA

Södermanland – 90 000 habitants

Carte Michelin n° 985 – M 13 ou Atlas Europe – p. 106

Schéma : STOCKHOLM – Environs

Eskilstuna est située sur les bords de la rivière Eskiltunaån, entre les lacs Mälar et Hjälmar. La ville devint au 19e s. un centre industriel spécialisé dans la mécanique, bien que les origines de son industrie remontent à l'époque des forges où l'on travaillait le fer.

CURIOSITÉS

★★ **Rademachersmedjorna** ⓥ – *A l'extrémité Ouest de Rademachergatan.*
En 1658, le roi Charles X Gustave chargea Reinhold Rademacher, marchand originaire de Livonie, d'installer une forge et de fournir au royaume couteaux, aiguilles, étriers, etc. C'est à cette ancienne tradition que la ville doit aujourd'hui sa réputation pour la qualité de sa coutellerie, de ses instruments chirurgicaux et de son acier inoxydable. De nos jours, six forges ont été transformées en musées vivants, où chaudronniers, couteliers, orfèvres, graveurs et horlogers font des démonstrations de leurs métiers.

Faktorimuseet ⓥ – *Faktoriholmarna.*
Au 17e s., ces îlots connaissaient déjà une certaine activité industrielle et de 1813 à 1969, une usine produisit des armes à feu. Les locaux abritent aujourd'hui une exposition sur l'héritage industriel d'Eskilstuna, dont le but est de retracer le développement des armes à feu depuis le mousquet du 17e s. jusqu'aux armes automatiques actuelles.

EXCURSION

★★ **Sigurdristningen** ⓥ – *10 km au Nord-Est ; suivre la signalisation pour Sundbyholm et juste avant l'entrée du château du même nom, prendre une route secondaire sur la droite.*
La **gravure de Sigurd**, réalisée en souvenir d'un héros mort, sur un affleurement de rocher date du 11e s. et illustre quelques-uns des épisodes dramatiques du poème épique de tradition germanique, *le Chant des Nibelungen*, dans sa version scandinave. Une des scènes montre comment le héros Sigurd réussit à transpercer avec son épée le dragon Fafner dont le corps est couvert de runes.

FALKENBERG

Halland – 39 000 habitants

Carte Michelin n° 985 – P 9 ou Atlas Europe – p. 108

Cette ville pittoresque, jadis célèbre pour ses céramiques et son industrie de la chaussure, a acquis une renommée encore plus grande pour la qualité de sa pêche au saumon. Il est courant de voir des pêcheurs à l'œuvre dans la rivière Ätran, en plein centre de la ville. **La vieille ville★** (à l'extrémité sud de Storgatan) a conservé en grande partie son charme médiéval grâce à ses attrayantes maisons basses en bois, datant du 18e s. et du 19e s., qui bordent les étroites rues pavées. **Skrea Strand** au Sud est la plage la plus fréquentée.

CURIOSITÉS

★★ **Skt Laurentii kyrka** ⓥ – *Extrémité Sud de Storgatan.*

Cette église du 13e s. blanchie à la chaux et dédiée au patron des artisans fut agrémentée d'une tour vers 1780. L'intérieur est charmant, les couleurs pastel contrastant avec la voûte en bois de la nef décorée de riches peintures sur fond bleu ciel. La peinture centrale illustre le Jugement Dernier. Il reste également des traces de peintures murales du 17e s. Les fonts baptismaux datent du 16e s. et la chaire en bois de frêne (1978) représente le Christ ressuscitant la fille de Jaïrus. Remarquer le bateau qui constitue une offrande votive.

★ **Törngrens krukmakeri** ⓥ – *Sous le pont du chemin de fer, puis à gauche après la maison verte.*

La **poterie Törngren,** entreprise familiale, entretient une tradition vieille de 200 ans dans la fabrication de la céramique. L'atelier, qui occupe les mêmes bâtiments modestes depuis 1789, produit les mêmes motifs et dessins depuis sept générations d'artisans potiers.

Musée ⓥ – *Plus loin, le long de Storgatan.*

Une grange des années 1860 abrite aujourd'hui des collections illustrant l'artisanat et l'industrie de Falkenberg au 20e s., en particulier au cours des années 1950.

FALUN★

Kopparberg – 55 000 habitants

Carte Michelin n° 985 – L 12 ou Atlas Europe – p. 105

Ce centre administratif et culturel situé au cœur de la Dalécarlie, que l'on appelle aussi la « ville du cuivre », doit sa renommée à un trou béant connu sous le nom familier de « grand puits ». C'est probablement à l'époque viking que furent découverts pour la première fois les importants gisements de cuivre auxquels on donna le nom de Stora Kopparberg (grande montagne de cuivre). La première mention écrite ne date cependant que de 1288. L'apogée de la mine de Falun coïncida avec l'époque où la Suède fut une grande puissance. Durant certaines périodes, le rendement de la mine représenta environ la moitié de la production globale du pays et, avec plus de 1 000 ouvriers, la mine était au 17e s. l'employeur le plus important de Suède dans le domaine industriel. Stora Kopparberg devint le nom officiel de la plus ancienne société de Suède, fondée au 13e s. Le nom a récemment été changé pour n'être plus que Stora. Au 18e s., le cuivre cessa de jouer un rôle primordial au sein de l'économie suédoise, mais Falun continua à produire du cuivre en quantité importante pendant une grande partie du 19e s. Dès 1641, Falun obtint sa propre charte et le nouveau centre-ville se développa autour de la place principale (Stora torget), de l'église de la reine Christine et de l'hôtel de ville. Les mineurs et les ouvriers de la fonderie avaient leurs propres quartiers, et l'on peut encore voir quelques petites maisons de bois dans les vieux quartiers *(à l'Est de la rivière, des deux côtés d'Åsgatan en allant vers le Nord au-delà de Södra Mariegatan).*

Falun est également un centre international de ski. En 1954 et 1974, les championnats du monde de ski se sont déroulés au stade de ski Lugnet.

L'ocre rouge de Falun

La couleur rouge, qui égaie les maisons et les cabanes et jette une note de couleur vive dans le paysage suédois, est un sous-produit du cuivre. La production de l'ocre rouge de Falun commença au 17e s. et la demande n'a pas faibli. Personne ne songerait à nier que la petite maison suédoise peinte en rouge soit devenue un symbole national. Au début du 17e s., seuls les hôtels particuliers et les églises étaient peints en rouge mais, durant la période de l'empire suédois, on se mit à attacher une plus grande importance aux apparences et le rouge devint plus fréquent.

CURIOSITÉS

★★ **Koppargruva** ⓥ – *A l'Ouest de la rivière, à quelques minutes du centre de la ville, en direction de Borlänge et de Leksand. Continuer tout droit jusqu'au rond-point. L'accès se fait à partir du bâtiment d'entrée, devant le musée Stora. Température + 5 °C. Imperméable et casque sont fournis à l'entrée. Des vêtements chauds et des chaussures de marche sont conseillés.*

« La plus grande merveille de Suède, mais aussi terrifiante que l'enfer lui-même » ; c'est en ces termes que le célèbre botaniste Carl von Linné décrivit la **mine de cuivre** lors de sa visite en 1734. L'imposante mine à ciel ouvert surnommée le « grand puits » résulte d'un affaissement massif qui eut lieu en 1687 : des galeries et des chambres s'effondrèrent à une profondeur de 300 m en raison de la technique d'exploitation utilisée. En effet, l'extraction se faisait dans de vastes chambres creusées les unes sous les autres. Depuis cette époque, le grand puits, profond de 100 m environ et large de 400 m, est devenu une curiosité très appréciée des touristes. Un ascenseur descend les visiteurs à une profondeur de 55 m. Le circuit (environ 600 m) passe par quelques-unes des plus anciennes chambres et galeries ainsi que par le puits Creutz, où l'extraction commença en 1662. La tradition veut que tous les puits et toutes les galeries aient un nom. « La paix générale », nom donné en l'honneur d'un traité de paix éphémère signé par la Grande-Bretagne et la France en 1801, désigne une énorme chambre d'un genre couramment utilisé dans les mines au 17e s. Des visiteurs de sang royal ont inscrit leurs noms sur les murs du « Cadeau de Noël », appelée ainsi parce que l'on y découvrit un filon au moment de Noël.

★★ **Stora museet** ⓥ – Le musée de la société d'exploitation est extrêmement intéressant car il abrite d'exceptionnelles collections illustrant l'histoire de la mine du point de vue industriel et technique. On remarquera en particulier les inventions ingénieuses de Christopher Polhem. **Polhem** (1661-1751), que l'on surnomme le père de la mécanique suédoise, accomplit un travail important pour Stora et la mine, en utilisant des appareils mécaniques (l'Alphabet mécanique). L'histoire des différentes méthodes de production du fer est illustrée par des tableaux et des modèles réduits. Les différents minéraux, ainsi que la collection de plaques de métal utilisées pour l'impression de la monnaie de 1650 à 1717 et d'énormes pièces de monnaie en cuivre de la période 1718-1759, sont fascinants.

★★ **Dalarnas museum** ⓥ – *Suivre Falugatan en direction de l'Ouest à partir de la place principale, puis traverser la rivière.*

Ce musée présente aux visiteurs les traditions les plus caractéristiques de la région. Des expositions sont consacrées au folklore (essentiellement la peinture et la musique), mais aussi aux traditions locales que représentent les anciens **costumes folkloriques**★★ authentiques aux couleurs vives accompagnés de leurs accessoires. Les étonnantes **peintures murales**★★ de l'art paysan sont l'âme même du musée. La **musique folklorique**★★ joue depuis très longtemps un rôle symbolique en Dalécarlie ; une section entière est consacrée à ces traditions musicales et l'on peut écouter des violoneux, des chanteurs traditionnels et des jeunes filles soufflant dans des cors traditionnels qui ressemblent à de petits cors de montagne. Le **bureau et la bibliothèque de Selma Lagerlöf**★★ ont été reconstitués dans le musée. Elle séjourna et travailla pendant de longues périodes à Falun.

★★ **Kristinekyrkan** ⓥ – Cette basilique à trois nefs, construite de 1642 à 1659, témoigne de l'importance de Falun au 17e s. On est immédiatement frappé par l'impressionnante décoration baroque ; la combinaison des couleurs bleue et or date de la restauration de 1905-1906. Le retable pompeux et la chaire dorée furent réalisés en 1669. Les fonts baptismaux en marbre et l'orgue de la tribune datent tous deux de 1906. L'orgue du chœur (1982) est le résultat d'une tentative de reconstruction d'un orgue ancien, construit en 1724 par Johan Niclas Cahman, que l'on a appelé le « père des facteurs d'orgues en Suède ».

EXCURSIONS

Sundborn – *13 km au Nord par la route 80 en direction de Gävle, puis en suivant la direction de Svärdsjö et Sundborn. Dans le village de Sundborn, suivre la signalisation « Carl Larssongården ».*

★★ **Carl Larssongården** ⓥ – La demeure originale de **Carl Larsson** (1853-1919) et de sa grande famille est un des endroits les plus visités de Suède. Les Larsson décorèrent leur maison dans un style entièrement nouveau pour l'époque : les couleurs sombres caractéristiques du 19e s. furent remplacées par des couleurs claires et chaudes. La femme de Carl Larsson, Karin, abandonna la peinture pour se consacrer au travail des textiles et l'on peut voir ses tapisseries et ses broderies dans toute la maison. La plus grande partie du mobilier fut dessinée par Karin et réalisée par le charpentier du village. Carl lui-même contribua à la décoration de la maison en exécutant des peintures murales et des portraits de leurs sept enfants, que l'on peut voir sur une série d'aquarelles connue sous le nom de *Maison sous le Soleil*.

Carl Larssons Porträttsamling – La **collection de portraits Carl Larsson** est constituée de douze portraits de personnes de la région exposés dans la maison des Paroissiens à côté de l'église. Certains ont été exposés à Helsinki, Tokyo, Pékin et New York. Les commentaires de l'artiste sur ces personnes sont disponibles en anglais, allemand et français.

Église – Lors de la restauration de 1905, la décoration intérieure de cette église en bois peinte en rouge fut réalisée par Carl Larsson.

★ **Bjursås** – *20 km par la route 80 en direction de Rättvik, puis à Bjursås suivre la signalisation Dössberget.*

Les anciens **bâtiments de ferme**★, qui abritent le **musée** d'histoire locale, sont situés dans un cadre splendide sur la montagne de Dössberget ; de là s'offre une **vue**★★ spectaculaire de l'église de Bjursås et des lacs et forêts des alentours. **Stadigstugan**★★★ était la maison du peintre dalécarlien Mats Stadig (1786-1862) ; les murs et les plafonds sont décorés de ses peintures aux couleurs splendides *(voir la Peinture dalécarlienne, à Dalarna)*. Les outils et les matériaux qu'il utilisait sont exposés au Dalarnas museum à Falun.

Comment la Suède s'installa à « Saint-Barth' »

Bien qu'il ne fût plus contrôleur général des Finances, Necker avait gardé quelque pouvoir au ministère. En 1784, la France vendit à la Suède l'île de Saint-Barthélemy, aux Antilles, pour obtenir des avantages commerciaux à Göteborg. Mais on dit, qu'en soutenant le projet de cession, Necker cherchait à obtenir le consentement du roi de Suède au mariage de son ambassadeur, le baron de Staël-Holstein, avec Germaine Necker.
Quoi qu'il en fût, l'île resta suédoise jusqu'en 1876, année où le gouvernement français la racheta. De son passé suédois, elle a gardé le nom de Gustavia, qui avait été donné à son chef-lieu, et une petite touche suédoise sensible dans l'architecture de ses anciennes maisons.

GOTLAND★★

Carte Michelin n° 985 – O 15 ou Atlas Europe p. 109

La « Perle de la Baltique » est située à 80 km au large de la côte Est de la Suède. Elle jouit d'un climat exceptionnellement doux, ce qui en fait l'un des lieux de villégiature préférés des Suédois.
L'île a 120 km de long, 56 km de large à son point le plus large et 770 km de côtes bordées essentiellement de plages de galets ; il y a cependant quelques belles plages de sable doré (**Tofta** au Sud de Visby, **Sudersand** sur la petite île de Fåro et **Ljugarn** sur la côte orientale) et de riches prairies parsemées de fleurs sauvages, qui s'étendent jusqu'à la mer. Celle-ci a érodé la craie et sculpté de hautes falaises, des grottes marines et, au large, de curieuses formations rocheuses connues sous le nom de *raukar* (rauk, au singulier).
Grâce à son climat doux et à son sol fertile, l'île est devenue célèbre pour ses cultures de roses, d'orchidées (Gotland recèle 36 des 46 espèces d'orchidées qui poussent en Suède) et ses nombreuses fleurs sauvages.

C. Boisvieux

Raukar

Parmi les petites îles proches, il faut citer **Fåro**, paradis qu'a choisi le metteur en scène Ingmar Bergman, ainsi que des hommes politiques et d'autres personnalités de la vie publique ; la grande étendue sablonneuse de **Gotska Sandön** est une zone militaire *(accès interdit aux étrangers)*, tandis que **Stora** et **Lilla Karlsö** sont des réserves ornithologiques où vivent de mars au début du mois d'août des colonies de guillemots et de petits pingouins qui nichent dans tous les creux et les fissures des falaises abruptes.

PLAQUE TOURNANTE DU COMMERCE

L'île est habitée depuis plus de 7 000 ans, et les occupants successifs ont laissé des traces de leur passage : cimetières, tumulus, alignements de pierres en forme de bateau datant de l'âge du bronze et stèles gravées. Durant la période qui a précédé l'ère viking, l'île servit de base aux peuplades qui pénétrèrent en Europe de l'Est. Les Gotlandais étaient d'habiles marins et des négociants paisibles et, en 700 (avant la grande période viking), ils contrôlaient déjà le commerce de la Baltique et s'étaient infiltrés vers le Sud jusqu'à la mer Caspienne afin de trouver de nouveaux marchés et de négocier avec Byzance. A la fin du 12e s., les marchands allemands qui commerçaient sur l'île de Gotland avaient déjà fondé une association qui fut peut-être à l'origine de la Ligue hanséatique. De la grande période de prospérité qui suivit (12e s.-14e s.), il reste la charmante ville de Visby et 92 églises médiévales magnifiquement décorées. Un siècle plus tard, Visby était sur le déclin en tant que place commerciale et son rôle fut désormais assumé par les villes marchandes du Sud de la Baltique. L'âge d'or de Visby prenait fin, et l'année 1361 marqua un tournant dans l'histoire de l'île qui fut conquise par le roi de Danemark Valdemar Atterdag et resta sous contrôle danois pratiquement sans discontinuer pendant 300 ans.

STÈLES GRAVÉES ET ÉGLISES

Gotland possède un riche patrimoine de stèles gravées de l'époque viking et d'églises médiévales. Les caractéristiques les plus remarquables des églises sont les tours carrées de la façade Ouest, qui devinrent de plus en plus travaillées – les plus belles sont l'œuvre d' « Egypticus » –, quelques très beaux fonts baptismaux, réalisés par des maîtres comme Byzantios, Majestatis et Sigraf, et des peintures murales.

Manifestations

Semaine médiévale – Au début du mois d'août, Visby redevient une ville hanséatique, peuplée de marchands de la Hanse, de moines, de bouffons et d'artisans.

Festival de musique de chambre de Gotland – Des musiciens suédois et étrangers participent à ce festival qui a lieu pendant la première semaine d'août. Les **Journées du jazz de Gotland** se déroulent pendant la première semaine de juillet.

Jeux de Stång – Pendant la première semaine de juillet ont lieu des concours de jeux à l'ancienne auxquels s'adonnaient autrefois les habitants.

Shakespeare dans le cloître de Roma – Des pièces de Shakespeare sont jouées dans le cadre d'un monastère cistercien en ruine.

★★ VISBY 20 000 habitants

Les voitures ne sont pas admises à l'intérieur des remparts en été ; il est donc conseillé de laisser sa voiture dans l'un des parkings à proximité des portes de la ville, Söderport, Österport ou Fiskarporten.

Lorsqu'on la voit de la mer, la « Cité des roses et des ruines » semble sortir de l'eau en une suite d'étages superposés. La magnifique cité médiévale entourée de remparts et les grandes églises en ruine sont l'héritage du passé hanséatique de Visby. A l'époque viking, Visby était une place forte et de négoce très animée, d'où partaient les expéditions vers l'Orient. Dès le milieu du 12e s., des marchands allemands s'y étant installés, la ville joua un rôle primordial dans le commerce de la Baltique. Au 13e s., Visby comptait 8 000 habitants, dont un tiers d'Allemands, et devint au 14e s. un membre actif et prospère de la Ligue hanséatique. Au 15e s., les Danois et les Allemands s'affrontèrent pour en obtenir le contrôle, et en 1525 les troupes de Lübeck attaquèrent et brûlèrent une grande partie de la ville.

★★★ **Ringmuren** – Les remparts, qui s'étendent sur plus de 3,4 km et sont ponctués de tours et de portes, comprennent une muraille côté mer et une autre côté terre. Le **mur côté mer**, haut de 5,30 m, longe la côte et date de la fin du 13e s. Il est percé de plusieurs portes et comprend une tour poudrière du milieu du 12e s., **Kruttornet**★★★, d'où l'on pouvait surveiller le vieux port (transformé en parc, Almedalen).

C. Boisvieux

La Norderport à Visby

Le **mur**, côté terre, haut de 6 m et crénelé, était doté d'une galerie réservée aux archers et percé de trois portes d'accès, **Norderport** (vue de Visby), **Österport** et **Söderport.** Il reste encore 27 des 29 tours d'origine. Au début du 14e s., les remparts furent surélevés, et un siècle plus tard une solide forteresse, Visborg, fut construite à l'angle Sud-Ouest. Il ne reste presque rien de cette puissante forteresse qui fut détruite par les troupes danoises en 1679.

★★ **Domkyrka** – Une visite à la **cathédrale** donne une très bonne idée de la splendeur passée des autres églises aujourd'hui en ruine. L'église fut fondée par les marchands allemands et devint très vite la paroisse de la communauté allemande de Visby. La basilique d'origine (1175-1225) fut agrandie et transformée en une vaste église à trois nefs de hauteur égale (1230-1260). Au début du 14e s., les tours furent surélevées.

Les églises médiévales en ruine – Des nombreuses églises médiévales, il ne reste que des ruines imposantes à la silhouette caractéristique. La plupart d'entre elles furent construites et remaniées entre le début du 13e s. et le milieu du 14e s. Lorsque les troupes de Lübeck donnèrent l'assaut en 1525, elles détruisirent toutes les églises, à l'exception de la cathédrale qui appartenait à la communauté allemande.

La cité médiévale – Le dédale de rues datant de l'époque médiévale est inclus dans un périmètre délimité par les trois rues principales, **Strandgata, Mellangata** et **Sankt Hansgata,** toutes parallèles à la côte et reliées entre elles par de nombreuses ruelles pavées. En raison d'un manque de place, les boutiques et entrepôts furent construits en hauteur et les maisons par-dessus les ruelles. On peut encore voir quelques-uns de ces magasins dans Strandgatan. **Gamla apoteket** (ancienne pharmacie) du 13e s., située au n° 26, est le mieux conservé. La maison à colombages du 17e s., **Burmeisterska hus** (aujourd'hui occupée par l'Office de tourisme), appartenait autrefois à un marchand de Lübeck. A l'intérieur on peut admirer de belles peintures sur les murs et les plafonds du dernier étage.

Stora torget – C'est sur la place principale très vivante que Valdemar Atterdag exigea une rançon de la ville en 1361. Cet événement est devenu le thème de la populaire **Semaine médiévale** qui se déroule en août. La place est bordée de restaurants et de boutiques qui vendent des produits de l'artisanat local. Adelsgatan est la principale rue commerçante.

★★ **Gotlands fornsal** ⓥ – Le musée d'Histoire de Gotland abrite une belle collection de stèles gravées (400-1100), un magasin typique et la gracieuse vierge d'Öja, sculpture en bois polychrome datant du 13e s. *(voir l'église d'Öja dans les Excursions).*

Botaniska trädgården – Le jardin fut dessiné en 1856 par la Société des amis du bain de mer, qui recommandaient les bains de mer et la culture des plantes médicinales pour combattre les maladies courantes. Aujourd'hui, le jardin possède une collection de plus de 2 000 plantes du monde entier. La roseraie est charmante et la ruine couverte de lierre qui se trouve à l'entrée est un vestige de la tour Ouest de l'église Sankt Olofs.

EXCURSIONS

La côte occidentale au Nord de Visby – *27 km par la route 149 ; suivre la signalisation pour Snäck, puis Kappelshamn. Tourner à droite vers Brissund.*

★ **Krusmyntagården** ⏲ – Ce pittoresque **jardin** offre un grand choix de plantes médicinales *(vente de plantes)* dans la meilleure tradition monastique.

Lummelundagrottan ⏲ – *Suivre les indications « Grottan ».* C'est la seule grotte contenant des concrétions calcaires qui soit ouverte au public dans les pays nordiques, ce qui explique son grand attrait.

Lickershamn – Ce village de pêcheurs est censé posséder le *rauk* le plus haut, **Jungfrun** (la jeune fille), qui dépasse de 12 m le sommet de la falaise, déjà haute de 27 m.

Vers le Nord et Fårö – *55 km par la route 148.*

Bro – L'église s'ouvre par un intéressant portail datant de 1300 et des fonts baptismaux, œuvre de Sigraf.

Tingstäde – La tour de l'église contient des fresques essentiellement romanes ; les fonts baptismaux datent du 12e s.

Lärbro – La belle église gothique est flanquée d'une tour octogonale insolite.

Au-delà de Rute, on traverse une zone militaire et les étrangers sont tenus de rester sur la route 148 jusqu'à ce qu'ils atteignent l'église de Fårö.

Bunge – Le musée de plein air, **Friluftsmuseum**★★ ⓥ, est situé à côté de l'église du village. Le bel ensemble de bâtiments est divisé en trois groupes, la ferme du 17e s. *(à gauche)*, celle du 18e s. *(à droite)* et celle du 19e s. plus à l'Est. Il y a aussi une intéressante sélection de stèles gravées.

Le ferry traverse le Fårösund en 10 mn.

Fårö – La côte Nord-Ouest de Fårö est bordée d'un nombre étonnant de *raukar* près de la crête hérissée de galets de Gamlehamn, entre Digerhuvud et le petit village de pêcheurs de Helgumannen et également à Langhammarshammar. Par ailleurs, la côte Est est bordée de plages de sable, comme celle de **Sudersand** où l'on peut voir une imposante dune de sable à l'intérieur des terres, Ulla Hau, de 15 m de hauteur.

Källunge et Dalhem – *30 km. Suivre la route 147, puis tourner à droite vers Källunge.*

Källunge – La nef romane et la tour Ouest de l'**église**★ ⓥ sont écrasées par le chœur gothique de proportions grandioses.

Suivre les routes secondaires qui conduisent à Dalhem.

Dalhem – L'**église**★ ⓥ, dont la tour est haute de 50 m, est l'une des plus grandes de la région. On remarquera les sculptures du portail Ouest réalisées par « Egypticus » et les **vitraux**★★ du chœur.

Ljugarn – *56 km. Suivre la route 143.*

Roma – L'église présente plusieurs traits caractéristiques de l'architecture de Gotland et l'on peut voir à proximité les ruines d'une abbatiale cistercienne.

Poursuivre vers Ljugarn sur la côte Est.

Ljugarn – La deuxième ville de Gotland est à la fois un port et une station balnéaire. La section de côte au Nord de la ville est parsemée d'étranges formations rocheuses *(raukar)* comme on en voit ailleurs sur l'île.

Suivre la route 144, puis une route secondaire à gauche jusqu'à Lau.

Lau – L'**église**★ de taille impressionnante comprend une nef du 13e s. prolongée par un vaste chœur datant de 1300 ; le tout forme un ensemble harmonieux. La **croix triomphale** date du milieu du 13e s., tandis que la **peinture murale** illustrant le Jugement Dernier est de 1520.

Une route secondaire conduit vers le Nord jusqu'à Garde.

Garde – L'**église**★ ⓥ du 11e s. dans son enclos médiéval percé de quatre portes à auvent est célèbre pour ses peintures murales qui dénotent une forte influence byzantine.

Suivre la route 144 jusqu'à Lye.

Lye – La grande **église** ⓥ, bien conservée, est célèbre pour ses **vitraux**★★.

Continuer sur la route 144.

Stånga – Ce village est renommé pour ses jeux annuels qui ont lieu en juillet ; les athlètes participent à des sports traditionnels qui rappellent les jeux des Highlands en Écosse. Les bas-reliefs en tuffeau insérés dans le mur près du portail Sud de l'**église** sont censés être l'œuvre d' « Egypticus ».

La côte occidentale au Sud de Visby – *110 km. Quitter la ville par Södervåg et Toftavägen pour rejoindre la route 140 en direction de Klintehamn. Suivre la signalisation pour Kneippbyn.*

Kneippbyn Sommarland ⓥ – La Villa Villekulla est celle qui figura dans les films mettant en scène les aventures de Fifi Brindacier par Astrid Lindgren. La maison fait maintenant partie d'un grand parc d'attractions, mais cet endroit curieux, désordonné et accueillant, est le paradis des admirateurs de Fifi.

Suivre la signalisation pour Högklint.

Högklint – Du haut de la falaise, qui culmine à 48 m, s'offre **une vue spectaculaire**★★ sur Visby dans le lointain.

Rejoindre la route 140 ; prendre à droite la route en direction de l'église de Gnisvärd.

Un tombeau en forme de bateau est visible sur la gauche.

★ **Gnisvärd** – Ce hameau de pêcheurs était l'un des plus importants de la côte occidentale et l'on peut encore voir, alignées en rangs serrés, les cabanes où le poisson était fumé et les cadres sur lesquels on le mettait à sécher.

Kovik – Cet ancien hameau de pêcheurs situé sur un banc de sable possède un musée de la pêche. La petite chapelle est dédiée au souvenir de ceux qui ont péri en mer.

Klintehamn – Des bateaux partent du port vers la réserve naturelle de l'île de Stora Karlsö.

Gannarve – L'**alignement en forme de bateau**★★, datant de l'âge du bronze, long de 29 m et large de 5, est l'un des deux seuls qui aient été préservés.

Fröjel – L'**église** ⓥ se dresse dans un site splendide au sommet de la falaise, non loin des ruines de sa tour de défense (au Nord du cimetière). On remarquera l'étonnant **labyrinthe de pierre** dans le cimetière, à l'Ouest de l'église.

Après Fröjel, prendre une route à droite vers Djauvik et Hammarudd.

La pittoresque **route côtière**★★ qui se dirige vers le Sud à partir de Djauvik, hameau de pêcheurs de la fin du 19e s., offre des vues splendides de la mer et des îles Karlsö au large des côtes.

Revenir sur la route 140, puis prendre une route à droite indiquant « Petes ».

★ **Petes Museigård** ⓥ, à **Hablingbo** – Cette grande ferme du 18e s. a été transformée en musée ; la grange abrite une exposition intéressante sur les modes de construction traditionnels.

Rejoindre la route 140, puis continuer le long de la route 142 jusqu'à Brugsvik et tourner à gauche.

Öja – La robuste tour de l'**église**★★ fut construite par le maître d'œuvre « Egypticus ». Le **crucifix d'Öja**★★★ était, à l'origine, entouré d'une foule de personnages sculptés. Sur la gauche, la Vierge est une réplique de la Vierge d'Öja qui se trouve aujourd'hui au Gotlands Fornsal de Visby *(voir plus haut).*

Länsmuseet Gotlands Fornsal

Détail du crucifix d'Öja

Rejoindre la route 142 et continuer vers le Sud.

Bottarvegården ⓥ, à **Vamlingbo** – *Sur le bord de la route.* Cette ferme de 1844, caractéristique du Sud de Gotland, comprend des bâtiments recouverts de mottes d'herbe qui abritent un musée.

Prendre la route secondaire qui longe la côte entre Ketelviken et Hoburgen.

Le long de cette **pittoresque route**★★★ où se succèdent les champs cultivés traditionnels délimités par des murets de pierre sèche, les panoramas embrassent la mer étincelante et les vertes prairies égayées par des fleurs sauvages aux couleurs vives : le bouton-d'or jaune (avril et mai) cède la place à la vipérine, de couleur bleu foncé (juin et juillet).

Hoburgen – Ce promontoire est célèbre pour ses formations de roches calcaires, en particulier, l'étonnant **Hoburgsgubben**★★, le Vieil Homme de Hoburgen.

GRIPSHOLMS SLOTT★★

Södermanland

Carte Michelin n° 985 – M 14 ou Atlas Europe p. 106

Schéma : STOCKHOLM – Environs

Le **château de Gripsholm** et la ravissante petite ville voisine de **Mariefred** sont situés dans une anse du lac Mälar et un service de bateaux les relie à Stockholm. Mariefred se développa autour d'un monastère de chartreux (Pax Mariae) fondé en 1493 par le seigneur de Gripsholm. Au 18e siècle, Gustave III flatta le goût de ses habitants pour la splendeur en faisant construire des édifices tels que l'hôtel de ville de style gustavien sur Rådhustorget.
Le conseiller d'État Bo Jonsson Grip fit édifier la première forteresse au 14e s., mais ce fut Gustave Vasa qui érigea l'actuel château, imposante construction hexagonale entourant une cour intérieure et flanquée de tours cylindriques à ses angles. Au fil des siècles, le château fut modifié et restauré par ses successeurs, en particulier Gustave III, qui y résida fréquemment à partir de 1772 et créa l'importante collection de portraits.

STF/SUNSET

Château de Gripsholm

Château ⏲ – Depuis 1822, il abrite la **collection nationale de portraits** qui compte quelque 4 000 œuvres du 16e s. à nos jours : les 16e et 17e s. (de Gustave Vasa à Charles XII) se trouvent au premier étage, le 18e s. (Frédéric Ier – Gustave III) au second étage. Les 19e et 20e s., situés au troisième étage, comprennent des portraits d'écrivains, d'hommes politiques et d'artistes contemporains comme par exemple Greta Garbo par Einar Nerman et un buste en bronze d'Ingrid Bergman. Les portraits de personnalités étrangères sont exposés dans une série de salles situées au premier étage.
Le second étage est l'étage principal : la plus grande partie de la décoration intérieure date des années 1770 et 1780. La plus grande pièce des appartements royaux est la salle du conseil, **Rikssalen**, achevée vers 1590 mais réaménagée plusieurs fois depuis cette époque. Le beau salon blanc de Gustave III, **Runda salongen**, situé dans la tour du Théâtre, a été dessiné par Jean Eric Rehn *(voir à ce nom)*, véritable créateur du style gustavien. La passion de Gustave III pour le théâtre est à l'origine d'un élégant **théâtre** à l'atmosphère intime, doté d'une machinerie du 18e s. ; de pur style néo-classique, c'est le chef-d'œuvre d'Erik Palmstedt (1741-1803).

GÄLLIVARE-MALMBERGET

Norrbotten – 22 360 habitants

Carte Michelin n° 985 – E 17 ou Atlas Europe – p. 98

Schéma : LAPPLAND

En arrivant du Sud, après avoir traversé d'immenses forêts, on découvre tout à coup Gällivare et sa sœur jumelle, la ville minière de Malmberget. Elles sont situées à 70 km au Nord du cercle polaire.

GÄLLIVARE

Dundret – *820 m. 9 km au Sud par la route 45 ; après avoir parcouru 5 km, suivre la signalisation « Dundret, toppstuga ».*
Déjà au 19e s., le mont Dundret était réputé comme étant l'un des meilleurs endroits d'où l'on pouvait observer le soleil de minuit *(du 2 juin au 12 juillet, un café situé au sommet est ouvert de 21 h à 1 h du matin)*. La **vue**★★★ embrasse Malmberget au Nord, le pic du Kebnekaise au Nord-Ouest, les parcs nationaux de Sarek et de Padjelanta à l'Ouest ainsi que la vallée du fleuve Lule et les montagnes de Norvège se profilant à l'horizon.
Pour atteindre la grande construction en bois située à mi-pente qui porte le nom de « le Piège à ours », **Björnfällan**, il faut suivre la route 45 en direction de Gällivare jusqu'au panneau indiquant « Dundret, Björnfällan ». Construit avec du pin du Nord de Finlande vieux de quatre cents ans, cet édifice a été conçu par l'architecte finlandais Esko Lehmola, qui dessina le sauna du président Kekkonen. Le bâtiment fait partie d'un centre de vacances offrant diverses activités telles que le ski alpin et le ski de fond.

Lappkyrka ⓥ – *Le panneau « Lappkyrka » se trouve à l'Est de l'église de bois peinte en blanc ; suivre la route qui longe l'église, continuer tout droit et traverser la voie ferrée, puis tourner à droite en vue du panneau « Gamla kyrkan ».*
Cette petite église en bois toute simple surmontée d'un clocher se dresse sur les bords de la rivière Vassara avec le Dundret en toile de fond. On l'appelle « l'église d'un sou » parce qu'elle fut construite grâce à des fonds versés par la population (un sou en argent par famille, en application d'un décret du roi Frédéric, ce qui explique son second nom Friedrich). Au moment de sa construction en 1747-1754, la plupart des paroissiens étaient des Sâmes, d'où son surnom d'église lapone.

« Le Lapon mélancolique » – *Près de l'église blanche, mais de l'autre côté de Lasarettsgatan vers l'Ouest.*
Voici l'inscription que l'on peut lire sur ce monument de granit :

« Cette terre était mienne autrefois
Bénie soit-elle à l'avenir. »

Hembygdsmuseet ⓥ – Ce musée du patrimoine régional est logé aux deuxième et troisième étages de l'école en brique rouge. On y vend le produit de l'artisanat sâme. Le centre d'information touristique se trouve au 1er étage.

Hembygdsområdet ⓥ – *Prendre la direction de Jokkmokk ; juste avant la rivière Vassara, suivre l'indication « camping », puis continuer au-delà du campement sportif.*
Ensemble d'édifices de la fin du 19e s. et du début du 20e s., ainsi que campement sâme.

MALMBERGET

5 km au Nord de Gällivaretake en suivant Parkgatan qui devient Malmbergsleden.

Exploitation minière – Malmberget signifie littéralement montagne de minerai et c'est, avec Kirunavaara, la plus grande réserve de minerai de fer de Suède. Les découvertes les plus anciennes remontent au milieu du 18e s. mais l'exploitation commerciale fut retardée par les difficultés de transport et l'opposition des Sâmes pour qui la montagne était sacrée. L'exploitation commença effectivement au cours des années 1860 sous le contrôle de plusieurs Anglais qui financèrent également la liaison ferroviaire avec le port de Luleå, réalisée en 1888. Les mines passèrent ensuite sous le contrôle de la compagnie Luossavaara-Kirunavaara AB (LKAB). La population passa de 147 à 7 000 habitants en huit ans (1891-1899). A l'heure actuelle, on extrait 6 millions de tonnes de minerai par an d'un filon situé à 850 m de profondeur.

VISITE DE LA MINE ⓥ

Gruvtur LKAB : mine de fer – *3 h.* Cette visite guidée commence par le **Gruvmuseet**, ou musée de la Mine, qui illustre 250 années d'exploitation et montre, avec l'aide d'un support audiovisuel, les conditions dans lesquelles l'exploitation minière se fait de nos jours. La visite comprend ensuite un trajet en bus de 35 à 40 km permettant de se rendre sur divers sites d'exploitation et une descente à 815 m de profondeur pour voir le filon de minerai. Les plateaux des chariots électriques, assez larges pour porter une automobile, peuvent transporter une charge de 120 tonnes.

Aitik-tur : mine de cuivre – *3 h 30.* Cette visite guidée commence par la ville des cabanes de mineurs ou Kåkstan *(voir ci-dessous)* et se poursuit 16 km plus loin à Aitik par le tour d'une mine à ciel ouvert longue de 2,5 km, large de 800 m et profonde de 300 m. C'est la plus grande mine de cuivre d'Europe encore exploitée et la deuxième mine d'or de Suède avec une production de 2 tonnes d'or par an.

Kåkstan – *Suivre les indications à partir de la station service Statoil.*
Les premières tentatives de prospection et d'exploitation attirèrent de nombreux mineurs volontaires et très vite la mine fut entourée d'une grande quantité de cabanes qui furent déplacées au fur et à mesure que la mine s'agrandissait. Aujourd'hui, les bâtiments ont été de nouveau érigés sur leur emplacement d'origine. Des activités sont organisées en été et juste avant Noël.

Gropen – *A l'Est des cabanes de mineurs.*
La mine sépare Malmberget en deux et les maisons sont déplacées au fur et à mesure que le puits lui-même se déplace.

En saison, le nombre de chambres vacantes dans les hôtels est souvent limité. Nous vous conseillons de retenir par avance.

GÖTAKANAL★★

Skaraborg Östergötland

Carte Michelin n° 985 – N 11/13 ou Atlas Europe – pp. 108-109

Une croisière sur le Götakanal, qui traverse la Suède dans sa largeur de Göteborg à l'Ouest à Stockholm à l'Est, est un moyen agréable et reposant de découvrir la diversité des villes et des paysages suédois, sans parler des Suédois eux-mêmes, toujours bons marins.

La région est idéale pour les passionnés de voile qui rencontrent le long du trajet les vastes étendues d'eau des lacs Rox, Vätter, Vik et Väner, dont il est possible d'explorer les îles et les rives.

Plusieurs personnalités avaient eu l'idée de relier la côte occidentale et la côte orientale par une voie d'eau navigable avant que Baltazar von Platen (mort en 1829), officier de marine et homme politique important, ne conçût lui-même le projet et ne trouvât l'énergie nécessaire pour le mettre à exécution. Les travaux commencèrent en 1810, année pendant laquelle le parlement suédois approuva ce qui devait être le plus grand et le plus ambitieux projet de construction jamais entrepris par la Suède. Jusqu'à 58 000 jeunes conscrits travaillèrent pendant 22 ans pour construire les 190 km de voie navigable entre Mem et Sjötorp. En ajoutant la Götaälv, le Trollhättekanal et les lacs Väner et Vätter, le canal formait une voie d'eau de 398 km de longueur. La cérémonie d'inauguration eut lieu en 1832 en présence du roi et de la famille royale, mais l'inspirateur du projet, von Platen, était mort trois ans auparavant.

Le canal améliora considérablement les communications à l'intérieur du pays, les bateaux à vapeur transportant à la fois passagers et marchandises. Cependant, les chemins de fer firent bientôt concurrence au transport fluvial et le canal devint une voie d'eau très appréciée des touristes.

Quelques statistiques – 58 écluses sont réparties le long des 190 km du canal ; la profondeur moyennne est de 3 m et la largeur en surface de 26 m. Le canal est ouvert au trafic du début du mois de mai à la mi-octobre. Le long de certaines sections, lorsque l'éclusier est responsable de plusieurs ponts et écluses, des temps d'attente sont à prévoir. Certains ponts sont ouverts selon des horaires fixes qui dépendent du trafic local, d'autres sont commandés à distance. Certaines personnes choisiront de louer un bateau et de naviguer à leur guise, d'autres préféreront être libres de toute responsabilité en prenant l'un des bateaux de croisière *(voir à Göteborg – Excursions)*, tandis que ceux qui ont de l'énergie voudront faire le trajet à vélo, le long des chemins de halage *(144 km à partir de Sjötorp).*

AU FIL DU CANAL, D'OUEST EN EST

★★ **Göteborg** – *Voir à ce nom.*

Trollhättan – La puissante Götaälv prend sa source dans le lac Väner et coule jusqu'à Göteborg où elle se jette dans le Kattegat ; la longueur totale de son cours est de 82 km. L'obstacle majeur que présentait la liaison fluviale entre le lac Väner et la côte occidentale était constitué par les tumultueuses chutes de Trollhättan. Pour surmonter cet obstacle, **Christopher Polhem** (1661-1751) dressa les plans d'une série d'écluses, mais la première écluse ne fut construite qu'en 1800.

Voilier sur le canal

L'ouverture en 1832 du Götakanal, qui permettait le trafic de bateaux plus importants, imposa l'élargissement de la voie d'eau de Trollhätte. En 1844, le système comprenait une écluse pour trois dénivellements. Un nouveau système fut construit en 1910. Il ne faut pas manquer de visiter une des écluses de Polhem (Ekeblad), le **Kanalmuseet** et, bien sûr, les écluses modernes utilisées de nos jours par 3 500 navires marchands et 65 000 bateaux de plaisance chaque année. L'impressionnante Olidestationen, centrale électrique en granit datant de 1910, est la plus ancienne centrale hydroélectrique de Suède. Le Centre de l'énergie, **Energihuset Insikten**, donne une bonne idée de ce qu'est le domaine de l'énergie.

Lac Väner – Le plus grand lac de Suède a des rives charmantes, de nombreuses îles et des plages de sable. Les autres curiosités situées sur les rives du lac sont Lidköping, le château de Läckö, Mariestad et Karlstad *(voir à ces noms)*.

★ **Lac Vätter** – *Voir à ce nom.*

GÖTEBORG★★

Göteborg och Bohus – 437 500 habitants

Carte Michelin n° 985 – O 8 ou Atlas Europe – p. 108

Plan d'agglomération : carte Michelin n° 985

Göteborg a, non sans raison, reçu des Suédois eux-mêmes le titre de « ville la plus accueillante de Suède » et déjà en 1746 Linné la qualifiait de plus jolie ville de tout le pays. La deuxième ville de Suède, qui joue le rôle de porte d'accès aux régions de l'Ouest, occupe une position favorable sur la côte occidentale à égale distance de trois capitales scandinaves, Stockholm, Copenhague et Oslo. Fière de ses traditions maritimes, Göteborg, qui est située à l'embouchure du fleuve Göta, est le premier port scandinave et un centre commercial actif.
La ville est dotée d'excellents équipements pour les congrès, les foires commerciales, les événements sportifs et les concerts de rock, mais c'est son atmosphère cosmopolite et animée et son accueil chaleureux qui expliquent sa popularité. La Foire internationale du voyage et du tourisme (TUR) au printemps et la Foire du livre à l'automne attirent de nombreux visiteurs au centre des expositions, Svenska Mässan. Göteborg possède le plus grand centre commercial d'Europe du Nord, Nordstan, pour le plus grand plaisir de ses clients. Le plus grand stade de Scandinavie, Ullevi, pouvant contenir 47 000 spectateurs, et le deuxième stade couvert après le Globe de Stockholm, Scandinavium, avec ses 12 500 places, accueillent diverses manifestations allant des concerts de rock aux manifestations sportives. La Coupe Gothia, qui a lieu tous les ans, est le championnat de football junior le plus important du monde, avec quelque 25 000 participants issus de 52 pays.

NOTES HISTORIQUES

L'agglomération d'origine fut fondée par le roi Charles IX à Hisingen, à l'Ouest de la Götaälv mais, lorsqu'elle fut détruite en 1611 par les Danois et les Norvégiens, la Suède fut coupée de la mer. Pour éviter que cela ne se reproduise, le roi Gustave II Adolphe fonda en 1619 une nouvelle ville sur le site actuel et lui accorda une charte deux ans plus tard. En raison de la position stratégique du site et des difficultés que présentait le sous-sol argileux, le roi engagea des ingénieurs hollandais pour construire sa nouvelle ville. La première cité présenta des caractéristiques indéniablement hollandaises, comme par exemple son plan tracé avec une rigueur géométrique, ses canaux, ses remparts et fortifications. Kronhuset, Skansen Kronan et Skansen Lejonet datent tous trois de cette période. La Compagnie des Indes suédoise fut fondée en 1731 (la compagnie hollandaise date de 1602) et la fin du 18e s. fut une ère de prospérité pendant laquelle les marchands s'enrichirent grâce au commerce du thé, de la porcelaine, de la soie et des épices d'Orient. La pêche au hareng le long de la côte occidentale fut aussi très lucrative au cours de la deuxième moitié du 18e s. et contribua à faire de Göteborg un centre prospère de commerce et de transports maritimes. Lors du blocus continental mis en place pendant les guerres napoléoniennes, Göteborg fut l'un des ports de transit des marchandises en provenance de la Grande-Bretagne et à destination des marchés européens. De bonnes relations commerciales s'établirent entre la Grande Bretagne et la Suède et de nombreux marchands écossais (Dickson, Chalmers et Carnegie) s'installèrent à Göteborg et devinrent les mécènes généreux des institutions culturelles et sociales de la ville. Celle-ci connut une prospérité accrue grâce à l'arrivée du chemin de fer et à la construction du Götakanal *(voir à ce nom)*. Pour un grand nombre d'émigrants suédois en partance pour l'Amérique entre 1850 et 1870, la vue de Göteborg s'estompant à l'horizon fut souvent la dernière image qu'ils eurent de leur chère patrie. Au début du 20e s., Göteborg devint une ville industrielle dynamique avec pour principales activités l'industrie mécanique lourde, les constructions navales et le transport maritime (Stena Line). Göteborg est aujourd'hui le siège de quelques-unes des plus prestigieuses entreprises suédoises tels Volvo, les roulements à billes SKF, les appareils de photo Hasselblad et Saab Ericsson Space.

SÉJOURNER A GÖTEBORG

Transport – Göteborg est construite sur une couche d'argile qui empêche la construction d'un métro ; toutefois, la ville possède un service de tramways aussi performant qu'un réseau souterrain. Les **tramways** portent le nom de personnalités ayant un rapport avec Göteborg. Les billets, les horaires, les itinéraires et le prix des trajets en bus et en tramway sont disponibles dans les bureaux d'information (tidpunkten) situés à Brunnsparken, Drottningtorget, Nils Ericssonsplatsen ou Folkungabron. Les conducteurs de bus et de tramway vendent également des billets. Renseignements au ☏ 031 80 12 35.
En été, les tramways d'autrefois de la **Lisebergslinjen** font la navette entre la gare centrale et Liseberg.
Le **paddan** ⓥ, bateau à fond plat, offre l'occasion de découvrir de façon originale cette cité maritime, tandis qu'il glisse le long des canaux bordés d'édifices imposants et passe sous 20 ponts. Les départs se font du pont de Kungsportsplatsen.
« Göteborg Sightseeing » organise des **excursions en bateau** de Lilla Bommen à Nya Elfsborg et Vinga.
La « **Carte Göteborg** » (Göteborgskortet) donne droit à la gratuité des transports en tramway et en bateau, à l'accès gratuit aux parkings municipaux, à une visite guidée gratuite de la ville, à l'entrée gratuite dans les musées et le parc récréatif ainsi qu'à des réductions dans certains magasins et restaurants. Plusieurs formules sont disponibles et il est possible d'acheter la carte dans les offices de tourisme, au parc récréatif, dans les kiosques *Pressbyrån*, dans les hôtels et les terrains de camping.

Achats – La plus grande concentration de magasins se trouve dans Nordstan, Avenyn, Linnégatan et Haga. Les établissements qui appliquent la détaxe affichent le symbole approprié dans leur vitrine.

Distractions – Pour obtenir des renseignements complets sur les manifestations et spectacles, s'adresser au ☏ 031 10 07 40. Les renseignements et les billets pour les manifestations sportives, les concerts et les représentations théâtrales sont disponibles aux guichets de BOKA, Kungsportsplatsen 2, ☏ 031 13 65 00.

GÖTEBORG MARITIME

Le front de mer, de Götheborgs Utkiken à Älvsborgsbron.

Lorsque les chantiers navals cessèrent leurs activités dans les années 1970, le port perdit beaucoup de son animation. Certains sites ont été reconvertis pour abriter des ensembles de logements facilement accessibles grâce aux ferries qui sillonnent le fleuve. Le chantier naval de Terra Nova, situé face au port de Majnabbe, est aujourd'hui le site d'un intéressant projet, la construction de l'**Ostindiefararen Götheborg III** ⓥ, à l'image du *Götheborg.* Ce voilier suédois de la Compagnie des Indes s'échoua et coula avec sa cargaison de thé, porcelaine, soie et épices de Canton alors qu'il entrait dans le port de Göteborg en 1745. Une grande partie de la cargaison a été récupérée et le projet actuel comprend la construction d'une copie du voilier dont le lancement remonte à 1738. On a examiné minutieusement les parties du voilier, qui ont pu être sauvées, et on a étudié des manuels de construction navale datant du 18e s. avant de dresser les plans du futur Götheborg III. La quille a été mise en place en juin 1995 et le lancement est prévu pour le 4 juin 1997. En 1999, le voilier, chargé d'une mission scientifique et commerciale, fera voile vers Canton en suivant l'itinéraire traditionnel du 18e s. Un projet semblable est en cours aux Pays-Bas.
Göteborg possède plusieurs ports séparés, dont la capacité totale est de 26 millions de tonnes de marchandises : le port pétrolier, qui gère 16 millions de tonnes de pétrole brut par an, le port de Skandia, le plus grand port de containers de Scandinavie, le port des ferries assurant le transport des passagers d'Angleterre (Harwich) et des Pays-Bas, le port d'Älvsborg pour le transport des marchandises par camion et le port central qui assure l'importation des denrées périssables telles que les bananes dont les Suédois sont très friands et dont la consommation s'élève à 20 kg par personne et par an.

Götheborgs Utkiken (**BT**) ⓥ – *Entrer par le côté Nord.*
Ce gratte-ciel rouge et blanc occupé par des bureaux, exemple frappant de l'architecture rompant avec les traditions de la fin des années 1980, est l'œuvre de Ralph Erskine (né en 1914), architecte anglais résidant en Suède. Un ascenseur fait monter rapidement les visiteurs à 86 m au-dessus du niveau de la mer où un café offre un magnifique **panorama**★★ sur la ville et son port.

Lilla Bommens Hamn (**BT**) – Ce bassin est le point de départ de diverses excursions dans les environs (Elfsborg, Vinga, Marstrand et Hisingen) et de croisières nocturnes organisées par « Göteborg Sightseeing ». Le quatre-mâts *Viking* (1906) accomplit son dernier voyage en 1948 et remplit ensuite les fonctions de navire-école de 1957 à 1994. Le voilier a été restauré et transformé en restaurant et cafétéria. Il y a également un port de plaisance pour accueillir les bateaux qui font escale à Göteborg.

Göteborgs opera (**ABT**) ⓥ – *Packhuskajen.* Les formes d'inspiration nautique du nouvel opéra de Göteborg, inauguré en 1994, s'harmonisent parfaitement avec son site au bord de l'eau. Selon les plans pour le moins originaux de l'architecte Jan Izikowitz, les visiteurs pénètrent dans l'édifice par la « proue » pour atteindre le foyer en demi-cercle dont les murs sont en verre et qui offre une vue splendide du fleuve, du port et des bateaux ; l'auditorium ressemble à une cheminée de navire et la salle des machines au pont d'un navire. Le dynamique Orchestre symphonique de Göteborg partage l'équipement ultramoderne avec les troupes permanentes de l'opéra et du ballet de la ville. Pour l'inauguration, la fantaisie spatiale de Karl-Birger Blomdahl, *Aniara,* composée en 1959, fut judicieusement choisie afin de tester l'acoustique et la technologie de pointe de l'équipement de la scène. La visite guidée permet de voir les coulisses, les ateliers et les salles de répétition.

Göteborgs maritima centrum (**ATU**) ⓥ – *Packjuskajen.* Le parc maritime avec son exposition de navires historiques fait revivre le passé maritime de Göteborg. Entrez dans le parc par le ferry *Dan Broström,* qui porte le nom d'un armateur célèbre. Le ferry dispose d'un café, d'une boutique de souvenirs et d'un restaurant de fruits de mer. Le musée flottant se compose de 11 navires dont le contre-torpilleur *Småland,* le sous-marin *Nordkaparen,* un bateau-phare et des remorqueurs. Les bateaux du Göta Kanal sont amarrés ici lorsqu'ils ne sont pas en service : *Juno,* construit en 1874, *Wilhelm Tham,* construit en 1912 et *Diana* construit en 1931.
La première jetée de pierre **Stenpiren** (**AU**), datant de 1845, est ornée d'une copie de la **statue** de Carl Milles dédiée à la mémoire des nombreux Suédois qui émigrèrent vers le Nouveau Monde. L'original, qui se trouve dans la ville américaine de Wilmington (État du Delaware), commémore l'installation de la communauté suédoise en 1638. **Masthuggskajen** (**AV**) est le quai d'où partent les navires de la Stena Line à destination du Danemark ; Frederikshavn est à trois heures de bateau.

Opérations de sauvetage d'anciens vaisseaux

Mary Rose – Ce quatre-mâts, vaisseau vice-amiral de la flotte d'Henri VIII, sombra au large de Portsmouth le 19 juillet 1545. Construit en 1509, il fut renfloué en 1982 *(voir le guide Vert Michelin Grande-Bretagne).*

Batavia – Navire marchand de la Compagnie hollandaise des Indes. orientales. Construit en 1628, il s'échoua au large de l'Australie lors de sa première traversée *(voir le guide Vert Michelin Hollande).*

Vasa – Le plus beau vaisseau de guerre de la marine de Gustave Adolphe. Construit en 1628, il sombra dans le port de Stockholm le 10 août 1628 lors de son voyage inaugural. Il fut renfloué en 1961 *(voir à Stockholm).*

Kronan – Vaisseau de guerre de la marine suédoise deux fois plus grand que le Vasa. Construit entre 1665 et 1672, il explosa et coula avec tout son équipage en 1679. Son épave fut découverte en 1980 *(voir à Kalmar).*

Masthuggskyrkan – *Stigbergstorget.* L'église est l'un des points de repère les plus caractéristiques de la ville, car elle se dresse sur une hauteur offrant une belle vue de Göteborg. Construite de 1914 à 1919 par Sigfried Ericson, c'est un admirable exemple d'architecture romantique nationale suédoise. Les cloches sonnèrent pour la première fois pour annoncer le début de la Première Guerre mondiale.

★ **Intérieur** – Cette église originale à trois nefs rappelle l'architecture de bois d'autrefois dans les pays nordiques. La haute nef centrale est décorée de poutres de bois. Les murs blanchis à la chaux contrastent avec l'intérieur de bois. Tous les piliers sont sculptés de façon différente et celui qui soutient la tribune Sud porte le nom d'*Arbre de vie.* On remarquera le modèle réduit d'un voilier de la Compagnie des Indes prêté par le Musée maritime. Les lampes en fonte sont couronnées de têtes de dragons. Le cadre du **retable** de style byzantin est l'œuvre de Sigfried Ericson ; quant aux sculptures sur bois de Ninnan Santesson, elles furent ajoutées en 1923. Le crucifix triomphal du même sculpteur date de 1925.

Gathenhielmskulturreservat – Ce quartier protégé, qui comprend des maisons de bois d'un ou deux étages agrémentées de jardins, est caractéristique des quartiers résidentiels de la ville avant 1850. **Gathenhielm** appartenait à un corsaire renommé, le capitaine Lars Gathenhielm ; c'est une maison en bois comme on en voyait couramment à Göteborg avant que plusieurs incendies ne ravagent la ville entre 1794 et 1813.

A Palmhuset
B Börsen
D Fjärilshuset
H Rådhus

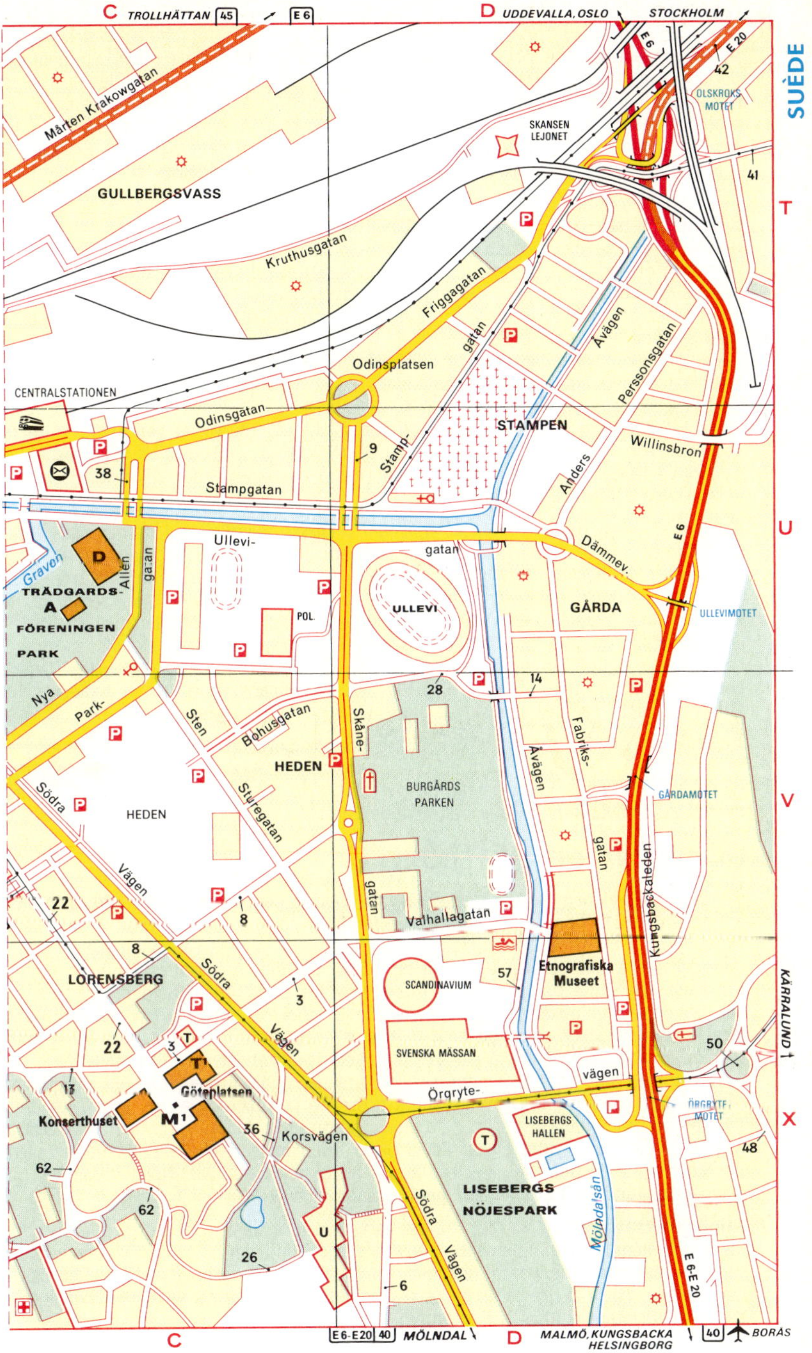

M^1 Konstmuseet
M^2 Stadsmuseum
M^3 Röhsska konstslöjdmuseet
M^4 Bank museum
T^1 Stadsteatern

★ **Sjöfartsmuseet** ⊙ – *Stigbergstorget.* Imprégné de l'odeur de pitchpin, ce musée de la marine illustre le commerce qu'entretenait Göteborg avec les Indes, la vie des marins et l'évolution des navires et de la navigation, grâce à des tableaux et des modèles réduits de bateaux. Parmi les pièces exposées, l'une des plus intéressantes est sans doute le navire marchand de la Compagnie des Indes, le *Finland.* La collection de figures de proue est remarquable. Dans l'**aquarium**, on peut admirer des espèces nordiques aussi bien que tropicales.

Sjömanstornet ⊙ – Cette tour d'une hauteur de 49 m se dresse à côté du musée ; l'entrée est face au fleuve. Elle est surmontée de la statue d'une femme de marin attendant patiemment, *Femme au bord de la mer*, érigée en souvenir des marins qui périrent durant la Première Guerre mondiale. Du sommet *(accessible par un escalier en colimaçon de 192 marches ou par un ascenseur)*, s'offre une **vue**★★ splendide de la ville et du port.
Les paquebots transatlantiques ont été remplacés à **Stigberskajen** par des navires de croisière luxueux. Le *Sea Cat* – un catamaran – transporte des passagers jusqu'au port danois de Frederikshaven en 1 h 45 mn.
C'est à **Fiskhamnen** qu'ont lieu tôt le matin (7 h), du mardi au vendredi, les **ventes de poisson aux enchères.** La vente ne dure que 15 à 30 mn. Au-delà de **Majnabbehamnen** se trouve la gare maritime de la Stena Line à destination de l'Allemagne ; la traversée vers Kiel dure 14 heures.

Klippans kulturreservat – *Carnegiekajen ; choisir l'entrée qui donne dans Adolf Edelsvärdsgatan.* Ce quartier protégé du port était déjà un port au 17e s.; c'est aujourd'hui un lieu de promenade idéal. Un grand nombre de bâtiments ont eu un rapport avec la Compagnie des Indes et la période de prospérité que connut la ville au 18e s. La brasserie Carnegie eut une importance considérable au 19e s. C'est également ici que se trouvait la forteresse Älvsborg construite au 14e s. qui fut remplacée par une autre forteresse au 17e s. Les offices ont toujours lieu dans la chapelle Ste-Brigitte qui date de 1857. Du restaurant situé sur le môle, la vue embrasse cette partie du port.

Älvsborgsbron – L'imposant pont suspendu, inauguré en 1966, relie Göteborg au faubourg de Hisingen, où fut fondée la première ville *(voir Notes Historiques).* Long de 933 m, le pont a une portée de 417 m, et la chaussée se trouve à 45 m audessus du fleuve, offrant une belle **vue** de l'entrée du port et de la zone portuaire.

LE CENTRE DE GÖTEBORG

Gustav Adolfs torg (**BU**) – Cette place, qui est le centre de la ville depuis sa fondation en 1621, porta le nom de Grande Place jusqu'en 1854, date à laquelle la statue du roi Gustave II Adolphe y fut installée. Un modèle réduit en pierre donne une idée de la ville telle qu'elle était en 1644. L'édifice à colonnes situé sur le côté Nord est l'ancienne bourse, **Börsen** (**BU B**), datant de 1849 et aujourd'hui réservée aux réceptions et aux banquets municipaux. A côté on peut voir la **résidence Wenngren**, hôtel particulier construit en 1759 pour le conseiller municipal du même nom. Le troisième étage fut ajouté par la suite. L'édifice attenant est le **Stadshus**, construit un an auparavant en 1758 pour servir d'arsenal, mais il a en fait été utilisé successivement comme caserne et comme poste de pompiers. De nos jours, les deux édifices ne font qu'un et abritent l'administration et le conseil municipaux. Le **Rådhus** (**BU H**), situé sur le côté Ouest de la place, fut construit en 1672 selon les plans de Nicodemus Tessin l'Ancien. La façade à colonnes et l'aile Nord dessinées par Gunnar Asplund font partie des modifications ultérieures.

★ **Kungsportsavenyn** (**BCVX 22**) – C'est l'artère principale de Göteborg, que les habitants appellent tout simplement Avenyn ; elle s'étend de Götaplatsen vers le Nord sur une distance d'environ 1 km jusqu'au canal et à Kungsportsplatsen. Cette avenue bordée d'arbres, de cafés et de restaurants est le lieu où vivent les citadins du début du printemps jusqu'à l'automne.

Stora Teatern (**BV**) – Inauguré en 1859, ce théâtre musical est l'un des plus anciens de Suède ; il est consacré essentiellement à l'opéra comique, aux comédies musicales et au ballet.

Götaplatsen (**CX**) – Le centre culturel de la cité est situé à l'extrémité Sud d'Avenyn ; la plupart des édifices datent de 1923-1935. La **fontaine Poséidon**★★ qui orne le centre de la place, œuvre de Carl Milles, est un symbole fort de la vocation maritime de Göteborg. Autour de la place on remarquera le Göteborgs Konstmuseet *(voir ci-dessous)*, **Stadsteatern** (**T**[1]) qui met en scène un répertoire de drames et de comédies, et le **Konserthus** qui abrite l'Orchestre symphonique de Göteborg dirigé par Neeme Järvi. Dotée d'une acoustique excellente, la salle de concerts est utilisée par la firme allemande Deutsche Grammophon pour ses enregistrements.

Haga (**AX**) – *Tramway 1, 3 ou 4 jusqu'à Järntorget.* A partir de 1640, ce quartier situé en dehors des fortifications fut le lieu de prédilection des pêcheurs et des ouvriers et, vers le milieu du 19e s., c'était devenu un véritable quartier ouvrier.

De nombreuses maisons datent de cette époque : la pratique consistait à construire deux étages en bois sur un rez-de-chaussée en pierre afin de ne pas enfreindre la réglementation pour la prévention des incendies, qui stipulait qu'aucune maison en bois ne pouvait avoir plus de deux étages. La rue principale, Haga Nygata, est bordée de boutiques et de cafés.

Feskekörkan (AV) – *Le long de Rosenlundskanalen ; tramway jusqu'à Järntorget.* Ce marché au poisson et aux fruits de mer abrite un restaurant. Construit en 1874, sa silhouette qui ressemble à celle d'une église lui a valu le surnom d'« Église du poisson ». Il est conseillé de s'y rendre le matin. Les poissonneries sont fermées le lundi et les restaurants ne servent en général ni poisson ni fruits de mer le dimanche et le lundi car les pêcheurs ne sortent pas pendant le week-end.

C. Boisvieux

Feskekörkan

MUSÉES

★★★ **Konstmuseet** (CX M[1]) – *Götaplatsen.*

Cet important **musée des Beaux-Arts** contient des collections d'art scandinave des 19e et 20e s., d'art flamand et hollandais du 17e s., d'art italien et espagnol du 16e s. au 18e s., d'art français des 19e et 20e s. et d'art contemporain international. Les sections les plus intéressantes concernent l'art scandinave des années 1880 et 1890, ainsi que **les coloristes de Göteborg** qui peignaient entre 1930 et 1950.

Le nouveau centre de photographie Hasselblad et la salle Stena réservée aux expositions d'art contemporain sont situés au rez-de-chaussée.

Un ascenseur permet de monter directement à la **galerie Fürstenberg**★★★, qui porte le nom du mécène Pontus Fürstenberg (1827-1902). La première salle contient une sélection d'œuvres d'artistes scandinaves qui vécurent à Paris ou à Grez-sur-Loing dans les années 1880. La salle de gauche est consacrée à la période du romantisme national (années 1890) : Richard Bergh *(Soirée d'été nordique)*, Nils Kreuger, Karl Nordström, le prince Eugène *(voir à ce nom)* et Bruno Liljefors. D'intéressantes œuvres de Carl Larsson *(voir à Falun – Excursions)* sont exposées dans la salle intérieure. Dans la salle de droite sont regroupées des toiles de peintres des années 1880, en particulier *Näcken* (esprit aquatique des pays nordiques) d'Ernst Josephson et la toile de Peder Severin Kroyer qui met en scène une joyeuse réunion d'artistes à Skagen *(voir à ce nom)*, au Danemark. La **salle Arosenius**★★★, de forme octogonale, est remarquable en raison des charmantes scènes humoristiques d'Ivar Arosenius (1878-1909).

Les deux salles qui viennent ensuite contiennent les tableaux des **coloristes de Göteborg** dont le lyrisme s'exprime par la couleur. Très individualistes, ces artistes ne formèrent jamais de groupe vraiment homogène. Précédés par Karl Isakson (1878-1922) et Carl Kylberg (1878-1952), ils sont représentés ici par Ivan Ivarson, Inge Schiöler et Ragnar Sandberg. Les collections exposées à cet étage comprennent des œuvres de Sigrid Hjertén (1885-1948), de son mari Isaac Grünewald (1889-1946), de Nils Dardel (1890-1976) et d'Einar Jolin (1889-1946). Ces peintres furent des disciples de Matisse entre 1908 et 1911, et firent partie de la nouvelle génération moderniste de l'art suédois.

Le séjour des artistes nordiques en France

Dans les dernières décennies du 19e s., Paris, creuset cosmopolite, est la capitale des idées et des arts, où se mêlent les courants artistiques les plus divers et où s'expriment les révoltes et les espoirs. Elle attire irrésistiblement vers elle les jeunes talents désireux de parfaire leur formation en France et leur offre maintes possibilités de découvertes et de rencontres. L'École des Beaux-Arts, l'Académie Julian, l'Académie Colarossi et de nombreux ateliers privés accueillent, à partir de 1875, des peintres venus de l'Europe du Nord comme Albert Edelfelt, Ernst Josephson, Akseli Gallen-Kallela, Pekka Halonen, Fritz Thaulow ou Hélène Schjerfbeck. Fréquentant les nombreux salons et rétrospectives ou expositions universelles, qui jalonnent le calendrier parisien de cette fin de siècle, les artistes nordiques s'intéressent à l'œuvre de Courbet, Manet, Bastien-Lepage et Millet tout en essayant de se faire connaître. A travers les Impressionistes (Monet, Pissarro, Renoir et Sisley), ils découvrent une nouvelle forme d'expression picturale.

Dans les années 1880, le petit village de **Grez-sur-Loing**, situé au Sud de Fontainebleau, attira une petite colonie scandinave. Précédés par le Norvégien Christian Krogh, des artistes suédois, dont Richard Bergh, Carl Larsson, August Strindberg (plus connu comme écrivain), Ernst Josephson, Karl Nordström, Nils Kreuger et Bruno Liljefors, viennent s'installer dans la pension de Madame Chevillon à l'instar des peintres venus précédemment vivre à Barbizon. Séduits par la luminosité du ciel de l'Ile-de-France et le travail en plein air, ces artistes peignent des vues de Grez, des jardins fleuris, des scènes campagnardes ou des groupes d'amis attablés. Carl Larsson se plaisait tellement à Grez, qu'il revint y passer trois ans après son mariage.

De retour dans leur pays, les artistes nordiques s'appliquent à traduire les vibrations de la lumière dans leurs tableaux. Ils se mettent même à peindre des paysages enneigés, ce qu'ils ne faisaient guère avant leur séjour en France. Plus tard, parmi les diverses influences qui s'exerceront sur les Scandinaves venant séjourner à Paris ou en province, c'est le courant symboliste, issu des milieux littéraires, qui suscitera le plus d'adhésion chez ces hommes vivant dans des contrées nourries de mysticisme et de légendes. Se développera alors le *Romantisme national*, mouvement artistique typiquement nordique, qui s'épanouira le plus en Finlande.

★★ **Röhsska konstslöjdmuseet** (**BVX M³**) ⊙ – Ce **Musée des Arts** décoratifs fut ouvert au public en 1916 à la suite d'une donation faite à l'État par les frères Röhss. L'entrée principale de l'édifice de style romantique national suédois est encadrée par deux lions de marbre de la dynastie Ming (1368-1644). Au sous-sol on peut voir une collection de textiles, tandis que le rez-de-chaussée est réservé aux expositions temporaires d'arts décoratifs modernes. Les collections du premier étage sont consacrées aux arts décoratifs européens du 17e s. au 19e s. Les toutes dernières innovations du design nordique et international sont également exposées ici. Le deuxième étage retrace l'évolution des styles de l'ameublement, de l'argenterie, de la verrerie, de la porcelaine et des textiles. Une section est consacrée au développement de l'imprimerie et de l'édition depuis les plus anciens manuscrits jusqu'aux livres d'aujourd'hui. Le troisième étage est réservé à l'art oriental.

Etnografiska museet (**DVX**) ⊙ – Le **musée d'ethnographie** possède une remarquable section consacrée à l'Amérique du Sud, qui comprend de beaux spécimens de textiles de Paracas péruviens datant de la préhistoire.

Stadsmuseum (**BU M²**) ⊙ – *Norra Hamngatan 12.* Situé en bordure du canal, cet imposant **édifice**★★ fut construit entre 1750 et 1762 par la Compagnie suédoise des Indes pour servir à la fois de siège, d'entrepôt et de lieu de vente aux enchères. La Compagnie fit faillite en 1809 et fut formellement dissoute quatre ans plus tard, mais ce n'est qu'en 1861 que les locaux furent attribués aux musées de Göteborg. Un réaménagement récent permet désormais de loger trois musées différents sous le même toit.

Archéologie – De la préhistoire à l'ère des Vikings.

Histoire – L'histoire et les revirements de fortune de la ville au cours des siècles sont illustrés par ces collections. La section consacrée à la porcelaine orientale est particulièrement remarquable. L'exposition comprend également des intérieurs d'époque, des meubles, des ustensiles domestiques, des costumes, des objets artisanaux et des collections médiévales et ecclésiastiques de la Suède occidentale.

Industrie – Les collections présentent le développement et le patrimoine industriel de la région de Göteborg.

★ **Naturhistoriska museet** ⊙ – *Slottsskogsparken. Suivre la route 158* (**AX**) *en direction du Sud.* Fondé en 1833, ce musée est le plus ancien de Göteborg ; ses riches collections comprennent notamment deux squelettes de baleines, un cachalot échoué sur la côte en 1988 et une jeune baleine bleue échouée en 1865.

Skansen kronan (**AX**) ⊙ – *Tramway 1 jusqu'à Prinsgatan ; l'entrée se trouve dans Risåsgatan.* C'est l'une des deux petites forteresses construites au 17ᵉ s. pour protéger la cité. Son toit est surmonté d'une couronne dorée. Elle a été convertie en musée de la guerre, **Militärmuseet**, où sont exposés des armes et des uniformes du 17ᵉ s. à la Seconde Guerre mondiale. Du sommet de la tour on a une belle vue de la ville.

Bank museum (**BU M⁴**) ⊙ – *Södra Hamngatan 11.* Situé au cœur du quartier des affaires, le long du canal, Chalmerska huset, qui date de 1805-1807, servait de local à une banque au début du 20ᵉ s. ; de nos jours, une salle en marbre vert abrite une belle collection de pièces de monnaie et de médailles.

Volvo museum ⊙ – *Suivre la route 159* (**AV**). Le musée retrace l'histoire du premier fabricant de véhicules automobiles de Suède depuis sa fondation en 1927, date à laquelle la première Volvo ÖV 4 sortit de la chaîne de l'usine de Göteborg. Parmi les prototypes, les véhicules et les camions expérimentaux, on découvre la très spéciale PV 444, plus connue sous le nom de « voiture du peuple ».

PARCS ET JARDINS

★★ **Liseberg** (**DX**) ⊙ – *Tramway 5 ; entrer par Örgrytevägen.* La plus grande attraction touristique de Suède est beaucoup plus qu'un parc d'attractions. Les montagnes russes, le petit train, les loopings qui font tourner la tête, le bruit, la gaieté, la musique et les sensations fortes, tout y est mais il y a en plus un cadre de verdure agréable, des parterres de fleurs, de nombreuses sculptures, des kiosques à musique, des salles de danse, des cafés, des restaurants et des théâtres, ce qui fait que toute la famille peut en profiter. Les divertissements du « Liseberg Cirkus » sont destinés aux jeunes enfants.

★★ **Trädgårdsföreningen** (**CU**) ⊙ – *Entrée dans Södra vägen.* Dessiné par la Société d'horticulture en 1842, ce parc a toujours été un lieu de rendez-vous populaire. Il possède son propre palais de cristal dans la **serre des palmiers**★★ (**CU A**) construite par une société écossaise en 1878 et réaménagée dans les années 1980. Chaque saison a son charme particulier : la floraison des camélias a lieu en février, celle des orchidées en mars et avril, tandis que les nénuphars géants sont magnifiques en juillet. On remarquera notamment la **roseraie**★★★ et ses quelque 7 000 arbustes représentant 2 600 espèces différentes, dont certaines sont très rares. C'est au début du mois de juillet et à la fin du mois d'août qu'ont lieu les deux principales floraisons. Les étiquettes vertes et marron indiquent respectivement si les plantes sont à vendre ou non. Dans la serre des papillons, **Fjärilshuset** (**CU D**), 200 à 300 papillons battent délicatement des ailes parmi les visiteurs et les plantes.

★★ **Botaniska trädgården** ⊙ – *Carl Skottsbergs gata 22A, tramway 1, 2 ou 7. Suivre la route 158* (**AX**). Ce **jardin botanique**, ouvert au public en 1923, compte aujourd'hui des kilomètres de chemins sinueux, de vastes pelouses, des coins boisés, des berceaux de verdure comme le bosquet de bambous, le vallon japonais et celui des rhododendrons ainsi que des serres et des parterres fleuris bien entretenus où se côtoient fleurs à bulbe, fleurs d'été et plantes vivaces. Les moindres recoins de la splendide **rocaille**★★★, avec ses « falaises », ses roches rugueuses, ses bassins, ses ruisseaux et ses cascades, sont occupés par 5 000 plantes venues du monde entier.

★★ **Slottsskogen** – *Tramway 1 ou 2 jusqu'à Linnéplatsen. Suivre la route 158* (**AX**). Slottsskogen est une vaste étendue de verdure sillonnée de chemins sinueux, lieu idéal pour les promenades nonchalantes et les pique-niques. De petites maisons provenant de différentes régions de Suède, un vallon d'azalées en pleine floraison au mois de juin, un zoo pour les enfants, un belvédère, des cafés et des restaurants contribuent au plaisir que l'on a à visiter ce parc. Le musée d'histoire naturelle *(voir ci-dessus)* se dresse dans le coin Nord-Est du parc.

ENVIRONS

De nombreuses îles de l'archipel du Sud sont interdites aux étrangers. Cependant, Vinga, Marstrand, Rörö et Öckerö qui font partie des îles du Nord, sont accessibles par bateau à partir de Lilla Bommen (**BT**) en juillet et jusqu'à la mi-août.

Vinga – Le récif de Vinga est le point le plus occidental de l'archipel et son phare est bien connu des marins. Il y a sur l'île d'excellents endroits pour pêcher et se baigner. Un petit musée est consacré à l'un des poètes et des compositeurs les plus populaires de Suède, Evert Taube (1890-1976).

★ **Archipel d'Öckerö** – *L'archipel est accessible directement par bateau à partir de Göteborg ou par ferry depuis Hjuvik (service gratuit de ferry toutes les 30 mn entre Hönö et Hjuvik, à 17 km de Göteborg par la E 6 en direction du Nord, puis par la route 155).* Ces îles dont une dizaine sont inhabitées sont, avec l'île de Gotland, les seules municipalités qui ne soient pas reliées par route à la côte. Véritables paradis pour les cyclistes et les amateurs de planche à voile, Hälsö, Öckerö, Hönö et Fotö sont reliées entre elles par des ponts.

Sur Öckerö on remarquera l'**église★** du 15e s. aux murs blanchis à la chaux, dont l'intérieur est charmant ; à proximité on peut voir les bâtiments rouges d'un musée rural. **Hönö** est fière de son musée de la pêche, **Fiskemuseet★** ⓥ (à l'extrémité du port de Hönö), qui retrace l'histoire et l'évolution de la pêche, le mode de vie des pêcheurs et de leurs familles dépendant entièrement de la mer. L'île la plus septentrionale, **Rörö**, est une réserve naturelle qui offre d'excellentes conditions de baignade.

★ **Älvsborgs fästning** ⓥ – La nouvelle **forteresse** d'Älvsborg, qui occupe une position stratégique sur une île commandant l'entrée du port, fut erigée entre 1653 et 1670 afin de protéger la ville récemment fondée des attaques danoises. En 1719, Göteborg fut de nouveau attaquée par les forces combinées des flottes danoise et norvégienne sous le commandement de l'amiral Peter Torenskjold, mais après quatre jours de siège, les assaillants durent se retirer. Au 18e s., la forteresse servit de prison. De nombreux mariages ont lieu dans la petite chapelle.

EXCURSIONS

★★ **Bohuslän** – *Voir à ce nom.*

★★ **Götakanal** – *Voir à ce nom.*

Côte occidentale du Halland – La côte qui s'étend au Sud de Göteborg jusqu'à « Hallands sen », sorte de crête qui forme une frontière naturelle entre les provinces de Halland et de Scanie, offre des paysages plats caractéristiques s'étendant à perte de vue, des baies largement ouvertes et des plages de sable s'étirant sur des kilomètres. Celles de Skummeslövsstrand et de Mellbystrand sont particulièrement attrayantes pour les vacanciers.

Kungsbacka – Le bourg de Kungsbacka, dont le centre est pittoresque avec ses maisons de bois aux couleurs pastel, est le point de départ idéal d'excursions dans les environs.

Suivre la E 6 en direction du Sud et sortir au croisement de Fjärås, puis suivre la signalisation pour Äskhult.

★ **Äskhult** – Ce hameau qui comprend quatre fermes autour d'une cour dresse un tableau tout à fait réaliste de la vie au 18e s. Au début du 19e s., 35 personnes habitaient ici, mais entre 1890 et 1914, 25 d'entre elles émigrèrent aux États-Unis. Le village ne vit naître aucun enfant au cours du 20e s. et le dernier villageois mourut en 1964.

Continuer à suivre la route 939.

★ **Tjolöholms Slott** ⓥ – La propriété comprend non seulement une grande résidence mais aussi tout ce que l'on associe d'ordinaire à un domaine anglais : un village attaché au domaine, une chapelle et un pavillon de garde. Le manoir de style Tudor fut construit entre 1898 et 1904 pour le compte d'un riche négociant de Göteborg, James F Dickson, qui malheureusement ne vécut pas assez longtemps pour voir son rêve se réaliser. L'intérieur vaste et conçu, semble-t-il, sans plan bien défini, offre tout le confort et les aménagements spéciaux que l'argent pouvait procurer au début du siècle. L'opulence est le principal critère, du fumoir de style mauresque au bureau lambrissé de chêne, de la salle à manger de style Jacques Ier à la chambre à coucher royale, mais c'est le système de douches ingénieux qui est le plus surprenant. Le **Vagnmuseum** (musée des voitures à chevaux) contient une importante collection de voitures et de harnais, tandis que l'école d'équitation attenante a été transformée en cafétéria. Le parc environnant descend en pente douce vers la rive.

HALMSTAD★

Halland – 82 000 habitants

Carte Michelin n° 985 – P 9 ou Atlas Europe – p. 108

La plus grande ville du Halland en est aussi le centre administratif. Elle se développa à partir d'une petite agglomération située à l'estuaire du fleuve Nissan et c'est aujourd'hui un centre industriel et un port actif, renommé pour ses belles plages de sable, la plus populaire étant celle de Tylösand, à 8 km au Sud-Ouest.

Un peu d'histoire – Comme toute la région environnante, Halmstad fut une possession danoise jusqu'à la signature du traité de Roskilde en 1658. La ville médiévale devint rapidement une place forte ceinte de remparts renforcés par des bastions et entourée de douves. Elle eut très tôt à assumer un rôle stratégique sur la ligne de défense danoise contre la Suède. C'est au château que le roi de Danemark Christian IV reçut en grande pompe le roi Gustave II Adolphe pendant sept jours en 1619 ; l'événement est commémoré par une statue qui se dresse devant l'hôtel de ville. La même année, un incendie ravagea la ville et, lors de la reconstruction, le roi

Christian IV (1588-1648) marqua la ville de son sceau en faisant modifier le château et la porte Nord et en dressant les plans de la vieille ville autour de Stora torg. Lorsque le Halland passa finalement sous contrôle suédois, Halmstad perdit de son importance en tant que ville de garnison et, quand l'armée se retira définitivement au 18e s., les remparts furent rasés et les douves comblées.

Le groupe de Halmstad – Six peintres post-cubistes, les frères Axel et Erik Olson, leur cousin Waldemar Lorentson, Stellan Mörner, Sven Jonson et Esaias Thorén, se réunirent pour la première fois à Halmstad en 1929 et développèrent progressivement une forme particulière de surréalisme nordique profondément ancré dans les paysages du Halland. Le groupe poursuivit ses activités artistiques jusque dans les années 1980.

CURIOSITÉS

Stora torg – La splendide **fontaine★** *Europe et le taureau* de Carl Milles agrémente depuis 1926 la place principale de Halmstad. Sur le côté Sud de la place, l'église médiévale **Skt Nicolai kyrka** ⊙ abrite de **beaux vitraux★★★** du 20e s. riches en couleurs. Les hautes fenêtres sont l'œuvre d'Einar Forseth (1892-1988), qui composa l'ensemble de mosaïques dorées du Stadshuset de Stockholm ainsi que le pavement de mosaïques de la cathédrale de Coventry en Grande-Bretagne. Erik Olson (1901-1986), peintre du groupe de Halmstad, dessina les deux fenêtres rondes plus petites. On remarquera en particulier la richesse du détail des scènes représentées. L'**auberge** à colombage des **Trois Cœurs** date du 18e s. Selon la tradition, les trois cœurs couronnés auraient été offerts par le roi Christian – dont le propre blason comprenait un seul cœur – aux habitants de la ville en reconnaissance de leur défense courageuse de la cité durant le siège infligé par les Suédois en 1653. Les cœurs couronnés ont aujourd'hui trouvé leur place dans les armoiries de la ville.
Le bloc de granite placé sur les marches du Stadhuset commémore la rencontre de Christian IV et de Gustave II Adolphe en 1619.

★ **Château** – Christian IV engagea en 1620 l'architecte hollandais Hans van Steenwinckel pour la construction du château qui devait contribuer à la défense de la ville. Il sert aujourd'hui de résidence au gouverneur du comté et n'est pas ouvert au public.
On peut voir amarré près du pont le *Najaden* ⊙, navire gréé en carré construit en 1897 et qui servit de navire-école.

Storgatan – La section piétonne qui s'étend de Stora torg à Lilla torg est ornée de plusieurs sculptures, notamment le soldat « **91 Karlsson** », personnage comique populaire en Suède. A l'extrémité de la rue proche de Lilla Torg, on peut voir également la porte Nord, **Norre Port**, datant de 1601 et des vestiges des remparts de la ville, **Norre Katt.**

★ **Musée** ⊙ – *Suivre le fleuve vers le Nord au-delà du parc de Norre Katt.*
La chose la plus intéressante que contienne ce musée local (sections de préhistoire et de marine) est la collection de **tentures peintes★★** *(bonader)* qui se trouve au premier étage. Ces peintures populaires de style naïf, typiques de la région, mettent habituellement en scène des sujets bibliques, mais les costumes et les décors appartiennent généralement à l'époque d'exécution, c'est-à-dire aux 18e et 19e s. Ces tentures de tissu ou de papier ornaient les murs et les plafonds des maisons paysannes pendant les fêtes, en particulier celle de Noël. L'exposition du deuxième étage, consacrée à l'art dans le Halland, comprend entre autres des toiles des membres du groupe de Halmstad.

Miniland ⊙ – *2 km à l'Ouest, en direction de Tylösand.*
73 modèles réduits de célèbres édifices suédois, tels que le palais royal de Stockholm et la cathédrale d'Uppsala, retiennent l'attention des enfants et de leurs parents dans cette « Suède en miniature ». Au pays des contes de fées (Sagolandet), on rencontre tous les personnages les plus populaires des contes suédois.

EXCURSION

★★★ **La route côtière en direction du Nord** – *40 km. Quitter Halmstad par la route de l'aéroport. A 2 km au-delà de l'aéroport, Mjällby est signalé à gauche.*

★ **Mjällby Konstgård** ⊙ – Cet attrayant centre artistique situé en pleine campagne fut fondé par la fille d'Erik Olson, l'une des membres du groupe de Halmstad. Elle passa elle-même 17 ans à Paris au sein de la communauté artistique et décida à son retour de créer un centre consacré principalement au groupe de Halmstad et à des expositions temporaires dédiées aux grands maîtres (Le Corbusier, Sonia Delaunay) qu'elle avait connus à Paris.

Revenir jusqu'à la route principale.

Heagård Konst & Hantverk ⓥ – Cette grange immense a été convertie en centre d'exposition d'œuvres d'art et d'objets artisanaux *(certains articles sont à vendre).*

A 2 km au Nord de Gullbrandstorp, au fumoir à saumon « Lingalax », suivre l'indication « Naturreservat ».

★★ **Haverdal naturreservat** – Plus de la moitié de la superficie de cette réserve naturelle est occupée par des dunes mouvantes ; une bande de 4 km de long sur 30 m de large, parallèle au rivage, est bordée par une rangée de dunes stabilisées par des touffes d'herbes folles. Un chemin en pente raide conduit au sommet de **Stora sandkullen**, la grande dune, haute de 36 m, d'où la vue embrasse la réserve et la côte. Remarquer les formes noueuses et tordues des pins sculptés par le vent.

Retourner à la route principale, puis tourner à gauche au panneau indiquant « Haverdalsstrand » et, 500 m plus loin, prendre Skallbergsvägen à droite qui conduit au sommet de la colline.

Skallen – Ce promontoire abrupt, couvert de genévriers et de bruyère, offre une **vue**★★★ splendide de la côte et de la mer. Vers la fin du mois de mai, la plage, vers le Nord, est couverte de statices aux fleurs d'un rose vif.

On traverse une vaste étendue de lande et de prairies où paissent les bovins. La côte rocheuse offre un contraste frappant avec les plages de sable situées plus au Sud.

★★ **Steninge** – Il y avait une verrerie au village entre 1873 et 1917. Du café Gösta, il y a une vue agréable sur la lande et la mer.

A environ 3,5 km vers le Nord, une route étroite conduit à droite vers un parking.

La route continue à monter jusqu'à un endroit connu sous le nom de **Prairies Vertes de Dieu** où un tapis de délicates anémones et autres plantes fragiles fleurit à l'abri des branches déployées des chênes et des hêtres. Durant les soirées d'été, le chant du rossignol remplit l'atmosphère.

Ugglarp – Le **Svedinos Bil- och Flygmuseum** ⓥ est un musée de l'automobile et de l'avion qui présente un grand nombre de vieilles voitures et de vieux avions et attire les amateurs de tout âge.

La route rejoint la E 6 à Heberg.

Au carrefour avec la E 6 (échangeur n° 49), **Laxbutiken** propose une sélection de plats de saumon préparé de 30 façons différentes dans le but de faire goûter aux visiteurs les spécialités du Halland *(à emporter ou à consommer sur place).*

HELSINGBORG

Malmöhus – 112 000 habitants

Carte Michelin n° 985 – P 9 ou Atlas Europe – p. 108

Pendant des siècles, deux puissants châteaux se sont dressés face à face, séparés seulement par un détroit de 4 km de large, l'Öresund. Helsingborg fut fondé au 11e s. sur un site stratégique afin de contrôler le détroit et aujourd'hui la ville danoise d'Elseneur (Helsingør), située de l'autre côté, n'est qu'à 25 mn de ferry. Helsingborg est un port animé ainsi qu'un centre commercial et administratif.
Pendant plusieurs centaines d'années, la région appartint aux Danois et le 17e s. fut une période sombre de l'histoire de la ville car elle fut impliquée dans les guerres incessantes que se livrèrent la Suède et le Danemark. Les Suédois prirent la ville au moins six fois avant que le traité de Roskilde (1658) ne rendît à la Suède les provinces qu'elle avait perdues. Cependant, la cité souffrit encore plus au cours de la période suivante marquée par la guerre de Scanie (1675-1679), lorsque les Danois essayèrent de reprendre la province de Scanie. A la suite de la **bataille d'Helsingborg**, en 1710, Magnus Stenbock chassa les Danois de Suède et les guerres prirent définitivement fin.

CURIOSITÉS

★ **Kärnan** ⓥ – *Stortorget.* Au 14e s., les Danois érigèrent cet imposant donjon pour remplacer la tour de bois construite précédemment. Il faisait partie d'un château fort en forme d'ellipse, d'où son nom de Kärnan qui signifie amande en suédois. La forteresse fut détruite vers 1680 et le donjon de 34 m de hauteur avec ses murs épais et sa tour d'escalier extérieure en est le seul vestige. De la terrasse *(146 marches)*, la **vue** embrasse Helsingør de l'autre côté du détroit et l'île de Ven un peu plus au Sud.

Sankta Maria kyrka ⓥ – *Storgatan.* L'église d'origine, construite en grès au 12e s., fut remplacée au 15e s. par l'édifice actuel de style gothique en brique rouge. La tour ornée d'un pignon à redans fut ajoutée au 16e s.

A l'intérieur, on remarquera en particulier le **retable** (1450), œuvre d'un artisan d'Allemagne du Nord, la **chaire** Renaissance (1615) et les **fonts baptismaux** médiévaux en calcaire gris, réalisés par l'école de Gotland. On peut voir des traces de peintures murales du 15e s. par le maître d'Helsingborg dans le déambulatoire qui abrite également de beaux **vitraux**★★. Les deux vitraux situés sur la droite sont de Martin Emond et illustrent l'histoire d'Helsingborg, le troisième et le quatrième sont d'Einer Forseth et représentent Dieu le Père et la Vierge et l'Enfant, tandis que les deux autres situés sur la gauche sont d'Erik Olson et mettent en scène le Fils et le Saint-Esprit. Les vitraux du transept Nord intitulés *Rivière de Vie* et *Arbre de Vie* datent tous deux de 1953 et sont l'œuvre de Ralph Bergholtz.

★★ **Sacristie et salle de l'Argenterie** – La première pièce contient une sélection d'une valeur inestimable de vêtements liturgiques, tandis que la seconde abrite la Bible de Christian III datant de 1550 et un certain nombre d'objets en argent du 17e s. à nos jours.

Ven – Des bateaux desservent plusieurs fois par jour cette île où vécut de 1576 à 1596 le célèbre astronome danois **Tycho Brahe** (1546-1601). Il y construisit un château aujourd'hui ruiné et un observatoire *(voir au chapitre Danemark : Helsingør)*.

EXCURSION

La péninsule de Kullen – *45 km.* Ce promontoire battu des vents mérite une visite en raison de ses villages de pêcheurs alignés le long du rivage. Certains datent de la période de prospérité d'Österlen et servirent de ports d'attache aux voiliers marchands aux 17e et 18e s.

Prendre la direction du Nord en suivant Drottninggatan.

★ **Sofiero** – Le château fut construit pour la reine Sophie, épouse du roi Oscar II, puis fut offert en 1905, comme cadeau de mariage, à leur petit-fils le prince héritier Gustave Adolphe et à sa jeune épouse la princesse Marguerite de Grande-Bretagne, qui, à l'exemple de son père le duc de Connaught, aimait beaucoup le jardinage. Les **jardins** ⓥ *(un plan est disponible à l'entrée)* sont agrémentés d'un bel assortiment de rhododendrons et d'azalées. L'allée des rhododendrons commence dans le vallon situé au pied du château et se termine près de la pièce d'eau. Une partie de l'Allée fleurie est restée telle que la princesse la dessina il y a 80 ans.

Suivre la route 111 en direction de Höganäs.

Viken – Ce pittoresque village de pêcheurs est aujourd'hui un élégant faubourg de Helsingborg.

Höganäs – Höganäs est le berceau de l'industrie suédoise de la céramique. Le petit village de pêcheurs du 16e s. se transforma au 18e s. en une ville minière à la suite de la découverte d'un gisement de charbon à proximité. Au 19e s. on se mit à extraire de la mine de l'argile qui fut utilisée pour la fabrication de briques, puis de faïence et de poterie de grès. Plusieurs sociétés produisent encore de la poterie durcie au sel.

Le **Höganäs museum och konstgalleri**★ ⓥ présente une exposition chronologique de poterie locale au rez-de-chaussée tandis qu'au sous-sol on peut admirer une sélection de poteries de grès réalisée par plus de 60 artistes nordiques contemporains. On remarquera en particulier les personnages bibliques humoristiques d'Åke Holm (1900-1980). Le premier étage est en partie consacré aux dessins et aux aquarelles du spécialiste suédois d'art folklorique, Nils Månsson Mandelgren (1813-1899) et aux œuvres (peintures et photographies) de Peter Lundh (1865-1943), qui prit des photographies célèbres de la station balnéaire toute proche de Mölle lorsqu'elle était en plein essor.

Saltglaserat AB ⓥ – *Suivre la direction de Mölle, prendre Bruksgatan à gauche, puis suivre les indications.* « Il arriva comme une tempête de neige un soir d'avril, une bouteille en Höganäs accrochée autour du cou par une lanière de cuir. » C'est ainsi qu'August Strindberg décrit l'arrivée de Carlsson dans son roman *Les Gens de Hemsö*. Établie en 1832, la société produisit d'abord de la faïence vernie de couleur jaune, puis s'orienta vers la production de poterie de grès durcie au sel. Cette poterie eut un grand succès et il n'y a guère de famille suédoise qui ne possède un pot en Höganäs. La production continue à petite échelle, selon les méthodes traditionnelles qui exigent une grande partie de travail à la main.

BodaNova-Höganäs keramik AB ⓥ – Une énorme pyramide de poteries distingue le bâtiment où l'on fabrique depuis 1910 des objets en poterie de grès à usage domestique.

Continuer en direction de Mölle.

Krapperup ⓥ – Ce vaste domaine appartenait autrefois à la famille Gyllenstierna. Le petit musée et la galerie d'art *(situés dans le bâtiment qui borde la route)* ainsi que les remarquables **jardins** sont ouverts au public. Ils offrent une belle vue du château entouré de douves, construit au 16e s. mais considérablement remanié à la fin du 18e s. L'étoile qui brille sur la façade figure sur les armoiries de la famille.

Mölle – Construite à flanc de coteau, cette petite station estivale était fréquentée au début du siècle par les Danois et les Allemands. La réputation d'immoralité qu'acquit Mölle en autorisant hommes et femmes à se baigner ensemble lui valut de se faire des adeptes dans toute l'Europe. L'empereur d'Allemagne Guillaume II et sa femme firent partie des habitués les plus célèbres.

★★★ **Kullaberg** – Le promontoire, dont les falaises tombent à pic dans la mer, sépare la baie de Skäldervik au Nord du détroit de l'Öresund. Des chemins longeant le bord de la falaise *(il est conseillé de faire attention)* conduisent au phare de Kullen qui se dresse à 88 m au-dessus du niveau de la mer. Il fut érigé en 1900 à la place du phare du 16e s.
À mi-chemin, un panneau (Ransvik) indique la direction d'un café, dont la situation pour le moins impressionnante au bord de la falaise offre des vues splendides sur le détroit.

Quitter la route principale à gauche.

Himmelstorp – Cette vieille ferme de Scanie, transformée en café, est le point de départ d'une promenade de 15 mn *(balisée au moyen de pierres peintes ; des chaussures de marche sont indispensables et il faut s'aider des pieds et des mains vers la fin du parcours)* jusqu'à **Nimis**, exposition sur le rivage d'œuvres d'art réalisées à partir de bois d'épaves.

Revenir à la route principale et tourner à droite au carrefour en T suivant, juste avant le virage à gauche pour Arild.

Brunnby – L'**église** romane du 12e s. est célèbre pour ses **peintures** du 15e s. qui ornent la voûte du bas-côté et comptent parmi les œuvres les mieux conservées du maître d'Helsingborg.

Arild – Ce vieux village aux petites maisons de pêcheurs agrémentées de jardins est une station pittoresque fréquentée des artistes depuis près d'un siècle.

Skäret – Flickorna Lundgren ⊙ est une maison d'été vieille de 260 ans qui appartenait à la famille Lundgren, laquelle transforma la maison en café en 1938. Le jardin, avec sa magnifique vue sur la baie, est un endroit idéal, sur fond de fleurs et de mer, pour déguster les gâteaux « dont le goût égale le chant des anges ».

HÄRNÖSAND

Västernorrland – 27 512 habitants

Carte Michelin n° 985 – J 14 ou Atlas Europe – pp. 101-102

Située à l'embouchure de l'Ångermanälv, Härnösand est en partie construite sur l'île de Härnö.

CURIOSITÉS

Cathédrale ⊙ – Construite entre 1842 et 1846, alors que Frans Michael Franzén, poète et auteur d'hymnes, était évêque, l'élégant édifice néo-classique à portique remplaça un sanctuaire incendié en 1721 lors d'un pillage par les troupes russes. L'autel et le retable de style baroque, datant tous deux de 1728, sont l'œuvre de David von Cöln. Les fonts baptismaux en argent de style rococo espagnol datent de 1777.
Une des sculptures du parc municipal attenant est une œuvre de Carl Milles datant de 1910 et représentant Franzén, l'évêque poète, en compagnie de deux muses, ses filles. Au Sud de la cathédrale on peut voir Östanbäcken, quartier aux maisons de bois.

Murberget ⊙ – *2 km sur la E 4, puis panneau indicateur.*
Ce musée de plein air qui comprend des bâtiments de fermes, de petites maisons de campagne, une ferme d'été, une église et une auberge, est situé dans un cadre boisé plein de charme. En été, des démonstrations d'artisans et des fêtes l'animent. Le musée régional, inauguré en 1994, contient une intéressante collection d'armes et d'armures.

EXCURSION

★★ **Höga Kusten** – *Compter 150 km environ avec les excursions autour de Nordingrå.*
Cette partie de la côte suédoise connue sous le nom de Côte haute s'étend de Härnösand à Örnsköldsvik. Elle est bordée d'une série de falaises impressionnantes, de baies et d'échancrures, d'îles et de récifs, de collines boisées et de larges vallées fertiles. La beauté de la région a attiré de nombreux artistes et artisans et quelques-uns des studios et des ateliers sont ouverts aux visiteurs.
Quitter Härnösand par la E 4 au Nord.

Lunde – Un monument à l'extrémité Sud du pont de Sandö marque l'emplacement de l'**incident d'Ådalen** qui eut lieu en 1931 lorsque des soldats ouvrirent le feu sur des ouvriers qui manifestaient, tuant cinq personnes. Descendre au village et suivre les indications « Minnesmärke ». La **sculpture**★ fut commandée en 1981 à Lenny Clarhäll pour célébrer le 50e anniversaire de cet incident.

Sandöbron – Lors de sa construction entre 1938 et 1943, le pont de Sandö était le pont à travée unique le plus long du monde. D'une portée de 264 m, il s'élève à 42 m au-dessus de l'eau, offrant de belles vues en amont et en aval de l'Ångermanälv, qui fut jusqu'en 1982 l'une des rivières de flottage les plus importantes. Un air d'accordéon très populaire en Suède est intitulé *Clair de lune sur le fleuve Ångerman.*

Poursuivre par la E 4 en direction de Örnsköldsvik, puis à Skog prendre à droite vers Nordingrå.

La péninsule de Nordingrå, située à mi-chemin le long de Höga Kusten, est célèbre pour ses nombreux ports de pêche colorés que l'on peut visiter à partir de Nordingrå.

★★ **Nordingrå** – La ville se dresse sur les bords d'un lac, qui était autrefois une échancrure de la côte, et les ruines imposantes de son église témoignent de son importance au Moyen Âge. L'**église** du 19e s. contient un beau retable du 16e s. originaire de Bruxelles, qui avait été commandé pour l'église antérieure. Une rangée pittoresque d'« **écuries paroissiales** » *(voir à Rättvik)* s'étend jusqu'au bord du lac.

La région est connue pour ses **chapelles de pêcheurs** ; comme l'hiver trop froid ne permettait pas d'y célébrer les offices, certaines servaient aussi d'entrepôts. On peut en voir des exemples dans les villages de Norrfällsviken, Bonhamn et Barsta où la **chapelle**★ a été préservée telle qu'elle était en 1666. Les deux îles d'Ulvö sont renommées pour la préparation d'une spécialité suédoise, le hareng de la Baltique fermenté *(surströmming)*, qui n'est pas quelque chose que l'on aime d'emblée.

A Häggvik *(3 km au Sud de Nordingrå)*, le **Café Mannaminne** ⏲ est utilisé pour des concerts et des expositions ; plusieurs musées locaux sont logés dans les bâtiments voisins.

La **villa Fraxinus** ⏲ *(à 10 km de Nordingrå)* possède un magnifique **jardin**★ paysager qui s'harmonise parfaitement avec la campagne environnante.

Rejoindre la E 4 à Ullånger.

Skuleberget – Alt. 294 m. La silhouette de cette montagne est caractéristique et facile à repérer depuis la E 4. L'ancienne ligne du rivage qui se trouve aujourd'hui non loin du sommet montre combien la terre s'est soulevée depuis la dernière glaciation sous l'effet de l'isostasie. Il faut compter environ 1 h 30 pour escalader le mont Skule par l'une des pistes prévues à cet effet, tout en sachant que l'une d'entre elles est plus difficile. Au sommet, que l'on peut atteindre par télésiège, un café et un magnifique **panorama** récompensent ceux qui réalisent l'ascension.

Un peu plus loin le long de la côte, se trouve le **Skule Naturum** *(à 3 km au Nord de Docksta)*, centre d'accueil du parc national Skuleskogen et du Skuleberget.

JOKKMOKK★

Norrbotten – 6 660 habitants

Carte Michelin n° 985 – F 17 ou Atlas Europe – p. 98

Schéma : LAPPLAND

La commune de Jokkmokk est la plus grande de Suède après celle de Kiruna ; elle s'étend en effet des hautes montagnes de l'Ouest jusqu'aux marais et aux anciennes forêts de pins du parc national de Muddus à l'Est. Jokkmokk a de tout temps été un centre politique et culturel du peuple sâme et fut pendant très longtemps le lieu où les Sâmes se regroupaient en hiver ; il s'y tient aujourd'hui un célèbre marché d'hiver. Le cercle polaire, qui passe à 14 km au Sud de Jokkmokk, est clairement indiqué par un panneau en trois langues : Polarsirkelen, Polcirkeln et Napapiiri.

CURIOSITÉS

Le marché d'hiver – Depuis 1605, les gens viennent de loin au marché de l'artisanat qui a lieu les premiers jeudi, vendredi et samedi du mois de février. La population du bourg est multipliée par 10 et les chambres d'hôtel sont réservées longtemps à l'avance ! Une foire d'automne a lieu les derniers vendredi, samedi et dimanche du mois d'août.

Storknabben – *A l'extrémité Est du bourg ; à l'Est d'Ajtte, prendre la route forestière étroite pour parcourir les 2 derniers km jusqu'au sommet.*

C'est un belvédère idéal d'où l'on peut admirer le soleil de minuit entre le 15 juin et le 7 juillet. Toutefois, il fait jour toute la nuit de mai à juillet et, par ailleurs, le soleil ne paraît jamais au-dessus de l'horizon du 20 novembre au 22 décembre.

★★★**Ajtte : montagne et musée same** ⓥ – *A l'extrémité Est du bourg. Le musée fournit des renseignements sur les parcs nationaux et les pistes de découverte de la région.*
Ce musée passionnant et original, inauguré en 1989, est consacré au patrimoine culturel des Sâmes et à leurs terres montagneuses, étudiées d'un point de vue écologique. Il contraste avec le Musée de l'Argent à Arjeplog *(voir à Lappland)*, car ici la forme des pièces et les décorations murales sont aussi importantes que les objets exposés. A l'extérieur, le visiteur peut voir des huttes sâmes, des réserves *(ájtte)* et découvrir la flore des montagnes. L'exposition permanente relate l'histoire des Sâmes *(Sápmi* est le nom que les Sâmes se donnent), leurs mythes, leur religion, leurs traditions et leur élevage des rennes. D'autres sections présentent les différents aspects de leur environnement, les montagnes, les forêts et les rivières.

Edvin « Sarek » Nilsson Naturfoto ⓥ – *Bâtiment jaune au carrefour des routes 97 et 45.*
Les imposants paysages du massif du Sarek, la délicatesse de la flore, un ours solitaire ou un troupeau de rennes ont été saisis de façon remarquable par le photographe Edvin Nilsson, célèbre pour ses livres et films documentaires sur les parcs nationaux suédois.

Atelier de Lars Pirak ⓥ – *Jarregatan 4. Traverser le village en suivant Storgatan jusqu'à ce que la rue amorce une légère courbe ; Jarregatan est sur la gauche.*
Les œuvres de cet artiste et artisan d'art sâme ont trouvé leur place dans les musées du monde entier. L'art sâme et le chamanisme sont ses grandes sources d'inspiration tandis que les montagnes et les rennes sont des thèmes qui reviennent souvent dans ses œuvres. Un atelier et une exposition d'art et d'artisanat se trouvent au sous-sol de la maison.

EXCURSIONS VERS LES PARCS NATIONAUX

Sarek et Padjelanta – *120 km jusqu'à Kvikkjokk par les routes 45 puis 805. Faire le plein avant de partir car il n'y a qu'une station-service le long de cette route, au village de vacances d'Årrenjarka, 20 km avant Kvikkjokk.*
La route longe la rivière Lilla Luleälv et au fur et à mesure que l'on approche de Kvikkjokk, de hautes montagnes se profilent à l'horizon.

Kvikkjokk – Au-delà de ce village, où prend fin la route 805, s'étendent les grands espaces sauvages des parcs nationaux de Sarek et de Padjelanta, où règnent l'aigle royal, le lynx et le glouton. Des excursions quotidiennes en avion permettent de visiter les parties les plus reculées des parcs.

Sarek – Ce parc national s'étend sur une région montagneuse aux sommets pouvant atteindre 2 000 m, comptant de nombreux glaciers et éboulis de roches ainsi que des vallées profondes. Seuls les randonneurs et les alpinistes chevronnés peuvent s'aventurer sur ses pistes.

Padjelanta – Situé encore plus à l'Ouest que Sarek, Padjelanta est le plus grand parc national d'Europe. Il englobe la région des hauts plateaux qui entoure les lacs Virihaure et Vastenjaure. Dès 1732, Linné reconnut son importance dans le domaine de la botanique. C'est également depuis toujours une région d'herbages naturels où paissent les troupeaux de rennes des Sâmes. Mieux adapté aux randonneurs inexpérimentés, on peut y parcourir des itinéraires plus courts.

Stora Sjöfallet – *160 km par la route 45 ; après Porjus, suivre la signalisation.*
Le parc national des Chutes du Grand Lac est facilement accessible en voiture. Quand on longe le lac Stora Lulevatten, les hautes montagnes apparaissent bientôt au loin. Le grand complexe hydro-électrique, qui comprend l'immense barrage Suorva et plusieurs centrales souterraines, a transformé les rivières et les lacs allongés de la région en vastes réservoirs. Toutefois, la plus grande partie du parc, y compris les montagnes et le mont Akka dont il s'agissait de protéger l'environnement, ont été préservés dans leur état naturel.

Linné en Laponie

Lors de l'expédition de Linné dans la région, un voyageur qui se rendait en Norvège pour en rapporter de l'eau de vie *(brännvin)* se joignit à lui. Leur descente dans les vertes vallées et les plaines côtières de Norvège est décrite ainsi : « Lorsque nous fûmes enfin parvenus au fond de la vallée, ce fut un immense soulagement pour mon corps fatigué ! J'avais laissé derrrière moi les roches couvertes de glace pour pénétrer dans une vallée au climat doux et aux couleurs étincelantes. Je m'assis pour manger des fraises sauvages ; à la place d'un paysage de neige et de glace, je vis des prairies vertes et riantes (...) Le temps affreux avait été remplacé par le merveilleux parfum du trèfle et autres plantes en fleurs. *O formosissima aestas !* Oh ! quel magnifique été ! »

Muddus – *Le parc est situé à l'Est de Porjus.*
Ce parc national fut créé afin de sauvegarder les anciennes forêts, les marais, les gorges et les lacs. Ours, lynx et gloutons vivent en toute liberté et à l'époque de la reproduction (15 mars au 31 juillet), la partie centrale du parc n'est pas accessible aux visiteurs.

★ **Vuollerim 6000** ⏲ – *42 km à l'Est par la route 97. A Vuollerim suivre l'indication «Stenåldersbyn».*
Des fouilles ont révélé la présence d'un village de l'âge de la pierre datant d'il y a 6 000 ans. Le produit des fouilles est exposé dans un musée construit spécialement. L'un des habitats a été reconstitué à l'extérieur et des démonstrations régulières d'anciennes méthodes culinaires et de techniques de construction des bateaux sont organisées.

JULITA GÅRD★★

Södermanland

Carte Michelin n° 985 – M 13 ou Atlas Europe – p. 106

Le **manoir de Julita** ⏲, situé près d'Äsköping sur les bords du lac Öljar, à une trentaine de kilomètres au Nord de Katrineholm, abrite aujourd'hui le Musée suédois de l'Agriculture. Au 12e s., des moines cisterciens fondèrent un monastère qui fut entièrement détruit en 1535. Le domaine devint propriété de la couronne, un manoir fut construit et une fabrique de pièces d'artillerie, établie sur le site (1627-1665), fournit au roi Gustave II Adolphe les canons dont il avait besoin pour prendre part à la guerre de Trente Ans. Le domaine changea plusieurs fois de propriétaire jusqu'au début du 20e s. ; c'est alors que le nouveau propriétaire, le **lieutenant Arthur Bäckström** (1861-1941), influencé par les idées d'Arthur Hazelius, fondateur du musée de Skansen à Stockholm, conçut un projet similaire. Avec la coopération du Musée nordique, auquel il légua le domaine, et du Musée d'Histoire culturelle, il créa un musée de plein air.

★★★ **Stora huset** – Le beau manoir jaune de trois étages date de 1750. Deux ailes séparées ajoutées plus tard se dressent face à face de part et d'autre de la cour. L'édifice principal est tel qu'il était du vivant de son dernier propriétaire Arthur Bäckström ; une grande partie du mobilier est l'œuvre du menuisier du domaine.
La remise abrite une collection de voitures à chevaux des 19e et 20e s., ainsi que le bureau de Bäckström tel qu'il était à l'époque.

Le parc – Splendide avec ses arbres vénérables, sa roseraie et son joli belvédère, il présente, près de la jetée, un charmant « Åttkanten » conçu pour servir de lavoir et transformé en pension au 20e s. Au Sud des écuries se trouve la résidence de l'abbé dont le rez-de-chaussée date du 13e s., alors que l'étage fut ajouté au 18e s. Dans la serre, une présentation illustrant la construction génétique des plantes explique le rôle de la Banque nordique des gènes végétaux tandis que l'on peut voir d'autres expériences visant à préserver des espèces locales très anciennes dans le jardin potager. Bäckström créa un Skansen en miniature, avec de petites maisons, un musée et une chapelle pour préserver le patrimoine culturel du pays. Le domaine possède également une laiterie, une briqueterie, un four à chaux, un séchoir à tabac et un poste de pompiers qui est aujourd'hui un petit musée.

KALMAR★

Småland – 57 000 habitants

Carte Michelin n° 985 – P 13 ou Atlas Europe – p. 109

Kalmar est célèbre pour son **château** *(voir illustration en Introduction, chapitre : Histoire)* qui défendit longtemps la frontière méridionale de la Suède. Il y a toujours eu d'étroits rapports entre la ville industrielle de Kalmar et l'île d'Öland à vocation agricole, aujourd'hui reliée à la côte par le magnifique pont qui permet à de nombreux insulaires de se rendre quotidiennement à Kalmar pour leur travail.

L'Union des Trois Couronnes – La ville est depuis très longtemps associée dans l'esprit des gens à l'**union de Kalmar**, signée ici en 1397 *(voir Introduction, chapitre : Histoire)*. Cette vaste union territoriale entre les royaumes de Danemark, Norvège et Suède représente un exploit remarquable à une époque où la rivalité entre les différentes dynasties et la guerre civile régnaient partout. La reine Margrethe de Danemark fut à la tête de cette union dont le but était de faire obstacle à l'influence grandissante de la Hanse. Difficile à maintenir en raison des conflits opposant la noblesse et le pouvoir royal, elle fut dissoute en 1523 à la suite du « bain de sang de Stockholm » *(voir à Stockholm)* et de l'accession au trône de Gustave Vasa.
La cité fut souvent victime d'attaques et de sièges au cours de cette période trouble, mais c'est pourtant pendant la guerre de Kalmar (1611-1613) qu'elle fut le plus endommagée et, à la suite d'un incendie dévastateur en 1647, elle fut reconstruite sur le site insulaire de Kvarnholmen éloigné du château.

★★★KALMAR SLOTT ⊙

Pendant cinq siècles, le **château** fut l'une des forteresses suédoises les plus puissantes et les plus convoitées en raison de ses fortifications et de sa position stratégique contrôlant le détroit de Kalmar, position qui lui valut d'être surnommée « la clé de la Suède » à l'époque où la Suède méridionale était aux mains des Danois.
Le donjon d'origine, construit au 12e s., faisait partie d'une ligne de défense jalonnée d'églises fortifiées et de donjons, de l'île d'Öland à la côte. C'est le roi Gustave Vasa qui, au 16e s., fit renforcer les fortifications et reconstruire le château ; ses fils transformèrent par la suite l'intérieur pour en faire celui d'un palais Renaissance. Le château devint un symbole du pouvoir royal et l'une des résidences préférées des rois de Suède. Les splendides appartements d'apparat richement décorés reflètent la pompe et l'éclat que l'on attribue à cette période. Après le traité de Roskilde, le château perdit son importance stratégique au profit de Karlskrona.
Kalmar est encadré de quatre tours rondes surmontées de coupoles cannelées, terminées par des fleurons effilés. Des bastions à pignons avancent en saillie sur les ailes, tandis qu'une grande tour carrée et une coupole à tourelle s'élèvent au-dessus du reste. Les murs nus contrastent avec la ligne délicate des toits.
On remarquera en particulier la chambre à coucher (1555-1562) du roi Éric, à la décoration somptueuse, ainsi que la chapelle et sa belle voûte en berceau du 16e s.

LE CENTRE DE LA VILLE

Les plus beaux vestiges des **remparts** se trouvent dans le quartier du port et comprennent le bastion Johannes Rex et la porte Sud, Kavaljeren. Une fois la porte franchie, la petite place de **Lilla torget**, bordée d'édifices du 17e s. et d'une section des remparts, révèle son véritable caractère médiéval. Västra Storgatan conduit à Stortorget où le **Rådhus** ⊙ du 17e s. se dresse face à l'église située au centre de la place. Le nom de **domkyrkan** est trompeur car l'église n'est plus une cathédrale. Elle doit son style baroque italien à Nicodème Tessin l'Ancien qui fit un séjour à Rome avant de la dessiner en 1660.

Länsmuseet ⊙ – Un moulin à vapeur réaménagé abrite le musée provincial. Les vestiges du vaisseau amiral de la flotte royale, le **Kronan**, sont les pièces les plus intéressantes du musée. Le navire explosa et coula au cours d'une bataille au large de la côte d'Öland en 1676. 42 personnes seulement sur les 800 qui se trouvaient à bord survécurent. L'épave fut découverte en 1980 à 6 km des côtes par 26 m de fond. Si le Vasa, qui se trouve à Stockholm, est le plus célèbre navire du 17e s. et le mieux conservé, le Kronan a livré un ensemble considérable d'objets, parmi lesquels on dénombre 44 canons de bronze, de très belles sculptures en bois, des objets en étain, des cruches en poterie, la cloche du navire, des instruments de navigation et des objets en or. Les plongées se poursuivront jusqu'en 2000. L'exposition du quatrième étage présente le monde enchanté de **Jenny Nyström** peuplé d'elfes et de fées comme ceux qui ornent traditionnellement les cartes de Noël suédoises.

Krusensjerna – *Dans Stora Dammgatan, à 200 m à l'Ouest du château.*
Cette maison du 19e s. entièrement meublée se dissimule au cœur de son propre jardin, derrière une clôture de bois. C'est ici qu'était située la vieille ville.

KARLSHAMN

Blekinge – 31 000 habitants

Carte Michelin n° 985 – P 11 ou Atlas Europe – p. 109

Pendant la guerre de Scanie (1675-1679), Charles XI installa dans les régions dévastées par le conflit des Suédois loyaux et fonda la ville de Karlshamn pour servir de base à la flotte suédoise. Le port, le plus grand en eau profonde de la côte méridionale, s'avéra trop difficile à défendre et Karlshamn se développa pour devenir un important centre de négoce.
Près du port, on peut voir dans Hamnparken le **monument**★★ d'Axel Olson, érigé à la mémoire des Suédois qui émigrèrent en Amérique. Il représente les deux principaux personnages, Kristina et Karl-Oskar, de l'œuvre magistrale de Vilhelm Moberg, *Les Émigrants (voir à Växjö)*, qui furent interprétés par Liv Ullman et Max von Sydow dans l'adaptation cinématographique (1973) qu'en réalisa Jan Troell.
Une excellente vue de l'estuaire de Karlshamn et de la citadelle du 17e s. surveillant de son île les abords de la ville s'offre au promeneur depuis *Villa Utsikten*, café situé dans un cadre agréable le long d'un chemin de promenade qui aboutit au petit port où l'on vend du saumon, de l'anguille et du maquereau fumés.
Un **festival balte** (musique et manifestations culturelles) a lieu en juillet avec la participation d'autres pays de la Baltique.

CURIOSITÉS

★★ **Kulturkvarter** ⊙ – *Drottninggatan/Vinkelgatan.*
Un ensemble d'édifices historiques abrite des musées et des galeries d'art très intéressants.

Musée – *Entrée dans Vinkelgatan.* Il comprend des sections sur le folklore (art et costumes), l'industrie locale, les activités maritimes et l'art de peindre les plafonds. Une autre pièce commémore la chanteuse locale Alice Tegnér (1864-1943) connue pour ses chansons pour enfants.

Entrer dans la cour.

Dans **Stenhuset** sont exposés des buffets d'orgue, des décorations murales et des pièces en fer forgé. **Holländarhuset,** où les marchands hollandais se retrouvaient lorsqu'ils étaient en voyage en Suède, est aujourd'hui occupé par des logements et un atelier. Le hangar à tabac, **Tobaksladan**★★, est maintenant un petit musée consacré à l'industrie locale du tabac, qui remonte au 17e s. Dans le courant du 18e s., les Suédois prirent l'habitude de priser, et l'industrie du tabac devint florissante. En 1915, les quarante usines qui fonctionnaient encore furent reprises par l'entreprise jouissant du monopole d'État. Le **musée des Beaux-Arts** *(de l'autre côté de Vinkelgatan)* abrite des expositions régulières sur l'art suédois contemporain ainsi que de beaux spécimens de peintures murales et de splendides plafonds peints qui ont été transférés ici de l'hôtel de ville.

★★ **Punschmuseet** – La façon de faire le punch avec l'*arak,* boisson alcoolisée distillée soit à partir de lait de coco, soit à partir de riz et de mélasse, est expliquée à l'aide de l'équipement traditionnel d'une distillerie du 19e s.

★★ **Skottsbergska gården** – Ce spécimen remarquable de maison de marchand du 18e s. contient de beaux meubles et peintures murales.

EXCURSIONS

Laxens hus ⊙ – *10 km à l'Ouest, à Mörrum, par la route E 22.*
Un aquarium à saumons permet d'observer les saumons et les truites aux différentes étapes de leur développement. La région de Mörrum est célèbre depuis le 13e s. pour la pêche au saumon et, même de nos jours, elle offre aux amateurs une bonne pêche du 1er avril au 30 septembre. Le poids record (1991) d'un saumon est d'un peu moins de 25 kilos.

★ **Sölvesborg** – *22 km au Sud-Ouest par la E 22.*
La plus ancienne et la plus petite ville de la province de Blekinge obtint sa charte en 1445, mais elle fut probablement fondée au 13e s. La ville a conservé un certain caractère médiéval en raison de ses rues étroites et sinueuses et de ses maisons pressées les unes contre les autres. La silhouette imposante de l'**église Saint-Nicolas,** construite en briques au 13e s., marque le centre de la ville. En été, Sölvesborg est une station animée qui offre un choix de plages (Listershuvud) et des conditions idéales pour faire de la voile.

Eriksbergs naturreservat ⊙ – *Environ 10 km à l'Est par la route E 22. Suivre les panneaux indiquant Åryd et ensuite Eriksberg. 14 km de piste de découverte ; les visiteurs sont priés de ne pas quitter leur voiture excepté au manoir et à certains points d'observation.*
La réserve abrite environ 800 animaux comme par exemple des cerfs et des daims et des bisons d'Europe. La piste traverse des bois d'arbres à feuilles caduques, de vastes étendues de forêt de conifères et longe un petit lac sur lequel flotte une espèce rare de **nénuphar rouge**. Les distractions qu'offre le manoir d'Eriksberg comprennent un zoo pour enfants, un musée, une cafétéria et une impressionnante collection de trophées de chasse comme des bois de cervidés.

KARLSKRONA

Blekinge – 60 000 habitants

Carte Michelin n° 985 – P 12 ou Atlas Europe – p. 109

La cité fut fondée en 1680 par décret royal pour servir de base à la flotte suédoise et, de nos jours, les activités de la ville se rapportent essentiellement à la base et aux chantiers navals. Karlskrona s'étend sur une trentaine d'îles et l'odeur de la mer est omniprésente.
La majorité de l'archipel est une zone militaire mais des visites guidées sont possibles pour les étrangers *(se renseigner à l'Office de tourisme)*. En raison de sa vieille tradition maritime, Karlskrona a souvent été le port d'accueil de la course internationale Cutty Sark pour grands voiliers.

CURIOSITÉS

Stortorget – La statue du roi Charles XI, fondateur de la ville, se dresse au centre de cette vaste place où s'élèvent deux églises baroques conçues par Nicodemus Tessin le Jeune. **Fredrikskyrka** ⊙ (1720-1758), dont le nom rappelle le souvenir du roi Frédéric, est agrémentée de pilastres. **Trefaldighetskyrka** ⊙ (1697-1749) était destinée à la communauté allemande qui continua à l'utiliser jusqu'en 1846.

Fisktorget ou **Fiskbron** – C'est ici que se dressait le vieux marché couvert et que les bateaux de pêche étaient amarrés. C'est aujourd'hui l'embarcadère des bateaux d'excursions qui font le tour de l'archipel.

Amiralitetskyrka ⊙ – L'**église de l'Amirauté royale**, entièrement construite en bois, fut le premier lieu de culte de Karlskrona lorsqu'elle fut consacrée en 1685, cinq ans après la fondation de la ville. L'église est célèbre pour son curieux tronc des pauvres qui illustre Rosenbom, personnage du *Merveilleux Voyage de Nils Holgersson*, de Selma Lagerlöf. C'est Rosenbom qui cacha Nils sous son chapeau.

Kungsbron – Autrefois, lorsqu'il était naturel d'arriver par mer, le **pont du Roi** était la prestigieuse porte d'accès de la cité. La statue représente Erik Dahlbeg, urbaniste qui dota la ville de ses larges avenues et de ses vastes places bordées d'édifices monumentaux. Le bâtiment rose était la résidence du gouverneur. Le **bastion Aurora** faisait partie des fortifications construites autour des chantiers de la marine.
Le *Jarramas*, avec son gréement complet, est aujourd'hui un café qui offre des divertissements musicaux en été. Le dragueur de mines **HMS Bremön** ⊙ a été converti en bateau-musée.

Björkholmen – C'est ici que s'installa la première communauté d'artisans de la marine. Les petites maisons alignent leurs pignons le long des rues en pente raide. Les rues orientées d'Est en Ouest portent le nom de célèbres amiraux suédois, tandis que celles qui sont orientées du Nord au Sud portent le nom de différents types de navires.

★ **Marinmuseet** ⊙ – Le **Musée de la Marine** retrace l'histoire de la marine suédoise et des chantiers navals. Il abrite une collection exceptionnelle de figures de proue.

★ **Blekinge länsmuseum** ⊙ – Le bâtiment principal du musée provincial (beaux-arts, mobilier et artisanat) est un élégant hôtel particulier de style baroque, Grevagården, datant de 1705 et agrémenté de beaux jardins. D'autres bâtiments situés dans l'enceinte du parc sont consacrés à la sculpture sur pierre, à la construction navale et à la pêche.

EXCURSION

Ronneby – *25 km à l'Ouest par la route E 22.*
Les propriétés curatives des eaux de Ronneby furent découvertes en 1705, mais ce n'est qu'au 19e s. que la ville devint une ville d'eau cosmopolite renommée, accueillant l'élite sociale de l'Europe. Lorsqu'un incendie détruisit l'établissement thermal, un nouveau centre de conférence et de divertissement fut construit à sa place. Il est pourtant possible d'apprécier l'élégance et le style de la ville d'autrefois d'après les quelques édifices thermaux qui se trouvent encore dans **Brunnspark**. Logé dans un bâtiment industriel rénové, le **Kulturcentrum** abrite aujourd'hui l'office de tourisme et une salle d'exposition.
Tosia Bonnadan (littéralement la « Journée loufoque des agriculteurs ») est une foire populaire qui attire dans la ville une foule nombreuse.

★★ **Heliga Kors kyrka** ⊙ – Perchée sur une hauteur au centre de la ville, l'église est remarquablement mise en évidence. A l'édifice roman du 12e s., furent ajoutés le transept du 13e s. et la massive tour du 15e s. de la façade Ouest. D'intéressantes **peintures** des 15e et 16e s. ont été découvertes dans le chœur et le transept Sud ; on remarquera la Danse macabre qui orne le mur du chœur sur le côté Sud.

Le **retable** à trois étages datant de 1652, admirablement sculpté, et la **chaire**★ (1620), ornée de peintures et de dorures, sont tous deux de style baroque. Cette dernière est un très bel exemple de l'élégante sculpture sur bois pratiquée par les Danois sous le règne de Christian IV. Erik Olson et le groupe de Halmstad *(voir à ce nom)* dessinèrent en 1955 les deux **vitraux** du chœur. Une lourde porte de chêne portant des traces d'incendie et de coups de hache rappelle qu'il y eut un bain de sang à Ronneby en 1564, lorsque le roi de Suède Eric XIV s'empara de la ville.
Un charmant quartier ancien, **Bergslagen**, aux rues sinueuses, aux allées en pente raide et aux maisons pittoresques, est situé à l'Ouest de l'église. **Möllebackagården** ⊙ *(dans Kyrkogatan)* et la maison **Mor Olivia** *(près des rapides)* proposent des expositions d'artisanat.

KARLSTAD★

Värmland – 78 000 habitants

Carte Michelin n° 985 – M 10 ou Atlas Europe – p. 105

Située à l'embouchure de la Klarälv qui se jette dans le lac Väner, Karlstad fut fondée en 1584 par le duc Charles, qui devint plus tard le roi Charles IX, à l'emplacement d'un ancien centre commerçant où se réunissait le tribunal du peuple, connu sous le nom de Tingvalla.

Nul endroit n'est plus suédois que le Värmland – Forêts immenses, torrents tumultueux, lacs tranquilles et petites fermes font partie des paysages typiques du Värmland, qui ont enchanté et inspiré musiciens, écrivains et poètes. Le musicien de jazz Stan Getz composa sa version personnelle d'un chant folklorique du Värmland qu'il appela *Cher vieux Stockholm*. La rivière **Klarälv** (Trysilälv du côté norvégien de la frontière), longue de 500 km, tourbillonne en une succession de rapides ou bien coule paresseusement à travers le Värmland en décrivant des méandres pour se jeter dans le **lac Väner**, le plus grand des lacs suédois. Cette mer intérieure comprend un archipel et pas moins de 22 000 îlots et récifs.

Activités – L'abondance de lacs et de voies d'eau communiquant entre eux fait du Värmland la région idéale pour pratiquer le bateau, la voile, le canoë, pour descendre les rapides en canot pneumatique ou tout simplement dériver lentement le long de la rivière sur un radeau en rondins. Les amateurs d'aventure pourront découvrir le Värmland à bord d'un wagonnet à pédales roulant le long des voies ferrées désaffectées. Les forêts offrent la possibilité de chasser l'élan et les visiteurs ont le choix entre l'appareil photographique ou le fusil, mais il faut être prêt à se trouver face à face avec un lynx, un ours ou un loup.
Le Värmland est le royaume de la course de trot en Suède, plusieurs hippodromes permettant de passer une journée agréable aux courses. L'hippodrome d'Arvika est le plus ancien, celui d'Årjäng est situé dans un cadre charmant, celui de Mysen est de l'autre côté de la frontière, en Norvège, et le dernier est à Karlstad.

Spécialités du Värmland – La plus connue est sans doute la saucisse du Värmland, constituée de viande de porc ou de bœuf hachée, d'oignons et de pommes de terre. Le *nävgröt*, sorte de bouillie de farine d'avoine, accompagne d'ordinaire le rôti de porc aux myrtilles. Parmi les autres mets délicats, il faut citer le filet d'élan, la venaison, le saumon du lac Väner, l'ombre de la rivière Klarälv, les chanterelles et les fausses-mûres.

Manifestations – La province est célèbre pour ses festivités de la St-Jean, pour ses réunions de violoneux, pour la comédie folklorique de F. A. Dahlgren, *Värmlänningarna*, représentée à Ransäter, et pour les fryksdalsdanser, dansées à Sunne.

CURIOSITÉS

Residenstorget – La place est dominée à l'Est par la résidence du gouverneur du comté. On peut y voir également la **statue** du fondateur de la ville, le roi Charles IX, œuvre du sculpteur Christian Eriksson, originaire du Värmland.

Kvarteret Almen – *Plus à l'Ouest, sur la rive Sud de la Västra älvgrenen.*
Des incendies ravagèrent la ville en 1616, 1719 et 1865 et ce quartier aux classiques maisons de bois est l'un des rares à avoir survécu. Considéré alors comme l'une des plus belles résidences, le premier édifice que l'on aperçoit servit de demeure au gouverneur entre 1793 et 1809.

Le « Rayon de soleil de Karlstad » – Karlstad est célèbre avant tout pour son « Rayon de soleil », une serveuse qui répandait autour d'elle le bonheur par son accueil chaleureux. Sa **statue** se dresse au Nord de Residenstorget, à l'extrémité Est du Västrabron.
A l'autre extrémité du pont, on peut voir la **statue** d'une autre personnalité locale, l'écrivain Selma Lagerlöf, par Arvid Backlund (1895-1985).

Värmlands museum ⓥ – L'élégant **musée du Värmland** situé dans un cadre agréable au bord de la rivière, conçu par Cyrillus Johansson (1884-1959), a récemment été agrandi par Carl Nyrén. Il abrite notamment une collection d'art et de créations locales d'un intérêt aussi bien culturel qu'historique.

Cathédrale ⓥ – Ce petit sanctuaire en forme de croix, dont l'intérieur est clair et spacieux, fut consacré en 1730. Le toit et le haut de la tour furent détruits par un incendie. Les **armoiries★** dorées à l'or fin que l'on peut voir au-dessus de la porte, sous le porche, sont entourées par les symboles du Christ.

EXCURSIONS SUR UN THÈME LITTÉRAIRE

Vallée de la Fryk – *84 km. Suivre la E 18 en direction de l'Ouest, puis prendre la route 61 vers Arvika. Au-delà de Kil, repérer la route qui conduit à « Östra Ämtervik » et suit la rive Ouest du Ned-Fryk avant de se faufiler entre les deux lacs et de longer la rive Est du Mellan-Fryk.*

Cette excursion permet d'explorer la vallée de la Fryk, avec son « lac allongé » formé d'une succession de trois lacs, qui doit sa célébrité aux romans de Selma Lagerlöf, ainsi que la campagne typique du Värmland, tout en se rendant sur le site de deux curiosités importantes.

★★ **Mårbacka** ⓥ, *à Sunne* – L'écrivain **Selma Lagerlöf** (1858-1940) est la première femme à avoir obtenu le prix Nobel de littérature (1909). La province du Värmland forme la toile de fond de plusieurs de ses romans et le long lac Löv et le manoir de Lövdala qu'elle évoque souvent sont en fait le lac Fryk et sa propre maison en bordure du lac. Toute personne qui s'intéresse à cet écrivain se doit de visiter sa maison bien-aimée à laquelle sa famille avait dû renoncer, qu'elle racheta en 1907, et où elle demeura jusqu'à sa mort. Toutes les pièces ont été remises en état et s'offrent au regard des visiteurs telles qu'elles étaient du vivant de l'auteur.

C. Boisvieux

Le bureau de Selma Lagerlöf à Mårbacka

Continuer sur 10 km jusqu'à Sunne, puis suivre vers le Sud la route 45 qui longe la rive Ouest du Mellan-Fryk.

★ **Stamfrändemonumentet** – Le Monument de la Parenté, carte du Värmland en granit ornée d'un aigle, fut érigé en 1953 pour commémorer l'exode suédois vers l'Amérique et l'arrivée au Värmland des immigrants finlandais au 17e s. De ses abords, on a une **vue★★★** spectaculaire du lac Fryk environné de hauteurs boisées.

★ **Rottneros** ⓥ – *4 km au Sud de Sunne.* Ce manoir est connu pour avoir servi de modèle au manoir d'Ekeby qui figure dans le roman épique de Selma Lagerlöf, *La légende de Gösta Berling*, publié en 1891. Le vieux manoir construit au 13e s. fut détruit par un incendie (seules les ailes du Cavalier furent épargnées) et les édifices actuels datent de 1931. Toutefois, c'est le splendide **parc★★** de 16 hectares et ses nombreuses **sculptures★★** qui méritent toute l'attention du visiteur. On peut y voir des œuvres d'artistes scandinaves tels que Christian Eriksson, Carl Milles, Carl Eldh et Gustav Vigeland.

★ **Alsters herrgård** ⓥ – *Prendre la E 18 en direction de l'Est et suivre les panneaux indiquant Alster, puis Frödings et enfin Herrgård.*
C'est dans ce manoir que naquit l'un des plus grands poètes suédois et sans aucun doute le plus populaire, **Gustaf Fröding** (1860-1911). Construit en 1770, le manoir a été transformé en musée à la mémoire du poète et contient une exposition consacrée au patrimoine littéraire du Värmland.
Une piste de découverte de la nature, Frödingleden, conduit à un petit vallon qui fut pour Fröding une source d'inspiration intarissable.
Passer sous le viaduc et suivre les indications « Frödingdungen med Frödingstenen » : dans le bosquet de bouleaux tout proche, on peut lire l'un de ses plus célèbres poèmes gravé sur une stèle de Christian Eriksson élevée à la mémoire du poète.

KIRUNA

Norrbotten – 26 000 habitants
Carte Michelin n° 985 – E 17 ou Atlas Europe – p. 94
Schéma : LAPPLAND

La montagne métallifère, Kirunavaara, qui se dresse au centre même de la ville, est un point de repère frappant dans cette austère ville minière qui a tant contribué à la prospérité de la Suède. Au début du siècle, forer une mine, construire une ville puis une ligne de chemin de fer dans cet avant-poste des régions arctiques relevait presque de la gageure. Le plan irrégulier de la ville a été conçu pour s'adapter au relief et le quadrillage des rues prévu pour réduire l'effet du puissant vent du Nord.
Kiruna est également renommée pour sa station de recherche spatiale située à **Esrange** et pour son Institut de géophysique où l'on étudie le phénomène des aurores boréales, de la radiation cosmique, du magnétisme de la terre et des tremblements de terre. En outre, Kiruna est le siège du parlement des Sâmes suédois.
La ville enfin est un centre d'excursion idéal à partir duquel on peut découvrir les hautes montagnes de l'Ouest, en particulier le massif du Kebnekaise, visible du centre de Kiruna par temps clair, où le plus haut sommet de Suède culmine à 2 111 m.

Snöfestival – Kiruna, ville hivernale au climat froid et sec, plongée dans une obscurité magique illuminée par les aurores boréales, organise un **festival de la Neige** très populaire ; à cette occasion, les visiteurs peuvent admirer les résultats du **concours de sculpture sur glace** qui se déroule pendant le dernier week-end de janvier.

Aurore boréale – L'obscurité permanente fascine toujours les étrangers attirés par la possibilité de voir les **aurores boréales** zébrer le ciel durant les nuits froides et claires de l'hiver, entre le mois d'octobre et le mois de février. Pendant 28 jours, entre le 9 décembre et le 5 janvier, lorsque le soleil ne paraît pas du tout au-dessus de l'horizon, il ne fait pas nécessairement entièrement nuit, mais au contraire, si le soleil est à moins de 6° au-dessous de l'horizon, les paysages sont doucement éclairés par une sorte de crépuscule. Le manteau de neige d'un blanc étincelant contribue aussi à rendre l'obscurité moins intense.

Soleil de minuit – Quand il fait constamment jour, du début du mois de mai jusqu'au mois d'août, la meilleure période pour apercevoir la totalité du globe solaire à minuit se situe entre le 28 mai et le 14 juillet ; le meilleur endroit est le sommet du Luossavaara, ancienne montagne de minerai, aujourd'hui centre de ski. *Aller jusqu'à l'extrémité de Hjalmar Lundbohmvägen.*

FAIRE FORTUNE A KIRUNA

Le fondateur – Bien que les gisements de fer de Kiruna aient été reconnus très tôt, aucune estimation de leur importance n'en avait été faite avant l'arrivée en 1890 du géologue **Hjalmar Lundbohm** (1855-1926). A la suite de ses recherches et de la découverte d'un riche filon, il entreprit le développement commercial d'une mine à ciel ouvert et devint directeur de la société anonyme Luossavaara-Kirunavaara (LKAB). Ami intime d'artistes et écrivains de premier plan – le prince Eugène, Christian Eriksson, Albert Engström, Carl Larsson notamment – et fortuné, il avait une conscience sociale très développée. Choqué par l'apparition de baraques en bois autour de Malmberget *(voir à Gällivare-Malmberget)*, il prit une part active dans l'élaboration du plan d'urbanisme de Kiruna.

La mine – Dès la fin du 19e s., l'exploitation de la mine se fit à grande échelle et en 1903 le chemin de fer du minerai (Malmbanan) fut construit afin de relier Kiruna au port de Narvik *(voir à ce nom)* en Norvège. Un grand filon de 4 km de long, de 100 m de large et épais de 2 000 m produit environ 200 millions de tonnes de minerai par an dans des carrières à ciel ouvert, la zone d'extraction se trouvant à 775 m de profondeur. A la fin du 20e s. elle se trouvera probablement à 1 000 m de profondeur. Treize trains de 52 wagons chacun transportent 52 000 tonnes de minerai par jour. En été ont lieu des visites guidées d'une mine réservée aux visiteurs, à 375 m de profondeur.

CURIOSITÉS

★★ **Église** ⓥ – Hjalmar Lundbohm demanda à Gustaf Wickman de « dessiner une église en forme de tente sâme » ; c'est le sanctuaire des nomades. En avant de l'église, le **clocher** est renforcé par 12 étais. Les **statues** de bronze doré qui bordent la ligne du toit sont l'œuvre de Christian Eriksson *(voir à Arvika)*. Celles du côté Nord représentent le désespoir, la timidité, l'arrogance, la piété et la confiance, et sur le côté Sud, l'humilité, l'amour, la tristesse, la mélancolie et la dévotion. Le **bas-relief**, placé au-dessus de la porte principale et représentant des groupes de Sâmes sous les nuages célestes, est également l'œuvre d'Eriksson. Les décorations de fer forgé des doubles portes ont été réalisées par Ossian Elgström.
La tombe de Hjalmar Lundbohm située sur le côté Sud porte cette inscription d'Albert Engström : « Pour le bien de la Nation, il exposa les trésors de la montagne et créa la cité. »

Intérieur – L'intérieur spacieux aux murs de bois sombre rappelle effectivement l'intérieur d'une tente sâme. L'attention du visiteur est immédiatement attirée par le **retable** réalisé par le prince Eugène et donnant au Paradis l'apparence d'un paysage de Toscane. La **croix** au pied de laquelle prient des Sâmes et la sculpture en métal représentant **saint Georges et le dragon** sont encore dues à Christian Eriksson.

★★ **Stadshus** ⓥ – L'**hôtel de ville**, dessiné par Arthur von Schmalensee, fut inauguré en 1963. La tour en fonte fut conçue par Bror Markland et le carillon de 23 cloches sonne à midi et à 18 heures tous les jours. Les poignées de porte en bouleau et en bois de renne sont l'œuvre d'Esaias Poggats, qui s'inspira du tambour magique des Sâmes *(voir illustration en fin de volume, à la rubrique : Conditions de visite)*. Le sol du grand hall est revêtu d'une mosaïque italienne, tandis que les murs sont en briques de Hollande fabriquées à la main et les boiseries en pin de l'Orégon.
La tenture nouée à la main et intitulée **Le tambour magique de Rautas** illustre dans sa partie supérieure le soleil de minuit à Lapporten (la Porte lapone – *voir à Lappland*), alors que la partie inférieure déploie toute la richesse des couleurs flamboyantes de l'automne. La sculpture en bouleau et en bois de renne exécutée par l'artiste sâme Lars Sunna représente le tambour magique entre deux sommets montagneux.
La mosaïque murale que l'on peut voir dans le café est de Bruce Carter et s'intitule *Quatre personnes dansant au lever du soleil*. A gauche avant d'entrer dans la salle de conférences (konferensrum), on peut admirer le buste de Hjalmar Lundbohm par Christian Eriksson et, dans la même salle, une œuvre d'Helmer Osslund, *Couleurs d'automne en montagne*.
La salle du conseil (sessionssal) contient également des toiles d'Osslund et un grand tableau de la montagne de minerai de Kirunavaara par Sixten Lundbohm, neveu de Hjalmar Lundbohm.

Hjalmar Lundbohmsgården ⓥ – Cette maison de bois fut la demeure de Hjalmar Lundbohm. Aujourd'hui centre culturel consacré à la ville, on y remarquera en particulier le bureau de Lundbohm, une collection de photographies de Borg Mesch illustrant le développement de la ville et de la mine et la construction de la ligne de chemin de fer.

Samegården ⓥ – Centre culturel et lieu de rendez-vous de la communauté sâme de Kiruna, on y trouve un **musée** qui organise en été une exposition d'artisanat. Les poignées de porte par Lars Sunna ont la forme d'un tambour magique.

EXCURSIONS

★★ **Jukkasjärvi** – *Voir à Lappland.*

Esrange ⓥ – *A 45 km en direction de Jukkasjärvi.*
Base de lancement de fusées et centre de recherches spatiales qui envoie entre 10 et 30 fusées dans l'espace chaque année.

Nikkaluokta – *70 km à l'Ouest. Sortir de la ville par Hjalmar Lundbohmvägen.*
Dans ce village sâme au pied du Kebnekaise (2 111 m), un édifice moderne d'architecture intéressante abrite un restaurant et un office de tourisme où l'on peut obtenir des renseignements sur les excursions en bateau sur le lac.
Ladtjojaure, piste de 19 km, conduit à la **station de montagne de Kebnekaise** d'où partent les ascensions guidées du Kebnekaise et des visites guidées du centre de recherches sur les glaciers à **Tarfala**. Une des sections les plus populaires du chemin de grande randonnée Kungsleden est celle qui relie Abisko *(voir à Lappland)* au Sud du Kebnekaise et Nikkaluokta.

★★★ **Nordkalottvägen** – *Voir à Lappland.*

LAPPLAND

Jämtland – Norrbotten – Västerbotten – Västernorrland

Carte Michelin n° 985 – D/G 11/20 ou Atlas Europe – p. 94 à 99

La **Laponie** suédoise correspond aux limites géographiques de la région la plus septentrionale du pays, appelée Lappland, région très peu peuplée s'élevant graduellement d'Est en Ouest jusqu'aux montagnes qui bordent la frontière norvégienne et dont le sommet le plus haut est le Kebnekaise. La zone occupée par les Sâmes s'étend vers le Sud jusqu'aux limites de la Dalécarlie. Sur les 70 000 Sâmes qui, selon les estimations, vivent en Scandinavie, 17 000 vivent en Suède, mais ils représentent une minorité de la population même dans la zone qu'ils occupent traditionnellement.

Dans un effort d'adaptation aux rudes conditions des régions septentrionales, le peuple sâme a fondé sa culture sur l'élevage du renne. Les Sâmes vivaient en cellules familiales *(sii'dâ)* et leur société fonctionnait selon le bon vouloir des dieux et la sagesse des anciens. Le « chaman » *(noai'di)*, doté de dons particuliers, pouvait entrer en contact avec les dieux et prévoyait l'avenir à l'aide d'un tambour. Lorsque la christianisation commença au 17e s., les chefs spirituels furent persécutés et les Sâmes furent contraints de renier leur ancienne religion et de remettre leurs tambours sacrés aux missionnaires itinérants. Les premiers missionnaires tentèrent de contraindre les enfants à aller dans des écoles sédentaires ; la première fut inaugurée à Lycksele en 1632. Puis, au début du 20e s., des écoles itinérantes furent instituées ; de nos jours, les enfants sâmes ont le choix entre les écoles locales traditionnelles et les écoles sâmes subventionnées par l'état. Luleå possède une école normale réservée aux étudiants de langue sâme et Jokkmokk une école de tradition populaire tandis que l'université d'Umeå est dotée d'une chaire de sâme.

Le pays du soleil de minuit – Pour les visiteurs, le soleil de minuit est l'une des merveilles les plus célébrées de ces latitudes nordiques. Mais les Sâmes autochtones sont contraints d'endurer la période de nuit hivernale dont la durée varie de deux mois dans le Sud des régions arctiques à quatre mois dans le grand Nord *(voir au chapitre Norvège : Hurtigruten)*. Les **aurores boréales** sont un phénomène spectaculaire de la nuit polaire.

L'élevage du renne – Une loi votée en 1971 réglemente l'élevage du renne, réparti sur 43 villages. Environ 35 % du territoire suédois sont consacrés à cette activité et approximativement 300 000 bêtes vivent actuellement dans ces régions.

Les curiosités décrites ici débordent largement les limites du Lappland. Elles ont été rassemblées d'un point de vue géographique le long de vallées et de routes en fonction de leur accessibilité. Le schéma inclut les curiosités décrites à la rubrique Lappi (Laponie finlandaise) et Finnmark (Laponie norvégienne).

Attention aux rennes !

En Laponie, il faut conduire avec prudence car les rennes n'ont pas appris à se méfier de la circulation (certains foncent carrément sur les phares). Tout accident impliquant un renne doit être signalé aux autorités locales car les propriétaires ont droit à une compensation pour tous les animaux blessés ou tués sur la route. Les rennes sont la seule richesse d'un éleveur et il n'est pas courtois de lui demander combien il en possède !

G. Lacz/SUNSET

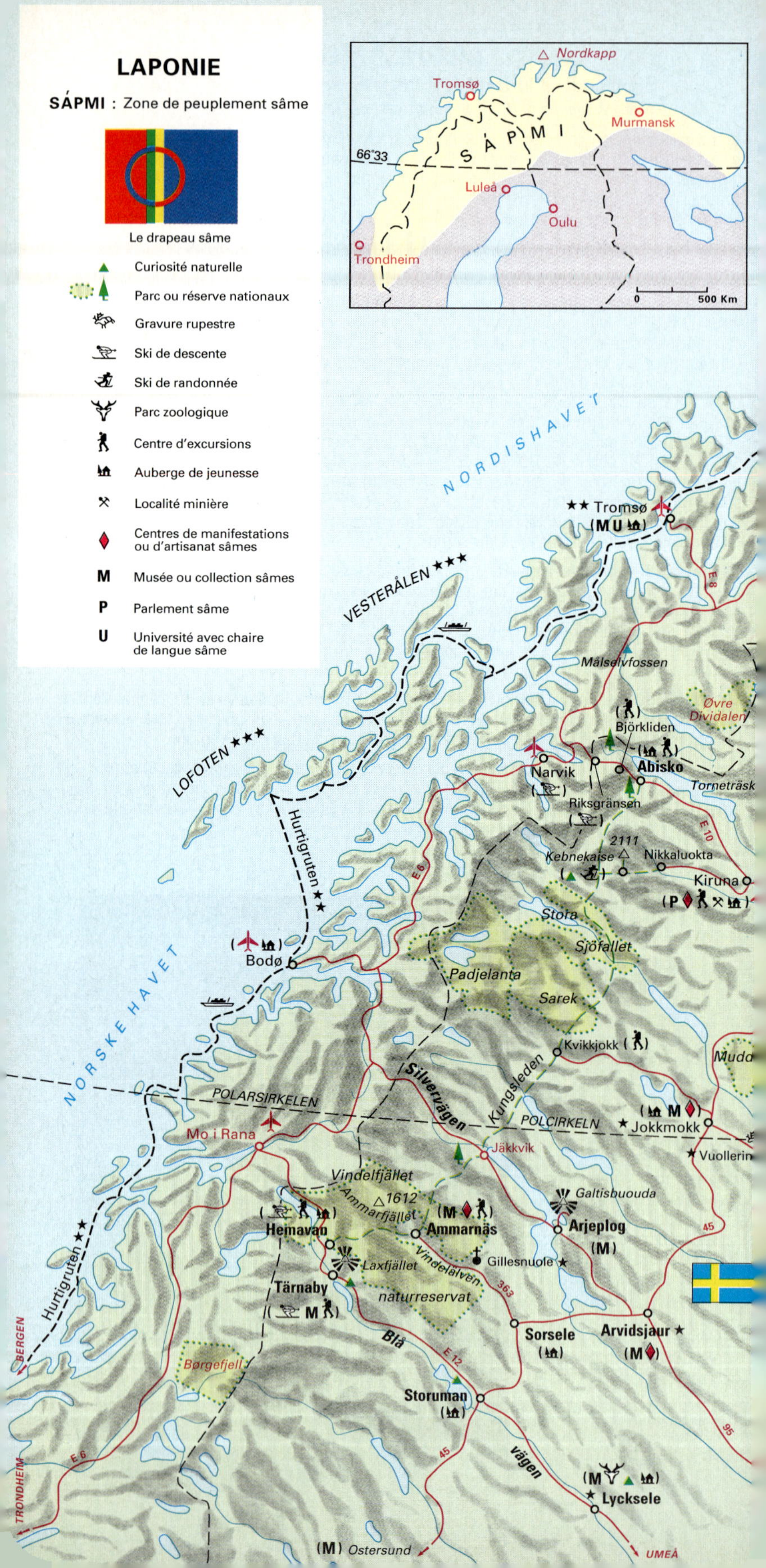
LAPONIE
SÁPMI : Zone de peuplement sâme
Le drapeau sâme
Curiosité naturelle
Parc ou réserve nationaux
Gravure rupestre
Ski de descente
Ski de randonnée
Parc zoologique
Centre d'excursions
Auberge de jeunesse
Localité minière
Centres de manifestations ou d'artisanat sâmes
M Musée ou collection sâmes
P Parlement sâme
U Université avec chaire de langue sâme
Nordkapp
Tromsø
Murmansk
SÁPMI
66°33
Luleå
Oulu
Trondheim
0 500 Km
NORDISHAVET
★★ Tromsø (M U)
E 8
VESTERÅLEN ★★★
Målselvfossen
Øvre Dividalen
Björkliden
Abisko
Narvik
Torneträsk
Riksgränsen
LOFOTEN ★★★
Hurtigruten ★★
E 10
E 6
2111
Kebnekaise
Nikkaluokta
Kiruna
(P M)
Stora
Sjöfallet
Padjelanta
Sarek
Bodø
NORSKEHAVET
Kvikkjokk
Mudd
Silvervägen
Kungsleden
POLARSIRKELEN
POLCIRKELN
Mo i Rana
★ Jokkmokk
Jäkkvik
★ Vuollerin
Vindelfjället
1612
Ammarfjället
Galtisbuouda
Hemavan
(M)
Ammarnäs
Arjeplog
(M)
45
Gillesnuole ★
Laxfjället
Vindelälven
Tärnaby
naturreservat
363
(M)
Hurtigruten ★★
BERGEN
Blå
Sorsele
Arvidsjaur ★
(M)
Børgefjell
E 12
Storuman
95
45
vägen
(M)
★ Lycksele
TRONDHEIM
E 6
(M) Ostersund
UMEÅ

NB: Bien qu'au cœur du royaume du renne, l'endroit où demeure Père Noël demeurera confidentiel.
NORDKAPP ★★★
Magerøya
Honningsvåg
AUSTHAVET
Hurtigruten ★★
E 69
E 6
Alta
P M
FINNMARK
Utsjoki ★
Teno ★★
Kirkenes
Pečenga
Sevettijärvi
Karigasniemi
92
971
E 75
Karasjok
P M
93
FINNMARKSVIDDA
★ Pielpajärven erämaakirkko
Inarijärvi ★★
Ukonkivi ★
Inari
M
Saana ★★
△ 1029
Kilpisjärvi ★★
Kautokeino
M
Øvre Anarjokka
★★★ Lemmenjoen kansallipuisto
Ivalo
Saariselkä
Neljän tuulen tie
Enontekiö ★
Kaaresuvanto
45
711
★★ Ounas
Pallastunturi
Urho Kekkosen kansallispuisto ★★
Kultakylä
Jerisjärvi ★
★ Muonio
△ 718
Kittila
Sodankylä
M
Ylläs
Särestöniemi ★
(M)
Ishavsleden
395
Muonijoki
Malmberget
Kolari
Pajala
E 8
Gällivare
M
Jäämerentie
Tornealven
E 63
Kemijärvi
Pello
E 10
★★ Kengisforsen
Svanstein
NAPAPIIRI
Nordkalottvägen
Övertorneå
Aavasaka
Rovaniemi ★★
M
Juma ★★
Rukatunturi
Luppioberget
E 75
★★ Kuusamo
★★ Kukkolaforsen
Kukkolankoski ★★
400
Tornio
Haparanda
Kemi
★★ GAMMELSTADEN
Luleå
20
BOTTENVIKEN
Oulu/Uleåborg
U
E 4
Suomussalmi
PERÄMERI
Skellefteå
E 75
E 63
0
100 Km
VAASA
JYVÄSKYLÄ
KAJAANI

Blå Vägen

La **Route Bleue**, qui correspond à l'itinéraire emprunté par la E 12, part du golfe de Botnie, remonte la vallée de l'Umeälv puis les vallées sinueuses du massif de Vindel, d'où l'on découvre de vastes panoramas, avant d'atteindre Mo i Rana sur la côte norvégienne. Sur l'autre rive du golfe de Botnie, la section finlandaise de la route, qui porte le nom de *Sininen tie*, relie Vaasa et Joensuu. Lorsque l'on parcourt la section suédoise d'Est en Ouest, on progresse lentement à travers les montagnes dont les couleurs passent du bleu-lilas au rose-marron. Entre Lycksele et Storuman, la campagne recouverte de forêts est sillonnée de nombreux lacs en forme de rubans ; le sommet le plus haut à la silhouette caractéristique, situé au Nord de la route avant d'arriver à Tärnaby, est le Ryfjället (1 412 m), symbole du massif de Tärna. Au-delà, on aperçoit la chaîne montagneuse aux pics enneigés.

★LYCKSELE 14 284 habitants

Lycksele, qui s'étend sur les deux rives du fleuve Ume, est connue familièrement sous le nom de « Lappstockholm » ; l'immense tente *(restaurant)*, qui accueille les visiteurs à leur arrivée en ville, leur rappelle que la ville est la porte d'accès à la Laponie suédoise et à la culture sâme.

★★ **Zoo** ⏲ – *Traverser le fleuve, tourner à droite après le pont, puis prendre la première à gauche et suivre l'indication « Djurpark » puis, 1,2 km plus loin, tourner à gauche dans Brännbergsvägen.*
Ce zoo immense est spécialisé dans la faune des pays nordiques. Il présente 120 animaux de 36 espèces différentes que l'on ne peut généralement apercevoir qu'à l'heure des repas du fait de l'étendue de certains enclos. Les élans, les bisons et les bœufs musqués sont nourris à midi, les ours, les loups et les lynxs à 14 h, les phoques, les loutres et autres animaux entre 10 h et 15 h.

★★ **Gammplatsen** ⏲ – *Après le pont, longer le fleuve pendant 700 m, puis suivre l'indication « Gammplatsen ».*
L'emplacement d'origine de la ville devint un musée de plein air en 1945. On peut visiter la jolie chapelle Margareta et son clocher situés au bord du fleuve. Le Musée de la chasse, **Jaktmuseet**, à côté du parking, abrite au premier étage une belle collection de sculptures sur bois réalisées par des artistes sâmes. Le Musée de la sylviculture, **Skogsmuseet**, illustre les rudes efforts physiques qu'impliquent le travail du bûcheron et le débitage en rondins. Ruselegården est un petit café.

STORUMAN 7 708 habitants

Storuman occupe un site agréable sur le lac du même nom, au croisement des routes E 12 et 45 avec la voie ferrée.
Non loin du camping, on peut voir **Kåtakyrkan** ⏲, chapelle construite en forme de tente sâme traditionnelle. L'ancien hôtel du chemin du fer, **Järnvägshotellet** ⏲ *(entrée dans Stationsgatan)*, abrite aujourd'hui une bibliothèque décorée de très belles peintures dalécarliennes. Pour avoir une **vue**★★ magnifique du lac Storuman et des îles Luspholmarna avec les montagnes en toile de fond, il faut dépasser l'hôtel Toppen puis suivre l'indication « Utsikten ».

Pour se rendre sur les îles Luspholmarna, tourner à droite au-delà de l'office de tourisme, puis encore à droite.

La route offre des **vues**★★ splendides sur les îles.

Église de Stensele ⏲ – *5 km à l'Est par la E 12.* Datant de 1886, c'est l'une des plus grandes églises de bois du Nord de la Suède, pourtant nombreuses. Elle contient l'un des plus petits livres au monde : une loupe est nécessaire pour y lire le Notre Père dans sept langues différentes et des pinces fines pour en tourner les pages. L'église abrite également l'un des plus beaux exemplaires de la Bible de la reine Christine, datant de 1646.

TÄRNABY 630 habitants

Ce village de montagne situé à l'extrémité Nord du lac Gäutajaure est une station de ski et le point de départ idéal d'excursions à travers les grands espaces sauvages de la réserve naturelle du massif de Vindel. Il doit aussi une part de son renom au fait que le champion de slalom Ingemar Stenmark y réside.

Fjällvindens Alpinarium – *Dans l'hôtel Fjällvindens Hus.*
Ce **musée du ski** expose coupes, médailles et autres objets se rapportant aux exploits de deux champions de slalom, Ingemar Stenmark et Stig Strand.

Laxfjället – *4 km à l'Est du pont. On peut monter à pied à partir du parking ou prendre un télésiège à partir de Fjällvindens Hus.*
Le trajet en voiture jusqu'au parking de la piste de slalom de Tärnaby offre des **vues**★★★ splendides.

Samegården ⓥ – *6 km à l'Est.*
Le **musée,** dirigé par les Sâmes, possède au sous-sol une collection de photographies, de costumes, de paniers, de jattes et autres objets tels qu'une couronne nuptiale en corne et un traîneau muni d'un couvercle. Des objets artisanaux en corne et des couteaux décorés par les Sâmes sont en vente.

HEMAVAN 225 habitants

Situé au Sud-Est de Tärnaby auquel il ressemble beaucoup, le village d'Hemavan est une station touristique au cœur d'une région montagneuse dominée par la lande. C'est le point de départ du **Kungsleden,** chemin de grande randonnée qui se dirige vers le Nord, traverse Ammarnäs *(voir plus loin)* et aboutit 500 km plus loin à Abisko *(voir plus loin).*

Tärna fjällpark ⓥ – *A 1,5 km du village.*
Cette étonnante tour en forme de champignon, surmontée d'un dôme doré, se dresse contre le flanc de la montagne et sert de centre d'accueil pour les touristes qui veulent visiter la réserve naturelle du massif de Vindel (Vindelsfjällens naturreservat). On y obtient également les renseignements nécessaires pour se rendre à la montagne sacrée des Sâmes, Atoklint. L'exposition du rez-de-chaussée est inti-tulée *Empire des sens,* **Sinneriket** : la lumière, les sons et les odeurs sont utilisés pour évoquer l'environnement de la région, sa faune et sa flore. Du café situé au 10e étage, une **vue★★★** remarquable embrasse la campagne environnante. Une passerelle couverte conduit de cet étage sur le flanc de la montagne où se trouve le **jardin botanique** le plus septentrional du monde, spécialisé dans la flore de montagne, en particulier la flore alpine. Une des espèces les plus célèbres est la nouvelle orchidée créée en 1987, qui s'appelle Brudkulla. Du jardin, il est possible de suivre plusieurs pistes, dont le premier kilomètre du Kungsleden.

La Vindelälv

de Sorsele à Ammarnäs – route 363

Les rivières suédoises ont été pour la plupart aménagées afin de produire de l'énergie hydro-électrique. La Vindelälv est l'une des quelques grandes rivières à être restées à l'état naturel, essentiellement grâce à une importante campagne menée par les écologistes. Longue de près de 500 km, elle comprend de nombreuses sections de chutes et de rapides. Les sections intermédiaires où elle coule paisiblement sont connues sous le nom de « *sel* », que l'on retrouve dans de nombreuses appellations locales, car c'est au bord de ces étendues tranquilles que les premiers habitants s'installèrent.

Sorsele – 3 524 habitants. Tout comme Storuman, Sorsele est un centre régional, situé sur une île du cours moyen de la rivière. L'Office de tourisme fournit tous renseignements sur les diverses possibilités de pêcher, de faire du canoë et de descendre les rapides des environs.
Le nom du village de **Hemfjäll** situé en bordure de route signifie littéralement « village avec vue » (Byn med vyn) et les panneaux routiers invitent les conducteurs à s'arrêter pour jouir de la vue. La rivière roule tumultueusement et les **rapides** sont visibles de la route à Björkheden et à Järnforsen.

★ **Gillesnuole** – *60 km au Nord de Sorsele.*
Un chemin conduit à une ancienne chapelle sâme dissimulée parmi les arbres, sur la rive Nord-Ouest du lac Storvindeln. Construite en 1750, elle a conservé son clocher, sa stèle, sa cabane en rondins sur pilotis et une hutte sâme. Elle est utilisée pendant trois week-ends au cours de l'été.

AMMARNÄS 280 habitants

Ce village de montagne isolé, situé sur les rives du lac Gautsräck, au pied de l'Ammarfjället (1 612 m), fut relié par la route à Gillesnuole à partir de 1921 seulement et à Sorsele à partir de 1939. Malgré sa faible population, composée pour moitié de Sâmes éleveurs de rennes, le village est aujourd'hui un centre populaire de découverte des grands espaces, en particulier la réserve naturelle du massif de Vindel. Les randonneurs ont la possibilité de prendre le raccourci qui conduit vers le Sud à Hemavan *(voir plus haut)* et à Tärnaby *(voir plus haut)* en empruntant le Kungsleden.

Vindelfjällets naturreservat – Sa superficie de 5 500 km^2 range la **réserve naturelle du massif de Vindel** parmi les plus grandes d'Europe. Elle inclut de nombreux hauts sommets, des centaines de lacs, la puissante rivière Vindelälv, une faune très variée qui comprend des gloutons, des ours, des lynx, des renards

C. Boisvieux

L'Inlandsbanan

argentés – symbole de la réserve –, une réserve ornithologique, une flore très riche, comprenant aussi bien des orchidées que des taillis, et un troupeau permanent de 25 000 rennes.

★ **Atelier de Margareta Grahn** – *Juste avant d'atteindre Ammarnäs, prendre à droite puis, 200 m plus loin, à gauche une route qui conduit à une maison verte.* Une femme sâme vend de très beaux spécimens authentiques d'artisanat sâme *(Sameslöjd/Sami duodji)* dans son atelier situé à gauche de la maison. Les matériaux utilisés sont les racines, l'étain, les peaux d'animaux et les textiles alors que les objets artisanaux fabriqués par les hommes sont traditionnellement en bois et en corne.

La colline aux pommes de terre – *Tourner à droite au carrefour en T et continuer jusqu'à la fin de la route.* Cette colline remarquable ne cesse de fasciner les visiteurs. Depuis le début du 19e s., on y cultive en terrasses la pomme de terre amande, appelée ainsi à cause de sa forme. Un chemin grimpe jusqu'au sommet par le flanc Nord.

Église – Cette belle chapelle sâme en bois construite en 1858 pour remplacer celle de Gillesnuole fut remaniée en 1912. Quelques pierres tombales sont de simples rochers.

★ **Lappstan** – *Au Sud-Ouest de l'église.* Des huttes et des cabanes sâmes, précédemment situées à Gillesnuole et transportées sur ce site en 1911, sont utilisées par les Sâmes au cours de trois festivals annuels.

Samegården ⓥ – *Prendre à droite au carrefour en T, puis la première à gauche jusqu'au bâtiment gris situé après le magasin ICA.* Dans cette hutte sâme qui accueille des expositions temporaires d'art et d'artisanat est exposée une collection sâme.

Hembygdsgården ⓥ – *Prendre à droite au carrefour en T et aller jusqu'au bout de la rue ; Hembygdsgården est sur la droite.* Le musée de la ferme illustre l'histoire des fermiers suédois au moyen d'objets et de photographies.

EXCURSIONS

Nord Ammarnäs – *4 km au Nord, suivre les indications N. Ammarnäs.* Après 2 km, on peut admirer près du pont les bouillons formés par la rivière sur des roches plates stratifiées.

Poursuivre jusqu'au village de montagne que traverse le Kungsleden. Un chemin facile à suivre conduit à une ancienne ferme de montagne connue sous le nom de Örnboet (Nid de l'Aigle). Le dernier occupant quitta les lieux dans les années 1950. Les maisons et leur contenu donnent un aperçu de ce qu'était au 19e s. la vie dans cette région reculée de Suède.

Ammarnäsgården – *En venant d'Ammarnäs, tourner à gauche au carrefour en T.* Un édifice central destiné à l'hébergement des visiteurs abrite également l'office de tourisme et le centre d'accueil, **Naturum**, de la réserve naturelle du massif de Vindel.
Lapplandsafari organise des excursions et des safaris dans les montagnes, ainsi que des parties de pêche dans la Laisälv ou la descente des rapides de la Vindelälv. L'équipement nécessaire peut être acheté ou loué sur place.

Silvervägen

Route 95

La **Route de l'Argent** s'étend de Skellefteå, sur les bords du golfe de Botnie, à la côte occidentale de la Norvège. Au 17e s., le minerai était extrait aux environs de Nasafjäll et transporté sur des traîneaux tirés par des rennes puis acheminé par bateau jusqu'à la côte orientale de la Suède. L'exploitation minière cessa en 1810. La route ne fut goudronnée qu'en 1972.

★ ARVIDSJAUR 8 014 habitants

Situé à un carrefour, Arvidsjaur devint très tôt un centre commercial et un lieu de rencontre sur la route de l'Argent conduisant à la mine de Nasafjäll. C'est aujourd'hui une petite ville suédoise typique.

★★★ **Lappstan** – *Des visites guidées quotidiennes ont lieu en été, et, de la fin juin à la fin juillet, une des huttes sert du café et vend de la viande de renne séchée.* C'est le plus ancien et le mieux conservé des « villages paroissiaux » sâmes du 17e s. où se concentraient les populations à l'occasion de festivités religieuses *(voir à Skellefteå)*. A Arvidsjaur, on distinguait trois quartiers : l'un rassemblant les huttes construites par les nomades sâmes pour y passer la nuit et leurs remises, l'autre les maisons et les écuries des fermiers suédois et le troisième les maisons des commerçants. Seul subsiste le quartier sâme : les huttes sont encore utilisées lors du grand festival sâme qui a lieu pendant le dernier week-end d'août.

Fornminnesgården ⊙ – *3 km à l'Ouest par la route 951 en suivant l'indication « Hembygsgård ».*
L'ancien presbytère centenaire abrite aujourd'hui le musée local du patrimoine.

Arvas – L'édifice de bois peint en rouge est occupé par l'office de tourisme sâme, **Sita Sameland** (*sita* signifie « commun » dans la langue des Sâmes). L'office fournit des renseignements sur les Sâmes et organise des visites guidées de Lappstan ainsi que des excursions dans les environs pour donner aux visiteurs une notion du mode de vie et des traditions des Sâmes, en particulier des éleveurs de rennes. Durant trois semaines à partir de la St-Jean, des excursions sont organisées pour permettre aux visiteurs d'assister au marquage des rennes nouveau-nés.

ARJEPLOG 3 743 habitants

Arjeplog occupe un ensemble de promontoires et d'îles situé entre les lacs Uddjaure et Hornavan, le plus profond de Suède (226 m).
La ville organise un festival international de musique de chambre, **Lapplands Festspel** *(fin juin et début juillet)*, ainsi qu'un **festival de Danse à quatre** aux alentours de la St-Jean.

★★ **Silvermuseet** ⊙ – **Einar Wallquist** (1896-1985), le « docteur lapon », vint pour la première fois à Arjeplog en 1922 et, outre ses activités médicales, entreprit de collectionner aussi bien de simples objets de la vie quotidienne que des objets en argent très raffinés. Il fonda le musée en 1965 dans l'ancienne école sâme (1854). La boutique du musée, qui occupe l'ancienne salle de classe, vend de l'artisanat. C'est dans les pièces de l'arrière qu'habitait l'instituteur et le cabinet du docteur Wallquist est visible à travers un écran en verre.
Au sous-sol sont exposés les splendides colliers, ceintures, bibelots, pichets et cuillères en argent qui ont fait la réputation du musée. Les objets les plus anciens sont norvégiens et datent du 15e s. La collection comprend également des produits de l'artisanat sâme, une hutte sur roulettes servant de remise (*skiedja* en sâme) et d'autres objets d'usage courant chez les nomades. Le **tambour magique** est particulièrement intéressant car ce fut l'un des seuls à être conservé lorsque les Sâmes furent baptisés de force et leurs tambours détruits *(voir Illustration en fin de volume, au chapitre des conditions de visite)*.
Au premier étage, on peut voir des ustensiles ayant appartenu aux fermiers suédois. Dépourvus de décorations, leur simplicité contraste de façon frappante avec la richesse ornementale des outils sâmes.

Skeppsholmen Saamiland ⊙ – Une passerelle étroite conduit sur un îlot du lac Hornavan où des huttes sâmes et des hangars *(härbrer)* ont été rassemblés pour former un campement typique. L'immense hutte en forme de tente *(kåta)* sert de lieu de réunion pour les deux groupes de Sâmes, habitants de la montagne ou de la forêt, qui constituent aujourd'hui l'association des Sâmes d'Arjeplog. Situé dans un cadre paisible, le campement est entouré d'eau et l'on aperçoit au loin le mont Galtispouda.

Église – De couleur rose et en forme de croix, elle date de 1763 et s'élève à l'emplacement d'un édifice antérieur consacré par la reine Christine en 1641.

Mont Galtispouda – *15 km à l'Est en direction d'Arvidsjaur ; 3 km après Arjeplog suivre une route bitumée signalisée qui conduit au sommet (les 5 derniers km sont très raides).*
Du sommet, on peut pleinement apprécier la beauté du système lacustre entourant Arjeplog. Par temps clair, le regard embrasse un vaste **panorama★★★** qui s'étend sur une distance de 100 km dans toutes les directions et comprend le pic d'Ammarfjället à l'Ouest, le Pieljekaise au Nord-Ouest et le massif enneigé de Pårte dans le parc national de Sarek.

Nordkalottvägen★★★

de Kiruna à la fontière norvégienne – route E 10

La « **Route de la calotte du Nord** » a été inaugurée en 1993 en présence des monarques de Suède et de Norvège et du président finlandais. Le mot « calotte » se rapporte à la calotte polaire de la Norvège, de la Suède, de la Finlande et de la Russie, située au Nord du cercle polaire. En 1984, une route fut tracée à travers l'un des derniers grands espaces sauvages de l'Europe, de Kiruna à Narvik, en passant par Riksgränsen à la frontière norvégienne. Avant cette date, la ligne de chemin de fer construite en 1903 pour l'exportation du minerai de fer était la seule liaison par-delà la frontière. Le parcours routier offre des vues spectaculaires, en particulier les eaux bleues et étincelantes du lac Torneträsk, emprisonné de chaque côté par d'imposantes montagnes.

Linné en Laponie

Lors de sa visite de la Laponie en 1732, Linné n'atteignit pas Abisko et l'on doute même qu'il soit jamais parvenu à Jukkasjärvi, mais il décrivit son ascension du Vallevare près de Kvikkjokk en ces termes :
« Ici, il n'y a plus d'arbres, rien que des montagnes, toutes plus hautes les unes que les autres et couvertes de neige glacée. Il n'y a ni chemins ni pistes et aucun signe d'habitation humaine. Le vert lumineux de l'été semble avoir été banni (de la palette de la nature) et relégué dans les vallées les plus profondes. On ne voit aucun oiseau mis à part les lagopèdes des montagnes qui s'affairent autour de leurs petits dans les vallées... J'ai grimpé au plus haut point pour voir le soleil de minuit... Puis je me suis assis pour trier et décrire les plantes que j'avais ramassées » (et il en énumère trente).

★★ JUKKASJÄRVI 1 000 habitants

C'est le village le plus septentrional de la vallée de la Torne, aussi a-t-il de tous temps accueilli des voyageurs venant de loin. C'est aujourd'hui un centre idéal pour pratiquer en été la pêche, le canoë et la descente en radeau pneumatique des rapides de la Torne, tandis que l'hiver offre la possibilité de faire des excursions en traîneau à chiens, des safaris en motoneige, du ski de fond et du ski alpin.

Hôtel arctique – Le village est réputé pour son étonnant hôtel hivernal, reconstruit chaque année avec plus de 1 500 tonnes de glace. Cet igloo géant abrite également une galerie, un restaurant, un bar, un club de jazz, une salle d'exposition et une église en plus des chambres (des sacs de couchage et des peaux de rennes sont fournis aux visiteurs). La température intérieure reste constante (entre – 2° et – 4°C), quelle que soit la température extérieure. Vers les mois d'avril et mai, le soleil commence son travail de démolition.

Église ⊙ – L'église de bois, située au bord de la rivière, fut agrandie à la fin du 18e s. Sous le porche, on peut voir les inscriptions faites par divers voyageurs, dont une écrite en latin en 1681 par trois Français : « Élevés en France, nous avons visité l'Afrique, goûté l'eau sacrée du Gange, et parcouru l'Europe ; ainsi, conduits par le destin et voyageant sur terre et sur mer, nous sommes finalement parvenus ici, au pôle où finit le monde. »

A. Thomas/EXPLORER

Le retable de Bror Hjorth

Le remarquable **retable**★★ est un triptyque aux couleurs vives, sculpté dans du bois de teck par **Bror Hjorth** en 1958.
Il montre Lars Levi Læstadius *(voir plus loin, à Pajala)* prononçant un sermon. Les personnages sont naïfs, mais le message est aussi clair que semble l'être le ton de celui qui prêche. Les gouttes de sang coulant du flanc et du front du Christ se transforment en fleurs rouges en tombant. Marie est auréolée par le soleil de minuit tandis que, apothéose de l'œuvre, une femme sâme touchée par la grâce entre en lévitation. Un paysage hivernal et un ciel nocturne éclairé par les étoiles et les aurores boréales forment la toile de fond.

Kiruna – *Voir à ce nom.*

Mattarahkka – *5 km à l'Ouest de Kiruna.*
Le drapeau sâme flotte en signe d'accueil au sommet de ce centre d'artisanat où les jeunes femmes sâmes perpétuent les techniques traditionnelles. Les ateliers sont tous reliés à la salle d'exposition et à la boutique.

Torneträsk – Avec ses 72 km de long pour 9 km de large seulement, ce lac, dont le nom signifie « forêt au bord du grand lac » en sâme, est l'un des plus longs de Suède. Des excursions en bateau partent d'Abisko.

ABISKO 120 habitants

Village de montagne situé sur la rive méridionale du lac **Torneträsk**, son principal attrait est sa situation au cœur d'une des régions les plus sauvages de Suède. C'est le point de départ du **Kungsleden**, itinéraire de randonnée pour skieurs long de 500 km, qui se dirige vers le Sud et aboutit au village de Hemavan *(voir plus haut)*.

Turiststation ⊙ – *2 km à l'Ouest du village.*
Le village de vacances comprend une auberge de jeunesse, un ensemble de chalets, un camping, une épicerie et un centre de location d'équipement sportif. Le centre d'accueil, **Naturum**, propose des expositions sur la flore locale, la faune, la géologie et les Sâmes, et organise des randonnées thématiques touchant ces mêmes domaines ou des excursions sur le lac.
A faible distance, **Abiskojåkka**★★, sorte de cañon à l'embouchure de la rivière dans le lac, met en évidence les différentes couches géologiques. On y reconnaît la dolomite d'un blanc jaunâtre connue sous le nom de marbre d'Abisko.

Saunas d'autrefois

Le mot suédois qui désigne un sauna *(bastu)* signifie cabane de bain et il fut un temps où les bains publics étaient très courants en Suède. Puis ils furent fermés par mesure d'hygiène et pour des raisons de moralité. Dans cette région cependant, la tradition du sauna suédois fut préservée et, à partir des années 1930, la coutume se répandit à nouveau dans le reste du pays. Le type de sauna le plus ancien est le sauna à la fumée de bois.

La porte lapone

Mont Njulla – Alt. 1 169 m. Un téléphérique permet d'accéder à une altitude de 900 m, où une **vue** magnifique s'offre sur le célèbre point de repère **Lapporten** (la porte lapone), dont la silhouette caractéristique se dresse au Sud-Ouest d'Abisko. Du haut du Njulla, on peut aussi contempler le soleil de minuit dans les meilleures conditions, du 31 mai au 16 juillet.

Parc national d'Abisko – Situé au Sud d'Abisko, c'est l'un des principaux pôles d'attraction de la région. Couvrant une superficie de 77 km² et inauguré en 1909, il est réputé pour la diversité de sa flore de montagne, en particulier pour les nombreuses et rares espèces d'orchidées. On peut apercevoir des lemmings, des ours, des élans, des martres, des lynx et des gloutons.

Plus au Nord, près de Björkliden, où la route sinue entre le mont Njulla et le lac, le visiteur apercevra des signaux lumineux. Ils sont destinés à prévenir les automobilistes des risques d'avalanche et il convient de maintenir une vitesse constante de 60 km/h lorsque les signaux ne sont pas allumés.

★ **Rakkasjåkka** – *Entre Björkliden et les signaux lumineux ; parking prévu à chaque extrémité du pont.*
Suivre le chemin qui descend en pente raide le long de cet impétueux torrent de montagne *(jåkk)* roulant tumultueusement jusqu'à la rive du lac Torneträsk couverte de galets.

Björkliden – *A 103 km de Kiruna.*
Ce centre de vacances situé sur les bords du lac Torneträsk propose un hébergement et diverses expéditions à la découverte des grands espaces sauvages environnants.

Riksgränsen – Cette station de ski située à la frontière norvégienne offre de très bonnes possibilités de ski d'été.

Ishavsleden

Route 400

La vallée de la Torne était une région culturellement et linguistiquement homogène jusqu'à ce que la guerre russo-suédoise de 1808-1809 ne la divisât en deux. La Torne (Torneälven en suédois et Tornionjoki en finnois), après avoir traversé le lac Torneträsk, reçoit la rivière Muonio au Sud de Pajala avant de se jeter dans le golfe de Botnie.
La Muonio, de Treriksröset, à la jonction des frontières finlandaise, suédoise et norvégienne, jusqu'à son confluent avec la Torne, puis la Torne même servent de frontière entre la Suède et la Finlande. Pendant plus de 100 ans, elles furent l'un des principaux axes de flottage du bois.

HAPARANDA 10 650 habitants

Haparanda fut fondée en 1842 pour remplacer la cité marchande de Tornio *(voir à ce nom)*, cédée aux Russes avec le territoire finlandais en 1809. Un monument aux victimes de la guerre de 1808-1809 a été érigé près de la frontière finlandaise.

Église ⓥ – Son modernisme a été un sujet de controverse dès la consécration de l'édifice en 1967. Le sombre extérieur habillé de cuivre forme un contraste frappant avec l'intérieur clair et élégant. Le curieux clocher se dresse à l'emplacement de la première église de bois, détruite par un incendie en 1963.

★★★ **Kukkolaforsen** – *15 km au Nord de Haparanda.*
Les **rapides de Kukkola** dominés par des jetées en bois délabrées, les inévitables cabanes de pêcheurs et les moulins à eau, forment un tableau des plus familiers. Depuis le Moyen Âge, on pêche traditionnellement à partir des jetées le *sik* ou lavaret, un salmonidé des lacs. De la mi-juin à la mi-septembre, les visiteurs peuvent manger du poisson frais cuit sur le gril. Le **Sikfesten**, ou Festival du poisson blanc, a lieu le dernier week-end de juillet.

Luppioberget – *9 km au Sud d'Övertorneå ; une route grimpe jusqu'au sommet.* **Vue**★★★ magnifique de la vallée de la Torne.

★ **Église d'Övertorneå** – De forme polygonale, c'est l'une des églises du 18e s. les mieux préservées de Laponie. Les tympans de chaque portail de la tour-clocher sont ornés de peintures, comme l'intérieur, lui aussi richement décoré. La chaire et la barrière séparant le chœur de la nef sont remarquablement ouvragées. Parmi les nombreuses sculptures médiévales sur bois, on retiendra la charmante **Mantelmadonna**★★ qui s'ouvre comme un retable.

A Niskanpää, la route franchit le **cercle polaire.**

Bengt af Geijerstam/BILDHUSET

Église d'Övertorneå

Svanstein – *15 km au Nord du cercle polaire. Suivre le panneau « Konst och konsthantverk ».*
L'édifice principal, Dränglängan, autrefois réservé aux ouvriers agricoles, abrite aujourd'hui des sculptures en bois de Rolf Suup. On peut voir dans le parc un authentique **sauna traditionnel à la fumée de bois.**

★★ **Kengisforsen** – *7 km au Sud de Pajala ; suivre l'indication « Kengis » ; les 2 derniers km ne sont pas goudronnés.*
La route passe devant le manoir de Kengis, datant des années 1830, seul vestige d'une fonderie autrefois prospère, et conduit aux spectaculaires **rapides.**

Pajala – *La route 400 conduit vers l'Est ; prendre ensuite Soukolovägen à gauche.*
La ville est connue parce qu'y habita **Levi Læstadius** (1800-1861), fondateur du mouvement évangélique qui fit de nombreux adeptes dans le Nord de la Scandinavie. Sa maison, **Læstadii pörte,** est ouverte au public et le vieux presbytère abrite une exposition sur sa vie et son mouvement. Durant les dernières années de sa vie, il vécut dans une cabane de bois toute simple. Prêchant la sobriété, il était aussi un botaniste et un savant de renom.

LEKSAND★★

Kopparberg – 15 000 habitants
Carte Michelin n° 985 – L 12 ou Atlas Europe – p. 106

Située à l'extrémité méridionale du lac Siljan, Leksand est une petite communauté active et le centre régional des 90 villages de la commune. La ville a la réputation d'être attachée aux anciennes traditions et en particulier au festival des mâts de la St-Jean : du dimanche précédant cette fête jusqu'à la mi-juillet, des mâts aux couleurs vives sont dressés dans la plupart des 90 villages de Leksand. Chaque année depuis plus d'un demi-siècle, la pièce de Rune Linström, *Himlaspelet (Le Chemin des cieux)*, est jouée au théâtre de plein air et ceux qui ne comprennent pas le suédois prendront tout de même plaisir à admirer les costumes multicolores de la région et le jeu plein de verve des acteurs.

CURIOSITÉS

Kulturhus ⊙ – *A l'extrémité Ouest de Norsgatan, entre l'office de tourisme et l'église.*
Le sous-sol du **centre culturel** abrite un passionnant musée consacré à la peinture dalécarlienne et aux costumes locaux.

★ **Église** ⊙ – Construite en pierre crème et blanche, elle se dresse dans un site paisible au bord du lac. L'intérieur turquoise forme une cadre parfait pour la chaire dorée (1757) et le crucifix triomphal du 15e s. C'est de là que, durant le règne du roi Gustave Vasa, partit le **soulèvement des cloches** : le roi avait en effet décrété, afin de rembourser sa dette envers la ville hanséatique de Lübeck, que la deuxième cloche de chaque église du pays lui serait remise. Le soulèvement fut vite réprimé et les cloches des églises confisquées.

EXCURSIONS

★★ **Ljusbodarna** ⊙ – *20 km au Sud-Ouest en direction de Dala-Järna. Après avoir parcouru 10 km, prendre à gauche un chemin empierré et cahoteux.*
Dans ce décor d'autrefois sont rassemblés 25 bâtiments dont le plus vieux date du 17e s. Quatre familles séjournent ici en été avec leurs vaches et leurs chèvres. Övre Ljusbodarna présente une rangée de vieilles maisons de bois.

Tibble – *2,5 km vers l'Est en direction de Sågmyrna. Dès que l'on approche de Tibble, Alfvéngården est signalé (petit panneau). Entrer dans le village, puis tourner à gauche.*
Dans ce charmant village aux maisons de bois peintes en rouge, le compositeur et chef d'orchestre **Hugo Alfvén** (1872-1960) trouva un havre de paix où il passa les 15 dernières années de sa vie. Alfvén incarna le romantisme national et sa prédilection pour les nuances délicates de la musique folklorique suédoise a contribué à attirer l'attention du public international sur cette musique. Ses œuvres symphoniques, ses romances et ses compositions vocales sont très appréciées des mélomanes ; de ses cinq symphonies, lui-même préférait la cinquième. Alfvén se consacra également à la peinture (aquarelle) et à l'écriture (ses mémoires couvrent quatre volumes).
Les trois pièces du rez-de-chaussée de sa demeure, **Alfvéngården**★★ ⊙, sont ouvertes au public.

★★ **Tällberg** – *12 km au Nord de Leksand, en direction de Rättvik.*
Ce joli petit village aux maisons caractéristiques de la Dalécarlie est situé sur le flanc d'une colline qui s'abaisse en pente douce vers le lac. Tällberg attire tous les étés une foule de visiteurs et l'étroite rue du village est encombrée de voitures. L'artisanat régional est florissant. **Holensgammelgård** ⊙ est le musée local d'où l'on a une vue ravissante sur les environs. Gravir la colline à partir du mât de la St-Jean.

Jobs Handtryck ⊙ – *A Västanvik, 6 km à l'Ouest, sur la route de Siljansnäs. On arrive brusquement, peu après « Västanviksbadet », à hauteur de la rue à droite vers « Jobs Handtryck ».*
Cet **atelier** produit de très beaux tissus de coton et de lin imprimés à la main dont les motifs s'inspirent des fleurs d'été.

Siljansnäs – *15 km au Nord-Ouest. En approchant de Siljansnäs, prendre à droite vers l'église et suivre la route (virage à droite) jusqu'au sommet du Björkberget.*
Dans ce petit village, le belvédère *(128 marches)* du Björkberget (344 m) offre un **panorama**★★★ splendide du lac Siljan et de la campagne environnante (table d'orientation). Le **Naturum** ⊙ est une salle illustrant la flore et la faune locales.

Les villes, sites et curiosités décrits dans ce guide sont indiqués en caractères noirs *sur les schémas.*

LIDKÖPING

Västergötland – 36 000 habitants

Carte Michelin n° 985 – N 10 ou Atlas Europe – p. 105

Cette charmante petite ville est située au fond d'une baie du lac Väner et encadrée par la péninsule de Kålland à l'Ouest et le mont Kinnekulle à l'Est. La cité marchande du Moyen Âge occupait la rive orientale de la rivière Lida jusqu'à sa destruction par un incendie. Il n'en reste que quelques maisons de bois peintes en rouge autour de Limtorget.

En 1670, le chancelier Magnus Gabriel de la Gardie décida de construire une nouvelle ville sur la rive opposée et aujourd'hui l'ancienne place et la nouvelle sont reliées par une passerelle. Sur la **Nya Torget**, le regard est immédiatement attiré par le **pavillon de chasse** que le chancelier fit transférer de son domaine pour en faire l'hôtel de ville. Cet édifice de bois peint en rouge, surmonté par la statue de la Justice, abrite aujourd'hui l'office de tourisme. La place, où se tient le marché, est un lieu de rendez-vous populaire.

★★ **Rörstrands porslinsfabrik** ⓥ – La première **manufacture de porcelaine** fut fondée près de Stockholm en 1725. En 1935, les ateliers furent transférés à Lidköping où ils produisent depuis un grand choix de services de table et d'objets décoratifs. La série « bleue » fut lancée en 1951 par Hertha Bengtson qui avait travaillé comme dessinatrice au sein du groupe Rosenthal en Allemagne. Devenue une ligne classique, on en trouve des exemplaires dans de nombreux intérieurs suédois.

Rörstrand et Arabia : marques de prestige de porcelaine fine

Lorsqu'elle s'installa près d'Helsinki en 1874, la société finlandaise Arabia *(voir à Helsinki)* fut tout d'abord une succursale de Rörstrand. En 1916, elle devint une société indépendante.

Les visiteurs peuvent faire le tour des ateliers, puis du **musée**★★, qui contient une belle collection de ravissantes porcelaines, et enfin se laisser tenter par les étalages attrayants de la boutique.

EXCURSIONS

Kålland et le château de Läckö – *25 km au Nord. Emprunter Kållandsgatan, puis Läckögatan, et suivre les indications « Läckö slott ».*

La route sinueuse qui conduit à Läckö serpente à travers la campagne tranquille de la péninsule de Kålland. La route franchit d'étroits chenaux avant d'atteindre les deux îles du Nord, elles-mêmes bordées de nombreux îlots. Le long de la côte Ouest, un récif, Hindens rev, reste de moraine glaciaire, s'étend comme un doigt pointé vers le lac Väner. Après avoir franchi le pont qui mène à Kållandsö, on aperçoit à travers les arbres les ruines d'une forteresse du 17e s., Skansen Läckö.

Spiken – Dans ce petit hameau de pêcheurs – le seul du lac Väner – le visiteur se voit proposer un choix de poissons fraîchement fumés, dont la lotte, spécialité locale.

Läckö Slott ⓥ – Les murs blanchis, les tours et les tourelles de ce château se dressant au-dessus des eaux du lac Väner font songer à un château de conte de fées. Le premier château épiscopal du 12e s. fut détruit par un incendie. Le suivant, construit au 15e s., fut peu à peu agrandi et modifié mais ce n'est qu'au 17e s. que la Gardie transforma sa nouvelle résidence en ce palais baroque que nous pouvons voir aujourd'hui. Il n'épargna pas ses efforts pour embellir les appartements dont on remarquera plus particulièrement les plafonds peints. Une fois leur œuvre achevée, les artistes qui avaient travaillé au château, connus plus tard sous le nom d'École de Läckö, décorèrent les églises des environs.

★★ **Kinnekulleleden** – *Environ 60 km. Suivre la route 44 en direction de Mariestad et, après avoir parcouru 14 km, tourner à gauche vers Husaby.*

Ce pittoresque **itinéraire balisé** permet de faire le tour du plateau du Kinnekulle, de forme ovale, et d'atteindre les rives du lac Väner. La route passe devant des églises et des manoirs médiévaux avant de parvenir au sommet du Kinnekulle.

Husaby – Le trait le plus caractéristique de l'église est sa massive tour de défense, flanquée de tourelles d'escaliers circulaires. Probablement construite vers 1100, la tour était sans doute à l'origine un donjon séparé bien qu'il ne soit pas exclu qu'elle ait été rattachée à une église antérieure en bois. L'église actuelle en pierre, de style roman, la remplaça plus tard.

Cent mètres plus loin, on peut voir la source de St-Sigfrid. Selon la légende, ce serait à cet endroit que le premier souverain à porter le titre de roi de Suède, Olof III Skötkonung, fut baptisé en 1008 par un missionnaire anglais, saint Sigfrid *(voir à Växjö)*.

Continuer à suivre les indications du Kinnekulleleden. Pour atteindre le sommet, tourner à droite à l'église de Medelplana et suivre la direction « Högkullen ».

Kinnekulle – Alt. 306 m. Au sommet se trouvent un bureau de tourisme, un restaurant et un café. Il faut encore parcourir à pied 900 m pour parvenir au sommet même et à la tour d'observation. Elle offre un **panorama**★★★ spectaculaire du lac Vänern avec, au Sud, Lidköping au fond de sa baie, en face, l'île de Kållandö et au loin, de l'autre côté du lac, le Dalsland, tandis qu'à l'Est on aperçoit la plaine fertile du Västergötland et le mont Billingen en toile de fond.

Continuer en direction d'Hällekis.

Hällekis – Construit à proximité d'une carrière, ce village a conservé le plan typique d'une petite agglomération industrielle et la rue principale est bordée de modestes maisons d'ouvriers du début du siècle. Des artisans les occupent en été.

Repartir dans la direction de Lidköping.

La route longe maintenant le côté occidental du plateau, au sol fertile, couvert d'une forêt d'arbres à feuilles caduques et parsemé de manoirs imposants entourés de parcs verdoyants (Hällekis et Råbäck) que l'on aperçoit à travers un rideau d'arbres.

Stenbrottet – L'intérêt de cette carrière abandonnée est de révéler le processus géologique de stratification qui forma l'assise rocheuse du Kinnekulle : des roches primaires, du grès, de l'alunite, de la roche calcaire, de l'argile, recouverts de diabase.

Retourner au croisement proche de l'église de Medelplana.

Au-delà on peut voir l'église de Västerplana datant du 12e s.

Un aventurier français en Suède...

Pons Scopérier, fils d'un commerçant de Caunes-Minervois, près de Carcassonne, naquit vers 1530. Pour obéir aux ordres de son père, il entra au couvent, mais vite lassé de la vie monastique qu'il trouvait probablement par trop monotone, il gagna le Piémont et s'enrôla dans les troupes du maréchal de Brissac. En 1556, il fit partie du corps de troupe que le roi de France envoya au secours de la reine d'Écosse, Marie de Lorraine, puis passa en 1559 au service du roi Frédéric II de Danemark. Fait prisonnier par les Suédois lors du siège de Wardberg, il fut sollicité par Éric XIV pour entrer à son service, ce qu'il n'accepta qu'une fois la paix signée en 1565. C'est alors qu'il prit le nom de **Pontus de la Gardie.** Dans la lutte qui opposait le roi à son frère Jean, duc de Finlande, il embrassa le parti de ce dernier. En 1568, Éric envisageant de faire massacrer les partisans de Jean, Pontus parvint à s'emparer du roi et le duc de Finlande, devenu Jean III, le récompensa magnifiquement. Créé baron d'Eckholm en 1571, feld-maréchal, sénateur, il se vit confier en 1576 auprès du pape l'ambassade extraordinaire qui confirmait le rétablissement du rite catholique en Suède. En 1580, après avoir épousé une fille naturelle du roi, il reçut le commandement en chef des troupes contre les Russes, reprit les territoires livoniens que la Suède avait perdus et conquit l'Ingrie dont il fut nommé gouverneur. Mais en 1586, alors qu'il revenait de Reval, le navire sur lequel il avait embarqué sombra près du port de Narva et Pontus périt dans le naufrage.

Il laissait un fils, **Jakob**, né à Reval en 1583, qui servit d'abord aux Pays-Bas sous les ordres de Maurice de Nassau puis reçut en 1609 du roi Charles IX, troisième des fils de Gustave Vasa à régner sur la Suède, le commandement des armées suédoises contre les Russes et les Polonais. Entré à Moscou en 1610, il occupa Novgorod en 1611, plaça la Russie septentrionale sous protectorat suédois et y fit proclamer tsar le second fils du roi de Suède. Jouissant de la faveur de Gustave II Adolphe qui le fit comte et sénateur, il fit partie du conseil de régence chargé d'administrer le royaume en l'absence du roi et fut l'un des tuteurs de la reine Christine. Il mourut en 1652, laissant de son union avec la comtesse Ebba Brahe trois fils qui jouèrent également un rôle de premier plan en Suède.

L'aîné, **Magnus Gabriel** (1622-1686), envoyé en France comme ambassadeur en 1645, fut lieutenant général en Allemagne en 1647, gouverneur de la Livonie en 1648, ambassadeur en Pologne, membre du conseil de régence en 1660 durant la minorité du roi Charles XI puis chancelier. C'est lui qui négocia notamment la paix d'Oliva en 1660, par laquelle la Pologne renonçait à ses prétentions sur la Suède, puis l'alliance franco-suédoise en 1674. L'échec de sa politique entraîna sa disgrâce en 1680, suivie de sa ruine après que Charles XI eût décidé la confiscation des domaines acquis par les nobles sous les règnes précédents. Érudit et mécène, il protégea de nombreux artistes, fit installer à ses frais une imprimerie qui publia plusieurs ouvrages importants et fit don à la bibliothèque d'Uppsala d'un grand nombre de manuscrits précieux, entre autres de la Bible d'argent, le *Codex argenteus* de Wulfila que l'on croyait perdu et qu'il avait retrouvé en Finlande *(voir à Uppsala : Carolina Rediviva)*. Après avoir été l'amant de la reine Christine, qui songea à l'épouser, il s'était marié avec la princesse Euphrosine, propre cousine de la reine et sœur du roi Charles X.

LINKÖPING ★

Östergötland – 129 000 habitants

Carte Michelin n° 985 – N 12 ou Atlas Europe – p. 109

Ville agréable, Linköping fut dès le 12e s. une cité ecclésiastique qui devint très vite un centre intellectuel renommé. C'est aujourd'hui la capitale administrative de l'Östergötland, mais aussi un centre industriel moderne (usine Saab) et une ville universitaire avec une école de médecine et un institut de technologie.

Östergötland – La « terre des Goths de l'Est » est limitée à l'Ouest par le lac Väner et à l'Est par la mer Baltique. C'est une région agricole fertile parsemée de forêts, de lacs et de voies d'eau. C'est ici que sont situées les plus grandes propriétés agricoles de Suède.

Saab – Histoire d'une réussite

Nombreux sont ceux pour qui Saab est synonyme d'automobiles. En fait, la société commença par construire des avions.
Les camions et les autobus Scania représentent la branche la plus importante de Saab-Scania, 4e constructeur mondial de camions et 7e constructeur de bus et d'autocars, qui exporte 90 % de sa production.

CURIOSITÉS

★ **Cathédrale** – C'est l'un des plus beaux édifices religieux de Suède. La cathédrale primitive fut érigée sur ce site vers 1120 et la construction du sanctuaire actuel fut entreprise en 1232. Pendant près de 300 ans, elle fut agrandie et remaniée. L'intérieur, à la fois majestueux et harmonieux, contient des éléments décoratifs de tous les siècles, conformément à la tradition médiévale. Le 20e s. est particulièrement bien représenté avec le retable exécuté entre 1934 et 1936 par l'artiste norvégien Henrik Sörensen, les vitraux gravés (1995) de la chapelle Notre-Dame (Mariakoret), le jubé de 1987 illustrant des scènes de la vie de la Vierge et les tapisseries représentant la Création du Monde (1938).

Östergötlands länsmuseum ⏲ – Les principales collections du musée provincial concernent l'archéologie ainsi que la peinture européenne et suédoise, mais il ne faut pas manquer les **broderies Königsmarck**★ (1680).

ENVIRONS

★ **Gamla Linköping** ⏲ – *A 3 km. Suivre la rocade C en direction de Mjölby et les panneaux Indiquant « Gamla Linköping ».*
Le **Vieux Linköping** est un musée de plein air rassemblant quatre-vingts bâtiments construits entre 1695 et 1887 et transférés du centre de la ville. Son charme réside dans le fait qu'une communauté d'une cinquantaine de personnes – principalement des artisans – y vit et y travaille, donnant vie et authenticité aux maisons, aux musées et aux ateliers.

Flygvapenmuseum ⏲ – *A Malmstätt, à 6 km. Suivre la E 4 vers l'Ouest en direction de Ryd.*
Le **Musée des avions militaires** présente la plus importante collection de Suède en ce domaine, large panoplie allant des modèles de 1912 équipés de moteurs à hélice capables d'atteindre des vitesses de 80 à 100 km/h aux avions actuels, dépassant Mach 1.

LULEÅ

Norrbotten – 68 523 habitants

Carte Michelin n° 985 – G 19 ou Atlas Europe – p. 98

Schéma : LAPPLAND

Luleå tire son nom d'un mot sâme signifiant « eaux de l'Est » *(Luleju)* ; c'est aujourd'hui la plus grande ville du Nord de la Suède.
Située dans un cadre agréable sur les bords du fleuve Luleälv, son centre occupe une langue de terre bordée de ports de plaisance et s'achevant par une zone de loisirs, **Gültzaudden.** Luleå fut la première ville suédoise à posséder une galerie marchande (années 1950, architecte Ralph Erskine).

Un faux départ – Des marins étaient déjà installés le long de la côte au début du 14e s. mais l'agglomération se trouvait à l'intérieur des terres, sur le site aujourd'hui appelé Gammelstad. Après l'enlisement progessif de son chenal navigable, la ville s'établit en 1649 sur son site actuel (Lule Nystan, nouvelle ville de Luleå), et l'église et l'ancien village attenants prirent alors le nom de Lule Gammelstan (vieille ville de Luleå). La nouvelle ville devint un port actif à la fin du 19e s. après la découverte de gisements de fer à Kiruna et à Malmberget, reliés par voie ferrée depuis Gällivare *(voir à ce nom)* à Luleå en 1895.

Y. Travert/DIAF

Gammelstad

★★★ GAMMELSTAD

La vieille ville est située à l'emplacement d'origine de Luleå. C'est aujourd'hui le plus grand « village paroissial » de Suède, édifié voici 450 ans. Les traditions des « villages paroissiaux » sont encore très vivaces et même de nos jours les maisonnettes sont occupées par les paroissiens lors des festivals religieux importants, comme cela se fait depuis des siècles.

Église – De style gothique scandinave tardif et construite en gros blocs de granit rouge et gris, son pignon est garni de décorations en brique. La construction commença dans la première moitié du 15e s., et la voûte fut achevée vers 1480. Un mur percé de plusieurs portails (le portail Nord est intact) entoure le cimetière. Des centaines d'hirondelles de rivage ont fait leur nid dans la section Nord du mur. La tour (1851) située sur la façade Ouest fut ajoutée pour servir d'entrée cérémonielle face à l'autel, mais les paroissiens continuèrent à utiliser l'ancienne entrée. Le bâtiment accolé au mur Sud est l'ancien grenier à dîme de la paroisse.

Intérieur – Cette splendide église, richement décorée, est la plus grande église médiévale du Norrland. Lors de sa consécration en 1492, elle était destinée à remplir le rôle de siège épiscopal. Les fresques du chœur furent découvertes en 1909 lorsqu'on enleva la peinture à la chaux : elles sont très probablement l'œuvre d'un des élèves d'Albertus Pictor et furent exécutées vers 1492. Le retable sculpté et doré fut réalisé à Anvers. Le crucifix triomphal est un magnifique chef-d'œuvre médiéval orné d'un évangéliste et d'un symbole à chaque extrémité de la croix. Les fonts baptismaux en grès provenant du Gotland sont antérieurs à la construction de l'église. Les stalles du chœur ont également été sculptées au Moyen Âge. Les plaques commémoratives que l'on peut voir sur les murs et la chaire somptueusement décorée et dorée, de style baroque local, sont l'œuvre d'un charpentier des environs, Nils Fluur, qui exerçait son métier au début du 18e s. L'orgue est un exemple d'artisanat moderne, réalisé par les célèbres facteurs d'orgues de la région, la société Grönlund.

Village paroissial – La rue principale, Gamla Hamngatan, relie la place située au Nord de l'église et le port. Les plus belles maisons du village se trouvent dans le quartier situé au Sud-Ouest de l'église. Une des maisonnettes de Framlänningsvägen est ouverte au public. Les humbles logements des artisans et des ouvriers, serrés les uns contre les autres, côtoient les résidences plus spacieuses des riches citoyens, qui laissaient peu de place aux maisonnettes paroissiales et aux écuries.

Villages paroissiaux

Depuis plus de 500 ans, les habitants de Luleå organisent à Gammelstad des marchés, des sessions du tribunal d'instance, des mariages et des enterrements, mais ils s'y rendent surtout pour la célébration des festivals religieux. Il est de coutume pour les paroissiens de séjourner plusieurs jours dans leur maisonnette près de l'église. Il y avait autrefois 72 villages paroissiaux dans le Nord de la Suède mais il n'en reste plus que 18 et 6 d'entre eux sont des villages sâmes.

En 1817, ces dernières étaient au nombre de 350, mais l'arrivée de l'automobile entraîna leur disparition et aujourd'hui il n'en reste plus que cinq. On peut en voir trois derrière les maisonnettes, sur le côté Sud de Gamla Hamngatan.

Musée de plein air Hägnan – Ce musée, qui abrite divers bâtiments de ferme près du port d'origine, organise en été des démonstrations des différents métiers ruraux.
Le **festival de Musique folklorique** de Gammelstad, à la mi-juin, attire des musiciens des régions arctiques de tous les pays scandinaves.

AUTRES CURIOSITÉS

Norrbottens museum ⊙ – *2, Storgatan.*
Le musée présente les gens, leur travail et leur vie quotidienne en Botnie du Nord. Le second étage abrite une importante collection d'objets sâmes.

Teknikens Hus ⊙ – *A 4 km. Suivre les indications «Högskolan» ou «Porsön».*
L'**Institut de technologie**, qui fait partie de l'université, fournit aux enfants et aux parents un aperçu de la technologie industrielle par le biais de la pratique.

Cathédrale ⊙ – Cette église gothique en brique rouge est la troisième à avoir été construite sur le même site ; sa flèche élancée de 63 m de haut est un point de repère bien connu localement. Le motif doré qui orne l'intérieur des portes de verre représente l'Arbre de Vie.

L'archipel – *L'archipel de Luleå compte environ une centaine d'îles dont un grand nombre sont inhabitées.*
La longue plage et le restaurant de Sandön sont les lieux de prédilection de la population locale. Les excursions en bateau partent du port Sud, Södra hamnen, à l'exception de celles vers Hindersön et les petites îles voisines, qui partent du port Nord, Norra hamnen, pittoresque avec ses entrepôts de bois peints en rouge.

Sachez tirer parti de votre guide Michelin.
Consultez la légende en p. 2.

LUND★★

Skåne – 94 000 habitants

Carte Michelin n° 985 – Q 10 ou Atlas Europe – p. 108

La deuxième ville universitaire de Suède par ordre d'ancienneté est une cité charmante dont les rues étroites sont bordées d'édifices de différentes époques.
La population estudiantine anime les rues et les places où l'on assiste souvent à des manifestations traditionnelles hautes en couleur. Le 30 avril de chaque année, par exemple, les étudiants se réunissent à Tegnérplatsen (**BY 61**) et revêtent, selon le cérémonial d'usage, leur toque d'étudiant pour célébrer le printemps.
Probablement fondée vers 990 par le roi de Danemark Sven Tveskägg, Lund fut promue au rang d'évêché en 1050, puis à celui de siège du primat des pays nordiques en 1104. Ce centre religieux danois fermement établi vit se multiplier le nombre de ses églises et de ses monastères – il y en eut 27 en tout – jusqu'à ce que l'avènement de la Réforme mît un terme à l'influence du clergé. La puissance de l'église catholique fut anéantie et la plupart des édifices religieux furent détruits. Selon les modalités du **traité de Roskilde** (1658), les provinces de Scanie et de Blekinge – constituant le diocèse de Lund – furent cédées à la Suède et il devint impératif d'instaurer un établissement universitaire suédois dans cette ancienne province danoise. L'université de Lund fut donc fondée en 1666. Danois et Suédois continuèrent à se battre pour la possession de ce territoire jusqu'à la signature du **traité de Lund** en 1679, qui mettait fin à la **guerre de Scanie.**

★★★ DOMKYRKAN (BY)

Cette imposante **cathédrale** en grès de couleur grise, flanquée de deux tours, est le plus bel exemple d'architecture romane en Suède. C'est le roi Canut II qui lança les travaux dans les années 1080 et la cathédrale fut consacrée en 1145. Le plan d'origine témoigne de l'influence anglo-normande, tandis que la décoration qui suivit est d'inspiration lombarde. L'**abside**★★★, datant de 1130 environ, est un chef-d'œuvre roman, dont l'arcature sur trois niveaux et la galerie supérieure sont de style lombard. Les portails des côtés Nord et Sud sont agrémentés de beaux motifs sculptés, également de style lombard ; le tympan du portail Sud représente l'*Agnus Dei* entouré des symboles des Évangélistes et complété par des motifs de plantes grimpantes.

Intérieur – En entrant à gauche, on remarque l'étonnante horloge astronomique datant du 14e s., dont les automates fascinent toujours le public lorsque l'horloge sonne et qu'ils s'animent soudain. Après 300 ans de silence, l'horloge fut restaurée et remise en état de marche en 1923. Le maître allemand Johannes Ganssog réalisa en 1592 la belle **chaire** Renaissance en marbre noir et albâtre. La gracieuse statue de la Vierge située dans le transept Nord date de la première moitié du 14e s. Le chandelier de bronze à sept branches que l'on peut voir dans le transept Sud est également du 14e s. Le relief qui orne le mur Sud et représente la Vierge Marie et les patrons de la cathédrale, saint Laurent et Canut le Saint, fut réalisé par Adam van Düren vers 1510. Les **stalles du chœur**★★★ (vers 1370), remarquablement sculptées, sont de style gothique, tandis que le retable est probablement une œuvre d'Allemagne du Nord datant de 1400 environ. Parmi les œuvres du 20e s., il faut citer les vitraux (1930) de l'abside et du transept par Emanuel Vigeland et la scène de la Résurrection en **mosaïques**★★★, qui orne la voûte de l'abside. Cette mosaïque en verre de Venise fut réalisée dans la véritable tradition du style byzantin par le peintre danois, Joakim Skovgaard *(voir à ce nom)* entre 1925 et 1927. Le musée de Malmö a consacré une section à ce peintre et à cette œuvre en particulier.

★★★ **Crypte** – On y pénètre par les marches qui se trouvent de chaque côté du chœur. Les piliers du début du 12e s. sont ornés de motifs en zig-zag et en spirale. Deux d'entre eux ont été surnommés les piliers de Finn, car les sculptures qui les ornent illustrent la légende de Finn le Géant.
L'imposant tombeau de style Renaissance placé devant l'autel fut réalisé par van Düren pour le dernier archevêque de Lund. Il commémore les quatre siècles pendant lesquels Lund fut un centre ecclésiastique très important (1104-1519).

La légende de Finn le Géant

On raconte que le maître d'œuvre de la cathédrale fut saint Laurent lui-même et que, trop affaibli, il fut contraint d'engager un géant pour poursuivre le travail. Le géant exigea du saint le sacrifice de ses yeux s'il ne parvenait pas à découvrir son nom avant l'achèvement de la cathédrale. Saint Laurent entendit par hasard la femme du géant chanter une berceuse et révéler son nom. Il s'empressa de retourner à l'église et, alors que le géant s'apprêtait à mettre en place la dernière pierre, lui dit : « Finn, place cette pierre mieux que cela. » Dans sa rage, le géant se précipita dans la crypte et empoigna un des piliers pour essayer d'ébranler l'église.

AUTRES CURIOSITÉS

Lundagård (**BY**) – Au Moyen Âge, ce parc abritait la résidence fortifiée des évêques. Le seul édifice subsistant de cette époque est **Kungshuset** (**BY K**), bâtiment de brique rouge flanqué d'une tour ronde, où se trouvent aujourd'hui des salles de conférences. Construit pour le roi de Danemark entre 1580 et 1584, le roi Charles XI en fit don à l'université lors de sa fondation en 1666. Le parc que nous admirons aujourd'hui fut dessiné par Carl Hårleman au milieu du 18e s.

Universitetsplatsen – C'est au 19e s. que Helgo Zetterwall donna à cette place son aspect actuel en la bordant de plusieurs monuments imposants. L'édifice blanc de style classique, **Universitetsbyggnaden** (**BY U**), se dresse sur le côté Ouest, face au bâtiment qui abrite le syndicat des étudiants, **Akademiska föreningen** (**BY A**), tandis que **Palæstra** (**BY P**), sur le côté Nord, initialement destiné à la gymnastique et à la musique, a vue sur Kungshuset, au-delà de la vaste **fontaine** centrale.

Tegnérplatsen (**BY 61**) – Cette place doit son nom à **Esaias Tegnér** (1786-1846), poète national successivement élève et professeur à l'université, dont la **statue** en orne le centre. Sur le côté Est, derrière Sankt Annegatan, se dresse un édifice imposant, Kulturen, tandis que le côté Sud est bordé par l'**Historiska museet** (**BY M¹**) ⏲. Ce musée d'histoire abrite de remarquables collections d'objets de l'âge de la pierre, de l'âge du bronze et de l'âge du fer, ainsi que le musée de la cathédrale, **Domkyrkomuseet**★ (**BY M²**) ⏲ *(entrer par Kraftstorg en été ou par le Musée d'histoire toute l'année)*, qui contient une belle collection de vêtements liturgiques du 13e s. à nos jours et une section intéressante consacrée à l'histoire de la cathédrale.

★★ **Kulturen** (**BY**) ⏲ – Ce musée situé en plein centre de Lund fut fondé en 1882 et transformé en musée de plein air un an après l'inauguration de Skansen à Stockholm (1892). Il est célèbre pour ses collections de textiles, de céramiques, de verre et d'argenterie, ainsi que pour le produit des fouilles réalisées sur les sites archéologiques de Lund.
Commencer la visite par le bâtiment principal récemment réaménagé.
Un passage souterrain conduit à la section en plein air, au-delà d'Adegatan.

LUND

Adelgatan ... BY 2
Allhelgona kyrkogata ... BX 3
Bankgatan ... BY 5
Bantorget ... AY 6
Bokbindaregatan ... AXY 9
Clemenstorget ... AX 12
Finngatan ... BX 15
Gasverksgatan ... AY 17
Gerdagatan ... BX 18
Kastanjegatan ... BY 22
Kattesund ... BY 23
Knut den stores gata ... AY 25
Kraftstorg ... BY 27
Kyrkogatan ... BY 29
Kärleksgången ... AY 30
Lokföraregatan ... AX 33
Magle Stora kyrkogata ... BY 36
Mårtenstorget ... BY 38
Paradisgatan ... BY 41
Prennegatan ... BY 43
Sankt Annegatan ... BY 46
Sankt Laurentiigatan ... BX 48
Sankt Petri kyrkogata ... BY 49
Skolgatan ... BY 52
Skomakaregatan ... BY 53
Stora Tomegatan ... BY 55
Stortorget ... BY 57
Svenshögsvägen ... BX 59
Tegnérsplatsen ... BY 61
Tomegapsgatan ... BY 64
Västgötavägen ... AY 67
Västra Mårtensgatan ... BY 68
Vävaregatan ... AX 70
Åldermansgatan ... AX 73
Östra Mårtensgatan ... BY 76

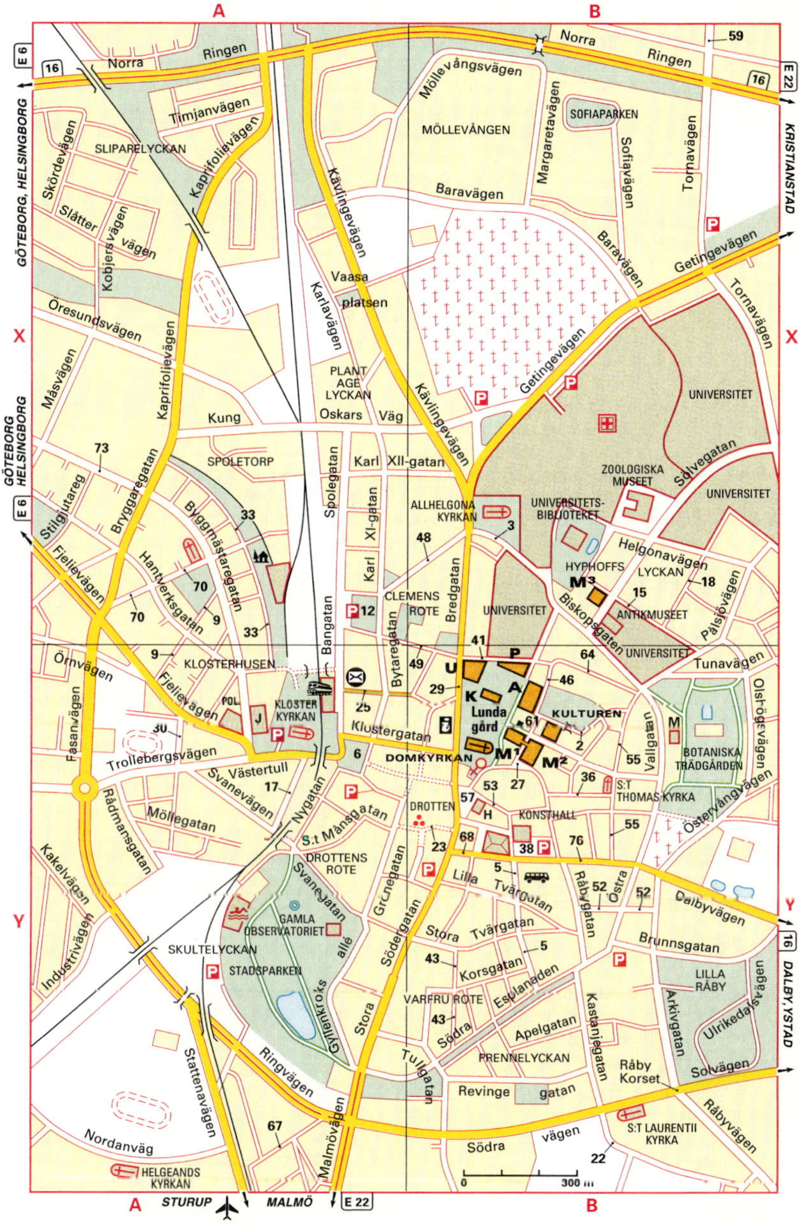

- **A** Akademiska föreningen
- **K** Kungshuset
- **P** Palæstra
- **M**[1] Historiska museet
- **M**[2] Domkyrkomuseet
- **M**[3] Skissernas museum: Arkiv för dekorativ konst
- **U** Universitetsbyggnaden

Les bâtiments représentent les quatre ordres du royaume : la noblesse, la bourgeoisie, le clergé et la paysannerie.
Tout de suite à gauche, on peut voir la Maison du diacre, datant du 14e s. La maison orange d'un membre de l'aristocratie contient une belle collection de porcelaine et d'argenterie *(au sous-sol)*. Le grand édifice à trois étages illustre l'évolution du mobilier bourgeois à travers une exposition répartie dans 16 salles.

La Maison Schlyter, située à l'Ouest, est consacrée aux corporations d'artisans et comprend quatre ateliers. La section consacrée à l'agriculture est située à l'Est. L'église de bois date de 1652.

★★ **Skissernas museum : Arkiv för dekorativ konst** (**BX M³**) ⊙ – Cet original **musée des Esquisses**, qui ressemble plutôt à un studio d'artiste, contient une importante collection d'environ 20 000 études de monuments publics dont la construction fit appel à toutes sortes de matériaux et de techniques. Le but du musée est d'illustrer le processus de création dans son ensemble.

La collection internationale comprend notamment des œuvres d'Henri Matisse, de Fernand Léger, de Sonia et Robert Delaunay et de Jean Bazaine. Il y a également des esquisses d'artistes mexicains spécialistes des peintures murales tels qu'Orozco et Diego Rivera. La collection suédoise offre un aperçu passionnant de l'art du 20ᵉ s. On y voit tant les esquisses réalisées par le premier donateur du musée, le prince Eugène de Suède *(voir index)*, pour le Stadshuset de Stockholm, que des œuvres d'artistes d'avant-garde tels que Sigrid Hiertén, Isaac Grünewald et GAN. La salle où sont rassemblées les œuvres de sculpture internationale est dominée par divers modèles qu'exécuta Henry Moore pour sa sculpture *Hill Arches (Les arches de la colline)*.

MALMÖ★

Skåne – 238 000 habitants

Carte Michelin n° 985 – Q 9/10 ou Atlas Europe p. 108

La troisième ville de Suède est située face à la capitale danoise, de l'autre côté du détroit de l'Öresund large de 25 km. Lorsque la liaison routière entre les deux rives de l'Öresund, prévue pour la fin du siècle, sera réalisée, alors l'affirmation sarcastique selon laquelle Malmö n'est qu'un faubourg de Copenhague prendra tout son sens.

Malmö est un centre culturel animé fier de sa tradition théâtrale. Le festival de Malmö, à la mi-août, voit se mêler théâtre, expositions artistiques et gastronomie. Lors de la semaine équestre, qui est aussi une manifestation annuelle, la place principale se transforme en arène de concours hippique.

La place Möllevangs où se tient chaque jour le marché aux fruits et aux légumes mérite une visite comme d'ailleurs Banérskajen bordé d'anciennes cabanes de pêcheurs *(à l'Ouest du Tekniska museet)*, où l'on vend du poisson frais.

Le village de pêcheurs du 13ᵉ s. se développa en un centre de négoce actif et les marchands allemands qui s'y installèrent lui donnèrent le nom d'Elbogen (coude) en raison de la courbe que décrit la côte à cet endroit. En 1360, le roi de Danemark Valdemar IV Atterdag conquit la Scanie, ce qui marqua le début de près de 300 ans de domination danoise. Vers la fin des années 1520, la Réforme ayant davantage progressé au Danemark, la ville devint l'un des pôles de diffusion de la nouvelle doctrine. Malmö jouit d'une longue période de prospérité durant la première moitié du 16ᵉ s. sous l'impulsion d'un bourgmestre ambitieux, Jörgen Kock. C'était à cette époque la deuxième ville danoise après Copenhague !

A la suite de sa cession à la Suède, la ville connut un certain déclin, mais retrouva ses forces vives lorsque le port fut construit à la fin du 18ᵉ s. et, de nouveau, avec l'arrivée du chemin de fer en 1860.

CENTRE

La vieille ville est limitée par une ceinture de canaux datant du début du 19ᵉ s., qui remplacèrent les douves des fortifications antérieures. Le caractère médiéval du centre a été bien préservé.

★ **Stortorget** (**BY**) – La place principale date des années 1530. En son centre se dresse la **statue équestre** de Charles X Gustave qui commémore la cession de la Scanie, du Blekinge et du Halland à la Suède en 1658. La fontaine (1964) est l'œuvre de Stig Blomberg. L'hôtel de ville, **Rådhus** (**BH H**), construit en 1546 dans le style de la Renaissance hollandaise mais remanié par Helgo Zetterwall dans les années 1860, borde le côté Est de la place, tandis que sur le côté Nord s'élève **Residenset** (**BH D**), la résidence du gouverneur, datant du début du 17ᵉ s. **Jörgen Kocks Gård**★ (**BH B**) est un imposant édifice de 1523 avec pignon à redans ; c'est le seul vestige des trois édifices ayant appartenu au bourgmestre Jörgen Kock. La vieille pharmacie, **Apotek Lejonet** (**BY A**), date de 1571.

★★ **Lilla torg** (**BY**) – Cette jolie place pavée est entourée de nombreuses maisons à colombages édifiées du 16ᵉ s. au 18ᵉ s. Au début du 20ᵉ s. un marché couvert se substitua aux étals d'antan. Aujourd'hui, un bâtiment plus récent rassemble aussi un certain nombre de restaurants.

Le **Centre de design** ⊙, qui occupe le numéro 9, présente ce qui se fait de mieux en Suède et en Scandinavie en matière de design dans le domaine de l'architecture et des arts décoratifs.

★ **Sankt Petri kyrka** (**BY**) ⊙ – L'imposante église de brique fut construite au début du 14e s. à l'époque où Malmö était sous l'emprise de la Ligue hanséatique, sur le modèle de la Marienkirche, à Lübeck. L'intérieur est clair et élevé, la voûte en ogive reposant sur des piliers élancés. La **Krämarkapellet**★★, ou chapelle des commerçants, est la seule partie de l'église qui ait conservé ses fresques médiévales. Les autres furent définitivement perdues par excès de zèle lors de travaux de restauration exécutés au 19e s. Parmi les ornements, on remarquera notamment le **retable**★ (1611) de 15 m de haut, la **chaire** (1599) de grès et de tuffeau noir finement sculptée et les **fonts baptismaux** (1601) de forme octogonale, ces deux derniers étant l'œuvre du même artisan, Daniel Tommisen.

Malmöhus slott : les musées (**AY**) ⊙ – La première forteresse fut construite sur ce site par Éric de Poméranie vers 1430. Elle remplit plus tard les fonctions d'hôtel de la monnaie du Danemark, puis devint une résidence royale. Quand elle revint à la Suède en 1658, les fortifications furent renforcées et le château fut entouré de douves et de bastions. A partir du 18e s., celui-ci perdit son importance stratégique et servit de prison entre 1820 et 1914. En 1937, trois rangées de bâtiments furent construits autour de la cour pour abriter les collections des musées de la ville.

Stadsmuseet – *Premier étage.* Le musée municipal illustre l'histoire de Malmö.

★★ **Konstmuseet** – *Deuxième étage.* Le musée des Beaux-Arts présente l'art nordique durant les années 20 et 30 avec des œuvres de Carl Fredrik Reuterswärd et Christian Berg. Le travail de Max Walter Svanberg (né en 1912) retient également l'attention. Sont encore réunies de nombreuses œuvres du paysagiste Carl Fredrik Hill et de jeunes artistes de la fin des années 80 et des années 90. On remarquera aussi une importante collection d'œuvres russes de la période 1890-1914.
Il faut traverser la section consacrée à l'artisanat, au premier étage, pour aller voir la **salle Skovgaard,** où est exposée la grande **esquisse** de Joakim Skovgaard (1856-1933) pour la mosaïque dorée ornant l'abside de la cathédrale de Lund *(voir à ce nom).* L'**orgue** de la fin du 15e s. provenant de Sankt Petri kyrka (concerts d'orgue au printemps et en automne) se trouve dans la même salle.

Naturmuseet – *Rez-de-chaussée.* Le musée d'Histoire naturelle traite de la géologie, des paysages, de la flore et de la faune de la Scanie et comprend un aquarium tropical au sous-sol.

Kommendanthuset – De l'autre côté de la rue, la maison du gouverneur, qui faisait partie de l'arsenal, abrite une exposition sur la guerre de Scanie (1675-1679).

Teknik- och Sjöfartsmuseet – Le musée des Techniques (à gauche) est consacré au développement industriel de la région à travers l'histoire de l'aviation, des machines à vapeur et des moteurs à explosion. Le musée de la Marine (à droite) retrace l'histoire des ports, des phares et des balises de Scanie.

Hippodromen (**BY T**) – *Kalendegatan 12.* Après avoir abrité un cirque (1899-1922) et servi de théâtre puis de lieu de culte, cet imposant édifice de style Art nouveau, mieux connu sous le nom de Hipp Teater, au dôme à 12 cannelures a été récemment réaménagé pour loger le Malmö Dramatiska Teater. Le restaurant est un exemple remarquable d'Art nouveau.

Musikteater (**AZ**) – *Fersens Väg.* Inauguré en 1944, ce théâtre produisit essentiellement des drames, des ballets, des opéras et des comédies musicales jusqu'en 1992. Il connut son apogée dans les années 50 lorsque **Ingmar Bergman** *(voir Introduction, chapitre : Sur la scène scandinave)* fut le metteur en scène d'acteurs célèbres tels que Max von Sydow, Bibi Andersson, Harriet Andersson et Ingrid Thulin.

★ **Rooseum – Centre d'Art Contemporain** (**BZ**) ⊙ – Une centrale électrique du début du siècle fut transformée en 1988 en un élégant musée. Le projet fut conçu par l'amateur d'art Fredrik Roos (1951-1991) afin de faire connaître les tendances de l'art contemporain au moyen d'expositions à thèmes. Le musée connaît un succès international considérable.

Parcs et jardins – Ses nombreux canaux, parcs et jardins font de Malmö une ville agréable. Le **Kungsparken** (**AY**) et le **Slottsparken** (**AY**) forment un espace vert de 50 ha sillonné de canaux et d'allées.
Les grands jardins connus sous le nom de **Pildammsparken**★★ (**AZ**) furent dessinés pour l'Exposition nordique de 1914. Au Sud du pavillon Margareta, élévé à la mémoire de la première femme du roi Gustave VI Adolphe, on peut voir un théâtre de plein air utilisé en été pour des spectacles dramatiques, musicaux ou de danse.

Le design

Le design scandinave, célèbre pour sa recherche d'harmonie entre la pratique et l'esthétique, vise à concevoir des objets fonctionnels et beaux, dits industriels car fabriqués en usine, et s'applique aussi bien au mobilier qu'à l'électronique et aux objets de la vie courante. De nombreux architectes tels Alvar Aalto et Arne Jacobsen sont connus aussi pour le mobilier et les accessoires qu'ils dessinent.

EXCURSIONS

★★ **Svaneholm** – *40 km à l'Est. Suivre la E 65 (***CZ***). Signalé juste avant Skurup.* Cet imposant château Renaissance datant de 1530 compta parmi ses propriétaires le baron Rutger Macklean (1742-1816), qui introduisit en Suède le système de la rotation des cultures. Le château contient du mobilier, des textiles, des costumes, des tableaux, des armes et des outils.

La côte méridionale de la Scanie et l'Österlen – *Voir à Skåne.*

★★ **Lund** – *21 km au Nord-Est. Voir à ce nom.*

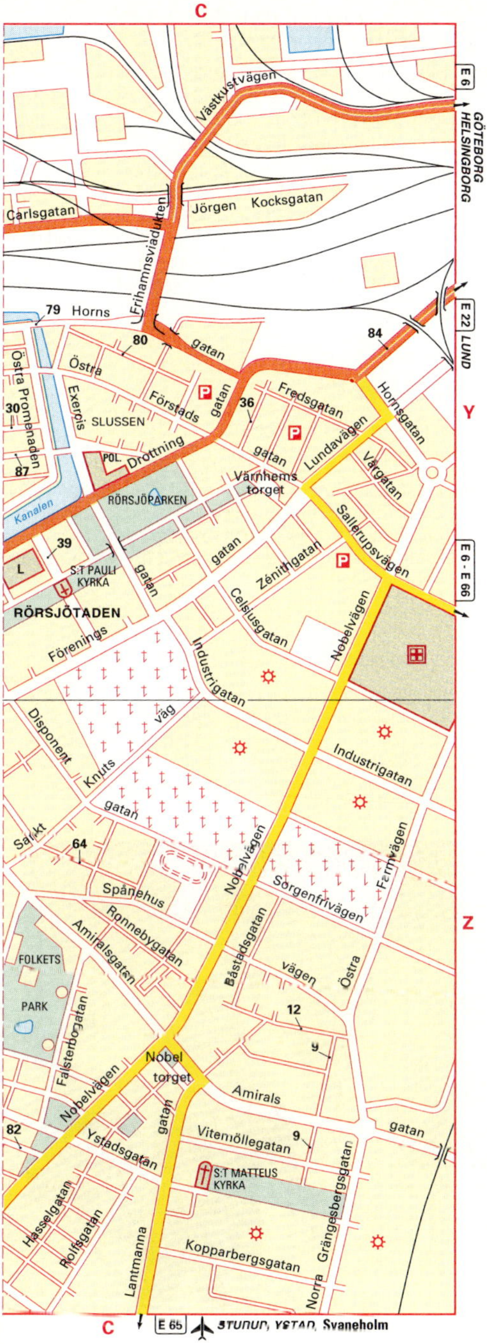

MALMÖ

A	Apotek Lejonet
B	Jörgen Kocks Gård
D	Residenset
H	Rådhus
T	Hippodromen

La liaison routière et ferroviaire à travers l'Öresund

Elle sera ouverte à la circulation vers la fin du siècle et aura une incidence considérable sur les échanges entre la Suède et le Danemark, mais aussi entre la Scandinavie et l'Europe. Elle comprendra une autoroute à quatre voies et une double ligne de chemin de fer qui desservira entre autres la péninsule d'Amager et l'aéroport international de Kastrup. Les services de ferry seront suspendus, hormis celui reliant Helsingør et Helsingborg. La traversée durera approximativement 20 mn en voiture et 30 mn par le train.

MARIESTAD

Västergötland – 25 000 habitants

Carte Michelin n° 985 – N 10 ou Atlas Europe – p. 105

Mariestad est située dans un cadre attrayant sur la rive orientale du lac Väner. Étape sur la route fluviale du Götakanal *(voir à ce nom)*, c'est aussi le point de départ idéal de courtes excursions sur le lac. Mariestad doit son nom à la comtesse palatine Marie, première femme du duc Charles, qui devint plus tard le roi Charles IX.

La **cathédrale** de style Renaissance, agrémentée d'une élégante tour flanquée de tourelles élancées, fut construite entre 1593 et 1625. L'architecte se serait inspiré des plans que Willem Boy avait dessinés pour Sankta Klara à Stockholm. Au Sud de la cathédrale, les deux rues les plus intéressantes, **Västerlånggatan** et **Kyrkogatan**, sont bordées de beaux édifices en bois datant du 17e s. au 19e s. Trois ailes de la résidence du gouverneur, située sur une île, abritent aujourd'hui le **Vadsbo museum** qui retrace l'histoire de la ville depuis les temps les plus reculés jusqu'à nos jours.

MORA★★

Kopparberg – 21 000 habitants

Carte Michelin n° 985 – K 11 ou Atlas Europe – p. 105

Située au cœur de la Dalécarlie, Mora est une station animée aussi bien en été qu'en hiver. Le roi Gustave Vasa et Anders Zorn furent en étroite relation avec la ville et des statues commémorent leur souvenir. Celle du roi (1903), par Anders Zorn, marque le terme de la Vasaloppet tandis que la statue de Zorn, exécutée par Christian Eriksson en 1936, se dresse près de l'église.

Vasaloppet

Chaque année au mois de mars, sur une distance de près de 90 km, a lieu cette rude course de ski de fond qui attire plus de 12 000 participants et fut gagnée pour la première fois par un Français, J.-P. Pierrat, en 1978. La première course eut lieu en 1922 pour commémorer l'évasion et la fuite à skis de Mora à Sälen, en 1519, de Gustave Eriksson Vasa, qui faisait partie des otages accordés au roi Christian II après la prise de Stockholm.

Dahlskog/PRESSENS BILD

Anders Zorn (1860-1920), l'un des plus grands peintres suédois, fut aussi un éminent graveur et sculpteur. Il acquit une réputation internationale par ses portraits de personnalités célèbres, mais de nos jours il est estimé pour ses nus de baigneuses. Grand amateur d'art, il fut avec sa femme Emma l'un des plus fervents défenseurs des traditions populaires.

★★ **Zorngården** ⓥ – *Dans Vasagatan, à l'Ouest de l'église.* La **maison d'Anders Zorn** n'a pas été transformée depuis sa construction en 1910 et constitue un bel exemple de décoration intérieure de l'époque. C'est dans la grande pièce de style viking située au premier étage que les Zorn recevaient leurs nombreux amis peintres. Au-delà de la pelouse en forme de cœur agrémentée d'une statue représentant le *Bain du matin*, se dressent trois bâtiments en bois, dont l'un servait de studio à Zorn.

★★ **Zornmuseet** ⊙ – Le musée consacré à Anders Zorn présente surtout ses œuvres : aquarelles, peintures à l'huile, eaux-fortes et sculptures. On y voit aussi des œuvres de ses amis, notamment Bruno Liljefors, Carl Larsson, Ernst Josephson et Karl Nordström, ainsi que des peintures dalécarliennes qu'il avait lui-même collectionnées et de l'argenterie.

★★ **Zorns Gammelgård och Textilkammare** ⊙ – *En direction de Malung. Signalé à gauche quelques centaines de mètres au-delà du passage à niveau.*
Zorn rassembla lui-même les quelque 40 bâtiments en bois qui composent ce musée de plein air consacré aux fermes d'été. Le contenu et les outils sont authentiques. La **Zorns textilkammare** contient une intéressante collection de textiles.

EXCURSIONS

★ **Sollerön** – *14 km au Sud par les routes 45 et 64. Une fois sur Sollerön, prendre à gauche à l'église et suivre l'indication « Hembygdsgård ».*
A l'époque viking, cette petite île fut le site d'un campement viking. Un chemin balisé *(un soleil doré et un bateau viking sur fond bleu)* permet de voir le produit des **fouilles** ⊙. Les habitants de l'île ont préservé les techniques de construction des bateaux de leurs ancêtres et, de nos jours, la plupart des bateaux d'églises sont construits ici. Du sommet du **Gesun-daberget** (514 m ; télésiège), ona une **vue**★★★ étendue de Sollerön, du lac Siljan et des hauteurs boisées qui l'entourent.

C. Boisvieux

Souvenirs de Dalécarlie

★ **Nusnäs** – *10 km au Sud-Est par la route 70.*
C'est dans ce petit village que le célèbre souvenir suédois, le cheval de Dalécarlie, est fabriqué. Peint de couleurs vives, il est devenu une sorte de symbole national. Les **ateliers** ⊙ sont ouverts au public.

Våmhus – *13 km par la route 70 en direction d'Älvdalen et, après avoir parcouru 5 km, tourner à droite vers Våmhus.*
Les femmes de ce village sont réputées pour les tresses de cheveux qu'elles confectionnent ; dans les années 1840, elles se rendaient jusqu'en Russie, en Angleterre et en Allemagne pour vendre le produit de leur travail. Les hommes étaient doués pour fabriquer des paniers et l'on peut voir le résultat de leur travail et de celui des femmes au **Sivarsbacken Hemgårdsmuseum** ⊙, situé juste à la sortie du village, sur la route d'Orsa.

NYKÖPING

Södermanland – 48 000 habitants

Carte Michelin n° 985 – N 14 ou Atlas Europe – p. 106

La capitale administrative du Södermanland est située sur la côte orientale, à 102 km au Sud-Ouest de Stockholm. On peut voir, groupées autour de la place du marché, Stora torget, et de la fontaine Ragnar Östbeg, l'église du 13e s., la cour de justice du 18e s., peinte en jaune et blanc, et la résidence du gouverneur qui date du 19e s. La petite rivière Nyköpingså, bordée de saules pleureurs et de rhododendrons, serpente à travers la ville, offrant par-ci par-là le spectacle d'une cascade. Un chemin de promenade agréable suit le bord de la rivière de Storgatan à Nyköpinghus et continue ensuite vers le port d'où partent les bateaux à destination de l'archipel. Résidents et visiteurs ont tendance à se rassembler dans le quartier du port dont les entrepôts en bois peints en rouge ont été transformés en boutiques et en cafés.

★ **Nyköpingshus** ⊙ – *Sur la rive Ouest ; suivre les panneaux indiquant « Slottet ». Entrer par l'ancien corps de garde, face à l'auberge de jeunesse.*
Au 16e s., le futur Charles IX, alors duc de Södermanland, fit démolir le donjon du 12e s. pour édifier un somptueux palais Renaissance qui fut lui-même détruit par un incendie en 1665. Il ne fut jamais restauré et les vestiges

– le **corps de garde**★★ Renaissance et la tour du roi, **Kungstornet**★★, où l'on peut voir des expositions retraçant l'histoire de la ville et du château – sont aujourd'hui utilisés à d'autres fins. Les ruines du donjon d'origine, avec ses cachots légendaires, sont visibles dans le coin Nord-Est de la cour, où l'on peut assister chaque année en juillet à la reconstitution du célèbre **banquet de Nyköping.**

Le banquet de Nyköping

Au début du 14e s., une lutte fratricide, dont l'enjeu était la couronne de Suède, opposa les fils de Magnus Ier Ladulås. En 1318, le roi Birger invita à un banquet ses frères Éric et Valdemar, qui depuis près de 15 ans cherchaient à l'écarter du trône, et les fit arrêter. On ne sait s'ils furent exécutés ou si, enfermés dans les cachots, ils y moururent de faim. La reconstitution historique relate ce lugubre événement.

Donnant sur une cour plus petite, l'ancienne résidence du gouverneur, Gamla Residenset, datant du 18e s., abrite le **Södermanlands museum** ⓥ, consacré à l'histoire sociale et aux costumes.

Au Sud-Est du château se dresse une pittoresque cabane du 17e s., au toit d'écorce et de tourbe, **Tovastugan** ⓥ, transformée en café. On remarquera tout particulièrement les murs magnifiquement décorés (1641), admirable illustration de la peinture ornementale traditionnelle.

EXCURSION

Trosa – *Au Nord par la E 4 et la route 218, en direction de la côte.*

La charmante petite ville de Trosa eut son moment de gloire au début du siècle lorsque la haute société de Stockholm en fit sa villégiature de prédilection. Pendant des siècles, la pêche fut sa principale ressource et on peut voir d'anciennes maisons de pêcheurs à l'Ouest de la rivière Trosa le long de laquelle s'élèvent les résidences d'été et leurs vérandas.

Le quartier du port avec ses restaurants et ses boutiques d'artisanat est un endroit animé. Au coin de Västra Långgatan et de Garvaregränd, la maison et l'atelier d'un tanneur, **Garvaregården**, est ouverte au public *(un café fonctionne et des divertissements sont donnés en été)*. Un musée « de poche » illustre l'histoire de Trosa à travers ses activités traditionnelles.

ROSLAGEN★★

Uppsala et Stockholm

Carte Michelin n° 985 – M 14 ou Atlas Europe – p. 106

Au Nord de Stockholm s'étend une frange côtière connue sous le nom de Roslagen et fréquentée l'été par les habitants de la capitale. La région est réputée pour ses anciens **« villages de forges »** et ses **églises médiévales**, dont la construction fut effectuée entre 1150 et 1300.

Lorsqu'au 15e s. les plafonds en bois des églises furent remplacés par une voûte en brique, celle-ci fut généralement ornée de fresques composées de motifs décoratifs et de scènes de la Bible. La principale source d'inspirations des artistes de l'époque était la *Bible des Pauvres*, abondamment illustrée.

★★ **Vallonbruken : les forges wallonnes de l'Uppland** – En Suède, la métallurgie du fer prit naissance dans la région minière de Bergslagen qui vit prospérer des forges dès les 16e et 17e s. Les premières appartenaient souvent à des familles de langue néerlandaise (de Geer et de Besche) originaires des Provinces-Unies, tandis que de nombreux ouvriers qualifiés étaient des Wallons (certains noms de famille tels que Martinelle, Gauffin ou Mineur rappellent le souvenir de ces premiers immigrants). Les forges traitaient le minerai de fer de haute qualité extrait de la **mine Dannemora** (l'exploitation cessa en 1991) et produisaient du fer en gueuses de bonne qualité qui devint très vite célèbre à l'étranger et fut exporté à Sheffield pour la fabrication d'outils et de coutellerie.

L'itinéraire s'articule autour des routes 276 et 76 en faisant plusieurs crochets.

Les « villages de forges »

Ces villages se caractérisaient par leur plan identique et l'uniformité des couleurs et des matériaux de construction. Bien qu'un certain esprit de progrès ait imprégné ces nouveaux villages industriels, l'ordre établi régnait en maître : ainsi les ouvriers-forgerons habitaient-ils de petites maisons d'un étage bordant la rue principale, tandis que le propriétaire de la forge résidait dans un manoir imposant.

Aujourd'hui, toutes les forges ont cessé leur activité mais ces villages modèles sont un élément important de l'héritage industriel de la Suède.

★★ **Forges de Wira** – *17 km au Nord-Est d'Åkersberga par la route 276. Tourner à gauche à l'église, dans Roslagskulla.*
La fonderie date des années 1630 et les forges fonctionnèrent constamment pour produire les armes et les armures utilisées pendant la guerre de Trente Ans. Les forgerons de la région étaient réputés pour leurs rapières caroliennes. Les forges et le village, qui datent principalement des 18e et 19e s., ont été restaurés avec goût.

Norrtälje – Centre administratif du Roslagen, cette charmante petite ville accueille le **Roslagens museum** *(Hantverkargatan 23)*, qui illustre le passé maritime de la région.

Grisslehamn – *Quitter la route 76 à Söderby-Karl et suivre la route 238 en direction du Nord.*
Ce petit port de pêche se développa autour d'un bureau postal et douanier installé sur la route de la poste reliant Stockholm et la Finlande *(voir à Åland)*. Jusqu'en 1876, le courrier était transporté par bateaux à rames jusqu'au petit port de Storby sur l'île d'Eckerö et, lorsque la mer était gelée, les bateaux étaient traînés sur la glace. Une course d'avirons entre les deux ports commémore ce service. Le peintre et écrivain populaire **Albert Engström** (1868-1940), connu pour ses amusants portraits des vieilles gens du Roslagen, vécut dans ce village. De sa maison en bordure du port, un chemin serpente à travers bois jusqu'à son **atelier** (Albert Engströms ateljé), perché sur la falaise.

Église d'Häverö – *En revenant à Älmsta, prendre la route de Hallstavik.*
Édifiée vers 1300, elle contient des **peintures** restaurées et un beau retable datant de 1500, œuvre d'un artisan d'Anvers.

★ **Église d'Edebo** – *Sur la route 76.*
Une restauration soignée a permis de découvrir de splendides **peintures**★★ exécutées en 1515 par le maître d'Edebo, qui fut influencé par Albertus Pictor *(voir à l'index)*. Les verts et les jaunes chauds aux nuances rougeâtres donnent à l'intérieur de l'église des reflets dorés. Les fonts baptismaux du 14e s. sortent des ateliers du Gotland.

Forges de Harg – *Sur la route 76.*
Ce « village de forges » fut fondé en 1668 bien que son manoir *(fermé au public)* et son parc ne datent que des années 1760. L'entrepôt, **Järnboden**, situé à 3 km du village, abrite en été des expositions d'art moderne.

Östhammar – C'est une petite ville charmante agrémentée d'édifices en bois du 18e s., bien conservés.

Forges de Gimo – *A 13 km au Sud-Ouest d'Östhammar par la route 288.*
« Village de forges » fondé par décret royal en 1615, c'est sous la direction de Louis de Geer qu'il connut une grande prospérité. Gimmo Herrgård, élégant manoir de style gustavien construit en 1770 par Jean Eric Rehn, est maintenant transformé en centre de conférences.

★ **Öregrund** – *Quitter la route 76 à Lindersvik.*
D'étroites ruelles conduisent au cœur de cette jolie petite ville dont le port est dominé par l'ancien phare, l'église du 15e s. et sa tour-clocher du 18e s.

C. Boisvieux

Le village de forges de Forsmark

★ **Forges de Forsmark** ⓥ – *En direction du Nord par la route 76.*
En 1646, Willem de Besche fit l'acquisition d'une fonderie établie à Forsmark depuis 1570 et de ses trois forges. L'établissement fonctionna jusqu'en 1898. Le **manoir** (1774) de style gustavien, entouré d'un parc à l'anglaise, fut dessiné par Jean Eric Rehn qui conçut également le plan symétrique du village, structuré autour des deux bâtiments représentant l'autorité légale : le manoir et l'église (1800), situés aux deux extrémités de la rue principale. La tour de l'église offre une belle vue d'ensemble. La grange située à proximité de l'auberge sert de **musée** local.

★★ **Lövstabruk** ⓥ – *17 km au Nord de Forsmark sur la route 76.*
Louis de Geer fit l'acquisition de Lövstabruk en 1643 et en fit le centre de son empire minier. Ce rôle important est reflété par le **manoir**★ imposant, dont l'élégante décoration intérieure est de Jean Eric Rehn, et ses beaux jardins baroques. Sur le côté Ouest de la rue principale, les maisons des ouvriers, en parfait état, rehaussées de jaune et de blanc, font pendant au manoir situé de l'autre côté. L'église, achevée en 1728, renferme un célèbre **orgue** baroque, construit en 1727 par Johan Niclas Cahman.

★★ **Österbybruk** – *A 28 km au Sud de Lövstabruk par une route secondaire.*
Österbybruk est le plus ancien et le plus intact des « villages de forges ». Un haut-fourneau très simple fonctionnait déjà en 1443, mais la fonderie connut un réel essor après l'acquisition du domaine par Louis de Geer en 1643. L'exposition organisée dans la **forge wallonne**★ ⓥ, la dernière de son genre, illustre de façon très réaliste les conditions de travail d'autrefois.
Le **manoir** de deux étages datant de 1758-1785 sert de centre d'exposition en été. **Bruno Liljefors**, peintre de renommée internationale connu pour ses scènes de chasse de style impressionniste, y vécut de 1917 à 1932. Il transforma l'ancienne buanderie en **atelier** ⓥ et la vue que l'on aperçoit de la fenêtre est souvent reproduite dans ses tableaux. L'aile Ouest abrite une chapelle et l'aile Est a été convertie en auberge. Les écuries et les entrepôts ont été transformés en boutiques d'artisanat. Le parc a été dessiné par Carl Hårleman. La **tour-clocher** (1700) carolienne est un des éléments caractéristiques des « villages de forges » de l'Uppland.

RÄTTVIK★★

Kopparberg – 11 000 habitants
Carte Michelin n° 985 – L 12 ou Atlas Europe – p. 105

Cette petite ville située entre Leksand et Mora est étroitement associée à la culture et aux traditions de la Dalécarlie. Un **festival folklorique** s'y déroule tous les deux ans, et chaque année, à la St-Jean, le **Kyrkbåtsrodd** commémore la traversée du lac qu'effectuaient jadis les paroissiens pour se rendre à l'église : des femmes, en costume traditionnel, font en 25 mn le trajet d'une rive à l'autre à bord de bateaux longs de 18,5 m et équipés de dix paires de rames.

★★ **Gammelgård** ⓥ – Ce musée de la ferme comprend une maison de ferme, un pavillon d'été et une maison d'hôtes rassemblés autour de la même cour. Le mobilier, les peintures dalécarliennes et les costumes sont tous typiques de la région.

★ **Église** ⓥ – Cette grande église blanche, surnommée « la mariée agenouillée », se dresse sur les bords du lac. Édifiée au 13e s. et reconstruite au 17e s., elle fut dotée d'une tour un siècle plus tard. La **croix triomphale** date du 14e s., mais le **retable** et les **peintures dalécarliennes** qui ornent la tribune d'orgue sont du 18e s. Les 87 **écuries paroissiales**★★, serrées les unes contre les autres, rappellent l'époque où les gens allaient à l'église en voiture à cheval.

★★★ **Panorama** – *Suivre la route 70 en direction du Sud, puis prendre la route 80 vers Falun ; 500 m plus loin, prendre à gauche « Vidablicksvägen ».*
Du belvédère qui surplombe le lac de 190 m, une tour ⓥ offre une spectaculaire **vue** sur le lac Siljan et les environs.

EXCURSION

Danielsgården – *38 km au Nord par la route 301 en direction de Furudal, puis vers l'Est jusqu'à Bingsjö.*
Des peintures d'une beauté unique réalisées par le peintre de Dalécarlie Carl Hansson décorent cette ferme qui était au 18e s. l'une des trois plus grandes de la région. Souvent invité par la famille Daniel, Hansson mit trois ans pour réaliser ses peintures. Les plus intéressantes se trouvent dans le pavillon d'été, où l'on peut voir un « escalier de la vie », qui illustre le chemin parcouru du berceau à la tombe. Plusieurs aquarelles montrent la famille Daniel dans son cadre habituel.

SIGTUNA★

Uppland – 33 000 habitants
Carte Michelin n° 985 – M 14 ou Atlas Europe – p. 106
Schéma : STOCKHOLM – Environs

Sigtuna fut la première capitale du pays, puis elle devint un important centre religieux et finit par remplacer Birka *(voir à ce nom)* comme principal centre de commerce de la Baltique. Aujourd'hui, Sigtuna, agréable cité-jardin sur les rives du lac Mälar, a retrouvé sa prépondérance de centre religieux.
La flânerie dans le quartier historique avec ses allées médiévales, ses maisons de bois et ses quelques belles pierres runiques permet de profiter de l'atmosphère dont il est imprégné.

C. Boisvieux

Sigtuna

★ **Stora gatan** – C'est, depuis le Moyen Âge, la rue principale de la ville ; de nos jours, elle est bordée de maisons de bois du 19e s. aux couleurs vives, de boutiques et de cafés pittoresques. Le **musée** ⊙ local, situé au n° 55, présente le produit des fouilles réalisées sur les sites vikings et médiévaux. **Lundströmska gården** ⊙, situé au n° 39, vit grandir l'un des enfants les plus célèbres de Sigtuna, **Vilhelm Lundström** (1869-1940), mécène et promoteur de la culture suédoise à l'étranger, qui fonda les instituts culturels suédois. L'hôtel de ville miniature, qui se dresse sur la place à l'extrémité de Stora gatan, date du 18e s. Consacrée en 1247, **Mariakyrkan** était l'abbatiale des moines dominicains, qui, pense-t-on, introduisirent en Suède la technique de la construction en brique.

Kyrkruinen – Les ruines de Sankt Per et Sankt Olof datent d'environ 1100 ; ces églises sont donc les plus anciennes églises en pierre de Suède.

SIMRISHAMN★

Skåne – 20 000 habitants
Carte Michelin n° 985 – Q 11 ou Atlas Europe – p. 109

Au cœur de l'Österlen, Simrishamn est la ville la plus colorée de Suède, où les vieilles rues pavées serpentent entre de charmantes maisons basses. La ville subit très tôt l'emprise de la Ligue hanséatique et dès le 14e s. les marchands de Lübeck contrôlaient le commerce du hareng. Simrishamn prospéra sous le règne du roi du Danemark Christian IV (1588-1648), mais la guerre de Scanie mit un terme à cette prospérité que la ville ne recouvra que partiellement au 19e s. avec l'essor de la pêche et le développement du commerce des céréales. Simrishamn est encore aujourd'hui l'un des plus grands ports de pêche suédois, avec une prise annuelle atteignant 25 000 tonnes et se composant essentiellement de harengs, de morues et d'anguilles.

Une promenade dans le centre historique – *Laisser la voiture près du port.* Passer devant l'office de tourisme puis prendre Strandvägen, où le jardin, **Sjöfatsplatsen**, sur la droite, est agrémenté d'œuvres d'art réalisées à partir de débris d'épaves. **Gösta Werners Museum** ⊙, sur la gauche à côté de l'hôtel Svea, est consacré aux œuvres du peintre Gösta Werner, spécialisé dans les marines et la vie quotidienne des marins. Continuer le long de Stora Rådmansgatan pour admirer les maisons soigneusement repeintes aux toits rouges couverts de tuiles flamandes. L'église domine les attrayantes maisons de **Lilla torg**, au cœur du vieux quartier. **Stora Norregatan** et **Östergatan** sont toutes deux bordées de coquettes petites maisons du 19e s., peintes de couleurs vives et agrémentées de belles portes de bois sculptées. Suivre une ruelle, Klockare-sträddet, en direction de l'église qu'il faut contourner pour parvenir sur la place principale, Stortorget. Storgatan est coupée en deux par la place : la section de droite conduit à Hafreborg tandis que la section de gauche, piétonne, permet de retourner au port. Suivre cette dernière sur une courte distance avant de tourner à droite dans Dammgatan, puis à gauche dans une ruelle sinueuse, **Strömmens sträddle**, où se trouvait autrefois la maison et l'atelier du tanneur Ström. Un petit musée de la tannerie, **Tannerymuseet** ⊙, illustre le métier de tanneur. Continuer le long de cette rue jusqu'au port, très animé en été.

★ **Hafreborg** ⊙ – *Storgatan, derrière la barrière verte.*
Un ancien grenier abrite le musée de l'Österlen consacré à l'histoire locale et comprenant des sections intéressantes sur l'**art paysan**★★, les costumes et l'**argenterie nuptiale**★★ (1er étage), ainsi que les techniques traditionnelles de fabrication de la dentelle (2e étage). Le 3e étage est réservé à la pêche et à la navigation.

Sankt Nicolai kyrka ⊙ – La pierre aux teintes douces de la façade Est du 12e s., de la nef du 13e s. et de la tour Ouest du 15e s., contraste avec la brique du porche, datant lui aussi du 15e s. Le mobilier, rehaussé de couleurs vives, se détache sur le blanc sobre de l'intérieur. Le **retable** et la **chaire** au monogramme C4 datent du règne de Christian IV (1588-1648). Les **fonts baptismaux** sont de style carolien.
Du côté Sud de l'église on peut voir la sculpture de Carl Milles, ***Les sœurs***, détail de sa Fontaine de la Foi qui se dresse dans le cimetière de Falls Church à Washington.

SKELLEFTEÅ

Västerbotten – 75 565 habitants
Carte Michelin n° 985 – H 17 ou Atlas Europe – p. 98
Schéma : LAPPLAND

Située sur les rives de la Skellefteälv, Skellefteå est un centre actif d'industries de services qui gèrent les activités agricoles, minières et forestières de la région.

★★★ **Bonnstan** – Cet ancien **village paroissial** est avec Gammelstad *(voir à Luleå)* l'un des mieux conservés de Suède. Lorsque la Réforme stipula que les paroissiens devaient aller à l'église tous les dimanches, des villages paroissiaux se développèrent autour des églises. Bonnstan compte aujourd'hui 116 maisons, 3 écuries et une remise. En raison des incendies qui le dévastèrent en 1672 et en 1835, le village fut transféré sur son emplacement actuel. L'obligation de se rendre aux offices fut supprimée en 1850, mais l'habitude de se rassembler dans les villages paroissiaux se poursuivit pendant plusieurs décennies. A partir de 1920, l'amélioration des moyens de transports ne nécessita plus de passer la nuit au village paroissial.
Les maisons appartiennent toujours à des particuliers et le village paroissial s'anime en été lors du festival de la St-Jean et celui de la fête de la paroisse, une semaine plus tard.

Landsförsamlings kyrka ⊙ – L'**église paroissiale** néo-classique blanchie à la chaux, consacrée en 1800, se dresse sur les rives de la Skellefteälv. Elle contient de nombreuses sculptures en bois, notamment la **Vierge de Skellefteå**★, en bois de noyer, rare exemple de statue romane en bois.
Derrière l'église, une route conduit au **Lejonströmsbron**, le plus long pont de bois encore en service en Suède.

Musée ⊙ – Il comprend plusieurs sections, consacrées à l'archéologie, l'exploitation minière, la sylviculture et l'agriculture ainsi qu'aux monnaies.

SKOKLOSTER**

Uppsala

Carte Michelin n° 985 – M 14 ou Atlas Europe – p. 106
Schéma : STOCKHOLM – Environs

Situé dans un bras du lac Mälar, Skokloster est un but d'excursion idéal à partir de Stockholm *(compter une journée)*. Il est accessible par route (E 18 et route 269) ou par bateau au départ de la capitale. Le parc est l'endroit rêvé pour faire un pique-nique *(tout le nécessaire est disponible au café)*, et les concerts du week-end sont une attraction supplémentaire.

De l'abbaye à l'imposante demeure – Une abbaye cistercienne fut fondée sur ce site au début du 13e s. Tous les bâtiments, à l'exception de l'église et de la résidence du chanoine, furent détruits au 16e s. Le domaine fut acheté par le maréchal Herman Wrangel, dont le fils Carl Gustav devint Grand maréchal et Grand amiral à l'époque où la Suède était une grande puissance européenne. Il engagea les architectes auxquels il avait dejà confié **Wrangelska palatset**, sa résidence de Stockholm *(voir à ce nom)*, pour construire cette demeure grandiose digne de sa puissance.

P. Thompson/SUNSET

Skokloster

** **Château** ⓥ – Nicodemus Tessin l'Ancien et Jean de la Vallée construisirent ce grand château baroque (1654-1657) en collaboration avec l'architecte allemand Caspar Vogel. Il frappe par sa blancheur et sa symétrie ; les bâtiments, alignés autour de la cour centrale, sont flanqués aux quatre angles de tours octogonales coiffées de coupoles à lanterne.

L'intérieur, richement orné de décorations en stuc ainsi que de peintures sur les murs et les plafonds, forme un cadre parfait pour les collections inestimables de tableaux, de verreries, de porcelaines, d'argenterie et surtout d'armes.

Église ⓥ – Cette chapelle en brique date du 13e s. mais la majeure partie du mobilier est postérieure. La chaire ornée de beaux personnages sculptés, les fonts baptismaux et le retable viennent de l'abbaye Olivia près de Gdansk. La sculpture en bois représentant la Vierge et l'Enfant et le crucifix triomphal datent tous deux du 13e s. Le caveau de la famille Wrangel remonte à 1639.

A l'Est de la chapelle, on peut voir une remarquable **pierre runique** ornée de deux cavaliers qui sont censés être antérieurs à l'inscription (an 1000).

Motormuseum ⓥ – Le plus ancien véhicule de la collection de plus de 40 voitures date de 1898.

Afin de donner à nos lecteurs l'information la plus récente possible, les conditions de visite des curiosités décrites ont été groupées en fin de volume.

Dans la partie descriptive du guide, le signe ⓥ placé à la suite du nom des curiosités soumises à des conditions de visite les signale au visiteur.

SKÅNE★

SCANIE – Carte Michelin n° 985 – P/Q 9/11 ou Atlas Europe – p. 108-109

La **Scanie** est la région de Suède où l'influence danoise est la plus forte. Plus proche de Copenhague que de Stockholm, elle appartint au Danemark dès le 8e s. (sauf durant une courte interruption au 14e s.) jusqu'au traité de Roskilde signé en 1658. Les Danois tentèrent ensuite de la récupérer (guerre de Scanie) et la paix ne revint définitivement dans la région qu'après la bataille d'Helsingborg (1710). Certains Scaniens, soutenant que la Scanie devrait être un royaume indépendant, sont fiers de faire flotter leur propre drapeau et le dialecte local a des résonances typiquement danoises. Cela ne laisse personne indifférent et provoque de nombreuses discussions amicales.

Paysages – La campagne intérieure vallonnée, coupée par trois crêtes (Romeleåsen, Söderåsen et Linderödsåsen) orientées du Nord-Ouest au Sud-Est, est parsemée de fermes bien entretenues et prospères, d'églises blanches caractéristiques et de grandes étendues cultivées où pousse le colza jaune vif. Le long de la côte, trois péninsules retiennent l'attention : ce sont Bjäre et Kulla au Nord, ainsi que Falsterbo située à l'extrême Sud-Ouest de la Suède. Au large, point d'archipel comme dans le reste du pays, mais deux îles, Ven et Väderö, qui méritent chacune une visite.

D'irrésistibles morceaux de choix – La Scanie est réputée pour sa tradition gastronomique et le célèbre *smörgåsbord* suédois est originaire de la région. Il est servi surtout le dimanche dans de nombreuses auberges traditionnelles de Scanie *(Gästgivaregårdar)* où un *smörgåsbord* (litt. table de tartines), généralement placé au centre de la salle à manger, est surchargé de mets délicats. Les clients sont libres de se servir autant de fois qu'ils le souhaitent, mais il y a un ordre à respecter : harengs marinés accommodés de différentes façons précèdent deux autres plats de poisson (saumon fumé, anguille fumée ou bouillie servie froide, harengs frits et sardines à l'huile) ; puis on passe aux viandes, qui comprennent de la dinde rôtie froide, du canard et de l'oie, du jambon bouilli, des tranches de bœuf rôti ; vient ensuite le plateau de fromages, suivi des salades de fruits, de fruits frais et de gâteaux à la crème ; on termine avec le *spettkaka*, gâteau traditionnel de Scanie. Ce gâteau jaune de forme pyramidale, qui ressemble à une meringue, est généralement fait avec un grand nombre d'œufs, du sucre et de la farine, et cuit à la broche. La saison des anguilles se situe en septembre et octobre et une véritable fête de l'anguille doit être célébrée en consommant sept différents plats d'anguille cuite. En Scanie, les oies sont engraissées pour la St-Martin (11 novembre).

« L'Oie rôtie de la St-Martin »

La St-Martin est particulèrement populaire en Scanie où ont lieu des banquets traditionnels autour de l'oie. La *svartsoppa* (soupe noire) faite avec du sang d'oie et des épices est suivie par de l'oie rôtie. La fête de la St-Martin, qui marque la fin du travail d'automne, est associée à l'ancienne fête de saint Martin de Tours et à celle de Martin Luther, célébrée le jour précédent.

LA CÔTE MÉRIDIONALE ET L'ÖSTERLEN

Österlen, ou « chemin de l'Est », est une expression formée au 19e s. La région est réputée pour le nombre de ses ateliers et galeries d'art (une semaine « portes ouvertes » est organisée à Pâques).

*Environ 175 km. L'excursion s'effectue au départ de Malmö. Sortir de la ville par la E 6 – E 22, au Sud (**BZ** du plan), que l'on quitte à hauteur de Vellinge pour emprunter la route 100.*

Skänor med Falsterbo – Ces deux villes jumelles, situées sur la péninsule de Falsterbo, sont des stations estivales très fréquentées et réputées pour leurs magnifiques plages de sable blanc. Falsterbo se développa grâce à la pêche au hareng, et les deux villes furent des centres de commerce importants à l'époque de la Ligue hanséatique. Falsterbo a davantage gardé son aspect médiéval et son église contient quelques belles sculptures du Moyen Âge. Le musée de Falsterbo comprend une section très informative sur la Hanse et son temps. Pour sa part, Skänor possède une charmante place pavée, Rådhustorget, et un hôtel de ville du 18e s.

Revenir à Höllviken et gagner Trelleborg par la route côtière.

Trelleborg – La ville devint prospère au Moyen Âge grâce à la pêche au hareng. C'est aujourd'hui un important port de ferries assurant la liaison avec les ports allemands de Travemünde (7 h), Rostock (5 h) et Sassnitz (3 h 1/2), sur l'île de Rügen.

Quitter Trelleborg par la route 9 à l'Est.

★ **Smygehuk** – Le point le plus méridional de la Suède est celui où, dans *Le merveilleux voyage de Nils Holgersson*, de Selma Lagerlöf, le jeune Nils dit adieu aux oies sauvages. Une **statue** célèbre l'héroïne à plumes, Akka. Le port, établi à l'emplacement d'une ancienne carrière de pierres à chaux, est bordé de cabanes de pêcheurs et de fumoirs à poisson. Un chemin, qui se dirige vers l'Est et passe devant un four à chaux, conduit à un grand **entrepôt** blanc, dont la présence rappelle la prospérité passée. Construit pour emmagasiner du grain, il servit de dépôt à des contrebandiers et abrite aujourd'hui une exposition d'artisanat.

Smygehamn – Ce minuscule hameau connut une relative prospérité grâce à la pêche au hareng puis à l'industrie de la chaux. Les maisonnettes du 19e s. sont très appréciées comme maisons de vacances.

Poursuivre par la route 9.

Ystad – *Voir à ce nom.*

Continuer par la route 9 et après Nybrostrand prendre une route secondaire à droite.

Kåseberga – C'est l'un des nombreux et charmants ports de pêche, où l'on peut déguster un sandwich au poisson fumé tout en admirant la vue vers le large. Une marche de 15 mn le long d'un chemin en pente raide conduit à **Ales stenar**★★★, emplacement de la tombe du chef viking Ale marqué par un **alignement de 58 pierres** silhouettant un navire. Les pierres situées à la proue et à la poupe ont respectivement 3,3 m et 2,5 m. L'alignement est resté enfoui sous une couche de sable jusqu'en 1956.

Revenir à Kåseberga et tourner à droite, puis suivre successivement les indications « Sandhammaren » et « Dag Hammarskjölds Backåkra ».

★ **Backåkra : Mémorial de Dag Hammarskjöld** – L'ancienne ferme Backåkra située sur la crête Kåseberga fut acquise par l'ancien secrétaire général des Nations Unies en 1957 et un an plus tard le site recevait l'appellation de réserve naturelle. Après la mort prématurée de Dag Hammarskjöld dans un accident d'avion, le domaine fut cédé au Touring-Club suédois. Hormis quelques pièces, le mobilier, les œuvres d'art et objets divers appartenaient à Dag Hammarskjöld.

★ **Sandhammaren** – Les dunes mouvantes et les bancs de sable de la pointe Sud-Est de la Scanie font partie d'une réserve naturelle. Cette section de la côte possède quelques-unes des plus belles plages de Suède.

Poursuivre le long de la côte par la route secondaire.

Skillinge – Autre village de pêcheurs aux charmantes maisonnettes bordant d'étroites ruelles sinueuses.

A Gislöv, suivre la direction de Järnestad, puis l'indication « Glimmingehus ».

★ **Glimmingehus** – Adam van Büren construisit entre 1499 et 1509 pour le compte d'un aristocrate danois ce majestueux édifice qui a tous les attributs d'une forteresse : murs solides, minuscules fenêtres, meurtrières, larges douves et mâchicoulis. Quand le logis fut jugé trop inconfortable et incommode, la forteresse fut abandonnée et devint alors un grenier habité seulement par les rats. Dans *Le merveilleux voyage de Nils Holgersson*, Selma Lagerlöf raconte la lutte épique que se livrent les rats gris et les rats noirs de Glimmingehus et explique comment Nils parvient à éloigner les rats gris en jouant de sa flûte enchantée, présent de la chouette qui vivait dans la tour de la cathédrale de Lund.

Simrishamn – *Voir à ce nom.*

Quitter Simrishamn par le Nord, toujours par la route 9.

Kivik – *A 18 km de Simrishamn.*
Blotti au cœur d'une région de vergers de pommiers et de poiriers, le village de Kivik est réputé pour son cidre mais encore plus, aux yeux des Suédois, pour son marché burlesque. Les visiteurs étrangers seront intrigués par le célèbre **monument de l'âge du bronze**, remarquable cairn funéraire de 75 m de diamètre dont la chambre funéraire est tapissée de 8 dalles recouvertes d'énigmatiques signes gravés. Découverte au 18e s., la tombe fut pratiquement reconstruite dans les années 1930.

Pour séjourner dans les capitales nordiques, consultez le guide Rouge Michelin Europe. Mis à jour chaque année, il contient une sélection d'hôtels et de restaurants, de la petite auberge à l'hôtel de luxe, dans les principales villes européennes, choisies en raison de leur vocation internationale sur le plan des affaires et du tourisme. S'ajoutent des informations pratiques et des adresses utiles pour faciliter le séjour.

STOCKHOLM★★★

674 459 habitants

Carte Michelin n° 985 – M 15 ou Atlas Europe – p. 106 et 192

Plan d'agglomération : carte Michelin n° 985

« La Venise du Nord », « la Reine du lac Mälar » ou encore « La Ville qui flotte sur l'eau » sont quelques-unes des épithètes dont on qualifie Stockholm. Elles expriment toutes la beauté d'une cité entourée d'eau, où la terre et la mer sont en parfaite harmonie. Stockholm est construite sur quatorze îles et la meilleure vue d'ensemble de la ville s'obtient des hauteurs de Södermalm.

NOTES HISTORIQUES

Au 13e s., l'île de Stadsholm ne couvrait qu'un tiers de sa superficie actuelle car les eaux du lac Mälar et de la Baltique étaient beaucoup plus hautes. Cependant, même si au cours des 700 dernières années la terre s'est soulevée d'environ trois mètres par un effet d'isostasie, la majeure partie de la superficie supplémentaire de la vieille ville a été récupérée par l'homme. La situation de Stockholm entre le lac Mälar et la mer Baltique la prédestinait à jouer un rôle défensif et commercial. La fondation de Stockholm en 1252 est attribuée au régent Birger Jarl qui fit construire les fortifications au-delà desquelles s'étendaient des arêtes rocailleuses inhabitées *(malmarna)* où se dressaient des moulins à vent. Vers la fin du 13e s., les moines franciscains établirent leur monastère sur cette même île.
Des marchands de Lübeck entretenaient déjà depuis la fin du 12e s. des relations commerciales avec les régions situées autour du lac Mälar. Un nouvel accord commercial marqua le début de la suprématie hanséatique qui dura jusqu'à la fin du 15e s.
En 1336, Magnus II Eriksson fut couronné dans la cité qui n'était pourtant pas encore la capitale du pays.
La période de l'**Union de Kalmar** *(voir Introduction, chapitre : Histoire)* fut marquée par une lutte incessante pour le pouvoir entre d'importantes familles. On retiendra de cette période quelques événements dramatiques, notamment la **bataille de Brunkeberg** le 10 octobre 1471, qui vit triompher le héros suédois Sten Sture l'Ancien sur le roi de Danemark Christian Ier, et le **bain de sang de Stockholm** en 1520.
Avec l'arrivée des Vasa sur le trône, Stockholm devint le centre de l'administration suédoise. La cité déborda de ses murailles et il fallut édifier de nouvelles fortifications. La région environnante se développa et obtint en 1573 la même charte que la cité.
C'est sous le règne (1611-1632) de Gustave II Adolphe que l'administration centrale fut installée dans la cité. A sa mort sur le champ de bataille de Lützen, la Suède était devenue un empire, et Stockholm en devint officiellement capitale en 1634.

Les héros nationaux suédois

Durant l'Union de Kalmar, la monarchie danoise, impopulaire auprès des paysans et d'une partie de l'aristocratie par sa tendance autoritaire, n'exerça effectivement le pouvoir que par de brèves intermittences. Dès 1434, une révolte des régions minières de Dalécarlie, sous la conduite d'**Engelbrekt**, qui se vit confier la régence par le premier Riksdag réuni en Suède, s'acheva par la destitution d'Éric de Poméranie en 1439.
Engelbrekt ayant été assassiné par **Karl Knutsson**, celui-ci se vit confier à son tour la régence, qu'il abandonna l'année suivante, laissant le pouvoir au roi Christophe, à la mort duquel, en 1448, il se fait élire roi sous le nom de Charles VIII. Élu roi de Norvège en 1449, il rencontre cependant l'opposition de familles puissantes, dont les Vasa, favorables alors à l'Union et donc au roi de Danemark Christian Ier, et celle de l'archevêque d'Uppsala, Jöns Bengtsson.
Les années qui suivent voient le pouvoir passer de mains en mains : 1457, exil de Charles, 1464, déposition de Christian et retour de Charles immédiatement remplacé par un nouveau régent, l'archevêque lui-même qui disparaît à son tour de la scène politique en 1468 au profit de... Charles VIII ! Lorsqu'il meurt en 1470, ses héritiers s'opposent aux partisans de Christian Ier, appuyé notamment par la famille Vasa.
La bataille de Brunkeberg assure le triomphe momentané de **Sten Sture l'Ancien**, neveu de Charles VIII, qui devient régent de Suède mais doit tolérer, sous la pression du clergé, l'élection du roi Jean II en 1483. Celui-ci laisse Sture exercer le pouvoir jusqu'en 1495 puis l'exile en Finlande. Sture prend les armes, bat le roi, et reprend la régence, qu'il garde jusqu'à sa mort en 1503. Lui succède Svante Sture, qui meurt en 1511 : Jean II règne à nouveau sur la Suède. Sa mort en 1513 offre à **Sten Sture le Jeune** l'occasion de s'emparer de la régence au détriment du roi Christian II. La lutte entre les deux hommes ne s'achève qu'en 1520, avec la mort de Sten le Jeune lors d'un combat sur le lac Mälar gelé. Trois ans plus tard, Gustave Vasa met un terme définitif à l'Union de Kalmar en se faisant couronner roi de la Suède indépendante.

SÉJOURNER A STOCKHOLM

L'office de tourisme se trouve à la **Maison de Suède** (☏ 08 789 24 90), face au grand magasin NK. La **Boutique des excursions** (☏ 08 789 24 15), à la même adresse, propose des circuits tous frais inclus et des excursions organisées ainsi que la **Carte Stockholm,** qui donne droit à la gratuité des transports en commun, du parking, d'une visite guidée de la ville et à l'accès gratuit à un certain nombre de monuments. **La Centrale de réservation hôtelière** (Hotell Centralen, ☏ 08 24 08 80), dans la Gare centrale, aide les visiteurs à trouver une chambre d'hôtel. Il est conseillé de se procurer la brochure mensuelle *« Stockholm This Week » (texte en français)* qui contient des renseignements sur les achats, les curiosités et les manifestations ainsi que sur les heures d'ouverture des musées et les prix d'entrée.

Transports – Stockholm dispose d'un réseau de transports en commun comprenant un métro, qui est bien plus qu'un simple moyen de transport, et des bus fréquents. On peut se procurer les horaires et les plans à bord des bus ou au centre de renseignements de SL (Trafic local à Stockholm), dans la Gare centrale. Un ferry assure toute l'année la liaison entre Skeppsbron et Djurgården, ainsi qu'un service d'été au départ de Nybroplan.

Le métro de Stockholm (Tunnelbana) a été surnommé « la galerie d'art la plus longue du monde ». Au pied des escaliers mécaniques, un univers de cavernes riche en couleurs et en formes accueille les voyageurs. 73 (en 1995) des 100 stations du réseau sont décorées de peintures, de sculptures, de mosaïques et de gravures réalisées par plus de 125 artistes. *T-Centralen,* au cœur même de la ville, est une station aux multiples entrées, couloirs et escaliers. Sur la ligne la plus récente, la ligne bleue, *Järvalinjen,* qui relie Kingsträdgården à Akalla et Hjulsta, les tunnels et les quais ont été creusés dans la roche volcanique et les parois à l'aspect préhistorique sont maintenant éclairées de couleurs modernes. Dans Arsenalsgatan, l'entrée de *Kungsträdgården,* avec ses urnes et ses statues ébréchées, est une reconstitution de site archéologique. A *Solna Centrum,* sur la section d'Akalla, de vertes collines se profilent sur un ciel rouge. Sur la section de Hjulsta de la ligne bleue, *Rissne,* d'un blanc cru, brosse un rapide résumé de l'histoire mondiale dans un choix de couleurs pastel, tandis que *Rinkeby,* de couleur brique, s'orne de mosaïques dorées et que *Tensta* est décorée de nombreuses peintures et céramiques représentant des animaux et des oiseaux.

Distractions – Au cours des dernières décennies, Stockholm est devenue une métropole internationale. Les rues sont animées et les très nombreux (700) restaurants proposent des plats de divers pays. La foule fréquentant assidument les cafés et les spectacles gratuits dans les parcs et les jardins contribuent en été à animer la vie en plein air. Stockholm est particulièrement riche en activités culturelles, avec un grand choix de musées, de théâtres, de galeries d'art et de spectacles musicaux. Des concerts sont donnés non seulement dans des lieux traditionnels tels que la Salle Berwald et la Salle de concerts, mais aussi dans certains musées qui cherchent à familiariser le public avec toutes les formes d'expression musicale. Dans les nombreuses églises de la capitale sont donnés des concerts dont la gamme varie de l'oratorio aux accents rythmés d'une chorale religieuse (un demi-million de Suédois font partie d'une chorale). Le jazz trouve un regain de popularité parmi les jeunes et les Suédois apprécient leurs excellents artistes. *Club Fasching (Kungsgatan 63)* propose du jazz moderne tandis que le pub *Stampen (Stora nygatan 5)* se spécialise dans le swing traditionnel, le funk et le blues.

Deux festivals de renommée internationale attirent de nombreux visiteurs : le **festival aquatique de Stockholm,** durant la deuxième semaine d'août, et le **festival de jazz et de blues de Skeppsholmen,** fin juin et début juillet (ce dernier est toutefois momentanément interrompu par la construction du nouveau musée Moderne à Skeppsholmen). Outre *« Stockholm this Week »,* le numéro du vendredi du quotidien *Dagens Nyheter* contient une section intitulée *« På Stan »* (En ville), qui fournit des informations sur les manifestations culturelles ainsi que sur les restaurants, les programmes de cinéma (en version originale avec sous-titres en suédois), les excursions, etc. Bien que le texte soit en suédois, la publicité donne des renseignements précieux et tout à fait compréhensibles pour des étrangers.

Pour séjourner dans les capitales nordiques, consultez le guide Rouge Michelin Europe. *Mis à jour chaque année, il contient une sélection d'hôtels et de restaurants, de la petite auberge à l'hôtel de luxe, dans les principales villes européennes, choisies en raison de leur vocation internationale sur le plan des affaires et du tourisme. S'ajoutent des informations pratiques et des adresses utiles pour faciliter le séjour.*

Le commerce et les activités maritimes devinrent florissants. En 1640, fut tracé le réseau de rues à angle droit encore existant ; des édifices de pierre et des palais imposants de style Renaissance tardif, inspirés de l'architecture allemande et hollandaise et situés pour la plupart sur Blasieholmen, Riddarholmen et autour du palais royal, furent érigés. La population de la ville passa de 9 000 à 43 000 habitants en moins d'un demi-siècle et Stockholm devint une métropole peuplée, sale et malsaine.

Pendant ce que l'on a appelé le **Temps de la liberté** (1718-1772), la vie politique suédoise est agitée par la lutte entre le parti des **Chapeaux**, francophiles désireux de reprendre la politique belliqueuse de Charles XII, et celui des **Bonnets**, prêts à des concessions envers la Russie et l'Angleterre. La politique protectionniste que pratiquent ces derniers encourage le commerce et l'industrie tandis que se développent l'art et les sciences. La construction du Palais Royal au 18e s. fut un projet considérable et son style fut repris pour d'autres édifices.

Le règne (1771-1792) du roi Gustave III est caractérisé par une grande richesse culturelle, qui reflète la passion du monarque pour les arts, le théâtre et la culture française. Il fut à l'origine du premier opéra de Stockholm, fonda plusieurs académies et réunit autour de lui des poètes et des écrivains. Le plus célèbre fut **Carl Mikael Bellman** (1740-1795), qui chercha son inspiration dans les scènes de la vie quotidienne dans les tavernes et sur les marchés, vie qui n'était que servitude et pauvreté pour les 72 000 habitants que comptait alors Stockholm.

Au 19e s., les découvertes techniques telles que la machine à vapeur et la dynamite ouvrirent la voie à la révolution industrielle et, par là, à l'enrichissement, marqué par la construction des immeubles de l'avenue Strandvägen. Au début du 20e s., Stockholm comptait déjà 300 000 habitants et les faubourgs commençaient à prendre forme.

★★★ GAMLA STAN

La vieille ville comprend **Stadsholmen**, site d'origine, **Riddarholmen** et ses palais, **Helgeandsholmen**, entièrement occupée par l'édifice du Parlement et **Strömsborg**, îlot minuscule encore inhabité au 18e s. Les premiers remparts de la ville (1250), simple muraille de pierre qui donna à la cité sa forme caractéristique en cœur, s'élevaient dans le périmètre délimité par **Österlånggatan** et **Västerlånggatan**, les deux Rues Longues. A la fin du 14e s., une nouvelle muraille remplaça l'ancienne et les Rues Longues se trouvèrent cette fois à l'intérieur des remparts. Le centre du commerce avec l'étranger était situé à l'extrémité Sud de **Skeppsbron** ; les principales matières premières exportées étaient le cuivre et le fer, que l'on pesait à **Järntorget** (**AZ 21**), la Place du fer. Les marchandises destinées à l'exportation étaient chargées au port de Kornhamn, actuellement **Kornhamnstorg** (**AZ 28**) du côté de l'île baigné par le lac Mälar. En raison de son dédale de ruelles bordées d'édifices en bois, la cité fut dévastée par plusieurs incendies. Sa reconstruction au 17e s. lui donna l'aspect qu'elle a conservé.

P. Wysocki/EXPLORER

Kornhamnstorg

★★ Kungliga Slottet (AZ)

Le premier **palais royal** de Stockholm, connu sous le nom des « Trois Couronnes » (Tre Kronor), se développa autour d'un donjon érigé vers 1200 pour devenir sous le règne de Gustave Vasa une citadelle puissamment fortifiée. Sous le règne de son fils Jean III, elle fut agrémentée de splendides façades Renaissance. La famille Tessin joua un rôle prépondérant dans l'évolution de l'art et de l'architecture suédois durant trois générations, toutes trois associées au sort du Palais Royal. Nicodemus Tessin l'Ancien (1615-1681) dessina dans les années 1660 les plans et les esquisses d'un édifice entièrement nouveau. Mais ce fut son fils, Nicodemus le Jeune (1654-1728), profondément influencé par l'architecture classique de Rome, qui réalisa la reconstruction de l'aile Nord du Palais dans le style baroque romain. La mort de Charles XI en 1697 coïncida avec l'incendie qui détruisit complètement l'ancien palais, à l'exception de la récente aile Nord, qui devint le noyau d'un nouveau palais de style Renaissance italienne et baroque romain. Les travaux commencèrent au moment où Charles XII était entraîné dans la grande guerre du Nord et ne furent achevés qu'en 1754. Carl Gustaf Tessin (1695-1770) prit la suite de son père et surveilla l'achèvement des travaux. Mais la direction réelle revint cependant à Carl Hårleman (1700-1753), qui respecta les plans d'origine. La famille royale emménagea dans sa nouvelle résidence en 1754 bien que les décorations intérieures se soient poursuivies jusque dans les années 1770.

Extérieur – Le Palais actuel a la forme d'un imposant quadrilatère dont les bâtiments sont disposés autour d'une cour centrale pavée. Deux ailes, qui enserrent une terrasse, s'étendent vers l'Est et le bord de l'eau. La **relève de la garde** (à midi en semaine, à 13 h 10 les dimanches et jours fériés) a pour cadre une cour extérieure en demi-cercle, qui orne la façade Ouest, tandis que la façade principale, située au Nord, du côté du fleuve, est précédée de deux rampes monumentales.

Intérieur – Cet imposant palais composé de 608 salles est une véritable ruche où pas moins de 200 personnes travaillent. Le roi et la reine y ont leurs bureaux, et il est régulièrement utilisé pour les manifestations officielles. Les visiteurs peuvent néanmoins découvrir ses splendides intérieurs. Le style baroque étant passé de mode au cours de la longue période de construction, l'aménagement intérieur reflète l'influence du style rococo français importé en Suède par Carl Hårleman.

★★ Appartements royaux ⊙ – *Entrée par l'arche Ouest (Västra Valvet).*
Les **appartements d'apparat** *(deuxième étage de l'aile Nord)* décorés dans les années 1690 par des artistes français de renom d'après les dessins de Tessin le Jeune constituent les salles les plus anciennes du palais. La galerie de Charles XI offre un cadre somptueux aux banquets officiels qui précèdent les bals donnés dans la magnifique salle connue sous le nom de Mer Blanche. Dans la chambre d'apparat de Gustave III, les décorations de style rococo français furent réalisées par Jean Eric Rehn.
Carl Hårleman dessina lui-même les **appartements Bernadotte** *(premier étage de l'aile Nord).*
C'est dans la salle des Colonnes qu'ont lieu les remises de décorations, tandis que l'investiture des ambassadeurs étrangers se passe dans le cabinet octogonal, situé à l'Est, l'une des salles rococo les mieux préservées. Les **appartements des hôtes** *(aile Ouest)* furent également conçus par Jean Éric Rehn. Le travail fut exécuté dans les années 1760-1770 et la décoration des pièces principales reflète l'évolution de la mode en matière de style car le classicisme gustavien se substitue au rococo français qui domine dans la chambre à coucher principale.

★★ Livrustkammaren ⊙ – *Accès par Slottsbacken.*
Les parties basses du palais constituent un cadre idéal pour la collection unique de l'Arsenal royal, fondé en 1628. De magnifiques carrosses d'apparat, des armures et des armes utilisées lors des cérémonies officielles, des vêtements portés pour les couronnements, le costume porté par Gustave III lors du bal masqué qui lui coûta la vie *(voir à Drottningholm)* y sont exposés.

★★ Skattkammaren ⊙ – *Accès par l'arche Sud (Södra Valvet).*
Dans la **salle du Trésor** sont réunis les joyaux de la Couronne suédoise. La magnifique couronne, le sceptre, la pomme et la clé considérés comme les principaux emblèmes de l'État datent du couronnement d'Éric XIV en 1561. D'autres pièces furent ajoutées au cours des siècles, la dernière en date étant une couronne de prince de 1902. Le roi Oscar II fut le dernier à être couronné en 1873. De nos jours, les couronnes sont placées de façon symbolique de chaque côté du couple royal lors de certaines cérémonies officielles.

Slottsmuseum ⊙ – *Entrée face au pont de Norrbro.*
Les parties basses de l'aile Nord abritent le **musée du château** où les visiteurs peuvent contempler les vestiges de l'ancien château des Trois Couronnes.

Skeppsbron

Rikssalen ⓥ – *Accès par l'arche Ouest (Västra Valvet).*
La salle du Trône est un ensemble harmonieux combinant la rigueur du classicisme de Tessin et la délicatesse du style rococo de Hårleman. Le trône d'argent de la reine Christine, réalisé pour son couronnement en 1650, est l'un des rares meubles confectionnés avec ce métal.

Slottskyrkan ⓥ – *Accès par l'arche Sud.*
La **chapelle** du château, à l'origine de style baroque, fut décorée dans le style rococo par Carl Hårleman en 1754.

★★ Promenade dans Stadsholmen

Au Sud du Palais royal, une vaste place, Slottsbacken, à l'Ouest de laquelle est édifiée Storkyrkan, débouche sur Skeppsbron.

Slottsbacken – La Colline du Château, qui descend en pente raide jusqu'au bord de l'eau, offre de belles vues sur les imposants musées situés de l'autre côté du chenal. L'élégant **Tessinska palatset** (**AZ A**) où vécut pendant un quart de siècle l'architecte royal Tessin le Jeune devait faire partie d'un ensemble d'édifices prévus autour du palais. Mais les guerres de Charles XII ruinèrent le projet. Le palais Tessin est la résidence officielle des gouverneurs de la province de Stockholm. La célèbre **statue** de Gustave III par Sergel se trouve au bord de l'eau.

Skeppsbron – Pendant des siècles Skeppsbron fut la vitrine de Stockholm, la première vision de la ville lorsqu'on arrivait par bateau. De nos jours, c'est l'une des artères les plus passagères, reliant les quartiers Nord de Stockholm aux quartiers Sud. Les édifices imposants, s'alignant au bord de l'eau, est un héritage des 17e et 18e s., époque où Skeppsbron se composait d'une rangée de maisons de commerce appartenant à de riches marchands, auxquels on donna le nom d'« aristocratie de Skeppsbron ».

★★ **Storkyrkan** ⓥ – *Accès par Trångsund.*
La cathédrale de Stockholm, ou **Grande Église**, où l'on célèbre les mariages royaux et les couronnements, était au Moyen Âge la seule église paroissiale de la ville. Construite vers 1279, elle fut consacrée en 1306. L'extérieur fut agrémenté d'une façade baroque et d'une tour lanterne dans les années 1740, afin d'harmoniser l'édifice avec le Palais royal, tout proche. L'aménagement de l'intérieur est le résultat de plusieurs agrandissements effectués au cours des 14e et 15e s. Cette imposante église de style gothique tardif aux solides piliers de brique rouge surmontés d'une haute voûte en étoile est agrémentée d'un somptueux mobilier baroque. La **chaire** (1700 environ) et une partie de la **tribune** Nord (1686) avec ses décorations dorées sont l'œuvre du célèbre Burckhardt Precht, immigré allemand, qui réalisa également les **bancs royaux** d'après des dessins de Tessin le Jeune.
Derrière le banc royal, du côté Sud, on verra un amusant **monument** (1933) réalisé par Carl Milles à la mémoire des trois générations de la famille Tessin. Le magnifique **autel d'argent**, réalisé en argent, ébène et ivoire, date de 1640 environ. L'œuvre d'art la plus remarquable est cependant l'extraordinaire groupe du 15e s. représentant **saint Georges terrassant le Dragon**★★★, monument commémorant la victoire des Suédois sur les Danois (le dragon) à la bataille de Brunkeberg en 1471.

P. Thompson/SUNSET

Cette sculpture sur bois exécutée par Bernt Notke, maître sculpteur de Lübeck qui exerça à Stockholm entre 1483 et 1498, est considérée comme l'un des chefs-d'œuvre de la sculpture médiévale en Europe du Nord. Le collier du dragon est fait de bois d'élan ; à côté de saint Georges (Sten Sture), on peut voir la silhouette d'une princesse (Stockholm) sur un socle en forme de château à pinacles. La sculpture fut commandée par le héros lui-même, le régent Sten Sture l'Ancien. Sur le mur Sud, près de l'entrée, se trouve un autre élément intéressant, le plus ancien tableau (1535) représentant Stockholm, peinte sous un halo (une copie est exposée au Musée médiéval).

Se diriger vers le Sud jusqu'à Stortorget.

★ **Stortorget** – Le cœur même du vieux Stockholm, la **Grand-Place**, occupe le site le plus élevé de l'île. C'était au Moyen Âge un lieu de négoce bruyant d'où partaient des chemins que parcouraient les porteurs transbordant les marchandises entre la Baltique et le lac Mälar. La place était aussi un lieu d'exécution et elle fut en 1520 le siège d'un événement horrible, le **bain de sang de Stockholm.** La place se distingue par les élégantes façades de ses maisons des 17e et 18e s. **Börsen,** la Bourse, est un grand édifice de style rococo tardif construit en 1776 à l'emplacement de l'ancien hôtel de ville. C'est ici que les 18 membres de l'Académie suédoise, fondée par le roi Gustave III en 1786, se réunissent régulièrement, c'est d'ici que le nom du lauréat du Prix Nobel de littérature est révélé à la presse internationale.

C. Boisvieux

Fronton ornemental sur Stortorget

La place est extrêmement vivante lors de la foire de Noël au début décembre, quand badauds et visiteurs boivent du vin chaud *(glögg)* pour se réchauffer en flânant parmi les étals.

Emprunter Köpmangatan jusqu'à Köpmantorget.

Köpmangatan (**AZ 35**) – Cette rue bordée de magasins d'antiquités et de boutiques de brocanteurs est la plus ancienne dont le nom ait été enregistré (1323).

Faire un détour par Själagårdsgatan.

Brända Tomten (**AZ 8**) – A la suite de l'incendie partiel d'un pâté de maisons à la fin des années 1730, on créa une place permettant le demi-tour des voitures. « Brända Tomten » signifie « emplacement incendié ».

Revenir en arrière jusqu'à Köpmangatan.

Köpmantorget – La porte Est de la cité fut démolie en 1685. Une copie en bronze (1912) du monument de St-Georges, dans la cathédrale, décore cette place.

Aller vers la droite et prendre Österlånggatan.

★ **Österlånggatan** – Situées à l'extérieur des premiers remparts, Österlånggatan et Västerlånggatan marquaient les limites de la cité d'origine en forme de cœur. Österlånggatan était reliée au port par d'étroites ruelles et venelles et était envahie de marins et de dockers qui fréquentaient les auberges, les tavernes et les marchands de fournitures pour la marine. De nos jours, Österlånggatan est une rue commerçante agréable, bordée de boutiques de potiers, de boutiques de mode et de galeries.

Au n° 51, la taverne la plus ancienne et la plus célèbre de Suède, **Den Gyldene Freden** (**AZ S**) (la Paix dorée), ouvrit ses portes en 1721, au moment où le traité de paix entre la Suède et la Russie mettait fin aux guerres de Charles XII. Depuis le 18ᵉ s., l'établissement est le lieu de prédilection des poètes. Le peintre Anders Zorn acheta le bâtiment en 1919, puis le légua plus tard à l'Académie suédoise, qui y organise ses dîners traditionnels du jeudi.

Järntorget (**AZ 21**) – Tournant le dos à l'édifice qui abrita de 1680 à 1906 la Banque de Suède, plus ancienne banque nationale du monde, la statue du poète **Evert Taube** (1890-1976), très aimé du public, se dresse sur le trottoir Est de la place du Fer.

Västerlånggatan – Cette rue animée bordée de boutiques fait pendant à Österlånggatan. Au n° 81, une étroite ruelle aux marches raides, **Mårten Trotzigs gränd**, témoigne de la différence de niveau entre le plateau de Stadsholmen et les rives du lac Mälar.

Continuer le long de Västerlånggatan, puis prendre Tyska brinken à droite.

Tyska brinken (**AZ 73**) – Comme les autres rues adjacentes à l'église allemande, le nom de la **colline allemande** rappelle l'influence allemande dans la ville au temps de la toute puissance de la Hanse.

★ **Tyska kyrkan** ⊙ – En 1565, la communauté finlandaise reçut de la ville l'hôtel des corporations allemandes, devenu vacant, l'agrandit et le transforma en église, qu'utilisèrent conjointement Finlandais et Allemands. En 1601, les Finlandais ayant été écartés, l'édifice prit le nom d'**église allemande**, qui fut dédiée à sainte Gertrude, patronne des voyageurs, des marchands et des marins. La riche ornementation date de cette époque. La chaire d'ébène (1660) soutenue par un ange à genoux est ornée de plusieurs personnages en albâtre représentant les apôtres. Avec son allure de loge de théâtre, la splendide tribune royale, située dans un angle, agrémentée d'anges, de décorations et de dorures, fut dessinée par Tessin l'Ancien qui était membre de la paroisse.

Continuer le long de Prästgatan (ou Skomakargatan, qui est parallèle et rejoint Stortorget).

Prästgatan (**AZ 48**) – La longue et silencieuse **rue des Prêtres** a gardé son caractère médiéval. Les poutres saillant des pignons servaient jadis à faire monter les provisions dans les appartements et les marchandises dans les greniers où elles étaient stockées.

Tourner à gauche dans Storkyrkobrinken. On aperçoit en face la maison de la Noblesse.

Bondeska palats (**AZ B**) – Dessiné par Jean de la Vallée et Tessin l'Ancien (1662-1673), le **palais Bonde** abrite la Cour Suprême depuis 1949.

Le bain de sang de Stockholm

L'archevêque d'Uppsala, **Gustav Trolle**, réclamait au roi Christian II le châtiment des partisans du défunt régent Sten Sture le Jeune. Sa veuve, pour défendre sa mémoire et les membres du parti national suédois dont elle eut l'imprudence de citer les noms, accusa le clergé d'être responsable de la révolte en raison de ses exactions. Outré, le roi déclara hérétiques les nationalistes ainsi désignés et les fit arrêter lors de son sacre le 3 novembre 1520. Le 8, il les fit exécuter sur la place qui était alors la Place du marché. Parmi les 82 victimes figuraient Éric Vasa, père du futur roi Gustave Iᵉʳ, et son gendre, Joachim Brahe.

« On ne fait rien avec la douceur ; les moyens les plus efficaces sont ceux avec lesquels on ébranle les corps », avouait le roi au philosophe Érasme. Reprenant sans doute la leçon à son compte, Gustave Vasa soulèvera la Dalécarlie à la première occasion...

P. Wysocki/EXPLORER

La Maison de la Noblesse

★ **Riddarhuset** (**AZ R**) – Avec ses deux pavillons au bord de l'eau, l'élégante **maison de la Noblesse**, ou palais de l'Ordre équestre, est considérée comme l'un des plus beaux édifices de Stockholm. Érigée entre 1641 et 1674 dans le style baroque selon les plans de plusieurs architectes, entre autres Simon et Jean de la Vallée, les aristocrates, formant l'un des quatre ordres gouvernant le pays, s'y réunissaient régulièrement. L'extérieur de brique rouge pâle est agrémenté de splendides pilastres en grès de couleur grise, de frontons et de guirlandes de fruits, dont les lignes et les couleurs s'harmonisent avec la courbe du toit de cuivre verdi par le temps. La **Grande salle**, dont les murs sont revêtus de 2 325 armoiries et sur laquelle plane « La Mère Suède » (*Moder Svea*, peinture de 1675 par David Klöcker Ehren-strahl), forme un cadre fascinant pour les concerts animant les soirées d'été. Riddarhuset appartient toujours à la noblesse suédoise.

Traverser ce qu'il reste du canal de Riddarholm et les grandes artères à circulation intense.

Riddarholmen (AZ)

L'île des chevaliers et des nobles est un remarquable havre de paix. Un monastère franciscain, établi sur l'île vers 1270, fut dissous en 1527. Au 17e s., des aristocrates (Wrangel, Sparre et Stenbock) obtinrent des terrains sur l'île et y construisirent de superbes hôtels particuliers. Aujourd'hui, quelques privilégiés y demeurent encore mais les palais sont occupés par les bureaux de l'administration.

★ **Riddarholmskyrkan** (**AZ K**[1]) – L'église de Riddarholm, aujourd'hui transformée en musée, est l'un des plus anciens édifices de Stockholm et l'une des églises franciscaines les mieux conservées d'Europe du Nord. Pendant des siècles, les monarques suédois et des personnages illustres y furent enterrés. Construite en brique, elle fut consacrée vers 1300 et les murs extérieurs furent peints de couleurs vives. Plus tard, l'extérieur franciscain fut masqué par l'adjonction de plusieurs chapelles funéraires. La première, située au Sud du chœur, fut érigée en 1634 pour le roi Gustave II Adolphe, et la dernière fut érigée à côté en 1860 pour la famille royale actuelle, les Bernadotte. Une petite flèche ajoutée au 15e s. disparut lors de l'incendie de 1835 et fut remplacée par l'actuelle flèche ajourée en fonte. Les boucliers des Chevaliers de l'Ordre du Séraphin, le plus important des ordres suédois, créé au 13e s., décorent l'intérieur, caractérisé par une voûte gothique élevée et de hautes fenêtres. La précieuse feuille d'or qui orne les arceaux du chœur date de l'époque franciscaine. Une chapelle en contrebas *(accès par l'escalier situé à gauche du chœur)*, qui contient de magnifiques tombeaux, fut dessinée par Tessin l'Ancien.

Gamla Riksdagshuset – De 1834 à 1866, tous les représentants du clergé, de la bourgeoisie et des paysans se réunirent dans cet édifice qui abrita ensuite le Parlement jusqu'à son transfert en 1905 dans l'imposant Riksdagshuset sur Helgeandsholmen.

Birger Jarls torg – Cette place triangulaire pavée et bordée de palais convertis en bureaux doit son nom à la statue de Birger Jarl.

Palais Stenbock (**AZ J**) – Cet élégant édifice rouge, construit sous la direction de Tessin l'Ancien, est depuis 1971 le siège de la Cour suprême administrative (Regeringsrätten).

Wrangelska palats (**AZ C**) – Cet hôtel particulier doté de son propre port sur le lac Mälar (Riddarfjärden) fut conçu au début du 17e s. par Tessin l'Ancien et Jean de la Vallée pour le compte de Karl Gustav Wrangel *(voir à Skokloster).* Plusieurs fois endommagé par des incendies, il a perdu une grande partie de son ancienne splendeur. Lorsque le Palais royal fut détruit en 1697, le palais Wrangel servit de résidence provisoire à la famille royale jusqu'en 1754. La Cour d'appel (Svea hovrätt) occupe le bâtiment depuis 1757. La tour Sud, qui en est la partie la plus ancienne, faisait autrefois partie des fortifications construites par Gustave Vasa.

Descendre la colline jusqu'au bord de l'eau.

Evert Taubes terrass (**AZ 13**) – Une **statue** *(sur la droite)* rappelle le souvenir du populaire poète. On découvre une splendide **vue** de la baie de Riddarfjärden : le pont de Västerbron est droit devant, l'hôtel de ville de Stockholm à droite et les hauteurs du quartier Sud à gauche. Le **yacht** blanc, *Mälardrottningen,* amarré sur la gauche, qui appartint autrefois à la milliardaire américaine Barbara Hutton, est aujourd'hui un hôtel flottant très en vogue.

Birger Jarls torn (**AZ D**) – *Face à l'hôtel de ville.*
Tout comme la tour Sud du palais Wrangel, la **tour Birger Jarl** faisait partie de l'enceinte édifiée par Gustave Vasa vers 1530.

Descartes chez la reine Christine

La reine de Suède favorisa le développement artistique, scientifique et littéraire de son pays, et attira à Stockholm de nombreux savants, en particulier hollandais et français. Parmi ces derniers, si l'on peut retenir les noms de **Claude Saumaise** (1588-1653), qui enseignait à l'université de Leyde, de **Samuel Bochart** (1599-1667), dont la *Géographie sacrée* fut très prisée au 17e s., de **Gabriel Naudé** (1600-1653), qui fut quelque temps bibliothécaire de la reine après avoir constitué pour le cardinal Mazarin l'embryon de l'actuelle Bibliothèque Mazarine, le plus célèbre est **René Descartes.**
En 1646, il a tout juste 50 ans et a fait paraître son *Discours de la méthode* neuf ans plus tôt. Déjà il a fondé la géométrie analytique, déjà il a dégagé les lois de la réfraction de la lumière, déjà il a découvert la notion de travail, déjà il a construit sa métaphysique. Depuis 1629, il réside en Hollande. Et voilà que lui parviennent les lettres d'une nouvelle admiratrice, qui souhaite s'entretenir de philosophie avec lui. Une correspondance s'engage jusqu'à ce qu'en 1648 Christine invite le mathématicien et philosophe à se rendre à Stockholm. Il hésite quelque temps, et finit, en septembre 1649, par prendre le chemin de la Suède. Mais il est vite déçu : la reine se montre indifférente et a des exigences frisant le caprice. Si la fantaisie lui prend à 3 h du matin de débattre aristotélisme ou platonisme, elle n'hésite pas à faire venir le philosophe, dans la neige et le froid, comme elle lui demande de composer un ballet, genre peu conforme aux réflexions de l'homme... Descartes tombe vite malade, de congestion pulmonaire, et meurt à Stockholm le 10 février 1650. La reine, semble-t-il, ne manifesta pas de regret.

Helgeandsholmen

La petite île du Saint-Esprit se situe au Nord-Ouest du palais royal.

Riksdagshuset (**AZ**) ⊙ – *Des visites guidées (1 h) permettent de faire le tour des différents bâtiments ; accès par Riksgatan 3 A.*
Le Parlement actuel occupe deux bâtiments reliés par des passerelles au-dessus de Riksgatan. L'édifice à piliers, dont la façade sur Norrbro est surmontée d'une statue symbolique de *Moder Svea,* fut construit spécialement pour le Parlement en 1905 *(voir Riksdag ci-dessus).* Le second édifice, à l'Ouest de Riksgatan, abrita la Banque de Suède de 1906 à 1975. Lorsque le système de parlement à chambre unique fut introduit en 1971, l'édifice du Parlement fut entièrement réaménagé.

★★ **Medeltidsmuseet** (**CY M**[1]) ⊙ – *Prendre devant le Riksdagshuset l'escalier qui descend vers Norrbro.*
L'emplacement souterrain du **musée du Stockholm médiéval** fut retenu après la mise au jour, lors de travaux d'excavation entrepris pour la construction d'un parking sous le Parlement, de plusieurs sections des remparts de Gustave Vasa.

Elles furent incorporées dans le bâtiment, et au cours de l'agréable parcours à travers le musée on voit comment s'est développée la cité, depuis sa fondation par Birger Jarl en passant par le traité signé avec la ville de Lübeck et l'établissement des premiers monastères jusqu'aux années prospères du commerce avec la Hanse.

La sculpture de Carl Milles, *Le Chantre du Soleil*, érigée en 1926, se dresse face à l'entrée.

★★★ VASAMUSEET (DY)

Bus 44 ou 47 ou ferry au départ de Slussen dans Gamla Stan jusqu'au débarcadère situé à côté du parc d'attractions. Des tramways anciens relient Norrmalmstorg et Djurgården.

« Toutes voiles dehors, pavillon haut.... » – Par un après-midi d'été, le dimanche 10 août 1628 très exactement, le plus beau navire de la marine du roi Gustave II Adolphe leva l'ancre pour son voyage inaugural. Alors qu'il venait de quitter le quai situé au pied du palais royal, le *Vasa* s'inclina fortement et coula 20 minutes seulement après avoir levé l'ancre.

Pendant plus de 300 ans il resta enfoui dans la boue du port de Stockholm jusqu'au jour où Anders Franzén repéra la position du puissant vaisseau de guerre grâce à une sonde toute simple et beaucoup de persévérance. C'est alors que commença l'opération de sauvetage qui fit vibrer l'imagination du monde entier.

Le contexte historique – Gustave II Adolphe, le « Lion du Nord », était résolu à consolider l'indépendance récemment acquise et à gagner le contrôle de la Baltique. Il avait donc besoin d'une marine puissante et passa commande de quatre nouveaux vaisseaux de guerre (1625). Le maître charpentier Henrik Hybertsson dirigea la construction des vaisseaux et une activité intense régna pendant deux ans et demi sur les chantiers navals de Skeppsgården d'où allait être lancé le plus grand vaisseau de guerre que la Suède ait jamais possédé.

Pourquoi le Vasa coula-t-il ? – L'enquête menée sur ordre du roi ne révéla pas ses conclusions, mais les experts estiment en général que l'erreur responsable de la tragédie fut l'addition à la dernière minute d'une seconde batterie qui releva le centre de gravité du navire et le rendit très instable.

Sauvetage et conservation – La faible salinité de l'eau saumâtre et l'épaisse couchede boue qui recouvre le fond du port de Stockholm expliquent l'excellent état dans lequel se trouvaient les boiseries en chêne. Une fois terminée la délicate opération de sauvetage, le long processus de préservation commença.

Le Vasa – Aujourd'hui, le *Vasa* se dresse majestueusement dans les locaux spécialement construits pour le contempler. Des galeries installées à des niveaux différents permettent d'en admirer sous divers angles la splendeur et l'excellent état. Long de 69 m, sa hauteur de la quille à la pointe du mât est de 53 m. 8 558 boulons en fer et 20 000 chevilles de bois furent employés à sa construction. Avec 1 275 m^2 de voilure totale, il pouvait emporter 145 hommes d'équipage, 300 soldats et 64 canons.

Les 700 sculptures et ornements sont l'œuvre de trois étrangers, le plus connu étant Mårten Redtmer. Les décorations sculptées – hommes sauvages, soldats et empereurs romains, animaux héraldiques – sont caractéristiques du style architectural exubérant en vogue au 17e s. (de nombreux portails de Gamla Stan sont décorés des mêmes motifs).

C. Boisvieux

Le *Vasa*

SUÈDE

STOCKHOLM

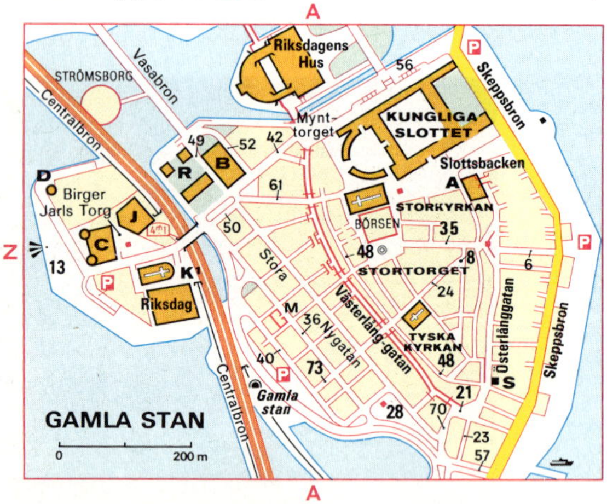

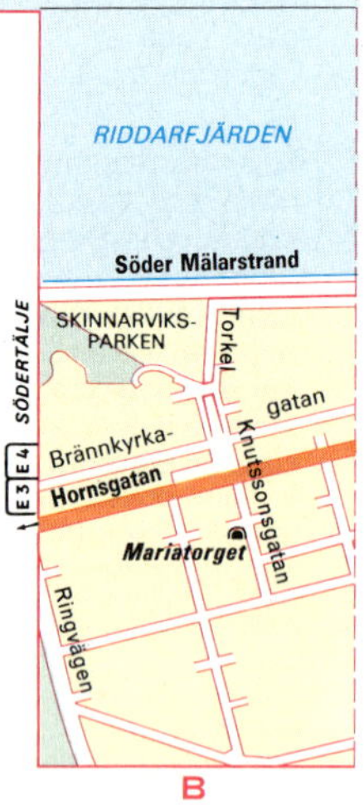

A	Tessinska palats	E	Arvfurstens palats	K[1]	Riddarholmskyrkan
B	Bondeska palats	F	Berwaldhallen	K[2]	Klara kyrka
C	Wrangelska palats	H	Stadshus	K[3]	Jakobs kyrka
D	Birger Jarls torn	J	Regeringsrätten	K[4]	Skeppsholmskyrkan
				M[1]	Medeltidsmuseet

Les deux pièces les plus remarquables sont les armoiries nationales et la figure de proue qui représente un lion tenant une gerbe de blé *(vasen)*, symbole de la dynastie Vasa.

Expositions et présentations audiovisuelles – Des expositions organisées autour du *Vasa* illustrent le sauvetage du vaisseau, la préservation de sa coque imprégnée d'eau, les maîtres artisans, leurs métiers et leurs outils, la guerre navale à l'époque du *Vasa*, la Suède en 1628 et les chantiers navals de Skeppsgården en 1627. Un film de 25 mn constitue une bonne introduction à la visite.

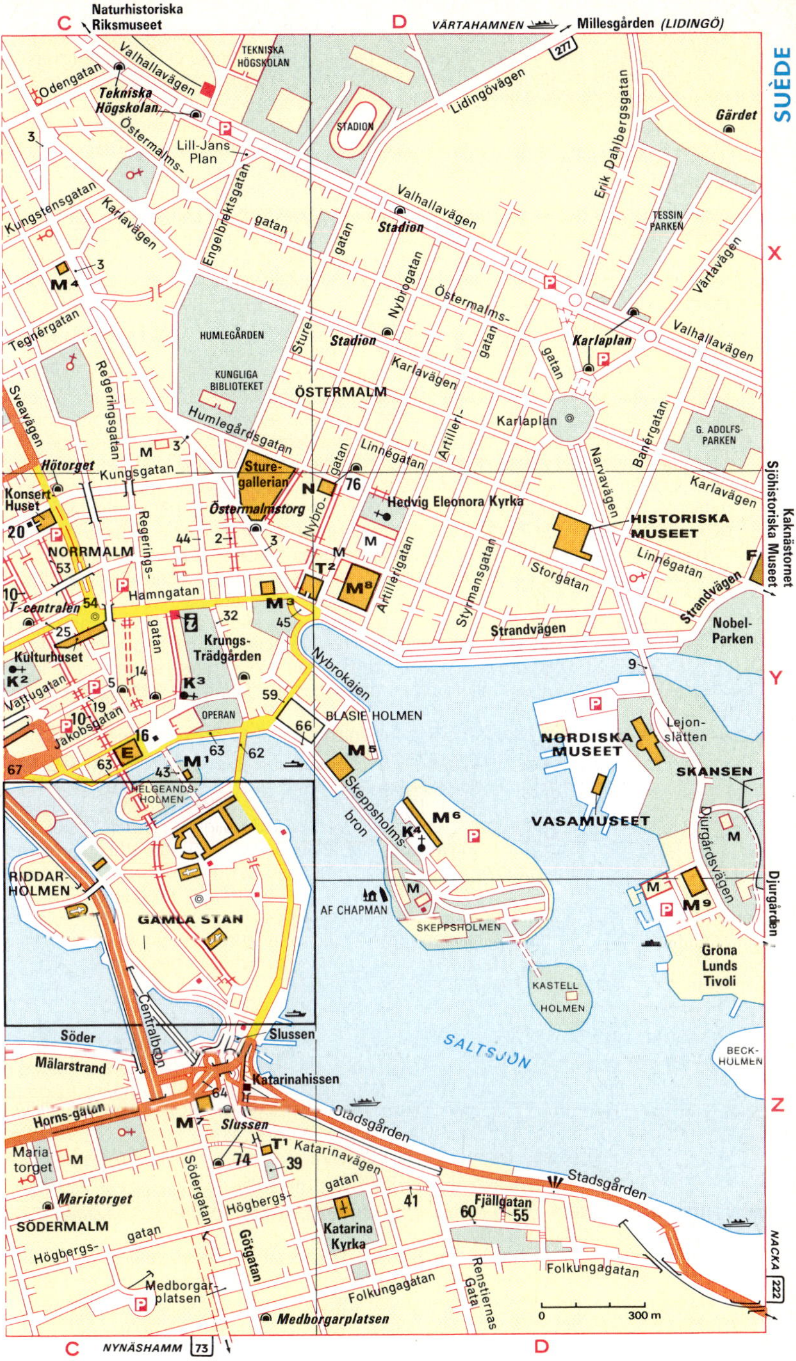

M²	Strindbergsmuseet	M⁷	Stockholms stadsmuseum	R	Riddarhuset
M³	Hallwylska palats	M⁸	Kungliga Hovstallet	S	Den Gyldene Freden
M⁴	Moderna museet	M⁹	Liljevalchs Konsthall	T¹	Södra teatern
M⁵	Nationalmuseum	N	Östermalms Saluhall	T²	Kungliga dramatiska teatern
M⁶	Östasiatiska museet				

★★★ SKANSEN (DY) ⌚

Le **musée de plein air de Skansen** fut fondé en 1891 par Arthur Hazelius (1833-1901). Bien que la société suédoise fût encore à cette époque essentiellement rurale, Hazelius pressentit quels changements entraînerait le développement industriel. Il reconstitua les intérieurs des maisons rurales suédoises afin de présenter le mode de vie et les méthodes de travail des paysans dans les différentes régions. De surcroît, une section de zoologie, comprenant du bétail et des animaux sauvages de Scandinavie (ours, loups, lynx et élans), vint compléter l'exposition culturelle et historique.

Skansen est le plus ancien musée de plein air du monde et on dit parfois qu'il « montre la Suède dans une coquille de noix ». Les différents éléments sont répartis sur le site en fonction de leur situation géographique exacte et, en conséquence, le campement sâme du Nord de la Suède se trouve au Nord de Skansen. C'est ici que l'on peut voir la ferme d'été provenant d'Älvdalen. Les sept bâtiments de la ferme de Delsbo, au Hälsingland, illustrent le mode de vie au milieu du 19e s. d'un fermier cossu, qui complétait ses revenus par le produit d'une exploitation forestière. Les murs peints en rouge sont l'indice d'une fortune confortable. La ferme de Mora, en Dalécarlie, dont les principaux bâtiments sont assemblés selon les principes de construction des cabanes en rondins, est disposée autour d'une cour carrée. Les quatre bâtiments sont de beaux exemples de la technique utilisée par les charpentiers dans cette région de la Suède. La ferme d'Älvros, du Sud-Est de la province de Härjedalen, est une construction typique du Nord de la Suède. Les bâtiments en bois sont recouverts d'écorce de bouleau. Dominant la place du marché, la maison de Bollnässtugan vient du Hälsingland. Les peintures des murs et des plafonds du 18e s. sont représentatives de la tradition décorative intérieure du centre et du Nord de la Suède. Au Nord Est, on peut admirer le campement finlandais avec ses cabanes couleur noir de suie et, plus loin, la ferme d'un maître de forges regroupée avec des maisons de la région minière de Ljusnarsberg, dans la province du Västmanland. Les cinq cheminées en fer sont caractéristiques des régions minières. La ferme illustre les conditions de vie au début du 18e s. Plus au Sud, on peut voir la ferme de Kyrkut, de la province de Blekinge, basse cabane en rondins couverte de touffes d'herbe entre deux granges hautes, disposition caractéristique du Sud de la Suède. La ferme d'Oktorp, disposée autour d'une cour fermée, est construite selon les mêmes principes. Bien que du début du 18e s., la décoration date quant à elle de la fin du 19e s. Les bâtiments de la ferme scanienne ont des toits de chaume. La plupart des maisons, à colombages, sont meublées dans le goût des années 1920. Le manoir suédois, construit au 17e s. mais remanié dans le sytle Louis XVI ou gustavien lors de sa reconstruction à la fin du 18e s., provient de Närke.
D'autres aspects de la vie suédoise sont également illustrés, notamment par la salle de réunion, Folkets hus, la salle commune du temple de la mission, et par l'école de Väla, construite vers 1840, date à laquelle l'école devint obligatoire. Ont été aussi remontées à Skansen les tours-clochers de Håsjö et de Hällestad et l'église de Seglora, dans le Västergötland. Construite vers 1730 en gros rondins, l'église présente des murs et un toit recouverts de bardeaux de chêne peints en rouge. La tour et la sacristie furent ajoutées vers 1780. Le plafond est orné de peintures réalisées en 1735. Le retable rococo est de 1780. La chaire (1700), l'orgue (1777) et les cloches (14e s. et 1759) proviennent d'autres églises.
Skansen n'est pas seulement consacré à l'histoire rurale. Des sections urbaines illustrent l'évolution de l'habitat et du monde du travail, des années 1760 au début du 20e s.

NORRMALM (CY)

Quartier situé au Nord de la vieille ville et appartenant au centre moderne, Norrmalm était autrefois une île dont le point le plus élevé fut pendant longtemps une sorte de crête rocailleuse, Brunkeberg, s'étirant du Nord au Sud à l'Est de Drottninggatan, site de la célèbre bataille de 1471. La crête fut peu à peu aplanie, et, au 17e s., un réseau de rues perpendiculaires fut tracé, tandis que palais et résidences bourgeoises remplaçaient les modestes maisons.

Centre de la cité – *Quartier délimité par Kungsgatan au Nord, Sveavägen à l'Est, Sergels Torg au Sud et Drottninggatan à l'Ouest.*
Tandis que le reste de Stockholm est fier de sa beauté exceptionnelle, le Centre de la cité a été l'objet de vives critiques après que, dans les années 1950 et 1960, les urbanistes de la ville, saisis d'un engouement soudain pour la modernité, eurent fait raser les édifices anciens afin d'édifier un nouveau quartier d'affaires.

Kulturhuset – La **maison de la Culture**, en béton et verre, dessinée par un des principaux modernistes, Peter Celsing (1920-1974), accueille diverses activités culturelles et des expositions.

Hötorget (**CY 20**) – Un marché aux fruits, aux légumes et aux fleurs, très animé, est complété par des halles souterraines, **Hötorgshallen**, où l'on trouve une grande variété de produits alimentaires suédois et internationaux.

Konserthuset – Masquée par cinq gratte-ciel dits « les cinq sonneries de trompette », la maison des Concerts, bleue et dotée d'imposantes colonnes de granit couronnées de chapiteaux corinthiens, domine la place. Dans les années 1920, l'architecture était le principal domaine de recherche et d'expression artistique en Suède et la maison des Concerts de Stockholm, conçue par Ivar Tengbom en 1926, est l'une des constructions majeures de cette époque.
Devant, on peut admirer le chef-d'œuvre de Carl Milles, *Orphée*, empreint d'influence grecque.

Drottninggatan (**BX, CY 10**) – Cette artère de l'ancien réseau quadrillant le quartier était au 19e s. la rue principale de Stockholm. Aujourd'hui, son extrémité Sud passe devant l'**immeuble Rosenbad** et se prolonge par le pont Riksbron vers la vieille ville. En grande partie piétonne, Drottninggatan est bordée de magasins et d'étals.

Klara kyrka (**CY K²**) – L'**église Ste-Claire** est l'église internationale de Stockholm. Elle occupe le site de l'ancien couvent franciscain Ste-Claire, qui fut propriétaire des terrains de Norrmalm jusqu'en 1527, date à laquelle le roi Gustave Vasa fit démolir le couvent et confisqua tous ses biens. Le couvent était une filiale du monastère franciscain situé sur Riddarholmen, lui aussi dissous, mais dont l'église fut sauvée. L'église actuelle fut construite entre 1577 et 1590 par les maîtres d'œuvre Henrik van Huwen et Willem Boy. Endommagée par un incendie en 1751, elle fut restaurée sous la direction de Carl Hårleman et agrémentée d'une tour basse recouverte d'un toit. La tour majestueuse que nous admirons aujourd'hui, avec sa flèche de 108 m de haut, fut érigée dans les années 1880 d'après les plans de Helgo Zetterwall. L'église possède le plus important carillon (35 cloches de bronze, de tailles différentes) de Stockholm *(sonneries tous les jours à 9 h, midi, 15 h, 16 h et 21 h)*.

A l'extrémité Nord du cimetière, la statue du poète **Nils Ferlin** (1898-1961) rappelle le souvenir des écrivains qui vécurent dans ce quartier bohème, où se côtoyaient cafés et agences de presse jusqu'à sa démolition dans les années 50 et 60.

★ **Strindbergsmuseet** (**BX M²**) ⏲ – C'est dans ce petit appartement situé au quatrième étage, surnommé la « tour Bleue », qu'August Strindberg (1849-1912) passa les quatre dernières années de sa vie. L'appartement, comme la bibliothèque du sixième étage, est aménagé à l'image d'un décor de théâtre et le contenu a été conservé tel qu'il était au moment de sa mort. Il aurait écrit plus de 20 livres et lancé la « cabale Strindberg » durant les quatre années qu'il passa ici.

August Strindberg 1849-1912

Strindberg alla chercher à l'étranger, à Paris, à Berlin et ailleurs, la renommée que les citoyens de Stockholm lui refusaient ; il tourna par deux fois le dos à sa ville natale et s'exila volontairement. Dans *Le vieux Stockholm*, le jeune Strindberg proclame son amour pour la ville puis, à son second retour d'exil, pour l'archipel de Stockholm dans *Au bord du grand large* et *Les gens de Hemsö*.

Surnommé le Zola suédois par Carl Larsson, l'Académie suédoise l'ignora pourtant durant toute sa vie. Mais pour son 63e anniversaire en 1912, année de sa mort, un vote populaire lui attribua le « Prix anti-Nobel de littérature ».

Gustav Adolfs torg (**CY 16**) – Située face au Palais royal, cette place, où se dresse la statue équestre (1790) du roi Gustave II Adolphe, est bordée à l'Ouest par l'édifice abritant le ministère des Affaires Étrangères. Connue sous le nom de palais du Prince héritier, **Arvfurstens palats** (**CY E**), cette élégante construction de la fin du 18e s., de style classique français, formait un ensemble harmonieux avec son pendant à l'Est, le premier Opéra royal, fondé par le roi Gustave III qui y fut assassiné en 1792 au cours d'un bal masqué. Malheureusement, un excès de zèle architectural fut à l'origine de la démolition de l'édifice en 1891 et de son remplacement par l'actuel **Operan**.

Kungsträdgården – Au début du 17e s., les Jardins du Roi étaient un potager transformé au 18e s. en imposants jardins de style baroque, entourés de murs et réservés à la maison royale. Après la mort du roi Gustave III, les murs et les portes furent détruits et les jardins ouverts au public. Aujourd'hui, les Jardins du Roi sont devenus un lieu de rencontre où se déroulent aussi bien parties d'échecs que parties de boules au milieu des promeneurs. Les jardins furent agrandis vers le Sud en 1825 lorsque le palais « Sans Pareil » (Makalös) fut détruit par un incendie. La célèbre statue du roi Charles XII se dresse au centre de la partie Sud des jardins.

A l'extrémité Sud-Ouest du parc, on peut voir la **Jakobs kyrka** (**CY K³**), dessinée par Willem Boy et achevée en 1643. La partie Sud des jardins est orientée vers la façade Est de l'Opéra et de son élégant restaurant, Operakällaren. Son night-club, Café Opera, est réputé pour sa clientèle de célébrités – et sa longue attente.

★ **Hallwylska museet** (**CY M³**) ⏲ – Située en plein centre de la ville et encadrée par un restaurant et un café, cette résidence imposante du début du siècle fut la demeure de la comtesse Wilhelmina von Hallwyl. Les pièces et le mobilier évoquent différents styles tandis que la décoration, les panneaux muraux et les sols témoignent du travail raffiné de l'époque. La comtesse, collectionneuse consciencieuse, nota soigneusement dans un catalogue tout ce qu'elle achetait : il comprend soixante-dix-huit volumes ! La collection, d'une valeur inestimable, se compose de peintures, de tapisseries, d'armes, de vaisselle, d'argenterie et de verrerie. La résidence fut léguée à la nation après la mort de la comtesse et ouverte au public en 1938. Les concerts, donnés dans la cour centrale durant les soirées d'été, sont fort appréciés.

Moderna museet (CX M[4]) ⓥ – Temporairement logées dans ce vaste bâtiment, qui servait autrefois de garage aux tramways, les collections du musée illustrent l'art de Picasso, Matisse, Braque et Miró. Le Pop art américain est également bien représenté comme le sont d'ailleurs les expériences tentées par les artistes contemporains.

Blasieholmen (CDY) – Des demeures luxueuses furent érigées au 17e s. sur cette péninsule, avec vue sur le Palais royal. Le bord de l'eau est aujourd'hui occupé par le Nationalmuseum et l'élégant Grand Hôtel. Strömkajen est, depuis le milieu du 19e s., le débarcadère des bateaux en provenance de l'archipel. Skeppsholmen, située au Sud, est accessible par un pont étroit.

★★★ **Nationalmuseum** (DY M[5]) ⓥ – Le Musée national, le plus éminent musée des Beaux-Arts de Suède, occupe depuis 1866 un vaste édifice de style Renaissance italienne. La gamme d'œuvres de grande valeur qu'il abrite va du début de la Renaissance au début du 20e s. On y verra la plus importante collection de peintures suédoises et d'œuvres représentatives des autres pays nordiques, ainsi qu'un choix intéressant d'œuvres du domaine des arts décoratifs. Carl Gustav Tessin, collectionneur zélé, fut à l'origine de la belle collection de peinture française du 18e s., aujourd'hui l'orgueil du musée. La peinture hollandaise du 17e s. est bien représentée, avec entre autres l'œuvre monumentale de Rembrandt, *Le Serment des Bataves*, qui était à l'origine destinée à orner l'hôtel de ville d'Amsterdam. Les immenses peintures murales situées dans le hall d'entrée sont de Carl Larsson ; on remarquera particulièrement *L'entrée de Gustave Vasa dans Stockholm (au premier étage, face à l'escalier)*. Sa dernière peinture murale, *Sacrifice au milieu de l'hiver*, fut refusée par le musée et partit au Japon. Elle a été provisoirement prêtée au musée *(deuxième étage)*. En été, les mélomanes peuvent assister aux concerts donnés en soirée dans le grand hall d'entrée.

KUNGSHOLMEN (BY)

A l'Ouest de Norrmalm. Emprunter le passage souterrain.

L'île du Roi, où fut installé au 17e s. un quartier d'ouvriers et d'artisans, abrite aujourd'hui un mélange florissant de bâtiments résidentiels et administratifs, qui accueille le quartier général de la police, les tribunaux et, dans la partie occidentale de l'île, les hauts édifices des principaux journaux suédois. C'est sur Kungsholmen que se trouve la curiosité la plus célèbre de Stockholm, l'hôtel de ville. Les visiteurs peuvent profiter des magnifiques promenades qu'offre la rive Nord du lac Mälar, **Norr Mälarstrand.** Les bateaux qui font des excursions autour du lac partent du quai situé à l'Est de l'hôtel de ville, Stadshuskajen.

★★ **Stadshus** (BY H) ⓥ – L'hôtel de ville de brique rouge très caractéristique avec ses toits de cuivre verdi est aujourd'hui l'un des points de repère les plus célèbres de la ville. Construit en l'espace de douze années (1911-1923) selon les plans de **Ragnar Östberg** (1866-1945), il constitue un superbe exemple de style romantique national. Les bâtiments sont disposés autour de deux cours, une cour ouverte, qui offre à travers les arcades une vue sur le lac au-delà des jardins en terrasse, et une cour intérieure. La sobre tour d'angle de forme carrée, haute de 106 m, est surmontée d'une lanterne ajourée couronnée d'une coupole bulbeuse sur laquelle sont délicatement posées trois couronnes dorées, symbole de la Suède. Du belvédère de la tour *(365 marches)*, la **vue**★★★ panoramique est spectaculaire. La brique nue fait parfaitement ressortir une profusion de motifs décoratifs : figures et groupes sculptés, fer forgé, flèches élancées et fleurons de pinacles.

Intérieur – La visite guidée commence dans la cour intérieure connue sous le nom de **Hall bleu**★★★ (Blå Hallen) avec son escalier majestueux et ses arcades au rez-de-chaussée. L'architecte avait, à l'origine, l'intention de peindre le hall en bleu, mais lorsqu'il vit les magnifiques tons rouges des briques façonnées à la main, il changea d'avis. Le Hall bleu est le cadre somptueux des dîners annuels du Prix Nobel. Les membres du conseil municipal se réunissent dans la **salle du Conseil** (Rådssalen) dont le plafond en bois de pin s'inspire des toits de maisons vikings. Les mariages civils ont lieu dans la **salle ovale** (Ovalen), ornée de belles tapisseries de Beauvais. La **galerie du Prince** (Prinsens galleri), plus sobre, doit son nom au prince Eugène, dont la grande fresque illustre la vue extraordinaire que l'on a depuis les fenêtres. Mais la salle la plus somptueuse est sans aucun doute la **salle dorée**★★★ (Gyllene Sallen), tapissée de 18,6 millions de paillettes dorées et de petits morceaux de verre peint. Le jeune artiste Einar Forseth fut inspiré par les mosaïques dorées de Ravenne et il persuada l'architecte de l'engager pour réaliser la décoration de cette salle. Le résultat est étonnant. Autour des fenêtres en saillie situées sur la gauche sont illustrés des événements de l'histoire suédoise, tandis qu'autour de celles de droite sont représentées des personnalités suédoises. La gigantesque reine du Mälar (Mälardrottningen) qui tient dans son giron les édifices les plus importants de Stockholm, occupe la place d'honneur sur le mur Nord. Les visiteurs de marque entrent dans l'hôtel de ville par la **voûte des cent.** Haute de 31 m et divisée en cent petits compartiments, cette salle est située dans la tour.

C. Boisvieux

Hôtel de ville – La salle dorée

Le **monument Engelbrekt** (1932), à la gloire du héros national suédois et placé au sommet d'une colonne dans le coin Sud-Est du jardin *(visible du pont de l'hôtel de ville)*, est l'œuvre de Christian Eriksson.
En été, sur le coup de midi et de 18 h, un automate représentant *saint Georges terrassant le dragon* apparaît sur un petit balcon *(également visible du pont)*, tandis qu'un carillon joue un air médiéval. Au-dessus, un groupe sculpté figurant le même sujet est dû aussi à Christian Eriksson.

SKEPPSHOLMEN (DYZ)

Skeppsholmen est accessible par le bus 65 au départ de la gare centrale. La station de métro la plus proche est Kungsträdgården, sortie Kungsträdgården.

En traversant à pied le pont de Skeppsholmen (orné de deux couronnes royales), on peut admirer à l'Est Strandvägen, au bord de l'eau, et à l'Ouest la façade orientale du Palais royal, avec en toile de fond la haute silhouette de la cathédrale de Stockholm. La marine royale suédoise fut cantonnée sur Skeppsholmen (l'île des navires) de 1640 à 1950, ce qui conféra à l'île son atmosphère particulière à la fois paisible, anonyme et hors du temps. Les anciens bâtiments de la marine ont été récemment repris par des institutions culturelles. Au débouché du pont, à gauche, s'élève **Skeppsholmskyrkan** (**DY K**[4]), église octogonale surmontée d'un dôme, au Nord de laquelle se trouve le musée des Antiquités Orientales. L'édifice rouge pâle qui se dresse droit devant date de 1650 et doit sa forme romantique à un remaniement effectué en 1845. Autrefois occupé par l'amirauté, il servit également d'hôpital et d'entrepôt et abritera bientôt un musée du design. On peut voir amarré à droite, **af Chapman**, goélette centenaire, qui porte le nom du premier grand armateur suédois Fredric Henric af Chapman (1721-1808). Transformé en café et en auberge de jeunesse, le navire jouit d'une immense popularité.

Gravir la colline en longeant le parc du musée d'Art moderne (en travaux).

Le remarquable assortiment multicolore de sculptures disséminées sur la pelouse est une œuvre en plusieurs éléments intitulée *Le paradis*, qui a fait l'objet d'une vive controverse. Elle fut réalisée par Niki de Saint-Phalle et Jean Tinguely pour l'exposition universelle de Montréal en 1967. Depuis 1994, le Moderna museet *(voir plus haut)* est logé dans des locaux provisoires. Le nouveau bâtiment conçu par l'architecte espagnol Rafael Moneo pour recevoir aussi l'Arkitekturmuseum (musée d'Architecture) devrait être achevé en 1997 ou 1998.

Continuer vers le Sud.

Kastellholmen (**DZ**) – L'îlot de la Citadelle est relié à Skeppsholmen par un petit pont. L'actuelle forteresse fut érigée en 1848 sur le site d'un fort antérieur.

★ **Östasiatiska museet** ⊙ (**DY M**[6]) – *Au sommet de la colline, à gauche après le pont.* Le musée des Antiquités Orientales, logé dans un bâtiment long et étroit, était à l'origine un entrepôt réservé à l'artillerie. Il contient des collections d'art et d'antiquités de Chine, du Japon, de Corée et d'Inde, de l'âge de la pierre à la fin du 19e s., dont l'une des plus importantes collections d'art chinois visible hors d'Asie.

SÖDERMALM (BCZ)

Riche en contrastes, ce quartier offre des vues magnifiques, de charmants ensembles de maisons en bois ainsi que des créations modernes dont l'Arc de Bofill. Bordée par un précipice, orientée d'Est en Ouest le long de Söder Mälarstrand, Södermalm s'appela tout d'abord l'île à la crête (Åsö). Les premiers habitants de l'île étaient pêcheurs, marins ou artisans. Il subsiste quelques maisons du 17e s., époque où elles s'accrochaient en groupes serrés aux pentes rocheuses de la crête et à la fin de laquelle aristocrates et riches bourgeois entreprirent d'ériger d'imposantes résidences d'été. Mais au 18e s. de petites fabriques s'installèrent autour du lac Fatbur dont les abords formèrent un quartier misérable. Ce n'est qu'au cours des dernières décennies que le quartier est redevenu à la mode, si bien qu'aujourd'hui les appartements sur Södermalm sont très recherchés.

Principales rues anciennes – **Götgatan** (CZ) est la plus ancienne grand-rue, qui au Moyen Âge conduisait hors de la ville. De nos jours, on aperçoit au loin une immense forme sphérique, le **stade du Globe**, destiné aux manifestations sportives et aux spectacles musicaux. **Hornsgatan**, autre grand-rue d'autrefois, se dirige vers l'Ouest. Sur un tertre pavé du nom de **Hornsgatspuckeln** *(face à l'église Marie-Madeleine)*, les amateurs d'art trouveront des galeries de peinture de petite taille mais de bonne renommée.

Slussen (CZ) – L'endroit tire son nom de l'**écluse** établie ici jadis entre les deux îles de Södermalm et de Stadsholmen et séparant les eaux saumâtres de la Baltique (surnommée localement « la mer salée ») des eaux douces du lac Mälar. La première écluse fut construite vers 1640 et remplacée un siècle plus tard par une construction de Christopher Polhem. Une nouvelle écluse construite au 19e s. fut utilisée jusqu'en 1935, date à laquelle la navigation fut détournée plus au Sud. A l'emplacement de l'écluse a été aménagé un échangeur routier.

Stadsmuseum (CZ M^{7}) ⊘ – Le **Musée municipal** occupe les locaux de l'ancien hôtel de ville. Édifice de style baroque italien construit par Tessin, il domine Ryssgården (le carreau des Russes), où les marchands russes vendaient aux 17e et 18e s. leurs articles de cuir et leurs fourrures. Les expositions présentent Stockholm au temps de la préhistoire *(rez-de-chaussée)*, Stockholm au 17e s. – la capitale d'une grande puissance –, Stockholm et la misère du peuple au 18e s. *(deuxième étage)*, et la vie dans la ville industrielle des années 1890 *(troisième étage)*. Des cartes et des maquettes illustrent l'expansion de la cité du 15e s. à 1880.

Promenade à l'Est de Slussen

Les bus 46, 48 et 53 permettent d'aller de Slussen à Renstiernas gata, où un escalier (celui du bas) conduit à Fjällgatan. Si on dispose d'un peu de temps (30 mn), on peut, en passant par Mosebacke torg et l'église Katarina, bénéficier de nombreuses vues sur la ville et traverser des quartiers du 18e s. L'accès à la place Mosebacke s'effectue soit en empruntant Urvädersgränd (deuxième rue à gauche en partant de Götgatan), soit en prenant l'ascenseur Katarina.

Au n° 3 d'**Urvädersgränd** (**CZ 74**), le poète Carl Mikael Bellman occupait deux petites pièces au moment où il écrivit une grande partie des *Lettres de Fredman*. La rue pavée en pente raide est un reste du réseau de ruelles médiévales.

Katarinahissen, chef-d'œuvre d'innovation technique lorsqu'il fut construit en 1883 (reconstruit en 1935), permet de monter rapidement sur les hauteurs de Södermalm.

Mosebacke torg (**CZ 39**) – Cette place est dominée par le plus ancien théâtre de Stockholm, **Södra teatern** (**CZ T^{1}**), érigé en 1859, et par un château d'eau de couleur rouge, datant de 1895. En passant sous l'arche centenaire à droite du théâtre, on peut rejoindre la **terrasse de Mosebacke**, très populaire en été. August Strindberg s'inspira pour écrire l'introduction de son chef-d'œuvre *La chambre rouge (Röda Rummet)* de la vue fascinante que l'on découvre de cet endroit.

Se diriger vers le château d'eau. Suivre la courbe de Fiskargatan, puis tourner à gauche dans Svartensgatan. Descendre la rue pavée en pente (les talons hauts ne sont pas conseillés). A l'extrémité de Svartensgatan, on aperçoit soudain sur la droite l'église Katarina.

Katarina kyrka – Aisément repérable, cette église en forme de croix grecque élève vers le ciel son dôme bulbeux central de style baroque, qui s'écroula lorsque l'église fut ravagée par un incendie en 1990 et endommagea sérieusement l'intérieur. Dessinée par Jean de la Vallée et construite entre 1656 et 1690, l'église fut consacrée de nouveau en mai 1995.

Suivre ensuite Mäster Mikaels gata en direction de l'Est.

Mäster Mikaels gata (**DZ 41**) – La section Est est bordée de pittoresques maisons de bois peintes en rose, gris et rouge. Cette rue faisait partie de Fjällgatan jusqu'à ce que Renstiernas gata soit creusée dans le roc au début du siècle, ce qui eut pour effet de séparer la rue et la crête et de tronquer Fjällgatan.

Continuer vers l'Est à travers un espace vert et descendre « Albert Engströms trappa » jusqu'à Renstiernas gata. Traverser la rue et monter les marches qui conduisent à Fjällgatan.

Fjällgatan – Située sur la crête de Stigberget, cette rue est bordée de vieilles maisons en bois et d'édifices en pierre, de couleurs et de formes différentes, érigés au 18e s. La **vue★** magnifique que l'on découvre est célèbre. De gauche à droite on peut admirer Skeppsbron et ses rangées de bâtiments (les tours d'église que l'on voit sont celles de l'église allemande, de la cathédrale et de l'église Ste-Claire), la flotte de bateaux à vapeur blancs de la compagnie Waxholm amarrés devant le Grand Hôtel, *af Chapman* amarré à Skeppsholmen, la forteresse circulaire de Kastellholmen à sa droite, de l'autre côté du chenal, le parc d'amusements de Gröna Lund, les lumières vacillantes de la tour Kaknäs et le vaste quartier de Djürgården. Bordé de jardins minuscules, un escalier grimpant jusqu'à Stigbergsgatan tient son curieux nom de **Sista Styverns trappor** (**DZ 55**) (Les marches du dernier sou) d'une taverne du même nom qui était encore située non loin de là dans les années 1860.

Les marches aboutissent à Stigbergsgatan. Aller vers la droite.

Stigbergsgatan (**DZ 60**) – A l'extrémité Ouest de cette rue on peut voir quelques maisons basses en bois, peintes en rouge, caractéristiques de Södermalm. Le n° 21 qui porte le nom de maison du Fabricant de palans, **Blockmakarens hus**, est un humble logis datant de 1730, soigneusement restauré et transformé en musée.

Descendre les marches à l'extrémité de la rue et revenir à Renstiernas gata.

★★ **Åsöberget** – *Il faut compter 1 h pour la promenade le long de la crête d'Åsö et autour de l'église Sofia. Le bus 53 va à Erstagatan (deuxième arrêt après avoir tourné dans Folkungagatan ; en dehors des heures d'affluence, compter 10 mn de la gare centrale). Continuer à pied dans la même direction et tourner à droite dans Sågargatan.*

Une ambiance désuète imprègne les quartiers pittoresques de Lotsgatan et Skeppargränd, pourtant proches de l'animation de Folkungagatan.

Continuer le long de Lotsgatan, contourner le bord de la falaise et retourner à Skeppargränd par Åsögatan. Pour aller à l'église Sofia, rester dans Åsögatan et tourner à gauche pour prendre l'escalier à Klippgatan.

Sofia kyrka – Une tour centrale entourée de tours plus petites semble sortir de la colline. Construite (1906) en granit rouge et en grès de couleur ocre, cette église en forme de croix grecque est en parfaite harmonie avec le paysage environnant. De style roman, l'édifice est doté d'arcs en plein cintre et d'un large dôme central. De jolies **maisonnettes** rouges s'accrochent au flanc de la colline, formant un contraste frappant avec les blocs de béton de la cité.

Revenir à Slussen par le bus n° 46 (arrêt dans Bondegatan).

Promenade à l'Ouest de Slussen

Prendre le métro jusqu'à Mariatorget, sortie Torkel Knutssonsgatan. Aller vers la droite, traverser Hornsgatan et grimper Ludvigsbergsgatan (sur la gauche). Tourner à gauche dans Gamla Lundagatan (en passant entre les maisons) et continuer l'ascension de la colline.

★★ **Skinnarviksberget** – L'accès aux **hauteurs de Skinnarvik** s'effectue à travers un quartier habité au 18e s. par les tanneurs dont subsistent les maisons basses. Après Gamla Lundagatan, un simple chemin conduit au point le plus élevé de Stockholm, 53 m d'altitude, d'où l'on découvre un splendide **panorama★** de la ville. On aperçoit Norr Mälar-strand, l'hôtel de ville, l'église Ste-Claire, les cinq gratte-ciel de Hötorget, Riddarholmen et la vieille ville. Le grand édifice rouge (1850) situé au pied de la colline est celui de la brasserie de Munich. Du côté Ouest de la falaise, des marches descendent **Yttersta Tvärgränd**, très bel ensemble aux édifices de pierre des 18e et 19e s.

*Revenir vers la station de métro, et, par Hornsgatan, se diriger vers Slussen à l'est, d'où l'on peut gagner Medborgarplatsen (**CZ**) par Götgatan.*

L'Arc de Bofill – Un petit lac, le lac Fatbur, occupait jadis la place. Il fut comblé vers le milieu du 19e s. pour y construire la première gare de Stockholm, la gare Sud. Le site est aujourd'hui occupé par des ensembles résidentiels modernes, en particulier le très intéressant Arc de Bofill, de forme semi-circulaire, qui porte le nom de l'architecte catalan, Ricardo Bofill. L'Arc et ses quatre pavillons rectangulaires, érigés de 1989 à 1992, ont été surnommés le « Versailles du peuple ». Expression du courant post-moderniste en architecture, c'est une construction moderne qui se réfère à un classicisme strict tout en s'adaptant au goût nordique. Un édifice élevé, prévu dans le coin Nord-Ouest, marquera l'achèvement de ce quartier.

Långholmen – *Accessible en voiture à partir de Söder Mälarstrand ou du Västerbron. Des places de parking sont disponibles sur l'île.*
Située dans l'ombre du très passager Västerbron, Långholmen, l'ancienne île-prison, est séparée de Södermalm par une baie étroite. Elle offre des promenades agréables et la possibilité de se baigner. Utilisée jusqu'en 1987, l'ancienne prison est transformée en une auberge de jeunesse peu ordinaire.

ÖSTERMALM

Kungliga dramastiska teatern (CDY T²) – Le Théâtre National suédois fut fondé par le roi Gustave III en 1788 et le **Théâtre dramatique royal** comprend maintenant quatre auditoriums séparés. L'édifice, avec sa façade de marbre blanc, fut érigé de 1901 à 1908 dans le style Art nouveau. Ingmar Bergman en fut le directeur de 1963 à 1966 et y met encore en scène parfois des spectacles.

Kungliga Hovstallet (DY M⁸) – *Entrée dans Väpnargatan. Visites guidées d'une heure le samedi et le dimanche à 14 h.* Les chevaux, les carrosses et les voitures utilisées par la famille royale sont exposés dans les écuries royales.

Strandvägen (DY) – Ce quai élégant qui s'étend le long de la baie de Nybroviken mélange différents styles. Les maisons qui le bordent furent construites à la fin du 19e s. pour les nouveaux riches de la société industrielle. Au-delà du Djurgårdsbron sur la droite, Strandvägen décrit une courbe en passant devant le parc Nobel qui contient des spécimens de la plupart des arbres à feuilles caduques de Suède.

Timmermann/SUNSET

Strandvägen

Berwald Hallen (DY F) – L'emplacement de cette salle de concerts qui porte le nom du premier grand compositeur suédois, Franz Berwald (1796-1868), fut creusé dans le flanc granitique de la colline. La superbe acoustique de l'auditorium convient aussi bien aux concerts de musique de chambre qu'aux concerts symphoniques.

Diplomatstaden – *A l'Est du parc.* Comme le suggère son nom, la ville des diplomates est l'élégant quartier des ambassades et des consulats.

Église anglaise – *Strandvägen 76.* L'église anglicane est représentée à Stockholm depuis le 17e s. L'église St-Pierre et St-Sigfrid a été construite en 1866 et transportée pierre par pierre sur son emplacement actuel en 1911. Les paroissiens, de langue anglaise, sont de nationalité et confession différentes.
Il est possible de faire une belle **promenade** le long de la rive Nord de la baie de Djurgårdsbrunn, en passant devant le musée national de la Marine et en continuant en direction de Djurgården.

Sturegallerian (CXY) – *Stureplan.* En 1989, le vaste établissement de bains existant depuis 1883 fut transformé en une élégante galerie marchande qui englobe les trois rues adjacentes. L'établissement de bains, reconstruit après l'incendie de 1985, est devenu un club de mise en forme très chic avec piscine et sauna.

Östermalmstorg (DY 76) – Dans le coin Ouest de cette place se dresse un marché couvert, **Östermalms Saluhall** (CDY N), où l'on peut acheter toutes sortes de produits. Au Sud, **Hedvig Eleonora kyrka**, dessinée par Jean de la Vallée, fut érigée au 17e s.

★★ **Historiska museet** (DY) ⊙ – *Métro jusqu'à Karlaplan.* Le **musée des Antiquités nationales** contient l'une des plus précieuses collections d'Europe d'objets en or. Inaugurée en octobre 1994, la **salle de l'Or★★★** (Guldrummet, *au sous-sol à droite de l'entrée*) présente des objets précieux en or d'un poids total de 50 kg et des objets en argent d'un poids total de 250 kg, soit plus de 3 000 objets datant de 2000 avant J.-C. à environ 1520. La collection des objets en or comprend la masse d'or la plus importante de Suède, 7 kg d'or à 24 carats, ainsi que de splendides colliers, et des médaillons qui sont de magnifiques exemplaires de filigrane. La gravure de Sigurd *(voir à Eskilstuna)* est reproduite sur le sol. Des objets de l'âge de la pierre, du bronze et du fer (Forntid, de 10 000 avant J.-C. à 800) ainsi que de l'**époque viking** (Vikingatid, 800-1050) sont exposés au rez-de-chaussée. La **section médiévale** (Medeltid, 1050-début du 16e s.), située au premier étage, illustre la vie quotidienne de cette période grâce à une riche collection d'objets et de textiles provenant de diverses églises et monastères.

★★ DJURGÅRDEN

En été, les voitures particulières ne sont pas admises sur Djurgården Sud. Les visiteurs peuvent prendre les bus 44 ou 47 ; ce dernier continue au-delà de Skansen jusqu'à Waldemarsudde. Une façon agréable d'accéder à l'île est de prendre à Slussen ou à Nybroplan un ferry qui accoste près du parc d'attractions. D'anciens tramways relient Norrmalmstorg et Djurgården.

Djurgården est depuis des siècles un lieu de divertissement populaire. Le nom, qui signifie littéralement « ferme d'animaux », remonte au 16e s. quand le parc était une chasse royale. Djurgården Sud est une île d'environ 4 km de long et 1 km de large, séparée de Djurgården Nord par la baie et le chenal de Djurgårdsbrunn. La partie occidentale de l'île, proche de la ville, est occupée par des jardins bien entretenus, des restaurants, des musées, le parc d'amusements de Gröna Lund et Skansen, célèbre musée de plein air. Le reste de l'île est un vaste parc dont profitent pleinement les promeneurs, les cavaliers, les pique-niqueurs et ceux qui aiment les activités de plein air.
Les rives Sud de l'île sont tournées vers la Baltique et les visiteurs peuvent observer à loisir le va-et-vient des innombrables bateaux de toutes sortes.
Une **promenade** *(à l'Est de Djurgårdsbron)* suit la ligne courbe de la baie, offrant ainsi l'occasion d'admirer plusieurs sculptures et un **portail bleu**, copie d'un des nombreux portails peints en bleu qui permettaient autrefois de franchir la barrière entourant Djurgården.

Djurgården Sud

★★★ **Vasamuseet** – *Voir plus haut.*

★★ **Nordiska museet** (DY) ⏲ – Ce magnifique édifice, construit à l'image d'un palais Renaissance et achevé en 1907, abrite le plus grand musée scandinave d'histoire de la culture. Complément logique du musée de plein air de Skansen *(voir à ce nom)*, le **Musée nordique** fut également fondé par Arthur Hazelius. Répartiés sur quatre étages, les collections concernent tous les pays nordiques et décrivent la vie quotidienne et les conditions de travail de 1520 à nos jours. La culture sâme se trouve au sous-sol. Dans le grand hall du rez-de-chaussée, on remarque tout d'abord l'énorme statue du roi Gustave Vasa sculptée dans un bloc de chêne par Carl Milles en 1924. Au même niveau sont situés la boutique, le restaurant, le musée des Enfants et des salles consacrées aux expositions temporaires. Le premier étage est réservé à l'art folklorique, aux textiles, aux services de table, aux jouets et à la mode. Les collections du second étage illustrent l'habitat suédois.

Liljevalchs Konsthall (DYZ M9) ⏲ – Ce musée des Beaux-Arts, qui occupe un élégant édifice de style néo-classique (1916), est consacré principalement à l'art contemporain. Son **exposition de printemps**, en février et mars, est une manifestation annuelle qui a permis de lancer de nombreux artistes suédois. Un café voisin, **Blå Porten** (le Portail Bleu), permet une halte très appréciée. Une sculpture de Carl Milles, *L'archer*, se dresse à l'extérieur sur une colonne de granit.
A l'Est de **Gröna Lunds Tivoli** (DZ), on peut voir un ensemble de **vieilles maisons** (Djurgårdsstaden), dont certaines datent du 17e s., autrefois habitées par des marins et des dockers.

★★ **Prins Eugens Waldemarsudde** ⏲ – *Terminus du bus 47.* Le **prince Eugène** (1865-1948), 4e fils du roi Oscar II, établit sa résidence permanente à Djurgården en 1905. Le site splendide, en bordure du chenal reliant Stockholm à la mer, et les intéressantes collections donnent à la visite un attrait particulier. Les œuvres du prince et des ses amis témoignent du monde artistique des pays nordiques au début du siècle.
On remarquera notamment les portraits de la mère du prince, la *Reine Sofia*, et du *Prince* lui-même, peints par Zorn, un *Autoportrait* par Larsson, le buste en terre cuite du prince Eugène par Eriksson, les dessins de Bergh représentant le comité de l'union des artistes, l'œuvre controversée de Josephson intitulée *L'elfe des eaux* ainsi que des œuvres du prince. Le musée contient la collection personnelle du prince, qui rassembla des œuvres de peintres (Josephson, Zorn, Nordström, Bergh, Liljefors et Munch) et de sculpteurs nordiques (Milles, Eldh, Johnsson et Eriksson).

★★ **Thielska Galleriet** ⊙ – *Sjötullsbacken 6. La galerie Thiel est accessible par Djurgården Nord, en voiture ou par le bus n° 69 en direction de Blockhusudden.*
Le riche banquier **Ernest Thiel** (1859-1947) engagea l'architecte Ferdinand Boberg pour construire cette résidence où il créa avec sa seconde femme « une demeure dont les murs seraient couverts de tableaux ». Exclus par la bonne société de Stockholm, le couple ne fréquentait que des artistes, des écrivains et des compositeurs. Thiel commença par acheter les œuvres des artistes appartenant à l'Union des artistes indépendants (fondée en 1886).
L'inestimable collection groupe des peintures d'animaux de Bruno Liljefors, des nus d'Anders Zorn, des œuvres du porte-parole du groupe, Richard Bergh, plusieurs toiles bleues d'Eugen Jansson, de nombreux tableaux de Carl Larsson, des scènes hivernales de Gustaf Fjæstad (qui sculpta également l'immense canapé, la table et les chaises que l'on voit au 1er étage), plusieurs œuvres de Strindberg dont les ciels sont tourmentés et une toile du prince Eugène (comparer son *Nuage nocturne* avec les crépuscules de Jansson). Plus tard, Thiel élargit sa collection aux œuvres étrangères, réunissant notamment un ensemble important d'Edvard Munch. En 1924, il fit faillite et l'État suédois acheta la galerie qu'il ouvrit au public.

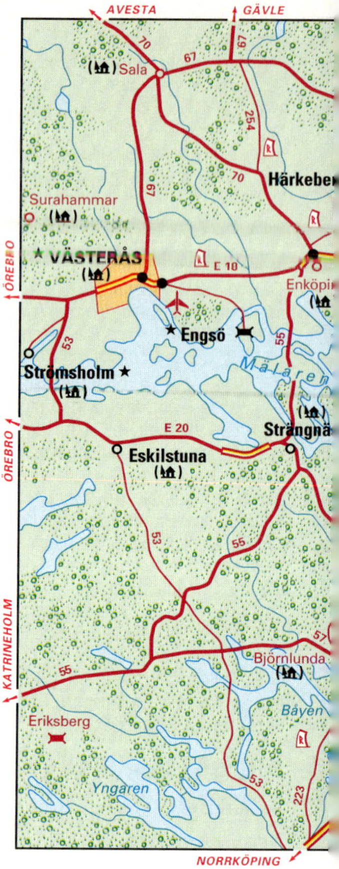

★ **Rosendals slott** ⊙ – *Rosendalsvägen 41.*
Ce palais d'été construit en 1823-27 pour le roi Charles XIV Jean rassemble plusieurs intérieurs luxueux illustrant l'adaptation par les Suédois du style Empire français.
En face, de l'autre côté de la rue, une boutique et un café, Rosendals Trädgård, servent des fruits et des légumes de culture biologique provenant d'un jardin maraîcher.

★★★ **Skansen** – *Voir plus haut.*

Djurgården Nord

Accessible par le bus n° 69 ou en voiture (suivre Strandvägen qui se prolonge et devient Djurgårdsbrunnsvägen).

La vaste plaine de Djurgården Nord, composée de grands espaces verts, porte le nom de « prairie de la grange » (Ladugårdsgärdet), mais on l'appelle tout simplement « la prairie » (Gärdet). Une des manifestations annuelles régulières est le festival du Cerf-Volant, en mai, qui attire une foule nombreuse. Outre trois musées situés sur la rive Nord de la baie de Djurgårdsbrunn, c'est dans cette partie de la capitale que s'élève **Kaknästornet** ⊙ , tour de télécommunications haute de 155 m, qui offre un **panorama**★★★ exceptionnel de la ville.

Folkens etnografiska museum ⊙ – Le **musée national d'Ethnographie** présente les modes de vie passés et présents des peuples non-européens. Le premier étage est consacré à l'Afrique du Nord, l'Afrique centrale, l'Inde, l'Amérique du Nord et la Mongolie, et le rez-de-chaussée aux expositions temporaires. Dans le jardin, un **salon de thé japonais** est ouvert aux visiteurs en été.

Tekniska museet ⊙ – Très apprécié des enfants de tout âge, le **musée national des Sciences et de la Technologie** est un musée vivant où l'on peut voir des machines à vapeur, des moteurs à réaction, des ordinateurs, etc... La salle des machines *(rez-de-chaussée)* montre la technologie de l'exploitation minière, la production du fer, l'industrie automobile et aéronautique. Dans l'espace **Teknorama** *(50 m au-delà de la salle des machines)*, les visiteurs peuvent tester leur propre habileté technique. L'histoire de l'énergie électrique est retracée dans l'une des ailes du bâtiment principal *(au rez-de-chaussée à gauche)*, tandis que le **Telemuseum** *(sur la droite)* illustre l'histoire des télécommunications depuis les signaux lumineux des phares jusqu'au système digital utilisé de nos jours dans le monde entier. Les étages supérieurs du bâtiment principal proposent des expositions sur la construction mécanique, l'utilisation de la technologie dans les foyers, l'industrie graphique et l'histoire de la chimie.

Sjöhistoriska museet ⊙ – Dessiné par Ragnar Östberg *(voir à ce nom)*, un édifice blanc (1938), légèrement incurvé, abrite le **musée national de la Marine**, qui retrace l'histoire de la construction navale, du rôle défensif de la marine, et de la marine marchande du 17e s. à nos jours.
Une splendide collection de modèles réduits de navires du 17e s. et du 18e s. est exposée au rez-de-chaussée, où les visiteurs peuvent également voir la poupe et la cabine de la goélette du roi Gustave III, *Amphion*. Le musée comporte une importante bibliothèque nautique.

ENVIRONS

Hagaparken – *Au Nord de la ville et à l'Est de la E 4, en direction de « Hagaparken ». Entrer par les portes Nord puis se diriger vers l'Est.*
Ce parc à l'anglaise, qui s'étend sur quelque 2 km le long des rives de la petite baie de Brunnsviken, fut tracé pour le roi Gustave III. Il offre un cadre parfait aux pavillons et aux temples qu'il abrite. Les remarquables **Koppartält** (tentes de cuivre) furent érigées en 1787. La **serre des oiseaux et des papillons** (au Nord des tentes de cuivre) contient 300 papillons tropicaux et 130 oiseaux exotiques. Plus à l'Est se dresse un petit chef-d'œuvre, le pavillon de Gustave III, **Gustav IIIs Paviljong** ⊙ (1792), dont l'intérieur est décoré avec raffinement dans le style gustavien. Le **Temple de l'Écho**, construit pour servir de salle à manger durant les soirées d'été, date de la même époque. L'actuel roi de Suède et ses sœurs ont passé leur enfance dans le **manoir** datant de 1804. Cet endroit champêtre fait partie de l'**Ecoparc**, oasis de verdure à l'état naturel située à la périphérie de la ville, qui s'étend de Djurgården à Ulriksdal.

★★ **Millesgården** ⊙ – *A environ 5 km de Norrtull. Suivre Valhallavägen en direction du Sud, puis tourner à gauche vers Lidingö. Sur le pont de Lidingö, rester dans le couloir central (direction Herserud). Après le pont, prendre à droite (signalisation vers Millesgården).*
Ce musée de plein air perché au sommet de falaises abruptes fut la résidence du sculpteur **Carl Milles** (1875-1955) et de sa femme Olga. Les sculptures, pour l'essentiel copies d'œuvres que l'on peut admirer ailleurs, en Suède ou à l'étranger,

forment un ensemble harmonieux avec les terrasses à l'italienne, les fontaines, les escaliers et les colonnes. Une **vue** magnifique s'étend jusqu'à Värtan où sont amarrés les ferries à destination de la Finlande.

Terrasses – On remarquera en particulier la belle *Fontaine Susanna* (terrasse supérieure), encadrée de saules pleureurs. Elle obtint le Grand Prix à la Foire internationale de Paris en 1925. De la terrasse médiane ornée d'une longue colonnade de granit, on aperçoit *Le chantre du soleil*, au sommet d'une colonne. La *Fontaine Aganippe* (1955), exécutée pour le Metropolitan Museum de New York, a récemment été transportée en Caroline du Sud. Les trois figures montées sur des dauphins symbolisent les arts. Lorsqu'il conçut la terrasse inférieure, Milles voulut que la silhouette de ses sculptures se détachât sur le ciel. *La Main de Dieu* (1954), l'une de ses œuvres les plus connues, a été reproduite dans divers pays. La *Fontaine d'Europe et du taureau* (original à Halmstad) et la puissante représentation de Poséidon (original à Göteborg) sont devenus des symboles de ces deux villes. Dans *L'Homme et Pégase (*1949) lancés en apesanteur à travers l'univers, Pégase est censé symboliser le génie de l'artiste. L'original se trouve à Des Moines, aux États-Unis. Une des œuvres maîtresses de Milles aux États-Unis est la *Fontaine de la Foi* (1949-52), à Washington. Elle comporte plus de trente figures, dont certaines copies ont été placées sur une petite terrasse près des *Anges musiciens* (1950).

Intérieur – Le bâtiment principal, qui date de 1908, fut transformé en musée en 1936. La galerie présente quelques-unes des œuvres de Milles en bronze et en marbre et, dans la Pièce rouge, sont réunies de nombreuses petites sculptures réalisées par Milles au début de sa carrière. Olga et Carl Milles étaient des collectionneurs passionnés et l'on peut voir dans le salon de musique des toiles de Camille Pissarro et de Maurice Utrillo. La « cellule du moine » abrite des sculptures chinoises et la longue galerie de l'Est compte un grand nombre d'antiquités et de sculptures. Les moules en plâtre, exposés dans le studio, parfois utilisé pour des expositions temporaires, offrent un échantillon de la plupart des années productives de Carl Milles.

Skogskyrkogården – *Métro jusqu'à Skogskyrkogården (à 12 mn de T-Centralen sur la ligne Farsta). Tourner à droite et suivre les indications.*

Le **cimetière de la Forêt** a été aménagé entre 1920 et 1940 selon des plans de Gunnar Asplund (1885-1940), l'un des architectes les plus appréciés à Stockholm dans les années 1920 et 1930. Cette création, dans laquelle architecture et paysage se fondent parfaitement, est une parfaite illustration de l'idée force d'Asplund pour qui architecture et vie quotidienne étaient indissociables. Une grande croix toute simple apparaît au loin comme un phare isolé des chapelles basses situées sur sa gauche et émergeant des vertes pelouses ondulant dans le vent. Le tout est entouré de pins parmi lesquels sont disséminées les tombes. Asplund acquit une renommée mondiale grâce à cette création, qui fait aujourd'hui partie du patrimoine mondial de l'UNESCO.

Accès et séjour de l'archipel

De nombreuses croisières et excursions sont organisées vers les îles rocheuses. Les renseignements concernant les visites organisées sont disponibles à la boutique des Excursions *(voir : Séjourner à Stockholm, en début de chapitre).* Mais on peut aussi obtenir tarifs et horaires directement auprès de deux compagnies. La *Waxholmsbolag*, dont la gare maritime se trouve sur Strömkajen près du Grand Hôtel, propose un service régulier de ferries toute l'année vers les différentes parties de l'archipel. La flotte de la compagnie comprend une vingtaine de bateaux allant des embarcations modernes très rapides aux fidèles bateaux à vapeur d'autrefois, *S/S Storskär et S/S Norrskär*, qui sont les préférés des gens de la région. La carte *Båtluffarkort (Liaison entre les îles)*, valable 16 jours, permet un nombre illimité de voyages sur les services de croisières de la Waxholmsbolag.

La *Strömma Kanalbolag* possède l'une des plus anciennes flottes de bateaux traditionnels assurant un service régulier. A bord de ces « merveilles » nautiques, on trouve des restaurants dont la cuisine est excellente. On peut effectuer des excursions à la journée ou des circuits nocturnes avec animations et danse. Les bateaux partent de Nybroplan, près du Théâtre royal.

Les excursions sur le **lac Mälar** et les villes des environs telles que Mariefred et Sigtuna, partent de Stadshusbron.

Certaines îles sont dotées d'auberges de jeunesse, très populaires, et il est conseillé de réserver à l'avance.

★★★ L'ARCHIPEL DE STOCKHOLM

Stockholm est fière de son archipel d'une beauté sans pareille, aux paysages naturels d'une infinie diversité allant de la végétation luxuriante des îles côtières à la nudité des falaises balayées par les vents du large.
S'étendant à partir de la ville même sur une distance de quelque 70 km au large des côtes de la Baltique, il s'étire du Nord au Sud sur environ 140 km. Il compte 24 000 îles et récifs, dont seulement 150 habités toute l'année, mais on y dénombre 50 000 résidences d'été et chalets. C'est le séjour de prédilection des habitants de Stockholm, tant pour le week-end que pour les vacances, comme en témoignent les innombrables voiles blanches flottant au vent. De nombreux artistes et écrivains ont été séduits par le charme de l'archipel qui a été immortalisé en littérature par August Strindberg dans *Les gens de Hemsö* et en peinture par des artistes comme Bruno Liljefors et Anders Zorn.

C. Beisvieux

Embarcadère dans l'archipel

Principales îles à voir

Vaxholm – 7 000 habitants. Cette ville idyllique aux boutiques attrayantes, bien équipée sur le plan touristique, constitue une première prise de contact agréable avec l'archipel. Occupant jadis une position stratégique importante à l'entrée Est du chenal d'accès à Stockholm, la **forteresse** de Vaxholm, en partie du 16e s., située sur un îlot face à la ville, rappelle l'histoire militaire de Vaxholm.

Grinda – Caractéristique des îles côtières, cette île verdoyante, située à moins de deux heures de bateau de Stockholm, est un lieu de baignade et de promenade très apprécié.

Möja – *Auberge de jeunesse.* C'est l'une des plus grandes îles du centre de l'archipel. Elle compte environ 250 résidents permanents qui s'adonnent aux activités traditionnelles de l'archipel, la pêche et l'agriculture. Möja ne convient pas à la baignade mais plutôt à la randonnée. Dans son agglomération la plus importante, un petit village du nom de Beg, on trouvera un café, des boutiques proposant les produits de l'artisanat local et un petit musée.

Finnhamn – *Auberge de jeunesse.* Formée de trois îles, Finnhamn est située à l'endroit où le Nord de l'archipel s'ouvre vers les falaises dénudées des îles rocheuses de la périphérie. Les promeneurs apprécieront les chemins étroits, et les amateurs de soleil les roches lisses et les petites plages de sable.

Sandhamn – *Hôtels, restaurants et autres services.* Sandhamn est sans doute le lieu de séjour le plus connu. Rendez-vous des marins au 18e s., c'est aujourd'hui celui des amateurs de voile. Le village, avec ses ruelles étroites et ses maisons serrées les unes contre les autres, mérite que l'on s'y arrête.

Utö – *Information touristique. Location de bicyclettes. Auberges de jeunesse, hôtel, restaurants, café, boulanger et magasins.*
Situé tout à fait au Sud de l'archipel, Utö compte environ 200 résidents à l'année.

L'île accueille de nombreux visiteurs qui apprécient ses nombreux kilomètres de pistes cyclables. Utö revendique l'honneur de posséder la plus ancienne mine de fer de Suède, dont on peut encore voir le puits profond. Il y a un petit musée de la mine ainsi que d'anciennes maisons de mineurs datant du 18e s.

Ängsö – C'est la seule île rocheuse qui ait été déclarée parc national. Comme son nom (Île de la Prairie) l'implique, Ängsö est un paradis floral en miniature, enrichi par une grande diversité d'oiseaux.

Rödlöga et Svartlöga – *Départ de Nybrokajen.*
Ces deux îles, situées à bonne distance de Stockholm dans le Nord de l'archipel, sont très appréciées des amateurs de voile.

Bullerön – *Desservie par un service spécial de circuits. Se renseigner.*
Située à la périphérie de l'archipel, Bullerön jouit d'un environnement unique. L'artiste Bruno Liljefors *(voir à ce nom)* vint en étudier les oiseaux. Son pavillon de chasse est ouvert au public.

Huvudskär – *Navette au départ de Dalaro, au Sud de Stockholm, deux fois par semaine.*
En raison de sa position éloignée à la périphérie de l'archipel, ce groupe d'îles dénudées, dont les roches lisses affleurent au raz de l'eau, est resté un endroit isolé.

STRÄNGNÄS★

Södermanland – 28 000 habitants
Carte Michelin n° 985 – M 14 ou Atlas Europe – p. 106
Schéma : STOCKHOLM – Environs

Cette ville de la rive méridionale du lac Mälar a marqué un moment important de l'histoire de la Suède. La ville fut en effet l'un des foyers de diffusion du luthéranisme dans le pays après que le jeune diacre **Olaus Petri**, qui prêchait les doctrines de Luther, eut gagné à la cause de la Réforme l'archidiacre de la cité, Laurentius Andreæ, qui eut l'honneur de proclamer roi de Suède Gustave Vasa, dont l'élection eut lieu à Strängnäs le 6 juin 1523.

★★ **Cathédrale** ⊙ – Elle fut consacrée en 1291 et, lorsque les travaux furent interrompus en 1342, seuls la nef et les bas-côtés étaient achevés. Le chœur fut ajouté au milieu du 15e s. et les fresques qui en décorent l'arche datent de la construction. Carl Hårleman coiffa la tour du 15e s. d'un dôme baroque.
Après la Réforme, les chapelles latérales furent transformées en chapelles funéraires. Le long du collatéral Sud, on remarque la chapelle Notre-Dame construite en 1404, parfois surnommée « chapelle aux fresques » en raison de ses admirables peintures murales. La **chapelle Gyllenhjelm**, au-delà du porche Sud, dont les décorations en stuc datent du 17e s., abrite le monument funéraire d'un fils illégitime du roi Charles IX. La dernière chapelle, elle aussi ornée de très belles fresques, devint à la fin du 17e s. la chapelle funéraire d'un noble, l'amiral comte Otto Gustav Stenbock, dont le souvenir est perpétué par un énorme monument en bois représentant la Mort.
La voûte en étoile du chœur contraste avec la croisée d'ogives plus simple de la nef. Le magnifique **retable**★★★ (1490) situé derrière le maître-autel est un chef-d'œuvre de l'École de Bruxelles. Ouvert, il représente en 14 tableaux la passion du Christ ; quand les portes sont fermées, on voit apparaître une série de tableaux ornés de motifs se rapportant au cycle de Noël de l'année ecclésiastique ; complètement refermé, il illustre l'Annonciation et le Jugement Dernier. Le **monument funéraire** (1597) de Charles IX, couronné de la statue en bois d'un cheval paré d'une armure de cuivre doré, est entouré d'une belle grille en fer forgé. On remarquera un autre monument intéressant (1580), œuvre de Willem Boy, à l'effigie de la princesse Isabelle, fille du roi Jean III. La décoration de la chapelle des Baptêmes dans le collatéral Nord, face à la chapelle Notre-Dame, date de 1910 mais les **fonts baptismaux** sont du 14e s. et le **retable** (1515) sort de l'atelier de Jan Borman à Bruxelles, tandis que la prédelle aurait été exécutée à Anvers.

Abords de la cathédrale – Bordée de maisons basses en bois, **Gyllenhjelmsgatan** fut tracée par décret royal vers 1640 afin d'aménager un accès à la cathédrale. A l'Ouest, le dédale de rues médiévales a été préservé. **Lillgatan** est bordée de maisons des 17e et 18e s. peintes en rouge. L'édifice situé sur la gauche, juste avant la porte du Lion qui marque l'entrée du cimetière, était au 18e s. l'imprimerie du diocèse ; il abrite aujourd'hui le **musée** ⊙ et ses collections d'histoire locale. A droite de la porte, on peut voir l'édifice, devenu la salle du chapitre, où se réunissait le consistoire au Moyen Âge. Près du chœur de la cathédrale se dresse le **Roggeborgen**, ancienne résidence épiscopale qui devint en 1626 le deuxième collège de Suède après celui de Västerås (1623). Il abrite aujourd'hui une bibliothèque contenant plus de 70 000 livres et manuscrits.

C'est dans la Grande salle que l'archidiacre Andreæ aurait proclamé Gustave Vasa roi de Suède. Depuis le 17e s., la résidence épiscopale est établie dans le bâtiment rose situé au Sud de la cathédrale. Aujourd'hui, on sert le café dans les anciennes écuries, **Kyrkstallarna.**

Café Grassagården ⊙ – *Kvarngatan 2.*
Dans cette demeure bourgeoise de 1638, le bâtiment principal donne sur la cour, tandis que les dépendances donnent sur la rue. La plupart des autres bâtiments sont du 18e s. Utilisée comme taverne pendant très longtemps (à la fin du 17e s., Strängnäs comptait 17 débits de boisson et Mariefred 32), elle abrite aujourd'hui un **musée** où, en juillet, un café est ouvert et des divertissements musicaux sont organisés.

Olaus Petri

Olof Petersson, qui latinisa son nom en Olaus Petri selon la coutume des érudits de l'époque, naquit à Örebro en 1493, étudia à Uppsala, Leipzig puis Wittenberg (1516-1518), où il adhéra au luthéranisme. Prédicateur à Stockholm en 1523, il fit publier en 1529 le premier manuel liturgique suédois puis une traduction du *Nouveau Testament.* Fait chancelier du royaume en 1531, il perdit la faveur du roi Gustave Ier en 1539, fut condamné à mort pour haute trahison puis gracié. Jusqu'à sa mort en 1552, il ne s'occupa plus que de théologie et de littérature.

STRÖMSHOLM SLOTT★

Västmanland

Carte Michelin n° 985 – M 13 ou Atlas Europe – p. 106
Schéma : STOCKHOLM – Environs

Situé à 10 km au Sud de Hallstahammar, le **château de Strömsholm** s'élève dans un cadre attrayant de bois et de pâturages verdoyants où de vénérables chênes millénaires offrent leur ombre et leur protection aux chevaux qui paissent tranquillement. Le roi Gustave Vasa le fit construitre en 1556 sur un domaine royal, avec l'intention d'en faire un haras.
Au 17e s., un centre équestre et une école d'équitation s'y établirent puis, de 1868 à 1968, le château et son parc servirent d'académie militaire d'équitation. C'est encore de nos jours un centre populaire de manifestations hippiques : le Concours national de dressage et le « Grand national » suédois (course de plat) qui s'y déroulent chaque année attirent une foule nombreuse. Un tournoi haut en couleur est donné vers la fin du mois de juillet.

★ **Château** ⊙ – Il fut la résidence préférée de plusieurs reines douairières. La construction du château actuel fut confiée à Nicodemus Tessin l'Ancien. Achevé en 1681, il ne fut meublé qu'entre 1767 et 1770. La décoration intérieure est essentiellement de style gustavien. Durant la première moitié du 19e s., Strömsholm retrouva la faveur de la famille royale et devint l'une de ses résidences de campagne préférées. L'importante collection de tableaux comprend des œuvres du peintre animalier David Klöcker von Ehrenstrahl (1628-1698), le « Stubbs suédois ». Les concerts d'été sont très appréciés des mélomanes.

★ **Vagnmuseet** ⊙ – *Le musée des Voitures est logé dans l'aile Nord de l'écurie de l'école d'équitation (de l'autre côté de la route Hallstahammar-Eskilstuna).*
Cette annexe de l'Arsenal Royal de Stockholm contient une collection de carrosses d'apparat, de corbillards utilisés pour les enterrements officiels et d'élégants équipages des 18e et 19e s. La majeure partie est sortie des ateliers des écuries royales et eut probablement comme attelage les chevaux de Strömsholm, unique fournisseur de la cour en chevaux.

Le canal de Strömsholm – Construit entre 1777 et 1795, c'est le plus ancien de Suède après le Hjälmare et le plus long après le Götakanal. Reliant Smedjebacken, en Dalécarlie, à Strömsholm, ses 110 km traversent 14 lacs et ses 26 écluses élèvent son niveau de 100 m. Il est ouvert à la navigation de mi-juin à mi-août.

Histoire.
Sous ce chapitre, en introduction, sont évoqués les principaux événements de l'histoire du pays.

SUNDSVALL

Väternorrland – 94 124 habitants

Carte Michelin n° 985 – J 14 ou Atlas Europe – p. 101

Sundsvall est situé sur la côte orientale de la Suède, entre l'Indalsälv et le Ljunga, fleuves qui furent d'importantes voies de transport du bois par flottage. La ville devint rapidement le centre de l'exploitation forestière et de l'industrie du bois en Suède.

Marchands de bois et magnats de l'industrie – Sundsvall était déjà au 19e s. une ville industrielle prospère possédant plusieurs scieries et les marchands tout comme les magnats de l'industrie étaient réputés pour le grand train qu'ils menaient. En 1888, le même jour que la ville d'Umeå, Sundsvall fut dévastée par un incendie. L'aristocratie qui était propriétaire des scieries investit dans la reconstruction de la nouvelle « ville de pierre » (Stenstaden). L'envergure des travaux nécessita de faire appel à de nombreux ouvriers étrangers à la ville qui apportèrent de nouvelles idées en matière d'organisation du travail. Les propriétaires de scieries eurent bientôt à gérer de sérieuses difficultés et la **grève de Sundsvall** fut le premier conflit social important que connut la Suède. Les dures représailles infligées par les autorités eurent pour conséquence la naissance d'un puissant mouvement ouvrier.

Stenstaden – La « ville de pierre » émergea des cendres de l'ancienne ville et apparut entourée de toutes parts de simples maisons de bois. Storgatan, Stora Torget et Esplanaden sont bordées d'imposants hôtels particuliers inspirés aussi bien des palais de la Renaissance italienne que des châteaux français et allemands.
Au n° 13 de Storgatan, **Knaust Hotel**, qui date de la grande époque des magnats du bois, est célèbre pour son grand escalier.

★★ **Kulturmagasinet** ⊙ – Quatre entrepôts situés sur le port et datant du début du siècle ont été ingénieusement reliés entre eux au moyen de galeries vitrées qui enjambent plusieurs rues. Le nouveau centre culturel comprend une bibliothèque, un café, une salle d'exposition et un **musée** qui retrace l'histoire de Sundsvall.

EXCURSIONS

Alnö – *11 km au Nord par la E 4.*
Cette île volcanique, qui possède plusieurs plages de sable, est reliée à la côte par un pont routier de 1 024 m de long. Tourner à gauche après le pont pour rejoindre l'**ancienne église** ⊙ du 12e s. ornée de fresques médiévales. La nouvelle église abrite des fonts baptismaux en bois richement sculptés. On peut faire une agréable promenade en voiture jusqu'au pittoresque port de pêche de **Spirkarna** situé au Sud de l'île.

Route de l'Indal – La vallée de l'Indalsälv est célèbre pour ses magnifiques paysages. La route 86, qui longe le fleuve, permet de découvrir la beauté des prairies vallonnées, de la végétation luxuriante, des vallées aux pentes escarpées et des collines boisées ainsi que des quelques îlots prisonniers du fleuve, aménagé pour produire de l'énergie hydro-électrique (par endroits, les câbles à haute tension gâchent un peu le paysage).

Liden – *55 km à l'Ouest de Sundsvall ; suivre sur place les indications « Kyrka » et « Vättaberget ».* L'**église** ⊙, construite entre 1483 et 1510, fut abandonnée pendant 50 ans avant d'être restaurée (1911-1928). Le portail de bois (1693) est le seul vestige d'une clôture qui entourait l'église. La route montant vers le sommet *(café ouvert en été)* du **Vättaberget** (381 m) offre des vues splendides sur les méandres du fleuve.

★ **Döda fallet** – *100 km à l'Ouest de Sundsvall.* Des planches permettent de passer au-dessus des « Chutes Mortes », rochers s'élevant à l'emplacement de ce qui constituait autrefois Storforsen, ou Grandes chutes. Dans la nuit du 6 au 7 juin 1796, le fleuve déborda pour s'engouffrer dans le lit d'un canal qu'un marchand de bois de Sundsvall, Vildhussen, avait fait creuser pour faire contourner les chutes à son bois de flottage. Quatre heures après que le fleuve eut quitté son lit, le lac Ragunda était à sec. Une pièce adaptée d'une nouvelle ayant pour sujet Vildhussen est jouée en plein air tous les étés.

UDDEVALLA

Göteborg och Bohuslän – 48 000 habitants

Carte Michelin n° 985 – N 8 ou Atlas Europe – pp. 105 et 108

Uddevalla est la principale ville du Bohuslän *(voir à ce nom)*. C'est un centre commerçant et industriel (textiles, papier, transformation du bois et constructions navales) moderne. Son petit port de négoce connut la prospérité au 18e s. grâce à la pêche au hareng.

★★ **Bohusläns museum** ⓥ – *Face au parking situé à côté de la gare routière.* Trois bâtiments de bois peints en blanc et agrémentés de gables se dressent le long du quai bordant le fleuve Bäve à son embouchure dans le Byfjorden. Le spacieux intérieur comprend un rez-de-chaussée, réservé aux expositions temporaires, une mezzanine où est retracée en photos l'histoire du Bohuslän, et un premier étage accueillant l'exposition principale, consacrée à l'environnement naturel de la province et à la vie, au cours des siècles, des pêcheurs, des agriculteurs, des ouvriers, notamment des carriers, évoquée à travers une série de tableaux.

EXCURSION

★★ **Gustafsberg** – *4,5 km au Sud par la E 6.*
La promenade en voiture offre de magnifiques vues sur le fjord avant d'atteindre cette ancienne station thermale aux maisons peintes et richement décorées. La station fut aménagée au début du 18e s. sur les rives boisées du Byfjorden. Elle connut son apogée au milieu du 19e s. en raison de la renommée de ses bains d'eau salée et d'algues. Les thermes furent définitivement fermés en 1970 et l'établissement thermal fut transformé en auberge de jeunesse. Une des salles a été préservée en l'état et contient toujours son tub en bois.

Pour trouver la description d'une ville ou d'une curiosité isolée, consultez l'index.

ULRIKSDAL SLOTT★

Uppland

Carte Michelin n° 985 – M 14 ou Atlas Europe – p 106

Schéma . STOCKHOLM – Environs

Le **château d'Ulriksdal** occupe un site attrayant dans une petite baie de la Baltique.

Château ⓥ – Hans Jakob Kristler construisit entre 1639 et 1644 un palais à deux étages de style Renaissance hollandaise. L'édifice principal, flanqué de deux ailes indépendantes à un seul étage, fut doté d'encadrements de portes richement sculptés et de toits en dos d'âne. Vers 1720, Carl Fredrik Adelcrantz donna au palais un aspect franchement baroque.
La décoration intérieure fut en partie reprise au 19e s. sous le règne de Charles XV, en partie sous celui de Gustave VI Adolphe qui habitait le palais pendant quelques mois. Son salon a été meublé par Carl Malmsten.

★ **Slottskapellet** – *Plus bas, en descendant vers le lac.*
Cette chapelle de 1865 témoigne d'une forte influence orientale. L'intérieur recèle une profusion de décorations sculptées et peintes ainsi qu'un bel ensemble de vitraux de la collection privée du roi Charles XV.

Orangerimuseet ⓥ – *Sur le côté Nord du parc.*
Nicodemus Tessin le Jeune dessina l'orangerie en 1693. En 1988 elle fut transformée en musée pour abriter la collection de sculpture suédoise appartenant au Musée national des Beaux-Arts.

Stallgården ⓥ – *Sur la gauche de la route.*
La pièce la plus remarquable de la collection exposée dans les **écuries** est le carrosse utilisé par la reine Christine pour se rendre d'Ulriksdal à Stockholm lors de son couronnement. Bien qu'il s'agisse d'une copie, les luxueux tissus sont ceux du carrosse original.

Confidencen ⓥ – *De l'autre côté de la route.*
En 1671, ce bâtiment fut destiné à servir à la fois d'école d'équitation et d'hôtellerie. Carl Hårleman remania l'extérieur vers 1740 et peu après la reine Louise Ulrique fit réaménager l'intérieur en théâtre. Les travaux, dirigés par Adelcrantz, furent achevés en 1753, avant que ne soit aménagé le théâtre de Drottningholm *(voir à ce nom)*.
Restauré, il est animé de mai à septembre par des concerts, des ballets et des opéras.

Une féministe avant la lettre : la reine Christine.

Elle naît à Stockholm le **8 décembre 1626** et quand son père, Gustave II Adolphe, est tué à Lützen, elle n'a pas encore 6 ans. La régence est confiée à un conseil de 5 membres présidé par le chancelier Oxenstierna qui s'emploie à lui donner une instruction digne d'une souveraine. Et comme Christine démontre une stupéfiante curiosité intellectuelle, le grain ne demande qu'à germer... A 18 ans, elle connaît une douzaine de langues, se passionne pour tout, aussi bien l'astronomie et la théologie que l'alchimie et la botanique, et entreprend une correspondance suivie avec de nombreux savants, notamment des Français, qu'elle attire à sa Cour *(voir encadré à Stockolm : Descartes chez la reine Christine).*

Quelque peu défavorisée par la nature (on retient de ses portraits l'aspect anguleux de son visage, son nez busqué mais aussi ses lèvres sensuelles et son regard extraordinairement vivant), elle manifeste un souverain mépris pour tout ce qui est fanfreluches et colifichets. Follement admirative de son père, c'est une intellectuelle ayant eu très jeune l'expérience du pouvoir qui se fait couronner **« roi »** le **29 octobre 1650.** Élevée par des soldats, elle n'aime rien tant que le costume masculin (qu'elle adoptera quasi définitivement lors de son exil volontaire, allant même jusqu'à se faire couper les cheveux en brosse, telle une « punkette ») et son langage est plus que châtié.

Longtemps fiancée à son cousin Charles-Gustave de Deux-Ponts, qui lui succédera sous le nom de **Charles X,** elle ne se mariera jamais. Par préférence pour la compagnie des savants et des poètes ? Par dépit de n'avoir pu épouser **Magnus de la Gardie** *(voir encadré à Lidköping : Un aventurier français en Suède),* ce dont Oxenstierna la dissuada, lui conseillant le mariage politique plutôt que le mariage d'amour ? Par crainte de devoir partager le pouvoir ? Quoi qu'il en soit, on lui attribue plusieurs amants, dont le beau Magnus, qui présentait en outre l'avantage à ses yeux d'être très érudit. Prodiguant titres et pensions, elle dilapide une bonne partie du trésor royal et s'attire les reproches de ses sujets. En 1654, elle choisit d'abdiquer, dans des conditions financières particulièrement avantageuses...

Sa vie n'est plus alors qu'une errance à travers l'Europe. A la fin de l'année 1655, elle est à **Vienne,** où elle se convertit au catholicisme, à l'étonnement général. Puis elle voyage en Italie, où son entrée à Rome en costume d'amazone fait sensation. 1656 la voit arriver en France, où Louis XIV lui accorde de résider à **Fontainebleau.** Elle ne va pas manquer de choquer à plus d'un titre : sa liberté de langage et le ton policé des salons précieux sont antinomiques, sa liberté de vie dérange dans un milieu qui prend l'habitude de masquer ses vrais comportements (la Princesse Palatine, mais beaucoup plus tard et seulement par ouï-dire, la présentera comme une nymphomane qui « se couchait nue sur un lit de velours noir pour se présenter à ses amants »). Mais surtout, Christine commet l'erreur de faire poignarder Monaldeschi, son écuyer et probable amant, qu'elle soupçonne de l'avoir trahie alors qu'elle tente de conquérir le trône de Naples.

Devenue indésirable en France, elle retourne à Rome en 1658, revient en Suède en 1660 dans l'espoir d'exercer la régence, repart en Allemagne, rêve de devenir reine de Pologne à la mort en 1668 du roi Jean-Casimir, le dernier des Vasa, et se fixe enfin à **Rome,** où elle s'occupe de littérature et de collection d'œuvres d'art, tout en prenant fréquemment position en faveur de la tolérance religieuse (elle conseillera à Guillaume d'Orange, après son accession au trône d'Angleterre, de respecter la pratique de la religion catholique comme elle protestera auprès de Louis XIV après la révocation de l'édit de Nantes). C'est à Rome que s'achève, le **19 avril 1689,** l'existence de celle qui voulut faire d'elle un être unique et qui se dépeignait ainsi : « J'ai une aversion et une antipathie invincibles pour tout ce que font et disent les femmes. Irascible, fière et railleuse, je ne fais grâce à personne. Je suis incrédule, fort peu dévote, et mon tempérament ardent et impétueux ne m'a pas donné moins de penchant pour l'amour que pour l'ambition ; cependant, j'ai toujours résisté, mais uniquement par fierté et pour ne me soumettre à personne. »

En fin de volume figurent d'indispensables Renseignements pratiques :
- *Organismes habilités à fournir toutes informations ;*
- *Loisirs sportifs ;*
- *Livres et films sur la région ou le pays ;*
- *Manifestations touristiques ;*
- *Conditions de visite des sites et des monuments...*

UMEÅ

Västerbotten – 92 653 habitants

Carte Michelin n° 985 – I 17 ou Atlas Europe – p. 102

On parle souvent d'Umeå comme de la « ville des bouleaux ». Après la destruction du centre de la ville par un incendie dévastateur le soir de la St-Jean en 1888, un nouveau plan d'urbanisme fut élaboré, prévoyant la réalisation d'avenues plantées de bouleaux pour servir de pare-feu. C'est à Umeå que se trouve l'université la plus septentrionale de Suède, dotée d'un département de recherche sur la culture des régions arctiques. La ville a également la réputation d'avoir des traditions théâtrales et musicales bien vivantes. Le **Festival international de musique de chambre** a lieu en juin tandis que le populaire **Festival international de jazz** se déroule en octobre.

Gammlia friluftsmuseum ⓥ – *Au croisement de la E 4 et de la E 12, prendre la E 12 vers l'Est et tourner à gauche sous le viaduc, puis prendre la seconde rue à droite, Gammliavägen, en pente raide.*
Ce **musée de plein air** fut inauguré dans les années 1920. On remarquera en particulier la ferme et ses dépendances, la chapelle Helena Elisabeth, où de nombreux couples de fiancés viennent se marier, et le manoir de Sävargården (aujourd'hui un restaurant), provenant de la forge de Sävar. Le musée s'anime en été avec la présence d'artisans, tandis que celle d'animaux lui confère une touche d'authenticité.

Västerbottens museum ⓥ – Les divers musées sont consacrés à l'héritage culturel et à l'histoire du Västerbotten. Au premier étage, différentes expositions évoquent la vie des premiers colons suédois en Laponie à la fin du 17ᵉ s., les activités saisonnières des Sâmes nomades, la chasse et la pêche dans le détroit de Béring d'après les recherches faites au cours de l'expédition de la Véga en 1878-1880 sous la conduite du célèbre explorateur Adolf Erik Nordenskjöld (1832-1901). Le **Musée suédois du ski**★ expose le ski le plus vieux du monde (3200 av. J.-C.). Le deuxième étage est consacré à l'histoire de la ville. Le **Bildmuseet**, ou Musée universitaire de l'Image Graphique, occupe le sous-sol. Le bâtiment bas peint en rouge abrite un **musée de la Marine** qui comprend des sections sur la chasse au phoque.

Église ⓥ – Située à l'intersection de Storgatan et d'Östra Kyrkogatan, cet édifice néo-gothique renferme d'intéressantes **peintures sur verre**★★ du 19ᵉ s., de facture allemande.
Vänorts parken, parc situé devant l'église, présente des plantes originaires des villes jumelées avec Umeå : Petrozavodsk en Russie, Helsingør au Danemark, Vaasa en Finlande, Harstad en Norvège, Saskatoon au Canada et Würzburg en Allemagne.

Trädgård i Norr – *Près du fleuve, devant l'hôtel de ville.*
Cinq jardins à thème permettent de comprendre le phénomène de croissance des plantes sous les latitudes nordiques, la longueur des journées d'été compensant la brièveté de la belle saison.

UPPSALA★★

Uppsala – 165 000 habitants

Carte Michelin n° 985 – M 14 ou Atlas Europe – p. 106
Schéma : STOCKHOLM – Environs

Reconnaissable de loin à la silhouette de son château et de sa cathédrale, Uppsala est la capitale ecclésiastique de la Suède et un centre intellectuel doté de la plus ancienne université de Scandinavie. La rive occidentale de la Fyris est dominée par la cathédrale, l'université et le château, tandis que la rive orientale est devenue un quartier d'affaires moderne. La présence d'un grand nombre d'étudiants (environ 20 000) est à l'origine de l'animation de la ville, surtout le **30 avril** (Sista April), date où l'on célèbre le premier jour du printemps.

NOTES HISTORIQUES

Uppsala, ville natale d'Ingmar Bergman et cadre de son film *Fanny et Alexandre*, s'appelait à l'origine **Östra Aros** (Aros de l'Est, Aros signifiant « embouchure de rivière »). Au 11ᵉ s., c'était un comptoir commercial édifié à faible distance de la première cité d'Uppsala, aujourd'hui Gamla Uppsala. Cette première Uppsala devint en 1164 le siège d'un évêché dont le premier évêque fut un moine cistercien d'Alvastra *(voir à Vadstena)* dont le sacre eut lieu en France, à Sens. A la suite de l'incendie qui endommagea la cathédrale de l'ancienne Uppsala, l'évêché fut transféré en 1273 à Östra Aros, qui prit le nom d'Uppsala après le déclin et la disparition de la première ville. Le transfert de l'évêché fut marqué par le début de la construction d'une nouvelle cathédrale, destinée à recevoir les reliques de saint Éric, le roi Éric IX, qui avait été assassiné à Uppsala en 1160.

La montée en puissance de l'évêché d'Uppsala, élevé au rang d'archevêché et étroitement lié à la papauté et à la France par le canal des moines cisterciens (en 1285, le chapitre d'Uppsala avait fondé à Paris un collège pour étudiants suédois), assura au Moyen Âge le développement de la ville qui disputa à Sigtuna notamment le rôle de capitale de la Suède. C'est à Uppsala que Gustave Vasa fut couronné roi le 6 juin 1523, tradition qui se perpétuera chez ses successeurs jusqu'à Charles XI, à l'exception de la reine Christine.

En 1477, l'archevêque Jacob Ulfsson avait fondé l'université, instaurant par cette décision la tradition, ininterrompue celle-là, de centre intellectuel du pays. L'enseignement dispensé à l'origine se fondant sur les préceptes de l'église catholique, le luthéranisme s'y substitua tout naturellement après l'introduction de la religion réformée avant que les laïcs ne devinssent chanceliers (recteurs) de l'Université.

La triste fin d'un chancelier amoureux...

Axel, comte de Fersen, est bien connu en France pour son amour platonique pour la reine Marie-Antoinette, qu'il tenta de soustraire aux révolutionnaires en organisant la fuite qui se termina si mal à Varennes. Ce que l'on ignore souvent, c'est qu'il avait participé à la guerre d'Indépendance d'Amérique sous les ordres du général de Rochambeau et qu'après l'évasion manquée du roi et de la reine de France, tentative qui les conduisit plus tard à l'échafaud, il était devenu maréchal de Suède et chancelier de l'Université d'Uppsala, fonction avant tout honorifique.

Le 20 juin 1810, il périt tragiquement à son tour. Le prince héritier, Charles-Auguste, mourut brusquement d'apoplexie en passant en revue un régiment au camp de Kvininge. La rapidité de cette disparition, survenant au moment où se posait justement le problème de la succession au trône (le prince, célibataire, avait été adopté par le roi Charles XIII qui adoptera plus tard Bernadotte), provoqua une vague de soupçons à l'égard des partisans – dont était le comte – de l'ancien roi Gustave IV.

Accusé par le peuple d'avoir empoisonné le prince, Fersen fut lapidé par la foule le jour des obsèques princières.

QUARTIER DE LA CATHÉDRALE

★★ **Domkyrkan** (**BY**) – La cathédrale d'Uppsala, église gothique la plus célèbre de Suède, fut construite selon un plan remarquablement simple. Les travaux commencèrent probablement vers 1270 et progressèrent lentement jusqu'à la consécration de l'église en 1435. C'est Étienne de Bonneuil, maître d'œuvre parisien, qui lui donna son caractère gothique rayonnant à l'image des cathédrales françaises. Elle fut plusieurs fois dévastée par les flammes, et bien que reconstruite au début du 18e s., dut être considérablement restaurée à la fin du 19e s. Quelques éléments gothiques d'origine subsistent autour des portails.

Il. Bohin/EXPLORER

Cathédrale d'Uppsala

Intérieur – *Pénétrer dans la cathédrale par le portail Ouest et procéder à la visite en marchant dans le sens inverse des aiguilles d'une montre.* Le **tombeau** de marbre du philosophe Emanuel Swedenborg (1688-1772) a été placé dans l'une des chapelles du collatéral Sud. La **chapelle de la prière** et la **chapelle de la paix** sont ornées de belles tapisseries. On remarquera le monument funéraire de Dag Hammarskjöld, secrétaire général des Nations Unies et prix Nobel de la Paix en 1957.

Les rois étaient couronnés sous la **voûte du Couronnement.**

UPPSALA

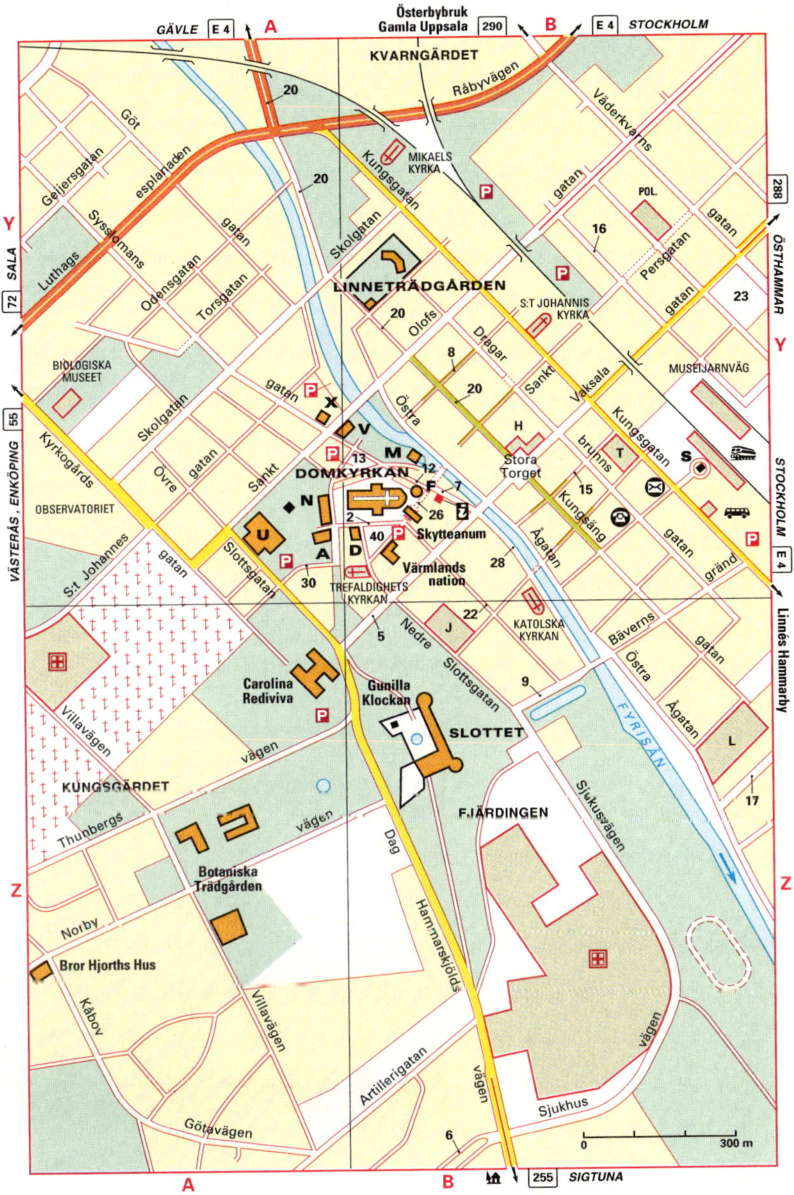

A	Ärkebiskopsgården	M	Upplandsmuseet	U	Universitetshuset
D	Dekanhuset	N	Gustavianum	V	Walmstedtska gården
F	Domtrapphuset	S	Näckens polska	X	Café Ofvandahl

La splendide **chaire★★★** baroque (1710) fut sculptée par Burckhardt Precht selon des dessins de Nicodemus Tessin le Jeune. Le magnifique crucifix du maître autel en argent et en cristal, de 3 m de haut, date de 1976. Dans la **chapelle Notre-Dame**, médiévale, reposent le roi Gustave Vasa et ses deux premières épouses. Le monument central (1562-1583) est l'œuvre du sculpteur hollandais Willem Boy. Des fresques du 19ᵉ s. rappellent les événements importants de la vie de Gustave Vasa. La **chapelle Finsta** abrite un des plus célèbres trésors de la cathédrale, le **reliquaire en vermeil de saint Éric★★★**(1579), saint patron de la Suède. Une **pierre tombale** en marbre noir de Tournai marque la tombe des parents de sainte Brigitte *(voir à Vadstena)*. Le couple est entouré de ses sept enfants, Brigitte se trouvant en bas à droite.

La **châsse** octogonale en vermeil (1990), entourée de fer forgé délicatement ouvragé, contient les reliques de la sainte. Dans la **chapelle Sture**, on remarquera le retable flamand exécuté à Bruxelles en 1520. La **chapelle Jagellonica** est la chapelle funéraire de la première femme du roi Jean III, la princesse polonaise Catherine Jagellon. La tombe, de taille modeste et couverte d'un baldaquin, fut réalisée en 1590 par Willem Boy. La sculpture en marbre représentant le roi allongé est une œuvre hollandaise du 16e s. Remarquer, au-dessus, les armoiries de leurs villes natales, Cracovie et Stockholm. On verra également la **pierre tombale** de Carl von Linné.

★★ **Musée** ⓥ – *Prendre l'ascenseur sous le porche à gauche.* La tour Nord abrite une magnifique collection de textiles rares (du 12e au 20e s.), des vêtements liturgiques, les insignes royaux provenant des tombeaux des Vasa et les costumes des nobles assassinés lors du meurtre des Sture *(voir plus loin Slottet)*. Une robe de brocart datant de 1400 aurait appartenu à la reine Margrethe, qui régna sur les royaumes unis de Danemark, Norvège et Suède. Deux chasubles auraient été réalisées par Albertus Pictor *(voir à ce nom)*, qui était également spécialiste des vêtements brodés de perles.

Contourner la cathédrale par le Sud et aller au-delà de l'extrémité Est.

Les sept **pierres runiques** situées sur la droite sont revêtues d'inscriptions du 11e s. Le **Skytteanum** (**BY**), que l'on voit à droite, montre les traces d'une ancienne porte et comprend une partie de la muraille médiévale, dont provient la tour de la fin du 13e s., **Domtrapphuset** (**BY F**), qui se trouve en face.

Descendre les marches (Domtrappan), puis tourner immédiatement à droite dans Valvgatan. Continuer le long de cette allée étroite et emprunter le passage voûté sous le Skytteanum.

Douze des 13 clubs d'étudiants représentant les différentes régions suédoises sont situés sur la rive Ouest et leur style raffiné du 19e s. donne de l'intérêt au quartier. Au-delà d'Oxenstiernskahuset, datant du 17e s., on peut voir **Värmlandsnation** (**BY**), club des étudiants du Värmland, qui fut dessiné en 1930 par Ragnar Östberg, architecte ayant réalisé le célèbre hôtel de ville de Stockholm.

Sur la gauche on peut voir **Dekanhuset** (**BY D**), maison du Doyen du chapitre, puis **Ärkebiskopsgården** (**AY A**), demeure de l'archevêque.

Gustavianum (**AY N**) ⓥ – *Entrer par le parc de l'université.*

Le Gustavianum, qui porte le nom de son bienfaiteur le roi Gustave II Adolphe, fut construit sur le site d'un palais épiscopal du Moyen Âge et servit de bâtiment universitaire de 1620 à 1887. Il est caractérisé par sa coupole couronnée d'un soleil, qui permettait à la lumière de pénétrer dans l'**amphithéâtre d'anatomie**★★ (1663) conçu pour les dissections pratiquées en public par le naturaliste et professeur de médecine Olof Rudbeck (1630-1702).

Il. Bohin/EXPLORER

L'amphithéâtre d'anatomie

Universitetshuset (**AY U**)

ⓥ – Le hall d'entrée et l'amphithéâtre de l'actuelle université, inaugurée en 1887, méritent une visite. Mais il ne faut pas manquer de voir le célèbre **cabinet de curiosités d'Augsbourg**★★, offert au roi Gustave II Adolphe en 1632 par la ville allemande. Ce meuble d'ébène à tiroirs et à compartiments, incrusté de pierres précieuses, devait servir à exposer des objets précieux.

Le **parc de l'université**, situé devant l'édifice, abrite plusieurs pierres runiques et une **statue d'Erik Gustaf Geijer**, historien et poète, qui fut professeur à l'université de 1816 à 1847.

Descendre Sankt Olafsgatan en direction de Sysslomansgatan.

De l'autre côté de la rue, le **café Ofvandahl** (**AY X**) est le lieu de rencontre favori des étudiants depuis le début du siècle.

A proximité, **Walmstedtska gården** ⓥ (**ABY V**) est la demeure de la fin du 19e s. d'un professeur de l'université.

Étudiants célèbres

Aux 17e et 18e s., l'université compta dans ses rangs des étudiants et des professeurs aussi célèbres que **Olof Rudbeck** (1630-1702), naturaliste, écrivain et professeur de médecine, **Anders Celsius** (1701-1744), connu pour son invention du thermomètre Celsius (1742), et **Carl von Linné.** Parmi les autres étudiants célèbres, citons Emanuel Swedenborg (1688-1772), savant et théosophe qui fonda une secte mystique, l' « Église de la Nouvelle Jérusalem », et August Strindberg (1849-1912).

Upplandsmuseet (BY M) ⓥ – Le Musée de l'Uppland est logé dans l'ancien moulin à eau de l'université. Il comprend des sections sur la ville médiévale, la cathédrale et la vie des étudiants. Parmi les objets du folklore, deux sont caractéristiques de l'Uppland, la harpe et les tentures.

Sankt Eriks gränd ramène à Domtrappan.

AUTRES CURIOSITÉS

Carolina Rediviva (AZ) ⓥ – Avec 30 000 manuscrits et plus de deux millions de volumes, c'est la plus riche mais aussi la plus grande bibliothèque universitaire de Suède. Son trésor le plus précieux (exposé à droite de l'entrée) est le célèbre **Codex Argenteus**★★, ou Bible d'Argent, écrit vers 520 à Ravenne, en lettres d'argent et d'or sur 187 feuilles de parchemin pourpre. Parmi les autres objets de valeur, citons le *Codex Uppsaliensis,* qui est le plus ancien des manuscrits de la *Petite Edda* de Snorri Sturluson, datant de 1300 environ, et la *Carta Marina,* carte de l'Europe du Nord, imprimée à Venise en 1539 et dessinée par Olaus Magnus, dernier archevêque catholique d'Uppsala.

★ **Slottet** (BZ) ⓥ – Lorsque le roi Gustave Vasa entreprit la construction de ce château, il venait de rompre avec l'Église catholique et souhaitait faire valoir son pouvoir en faisant bâtir sa forteresse sur la crête qui dominait la cathédrale. Ses fils firent du château une résidence digne des rois. L'édifice brûla deux fois et ses façades furent remaniées par Carl Hårleman en 1757. De nos jours, le gouverneur du comté en occupe une partie. La grande salle, **Rikssalen,** restaurée par Ragnar Östberg, est utilisée aujourd'hui pour des banquets et autres festivités.

Les ruines – Ce sont les seuls vestiges de la forteresse de Gustave Vasa. Un événement tragique s'y passa en 1567. En effet, dans un accès de rage, le roi Éric XIV fit emprisonner dans les cachots les membres de plusieurs grandes familles du pays, puis les fit assassiner. L'événement est connu sous le nom de **meurtre des Sture,** trois des victimes appartenant à cette famille. Plusieurs tableaux, réalisés à l'aide de figures de cire, font revivre la scène. La cloche, **Gunillaklockan,** porte le nom de la seconde épouse du roi Jean III, Gunilla, qui en fit don à la chapelle. De nos jours cette cloche joue un rôle important dans les célébrations du Sista April (*voir en début de chapitre*), quand les étudiants accueillent le printemps par un discours et des chants.

Botaniska Trädgården (AZ) – Olof Rudbeck traça en 1670 les jardins du palais que Carl Hårleman remania au 18e s. dans le style « à la française ». En 1787 ils devinrent les jardins botaniques de l'université.

★ **Linnéträdgården** (BY) ⓥ – La résidence de **Carl von Linné** (1707-1778), initiateur de notre système de classification des plantes, est aujourd'hui un musée contigu à son propre **jardin botanique** où poussent 1 600 variétés de plantes. De part et d'autre de l'allée centrale, plantes annuelles et plantes vivaces sont réparties dans 44 parterres selon le système imaginé par Linné. Lorsqu'il fut nommé professeur de médecine et de botanique en 1741, il persuada l'université de la nécessité d'agrandir le jardin et de construire l'orangerie dont Carl Hårleman dressa les plans.

Bror Hjorts Hus (AZ) ⓥ – **Bror Hjort** (1894-1968) est l'un des artistes suédois du 20e s. les plus connus. Ses sculptures et ses huiles naïves et expressives, aux couleurs vives, montrent clairement qu'il tira son inspiration du folklore suédois et de la sculpture africaine. Les œuvres exposées dans la maison et l'atelier comprennent les esquisses réalisées pour l'exécution du retable de l'église de Jukkasjärvi *(voir à ce nom).*

Devant la gare centrale, un bronze monumental, **Näckens polska**★ (BY S), dû à Hjort jette une éclatante tache de couleur. Selon une tradition populaire très ancienne, Näcken est un esprit vivant dans les rivières et les ruisseaux. On le voit ici jouer du violon, tandis que la sirène des bois, Huldran, écoute la musique ; au sommet, deux jeunes gens dansent aux sons d'une ritournelle champêtre. Les suggestions érotiques de l'œuvre ont fait l'objet de discussions animées.

EXCURSIONS

★★ **Gamla Uppsala** – *5 km au Nord par la route 290* (**BY**).
Le site archéologique, qui est celui de la première Uppsala, comprend trois **tertres royaux**★★★ et le tertre de l'Assemblée (Tingshögen, à l'Est), très abîmé par l'érosion, ainsi que 250 à 300 tombes. Seuls à subsister de l'ensemble des tertres funéraires abritant les tombes des chefs et des princes de la dynastie Ynglingatal qui régnait à l'époque précédant l'ère viking et descendrait d'Odin même, les tertres royaux seraient ceux des trois princes Aun, Egil et Ådils. Vers 1070, Adam de Brême fit une description détaillée du temple païen qui occupait le site, à l'emplacement duquel l'église actuelle est probablement construite.

Linnés Hammarby ⌚ – *10 km par la E 4* (**BY**) *puis la route 282 en direction d'Edsbro. Après avoir parcouru 3 km, tourner à droite vers l'église du Danemark. De là, une ancienne route rurale sinueuse conduit à Linnés Hammarby.*
Le domaine campagnard de Linné, datant du 18e s., est orné de parterres de fleurs, d'arbustes et d'arbres dont le grand botaniste s'occupait lui-même. La maison n'a conservé qu'une petite partie du mobilier d'origine bien que le bureau porte encore les traces de son travail. Des copies de ses œuvres les plus célèbres sont exposées. Un grand nombre de ses élèves lui rendaient visite dans sa résidence d'été et il improvisait alors des cours dans le pavillon Nord où, d'une curieuse tribune surnommée « cheval d'étude », il parlait à son auditoire ravi. Ses manuscrits et son herbier ont été conservés par la Société Linné, établie dans Burlington House, à Londres.

★★ **Vallonbruken** – *Voir à Roslagen.*

Härkeberga – *38 km au Sud-Ouest d'Uppsala par la route 55.*
L'**église** ⌚ médiévale renferme de très belles **peintures murales**★★★ d'**Albertus Pictor** (1445-vers 1507). Elles furent réalisées à la fin du 15e s., au moment où les voûtes en brique remplacèrent les plafonds de bois, et, contrairement à ce qu'il advint dans les autres églises, elles ne furent pas ultérieurement recouvertes d'une couche de peinture à la chaux. Extrêmement bien conservées, elles font partie, selon les experts, des plus belles œuvres du peintre. Son style est réaliste et, malgré la puissance et la vigueur qu'expriment les personnages, l'ensemble est empreint d'une sensibilité délicate. Les peintures font revivre des scènes de la Bible ainsi que certaines légendes et sont réparties selon un ordre bien défini : la Trinité au-dessus de l'autel, la Vierge Marie et l'enfance du Christ dans le chœur, des scènes de l'Ancien Testament sur les voûtes de la nef et la Passion du Christ sur les murs, tandis que le porche est réservé aux fables édifiantes et aux scènes appelant la présence du diable.
A l'Ouest de l'église subsiste l'une des 6 propriétés que comptait le village, le vieux presbytère, **Kaplansgården.** A l'intérieur a été reconstitué le logement d'un curé de campagne au 18e s.

VADSTENA★

Östergötland – 8 000 habitants

Carte Michelin n° 985 – N 11 ou Atlas Europe – p. 109

Sainte Brigitte, patronne de la Suède, fit la renommée de cette charmante petite ville, située sur le bords du lac Vätter, qui devint au Moyen Âge un important lieu de pèlerinage et acquit le surnom de « Rome du Nord ».
Il faut prendre le temps de flâner au cœur de la ville qui a conservé son caractère médiéval avec ses rues étroites et ses nombreux édifices charmants. Un arrêt dans Storgatan permettra d'admirer une belle sélection de dentelle faite à la main par des artisans de la région.

Sainte Brigitte (Heliga Birgitta) – Née en 1303, Brigitte appartenait à la noblesse, et, par sa mère, était apparentée à la dynastie royale des Folkunga. Dame de compagnie de Blanche de Namur, épouse du roi Magnus II Eriksson, et mère de huit enfants, elle décida à la mort de son mari en 1344 de modifier le cours de sa vie. Lors d'un séjour (1344-1349) à Alvastra, non loin du monastère, elle eut la révélation de sa vocation. En 1349, au cours d'une épidémie de peste noire, elle se rendit à Rome où elle demeura jusqu'à sa mort en 1373, à l'exception d'un pèlerinage en Terre Sainte. Femme d'une volonté exceptionnelle et d'une grande vitalité, elle œuvra pour le retour des papes à Rome. Elle dicta ses révélations à ses confesseurs et établit les règles d'un nouvel ordre religieux, l'ordre du Saint-Sauveur, plus connu sous le nom de sa fondatrice, qu'une bulle du pape approuva en 1370. Sa canonisation fut prononcée en 1391 et trois ans plus tard elle fut choisie comme sainte patronne de la Suède.

L'ordre des Brigittins et Brigittines – Brigitte avait décidé très tôt de fonder une abbaye pour hommes et pour femmes sur les terres familiales de Vadstena. Les travaux commencèrent vers 1360 mais l'église ne fut consacrée qu'en 1430. La fille de Brigitte, Catherine, qui fut elle-même canonisée en 1489, devint la première abbesse du couvent à sa consécration. Celui-ci connut un grand essor et des filiales furent fondées tant en Scandinavie (Mariebo et Mariager au Danemark, Nådendal en Finlande) que dans d'autres pays d'Europe (Angleterre, Allemagne, Pays-Bas et France). Les couvents de Brigittines situés dans les pays nordiques furent dissous à la Réforme, à l'exception de Vadstena. Les persécutions commencèrent cependant en 1543 et le couvent fut finalement dissous par décret royal 42 ans plus tard. Les derniers religieux s'enfuirent en Allemagne ou en Pologne. Les nonnes de l'ordre des Brigittines revinrent en 1935 et un nouveau couvent fut établi en 1973. En 1992, pour la première fois depuis la Réforme, des religieuses prononcèrent leurs vœux monastiques dans l'église. Il existe aujourd'hui trois branches distinctes de l'ordre des Brigittines : la branche médiévale, la branche espagnole et la branche moderne (créée en 1911), souvent surnommée la branche Hesselblad. La première et la troisième ont des filiales dans les pays nordiques. L'abbatiale est aujourd'hui utilisée par la congrégation luthérienne évangélique.

L'ABBAYE ET SES ALENTOURS

Quitter Stora Torget en direction du Nord par Torggatan qui débouche dans Lasarettsgatan.

★★★ **Klosterkyrkan : « de construction simple, humble et puissante »** ⓥ – L'église abbatiale, construite en pierre calcaire bleutée d'Omberg *(voir à Vättern)*, présente une nef prolongée par un chœur étroit, curieusement orienté vers l'Ouest. L'absence de décoration excessive rappelle le style simple mais expressif de l'ordre cistercien. Les grandes fenêtres et les contreforts robustes sont les seuls ornements de la sobre façade. Le spacieux intérieur laisse une impression de puissance. La belle voûte en étoile repose sur des piliers octogonaux en pierre calcaire. L'église est célèbre pour sa collection de **sculptures** de la fin du Moyen Âge. Deux d'entre elles, situées près des piliers Est, représentent sainte Brigitte : celle de gauche est surnommée **« Portrait » de sainte Brigitte,** tandis que celle de droite, **sainte Brigitte en extase,** fut régulièrement copiée au 15e s. et devint célèbre auprès des pèlerins. Le retable de Bruxelles (vers 1520) du maître-autel, qui représente l'Assomption et le Couronnement de la Vierge, est une œuvre admirable. Le **triptyque** qui montre la sainte présentant ses révélations à deux cardinaux, fut exécuté à Lübeck en 1459 alors que le **reliquaire** date de l'époque de sa canonisation en 1391. Le transfert des reliques de la sainte eut lieu en 1393, vingt ans après sa mort.

C. Boisvieux

Sainte Brigitte

Bjälboättens palats ⓥ – *Situé au Nord de l'abbatiale*

Birger Jarl, fondateur de la dynastie Folkunga, avait construit vers 1250 ce château qui devint plus tard le fief de la famille Bjälbo. Autour de l'édifice d'origine, que le roi Magnus II accorda à Brigitte, elle fit bâtir son couvent qui, après sa dissolution, connut différents usages. Un hôtel et un centre de conférences sont maintenant aménagés dans les bâtiments. Au cours de la visite guidée, on peut voir la salle du chapitre, le dortoir où est installée une petite exposition et la **salle de prière de sainte Brigitte** au premier étage.

Slottet ⓥ – Par une étrange ironie, Gustave Vasa, qui fut le premier roi luthérien et l'instigateur de la dissolution des monastères, choisit le site de Vadstena pour y construire le palais Renaissance que ses fils embellirent plus tard. Les murs solides et les douves rendirent de fiers services pendant la guerre nordique de Sept Ans (1563-1570), mais, faute d'entretien, l'ensemble se délabra lentement.

EXCURSION

Ruines du monastère d'Alvastra – Il ne reste que des pans de murs du monastère fondé par les Cisterciens en 1143 près du mont Omberg. Cet établissement, l'un des premiers en Suède avec Herrisvad et Nydala, prospéra et devint l'un des plus riches et des plus puissants monastères cisterciens. A la dissolution des monastères, les pierres furent utilisées pour d'autres constructions.

VARBERG★

Halland – 51 000 habitants

Carte Michelin n° 985 – O 9 ou Atlas Europe – p. 108

La ville fortifiée de Varberg joua un rôle stratégique tout au long du Moyen Âge, mais son importance fut accrue lorsqu'elle devint l'une des places fortes de la formidable ligne de défense du Danemark. La ville s'installa sur son site actuel à la suite d'un incendie en 1666. Au 19e s., Varberg devint célèbre en tant que station thermale et balnéaire. De nos jours, elle est reliée par un service de ferry à Grenå au Danemark.

L'École de Varberg – Trois artistes, **Richard Bergh** (1858-1919), **Nils Kreuger** (1858-1930) et **Karl Nordström** (1855-1923), influencés par Gauguin et Van Gogh, travaillèrent à Varberg de 1893 à 1896. Amis depuis leurs études à l'Académie des beaux-arts de Stockholm, ils avaient séjourné à Grez-sur-Loing, en France, au sein d'un groupe d'artistes suédois *(voir encadré à Göteborg : Le séjour des artistes nordiques en France)*. Le symbolisme et le synthétisme de Gauguin déterminèrent l'orientation de leur travail à Varberg et influencèrent considérablement les membres du mouvement romantique national suédois au début du siècle. Une salle du musée de Varberg *(voir ci-dessous)* est consacrée aux œuvres de ces artistes.

La station, hier et aujourd'hui – De son passé thermal, Varberg a gardé le **Societetspark** *(à l'Ouest de la ligne de chemin de fer)*, qui est toujours, comme au bon vieux temps, un lieu de divertissement en été, et la **Societetshus**, salle des fêtes désormais utilisée comme restaurant et salle d'exposition. Les **thermes** ont été réaménagés et les visiteurs peuvent y prendre des bains d'eau salée tiède. C'est à **Apelviken**, en dehors de la ville, que l'on prenait les eaux autrefois ; on y prend maintenant des bains d'algues. Les **thermes** alimentés en eau froide se trouvent près du rivage, à droite de la forteresse, dans le bâtiment rectangulaire en bois orné de coupoles de style mauresque.

Le mercredi et le samedi, un marché animé se tient sur la **place principale** où, comme par le passé, fleurs et légumes côtoient les étals de tissus multicolores fabriqués localement. Au centre de la place, le groupe *Jeunes Gens au Bain* est l'œuvre de Bror Marklund.

Les visiteurs peuvent partir à bord des **bateaux de pêche** qui s'en vont chercher le poisson dans les eaux plus profondes du Kattegat. En été, « Västkusthyttan », l'un des entrepôts situés près du port reprend vie en tant qu'**atelier de verre soufflé.**

★LA FORTERESSE ⊙

La première forteresse fut construite vers 1280 sur le promontoire rocheux ; elle fut agrandie au 14e s. et devint une véritable place forte royale sous le règne de Magnus II et de son épouse, Blanche de Namur. Le château fut considérablement endommagé pendant la lutte qui opposa le Danemark et la Suède pour la suprématie dans la Baltique, mais c'est le roi Christian IV de Danemark qui engagea Hans van Steenwinckel l'Ancien pour construire un château de style Renaissance italienne muni de bastions et de remparts. Les travaux durèrent de 1595 à 1617. Cet architecte hollandais très apprécié se vit confier la construction d'autres forteresses le long de la ligne de défense danoise, telles Halmstad et Bohus, ainsi qu'Akershus en Norvège. Par la signature du traité de Roskilde en 1658, le château fut cédé à la Suède. Son importance stratégique perdue, il se délabra très vite et servit de prison de 1848 à 1881.

Le château – Une fois franchie la porte du bas, on peut voir sur la gauche le petit **Kommunikationsmuseet**, installé dans les anciennes écuries du roi Charles XI. Les quartiers des officiers sont aujourd'hui des logements privés. Le bâtiment jaune situé sur la droite, construit au milieu du 19e s. pour servir de prison, est maintenant transformé en auberge de jeunesse dont les clients peuvent passer une nuit dans une cellule. La porte centrale, datant de 1612, permet de pénétrer dans la cour intérieure.

Le colonel Gustavsson...

Roi le 29 mars 1792 après l'assassinat de son père, Gustave IV Adolphe oscillait en permanence entre France et Russie, ce qui coûta à la Suède la perte définitive de la Poméranie en 1807, puis celle de la Finlande en 1808. Cette catastrophique politique étrangère incita un parti militaire à arrêter le roi le 13 mars 1809 et à l'incarcérer à Gripsholm, où il abdiqua le 29.

Après avoir quitté la Suède, il parcourut l'Europe sous le nom de comte de Gottorp, puis se fixa en Suisse où il divorça. Consacrant son temps à l'écriture, il acquit le droit de bourgeoisie à Bâle sous le nom de colonel Gustavsson, nom qu'il conserva jusqu'à sa mort, à Saint-Gall, le 7 février 1837.

« Il est borné et obstiné, il finira mal », avait prévu son père Gustave III.

Musée – *Dans les ailes Nord et Ouest du château.* Les rois des pays nordiques se réunirent en 1343 dans la salle du Roi, utilisée aujourd'hui pour des expositions temporaires d'artisanat. On remarquera en particulier la balle qui aurait tué Charles XII en 1718 au château de Fredriksten en Norvège et **l'Homme du marais de Bocksten**★avec ses vêtements médiévaux (1360). On le retrouva en 1936, parfaitement conservé par la tourbe. Une autre salle est consacrée aux peintres de l'école de Varberg ainsi qu'à la verrerie et aux artistes les plus célèbres de Suède : Simon Grate, Ulrika Hydman-Vallien et Edvin Öhrström.

EXCURSIONS

Apelviken – *3 km au Sud. Quitter la ville par Västra Vallgatan.*
Cette plage très fréquentée est accessible à pied (4 km) par un chemin qui commence juste au Sud de la forteresse et suit la courbe de la baie. On passe devant l'Hôtel Kurorten qui dispose d'un centre de thalassothérapie. Un peu plus loin on arrive sur la grande plage de sable.

Getteröns naturcentrum – *4,5 km au Nord. Suivre Hamnvägen à l'Ouest de la voie ferrée qui traverse une zone industrielle, puis suivre les indications à gauche.*
On a observé plus de 300 espèces d'oiseaux dans cette réserve naturelle, connue des ornithologues du monde entier. Entre le 1er avril et le 15 juillet, seules la tour d'observation et l'exposition sur la nature, Naturum, sont ouvertes au public.

VÄSTERÅS★

Västmanland – 122 000 habitants
Carte Michelin n° 985 – M 13 ou Atlas Europe – p. 106
Schéma : STOCKHOLM – Environs

Västerås est un centre administratif et commerçant occupant une position stratégique sur le lac Mälar relié par bateau à Strängnäs ainsi qu'à d'autres îles et sites du lac (Birka, Tidö slott et Engsö slott) La ville est également située sur la « Route du Roi », qui unit Oslo et St-Pétersbourg à travers la Norvège, la Suède, la Finlande et la Russie.
Un comptoir commercial, fondé sur l'estuaire du fleuve Svart et nommé Västra Aros (embouchure à l'Ouest), vit son nom simplifié plus tard en Västerås. Le développement de l'exploitation des gisements de cuivre et de fer dans la région de Bergslagen permit à Västerås de devenir un important port d'exportation du minerai et l'une des plus grandes villes de Suède dès la fin du Moyen Âge.

Domkyrkoplatsen – La place de la cathédrale est dominée par la statue (œuvre de Carl Milles) de Johannes Rudbeckius, évêque de Västerås au 17e s., et bordée par la résidence épiscopale et le premier collège de Suède, fondé en 1623.

★★★ **Domkyrkan** – La **cathédrale** fut construite au 13e s. mais plusieurs agrandissements et modifications ont changé son aspect d'origine. La tour surmontée de la flèche est l'œuvre de Nicodemus Tessin le Jeune. Parmi tous le monuments funéraires, on remarquera en particulier le monument de marbre noir de Carrare (sur le côté Sud du déambulatoire) posé sur un socle de grès rouge d'Öland, dédié au roi Éric XIV, ainsi que l'imposant mausolée des comtes Brahe *(voir à Vättern)*, en marbre noir et blanc, orné de figures en albâtre. Les trois admirables retables sont flamands : celui de la grande chapelle des baptêmes fut exécuté à Anvers au début du 16e s., celui qui est placé derrière le maître autel vient également d'Anvers, et celui de la chapelle des Apôtres est l'œuvre de Jan Borman de Bruxelles et date de 1500 environ. Les peintures qui ornent la base sont de Jan van Coninxloo, artiste bruxellois lui aussi. Le crucifix triomphal date du début du 14e s.
Au Nord de la cathédrale se trouve le quartier connu sous le nom de **Kyrkbacken** ou Colline de l'église, très pittoresque avec ses maisons de bois où logeaient autrefois artisans et ouvriers.

L'Introduction de la Réforme en Suède

L'archevêque d'Uppsala, le turbulent **Gustav Trolle**, qui avait provoqué le bain de sang de Stockholm, s'était enfui au Danemark en 1523 derrière le roi Christian II. Le pape Clément VII exigea du roi Gustave Ier, qui avait entrepris de nommer des titulaires de son choix aux sièges épiscopaux, que l'archevêque fût rétabli. Le refus du roi entraîna la rupture avec Rome. En 1527, le Riksdag réuni à Västerås approuva la confiscation des biens ecclésiastiques, puis en 1528 le concile d'Örebro, où l'influence d'Olaus Petri fut déterminante, adopta la religion évangélique comme religion d'État, le roi se proclamant chef de l'Église suédoise.

Château ⓥ – *Slottsgatan, sur la rive droite de la rivière.*
La première forteresse du 13e s. fut construite à l'embouchure de la rivière sur un site choisi pour son importance stratégique. Plusieurs fois remanié, le château actuel apparaît tel que le transforma Carl Hårleman en 1737. Il sert de résidence au gouverneur du comté mais trois étages ont été cédés au **Västmanlands museum** *(entrer par la cour)*, consacré à l'histoire locale. Le public peut visiter la salle d'Apparat.

Fiskartorget – L'hôtel de ville avec sa haute tour se dresse à l'emplacement d'un monastère dominicain du 13e s. qui fut détruit à la Réforme. Son carillon contraste avec les sons puissants des cloches de la cathédrale. Le *Taureau doré* symbolise la force tandis que la *Grotte des Vents*, face à l'entrée principale, est d'Éric Grate (1896-1983). Tout à côté, l'ancien tribunal date des années 1850 et abrite aujourd'hui le **Konstmuseet** ⓥ qui contient une belle collection d'œuvres d'art suédois, essentiellement du 20e s.

Prendre la passerelle pour traverser la rivière.

Turbinhuset ⓥ – La **maison des turbines** contenant trois turbines génératrices d'électricité fut construite en 1891 et attira bientôt la société Asea spécialisée dans l'électrotechnique. En 1988, Asea fusionna avec la société suisse Brown Boveri pour former le groupe multinational Asea Brown Boveri (ABB).

EXCURSIONS

★ **Anundshög et Ängsö slott** – *25 km à l'Est par la E 18. Après avoir parcouru 5 km, sortir en direction de Badelunda.*

★ **Anundshög** – Ce remarquable cimetière comprend le plus grand tertre funéraire de Suède – 14 m de haut et 60 m de diamètre à la base –, édifié probablement entre 400 et 700. Les deux **alignements de pierres en forme de bateau**, longs de 53 m et 50 m respectivement, ainsi que trois alignements plus petits datent de l'an 1000. Au Moyen Âge, le site devint le lieu de réunion de l'assemblée du peuple (tingvallaha). Le roi, voyageant entre Västra Aros (Västerås) et Östra Aros (Uppsala), arrivait alors par l'ancienne route, Eriksgata, bordée de **pierres runiques** et de rangées de pierres plus petites.

Revenir vers la E 18, la traverser et continuer sur 20 km.

★ **Château d'Ängsö** ⓥ – Un premier château fut construit sur l'île vers 1480 puis agrandi dans les années 1630, mais le château actuel est le résultat de la reconstruction réalisée par Carl Hårleman (1700-1753). Il ajouta un quatrième étage, deux nouvelles ailes et traça le parc, le tout dans le style rococo. La **chapelle** du 14e s., ornée de belles peintures murales également du 14e s., comporte aussi un élément ajouté par Hårleman, la coupole.

Engsö naturreservat ⓥ – La réserve naturelle s'étend sur plusieurs îles du lac Mälaren. Le naturum est un centre d'accueil où sont expliqués l'évolution des paysages de la région par l'effet d'isostasie et le développement des communautés agraires et de leurs méthodes agricoles.

Vallby friluftsmuseum ⓥ – *5 km à l'Ouest par la E 18.*
Le **musée de plein air** de Vallby, qui compte quelques 40 maisons et maisonnettes des diverses parties du Västmanland, retrace la vie de la région du 17e s. au début du 20e s.

VÄTTERN ★

Lac VÄTTER – Carte Michelin n° 985 – N/O 11 ou Atlas Europe – pp. 105 et 109

Réputé pour ses eaux agitées quand souffle le vent, le Vätter, plus grand lac de Suède après le lac Väner, possède des eaux claires et froides couvrant près de 2 000 km^2 et d'une profondeur maximale de 119 m. La E 4, qui longe la rive orientale, offre des vues remarquables sur le lac et ses alentours.

LA RIVE ORIENTALE

112 km de Jönkoping à Motola par l'autoroute E 4 jusqu'au Sud d'Ödeshög, puis par la route 50.

★ **Gränna** – Ce charmant petit village aux rues pavées et aux maisons de bois peintes de couleurs variées est célèbre pour son **polkagrisar**, sucre d'orge rayé à la menthe, que l'on peut toujours voir fabriquer. Gränna abrite également l'**Andrée Museum**, consacré à la tentative de survol du pôle Nord en ballon par le savant suédois Andrée en 1897. Le vol se termina par un désastre et les trois aéronautes périrent en essayant de revenir à pied. Leurs corps gelés furent retrouvés avec divers objets 33 ans plus tard sur le Spitzberg. Gränna est devenu le principal centre d'aérostation de Suède.

★ **Visingsö** – *25 mn par ferry au départ de Gränna.*
Cette île attrayante vouée à l'agriculture fut un centre politique au 12e et au 13e s. De 1561 à 1680, les membres de la famille Brahe résidèrent au **château de Visingsborg**, dont on peut voir les ruines sur la droite du port. Plus au Nord, l'**église des Brahe**, commencée en 1564 par Magnus Brahe, fut achevée en 1636 par son petit-fils Per. L'église recèle de nombreux objets ayant appartenu à cette illustre famille. L'**église de Kumlaby**, datant de 1135 et se composant d'une nef caractéristique de cette époque, est très belle dans sa simplicité. La terrasse offre un beau point de vue *(18 marches sombres et étroites suivies de 60 autres plus larges et mieux éclairées).*

Parcourir 9 km au Nord de Gränna sur la E 4.

Brahehus – Per Brahe fit construire cette résidence champêtre pour sa femme en 1650, avec les pierres provenant du monastère d'Alvastra *(voir à Vadstena)*. Perchée au sommet d'une falaise, elle offre de belles vues de Visingsö et des autres propriétés de la famille.

Continuer sur la E 4, puis tourner à gauche en direction de « Rökstenen ».

★ **Rökstenen** – Cette célèbre pierre runique, toute proche de la E 4, fut érigée en 900 en souvenir du fils d'un chef viking. Une inscription runique, longue et compliquée, en couvre la plus grande partie. L'exposition qui se trouve à proximité donne des explications en suédois.

Ruines du monastère d'Alvastra – *Voir à Vadstena.*

Strand – Cette maison, située dans un beau cadre sur les rives du lac Vättern, fut la demeure de l'écrivain féministe **Ellen Key** (1849-1926) qui fut l'une des premières à exiger le droit de vote pour les femmes.

Omberg – Longue de 10 km, large de 3 km et haute de 263 m, cette crête montagneuse se termine par un escarpement qui tombe à pic dans le lac. De ses carrières on extrait une pierre calcaire bleutée fréquemment utilisée en construction.

Motala – C'est là que commence la section du Götakanal située dans l'Östergötland et qu'est inhumé von Platen *(voir à Götakanal).*

VÄXJÖ

Småland – 71 000 habitants

Carte Michelin n° 985 – P 11 ou Atlas Europe – p. 109

Située au cœur des grands espaces boisés du Småland, Växjö fut un évêché dès le 12e s. Aujourd'hui, la ville organise une série de manifestations pour les Américains d'origine suédoise le **« Jour du Minnesota »** (9 août).

★★ **Utvandrarnas Hus** ⊙ – L'Institut des émigrants suédois fut fondé en 1965 et s'installa trois ans plus tard dans la **maison des Émigrants**. De vastes locaux furent construits pour accueillir les archives les plus importantes d'Europe sur l'émigration et une bibliothèque de plus de 25 000 volumes. C'est entre 1846 et 1930 qu'eut lieu le grand exode vers l'Amérique du Nord, l'Australie ou des pays d'Europe de 1 300 000 Suédois, soit presque un quart de la population, issus en majorité de la province rocailleuse et stérile du Småland.
Les documents et les livres des archives et de la bibliothèque ainsi qu'une banque de données peuvent être consultés dans la salle de lecture où le personnel est heureux d'offrir son aide. Des expositions illustrent les divers aspects de l'émigration suédoise. Dans une des pièces est reconstitué le bureau de **Vilhem Moberg** (1898-1973), écrivain né dans le Småland, qui raconta l'histoire de quelques-uns des premiers émigrants dans les quatre romans formant ses *Émigrants*, traduits dans de nombreuses langues. Une sculpture d'Axel Olsson représente deux des plus célèbres personnages de ces romans, Karl Oskar et Kristina, et la fontaine de Carl Milles, copie de celle de Karlshamn *(voir à ce nom)*, rend hommage aux émigrants.

Smålands museum ⊙ – *A côté de la Maison des Émigrants.*
On remarquera surtout l'importante **collection de verrerie**★★★, présentée de façon chronologique et alphabétique, et l'intéressante collection de monnaies et de médailles.

Cathédrale – Elle a été en grande partie reconstruite de 1958 à 1960 pour lui rendre son aspect médiéval. Le mobilier est très intéressant, en particulier la croix de bronze formée de onze plaques qui réfléchit la lumière inondant l'intérieur à travers les vitraux de couleur pourpre. La mosaïque dorée située dans le transept Sud est l'œuvre de l'artiste Bo Beskow. Remarquer sur le sol de la nef la marque indiquant l'endroit où fut enterré saint Sigfrid (mort en 1045), missionnaire envoyé par le roi d'Angleterre Ethelred pour évangéliser les Norvégiens et les Suédois *(voir à Lidköping).*

★GLASRIKET : LE ROYAUME DU VERRE

La Suède est rénommée pour son design et sa fabrication du verre, effectuée dans le Småland. Cinquante ateliers, situés au cœur de la forêt entre Nybro et Växjö, ont souvent développé leur style propre et, depuis les années 1980, le verre suédois se vend à New York, Paris et Londres.
On peut visiter la plupart des fabriques du lundi au vendredi de 9 h à 15 h ; on admirera en particulier l'habileté avec laquelle les souffleurs de verre font tourner les boules de verre fondu, rougies par le chaleur. La boutique des articles déclassés offre une bonne occasion d'acheter des souvenirs et des cadeaux à un prix raisonnable.

Orrefors – *60 km à l'Est par la route 25 jusqu'à Lessebo, puis une route secondaire par Kosta.*
Depuis l'établissement de la **cristallerie**★★ ⊙ sur ce site en 1898, la production a été orientée vers des objets de forme classique en cristal de très bonne qualité et vers des bibelots de couleur au design original. Orrefors fut l'une des premières sociétés à employer des designers et elle devint de ce fait l'une des plus célèbres cristalleries au monde. Au début du siècle, des artistes renommés, tels Simon Gate, portraitiste et paysagiste, et Edvard Hald, qui travailla avec Matisse, collaborèrent avec la firme. Une exposition illustre cette période.

Åfors – *50 km à l'Est jusqu'à Eriksmåla par la route 25, puis suivre les panneaux indiquant Åfors. Salle d'exposition et magasin.*
Trois designers au style très différent ont marqué la production de verre de la **cristallerie**★★ ⊙ d'Åfors : Gunnel Sahlin, dont les créations sont une véritable symphonie de couleurs et de formes, Ulrika Hysdman-Vallien, dont les œuvres d'art se trouvent dans les galeries d'art du monde entier, et Bertil Vallien, surtout connu pour ses sculptures sur verre.

Kosta – *37 km à l'Est par le même itinéraire que pour Orrefors. Salle d'exposition et magasin.*
Les **verreries**★ ⊙ Kosta, autour desquelles s'édifia un village qui prit leur nom, furent fondées par deux généraux, Koskull et Staël von Hosltein, qui composèrent le nom avec les premières lettres des leurs. La fondation eut lieu en 1742, ce qui en fait les plus anciennes verreries suédoises. La firme, nommée maintenant **Orrefors Kosta Boda**, produit aussi bien des objets d'art que de la verrerie de table de haute qualité.

Strömbergshyttan – *30 km à l'Est de Växjö par la route 25.*
Ici, les visiteurs peuvent admirer l'art très subtil de la peinture à la main dans l'atelier de peinture sur verre de Lindholm. Au-delà de la petite maison rouge de l'orfèvre, on aperçoit au loin un joli musée de la Poupée. A gauche se trouve le **Studioglas**★ ⊙ où l'on peut voir une fascinante exposition des pièces les plus originales que les ateliers aient produites.

Lessebo – *38 km à l'Est par la route 25. Traverser le village et aller jusqu'à l'édifice de pierre jaune et rouge situé sur la gauche.*
Les habitants du Småland sont connus aussi pour leur habileté à fabriquer du papier. Dans cette manufacture de papier, où la fabrication s'effectue à la main pratiquement de la même façon depuis 1693, une visite guidée permet d'observer les différentes étapes de production. La visite se termine dans la salle d'exposition où se trouve un manuscrit d'August Strindberg, qui préférait le papier fait à la main.

YSTAD★

Skåne – 26 000 habitants

Carte Michelin n° 985 – Q 10 ou Atlas Europe – p. 109

Ystad est une charmante ville médiévale qui a conservé plus de 300 maisons de bois. C'est le port de ferry qui dessert l'île de Bornholm *(voir à ce nom)*.

La ville médiévale – Partir de Lilla Västergatan, qui était autrefois la rue principale, dans laquelle s'élève **Kemmershuset**, en partie du 16ᵉ s. Stortorget est dominée par **Sankta Mariakyrkan** ⊙, basilique romane du 13ᵉ s. maintes fois remaniée par la suite. On remarquera en particulier le retable (1733) richement décoré et l'admirable **chaire**★★ Renaissance exécutée par un artisan du Nord de l'Allemagne.
Le garde de la ville continue à souffler du cor *(lur)* tous les quarts d'heure de 21 h 15 à 3 h du matin du haut de la tour de l'église. Le garde d'incendie continue à veiller sur la ville endormie.
Sur la place, on remarquera également l'**école latine**, édifiée vers 1500, ainsi que **Krookshuset**, édifice à colombages, de la fin du 18ᵉ s., **Gussingshuset** et le **Rådhuset**, hôtel de ville achevé en 1840. Prendre Stora Norregatan où se trouvent, à gauche, **Änglahuset** et sa façade de 1630, à droite en diagonale, **Braheshuset** du 15ᵉ s.

Sur la droite, Sladdergatan mène à l'église du 13e s., **Sankt Petrikyrkan** ⊙, vestige d'un monastère franciscain dont le cloître abrite aujourd'hui le **musée municipal** ⊙, qui contient une section d'histoire locale et une belle exposition de robes de mariées (18e et 19e s.), ornées de décorations en argent. Un chemin étroit, Bäckahästgränd, conduit à la plus petite place de la ville, Tvättorget, bordée de maisons à colombages. Dans Stora Östergatan, rue piétonne, on admirera à droite les pignons à redans de **Birgittashuset**. Au coin de Pilgränd se dresse **Pilgrändsgård**, la plus vieille maison à colombages de Scandinavie, datant de 1480 environ. Continuer vers le Sud jusqu'à Sankt Knuts Torg et le **Konstmuseum** ⊙, qui contient une intéressante collection d'art suédois et danois des 19e et 20e s. ainsi qu'une section militaire, où *Officiers chevauchant au bain* est présenté comme le plus grand tableau à l'huile de Suède.

Île d'ÖLAND★

Öland

Carte Michelin n° 985 – O/P 13 ou Atlas Europe – p. 109

L'île d'Öland constitue la plus petite province de Suède. Elle présente un front uniforme et étroit, large au plus de 14 km, s'étirant sur 140 km le long de la côte Sud-Est. Un magnifique pont récemment construit, vital pour les nombreux habitants de l'île qui travaillent à Kalmar, la relie à la côte.
L'agriculture est depuis toujours la principale ressource et les paysages sont quadrillés de murets de pierre calcaire qui s'allongent à l'infini, séparant les champs et les fermes. De nombreux pêcheurs fournissent le poisson nécessaire aux besoins locaux (le carrelet, servi frais ou fumé, est la spécialité culinaire) et la pêche commerciale ne fut introduite qu'au 20e s. L'île vit aussi de l'extraction de calcaire et du tourisme, devenu l'une des principales ressources. C'est sur la côte Ouest, le long de la route 136, que les maisons de vacances et l'équipement touristique sont concentrés.
Les moulins à vent, bien qu'il n'en subsiste que 400 sur les 2 000 qui tournaient au 19e s., font également partie du paysage de cette île surnommée « île du soleil et des vents ». Le moulin à pivot, qui tourne sur lui-même selon la direction du vent, est le type de moulin le plus courant sur Öland.

Paysages – L'île est un vaste plateau calcaire recouvert d'une fine couche arable. Au Sud, Stora Alvaret est une grande étendue de lande dépourvue d'arbres, à l'aspect dénudé. C'est cependant une zone d'un grand intérêt du point de vue botanique car de nombreuses orchidées y fleurissent en compagnie de la potentille arbustive *(Potentilla fruticosa*, dite à Öland *Ölandstok)* aux fleurs jaunes et de l'hélianthème d'Öland *(Ölands solvända)*, qui, lors de sa floraison à la fin du printemps et au début de l'été, forme un tapis aux couleurs vives. L'hélianthème est l'emblème d'Öland.

Histoire – L'île est célèbre pour ses 15 immenses forteresses de l'âge du fer, qui ont, pour certaines d'entre elles, fait l'objet de fouilles systématiques. Ces forts circulaires servaient de refuge en cas de danger, ainsi que de cadre aux cérémonies et aux assemblées. Certains forts, tels qu'Eketorp et Gråborg, étaient encore utilisés au Moyen Âge.

Visiter Öland

Bien que les voitures puissent désormais se rendre sur l'île sans difficulté, il est préférable d'utiliser le vélo. Se rendre d'abord au centre d'accueil, **Träffpunkten Öland** ⊙, où sont réunis l'office de tourisme, l' « Historium », où l'on peut voir une série de diapositives accompagnées d'un court commentaire historique *(en anglais et en allemand)* et le « Naturum », identifie les plantes ayant un intérêt particulier.

★★ **Ölandsbron** – D'une longueur totale de 6 072 m, le **pont d'Öland** enjambe le détroit de Kalmar grâce à ses 155 arches, ce qui en fait le pont le plus long d'Europe. Il fut inauguré en 1972 et, du belvédère situé à 42 m au-dessus de l'eau *(parking)*, on a une **vue panoramique** magnifique.

VERS LE NORD *96 km depuis le pont jusqu'à Byxelkrok par la route 136.*

A Eketorp, une signalisation en place invite à descendre vers le rivage en direction d'**Halltorps hage**, bosquet de charmes et de noisetiers, qui est l'habitat préféré d'une rare espèce de daims. Sur la droite de la route s'étend une belle étendue de lande.

★ **Borgholms Slottsruin** ⊙ – Peu avant Borgholm, les ruines de ce château jadis puissant dominent toujours la lande de leur masse imposante. Comme celui de Kalmar, il défendait le détroit et servit de poste méridional avancé de la Suède. Les vestiges du donjon primitif sont visibles dans l'angle Nord-Ouest de la cour intérieure. Le roi Jean III fit construire un château fort composé de quatre bâtiments autour d'une cour et d'une solide tour dans chaque angle. Cette place forte fut sérieusement endommagée durant la guerre de Kalmar (1611-1613). Le roi Charles X Gustave chargea plus tard Nicodemus Tessin l'Ancien de la remanier. Il entreprit la réalisation d'un palais baroque dont les travaux furent interrompus en 1709 et qu'un incendie ruina en 1806.
A proximité, une villa à l'italienne, **Solliden**, fut construite entre 1903 et 1906 pour servir de résidence d'été à la famille royale. Le beau **parc** ⊙ est ouvert au public plusieurs heures par jour pendant les mois d'été.

★ **Borgholm** – Le chef-lieu de l'île fut fondé en 1816 alors que le château qui lui a donné son nom était déjà en ruine. La rue principale, Storgatan, conduit au port débordant d'activité.

Environ 25 km après Borgholm, quitter la route 136 et tourner à gauche vers Sandvik.

Sandvik – Centre de l'exploitation des carrières de calcaire, on peut encore y admirer le mécanisme d'origine en bois du **väderkvarn**★ ⊙, énorme moulin à vent de huit étages, dont les ailes ont 24 m d'envergure.

Revenir à la route principale et parcourir environ 7 km avant de tourner à droite. L'ancienne église est distante de 2 km.

Ancienne église de Källa ⊙ – C'est l'unique exemple encore existant d'église médiévale fortifiée à trois étages. Le rez-de-chaussée était réservé au culte, le premier étage à l'habitation du prêtre, le deuxième étage servant d'ultime lieu de refuge.

Revenir sur la route 136. A l'église de Högby, tourner à gauche et prendre à droite 200 m plus loin, vers Byrum.

Byrum Rauker – Un ensemble impressionnant de **roches calcaires**★ *(raukar – voir à ce nom)* se dresse en bordure de la côte.

Böda Kronopark – La route 136 traverse ce parc où, sur 6 000 ha, croissent de très anciens conifères dont un grand nombre sont couverts de lierre. La splendide plage de sable de **Böda Sand** qui décrit une courbe autour de la baie de Böda, sur la côte orientale de l'île, est le paradis des baigneurs.
Au large l'imposante silhouette en forme de dôme de **Blå Jungfrun**, qui se dresse à 86 m au-dessus du niveau de la mer, est un point de repère familier du détroit de Kalmar. Les roches de granite rose polies par les glaciers sont attrayantes.

Neptuni Åkrar – *A 2 km au Nord de Byxelkrok.*
Linné donna à ces plages de galets surélevées le nom de champs de Neptune. Aujourd'hui, elles sont couvertes de vipérine *(Blåeld)*, plante aux fleurs abondantes.

VERS LE SUD PAR LA CÔTE ORIENTALE

183 km de Borgholm au pont d'Öland. Quitter Borgholm par la route 136 au Sud, puis, après l'aérodrome, prendre à gauche en direction de Räpplinge et Störlinge.

Un groupe de sept moulins à vent borde la route à **Störlinge**. Mais les plus beaux se trouvent plus au Sud, à Lerkaka, où l'on peut en visiter un.

★★ **Himmelsberga friluftsmuseum** ⊙ – *A 2 km de la route.*
Le **musée de plein air** de Himmelsberga offre un bel exemple de village agricole traditionnel où les cours de fermes étaient alignées le long de la rue principale. Les outils, le mobilier et les objets domestiques sont typiques des 18e et 19e s.

A l'église de Långlöt, prendre une route à droite.

★★ **Ismanstorp** – *A 5 km de Långlöt, puis à 500 m à pied du parking.*
Édifié vers 400, ce fort de l'âge du fer a 125 m de diamètre. A l'intérieur de son rempart circulaire, de 3 à 4 m de haut, on peut voir les fondations de 88 maisons. La présence de 9 portes fait supposer qu'il s'agissait d'un marché ou d'un lieu de culte.

Revenir à Långlöt et reprendre l'itinéraire vers le Sud. A Nord Möckleby, prendre la direction de Färjestaden.

★★ **Gråborg** – *A 1 km de la route de Färjestaden, un panneau pointant vers le Nord signale Gråborg.*
Le plus grand fort de l'île date de 400 ou 500. Ses remparts immenses, dont la hauteur atteint 6 m et l'épaisseur 11 m, décrivent un cercle dont la circonférence est de 640 m et le diamètre de 200 m. Les ruines d'une chapelle datant de 1200 sont visibles au Nord du fort. L'arche d'une porte est le seul vestige des fortifications de la fin du 13e s.

Revenir à Nord Möckleby et reprendre la route vers le Sud. Peu après Gräsgård, tourner à droite vers Eketorp.

★★ **Eketorp** ⊙ – De nombreuses années de recherches archéologiques ont permis de retracer l'histoire de ce fort. On a retrouvé les traces de trois colonies successives sur une durée de 1 000 années, entre 300 (période des migrations) et 1300. Une grande partie du mur extérieur a été reconstruite et l'on peut visiter les maisons, les étables et les remises. Une sélection du produit des fouilles est exposée au **musée** où l'on peut voir des objets de la vie quotidienne à côté de bijoux et d'armes finement ciselés.

Revenir vers l'itinéraire.

Immédiatement après Näsby, la route longe l'ancien domaine royal d'**Ottenby**, clos par un mur rectiligne construit vers 1650 sur ordre du roi Charles X Gustave. Ce domaine, ancien monastère fondé au 13ᵉ s. que le roi Gustave Vasa s'appropria lors de la sécularisation des biens du clergé catholique, est aujourd'hui transformé en réserve naturelle et s'étend sur toute la largeur de l'île.

Le bois de chênes et de bouleaux d'**Ottenbylund**, situé au Sud-Est, abrite un troupeau de daims qui fut à l'origine importé d'Angleterre par le roi Jean III. Les prairies verdoyantes et les longues plages sont peuplées d'échassiers (combattants et avocettes) et d'autres espèces telles que canards et oies sauvages y font une pause lors de leurs migrations de printemps et d'automne.

L'extrémité Sud de l'île est dominée par le plus haut phare de Suède, **Långe Jan**, qui atteint une hauteur de 42 m. L'ascension *(195 marches)* jusqu'au sommet du phare est récompensée par une vue magnifique.

Retour par la côte Ouest.

Entre le domaine d'Ottenby et Grönhögen, on peut voir entre la route et la côte un vaste cimetière parsemé de pierres runiques.

Un autre cimetière situé à 3 km au Nord de Degerhamn contient une grande diversité de tombes, des alignements de pierres en forme de bateau ainsi que des menhirs, ce qui indique que le site a servi pendant une très longue période (de 1000 av. J.-C. à 1050 de notre ère).

Linné à Eketorp

Linné visita Eketorp le 8 juin 1741 au cours de son voyage sur l'île d'Öland, qu'il décrivit de la façon suivante :

« Nous visitâmes le fort d'Eketorp, situé à deux kilomètres et demi de la côte orientale, dont les murs sont aujourd'hui inégaux et dilapidés, mais qui fut un des plus beaux de ce pays ; car il avait pour diamètre la portée d'un mousquet et en son centre un puits qui ne se tarit jamais. Ces forts étaient sans aucun doute des lieux de refuge pour la population avant l'invention de la poudre et du canon. »

ÖSTERSUND★

Jämtland – 58 700 habitants

Carte Michelin n° 985 – I 11 ou Atlas Europe – p. 101

Östersund occupe une position idéale sur les rives du lac Stor (Storsjön) avec les montagnes d'Oviksfjällen en toile de fond. La ville est située sur la route E 14, qui longe la **route des pèlerins** en de nombreux endroits. Saint Olav mena la vie nomade des Vikings avant de devenir roi de Norvège, et cette route correspond à l'itinéraire qu'il emprunta de Novgorod à Stiklestad *(voir à ce nom)* en Norvège où il mourut lors de la célèbre bataille. Après sa canonisation, de nombreux pèlerins se rendirent au sanctuaire du roi à Nidaros *(voir à Trondheim)*.

L'un des atouts de la ville, qui organise au mois de juillet un festival de Musique de chambre et le festival du Grand lac (Storsjöyran), est sa proximité des stations de ski d'Åre et de Storlien.

Le rival de « Nessie » – Tout comme le Loch Ness, le Storsjön, cinquième lac de Suède par la taille, a son propre monstre, le **Storsjöodjuret** (monstre du lac Stor). Il a été aperçu de nombreuses fois et l'équipement utilisé au 19ᵉ s. pour tenter de le capturer est exposé au musée. Storsjöodjuret ne s'est jamais laissé prendre et jouit désormais d'une immunité totale puisque selon la réglementation locale établie en 1986, il est « illégal de tuer, blesser ou capturer » toutes les espèces qui vivent dans le Storsjön. Le monstre qui aurait la forme d'un Ö est devenu le symbole d'Östersund.

Le vapeur **S/S Thomée**, construit en 1875, assure un service régulier sur le lac pendant l'été.

CURIOSITÉS

★★ **Jamtli Historieland** – *A proximité de la sortie de la E 14 vers Trondheim.*
Ce musée de plein air populaire, qui comprend plus de 60 constructions, permet aux visiteurs de remonter dans le passé, en 1895 et 1929 plus précisément. Des figurants en costumes, des animaux, des cultures et des jardins bien entretenus forment un environnement approprié et ajoutent une note d'authenticité.

Jämtlands länsmuseum ⊙ – Un édifice tout neuf (1995) agrémenté d'une tour de 22 m de haut abrite les collections réunies en 1886. On s'arrêtera en particulier devant la remarquable **tapisserie Överhogdal**★★★, tissée à l'époque viking (800-1000). Elle met en scène des personnages, des cerfs, des rennes, des chiens, des chevaux à quatre et... huit pattes, des arbres, des bateaux et des maisons. La section consacrée à l'art folklorique comprend de curieuses **boîtes à violon** et l'exposition sâme, dans laquelle le renne occupe la place principale, est intéressante. Une section est consacrée à Storsjöodjuret.

EXCURSIONS

★★ **Frösö** – Une passerelle et un pont assurent l'accès à cette île, qui doit son nom à Frö (ou Frej), dieu de la fertilité, et fut dans des temps très reculés un lieu de sacrifice.
On peut y voir de nombreux tertres funéraires ainsi qu'une pierre runique, nommée **Frösö** comme l'île *(tourner à gauche après le pont, puis prendre la première route à droite et suivre le panneau « Runsten »)*, dont l'inscription raconte qu'Östman, fils de Gudfast, christianisa le Jämtland au milieu du 11e s. et fit construire le pont. Mais l'île vaut surtout par trois édifices, qu'il ne faut pas manquer de visiter.

★★ **Sommarhagen** ⊙ – *A 6 km d'Östersund.*
Ce fut à l'origine la maison d'été du célèbre compositeur et critique musical **Wilhelm Peterson-Berger** (1867-1942) avant de devenir sa résidence permanente de 1930 à sa mort. Compositeur fécond, il est surtout apprécié en Suède pour ses œuvres pour piano. Chaque année en juillet, son œuvre la plus célèbre, *Arnljot*, opéra ayant pour héros le Viking épris de liberté, est représenté sur les prairies de Frösö *(pour de plus amples renseignements et pour réserver, s'adresser à l'office de tourisme d'Östersund)*.
Le compositeur stipula que la maison devait être peinte en marron et non en rouge selon la tradition, afin de mieux s'harmoniser au paysage. Le salon de musique ressemble à une salle viking.

Église de Frösö ⊙ – *A 8 km d'Östersund, suivre les indications.*
Cette église située dans un cadre idyllique est très recherchée pour la célébration des mariages. Construite en pierre et peinte en blanc, elle date du 12e s. ; l'intérieur présente un décor raffiné d'or et de bleu. La **tour-clocher** (1754) séparée est caractéristique du Jämtland. La pierre tombale de Wilhelm Peterson-Berger se trouve près du mur Sud de l'église.

Utsikstorn ⊙ – *A 3 km du pont.*
Le belvédère de la tour qui se dresse sur Östberget (468 m) offre une vue splendide de la campagne environnante, des forêts et des lacs encerclés par les montagnes.

D'Östersund à Åre

Quitter Östersund par la E 14 au Nord–Ouest en direction de Trondheim. Après l'église de Näskott, prendre à droite vers Nälden.

Une route secondaire passant par Alsen permet d'effectuer une charmante promenade. La route longe la rive Nord de l'Alsensjön, offrant de belles **vues**★★ sur le lac étincelant au soleil. Des collines boisées, de petites maisons rouges et blanches et une église blanche complètent le paysage.

Rejoindre la E 14 à Mörsil. Après l'église d'Undersåcker, suivre l'indication « Ristafallen », puis parcourir 500 m sur une route étroite.

Les **Ristafallen**★ (chutes de Rista) n'ont jamais été captées pour la production d'énergie hydro-électrique.

Åre – Première station de sports d'hiver de Suède, Åre, blottie au pied du mont Åreskutan (1 420 m) sur les rives du lac d'Åre (Åresjön), a accueilli de nombreuses épreuves de la coupe du monde et les championnats du monde en 1954. Vers 1880, c'était une station fréquentée par l'aristocratie britannique dont les hôtels grandioses et les pensions furent construits sur le modèle de ceux de Davos en Suisse. Le funiculaire reliant le centre de la ville au **téléphérique** date des débuts de la station, vers 1909. Le téléphérique emmène les visiteurs à une altitude de 1 274 m. Il faut ensuite parcourir 800 m pour atteindre le sommet d'où l'on découvre un splendide **panorama**★★★ qui embrasse de charmants paysages de lacs encadrés de montagnes.

Les guides d'Åre *(derrière le magasin Konsum)* organisent de nombreuses activités de plein air qui permettent de découvrir les grands espaces environnants. Parmi ces activités, citons des excursions en bateau, des parties de pêche, des randonnées pédestres, des randonnées à cheval sur des poneys islandais, des expéditions en canoë, la descente des rapides en radeau pneumatique et même l'apprentissage de l'orpaillage.

L'**église** du 13e s., reconstruite en 1736, possède une surprenante statue du 14e s. représentant le roi saint Olav *(voir à Trondheim)* portant un tricorne carolien. Il fut affublé de cet étrange chapeau au 18e s., après que sa couronne eut disparu.

D'Åre, on peut pousser jusqu'aux **Tännforsen**★★ *(19 km à l'Ouest, jusqu'à la rivière, puis suivre le panneau « Tännforsen » sur 8 km supplémentaires)*, chutes bouillonnantes qui tombent d'une hauteur de 38 m, ou à **Njarka** *(29 km à l'Ouest)*, où un campement sâme a été reconstruit sur les rives du lac Hägg (Häggsjön). En été un couple sâme y fait visiter les différentes huttes et cabanes et explique l'art de l'élevage des rennes.

La dynastie Vasa

Gustave Ier
(1496-1560)
roi de Suède en 1523
ép. 1° (1531) Catherine de Saxe-Lauenbourg
2° (1536) Margaretha Lejonhufvud
3° (1552) Catharina Stenbock

- **Éric XIV**
  (1533-1577)
  roi de Suède
  de 1560 à 1568
- **Jean III**
  (1537-1592)
  duc de Finlande
  roi de Suède en 1568
  ép. 1° (1562) Catherine Jagellon
  2° (1585) Gunilla Bjelke
  - **Sigismond Ier** (III)
    (1566-1632))
    roi de Suède de 1594 à 1599
    et de Pologne en 1587
    ép. 1° (1592) Anne d'Autriche
    2° (1605) Constance d'Autriche
    - Ladislas IV Sigismond
      (1595-1648)
      roi de Pologne
      en 1632
      ép. 1° Cécile d'Autriche
      2° Louise de Gonzague
    - Jean II Casimir
      (1609-1668)
      roi de Pologne
      en 1648
      ép. Louise
      de Gonzague
- **Charles IX**
  (1550-1611)
  duc de Sudermanie
  régent de Suède en 1599
  roi en 1604
  ép. 1° (1579) comtesse
  palatine Marie
  2° (1592) Christine de
  Holstein-Gottorp
  - **Gustave II Adolphe**
    (1594-1632)
    roi de Suède en 1611
    ép. (1620) Marie-Eléonore
    de Brandebourg
    - **Christine**
      (1626-1689)
      reine de Suède en 1632
      abdique en 1654

Parc national de Kolovesi

Finlande

F. Jourdan/EXPLORER

AHVENANMAA★★

Voir ÅLAND à la fin du chapitre

EKENÄS/TAMMISAARI★

Uudenmaa – 11 500 habitants

Carte Michelin n° 985 – M 20 ou Atlas Europe – p. 107

La charmante ville d'Ekenäs, située sur la côte méridionale, était autrefois un petit village de pêcheurs blotti sur une presqu'île étroite s'avançant dans le golfe de Finlande. Gustave Vasa octroya une charte à la ville en 1546 dans l'espoir qu'elle rivaliserait avec la cité hanséatique de Reval, devenue aujourd'hui Tallinn. Ekenäs ne fut jamais un important centre maritime ou commercial, mais elle se développa dans une toute autre direction pour devenir la principale station balnéaire et ville culturelle de l'Ouest de la province d'Uusimaa. Plus de 80 % de la population parlent suédois. C'est l'atmosphère idyllique de cette paisible station balnéaire et son cœur historique si bien conservé qui séduisirent le peintre **Helene Schierfbeck** (1862-1946), qui vécut à Ekenäs pendant plus de 20 ans. Le centre médiéval, **Barcken**★★, situé en bord de mer, se compose d'un réseau enchevêtré de ruelles étroites bordées de maisons de bois datant essentiellement des 18e et 19e s. Linvävaregatan/Liinankankurinkatu est l'une des rues les plus pittoresques. L'élégant hôtel de ville, qui occupe le côté Nord de la place du marché, fut dessiné par T. H. Höijer en 1882.

Musée ⏲ – *Gustav Vasas gata/Kustaa Vaasan katu 13.*
Le bâtiment principal, Borgardgården, est meublé et décoré dans le même style que la maison d'un riche bourgeois de la fin du 19e s. La maison Linblad, située au fond de la cour, date de 1730.

Église ⏲ – *Stora kyrkogatan.*
De 1839 à 1842, l'architecte italien Carlo Bassi s'appliqua à restaurer l'intérieur de cette église de granit datant du 17e s. ; il en résulta une décoration néo-classique d'une sobriété étonnante.

★ **Réserve naturelle de Ramsholmen** – Ce parc de taille relativement modeste (50 ha) comprend les îles de Ramsholmen et de Högholmen ainsi que la presqu'île de Hagen, qui fait partie du splendide archipel d'Ekenäs *(excursions en bateau au départ du port de Norra hammen)*. Ces lieux de promenade sont tous accessibles à partir de la ville, par des sentiers et des passerelles.
La maison en forme de yacht de Snäcksundsvägen fut dessinée en 1970 par Alvar Aalto pour son ami, le critique d'art passionné de voile, Göran Schildt.

EXCURSION

★ **Snappertuna** – *15 km à l'Est d'Ekenäs.*
La masse imposante du château de **Raseborg/Raasepori**★ ⏲ se dresse sur une butte rocheuse dominant la Snappertuna. La première forteresse fut construite au 14e s. et, dès le 15e s., c'était devenu un centre stratégique et administratif important vivement convoité aussi bien par les Danois, que par les Suédois et les pirates. Vers le milieu du 16e s., le château, qui était dans un état délabré, fut abandonné jusqu'aux premiers travaux de restauration, entrepris vers 1890.
Un chemin (2 km à parcourir en voiture mais un sentier pentu long de 300 m constitue un bon raccourci pédestre) conduit à **Forngården**, ferme authentique de l'île de Halstö, datant du 18e s.
Au centre de Snappertuna, l'**église** ⏲, en bois, date de 1688. L'intérieur, en particulier la chaire (1701) et les tribunes, est remarquablement décoré de peintures.

ESPOO/ESBO

Uudenmaa – 179 000 habitants

Carte Michelin n° 985 – L 21 ou Atlas Europe – p. 107

Schéma : HELSINKI – Excursions

Située à l'Ouest d'Helsinki, dans les environs immédiats de la capitale, Espoo revendique depuis 1972 le titre de deuxième ville de Finlande. Elle se trouve sur la très ancienne route côtière qui conduisait de Turku à Vyborg, et son territoire fait partie des régions de Finlande qui ont conservé leurs traditions séculaires. On pouvait autrefois voir aux alentours des manoirs imposants et cossus jusqu'à ce que le développement de la capitale transforme le paysage au début du 20e s. 86 % de l'habitat furent construits à partir de 1960. Le plan de la ville d'Espoo n'est pas traditionnel car l'agglomération ne s'est pas développée autour d'un centre unique mais à partir de plusieurs centres régionaux indépendants, possédant chacun les services essentiels, c'est-à-dire commerciaux, bancaires, scolaires et médicaux.

CURIOSITÉS

Église ⌚ – *Kirkkotie à Espoon Keskus, centre administratif d'Espoo.*
Cette belle église en pierre grise, datant du 15e s., comportait autrefois trois nefs mais fut transformée, entre 1821 et 1823, en église à plan cruciforme. Les nombreuses **peintures murales★**, réalisées sur plâtre sec à la fin du Moyen Âge, illustrent des scènes de la Bible depuis la Création jusqu'au Jugement Dernier.

Tapiola – *10 km à l'Ouest d'Helsinki par la route 51.*
La cité-jardin, créée au début des années 50, est un magnifique exemple d'urbanisme moderne. Les architectes les plus éminents participèrent à la conception de cet ensemble harmonieux d'appartements et de maisons individuelles contiguës ou séparées, disposé autour d'un **centre★** dessiné par Aarne Ervi (1910-1977), regroupant à la fois commerces et distractions. Le Centre Culturel d'Espoo (Espoon Kulttuurikeskus), de conception plus récente (Arto Sipinen, 1989), situé sur la gauche derrière le bassin central, s'intègre parfaitement dans le décor architectural d'Ervi, aéré et élégant. Les édifices commerciaux massifs, qui bordent le côté gauche du centre d'origine, datent des années 80.

★ **Otaniemi / Otnäs** – *2 km à l'Est de Tapiola.*
La majeure partie d'Otaniemi est occupée par les édifices de brique rouge de l'Institut de Technologie d'Helsinki créé par Alvar Aalto au milieu des années 50. Le **bâtiment principal★**, situé dans la partie centrale du campus, est construit en hémicycle. L'édifice bas, qui se trouve devant, renferme la bibliothèque ; le tout forme un ensemble architectural véritablement unique. Le Centre de Congrès Dipoli (Raili et Reima Pietilä, 1966) est une construction en béton, bois et cuivre, aux formes complexes, conçue pour s'intégrer sans heurts dans son environnement.

★ **Gallen-Kallelan museo** ⌚ – *Gallen-Kallelantie 27, Tarvaspää ; parcourir 3 km à l'Est de Tapiola jusqu'à Kehä I, puis continuer vers le Nord jusqu'à ce que le musée soit indiqué.*
C'était la résidence et le studio du plus grand peintre finlandais de la période du romantisme nationaliste, **Akseli Gallen-Kallela** (1865-1931). L'édifice, qui a l'apparence d'un château, fut dessiné dans ses moindres détails par l'artiste lui-même et construit en 1913. L'exposition permanente comprend des objets ayant un lien avec la vie et l'œuvre de Gallen-Kallela. La plupart de ses œuvres font partie de collections ou sont exposées dans des musées. Les plus intéressantes se trouvent à l'Ateneum d'Helsinki. Le musée organise régulièrement des expositions de qualité ayant pour sujet le peintre lui-même et ses contemporains ou collègues européens.

HAMINA★★

Kymi – 10 200 habitants

Carte Michelin n° 985 – L 24 ou Atlas Europe – p. 107

Cette petite ville fortifiée forme, avec ses casernes, un ensemble remarquable car elle a conservé son plan en étoile de style Renaissance, dessiné en 1722 par le général Axel von Löwen. L'histoire d'Hamina est étroitement associée aux variations de la frontière, toute proche. Aujourd'hui, ce port sur la Baltique, le plus oriental de l'Union Européenne, est en passe de consolider sa position comme pivot de l'extension des liens commerciaux entre l'Est et l'Ouest.

★★ **Vieille ville** – Le charmant **hôtel de ville★**, datant de 1798 et modifié vers 1840, se dresse tel un joyau sur la place centrale de forme octogonale. En face, on peut voir l'édifice circulaire de l'**église orthodoxe St-Pierre-et-St-Paul** (1837), œuvre de l'Italien Visconti, qui travailla également à St-Pétersbourg. Le beffroi, ajouté en 1863, fut édifié dans le style néo-byzantin, alors en vogue en Russie. Derrière l'hôtel de ville se trouve l'**église luthérienne** (1843), œuvre de D. L. Engel, du plus pur style néo-classique.
Huit avenues rayonnent à partir de la place centrale vers deux artères périphériques. Les bastions circulaires du 18e s. et les douves marquent les limites de la ville.

Une frontière qui se déplace

Au début du 14e s., le Sud-Ouest de la Finlande était sous autorité suédoise ; en 1595 les territoires septentrionaux de Kainuu et de la Laponie passèrent aussi sous contrôle suédois, puis, en 1617, la Carélie et les régions situées en bordure du golfe de Finlande.
En 1809, la Finlande devint autonome sous autorité russe et retrouva par la suite le contrôle de certains territoires le long de sa frontière orientale. Plus tard, au cours de la Seconde Guerre mondiale, elle céda une partie de son territoire à la Russie.

HANKO/HANGÖ★

Undenmaa – 11 300 habitants

Carte Michelin n° 985 – M 19, 20 ou Atlas Europe – p. 107

Réputée pour ses plages de sable, ses récifs et ses fastueuses demeures aux couleurs vives, la plus méridionale des villes de Finlande est empreinte d'une atmosphère de gaieté et de détente. Les vastes ports de plaisance offrent un mouillage aux milliers de yachts qui y font escale durant l'été et la « Hangon Regatta » (premier week-end de juillet) est la course de voiliers la plus prestigieuse.

Hanko a, de tout temps, eu une certaine importance stratégique. Elle se trouva en effet pendant plusieurs siècles à l'intersection de l'ancienne Route Royale et de la grande Route de la Poste reliant Stockholm à St-Pétersbourg. Au 18e s., les Suédois élevèrent des fortifications qui furent détruites par les navires de guerre anglais et français durant la guerre de Crimée (1853-1856). En 1940, les Russes réquisitionnèrent la presqu'île pour en faire une base navale ; les Finlandais en reprirent possession l'été suivant.

★ **Isätama** – En été, l'activité est concentrée autour du port de plaisance, des nombreux restaurants du bord de mer et des cafés de la partie Est du port. Les Finlandais sont un peuple de marins, et tout le monde possède un bateau ; faire du bateau est un mode de vie et même les animaux domestiques sont de la partie.

C'est dans le parc Granstedt, situé derrière le port, que se trouve le **musée** ⏲ qui organise des expositions temporaires.

★ **Résidences d'été** – *Appelgrenintie.*

C'est à la fin du 19e s., lorsque la Finlande appartenait à la Russie tsariste et que Hanko était une station balnéaire en vogue, que de nombreux nobles russes ainsi que de riches bourgeois firent construire ces amusantes résidences d'été.

★ **Kasino** – *Appelgrenintie.*

L'élégant édifice blanc du casino fut presque entièrement rénové en 1910 par Gustaf Strengell. C'est de nos jours un restaurant très fréquenté en été.

Vesitorni ⏲ – *Vartiovuori.*

Du sommet de ce château d'eau de 50 m de hauteur (ascenseur), on a une vue impressionnante de la côte et des récifs qui la bordent.

★ **Hauensuoli** – Ce havre naturel (le Goulet du Brochet), situé dans le détroit qui sépare les îles de Tullisari et de Kobben, n'est accessible que par **bateau** ⏲ *(départ du port Est)*. Selon une tradition locale, les navigateurs, les nobles, les soldats et les marchands ont toujours gravé leur nom ou emblème dans la roche : le « livre d'or de l'Archipel » comporte plus de six cents gravures.

Neljän Tuulen tupa ⏲ – *4 km à l'Est par la route côtière.*

Le général Mannerheim acheta en 1928 comme résidence d'été la « Maison des Quatre Vents », qui est aujourd'hui un salon de thé.

Le pays le plus boisé d'Europe

Plus des deux tiers de la Finlande sont couverts de forêts. La plupart des arbres sont des conifères (pins et épicéas) et des bouleaux, mais il y a également d'autres espèces à feuilles caduques (chênes, érables et frênes) dans le Sud-Ouest. La distillation et l'exportation du goudron furent suivis, au début du 19e s., par l'exploitation du bois dans des scieries ; puis, au milieu du 19e s., l'industrie de la cellulose et du papier prit le relais et, au début du 20e s., les exportations de l'industrie forestière représentaient plus de 85 % des exportations totales du pays. Bien que l'industrie finlandaise ait été quelque peu diversifiée, le secteur forestier continue à produire plus du tiers des revenus de l'exportation.

Une famille finlandaise sur cinq est propriétaire d'un terrain boisé, ce qui signifie que les deux tiers de la forêt finlandaise sont propriété privée.

HELSINKI/HELSINGFORS★★★

Uudenmaa – 502 000 habitants
Carte Michelin n° 985 – L 21 ou Atlas Europe – p. 107
Plan d'agglomération : carte Michelin n° 985

Le surnom de « fille de la Baltique » convient parfaitement à Helsinki, car la mer est constamment présente dans la capitale la plus septentrionale de l'Europe continentale. La ville change souvent de visage, offrant tour à tour ses remarquables exemples de néo-classicisme pur, les volumes et la décoration pleins de fantaisie de son style Art Nouveau et les lignes épurées de son architecture moderne, dans un cadre où dominent la mer et la forêt.

NOTES HISTORIQUES

La rivale de Tallinn – En 1550, le roi Gustave Vasa fonda une nouvelle ville à l'embouchure de la Vantaa afin de faire concurrence à la prospère cité hanséatique de Tallinn située de l'autre côté du golfe de Finlande. La ville, ne se développant pas comme prévu, fut déplacée et reconstruite au bord de la mer, à l'endroit où elle se trouve actuellement.
La grande guerre du Nord entre la Suède et la Russie fit rage de 1700 à 1721 *(voir en Introduction, chapitre : Histoire).* En 1713, la ville fut conquise par les Russes qui l'occupèrent jusqu'à la signature du traité de paix de Nystad en 1721, puis de nouveau en 1742-1743. La période 1746-1809 fut une ère de grande prospérité qui vit la construction de la forteresse maritime de **Suomenlinna (Sveaborg)** destinée à protéger la ville, mais aussi la frontière orientale du royaume.
L'incendie de 1808 fit d'énormes ravages dans une cité où la plupart des maisons étaient en bois. La même année, conformément aux accords de Tilsitt, la Russie déclara la guerre à la Suède et envahit la Finlande. En septembre 1809, la **paix de Hamina** vit la Finlande passer sous la domination russe avec le statut de Grand-duché autonome. L'union avec la Suède était consommée.

Capitale du Grand-duché de Finlande – Le Grand-duché obtint de conserver la constitution suédoise, qui datait de 1772, et la religion luthérienne. Cependant, Helsinki fut proclamée capitale en 1812 à la place de Turku, considérée comme trop proche de la Suède, non seulement d'un point de vue géographique mais aussi d'un point de vue politique. Ville de négoce jusque-là insignifiante, Helsinki dut être en partie reconstruite à la suite de l'incendie de 1808 et remaniée pour remplir son nouveau rôle de capitale. Le remarquable centre néo-classique de la ville résulte de ces transformations. En 1819, le Sénat fut transféré de Turku à Helsinki, puis l'Université en 1828. Bien que le centre eût été terminé dès 1852, le règne d'Alexandre II (1855-1881) correspondit à une période de prospérité pour la capitale finlandaise. La ville se développa lentement – elle était 25 fois plus peuplée à la fin du 19ᵉ s. – et confirma son rôle de centre culturel et politique de la Finlande.

Capitale d'un État indépendant – Bien que le 4 janvier 1918 le gouvernement de Lénine eût reconnu la souveraineté de la Finlande qui avait proclamé son indépendance le 6 septembre 1917, la capitale fut bientôt déchirée par la guerre civile entre partisans du régime soviétique et l'armée gouvernementale commandée par l'ancien général tsariste **Mannerheim**, vigoureusement soutenu par l'Allemagne. Cependant, l'indépendance fut sauvegardée et le 16 mai 1918, C. G. Mannerheim fit défiler ses troupes sur la rue qui devait plus tard porter son nom. Pour prix de son intervention, l'Allemagne tenta d'imposer auprès de Mannerheim, élu régent, une monarchie exercée par un prince allemand, mais sa défaite fit capoter le projet et la république fut définitivement instaurée en juin 1919 par l'adoption de la Constitution.
Le nouveau centre commerçant d'Helsinki se développa aux abords de Mannerheimintie. En 1930, l'élégant édifice abritant le grand magasin Stockmann fut terminé, suivi, l'année d'après, par la nouvelle Maison du Parlement.
Au cours de la Guerre de Continuation, la capitale fut bombardée à trois reprises en février 1944, mais les dommages furent limités, la perte la plus importante étant la destruction de la Salle des Cérémonies de l'université.
Le Grand Helsinki fut créé en 1946 par le rattachement des municipalités voisines (Espoo, Kauniainen et Vantaa).
En 1952, se déroulèrent à Helsinki les deuxièmes Jeux olympiques organisés après la Seconde Guerre mondiale ; la capitale acquit alors une certaine renommée pour l'audace de son architecture moderne d'après-guerre et fut bientôt surnommée la « Genève du Nord » pour avoir accueilli plusieurs conférences internationales : les entretiens sur la limitation des armes stratégiques entre l'Union Soviétique et les États-Unis en 1970 suivis, en 1975, par la Conférence sur la Sécurité et la Coopération en Europe (CSCE) à laquelle 35 nations prirent part.
Premier centre touristique de Finlande, Helsinki a une population étudiante très vivante, car elle compte non seulement l'université la plus importante du pays mais aussi quelque 18 instituts d'enseignement supérieur. Cependant, c'est aussi une capitale qui contribue à la vie active du pays avec ses cinq ports et ses chantiers navals hérissés de grues.

Helsinki pratique

Transports en commun – Helsinki s'étale telle une commune rurale sur plusieurs îles et presqu'îles et les principales curiosités sont très dispersées. Le réseau des transports en commun est pratique et efficace. Un tarif unique d'un billet (9 FIM) est appliqué et il est possible de passer d'un moyen de transport à un autre dans un délai d'une heure après compostage. Des carnets de dix billets sont disponibles.

Métro : il ne comprend que deux lignes. Le service fonctionne du lundi au samedi de 5 h 25 à 23 h 20, le dimanche de 7 h à 23 h 20.

Autobus : les autobus urbains sont faciles à repérer à leur couleur bleue ; ils desservent 150 lignes et fonctionnent jusqu'à 2 h du matin.

Tramways : de couleur verte et jaune ou grise et orange, les tramways desservent 9 lignes.

Ferries et bateaux : la plupart des départs se font de Kauppatori.

Service de taxis de l'aéroport : un service de « taxis en commun » (huit passagers maximum) relie la ville et l'aéroport d'Helsinki-Vantaa situé à 20 km au Nord. Le prix de la course est fixe, quelle que soit la distance parcourue.

La Carte Helsinki – Cette carte donne accès aux musées et aux autres curiosités et permet de voyager gratuitement sur les autobus, les tramways et le métro. Parmi les autres avantages, il faut compter un circuit touristique gratuit de la ville, une excursion en bateau gratuite ainsi que des réductions sur les places de concert et de théâtre et des remises dans certains magasins. La carte est valable 1, 2 ou 3 jours et est accompagnée d'un fascicule comportant des renseignements détaillés sur les diverses possibilités. La carte est disponible à l'Office de tourisme de la ville, à la gare, à l'aéroport et dans certains hôtels.

Achats – Le principal quartier commerçant est délimité par Mannerheimintie, Esplanadi et Aleksanterinkatu. Esplanadi est la vitrine du design finlandais avec des noms célèbres comme Arabia, Aarikka et Marimekko. Le centre commercial Forum, situé 20 Mannerheimintie, et la galerie marchande Kluuvi, au 9 Aleksanterinkatu, comprennent tous deux plusieurs boutiques et restaurants tandis que le grand magasin Stockmann, au 52 Aleksanterinkatu, vaut le déplacement. Le quartier compte aussi un grand nombre de magasins plus petits et de boutiques, notamment de fourrures et de bijoux.
Les magasins sont généralement ouverts du lundi au vendredi de 9 h à 17 h ou 18 h et le samedi de 9 h à 14 h ou 15 h ; cependant, les grands magasins restent ouverts jusqu'à 19 h ou 20 h du lundi au vendredi et jusqu'à 17 h ou 18 h le samedi. Une des particularités des pays nordiques est que les boisssons alcoolisées ne sont vendues que dans des magasins spécialisés qui jouissent d'un monopole d'État (Alko).
Les visiteurs qui n'appartiennent pas à l'Union Européenne peuvent se faire rembourser la TVA sur présentation de leur passeport.

Cartes de crédit – Les cartes internationales généralement acceptées sont American Express, Diners Club, Eurocard, Master Card et Visa.

Spectacles – Vous trouverez dans *Helsinki this Week* (texte en français) le programme des spectacles de l'Opéra National Finlandais dans son nouveau site sur les bords de Töölönlahti, du palais Finlandia, qui abrite l'Orchestre Philharmonique d'Helsinki et des autres salles de concerts de la ville (Maison de la Culture, Académie de Musique Jean Sibelius et Maison de la Noblesse), ainsi que de l'église Temppeliaukio dont l'acoustique est excellente. Les principaux théâtres sont le Théâtre National Finlandais *(représentations en finnois)* et le Théâtre de la Ville d'Helsinki (qui donne aussi des spectacles de danse) ou bien encore le Théâtre Suédois *(représentations en suédois)*.
Les théâtres Alexandre et Savoy sont des théâtres musicaux. Les théâtres soumis à la réglementation nationale sont pour la plupart généralement fermés en juillet, époque durant laquelle les théâtres de plein air prennent le relais.
Dans les nombreux cinémas de la ville, on passe des films en version originale avec sous-titres en finnois et en suédois. Les séances commencent d'habitude à 18 h et 21 h. La vie nocturne se cantonne dans les discothèques et les night-clubs, qui sont souvent situés dans les grands hôtels.
Les billets de concert et de théâtre sont disponibles à Lippupalvelu (service de billetterie), Mannerheimintie 5 et à Tiketti, Yrjönkatu 29C, qui sont ouverts le lundi de 9 h à 20 h, du mardi au vendredi de 9 h à 17 h et le samedi de 9 h à 14 h.
La vie artistique d'Helsinki atteint son apogée au moment du Festival annuel d'Helsinki (août à octobre), qui propose de nombreux concerts et expositions.

Sports – Il y a également un grand choix de manifestations sportives, dont les courses de trot à Vermo, le hockey sur glace à la patinoire, les compétitions d'athlétisme et les matchs de football au stade olympique.

Saunas – La plupart des hôtels, permanents ou d'été, ont une piscine mais aussi un ou plusieurs saunas. Parmi les autres saunas ouverts au public, il faut compter la Société finlandaise de Sauna à Vaskiniemi sur l'île de Lauttasaari et, à titre de curiosité, le sauna à fumée de l'hôtel Krapihovi à Tuusula.

Plages – A proximité du centre-ville, Hietaranta est probablement la plage la plus en vogue mais les plages situées sur les îles ont leur cachet spécifique : Pihlajasaari, Seurasaari, Suomenlinna ou Uunisaari ; elles sont desservies par des bateaux-bus. La température de l'eau atteint souvent 20 à 22 °C en juillet et août. Le stade nautique (Uimastadion), situé derrière le stade olympique, possède une vaste piscine en plein air et, bien sûr, le centre de loisirs Serena à Espoo dispose de bassins géants, de toboggans, de restaurants, etc.

Cafés, pubs et restaurants – Les cafés et les pubs attirent beaucoup de monde, qu'ils soient situés sur le front de mer (Café Ursula, Ehrenstömintie) ou dans un cadre de verdure (telles les terrasses estivales Kappeli et Happy Days le long d'Esplanadi) ou qu'ils fassent partie d'un musée (Café Cara Melle devant le musée municipal ou Café Amos dans le musée du même nom), d'un hôtel (Café Socis dans l'hôtel Seurahuone près de la gare) ou d'une librairie (Akateeminen le long d'Esplanadi). Par endroits, certains établissements rappellent l'Europe centrale lorsque le café est servi accompagné de gâteaux très nourrissants dans une ambiance musicale.
Le choix de restaurants est vaste ; toutefois, essayez la cuisine finlandaise chez Piekka, Mannerheimintie 48 ou bien allez dans le centre-ville, chez Havis Amanda, Unionkatu 23, près de Kauppatori et du Savoy, dont le décor de style fonctionnaliste a été dessiné par Alvar Aalto en 1937. Ou encore, laissez-vous tenter par les spécialités russes du Bellevue près de la cathédrale Uspenski ou chez Alexander Nevski, Pohjoisesplanadi 17. Quant à Kosmos, situé dans Kalevankatu, restaurant d'artistes, à l'ambiance typique des années 20, c'est un lieu où l'on se rencontre pour boire à son aise. Le Bulevardia situé dans Bulevardi, près du théâtre Alexander est d'un genre plus sophistiqué ; il a retrouvé sa splendeur d'origine, de style fonctionnaliste (1939), en 1985, grâce à Kaisa Blomstedt.

Visite de la ville – Pour avoir une vue d'ensemble de la ville, faites une excursion en bateau – car l'eau, ici, est l'élément naturel – autour des îles situées au large de la côte, ou bien prenez le tramway 3T qui suit un itinéraire circulaire (un dépliant décrit les principales curiosités que l'on rencontre en chemin). On peut ainsi visiter la ville sans trop se fatiguer. Il y a plusieurs possibilités de visites guidées à pied, parmi lesquelles on retiendra *Helsinki dans l'Histoire* et *le Passé russe d'Helsinki*. Il y a également des visites guidées en autocar.
Pour découvrir les différents visages de la ville, il faut impérativement voir les places Senaatintori et Kauppatori, au cœur de la ville officielle, et Katajanokka, derrière la cathédrale Uspenski, qui révélera toute la vigueur novatrice de l'Art Nouveau. Les exemples d'architecture moderne, par ailleurs, ne manquent pas.

Visites insolites – La mer gèle en hiver de février à avril et devient le terrain de jeux des habitants de la ville emmitouflés, qui bravent les rigueurs du froid pour faire du ski, aller à pied jusqu'aux îles, pêcher ou plonger après une séance rituelle de sauna. Même en été, la flotte des brise-glace offre l'occasion de faire une sortie intéressante. Une scène tout à fait inattendue est celle du lavage rituel des tapis dans la mer, auquel se livrent de nombreuses familles. En juillet, l'apparition des fraises sur les marchés fait accourir les Helsinkiens qui ont hâte de savourer le goût des fruits mûris lentement.

La vie à Helsinki – Les Finlandais adorent la vie au grand air et, à l'approche des beaux jours, ils passent les longues soirées à faire du jogging, du vélo, de la natation, du bateau, de la pêche ou tout simplement à profiter du grand air en famille. En hiver, la mer est gelée et nombreux sont ceux qui chaussent leurs skis pour aller faire le tour des îles.

Principales manifestations à Helsinki :

Mars	Biennale de musique contemporaine d'Helsinki
30 avril-1er mai	Célébrations du 1er mai
Juin	Spectacle folklorique sur la place Senaatintori, organisé par une province différente chaque année
12 juin	Journée d'Helsinki commémorant la fondation de la ville
Juin	Fête de la St-Jean à Seurasaari
Juillet	Marathon de la ville d'Helsinki
Août-octobre	Festival d'Helsinki
Octobre	Marché aux harengs de la Baltique
Décembre	Marché de Noël le long d'Esplanadi et à Hakaniemen tori
31 décembre.	Festivités de la St-Sylvestre sur la place Senaatintori

G. Boutin/EXPLORER

Terrasse de café sur le front de mer

Une jeune capitale à l'architecture variée

Malgré son bref passé de capitale, Helsinki est célèbre pour sa richesse architecturale. Les impulsions créatrices qu'elle a connues correspondent surtout à des périodes de changement dans le cadre national, ou même parfois de crise. C. L. Engel utilisa le style néo-classique pour doter la capitale émancipée du Grand-duché d'un centre de ville suffisamment imposant (la place du Sénat, l'Observatoire et la caserne de la Marine). Durant les années 1880 et 1890, T. Höijer préféra le style néo-Renaissance (Esplanadi et Ateneum).
Pendant les premières décennies du 20e s., des architectes tels que Gesellius, Lindgren, Saarinen et Sonck adoptèrent le style Art Nouveau, influencé cependant par le romantisme national qui exprimait la vigueur du sentiment national et la lutte pour l'indépendance durant les dernières années de l'oppression russe.
L'architecture connut un bref renouveau du classicisme au cours des années 20 pour passer ensuite dans les années 30 à l'ère du fonctionnalisme finlandais. La période d'après-guerre fut marquée par une nouvelle génération d'architectes (Ervi, Revell, Penttilä et Pietilä) aux conceptions modernes et par quelques-unes des créations les plus remarquables du « père » de l'architecture moderne finlandaise, Alvar Aalto (Maison de la Culture et Palais Finlandia).

Œuvres de référence de l'Art Nouveau européen

La gare ferroviaire est classée au même rang que les œuvres de Berlage aux Pays-Bas, Guimard en France, Gaudi en Espagne et Mackintosh en Écosse.

LA VILLE NÉO-CLASSIQUE

Lorsque Helsinki fut promue capitale du Grand-duché autonome, des travaux de construction furent entrepris, d'après les plans dressés par l'urbaniste **Johan Albert Ehrenström** (1762-1847), en collaboration avec l'architecte allemand **Carl Ludvig Engel** (1778-1840), qui avait travaillé à Tallinn et à St-Pétersbourg. Le premier édifice officiel fut le Sénat (1818-1820) et, lorsqu'un incendie détruisit l'université de Turku, celle-ci fut transférée à Helsinki en 1829. Le bâtiment principal fut terminé en 1832 et la bibliothèque en 1840. Les résidences bourgeoises qui bordaient le côté Sud de Senaatintori furent modifiées afin de s'harmoniser avec l'ensemble. La cathédrale fut achevée en 1839, mais lorsque le tsar ordonna que l'on enlève le corps de garde qui se trouvait au pied de l'édifice, un vaste escalier d'honneur faisant face au Sud fut construit à sa place.
Aujourd'hui, la place et ses marches attirent les visiteurs et les badauds et c'est ici que se déroulent plusieurs fêtes et cérémonies comme la fête de la St-Sylvestre.

★★★ **Senaatintori / Senatstorget** (**DY 53**) – La silhouette familière et imposante de la cathédrale blanche aux dômes de couleur verte qui borde le côté Nord de la place, se profile sur le ciel d'Helsinki. Engel travailla à l'aménagement de la place de 1830 à 1839 d'après ses plans de 1818, mais l'ensemble avec ses marches et ses demeures bourgeoises rénovées ne fut achevé qu'en 1852.

★ **Tuomiokirkko / Domkyrkan** (DY) ⊙ – Le bel intérieur sobre nappé de blanc de la cathédrale luthérienne et les bancs de bois façonnés simplement mettent parfaitement en valeur les dorures délicates de l'orgue incurvé, l'ornementation de la chaire et le contour du retable. Les statues représentent trois théologiens luthériens, Martin Luther, Felip Melanchthon et le réformateur finlandais qui traduisit la Bible, **Mikael Agricola** (1508-1557). Pendant qu'il traduisait la Bible, Agricola définit les premières règles du finnois écrit, c'est pourquoi on le considère comme le père de la littérature finlandaise.

On peut voir, dissimulée derrière la cathédrale, la charmante église de la Sainte-Trinité, **Pyhän Kolminaisuuden kirkko / Treenighetskyrkan** (DY **K**[1]) *(Unioninkatu 31)*, datant de 1827. Sa décoration raffinée offre un contraste marqué avec celle de son imposante voisine, mais c'est elle qui est en harmonie avec le style en vogue à l'époque.

Plusieurs édifices, tous construits par Engel, entourent la place. A l'Est se dresse le Sénat, **Valtioneuvoston linna / Statsrådsborgen** (DY **V**), qui abrite aujourd'hui le Conseil d'État ; en face, le bâtiment principal de l'université et la bibliothèque universitaire, **Yliopiston kirjasto / Universitetsbiblioteket** (DY **R**) surmontée d'un dôme, lui font pendant. Les demeures bourgeoises, qui furent modifiées pour s'accorder avec le reste, bordent le côté Sud. Dans le coin Sud-Est se dresse **Sederholmin talo** (DY **E**) ⊙ avec son toit à la Mansart. Cette ancienne demeure bourgeoise datant de 1757 a été transformée en musée contenant des intérieurs authentiques du 18e s. et du 19e s. Au centre se trouve la **statue** (1894) du tsar Alexandre II, œuvre de Walter Runeberg.

C. Boisvieux

La cathédrale

★★ **Kauppatori / Salutorget** (DY **26**) – Comme son nom le suggère, un marché très vivant (denrées alimentaires le matin et souvenirs l'après-midi en été) occupe la place du Marché qui borde le port Sud. Le port est aussi un lieu d'activité intense, animé par le constant va-et-vient des vedettes touristiques qui passent devant la masse imposante des énormes ferries de la Baltique amarrés de chaque côté du port.

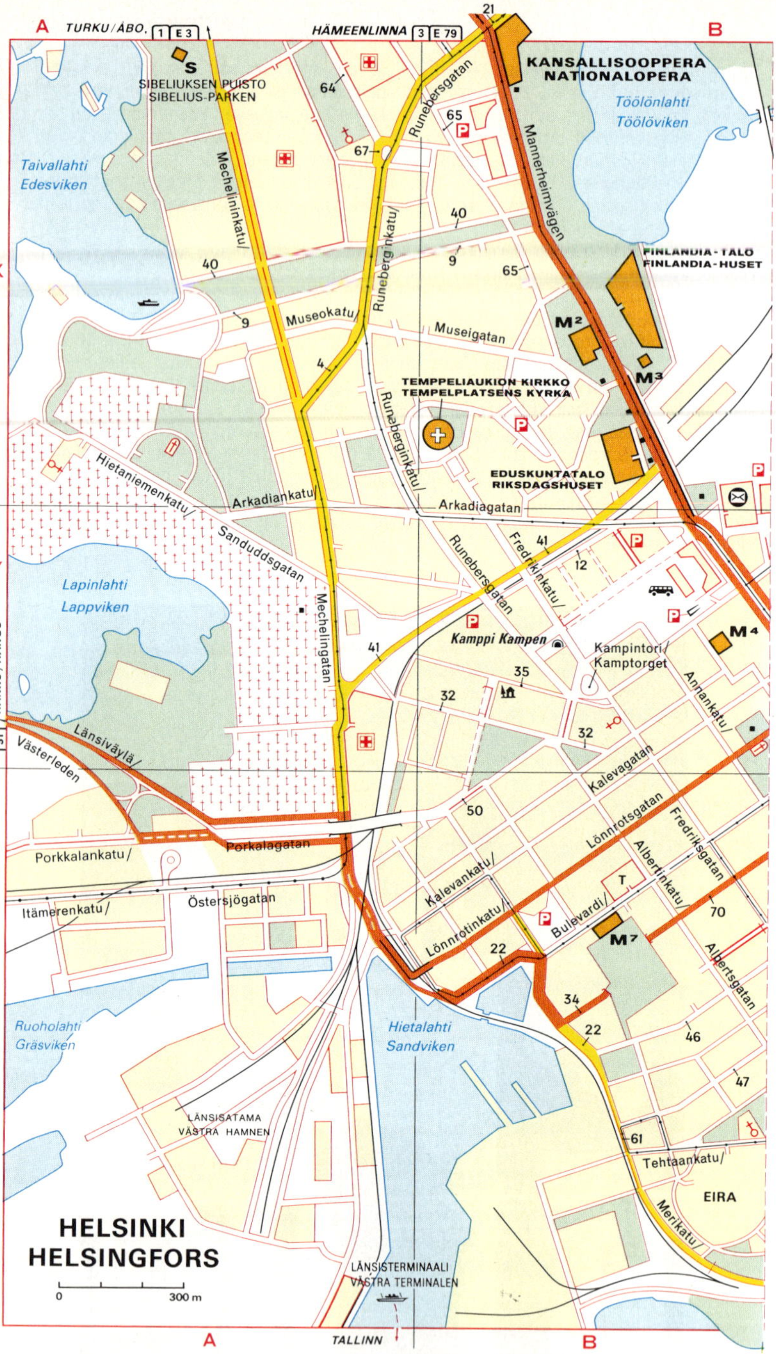

Aleksanterinkatu / Alexandersgatan .... CDY 2
Fabianinkatu / Fabiansgatan .... CXYZ
Keskuskatu / Centralgatan .... CY 27
Kluuvikatu / Glogatan .... CY 29
Mannerheimintie / Mannerheimvägen .... BCXY
Mikonkatu / Mikaelsgatan .... CY 37
Pohjoisesplanadi / Norra esplanaden .... CDY 43

Caloniuksenkatu / Caloniusgatan .... AX 4
Eläintarhantie / Djurgårdsvägen .... CX 6
Eteläesplanadi / Södra esplanaden .... CY 8
Eteläinen Hesperiankatu / Södra Hesperiagatan .... ABX 9
Eteläinen Rautatiekatu / Södra Järnvägsgatan. BY 12

Eteläranta / Södra kajen .... DY 13
Haapaniemenkatu / Aspnäsgatan .... DX 15
Hakaniemenranta / Hagnäskajen .... DX 16
Hakaniemen silta / Hagnäs bro .... DX 17
Hakaniemen tori / Hagnäs torg .... DX 19
Hallituskatu / Regeringsgatan .... CY 20
Helsinginkatu / Helsingegatan .... BX 21
Hietalahdenranta / Sandvikskajen .... BZ 22
Kaisaniemenkatu / Kajsaniemigatan .... CX 24
Kaivokatu / Brunnsgatan .... CY 25
Kauppatori / Salutorget .... DY 26
Kirkkokatu / Kyrkogatan .... DY 28
Laivasillankatu / Skeppsbrogatan .... DZ 29
Laivastokatu / Maringatan .... DY 31

B Cygnaeuksen galleria / Cygnaei galleri
C Ruiskumestarin talo / Sprutmästarens hus
E Sederholmin talo / Sederholmska huset
F Presidentinlinna / Presidentens slott
K¹ Pyhän Kolminaisuuden Kirkko / Treenighetskyrkan

M¹ Ateneum, Suomen taiteen museo / Ateneum, Museet för finländsk Konst
M² Kansallismuseo / Nationalmuseet
M³ Helsingin kaupunginmuseo / Helsingfors stadsmuseum

Lapinlahdenkatu / Lappviksgatan	BY	32
Luotsikatu / Lotsgatan	DY	33
Mallaskatu / Maltgatan	BZ	34
Malminkatu / Malmgatan	BY	35
Neitsytpolku / Jungfrustigen	CZ	38
Pohjoinen Hesperiankatu / Norra Hesperiagatan	ABX	40
Pohjoinen Rautatiekatu / Norra Järnvägsgatan	ABY	41
Pohjoisranta / Norra kajen	DX	44
Punavuorenkatu / Rödbergsgatan	BZ	46
Pursimiehenkatu / Båtsmansgatan	BZ	47
Ratakatu / Bangatan	CZ	49
Ruoholahdenkatu / Gräsviksgatan	BZ	50
Satamakatu / Hamngatan	DY	52
Senaatintori / Senatstorget	DY	53
Siltasaarenkatu / Broholmsgatan	CX	55
Siltavuorenranta / Brobergskajen	DX	56
Snellmaninkatu / Snellmansgatan	DX	58
Sörnäisten rantatie / Sörnäs strandväg	DX	60
Telakkakatu / Docksgatan	BZ	61
Topeliuksenkatu / Topeliusgatan	AX	64
Töölönkatu / Tölögatan	BX	65
Töölöntori / Tölötorg	AX	67
Unioninkatu / Unionsgatan	DXYZ	68
Uudenmaankatu / Nylandsgatan	BCZ	70
Yrjönkatu / Georgsgatan	BCY	72

M^4	Amos Andersonin taidemuseo / Amos Andersons konstmuseum
M^5	Mannerheim-museo / Mannerheim-museet
M^6	Taideteollisuusmuseo / Konstindustrimuseet
M^7	Sinebrychoffin taidemuseo / Sinebrychoffs konstmuseum
R	Yliopiston kirjasto / Universitetsbiblioteket
S	Sibelius-monumenti / Sibelius-monumentet
T^1	Ruotsalainen teatteri / Svenska Teatern
T^2	Suomen Kansallisteatteri / Finska Nationalteatern
V	Valtioneuvoston linna / Statsrådsborgen

D'Est en Ouest le long du port s'alignent des édifices de style Empire :
– le Palais présidentiel, **Presidentinlinna / Presidentens slott** (**DY F**), qui était à l'origine un hôtel particulier construit en 1818 par le prédécesseur d'Engel, Pehr Granstedt (1764-1828), pour un marchand du nom de Heidenstrauch. En 1837, la municipalité acheta la demeure pour la transformer en résidence impériale et, en 1854, le tsar Nicolas Ier y séjourna. L'édifice est aujourd'hui réservé exclusivement aux fonctions officielles ;
– la Cour Suprême, **Korkein Oikeus**, qui est également l'œuvre de Pehr Granstedt ;
– l'hôtel de ville, **Kaupungintalo**, dessiné par Engel, fut pendant une longue période un hôtel de luxe et le centre de la vie sociale et culturelle d'Helsinki. Lorsqu'il ferma ses portes en 1913, il fut repris par la municipalité. Le fronton porte les armes de la ville.

Devant l'hôtel de ville se dresse la **fontaine Havis Amanda** (1908), œuvre de Ville Vallgren. Sa statue célèbre est au cœur des divertissements du 1er mai : à cette occasion, les étudiants la coiffent de la toque universitaire. Plus à l'Est, face à l'ambassade de Suède, on peut voir **Keisarinnan kivi** (la Pierre de la tsarine), qui commémore la visite de la tsarine Alexandra Feodrovna au Grand-duché en 1833. L'obélisque est surmonté de l'aigle à deux têtes des Romanov.

★★ **Esplanadi** (**CDY 8/43**) – Un parc central encadré d'avenues s'étend vers l'Ouest entre Kauppatori et Mannerheimintie ; l'ensemble fut tracé en 1831. Des édifices néo-Renaissance richement décorés, construits par T. Höijer vers 1880, s'alignent le long de l'avenue du Nord (Pohjoisesplanadi). Plusieurs magasins renommés de design finlandais ainsi que des boutiques de mode se succèdent le long d'Esplanadi. La silhouette élégante du restaurant et café **Kappeli** (1867) se dissimule parmi les arbres à l'extrémité Est d'Esplanadi. En se dirigeant vers l'Ouest, on peut voir, au centre du parc, la **statue** du poète national finlandais **J. L. Runeberg** (1804-77) réalisée par son fils Walter. A l'extrémité Ouest des jardins se dresse l'édifice en forme de demi-cercle abritant le Théâtre suédois (1866), **Ruotsalainen teatteri / Svenska Teatern** (**CY T**[1]), qui monte des pièces de théâtre et des comédies musicales en suédois.

E. Baret

Statues d'Emil Wikström à la gare

LE NOUVEAU CENTRE DE VILLE

C'est au 20e s. que la Finlande acquit son indépendance et que l'importance d'Helsinki grandit en conséquence. On continua à construire jusqu'à la Seconde Guerre mondiale et même pendant celle-ci, car la capitale participa au relogement des 400 000 réfugiés qui avaient fui les territoires de la Carélie cédés aux Russes. Puis entre 1950 et 1970, la ville dut à nouveau loger un grand nombre de Finlandais quittant les zones rurales – jusqu'à 16 000 par an – et sa population fut presque doublée. Alvar Aalto (1898-1976) conçut en 1964 le plan d'urbanisme d'un nouveau centre de ville situé sur les rives de Töölönlahti. Bien qu'une partie seulement de son plan (le palais Finlandia) ait été réalisée de son vivant, son idée de construire plusieurs monuments à vocation culturelle au bord de la baie commence à prendre forme : le nouvel opéra a été inauguré en 1993 et les plans d'un musée d'Art contemporain dessinés par l'architecte américain, Steven Holl, ont été approuvés.

★★ **Rautatieasema / Järnvägsstationen** (**CX**) – *Rautatientori.* Les plans des architectes associés Gesellius, Lindgren et Saarinen, retenus lors du concours de 1904, étaient dans le plus pur style romantique national, mais avant que l'œuvre commandée fût achevée par Saarinen en 1914, l'influence de l'Art Nouveau international avait laissé sa marque. La gare est l'un des monuments majeurs de la capitale et, aux yeux des spécialistes, elle justifie à elle seule une visite de la ville. L'entrée principale, située dans Kaivokatu, est encadrée par de massives statues à l'air austère, réalisées par Emil Wikström dans le style romantique national. Un immense tableau d'Eero Järnefelt représentant le lac Pielinen décore le fond du restaurant de la gare.

★ **Eduskuntatalo / Riksdagshuset** (**BX**) – L'édifice massif de granite rouge (1931), conçu par le professeur Sirén, abrite le Parlement à chambre unique composé de 200 membres. L'intérieur aux lignes pures est un splendide exemple de fonctionnalisme finlandais ; la cafétéria, en particulier, est très représentative. La salle principale, ornée de cinq statues sculptées par Wäinö Aaltonen, est circulaire et agrémentée de colonnes qui supportent les deux galeries superposées sous un dôme fait de pâte de canne à sucre tassée.

★★ **Finlandiatalo / Finlandia-huset** (**BX**) – Le palais Finlandia fut conçu par **Alvar Aalto** (1898-1976) comme élément dans son plan d'urbanisme du nouveau centre-ville sur les rives de la baie de Töölönlahti. Une partie seulement de l'édifice fut achevée en 1971 et l'aile des congrès fut ajoutée en 1975. La forme basse et allongée de l'ensemble, en marbre blanc de Carrare, offre un contraste frappant avec le musée National et le Parlement qui lui font face. La façade principale donne sur Töölönlahti et le dépôt de la gare. En plus de la salle de concerts principale (1 750 places), il y a une salle de musique de chambre (352 places), une salle en terrasse (300 places) ainsi que des salles de conférences et de réunions. C'est au palais Finlandia que furent signés en 1975 les accords d'Helsinki. Il accueille aujourd'hui l'Orchestre Philharmonique et l'Orchestre Symphonique de la Radio.

★★ **Kansallisooppera / Nationalopera** (**BX**) – L'élégant bâtiment du nouvel opéra conçu par les architectes associés Hyvämäki, Karhunen et Parkkinen et situé sur les rives de Töölönlahti, est orné de céramique blanche et de granit finlandais, qui le font doucement scintiller. Outre un auditorium de 1 364 places doté d'une machinerie de pointe, une salle de 500 places est destinée au travail expérimental et aux répétitions. Lors de l'inauguration en 1993 eut lieu la première de *Kullervo*, opéra d'Aulis Sallinen commandé spécialement pour la circonstance. Les grands opéras classiques tels que *Don Carlos* de Verdi, *la Tosca* de Puccini et *l'Or du Rhin* de Wagner sont traditionnellement inscrits au répertoire, mais l'Opéra National Finlandais est également réputé pour ses productions d'ouvrages nationaux modernes.

★★ **Temppeliaukion kirkko / Tempelplatsens kyrka** (**BX**) – Cette église circulaire creusée dans le roc fut conçue en 1960 par les frères Timo et Tuoma Suomalainen. Bien que bâtie en 1968 et 1969, elle devint rapidement l'une des principales attractions de la ville du fait de sa conception et de sa réalisation ingénieuse.

A. Koenig/EXPLORER

Temppeliaukion kirkko : l'« église dans le rocher »

Les parois intérieures où la roche a été gardée à l'état brut sont prolongées par des murs de béton et coiffées d'un dôme peu bombé bordé d'une frange de poutres en béton laissant filtrer la lumière. Dotée d'une acoustique excellente, l'église est souvent utilisée pour des concerts.

Suomen Kansallisteatteri / Finska Nationalteatern (CX T²) – Le **Théâtre National Finlandais** fut fondé en 1872 et l'édifice de granit gris au toit rouge et à l'aspect de château fut bâti dans le plus pur style romantique national par Onni Tarjanne. La première représentation d'une pièce en finnois avait eu lieu trois ans plus tôt.
La **statue** à l'expression pensive qui se dresse devant le théâtre est celle du père du roman finlandais, **Alexis Kivi**, par Wäinö Aaltonen. Kivi est l'auteur du premier roman jamais écrit en finnois, *Les Sept Frères* (*Seitsemän Veljestäone*, 1870), une histoire réaliste et pleine d'humour.

MUSÉES SITUÉS DANS LES ENVIRONS IMMÉDIATS

★★ **Ateneum, Suomen taiteen museo / Ateneum, Museet för finländsk konst** (CY M¹) ⊙ – Les principales collections du **musée des Beaux-Arts Ateneum**, exposées par ordre chronologique, offrent un excellent aperçu de l'art finlandais. Les premiers portraitistes Nils Schillmark et Isak Wacklin sont suivis par les frères Von Wright, autodidactes. La majorité de leurs œuvres sont des natures mortes (*Canards sauvages pendus* et *Coqs de bruyère se battant* par Wilhelm), mais leurs tentatives pour traiter d'autres sujets ne sont pas sans intérêt (représentation d'Helsinki endormie sous la neige dans la *Maison de Liljestrand en Hiver* par Magnus et scène paisible du *Jardin à Haiminanlahti* par Ferdinand). Plusieurs peintres finlandais s'initièrent à l'art du paysage au contact de l'école de Düsseldorf (Werner Holmberg, Munsterhjelm et Lindholm). Fanny Churberg rompit avec la tradition par la vigueur de ses toiles.
L'Enterrement d'un Enfant (1879) par Edelfelt est considéré comme la première œuvre réaliste de Finlande. Le même Edelfelt réalisa des tableaux parisiens *(Jardin du Luxembourg* et *Louis Pasteur)*, imprégnés d'impressionnisme, qui vont à l'encontre du principal courant artistique finlandais, alors très influencé par le folklore. Cependant, sa *Reine Bianca* (1877), inspirée par le conte de Topelius *Les neuf pièces d'argent*, et ses *Femmes devant l'église* montrent que lui aussi se laissa influencer par le carélianisme. Attiré par l'impressionnisme, le peintre Victor Westerholm (*Arbres fruitiers en fleurs, Suresnes*, 1890) décida de réagir contre le courant carélien et romantique national en fondant une colonie d'artistes à Önningeby dans les îles d'Åland *(voir à ce nom)*. Akseli Gallen-Kallela fut le réaliste par excellence et probablement le plus grand peintre finlandais. Parmi ses chefs-d'œuvre de grande dimension, on compte une œuvre de jeunesse, *L'enfant et la corneille*, le très beau *Imatra en hiver* et ses tableaux des années 1890, fortement influencés par le *Kalevala*, poème épique national *(Mythe d'Aino, La mère de Lemminkäinen, La malédiction de Kullervo* et *Le fratricide)*.
Au troisième étage, on peut admirer les œuvres du peintre féminin le plus célèbre de Finlande, Helene Schjerfbeck (1862-1946), et les toiles lancinantes du symboliste Hugo Simberg (1873-1917). La collection d'art contemporain attend qu'un nouveau lieu d'exposition lui soit consacré.

★★ **Kansallismuseo / Nationalmuseet** (BX M²) ⊙ – L'édifice fut dessiné par Herman Gesellius, Armas Lindgren et Eliel Saarinen au tout début du 20ᵉ s. Le style rappelle certains traits des églises et des châteaux médiévaux finlandais, et contient des éléments d'Art Nouveau. Les **fresques** (1928) situées dans le hall central sont d'Akseli Gallen-Kallela et illustrent les légendes du *Kalevala (voir à Kuhmo)*.

Le **musée national de Finlande** présente, à travers ses riches collections d'archéologie, d'histoire culturelle et d'ethnologie, le développement de la vie en Finlande, de la préhistoire à nos jours.
Les expositions qui retiennent surtout l'attention sont la nouvelle section de préhistoire, les collections d'art médiéval et d'armes, les salles du Jakkarila, qui illustrent la vie dans un manoir du 18ᵉ s., l'exposition retraçant l'histoire du vêtement ainsi qu'une cabane traditionnelle sans cheminée. Un nouveau département est consacré aux monnaies et médailles.

Helsingin kaupunginmuseo / Helsingfors stadsmuseum (BX M³) ⊙ – Lorsque la villa Hakasalmi, qui abrite aujourd'hui le musée municipal d'Helsinki, fut construite entre 1843 et 1847, elle se trouvait en dehors des limites de la ville. Les expositions retracent l'histoire d'Helsinki.

★ **Amos Andersonin taidemuseo / Amos Andersons konstmuseum** (BX M⁴) ⊙ – L'éditeur et mécène **Amos Anderson** (1878-1961) fit don à l'État de sa maison et de ses riches collections. Une sélection d'art finlandais du 20ᵉ s. est exposée dans les salles des deux étages. Les autres pièces sont utilisées pour présenter des expositions temporaires d'art contemporain. Sa résidence d'été à Söderlångvik dans l'archipel de Turku *(voir à ce nom)* contient ses objets personnels et sa collection d'art.

★ KATAJANOKKA/SKATUDDEN (DYZ)

Le promontoire rocheux qui sépare le port Nord et le port Sud était autrefois occupé par des entrepôts et les casernes de la marine. Il faut monter sur Luotsikatu afin d'admirer les motifs décoratifs d'Art Nouveau utilisés par les architectes au début du siècle. Le **n° 1**, la Maison Tallberg, et le **n° 5** sont riches en éléments novateurs. Du côté Nord, la façade du quartier général de la marine, construit par Engel et abritant aujourd'hui le ministère des Affaires étrangères, a vue sur le mouillage de l'imposante **flotte des brise-glace**★.

★ **Uspenskin katedraali / Uspenskikatedralen** (DY) ⓥ – Avec ses dômes brillants en forme d'oignons, cet édifice de brique rouge, qui se dresse sur une butte rocheuse, est la contrepartie de la cathédrale luthérienne. La cathédrale date de 1868, époque à laquelle il y avait de nombreux dignitaires russes à Helsinki ; c'est une des plus belles parures de la capitale à cette époque. L'intérieur richement décoré (mosaï-ques, iconostase dorée et resplendissante de couleurs, icônes) offre un contraste évident avec la sobriété de la cathédrale luthérienne.

KAIVOPUISTO/BRUNNSPARKEN (DZ)

Au 19e s., la station thermale de Kaivopuisto était fréquentée par les grands-ducs et les princes russes qui venaient y prendre les eaux ; aujourd'hui les diplomates étrangers résident dans ses élégantes rues ombragées. Le quartier se prête admirablement à une agréable promenade, qui permet de découvrir quelques belles demeures en bois du 19e s.

★ **Cygnaeuksen galleria / Cygnaei galleri** (DZ B) ⓥ – La résidence d'été du **professeur Fredrik Cygnaeus** (1807-1881) – si représentative du parc de Kaivopuisto tel qu'il était au milieu du 19e s. – abrite aujourd'hui ses collections d'art du 19e s. Les œuvres reflètent les relations qu'il eut avec d'autres personnalités du monde des arts et des lettres de cette époque : le sculpteur Carl Eneas Sjöstrand, le peintre Albert Edelfelt *(Le village brûlé)*, le paysagiste Werner Holmberg et beaucoup d'autres.

★ **Mannerheimmuseo / Mannerheim-museet** (DZ M5) ⓥ – Pour un grand nombre de personnes, le **baron G. Mannerheim** (1867-1951) fut la personnalité la plus importante dans la lutte de la Finlande pour son indépendance. Il fut maréchal et commandant en chef de l'armée finlandaise pendant les guerres de 1939-40 et 1941-44, puis président de 1944 à 1946. Des uniformes, des médailles, des documents et des photographies illustrent la vie, les expéditions et les campagnes de ce grand chef militaire et homme d'État. Dans la salle à manger, on peut voir un portrait du maréchal à 62 ans, peint par son ami Akseli Gallen-Kallela.

EIRA

Au début du 20e s., des plans furent dessinés pour faire de ce quartier, situé sur le front de mer, un quartier résidentiel, et on peut encore y voir aujourd'hui de nombreux joyaux d'architecture Art Nouveau. L'**hôpital d'Eira** (1905) par Lars Sonck est un chef-d'œuvre de style romantique national tandis que sa voisine, la **villa Johanna** (1906) par Selim Lindqvist est de style Art Nouveau international.

Ch. Bastin-J. Évrard

Porche « Art Nouveau »

AUTRES CURIOSITÉS

★ **Olympiastadion** – *Eteläinen Stadionintie 3. Suivre Helsinginkatu* (BX) *vers le Nord.* D'inspiration fonctionnaliste, le **stade olympique** fut conçu par Yrjö Lindegren et Toivo Jäntti pour les Jeux prévus en 1940, mais ce n'est qu'en 1952 qu'Helsinki put finalement accueillir les Jeux olympiques.

Les Finlandais et le sport

Forts de leur tradition de *sisu* (la force intérieure), les Finlandais ont toujours été des sportifs assidus et des concurrents à la détermination farouche comme les 23 médaillés finlandais (bien qu'ils aient pris part aux Jeux olympiques de Stockholm en 1912 sous la bannière russe). Parmi les autres médaillés, on compte le coureur Hannes Kolehmainen, l'étonnant Paavo Nurmi, et son successeur Lasse Viren. Les Finlandais ont aussi remporté des victoires dans d'autres disciplines comme l'ont montré le skieur Eero Mäntyranta et le champion de saut à skis Matti Nykänen, le lanceur de javelot Seppo Räty, et le champion d'aviron Pertti Karppinen.

La tour de 72 m de hauteur offre une **vue★★** remarquable d'Helsinki dans son cadre de forêts et de lacs. Le musée des sports, **Suomen Urheilumuseo** ⏲ (entrée à 50 m au-delà de la tour), illustre l'évolution et les épisodes glorieux du sport finlandais.

La statue de coureur par Wäinö Aaltonen, érigée devant l'entrée principale, représente le coureur de fond **Paavo Nurmi** (1887-1973) souvent connu sous le nom de « Finlandais volant ». Il prit part à trois Jeux olympiques et gagna 9 médailles d'or et trois médailles d'argent pendant les années 20.

★ **Taideteollisuusmuseo / Konstindustrimuseet** (**CZ M**[6]) ⏲ – Les collections situées au rez-de-chaussée du **musée d'Art industriel** illustrent le développement du design finlandais depuis le carélianisme des années 1880-90 au fonctionnalisme (Alvar et Aino Aalto) et au rationalisme en passant par l'Art Nouveau (Walter Jung, Albert Finch) et ses applications au style romantique national (Eliel Saarinen, Gallen-Kallela). Les collections de verrerie occupent une place importante.

Sinebrychoffin taidemuseo / Sinebrychoffs konstmuseum (**BZ M**[7]) ⏲ – La collection de portraits suédois des 17e et 18e s. achetée par Paul et Fanny Sinebrychoff était à l'origine exposée dans un appartement de trois pièces situé dans le bâtiment de la brasserie Sinebrychoff. Le musée fut agrandi plus tard pour abriter d'autres donations ainsi que les collections d'art étranger du 14e s. au milieu du 19e s. appartenant à l'Ateneum. Les pièces du rez-de-chaussée contiennent les portraits du 17e s. (Ehrenstrahl, les deux tableaux de la reine Christine par Beck et von Krafft), les œuvres du 18e s. (Roslin et Pasch le Jeune) ainsi que les portraits finlandais. A l'étage, les pièces de l'appartement d'origine sont reconnaissables à leur décoration et forment un cadre approprié pour d'autres portraits (A et B), pour les œuvres hollandaises et flamandes du 17e s. – remarquer le *Moine lisant* de Rembrandt – (D et E), la collection de miniatures (F) d'un grand intérêt historique, la collection d'icônes russes et caréliennes (G), l'art italien du 14e s. au début du 16e s. et enfin les toiles françaises de Daubigny, Watteau et Corot. Il y a une importante collection de porcelaine au sous-sol.

★ **Sibeliusmonumentti / Sibelius-monumentet** (**AX S**) – Le sculpteur Eila Hiltunen mit six ans à réaliser ce curieux monument fait de tubes d'acier, qui fut érigé en 1967, dix ans après la mort du grand compositeur, afin de célébrer son œuvre. Le buste de Sibelius, placé à droite sur le roc, œuvre de la même artiste, fut ajouté plusieurs années plus tard. La baie qui scintille en toile de fond et les magnifiques bouleaux forment un cadre convenant admirablement à cette œuvre d'art impressionnante.

Ruiskumestarin talo / Sprutmästarens hus (**DX C**) ⏲ – Connue sous le nom de « maison du bourgeois », c'est l'une des dernières maisons de bois, caractéristique de l'Helsinki d'avant 1812, bien que les bâtiments datent de 1818. Le mobilier et la décoration sont de 1860 environ. Dans la maison de quatre pièces, on remarquera surtout les lits pliants, le poêle en brique d'origine qui orne la chambre et la provision de pain, prévue pour six mois, suspendue dans la cuisine. Un bâtiment plus petit abrite une collection de vieilles photographies d'Helsinki.

ENVIRONS

Arabian museo / Arabias museum ⏲ – *Hämeentie 135. Suivre la route 170 (**DX**) en direction du Nord-Est. Tramway 6 ou bus 71, 74 ou 76. Transport gratuit en été à partir du centre de la ville.*

Une petite fabrique de porcelaine fut installée en 1873 à Arabia aux abords d'Helsinki. C'est en grande partie grâce à la production de cette fabrique que s'est établie la renommée du design finlandais et scandinave reposant sur quatre critères : la qualité, la pureté des lignes, l'originalité et l'utilité. Au cours de la **visite,** on peut observer les étapes successives de la fabrication et voir les produits finis. Un **musée** *(9e étage)* présente un échantillon de la production des cent dernières années et la **boutique** est l'endroit idéal pour succomber à la tentation.

★★ **Seurasaari / Folisö** ⓥ – *Musée de plein air et lieu de distractions sur l'île de Seurasaari. Le bus n° 24 s'y rend à partir du centre de la ville. Les numéros du texte sont ceux employés sur place.*
Le **musée de plein air** a été fondé en 1909 par le professeur A. O. Heikel, dont l'idée était de rassembler des constructions en bois caractéristiques des différentes provinces afin de présenter les diverses méthodes traditionnelles de la construction en bois ainsi que les différents modes de vie traditionnels. Aujourd'hui, le musée contient près de cent bâtiments différents datant principalement des 18e s. et 19e s. La **ferme à bail Niemelä** (7) montre par exemple comment le sauna, qui était souvent le premier à être construit, servait de logement temporaire jusqu'à ce que le reste fût construit. L'**Église de Karuna** (8), qui date de 1686, est le bâtiment le plus ancien. Plus loin on peut voir les bateaux d'église (9) et une copie de la petite maison de l'écrivain Aleksis Kivi (10). La ferme carélienne **Pertinotsha** (19) est construite en rondins. Les **bâtiments de ferme Antti** (25) répartis autour de deux cours fermées montrent quel pouvait être le niveau de vie d'une famille riche dans une exploitation agricole du Sud-Ouest de la Finlande. Le **village de Laponie** (27) est particulièrement intéressant avec ses greniers perchés sur des poteaux pour les protéger des animaux maraudeurs. Si on séjourne à Helsinki à l'époque de la St-Jean, il ne faut pas manquer d'assister aux festivités traditionnelles à Seurasaari.

★ **Urho Kekkosen museo / Urho Kekkonens museum** ⓥ – *Tamminiemi.* Cette villa du début du 20e s. fut léguée à l'État en 1940 par l'éditeur Amos Anderson. Les présidents Risto Ryti et Carl Gustaf Mannerheim firent de Tamminiemi leur résidence officielle, puis Urho Kekkonen (1900-1986) qui y a laissé le plus de souvenirs. Il y vécut depuis son élection en 1956 jusqu'à sa mort en 1986. La résidence est aujourd'hui un musée qui rappelle les principaux événements privés et politiques qui jalonnèrent les quatre mandats successifs de Kekkonen. Les œuvres d'art côtoient les cadeaux officiels ; parmi les œuvres finlandaises, on retiendra un relief doré par Essi Renvall, intitulé *Travailleurs*, les aquarelles d'Aimo Kanerva qu'aimait tant Sylvi Kekkonen et *Crépuscule* d'Akseli Gallen-Kallela. On peut voir également deux tableaux du peintre russe Ilja Glazunov représentant le village natal de Kekkonen et le président lui-même.

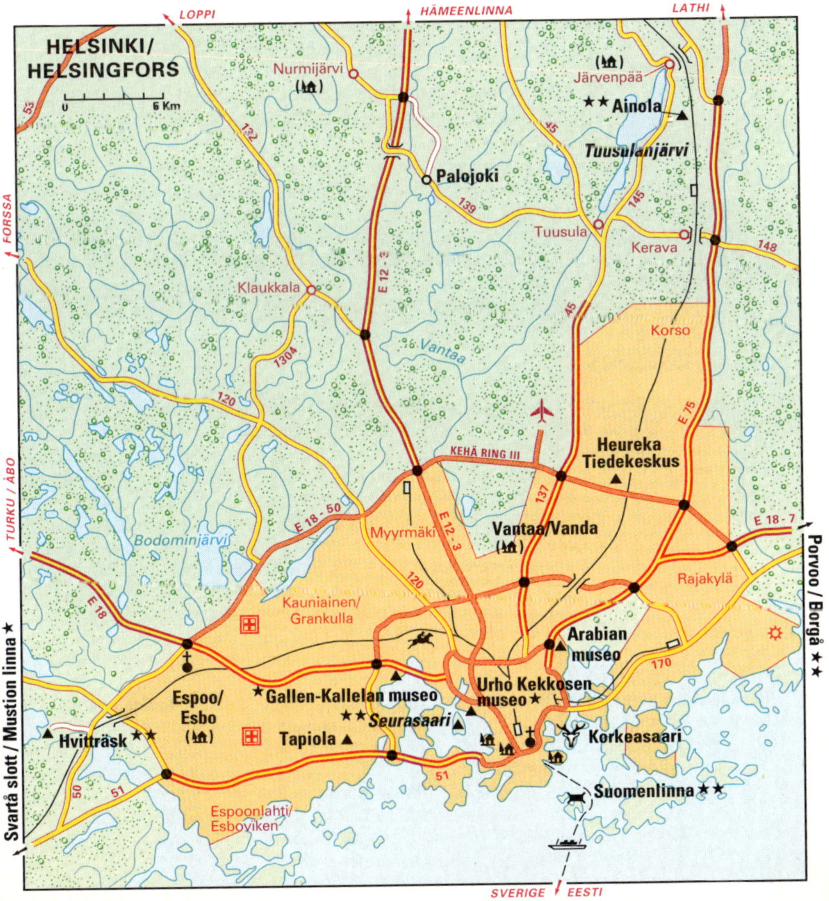

★★ **Suomenlinna** ⊙ – *Des ferries font la navette entre Kauppatori* (**DY 26**) *et les îles. Un restaurant est ouvert toute l'année et un café l'été seulement.*
Lorsque la forteresse de Sveaborg fut construite sur un groupe de six îles situées au large des côtes, face à Helsinki, c'était la plus grande place forte de Suède et son rôle était de défendre toute la frontière orientale. La plus grande crainte des Suédois était, à l'époque, que la Russie annexât la Finlande. Le projet, confié à G. M. Armfelt, était le plus important jamais entrepris ; il fallut en effet bâtir quatre forteresses séparées, chacune sur une île différente, en mesure de loger plus de 1 000 canons et protégées par des remparts de 8 km de long. Sveaborg devint la base de la flotte côtière en même temps qu'une ville de garnison tandis que la flotte de haute mer restait à Karlskrona en Suède. En 1805, la forteresse comptait 4 600 habitants, ce qui en faisait la deuxième ville de Finlande après Turku, dont la population atteignait 11 300 habitants ; c'était également un important pôle culturel. En 1808, elle passa sous contrôle russe, comme le reste de la Finlande, et eut pour fonction de protéger la nouvelle capitale finlandaise. Lors de la guerre de Crimée (1853-1856), elle était devenue obsolète et fut sérieusement endommagée au cours d'une attaque combinée des marines française et britannique. L'autorité russe cessa en 1918 et la « Gibraltar du Nord » fut rebaptisée Suomenlinna, ou Fort de Finlande.
Aujourd'hui, les îles sont en partie habitées mais, pour la plupart des Helsinkiens, c'est un lieu de détente et de loisirs. Plusieurs musées évoquent différents aspects de la vie d'autrefois à l'intérieur de la forteresse. L'**Ehrensvärd museo** présente le logement typique d'un officier au 18e s. tandis que les divers musées militaires (sous-marin Vesikko, artillerie côtière) illustrent le rôle militaire de la forteresse. L'île principale abrite le centre nordique des Arts, qui organise des expositions d'œuvres de jeunes artistes originaires des pays nordiques. Suomenlinna figure sur la liste des sites du patrimoine mondial, dressée par l'UNESCO.

Korkeasaari / Högholmen – *Service de ferries au départ de Kauppatori* (**DY 26**). *Café ouvert en été.*
Cette excursion le long de la côte sera d'autant plus agréable si elle est effectuée en bateau. Le zoo, l'un des plus septentrionaux d'Europe, est spécialisé dans les animaux des régions froides ou montagneuses.

★ **Akseli Gallen-Kallelan museo** – *Voir à Espoo / Esbo.*

Suggestions d'excursions à partir d'Helsinki

Des ferries font régulièrement la navette entre Helsinki et les États baltes dont chacune des capitales a son style caractéristique. Une intéressante croisière permet de visiter les **capitales de la Baltique** (Tallinn, Copenhague et Stockholm).
Les splendeurs de **St-Pétersbourg** sont à quelques heures de bateau seulement, et il est facile de s'y rendre par la mer pour en découvrir le charme romantique et admirer les façades majestueuses de ses palais du 18e s. ainsi que les chefs-d'œuvre que contiennent ses musées. Tentez alors l'impossible : essayer d'acheter des billets pour le ballet.

EXCURSIONS

★★ **Hvitträsk** – *30 km à l'Ouest par la route 51 qui rejoint le boulevard périphérique, Kehä Ring III ; se diriger ensuite vers le Nord, puis suivre les indications.*
Les trois architectes les plus éminents du début du 20e s. en Finlande construisirent, entre 1902 et 1904, ce chef-d'œuvre de style romantique national qui ressemble à un château. La colline boisée dominant le lac Vitträsk, profond et clair, offrait un cadre idéal aux artistes aspirant à un « retour à la nature » selon le goût de l'époque. La demeure fut le lieu de rendez-vous de nombreuses célébrités du début du 20e s. : les compositeurs Jean Sibelius et Robert Kajanus, l'écrivain russe Maxime Gorki ainsi que des peintres, notamment Gallen-Kallela et le Norvégien Edvard Munch, tous jeunes et fougueux. Les Saarinen habitèrent la maison jusqu'en 1923 puis quittèrent la Finlande pour les États-Unis à la suite du succès d'Eliel au concours organisé en vue de la construction du siège social du *Chicago Tribune*.
Eliel Saarinen (1873-1950), chef du groupe d'architectes, habitait l'**édifice principal**★★, aujourd'hui aménagé en musée, et l'aile Ouest abritait les bureaux. La maison fut conçue non seulement comme une œuvre architecturale mais aussi, selon les principes du mouvement romantique national, comme une œuvre d'art, et c'est dans cet esprit que la décoration intérieure fut réalisée par Saarinen lui-même et par sa femme Loja Gesellius, qui tissa les textiles. D'autres artistes apportèrent leur contribution : Akseli Gallen-Kallela peignit les **fresques**★ de la salle à manger, et Albert Finch *(voir à Porvoo)* dessina les vitraux. **Armas Lindgren** (1874-1929) habitait l'aile Nord, aujourd'hui réaménagée en hôtel.

Hvitträsk-Säätio

Décoration intérieure à Hvitträsk

Le bâtiment en rondins sombres, transformé en restaurant, était la demeure d'**Herman Gesellius** (1874-1916), qui épousa Mathilda, la première femme d'Eliel, et dont la sœur, Loja, fut la seconde femme de Saarinen. En été, des expositions de sculpture ont lieu dans la cour. En empruntant l'allée partant du restaurant ou bien les escaliers situés derrière la maison principale, on peut voir au bord du lac un sauna en rondins typique, construit dans les années 1960 selon les plans de Reima Pietilä.
Eliel et Loja Saarinen sont tous deux enterrés dans la forêt de Hvitträsk, selon leur souhait, bien qu'ils ne soient jamais revenus vivre en Finlande de façon permanente.

★ **Mustion linna / Svartå slott** – *74 km par la route 51 en direction de Hanko.*
Le riche propriétaire d'une fonderie, **Magnus Linder II** (1751-1801), engagea Erik Palmstedt, architecte de la ville de Stockholm, pour dresser les plans de ce manoir de bois (1783-1792). Le magnifique **intérieur de style gustavien**★★ comprend le salon des dames au premier étage où l'on peut voir de remarquable peintures murales (1790) par Louis Jean Desprez, architecte préféré du roi Gustave.
Le bureau du rez-de-chaussée, utilisé par le dernier propriétaire, Hjalmar Linder (1862-1921), est meublé de plusieurs pièces de style Art Nouveau par Louis Sparre *(voir à Porvoo)*.
Le manoir est entouré d'un beau parc à l'anglaise conçu vers 1860 par Fridolf Linder (1823-1896) et planté d'espèces rares.
L'édifice blanc construit en pierre en 1867 a été converti en hôtel et le hangar pour voitures à chevaux, de style néo-gothique, a été transformé en restaurant-cafétéria. Une allée située à gauche du restaurant franchit la rivière Svart et conduit aux **logements des ouvriers de la fonderie**★, charmantes maisons de bois peintes en rouge, qui sont aujourd'hui des maisons individuelles ou des chambres d'hôtel. La **chapelle** ★ du manoir, également en bois, date de 1757.

Palojoki – *37 km en direction du Nord par la E 12-3 jusqu'à la sortie pour Nurmijärvi, puis vers le Sud en direction de Tuusula jusqu'au village de Palojoki.*
La région natale du « père du roman finlandais », **Aleksis Kivi** (1834-1872) a dans l'ensemble conservé ses champs et ses prairies sillonnés de rivières et de ruisseaux et si bien connus de tous les Finlandais grâce au roman *Les Sept Frères (Seitsemän veljestä)* écrit dans les années 1860. La maison natale d'Aleksis Kivi, **Aleksis Kiven syntymäkoti**, contient des souvenirs de l'écrivain et de son père qui était tailleur du village. Le jeune Kivi aimait se cacher au grenier d'où il pouvait admirer la vallée de la rivière Palojoki.

★★ **Porvoo / Borgå** – *Voir à ce nom.*

La maison de Sibelius et la région du lac Tuusula – *Circuit de 77 km. Quitter Helsinki par la route 137 en direction de l'aéroport ; au-delà de Tuusula, la route prend le n° 145. 2 km avant Järvenpää suivre les indications pour Ainola.*
Cette excursion conduit le visiteur au cœur de la province d'Uusimaa et sur les rives du lac Tuusula (Tuusulanjärvi). Au début du 20e s., la région était fréquentée par des artistes et des écrivains qui, conformément à l'idéal du mouvement romantique national, aspiraient à un retour à la nature. La région a conservé un certain charme bien que de nombreuses villes satellites se soient développées autour des villages d'origine.

★★ **Ainola** – *Le long de la route 145.* Le site fut choisi par Eero Järnefelt, la maison construite par Lars Sonck, et Jean Sibelius (1865-1957) y emménagea dès 1904 avec sa femme Aino Järnefelt (dont la maison porte le nom) et leurs deux filles. La beauté et la tranquillité – troublée seulement par le chant des oiseaux – de son nouvel environnement inspirèrent le compositeur tout au long de sa vie, jusqu'à sa mort. L'une de ses premières compositions dans cet endroit privilégié fut sa *Troisième symphonie*.

Sibelius et Aino sont tous deux enterrés dans le jardin, au milieu de leurs pommiers et de leurs sapins.

★★ **Intérieur** – Le piano à queue Steinway qui se trouve dans le salon lui fut offert par ses amis en 1915, pour son cinquantième anniversaire. Tout près on peut voir, accroché au mur, un croquis signé Albert Edelfelt représentant le compositeur à l'âge de 38 ans, au moment où il emménagea à Ainola, et, à gauche de la vitrine, un *Paysage d'hiver* (1915) par le voisin et ami de Sibelius, Pekka Halonen. La bibliothèque est meublée dans le style fonctionnaliste des années 1930, le fauteuil du compositeur occupant la place d'honneur. Sur le mur du fond sont accrochées deux **aquarelles**★★ (1894) par Gallen-Kallela représentant Sibelius et sa composition *La Saga*. Le bureau, où le compositeur travailla à partir de 1940, lui servit aussi de chambre lorsqu'il ne fut plus en mesure de monter à l'étage. Sur la table sont posés deux objets associés à jamais à la personnalité de Sibelius, son chapeau Borsalino et sa canne.

Suivre la même route en sens inverse pendant 11,5 km avant de prendre à droite la route qui longe le lac en direction de Rantatie.

★ **Halosenniemi** – En 1902, le peintre **Pekka Halonen** (1865-1933) conçut pour son usage personnel cette imposante maison en rondins. Il s'inspira sans doute des maisons-ateliers de ses amis, en particulier de celle d'Emil Wickström à Visavuori, et de l'atelier solitaire Kalela d'Akseli Gallen-Kallela, à Ruovesi. L'intérieur est simple, fonctionnel et quelque peu spartiate. Les portes du poêle, en fer forgé, furent exécutées par son frère Arttu. L'atelier, la salle à manger et la cuisine occupaient le rez-de-chaussée tandis que les chambres des parents, des enfants et de la gouvernante se trouvaient à l'étage. Pekka Halonen étudia à l'Académie Julien à Paris de 1890 à 1892 et en 1904 il fut étudiant à l'atelier de Gauguin. Halonen eut pour principaux sujets le peuple finlandais et la nature, et il devint célèbre pour l'incomparable beauté de ses scènes hivernales. La plupart de ses œuvres font partie de collections privées, mais les expositions temporaires organisées à Halosenniemi donnent aux visiteurs une idée de son art.

Continuer jusqu'à Rantatie.

Aleksis Kiven kuolinmökki – Le frère de Kivi Albert, Stenvall, habitait cette maison très modeste. Lorsqu'il fut atteint d'une maladie incurable, l'auteur vint vivre avec son frère et sa famille, et c'est dans une de ces petites pièces qu'il passa les derniers mois de sa vie. Il mourut le 31 décembre 1872, âgé de 38 ans seulement, après avoir écrit les chefs-d'œuvre qui lui valurent plus tard le titre d'« écrivain national ». Lui seul pouvait prévoir que son œuvre entrerait dans l'« immortalité » et, au moment de mourir, il murmura à l'oreille de son frère : « Je vis, je vis ! »

Vantaa / Vanda – *35 km au Nord par la route 137. Le centre est situé au Nord de Kehä Ring III.*

Le centre scientifique Heureka, **Heureka Tiedekeskus**, offre une initiation fascinante aux phénomènes scientifiques grâce à son approche empirique. L'écran circulaire du Théâtre Verne, avec ses vues panoramiques extrêmement réalistes, est une attraction supplémentaire.

HYVINKÄÄ

Uudenmaa – 40 600 habitants

Carte Michelin n° 985 – L 21 ou Atlas Europe – p. 107

Ce site industriel est, depuis le Moyen Âge, un important lieu de passage. Bien située sur une crête boisée du Nord de l'Uudenmaa, la ville devint célèbre comme station de cure : au 19e s., l'aristocratie venait de très loin, même de St-Pétersbourg, pour se faire soigner dans son sanatorium. En 1862, le premier chemin de fer du pays fut inauguré, et son arrivée à Hyvinkää accéléra l'industrialisation de la ville.

Rautatiemuseo ⊙ – Ouvert en 1898, le **musée du chemin de fer** présente, comme pièce maîtresse de son exposition, trois wagons du **train impérial**★ construits en Finlande en 1875, la voiture du tsar Alexandre II, celle de la tsarine et la voiture-salon impériale.

HÄMEENLINNA/TAVASTEHUS★

Häme – 44 000 habitants

Carte Michelin n° 985 – L 21 ou Atlas Europe – p. 107

La plus ancienne ville de l'intérieur de la Finlande est située sur les bords du lac Vanajavesi, à la périphérie de la région des lacs *(voir schéma à Jarvi-Suomi)*. Elle est célèbre pour son château médiéval et son beau parc naturel situé dans les environs. Mais sa célébrité vient surtout du fait que le grand compositeur Jean Sibelius (1865-1957) y naquit et y passa son enfance.

CURIOSITÉS

★ **Hämeen linna** ⊙ – *Kustaa Illän katu 6. 1 km au Nord ; compter 1 h.*
Cette place forte à vocation défensive fut fondée vers 1260 par le Birger Jarl, afin de protéger le royaume de la menace grandissante de Novgorod. Dès le 16e s., la forteresse avait atteint sa taille actuelle. L'usage abondant de la brique témoigne de l'importance du château : en effet, la brique coûtait cher et n'était donc utilisée que pour des constructions qui en valaient la peine. Peu de temps après la visite du roi Gustave II Adolphe en 1626, le gouverneur général Per Brahe fonda la ville de Hämeenlinna. Au 18e s., la Grande Guerre du Nord endommagea sérieusement le château et, à l'époque où la Finlande était sous contrôle russe, celui-ci fut transformé en prison. Depuis 1960, l'édifice a fait l'objet d'importants travaux de restauration, ce qui lui permet d'abriter aujourd'hui d'intéressantes expositions sur des thèmes historiques et d'organiser des banquets.

Sibeliuksen syntymäkoti ⊙ – *Hallituskatu 11.*
La **maison natale de Jean Sibelius** (1865-1957), de style Empire, fut aussi celle où il passa les vingt premières années de sa vie. Son père était médecin, mais tous les membres de sa famille étaient des musiciens doués. Les objets exposés ont trait à son enfance et à sa famille.

Taidemuseo – *Viipurintie 2, au pied du pont.*
La principale **collection**★ de la galerie d'art se compose essentiellement du fonds de la galerie d'art Vyborg, qui fut évacué pendant la guerre, en 1940. Elle comprend des œuvres remarquables des plus grands peintres de l'âge d'or finlandais, de la fin du 19e s. au début du 20e s. : Gallen-Kallela, Schjerfbeck, Järnefelt et Simberg.

EXCURSIONS

★ **Aulanko** – *4 km au Nord le long d'Aulangonti.*
Le site d'Aulanko comprend un hôtel et un centre de loisirs. C'est aussi l'endroit où les bateaux de l'extraordinaire Ligne d'Argent font demi-tour. Le complexe est proche de la magnifique réserve naturelle d'Aulanko, aménagée à la fin du 19e s. à l'instigation du colonel Hugo Standertskjöd. Du **belvédère** ⊙ haut de 30 m, au sommet de la colline, on a une **vue**★ splendide de la campagne environnante. 322 marches permettent de descendre du pied de la tour jusqu'à une charmante statue représentant une famille d'ours (Karhuperhe), réalisée en 1905 par Robert Stigell.

★★ **Église d'Hattula** ⊙ – *8 km au Nord par la route 57.*
L'**église** en brique d'Hattula, ravissant spécimen d'architecture religieuse médiévale en Finlande, date de 1320 environ. Les **fresques**★★ et les **peintures murales**★★, réalisées vers 1510-1520, illustrent principalement des scènes de la vie du Christ. Elles ressemblent à celles de l'église de Lohja et ont des traits communs avec l'œuvre du maître suédois Albertus Pictor, originaire de la province d'Uppland. On remarquera en particulier les sculptures en bois, notamment le **Crucifix triomphal**★ et le **Groupe portant la Croix**★★, probablement du 16e s.

S. Fiore/EXPLORER

Église d'Hattula – Fresques du 16e s.

Riihimäki – *32 km au Sud par la E 12, Tehtaankatu 26.*
Aux environs immédiats de cette ville industrielle, important nœud ferroviaire, se trouvent côte à côte deux intéressantes curiosités : le musée finlandais du Verre, **Suomen Lasimuseo**★ ⓥ, et le musée finlandais de la Chasse, **Suomen Metsästysmuseo** ⓥ. Le premier illustre du point de vue historique le développement de la verrerie et présente une collection inestimable des plus belles pièces en verre de Finlande. Le second montre les différentes formes de chasse pratiquées par les Finlandais depuis l'âge de pierre jusqu'à nos jours. De l'autre côté de Tehtaankatu, un village d'artisans, Hyttikortteli, dispose d'attrayantes boutiques.

★★ **Visavuori** – *25 km au Nord-Ouest par la E 12 ; suivre le panneau « Emil Wikströmin museo ».*

★★ **Emil Wikströmin museo** ⓥ – Le charmant studio (1903-1912) et domicile (1903) du sculpteur **Emil Wikströmin** (1864-1942) se dresse dans un cadre splendide sur les rives du lac Vanajavesi. Parmi les objets exposés, on peut voir les moules originaux en plâtre ainsi que les esquisses de ses célèbres sculptures qui ornent certains lieux publics parmi les plus prestigieux de Finlande. L'artiste était également passionné d'astronomie et se fit construire un petit observatoire au-dessus de son atelier. Avec sa famille, il habitait la belle maison en rondins. Les deux édifices constituent un exemple représentatif d'architecture de style romantique national.
Les croisières de la Ligne d'Argent font halte à cet endroit.

IISALMI

Kuopi – 24 000 habitants

Carte Michelin n° 985 – I 24 ou Atlas Europe – p. 103 – Schéma : JÄRVI-SUOMI

Établie dans un site magnifique au bord du lac Porovesi, cette ville est une halte importante entre Kuopio *(84 km au Sud)* et Kajaani *(88 km au Nord)*. Des batailles acharnées mais victorieuses furent livrées pendant la Guerre de Finlande (1808-1809) près de la rivière Koljonvirta, au Nord de la ville. C'est là que les forces du colonel Sandels (1764-1831) vainquirent les troupes ennemies – que l'on a affirmé être sept fois supérieures en nombre – commandées par un redoutable officier russe, le prince Dolgorouki (1780-1808).

Evakkokeskus ⓥ – *Kirkkopuistonkatu 28.*
Ce Centre de Culture Orthodoxe Carélienne, inauguré en 1989, est logé dans un bâtiment présentant certaines caractéristiques de l'architecture byzantine russe traditionnelle. Le but du centre est de préserver et de faire connaître l'héritage culturel du Nord de la Carélie, cédé à l'Union Soviétique une première fois en 1940 et de nouveau en 1944 ; une bibliothèque complète les diverses collections, dont l'une rassemble des objets religieux.

IMATRA

Kymi – 33 200 habitants

Carte Michelin n° 985 – K 25 ou Atlas Europe – p. 103

La ville d'Imatra, récente et ultramoderne, est située au cœur de la région la plus industrielle de Finlande, sur les rives de la large rivière Vuoksi au trafic intense, qui coule du lac Saimaa vers l'immense lac Ladoga en territoire russe.

CURIOSITÉS

Imatrankoski ⊙ – Ces rapides étaient autrefois la plus grande attraction touristique du pays en même temps qu'une source constante d'inspiration pour des artistes finlandais tels que Gallen-Kallela et Edelfelt. Les chutes, hautes de 24 m, ont été captées vers 1920 pour la réalisation d'un projet hydro-électrique ; aujourd'hui, la centrale fournit à elle seule 11 % de l'énergie hydro-électrique totale de la Finlande.

En été, lors d'une **démonstration**★ ⊙ de 30 minutes, les chutes retrouvent toute leur beauté spectaculaire tandis que l'eau s'écrase en grondant sur le rebord rocheux et se transforme en une masse d'écume.

L'imposant hôtel de style Art Nouveau, **Valtionhotelli**, qui a vue sur les chutes, fut construit en 1903 à l'intérieur du magnifique parc Kruunupuisto, dont le tsar Nicolas Ier (1796-1855), en 1842, vanta l'exceptionnelle beauté.

★ **Kolmen Ristin kirkko** ⊙ – *9 km au Nord-Est.*

Grâce à son clocher élancé en forme de flèche pointant vers le bas, l'**église des Trois Croix** (de la fin des années 1950), telle une sculpture de couleur blanche, est une œuvre d'Alvar Aalto. Au-dessus de l'autel, trois croix remplacent le retable habituel. Parmi les 103 vitraux, deux seulement sont identiques.

INGÅ/INKOO

Uudenmaa – 4 800 habitants

Carte Michelin n° 985 – L 20/21 ou Atlas Europe – p. 107

La population de cette petite station côtière triple en été, lorsque de nombreux vacanciers quittent la capitale, attirés par la beauté des paysages et la tranquillité des îles.

Église ⊙ – Au centre du village, l'église des 13e-15e s. est dédiée à saint Nicolas, patron des marins (un bateau, représentant une offrande votive, est suspendu au plafond). La peinture murale du mur Nord représente une **Danse macabre**★. Le clocher séparé (1740) avec son toit à plusieurs étages fut réalisé par Johan Friedrich Schulz, maître d'œuvre originaire de Brandenburg, en Prusse.

★ **Fagervik Museiväg (Itinéraire-musée de Fagervik)** ⊙ – *12 km à l'Ouest par la route 110.*

Ce tronçon de route faisait partie de la Grande Route Côtière de Turku à St-Pétersbourg. Aujourd'hui, la route traverse le parc du manoir de Fagervik (1773 – *privé*), passe devant la fonderie et les petites maisons ocre-rouge (18e s.-19e s.) des ouvriers, puis continue sous des frondaisons en direction de la petite église de bois construite par J. F. Schulz en 1737.

JOENSUU

Pohjois-Karjala – 48 900 habitants

Carte Michelin n° 985 – J 26 ou Atlas Europe – p. 103

Joensuu est moins séduisante que sa voisine Savonlinna avec ses airs de fête, mais c'est un centre d'excursion idéal pour la découverte de la région, où se déroule l'histoire du *Kalevala*, le grand poème épique de Finlande *(voir à Kuhmo)*. Un quartier commerçant actif se développa à l'endroit où la Pielisjoki, large rivière utilisée pour le flottage du bois, rejoint le lac Pyhäselkä. De nos jours, Joensuu est toujours une ville active mais elle a de surcroît acquis une réelle notoriété en devenant la « capitale » culturelle de la Carélie du Nord, terre de bardes et de poètes. Il n'est donc pas surprenant que le **Festival de Chant de Joensuu**, qui a lieu chaque année en juin, se soit forgé une renommée internationale grâce à sa grande qualité artistique et à l'atmosphère authentique qui imprègne les lieux.

CURIOSITÉS

Kaupungintalo – *Rantakatu 4, au bord de la rivière.*

L'**hôtel de ville** en brique rouge, flanqué d'une tour, est l'un des points de repère de la ville. Il abrite le théâtre municipal ainsi qu'un restaurant. C'est l'un des premiers édifices conçus par Eliel Saarinen en 1914, avec l'hôtel de ville de Lahti et la gare ferroviaire d'Helsinki, qui datent de la même époque.

Ortodoksinen Pyhän Nikolaoksen kirkko ⊙ – *A l'extrémité Nord de Kirkkokatu.*
L'**église orthodoxe St-Nicolas**, construite en 1887, est aujourd'hui considérée comme l'un des plus beaux exemples d'églises en bois. A l'intérieur, la remarquable **iconostase★** du 19e s. fut réalisée à St-Pétersbourg.

Taidemuseo ⊙ – *Kirkkokatu 23.*
Ce **musée d'art** contient trois collections particulièrement intéressantes : un ensemble de tableaux finlandais des 19e et 20e s., dont *La Parisienne* par Albert Edelfelt, une des toiles de sa période parisienne (années 1880), une superbe collection d'**icônes★** russes du 18e s. ainsi qu'une sélection d'antiquités et d'art chinois.

Pohjois-Karjalan museo ⊙ – *Siltakatu 1, sur l'île Ilosaari située dans la partie médiane du cours de la Pielisjoki.*
Ce minuscule **musée de Carélie du Nord** fait partie du centre culturel, connu sous le nom de maison de la Carélie (Karjala-talo). Il illustre le mode de vie traditionnel de la région.

Tori ⊙ – Avec ses étalages hauts en couleur, une atmosphère typiquement carélienne enveloppe la **place du marché.** Le cadre est tout à fait approprié à la dégustation des délicieux pâtés en croûte caréliens (Karjalan piirakka), préparés avec une pâte à base de farine de seigle et fourrés au riz et à la purée de pommes de terre. A l'extrémité Ouest de Rantakatu, près du port de voyageurs, se trouve le **marché aux puces Jarmanka**, débordant d'animation.

EXCURSIONS

★ **Ilomantsi et le Parc national de Petkeljärvi** – *72 km à l'Est par la route 74, puis 21 km jusqu'au parc national de Petkeljärvi.*
Cette excursion conduit à un autre plan d'eau par-delà de grandes étendues forestières plantées de sapins et de bouleaux.

★ **Ilomantsi** – L'agglomération la plus orientale de Finlande est un fief orthodoxe. C'est aussi la patrie de nombreux poètes populaires et de bardes dont les poèmes chantés ont transmis les traditions du folklore finlandais de génération en génération. Le chanteur de runes s'accompagnait d'un *kantele*, instrument ressemblant à une cithare. Au cours d'un voyage dans la région, en 1838, Elias Lönnrot *(voir à ce nom)* recueillit la plupart des poèmes de la *Kanteletar.* Il dit en parlant des maisons de la région : « Il y a un *kantele* suspendu à chaque mur. » En 1964 une cabane traditionnelle en rondins, la cabane des Chanteurs de Runes, **Runonlaulajan Pirtti★** ⊙, fut construite sur les hauteurs de Parppeinvaara, en hommage à la tradition de la poésie populaire. Le visiteur peut entrer dans le monde magique des bardes grâce aux jeunes artistes talentueux qui font revivre les traditions anciennes en chantant et en jouant du *kantele.*
Un peu plus loin dans le village, à l'extrémité de Kirkkotie, se dresse l'église orthodoxe St-Elias, **Pyhän Eliaan kirkko** *(à partir de la rue principale, prendre Kalevalantie à gauche ; la rue traverse le village et aboutit à Kirkkotie).* L'élégante église de bois est mise en valeur par son cadre typiquement rural. La fête annuelle la plus importante est le *prazdnik* de saint Élie, **Pyhän Eliaan praasniekka★**, célébré le 20 juillet en l'honneur du prophète Élie, patron de l'église.

★ **Petkeljärven kansallispuisto** – *21 km à l'Est du village d'Ilomantsi.*
La route qui mène à l'**Opastuskeskus**, centre touristique du **Parc national de Petkeljärvi**, vire à droite juste avant le mémorial de la bataille d'Oinassalmi, l'un des combats les plus meurtriers de la Guerre d'Hiver de 1939-1940. Les pistes du Parc national varient en longueur et en difficulté de parcours. La plus difficile est la piste du Loup (Susiraival), mais il est possible d'admirer les paysages de la région, attrayants et variés, les moraines, les lacs et les étangs, en suivant des pistes plus courtes comme Taitajan Taival (26 km) ou même les sentiers de découverte de 6,4 km et 3 km de long, qui conviennent parfaitement aux enfants et aux personnes âgées.

★ **Monastère d'Uusi-Valamo** ⊙ – *65 km à l'Ouest par la route 23.*
Selon la tradition, le moine Sergius originaire de Grèce s'installa au 12e s. sur l'île de Valamo au milieu du lac Ladoga. Une communauté de moines se développa près de lui et, à la fin du Moyen Âge, le monastère de Valamo était devenu un centre important de tradition orthodoxe. Mais au 20e s., durant la Guerre d'Hiver de 1939-40, le territoire sur lequel se trouvait le monastère fut annexé par l'Union Soviétique et dut être abandonné. Les moines, qui réussirent à s'échapper, emportèrent avec eux quelques-unes de leurs précieuses icônes ainsi que d'autres objets de valeur, se dirigèrent vers l'Ouest et s'établirent dans la commune de Heinävesi. Le nouveau **monastère de Valamo** est aujourd'hui le centre de la vie religieuse et de la culture orthodoxe en Finlande. La **nouvelle église★** fut consacrée en 1977. Les **objets sacrés★★** d'une valeur inestimable, telle l'icône miraculeuse de la Vierge de Konevitsa, et les icônes saintes de l'ancien monastère sont exposés dans l'église. Des **croisières★** sont organisées en juillet au départ de Valamo vers le couvent orthodoxe de Lintula, qui eut un sort similaire. L'itinéraire des croisières suit des canaux parsemés d'écluses dans un paysage lacustre d'une beauté fascinante.

★★★ **Panorama de Koli** – *Voir à Pielinen.*

JYVÄSKYLÄ

Keski-Suomi – 67 000 habitants
Carte Michelin n° 985 – J 22 ou Atlas Europe – p. 103
Schéma : JARVI-SUOMI

Important carrefour routier et ferroviaire, ville industrielle et capitale provinciale, Jyväskylä est située à l'extrémité Nord du lac Päijänne. Elle a acquis une renommée internationale en raison de son architecture moderne et du **rallye automobile des Mille Lacs** auquel elle sert de base. C'est ici que s'ouvrit en 1858 le premier lycée où l'enseignement était dispensé en finnois, suivi en 1863 par une école normale finlandaise.
Aujourd'hui, l'université de Jyväskylä continue cette tradition et est fière de son **campus**★ dont plusieurs bâtiments sont l'œuvre de l'architecte Alvar Aalto (1900-1976). Il est indéniable que les constructions d'Aalto complètent très bien le patrimoine architectural de la ville où ce célèbre architecte commença sa carrière et dessina en tout quelque trente édifices, situés pour la plupart dans le centre administratif et culturel, en particulier le Théâtre municipal (achevé en 1982).

Le rallye des Mille Lacs

Parfois surnommé le « Grand Prix de Finlande », ce rallye est l'un des événements importants du calendrier international des courses automobiles. Il fut longtemps considéré comme une course exclusivement scandinave en raison des caractéristiques uniques des routes caillouteuses aux bosses spectaculaires. Le rallye est organisé sous forme de circuits quotidiens au départ de la base, la ville universitaire de Jyväskylä. La course est très populaire et 200 à 300 000 spectateurs affluent pour voir les « Finlandais volants » faire une démonstration de leur adresse et recevoir les honneurs. Depuis sa création, il a été remporté quatre fois par Timo Makinen, cinq fois par Hannu Mikkola, deux fois par Ari Vatanen et Timo Salonen. Au cours des dernières années, Didier Auriol fut l'un des rares pilotes non scandinaves à le gagner.

©PPI

CURIOSITÉS

★ **Alvar Aalto museo** ⊙ – *Alvar Aaltonkatu 7.*
Achevé en 1973 d'après les plans d'**Alvar Aalto** lui-même, le **musée** qui lui est consacré est situé au pied du campus universitaire et domine le lac Jyväsjärvi. Il présente un échantillon important de l'œuvre de l'architecte sous forme de vases, de mobilier et de plans d'urbanisme. Des expositions consacrées aux arts plastiques y sont organisées chaque année.

★ **Keski-Suomen museo** ⊙ – *Alvar Aaltonkatu 7.*
Le **musée de la Finlande centrale,** à côté du musée Alvar Aalto, est aménagé dans un édifice plus ancien (1960), également d'Aalto. Il comprend une exposition intéressante sur le patrimoine culturel et l'histoire de la Finlande centrale. Des maquettes datant de 1805, 1880 et 1952 illustrent le développement de la ville.

Suomen kotiteollisuusmuseo ⊙ – *Seminaarinkatu 32 près du campus universitaire.*
Ce petit **musée finlandais de l'Artisanat** retrace le développement de l'artisanat et du design industriel du 18e s. à nos jours.

Kansallispukukeskus ⊙ – *Gummeruksenkatu 3.*
On peut admirer une belle collection de costumes nationaux dans la petite salle d'exposition du Conseil du Costume national, qui est chargé de recherche sur le costume national finlandais.

Belvédère de Vesilinna ⓥ – *Prendre les escaliers dans Harjukatu, derrière la gare routière, ou s'y rendre en voiture en partant de Pitkäkatu, située au Nord du parc.* On a une belle vue panoramique de Jyväskylä et de ses environs du sommet du château d'eau de Vesilinna (34 m), situé sur la splendide crête de Harju célèbre pour ses bois de pins.

Laajavuori – *4 km au Nord.* Ce centre de sports d'hiver équipé d'un tremplin de saut à skis (**tour** ⓥ) est dédié au légendaire skieur Matti Nykänen, champion du monde de saut à skis de 1982 à 1989. Chaque année au mois d'août, Laajavuori s'anime à l'occasion du Rallye des Mille Lacs pour lequel la station joue le rôle de centre de coordination.

EXCURSIONS

★★ **Église de Petäjävesi** – *32 km à l'Ouest par la route 23.*
Chef-d'œuvre d'architecture de bois, cette église, construite par le maître charpentier Jaakko Klemetinpoika Leppänen, est incluse sur la liste du patrimoine mondial de l'UNESCO. Elle suit un plan en croix grecque à branches égales et la haute voûte ogivale est surmontée d'un dôme octogonal. Les arêtes de la voûte sont décorées de motifs de couleur ocre-rouge et le reste est en bois de pin naturel, patiné par l'âge. La splendide chaire s'appuyant sur un saint Christophe primitif et ornée d'anges est, croit-on, plus ancienne que l'église. Les fenêtres furent agrandies lors de réparations exécutées en 1821 par le petit-fils du maître charpentier, Erkki, qui ajouta sur le côté Ouest une élégante **tour-clocher**★ reliée à l'église par un passage étroit. Les toits de l'église et du clocher sont couverts de bardeaux triangulaires.

★ **Säynätsalo et Muurame** – *Circuit de 30 km en direction du Sud. Quitter Jyväskylä par la E 63/E 75.*

Säynätsalo – Il s'agit d'un groupe de onze îles du lac Päijäne, dont les plus grandes, Säynätsalo, Lehtisaari et Muuratsalo, sont reliées par des ponts. La résidence d'été d'Alvar Aalto se trouvait sur Muuratsalo, devenue un lieu résidentiel très recherché. Outre la beauté des paysages, on remarquera surtout le **centre municipal**★ (1952), complexe de brique rouge s'ordonnant autour d'un beau patio, qui comprend une tour élévée abritant la salle du Conseil et dominant les bureaux et la bibliothèque. Cet ensemble architectural est une des œuvres maîtresses d'Alvar Aalto.

Muurame – *16 km à l'Ouest de Jyväskylä.* L'église, l'une des premières conçues par Alvar Aalto, révèle l'influence marquée du classicisme italien. Près du centre du village, de l'autre côté de la route principale (E 63), se trouve le **musée du sauna**★ ⓥ, musée de plein air présentant une collection impressionnante de saunas traditionnels, dont plusieurs saunas à fumée originaires de différentes régions.

Kivikauden kylä ⓥ – *60 km au Nord, sur l'île de Summassaari.*
Des fouilles, réalisées sur ce site datant de l'âge de pierre, ont permis de localiser dix-huit campements préhistoriques dans la région du lac Summanen. La reconstitution que l'on peut voir représente un ensemble d'habitations caractéristiques de la civilisation dite de « Comb-Ware », qui remonte à 3000 avant J.-C. et est caractérisée par une production de céramiques décorées de motifs incisés en zigzag ou en lignes parallèles rappelant les dents d'un peigne. Comme le montrent les objets retrouvés lors des fouilles, ce peuple lacustre vivait de la chasse et de la pêche.

JÄRVI-SUOMI★★

RÉGION DES LACS

Häme, Keski-Suomi, Kymi, Mikkeli, Kuopio et Pohjois-Karjala

Carte Michelin n° 985 – J/K 21/26 ou Atlas Europe – pp. 102-103

La région des lacs finlandais où prédominent l'eau et la forêt offre les paysages les plus familiers et les plus attrayants de Finlande. Il y a plus de 10 000 ans, le manteau de glace qui recouvrait la Finlande façonna en se retirant le relief rocheux et fut ainsi à l'origine d'un réseau étonnamment complexe de lacs, de crêtes et d'éminences rocheuses tout à fait caractéristiques du centre et de l'Est du pays. Des milliers de lacs, souvent reliés par des chenaux, des canaux ou des rivières, forment des systèmes lacustres interrompus çà et là par des crêtes morainiques. Jusqu'au 19e s., en raison de la mauvaise qualité du réseau routier, les voies d'eau représentaient le meilleur moyen de transport d'un village à l'autre : par bateau en été et à skis ou en traîneaux tirés par des chevaux en hiver. On se fait une meilleure idée de ce qu'est vraiment le cœur de la Finlande lorsqu'on l'admire d'un bateau et il est aujourd'hui possible de faire une croisière à partir de presque toutes les localités de la région des lacs. La durée des excursions peut aller d'une heure à plusieurs jours. La région des lacs proprement dite est délimitée par les villes de Tampere, Kuopio, Joensuu et Lapeenranta *(voir à ces noms)*. Cependant, les principaux centres touristiques sont Tampere, Savonlinna, Mikkeli et Lahti. Les systèmes lacustres les plus étendus sont Päijäne et Saimaa, reliés par des voies d'eau à la plupart des lacs plus petits.

PÄIJÄNNE

Ce lac immense est, par sa taille, le troisième lac finlandais après les lacs Inari et Saimaa ; il s'étire vers le Sud de Jyväskylä jusqu'à Lahti (120 km). Les lacs Vesijärvi au Sud, Ruotsalainen à l'Est et Juväsjärvi au Nord font aussi partie du système du Päijänne. Les rives, très découpées, offrent des baies et des criques bordées d'escarpements rocheux ou des vallons cultivés tandis que le lac lui-même est parsemé d'un grand nombre d'îles *(voir Jyväskylä)*. Ce lieu préservé est un enchevêtrement de lacs et de forêts.
Le lac Päijänne est situé entre la route E 75-24 et la route 59, qui se séparent à Lahti mais se rejoignent à Jyväskylä. Les plus beaux paysages se trouvent cependant au détour d'une petite route sinueuse au bord de l'eau. Des **excursions d'une journée en bateau**★★ sont organisées entre Lahti et Jyväskylä.

Jyväskylä – *Voir à ce nom.*

★★ **Église de Petäjävesi** – *Voir à Jyväskylä, Excursions.*

★ **Säynätsalo** – *Voir à Jyväskylä, Excursions.*

Muurame – *Voir à Jyväskylä, Excursions.*

Kivikauden kylä – *Voir à Jyväskylä, Excursions.*

Lahti – Lahti est située à l'extrémité Sud du lac Vesijärvi en bordure des collines de Salpausselkä qui marque la limite méridionale de la région des lacs. Le petit village rural se développa rapidement au 20e s. pour devenir une ville de plus de 90 000 habitants et un centre commercial et financier moderne. Par ailleurs, Lahti est aussi une station de sports d'hiver où ont lieu des manifestations importantes, et ses trois tremplins de ski (114 m, 90 m et 64 m de hauteur) sont désormais sa marque distinctive. En été, le plus haut sert de **belvédère**★ ⓥ.
Le centre sportif comprend un musée du ski, **Hiihtomuseo** ⓥ.
Les deux plus beaux édifices de Lahti offrent un contraste intéressant : l'hôtel de ville, dans Harjukatu, fut conçu en 1912 par le premier architecte finlandais de renommée internationale, Eliel Saarinen ; il est orienté vers le Nord, en direction de l'église en brique d'Alvar Aalto, **Ristin kirkko** ⓥ, datant de 1978 et située dans le parc donnant sur Kirkkokatu.

Hollola – La splendide **église**★ ⓥ de pierre dédiée à la Vierge Marie fut achevée vers 1480. Les pignons élancés sont richement décorés de briques et, à l'intérieur, la **voûte en étoile**★ montre comment les maîtres d'œuvre locaux adaptèrent le style gothique allemand. Quelques-unes des superbes **sculptures**★ du 15e s. furent probablement exécutées en Allemagne. On remarquera le beau panneau sculpté de la **porte**★ en pin, haute de 4 m, qui représente saint Hubert à la chasse.

Hartola – *1 km au Sud de Hollola/Hartola, près de la route 4.*
Le musée du Häme oriental, **Itä-Hämeen museo** ⓥ, fut installé par Maila Talvio (1871-1951), célèbre personnalité du monde littéraire, dans le manoir Koskipää qui appartint à sa sœur.
La charmante **demeure**★ verte et blanche (1828) située sur les rives de la Tainionkoski est de style Empire. Les collections illustrent la vie et l'histoire des riches châtelains et des paysans de la région.
Le manoir d'origine, de couleur jaune, Pyhäniemi, date du 18e s. et abrite le **Artcastle Hollola** ⓥ, où des expositions temporaires ont lieu l'été.

Joutsa : Talomuseo ⓥ – *2 km au Nord du village de Joutsa.*
Des bâtiments de ferme vieux de 200 ans, comprenant des greniers, des granges, des étables et un sauna, sont groupés de façon traditionnelle autour de la cour et forment un cadre attrayant pour le musée d'histoire locale (musée de la maison paysanne de Joutsa).

★ **Jämsä** – *Au carrefour des routes E 63-9 et E 75-24.*
La petite ville située au bord de la rivière Jämsänjoki est réputée pour la beauté de ses sites et son centre de sports d'hiver, Himos. L'excellent réseau de routes et de voies navigables a contribué au développement d'une industrie du papier et d'activités commerciales.
Entre Jämsä et Korpilahti *(30 km au Nord-Est)*, les **paysages**★★ sont d'une beauté exceptionnelle et la promenade en voiture le long de la petite route (n° 610), sinueuse et accidentée, qui conduit de Korpilahti jusqu'aux rives orientales du lac Päijänne est vivement recommandée. Le réseau du lac Saimaa est desservi par un grand nombre de ferries reliant les villes riveraines, telles que Lappeenranta, Savonlinna, Mikkeli et Imatra, et des excursions en bateau permettent d'en apprécier toute la beauté.

★ **Tampere** – *Voir à ce nom.*

SAIMAA

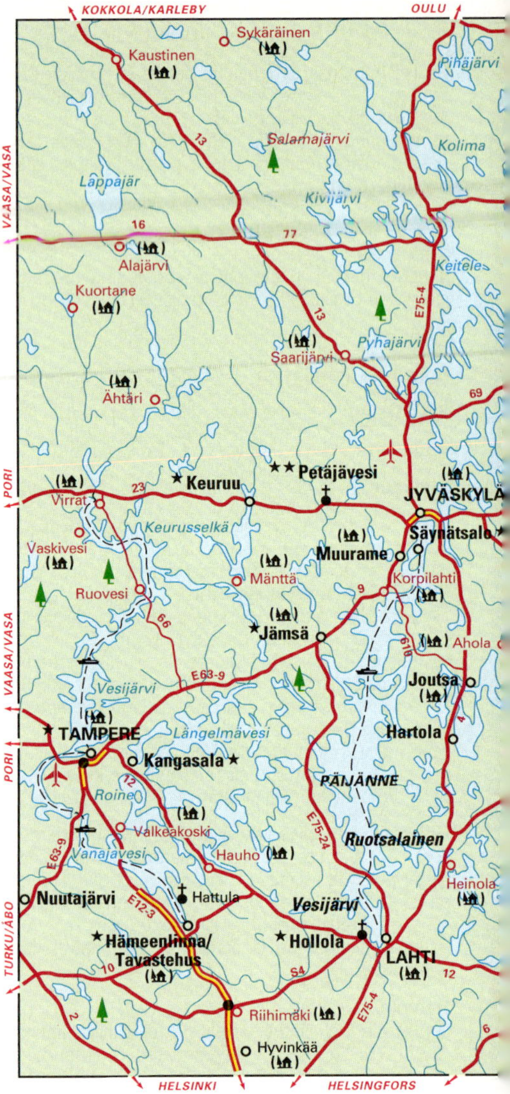

Avec une superficie de 1 400 km^2, le Saimaa est le lac le plus grand de la « Région des Mille lacs » et on l'appelle parfois le « Lac aux Mille Îles ». Une grande barrière morainique, connue sous le nom de crête de Punkaharju, sépare le Saimaa des autres systèmes lacustres situés plus au Nord.

Joensuu – *Voir à ce nom.*

★ **Ilomantsi** – *Voir à Joensuu, Excursions.*

★ **Parc national de Petkeljärvi** – *Voir à Joensuu, Excursions.*

Monastère d'Uusi Valamo – *Voir à Joensuu, Excursions.*

Lac Pielinen – *Voir à ce nom.*

★ **Kuopio** – *Voir à ce nom.*

Lappeenranta – *Voir à ce nom.*

★ **Saimaan kanava** – *Voir à Lappeenranta, Excursions.*

★ **Église de Lauritsala** – *Voir à Lappeenranta, Excursions.*

Ylämaa – *Voir à Lappeenranta, Excursions.*

Mikkeli – Entourée de voies d'eau reliées au lac Saimaa, la ville-marché du 15e s. est devenue un centre commerçant moderne de 32 000 habitants. L'ancienne sacristie, **Kivisakasti** ⊙ *(Porrassalmenkatu 32 A)*, est l'unique vestige de l'église médiévale. Elle abrite une collection d'objets ecclésiastiques. Le château d'eau, qui se dresse sur la colline Naisvuori, est, depuis sa construction en 1911, un point de repère remarquable ; le **belvédère de Naisvuoren** ⊙ offre une belle vue panoramique de la ville.

Mikkeli eut un rôle stratégique important à jouer pendant les guerres de 1939-1940 et 1941-1944, car le quartier général de l'armée finlandaise était situé dans une école de la ville, au n° 1-3 Päämajankatu. Les bâtiments de l'école abritent aujourd'hui le musée du Quartier Général, **Päämajamuseo**★ ⊙, où l'on peut voir, dans l'ancienne salle d'état-major, le **bureau**★ du maréchal Mannerheim *(voir à Turku. Excursions : Louhisaari)*, pièce austère mais caractéristique du grand chef militaire finlandais.

Un édifice de style néo-classique du 19e s., situé au n° 6-8 Jääkärinkatu, abrite le musée de l'Infanterie, **Jalkaväkimuseo** ⊙, qui retrace le développement des régiments d'infanterie finlandais de 1881 à nos jours. De nombreux bâtiments avoisinants sont encore occupés par l'armée.

Harjualue – *Voir à Savonlinna, Excursions.*

★★ **Savonlinna** – *Voir à ce nom.*

★ **Rauhalinna** – *Voir à Savonlinna, Excursions.*

★★ **Retretti Taidekeskus** – *Voir à Savonlinna, Excursions.*

★ **Église de Kerimäki** – *Voir à Savonlinna, Excursions.*

★ **Varkaus** – La ville s'est développée au 19e s. à proximité de rapides pittoresques et de vastes forêts, au carrefour des voies navigables du Saimaa qui offraient des conditions favorables à l'exploitation forestière. Aujourd'hui, Varkaus est une ville de 25 000 habitants et un centre de haute technologie et d'industries de transformation. Certains de ses sites industriels forment les plus beaux spécimens d'architecture industrielle des années 1920 à nos jours. L'**église** ⓥ luthérienne (1939), conçue par Martti Paalanen, est l'une des rares églises de style fonctionnaliste agrémenté d'une touche de classicisme. Le mur de l'autel est recouvert d'une fresque intéressante de 240 m², *Que le règne arrive* (1954), par Lennart Segerstråle (1892-1975).

Le musée de la musique mécanique, **Mekaanisen musiikin museo** ⓥ *(Pelimanninkatu 8)*, présente une collection de plus de 200 instruments tels que des gramophones, des orgues de Barbarie et des orchestrions (sortes d'orgues portatifs) du 19e s. à nos jours. La visite propose une démonstration de quelques instruments et on peut prendre un rafraîchissement au café-restaurant situé dans le bâtiment annexe et décoré dans le même esprit.

Sur un plan de ville, les curiosités apparaissent en orange.
Elles sont identifiées soit par leur nom propre,
soit par une lettre repère
reprise en légende dans un encadré vert.

KAJAANI

Oulu – 36 700 habitants

Carte Michelin n° 985 – H 24 ou Atlas Europe – p. 99

Le centre administratif et culturel de la région de Kainuu fut fondé en 1651 sur les rives de la rivière Kajaaninjoki, au pied du château de Kajaani qui lui donna son nom. Le château, où fut emprisonné l'historien Johannes Messenius *(voir à Oulu)* de 1620 à 1636, s'écroula en 1716 pendant la grande guerre du Nord, mais les solides fondations de pierre grise sont encore visibles.

Au 19e s., Kajaani prit de l'importance lorsque la région très boisée de Kainuu devint le premier producteur de goudron du monde. Le goudron était expédié de Kajaani vers la rive opposée du lac Oulujärvi, puis descendait le fleuve dans de grands bateaux à rames jusqu'au port d'Oulu, situé sur les bords du golfe de Botnie.

CURIOSITÉS

Ruines du château et écluse « du goudron » ⊙ – *Près du pont Linnansilta.*
Une agréable promenade sur les bords de la rivière permet de se rendre des ruines du château du 16e s., en longeant le « canal du goudron », voie d'eau reliant le lac Nuasjärvi au lac Oulujärvi qu'empruntaient les bateaux transportant le goudron, jusqu'à la maison de l'éclusier, **Lussitupa.**

Luterilainen kirkko ⊙ – Vingt-quatre charpentiers de la région construisirent cette église en 1896 dans le style néo-gothique, d'après les plans établis par Jacob Ahrenberg.
La décoration est particulièrement riche en motifs sculptés. Le retable de 1925 est l'œuvre d'un peintre local, Toivo Tuhkanen.

Kainuun museo ⊙ – *Satamakatu 4.*
Le petit musée provincial présente une maquette intéressante qui illustre le procédé de distillation du goudron, principale activité de la région pendant plus d'un siècle.

EXCURSION

★ **Église de Paltaniemi** ⊙ – *9 km au Nord-Ouest par la route 880 (route de l'aéroport).*
Cette église fut construite en 1726 et richement décorée de **fresques** étonnantes sur des sujets bibliques allant de la Création au Jugement Dernier ; cette dernière, située au-dessus de l'entrée principale, est la mieux conservée. Les fresques ont été réalisées entre 1778 et 1781 par Emanuel Granberg, originaire de la région côtière de Vihanti. Elles comptent au nombre des peintures de pur style rococo les mieux conservées du pays.

J.-L. Barde/SCOPE

Fresques de l'église de Paltaniemi

KEMI

Lappi – 25 100 habitants

Carte Michelin n° 985 – G 21 ou Atlas Europe – p. 99

Situé à l'embouchure du puissant fleuve Kemijoki, au fond du golfe de Botnie, Kemi est un port important en raison du volume de ses exportations. Récemment encore, le bois de Laponie descendait le fleuve par flottage jusqu'aux scieries de Kemi. Depuis le début des années 1990, le transport par route s'est imposé, mais les cheminées des usines de papier et de cellulose font toujours partie du paysage de Kemi, fort reconstruite après les destructions de la Seconde Guerre mondiale.
Le tourisme joue un rôle grandissant dans la ville qui se tourne traditionnellement vers la mer couverte à perte de vue en hiver de neige d'un blanc éblouissant.

★★ **Jäänmurtaja Sampo** ⊙ – *7,5 km au Sud-Ouest, dans le port d'Ajos.*
Une visite au petit géant, le **brise-glaces** *Sampo*, capable de briser sans difficulté un mur de glace de 15 m de haut, est une expérience fascinante même en été, lorsque le navire est à quai. *Sampo* est le seul brise-glaces au monde converti, avec sa « retraite anticipée », dans le tourisme après avoir servi pendant 25 ans dans la flotte finlandaise des brise-glaces. Les **croisières**★★★ de 4 heures à bord, organisées de mi-décembre à mi-avril selon l'état de la glace, laissent des impressions inoubliables. Les eaux territoriales de la Finlande restent disponibles à la navigation toute l'année grâce à une flotte de neuf brise-glaces ayant pour base le port d'Helsinki.

Jalokivigalleria ⊙ – *Kauppakatu 29 sur le front de mer.*
Cette galerie intéressante recèle une importante collection de pierres précieuses, des copies soignées des bijoux les plus célèbres du monde ainsi qu'une exposition consacrée à la fabrication des bijoux. On peut également voir une modeste collection de bijoux traditionnels réalisés avec art par les Sâmes de Laponie.

KEURUU★

Keski-Suomi – 12 600 habitants

Carte Michelin n° 985 – J 21 ou Atlas Europe – p. 103

Schéma : JÄRVI-SUOMI

Keuruu est bâtie à cheval sur quatre îles dans un site magnifique à l'extrémité Nord du lac Keurusselkä. Bien qu'elle se trouve au cœur d'une région de tradition agricole, la ville est devenue un centre industriel important.

★ **Ancienne église** ⊙ – *Au carrefour de la route 23 et de la rue Keuruuntie qui conduit au centre de la ville.*
Cette charmante église, construite en 1758 par Antti Hakola (1704-1778), est l'une des plus belles églises en bois du 18e s. Les peintures qui la décorent sont d'intéressantes illustrations de la Bible datant également du 18e s. Le retable d'origine représentant le Christ en croix est probablement l'œuvre du Suédois Johan Backman le Jeune.
Le long du mur du cimetière, du côté Nord, on peut voir un **bateau d'église**★ (19e s.) de 21 m de long. Il était utilisé par les fidèles qui habitaient les villages éloignés. Équipé de 15 paires de rames, il pouvait transporter jusqu'à 80 passagers.

EXCURSIONS

★ **Ancienne église de Pihlajavesi** ⊙ – *23 km au Nord-Ouest : suivre la route 23, puis prendre à droite la route 6211. Quitter le village par l'étroite Erämaakirkontie.*
Cette belle église de couleur ocre-rouge se dressant au cœur de la forêt est une des rares églises des contrées sauvages du centre de la Finlande. Elle fut construite en 1781 par le maître d'œuvre Matti Åkerblom pour les pauvres métayers de la région qui désiraient avoir leur propre lieu de culte. L'édifice, qui fut érigé avec un clocher en forme de bulbe, surpassa de loin la commande initiale. L'église est un beau spécimen d'architecture en bois de cette époque.

★★ **Gösta Serlachiuksen taidesäätiö** ⊙ – *À Mänttä, 34 km au Sud.*
Cette importante collection d'œuvres d'art appartenait à une des personnalités les plus éminentes de l'industrie du papier en Finlande, **Gösta Serlachius** (1876-1942). Elle est exposée dans le manoir de Joenniemi, situé au bord du lac, qui fut dessiné en 1935 par Jarl Eklund (1876-1962) et dont le magnifique parc fut aménagé par le Danois Paul Olsson.
Près du parc de stationnement se dresse la statue grandeur nature d'un élan par Jussi Mäntynen (1886-1967).

Intérieur – Dans la première pièce à gauche de l'entrée sont rassemblées des œuvres de peintres finlandais féminins du 19e s. Remarquer en particulier le travail d'Helene Schjerfbeck. La bibliothèque est décorée d'une peinture murale monumentale de Lennart Segerstråle (1892-1975), illustrant la vie et les passe-temps de Gösta Serlachius. La collection européenne, qui contient des œuvres de grande valeur depuis la Renaissance jusqu'à la période impressionniste, est exposée dans les autres salles du rez-de-chaussée. Remarquer surtout *Abraham rencontrant Melchisédech* (1648) par Gerbrandt van den Eeckhout (1621-1674).

Les **chefs-d'œuvre de l'âge d'or**★★ de l'art finlandais se trouvent dans les salles du premier étage. Une des plus belles œuvres est *Le Symposium* (1894) par Akseli Gallen-Kallela (1865-1931) qui représente le peintre en compagnie des compositeurs Jean Sibelius et Robert Kajanus au cours d'une soirée. Le *Portrait du compositeur Gustav Mahler* (1907) est l'un des portraits les plus célèbres de Gallen-Kallela. On peut aussi admirer ici plusieurs tableaux qui lui furent inspirés par le *Kalevala (voir à Kuhmo)*. On peut voir également quelques-unes des toiles les plus remarquables d'Albert Edelfelt (1854-1905), Eero Järnegelt (1863-1937), Magnus Enckell (1870-1925) et Hugo Simberg (1873-1917).

Akseli Gallen-Kallela
Lac des contrées sauvages (1892)

Enfin, le cellier, qui se trouve au sous-sol, est particulièrement intéressant par ses fresques amusantes, réalisées à l'âge de 16 ans par la Suédoise Irina Bäcksbacka et illustrant les chansons à boire de Carl Michael Bellman. Les belles sculptures sur bois sont l'œuvre du maître charpentier Hannes Autere (1888-1967).

KOKKOLA/KARLEBY

Vaasa – 34 500 habitants

Carte Michelin n° 985 – I 20 ou Atlas Europe – p. 102

Le roi Gustave II Adolphe fonda la ville en 1620 sur la côte d'Ostrobotnie. Elle se développa rapidement et devint un port maritime réputé pour ses chantiers navals et ses tanneries. Cependant, c'est sur cette partie de la côte que le soulèvement de la plaque continentale, consécutif à la fonte des glaces à la fin de la dernière glaciation, a été le plus important, si bien qu'au fil des ans le port n'eut plus assez de profondeur pour les navires de haute mer et Kokkola perdit son commerce maritime. Aujourd'hui, c'est essentiellement un centre de commerce et de services desservant l'intérieur du pays.

★★ **Mannerheimin aukio** – La belle place principale est agrémentée d'une statue de la liberté, Vapaudenpatsas (1920) réalisée par J. Munsterhjelm se dressant devant l'élégant **hôtel de ville** (1845) par l'architecte d'Helsinki, Carl Ludvig Engel.

★★ **Historiallinen museo** ⊙ – *Pitkänsillankatu 28, à l'angle avec Läntinen Kirkkokatu.* Le pittoresque édifice de bois avec son magnifique toit de bardeaux était, au 17e s., le Karelby Pedagogium. Un petit musée illustre l'histoire maritime de Kokkola.

La vieille ville – *Bordée par Rantakatu, Pithänsillankatu et Läntinen kirkkokatu.* Le plan en forme de grille remonte aux années 1660, mais les maisons les plus anciennes datent du 18e s. Le parc à l'anglaise, **Englantilainen Puisto**, abrite un navire à aubes, qui fut capturé comme trophée de guerre en 1854 au cours de la guerre de Crimée, alors que la flotte britannique essayait de créer une diversion en tentant un débarquement le long de la côte finlandaise. La bataille navale de Halkokari eut lieu au large de Kokkola en 1854.

Kaarlelan kirkko ⊙ – *Dans Elisabetintie à Kirkonmäki, à 2 km au Sud du centre.* Cette église de la fin du 15e s. fut agrandie à la fin du 18e s. par Anders Chydenius (1729-1803). Haut dignitaire de l'Église et homme d'État important durant le Siècle des Lumières, il contribua à l'amélioration de l'éducation au niveau national. A côté de l'église, on peut voir le presbytère en bois datant de 1736 et un petit musée d'histoire locale exposant des objets personnels d'Anders Chydenius.

EXCURSIONS

Evijärvi – *60 km au Sud/Sud-Ouest.*
Une ferme de la fin du 18e s., caractéristique du centre de l'Ostrobotnie, connu aussi sous le nom de région des lacs d'Ostrobotnie, accueille **Väinön talo**★ ⊙. Le musée comprend en tout 19 bâtiments séparés ; l'ameublement de l'édifice principal de 2 étages est authentique. Les placards et les pendules décorés de motifs à fleurs sont typiques de la région.

Kaustinen – *42 km au Sud-Est.*
Ce petit village d'Ostrobotnie accueille un superbe **festival international de musique folklorique**★★, organisé chaque année durant la seconde quinzaine de juillet. Le Centre de musique folklorique, situé dans le centre du village, abrite un petit musée d'instruments traditionnels.

★ **Jakobstad / Pietarsaari** – *38 km au Sud-Ouest par la route 749 (la « Route des Sept Ponts ») qui relie les plus grandes îles côtières.*
Cette petite ville, dont le nom signifie en suédois « ville de Jacob », vit naître le poète national **J. L. Runeberg** (1804-1885). Elle fut fondée en 1652 par Ebba Brahe, veuve du célèbre soldat Jakob de la Gardie *(voir à Lidköping, au chapitre consacré à la Suède)*. La ville a une population de 20 000 habitants, dont la majorité, avec un faible pourcentage, il est vrai (55 %), parle toujours suédois. Les anciennes traditions maritimes, dont la construction navale, sont illustrées dans l'attrayant musée de **Malmin talo** *(Isokatu 2)*. La vieille ville de bois **Skata**★ s'est développée pendant l'industrialisation de la ville au début du 19e s., et c'est aujourd'hui un quartier protégé d'intérêt historique. A la périphérie de la ville, se dresse un chalet, utilisé autrefois pour la chasse et la pêche, **Runebergintupa**, qui fut la propriété du poète.

★ **Kalajoen hiekkasärkät** – *60 km au Nord.*
Des dunes de sable fin, bordées par une belle forêt de pins, s'étendent sur 5 km le long des rives du golfe de Botnie aux eaux étincelantes. Un village de vacances offre un grand choix de divertissements.

KOTKA

Kymi – 56 500 habitants

Carte Michelin n° 985 – L 23/24 ou Atlas Europe – p. 107

Ce port et centre industriel important (rattaché à la ville de Karhula, très proche) de l'Est de la Finlande est situé sur deux îles à l'embouchure du fleuve Kymi dans le golfe de Finlande. En raison de sa position sur l'une des principales « routes du bois », Kotka s'agrandit en même temps que se développait le commerce du bois et les industries associées, et c'est aujourd'hui le premier port exportateur de bois.

Un peu d'histoire – Durant le Haut Moyen Âge, Kotka fut un centre de négoce et d'hivernage des marchands vikings qui suivaient la route de l'ambre ; depuis ce temps-là, le commerce a joué un rôle vital dans le développement de la ville. Les batailles navales de Ruoosinsalmi (1789 et 1790) virent s'affronter la puissance maritime des flottes russe et finno-suédoise. La seconde bataille, dans laquelle furent engagés plus de 500 navires, fut sans doute la plus grande bataille navale d'Europe. La victoire de la flotte finno-suédoise annula sa précédente défaite. Cependant, la ville de Kotka (aiglon en finnois) ne fut officiellement fondée qu'en 1878 par le tsar Alexandre II, en partie pour faire pendant à Loviisa, ville de garnison suédoise située plus à l'Ouest.

CURIOSITÉS

Kotkansaari – « L'île de l'aiglon » est le site de la vieille ville, et c'est ici que l'activité du port est la plus intense. Chaque année au mois d'août, le port accueille le Festival de la Mer (Kotkan Meripäivät) durant lequel, selon la vraie tradition maritime, on danse et on chante. Le plus ancien édifice de la ville est l'**église orthodoxe St-Nicolas** ⊙ (1795) ; elle seule survécut à l'attaque qui eut lieu durant la guerre de Crimée (1853-1856). L'église luthérienne de brique rouge, qui se dresse sur la colline dans le centre, est une construction néo-gothique de J. Stenbäck (1898), typique de la fin du 19e s.

★ **Keisarillinen kalastusmaja** ⊙ – *7 km au Nord.*
Cette cabane en rondins, qui porte le nom pompeux de **Pavillon de Pêche Impérial**, fut construite en 1889 pour le tsar Alexandre III, Grand-duc de Finlande, qui aimait pêcher le saumon dans les eaux au courant rapide du Langinkoski. Le pavillon est meublé avec simplicité et contient de nombreux objets ayant un rapport avec la famille impériale. Une allée qui traverse le site protégé conduit à la chapelle orthodoxe du tsar.

KRISTINESTAD/KRISTIINANKAUPUNKI★★

Vaasa – 8 800 habitants

Carte Michelin n° 985 – J 18 ou Atlas Europe – p. 102

Cette pittoresque ville côtière est une des rares villes finlandaises à n'avoir jamais été détruite par un incendie. Elle fut fondée en 1649 par le gouverneur général **Per Brahe**, qui lui donna le nom de sa femme Kristina et de la reine Christine de Suède. C'est un centre important de commerce et de services pour les communautés de langue suédoise installées sur la côte.

★ **La vieille ville** – Le vieux quartier qui entoure la place centrale du marché a conservé une grande partie de son authenticité avec ses maisons de bois peintes de couleurs vives datant des 17ᵉ et 18ᵉ s. et ses rues et allées étroites. L'allée la plus étroite porte le nom curieux « d'allée du fouetteur de chat » (Kattpiskargränden) En haut de Kyrkogatan se dresse la charmante **Ulrika Eleonora kyrka**★ ⊙ église de bois datant de 1700. Sa flèche incline légèrement vers l'hôtel de ville (1856) à gauche, dessiné par E. B. Lohrman. De l'autre côté, les deux minuscules édifices de bois (1687 et 1720) furent autrefois utilisés par les douanes.

EXCURSIONS

Närpes/Närpio – *16 km au Nord.*
Cette communauté, qui parle suédois à 94 %, produit 60 % de la récolte totale de tomates en Finlande, cultivées sous serre en raison des conditions climatiques de type arctique que connaît la partie septentrionale du pays. Närpes fut pionnière en la matière, et le succès de l'entreprise assura la grande prospérité de la ville qui a pu ainsi reconstruire son centre dans les années 1960 et 1970. Les jolies maisons et écuries en bois de l'ancien village bordent la rue principale qui conduit à l'église du 15ᵉ s.

Lappfjärd/Lappväärtti – *7 km à l'Est.*
Les proportions de l'**église** ⊙ de brique rouge surmontée d'une originale coupole de bois et édifiée par Lohrman en 1851 sont surprenantes pour une banlieue si modeste : elle peut en effet accueillir 3 500 personnes.

KUHMO

Oulu – 12 700 habitants

Carte Michelin n° 985 – H 26 ou Atlas Europe – p. 99

Située dans une région sauvage, la municipalité de Kuhmo s'étend sur une superficie de quelque 5 000 km² dont 80 % sont occupés par la forêt de conifères caractéristique des zones septentrionales et connue sous le nom de taïga. Le meilleur moyen de pénétrer dans le silence mystérieux de ces contrées sauvages est de suivre les pistes de randonnées et les itinéraires pour canoë.
Le centre de la ville s'anime pendant la seconde quinzaine de juillet lors du **festival de Musique de Chambre de Kuhmo**★★, où se retrouvent visiteurs et musiciens du monde entier, attirés par les plaisirs de la musique tout en jouissant d'un cadre naturel paisible.

CURIOSITÉS

★ **Kuhmo-talo** ⊙ – Le **Centre artistique de Kuhmo** conçu par Matti Heikkinen fut inauguré en 1993 pour abriter le festival florissant. Il comprend deux salles de concerts polyvalentes, les locaux et l'équipement nécessaires pour l'enseignement de la musique et de la danse, des salles de répétition et des vestiaires ainsi que des salles d'exposition.

Église ⊙ – La grande église de bois (Jacob Rijf, 1816) en forme de croix est surmontée d'une large coupole centrale. Le clocher fut ajouté en 1862 par Carl Ludvig Engel.

Kalevala-kylä ⊙ – *Compter 1 h 1/2 pour réaliser le circuit.*
Le village permet de découvrir le folklore, l'artisanat et les métiers traditionnels grâce à des démonstrations et des expositions. Il fait revivre les récits légendaires du *Kalevala*, œuvre épique d'envergure nationale. C'est en effet dans cette région que le professeur **Elias Lönnrot** recueillit les anciens poèmes folkloriques qu'il rassembla sous forme de poème épique, le *Kalevala*, dont la première édition parut en 1835.

Le *Kalevala*, poème épique national

Le docteur Elias Lönnrot (1802-1884) signa la préface de son œuvre intitulée *Kalevala*, ou Anciens Poèmes de Carélie tirés de l'Histoire ancienne du peuple finlandais, le 28 février 1835. Cette date est devenue la **Journée du Kalevala**, célébrant la culture finlandaise.
L'édition de 1835 est connue sous le nom d'*Ancien Kalevala*. En 1840, il publia *Kanteletar (l'Esprit du Kantele)* et il prépara une seconde édition élargie du *Kalevala* (1849), comprenant 50 poèmes et 22 795 vers, qui est la version finale de l'œuvre, connue sous le nom de *Nouveau Kalevala*.

Le sujet – Cette œuvre épique, fondée sur la poésie folklorique – d'anciens poèmes lyriques, d'autres célébrant le mariage, des incantations, des proverbes, transcrits avec le concours personnel de l'auteur – raconte la vie et les exploits des héros du folklore national. La trame est constituée par la lutte pour le pouvoir et la richesse entre deux communautés rivales symbolisant, l'une, Kalevala, la Finlande, et l'autre, Pohjola, le royaume des ténèbres et du mal.

Les principaux héros sont :

Väinämöinen – grand homme sage, chanteur de runes et chef de sa tribu ;

Ilmarinen – forgeron ayant réalisé la voûte céleste, compagnon de Väinämöinen ;

Lemminkäinen – bourreau des cœurs inconstant et aventurier téméraire ;

Joukahainen – jeune Sami, apprenti magicien qui, vaincu par le chef dans un duel de chansons magiques, cherche à se venger ;

Kullervo – fils d'esclave et vengeur au destin tragique dans une querelle de famille ;

Louhi – maîtresse de Pohjola et chef énergique de sa tribu ;

Aino – jeune sœur de Joukahainen, courtisée par le vieux Väinämöinen ;

Jlmatar – divinité ayant donné naissance à Väinämöinen ;

Mère de Lemminkäinen – son amour maternel rend la vie à son fils.

Carélianisme – L'idéalisation romantique de la Carélie devint un symbole fondamental de l'identité finlandaise. La première version d'*Aino* par Gallen-Kallela date de 1889, tandis que Le *jeune berger et le pic noir* date de 1892. Les œuvres qu'il peignit pour l'Exposition universelle de Paris (1900) furent reproduites sous forme de fresques au musée national : *Ilmaren laboure le champ des vipères, La défense du Sampo et Kullervo part pour la guerre (voir illustration à Helsinki).*

KUOPIO★

Kuopio – 82 300 habitants
Carte Michelin n° 985 – J 24 ou Atlas Europe – p. 103
Schéma : JÄRVI-SUOMI

La ville fut fondée en 1782, sur l'ordre du roi Gustave III, sur les bords du vaste et beau lac Kallavesi au cœur d'une région de forêts immenses desservie par un bon réseau de voies d'eau. La navigation intérieure fit au 19e s. de rapides progrès qui favorisèrent considérablement la prospérité de la ville. Kuopio est une capitale provinciale active, une ville universitaire importante et un centre idéal d'excursions en bateau.

CURIOSITÉS

★★ **Ortodoksinen kirkkomuseo** ⏲ – *1,3 km au Nord-Est du centre de la ville, au n° 1 Karjalankatu.*
Les collections de ce **musée de l'Église orthodoxe** tout à fait original, proviennent en grande partie des monastères de Valamo *(voir à ce nom)*, Konevitsa et Petsamo, tous trois cédés à l'Union Soviétique après la Seconde Guerre mondiale.
La galerie supérieure contient des **icônes et des objets sacrés**★★★ répartis dans sept salles entourant le hall principal. Parmi les pièces les plus rares, il faut citer le **cénotaphe de saint Arsène**★★ (en argent), fondateur du monastère de Konevitsa (salle I), et le **cénotaphe de saint Serge et de saint Herman**★★, fondateurs du monastère de Valamo (salle VII). Dans la splendide collection d'icônes, on remarquera deux spécimens particulièrement beaux, l'**Annonciation**★★ et la **Nativité de Notre-Dame**★★ (tous deux dans la salle VII). Au rez-de-chaussée est exposée une fascinante collection de **vêtements liturgiques**.

Tuomiokirkko ⏲ – *Dans Snellmaninpuisto.*
La combinaison des styles gustavien du 18e s. et Empire du début du 19e s. a donné une architecture harmonieuse qui confère un charme particulier à cette église luthérienne de 1815. Elle est entourée d'un beau parc.

Tori ⊙ – L'animation du **marché** de Kuopio est souvent ponctuée par le son de l'accordéon ou des manifestations folkloriques. La spécialité culinaire locale, le **kalakukko**, pâté en croûte fait de poisson au lard cuit au four dans une pâte à base de seigle, est vendue sur les stands ou sous le marché couvert, Kauppahalli, du côté de la rue Kauppakatu.

Musée ⊙ – *Kauppakatu 23.*
Le rez-de-chaussée de cet édifice de style Art Nouveau est consacré à des expositions temporaires, tandis qu'à l'étage on peut voir l'exposition permanente d'histoire naturelle qui comprend une riche collection d'animaux naturalisés caractéristique de la faune finlandaise.

Musée de plein air ⊙ – *Kirkkokatu 22.*
Un ensemble de maisons basses en bois datant du 19e s. abrite un **musée de plein air** illustrant l'habitat et la vie quotidienne à Kuopio du 18e s. aux années 1930.

J. V. Snellmanin kotimuseo ⊙ – *Snellmaninkatu 19.*
Le philosophe **Johan Vilhem Snellman** (1806-1881) vécut dans cette maison de 1845 à 1849, alors qu'il était directeur d'école ; puis il se lança dans une éblouissante carrière de sénateur. Au milieu du 19e s., il joua un rôle d'instigateur dans le processus de l'éveil national. Le musée contient du mobilier et des objets personnels ayant appartenu à Snellman.

★★ **Belvédère de Puijo** ⊙ – *3,5 km au Nord-Ouest du centre ville.*
La tour haute de 75 m, qui se dresse sur une colline boisée, est le point de repère le plus remarquable de Kuopio. Elle domine un **paysage**★ de lacs et de forêts typiquement finlandais. Le restaurant panoramique qui tourne lentement est au 12e étage et l'on peut atteindre la terrasse panoramique par un escalier à partir du 13e étage.

KUUSAMO★★

Oulu – 18 500 habitants

Carte Michelin n° 985 – G 26 ou Atlas Europe – p. 99

Kuusamo est situé sur les hautes terres du Nord-Est de la Finlande, région où la dernière glaciation a façonné l'assise rocheuse et creusé des ravins et des cañons dans lesquels les rivières se transforment en rapides tumultueux. Par sa diversité, le terrain a contribué à la grande richesse de la flore et de la faune. Les forêts de Kuusamo abritent encore des ours et des loups ainsi qu'une grande variété de prédateurs plus petits tels que renards, ratons laveurs, visons et hermines. La beauté de cette région sauvage et de ses paysages a été immortalisée par des peintres, en particulier par Akseli Gallen-Kallela (par exemple dans le tableau *Berger à Paanajärvi*, 1892), qui trouvait que la nature de Kuusamo correspondait parfaitement à l'idéal dont rêve tout Finlandais. Au centre de Kuusamo par la route 5, on atteint le **Centre de Tourisme de Karhuntassu** ⊙ qui fournit des renseignements sur un choix d'activités allant de la randonnée pédestre aux randonnées à skis en hiver en passant par la descente des rapides.

EXCURSIONS

★ **Rukatunturi** ⊙ – *25 km au Nord-Est.*
En été, le mont Ruka qui s'élève à 491 m est un endroit superbe. On peut atteindre le sommet en télésiège et les plus audacieux peuvent redescendre en toboggan. Le célèbre circuit de l'Ours *(voir ci-dessous)*, qui convient aux randonneurs expérimentés, se termine au pied du mont Ruka. Ruka est un des endroits les plus populaires pour les sports d'hiver (28 descentes et 18 remonte-pentes) et l'on peut voir les premiers skieurs évoluer sur les pistes dès la mi-octobre. Il existe en outre quelque 60 km de pistes de ski de fond balisées. Des safaris en motoneige ou en traîneau à chiens sont également organisés.

★★ **Oulankan kansallispuisto** – *56 km au Nord.*
Le **parc national d'Oulanka** couvre une superficie de 270 km² et a la réputation d'offrir les plus extraordinaires paysages naturels de la région. L'Oulankajoki est un fleuve puissant qui coule en direction de l'Est à une altitude moyenne de 133 m. **Kiutaköngäs**★★ est une magnifique suite de rapides, longue de 600 m où l'on peut voir l'eau tourbillonner sur des rochers de granit rouge. Un chemin d'un km conduit du **centre d'information** ⊙ aux chutes. Le circuit de l'Ours, **Karhunkierros**, est une piste de randonnée de 95 km de longueur, qui fait le tour du parc national. Elle franchit les plus beaux cañons et rapides, et il est possible de trouver refuge dans des cabanes rustiques. Il est conseillé aux randonneurs de compter 4 à 6 jours selon leur condition physique. Avant le départ, il est recommandé de communiquer son itinéraire et son programme au centre d'information local.

★★ **Juuma** ⊙ – *50 km au Nord.*
Cette station de camping et de randonnée est située à la périphérie des grands espaces sauvages, sur les rives de la rivière Kitkanjoki. Le circuit de l'Ours franchit les célèbres **rapides**★★ de **Niskakoski** et **Myllykoski** au moyen d'une passerelle de corde. Il y a d'autres rapides impressionnants à **Aallokkokoski** et à **Jyrävä** dans l'enceinte du parc national. En suivant un chemin de 7 km, qui est en fait un tronçon du circuit de l'Ours, on peut admirer ces curiosités au cours d'une randonnée d'une journée. Pour les audacieux, la **descente des rapides**★★ de la rivière Kitkanjoki est une expérience à couper le souffle.

★ **Le lac Julma Ölkky** – *66 km au Sud – voir à Suomussalmi : Hossa.*

Retraite d'un peintre célèbre en terre sauvage

A la suite de sa seconde visite à Paris au printemps 1892 et de l'accueil réservé que reçut sa toile *Aino*, Gallen-Kallela passa quelque temps à Kuusamo pour y retrouver son inspiration et sa force. Après ce séjour, il peignit le tableau *Le Grand Pic Noir – Terre désertique*, 1893 (*Palokärki, Erämaa*). Pekka Halonen peignit une toile similaire en 1899 *Terre désertique, Paysage de Carélie (Erämaa, Karjalainen maisema).*

LAPPEENRANTA

Kymi – 55 400 habitants

Carte Michelin n° 985 – K 25 ou Atlas Europe – p. 103

Cette ville animée, située sur les rives méridionales du lac Saimaa, s'est développée durant l'après-guerre pour remplacer Vyborg (Viipuri), perdue en 1944 au profit de l'Union Soviétique, et jouer le rôle de centre culturel et commercial de la Carélie du Sud. Grâce à son site magnifique et son réseau efficace de communications par voie d'eau le long du canal du Saimaa, le tourisme s'est bien développé.

CURIOSITÉS

Forteresse – Les travaux de construction de la forteresse commencèrent en 1721 et n'étaient pas encore achevés lorsque les Russes prirent la ville en 1741. Ils continuèrent sous l'autorité du prince Souvorov mais, quand la Finlande devint un grand-duché russe en 1809 et que la frontière fut déplacée vers l'Est, les fortifications perdirent toute leur importance stratégique. La totalité de l'enceinte fortifiée a été transformée en centre de loisirs et de culture.

Ratsuväkimuseo ⊙ – Des uniformes et des armes de la cavalerie finlandaise sont exposés dans le plus ancien édifice de la ville, datant de 1772.

Majurska ⊙ – L'ancien club des Jeunes Officiers abrite une agréable cafétéria aménagée de façon à ressembler au logement d'un officier de l'armée au 19e s.

★ **Église orthodoxe** ⊙ – Construite par les Russes en 1785, l'**église de l'Intercession de la Sainte Vierge** est la plus ancienne église orthodoxe de Finlande. L'**icône**★ du 17e s. suspendue au centre du mur Nord porte le même nom que l'église.

Etelä-Karjalan taidemuseo ⊙ – Des expositions temporaires alternent avec les collections permanentes d'art de la Carélie du Sud, représenté prncipalement par des artistes locaux.

★ **Etelä-Karjalan museo** ⊙ – L'ancien dépôt d'artillerie abrite les collections d'histoire de la Carélie du Sud (pièces et costumes d'époque). La principale attraction est cependant la section consacrée à Vyborg, qui contient une superbe maquette de Vyborg telle qu'elle était juste avant le début de la guerre à l'automne 1939.

Tori ⊙ – *Bordé par Snellmaninkatu et Oksasenkatu.*
C'est du **marché** que l'on perçoit le mieux l'atmosphère chaleureuse et joyeuse de la vie quotidienne en Carélie.

Église de Lappeen ⊙ – *A l'intersection de Valtakatu et de Kirkkokatu.*
Cette grande église de bois fut construite en 1794 par le maître d'œuvre Juhana Salonen. Elle est unique en raison de sa forme en double croix. Le retable illustrant l'Ascension (1887) est l'œuvre d'Aleksandra Såltin, l'un des peintres de retable les plus féconds de la fin du 19e s. Le clocher, séparé de l'église, se dresse dans le cimetière dédié aux héros de la guerre.

Satama – Tous les jours sont organisées des promenades en bateaux sur le lac Saimaa et le long du canal Saimaa.

EXCURSIONS

★ **Saimaan kanava** – *6 km à l'Est.*
Au cours des siècles passés, il y eut plusieurs tentatives (la première au 15e s.) pour relier le lac Saimaa au golfe de Finlande. On peut encore voir un vestige du projet entrepris au 17e s., connu sous le nom de Fossé de Pontus et bordant la rue Muukontie dans le village de Pontus, près de la route principale. Au 19e s., les techniques de construction s'étant améliorées, le canal des Empereurs fut inauguré en 1856. Il comptait 28 écluses sur une distance totale de 57 km et permettait de rejoindre la mer en bateau. Le troisième canal fut inauguré en 1968 ; 23 km sur un total de 43 km et trois écluses sur huit sont en territoire finlandais. Les marchandises sont transportées des villes finlandaises de l'intérieur le long du canal vers une vingtaine de ports européens. Le trafic touristique est également important en été et les croisières sur le canal partent de Lappeenranta. Les écluses de Mustola et de Mälkiä offrent les vues les plus intéressantes ; cette dernière est située à côté du canal des Empereurs construit au 19e s.

★ **Église de Lauritsala** – *Au centre de Lauritsala, dans Keskuskatu.*
Cette étonnante église moderne, nommée église de la Lumière du Ciel et conçue par Toivo Korhonen et Jaakko Laapotti, fut consacrée en 1969. Elle est en forme de triangle rectangle et le toit de béton à forte pente s'élève à une hauteur de 47 m.

Ylämaa – *35 km au Sud.*
La **spectrolite**, pierre précieuse appartenant à la famille des labradorites, généralement considérée comme le plus beau des minéraux et lançant des reflets irisés qui vont du brun doré au bleu foncé, fut découverte dans les environs en 1940 par un soldat. Le « village de la pierre précieuse », **Ylämaan Jalokivikylä**, où l'on peut voir des ateliers d'orfèvres et une exposition de pierres précieuses, est situé près des carrières d'où la spectrolite est extraite depuis le début des années 1970.

LAPPI★★★

Carte Michelin n° 985 – B/G 20/26 ou Atlas Europe – pp. 94-95 et 98-99
Schéma : LAPPLAND dans le chapitre consacré à la Suède

Le mot **Laponie** captive à lui seul l'imagination, suggérant un environnement étrange auquel appartiennent les vastes étendues de la Laponie finlandaise, profondément associées au peuple et à la culture sames. Cette immense contrée sauvage, avec ses monts arrondis, ses marais et ses prairies qui se déroulent à l'infini, ses lacs silencieux et ses larges rivières étincelantes, exerce un attrait grandissant sur les citadins européens et accueille des touristes de plus en plus nombreux. Environ 75 000 Sâmes vivent aujourd'hui dans la partie septentrionale de la péninsule scandinave, et leurs territoires (Sápmi) s'étendent des rives de la côte occidentale de Norvège en direction du Nord et de l'Est vers la Suède et la Finlande et jusqu'à la Russie. 4 000 d'entre eux vivent dans le Nord de la Finlande et 1 500 dans le Sud.

Les origines – Les Lapons occupent depuis la nuit des temps ces régions septentrionales, terre de leurs ancêtres. L'historien romain, Tacite, parlait déjà d'un peuple autochtone, mais il est possible également que leurs ancêtres aient été le peuple préhistorique de la culture de Komsa (6 000 av. J.-C.).

La terre : un environnement hostile et rude – La Laponie finlandaise est presque entièrement située au Nord du cercle polaire (Napapiiri) et le climat est donc rude, la neige recouvrant le sol pendant plus des deux tiers de l'année (d'octobre à mai). Les températures annuelles moyennes s'échelonnent de – 14 °C en janvier à + 14 °C en juillet, les maximales dépassant largement ces chiffres. Les étés sont courts mais chauds si l'on considère la latitude de cette région ; il y a à peu près 72 jours (du 17 mai au 27 juillet), où l'on peut voir le soleil de minuit. Les hivers sont longs et la lumière du jour ne paraît pas du 25 novembre au 15 janvier. L'été arrive en quelques jours à la fin du mois de mai ou au début du mois de juin. Grâce à l'action du soleil – qui brille jour et nuit – la végétation se réveille et pousse très vite. En hiver, le ciel ressemble à du velours sombre ; la lueur de la lune et de milliards d'étoiles est, de temps à autre, renforcée par les aurores boréales.

Les moyens d'existence – Pendant plus de 2 000 ans, les Sâmes du Nord ont traditionnellement vécu de l'élevage des rennes, bien que certains Lapons pratiquent la pêche et la chasse. Les nomades des montagnes et les semi-nomades des forêts suivaient, accompagnés de tous leurs biens, les migrations des rennes passant des pâturages d'hiver aux pâturages d'été. Aujourd'hui, de nombreux éleveurs ont abandonné leurs traîneaux pour les motoneiges, leurs tentes pour des maisons, leurs peaux de renne pour des anoraks et ils font l'élevage des rennes de façon très moderne, utilisant hélicoptères et talkies-walkies. De nombreux Sâmes sont également employés dans les industries de services, en particulier le tourisme, mais aussi dans l'industrie forestière.

G. Lacz/SUNSET

Sâme éleveur de rennes

Organisation – Le Conseil nordique des Sâmes est un organisme à but unificateur, qui encourage et coordonne la coopération entre les Sâmes des différents pays.
En 1973, fut créé un Parlement sâme comprenant 20 membres élus pour un mandat de 4 ans dont la tâche était de préserver les droits des Sâmes. Le 6 février est le jour de leur fête nationale qui commémore la première réunion same à Trondheim en Norvège, en 1917.

Le drapeau lapon fut officiellement adopté en 1986 ; ses couleurs reproduisent les teintes vives des costumes sâmes. Le cercle représente le soleil (rouge), la lune (bleu) et le tambour magique.

Costumes – Ces vêtements aux couleurs vives varient de groupe en groupe. Les modèles, couleurs et motifs dessinés sur les rubans permettent d'identifier les différents groupes.

Artisanat – L'artisanat lapon est réputé pour son abondance de décoration et utilise des matériaux traditionnels (bois, os, corne et cuir).

Les curiosités de la Laponie finlandaise ont été réparties sur deux itinéraires, la Route de l'Arctique et la Route des Quatre Vents ; toutes les curiosités sont répertoriées sur la carte de la Laponie suédoise. La Laponie norvégienne est décrite à la rubrique Finnmark et la Laponie suédoise à la rubrique Lappland.

JÄÄMERENTIE – LA ROUTE DE L'OCÉAN ARCTIQUE

La Route de l'Arctique commence à Rovaniemi et, une fois franchi le Cercle polaire, suit la route internationale E 75 en direction du Nord jusqu'à Inari, après quoi la route se divise : une des deux branches emprunte l'itinéraire E 75-4 jusqu'à Utsjoki (450 km) et la frontière norvégienne, puis au-delà de la rivière Teno, la route suit la E 6 jusqu'à l'océan Arctique. L'autre branche (route 971) se dirige vers le Nord-Est et le Varangerfjord après avoir franchi la frontière norvégienne à Näätäm (Njaydam) à 480 km de Rovaniemi.

★★ **Rovaniemi** – *Voir à ce nom.*

Sodankylä – Le village se développa autour de la charmante **vieille église** ⊙, construite en 1689 en pin naturel, et aujourd'hui patinée par les ans. A côté de l'église, la maison de Sodankylä abrite la minuscule **galerie Alariesto** ⊙, où l'on peut voir une collection intéressante d'œuvres naïves sur le folklore same par le peintre sâme autodidacte Andreas Alariesto (1900-1989).

★★ **Parc national Urho Kekkonen** – Il s'étend sur un vaste territoire (2 530 km^2) jusqu'à la frontière russe. Le **centre d'accueil de Tankavaara** ⊙ fournit des renseignements sur les randonnées et autres activités auxquelles il est possible de s'adonner. On peut apprendre à connaître cette nature sauvage en suivant l'un des mini-circuits de découverte (1,3 ou 6 km).

Kultakylä : le village de l'or – Ce site touristique comprend un étonnant musée de l'Or retraçant l'histoire de la prospection ainsi qu'une exposition de pierres précieuses et de minéraux dans un « village » caractéristique de la période la « Ruée vers l'Or », où le visiteur peut s'essayer à l'art de l'orpaillage ! L'assise rocheuse et les rivières de la Laponie contiennent assez d'or pour faire vivre la tradition.

A. Koenig/EXPLORER

Chercheurs d'or à Tankavaara

Saariselkä – Le **service d'accueil** des touristes et le village de vacances de Saariselkä offrent toutes sortes de distractions. Ce lieu, où les constructions sont serrées, comprend des hôtels, des cabanes en rondins, des supermarchés et un équipement touristique complet. Saariselkä est la plus grande station de sports d'hiver de Finlande. En été s'offre un grand choix de randonnées d'une journée pour les amateurs de marche ou de vélo tout terrain. Les tour-opérateurs locaux organisent aussi bien des parties de pêche et descente des rapides que des visites d'élevage de rennes ou de mines d'or dans les environs. (*Voir le chapitre : Renseignements pratiques, en fin de volume*).

Ivalo – Cette petite ville est le centre administratif et commercial de la commune d'Inari ; c'est, avec ses 3 500 habitants, la plus importante agglomération du Nord de la Laponie.

★★ **Inarijärvi** – Ce lac immense (1 153 km^2) est de par sa superficie le deuxième au Nord du cercle polaire. Les monts, qui l'entourent, et les 3 000 îles rocheuses, couvertes de pins et de bouleaux, se reflètent dans ses eaux sombres mais pures, qui ne dégèlent qu'à la mi-juin. L'existence d'un chant folklorique, où le lac est « aussi profond que long », témoigne du respect que les Sâmes ont toujours éprouvé pour lui. En réalité, l'endroit le plus profond atteint 96 m, alors que la longueur du lac est de 115 km. Des **excursions en bateau** sont organisées d'Inari à **Ukonkivi**★, île autrefois réservée aux sacrifices.

★ **Inari** – Le village situé sur les bords du lac est un centre de culture sâme et le siège du Parlement sâme de Finlande. L'histoire et le destin de ce peuple minoritaire s'expriment particulièrement dans les murs de l'église sâme, **Saamelaiskirkko** datant de 1951. Le retable de Väinö Saikko, intitulé *La révélation du Christ au peuple sâme*, fut réalisé en 1938 et sauvé de l'incendie qui détruisit l'église précédente pendant la guerre. **Saamelaismuseo**★★ est un musée de plein air, original, qui illustre l'histoire de la Laponie à travers les constructions traditionnelles et les ustensiles utilisés par le peuple sâme. Les spécimens les plus anciens datent des 17e et 18e s. ; ils furent recueillis après la Seconde Guerre mondiale dans des régions éloignées qui avaient souvent été épargnées par la guerre. C'est à Inari qu'a lieu en mars la course de rennes Inari Kunenkuusajot.

★ **Pielpajärven erämaakirkko** – *Si vous visitez l'église en hiver, n'oubliez pas d'apporter une lampe de poche.*
Cette modeste mais charmante église, construite de 1752 à1760 au cœur de la forêt, dans une région sauvage, ne peut se visiter qu'à pied ou en motoneige en hiver, ce qui lui donne tout son charme.

La Laponie finlandaise vue par Arto Paasilinna

L'écrivain finlandais Arto Paasilinna, auteur du best-seller, *L'année du lièvre*, décrit parfaitement bien la région dans son dernier roman *La forêt des renards pendus*. La vieille dame, Naska Mosnikoff, qui, en plein hiver, a fui avec son chat Jermakki les autorités bienveillantes de Sevettijärvi, est une ancienne réfugiée Skolt de Petsamo. Elle passe un moment inattendu dans le confort et le luxe avec les deux principaux personnages du roman, qui se terrent dans une cabane au cœur de la nature sauvage finlandaise.

★★★ **Le parc national de Lemmenjoki** ⓥ – Le plus grand parc boisé d'Europe, couvre une superficie de 2 855 km^2. Le village de vacances et centre d'accueil de Njurgalahti sont accessibles en voiture et constituent le point de départ idéal de randonnées sur les pistes balisées. La vallée de la rivière Lemmenjoki, Leämmi, forme le cœur de la région.
La pittoresque rivière Ravadas et ses chutes bouillonnantes, **Ravadasköngäs**★★, sont un but d'excursion d'une journée ; il en va de même pour la région aurifère de « Kultala », où, depuis le 19e s., la rivière a récompensé la patience de nombreux prospecteurs.

Itinéraire par la E 75-4 et la E 6 *450 km*

★ **Utsjoki** – Ce village au confluent des rivières Utsjoki et Teno est situé au centre de la commune la plus septentrionale de Finlande et aussi la seule peuplée en majorité de Sâmes (52 % d'un total de 1 500 habitants). Les minuscules « églises-huttes », **Kirkkotuvat**★, sur les bords de la rivière, datent des 18e s. et 19e s. ; elles furent construites par les familles sâmes des régions éloignées, qui les utilisaient pour y passer la nuit chaque fois qu'elles se rendaient à l'église.

★ **Teno** – Ce fleuve, long de 360 km et célèbre pour son délicieux saumon, suit la frontière finno-norvégienne au Sud-Ouest d'Utsjoki. Sa vallée offre quelques-unes des plus belles **vues**★★ de la Laponie, notamment à Pahtavaara où, d'une aire de repos surplombant la rivière, on aperçoit les montagnes enneigées de Norvège.

Itinéraire par la route 971 *480 km*

Sevettijärvi – Ce modeste village, situé le long de la branche Nord-Est de la route de l'Arctique, fut fondé pour y installer les Sâmes Skolt qui avaient perdu leur territoire ancestral de Petsamo (Pecenga), cédé à l'Union Soviétique par le traité de paix de 1947.

H. Donnezan/EXPLORER

Renne au traîneau

NELJÄN TUULÖN TIE – LA ROUTE DES QUATRE VENTS

La E 8 – 460 km de Tornio à Kilpisjärvi

Cette route (E 8) commence dans la vallée du fleuve Tornio et se dirige vers le Nord-Ouest le long de la frontière finno-suédoise. C'est la principale voie de communications vers la région des monts du Nord-Ouest et, au-delà, vers les fjords de la région de Tromsø *(voir à ce nom)* en Norvège.
La première partie de la route se distingue par la verdure de la vallée. La première colline que l'on rencontre est Aavasaksa (242 m), non loin du cercle polaire, à Juoksenki. La végétation se raréfie peu à peu avec une prédominance de conifères, et les collines s'élèvent.
A Kaaresuvanto, les conifères disparaissent et la toundra fait son apparition. Le bouleau nain des montagnes est la forme de végétation la plus courante. Les seules montagnes finlandaises qui dépassent l'altitude de 1 000 m se trouvent dans cette région ; à Kilpisjärvi, les paysages, encadrés par les sommets couverts de neiges éternelles, sont superbes.

Tornio – La ville, fondée en 1621, est située au fond du golfe de Botnie (Perämeri), à l'embouchure du puissant fleuve du même nom. Quand la Finlande se sépara de la Suède, la ville perdit de son importance. Une autre ville, Haparanda, fut fondée en 1821 en territoire suédois. Aujourd'hui, les deux villes ne forment pratiquement plus qu'une seule agglomération, et les allées et venues de la vie quotidienne font oublier l'existence de la frontière.
L'**église**★★ baroque, construite en bois et datant de 1686, est particulièrement charmante et porte le nom de la reine Hedwige Eléonore, épouse du roi de Suède Charles X Gustave.

★★ **Kukkolankoski** – *800 m à gauche.*
Les rapides les plus importants du fleuve Tornio bouillonnent sur une distance totale de 3,5 km et forment un cadre pittoresque pour les chalets de couleur ocre-rouge appartenant aux pêcheurs qui, selon la tradition, attrapent les poissons blancs à l'épuisette et les font griller sur le feu. Les visiteurs peuvent avoir la chance d'assister à la pêche et même de goûter les délicieux produits de la pêche.

Aavasaksa – Un village s'est développé près de la colline du même nom. C'est depuis le 19e s. un lieu populaire pour les festivités de la St-Jean. Au sommet de la colline (242 m), un joli chalet construit pour la visite du tsar Alexandre III en 1882 a été transformé en cafétéria.

Napapiiri (cercle polaire arctique) – *80 km au Nord de Tornio, à Juoksenki.*
Un poteau indicateur en signale l'emplacement exact.

Pello – C'est ici que le mathématicien français **Pierre Louis Moreau de Maupertuis**, à la tête d'une expédition, fit une série de calculs en 1736 et 1737 par mesure d'un arc de méridien, calculs qui appuyèrent la thèse selon laquelle la terre était légèrement aplatie aux deux pôles. Un petit monument fut érigé en 1936 sur une butte au bord de la route.

Kolari – Cette localité est quelquefois surnommée « porte de la Laponie », car la région des monts s'étend au Nord. La région d'**Ylläs**, qui est l'un des centres de sports d'hiver et de randonnée les plus fréquentés, offre des **vues**★★ magnifiques des sept monts des environs. **Särestöniemi**★ présente une exposition de l'œuvre forte, aux couleurs chaudes, du peintre lapon **Reidar Särestöniemi** (1925-1981) dans une splendide galerie en rondins voisine de l'atelier et de la maison du peintre ; l'atelier et la galerie furent conçus dans les années 1970 par Raili et Reima Pietilä. La maison du peintre, vieille de 200 ans, donne sur la même cour.

★ **Muonio** – C'est la porte d'accès vers les splendides terrains de randonnée et les monts des parcs nationaux, **Pallas et Ounastunturi kansallipuisto**★★. Le beau lac **Jerisjärvi**★★ se trouve à 10 km au Sud-Est, tandis que le **centre d'information** de Pallastunturi se trouve à 20 km au Nord-Est. Le chemin de randonnée Hetta-Pallas, long de 55 km, se termine ici.

★ **Enontekiö / Hetta** – Hetta est le village paroissial de la commune d'Enontekiö. Du village, on a une belle vue sur le Pyhäkero, l'un des plus hauts sommets (711 m) du parc national Pallas et Ounastunturi. Hetta est à l'extrémité Nord du chemin de randonnée Hetta-Pallas.

★★ **Kilpisjärvi** – Kilpisjärvi est situé à la jonction de trois frontières. Ce petit village est blotti au pied du mont **Saana**★★, ancienne montagne sacrée des Sâmes. Un sentier de 4 km conduit au sommet (1 029 m). Le **centre d'information** fournit des renseignements sur les nombreux chemins de randonnée et pistes de découverte (4 à 550 km) de cette région aride mais magnifique. Parmi les pistes relativement courtes, l'une des plus appréciées, bien que difficile (13 km), conduit au cairn des Trois Pays et offre de splendides **panoramas**★★. En été, on peut également s'y rendre en bateau.

Musées sâmes en Scandinavie

Karasjok, Norvège : musée national de culture sâme ;
Kautokeino, Norvège : collections et musée de plein air ;
Helsinki : Kansallismuseo, collection finno-ougrienne ;
Rovaniemi, Finlande : Centre arctique ;
Jokkmokk, Suède : musée sâme ;
Luleå, Suède : musée Norbotten ;
Ammarnäs, Laponie suédoise : Lappstan (ville lapone) ;
Arvidsjaur, Laponie suédoise : Lappstan (ville lapone) ;
Arjeplog, Laponie suédoise : Saamiland (terre des Sâmes).

LOHJA

Uudenmaa – 15 000 habitants

Carte Michelin n° 985 – L 21 ou Atlas Europe – p. 107

Lohja est située sur la rive orientale du plus grand lac du Sud de la Finlande, Lohjanjärvi. De l'autre côté, on peut voir la crête de Lohjanherju, qui fait partie d'une série de moraines déposées là lors de la dernière glaciation.
La prospérité de Lohja, d'abord fondée sur le commerce, repose aujourd'hui sur les services et une industrie florissante dans les domaines du ciment et du bois. La région compte un grand nombre de maisons de vacances.

★★ **Pyhän Laurin kirkko** ⓥ – *Laurinkatu.*
Cette grande église à trois nefs datant du 15e s. est des plus intéressantes. Les murs et la voûte sont couverts de **fresques**★★ illustrant des scènes bibliques, du Jardin du Paradis au Jugement Dernier. On y perçoit très nettement, comme c'est le cas pour l'église d'Hattula *(voir à Hämeenlinna, Excursions)*, l'influence de l'artiste suédois Albertus Pictor *(voir à l'index)*, originaire de la province d'Uppland. Les fresques, peintes entre 1514 et 1522 puis recouvertes de peinture blanche à la Réforme, ne furent redécouvertes qu'en 1950, lors de travaux de restauration.

LOVIISA/LOVISA

Uudenmaa – 8 200 habitants

Carte Michelin n° 985 – L 23 ou Atlas Europe – p. 107

Cette ville-frontière fut fondée en 1745 deux ans après la fin de la Grande Guerre du Nord et le déplacement vers l'Ouest, jusqu'au fleuve Kymi, de la frontière avec la Russie. La ville, dotée de quelques beaux édifices néo-gothiques, a conservé un cachet provincial.

Le centre – Le plan d'urbanisme fut établi par E. B. Lohrmann (1803-1870). Georg Theodor Chiewitz (1815-1862) dessina le bel **hôtel de ville**★ (1862) et la splendide **église** ⓥ (1865) en brique rouge de style néo-gothique, qui se dressent tous deux sur la place du marché.

La vieille ville – *Limitée par Sepänkuja et Mestarinkuja.*
L'édifice le plus ancien, le **Degerby Gille** (Sepänkuja 4), date du 17e s. La ville se développa tout autour, mais en 1855 un incendie la détruisit entièrement à l'exception de ce groupe de maisons en bois.

Maison de Sibelius – *Sibeliuksenkatu 10.*
Pendant son enfance, Sibelius passa ses étés ici avec sa grand-mère. Il y composa l'une de ses premières œuvres, la *Symphonie Kullervo*, en 1891. Le bel édifice de bois sert aujourd'hui de cadre à des petites expositions d'art et des concerts.

EXCURSIONS

★ **Ruotsinpyhtää** – *16 km à l'Est.*
Ce charmant **village** du 18e s., construit autour d'une fonderie et remarquablement bien conservé, est devenu un lieu agréable de villégiature. Les divers bâtiments comprennent un intéressant petit **musée de la forge**★ ⓥ et plusieurs ateliers d'artisanat ainsi que des expositions. L'église octogonale élancée, datant de 1770, possède le seul retable d'Helene Schjerfbeck, *La Résurrection*, de 1898.

Église de Pyhtää ⓥ – *20 km à l'Est.*
Cette église à trois nefs construite vers 1460 est agrémentée de fenêtres de style gothique à lancettes et d'une belle voûte en étoile. La plus remarquable des peintures murales représente un immense saint Christophe portant le Christ enfant sur ses épaules. L'autel présente une série de sculptures sur bois originaires de la Baltique et datant surtout du 16e s. ; la plus ancienne, un saint Henri finlandais du 14e s., se trouve dans l'angle Sud du chœur.

NAANTALI/NÅDENDAL★★

Pori – 11 000 habitants

Carte Michelin n° 985 – L 18-19 ou Atlas Europe – p. 107

Cette splendide station estivale est baignée par la mer sur trois côtés et animée par l'arrivée de centaines de bateaux de plaisance et de yachts – avec leurs équipages – dans le vaste port de plaisance situé face à la vieille ville.
Naantali était déjà en 1723 une station thermale renommée, particulièrement appréciée des Russes, qui n'étaient pas autorisés à quitter le territoire de l'Empire. Cette tradition a été rétablie grâce à l'inauguration d'un nouvel établissement thermal à Kalevanniemi, non loin du centre de la ville. L'île de Kailo, au large du port de plaisance, est le domaine de la très populaire famille **Moomin** *(voir à Tampere, Kirjasto).*

★★ **Luostarikirkko** ⓥ – L'**église conventuelle** est le seul vestige du couvent de l'ordre du Saint-Sauveur fondé par sainte Brigitte *(voir Vadstena, au chapitre consacré à la Suède)* en 1438. Le nom suédois, Nadendal, est la traduction du nom du couvent, Vallée de la Grâce *(Vallis Gratiae).* L'église fut achevée en 1462 sous la direction de maître Johannes Kyle, de Vadstena. Le couvent fut dissous au 16e s., lors de la Réforme, et a servi depuis comme lieu de culte.
Les aiguilles de l'horloge de l'église indiquent 11 h 30 et, selon la légende, lorsqu'elles indiqueront 12 h, ce sera la fin du monde.
L'**intérieur**★★, clair et spacieux, abrite plusieurs objets de grande valeur, dont le plus petit et sans doute le plus précieux est une sculpture du *Christ portant une couronne d'épines,* située sous le triptyque de l'autel. Le **triptyque**★★ est suédois et les sculptures représentent le Couronnement de la Vierge en tant que Reine des Cieux, avec à sa droite sainte Brigitte et à sa gauche la fille de celle-ci, Catherine. L'œuvre remarquable de R. W. Ekman, ***La pécheresse dans la maison du pharisien***★★ (1868) est exposée au centre du mur Nord. Sur la gauche, au début de la nef, on peut voir un **ciboire**★ gothique datant de 1369, souvenir des temps où l'église était catholique. A droite se trouve une Pietà finlandaise en bois de 1460. La reine Catherine Jagellon, épouse du roi de Suède Jean III, fit don au couvent de ce tableau peint au milieu du 16e s. La belle **chaire**★★ Renaissance fut offerte en 1622 par une famille locale du nom de Fleming, mais son origine est inconnue.

La vieille ville – La vieille ville de Naantali s'est développée autour de l'enceinte du couvent ; après l'incendie de 1628, la nouvelle ville fut reconstruite sur le modèle du bourg médiéval. Cependant, la plupart des beaux édifices en bois datent des 18e et 19e s.

OULU/ULEÅBORG

Oulu – 103 500 habitants

Carte Michelin n° 985 – G 22 ou Atlas Europe – p. 99

Située à l'embouchure du fleuve Oulujoki, Oulu s'étend sur plusieurs îles du golfe de Botnie. La ville fut fondée en 1605 par le roi Charles IX et elle devint très vite un port important dont la principale activité fut l'exportation du goudron aux 18e et 19e s. La ville fut considérablement endommagée par les incendies de 1822 et de 1901, puis en 1944 par la Seconde Guerre mondiale.
C'est aujourd'hui un centre universitaire et de haute technologie. La principale rue commerçante, **Rotuaari**, aujourd'hui piétonne, est réputée pour son ambiance animée et ses concerts, carnavals et marchés en plein air, fréquents en été. Les seules maisons de bois ayant survécu aux bombardements de 1944 se dressent près de la place du marché et du marché couvert. Sur ,le front de mer, le Centre civique et culturel comprend le Théâtre Municipal (1972) d'aspect formaliste et la Bibliothèque de la Ville et de la Province (1981) réalisée par Marjatta et Matti Jaatinen.

CURIOSITÉS

★ **Tuomiokirkko** ⓥ – *Dans Franzéninpuisto près de Kirkkokatu.*
Élevé sur les ruines de la précédente église, cet élégant édifice de style néo-classique est l'une des nombreuses constructions réalisées par Carl Ludvig Engel. Le retable de R. W. Ekman (1859) représente la Glorification du Christ. Le célèbre historien du 17e s., **Johannes Messenius** (1571-1636), condamné en 1616 *(voir à Kajaani)* pour ses affinités avec le catholicisme et pour avoir pris part à des intrigues contre la Cour, y est enterré.

Pohjois – Pohjanmaan museo ⓥ – *Ainolan puisto.*
Le musée de l'Ostrobotnie du Nord est un musée local typique qui comprend des sections sur l'industrie du goudron et les personnalités de la région.

Taidemuseo ⓥ – *Kasarmintie 7.*
Les collections se composent essentiellement d'œuvres d'artistes du 20e s. originaires du Nord de la Finlande ainsi que de la collection Heinänen d'art naïf. La galerie occupe une usine de colle transformée.

EXCURSIONS

Croisières – *Départs de Kurkelanranta, Kasarmentie 17-19.*
Des croisières d'une journée sont organisées pour la visite du village de Muhos et le musée de plein air sur l'île de Turkansaari *(voir ci-dessous).*

★ **Turkansaaren ulkomuseo** ⓥ – *14 km au Sud-Est par la route 22.*
L'île de Turkansaari, située au milieu du fleuve, fut utilisée du 17e s. au 19e s. par les négociants en goudron comme halte et lieu de négoce. Le **musée de plein air** illustre la vie de village aux 17e et 18e s. et comprend une fosse à goudron.

Lac PIELINEN★★

Pohjois-Karjala

Carte Michelin n° 985 – I 26 ou Atlas Europe – p. 103

Les artistes finlandais qui, au début du siècle, étaient à la recherche de leurs racines, visitèrent la Carélie et furent enchantés par les paysages sévères et les coutumes caréliennes, fascinantes et vivantes. Ce lac de Carélie du Nord est, de par sa superficie de 868 km^2, le sixième lac de Finlande. Ses rives sont bordées de plages de sable ou d'escarpements rocheux tandis que ses eaux sont souvent parcourues par des voiliers ou des planches à voile. De nombreuses promenades en bateau ont lieu sur le lac.

F. Jourdan/EXPLORER

Le lac Pielinen vu de la colline de Koli

Lieksa – Cette ville de 17 300 habitants est un centre commercial et touristique animé, situé sur la rive orientale du lac Pielinen. Les principales curiosités sont le bel ensemble de bâtiments du musée de plein air, **Pielisen museo**★ ⓥ, et, de l'autre côté du pont, l'**église**★ ⓥ moderne (1982), œuvre de Raili et Reima Pietilä, qui contient des sculptures sur bois d'Eva Ryynänen *(voir ci-dessous).* Un service quotidien de ferries relie la ville à la colline de Koli, sur la rive opposée du lac Pielinen.

★ **Ruunankoski** – *25 km au Nord-Est de Lieksa.*
Les rapides de Ruunuaa se trouvent au cœur d'une région sauvage ; les meilleurs moyens de découvrir ces grands espaces sont la randonnée, le canoë ou la descente des rapides.

★ **Eva Ryynäsen ateljee** ⓥ – *A Vuonisjärvi, dans le quartier dit Paateri, à 30 km au Sud de Lieksa ; signalé à partir de la route 73.*
Il faut prendre le temps de s'arrêter à l'**atelier Eva Ryynäsen** pour admirer le travail de ce sculpteur et graveur sur bois ; ses œuvres témoignent de sa connaissance parfaite de ce matériau. L'**église**★ (au cœur d'une région sauvage) est son chef-d'œuvre.

★★★ **Panorama de la colline de Koli** – Au début du siècle, les peintres, les écrivains et les compositeurs avaient coutume de faire des pèlerinages au sommet de la colline de Koli (alt. 347 m), qui domine la rive occidentale du lac Pielinen. On dit même que Sibelius y aurait fait monter un piano à queue pour célébrer sa lune de miel. Le merveilleux **panorama**★★★ dévoile un paysage paisible, avec une succession de collines et de vallons, et le lac parsemé de nombreuses îles. Il n'est donc pas surprenant que les poètes, les artistes et les musiciens de la période romantique nationale aient été inspirés par ce type de paysage, qui pour beaucoup symbolise la campagne finlandaise. La route conduit à un parking à 200 m d'altitude. Des sentiers mènent au sommet.

Nurmes – Cette ville carélienne de 11 000 habitants, située à l'extrémité Nord du lac Pielinen, est réputée pour ses avenues de bouleaux et le quartier de Puu-Nurmes, où l'on peut voir des maisons de bois perchées sur une crête séparant le lac Pielinen du lac Nurmesjärvi, de dimensions plus réduites. La principale curiosité est la **maison Bomba**★ dans le « village carélien », à 2 km environ du centre de la ville. Ce bâtiment est un spécimen d'architecture de bois carélienne ; il illustre le mode de vie d'une grande famille de fermiers. Le restaurant sert des spécialités caréliennes.

PORI/BJÖRNEBORG★

Turku ja Pori – 76 300 habitants

Carte Michelin n° 985 – K 18 ou Atlas Europe – p. 102

Pori est connu hors des frontières finlandaises grâce à son **festival de Jazz**★★, qui a lieu à la mi-juillet. Pendant quatre jours, la ville travaille, dort et s'amuse au rythme du jazz. Les principaux concerts en extérieur ont lieu dans le cadre de verdure, qu'offre l'île de Kirjurinluoto, et sur la belle plage d'Yyteri (à Meri-Pori, à 20 km au Nord-Ouest), appréciée par les amateurs de planche à voile.
Le duc Jean, futur roi de Suède Jean III et fils cadet de Gustave Vasa, fonda cette ville côtière en 1558 : il voulait en faire un centre commercial pour remplacer la ville voisine d'Ulvila, que ses habitants avaient désertée en 1550 afin de répondre à l'appel du roi qui venait lui-même de fonder Helsinki. Le duc donna le nom de Björneborg à la nouvelle ville qui, en raison de sa position favorable à l'embouchure du fleuve Kokimäenjoki, se développa rapidement et devint bientôt un port important. Au fil des siècles, le niveau des terres monta et Pori et son port furent séparés par une distance de 10 km. Aujourd'hui, Pori est un port maritime important – bien que situé à Kokemäenjoki, à 20 km – et ses principales industries traitent du bois et des produits chimiques.

★★ **Mausolée Juselius** ⓥ – *Cimetière Käppärä.*
Un riche homme d'affaires, F. A. Juse-lius, fit élever ce monument en mémoire de sa fille Sigrid, morte en 1898 à l'âge de 11 ans. Il engagea Gallen-Kallela pour décorer l'intérieur de **fresques** (1901-1903), mais l'humidité et ensuite le feu détruisirent presque entièrement le chef-d'œuvre de Gallen-Kallela. Le fils de l'artiste, Jorma, passa six années, à partir de 1933, à restaurer l'œuvre de son père et, grâce à lui, on peut encore les admirer aujourd'hui. Les six œuvres maîtresses, situées dans le hall central, représentent à droite *le Printemps, la Construction* et *Sur le fleuve de la Mort,* à gauche *l'Hiver, l'Automne* et *la Destruction*

Satakunnan museo ⓥ – Ce musée régional présente le produit des fouilles archéologiques locales, des outils agricoles, divers objets de chasse et de pêche ainsi que plusieurs intérieurs d'époque (au sous-sol) et une section d'histoire locale.

EXCURSION

Köyliö – *60 km au Sud-Est. Suivre la route 2 jusqu'à Peipohja, puis la route 214 en direction du village de Köyliö.*
Selon la légende, le paysan Lalli tua le premier évêque de Finlande, Henry, sur le lac de Köyliö, gelé pendant l'hiver de l'année 1156 *(voir à Turku, Excursions : Nousiainen).* Dans le village, une **statue de Lalli** par Aimo Tukiainen commémore la légende. A la St-Jean, la congrégation catholique de Finlande se réunit près du mémorial de l'évêque Henri, qui se trouve dans le village voisin de Korvenkylä.

En fin de volume figurent d'indispensables Renseignements pratiques :
– Organismes habilités à fournir toutes informations ;
– Loisirs sportifs ;
– Livres et films sur la région ou le pays ;
– Manifestations touristiques ;
– Conditions de visite des sites et des monuments...

PORVOO/BORGÅ★★

Uudenmaa – 20 600 habitants

Carte Michelin n° 985 – L 22 ou Atlas Europe – p. 107

Porvoo était, jusqu'au 18e s., le plus important centre commercial après Turku. La colonie établie sur les rives du fleuve Porvoo prospéra sous la protection d'une puissante forteresse et obtint en 1346 une charte du roi de Suède Magnus Eriksson. La ville médiévale est séparée du quartier de style Empire, conçu dans les années 1830 par Carl Ludvig Engel, par le centre actuel.

★★LE VIEUX PORVOO

Le quartier historique, avec ses rues étroites et tortueuses autour de la cathédrale perchée sur une colline, était, jusqu'au 19e s., le centre des activités. En 1760, la ville fut presque totalement détruite par un incendie et la plupart des belles **maisons de bois**★★ datent de la fin du 18e s. et du début du 19e s. L'ensemble du quartier a été si soigneusement préservé que le visiteur a vraiment l'impression de se replonger dans le passé, tandis qu'il se promène dans les ruelles pavées et sinueuses et qu'il admire les coquettes maisons peintes de couleurs vives et les jardins bien entretenus.

C. Boisvieux

Porvoo

Commencer la visite par la place de la cathédrale et suivre Koulukuja/Skolgränden jusqu'à Pirunportaat (les marches du diable), qui conduisent dans Itäinen Pitkäkatu/Östra Långgatan, ancien quartier ouvrier, puis dans Kulmakuja/Hörngränd pour revenir ensuite sur la place de la cathédrale. Descendre Kirkontörmä/Kyrkobrinden jusqu'à la place de l'ancien hôtel de ville, Vanha Raatihuoneentori/Gamla Rådhustorget, puis suivre Jokikatu/Ågatan vers le Nord jusqu'au pont, qui offre la **vue**★★ de Porvoo la plus caractéristique avec ses entrepôts ocre-rouge qui bordent le fleuve et la vieille ville qui grimpe à flanc de colline jusqu'à la cathédrale, dont les murs sont blanchis à la chaux.

★★ **Tuomiokirkko/Domkyrka** (**AX**) ⓥ – La **cathédrale** de granit gris aux pignons décorés de brique rouge et au toit de bardeaux fut construite entre les 14e et 16e s. Endommagée au cours de batailles, de sièges, d'incendies puis de bombardements en 1941, elle a été restaurée dans les années 1970.

Le jour le plus important dans l'histoire de l'église fut le 29 mars 1809, qui marqua la création du Grand-duché autonome. A cette occasion, le tsar de Russie Alexandre Ier jura solennellement de respecter les lois et la religion de la nation finlandaise. Sa **statue**★ (1909) par Walter Runeberg célèbre le centième anniversaire de la déclaration de l'autonomie finlandaise. À côté, on peut voir une copie du serment du tsar. La chaire, les bancs et les galeries sont tels qu'ils étaient après la reconstruction au 18e s. Les **peintures des apôtres**★, datant du 18e s., qui ornent les piliers, furent réalisées par un artiste local, Adam Lindström, et les **écussons**★, également du 18e s., qui garnissent les murs, représentent les armes de la noblesse locale. Les traces de fresques sur les murs et la voûte ainsi que l'unicorne que l'on peut voir sur l'un des piliers, sont du 15e s.

FINLANDE

★★ **Historiallinen museo / Historiska museet** (AX M¹) ⊙ – Le **musée d'Histoire** est installé dans ce qui fut le premier hôtel de ville en pierre de Finlande, intéressant bâtiment construit en 1764 par Samuel Berner. Les collections datent essentiellement des 18ᵉ et 19ᵉ s. Au rez-de-chaussée se trouvent des harnais, des traîneaux, des voitures à cheval et une collection de serrures. Les salles du premier étage sont consacrées à la vie quotidienne des nobles dans les manoirs de la région. Au deuxième étage sont exposés des costumes du 19ᵉ s. et des armes.

★★ **Edelfelt-Vallgren museo / museet** (AX M²) ⊙ – Ce musée est consacré plus particulièrement à deux des artistes les plus connus de Porvoo et de Finlande : le peintre **Albert Edelfelt** (1854-1905) et le sculpteur **Ville Vallgren** (1855-1940). Parmi les diverses œuvres exposées, remarquer notamment deux témoignages de leur amitié : un portrait de Ville Vallgren peint (1886) après un joyeux petit déjeuner et le buste d'Edelfelt.

PORVOO / BORGÅ

Adlercreutzinkatu / Adlercreutzgatan	BXY	3
Edelfeltin bulevardi / Edelfeltbulevarden	BY	4
Itäinen Pitkäkatu / Östra Långgatan	AX	6
Jernbölentie / Jernbölevägen	BX	7
Joonaksentie / Jonasvägen	BY	9
Kallenlinnankatu / Karlsborgsgatan	BX	12
Kankurinkuja / Vävaregrand	AX	13
Kirkkokatu / Kyrkogatan	AX	15
Kirkkotori / Kyrkotorget	AX	16
Kulmakuja / Hörngränd	AX	18
Kuningattarentie / Drottningvägen	BX	19
Käsityöläiskatu / Hantverkaregatan	BX	21
Linnankatu / Borggatan	ABX	22
Lukiokuja / Gymnasiegränd	AX	24
Papinkatu / Prästgatan	ABX	25
Rihkamakatu / Krämaregatan	AXY	27
Roviovuorenkatu / Kasbergsgatan	BX	28
Runeberginkatu / Runebergsgatan	ABY	31
Ruutikellarinkatu / Krutkällaregatan	BX	32
Sibeliuksenbulevardi/ Sibeliusbulevarden	BX	34
Sillanmäki / Brobacken	AX	35
Suomenkyläntie / Finnbyvägen	AX	37
Törmäkatu / Brinkgatan	BX	38
Wadenströminkuja / Wadenströmståget	AX	41
Vuorikatu / Berggatan	AX	45
Välikatu / Mellangatan	AX	47
Vänrikinkatu / Fänriksgatan	BXY	48

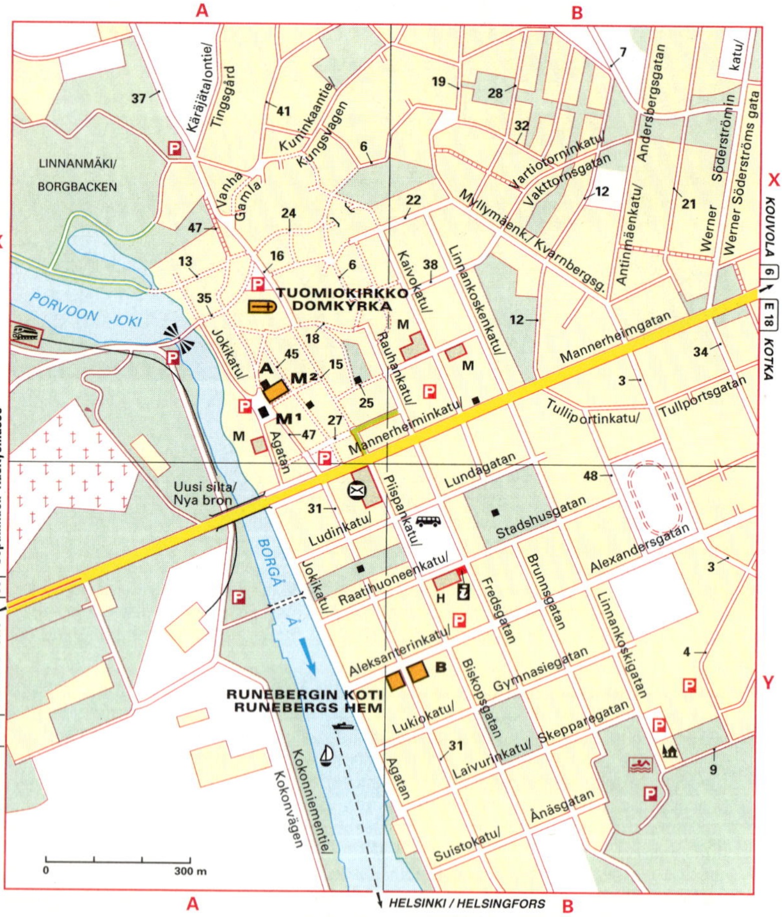

A Vanha Kappalaisentalo / Gamla Kaplansgården
B Walter Runebergin veistoskokoelma / Walter Runebergs Skulptursamling
M¹ Historiallinen museo / Historiska museet
M² Edelfelt-Vallgren-museo / Edelfelt-Vallgren museum

On verra également des scènes de ville et de village par Rafnar Ekelund (1892-1960), membre du groupe Prisma, et les portraits de Nils Schillmark (1754-1804). Les céramiques Iris, produites entre 1897 et 1902 dans un atelier du même nom, présentent un intérêt particulier. Le fondateur, Louis Sparre (1863-1964), avait engagé Alfred William Finch (1854-1930) comme dessinateur dans l'atelier de céramique. La poterie est inspirée par l'Art Nouveau, mais les motifs sont tirés de la nature et du folklore finlandais.

Vanha Kappalaisentalo / Gamla Kaplansgården (**AX A**) ⓥ, édifice de la fin du 18e s. qui se trouve à côté, fut à l'origine conçu pour le pasteur, mais est maintenant utilisé pour des expositions artistiques temporaires.

★★ LA VILLE EMPIRE

★★ **Runebergin koti / Runebergs hem** (**AY**) ⓥ – La **demeure** du poète national finlandais, **Johan Ludvig Runeberg** (1804-1877) est l'un des édifices les mieux conservés de la ville Empire. L'intérieur est demeuré tel qu'il était durant les dernières années de la vie du poète. Dans le salon, remarquer le buste de son père (1860) par Walter Runeberg ainsi que l'œuvre de K. E. Jansson, *Une pièce de monnaie dans la tire-lire*, que le poète aimait beaucoup. C'est dans sa chambre que Runeberg passa les 13 dernières années de sa vie, alité à la suite d'une attaque.

Walter Runebergin veistoskokoelma / Walter Runebergs Skulptursamling (**BY B**) ⓥ – En face de la maison de Johan Ludvig Runeberg, une maison peinte en bleu abrite une **collection** de plus de 150 sculptures de **Walter Runeberg** (1838-1929), troisième fils du poète. Deux de ses œuvres les plus célèbres se trouvent à Helsinki : la statue du tsar Alexandre II sur la place du Sénat et la statue de son père dans le parc d'Esplanadi.

EXCURSIONS

Promenades en bateau jusqu'à Helsinki – *Départ de Joikikatu / Agatan* (**AY**).

Suomenkyläntie – *32 km au Nord-Ouest.*
Savilinna ⓥ est un centre d'artisanat qui sert de vitrine pour l'art, l'artisanat et le design finlandais (objets en vente).

Hirvihaara – *40 km au Nord-Ouest. Prendre la direction de l'Ouest pour rejoindre la route 55 et la suivre jusqu'à Mäntsälä où elle devient la route 53. Parvenu à Hirvihaara, suivre les indications.*
Un village-musée, **Sepänmäen käsityömuseo**★★ ⓥ, avec ses 20 maisons et 14 ateliers d'artisans offre une image authentique de la vie aux 18e et 19e s. Des démonstrations sont organisées le dimanche.

RAUMA★★

Turku ja Pori – 29 800 habitants

Carte Michelin n° 985 – K 18 ou Atlas Europe – p. 100

La troisième ville de Finlande s'est développée sur le golfe de Botnie, au point de rencontre de plusieurs routes commerciales. Elle obtint sa charte en 1442. En 1550, le roi Gustave Vasa décréta que les citoyens de Rauma devaient s'installer dans la nouvelle ville d'Helsinki. Ce décret royal, cependant, n'empêcha guère la ville de se développer car les habitants revinrent. Aujourd'hui, Rauma est toujours un port maritime de premier ordre et un centre industriel important. Rauma est également connue pour sa dentelle aux fuseaux, dont la technique fut probablement importée par des marins, et pour son dialecte, spécifique de la région et incompréhensible pour les étrangers.

★★★ **Vanha Rauma** – *Signalée, à 1 km du centre de la ville.*
La ville ancienne est charmante avec ses maisons de bois des 17e et 18e s. C'est sans aucun doute l'une des cités historiques les mieux conservées des pays nordiques, et son nom figure sur la liste des sites du patrimoine mondial établie par l'UNESCO. C'est à pied que l'on peut le mieux visiter le quartier historique, en partant de l'église franciscaine de la Sainte Croix, **Pyhän Risktin kirkko**★★★ ⓥ, datant du 15e s. et située près de la rivière Raumanjoki. Une fois le pont franchi, suivre Isokirkkokatu jusqu'à la **place du Marché**★, bordée sur un côté par le grâcieux petit hôtel de ville construit en 1776 par C. Schröder qui abrite désormais le **musée**★ ⓥ. Les expositions illustrent le passé maritime de Rauma à l'exception d'une section consacrée à la dentelle locale. Continuer par Kauppakatu, puis Isopoikkikatu jusqu'à **Marela**★★ ⓥ, demeure d'un riche armateur, somptueusement décorée et garnie de meubles du 19e s. Au carrefour suivant, tourner à gauche dans l'étroite Kitukränn et continuer jusqu'au pont. La rue aboutit dans la cour d'une maison de couleur moutarde, **Kirsti**, logement de marin datant du début du 20e s. En suivant Pohjankatu, on rejoint l'église.

ROVANIEMI★★

Lappi – 34 300 habitants

Carte Michelin n° 985 – F 22 ou Atlas Europe – p. 99

La capitale de la Laponie finlandaise est située juste au Sud du cercle polaire, au confluent de la rivière Ounasjoki et du fleuve Kemijoki, le plus long (500 km) de Finlande. C'est un centre régional actif tout au long de l'année et, pourtant, à portée du centre de la ville, s'étend une magnifique région sauvage, dont les monts arrondis paraissent auréolés de bleu dans le lointain. Déjà au Moyen Âge, fourrures et saumons étaient exportés de la région vers les cours d'Europe, mais la ville ne se développa vraiment qu'au 19e s. grâce à l'exploitation des forêts et à l'implantation de scieries. La Seconde Guerre mondiale eut des conséquences désastreuses : la ville fut pratiquement rasée. Alvar Aalto conçut pour la nouvelle ville un plan en forme de bois de renne et entreprit également la construction de plusieurs édifices, dont le remarquable centre administratif et culturel.

H. Donnezan/EXPLORER

Sculptures de neige

CURIOSITÉS

★★★ **Arktikum** ⓥ – *Pohjoisranta 4 par la E 75 en direction du Nord.*
Cette ingénieuse construction souterraine (Birch-Bonderup-thorup et Waade, 1992) surmontée d'une coupole allongée, qui, en surface, ressemble à un tunnel de glace, abrite deux expositions très intéressantes consacrées aux conditions de vie dans l'Arctique. Le **Centre arctique** présente les caractéristiques de la nature des régions arctiques et expose la vie et les traditions du peuple autochtone de ces régions. Le **musée provincial de Laponie**★★ comprend une exposition permanente qui illustre la vie en Laponie des temps préhistoriques à nos jours.

★★ **Centre administratif et culturel** – *Hallituskatu.*
Cet élégant ensemble de trois édifices élancés fait partie des œuvres les plus appréciées de l'architecte mondialement connu, Alvar Aalto (1898-1976). **Lappia talo**★★ (1975) au n° 11 Hallituskatu abrite le théâtre municipal, la salle de concerts et le centre de congrès. Sa forme est inspirée des monts voisins. Le premier édifice à être construit fut cependant la bibliothèque, **Kirjasto**★★ au n° 9 Hallituskatu, achevée en 1965. L'hôtel de ville, **Kaupungintalo**★★, fut achevé en 1988 d'après des plans datant des années 1970. Les œuvres de cet architecte sont caractérisées par une modernité appuyée.

Église ⓥ – *800 m au Sud du centre commercial, au n° 1 Kirkkotie.*
Construite en 1950 non loin du site qu'occupait l'église détruite pendant la guerre, elle est célèbre pour son retable, *La source de vie* (Lennart Segerstråle, 1950).

★ **Lapin metsämuseo** ⓥ – *4 km au Sud par la route 78, puis à gauche vers le n° 7 Metsämuseontie.*
Musée de plein air illustrant la vie et le travail des bûcherons du début du siècle à nos jours.

★ **La colline d'Ounasvaara** – *3 km du centre de la ville jusqu'au sommet.*
Cette colline de 204 m d'altitude offre une magnifique **vue** d'ensemble de la ville. C'est le centre de sports d'hiver le plus proche offrant un choix de pistes skiables et de tremplins de saut. En été, on vient volontiers y contempler le soleil de minuit.

EXCURSIONS

Rovaniemi est le point de départ idéal d'excursions dans les régions sauvages de la Laponie. Certains organismes de voyages locaux proposent des programmes adaptés aux voyageurs individuels et des circuits passionnants de quelques heures ou de plusieurs jours. C'est souvent la meilleure façon de se familiariser avec le milieu naturel de la Laponie qu'il est malaisé de découvrir sans avoir quelques connaissances bien précises. Les régions sauvages ne se dévoilent au visiteur que s'il quitte les routes principales et s'engage sur les sentiers et pistes de découverte, ou s'aventure sur les rivières et les lacs.

★ **Napapiiri ja Joulupukin pajakylä** – *8 km au Nord.*
La latitude exacte de ce lieu est 66° 33' 07" Nord et la longitude 35° 50' 51" Est. Il est possible d'obtenir un certificat attestant que l'on a franchi le cercle polaire au bureau d'information du Village de saint Nicolas, qui est essentiellement un centre commercial pour les touristes. Saint Nicolas reçoit les enfants dans son bureau toute l'année.

★★ **Ranuan eläinpuisto** – *81 km au Sud-Est ; excursion d'une demi-journée.*
Le parc zoologique le plus septentrional du monde compte 60 espèces de prédateurs des régions arctiques, dont l'ours polaire, ainsi que des oiseaux. Les animaux vivent dans leur environnement naturel, dans de vastes enclos. Le circuit de 3 km emprunte une chaussée empierrée, ce qui facilite la marche.

★★ **Kemijärvi** – *85 km à l'Est.*
Cette petite ville est située dans un site charmant, dans un méandre du fleuve Kemijoki qui, à cet endroit, s'étale, entourant la ville de ses eaux tranquilles. Le fleuve fut pendant un siècle la voie de flottage la plus importante du pays et contribua donc de façon décisive à la prospérité de la petite localité, mais le transport du bois par voie de terre l'emporta définitivement en 1992. En revanche, Kemijärvi est devenue le point de départ de nombreuses excursions et randonnées. Les fascinantes régions sauvages de Salla *(65 km à l'Est)* et de Savukoski *(95 km au Nord)* s'étendent vers les monts et les marais du Nord-Est, où les forêts de pins et de sapins alternent avec les marécages. Le **parc national de Pyhätunturi**★ dans la région de Salla comprend principalement une chaîne de monts rocheux, qui recèlent d'anciens lieux sacrés du peuple sâme. Suomutunturi ou mont Suomu *(53 km au Sud-Est)* à cheval sur le cercle polaire culmine à 408 m. C'est l'une des plus importantes stations de sports d'hiver, dotée de pistes de longueur variant de 400 à 1 120 m.

SAVONLINNA★★

Mikkeli – 28 700 habitants

Carte Michelin n° 985 – K 25 ou Atlas Europe – p. 103

Cette charmante ville, qui s'inscrit dans un cadre magnifique, est située sur un chapelet d'îles entre le lac Haapavesi et le lac Pihlajavesi, lesquels font partie du système lacustre du Saimaa.

Tourisme de Finlande

Festival d'Opéra de Savonlinna

La ville se développa à l'ombre du château d'Olavinlinna, construit sur une île, et elle eut souvent à pâtir des luttes fréquentes que se livrèrent ceux qui convoitaient cette forteresse importante sur le plan stratégique. En arrivant de l'Est, à partir du pont qui franchit le détroit de Kyrönsalmi, on a une **vue**★★ merveilleuse sur la forteresse et son île.

La **place du marché**★★, en bordure de l'eau, a un air presque méditerranéen, tandis que les visiteurs se mêlent aux habitants dans l'animation ambiante et que les vapeurs et les ferries attendent leur contingent de vacanciers. Savonlinna est le point de départ de nombreuses **croisières**★★ sur le réseau navigable du lac Saimaa *(voir à l'index)*. La cour intérieure du château sert de cadre au **festival d'Opéra** qui dure un mois chaque année en juillet.

Olavinlinna

CURIOSITÉS

★★★ **Olavinlinna** ⓥ – *Traverser le pont à l'extrémité Est de Linnankatu.*
La forteresse fut fondée en 1475 par le gouverneur de Viborg Erik Axelsson Tott pour défendre les provinces orientales du royaume de Suède et Finlande et dédiée à saint Olav. On peut voir une statue du gouverneur sur l'île en allant vers le château. Celui-ci est triangulaire et doté de trois tours sur un côté. Il fut agrandi et deux tours furent ajoutées aux 16e s. et 17e s., mais, lorsqu'il tomba définitivement aux mains des Russes au 18e s., deux tours furent rasées. Le château, qui servit un moment de prison, est néanmoins l'une des forteresses médiévales les mieux conservées des pays nordiques.
Du haut des tours atteignant 30 m, on découvre un paysage fabuleux de lacs et d'îles à perte de vue. On peut compléter la visite en allant au petit **musée du château**★ à gauche de l'entrée. Sur la droite se trouve un splendide **musée orthodoxe**★★, où sont exposés des objets de culte.

★ **Maakuntamuseo** ⓥ – *Sur l'île Riihisaari, à côté du château.*
Aménagée au rez-de-chaussée de ce musée, l'exposition d'histoire régionale présente une **maquette**★ particulièrement intéressante, illustrant la pratique du flottage, activité locale très importante. Le premier étage est consacré aux expositions temporaires.
Le billet d'entrée donne droit à la visite des bateaux (amarrés derrière le bâtiment du musée), qui servaient jadis à transporter marchandises et passagers d'un lac à l'autre.

EXCURSIONS

★ **Rauhalinna** ⓥ – *A Lehtiniemi, à 16 km au Nord par la route 471/470.*
Cette curieuse villa en bois fut offerte par le lieutenant général Nils Weckman, de l'armée du tsar, à sa femme Alma pour célébrer leurs noces d'argent en 1900. La demeure a été transformée en hôtel-restaurant d'été.

★★ **Retretti Taidekeskus** ⓥ – *26 km au Sud-Est par la route 14.*
Le **centre d'art Retretti** présente tous les étés des expositions dans ce lieu unique, aménagé dans une vaste grotte.

★ **Église de Kerimäki** ⓥ – *23 km au Nord-Est par la route 71.*
Le village campagnard semble écrasé par l'église en bois (la plus grande au monde), surmontée d'une coupole de 27 m de hauteur et qui peut contenir 3 300 personnes. Les plans d'origine furent dessinés par l'architecte A. F. Granstedt (1800-1849), mais le maître d'œuvre local, Axel Tolpo, préféra suivre les idées de grandeur des paroissiens, si bien que l'église, aujourd'hui, peut servir de salle de concerts pendant le festival d'Opéra de Savonlinna.

Harjualue – *A l'Est du village de Punkaharju.*
La **crête de Punkaharju**★★, qui s'étire sur 7 km de long et atteint par endroits une hauteur de 30 m de haut, est en fait une moraine déposée là pendant l'ère glaciaire. La crête se faufile entre les lacs Pihlajavesi et Puruvesi et, parfois, elle n'est pas plus large que la vieille route tracée au sommet. Sur le bord de la route s'offrent d'admirables **panoramas**★★ sur les lacs étincelants et les forêts paisibles.

E. Baret

Sur l'un de ces points de vue aménagés, se dresse un monument dédié au poète J. L. Runeberg ; c'est là dit-on qu'il écrivit son célèbre poème *Le Cinquième Jour de juillet* en 1838. La crête est zone protégée depuis 1843.

SUOMUSSALMI

Oulu – 12 300 habitants

Carte Michelin n° 985 – H 26 ou Atlas Europe – p. 99

La commune s'étend jusqu'aux vastes forêts bordant la frontière russe, où la beauté silencieuse des espaces sauvages revêt un charme particulier. Ce silence fut interrompu le matin du 30 novembre 1939, lorsque l'armée soviétique lança son attaque : la Guerre d'Hiver venait de commencer. Elle causa des dommages considérables et une nouvelle agglomération, qui porte le nom de Ämmansaari *(voir ci-dessous)*, fut construite à Kianta, sur la rive occidentale de Kiantajarvi, à 10 km de l'ancien village.

L'ancien village – Son **église** ⓥ fut reconstruite en 1950 sur des plans d'O. Ermala grâce à l'aide financière des États-Unis. 2,4 km plus loin, à Karhulanvaara, on peut voir le mémorial de la guerre d'Hiver, ***la Flamme***★ par Alvar Aalto.

EXCURSIONS A PARTIR D'ÄMMANSÄARI

Croisière sur le lac Kianta ⓥ – *Départ du quai (Laivalaituri). Par la route 5, compter 2 h.* Une excursion en bateau mène à Turjanlinna, où se dressait la résidence de l'écrivain **Ilmari Kianto** (1874-1970), épris de nature sauvage ; seuls un curieux petit pavillon et un sauna ont pu être sauvés des flammes. Kianto écrivit des romans et des poèmes inspirés par le folklore et par la nature qui l'entourait.

Raatteen Portti ⓥ – La route du musée de Raate commence à la **Porte de Raate**, 24 km à l'Est, et continue sur 20 km encore en direction de l'Est et du poste frontière. Une **exposition sur la Guerre d'Hiver** se tient en permanence à Raatteen Portti dans une cabane en rondins peinte d'un gris militaire, ressemblant à un abri souterrain. La route continue à travers les étendues sauvages, où se déroulèrent quelques-unes des batailles les plus acharnées, mais où fut également remportée une victoire décisive sur les Soviétiques pendant la Guerre d'Hiver de 1939-1940. A la frontière, le minuscule poste de garde aménagé tel qu'il était lorsque la guerre éclata, a été transformé en musée.

★★ **Hossa** ⓥ – *100 km au Nord-Est.* Le « paradis des pêcheurs » est une région idéale pour la randonnée, avec près de 100 km de pistes balisées et d'excellentes possibilités de s'adonner à la pêche dans les 130 lacs, étangs et rivières des environs. Des **forêts vierges**★ rares et l'une des **gravures rupestres**★ les plus septentrionales du monde (datant d'environ 2 500 à 1 500 ans avant J.-C.) sont situées dans un environnement naturel impressionnant, qui fut pendant des siècles habité par des Sâmes jusqu'à ce qu'au début du 18e s. les colons finlandais les repoussent vers le Nord. Il ne reste que très peu de vestiges de la culture sâme, entre autres, des fosses servant à la chasse au cerf. A quelque 10 km au Nord de Hossa, on peut voir **Julma Ölkky**★, lac de cañon, creusé durant la dernière glaciation. On peut admirer le paysage austère que forment les rives escarpées du lac lors d'une promenade en bateau (30 mn).

TAMPERE★

Häme – 180 000 habitants
Carte Michelin n° 985 – K 20 ou Atlas Europe – p. 107
Schéma : JÄRVI-SUOMI

Tampere est la plus grande ville scandinave de l'intérieur et la troisième agglomération finlandaise. Elle est construite sur un isthme entre deux vastes lacs, **Näsijärvi** (**AY**) au Nord et **Pyhäjärvi** (**AZ**) au Sud. Les lacs sont reliés par des rapides, **Tammerkoski** (**BY**), qui roulent leurs eaux tumultueuses à travers la cité. C'est une ville agréable, ouverte, agrémentée de nombreux parcs bordés de lacs aux eaux bleues. C'est aujourd'hui l'un des principaux centres touristiques du pays.

Tourisme de Finlande

Tampere

NOTES HISTORIQUES

Bien que la région de Pirkkala, au Sud-Ouest, ait été habitée dès le Moyen Âge, Tampere ne fut officiellement fondée qu'en 1779 par le roi Gustave III de Suède. La production d'énergie hydraulique contribua progressivement au développement de la ville. La première fabrique de papier fut inaugurée en 1785, mais ce n'est qu'au 19e s. que Tampere devint vraiment un centre industriel.
Tampere a joué un rôle prépondérant dans l'histoire politique de la Finlande : pendant la guerre civile de 1918, elle fut le théâtre de luttes acharnées entre les Rouges et les Blancs, et la prise de la ville, le 6 avril 1918, fut un facteur décisif dans le processus de l'accession de la Finlande à son indépendance.

Le Manchester finlandais – C'est le nom que l'on donne souvent à Tampere à cause de son intense activité industrielle. La fabrication du papier fut la première industrie de la ville mais, en 1828, l'Écossais **James Finlayson**, qui avait auparavant travaillé à St-Pétersbourg, fonda la première fabrique de textiles. Il la revendit en 1836 à la famille Nottbeck et, sous la direction de celle-ci, la société prospéra et se développa au point de devenir une ville dans la ville, avec sa propre église, son école, sa police, sa brigade de pompiers et son propre hôpital (selon les principes du réformateur britannique Robert Owen). Le 19e s. vit s'installer à Tampere plusieurs autres industries : textiles, industries de transformation du bois et de fabrication du papier. L'industrie mécanique et celle de la chaussure prirent également de l'importance et, depuis le milieu du 20e s., la ville s'est forgé une solide réputation en matière de haute technologie, ce que symbolise l'existence d'une université de technologie, de deux zones de technologie et de plusieurs instituts de recherche. En outre, une seconde université spécialisée en sciences politiques et en sociologie ainsi qu'un grand hôpital universitaire contribuent au renom de la ville en tant que centre d'études supérieures.

Une cité férue de culture – Bien que la ville possède divers musées et galeries d'art, sa tradition théâtrale en fait un leader dans ce domaine parmi les autres villes de Finlande. Pas moins de 12 compagnies professionnelles et de nombreuses troupes d'amateurs proposent un vaste répertoire de productions théâtrales. Le point culminant du calendrier annuel est le **festival International de Théâtre**, qui accueille de nombreuses troupes étrangères. Par ailleurs, l'Orchestre Philharmonique de Tampere joue un rôle prépondérant dans la vie musicale de Tampere qui s'exprime aussi lors de nombreux festivals.

A L'EST DE TAMMERKOSKI

★★ **Tuomiokirkko** (**CY**) ⊙ – La **cathédrale** de granit gris au toit rouge est un parfait exemple de style romantique national. Elle fut construite de 1902 à 1907 par Lars Sonck. L'influence du style gothique médiéval se décèle dans les flèches des tours et les piliers massifs qui supportent la voûte. Sa décoration intérieure en fait l'un des plus beaux ensembles Art Nouveau en Finlande. Derrière le maître-autel, on remarque une fresque représentant *la Résurrection*, due à **Magnus Enckell** (1870-1925), qui dessina également la croix vitrée du chœur. L'immense peinture murale *Les porteuses de guirlandes* est l'œuvre du plus représentatif des symbolistes finlandais, **Hugo Simberg** (1873-1917), de même que *L'ange blessé*, le *Jardin de la Mort* et les vitraux, qui représentent des thèmes bibliques à la manière symboliste.

★ **Tampere talo** (**CZ**) ⊙ – C'est le plus grand centre de conférence et la plus grande salle de concerts de Finlande (1990). Le style résolument moderne adopté par les architectes **Sakari Aartelo** et **Esa Piiroinen** est frappant. Abritant l'Orchestre philharmonique de Tampere, il accueille des conférences, des congrès et des expositions ainsi que des concerts, des opéras et des ballets.

★ **Kalevan kirkko** ⊙ – *A l'extrémité Est d'Itsenäisyydenkatu* (**CZ**).
Cette église de béton appelée localement « le silo des âmes » c'est une audacieuse création des architectes **Reima et Raili Pietilä**, datant de 1966. L'absence de colonnes donne une étonnante impression d'élévation (30 m) et interdit tout obstacle au regard et au son. Dix-huit fenêtres s'élevant du sol au plafond permettent de voir la verdure environnante. Reima Pietilä créa une œuvre d'art et s'attacha au moindre détail de l'ornementation et du mobilier estimant qu'ils contribuent à l'harmonie de l'ensemble.

Hämeensilta (**BZ 10**). Les quatre statues du pont par **Wäinö Aaltonen** (1894-1966) représentent des personnages des légendes de l'ancienne Pirkanmaa : le Marchand, le Chasseur, le Collecteur d'impôts et la Jeune fille finlandaise.

Ortodoksinen kirkko (**CZ**) ⊙ – L'**église orthodoxe** fut construite en 1899, pendant les dernières décennies du gouvernement russe. Elle est du plus pur style néo-byzantin. Les sept coupoles symbolisent les sept sacrements.

A L'OUEST DE TAMMERKOSKI

Hämeen museo (**AY**) ⊙ – Cet élégant palais néo-Renaissance construit par K. A. Wrede donne sur le lac Näsijärvi. Il fut conçu pour servir de résidence à la famille Nottbeck, propriétaires de la fabrique de textiles Finlayson. Il a été transformé en musée régional illustrant la vie quotidienne dans le Häme et le Pirkanmaa, qui font partie de la province de Tampere depuis les temps les plus reculés.

Kirjasto (**AZ**) ⊙ – L'architecture exceptionnelle de cette bibliothèque moderne, créée en 1986 par Raili et Reima Pietilä, s'inspire de la nature. Les lignes du toit sont courbes comme les ailes d'un coq de bruyère, d'où le nom de l'édifice, Metso. Le rez-de-chaussée abrite deux expositions permanentes : le **musée des Pierres précieuses et des Minéraux** et le **musée de la Vallée des Moomins**, personnages créés par le célèbre auteur finlandais Tove Jansson et ressemblant à des hippopotames.

A. Rankka/FINNISH TOURIST BOARD

Moomin et ses amis

TAMPERE

Aleksis Kiven katu	BZ	3
Ammattikoulunkatu	AZ	4
Erkkilänkatu	CY	6
Hatanpään valtatie	CZ	7
Hämeensilta	BZ	10
Kalevanaukio	CZ	13
Keskustori	BZ	15
Kuninkaankatu	BZ	18
Laiturikatu	AY	21
Lempääläntie	CZ	22
Lyseokatu	AZ	25
Lähteenkatu	CZ	27
Makasiininkatu	AZ	28
Mustanlahdenkatu	AY	31
Naistenlahdenkatu	CY	33
Nalkalantori	BZ	34
Niemikatu	AY	36
Parantolankatu	CY	37
Pellavatehtaankatu	BZ	39
Petsamonkatu	CY	40
Puutarhakatu	AZ	42
Pyhäjärvenkatu	AZ	45
Pyynikintori	AZ	46
Ronganakatu	BZ	48
Salhojankatu	CZ	49
Sammonkatu	CZ	51
Santalahdentie	AZ	54
Sorin aukio	CZ	57
Sotkankatu	AZ	60
Soukanlahdenkatu	CY	61
Tammelantori	CY	64
Teiskontie	CZ	66
Tiiliruukinkatu	AZ	67
Tullikamarin aukio	CZ	69
Tuomiokirkonkatu	CYZ	70
Verkatehtaankatu	CZ	72
Väinölänkatu	CY	73
Yliopistonkatu	CZ	74

M[1] Amurin työläismuseo
M[2] Lenin museo

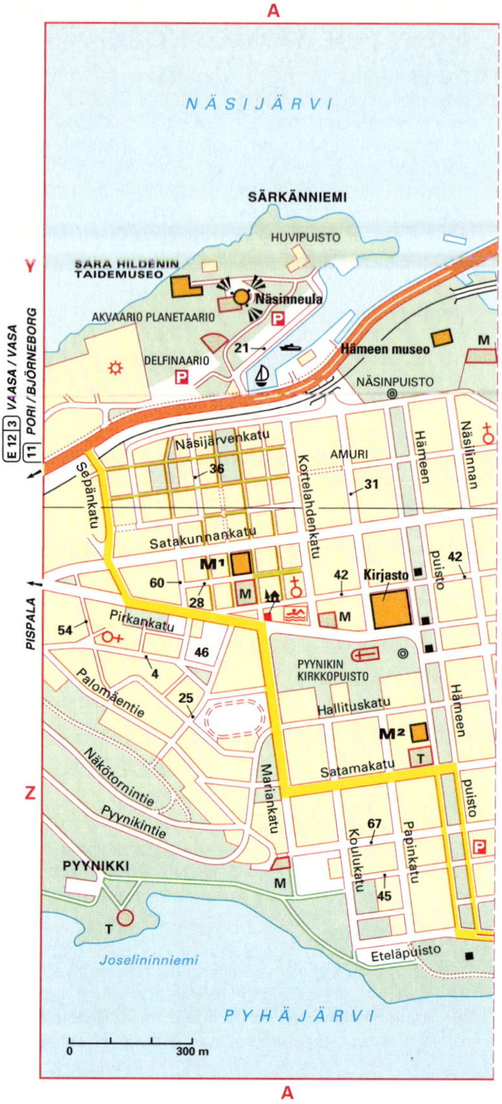

Leurs aventures ont été adaptées pour la télévision par les Japonais, sous forme de dessins animés. L'exposition comprend essentiellement les dessins originaux de l'auteur ainsi qu'une maison Moomin en miniature.

Särkänniemi (**AY**) ⊙ – Sur ce promontoire qui s'avance dans le lac Näsijärvi ont été aménagés un parc de loisirs (Huvipuisto), un planetarium, un aquarium pour dauphins et la **tour-belvédère Näsinneula**, qui est la plus haute de Finlande (168 m) et offre un superbe **panorama**★★.

★★ **Sara Hildénin taidemuseo** (**AY**) ⊙ – *Särkänniemi.*
L'édifice moderne, conçu par l'étude de Pekka Ilveskoski en 1979 et construit sur une colline dominant le lac Näsijärvi, est une véritable œuvre d'art. Il abrite la collection de la **Fondation Sara Hildén**, qui compte quelque 2 800 œuvres d'art finlandais et international (Léger, Picasso, Giacometti, Miró, Klee et Delvaux).

Amurin työläismuseo (**AZ M**[1]) ⊙ – Le **musée des Ouvriers d'Amuri** est constitué d'un ensemble de maisons de bois illustrant l'évolution des conditions de vie des ouvriers à Tampere. Cuisines communes et saunas publics étaient caractéristiques de ce quartier ouvrier connu sous le nom d'Amuri.

Lenin museo (**AZ M**[2]) ⊙ – Ce petit musée est situé au 3e étage de la maison des Ouvriers de Tampere, où eut lieu en 1905 la première rencontre entre Lénine et Staline, au cours d'un congrès secret réunissant les révolutionnaires russes. Le musée illustre la vie et l'œuvre de Lénine, ainsi que ses visites clandestines en Finlande.

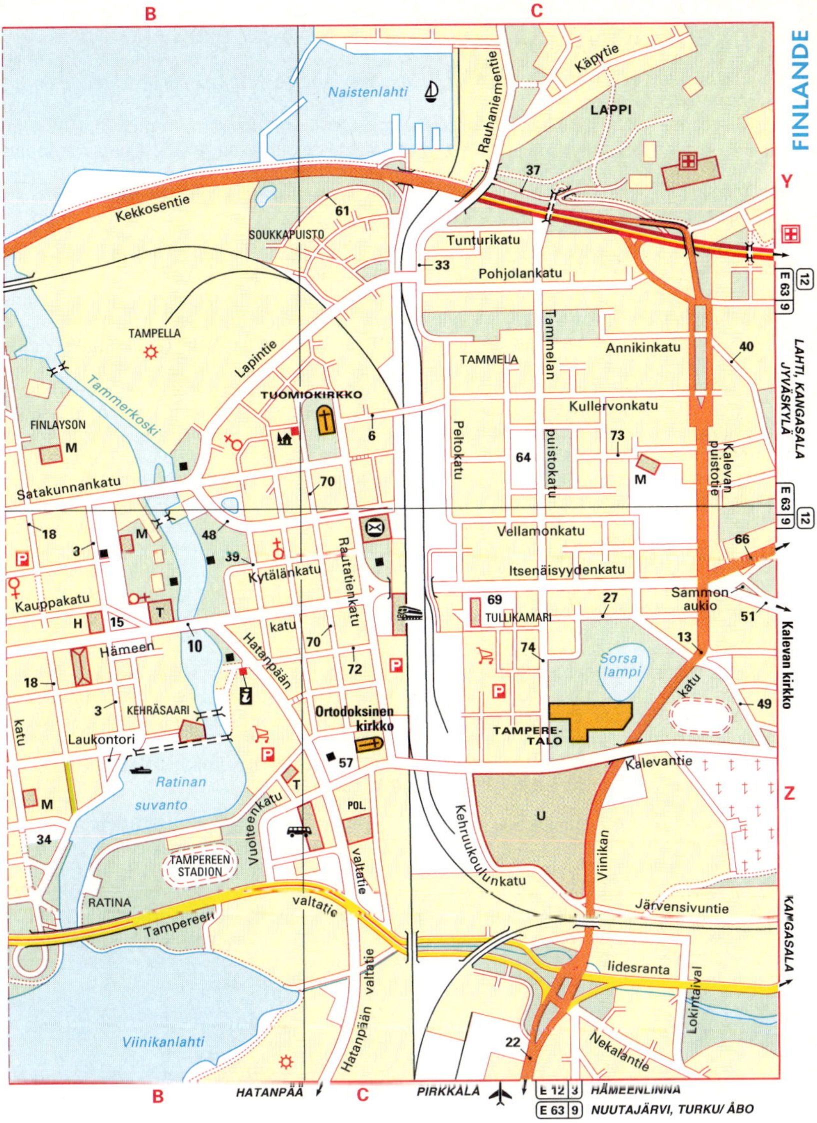

★ **Pispala** – *Prendre Satakunnankatu en direction de l'Ouest* (**AZ**).

Ce quartier pittoresque aux maisons de bois, perché sur la crête Pyynikki entre les deux lacs, s'est développé au début du 20e s. lorsque les familles des ouvriers construisirent leurs petites maisons sur les lopins de terre disponibles à cet endroit.

Du sommet de la crête, on découvre un **panorama** impressionnant.

Le théâtre d'été de Pyynikki, inauguré en 1959 dans le parc du même nom, fut le premier du monde équipé d'un auditorium tournant.

Manifestations culturelles à Tampere :

Mars. . . . . Festival du court métrage.

Avril . . . . . Biennale, festival de musique moderne (en années paires).

Juin . . . . . Festival International de Chœurs (en années impaires).

Juillet . . . . Pispalan Sottiisi, festival de danse folklorique (en années paires).

Août. . . . . Festival International de Théâtre.

Festival des Fleurs.

Oct./Nov.. . . Rencontres de Jazz.

EXCURSIONS

Hatanpää – *Quitter Tampere par Hatanpään valtatie* (**CZ**) *ou par le bateau-bus qui part de Laukontori* (**BZ**).
Le manoir néo-Renaissance de la fin du 19e s. se dresse à l'emplacement d'un ancien manoir, où le roi Gustave III de Suède séjourna en 1775. Quatre ans plus tard, la ville de Tampere fut fondée. Avec son environnement lacustre, le manoir forme un cadre idéal pour la collection de poupées et de costumes **Haiharan nukke-ja pukumuseo**★ ⊙.

★★ **Croisières lacustres** ⊙ – Les services réguliers de la compagnie Silverline (*embarquement à Laukontori* **BZ**) constituent autant de possibilités de croisières : entre Tampere et Hämeenlinna, située au Sud, et entre Tampere et les régions du Nord de la province, autour du lac Näsijärvi ; l'une de ces croisières à destination de Ruovesi et de Virrat s'intitule la **Route du Poète** (*embarquement au port de plaisance* **AY**).
La campagne silencieuse qui borde le lac fut une grande source d'inspiration pour le peintre national **Akseli Gallen-Kallela** (1865-1931), qui affirmait que ces paysages étaient ancrés au plus profond de l'âme finlandaise. En 1894, il se fit construire un studio, **Kalela**, dans un lieu sauvage et retiré sur les bords du lac. C'est là qu'il réalisa un grand nombre de ses œuvres inspirées par le poème épique national, le *Kalevala (voir à Kuhmo)*.
Le poète national, **Johan Ludvig Runeberg** (1804-1877) fut pendant une courte période précepteur de la famille qui habitait le manoir Ritoniemi. Durant son séjour, il fit la connaissance de nombreux vétérans de la guerre de 1808-1809 et leurs récits sont à l'origine de plusieurs de ses poèmes héroïques parus dans les deux cycles de *Récits de l'enseigne Staal*.

★ **Kangasala** – *19 km à l'Est* (**CZ**).
Cette localité est entourée de trois lacs : Vesijärvi, Längelmävesi et Roine ; elle est célèbre pour son magnifique cadre qui inspira le poème *Journée d'été à Kangasala*, écrit en 1853 par **Zacharius Topelius** (1818-1898). Mis en musique, c'est aujourd'hui un chant folklorique cher au cœur des Finlandais.
Une stèle dédiée au poète a été érigée sur la crête de **Haralanharju. Mobilia** ⊙ est un intéressant musée de l'automobile et de la route.

Nuutajärvi – *60 km au Sud* (**CZ**).
On souffle le verre à Nuutajärvi depuis 1793, date à laquelle un officier de marine hollandais à la retraite, Jacob Wilhelm de Pont (1755-1809) fonda la verrerie.
Le site comprend les ateliers, où les visiteurs peuvent voir souffler le verre, le **musée** ⊙ où ils peuvent admirer des chefs-d'œuvre de design finlandais, anciens et contemporains, et la boutique, où ils seront tentés par des objets réalisés par de célèbres artistes tels que Oiva Toikka, Heikki Orvola et Markku Salo.

En circulant dans les régions reculées de Scandinavie, pensez à surveiller le niveau d'essence de votre réservoir : en effet, plus on monte vers le Nord, plus les stations-service sont rares et éloignées les unes des autres.

TURKU/ÅBO★★

Turku ja Pori – 156 000 habitants
Carte Michelin n° 985 – L 19 ou Atlas Europe – p. 107

Turku (mot d'ancien finnois signifiant place du marché) se développa autour d'un comptoir commercial établi à l'embouchure du fleuve Aurajoki, dans une région dont les traditions culturelles comptent au nombre des plus anciennes du pays. Pendant des siècles, Turku fut la capitale de la Finlande et le « berceau de la civilisation ». Elle a pu conserver cette renommée jusqu'à nos jours grâce à une vie culturelle et intellectuelle intense, stimulée par trois établissements universitaires : une université de langue finnoise, une autre de langue suédoise et un collège d'enseignement supérieur spécialisé en économie et en gestion.
Turku est aujourd'hui la capitale provinciale du Sud-Ouest de la Finlande. Ses activités commerciales et industrielles sont importantes et, grâce à de fréquents services de ferries avec la Suède et les ports de la Baltique, la ville est devenue la seconde porte d'accès en Finlande après Helsinki. La cité est divisée en deux secteurs à peu près égaux par le fleuve Aurajoki / Aura qui se jette dans la mer à 2,5 km seulement du centre de la ville. Les sept collines de Turku offrent une grande diversité de panoramas.

NOTES HISTORIQUES

Capitale de la Finlande – Bien que l'on n'ait retrouvé aucune mention écrite de sa fondation, on sait que Turku est la plus ancienne ville de Finlande, et qu'elle fut fondée en 1229 au moment du transfert en ses murs de l'archevêché de Finlande. La cathédrale et le château furent construits au 13e s., et la ville ne cessa d'acquérir de l'importance durant le Moyen Âge grâce au développement des activités maritimes et commerciales au temps de la Ligue hanséatique. Non contente d'être le siège du pouvoir laïque (résidence du gouverneur suédois) et du pouvoir ecclésiastique (archevêché), Turku devint rapidement le centre de la vie intellectuelle lorsque l'université fut fondée en 1640 par Per Brahe. La cité continua à tirer profit de ses liens étroits avec Stockholm et l'Europe centrale.

Un siècle de changement – Lorsque la Finlande fut rattachée à l'empire russe, le tsar Alexandre Ier estima que Turku était trop proche de Stockholm d'un point de vue politique aussi bien que géographique. Après qu'Helsinki fut promue capitale en 1812, l'appareil politique et administratif fut transféré dans la nouvelle capitale, bientôt suivi par l'appareil culturel. Un désastre encore plus grand s'abattit sur la cité en 1827, lorsqu'un incendie éclata qui détruisit 2 500 maisons : l'histoire retiendra que ce fut l'incendie le plus important ayant jamais ravagé une ville nordique. Après le désastre, l'université fut transférée à Helsinki.

Carl Ludvig Engel, architecte du nouveau centre administratif d'Helsinki, dessina un nouveau plan de la ville fondé sur un système de quadrillage, et la reconstruction fut entreprise rapidement. Turku se remit peu à peu de ses épreuves et retrouva au début du 20e s., en partie grâce à plusieurs mécènes généreux poussés par un nationalisme vigoureux, un rôle de premier plan dans le domaine de l'éducation et de la culture : une nouvelle université de langue finnoise fut inaugurée en 1916, et l'Académie Åbo, de langue suédoise, fut fondée deux ans plus tard.

Une ville franchement moderne – Outre ses édifices historiques et culturels, Turku possède quelques magnifiques spécimens d'architecture du 20e s. : la chapelle de la Résurrection, **Ylösnousemuskappeli** (1938), conçue par Erik Bryggman, dans le beau cimetière de la ville *(à la périphérie en suivant la E 18 vers le Sud)*, le **Konserttitalo / Konserthuset** (**BX**), réalisé par R.V. Kuukkonen (1952), les bâtiments de l'université de langue finnoise, **Turun Yliopisto** (**CX**) (1954), dessinés par Aarne Ervi, le théâtre municipal, **Kaupunginteatteri / Stadsteatern** (**BY A**) (1955) réalisé par Luukkonen et Stenros et enfin, à proximité de la place animée du marché, l'un des projets les plus récents, associant les tendances traditionnelles et le sens de l'utile, le Centre commercial Hansa, **Hansakortteli / Hansakvarteret** (**BY**) (1989) conçu par Benito Casagrande.

Lawson/Tourisme de Finlande

Turku

LA CATHÉDRALE ET LA RIVE GAUCHE

★★★ **Tuomiokirkko / Domkyrkan** (CX B) – Cette imposante **cathédrale** gothique, qui est à la fois la plus ancienne église de Finlande et le sanctuaire national, se dresse sur les rives de l'Aura depuis la fin du 13e s. Le siège de l'archevêché fut transféré de Koroinen, tout proche, à Turku au cours du 13e s. et, dès la fin du siècle, une église de pierre avait remplacé la première église de bois, située sur la butte d'Unkankare. Durant tout le Moyen Âge, la cathédrale fut agrandie et modifiée : un nouveau chœur fut ajouté au 14e s., la nef fut agrémentée de chapelles latérales au 15e s. et la hauteur de la voûte fut portée à 24 m. L'intérieur et la tour de style néo-classique, conçue par Engel, datent de la restauration de l'édifice effectuée après le grand incendie de 1827.

Cette grande église de brique impressionne par sa taille et sa tour Ouest, qui atteint 102 m de hauteur.

★★ **Intérieur** – Lorsque l'église était vouée au culte catholique, les chapelles latérales contenaient des autels dédiés à divers saints, mais après la Réforme, elles furent converties en chapelles funéraires et abritent aujourd'hui les tombes et monuments funéraires de nombreux Finlandais célèbres. La **chapelle Kankainen** (près du chœur, côté Nord) contient un des plus émouvants monuments, en forme de sarcophage de marbre noir, dédié à la reine Karin Månsdotter (Kaarina Maununtytår), épouse finlandaise du roi Eric XIV. Elle mourut en 1613. Les beaux vitraux, œuvre du Russe Vladimir Swertschkoff, représentent la reine avec ses deux fils. Dans la petite **chapelle St-Georges**, voisine, reposent les évêques Johannes Gezelius, père et fils, qui au 17e s. furent les pionniers de l'éducation du peuple finlandais. La chapelle abrite aussi la tombe de l'évêque Hemming (mort en 1366), surmontée d'un baldaquin, ainsi qu'un reliquaire en forme d'église.

Les piliers octogonaux du chœur portent encore la marque de l'incendie de 1827. Le reste de la décoration date de la restauration des années 1830. Le **retable** (1834), réalisé par le peintre officiel de la cour de Suède F. Westin, illustre la Transfiguration du Christ. On remarquera particulièrement les **fresques** (1850-54), exécutées par le père de la peinture finlandaise, R. W. Ekman. La chaire fut quant à elle dessinée par Engel. C'est de la tribune que l'on a la plus belle vue d'ensemble de l'intérieur.

Les riches collections du musée de la cathédrale, **Tuomiokirkkomuseo**★★, sont exposées dans la salle Sud. On peut y voir de superbes sculptures sur bois et des objets de culte datant du Moyen Âge.

Sur la gauche de la cathédrale, dans le parc, s'élève la **statue du gouverneur général Per Brahe** (1602-1680) à l'allure fière. On peut voir également près du mur Sud la **statue de Mikael Agricola** (1510-1557), évêque de Turku et introducteur de la Réforme en Finlande, qui fut le premier à traduire la Bible en finnois.

Sibelius museo / Sibelius museet (CX M1) – L'austère édifice de béton construit en 1968 par Woldemar Baeckman abrite le musée Sibelius et son importante collection d'instruments de musique, en particulier des clavecins, des pianos droits et des orgues ainsi que des instruments traditionnels du monde entier. On remarquera surtout le **kantele** dont il est question dans le poème épique finlandais, le *Kalevala*. La salle consacrée au compositeur **Jean Sibelius** (1865-1957) contient une précieuse collection de ses manuscrits, des programmes de concerts et autres objets personnels. L'édifice abrite également une salle de concerts réputée pour son excellente acoustique et l'Institut de musique de l'Université suédoise.

Museo Ett Hem / Museet Ett Hem (CX M2) – Le consul Alfred Jacobsson et sa femme Helene stipulèrent dans leur testament (1931) que leur demeure et leur impressionnante c ollection de peintures du 19e s., essentiellement finlandaises, fussent maintenues en l'état et forment un musée sous le nom de « Ett hem » (litt. : *un chez soi*). Les pièces sont décorées dans le style d'une riche demeure bourgeoise du 19e s. Les tableaux comprennent des œuvres de quelques-uns des plus célèbres peintres finlandais ; dans le salon, on peut voir *Nuit d'été* (1883) d'Albert Edelfelt.

P. Roy/EXPLORER

Orchestre traditionnel

Merenkulkumuseo / Sjöfartsmuseet (**CY M³**) ⊙ – Le bel **observatoire** (1819), situé au sommet de la colline Vartiovuori, est l'un des premiers projets réalisés en Finlande par l'architecte Carl Ludvig Engel. Il abrite aujourd'hui les collections du musée régional de Turku et l'université suédoise de Turku. L'exposition principale illustre le développement des activités et du transport maritimes à Turku. La collection d'astronomie comprend les instruments du célèbre astronome et savant finlandais, Yrjö Väisälä.

★★ **Käsityöläismuseo / Hantverksmuseet** (**CY**) ⊙ – Ouvert en 1940, le musée de plein air Luostarinmäki, d'une rare authenticité, comprend 18 maisons d'artisans en bois demeurées in situ, l'endroit étant l'un des rares que l'incendie de 1827 épargna. Dans chacune des maisons, on peut voir travailler divers artisans dans des ateliers, qui datent de la seconde moitié du 18ᵉ s. Une partie du charme de Luostarinmäki tient au fait qu'il s'agit d'un musée vivant, où le visiteur, intrigué par les bruits et les odeurs, va d'atelier en atelier assister aux démonstrations que les jeunes artisans font de leurs techniques traditionnelles. Pendant les mois d'été, plus de trente métiers sont ainsi représentés : orfèvre, tanneur, perruquier, tisserand, boulanger, forgeron, notamment.

★ **Wäinö Aaltosen museo / Wäinö Aaltonens museum** (**BY M⁴**) ⊙ – Achevé en 1967, l'édifice moderne et clair fut conçu en collaboration par le fils et la belle-fille du sculpteur Wäinö Aaltonen pour accueillir ses œuvres. Le musée expose une collection de peintures et de sculptures tout à fait représentative de ce chef de file de l'art figuratif finlandais.

Suomen Joutsen (**AY**) ⊙ – Le **Cygne de Finlande**, navire-école de la marine finlandaise pendant une trentaine d'années, fut construit en 1912 dans les chantiers navals de St-Nazaire, sur la côte atlantique. Amarré sur le fleuve Aura depuis 1960, il a servi d'école jusqu'en 1988. C'est devenu l'un des symboles de Turku.

Museoalus Sigyn / Museifartyget Sigyn (**AY M⁵**) ⊙ – Le cargo Sigyn, construit en 1887 à Göteborg en Suède, a été transformé en navire-musée. C'est le seul trois-mâts en bois qui ait survécu jusqu'à nos jours.

LE CHÂTEAU ET LA RIVE DROITE

★★★ **Turun Linna / Åbo slott** ⊙ – *A l'Ouest par la E 18.*

Ce château de pierre grise à l'allure massive et fière se développa au cours des siècles autour d'une forteresse construite en 1280 sur une petite île à l'embouchure du fleuve Aura. Ce fut la résidence officielle du gouverneur royal. Consécutifs à des sièges et à des incendies, des travaux de restauration et d'agrandissement se succédèrent jusqu'à l'apogée du château vers la fin du 16ᵉ s. Lorsque le roi Gustave Vasa s'y installa en 1555-1556, il fit ajouter pour son fils, le duc Jean, et sa belle-fille, Catherine Jagellon, princesse polonaise, un étage comprenant des salles de banquets et des appartements royaux de style Renaissance. Le duc Jean fit ensuite construire le nouveau château à l'extérieur (esilinna).

En 1614, un incendie ravagea le château principal et le château extérieur fut alors réaménagé pour accueillir les appartements royaux. Au milieu du 17ᵉ s., il devint la résidence officielle du gouverneur général Per Brahe et connut à nouveau une brève période de gloire. Mais il perdit bientôt son importance militaire et administrative et fut laissé à l'abandon.

Au 19ᵉ s., le château fit office de prison et, en 1941, il fut endommagé par les bombardements. La première restauration d'envergure eut lieu de 1946 à 1961 et aujourd'hui quelques-unes des salles historiques de banquets sont utilisées pour les réceptions de la municipalité de Turku.

Château principal – *Les billets sont en vente à l'entrée.* La **loge du portier** est décorée de **peintures murales**★, qui sont les plus anciennes du pays. D'inspiration profane, elles furent probablement réalisées vers 1530 pour la première visite de Gustave Vasa. La **chapelle des Sture** fut érigée en 1480 pour servir de lieu de culte public ; elle abrite aujourd'hui un bel ensemble de **sculptures religieuses**★★ en bois du Moyen Âge. Dans la **chapelle des nonnes**, utilisée comme chapelle privée par Catherine Jagellon, on peut voir la célèbre **Vierge**★ gothique du 14ᵉ s. réalisée par le Maître de Lieto *(voir à ce nom).*

Les appartements spacieux et clairs de style Renaissance aménagés pour le duc Jean sont au dernier étage. Dans la **salle du Roi** est suspendue la célèbre **toile**★ d'Albert Edelfelt, *Le duc Charles insultant la dépouille de Klas Fleming* (1878), illustrant une scène qui eut lieu dans la chapelle des Sture en 1597. La plus grande des salles de banquets du duc Jean devint la **chapelle du château** au 18ᵉ s. Sévèrement endommagée par les bombardements de 1941, elle n'a conservé comme mobilier d'origine que la chaire de 1757.

Château extérieur – Il abrite le **musée d'Histoire de Turku**★★. La prison d'Éric XIV est directement liée à l'histoire du château. Durant sa lutte pour obtenir la couronne, le duc Jean retint son frère le roi Éric XIV prisonnier au château de Turku de 1570 à 1571.

TURKU / ÅBO

Aninkaistensilta / Aningaisbron	BX	3
Askaistentie / Askaisvägen	BZ	4
Auransilta / Aurabron	BY	6
Eerikinkatu / Eriksgatan	ABY	7
Henrikinkatu / Henriksgatan	CX	9
Hippoksentie / Hipposvägen	CYZ	10
Humalistonkatu / Humlegårdsgatan	BXY	12
Itäinen Rantakatu / Östra Strandgatan	BY	13
Jokikatu / Ågatan	CX	15
Kauppatore / Salutorget	BXY	16
Kauppiaskatu / Köpmansgatan	BXY	18
Kerttulinkatu / Gertrudsgatan	CXY	19
Keskikatu / Mittelgatan	CX	21
Kuninkaankartanonkatu / Kungsgårdsgatan	BZ	22
Kutomonkatu / Vävaregatan	BX	24
Käsityöläiskatu / Hantverkaregatan	AXBY	25
Lonttistentie / Lonttisvägen	BX	27
Luostarinkatu / Klostergatan	BY	28
Maariankatu / Mariegatan	BX	31
Martinkatu / Martinsgatan	BZ	32
Martinsilta / Martinsbron	BY	34
Merimiehenkatu / Sjömansgatan	AZ	36
Muhkarinkatu / Muhkurigatan	AX	37
Myllyahde / Kvarnbrinken	BYZ	39
Myllysilta / Kvarnbron	BY	40
Neitsytpolku / Jungfrustigen	BY	42
Pietari Valdin katu / Peter Valdsgatan	AX	43
Piispankatu / Biskopsgatan	CX	45
Pispalantie / Pispalavägen	CX	46
Porthaninkatu / Porthansgatan	CX	48
Ruissalontie / Runsalavägen	AY	49
Sairashuoneenkatu / Lasarettsgatan	AY	51
Satakunnantie / Satakuntavägen	BX	52
Sepänkatu / Smedsgatan	BX	54
Suntiontie / Suntiovägen	CX	55
Tampereentie / Tammerforsvägen	BX	57
Tiilentekijankatu / Tegelslagaregatan	AZ	58
Tuomiokirkkosilta / Dombron	BX	60
Tuureporinkatu / Tureborgsgatan	BX	61
Uittamontie / Uittamovägen	BZ	63
Verkatehtaankatu / Klädesfabriksgaten	BX	64
Vesilinnantie / Vattenborgsvägen	CX	66

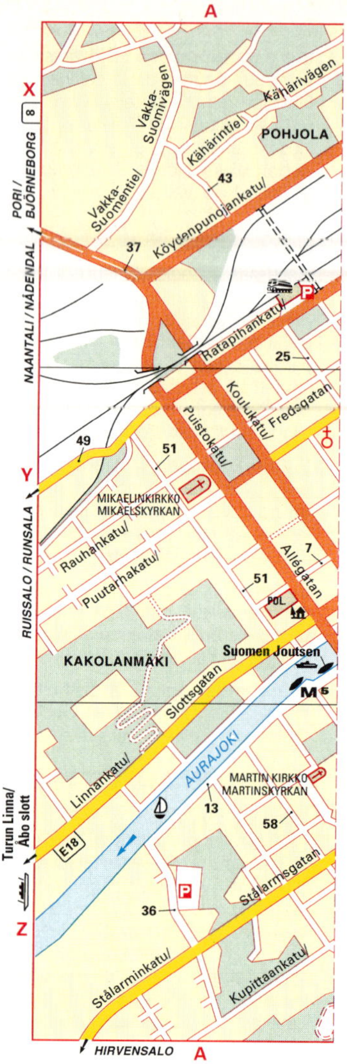

A	Kaupunginteatteri / Stadsteatern
B	Tuomiokirkko / Domkyrkan
D	Ortodoksinen kirkko / Ortodoxa kyrkan
E	Brinkkalan talo / Brinkkala kulturcenter
M¹	Sibelius-museo / Sibelius museet
M²	Museo Ett Hem / Museet Ett Hem
M³	Merenkulkumuseo / Sjöfartsmuseet
M⁴	Wäinö Aaltosen museo / Wäinö Aaltonens museum
M⁵	Museoalus Sigyn / Museifartyget Sigyn

On peut voir une remarquable **maquette**★★★ de l'étage Renaissance tel qu'il était à son apogée, avec le duc Jean et la duchesse entourés de leur cour, les enfants royaux jouant et le scribe à l'œuvre... L'histoire de la cité depuis l'âge de la pierre jusqu'à nos jours est illustrée par les produits des fouilles archéologiques exposés dans les autres salles décorées suivant différents styles du 17ᵉ au 19ᵉ s.

★★ **Taidemuseo / Konstmuseet** (**BX**) ⏲ – Le **musée des Beaux-Arts**, le plus important de Finlande après l'Ateneum d'Helsinki, domine la ville du haut de la colline de Puolalamäki. L'imposant édifice de granit rouge conçu par Gustav Nyström fut achevé en 1904. Il offre une combinaison harmonieuse de style Art Nouveau international et de style romantique national finlandais.

Les belles salles d'exposition mettent admirablement en valeur la remarquable collection (au dernier étage) de 4 000 toiles de peinture finlandaise du début du 19ᵉ s. à nos jours. La place d'honneur revient aux 30 œuvres d'Akseli Gallen-Kallela (1865-1931), qui symbolise la peinture finlandaise. On remarquera en particulier *La défense du Sampo* (1896), œuvre forte inspirée par le *Kalevala*. *La vieille femme au chat* (1885) est l'une de ses premières œuvres réalistes, réalisées lors d'un été passé en Finlande durant sa période parisienne. Le musée possède également un bon choix de tableaux de **Victor Westerholm** (1860-1919), ainsi que plusieurs belles toiles d'un peintre d'une extrême sensibilité, **Helene Schjerfbeck** (1862-1946), dont le *Portrait de l'artiste* (1915). Une petite salle d'angle est consacrée aux charmantes sculptures d'animaux de Jussi Mäntynen (1886-1967). Devant l'entrée sont exposés deux **bustes** de granit par Wäinö Aaltonen représentant le « père de la peinture finlandaise », R. W. Ekman, et son élève Victor Westerholm.

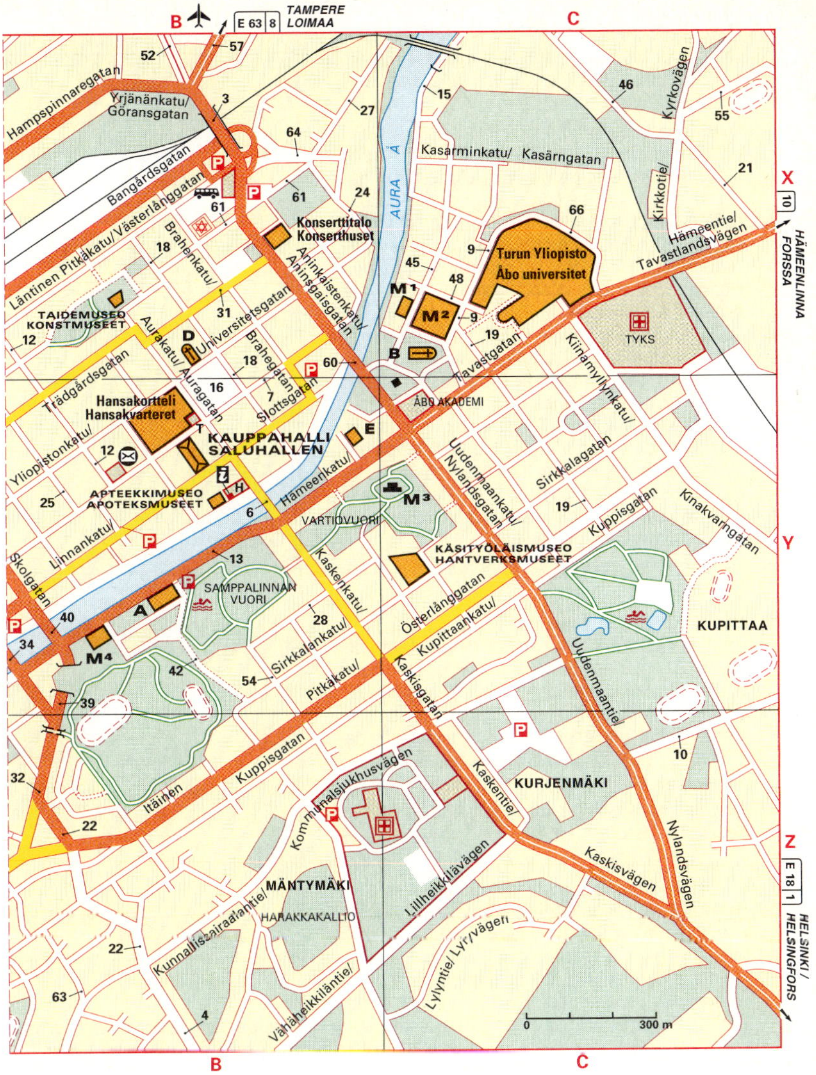

Église orthodoxe (**BX D**) – Construite en 1846 par C. L. Engel, elle est dédiée à la femme de l'empereur romain Dioclétien, l'impératrice Alexandra, qui fut martyrisée au 4e s.

★ **Kauppahalli / Saluhallen** (**BY**) – Le marché couvert du 19e s., avec ses nombreux étalages surchargés de poisson, de viande, de légumes, de fromage, de pâtisseries, a conservé l'atmosphère authentique d'un vrai marché couvert. Une halte à la cafétéria permet d'observer à loisir l'ambiance pittoresque des commerces traditionnels.

★ **Apteekkimuseo / Apoteksmuseet** (**BY**) ⓥ – A la fin du 17e s., le juge Qwensel était propriétaire de la maison qui abrite le **musée de la Pharmacie**, où une intéressante collection de bocaux pharmaceutiques des 18e s. et 19e s. côtoie de caractéristiques intérieurs de style gustavien.

Brinkkalan talo / Brinkkala kulturcenter (**BY E**) – Cet ancien hôtel servit de résidence officielle au gouverneur russe de 1809 à 1917. L'édifice, de style néo-classique et datant du début du 19e s., abrite le Centre culturel de Turku.

EXCURSIONS

Églises médiévales et manoir de Louhisaari – *Circuit de 94 km ; compter une journée. Quitter Turku en direction de l'Ouest par la route 8* (**AX**) *vers Pori.*

Masku – Des pignons en brique furent ajoutés au 15e s. à cette **église** ⓥ à nef unique du début du 14e s. A l'intérieur, une belle voûte en étoile recouvre la nef étroite et des fragments de peinture murale médiévale sont encore visibles. Les deux portraits de Peter Henrius Hoffman et de son épouse datent du 17e s.

De retour sur la route 8, tourner à droite au bout de 3 km et suivre la route 201 jusqu'à Nousiainen.

Nousiainen – L'**église**★★ ⓥ fut érigée vers 1280 à la mémoire de l'évêque Henry sur le site d'une ancienne église de bois. L'utilisation généreuse de la brique comme élément décoratif reflète l'importance de l'église, qui renferme l'une des reliques médiévales les plus précieuses de Finlande, la châsse de l'évêque Henry. L'évêque évangélisateur fonda le premier archevêché de Finlande à Nousiainen au 12e s. Durant l'hiver 1156, l'évêque Henry fut assassiné, sur le lac Köyliö alors gelé, par un paysan nommé Lalli, et fut enterré dans sa propre église. La **tombe de marbre**★★, offerte par l'évêque Magnus II Tavst agenouillé devant le martyr, date du 15e s. La plaque de laiton qui la recouvre représente l'évêque Henry, les pieds posés sur le paysan Lalli. Dans le bas-côté Nord on peut voir une superbe **sculpture sur bois**★ illustrant le même sujet.

Rejoindre la route 8 et continuer en direction du Nord.

Mynämäki – Cette **église** ⓥ du 13e s. est parfois surnommée « la reine des églises de pierre » en raison de sa taille. Le vaste édifice est couvert de voûtes magnifiques. L'église est dédiée à saint Laurent, dont le martyre est illustré par les **sculptures**★ de l'autel (1400). Le retable en bois du 15e s. fut réalisé en Prusse.

Quitter Mynämäki en direction du Sud pour rejoindre la route 193.

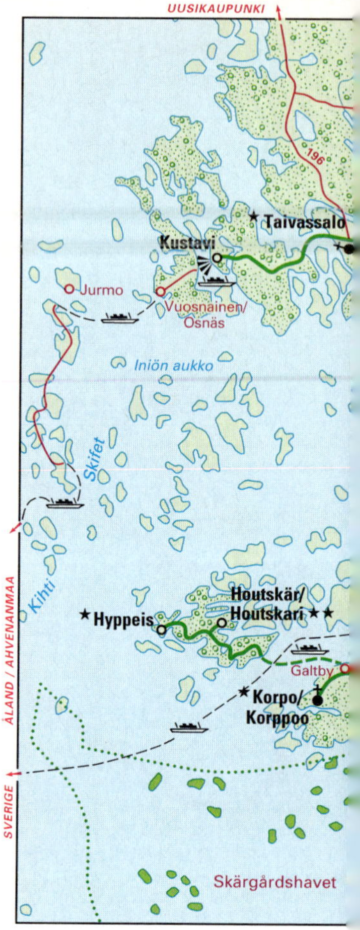

Askainen – L'**église** ⓥ fut contruite de 1650 à 1653 dans un style Renaissance tardif par le gouverneur général Herman Claesson Fleming qui habitait le manoir de Louhisaari tout proche. On raconte que l'amiral Fleming rapporta la chaire baroque richement sculptée et les portes principales en guise de butin, d'Allemagne, où il participa à la guerre de Trente Ans. L'église est surnommée « église des nobles » en raison de ses tribunes réservées à l'aristocratie.
Le petit édifice jaune qui se trouve dans le cimetière fut construit en 1823 selon des plans de C. L. Engel ; il sert de chapelle funéraire à la famille Mannerheim, qui fut également propriétaire du manoir de Louhisaari.

Poursuivre pendant 3 km en direction de l'Ouest.

★★ **Louhisaari** ⓥ – Le domaine de Louhisaari fut acquis au milieu du 15e s. par la famille Fleming et le manoir fut construit par le gouverneur général Herman Fleming qui fit aussi élever l'église. En 1795, le manoir fut acheté par Carl Eric Mannerheim, qui devint plus tard sénateur du Grand-duché autonome de Finlande. C'est au manoir que naquit en 1867 **Carl Gustaf Emil Mannerheim** qui devait devenir un jour maréchal de la Finlande indépendante. La famille Mannerheim vendit le manoir au début du 20e s., mais ce n'est qu'en 1960 que Louhisaari fut transformé en musée sous l'égide de la Commission des Antiquités Nationales.
Aujourd'hui, ce manoir bien conservé est un bel exemple de résidence aristocratique de campagne. La demeure est imposante avec ses trois étages, ses murs blanchis à la chaux, ses toits sombres et ses ailes adjacentes. Harmonieuse malgré son austérité, elle forme un ensemble attrayant de style Renaissance.

Intérieur – Commencer la visite au second étage où les pièces ont conservé leurs **plafonds peints**★★ d'origine de style Renaissance. Dans la vaste **salle des banquets**★★, les panneaux qui entourent le haut des murs représentent le domaine de Louhisaari sous divers angles et illustrent des batailles navales auxquelles participa l'amiral Herman Fleming. On voit aussi des portraits des monarques du royaume de Suède et de Finlande. On dit que le maréchal Mannerheim naquit dans la petite chambre bleue, où l'on peut voir des souvenirs de famille. Les pièces du premier étage contiennent du mobilier de l'époque des Mannerheim et des portraits de famille.
Le rez-de-chaussée était réservé à l'usage domestique. Aujourd'hui, le hall d'entrée abrite une exposition présentant les anciens propriétaires du manoir et relate l'histoire de sa restauration.

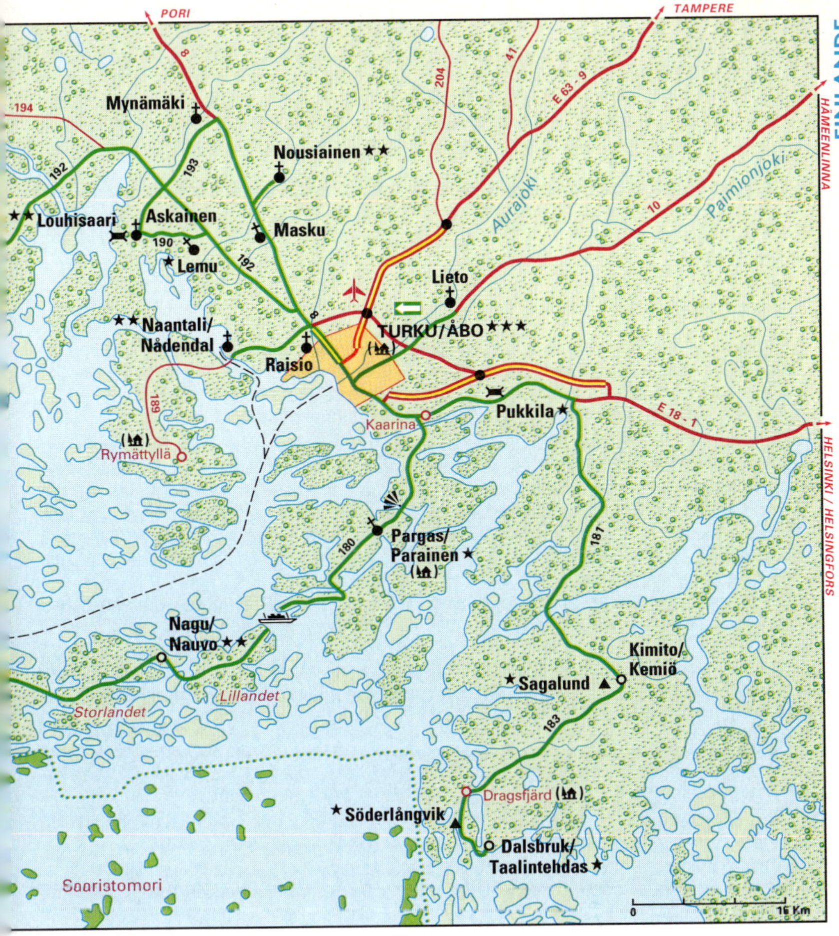

Derrière l'édifice principal, dans les jardins aménagés en parc à l'anglaise, se dresse un pavillon de bains (1830) en bois dessiné par Granstedt. Sous les arbres du secteur Nord-Ouest, on peut aussi voir le charmant petit théâtre, qui appartenait à la famille Mannerheim.

Retourner à Askainen et suivre la route 193 en direction du Nord jusqu'au croisement avec la route 190, puis tourner à droite.

Lemu – L'**église**★ gothique du 15e s., entourée d'un beau cimetière, possède une salle où les armes étaient déposées (asehuone – vapenhus). Sur le pilier du milieu du bas-côté Nord, on peut voir une **image peinte*** (17e s.), rare, représentant le père de la Réforme, Martin Luther.

Continuer à suivre la route 190, puis prendre à droite la route 192.

Raisio – L'**église** à nef unique est surmontée d'un plafond voûté en bois, caractéristique de l'architecture médiévale finlandaise dans ses formes les plus primitives.
Dans de nombreuses églises, ce type de plafond fut remplacé par une voûte en étoile. Le **crucifix triomphal**★ (vers 1330) est l'œuvre du légendaire maître de Lieto *(voir ci-dessous)*.

★★ **Naantali / Nådendal** – *Voir à ce nom.*

Lieto – *12 km au Nord-Est : quitter Turku par la route 10 en direction de Hämeenlinna, puis suivre la route 2223 à gauche.*
Le fleuve Aura traverse le village et passe tout près de l'**église** à trois nefs construite vers 1330. C'est pour elle que le **maître de Lieto** réalisa ses superbes sculptures sur bois.
La très belle **Vierge** dans la vitrine sous l'arc triomphal est une copie, l'original se trouvant au musée d'Histoire du château de Turku. Le **retable**★ (1908) réalisé par Eero Järnefelt, représentant Jésus et la pécheresse, exprime avec une subtilité remarquable la désapprobation de la foule méprisante et la grâce et la bonté de Jésus consolant la femme.

★ **Pukkila** – *18 km par la route E 18 en direction d'Helsinki.*
Le charmant manoir ⊙ ocre-rouge, avec son toit à la Mansart est un édifice en bois datant de 1762. L'intérieur arrangé avec goût reflète la vie des hauts fonctionnaires aux 18e et 19e s. Les divers styles vont du rococo et du gustavien au style Empire. L'attique, comprenant trois chambres, une salle de travail et une pièce à provisions, est particulièrement intéressant en raison de ses boiseries, caractéristiques de l'époque.
Dans les écuries situées derrière le manoir, se trouve le **musée des Véhicules**, où l'on peut voir des traîneaux et des voitures à cheval utilisées par la noblesse aux 18e et 19e s., alors qu'il existait peu de routes carrossables en Finlande. Certains traîneaux sont finement sculptés.

★★ L'archipel de Turku

En bateau – *Des bateaux de tourisme partent soit du pont Auransilta soit du pont Marinsilta dans le centre de la ville* (**AY**). *Plusieurs vedettes proposent des circuits d'une durée allant de quelques heures à une journée entière. Le vapeur* Ukko-Pekka *propose des circuits dans l'archipel et des excursions à Naantali.*

En voiture – La carte du Sud-Ouest de la Finlande montre une côte fractionnée en plusieurs milliers d'îles, qui ont surgi lentement de la mer au fur et à mesure que disparaissait la couche de glace recouvrant la Scandinavie. Cet archipel finlandais est comparable en beauté à celui de la mer Égée. Il s'étend de Kimito / Kemiö à l'Est jusqu'à Kustavi à l'Ouest, à l'entrée du golfe de Botnie. Les habitants de l'archipel parlent essentiellement suédois. Les petits villages aux jolies maisons de bois ont très peu changé depuis le 19e s.
Deux routes principales s'infiltrent dans l'archipel et leurs terminus sont reliés par des services réguliers de ferries aux îles d'Åland *(voir à ce nom)*. La route la plus fréquentée est la 180, connue sous le nom de « route de l'Archipel ». Elle passe d'une île à l'autre tout le long du trajet jusqu'à Houtskär / Houtskari. Par ailleurs, la route 192 quitte Turku en direction du Nord-Ouest pour desservir les îles du Nord et finir à Kustavi.

De Turku à Houtskär – *86 km et quelques traversées en ferry. Quitter Turku par la route E 18-1* (**CZ**) *et, à Kaarina, prendre la route 180 vers le Sud en direction de Pargas/Parainen.*
Du pont suspendu qui surplombe le détroit de Kirjala (Kirjalansalmi / Kirjala sund), on a une **vue**★★ splendide qui s'étend au-delà de Vapparn vers le large.

★ **Pargas / Parainen** – Cette ville industrielle (carrières de pierre à chaux) est située dans un cadre idyllique, où se succèdent l'eau, la roche, les champs et les forêts. A l'intérieur de l'**église**★ ⊙ du 14e s., dédiée à saint Simon, on remarquera les piliers en brique, de forme octogonale, rehaussés de décorations, ainsi que les peintures murales du 15e s. Au 17e s., la sacristie fut transformée en chapelle (chapelle Agricola) pour la population finlandaise. On peut voir également une Bible du 17e s. offerte à la paroisse par Per Brahe *(voir à Kristinestad)*.

★★ **Nagu / Nauvo** – Cette commune comprend les deux grandes îles de Lillandet et Storlandet, ainsi qu'un groupe d'îles plus petites. Situé sur Storlandet, le village de Nagu possède un **port**★★ charmant et une jolie **église**★ ⊙ du 14e s.

★ **Korpo / Korppoo** – La tour Ouest de l'**église**★ ⊙ en pierre du 14e s. est plutôt caractéristique de celles que l'on voit en général sur les îles d'Åland. La belle voûte en étoile date de la reconstruction de l'édifice au 15e s.
Le ferry qui dessert les îles les plus éloignées part de Galtby, à 4 km au Nord de Korpo. La durée du trajet en ferry jusqu'à Houtskär est de 35 minutes.

★★ **Houtskär / Houtskari** – Houtskär fait partie d'un groupe d'îles dont 20 seulement sont habitées et qui s'étend jusqu'au chenal de Kihti séparant les archipels de Turku et d'Åland.
L'**église de bois** (1704), située au centre du village et construite en forme de croix grecque, est l'un des exemples les plus anciens de ce genre d'église.
Le pittoresque village de **Hyppeis**★, avec ses hangars à bateaux alignés au bord de l'eau, s'étend sur l'une des îles occidentales les plus éloignées.

De Turku à Kimito / Kemiö – *80 km au départ de Turku par la E 18-1* (**CZ**), *puis les routes 181 et 183.*
Kimito / Kemiö est la plus grande des îles, comprenant les paroisses de Kimito, Dragsfjärd et Västanfjärd. La voûte de l'église médiévale en pierre du village de Kimito est l'œuvre de Petrus Murator, qui réalisa également la voûte de la cathédrale de Turku.

★ **Musée de Sagalund** ⊙ – *Dans le village de Vreta, à la bordure occidentale de Kimito.*
Fondé en 1900 par un professeur, Nils Oskar Jansson, ce musée de plein air comprend aujourd'hui 23 bâtiments ; parmi ceux-ci on remarquera une ancienne école, Tjuda Pedagogium, et un tribunal du 18e s. On voit la demeure du fondateur, où il cohabita avec Adèle Weman, femme enthousiaste et cultivée. Plusieurs manifestations sont organisées pendant les week-ends.

Tourisme de Finlande

Archipel de Turku

★ **Musée de Söderlångvik** ⏲ – *7 km au Sud de Dragsfjärd par la route 183.* Natif de Kimito, l'éditeur et amateur d'art Amos Anderson (1878-1961), qui réunit la collection exposée au musée d'Art Amos Anderson à Helsinki *(voir à ce nom)*, acheta ce manoir en 1927 pour en faire sa résidence d'été. C'est dans ce cadre élégant, rehaussé par la beauté paisible des îles, qu'il recevait les artistes et les personnalités de son temps. Le musée est avant tout son musée personnel.

★ **Dalsbruk / Taalintehdas** – *7,3 km au Sud de Dragsfjärd ; suivre la route 183, puis une petite route à gauche.* Au centre de ce village pittoresque, on peut voir, installée dans l'ancienne fonderie, une exposition qui illustre la vie des ouvriers dans le contexte de leur époque ainsi que les activités minières de la région aux 18ᵉ et 19ᵉ s.

De Turku à Kustavi – *68 km à l'Ouest ; suivre la route 8* (**AX**), *puis prendre à gauche la route 192.*

Taivassalo / Tövsala – L'**église**★ de pierre médiévale située en plein centre du village est richement décorée de fresques hautes en couleur, dont les plus anciennes datent du début du 15ᵉ s. Le **crucifix**★ du 14ᵉ s. placé au-dessus de l'autel est l'œuvre du maître de Lieto.

Kustavi – Cette station estivale prospère offre des **vues**★★ splendides qui s'étendent jusqu'à Vuosnainen / Osnäs, port des ferries à destination des îles d'Åland par la route du Nord.

VAASA/VASA★★

Vaasa – 54 200 habitants

Carte Michelin n° 985 – I 18 ou Atlas Europe – p. 102

Ce grand port de la côte occidentale est le plus proche de la Suède. L'histoire de Vaasa remonte au début du 14ᵉ s., quand des marins suédois du Norrland s'installèrent dans une île boisée du golfe de Botnie. Dès la fin du siècle, ils avaient construit le château de Korsholm (Mustasaari en finnois) qui devait servir de première ligne de défense du site côtier.

En raison du soulèvement important de l'écorce terrestre dans la région, Korsholm *(voir Vanha Vaasa ci-dessous)* gagna lentement du terrain, et les pionniers purent agrandir leurs installations et continuer à prospérer grâce à leur commerce et activités maritimes. En 1606, le roi Charles IX accorda à Korsholm sa propre charte et lui donna le nom de Vasa en l'honneur de la famille royale de Suède.

En 1852, juste avant d'être détruite par le Grand Incendie, Vaasa était un port maritime et un centre commercial prospères. Fort heureusement, l'élégante Cour d'Appel fut l'un des rares édifices épargnés par le feu. L'architecte Carl Axel Setterberg (1812-1871) fut engagé pour dessiner les nouveaux plans de la ville. Il conçut un ensemble de style Empire, agrémenté de larges avenues et de parcs spacieux ; un nouveau site fut sélectionné le long de la côte, 6 km plus à l'Ouest.

Vaasa est aujourd'hui une ville attrayante à l'atmosphère incontestablement nordique : environ 30 % de la population parlent suédois et les ferries qui desservent quotidiennement Sundsvall et Umeå renforcent les liens avec la Suède. Vaasa est un centre touristique important, car c'est la porte d'accès du Centre et du Nord de la Finlande. La présence d'une université et d'une école d'économie suédoise ainsi que d'autres établissements d'enseignement supérieur contribue également à maintenir l'ambiance cosmopolite de la ville. Le style Empire et néo-Renaissance des édifices construits au 19e s. s'harmonise parfaitement avec le modernisme des années 1960 omniprésent dans la ville natale de l'un des plus importants architectes finlandais du 20e s., Viljo Revell (1910-1964).

La banlieue de Korsholm (Mustasaari) est célèbre pour son **festival de Musique**, qui réunit des interprètes de renommée internationale dans un programme de musique de chambre.

Effet d'isostasie

Durant la dernière glaciation, l'accumulation des glaces sur la Fennoscandie atteignit une épaisseur maximale de 2 300 m, causant un enfoncement de l'écorce terrestre. Depuis la fonte des glaces il y a environ 10 000 ans, la péninsule scandinave se soulève graduellement à raison de 88 à 100 cm par siècle au fond du golfe de Botnie et de 40 cm dans la région de Stockholm.

LE CENTRE VILLE

★ **Rewell Center** (BYZ) – Cet ensemble de bâtiments commerciaux, situé sur le côté Ouest de la place du marché, fut construit entre 1958 et 1962 selon des plans de Viljo Revell. C'est un beau spécimen de l'architecture de cette période.

★ **Kaupungintalo / Magistraten** (BZ H) – La **mairie** de style néo-Renaissance (1883) par M. Isaeus représente très bien l'architecture de la fin du 19e s.

Église (BZ A) ⓥ – L'église luthérienne en brique rouge de style néo-gothique (1862), mieux connue sous le nom de Kaupunginkirkko, est une des œuvres majeures de C. A. Setterberg, urbaniste qui dessina les nouveaux plans de la ville et une grande partie des édifices publics.
A l'intérieur, le **retable**★★ principal, l'*Hommage des Bergers*, est une œuvre splendide d'Albert Edelfelt (1854-1905). Sur la gauche on peut voir la *Sainte Communion* (1861) par R. W. Ekman et, sur la droite, une *Mise au tombeau* (1897) par Louis Sparre.

★★ **Tikanojan taidekoti / Tikanojas konsthem** (BZ M[1]) ⓥ – Le rez-de-chaussée de ce très beau **musée des Beaux-Arts** abrite des collections d'art étranger, en particulier d'art français de la période 1800-1920, dont des toiles de Degas, Gauguin, Matisse et Picasso.
Le premier et le second étage sont consacrés à la peinture finlandaise de 1850 à 1940. Cette importante collection comprend des œuvres d'un grand nombre d'excellents artistes finlandais tels que Fanny Churberg, Akseli Gallen-Kallela, Albert Edelfelt, Eero Järnefelt et Tyko Sallinen. Une section intéressante, réservée aux peintres d'Ostrobotnie, comprend des œuvres d'Eemu Myntti (1890-1943), coloriste d'inspiration romantique qui travailla en France, et du professeur Arvi Mäenpää (1899-1979), miniaturiste qui fit preuve d'un sens de l'humour teinté de malice dans sa façon de peindre le folklore local.

Hovioikeus / Hovrätten (AZ) – Les larges allées centrales du parc conduisent à l'élégant édifice de brique rouge de la Cour d'Appel qui date de 1862. L'ancienne Cour d'Appel située dans la vieille ville, détruite par l'incendie, fut transformée en église. La nouvelle Cour d'Appel est le plus remarquable des édifices publics construits par Setterberg.
Un parc attrayant borde la mer, face à l'île de Vaskiluoto (Vasklot) où est situé le port animé de Vaasa.

AUTRES CURIOSITÉS

★★ **Pohjanmaan museo / Österbottens museum** (AY) ⓥ – On pénètre dans cet intéressant **musée d'Ostrobotnie** par de lourdes **portes de laiton**★ sculptées en 1929 par Emil Wikström (1864-1942). Les scènes qu'elles illustrent sont tirées de l'histoire locale : l'inauguration de la Cour d'appel de Korsholm en 1776 et le grand incendie de 1852.
Le musée abrite deux collections principales : la section d'histoire de la région et les collections Hedman. Une des parties les plus intéressantes de la section historique est celle qui décrit l'âge d'or de la ville à l'époque du commerce du goudron (16e s.-18e s.). **Le mobilier rustique**★, en particulier les buffets et les horloges à buffet, est remarquable.

Les **collections Hedman**★★ furent léguées par le docteur Karl Hedman (1865-1931), et le musée est resté pratiquement tel qu'il était du vivant de Karl Hedman. La première pièce est la salle Napoléon, qu'Hedman admirait fort. Les pièces suivantes contiennent des tableaux de différentes époques et cultures : les salles 2 à 5 sont consacrées aux plus grands peintres finlandais, notamment Fanny Churberg, Helene Schjerfbeck *(voir à Ekenäs)*, Hugo Simberg, dont le nom est attaché à la cathédrale de Tampere, et Tyko Sallinen. Les salles 6 à 8 contiennent des toiles étrangères, principalement de maîtres italiens et flamands du 15e s. au 17e s.

Bragen ulkomuseo / Brage friluftsmuseum (BZ) ⏲ – Ce **musée de plein air** comprend une belle ferme du début du 19e s., de la région d'Ostrobotnie. Le salon du bâtiment principal (1810) sert de **salle de mariage**★★. Sa décoration unique, réalisée vers 1914, est caractéristique de la région où, autrefois, un mariage campagnard était une fête qui durait trois jours et à laquelle prenaient part un grand nombre d'invités.

VAASA / VASA

Hauentie / Gäddavägen	AY	3
Hietalahdenkatu / Sandviksgatan	BZ	4
Hietasaarenkatu / Sandögatan	BY	6
Hovioikeudenpuistikko / Hovrättsesplanaden	BYZ	7
Järvikatu / Träskgatan	BY	10
Kapteeninkatu / Kaptensgatan	AY	12
Kauppapuistikko / Handelsesplanaden	BYZ	14
Kauppatori / Salutorget	BZ	15
Kirkkopuistikko / Kyrkoesplanaden	BY	16
Klementinkatu / Klemetsögatan	BZ	18
Kokkolantie / Karlebyvägen	BY	21
Konepajankatu / Verkstadsgatan	BY	22
Korsholmanpuistikko / Korsholmsesplanaden	BZ	25
Koulukatu / Skolhusgatan	BYZ	27
Laivakatu / Skeppsgatan	BY	28
Onkilahdenkatu / Metviksgatan	AY	31
Pitkänlahdenkatu / Långviksgatan	BY	33
Raastuvankatu / Rådhusgatan	BYZ	34
Rantamaantie / Strandvägen	BZ	36
Reininkatu / Reinsgatan	AZ	38
Tehtaankatu / Fabriksgatan	AY	40
Vaasanpuistikko / Vasaesplanaden	BZ	45
Vapaudentie / Frihetsvägen	AY	47

A Vaasan kirkko/Trefaldighetskyrkan
H Kaupungintalo/Magistraten
M1 Tikanojan taidekoti/Tikanojas konsthem

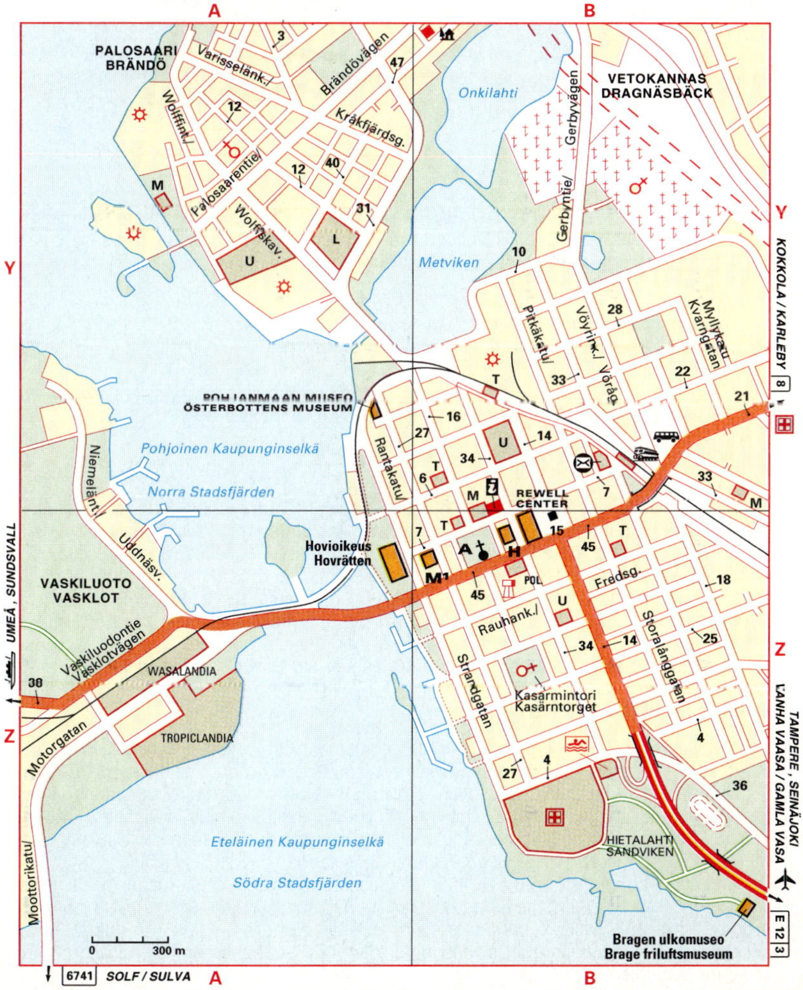

EXCURSIONS

★ **Vanha Vaasa / Gamla Vasa** – *6 km au Sud-Est. Suivre la route 3* (**BZ**).
C'est ici qu'était située Korsholm ou l'ancienne Vaasa, détruite par l'incendie de 1852. De nos jours, le site est devenu une banlieue résidentielle agréable. La **Cour d'Appel**★★ (1776) est le seul édifice qui ait survécu à l'incendie. Lorsque la ville fut reconstruite sur son nouveau site, ce chef-d'œuvre de style gustavien fut réaménagé en église luthérienne, à laquelle Setterberg ajouta un clocher en 1863. Une allée de tilleuls relie l'ancienne Cour d'Appel à la colline où se dressait jadis le château de Korsholm.

★ **Stundarsin käsityöläiskyla** ⏲ – *Dans le village de Solf/Sulva, 1,5 km au Sud ; suivre la route 6741* (**AZ**).
Ce **musée de plein air** regroupe des maisons villageoises caractéristiques du 19e s. ainsi que des maisons et des ateliers d'artisans dans un cadre champêtre attrayant. Pendant le mois de juillet, on peut voir chaque jour travailler des artisans qui utilisent les techniques traditionnelles de leur métier.

★★ **Seinäjoki** – *77 km au Sud-Est ; suivre la route 3* (**BZ**).
La route traverse les plaines interminables et sans relief du centre de l'Ostrobotnie et conduit le visiteur au cœur d'une des réussites architecturales du 20e s., le **centre administratif et culturel**★★ de la ville de Seinäjoki, conçu par Alvar Aalto (1898-1976). Le centre de la ville est dominé par le clocher haut de 64 m de l'église (1960), connue sous le nom de Croix des Plaines ; la partie basse du centre paroissial (1966) se trouve sur la gauche. A côté se dresse l'ingénieuse construction qui abrite la bibliothèque (1965) et, derrière celle-ci, le théâtre, qui ne fut construit qu'en 1987, d'après les plans qu'Alvar Aalto dessina au début des années 1970. Face à l'église se dresse le bâtiment administratif (1968) et sur la droite, l'élégant hôtel de ville (1962), dont la façade est recouverte de carreaux de porcelaine bleu foncé.

Alvar Aalto – Chaise longue (1936)

Vous prendrez plus d'intérêt à la visite des monuments si vous avez lu en introduction le chapitre sur l'art.

ÅLAND / AHVENANMAA★★

Åland

Carte Michelin n° 985 – L 16-17 ou Atlas Europe – p. 106

Les îles d'Åland, qui sont aujourd'hui une province autonome, offrent un contraste marqué avec le continent, en raison non seulement de leurs paysages mais aussi de leur culture et de leurs traditions dont la survivance est source d'une identité culturelle qui fait la fierté des insulaires. L'archipel, qui compte plus de 6 500 îles et récifs, s'étend à l'entrée du golfe de Botnie comme si les îles étaient là pour servir de points d'appui entre la Finlande et la Suède. L'archipel d'Åland forme une mosaïque d'une beauté saisissante, caractérisée par le granit rouge et une végétation d'une étonnante diversité. Bien que le point le plus élevé ne culmine qu'à 130 m, les paysages sont souvent vallonnés.

NOTES HISTORIQUES

Des fouilles ont révélé l'emplacement de campements et de sites funéraires datant des 8e et 9e s. Pour les Vikings qui suivaient la route de l'Ambre, de Birka au Bosphore, les îles étaient la dernière halte avant l'inconnu (campements et fortifications vikings). Les églises de pierre, dont quelques-unes sont parmi les plus anciennes (début du 12e s.), témoignent de l'existence d'une population suédoise sédentaire avant la première croisade lancée par la Suède contre la Finlande en 1155-1156.
Les îles d'Åland appartinrent à la Suède jusqu'en 1809, date à laquelle les Russes annexèrent l'archipel en même temps que la Finlande, et en firent une province du grand-duché de Finlande. Lorsque l'empire russe s'effondra en 1917 et que la Finlande déclara son indépendance, les habitants des îles souhaitèrent la réintégration au royaume suédois.

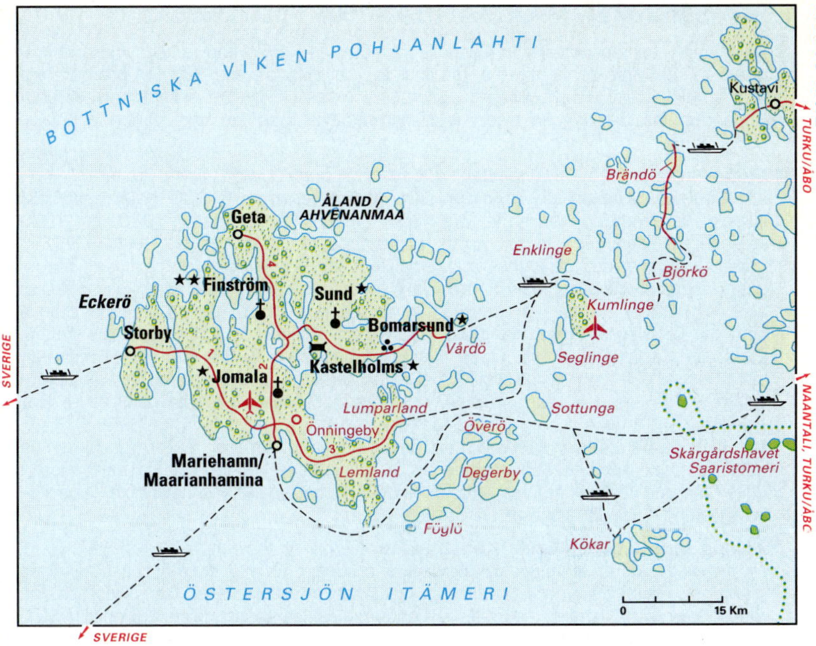

La question des îles d'Åland ayant un caractère international, elle fut soumise à la Société des Nations qui, en juin 1921, accorda la souveraineté des îles à la Finlande, sous réserve d'en faire une zone démilitarisée. La Finlande s'engagea de son côté à garantir aux habitants des îles le maintien de leur culture, de leurs coutumes et de la langue suédoise. La population de l'archipel obtint le droit de s'autogouverner (acte d'autonomie du 28 décembre 1951), et elle est aujourd'hui représentée par son propre « landsting », ou Parlement, qui nomme le « landskapsstyrelse », gouvernement d'Åland, et par un représentant au Parlement national.

La vie sur les îles d'Åland – Quatre-vingt-dix pour cent de la population (24 000) vivent sur l'île principale, qui représente 70 % de la superficie totale. La capitale, qui est la seule ville, Mariehamn, compte quelque 10 300 habitants. Les habitants des îles sont et ont toujours été de langue suédoise, et leurs liens culturels avec la Suède sont traditionnellement très étroits. Depuis que la région est une zone démilitarisée, les habitants sont exemptés de service militaire et de l'impôt au niveau national.

L'archipel dépend essentiellement du commerce des marchandises et des services avec les régions voisines. Les habitants sont très fiers de leur ancienne tradition maritime – Åland pouvait jadis s'enorgueillir de posséder la flotte de voiliers la plus importante du monde – et, bien qu'ils aient vendu une grande partie de leur flotte marchande, ils ont maintenu un excellent réseau de communications avec le continent grâce à leur service de ferries pour voitures et passagers qui est en pleine expansion.

La pêche et l'agriculture mobilisent 13,5 % de la population, mais le tourisme, qui continue de se développer depuis les années 1960, et les autres industries de services emploient la majorité des travailleurs. Ce pays en miniature, aux paysages pleins de charme et aux monuments historiques de grand intérêt – on y trouve les plus anciennes et sans doute les plus belles églises médiévales de pierre de toute la Finlande – attire plus d'un million de visiteurs par an. Les anciennes traditions populaires sont encore très respectées, et l'un des spectacles les plus caractéristiques que l'on puisse voir dans les villages ou les fermes est celui de l'arbre de la St-Jean décoré de fleurs fraîchement cueillies et de guirlandes.

On ne saurait quitter les Åland sans avoir goûté le *svartbröd*, pain de campagne noir légèrement sucré qui accompagne à merveille le poisson, en particulier le hareng.

D'une île à l'autre – De nos jours, de nombreuses îles sont reliées entre elles ou avec le continent par des ponts ou des chaussées surélevées. Des ferries assurent la liaison entre les îles, la Finlande (Turku / Åbo et Naantali) et la Suède (Stockholm, Norrtälje, Kapellskär et Grisslehamn) ; Mariehamn possède un aéroport. Le visiteur, pour qui le temps n'est pas compté, choisira de préférence l'un des deux itinéraires à travers l'archipel de Turku *(voir à Turku)* et utilisera les ferries locaux de plus petite taille au départ de Kustavi ou de Korpo, plutôt que les ferries plus importants qui partent quotidiennement de Turku. La meilleure découverte des îles se fait par bateau ou, comme beaucoup le font déjà, à vélo. Un bon conseil à suivre est d'emprunter les routes étroites qui très souvent conduisent à de charmants vieux villages de pêcheurs ou à des endroits particulièrement pittoresques.

MARIEHAMN/MAARIANHAMINA 10 300 habitants

L'agréable capitale des îles d'Åland fut fondée en 1861 par le tsar Alexandre II pour les besoins de la marine marchande. La ville s'étend sur un promontoire étroit qui sépare le port Est du port Ouest ; c'est le centre économique et politique des îles. Paisible en hiver, Mariehamn devient en été une station populaire très animée.

★★ **Sjöfartsmuseet** ⊙ – *Hamngatan, dominant le port Ouest (Västrahamnen).*
La superbe collection de ce **musée de la Marine** (environ 8 000 objets exposés) illustre la tradition maritime des îles d'Åland. Les années 1920 et 1930 marquèrent l'apogée de la flotte marchande des îles et de leurs élégants voiliers. D'intrépides capitaines manœuvraient leurs goélettes toutes voiles dehors dans les eaux dangereuses du cap Horn pour assurer le commerce des céréales avec l'Australie. L'entrée du musée, en forme de navire, est décorée de chaque côté de plusieurs **figures de proue**★. Un des voiliers les plus célèbres fut le *Herzogin Cecile*, qui fit naufrage dans la Manche en 1936 tandis qu'il revenait victorieux d'une course de voiliers. On procéda au sauvetage de la cabine du capitaine, du salon et de la cuisine, qui sont dorénavant exposés dans toute leur splendeur.
Le quatre-mâts en acier *Pommern* est amarré devant le musée. Il est le seul de son genre à avoir survécu et témoigne de la merveilleuse époque de la navigation à voile, lorsque les voiliers majestueux – déjà menacés par les navires à vapeur – naviguaient entre l'Europe et l'Australie.

★ **Ålands Museum et Ålands Konstmuseum** ⊙ – *Parkgatan.*
Le **musée d'Åland** et le **musée des Beaux-Arts** occupent le même édifice à côté de la direction administrative de la ville. La collection intéressante et bien présentée du musée retrace l'histoire culturelle d'Åland depuis les temps préhistoriques (4200 avant J.-C.) jusqu'à nos jours. Le musée des Beaux-Arts présente des œuvres d'artistes locaux ainsi que des toiles de peintres étrangers à l'archipel traitant pour la plupart de scènes locales, où la nature occupe une place de choix. Parmi les artistes présents, les plus connus sont Victor Westerholm (1860-1919) et Ragnar Ecklund (1892-1960).

Sankt Görans Kyrka ⊙ – *Dans le centre de la ville.*
L'église la plus importante de Mariehamn, St-Göran, fut construite en 1927 selon les plans de Lars Sonck, architecte originaire des îles. C'est l'une des rares églises qui ne date pas du Moyen Âge. Le plan symétrique est conforme aux règles de l'architecture religieuse traditionnelle. La décoration intérieure riche en couleurs est l'œuvre de Bruno Tuukkanen.

Köpmannagården ⊙ – *Parkgatan.*
Cette demeure de marchand abrite un petit musée d'histoire locale illustrant les activités commerciales et l'artisanat des îles d'Åland aux 18e et 19e s.

AUTRES CURIOSITÉS DES ÎLES D'ÅLAND

Eckerö – *A 40 km de Mariehamn.*
Cette île, la plus importante après l'île principale, n'est qu'à deux heures de ferry de la Suède. Pendant plus de 350 ans, elle fut la principale halte de la poste reliant la Suède et la Finlande. La maison de la Poste et des Douanes, **Post- och tullhuset**, située dans le village de **Storby** est un édifice imposant de style néo-classique (1828), dessiné par Carl Ludvig Engel. A cette époque, personne n'imagina qu'un jour le courrier serait acheminé à Stockholm par avion et survolerait Eckerö. Le bureau de poste local se trouve dans l'aile, tandis que l'édifice principal sert maintenant de résidence de vacances aux employés de la poste. Un minuscule musée de la Poste, **Postrotemuseet**★ ⊙, qui occupe une pièce unique à côté du bureau de poste, illustre les difficultés presque insurmontables que rencontraient les employés des postes, particulièrement en hiver, lorqu'ils devaient traverser la Baltique pour acheminer le courrier royal. On remarquera le modèle du très ingénieux télégraphe optique utilisé dans l'archipel à la fin du 18e s. pour transmettre les messages urgents. Le Festival du bateau postal, tous les deux ans, est une course en bateau à rames entre Grisslehamn, en Suède, et Eckerö pour commémorer ce service. On peut également voir à Stroby le musée Labbas d'histoire locale et de la banque, **Labbas Hembygds- och bankmuseum** ⊙, où est illustrée la vie de village aux 18e et 19e s. Du quai, le regard embrasse les hangars à bateaux peints en rouge alignés au bord de l'eau avec la majestueuse maison de la Poste en toile de fond. Cette vue a inspiré plus d'un artiste, dont Victor Westerholm et Albert Edelfelt.
L'**église d'Eckerö**, dédiée à saint Laurent, fut construite en granit rouge d'Åland au début du 13e s. Les statues de bois, également du 13e s., qui ornent les niches des fenêtres du côté Nord et du côté Sud, représentent la Vierge et l'Enfant et saint Érasme d'Antioche. L'autel et la chaire sont l'œuvre de Carl Ludvig Engel, qui travailla à la restauration au cours des années 1830.

Jomala – *A 10 km de Mariehamn.*
La plus ancienne église d'Åland, **Sankt Olofs kyrka★** ⓥ, qui date du début du 12e s., se dresse au centre du village le long de la rue principale. Cette église étonnamment spacieuse, en forme de croix latine, possède d'intéressantes **peintures murales★**. Quatre scènes du 13e s., peintes sur l'arche de la tour, représentent la parabole du fils prodigue.

Finström – *A 20 km de Mariehamn.*
Sankt Mikaels kyrka★★ ⓥ se dresse dans un site charmant près du « ruisseau de l'église » (Kyrkoströmmen). La construction de l'église s'échelonna du 12e s. au 15e s., mais la tour gothique aux cinq flèches fut ajoutée plus tard. L'**intérieur★★**, splendide, recèle des fresques du 15e s. bien conservées ainsi qu'une belle collection de sculptures en bois. Deux des statues représentent le patron de l'église, saint Michel : celle qui se trouve au fond de la tribune Sud est la plus ancienne et date d'environ 1250, tandis que la seconde, placée à côté de la porte de la sacristie, date de 1460. Le très beau navire à deux ponts suspendu au-dessus de l'entrée fut offert en 1688 en guise d'offrande votive.

Geta – *A 40 km de Mariehamn.*
C'est dans cette commune que l'on peut admirer quelques-uns des plus beaux paysages de l'île. L'**église** ⓥ située au centre du village date de 1460 environ. Tourner à droite immédiatement après l'église pour atteindre le sommet de **Getaberget**, d'où l'on embrasse une **vue panoramique** de l'archipel (cafétéria et restaurant).

★ **Kastelhoms slott** ⓥ – Le **château de Kastelhom** fut construit dans un site stratégique pour protéger le détroit de Sund et joua un rôle important dans la défense du pays. C'est ici que l'infortuné roi Éric XIV, qui avait déjà été emprisonné dans d'autres forteresses finlandaises, fut enfermé pendant trois mois en 1571. Des travaux de restauration sont en cours bien qu'il ne subsiste, après les dommages causés par deux incendies importants au 18e s. et au 19e s., que les solides murs de granit. La partie Nord du château abrite une exposition sur l'histoire de la forteresse, retraçant les différentes phases de sa construction.
Non loin du château se trouve le **musée de plein air Jan Karlsgården**, inspiré comme beaucoup d'autres par le musée Skansen de Stockholm. Dans cet environnement particulièrement authentique, il est facile d'imaginer la vie d'un riche paysan des Åland au 18e s. ou au 19e s. En été, des manifestations sont régulièrement organisées, comme, par exemple, la fête de la St-Jean accompagnée de danses folkloriques autour du mât de la St-Jean.
Le petit édifice blanchi à la chaux qui se dresse à côté de l'entrée du musée fut l'unique prison des Åland pendant 200 ans. Il abrite aujourd'hui le modeste **Vita Björns Prison Museum** (vita björn = ours blanc) ⓥ, qui illustre l'évolution de la vie des prisonniers de 1800 à 1950.

★ **Bomarsund** – *A 30 km de Mariehamn par la route 2.*
Les ruines de ce fort, qui s'étendent de chaque côté de la route, rappellent le rôle stratégique que jouèrent les îles d'Åland dans le passé. La forteresse de granit rouge fut commencée en 1800, à l'époque de la souveraineté de la Russie sur la Finlande, afin de défendre l'entrée du golfe de Botnie. Elle pouvait loger 2 500 soldats et abriter 88 canons. C'est ce fort – qui n'était pas encore achevé – que les Anglais et les Français attaquèrent pendant la guerre de Crimée *(voir ci-dessus)*. Deux ans plus tard, le traité de paix fut signé et la construction de cette énorme forteresse fut définitivement abandonnée.

Sund – *A 30 km de Mariehamn.*
L'église du 13e s., **Johannes Döparens kyrka★** ⓥ, dotée d'une tour solide et de murs de deux mètres d'épaisseur, est célèbre pour la croix funéraire dédiée à l'archevêque Wenni de Brême. Wenni fut l'un des premiers missionnaires chrétiens en Finlande et il mourut ici en 936 dans l'exercice de sa mission. La légende raconte que sa tête fut rapportée à Brême tandis que son corps fut enterré dans le cimetière de Sund. La croix a été placée devant le chœur.

La colonie d'artistes de Önningeby

Victor Westerholm (1860-1919) commença ses études artistiques à Düsseldorf avant de s'installer à Paris où il fut séduit par l'impressionnisme. Westerholm était essentiellement un peintre de la nature et sa réponse au mouvement carélien fut les îles d'Åland : il établit en effet à Önningeby (6 km à l'Est de Mariehamn) une colonie d'artistes, qui pratiquèrent leur art en plein air. La colonie d'Önningeby comprenait entre autres Victor Westerholm, Hanna Rönnberg et Elin Damelson-Gasbogi.

Rafting sur le Klarälven, Suède

Renseignements pratiques

C. Boisvieux

Informations touristiques

Chaque pays scandinave a ses propres offices de tourisme à l'étranger ou sur le sol national :

Danemark

Belgique : Office du Tourisme de Danemark, Avenue Louise 221, B-1050 BRUXELLES, ☎ (02) 2 648 37 89.

Canada : The Danish Tourist Board, c/o Helen Bergstrøm, PO/CP 636, MISSISSAUGA, Ontario, L5M 2C2.

Danemark : Copenhagen Tourist Information, Bernstorffsgade 1, DK-1577 COPENHAGUE V, ☎ 33 11 13 25.

Finlande : Tanskan Matkailutoimisto, PO Box 48, FIN-027 01 KAUNIAINAN, ☎ 09 505 0015.

France : (Renseignements par téléphone ou par courrier uniquement) : Conseil du Tourisme du Danemark 18, boulevard Malesherbes, 75008 PARIS, ☎ 01 53 43 26 26 (de 9 h 30 à 13 h 30).

Norvège : Danmarks Turistkontor, Tollbugaten 27, Boks 406 Sentrum, N-0103 OSLO, ☎ 22 41 17 76.

Suède : Danska Turistbyrøn, Biblioteksgatan 25, Box 5524, S-11485 STOCKHOLM, ☎ 08 611 72 22.

Suisse : Dänisches Fremdenverkehrsamt, Glockengießerwall 2, D-20095 HAMBURG

Norvège

Benelux : Noors Nationaal Verkersbureau, Saxen Weimarlaan 58, NL-1075 CE AMSTERDAM, ☎ (020) 671 00 61.

Canada : Norwegian Tourist Board, 655 Third Avenue, NEW YORK, NY 10017, ☎ 212 949 2333.

Danemark : Norges Turistkontor, Trondhjems Plads 4, DK-2100 COPENHAGUE, ☎ 31 38 41 17.

Finlande : Norwegian Tourist Board, PO Box 709, FIN-00101 HELSINKI, ☎ 0605 245.

France : Office National du Tourisme norvégien, 28, rue Bayard, 75008 PARIS, ☎ 01 53 23 00 50.

Suède : Norska Turistbyrøn, PO Box 7654, S-103 94 STOCKHOLM, ☎ 86 11 22 11.

Suisse : Norwegisches Fremdenverkehrsamt, Mundsburger Damm 45, D-22087 HAMBURG, ☎ 40 22 71 08 10.

Suède

Benelux : Zweeds Bureau voor Toerisme en Verkeer, Burg. van Karnebeeklaan 6, NL-2585 BB DEN HAAG.

Danemark : Sveriges Rejse- og Turistrød, Skindergade 38, DK-1159 COPENHAGUE K, ☎ 33 12 61 06.

Finlande : Ruotsin Matkailuneuvosto, Sjötullstorget 3a, FIN-00170 HELSINKI, ☎ 0966 91 22.

France : Office suédois du Tourisme et des Voyages, 18, boulevard Malesherbes, 75008 PARIS, ☎ 01 53 43 26 27.

Norvège : Sveriges Rejse- og Turistrød, Klingenberggaten 5, 7 etasje, PO Box 1668 Vika, N-0120 Oslo, ☎ 22 83 34 15.

Suède : Sveriges Rese- och Turistrød AB, PB 3030, S-103 61 STOCKHOLM.

Finlande

Benelux : Fins Nationaal Verkersbureau voor de Benelux, Johannes Vermeerplein 5, NL-1071 DV AMSTERDAM, ☎ (020) 671 98 76.

Canada : Canadian representative Office, PO Box 246, Station "Q", TORONTO M4T 2M1 Canada, ☎ 416 964 9159.

Danemark : Finlands Turistbureau, Vester Farimagsgade 3, DK-1606 COPENHAGUE V, ☎ 33 13 13 62.

Finlande : Finnish Tourist Board, Eteläesplanadi 4, FIN-00130 HELSINKI, ☎ 09 4030 1211.

France : Office National du Tourisme finlandais, 13, rue Auber, 75009 PARIS, ☏ 01 42 66 40 13.

Norvège : Finlands Turistkontor, Lille Grensen 7, N-0159 OSLO 1, ☏ 22 41 10 70.

Suède : Finska Turistbyrøn, Kungsgatan 4A, S-11143 STOCKHOLM, ☏ 08 207 570.

Suisse : Finnische Zentrale für Tourismus, Schweizergasse 6, CH-8001 ZÜRICH, ☏ (01) 211 13 40.

Centres régionaux et locaux d'information touristique – Tous les pays scandinaves ont un bon réseau d'offices régionaux de tourisme, signalés par un **i** sur les plans des villes, qui fournissent souvent à titre gratuit brochures, cartes et listes d'hôtels, d'auberges de jeunesse et de terrains de camping. Les agences locales sont en mesure de donner des informations sur les festivals, événements sportifs, hébergements et activités proposés dans la région. Les adresses et numéros de téléphone de quelques-uns de ces offices sont donnés à la fin de ce guide, au chapitre Conditions de visite. Ils sont parfois ouverts seulement en été.

Tourisme pour les handicapés – Certains sites indiqués dans ce guide sont accessibles aux personnes handicapées ; ils sont signalés par un ♿ dans le chapitre des conditions de visite du guide. Les pays scandinaves sont à l'avant-garde dans ce domaine et sont très bien équipés pour les touristes handicapés. Les offices de tourisme des quatre pays distribuent des brochures utiles sur le sujet.

Danemark : *Accès au Danemark - Guide de voyage pour handicapés.* Pour toute question, s'adresser à Dansk Handicap Forbund, Kollektivhuset, Hans Knudsens Plads 1A, DK-62100, København, ☏ 31 29 35 55.

Norvège : Norges Handidkapforbund, Boks 9217, Vaterland, N-0134 Oslo, ☏ 22 17 02 55, fax 22 17 61 77.

Suède : *Guide de vacances pour les personnes handicapées.* Dom Handikappades Riksförbund, Stora Nygatan 4, Box 2053, S-10312 Stockholm, ☏ (08) 924 84 60.

Finlande : *Services touristiques pour les personnes handicapées.* Kehitysvammaisten Tukiliitory, Pinninkatu 51, Tampere, ☏ 03 240 31 11.

Ambassades et consulats

de Belgique

Danemark : Oster Allé 7, DK-2100 KØBENHAVN ø, ☏ 35 26 03 88.
Norvège : Drammensv. 103C, N-0273 OSLO, ☏ 22 55 22 15.
Suède : Box 26114, S-100 41 STOCKHOLM, ☏ (08) 411 89 58.
Finlande : Kalliolinnantie 5, FIN-00140 HELSINKI, ☏ 09 17 04 12.

du Canada

Danemark : Kr. Bernikowsgade 1, DK-1105 KØBENHAVN K, ☏ 33 12 22 99.
Norvège : Oscar's Gade 20, N-0244 OSLO, ☏ 22 46 69 55.
Suède : Box 16129, S-100 41 STOCKHOLM, ☏ (08) 453 30 00.
Finlande : Pohjoisesplanadi 25B, FIN-00100 HELSINKI, ☏ 09 17 11 41.

de France

Danemark : Kongens Nytorv 4, DK-1050 KØBENHAVN K, ☏ 33 15 51 22.
Norvège : Drammensv. 69, N-0271 OSLO, ☏ 22 44 18 20.
Suède : Box 10241, S-100 41 STOCKHOLM, ☏ (08) 663 02 70.
Finlande : Itäinen Puistotie 13, FIN-00130 HELSINKI, ☏ 09 17 15 29.

de Suisse

Danemark : Amaliegade 4, DK-1256 KØBENHAVN K, ☏ 33 14 17 96.
Norvège : Bygdøy Allé 78, N-0268 OSLO, ☏ 22 43 05 90.
Suède : Box 26143, S-100 41 STOCKHOLM, ☏ (08) 676 79 00.
Finlande : Uudenmaankatu 16A, FIN-00120 HELSINKI, ☏ 09 64 94 22.

La Scandinavie à Paris, Bruxelles et ailleurs...

L'**Association France-Danemark**, 142, avenue des Champs-Élysées, 75008 PARIS, ☏ 01 44 31 21 21 propose à ses cotisants des conférences et des projections de films. Le **Centre Culturel Suédois**, 11, rue Payenne, 75003 PARIS, ☏ 01 44 78 80 20, aménagé dans l'hôtel de Marle, du 16e s. (beau plafond peint au 2e étage) ainsi que l'**Institut Finlandais**, situé au cœur du Quartier latin dans un bâtiment de bois et de verre, conçu par l'architecte Juhani Pallasmaa, 60, rue des Écoles, 75005 PARIS, ☏ 01 40 51 89 09 proposent des conférences, des expositions, des films et des rencontres thématiques. Le 21 juin, à l'occasion de la fête de la musique, est recréée, dans le jardin du Centre Culturel Suédois l'ambiance de la Saint-Jean.

Le livre ouvert, 48, rue des Francs-Bourgeois, 75003 PARIS, ☏ 01 48 87 97 33, est une librairie spécialisée sur les pays nordiques. On peut consulter aussi le fonds nordique de la **Bibliothèque Ste-Geneviève**, 6, rue Valette, 75005 PARIS, ☏ 01 44 41 97 50.

Par ailleurs, la **Maison du Danemark**, 142, avenue des Champs-Élysées, 75008 PARIS, ☏ 01 44 13 86 26 reçoit les amateurs de spécialités gastronomiques nordiques dans ses restaurants « Copenhague » et « Flora Danica ». Le magasin attenant vend des objets décoratifs (arts de la table et design).

Tous les ans en mars à Rouen, se tient un **Festival du Cinéma Nordique** présentant aussi bien les œuvres des réalisateurs confirmés que celles de jeunes cinéastes talentueux. Renseignements : 22, rue de la Champmeslé, 76000 ROUEN, ☏ 02 35 98 28 46.

Un Festival d'Art et de Littérature nordiques, connu aussi sous le nom de « **Boréales de Normandie** », s'attache tous les ans, en hiver, à présenter les différents aspects culturels du Danemark, de la Finlande, de l'Islande, de la Norvège et de la Suède. Chaque année, l'un ou l'autre de ces pays est l'invité d'honneur. Les manifestations (théâtre, littérature, musique, cinéma, photographies, ballets, expositions) ont lieu surtout à Caen, mais aussi à Alençon, Bayeux, Cherbourg, Coutances, Flers, Sées et dans bien d'autres endroits de Basse-Normandie. Renseignements : Office Franco-Norvégien d'Échanges et de Coopération et Association Norden de Normandie (OFNEC/Norden, Université de Caen, annexe Vissol - 14032 CAEN Cedex, ☏ 02 31 93 07 09.

Quelques adresses de **restaurants scandinaves** à BRUXELLES : L'Anchois vert (cuisine danoise), 120, rue Stévin, Nordica, 220 rue Belliard, Radisson SAS Atrium (buffet scandinave), 47, rue du Fossé-aux-Loups, Hôtel Bristol, le Chalet d'Odin, 91, avenue Louise.

Voyager en Scandinavie

Formalités – Les étrangers, y compris les ressortissants des pays de l'Union Européenne (UE), doivent être en possession d'une carte d'identité ou d'un **passeport** en cours de validité ; ils pourront alors séjourner au Danemark, en Norvège, en Suède et en Finlande pendant trois mois au maximum.

N.B. - Les voyageurs qui prévoient une petite excursion en Russie ont besoin d'un visa qu'ils ont intérêt à se procurer dans leur pays d'origine, car il leur faudrait plus d'une semaine pour l'obtenir à Helsinki.

Les automobilistes doivent être titulaires d'un **permis de conduire national** en cours de validité, de la **carte grise** du véhicule (justificatif d'immatriculation) ou d'une attestation de location ainsi que de la **carte verte**. Celle-ci n'est pas toujours obligatoire, mais simplifie les démarches en cas d'accident. Les automobilistes étrangers venant d'un pays qui n'a pas adopté le système de la carte verte sont tenus de souscrire une assurance à la frontière dès leur arrivée dans l'un des quatre pays scandinaves. Le véhicule doit être muni d'une plaque de nationalité.

L'âge minimum pour conduire en Scandinavie est 18 ans et parfois 20 ans en Norvège selon le type de véhicule.

Arrivée par avion – Les quatre capitales scandinaves et Göteborg sont régulièrement reliées avec la plupart des grandes métropoles européennes par des lignes internationales et de nombreuses villes de Scandinavie sont desservies par des lignes intérieures.

Compagnies aériennes ayant des lignes directes régulières avec la Scandinavie :

British Airways (Stavanger depuis Paris),
13, boulevard de la Madeleine, 75009 PARIS, ☏ 01 47 78 14 14.

Finnair (Helsinki depuis Bruxelles, Genève, Paris et Zürich),
Rue du Finistère 4, B-1000 BRUXELLES, ☏ (02) 218 28 38.
c/o World Trade Center, 10, route de l'Aéroport, CH-1215 GENEVE 15, ☏ (022) 788 59 80.
11, rue Auber, 75009 PARIS, ☏ 01 47 42 33 33.
Schweizergasse 6, CH-8001 ZÜRICH, ☏ (01) 211 15 05.

SAS Scandinavian Airlines System (Copenhague, Göteborg, Oslo et Stockholm depuis Bruxelles, Genève et Paris),
Rue du Fossé-aux-loups 47, B-1000 BRUXELLES, ☏ (02) 219 28 28.
c/o SWISS AIR, Aéroport, BP 732, CH-1215 GENEVE 15,
☏ (022) 788 11 11.
18, boulevard Malesherbes, 75008 PARIS, ☏ 01 53 43 25 25.

Sabena (Copenhague, Göteborg, Helsinki, Oslo et Stockholm depuis Bruxelles),
Sabena House, Brussels National Airport, B-1930 ZAVENTEM, ☏ 723 23 45.

Air France (Copenhague, Göteborg, Helsinki, Oslo et Stockholm depuis Paris),
119, av. des Champs-Élysées, 75008 PARIS, rens. : ☏ 01 44 08 24 24.

Swissair (Göteborg, Helsinki, Oslo et Stockholm depuis Zürich),
Hirschengraben 84, CH-8001 ZÜRICH, ☏ (01) 2 58 34 34.

Arrivée en bateau et voiture – Il n'existe aucune ligne directe de ferry entre la France et les pays scandinaves. Mais pour se rendre en Finlande, Norvège et Suède en voiture, il faut nécessairement emprunter un ferry à partir du Danemark ou de l'Allemagne. De nombreuses liaisons maritimes régulières partent surtout des ports suivants : Frederikshavn, Grenø et Copenhague (Danemark), Kiel, Travemünde et Rostock (Allemagne) aux ports scandinaves de car-ferries Oslo, Moss, Göteborg, Varberg, Halmstad, Helsingborg, Malmö, Trelleborg et Helsinki. Le SeaCat à grande vitesse propose un service rapide (1 h 45) entre Frederikshavn et Göteborg ; il transporte voitures, caravanes et camping-cars.
La plupart des sociétés scandinaves de transport par ferry sont représentées par l'une ou l'autre des compagnies suivantes, en France :

Scanditours, 140, rue du Fg-St-Honoré, 75008 PARIS, ☏ 01 45 61 74 50,
Bennett Voyages, 28, bd Haussmann, 75009 PARIS, ☏ 01 48 01 87 77,
Sealink, 23, rue Louis-Legrand, 75002 PARIS, ☏ 01 44 94 40 40,
Navifrance S.A., 20, rue de la Michodière, 75002 PARIS, ☏ 01 42 66 65 40,

en Belgique :

De Keyser Thornton Travel, Huidevettersstraat 38, B 2000 ANTWERPEN, ☏ (03) 234 00 33,
De Keyser Thornton Travel, rue de la Madeleine 63, B 1000 BRUXELLES, ☏ (02) 513 83 95,
SNCM/Sealink, rue de la Montagne 52, B 1000 BRUXELLES, ☏ (02) 513 38 18,
Bureau Scandinavia, Meirplein 9, B 1070 BRUXELLES, ☏ (02) 521 77 70,

en Suisse :

Kontiki Reisen, Wettingerstrasse 23, CH 5400 BADEN, ☏ (056) 30 66 66,
TCS Travel, rue Pierre Fatio 9, CH 1211 GENEVE, ☏ (022) 737 14 14,
Peco Tours AG, Postfach 133, St Gallerstrasse 96, CH 8352 RATERSCHEN, ☏ (052) 36 26 28,
Color Line, Chemin des Grives, CH 1261 VAUD, ☏ (022) 366 42 60.

L'Atlas Michelin des routes d'Europe permet de choisir les meilleurs itinéraires depuis les ports d'embarquement des car-ferries des côtes du Danemark et d'Allemagne pour la Scandinavie.

Arrivée en train – L'Eurostar ouvre un nouvel âge d'or pour les voyages ferroviaires en Europe, mais tous les trajets en chemin de fer dans les pays scandinaves sont entrecoupés d'une ou de plusieurs traversées en ferry. Le **Billet Interrail** permet aux jeunes de moins de 26 ans qui résident en permanence en Europe de voyager sans limites dans plus de 20 pays européens pendant un mois. Le **Scanrail Pass** est valable pour tout voyage en Scandinavie durant 5 jours en l'espace de 15 jours, 10 jours en l'espace de 1 mois ou 1 mois/1 mois. Des réductions sont accordées aux enfants et personnes âgées. Quant au **Scanrail Pass** (Nord-Turist Railpass), il a une durée de validité de 21 jours et permet au titulaire de voyager en train sans restriction de kilométrage dans les pays scandinaves ; ce ticket ouvre également à des réductions de tarifs sur certains ferries.

Arrivée en autocar – Eurolines assure des services d'autocars vers Göteborg et Stockholm.
Renseignements auprès d'Eurolines, Gare routière internationale, avenue du Général-de-Gaulle, 93170 BAGNOLET, ☏ 01 49 72 51 51.

Comment se déplacer en Scandinavie

Par avion – Les compagnies aériennes assurant la desserte intérieure de la Scandinavie sont : SAS (Danemark, Norvège et Suède), Danair (Danemark), Braathens SAFE et Norsk Air (Norvège), Transwede (Suède) et Finnair (Finlande).
Le **Nordic Air Pass** comprend 4 coupons de vol d'une valeur totale de 300 $ US par personne ; il est possible d'obtenir 4 coupons supplémentaires de vol. Le Nordic Air Pass est valable sur les vols de Braathens, Finnair, Maersk Air et Transwede en juin et août. Il est possible d'acheter son billet auprès de l'une de ces compagnies ou d'une agence agréée.
SAS propose des tarifs spéciaux **Airpass**, valables pour le reste de la Scandinavie (sauf la Finlande) à un prix abordable. On ne peut obtenir ces tarifs spéciaux qu'en combinaison avec un vol international.
En Suède, tous les vols intérieurs partent de l'aéroport d'Arlanda à 42 km au Nord de Stockholm. Transwede possède un réseau domestique complet à des tarifs compétitifs. Le **Holiday Ticket** délivré par Finnair permet au titulaire d'effectuer dix vols intérieurs en l'espace de 30 jours. Finnair (voir ci-dessus) et les agences de voyages fourniront des renseignements complémentaires sur ce billet et les autres tarifs réduits.

Par ferry – Les ferries font partie du mode de vie scandinave dans les détroits et les bras de mer, les mers, le long des côtes, autour des îles, sur les lacs intérieurs et les cours d'eau. Certains navires assurent des lignes à grande distance : ceux qui traversent la Baltique notamment, sont du niveau des paquebots de croisières.
En Norvège, l'Express côtier constitue une ligne régulière qui assure la vie dans le Nord. Les ferries fonctionnent régulièrement et font partie intégrante du réseau routier.

Durée des traversées :

Frederikshavn - Oslo : 9 à 12 heures
Frederikshavn - Göteborg : 4 heures
Elseneur - Helsingborg : 25 minutes
Copenhague - Oslo : 16 heures
Stockholm - Helsinki : 15 heures
Stockholm - Turku : 12 heures
Umeå - Vaasa : 3 heures

Par train – Les réseaux de ferries et de chemins de fer sont bien développés dans la plupart des pays scandinaves. Le réseau national norvégien de chemins de fer (NSB) est assez clairsemé et ne dépasse pas Bodø au Nord. Deux des itinéraires les plus pittoresques sont celui du spectaculaire **Raumabanen** (de Dombøs à Åndalsnes) et du **Bergensbanen**, qui traverse le « toit de la Norvège » depuis Oslo jusqu'à Bergen en offrant des vues grandioses. Le fameux **Ofotbanen** part de Narvik *(voir ce nom)* et offre des excursions vers la Suède.
En Suède, le réseau national ferroviaire (SJ) assure un service efficace dans tout le pays, notamment grâce au train à grande vitesse X2000 : celui-ci transporte les voyageurs au Nord de la Suède en tout confort, avec wagons-lits, voitures familiales, aires de jeu et wagons-cinéma. L'**Inlandsbanan** *(illustration à Lappland, au chapitre Suède)* traverse certaines des régions les plus retirées et les mieux préservées de la Laponie suédoise sur son trajet entre Östersund et Arvidsjaur (de juin à août). Dans le confort de voitures des années 30 avançant à un rythme reposant, les voyageurs découvrent la beauté des paysages.
Quant au réseau ferroviaire finlandais, il relie toutes les villes importantes, les deux lignes principales allant même jusqu'à Kemijärvi et Kolari au Nord. Les tarifs des chemins de fer sont tout à fait raisonnables. Le **Finnrail Pass** (Finnrailpassis), délivré par les chemins de fer nationaux finlandais, est valable 3, 5 ou 10 jours sur une période d'un mois. Les enfants de moins de 17 ans paient moitié prix. Il est possible d'acheter ses billets aux guichets en Finlande ou auprès d'agences de voyages agréées à l'étranger.

Par autocar – En **Norvège**, le réseau ferroviaire ne dépasse pas Bodø au Nord et la compagnie d'autocars, Nord Norge Bussen, relie Bodø à d'autres localités du grand Nord. L'un des itinéraires à grande distance part de Hammerfest vers le Sud en traversant la Suède jusqu'à Oslo.
La **Suède** possède un excellent service d'autocars rapides entre les grandes villes du Sud et le centre du pays, ainsi qu'entre Stockholm et les villes côtières du Nord.
La **Finlande** possède un réseau dense et tout le pays est desservi par ce moyen de transport. Pour tout renseignement sur les réductions et les avantages de la « carte 1000 km », s'adresser à Matkahuolto, Lauttasaarentie 8, 00200 Helsinki, ☎ 09 682 701, Fax 09 692 2082.

La voiture en Scandinavie – Le réseau routier est étendu et bien entretenu, les autoroutes sont sans péage, sauf certains tronçons en Norvège (*voir ci-après*). Les véhicules doivent rouler à droite et, en général, la priorité est à droite. Toutes les routes sont numérotées, sauf les petites routes locales. Les numéros précédés d'un E signalent les itinéraires européens E.

Limitations de vitesse :

	Autoroutes	Routes à 4 voies	Routes à 2 voies	Agglomération
Danemark	110 km/h	80 km/h	80 km/h	50 km/h
Norvège	80 à 90 km/h	80 à 90 km/h	80 à 90 km/h	50 km/h
Suède	90 à 110 km/h	70 à 110 km/h	70 à 110 km/h	50 km/h
Finlande	100 à 120 km/h		80 à 100 km/h	50 km/h

Ces limitations varient en cas de remorquage avec ou sans système particulier de freinage.

Ceintures de sécurité – Au Danemark, l'utilisation des ceintures de sécurité est obligatoire pour le conducteur et le passager avant, ainsi que pour les passagers arrière lorsque la banquette en est équipée. En Norvège, en Suède et en Finlande, l'utilisation est obligatoire pour le conducteur et les passagers avant et arrière si les ceintures sont installées.

L'alcool au volant – Les lois scandinaves sur l'alcool au volant sont strictement appliquées et de lourdes amendes sont imposées aux automobilistes qui ont consommé de l'alcool. La police procède à de fréquents contrôles auxquels les étrangers sont également soumis.

	Taux maximum d'alcoolémie	Sanction
Danemark	0.08 %	
Norvège	0.05 %	Emprisonnement, suspension
Suède	0.02 %	Lourde amende à payer immédiatement
Finlande	0.05 %	Amende ou emprisonnement

Feux de route – En dehors des agglomérations, tous les véhicules doivent avoir leurs feux de croisement allumés de jour comme de nuit. Sur les véhicules scandinaves, les feux s'allument automatiquement au démarrage et la plupart des véhicules de location présentent donc cette caractéristique.

Accidents – En cas d'accident, les automobilistes doivent échanger leurs nom et adresse. Numéros d'appel pour les urgences : 112 au Danemark, 90 000 en Suède et 112 en Finlande, consulter SOS pour trouver le numéro local en Norvège. Les gendarmes peuvent donner des conseils aux étrangers impliqués dans un accident, puisque des services spéciaux sont spécifiquement chargés de s'occuper des accidents impliquant des véhicules étrangers.

Pannes – Des véhicules de dépannage circulent sur les grandes routes et sur celles empruntant les cols de montagne en Norvège de fin juin à fin août. Des postes téléphoniques pour les appels urgents sont implantés le long des routes de montagne. En cas de panne en Suède, il faut appeler la police ou l'organisme Larmtjänst, géré par des compagnies d'assurances suédoises, qui assure un service 24 heures sur 24.

Prat-Pries/DIAF

Signalisation routière – A quelques exceptions près, elle est identique à celle en usage dans le reste de l'Europe.
Attention aux élans et aux rennes qui ont peu le sens de la circulation et ont tendance à traverser les routes au crépuscule. Une collision avec un élan de 600 kg peut avoir de graves conséquences. Tout accident avec un renne ou un élan doit être déclaré à la police locale. Des panneaux spéciaux signalent les zones dangereuses.

Péages – Certaines routes norvégiennes sont à péage. Les villes de Bergen, Oslo et Trondheim font payer un droit de passage aux véhicules qui se rendent dans le centre de la ville.

État des routes en hiver – A ces latitudes, les routes sont souvent bloquées par la neige de novembre à mai. Il est généralement possible de louer des pneus d'hiver, à condition de les avoir réservés à l'avance. Les chaînes ne sont pas autorisées en Norvège. Dans ce pays, appeler ☏ 22 65 40 40 qui donne des informations en anglais sur l'état des routes.
Les pneus à clous ou les chaînes sont souvent nécessaires en hiver. Les pneus d'hiver sans clous peuvent être utilisés sans restriction. Au Danemark, les pneus à clous sont permis du 1er octobre au 30 avril, en Norvège du 1er novembre au premier lundi après Pâques, dans le grand Nord (Nordland, Troms et Finnmark) du 16 octobre au 30 avril, en Suède et en Finlande du 1er novembre au premier lundi après Pâques. Si l'on opte pour les pneus à clous, les quatre roues du véhicule doivent être équipées. En Norvège, en Suède et en Finlande, le nombre de clous autorisé par pneu est le suivant :
Pneus de 33 cm : maximum 90 clous par pneu ;
Pneus de 35 à 38 cm : maximum 110 clous par pneu ;
Pneus de plus de 38 cm : maximum 150 clous par pneu.

Location de voitures – Les grandes sociétés de location (Avis, Hertz, Europcar et Budget) ont des bureaux dans les principales villes et les aéroports internationaux. On peut louer une voiture en un lieu et la laisser à un autre. Il est toujours préférable de réserver à l'avance un véhicule à transmission automatique. Certaines compagnies aériennes proposent des vols avec location de voiture à des prix intéressants.

Distances et superficies comparées – Sur une mappemonde, les superficies et les distances concernant les régions du Nord de l'Europe sont déformées. La carte ci-contre rétablit la véritable superficie des régions scandinaves par rapport aux autres pays européens et donne également quelques notions de distance.

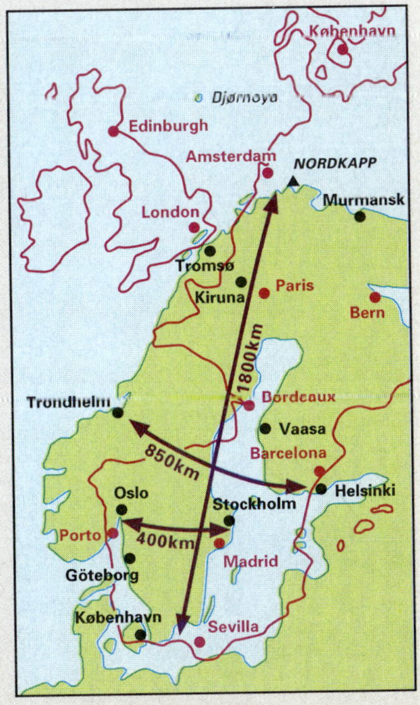

De Narvik à...

L'une des caractéristiques les plus significatives de la Scandinavie est sa taille. Cette région occupe une superficie de 1 155 056 km². Près de 2 700 km séparent l'océan Arctique de la frontière germano-danoise.

France : 551 500 km²
Espagne : 504 782 km²
Suède : 440 945 km²
Allemagne : 357 041 km²
Finlande : 338 127 km²
Norvège : 323 895 km²
Pologne : 312 677 km²
Grèce : 301 262 km²
Royaume-Uni : 244 883 km²
Danemark : 43 077 km²
Pays-Bas : 41 863 km²
Suisse : 41 293 km²
Belgique : 30 514 km².

Quelques distances

De Copenhague à : Oslo 556 km, Stockholm 586 km, Helsinki 795 km.
D'Oslo à : Copenhague 556 km, Stockholm 534 km, Helsinki 690 km
De Stockholm à : Copenhague 586 km, Oslo 534 km, Helsinki 165 km
D'Helsinki à : Copenhague 795 km, Oslo 690 km, Stockholm 165 km.

Distances entre les villes principales

Ces distances sont calculées de centre à centre, par l'itinéraire offrant les meilleures conditions de roulage, qui n'est donc pas nécessairement le plus court.
La prochaine édition du guide comprendra une sélection élargie de villes.

204 km Kristiansand-Århus

	Bergen	Esbjerg	Göteborg	Kalmar	Kristiansand	København	Lillehammer	Malmö	Norrköping	Odense	Oslo	Stockholm	Uppsala	Ålborg
Esbjerg	811													
Göteborg	790	298												
Kalmar	1110	599	355											
Kristiansand	510	301	71	422										
København	1027	297	241	310	292									
Lillehammer	478	543	497	805	496	734								
Malmö	1072	316	286	290	355	28	779							
Norrköping	931	581	322	250	724	427	568	472						
Odense	856	149	343	457	346	155	589	174	597					
Oslo	472	353	319	639	323	556	191	600	460	399				
Stockholm	1005	739	481	411	798	586	642	631	162	756	534			
Uppsala	987	769	475	476	780	652	624	696	227	822	516	69		
Ålborg	589	219	78	430	79	210	324	222	397	265	134	556	550	
Århus	714	172	146	315	204	108	447	147	412	150	256	571	636	122

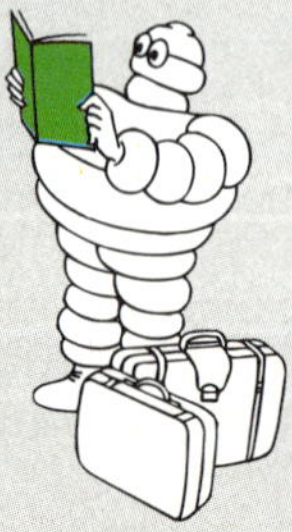

Services

Monnaie – L'unité monétaire **danoise** est *la couronne*, divisée en 100 øre. L'abréviation internationale est DKR, mais kr au Danemark.
L'unité monétaire **norvégienne** est *la couronne* (abréviation kr ou NOK), divisée en 100 øre.
En **Suède**, l'unité monétaire est *la couronne* (*krona*, au pluriel *kronor*) (abréviation Skr ou SEK), divisée en 100 öre.
En **Finlande**, la monnaie est le *mark* (*markka*, en abrégé mk ou FIM), divisé en 100 penni.

Cartes de paiement – Les principales cartes de crédit (Access, American Express, Diners, Eurocard, Visa et MasterCard) sont acceptées dans les hôtels, restaurants, agences de location de voitures, grands magasins et boutiques dans toute la Scandinavie. Ne pas oublier de noter les numéros verts qu'il est possible d'appeler 24 heures sur 24 en cas de perte ou de vol. Il sera alors également nécessaire de faire une déclaration à la police qui délivrera une attestation (à titre de preuve pour la société qui a délivré la carte de crédit). Se renseigner auprès de sa banque pour savoir si la carte permet de retirer de l'argent dans tous les distributeurs automatiques de la région.

Banques – Les banques sont ouvertes de 9 h 30 à 16 h du lundi au vendredi (18 h le jeudi) au **Danemark**, de 8 h 15 à 15 h du lundi au vendredi (17 h le jeudi) en **Norvège**, de 9 h 30 à 15 h du lundi au vendredi et de 16 h à 17 h 30 le jeudi en **Suède**. Dans certaines grandes villes, les banques sont ouvertes jusqu'à 17 h 30. En **Finlande**, les établissements bancaires ouvrent de 9 h 15 à 16 h 15 du lundi au vendredi. Les chèques de voyage sont généralement acceptés.

Heure – Au Danemark, en Norvège et en Suède, l'heure est la même qu'en Europe centrale, à savoir GMT + 1 heure, tandis que la Finlande suit l'heure de l'Europe de l'Est, c'est-à-dire GMT + 2 heures. Les quatre pays observent l'heure d'hiver de fin mars à fin septembre.

Poste - Les bureaux de poste ouvrent de 9 h à 17 h du lundi au vendredi et de 9 h à 12 h au **Danemark** où les boîtes aux lettres sont rouges, de 8 h ou 8 h 30 à 16 h ou 17 h du lundi au vendredi et de 8 h à 13 h le samedi en **Norvège** où les boîtes aux lettres sont rouges et sur pied, de 9 h à 18 h du lundi au vendredi et de 9 h à 13 h le samedi en **Suède** où les boîtes aux lettres sont jaunes, de 9 h à 17 h du lundi au vendredi en **Finlande**. La poste principale à Helsinki et dans les autres grandes villes est ouverte le samedi de 9 h à 18 h. Les boîtes aux lettres sont jaunes et les timbres sont vendus dans les bureaux de poste, dans de nombreux kiosques ainsi que dans les papeteries. Les bureaux de poste principaux ont souvent un service de poste restante ; il faut présenter son passeport et indiquer ses nom et prénom, car le courrier peut être classé sous l'un des deux.

Téléphone – Au **Danemark**, il est possible de téléphoner de toutes les cabines téléphoniques et de tous les bureaux de poste ; ces derniers sont ouverts de 9 h ou 10 h à 17 h ou 18 h en semaine et le samedi de 9 h à 12 h. En **Norvège** et en **Suède**, la poste et les télécommunications sont des organismes séparés ; il est possible d'appeler depuis les cabines publiques ou les bureaux de télécommunications dans les grandes villes. En **Finlande**, les bureaux de poste sont ouverts de 9 h à 17 h du lundi au vendredi. Les appareils fonctionnent avec des pièces, des télécartes ou des cartes de crédit.

E. SEVO/MICHELIN

Cabine téléphonique

Indicatifs internationaux

De / Vers	Danemark	Norvège	Suède	Finlande
Belgique	009 31	095 31	009 31	009 31
Canada	009 1	095 1	009 1	009 1
Finlande	009 358	095 358	009 358	——
France	009 33	095 33	009 33	009 33
Norvège	009 47	——	009 47	009 47
Suède	009 46	095 46	——	009 46
Suisse	009 41	095 41	009 41	009 41

Électricité – C'est le courant alternatif 220 V qui prédomine dans toute la Scandinavie, avec des prises circulaires à deux broches. Prévoir un adaptateur.

Santé – Les ressortissants des pays de l'Union européenne qui ont une convention prévoyant les soins médicaux d'urgence en cas de séjour temporaire paient le même prix que les Scandinaves. Avant de partir, ils doivent se procurer le **formulaire E 111** qui leur permettra de recevoir des soins médicaux. Les ressortissants des autres pays doivent se renseigner sur les conditions de leurs polices auprès de leurs compagnies d'assurances, afin de pouvoir négocier avec celles-ci un remboursement selon ces conditions. Tous les médicaments délivrés sur ordonnance doivent être clairement étiquetés et il est indispensable de conserver une copie de l'ordonnance. American Express offre un service « Global Assist » à ses adhérents uniquement pour l'assistance médicale, juridique et personnelle en cas d'urgence.
En Finlande, les pharmacies *(apteeki)* vendent les médicaments et les drogueries (*kemikaalikauppa*) ne proposent que des produits cosmétiques. Au Danemark, en Norvège et en Suède, c'est l'*Apotek* qui vend les médicaments. Les pharmacies ont les mêmes heures d'ouverture que les magasins. Les grandes villes ont souvent une pharmacie ouverte 24 heures sur 24.

Tabac – Il est en général permis de fumer dans les lieux publics au Danemark, sauf dans les transports ; il existe des compartiments fumeurs dans certains trains et des espaces non fumeurs dans les restaurants. Dans les autres pays scandinaves, les interdictions de fumer sont strictement appliquées : il est interdit de fumer dans les lieux et les transports publics. Les hôtels, bars et cafés ont pratiquement tous des espaces non fumeurs.

Vacances scolaires : Vacances d'été de début juin à la mi-août au Danemark, en Suède et en Finlande, de la mi-juin à la mi-août en Norvège.

Jours fériés	DK	FIN	N	S
1er janvier	◆	◆	◆	◆
6 janvier – Épiphanie		◆		◆
Jeudi Saint	◆		◆	
Vendredi Saint	◆	◆	◆	◆
Dimanche de Pâques	◆	◆	◆	◆
Lundi de Pâques	◆	◆	◆	◆
1er mai – Fête du Travail		◆	◆	◆
12 mai – Jour national de prière	◆			
17 mai – Fête nationale			◆	
Ascension	◆	◆	◆	◆
Dimanche de Pentecôte	◆	◆	◆	◆
Lundi de Pentecôte	◆		◆	◆
5 juin – Jour de la constitution	◆			
20 juin – veille de la Saint-Jean		◆		◆
21 juin – jour de la Saint-Jean		◆		◆
Toussaint		◆		◆
24 décembre – veille de Noël	◆	◆		◆
25 décembre – Noël	◆	◆	◆	◆
26 décembre – lendemain de Noël	◆	◆	◆	◆
31 décembre – Saint-Sylvestre				◆

Hébergement

Bien que les pays scandinaves aient la réputation d'être onéreux, les possibilités d'hébergement sont nombreuses dans toutes les catégories de prix.

Hôtels – Le **guide Rouge Michelin Europe**, révisé chaque année, recommande aux visiteurs des capitales scandinaves une vaste sélection d'établissements, en précisant la catégorie, l'emplacement, le prix, les agréments et le niveau de confort. Il existe un bon choix d'hôtels, tous de très bonne qualité, tant parmi les établissements indépendants que parmi ceux faisant partie de chaînes hôtelières. Ils proposent parfois des tarifs réduits en juillet, début août et durant les week-ends tout au long de l'année. Certaines chaînes présentent des tarifs réduits aux titulaires de **chèques hôtels**. Le chèque est un moyen pratique de paiement et couvre en général l'hébergement en chambre double avec douche/bain et petit déjeuner. Les suppléments et autres majorations (par exemple pour une chambre simple) se règlent directement à l'hôtel. Les catégories de prix varient selon les chaînes et les chèques sont généralement valables de mai/juin à septembre. Il est possible de les acheter ou d'en obtenir le remboursement auprès d'agences agréées. Pour obtenir des renseignements sur les réductions, il faut s'adresser aux offices nationaux de tourisme ou demander des brochures aux agences agréées.
En Scandinavie, le petit déjeuner, presque toujours un buffet, est inclus dans le prix de la chambre.

Scandinavie : chèque Scandinavia de la chaîne Best Western

Danemark : comme ci-dessus

Norvège : Norway Fjord Pass

Suède : hôtels SARA, hôtels Scandic, chaînes Reso et Best Western

Finlande : Finncheque, Euro Guestcheque Best Western Finlande, Scandic Holiday Cheque.

Vacances à la ferme – L'organisation *Séjournez à la ferme (Bo øp Lantgørd)* édite un guide répertoriant toutes les adresses des fermes qui proposent des chambres d'hôtes. La Finlande offre un bon choix d'hébergement dans une ferme ou dans des granges aménagées. Les salles de bains sont souvent communes, l'éventail des séjours en pension complète ou en chambre d'hôtes est très large. L'Office du Tourisme finlandais édite une brochure adaptée à ce type d'hébergement.

Hébergement indépendant – On trouve dans ces pays de nombreux chalets et maisons pour passer des vacances à son gré. En Norvège, ces habitations sont souvent situées le long de la côte ; sur les îles Lofoten et Vesterølen, les cabanes de pêcheurs (*rorbu*) sont très prisées des touristes. La Finlande possède d'innombrables **villages de vacances**, surtout dans la région des lacs. Situés au bord d'un lac, les chalets, simples ou luxueux, sont très bien équipés et disposent souvent d'un sauna et d'un bateau. Les villages proposent toutes sortes d'activités de loisirs : excursions, trekking, soirées barbecue, minigolf, tennis, ski nautique, etc. Ils ont souvent un café ou restaurant.

Auberges de jeunesse et résidences familiales – Les auberges de jeunesse et les résidences familiales sont ouvertes aux personnes de tout âge en Scandinavie ; il n'est pas indispensable d'être membre d'une association nationale, bien que les membres de ces associations et des organisations affiliées bénéficient de certaines conditions favorables. Aucun hôtel n'est semblable : certains sont modernes et parfaitement équipés, tandis que d'autres sont aménagés dans d'anciens bâtiments et dégagent une ambiance particulière. Dans tous les cas, on propose des chambres familiales ou des dortoirs. Seuls quelques établissements restent ouverts en hiver. Il est utile de réserver à l'avance dans les régions les plus touristiques situées le long de la côte, surtout dans l'archipel et près des capitales. Le système finlandais des hôtels d'été permet un séjour économique dans des foyers d'étudiants, ouverts au public de début juin à fin août. Pour obtenir des brochures ou des renseignements complémentaires, s'adresser aux Offices Nationaux du Tourisme ou aux associations des auberges de jeunesse dont voici les adresses :

Danemark : Danmarks Vandrerhjem, Vesterbrogade 39, DK-1620 København V, ☏ 33 31 36 12.

Norvège : Norske Vandrerhjem, Dronningensgt. 26, N-0154 Oslo, ☏ 22 42 14 10.

Suède : Svenska Turistføreningen (STF), Box 25, Drottningsgatan 31-33, S-10120 Stockholm, ☏ (08) 790 31 00.

Finlande : Yrönkatu 38B, FIN-00100 Helsinki, ☏ 09 694 03 77.

Camping – Les pays scandinaves offrent une grande sélection de terrains de camping, souvent situés dans des endroits pittoresques et, comme partout ailleurs, les prix varient selon la classification. Certains sites louent aussi des chalets et proposent la location de bateaux, canoës ou bicyclettes ; d'autres situés près des stations de sports d'hiver restent ouverts pendant cette saison. Les titulaires d'une carte internationale de camping n'ont pas besoin d'une carte nationale. Des bouteilles de propane et de butane sont disponibles en Norvège. En revanche, seul le propane est fourni en Suède et ne doit pas être utilisé sur les appareils à butane. Enfin, en Finlande, les bouteilles de gaz étrangères ne sont pas échangées : il faut donc emporter sa propre réserve.

Shopping

Heures d'ouverture – Au **Danemark** : de 9 h à 17 h 30 du lundi au jeudi, de 9 h à 19 h le vendredi et de 9 h à 13 h le samedi. En **Norvège** : de 9 h à 17 h du lundi au vendredi et de 9 h à 14 h le samedi. En **Suède** : de 9 h à 18 h du lundi au vendredi et de 9 h à 13 h le samedi. En **Finlande** : en général de 9 h à 17 h ou 18 h du lundi au vendredi et de 9 h à 13 h le samedi.

Achats détaxés – Tout ressortissant d'un pays autre que ceux de l'Union européenne peut faire ses emplettes hors taxes en Scandinavie. Les commerçants remettent aux clients un chèque correspondant au montant de la T.V.A., qui leur permet d'en obtenir le remboursement en quittant le dernier pays de l'UE dans lequel ils voyagent. Le montant des achats doit alors être supérieur à un certain montant, et le remboursement n'a pas lieu pour les produits alimentaires, la confiserie ou le tabac. La Norvège est le seul pays scandinave dans lequel les ressortissants de l'UE peuvent obtenir le remboursement de la T.V.A. si leurs achats dépassent 308 NOK. Dans la plupart des ports, aéroports et sur les ferries partant de Norvège, la société privée « Tax-Free Shopping » possède des agents qui remboursent les chèques de T.V.A.

Souvenirs – Le **Danemark** propose des produits réputés : porcelaine délicate (Royal Copenhagen, Bing & Grøndahl, Rosenthal), verrerie (Holmegaard), argenterie et joaillerie (Georg Jensen, Hans Hansen), bijoux d'ambre et, bien entendu, les jeux de construction de marques Lego et Duplo. En **Norvège**, les tricots aux coloris vifs et aux motifs délicats attirent toujours, mais il existe aussi les fourrures, le cuir, les bijoux en argent (souvent des répliques des bijoux vikings), les objets en bois et en étain, les travaux d'aiguille et les textiles, sans oublier les trolls de toutes formes et dimensions. En **Suède**, on trouve de la verrerie (Orrefors, Kosta Boda), des bijoux, de l'artisanat suédois authentique, avec notamment le fameux cheval Dalarna. En **Finlande**, on a le choix entre la verrerie délicate (Nuutajärvi, Iittala et Riihimäki), la céramique et la porcelaine (Arabia), la bijouterie (Lapponia et Kalevala Koru), les textiles (Marimekko), les tapis « ryijy », les tentures murales « raanu », les fourrures, le cuir et les objets artisanaux.

Duodje - Artisanat sâme

Cette étiquette atteste que l'article a vraiment été fabriqué par un artisan sâme. Corne, bois, cuir et textiles sont les matériaux traditionnels travaillés par les Sâmes et les objets artisanaux sont généralement sculptés de manière complexe ou décorés de symboles et dessins sâmes. Les bandes tissées qui décorent les costumes de ces artisans sont vivement colorées, des couleurs traditionnelles associées aux Sâmes, à savoir le rouge, le bleu, le jaune et le vert.

Achat d'alcool – L'État au **Danemark** n'a pas le monopole de la vente d'alcool et la plupart des alcools et boissons alcoolisées sont vendus dans les épiceries ou supermarchés. Le Vinmonopolet, organisme public en **Norvège**, espère, lui, conserver pleinement son monopole. Mais il se heurte à la demande d'une plus grande concurrence par les membres de l'Union Européenne dont les récents adhérents, **Suède** et **Finlande**, ont accepté de déréglementer leurs monopoles d'État, exception faite du commerce de détail. Or, les boutiques spécialisées (*Alko* en Finlande, *Systembolaget* en Suède) conserveront entièrement le contrôle des ventes d'alcool, sauf pour la bière légère. Ces boutiques n'ouvrent généralement que la semaine, les prix y sont élevés et les files d'attente sont longues. Il est possible d'acheter tous les alcools à partir de 20 ans, mais un jeune de 18 ans ne peut se procurer que les boissons faiblement alcoolisées (22 % maximum).

Le droit de chacun

Les vastes étendues faiblement peuplées du Nord de la péninsule scandinave englobent les dernières régions sauvages d'Europe. Passionnés de la nature, les Scandinaves se sont obstinés à préserver ce qu'ils chérissent le plus. Leur conscience de l'environnement a entraîné un mélange de lois de protection strictes et de responsabilité individuelle.

L'Allemansrätt – Il exprime le traditionnel droit d'accès public à la nature. Vous pourrez librement camper, cueillir des champignons, apprécier le parfum des clairières fleuries, le chant des oiseaux et le paisible silence des profondes forêts sous réserve d'observer les règles suivantes.

– **Respect de la vie privée :** vous pouvez traverser les domaines privés à pied, à ski, à vélo ou à cheval tant que vous n'abîmez ou ne détruisez rien sur votre passage (culture, plantation, barrière...). Mais il ne vous est pas permis de traverser les jardins privés ni d'y camper sans permission préalable.

– **Camping :** vous pouvez planter votre tente pour un jour ou deux sur les terres non cultivées et à l'écart des habitations, mais si vous choisissez un site proche d'une maison, il est de bon ton de demander l'autorisation de camper au propriétaire supposé de l'emplacement. En usant de cette courtoisie élémentaire, vous pouvez ainsi obtenir de précieux renseignements (accès à l'eau potable, possibilités de baignade, cueillette...) sur la région traversée.

– **Engins motorisés :** respectez les panneaux marqués « Ej motorfordon » (pas d'engins motorisés) ou « Enskild väg » (voie privée) réglementant l'accès de certaines routes forestières. Vous pouvez vous garer en bordure de forêt sans toutefois en obstruer l'accès ni gêner la circulation. En hiver, aussi attirantes que puissent être les étendues neigeuses, les amateurs de motoneige doivent suivre les itinéraires désignés ; les voies publiques leur sont strictement interdites.

– **Feux de camp :** ils sont généralement interdits durant les périodes de sécheresse. Vous pouvez allumer un feu de camp tant qu'aucun risque de propagation n'existe. Le foyer doit être entièrement éteint et nettoyé lors de votre départ afin qu'aucune trace ne subsiste après votre passage. N'allumez jamais de feu sur un rocher, celui-ci pouvant se fendre sous l'action de la chaleur et subir un dommage irréparable.

– **Baignade et navigation :** vous pouvez nager et attacher votre bateau à l'écart des habitations et plus généralement partout où ne figure pas de panneau mentionnant l'existence d'une réserve naturelle. Les utilisateurs d'engins nautiques motorisés devront toujours être extrêmement prudents à l'approche d'un rivage et respecter bien évidemment les limitations de vitesse. Sachez que l'utilisation de jets-ski, scooters de mer et autres engins bruyants peut déranger des personnes et nuire à la faune et à la flore environnantes.

– **Détritus :** emportez toujours vos déchets lorsque aucune poubelle publique ne se trouve là où vous êtes et ne laissez rien qui pourrait nuire à la venue d'autres personnes. Sachez que les sacs en plastique, canettes et autres déchets oubliés dans la nature peuvent provoquer la mort d'animaux sauvages.

– **Cueillette :** vous pouvez librement cueillir fleurs, baies et champignons ou ramasser du bois mort. Toutefois, certaines espèces de fleurs et de plantes sont protégées et ne doivent donc pas être cueillies. Pour les connaître, se renseigner auprès de l'office de tourisme le plus proche.

– **Pêche et chasse :** la pêche côtière (sauf sur la côte du Norrland et la pêche du saumon) et dans les cinq plus grands lacs du pays (Vänern, Vättern, Mälaren, Hjälmaren et Storsjön) avec canne ou tout autre procédé manuel utilisant une ligne est autorisée pour tous. Ailleurs, un permis est exigé (*lire le chapitre réservé à la pêche sportive*). Ne jetez jamais vos vieilles lignes de pêche dans la nature. Cela porterait gravement atteinte à la vie des animaux sauvages. La chasse n'est pas permise en dehors des périodes légales, et il est bien sûr interdit de prélever des œufs. Ne dérangez jamais les nids, ni les jeunes animaux.

– **Chats et chiens en Suède :** depuis le 1er mai 1994, de nouvelles lois réglementent l'accès des chats et chiens en provenance des pays de l'Union européenne. Votre chat ou chien doivent être tatoués, vaccinés contre la rage et la maladie de Carré (pour les plus jeunes). Le carnet de vaccination dûment rempli et mis à jour devra être présenté lors du passage à la frontière. Dans la nature, les chiens doivent être tenus en laisse du 1er mars au 20 août et ne doivent en aucun cas porter préjudice aux animaux sauvages. Pour plus d'informations, contacter le Bureau National de l'Agriculture, 551 82 Jönköping, Suède, ☏ 36 15 50 00.

Protection de la nature – Les pays scandinaves ont été parmi les premiers à créer des parcs nationaux et des réserves naturelles afin de protéger la beauté de leurs régions et de préserver celles où les écosystèmes sont particulièrement intéressants et vulnérables. L'UNESCO en a inscrit certains sur sa liste de régions protégées. Les parcs nationaux garantissent la préservation de la beauté et des qualités écologiques de l'environnement.

Les nombreux parcs nationaux scandinaves (20 au Danemark, 21 en Norvège, 20 en Suède et 30 en Finlande, représentés sur la carte Michelin n° 985) sont accessibles au public. Les loisirs et les agréments qu'ils proposent sont en nombre croissant : sentiers balisés, terrains de camping, cabanes dans les régions sauvages (*réserver à l'avance*) et autres hébergements. Les très grands parcs sont souvent dotés d'un centre touristique, avec local d'exposition, café et services de garde.
Les réserves naturelles ont pour objectif de protéger un élément particulier de l'environnement, le plus souvent une espèce animale ou végétale. Elles servent parfois aussi à la recherche et leur accès au public est alors souvent limité.
En zone protégée, les déplacements sont souvent limités et les restrictions clairement indiquées.

Accès aux cours d'eau – Exception faite des zones militaires, la plupart des cours d'eau, même gelés, sont libres d'accès. La pratique de l'aviron, du canoë et de la voile est rarement limitée, mais le motonautisme est interdit sur les lacs présentant un intérêt écologique particulier - ceux fréquentés par les oiseaux par exemple - ou situés dans des régions protégées. Des restrictions existent aussi dans les ports et les bras d'eau étroits. Ces règlements sont également valables pour le ski nautique et les scooters.

Régions de randonnée – Les sept régions finlandaises nationales de randonnée sont spécifiquement prévues pour les loisirs en plein air. Elles abondent en pistes de randonnée, aires de repos, cabanes dans la nature, pistes de ski bien entretenues, terrains de camping et de caravaning, possibilités de pêcher et de faire du canoë et du bateau.

Sports et loisirs

Ski – Ski alpin, ski « Télémark », ski de randonnée, ski de fond, ski d'été, les stations de ski scandinaves conviennent à tous les goûts. Cet éventail de possibilités exceptionnel permet de se mesurer seul, entre amis ou en famille à la difficulté de son choix. C'est sans nul doute pour cette raison que les derniers Jeux olympiques d'hiver se sont déroulés au cœur de la Norvège, pays qui inventa la plupart des différentes techniques de ski.
La carte des grandes stations et des festivals, en Introduction, situe quelques-unes des stations les plus connues de Scandinavie. Pour connaître les possibilités de ski au **Danemark**, s'adresser à la Fédération : Dansk Skiforbund, Idraettens Hus, 2605 Brondby, ☏ 43 26 23 30, fax 43 26 23 33.
En **Norvège**, la région de Jotunheimen propose des descentes en neige fraîche depuis les sommets, des promenades sur les pistes balisées ou du ski hors piste sur d'immenses étendues de neige vierge. La Galdhoppinggrennet est une compétition de ski « Télémark » qui se déroule sur les pentes de la plus haute montagne de Norvège. Le ski d'été est particulièrement prisé en Norvège, et se pratique notamment à :
- Galdhopiggen, 2687 Boverdalen, ☏ 61 21 17 50 ou 61 21 21 42, fax 61 21 21 72,
- Finse Skisenter & Alpinanlegg, Postboks 12, 3590 Finse, ☏ 56 52 67 11, fax 56 52 67 17,
- Strynefjell Sommarskisenter, ☏ 94 55 61 09 ou 57 87 23 33.

Chaque année, depuis 1922, se déroule en **Suède** l'une des courses de ski de fond les plus renommées au monde : la Vasaloppet (*voir à Mora*). Cette course de style traditionnel réunit chaque premier dimanche de mars plus de 12 000 skieurs sur un parcours de 89 km. Pour participer, il suffit d'avoir plus de dix-neuf ans et de s'inscrire avant le 15 janvier. Se renseigner auprès de Vasaloppet, Vasagatan 19, 792 00 Mora, ☏ 250 160 00. On peut aussi s'adresser à la fédération de ski : Svenska Skiförbundet, Idrottens Hus, 123 87 Farsta, ☏ 08 605 60 00, fax 08 93 89 80. Les principales stations suédoises de ski de descente sont, du Sud au Nord :
- Sälen : Sälenfjällen Bokning, 78067 Sälen, ☏ 280 880 00,
- Åre : Åre Fjäll Turistbyrø, Box 53, 830 13 Åre, ☏ 647 512 20,
- Tärnaby : Tärna Fjällen, 920 64 Tärnaby, ☏ 954 104 50,
- Riksgränsen : Riksgränsens Hottelet, 980 28 Riksgränsen, ☏ 980 400 80.

Les stations de ski de fond de la **Finlande** sont de véritables joyaux en la matière. Parmi les stations de ski les plus populaires de Finlande, citons Himos (Sud), Tahko (Centre), Iso-Syöte et Ruka (Centre-Nord), Levi et Ylläs (Laponie). Les courses de ski de fond les plus populaires de Finlande sont :
- la Finlandia Hiihto (2 jours, fin février) : 75 ou 41 km en style traditionnel, puis libre de Hameenlinna à Lahti (6 000 participants ; inscriptions auprès de Finlandia-Hiihto Urheilukeskus, 15110 Lahiti, ☏ 18 734 98 11, fax 18 751 00 79).
- la course Pirkka (2 jours, début mars) : 90 ou 45 km en style traditionnel, puis libre de Niinisalo à Tampere (2 000 participants ; contacter Pirkan Hiihto, Aleksanterinkatu 20 B, 33100 Tampere, ☏ 31 223 74 10, fax 31 223 43 98).
- la course Pogosta (2 jours, mi-mars) : 50 km (style traditionnel) et 75 km (style libre) en Carélie du Nord (2 000 participants ; renseignements auprès de Ilomantsin Matkailu, Mantsintie 8, 82900 Ilomantsi, ☏ 74 821 17 07, fax 74 823 270).

Pour obtenir les coordonnées des différentes stations de skis en Finlande, s'adresser à la fédération : Suomen Hiihtoliitto, Radiokatu 20, 00240 Helsinki, ☎ 0 158 23 66, fax 0 158 24 84.

Safari en motoneige – C'est en Laponie qu'une randonnée en motoneige prendra toute sa dimension, là où des pistes spéciales sont réservées à la motoneige sur des milliers de kilomètres.
En **Laponie suédoise,** les principaux points de départ de safaris en motoneige sont Kiruna, Nikkaluokta et Abisko, tous situés à proximité du Kebnekaise, la plus haute montagne de Suède (2 117 m). Le trajet emprunte souvent la fameuse Kungsleden (Piste Royale), une piste de randonnée traversant la Laponie du Nord au Sud sur plus de 500 km (Abisko-Hemavan) dans un cadre naturel fantastique. En **Finlande,** on peut notamment contacter l'Office de tourisme de Salla, 98900 Salla, ☎ 0 692 32 141, fax 0 692 32 147 ou Finnair Tour Desk, Lentäjäntie 1 B, Helsinki-Vantaa Airport, 01053 Finnair, ☎ 0 818 86 90, fax 0 818 86 55. Certains organismes proposeront même des randonnées jusqu'en Russie.

Randonnée en traîneau à chiens – Quoi de plus merveilleux que le simple glissement d'un traîneau dans le profond silence du Grand Nord et le bruit étouffé des pattes des chiens s'enfonçant dans la neige ? Ce type de randonnée originale enchantera tous les amoureux de la nature et des grands espaces vierges. La Laponie est bien sûr le terrain de prédilection pour une telle expérience qui ne requiert qu'une condition physique normale. De fin décembre à début mai, il existe différents moyens de découvrir la randonnée en traîneau à chiens, depuis la simple initiation de deux heures jusqu'à l'expédition organisée d'une semaine ou plus. Lors d'une randonnée guidée, le groupe dépasse rarement huit personnes. Debout, en équilibre sur les patins arrières du traîneau, chaque participant conduit son propre attelage composé de 3 à 10 chiens selon le poids à tirer. La première rencontre avec ses compagnons de voyage, le plus souvent des huskies de Sibérie ou des malamutes d'Alaska, est toujours un moment émouvant. Une fois harnachés, les chiens bondissent d'impatience et ne cessent de japper, excités par ce que Paul Emile Victor nommait « le désir d'avancer ». Un crochet que l'on plante fermement dans la neige permet d'immobiliser le traîneau jusqu'au signal du départ. Lorsque le guide libère l'ancre du traîneau de tête, toute la colonne démarre en un éclair. Tenez fermement votre traîneau, conservez l'équilibre et profitez ainsi des premiers instants de glisse qui sont souvent les plus magiques. Habituellement, les excursions sont de 25 à 50 km par jour. Au cœur d'une nature boréale intacte, les étapes se succèdent de refuge en refuge, depuis les lacs gelés des grandes plaines jusqu'aux rivières des montagnes escarpées en passant par l'immense forêt d'arbres bas composant la toundra. A l'issue d'une longue et merveilleuse journée de randonnée, vous pourrez apprécier le plaisir d'un vrai sauna. Compte tenu d'une température souvent basse combinée parfois à un vent fort, l'équipement ne doit pas être négligé lors d'une excursion sous les latitudes polaires. Des sous-vêtements isolants, une tenue et des chaussures chaudes, imperméables et coupe-vent (type goretex), de bonnes lunettes de soleil (style glacier), une casquette ou capuche couvrant les oreilles et des moufles sont à prévoir pour ce genre d'expédition. Pour le visage, il est recommandé d'utiliser des crèmes à base d'huile plutôt que des produits aqueux.
En **Norvège,** se renseigner auprès de Jotunheimen Hundesenter, 2680 Vøgømo, ☎ 61 23 98 50. Compte tenu de la beauté des sites, de nombreuses expéditions sont organisées en **Laponie suédoise** dans la région du parc national d'Abisko, accessible depuis Kiruna. En **Finlande,** Ivalo et Levi sont les principaux points de départs. On peut notamment s'adresser à Kamisak, Törmänen, 99800 Ivalo, ☎ 697 667 736, fax 697 667 836 ou à Polar Speed Tours, Boks 39, 99101 Kittilä, ☎ 694 653 447, fax 694 653 447.

Randonnée en traîneau de rennes – Le principe est le même que celui d'une randonnée en traîneau à chiens à la différence près que le renne s'avère beaucoup moins vif que le husky. En contrepartie, ces animaux aux bois splendides sont d'une résistance peu commune et peuvent ainsi parcourir de très longues distances même dans une neige profonde où des chiens peineraient alors. Là encore, on peut participer à une excursion organisée, de quelques heures à plusieurs jours avec nuit sous la tente lapone.
Pour découvrir la **Norvège** en compagnie des rennes, on peut s'adresser notamment à Lyngen Adventure, 9060 Lyngseidet (Troms) ou auprès de Fam. Gaup, 9730 Karasjok (Finnmark). En **Suède,** contacter Lainio Vildmarksturism, Pl. 4168, 980 10 Vittangi, ☎ 0981 410 25, fax 0981 410 10 ou Tjuonajokks Vildmarkscamp, Boks 221, 982 22 Gällivare, ☎ 0970 320 35. En **Finlande,** contacter Finnair Tour Desk, Lentäjäntie 1 B, Helsinki-Vantaa Airport, 01053 Finnair, ☎ 09 818 86 90, fax 09 818 86 55.

Patinage de longue distance – De janvier à mars, lacs et archipels de Scandinavie se transforment en autant de patinoires naturelles sans limites. Quoi de plus merveilleux durant les jours ensoleillés du creux de l'hiver que de pouvoir chausser ses longs patins pour partir à l'aventure... Glisser librement sur la glace bleue foncée d'un lac gelé ou même sur la Baltique durant la période la plus froide, voici encore une nouvelle manière bien nordique de profiter des merveilleux paysages naturels tout en passant une agréable journée sportive. Si le patinage de longue distance s'adresse à tous les âges, sa pratique impose cependant quelques mesures de sécurité dont dépendra votre confiance et votre plaisir. Évitez de patiner seul et informez-vous toujours de l'état de la glace. Si certains patineurs aguerris et bien informés se risquent parfois à des sorties en solitaires, la plupart des Scandinaves patinent entre amis, en famille ou en groupe. De nombreuses associations organisent chaque week-end des sorties et informent leurs membres des différents endroits où le patinage est rendu possible. Ayez des vêtements chauds, imperméables et coupe-vent. N'oubliez pas que le froid peut varier considérablement avec la présence du vent. Pour un long trajet aller-retour sur la glace, effectuez de préférence l'aller contre le vent et le retour avec vent de dos, plus facile lorsque vous commencerez à ressentir la fatigue grisante de la glisse. L'équipement usuel du patinage de longue distance se compose de quatre éléments essentiels :

- les **patins de longue distance** sont des lames d'environ 50 cm de longueur fixées sous un plateau sur lequel repose la chaussure.
- les **chaussures** qui, selon le modèle de patins utilisés, peuvent être des chaussures de ski, des chaussures spécialement conçues, ou de traditionnelles chaussures de randonnée.
- un **grand pic** ou un **bâton de ski** pour pouvoir se maintenir debout sans effort sur la glace. Ce bâton pourra, au besoin, servir de perche pour aider toute personne tombée dans l'eau à en ressortir sans s'approcher de l'endroit de rupture de la glace.
- un **« kit de sécurité »** fixé autour du cou et composé de deux petits pics qui serviront en cas d'immersion à sortir plus facilement d'un trou d'eau en piquant avec chaque main dans la glace.

Prévoir enfin un « sac à dos de secours » comportant, outre une ration alimentaire énergétique et une thermos de boisson chaude, un sac en plastique hermétiquement fermé (en laissant un peu d'air pour la flottaison) contenant des habits de rechange. En effet, dans le cas improbable mais néanmoins existant où la glace céderait sous le poids du patineur, il faudra alors se changer immédiatement avant que les effets engourdissants du froid n'atteignent les fonctions vitales. Pour de plus amples informations, contacter les Fédérations de patinage :

Danemark : Dansk Skote Union, Idraettens Hus, 2605 Brondby, ☏ 43 26 22 10, fax 43 26 22 08,

Norvège : Norwegian Skating Association, Hauger Skolevei, 1351 Rud, ☏ 67 15 46 00, fax 67 54 11 41,

Suède : Svenska Skridskoförbundet, Eskilsgatan 67, 633 56 Eskilstuna, ☏ 016 13 72 10, fax 016 12 53 97,

Finlande : Finnish Skating Association, Radiokatu 20, 00240 Helsinki, ☏ 09 158 24 79, fax 09 147 304.

Rafting sur neige – La station de ski d'été de Stryn située dans la région du Jostedalsbreen offre de nouvelles possibilités de glisse en organisant des descentes de rafting sur neige. Les amateurs de sensations fortes pourront ainsi dévaler dans de solides embarcations gonflables les pentes enneigées à une vitesse impressionnante pouvant atteindre 70 km/h.
Contacter NWR, Randsverk, 2680 Vøga, ☏ 61 23 87 27, fax 61 23 87 60.

Voile sur glace – La pratique de la voile ne se limite pas en Scandinavie à la période de l'été puisqu'il est également possible durant l'hiver de s'exercer à la pratique très originale du char à voile sur glace. Pour vous initier à toute nouvelle sensation de glisse sur un lac de glace ou mieux encore sur la mer gelée, contactez en Suède la Fédération de voile sur glace : Svenska Isseglarförbundet, Mellansundet, 725 92 Västerøs, ☏ 02 20 436 40.

Randonnée sur glacier – Cette fantastique découverte de la glace bleue est surtout rendue possible dans la région du Jostedalsbreen. Pour escalader la glace bleue, il faut connaître les techniques d'ascension et de sécurité, et avoir l'équipement nécessaire. Un glacier étant toujours en mouvement, certaines parties

F. Millet/VISA

Randonnée sur le Jostedal

peuvent s'effondrer subitement. C'est pourquoi il faut toujours être accompagné d'un guide. Lorsque vous êtes seul, respectez les panneaux d'avertissement et n'allez pas trop près du glacier, même s'il semble attirant. De juin à septembre, des guides expérimentés organisent chaque jour des sorties sur la glace pour tous les niveaux. L'équipement nécessaire est fourni, à l'exception de vêtements chauds, imperméables et coupe-vent qu'il convient de prévoir. Ces sorties ne nécessitent aucune connaissance des glaciers ni habitude de l'escalade et s'adressent à toute personne de plus de 7 ans et en bonne santé. Encordés par petits groupes de 10 personnes maximum par guide, vous pourrez ainsi découvrir la féerie glaciaire en toute sécurité. Se renseigner auprès de « Stryn Fjell og Breforarlag », Postboks 72, 6880 Stryn, ☏ 57 87 12 00 ou 23 33, fax 57 87 22 22.

Voile et navigation de plaisance – Les Scandinaves ont dans le sang l'amour de la mer et de la navigation qu'avaient déjà leurs ancêtres les Vikings. Plus on est au Nord et plus la période de navigation est restreinte, compte tenu du climat rigoureux qui sévit durant l'hiver. Cette période est généralement comprise entre les mois d'avril et d'octobre. La navigation étant libre en Scandinavie, les plaisanciers ne sont pas tenus d'avoir un permis ou un diplôme de navigation. Les navires en provenance d'autres pays que les pays nordiques doivent être déclarés dans un des bureaux de douane qui parsèment les côtes. Vous devez avoir à bord les certificats d'immatriculation et de nationalité du bateau ainsi que l'éventuel contrat de location. Le temps pouvant changer très rapidement en Scandinavie, informez-vous régulièrement des prévisions météorologiques et munissez-vous de cartes marines récentes et de faible échelle.
Pour la location de bateau au **Danemark**, contacter l'une des agences suivantes :

Danlice Boatcharter, Ronning Bygade 23, Ronninge, 5550 Langeskov, ☏ 65 38 36 36, fax 65 38 34 28,

Dansk Yacht Charter, Dokvej 4, Marina Nord, 6000 Kolding, ☏ 75 50 79 99, fax 75 50 79 98,

Maritim Camping Bødferier, PO Box 26, Smedestraede 2, 4040 Jyllinge, ☏ 46 73 28 28, fax 46 73 28 11,

Nordia Boat Charter, Vester Allé 50, Hammerum, 7400 Herning, ☏ 97 20 99 22, fax 97 11 88 70.

En **Suède**, deux agences principales regroupant les bateaux de particuliers proposent à la location une large gamme de voiliers et de bateaux à moteurs : RTC Bøtkontakten, Bullandö Marina 139 56 Värmdö, ☏ 08 57 14 52 30, fax 08 57 14 59 80 et Sesam Marin, Västergöksvägen 68, Vällingby, ☏ 08 761 01 70, fax 08 760 20 30. Éclaté sur plusieurs milliers d'îles, l'archipel de Stockholm offre aux amoureux de la voile un environnement idyllique. Pour des cours de voile, contacter ABC Seglarskola, Saltängsv. 5, 131 50 Saltsjö-Duvnäs, ☏ 08 716 71 40. Il existe également un journal suédois spécialiste de voile : Segling med svensk segelsport, ☏ 08 605 63 26.
En **Finlande**, outre les splendides archipels d'Helsinki, de Turku et des îles d'Åland, il est possible de rejoindre depuis le golfe la région du lac Saimaa qui offre près de 400 km de voies navigables du Sud au Nord. Pour obtenir cartes et itinéraires maritimes, ainsi que la liste des centres de location en Finlande, contacter :
- la fédération de plaisance, Finboat, ☏ 09 135 10 10, fax 09 135 52 61
- Finnish Motorboat Association, Radiokatu 20, 00240 Helsinki, ☏ 09 158 25 61, fax 09 14 77 42.

Pour obtenir la liste des clubs et écoles de voile, se renseigner auprès des différentes fédérations de voile :

Danemark : Dansk Sejlunion, Idraettens Hus, 2605 Brondby, ☏ 43 26 21 88, fax 43 26 21 91,

Norvège : Sailforbund, Hauger Skolevei, 1351 Rud, ☏ 67 15 46 00, fax 67 13 84 56,

Suède : Svenska Seglarförbundet, Idrottens Hus, 123 87 Farsta, ☏ 08 605 60 00, fax 08-605 63 31,

Finlande : Finlands Seglarförbund, Radiokatu 20, 00240 Helsinki, ☏ 09 158 24 61, fax 09 158 23 69.

Planche à voile – C'est un des sports nautiques les plus répandus à travers les différents pays scandinaves. Des planches de location vous seront proposées dans pratiquement tous les hôtels et campings se trouvant en bord de mer ou de lac. Chaque été sont organisées différentes régates. Se renseigner auprès des offices de tourisme locaux ou des fédérations de voile (*voir ci-dessus*).
En **Suède**, s'adresser à Windsurfingskola Devran Hökarängsbabet, Farsta, ☏ 08 604 48 90 ou Windsurfingskola Erstaviksbabet, Saltsjöbaben, ☏ 08 717 86 43. En **Finlande**, on peut contacter Suomen Purjelautaliitto, c/o Pirkko Syrjänen, Saanatunturintie 1 0 130, 00970 Helsinki, ☏ 09 32 42 51.

Canoë-kayak – Si l'on considère l'intimité dans laquelle les Scandinaves vivent avec l'eau, on comprendra vite que les possibilités de canotage sont infinies, depuis la location à l'heure jusqu'au raid organisé de plusieurs jours. A la différence du kayak conçu par les Eskimos pour la mer, le canoë était utilisé par les Indiens et convient donc mieux pour les lacs et les rivières. Afin d'éviter tout problème, équilibrez toujours votre embarcation lors du chargement. En restant près de la côte, vous éviterez les hautes vagues et les vents forts.

En **Norvège,** le centre national de canoë-kayak se trouve à Heidal (Heidalturist, ☏ 61 23 02 44, fax 61 23 09 60). Située à une heure au Nord de Lillehammer, la rivière Sjoa est considérée comme la meilleure rivière de kayak en eau vive d'Europe. Pour des sorties organisées, contacter Sjoa Elv, ☏ / fax 61 23 39 44.

Pour des week-ends et séjours organisés dans l'archipel de Stockholm, contacter Äventyrsresor, ☏ 08 654 11 55, fax 08 650 41 53.

L'Office de tourisme de **Finlande** publie une brochure très complète, *la Finlande sur l'eau*, qui recense toutes les possibilités de canotage en Finlande. Les cours d'eau qui demandent le plus d'expérience de canoéisme se trouvent dans le Nord et l'Est du pays. La saison idéale pour le canotage sur lac commence à la mi-juin, lorsque les eaux se sont réchauffées, et continue jusqu'à la mi-août. Chaque année se déroule en Laponie finlandaise et suédoise l'**Artic Canoë Race,** une aventure unique en canoë, peut-être même une des courses les plus dures au monde. Durant la première semaine d'août, les amateurs de sensations fortes dévalent entre 100 et 150 rapides selon le parcours choisi (parcours A : 540 km et parcours B : 400 km). Vous pouvez choisir entre la randonnée ou la compétition, entre le canoë monoplace ou biplace. Se renseigner auprès de ARC/Muonio, BP 83, 99300 Muonio, ☏ 696 53 28 38, fax 696 53 28 39.

Pour obtenir la liste des centres de canotage situés dans la région que vous visiterez, il est préférable de s'adresser directement auprès des différentes fédérations :

Danemark : Dansk Kano og Kayak Forbund, Idraettens Hus, 2605 Brondby, ☏ 43 26 20 94, fax 43 26 20 95,

Norvège : Norges Padleforbund, Hauger Skolevei 1, 1351 Rud, ☏ 67 15 46 00, fax 67 13 29 89,

Suède : Svenska Kanotförbundet, Idrottens hus, 123 87 Farsta, ☏ 08 605 60 00, fax 08 605 65 65.

Finlande : Suomen Kanoottiliitto, Stadion, eteläkaarre, 00250 Helsinki, ☏ 09 49 49 65, fax 09 49 90 70,

Ski nautique – Avec plusieurs centaines de milliers de lacs et des archipels uniques, la Scandinavie offre aux amoureux de la glisse des plans d'eau exceptionnels. Compte tenu du nombre important de clubs à travers la Scandinavie, il est préférable de contacter les différentes fédérations de ski nautique :

Danemark : Dansk Vandski Forbund, Idraettens Hus, 2605 Brondby, ☏ 43 26 23 16, fax 43 26 26 27,

Norvège : Norges Vannskiforbund, Hauger Skolevei 1, 1351 Rud, ☏ 67 15 48 76,

Suède : Vattenskidförbundet, Stoforsplan 44, 123 87 Farsta, ☏ 08 605 64 43, fax 08 93 80 09.

Finlande : Finnish Water Sport Association (Pasi Toriseva), Opintie 2, 29200 Harjavalta, ☏ / fax 39 74 06 00.

Rafting – Riche en émotions et faisant appel à la solidarité d'une équipe, le rafting exige d'être pratiqué avec l'encadrement d'accompagnateurs brevetés. S'adressant à toute personne sachant nager et ayant plus de quinze ans, il s'exerce de mai à octobre auprès de différents clubs accrédités qui proposent des descentes de rivières classées par degré de difficulté.

W. Loubet/VISA

Descente en eaux vives

De tous les pays scandinaves, la **Norvège** est sans conteste le pays de prédilection du rafting. Certaines rivières sont classées sites naturels : Sjoelva, Trysilelva et Driva comptent parmi les meilleures rivières à se prêter à ce sport. L'équipement de sécurité (casque, combinaison, gilet, chaussons) est fourni par l'organisateur, mais il est recommandé de prévoir également pour une descente des vêtements supplémentaires chauds (pull, chaussettes) en laine ou fibre et non en coton. Les clubs de rafting les plus actifs en Norvège sont les suivants :
- Valldal Naturopplevingar, Valldal, ☏ 70 25 77 67, fax 70 25 70 44,
- Dovrefjell Aktivitetssenter, 2660 Dombøs, ☏ 61 24 15 55 / 76, fax 61 24 15 70,
- Fløte-Opplevelser, Sjoa, 2670 Otta, ☏ / fax 61 23 50 00, mobile 94 64 75 96,
- Heidal Rafting, Sjoa Gjesthus, 2670 Otta, ☏ 61 23 60 37, fax 61 23 60 14,
- Sjoa Rafting, 2680 Vøgømo, ☏ 61 23 87 50, fax 61 23 87 51,
- Norwegian Wildlife Rafting, 2254 Lundersaeter, ☏ 62 82 97 94 ou 61 23 87 27, fax 62 82 98 60,
- Villmarken Kaller, Postboks 27 Holmenkollen, 0324 Oslo, ☏ / fax 22 14 40 44.

On peut également pratiquer en **Laponie suédoise** en contactant Ödemarksturer i Kiruna, c/o Ejeklint, Laxforsen 33, 981 92 Kiruna, ☏ 0980 292 81 ou 824 32.
En **Finlande**, on compte également de nombreux clubs, parmi lesquels :
- Ruka Safaris, Rukarinteentie 7, 93825 Rukatunturi, ☏ 08 868 14 94, fax 08 868 16 55,
- Rukapalvelu, Safaritalo, 93825 Rukatunturi, ☏ 08 868 15 26, fax 08 868 15 92,
- Six Season Club, Äkäs Hotelli, 95970 Äkäslompolo, ☏ 016 69 171, fax 016 69 368,
- Centre de Jeunesse Inari, Riutula, 99870 Inari, ☏ 016 58 560, fax 016 58 561.

Plongée sous-marine – La Scandinavie offre de multiples possibilités pour les adeptes de la plongée avec des bouteilles. De nombreux clubs de plongée organisent des cours et des sorties en mer et fournissent tout l'équipement nécessaire. Comme en France, les bouteilles doivent être testées tous les deux ans par mesure de sécurité. Pour faire remplir vos propres bouteilles, munissez-vous par conséquent du certificat de conformité. N'oubliez pas, si vous en avez, d'emporter vos diplômes, qui seront exigés pour certaines plongées. La liste des clubs peut s'obtenir auprès des fédérations de plongée :

Danemark : Dansk Sportsdykker Forbund, Idraettens Hus, 2605 Brondby, ☏ 43 26 25 60, fax 43 26 25 61.

Norvège : Norges Dykkerforbund, Hauger Skolevei, 1351 Rud, ☏ 67 15 46 00, fax 67 15 49 04.

Suède : Sveriges Dykarskolors Riksförbund, Gulbergs. Strandg. 36 D, 411 04 Göteborg, ☏ 031 15 98 00, fax 031 15 32 00.

Finlande : Suomen Urheilusukeltajain Liitto, Radiokatu 20, 00240 Helsinki, ☏ 09 158 22 58, fax 09 158 25 16.

Canyoning et exploration de galeries souterraines – Ces activités sont surtout rendues possibles en Norvège en raison de son caractère montagneux et de ses nombreuses chutes d'eau. Conjuguant la nage et la descente en rappel, le canyoning permettra aux moins frileux de s'aventurer dans la beauté intérieure des profonds cañons et d'explorer des couloirs formés par des rivières souterraines. C'est une expérience particulière où le temps semble s'être arrêté. La faible lumière de votre lampe frontale conjuguée aux bruits étranges que provoquent les rivières cachées rendent ces visites étonnantes et stimuleront votre imagination. Les grottes souterraines de Dummedals à Boverdalen et de Käsihole à Rondane sont autant d'aventures à ne pas manquer.

Safari à la baleine – Cette rencontre magique avec Moby Dick est rendue possible dans les îles Vesterølen, à 70 degrés de latitude Nord, au large de Nyksund ou d'Andenes. Jusqu'à la rencontre, il faudra peut-être attendre, guetter, chercher, scruter, douter... Et soudain, elle fait surface, aussi imposante que dans le roman d'Herman Melville, 60 tonnes et 20 mètres de long, unique, étrange et majestueuse. On dit souvent que le film ne vaut pas le livre. Mais là, la réalité dépasse la fiction, et c'est vous qui jouez le premier rôle, vous et Moby Dick. Les observations de baleines ont lieu chaque jour entre fin mai et mi-septembre, mais peuvent être annulées en fonction de la météo. C'est pourquoi il est sage de prévoir de passer deux ou trois jours sur place et de réserver au moins deux jours avant la date prévue. L'excursion en bateau dure environ cinq heures, et un repas léger ainsi qu'un comprimé contre le mal de mer sont inclus. Outre les plus grands cétacés du monde, vous y croiserez des cachalots, épaulards, dauphins et autres petits rorquals. Voir une baleine de près et dans son élément naturel est une expérience inoubliable !
Deux organismes proposent ces sorties passionnantes et instructives dans les eaux polaires norvégiennes : « Hvalsenteret », 8480 Andenes (extrême Nord des îles Vesterølen), ☏ 76 14 26 11, fax 76 14 23 77 et « Whale Tours », 8432 Alsvøg (Nord des îles Vesterølen), ☏ 76 13 11 66, fax 76 13 14 08.

A la recherche de l'or – Les plus aventureux pourront tenter leur chance dans une des rivières aurifères de la Laponie. C'est d'ailleurs à Dalsjöfors, dans la rivière Lannavaara, que furent organisés les championnats d'Europe d'orpaillage en 1988. Le village finlandais de Tankavaara (*voir à ce nom*), où se trouve le Musée de l'or, propose des stages d'instruction en orpaillage. Contacter Tankavaaran Kultakylä, 99695 Tankavaara, fax 693 62 62 61. Le village de Kiilopää, situé plus au Nord, est le point de départ de nombreuses randonnées pédestres d'orpaillage. Se renseigner auprès de Kiilopään Tunturikeskus, 99800 Ivalo, fax 697 66 71 21. On peut également tenter sa chance en Laponie suédoise avec Lannavaara Turism, Postboks 67, 980 13 Lannavaara, ☏ 0981 310 76 ou Lappeasuando 1283, 982 99 Gällivare, ☏ 0970 501 70, fax 0970 503 50.

Pêche – La Scandinavie constitue un véritable paradis pour les amateurs de pêche en mer, en rivière et en lac. Durant l'hiver, la pêche à travers la glace est très répandue et se pratique notamment en Laponie finlandaise (contacter Fell Guiding Runo Leskinen, 99400 Enontekiö, ☏ 696 52 12 30, fax 696 52 14 03) et en Suède sur l'immense lac du parc national d'Abisko (se renseigner auprès de Camp Abisko Susini, Postboks 71, 980 24 Abisko, ☏ 0980 401 48, fax 0980 402 10).

Au **Danemark**, seuls les pêcheurs âgés de 18 à 67 ans doivent acquitter un droit de pêche. En vente dans les offices de tourisme et bureaux de poste, le permis est valable à la journée, à la semaine ou à l'année. Pour connaître toutes les possibilités de pêche sportive, se renseigner auprès de Danmarks Sportsfisker Forbund, Worsøesgade 1, 7100 Vejle, ☏ 75 82 06 99, fax 75 82 02 09.

Moulu/SUNSET

Pêche à travers la glace

La **Norvège** offre aux adeptes de la pêche près de 200 000 lacs et des rivières à truites et à saumons parmi les plus poissonneuses d'Europe. Le guide « Angling in Norway » vendu par l'Astrolabe à Paris indique les meilleures rivières et associations de pêche du pays. La saison de pêche en eau douce s'étale généralement du début avril à la fin septembre. Le permis de pêche obligatoire s'achète dans les offices de tourisme, bureaux de poste ou magasins de sport de chaque région. La pêche en mer se pratique toute l'année, mais la morue est meilleure au printemps et à l'automne. La pêche au saumon, à la truite de mer et à l'omble a lieu officiellement du 1er juin au 15 septembre et nécessite l'acquittement d'une taxe permettant également la pêche à l'intérieur du pays. Tout matériel de pêche apporté de l'étranger doit être préalablement désinfecté. Les îles Lofoten constituent un véritable paradis de la pêche. Principale activité de ces îles magiques, la pêche à la morue s'étale traditionnellement de janvier à la fin avril. Le dernier week-end de mars ont lieu les championnats du monde de pêche à la morue. Pour participer à cet événement qui se déroule généralement durant le dernier week-end de mars à Solvaer, contacter Destination Lofoten, Postboks 210, 8301 Solvaer, ☏ 760 730 00, fax 760 730 01.

En **Suède**, la côte du Bohuslän est propice à la pêche en mer tandis que les rivières Ätran, près de Falkenberg, Lagan et Ljusnan sont de bons sites de pêche au saumon. Au Nord d'Haparanda, dans la Thorne, on pêche la friture au filet.

Les championnats du monde de pêche à la mouche en 1989 ont donné à la **Finlande** ses lettres de noblesse. Les néophytes peuvent également participer à d'inoubliables parties de pêche organisées dans les trois grandes rivières près de Kuusamo, ainsi que dans de vastes zones lacustres s'étendant à travers tout le pays. Outre Kuusamo, la région de l'Est et la Laponie sont parmi les zones de pêche les plus réputées de Finlande. Le droit de pêche doit être acquitté auprès d'un office de tourisme ou en achetant un permis dans certains distributeurs automatiques. Pour participer à des concours de pêche et à d'autres manifestations, contacter la fédération : Suomen Kalamiesten keskusliitto, Svinhufvudintie 11, 00570 Helsinki, ☏ 09 684 90 22, fax 09 684 99 04.

Cyclotourisme – La découverte d'une région à vélo convient particulièrement aux pays scandinaves qui ont aménagé des pistes cyclables dans la plupart des villes. On peut généralement louer des bicyclettes sur place en s'adressant aux Offices de tourisme locaux. Il est possible d'alterner le vélo avec d'autres moyens de transport ; sachez que la plupart des trains et des bus acceptent de transporter les vélos moyennant une surtaxe (en Norvège cependant, les vélos sont transportés gratuitement sur les bacs et l'Express côtier). Lors d'un voyage à vélo, ne prenez que le strict minimum (chaque kilo se faisant ressentir dans les côtes) en équilibrant la charge à l'avant et à l'arrière du vélo. Munissez-vous d'une carte récente et détaillée. Évitez autant que possible les tunnels (certains sont interdits aux vélos) ainsi que les routes de classification européenne (itinéraires E) à grande circulation. Pour les passages de cols, renseignez-vous sur la période d'ouverture. Dans ces conditions, vous profiterez économiquement et en toute sécurité de la beauté et du silence relaxant des paysages nordiques.

Au **Danemark**, demander à l'Office de tourisme la brochure *Cykelsemester i Danmark* publiée chaque année et proposant dix circuits touristiques à travers le pays, ou bien contacter la fédération : Dansk Cykle Union, Idraettents Hus, 2605 Brondby, ☏ 43 26 22 02, fax 43 43 44 76.

Bien qu'il ne soit absolument pas nécessaire d'être un athlète, il est recommandé d'être équipé d'un vélo doté de nombreuses vitesses, surtout si l'on souhaite visiter la splendide région des fjords de **Norvège** à bicyclette. Pour participer à des circuits organisés en Norvège, contacter l'association des cyclistes « Syklistenes Landsforening », Box 8883, Youngstorget, 0028 Oslo, ☏ 22 41 50 80, fax 22 41 65 65.

Vous pouvez parcourir toute la **Suède** à vélo depuis Trelleborg au Sud jusqu'au cap Nord en suivant la piste cyclable indiquée par le signe « Sverigeleden ». Cette piste cyclable a également des ramifications vers la Norvège et la Finlande et il est bien sûr possible de relier les pistes cyclables du Danemark par ferry. Pour obtenir cartes et informations, contacter Svenska Cykelsällskapet, Box 6006, 164 06 Kista, ☏ 08 751 62 04. L'île de Gotland, encore surnommée la « perle de la Baltique », est un paradis pour les cyclistes, compte tenu du faible trafic routier, et s'adresse à tous les niveaux. De nombreux loueurs de vélos et de charrettes se pressent sur le quai d'arrivée des ferries.

En **Finlande**, les archipels d'Åland et de Turku, ainsi que les régions des lacs Päijänne, Saimaa et Oulujärvi offrent les itinéraires de randonnée les plus appréciés des cyclistes. Les adeptes du VTT pur et dur peuvent quant à eux traverser les régions sauvages de Laponie en suivant d'anciens itinéraires de marchands lapons. Contacter la fédération du cyclisme : Suomen Pyöräilyunioni, Radiokatu 20, 00240 Helsinki, ☏ 09 278 65 75, fax 09 278 65 85.

F. Gohier/EXPLORER

Bicyclettes de location à Copenhague

Golf – La pratique du golf est là encore un moyen privilégié de découvrir la nature scandinave. La saison du golf dure à peu près de mai à septembre.
Au **Danemark,** demander la brochure *Danmarks golfbanor* qui publie la liste des 114 terrains de golf du pays ou contacter la fédération Dansk Golf Union, Idraettens Hus, 2605 Brondby, ☏ 43 26 27 00, fax 43 26 27 01.
En **Norvège,** se renseigner auprès de la fédération Norges Golfforbund, Hauger Skolevei 1, 1351 Rud, ☏ 67 15 46 00, fax 67 13 29 89.
Ving Golf organise à travers toute la **Suède** des séjours de golf comprenant des cours et des tournois. Contacter Ving Stockholm (☏ 08 789 89 80, fax 08 411 89 45), Ving Göterborg (☏ 031 80 64 00, fax 031 15 47 05) ou Ving Malmö (☏ 040 778 00, fax 040 23 72 17). Pour participer au plus grand tournoi de golf nordique par équipe de deux, s'inscrire avant le 1er avril auprès de Nordic Company Golf Cup, Karlavägen 18, Box 5671, 114 86 Stockholm, ☏ 08 614 51 16, fax 08 614 50 08. Près du magnifique parc national d'Abisko, en Laponie suédoise, vous trouverez le golf le plus septentrional au monde, situé à Björkliden.
Sport peu coûteux en **Finlande,** le golf connaît dans ce pays un véritable essor où plus de cinquante parcours de 18, 27 ou 36 trous sont disponibles. S'adresser à la fédération Suomen Golfliitto, Radiokatu 20, 00240 Helsinki, ☏ 09 158 22 44, fax 09 147 145.

Équitation – Vous trouverez des centres d'équitation partout en Scandinavie. La plupart des clubs proposent des cours théoriques, des randonnées à l'heure ou à la journée. Certains centres organisent des raids équestres pouvant varier d'une journée à une semaine.
Au **Danemark,** deux organismes proposent des vacances à cheval : Frostrup Ridecenter, Tommerbyvej 8, 7741 Frostrup, ☏ 97 99 15 45, et Enggårdens Ridecenter, Hellebjergvej 27, 3120 Dronningmolle, ☏ / fax 49 70 46 60. Il existe une possibilité originale de découvrir les paysages danois aux rênes de votre propre roulotte tirée par des chevaux. Se renseigner auprès de Bornholms Praerievogns Ridehesteferie, Plantagevej 23, 3730 Nexo, ☏ 56 49 30 37, fax 56 48 81 26, ou Destination Langeland Fyn Aero, 5935 Bagenkop, ☏ 62 56 14 93, fax 62 56 19 59.
En **Norvège,** les centres équestres Steinseth Ridesenter à Asker et Kjells Rideskole à Gol sont équipés pour accueillir des cavaliers handicapés.
Ceux qui souhaitent découvrir la **Laponie suédoise** à cheval peuvent contacter Djurgården i Kiruna, 981 34 Kiruna, ☏ 0980 189 12.
Pour obtenir la liste complète des centres équestres, contacter les fédérations hippiques :

Danemark : Dansk Ride Forbund, Langebjerg 6, 2850 Naerum, ☏ 45 80 43 44 / 49 55,

Norvège : Norsk Rytterforbund, Hauger Skolevei 1, 1351 Rud, ☏ 67 15 48 02, fax 67 13 91 45,

Suède : Svenska Ridsportens Förbundet, Sandhamnsgatan 39, 115 28 Stockholm, ☏ 08 670 79 30, fax 08 660 55 60,

Finlande : Suomen Ratsastajainliitto, Radiokatu 20, 00240 Helsinki, ☏ 09 158 23 15, fax 09 149 68 64.

Courses de trot – En Norvège, ces courses constituent une véritable tradition permettant la préservation de la race chevaline, bien que les trotteurs norvégiens descendent de races américaines. Les principaux hippodromes (« travbane ») du pays sont ceux de Bjerke (au Nord d'Oslo), Forus (près de Stavanger), Åsan (Bergen) et Leangen (Trondheim).
Les courses de trot attelé sont également très prisées en Finlande, avec près de 700 courses chaque année. Un des plus grands champs de courses d'Europe, Vermo (près d'Helsinki), organise annuellement environ 80 courses, dont les principales sont le « Grand Derby de Finlande » en août et le « Sabot d'Or » en septembre. Pour tout renseignement, contacter l'association finlandaise des champs de courses, Suomen Hippos, Tulkinkuja 3, 02600 Espoo, ☏ 09 51 10 01, fax 09 51 10 02 91.

Le Raid Auto-Photo Paris-Cap Nord

Depuis 1988, chaque année au mois d'août, près de 200 participants se retrouvent sur les routes et les pistes scandinaves pour vivre une aventure passionnante. Loin des courses chronométrées, chaque équipage s'efforce de réaliser un reportage photo et un reportage écrit ou vidéo tout en se signalant aux points de contrôle le long des 12 000 km parcourus. En alternative, plusieurs activités sportives sont organisées : VTT, rafting, marche, ski de descente et courses d'orientation. Ouvert à tous (il suffit d'avoir une voiture) et sans limite d'âge, il requiert des qualités d'endurance et de débrouillardise et, avant tout, une grande ouverture d'esprit.

Cap Nord Organisation, 245, rue Paul-Bert - 69003 LYON, ☏ 02 72 33 32 88.

Mots usuels

	Danois	Norvégien	Suédois	Finnois
MONUMENTS, CURIOSITÉS				
belvédère		utsikspunkt	utsikstorn	näkötorni
cathédrale	domkirke	domkirke	domkyrka	tuomiokirkko
collection	samling	samling	samling	kokoelma
cristallerie	glashandel	glassvarer	glasbruk	lasitehdas
château	slot	slott	slott	linna
église	kirke	kirke	kyrka	kirkko
forteresse	fæstning	festning	fästning	linnoitus
hôtel de ville	rådhus	rådhus	rådhus	kaupungintalo
jardin, parc	have	hage	hage	puisto
mine	grube	gruve	gruva	kaivos
monastère	kloster	kloster	kloster	luostari
musée	museet	museet	museum, museet	museo
office de tourisme	tourist-bureau	turist-kontor	turistbyrå	matkailu-toimisto
place	torv, plads	torg	torg	tori
pont	bro	bru	bro	silta
route	vej	vei	väg	tie
rue	gade	gate	gata	katu
tour	tårn	tårn	torn	torni
université	universitet	universitet	universitet	yliopisto
SITES NATURELS				
chute	foss	foss	vattenfall	putous, koski
forêt	skov	skog	skog	metsä
île	ø	øy	ö	saari
lac	sø	vatn	sjö	järvi
mer	hav	hav	hav	meri
montagne	fossbjørg	berg fjell	berg	vuori
parc national	nationalpark	nasjonalpark	nationalpark	kansallispuisto
plage	strand	strand	strand	uimaranta
rivière	å	elv	å	joki
vallée	dal	dal	dal	laakso
SUR LA ROUTE				
arrêt, stop	stop	stopp	stopp	stop, seis
autoroute	motorvej	motorvei	motorväg	moottoritie
essence	benzin	bensin	bensin	bensiini
garage	automobil-reparatør	bilverksted	bilverkstad	autokorjaamo
passage interdit	ingen inkørsel	gjennom-kjørning forbudt	infart förbjuden	läpikulku kielletty
permis de conduire	førerbevis	førerkort	körkort	ajokortti
pneu	ring	ring	däck	renkaat (sing.) rengas (pluriel)
prudence	pas på	pas på	se upp	varo, varokaa
sens unique	ensrettet	envegsk-jøring	enkelriktad	yksisuuntainen liikenne
station-service	benzin-station	bensin-stasjon	bensin-station	bensiini-asema
travaux	vejarbejde	veiarbeid	vägarbete	tietyö
LE TEMPS				
aujourd'hui	i dag	i dag	idag	tänään
demain	i morgen	i morgen	imorgon	huomenna
hier	i går	i går	i går	eilen

	Danois	Norvégien	Suédois	Finnois
matin	morgen	morgen	morgon	aamu
matinée	formiddag	formiddag	förmiddag	aamupäivä
soir	aften	aften	afton	ilta
soirée	aftermiddag	ettermiddag	eftermiddag	iltapäivä
lundi	mandag	måndag	måndag	maanantai
mardi	tirsdag	tysdag	tisdag	tiistai
mercredi	onsdag	onsdag	onsdag	keskiviikko
jeudi	torsdag	torsdag	torsdag	torstai
vendredi	fredag	fredag	fredag	perjantai
samedi	lørdag	laurdag	lördag	lauantai
dimanche	søndag	søndag	söndag	sunnuntai

NOMBRES

0	nul	null	noll	nolla
1	en	ein	ett	yksi
2	to	to	två	kaksi
3	tre	tre	tre	kolme
4	fire	fire	fyra	neljä
5	fem	fem	fem	viisi
6	seks	seks	sex	kuusi
7	syv	sju	sju	seitsemän
8	otte	åtte	åtta	kahdeksan
9	ni	ni	nio	yhdeksän
10	ti	ti	tio	kymmenen
100	hundrede	hundre	ett hundra	sata
1 000	tusind	tusen	ett tusen	tuhat

VIE QUOTIDIENNE

au-revoir	farvel	farvel, adjø	adjö, hej då	hyvästi, näkemiin
bonjour	hallo	goddag	hej, goddag	päivää, hei
merci	tak	takk	tack	kiitos
non	nej	nei	nej	ei
oui	ja	ja, jo	ja	kyllä, joo
pardon	undskyld	unnskyld	ursäkta mig	anteeksi
s'il vous plaît	værsø venlig	vær så god	var så god	oikaa hyvä
à droite	til højre	til høyre	till höger	oikealle
à gauche	til venstre	til venstre	till vänster	vasemmalle
banque	bank	bank	bank	pankki
bureau de poste	posthus	postkontor	postkontor	postikonttori
bureau de tabac	tobakshandel	tobakshandel	tobakshandel	tupakkakauppa
chambre	stue	værelse	rum	huone
déjeuner	frokodt	lunsj	lunch	lounas, päivällinen
dentiste	tandlæge	tannlege	tandläkare	hammaslääkäri
dîner	middag	middag	middag	illallinen
docteur	læge	lege	läkare, doktor	lääkäri
entrée	indgang	inngang	ingång	sisään
fermé	lukket	stengt	stängt	suljettu
gare	banegørd	jernbane-stasjon	tågstation	asema
hôpital	sygehus	sykehus	sjukhus	sairaala
hôtel	hotel	hotell	hotell	hotelli
ouvert	åben	åpen, åpet	öppen, öppet	avoinna
petit déjeuner	morgenmad	frokost	frukost	aamiainen
pharmacie	apotek	apotek	apotek	apteekki
police	politi	politi	polis	poliisi
restaurant	restaurant	restaurant	restaurang	ravintola
sortie	udgang	utgang	utgång	ulos
téléphone	telefon	telefon	telefon	puhelin
timbre	frimærke	frimerke	frimärke	postimerkki
toilettes	toalett	toalett	toalett	wc, vessa

A propos des langues...

Dans les langues danoise, norvégienne et suédoise, on distingue deux genres : le genre commun, indiqué par l'article *en*, le genre neutre, indiqué par l'article *et*. Si l'article est défini, il s'accole en fin de nom (posthus**et** : **le** bureau de poste) ; si l'article est indéfini, il se place devant le nom (**ett** posthus : **un** bureau de poste).
Le finnois se distingue par l'emploi de déclinaisons, applicables à tous les noms, y compris aux noms propres. Il en résulte souvent des modifications susceptibles de jeter le trouble quant aux dénominations mêmes. Ainsi, dans le Nord du pays, un parc national a reçu le nom d'Urho Kekkonen en hommage à l'homme d'État disparu en 1986. Le nom finnois du parc devient alors « Urho Kekkosen kansallispuisto ». Il ne faudra donc pas s'étonner de rencontrer en Finlande des mentions écrites où les noms subissent des variations orthographiques...
Quant à l'alphabet, il comporte dans les quatre langues plus de lettres que l'alphabet français, lettres dont la prononciation, pour aussi déroutante qu'en soit l'écriture, est proche des consonances auxquelles nous sommes habitués.
Å (ou Aa) se prononce « au », Æ et Ä se prononcent « ai », ö et Ö se prononcent « eu », mais la lettre U, qui se prononce « ou » en Finlande, se prononce comme en français dans les trois autres pays ; quand la Finlande utilise le son « u » pour le Y alors que le son « ou » est donné en Danemark, Norvège et Suède par la lettre O.
Il ne vous reste plus qu'à vous entraîner...

Quelques livres

Ouvrages généraux, histoire, biographies

La Scandinavie que j'aime par Tyra Ferlet *(Éditions Sun, Exclusivité Vilo)*
La Nature merveilleuse de la Norvège par Gerold Jung *(Éditions Ziethen-Verlag)*
Le Grand Nord Scandinave, Norvège - Laponie par Marie-Hélène et Yves Lundy *(Éditions A. Barthélemy, Avignon, collection « Espaces »).*
Scandinavie, Norvège, Suède, Danemark, Finlande par Fritz Dressler, Hauke Dressler, Bernd Henningsen, Reinhold Wulff *(Vilo)*
L'Art de vivre en Norvège, L'art de vivre en Suède *(Flammarion)*
Ski nordique, France, Scandinavie, Grand Nord par Marc Breuil *(Denoël)*
Histoire du Danemark par Astrid E. Helle *(Hatier)*
Histoire de la Suède par Jean-Pierre Mousson-Lestang *(Hatier)*
Les Scandinaves par Maurice Gravier *(Éditions Lidis)*
Les Peuples scandinaves au Moyen Âge par Lucien Musset *(PUF, collection « Que sais-je ? »)*
La Religion des anciens Scandinaves, La Saga de saint Olav par Régis Boyer *(Payot)*
Atlas des Vikings 789-1100 par John Haywood *(Autrement, collection « Atlas/Mémoires »)*
Les Vikings et la mer par Frédéric Durand *(Éditions Errance)*
Les Lapons par C. Mériot *(PUF, collection « Que sais-je ? »)*
Christine de Suède par Françoise Kermina *(Perrin)*
Sainte Brigitte de Suède par Bénédicte Demeulenaere *(Éditions du Rocher)*
Axel von Fersen par Herman Lindqvist *(Stock)*
Linné, le prince des botanistes par Wilfrid Blunt *(Belin)*
Images par Ingmar Bergman *(Gallimard)*
Greta Garbo, La Somnambule par Françoise Ducout *(Stock)*

Art, architecture

L'Art scandinave, en 2 volumes *(Zodiaque, collection « La nuit des temps »)*
Les Églises en bois de Norvège par Gunnar Bugge *(Desclée de Brouwer)*
Décors peints, La tradition nordique par Jocasta Innes *(Flammarion)*
Edvard Munch par Alf Bøe *(Albin Michel, collection « Les grands maîtres de l'art contemporain »)*

Littérature

Pour connaître les grands noms de la littérature scandinave, se reporter en Introduction à la rubrique : Littérature. Les ouvrages mentionnés ci-dessous sont en français.

Danemark
Contes choisis par Hans Christian Andersen *(Gallimard)*
Le Dîner de Babette, Contes d'hiver, Nouveaux contes d'hiver *(Biblos)*, **La Ferme africaine** *(Gallimard)* par Karen Blixen

La Côte des Esclaves, La Mort en Arabie, Les bateaux négriers par Thorkild Hansen *(Actes Sud)*
Pelle le Conquérant par Martin Andersen Nexö *(Messidor)*
Smilla et l'amour de la neige par Peter Höeg *(Seuil)*

Norvège

Maison de poupée, Peer Gynt par Henrik Ibsen *(Flammarion)*
Le Palais de glace par Tarjei Vesaas
La Femme fidèle par Sigrid Undset *(Gallimard, collection « Folio »).*
Faim *(P.U.F.)*, **La ville de Segelfoss, Rosa** *(Calmann-Lévy)*, **Sur les bancs de Terre-Neuve** *(E. Brunet)*, **Vagabonds** *(Grasset)* par Knut Hamsun
Le Monde de Sophie, Le Mystère de la patience par Jostein Gaarder *(Seuil)*

Suède

Voyage en Laponie par Carl von Linné *(Éditions de la Différence)*
Théâtre complet d'August Strindberg *(Éditions l'Arche)*
Le Merveilleux voyage de Nils Holgersson par Selma Lagerlöf *(Actes Sud)*
Le Nain par Pär Lagerkvist *(Stock)*
Les Guetteurs de vent par Agneta Pleijel *(Flammarion)*

Finlande

Le Kalevala par Elias Lönrött *(Gallimard)*
Les Sept Frères par Alexis Kivi *(Stock)*
Hiltu et Ragnar par Frans Eemil Sillanpaä *(Presses Universitaires de Caen)*
Sinouhé l'Égyptien par Mika Waltari *(Plon)*
Le Fils du dieu de l'orage, La Forêt des renards pendus, Le Lièvre de Vatanen par Arto Paasilinna *(Gallimard, collection « Folio »)*
Anta, Mémoires d'un Lapon par Andrea Labba *(Plon, collection « Terre humaine »)*

Quelques films

Les principaux films du réalisateur suédois **Ingmar Bergman** *sont cités dans l'encadré* *p. 55.*
La Légende de Gösta Berling (1924) par Mauritz Stiller d'après le roman de Selma Lagerlöf. Suède.
La Lettre écarlate (1926) par Victor Sjöström d'après le roman de Nathaniel Hawthorne. États-Unis/Suède.
La Passion de Jeanne d'Arc (1928) par Carl Theodor Dreyer. France/Danemark.
La Reine Christine (1933) par Rouben Mamoulian avec l'actrice suédoise Greta Garbo dans le rôle principal. États-Unis.
La Bataille de l'eau lourde (1948) par Titus Vibe-Müller et Jean Dréville. France/Norvège.
Mademoiselle Julie (1951) par A. Sjöberg d'après la pièce d'August Strindberg. Suède.
Le Renne blanc (1952) par Erik Blomberg : l'action se déroule dans l'univers de la sorcellerie ancestrale des Lapons. Finlande.
La Semaine bleue (1954) par Matti Kassila d'après une nouvelle de Jarl Hemmer : le destin d'une section militaire pendant la guerre russo-finlandaise. Finlande.
Soldats inconnus (1955) par Edvin Laine d'après le roman de Väinö Linna. Finlande.
La Faim (1966) par Henning Carlsen d'après le roman de Knut Hamsun. Danemark.
Les Émigrants (1971), **Le Nouveau Monde** (1972) par Jan Troell d'après l'œuvre de Vilhem Moberg. Norvège.
L'Année du lièvre (1977) par Risto Jarva d'après le best-seller d'Arto Paasilinna. Finlande.
Crime et châtiment (1983) par Aki Kaurismäki d'après le roman de Dostoïevski. Finlande.
Le Festin de Babette (1987) par Gabriel Axel d'après une nouvelle de Karen Blixen. Danemark.
Hamlet goes business (1987) par Aki Kaurismäki, la transposition de l'histoire de Hamlet dans un contexte moderne. Finlande.
Le Palais de glace (1987) par Per Blum d'après le roman de Tarjei Vesaas. Norvège.
Pelle le Conquérant (1987) par Bille August, d'après le roman de Martin Andersen Nexö : l'histoire du fils d'un émigré suédois dans une ferme danoise. Danemark/Suède.
Ariel (1988) par Aki Kaurismäki. Finlande.
Splendeur et misère de la vie humaine (1988) par Matti Kassila d'après une œuvre de Sillanpaä. Finlande.
Europa (1991) par Lars von Trier. Danemark.
Le Jour de la grande baignade (1991) par Stellan Olsson. Danemark.
L'Hôpital et ses fantômes (1994) par Lars von Trier. Danemark.
Breaking the waves (1996) par Lars von Trier. Danemark.
Au loin s'en vont les nuages (1996) par Aki Kaurismäki. Finlande.

Principales manifestations

Fin janvier

Tromsø, Norvège	Festival international du cinéma
Kiruna, Suède	Festival de la neige

6 février

Laponie, Norvège, Suède, Finlande	Fête nationale des Sâmes

Début février

Kristiansund, Norvège	Festival d'opéra
Jokkmokk, Suède	Marché d'hiver

Fin février

De **Sälen** à **Mora,** Suède	Course internationale de ski de fond : la Vasaloppet
Kuopio, Finlande	Marathon sur glace de Finlande (patinage sur 50 ou 100 km)

Début mars

Alta, Norvège	Finnmarksløpet - Course de traîneaux à chiens sur 1 000 km

Fin mars

Rena-Lillehammer, Norvège....	Course de ski Birkebeiner

2e semaine d'avril

Voss, Norvège	Festival de jazz

Mi-avril

Karasjok et **Kautokeino** Norvège	Festivités de Pâques avec cérémonies traditionnelles de mariage same et courses de rennes

30 avril

Suède....................................	Fêtes de Walpurgis avec feux de joie pour célébrer le retour du printemps

Mi-mai

Kristiansand, Norvège............	Festival de musique sacrée

2e quinzaine de mai

Copenhague, Danemark	Festival de ballet

17 mai

Norvège	Fête de la constitution avec processions et orchestres

Fin mai - début juin

Bergen, Norvège	Festival international de musique et d'art

Fin mai - début septembre

Drottningholm, Suède	Saison d'opéra au Théâtre de la Cour

5 juin

Danemark.............................	Fête de la constitution

6 juin

Suède....................................	Fête nationale suédoise – L'anniversaire du drapeau est célébré par des parades, des discours et des orchestres

Début juin à mi-août

Vadstena, Suède	Festival d'opéra

2e semaine de juin

Kuopio, Finlande	Festival de danse et de musique
Umeå, Suède et **Korsholm,** Finlande............	Festival de musique de Botnie

Mi-juin

Honningsvåg, Norvège .... Festival du cap Nord et Marathon du cap Nord (70 km)

De **Eckerö,** Åland, Finlande...... à **Grisslehamn,** Suède .... Postrodden course de bateaux postaux (tous les 2 ans)

2e et 3e semaines de juin

Naantali, Finlande .... Festival de musique de chambre

Veille de la Saint-Jean .... Célébrée en dressant des mâts de fleurs, avec musique, danse et feux de joie

3e semaine de juin

Joensuu, Finlande .... Musique chorale

Jyvaskyla, Finlande.................. Festival des arts

Skinnskatteberg, Suède.......... Festival international de musique chorale de Bergsladen

Frederikssund, Norvège .... Festival viking

Fin juin

Oslo-Sandvika, Norvège .... Festival de rock Kalvøya

Fin juin - début juillet

Korsholm (Vaasa), Finlande..... Festival de musique

Göteborg, Suède .... Festival de jazz

Haparanda et **Torneå** .... Festival de jazz et de blues de Kalott

Roskilde, Danemark .... Festival de rock de 4 jours

Mikkeli, Finlande..................... Festival de musique

Début juillet

Tromsø, Norvège .... Festival international de musique chorale

4 juillet

Rebild, Danemark.................... Célébrations du 4 juillet

1re semaine de juillet

Dalarna (Dalécarlie), Suède...... Musique au lac Siljan

Mi-juillet

Århus, Danemark..................... Festival international de jazz

Trois premières semaines de juillet

Savonlinna............................ Festival d'opéra

17 juillet

Finlande................................. Fêtes de la démocratie, commémorant la promulgation de la constitution finlandaise

2e semaine de juillet

Copenhague, Danemark .... Festival de jazz

Nurmes, Finlande .... Festival Bomba - Folklore de Carélie

Pori, Finlande .... Festival de jazz

3e semaine de juillet

Molde, Norvège....................... Festival international de jazz

Iisalmi, Pielavesi, Finlande...... Festivals de Pradznik – festivals traditionnels de l'église orthodoxe et festivals populaires

2e quinzaine de juillet

Kuhmo, Finlande..................... Festival de musique de chambre

4e semaine de juillet

Rattvik, Suède......................... Festival international du folklore

Fin juillet

Stiklestad, Norvège................ Jeu de St-Olav (reconstitution historique)

Début août

Suède.................................... Ouverture de la saison de la langouste

Maribo, Danemark .... Femø Jazz

Oslo, Norvège.......................... Festival de jazz

Vinstra-Gola, Norvège............ Festival (populaire) Peer Gynt

1re semaine d'août

Odense, Danemark .... Festival du cinéma

9 août

Växjö, Suède .... Fête du Minnesota

2e semaine d'août

Tampere, Finlande.................. Festival international du théâtre

Turku, Finlande .... Festival de musique

Mi-août

Skagen, Danemark .... Festival de musique populaire

Mandal, Norvège.................... Festival des crustacés

2e semaine d'août

Copenhague, Danemark .... Festival de l'eau

3e semaine d'août

Stavanger, Norvège................ Festival de musique de chambre et de danse

Helsingborg, Suède................ Festival d'été des orchestres symphoniques

Fin août - début septembre

Helsinki, Finlande................... Festival des arts

Septembre

Århus, Danemark..................... Festival de divers événements culturels

6 décembre

Finlande................................. Fête de l'indépendance

10 décembre

Oslo, Norvège.......................... Cérémonie de remise du Prix Nobel de la Paix

Stockholm, Suède................... Cérémonie des Prix Nobel

13 décembre

Suède..................................... Sainte-Lucie, des jeunes filles vêtues de blanc, coiffées d'une couronne surmontée de bougies, accompagnent en procession celle qui est choisie comme Lucie.

Office suédois du Tourisme

Conditions de visite

Les curiosités soumises à des conditions de visite et dont le nom est accompagné du signe ⊙ dans le corps du guide sont répertoriées ci-après dans l'ordre de description des quatre pays.
A l'intérieur de cette description, ces curiosités sont mentionnées sous le nom de la localité à laquelle elles appartiennent, éventuellement à leur nom propre, selon l'ordre alphabétique correspondant aux orthographes nationales en usage.
Les renseignements fournis ci-dessous s'appliquent à des touristes voyageant isolément et sont donnés à titre indicatif en raison de l'évolution du coût de la vie et des modifications fréquentes dans les horaires d'ouverture des monuments et des sites. Ils ont été néanmoins revus avant la mise sous presse de l'ouvrage, et apparaissent en italique lorsque les éléments les plus récents ne nous sont pas parvenus.

Visites – *En Scandinavie, la visite des édifices religieux n'est pas tolérée durant les offices. Le plus souvent, l'accès aux curiosités est gratuit pour les enfants de moins de 7 ans et des tarifs spéciaux sont appliqués pour les étudiants et les groupes importants, parfois pour les familles.*
Des visites guidées ont fréquemment lieu dans un grand nombre de monuments, le plus souvent dans la langue nationale, plus rarement en anglais ou en allemand, parfois en français : celles-ci sont seules signalées dans les conditions de visite.
Lorsque les curiosités bénéficient de facilités d'accès aux handicapés, le symbole ♿ figure au début du texte.

Offices de tourisme – *Les offices de tourisme locaux, dont les adresses et numéros de téléphone sont précédés du signe ☎, pourront utilement être contactés dans la recherche d'un gîte, pour confirmer les horaires et jours de visite des monuments, pour renseigner sur les visites guidées de la ville, les expositions, les jours de marché ou autres manifestations à ne pas manquer.*

Danemark

B

BILLUND

Legolandparken, B.P. 46 – 7190 – ☎ 75 33 19 26

Legoland – Ouvert de juillet à mi-août de 10 h à 21 h, d'avril à juin et de mi-août à fin septembre de 10 h à 20 h ; arrêt des attractions et des promenades 2 heures avant la fermeture. Haute saison : 110 DKR (enfants de 3 à 13 ans : 100) – Autres périodes : 100 DKR (enfants : 90).

Center Mobilium – Ouvert du 22 juin au 4 août, tous les jours de 10 h à 19 h, d'avril à fin juin et du 5 août à fin octobre de 10 h à 16 h, du 2 janvier à fin mars et de fin octobre à mi-décembre uniquement les week-ends de 10 h à 16 h – 50 DKR (enfants : 35) – ☎ 75 35 32 22.

BJENNEDE

Église – Ouverte de Pâques à l'automne sauf le dimanche, de 7 h à 17 h.

BREGNINGE

Église – Ouverte du lundi au samedi, de 8 h à 16 h.

BØTØ

Sommerland Falster – ♿. Ouvert tous les jours du 8 juin au 11 août, de 10 h à 18 h, fermé du 1er septembre au 25 mai - 70 DKR – ☎ 54 13 68 86.

C - D

CLAUSHOLM SLOT

Château – Visites guidées (1 h) uniquement, tous les jours à 11 h, 12 h, 13 h, 14 h, 15 h et 16 h, du 15 juin au 31 août – 45 DKR (enfants : 15) – ☎ 86 49 16 55.

DRAGØR

Musée – Ouvert de mai à septembre de 14 h à 17 h du mardi au vendredi, de 12 h à 18 h le week-end, fermé le reste de l'année – 20 DKR (enfants : 10) – ☎ 32 53 93 07.

DYBBØL

Moulin – Ouvert tous les jours de 10 h à 17 h d'avril à septembre et du 12 au 19 octobre, fermé le reste de l'année – 20 DKR (enfants : 5) – ☏ 74 48 69 91.

Dybbøl Banke Historiecenter – ♿. Ouvert tous les jours de 10 h à 17 h de mi-avril à septembre et du 12 au 19 octobre, fermé le reste de l'année – 40 DKR (enfants : 15) – ☏ 74 48 99 22.

DANEMARK

E

EBELTOFT

Musée municipal – Ouvert de juin à août tous les jours de 10 h à 17 h, le reste de l'année de 11 h à 15 h avec fermeture le lundi – 20 DKR (enfants : 10) – ☏ 86 34 55 99.

Missers Dukkemuseum – Ouvert de 10 h à 12 h et de 13 h à 17 h de juin à août, de 10 h à 12 h et de 14 h à 16 h le reste de l'année – 20 DKR (enfants : 10) – ☏ 86 34 21 40.

EGESKOV

Château – Visite de mai à octobre, de 10 h à 17 h, fermé le reste de l'année – 100 DKR (enfants : 50), parc et musée compris – ☏ 62 27 20 21.

Musée et parc – Ouverts tous les jours en juillet, de 9 h à 20 h, en juin et août de 9 h à 18 h, en mai et septembre de 10 h à 17 h, fermés le reste de l'année – 55 DKR (enfants : 27,50).

ELMELUNDE

ℹ Storegade 2 – 4780 STEGE – ☏ 55 81 44 11

Église – Ouverte tous les jours de 10 h à 16 h.

F

FALSTER

Musée routier – Ouvert tous les jours de 10 h à 17 h – 10 DKR (enfants de 7 à 16 ans : 5).

FANEFJORD

ℹ Storegade 2 – 4780 STEGE – ☏ 55 81 44 11

Église – Ouverte tous les jours de 10 h à 16 h.

FJENNESLEV

Église – Ouverte de Pâques à l'automne, sauf le dimanche.

FREDENSBORG

Palais – Ouvert tous les jours en juillet, de 13 h à 17 h – Visites guidées en français – 10 DKR – ☏ 42 28 21 00.

FREDERIKSSUND

Musée J.F. Willumsen – Ouvert toute l'année tous les jours de 10 h à 16 h – 20 DKR (enfants : 10) – ☏ 42 31 07 73.

FYRKAT

ℹ 9500 – ☏ 98 52 56 66

Forteresse – Visite tous les jours de début avril à fin octobre, de 10 h à 17 h – 25 DKR (enfants : 10).

Musée de Hobro – Visite tous les jours de mai au 20 octobre et uniquement les week-ends en avril, de 11 h à 17 h – Fermé le reste de l'année – 15 DKR (enfants : gratuit) – ☏ 98 51 05 55.

FÅBORG

ℹ 5600 – ☏ 62 61 07 07

Kulturhistoriske Museum – Visite tous les jours de mi-mai à mi-septembre, de 10 h 30 à 16 h 30, fermé le reste de l'année – 20 DKR (enfants de moins de 14 ans : gratuit) – ☏ 62 61 33 38.

Fåborg Museum for Fynsk Malerkunst – Visite tous les jours de 10 h à 17 h de juin à août, de 10 h à 16 h en avril, mai, septembre et octobre, de 13 h à 15 h le reste de l'année – 25 DKR (enfants : 15) – ☏ 62 61 06 45.

G

GAMMEL ESTRUP

Jyllands Herregårds Museum – Ouvert de 10 h à 17 h d'avril à septembre, de 11 h à 15 h d'octobre à mars, fermé le lundi – 20 DKR (enfants : 5) – ☏ 86 48 30 01.

Dansk Landsbrugsmuseum – Ouvert tous les jours de 10 h à 17 h – 20 DKR (enfants : gratuit) – ☏ 86 48 34 44.

GAVNØ

Château – Ouvert tous les jours de 10 h à 17 h en mai, de 10 h à 16 h (parc jusqu'à 17 h) de juin à août, fermé le reste de l'année – Château et parc : 30 DKR en mai, 40 DKR de juin à août (enfants accompagnés : gratuit) – ☏ 53 80 02 00.

GIVSKUD

Løveparken – Ouvert du 22 juin au 11 août, tous les jours de 10 h à 19 h, du 27 avril au 21 juin et du 12 août au 22 septembre de 10 h à 17 h, du 23 septembre au 20 octobre de 10 h à 16 h, fermé le reste de l'année – ☏ 75 73 02 22.

H

HADERSLEV

ℹ Honnorkajen 1 – 6100 – ☏ 74 52 55 50

Cathédrale – Ouverte tous les jours de 10 h (12 h le dimanche) à 17 h de mai à septembre, de 10 h (12 h le dimanche) à 15 h le reste de l'année – ☏ 74 52 55 50.

Ehlers Samlingen – Visite de juin à août, du mardi au vendredi de 10 h à 17 h, les week-ends de 14 h à 17 h, fermée le lundi ; de septembre à mai, les mardi et jeudi de 10 h à 17 h, les week-ends de 14 h à 17 h, fermée les lundi, mercredi et vendredi – Visites guidées en français (1 h) sur demande préalable – 10 DKR (enfants de moins de 14 ans : gratuit) – ☏ 74 53 08 58.

Slesvigske Vognsamling – Réouverture prévue en 1997.

Musée – ♿. Visite de 10 h à 16 h de juin à août, de 13 h à 16 h le reste de l'année, fermé le lundi – Visites guidées en français (1 h) sur demande préalable – ☏ 74 52 75 66.

HELSINGØR

ℹ Havnepladsen 3 – 3000 – ☏ 49 21 13 33

Kronborg Slot – Ouvert tous les jours, de 10 h 30 à 17 h de mai à septembre, de 11 h à 16 h en avril et octobre, de 11 h à 15 h de novembre à mars – 30 DKR (enfants : 10).

Sankt Olai kirke – Ouverte tous les jours de 10 h à 16 h d'avril à août, de 10 h à 14 h le reste de l'année – ☏ 49 21 04 43.

Karmeliterkloster (musée municipal) – Visite toute l'année tous les jours de 12 h à 16 h – Visite guidée (1 h 30) en français – Entrée gratuite – ☏ 49 21 17 74.

Sankta Maria kirke – Ouverte de 12 h à 15 h de mi-mai à mi-septembre, de 12 h à 14 h le reste de l'année – 10 DKR – ☏ 49 21 17 74.

Marienlyst Slot – Visite toute l'année tous les jours de 12 h à 17 h – 20 DKR (enfants : 10) – ☏ 49 21 16 27.

Danmarks Tekniske Museum – ♿. Visite toute l'année, tous les jours de 10 h à 17 h – 25 DKR (enfants : 13) – ☏ 42 22 26 11.

HILLERØD

ℹ 3400 – ☏ 42 26 28 52

Frederiksborg Slot – Ouvert tous les jours en juillet de 13 h à 17 h – 10 DKR.

Parc – Ouvert tous les jours de 10 h à 17 h de mai à septembre, de 10 h à 16 h en avril et octobre, de 11 h à 15 h le reste de l'année – 30 DKR (enfants de 6 à 14 ans : 5) – ☏ 42 26 04 39.

HOLBÆK

ℹ Jerbaneplads 3 – 4300 – ☏ 53 43 11 31

Musée – Visite toute l'année de 10 h à 16 h, fermé le lundi – 20 DKR (enfants : 10) – ☏ 53 43 23 53.

HUMLEBÆK

Louisiana – Ouvert tous les jours de 10 h à 17 h (22 h le mercredi), fermé les 24, 25 et 31 décembre – 48 DKR (enfants : 15) – ☎ 42 19 07 19.

HØJER

Mølle – Ouvert tous les jours de 10 h à 16 h de mai à octobre, fermé le reste de l'année – 15 DKR (enfants de moins de 16 ans : gratuit) – ☎ 74 78 27 11.

J - K

JÆGERPRIS

Palae – Visites guidées uniquement, à 10 h, 11 h, 13 h, 14 h, 15 h et 16 h en été et du 12 au 22 octobre, fermé le lundi – 25 DKR (enfants : 10) – ☎ 47 53 10 04.

KALUNDBORG

i – 4400 – ☎ 53 51 09 15

Vor Frue kirke – Ouverte tous les jours de 9 h à 16 h.

Lindegård (Musée d'histoire régionale) – Visite de 11 h à 16 h du mardi au dimanche de mai à août, seulement le week-end le reste de l'année – Fermé du 24 décembre au 1er janvier – 10 DKR (enfants : 5) – ☎ 53 51 21 41.

KELDBY

i Storegade 2 – 4780 STEGE – ☎ 55 81 44 11

Église – Ouverte tous les jours de 10 h à 16 h.

KERTEMINDE

i 5300 – ☎ 65 32 11 21

Musée – Ouvert de mars à octobre tous les jours de 10 h à 16 h – 15 DKR (enfants : gratuit) – ☎ 65 32 37 27.

Musée Johannes Larsen – Ouvert de juin à août, tous les jours de 10 h à 17 h, de mars à mai et en septembre et octobre, du mardi au dimanche de 10 h à 16 h, de novembre à février, le vendredi et le week-end de 11 h à 16 h – 30 DKR (enfants : gratuit) – ☎ 65 32 37 27.

KNUTHENBORG

Safari Park – Ouvert du 29 avril au 22 octobre tous les jours de 9 h à 17 h, fermé le reste de l'année – 70 DKR (enfants : 35) – ☎ 53 88 80 88.

KOLDING

i – 6000 – ☎ 75 53 21 00

Koldinghus – Ouvert tous les jours de 10 h à 17 h, fermé les 1er janvier, 24, 25 et 31 décembre.

Geografiske Have – Ouvert de mai à septembre, tous les jours de 10 h à 18 h.

Kunstmuseet Trapholt – Visite tous les jours de 10 h à 17 h de mai à septembre, de 12 h (10 h le week-end et durant les vacances) à 16 h le reste de l'année, fermé les 1er janvier, 24, 25 et 31 décembre.

KØBENHAVN

i Gammel Kongsvej 1 – 1610 – ☎ 33 25 74 00

Christiansborg Slot – Ouvert de 9 h 30 à 15 h 30 tous les jours de mai à octobre, du mardi au vendredi et le dimanche le reste de l'année – 28 DKR (enfants : 10) – ☎ 33 92 64 92.

Thorvaldsens Museum – Ouvert toute l'année de 10 h à 17 h, fermé le lundi et le 1er janvier – Entrée gratuite – ☎ 33 32 15 32.

Vor Frue Kirke – Ouvert tous les jours de 9 h à 17 h – ☎ 33 14 41 28.

Rundetårn – Ouvert de 10 h (12 h le week-end) à 20 h de juin à août, de 10 h à 17 h en semaine et de 12 h à 16 h le week-end de septembre à mai, ainsi que de 19 h à 22 h les mardi et mercredi d'octobre à avril, fermé les 1er janvier, 24 et 25 décembre – 15 DKR (enfants : 5) – ☎ 33 93 66 60.

Musikhistorisk Museum – Ouvert de mai à septembre de 13 h à 16 h tous les jours sauf le jeudi, le reste de l'année aux mêmes heures le lundi, le mercredi et le week-end – 15 DKR (enfants : 3) – ☎ 33 11 27 26.

Rådhus – Ouvert du lundi au vendredi de 9 h 30 à 15 h, le samedi de 9 h 30 à 13 h, fermé le dimanche – Entrée gratuite – ☎ 33 66 25 83.

Tivoli – ♿. Ouvert de mai à mi-septembre, tous les jours de 11 h à minuit – Prix d'entrée variable selon les heures – ☎ 33 15 10 01.

Nationalmuseet – Ouvert toute l'année de 10 h à 17 h, fermé le lundi – 30 DKR (enfants : gratuit) – ☎ 33 13 44 11.

Ny Carlsberg Glyptotek – Ouvert de mai à août de 10 h à 16 h, le reste de l'année de 12 h à 15 h du mardi au samedi et de 10 h à 16 h le dimanche – Fermé tous les lundis – 15 DKR (enfants : gratuit) – ☏ 33 41 81 41.

Statens Museum for Kunst – Ouvert toute l'année de 10 h à 16 h 30 (21 h le mercredi), fermé le lundi – 20 DKR (enfants : gratuit) – ☏ 33 91 21 26.

Rosenborg Slot – Ouvert de juin à août tous les jours de 10 h à 16 h, du 13 avril au 31 mai et du 1er septembre au 23 octobre tous les jours de 11 h à 15 h, du 24 octobre au 12 avril le mardi, le vendredi et le dimanche de 11 h à 14 h – 40 DKR (enfants : 10) – ☏ 33 15 32 86.

Botanisk Have – Ouvert tous les jours, de 8 h 30 à 18 h en été, de 8 h 30 à 16 h en hiver – ☏ 35 32 22 40.

Den Hirschsprungske Samling – Visite de 11 h à 16 h (21 h le mercredi), fermé le mardi – 20 DKR (enfants de moins de 16 ans : gratuit) – ☏ 31 42 03 36.

Davids Samling – Visite toute l'année de 13 h à 16 h, fermé le lundi – ☏ 33 13 55 64.

Amalienborg – Visite de 11 h à 16 h, fermé du 16 au 25 décembre ainsi que le lundi du 22 octobre à fin avril – 35 DKR (enfants : 5) – ☏ 33 12 21 86.

Kunstindustrimuseet – Ouvert toute l'année de 10 h (13 h le dimanche) à 16 h, fermé le lundi – 35 DKR (enfants de moins de 16 ans : gratuit) – ☏ 33 14 94 52.

Frihedsmuseet – Ouvert de mai à mi-septembre de 10 h à 16 h (17 h le dimanche), le reste de l'année de 11 h à 15 h (16 h le dimanche), fermé le lundi – ☏ 33 13 77 14.

Kongelige Porcelaensfabrik – Visites guidées en semaine à 9 h, 10 h et 11 h toute l'année ainsi qu'à 13 h et 14 h de mai à septembre – Boutique ouverte en semaine de 9 h à 16 h 30, et le samedi de 10 h à 13 h – Fermé durant les vacances scolaires et du 25 décembre au 1er janvier – 25 DKR – ☏ 31 86 48 48.

Brasseries Carlsberg – Visites guidées gratuites (possibles en français sur demande) toute l'année à 13 h et 15 h sauf samedi et dimanche, fermé du 23 décembre au 2 janvier – ☏ 33 27 13 14.

KØGE

i Vestergade 1 – 4600 – ☏ 53 65 58 00

Rådhus – Ouvert du lundi au mercredi de 10 h à 15 h, le jeudi de 10 h à 18 h, le vendredi de 10 h à 13 h – ☏ 53 65 22 22.

Musée municipal – Ouvert de juin à août de 10 h à 17 h, de septembre à mai de 14 h à 17 h en semaine et de 13 h à 17 h le week-end – Fermé le 1er janvier et le 25 décembre – 10 DKR (enfants : 5) – ☏ 53 65 02 62.

Skt Nicolai Kirke – Ouverte en semaine seulement de 10 h à 16 h de juin au 9 août, de 10 h à 12 h le reste de l'année – ☏ 53 65 58 00.

L

LADBY

Musée du Ladbyskibet – Ouvert tous les jours de 10 h à 18 h de mi-mai à mi-septembre, de 10 h à 16 h de mars à mi-mai et de mi-septembre à octobre, seulement le week-end de 11 h à 15 h le reste de l'année – 20 DKR (enfants de moins de 15 ans : gratuit) – ☏ 65 32 37 27.

LEJRE

Historisk-Arkæologisk Forsøgscenter – Ouvert de mai au 20 octobre tous les jours de 10 h à 16 h, fermé le lundi de mai à mi-juin et de mi-août à septembre – 50 DKR (enfants : 30) – ☏ 46 48 08 78.

Château de Ledreborg – Ouvert du 1er juin au 31 août de 11 h à 17 h, en mai et septembre le dimanche seulement aux mêmes heures – Visites guidées en français – 45 DKR (enfants : 20) – ☏ 46 48 00 38.

LYNGBY

Bredemuseet – ♿. Ouvert du 1er avril au 30 septembre tous les jours de 10 h à 17 h, du 1er octobre aux vacances d'automne tous les jours de 10 h à 16 h, des vacances d'automne à Pâques en semaine de 10 h à 15 h, le week-end de 12 h à 17 h – 30 DKR (enfants : gratuit) – ☏ 45 85 34 75.

Frilandsmuseet – ♿. Ouvert de Pâques à septembre, tous les jours de 10 h à 17 h, d'octobre à la fin des vacances, tous les jours de 10 h à 16 h, fermé le lundi et en hiver – 30 DKR (enfants : gratuit) – ☏ 45 85 02 92.

M

MARIBO

ℹ – 4930 – ☎ 53 88 04 96

Cathédrale – Ouverte toute l'année de 8 h à 18 h – Visites guidées du lundi au samedi à 14 h.

Musée d'histoire régionale – Ouvert du 1er juin au 31 août de 10 h à 17 h, le reste de l'année du mardi au samedi de 14 h à 16 h et le dimanche de 10 h à 17 h (fermé le lundi) – 20 DKR (enfants : gratuit) – ☎ 53 88 11 01.

Friluftsmuseet – Ouvert tous les jours de 10 h à 17 h de mai à septembre et du 16 au 22 octobre, fermé aux autres périodes – 20 DKR (enfants de moins de 16 ans : gratuit) – ☎ 53 88 11 01.

Lolland – Falsters Kunstmuseum – De juin à août, ouvert tous les jours de 10 h à 17 h, le reste de l'année de 14 h à 16 h (10 h à 17 h le dimanche et pendant les vacances), fermé le lundi.

MOESGÅRD

Forhistorisk Museum – ♿. Ouvert toute l'année de 10 h à 17 h d'avril à septembre, de 10 h à 16 h d'octobre à mars, fermé le lundi d'octobre à mars, le 1er janvier, les 24, 25 et 31 décembre – 30 DKR (enfants de moins de 15 ans : gratuit) – ☎ 89 42 45 01.

MØN

ℹ Storegade 2 – 4780 STEGE – ☎ 55 81 44 11

Møns Klint – Ouvert toute l'année – 20 DKR par voiture, accès libre après 18 h.

N

NIVÅGÅRD

Collection de peinture – Visite toute l'année de 12 h à 16 h en semaine, de 11 h à 17 h le week-end, fermé le lundi – 35 DKR (enfants de moins de 16 ans : gratuit) – ☎ 42 24 10 17.

NYBORG

ℹ – 5800 – ☎ 65 31 02 80

Château – Ouvert de juin à août tous les jours de 10 h à 17 h, de mars à mai et en septembre et octobre du mardi au vendredi de 10 h à 15 h – Fermé le lundi et de novembre à février – 20 DKR (enfants : 10) – ☎ 65 31 02 07.

Vor Frue Kirke – Ouvert tous les jours de 9 h à 18 h de juin à août, de 9 h à 16 h le reste de l'année – ☎ 65 31 02 80.

Storebælt Udstillningscenter – Ouvert tous les jours de 10 h à 20 h de mai à septembre, de 10 h à 17 h le reste de l'année – 35 DKR (enfants : 15) – ☎ 58 35 01 00.

NYKØBING FALSTER

ℹ – 4800 – ☎ 54 85 13 03

Musée de Falster – Visite de mai à mi-septembre du mardi au samedi de 10 h à 16 h, le dimanche de 14 h à 16 h, le reste de l'année du mardi au samedi de 14 h à 16 h – 20 DKR (enfants : 5) – ☎ 54 85 26 71.

Middelaldercentret – ♿. Ouvert tous les jours de mi-mai à octobre, de 10 h à 16 h – 40 DKR (enfants : 20) – ☎ 54 86 19 34.

NÆSTVED

ℹ – 4700 – ☎ 53 71 11 22

Skt Peders Kirke – Ouvert du mardi au vendredi de 10 h à 12 h, ainsi que de 14 h à 16 h de mai à août.

Skt Mortens Kirke – Ouverte du lundi au vendredi de mi-juin à mi-septembre de 9 h à 17 h, le reste de l'année de 9 h à 11 h – Autorisation de visite à demander au préalable – ☎ 53 73 35 37.

Dans la collection des guides Verts Michelin, utilisez les guides des grandes métropoles : New York, Londres, Paris, Rome, Bruxelles.

O

ODENSE

Rådhuset – 5000 – ☏ 66 12 75 20

Hans Christian Andersen Hus – ♿. Visite de juin à août tous les jours de 9 h à 18 h, le reste de l'année de 10 h à 16 h – Fermé les 1er janvier, 24, 25 et 31 décembre – Visites guidées (1 h) en français sur demande – 25 DKR (enfants : 10) – ☏ 66 13 13 72.

Carl Nielsen Museet – Ouvert toute l'année de 10 h à 16 h, fermé les 1er janvier, 24, 25 et 31 décembre – 15 DKR (enfants : 5) – ☏ 66 13 13 72 ou 66 13 46 71.

Montergården (Musée d'histoire et de culture) – Ouvert tous les jours de 10 h à 16 h – Visites guidées en français.

St Knuds Kirke – Ouvert du lundi au samedi de 10 h à 16 h (17 h de mi-mai à mi-septembre, 14 h le samedi d'octobre à mars) ainsi que le dimanche de 11 h 30 à 15 h 30 de juin à août.

H.C. Andersens Barndomshjem – Ouvert de juin à août de 10 h à 17 h, le reste de l'année de 11 h à 15 h.

Skt Hans Kirke – Ouverte toute l'année du lundi au samedi de 10 h à 16 h, ainsi que le dimanche (mêmes horaires) de juin à août.

Fyns Kunstmuseum – Ouvert tous les jours de 10 h à 16 h.

Brandts Klædefabrik (Musées) – ♿. Ouverts toute l'année de 10 h à 17 h, fermés le lundi (sauf en juillet et août), le 1er janvier, les 24, 25 et 31 décembre – 15 DKR (enfants : 10) – ☏ 66 12 10 20.

Den Fynske Landsby – Ouvert de mi-mai à mi-septembre de 10 h à 19 h, d'avril à mi-mai de 10 h à 17 h et de mi-septembre à octobre de 10 h à 16 h – Seul le parc est ouvert aux autres périodes, le dimanche et pendant les vacances, de 10 h à 15 h.

ORDRUPGÅRD

Collections – Visite toute l'année de 13 h à 17 h, fermé le lundi – 20 DKR – ☏ 39 64 11 83.

OSKBØL

Église d'Aal – Ouverte tous les jours de 8 h à 17 h – ☏ 75 27 18 00.

R

RIBE

Torvet 3-5 – 6760 – ☏ 75 42 15 00

Cathédrale – Ouverte de juin à août de 10 h (12 h le dimanche et durant les vacances) à 18 h (17 h en mai et septembre), le reste de l'année de 11 h (13 h le dimanche et durant les vacances) à 15 h – 7 DKR (enfants de moins de 14 ans : 3).

Ribes Vikinger – Ouvert de mi-juin à mi-septembre de 10 h à 17 h, le reste de l'année de 10 h à 16 h sauf le lundi de début novembre à fin mars – 30 DKR (enfants de moins de 15 ans : 15) – ☏ 75 42 22 22.

Église Ste-Catherine – Ouverte tous les jours de 10 h à 12 h et de 14 h à 16 h (17 h de mai à septembre) – ☏ 75 42 05 34.

Quedens Gærd (Musée) – Ouvert de juin à août de 10 h à 17 h, de mars à mai et en septembre et octobre de 11 h à 15 h, de novembre à février de 11 h à 13 h – Fermé le lundi, sauf en été – 10 DKR (enfants de 7 à 14 ans : 3).

RINGKØBING

Torvet – 6950 – ☏ 97 32 00 31

Église – Ouverte du lundi au samedi.

Musée – En juillet et août, ouvert du lundi au vendredi de 11 h à 17 h, le samedi de 11 h à 15 h, le dimanche de 14 h à 17 h ; d'avril à juin et en septembre et octobre, ouvert du lundi au jeudi de 11 h à 17 h, le dimanche de 14 h à 17 h ; de novembre à mars, ouvert du lundi au jeudi de 11 h à 16 h, le dimanche de 13 h à 16 h – 20 DKR (enfants de moins de 16 ans : gratuit) – ☏ 97 32 16 15.

Sommerland West – ♿. Ouvert tous les jours de mi-mai à fin août de 10 h à 17 h (18 h du 24 juin au 4 août), fermé le reste de l'année – 90 DKR (du 15 mai au 23 juin : 75) – ☏ 97 33 54 11.

ROSENHOLM SLOT

Château – Visites guidées (1 h) uniquement du lundi au vendredi de 10 h à 17 h de mi-juin à fin août, fermé le reste de l'année – 40 DKR (enfants : 15) – ☏ 86 49 40 10.

ROSKILDE

🅸 Gullandsstræde 15 – 4000 – ☏ 42 35 27 00

Cathédrale – Ouverte de mai à août de 9 h (12 h 30 le dimanche) à 16 h 45, en avril et septembre de 9 h (11 h 30 le samedi et le dimanche) à 16 h 45, le reste de l'année de 10 h à 14 h 45 du lundi au vendredi, de 11 h 30 à 14 h 45 le samedi et de 12 h 30 à 15 h 45 le dimanche – ☏ 46 35 27 00.

Vikingeskibshallen – Ouvert tous les jours de 9 h à 17 h d'avril à octobre, de 10 h à 16 h de novembre à mars – Fermé les 24, 25 et 31 décembre – 30 DKR (enfants : 20) – ☏ 46 35 65 55.

Église de Skt Jørgensbjerg – Ouverte du 24 juin au 9 août du lundi au vendredi de 10 h à 12h.

RUDKØBING

🅸 – 5900 – ☏ 62 51 35 05

Langelands Museum – Ouvert de 10 h à 16 h (le samedi, 14 h en été, 13 h en hiver), fermé le dimanche – Entrée gratuite – ☏ 62 51 13 47.

RUNGSTEDLUND

Musée Karen Blixen – Ouvert de mai à septembre tous les jours de 10 h à 17 h, d'octobre à avril du mercredi au vendredi de 13 h à 16 h, le week-end (sauf le 1er week-end d'octobre) de 11 h à 16 h – 30 DKR – ☏ 42 57 10 57.

RØMØ

🅸 Havnebyvej 30 – 6792 – ☏ 74 75 51 30

S

SELSØ

Château – Ouvert de 11 h à 16 h 30 tous les jours de mi-juin à mi-août, de 12 h à 15 h 30 le week-end et durant les vacances de mi-août à fin septembre – 35 DKR (enfants : 12) – ☏ 42 32 01 71.

SEVEL

Hjerl Hede Friluftsmuseum – ♿. De fin juin à mi-août, ouvert tous les jours de 9 h à 18 h – 50 DKR (enfants : 20) – D'avril au 21 juin et de mi-août à fin octobre, ouvert tous les jours de 9 h à 17 h – 30 DKR (enfants : 15) – De début novembre à mi décembre, ouvert seulement le week-end de 10 h à 17 h – 50 DKR (enfants : gratuit) – Fermé le reste de l'année – ☏ 97 44 80 60.

SILKEBORG

🅸 – 8600 – ☏ 86 82 19 11

Kunstmuseum – ♿. Ouvert d'avril à octobre de 10 h à 17 h, de novembre à mars de 12 h à 16 h en semaine et de 10 h à 17 h le week-end – Fermé le lundi, le 1er janvier, du 3 au 26 décembre et le 31 décembre – Visites guidées (1 h) en français – 30 DKR (enfants accompagnés : gratuit) – ☏ 86 52 53 88.

Museum – Ouvert en été de 10 h à 17 h, en hiver le mercredi et le week-end de 12 h à 16 h, fermé du 1er novembre au 14 avril - 20 DKR (enfants : 5) – ☏ 86 82 14 88.

SKAGEN

🅸 Skt Laurentii Vej 22 – 9990 – ☏ 98 44 13 77

Skagens Museum – Ouvert de juin à août de 10 h à 18 h, en mai et septembre de 10 h à 17 h, en avril et octobre de 11 h à 16 h (fermé le lundi), de novembre à mars de 13 h à 16 h du mercredi au vendredi, de 11 h à 16 h le samedi et de 11 h à 15 h le dimanche, tous les jours pendant les vacances de Pâques et d'automne – 30 DKR (enfants de moins de 15 ans : gratuit) – ☏ 98 44 64 44.

Michael & Anna Anchers Hus – Ouvert tous les jours de 10 h à 18 h du 21 juin à mi-août, de 10 h à 17 h de mai au 20 juin et de mi-août à septembre, de 11 h à 15 h en avril et octobre, uniquement le week-end de 11 h à 15 h de novembre à mars – 25 DKR (enfants de moins de 16 ans : 5) – ☏ 98 44 30 09.

Drachmanns Hus – Ouvert tous les jours de 10 h à 17 h de mi-juin à mi-août, de 11 h à 15 h de mi-août à mi-septembre, seulement le week-end de 11 h à 15 h en mai et de mi-septembre à mi-octobre, fermé le reste de l'année - Visites guidées en français – 15 DKR (enfants : 5).

Fortidsminder – Ouvert de mai à septembre de 10 h à 17 h, en mars, avril, octobre et novembre de 10 h à 16 h (fermé le week-end), fermé le reste de l'année – 25 DKR (enfants : 5) – ☏ 98 44 47 60.

Skt Laurentii Kirke – Ouvert de 11 h à 17 h tous les jours de juin à septembre – 7 DKR (enfants : 3) – ☏ 98 44 43 71.

SKIVE

ℹ – 7800 – ☏ 97 52 32 66

SORØ

ℹ Storgade 15 – 4180 – ☏ 57 82 10 12

Église – Ouverte de mi-mai au 5 septembre, fermée le dimanche.

SPØTTRUP

Château – Ouvert tous les jours de 10 h à 18 h de mai à août, de 11 h à 17 h en avril, de 10 h à 17 h en septembre, de 10 h à 16 h en octobre – 20 DKR (enfants de moins de 12 ans : 5).

SVENDBORG

ℹ Centrumpladsen – 5700 – ☏ 62 21 09 80

Vor Frue Kirke – Ouverte d'avril à septembre de 8 h à 16 h, d'octobre à mars de 9 h à 12 h, fermée le samedi.

Anne Hvides Gård – Ouvert du 16 juin au 20 octobre tous les jours de 10 h à 17 h, du 1er mai au 15 juin de 10 h à 16 h, du 30 novembre au 21 décembre de 11 h à 16 h – 15 DKR (enfants : gratuit) – ☏ 62 21 02 61.

Viebæltegård – Ouvert de mi-juin à fin octobre tous les jours de 10 h à 17 h, le reste de l'année de 13 h à 16 h (fermé le samedi de fin octobre à décembre et le week-end en janvier et février) – 20 DKR (enfants : gratuit) – ☏ 62 21 02 61.

Skt Nicolai Kirke – Ouverte du mardi au samedi, de 10 h à 16 h de mai à août, de 10 h à 12 h de septembre à avril.

Legetøjsmuseet – Ouvert de juin à août tous les jours de 10 h à 17 h, de septembre à mai du mercredi au vendredi de 10 h à 17 h, le samedi de 10 h à 15 h – Fermé du 1er au 10 février et du 1er au 10 septembre – 35 DKR (enfants : 15) – ☏ 62 20 10 18.

SÆBY

ℹ – 9300 – ☏ 98 46 15 19

Église – Ouverte du lundi au vendredi de 8 h à 18 h, le dimanche de 9 h à 16 h de mai à octobre, du lundi au vendredi de 8 h à 16 h, le dimanche de 9 h à 12 h d'octobre à mai.

SØNDERBORG

ℹ Rådhustorget 7 – 6400 – ☏ 74 42 35 55

Château – ♿. Ouvert tous les jours en été de 10 h à 17 h, en hiver de 13 h à 16 h – 20 DKR (enfants : 5) – ☏ 74 42 25 39.

T

TANGE

Musée de l'électricité – ♿. Ouvert de Pâques à octobre de 10 h à 17 h, fermé le reste de l'année – 40 DKR (enfants : 15) – ☏ 86 68 42 11.

THORSAGER

Église – Ouverte tous les jours, de 8 h à 17 h d'avril à septembre, de 8 h à 16 h d'octobre à mars – ☏ 86 37 90 29.

TOFTUM

Kommandørgården – Ouvert de mai à septembre de 10 h à 18 h, en octobre de 10 h à 15 h, fermé le lundi et le reste de l'année – 15 DKR (enfants de moins de 16 ans : gratuit) – ☏ 74 75 52 76.

TUEN

Ørnereservat – Présentation d'aigles en vol en avril le mercredi à 10 h, le dimanche à 15 h, en mai le mercredi et le jeudi à 10 h, le dimanche à 15 h, en juin le mercredi et le jeudi à 10 h, le week-end à 17 h, en juillet du mardi au vendredi à 10 h et 17 h, le week-end à 17 h, en août le mardi, le vendredi et le week-end à 10 h et 17 h, le jeudi à 10 h, en septembre le mercredi et le jeudi à 10 h, le samedi à 15 h, en octobre le dimanche à 15 h – Entrée 1 h avant la présentation – 60 DKR (enfants : 25) – ☎ 98 93 20 31.

TVEJE MERLØSE

Église – Ouverte tous les jours – Visite sur autorisation préalable – ☎ 53 43 24 53 entre 10 h et 14 h.

TØNDER

ℹ – 6270 – ☎ 74 72 12 20

Église du Christ – Ouverte du lundi au samedi de 10 h à 16 h – ☎ 74 72 20 80.

Musée – ♿. Ouvert de 10 h à 17 h de mai à octobre, de 13 h à 17 h de novembre à avril, fermé le lundi – 25 DKR (enfants de moins de 12 ans : gratuit) – ☎ 74 72 26 57.

Musée des Beaux-Arts du Jutland méridional – Mêmes conditions de visite que pour le musée.

TÅSINGE

Valdemars Slot – Ouvert du 1er mai au 30 septembre tous les jours de 10 h à 17 h, du 4 au 30 avril et du 1er au 13 octobre le week-end et durant les vacances (mêmes horaires), fermé les 24 et 25 août – 45 DKR (enfants : 20) – ☎ 62 22 61 05.

U - V

UBBY

Église – Ouverte du lundi au samedi, de 8 h à 16 h.

VESTER BROBY

Église – Ouverte de Pâques à l'automne, sauf le dimanche.

VIBORG

ℹ Nytorv 9 – 8800 – ☎ 86 61 16 66

Skovgaard Museet – Ouvert tous les jours de 13 h 30 à 17 h ainsi que de 10 h à 12 h 30 du 1er juin au 31 août – Visites guidées en français – Entrée gratuite – ☎ 86 62 39 75.

Søndre Sogn Kirke – Visite sur demande (s'adresser au bureau près de l'église) de 9 h à 13 h du lundi au vendredi, de 9 h à 12 h le samedi ainsi que le jeudi de 15 h à 17 h – ☎ 86 62 49 96.

VISKINGE

Église – Ouverte du lundi au samedi, de 8 h à 16 h.

VOERGÅRD SLOT

Château – Ouvert en été de 10 h (14 h le samedi) à 17 h, à Pâques de 10 h à 17 h, et du 24 août au 22 septembre de 14 h à 17 h le samedi, de 10 h à 17 h le dimanche – 35 DKR (enfants : 10) – ☎ 98 86 70 85.

Å (orthographe ancienne : AA)

ÅLBORG

ℹ Åster 8, B.P. 1862 – 9100 – ☎ 98 12 60 22

Budolfi Domkirke – Visite permise du lundi au vendredi de 9 h à 15 h (14 h en été), le samedi de 9 h à 12 h (13 h en été) – ☎ 98 12 46 70 ou 98 13 49 28.

Ålborgs Historiske Museum – Ouvert toute l'année de 10 h à 17 h, fermé le lundi – 10 DKR (enfants : 5), gratuit le mardi – ☎ 98 12 45 22.

Helligåndskloster – Ouvert en semaine de mi-juin à mi-août de 14 h à 15 h, fermé le week-end ; le reste de l'année, visite sur demande la veille auprès de l'Office de tourisme – Visites guidées en français – 20 DKR (enfants : 10).

Nordjyllands Kunstmuseum – ♿. Ouvert toute l'année de 10 h à 17 h, fermé le lundi sauf en juillet et août – 20 DKR (enfants : 10) – ☏ 98 13 80 88.

Ålborgtårnet – Ouvert tous les jours de 10 h à 19 h de mi-juin à mi-août, de 10 h à 17 h de début mai à mi-juin et de mi-août à mi-septembre ainsi que du 1er au 15 octobre – 15 DKR (enfants : 10).

Tivoliland – ♿. Ouvert tous les jours en mai de 12 h à 21 h ou 22 h, en juin, de 11 h ou 12 h à 21 h ou 22 h, en juillet, de 10 h à 22 h, en août, de 10 h à 20 h ou 21 h, certains jours seulement en avril et septembre – 40 DKR (enfants de moins de 12 ans : 20) – ☏ 98 12 33 15.

Excursions

Musée de Lindholm Høje – ♿. Ouvert tous les jours, de 10 h à 17 h du 1er avril au 20 octobre, de 10 h à 16 h (fermé le lundi) le reste de l'année – 20 DKR (enfants : 10) – ☏ 98 17 55 22.

Lincoln Blokhuset – Ouvert de janvier à août tous les jours de 10 h à 17 h – Entrée libre.

ÅLESTRUP

Danmarks Cykelmuseum – Ouvert du 1er avril au 1er novembre tous les jours de 10 h à 17 h – 20 DKR (enfants : 5) – ☏ 98 64 19 60.

AALHOLM SLOT

Château – Visites provisoirement suspendues lors de l'impression du guide – Pour plus ample information, s'adresser au ☏ 53 87 10 17.

Musée de l'automobile – Ouvert tous les jours de 11 h à 16 h de juin à août, le jeudi et le week-end de 11 h à 16 h de Pâques à fin mai et de septembre au 22 octobre, fermé aux autres périodes – 50 DKR (enfants de moins de 14 ans : 20) – ☏ 53 87 15 09.

ÅRHUS

ℹ Rådhuset – 8000 – ☏ 86 12 16 00

Vikingemuseet – Ouvert du lundi au vendredi de 10 h à 16 h – Entrée gratuite – ☏ 89 42 45 01.

Domkirke – Ouverte tous les jours de 9 h 30 à 16 h.

Vor Frue Kirke – Ouverte tous les jours de 10 h à 14 h (12 h le samedi).

Rådhuset – Visites guidées seulement, sur inscription préalable auprès de l'Office de tourisme.

Den Gamle By – *Conditions de visite non communiquées lors de la mise sous presse.*

Kunstmuseum – Ouvert toute l'année de 10 h à 17 h, fermé le lundi – 25 / 40 DKR (enfants : gratuit) – ☏ 86 13 52 55.

C. Boisvieux

Boulangerie à Århus

Norvège

A

ALTA

ℹ Postboks 1223 - 9501 - ☏ 78 43 54 44

Musée – ♿. Ouvert de mi-juin à mi-août, tous les jours de 8 h à 23 h, de mai à mi-juin et de mi-août à fin septembre tous les jours de 8 h à 20 h, d'octobre à avril de 9 h à 15 h en semaine et de 11 h à 16 h le week-end – Visites guidées (45 mn) en français sur inscription préalable – Fermé le 1er janvier, du Jeudi saint au lundi de Pâques, les 1er et 17 mai et du 24 au 26 décembre – Visites guidées (45 mn) en français pour groupes sur inscription préalable – Été : 40 NOK (enfants de moins de 16 ans : 30), hiver : 35 NOK (enfants : 25) – ☏ 78 43 53 77.

AVALDSNES

Olavskirken – Ouverte de juin à août tous les jours de 11 h (12 h le dimanche) à 18 h.

Sachez tirer parti de votre guide Michelin.
Consultez la légende en p. 2.

B

BERGEN

ℹ Slottsgt. - 5003 - ☏ 55 31 66 00

Det Hanseatiske Museet – Ouvert de juin à août tous les jours de 9 h à 17 h, le reste de l'année de 10 h à 14 h – Visites guidées (45 mn) en français pour individuels seuls – Fermé les 7 avril, 1er, 17 et 26 mai, et du 24 décembre au 1er janvier – 35 NOK de mai à septembre, 20 d'octobre à avril (enfants de moins de 15 ans : gratuit) – ☏ 55 31 41 89.

Bryggens Museum – ♿. Ouvert en été tous les jours de 10 h à 17 h, en hiver du lundi au vendredi de 11 h à 15 h, le samedi de 12 h à 15 h, le dimanche de 12 h à 16 h – Fermé à Pâques, les 1er et 17 mai et à Noël – Visites guidées sur demande – 20 NOK (enfants : gratuit).

Mariakirke – Ouverte en semaine de 11 h à 16 h, fermée le week-end – Concerts chaque mardi et jeudi à 19 h 30 – ☏ 55 31 59 60.

Rosenkrantztårn – Ouvert du 16 mai au 15 septembre tous les jours de 10 h à 16 h, le reste de l'année le dimanche seulement de 12 h à 15 h – Visites guidées en français toutes les heures – 15 NOK (enfants : 5) – ☏ 55 31 43 80.

Håkonshalle – Ouvert tous les jours, en été de 10 h à 16 h, en hiver de 12 h à 15 h (15 h à 18 h le jeudi) – Fermé pendant le Festival International en mai et lors de manifestations organisées à l'hôtel de ville – Visites guidées en français toutes les heures – 15 NOK (enfants : 5) – ☏ 55 31 60 67.

Accès au mont Fløyen – Le funiculaire fonctionne de 7 h 30 (8 h le samedi, 9 h le dimanche) à minuit en été, à 23 h en hiver – 30 NOK AR (enfants : 14).

Collection Rasmus Meyer et **Collection Stenersen** – De mi-mai à mi-septembre, visite du lundi au samedi de 11 h à 16 h et le dimanche de 12 h à 15 h, le reste de l'année, de 12 h à 15 h et fermé le lundi – Fermé le 1er janvier, le Vendredi saint, le Samedi saint, le dimanche de Pâques, les 1er et 17 mai, à la Pentecôte et les 24, 25 et 31 décembre – Billet combiné : 35 NOK (enfants : gratuit) – ☏ 55 56 80 00.

Gamle Bergen – Ouvert de mi-mai au 29 août, tous les jours de 11 h à 18 h – 25 NOK (enfants : 15) – ☏ 05 25 78 50.

Environs

Manoir de Damsgård – Visites guidées (45 mn) en français de fin mai à août tous les jours sauf le lundi de 11 h à 17 h, le reste de l'année sur demande – Jardin : visite libre – 30 NOK (enfants : 10) – ☏ 55 34 32 10.

D - E

DALEN

Église d'Eidsborg – Visites guidées seulement de juin à août de 11 h à 18 h, en mai et septembre le mardi de 9 h à 16 h, le reste de l'année sur demande auprès du Lårdal Bygdemuseum – 20 NOK – ☏ 35 07 73 31.

Lårdal Bygdemuseum – Ouvert du 1er juin au 31 août tous les jours de 11 h à 18 h, fermé le reste de l'année – 40 NOK (billet combiné avec la visite de l'église d'Eidsborg) – ☏ 35 07 73 31.

EVJE

Setesdal Informasjonsenter – 4660 – ☏ 37 93 14 00

Setesdal Mineralpark – ♿. Ouvert du 16 juin au 11 août, tous les jours de 9 h à 18 h, du 4 mai au 15 juin et du 12 août au 6 octobre tous les jours de 10 h à 16 h (18 h le dimanche) – Fermé le reste de l'année – 60 NOK (enfants : 35) – ☏ 37 93 13 10.

F - G

FJÆRLAND

Norsk Bremuseum – ♿. Ouvert tous les jours en juin, juillet et août de 9 h à 19 h, en avril, mai, septembre et octobre de 10 h à 16 h – Fermé le reste de l'année – 65 NOK (enfants : 30) – ☏ 57 69 32 88.

FLEKKEFJORD

Elvegaten 2, Postboks 316 – 4401 – ☏ 38 32 12 61

Rådhus – Ouvert du lundi au vendredi de 8 h à 15 h 30 (15 h de mai à septembre) – ☏ 38 32 43 00.

Flekkefjord Bymuseum – ♿. Ouvert du 18 mai au 23 juin du lundi au vendredi de 10 h 30 à 16 h, du 24 juin à mi-août du lundi au vendredi de 10 h 30 à 17 h, le samedi de 10 h 30 à 15 h, le dimanche de 12 h à 15 h, durant la 2e quinzaine d'août du lundi au samedi de 10 h 30 à 16 h (15 h le samedi) – 10 NOK (enfants : 5) – ☏ 38 32 26 59.

GEIRANGER

– 6200 – ☏ 70 26 07 14

Église – Ouverte de juin à août, tous les jours de 10 h à 21 h.

GJESVÆR

Réserve naturelle de Gjesvæstappan – Pour plus d'informations, s'adresser au ☏ 78 47 57 73.

GOL

DBC-senteret – 3550 – ☏ 32 07 45 44

H

HAMAR

Jerbanemuseet – Ouvert tous les jours de mi-mai à mi-septembre de 10 h à 16 h (18 h en juillet) – 25 NOK (enfants : 15) – ☏ 62 51 31 60.

HEDDAL

voir à Kongsberg

Église – Ouverte de mi-mai au 20 juin et du 21 août à mi-septembre de 10 h à 17 h, du 21 juin au 20 août de 9 h (13 h le dimanche) à 19 h – 20 NOK (enfants de moins de 14 ans : gratuit) – ☏ 35 02 04 00.

HJELMELAND

Église d'Årdal – Ouverte toute l'année – Visites guidées tous les jours du 15 juin au 15 août.

HONNINGSVÅG

Nordkapp Reiseliv, Postboks 34 – 9750

Nordkappmuseet – Ouvert de mi-juin à mi-août de 9 h (13 h le dimanche) à 20 h, le reste de l'année en semaine de 11 h à 16 h, fermé le week-end – Visites guidées (30 mn) en français – 20 NOK (enfants : 5) – ☏ 78 47 28 33.

HOP

Troldhaugen – Ouvert de mai à septembre tous les jours de 9 h à 17 h 30, en avril, octobre et novembre tous les jours de 10 h à 14 h (16 h le dimanche), en février et mars du lundi au vendredi de 10 h à 14 h, le samedi sur demande, le dimanche de 10 h à 16 h – Fermé en janvier, à Pâques et en décembre, mais ouverture possible sur demande – Visites guidées en français – 40 NOK – ☏ 05 91 07 10.

HUNDERFOSSEN

Parc de loisirs – ♿. Ouvert tous les jours du 1er juin au 18 août de 10 h à 17 h (20 h du 22 juin au 11 août) – 130 NOK (enfants : 110) – ☏ 61 27 72 22.

HØVIKODDEN

Henie-Onstad Kunstsenter – ♿. Ouvert tous les jours de 9 h (11 h le week-end) à 23 h (17 h le lundi) – Visites guidées en français – 50 NOK (enfants : 30) – ☏ 67 54 30 50.

J - K

JELSA

Église – Ouverte toute l'année – Visites guidées tous les jours du 15 juin au 15 août.

KARASJOK

Samelandssenter – Du 10 juin au 4 août, ouvert du lundi au samedi de 8 h à 20 h, du 5 au 11 août du lundi au samedi de 9 h à 18 h, le dimanche de 10 h à 18 h, le reste de l'année du lundi au vendredi de 9 h à 16 h, le samedi de 10 h à 14 h – Fermé le dimanche sauf 2e dimanche d'août et durant les vacances scolaires – ☏ 76 06 73 60.

De Samiske Samlinger – ♿. Ouvert du 8 juin au 18 août de 9 h (10 h le dimanche) à 18 h, du 1er avril au 7 juin le week-end de 10 h à 15 h, du 19 août au 31 octobre de 9 h (10 h le week-end) à 15 h, de novembre à mars de 9 h (12 h le week-end) à 15 h – Fermé les 1er janvier, 17 mai et 25 décembre – 25 NOK (enfants : 5) – ☏ 78 45 62 03.

KAUTOKEINO

Musée – Du 20 juin à mi-août, ouvert du lundi au vendredi de 10 h à 18 h, le week-end de 11 h à 16 h, le reste de l'année de 9 h à 15 h – 10 NOK (enfants : gratuit) – ☏ 08 45 62 03.

KONGSBERG

ℹ Storgt. 36 – 3600 – ☏ 03 73 15 26

Église – Ouverte de mi-mai à août de 10 h (14 h le dimanche) à 16 h (13 h le samedi, 17 h le dimanche), le reste de l'année du mardi au vendredi de 10 h à 12 h – 20 NOK (enfants : 10).

Norsk Bergverksmuseum ♿. Ouvert de juillet à mi-août de 10 h à 18 h (16 h le week-end), de mi-mai à fin juin et pendant la 2e quinzaine d'août tous les jours de 10 h à 16 h, de septembre à mi-mai de 12 h à 16 h – Visites guidées (45 mn à 1 h) en français sur demande – 40 NOK (enfants : 10) – ☏ 32 73 32 60.

Den Kongelige Mynts museum – Mêmes conditions de visite que le Norsk Bergverksmuseum ci-dessus.

Musée du ski – Mêmes conditions de visite que le Norsk Bergverksmuseum ci-dessus.

Lågdalsmuset – Ouvert tous les jours en été de 11 h à 17 h, du lundi au vendredi en hiver de 11 h à 15 h – Fermé à Pâques et à Noël – 20 NOK (enfants : 10) – ☏ 32 73 34 68.

KRISTIANSAND

ℹ Dronningensgt. 2 – 4601 – ☏ 38 02 60 65

Christiansholm Festning – ♿. Ouvert de mi-mai à mi-septembre tous les jours de 9 h à 21 h, fermé le reste de l'année – Visites guidées de mi-juin à mi-août à 13 h – Entrée gratuite – ☏ 38 07 51 50.

Vest-Agder Fylkemuseum – Ouvert en été tous les jours de 10 h (12 h le dimanche) à 18 h, l'hiver le dimanche uniquement de 12 h à 18 h – Visites guidées (1 h) en français – 20 NOK (enfants : 10) – ☏ 38 09 02 28.

Agder Naturmuseum og Botaniske hage – ♿. Du 20 juin au 20 août, ouvert de 10 h (12 h le week-end) à 18 h, fermé le lundi; le reste de l'année, ouvert de 10 h (12 h le dimanche) à 15 h (17 h le dimanche), fermé les lundi et samedi – 25 NOK (enfants : 5) – ☏ 38 09 23 88.

L

LILLEHAMMER

Postboks 44 - 2601 - ☎ 61 25 92 99

Maihaugen : De Sandvigske Samlinger – ♿. De juin à mi-août, ouvert tous les jours de 9 h à 18 h, en mai et de mi-août à fin septembre de 10 h à 17 h, d'octobre à avril de 11 h à 16 h et fermé le lundi – Fermé les 1er et 17 mai et du 24 au 31 décembre – Visites guidées en français toutes les 2 heures du 1er mai au 30 octobre – Été : 60 NOK (enfants : 25), hiver : 50 (enfants : 20) – ☎ 61 28 89 00.

Kunstmuseum – ♿. Ouvert tous les jours en été de 11 h à 17 h, le reste de l'année de 11 h à 16 h et fermé le lundi – 30 NOK (enfants de moins de 12 ans : gratuit) – ☎ 61 26 94 44.

Håkons Hall – ♿. Ouvert tous les jours, en été de 10 h à 19 h, en hiver de 11 h à 16 h – 15 NOK (enfants de moins de 10 ans : gratuit) – ☎ 61 25 11 40.

LINDESNES

Phare – Ouvert du 1er mai au 15 septembre de 10 h à 20 h (22 h du 23 juin au 31 juillet) – 15 NOK (enfants : 5) – ☎ 38 25 67 00.

Îles LOFOTEN et VESTERÅLEN

Destination Lofoten, Postboks 210 – 8301 SVOLVÆR – ☎ 76 07 30 00.

Kabelvåg

Lofotmuseet – Ouvert tous les jours en été de 9 h à 21 h, en semaine l'hiver de 9 h à 15 h – Visites guidées en français sur demande – Fermé à Pâques et à Noël – 30 NOK (enfants : 10) – ☎ 76 07 82 23.

Melbu

Musée des Vesterålen – Ouvert de mi-juin à mi-août, tous les jours de 11 h à 15 h 30 – 25 NOK (enfants : 10) – ☎ 76 15 75 56.

Sakrisøy

Dagmars Dukkemuseum – Ouvert tous les jours de juin à août de 10 h à 20 h, le week-end le reste de l'année de 12 h à 17 h – 30 NOK (enfants de 5 à 15 ans : 15).

Stokmarknes

Musée de l'Express côtier – *Conditions de visite non communiquées lors de la mise sous presse.*

Trondenes

Église – Ouverte de 9 h à 14 h (12 h le samedi, 11 h le dimanche) ainsi que de 18 h à 20 h les mardi, mercredi et jeudi et de 17 h à 19 h le dimanche entre le 25 juin et le 13 août – 10 NOK (enfants : 5).

Å

Fiskeværsmuseet – Ouvert la première quinzaine de juin de 10 h à 16 h puis jusqu'à fin août de 10 h à 18 h – 25 NOK (enfants : 15) – ☎ 76 09 12 11.

N - O

NARVIK

Kongensgt. 66, Postboks 318 - 8501

Krigsminnemuseum – Ouvert en été de 10 h à 22 h (11 h à 17 h le dimanche), le reste de l'année de 10 h à 15 h (11h à 14 h le dimanche) – 25 NOK (enfants : 10) – ☎ 76 94 44 26.

Ofoten Museum – Ouvert de fin juin à mi-août de 10 h (11 h le week-end) à 16 h, le reste de l'année de 10 h à 15 h 30 en semaine seulement – Fermé à Pâques et jours fériés – 20 NOK (enfants : 5) – ☎ 76 94 47 32.

NORDFJORDEID

Norsk Fjordhestsenter – Le centre organise des promenades à cheval de 1 h, des randonnées à poney de 1 journée et des camps de vacances – Leçon : 75 NOK, promenade à cheval et attelage : 80 – ☎ 57 86 02 33.

NORDKAPP

ℹ voir à Honningsvåg

Centre expérimental du cap Nord – ♿. Ouvert du 5 avril au 17 mai de 14 h à 17 h, du 18 mai au 5 juin de 12 h à 1 h du matin, du 6 au 10 juin de 12 h à 2 h du matin, du 11 juin au 10 août de 9 h à 2 h du matin, du 11 au 20 août de 12 h à minuit, du 21 au 31 août de 12 h à 20 h, du 1er au 10 septembre de 12 h à 18 h, du 11 septembre au 1er octobre de 14 h à 17 h – Visites guidées en français – 150 NOK (enfants : 70) – ☎ 78 47 22 33.

NORE

Église – Ouverte tous les jours du 20 juin à mi-août.

OLDEN

Vieille église – Ouverte tous les jours de 10 h à 17 h.

Singerheimen – Ouvert du lundi au samedi de 10 h à 16 h, le dimanche de 13 h à 18 h – 20 NOK (enfants : 10) – ☎ 57 87 31 06.

OSLO

ℹ Vestbaneplassen 1 – 0250 – ☎ 22 83 00 50

Rådhus – ♿. Ouvert tous les jours de 9 h à 16 h (17 h de mai à septembre) – Visites guidées en français à 10 h, 12 h et 14 h en semaine – 15 NOK (enfants : 5) – ☎ 22 86 16 00.

Akershus Festning – Ouvert tous les jours de mai à août de 10 h (11 h le week-end) à 16 h, de septembre à avril de 10 h (11 h le week-end) à 15 h (16 h le week-end) – Fermé à Pâques, les 1er et 17 mai, à l'Ascension et à Noël – 20 NOK (enfants : 10) – ☎ 22 40 39 17.

Hjemmefrontmuseum – Ouvert de mi-juin à août de 10 h (11 h le dimanche) à 17 h, de mi-avril à mi-juin et en septembre de 10 h (11 h le dimanche) à 16 h, d'octobre à mi-avril de 10 h (11 h le dimanche) à 15 h (16 h le dimanche) – 15 NOK (enfants : 5), entrée gratuite les 8 et 17 mai – ☎ 22 40 31 38.

Museet for Samtidskunst – ♿. Ouvert les mardi, mercredi et vendredi de 10 h à 17 h, le jeudi de 10 h à 20 h, le samedi de 11 h à 16 h, le dimanche de 11 h à 17 h – Fermé les lundi et jours fériés – Entrée gratuite – ☎ 22 33 58 20.

Domkirke – Ouverte tous les jours de 10 h à 16 h.

Nasjonalgalleriet – ♿. Ouvert du lundi au samedi de 10 h à 16 h, le dimanche de 11 h à 15 h – Fermé le mardi, le 1er janvier, à Pâques, les 1er et 17 mai, à la Pentecôte, les 24, 25 et 31 décembre – Entrée gratuite – ☎ 22 20 04 04.

Henrik-Ibsenmuseet – Ouvert de 12 h à 15 h, fermé le lundi – 30 NOK (enfants : 10).

Norsk Folkemuseum – ♿. Ouvert tous les jours de juin à août de 9 h à 18 h, en mai et septembre de 10 h à 17 h, d'octobre à avril de 11 h à 15 h en semaine, de 11 h à 16 h le dimanche – Fermé les 1er janvier, 24, 25 et 31 décembre – Visites guidées (45 mn) en français sur demande préalable (tarif spécial) – 50 NOK (enfants : 10) – ☎ 22 12 37 00.

Vikingskipshuset – ♿. Ouvert tous les jours de mai à août de 9 h à 18 h, en septembre de 11 h à 17 h, en avril et octobre de 11 h à 16 h, de novembre à mars de 11 h à 15 h – Fermé les 1er janvier, Vendredi saint, Samedi saint, dimanche de Pâques, 1er et 17 mai, 24, 25 et 31 décembre – 30 NOK (enfants : 10) – ☎ 22 43 83 79.

Frammuseet – Ouvert tous les jours du 18 mai au 31 août de 9 h à 17 h 45, du 1er au 16 mai et en septembre de 10 h à 16 h 45, en mars, avril, octobre et novembre de 11 h à 14 h 45 (15 h 45 le week-end), seulement le week-end de décembre à février de 11 h à 15 h 45 – ☎ 22 43 83 70.

Kon-Tiki museet – ♿. Ouvert tous les jours de juin à août de 9 h 30 à 17 h 45, en avril, mai et septembre de 10 h 30 à 17 h, d'octobre à mars de 10 h 30 à 16 h – Fermé les Vendredi saint, dimanche de Pâques, 1er et 17 mai, 24, 25 et 31 décembre – Visites guidées en français en été – 25 NOK (enfants : 10) – ☎ 22 43 80 50.

Norsk Sjøfartsmuseum – ♿. Ouvert de mi-mai à septembre tous les jours de 10 h à 19 h, le reste de l'année les mardi et jeudi de 10 h 30 à 19 h, les lundi, mercredi, vendredi et samedi de 10 h 30 à 16 h, le dimanche de 10 h 30 à 17 h – Fermé les 1er janvier, 17 mai, Vendredi saint, dimanche de Pâques, 24, 25 et 31 décembre – 25 NOK (enfants : 15) – ☎ 22 43 82 40.

Munchmuseet – ♿. Ouvert de juin à mi-août tous les jours de 10 h à 18 h, le reste de l'année de 10 h à 16 h (18 h les jeudi et dimanche) et fermé le lundi – Visites guidées en français sur demande 7 jours auparavant – 40 NOK (enfants : 15) – ☎ 22 67 37 74.

Vigelandsanlegget – ♿. Ouvert de mai à septembre de 10 h à 18 h (19 h le dimanche), d'octobre à avril de 12 h à 16 h (18 h le dimanche) – Fermé les lundi, 1er janvier, Vendredi saint, dimanche de Pâques, 1er et 17 mai, 24, 25 et 31 décembre – 20 NOK (enfants : 10) – ☎ 22 44 11 36.

Musée du ski – Ouvert tous les jours en juin de 9 h à 20 h, en juillet et août de 9 h à 22 h, en mai et septembre de 10 h à 17 h, d'octobre à avril de 10 h à 16 h – Fermé les 17 mai et 24 décembre – Visites guidées en français sur inscription préalable – 50 NOK (enfants : 25) – ☎ 22 92 32 00.

Tryvannstårn – Ouvert tous les jours en juin de 10 h à 19 h, en juillet de 9 h à 22 h, en août de 9 h à 20 h, en mai et septembre de 10 h à 17 h, d'octobre à avril de 10 h à 15 h en semaine, de 11 h à 16 h le week-end – Fermé les 15 mai et 24 décembre – 30 NOK (enfants : 15) – ☎ 22 14 67 11.

Excursions

Croisière sur l'Oslofjord – En été de 7 h 30 à 20 h en semaine, de 8 h 30 à 20 h le week-end, en hiver de 9 h à 15 h en semaine – Aucun service d'octobre à mai – Pour renseignements et réservations, contacter Båtservice, ☎ 22 20 07 15.

P - R

PARADIS

Fantoft stavkirke – Ouvert tous les jours de 10 h 30 à 13 h 30 et de 14 h à 17 h 30 – ☎ 55 28 07 10.

RINGEBU

i – 2630 – ☎ 61 28 05 33

Église en bois debout – Ouverte de juin à août de 9 h (13 h le dimanche) à 18 h

RJUKAN

Norsk Industriarbeidermuseum – ♿. Ouvert de mi-juin à mi-août tous les jours de 10 h à 18 h, de mai à mi-juin et de mi-août à fin septembre tous les jours de 10 h à 16 h, en mars et avril le samedi de 10 h à 16 h, en octobre le week-end de 10 h à 16 h – Visites guidées en français (10 personnes minimum) en été – Mai, juin et juillet : 60 NOK, hiver : 45 (enfants en toute période : 25) – ☎ 35 09 51 53.

RØROS

i Postboks 123 – 7460 – ☎ 72 41 11 65

Église – Ouverte du 26 juin au 22 août du lundi au samedi de 10 h à 17 h, du 1er au 25 juin et du 23 août au 26 septembre du lundi au vendredi de 14 h à 16 h, le samedi de 11 h à 13 h – Fermée le dimanche et de fin septembre à fin mai – Visites guidées 35 NOK (enfants de 7 à 15 ans : 20).

Smelthytta – ♿. Ouvert tous les jours du 25 juin à mi-août de 10 h 30 à 18 h (16 h le week-end), le reste de l'année de 11 h à 15 h 30 (14 h le week-end) – Fermé les 1er janvier, 24, 25, 26 et 31 décembre – 35 NOK (enfants : 20) – ☎ 72 41 05 00.

Pressemuseet Fjell-Ljom – Ouvert le mercredi en juillet de 17 h à 19 h, toute l'année pour les groupes – Visites guidées en français – 15 NOK (enfants : 10) – ☎ 72 41 11 65.

Excursion

Olavsgruva – Visites guidées uniquement, du 20 juin au 13 août tous les jours à 10 h 30, 12 h, 13 h 30, 15 h, 16 h 30 et 18 h, du 1er au 19 juin et du 14 août au 10 septembre du lundi au samedi à 13 h et 15 h, le dimanche à 12 h, le reste de l'année seulement le samedi à 15 h – 35 NOK (enfants de 7 à 15 ans : 20).

S

SAGGRENDA

Kongsberg Sølvgruver – Ouvert tous les jours de mi-mai à fin août de 10 h à 16 h (18 h en semaine de début juillet à mi-août), en septembre de 12 h à 16 h, le reste de l'année uniquement le dimanche de 12 h à 16 h – 50 NOK (enfants : 20) – ☎ 32 76 53 39.

SANDANE

Nordfjord Folkemuseum – ♿. Ouvert tous les jours de 11 h à 18 h en juillet, de 11 h à 17 h en juin et durant la première quinzaine d'août, de 11 h à 16 h durant la seconde quinzaine d'août – Fermé le reste de l'année – 30 NOK (enfants : 15) – ☎ 57 86 61 22.

SKIEN

ℹ Telemark Reiselivsråd, Postboks 2813 – 3703 – ☏ 35 53 03 00

Brekkeparken Fylkesmuseet for Telemark – ♿. Ouvert de mi-mai à fin août tous les jours de 10 h à 18 h, le reste de l'année sur demande pour visites de groupes – 20 NOK (enfants : 10) – ☏ 35 52 35 94.

SOGNDAL

ℹ Postboks 299 – 5801 – ☏ 57 67 23 00

STAVANGER

ℹ Sølvberget – 4001 – ☏ 51 89 66 00

Domkirke – Ouverte de 9 h à 14 h (18 h de mi-mai à mi-septembre).

Sjøfartsmuseet – ♿. Ouvert tous les jours de mi-juin à mi-août de 11 h à 16 h, le dimanche seulement aux mêmes heures le reste de l'année – Fermé en décembre – 30 NOK (enfants : 10) – ☏ 51 52 60 35.

Hermetikkmuseet – ♿. Ouvert tous les jours de mi-juin à mi-août de 11 h à 16 h, le dimanche seulement aux mêmes heures le reste de l'année – Fermé en décembre – 30 NOK (enfants : 10) – ☏ 51 52 60 35.

STIKLESTAD

ℹ – 7650 VERDAL – ☏ 74 07 31 00

Nasjonale Kultursenter – Ouvert tous les jours de 9 h à 20 h de juin à mi-août, de 9 h à 18 h (11 h à 19 h le week-end) le reste de l'année – ☏ 74 07 31 00.

Église – Ouverte sur demande auprès du Nasjonale Kultursenter.

Musée – ♿. Ouvert tous les jours de juin à mi-août, le reste de l'année sur demande auprès du Nasjonale Kultursenter – Visites guidées en français – 40 NOK (enfants : 20).

STRYN

Strynefjellet Sommarski – Ouvert tous les jours de 9 h à 16 h (17 h en été) – ☏ 57 87 23 33 (informations sur les conditions météorologiques : ☏ 94 55 61 06).

T - U

TORPO

Église – Ouverte tous les jours de juin à août de 9 h à 18 h.

TROMSØ

ℹ Storgt. 63, Postboks 311 – 9001 – ☏ 77 61 00 00

Cathédrale – Ouverte de mi-juin à fin août de 12 h à 16 h, fermée le lundi.

Polarmuseet – Ouvert tous les jours de mi-mai à mi-juin de 11 h à 18 h, de mi-juin à fin août de 11 h à 20 h, le reste de l'année de 11 h à 15 h – Fermé les 1er janvier, dimanche de Pâques, 1er et 17 mai, 24, 25 et 31 décembre – 30 NOK (enfants : 5) – ☏ 77 68 43 73.

Bymuseum – Ouvert de mi-mai à mi-septembre tous les jours de 11 h à 18 h, en semaine de 11 h à 15 h et fermé le week-end le reste de l'année – 10 NOK (enfants : 5).

Ishavskatedralen – Ouverte de juin à août tous les jours de 10 h (13 h le dimanche) à 18 h, le reste de l'année sur rendez-vous – ☏ 77 63 76 11.

Musée – ♿. Ouvert de juin à août tous les jours de 9 h à 21 h, le reste de l'année du lundi au vendredi de 8 h 30 à 15 h 30, le samedi de 12 h à 15 h, le dimanche de 11 h à 16 h – Fermé les 1er janvier, 1er et 17 mai, 24, 25 et 31 décembre – 10 NOK (enfants : 5) – ☏ 77 64 50 01.

Nordlysplanetariet – ♿. Du 1er juin au 20 août, projections quotidiennes à 12 h, 13 h 30, 15 h et 16 h 30, séance supplémentaire à 18 h en semaine, le reste de l'année projections à 13 h 30 et 15 h le week-end et éventuellement sur demande – 50 NOK (enfants : 25) – ☏ 77 67 60 00.

TRONDHEIM

ℹ Munkegt. 19, Postboks 2101 – 7001 – ☏ 07 92 93 94

Nidarosdomen – Ouverte de mai à mi-septembre du lundi au vendredi de 9 h à 15 h (17 h 30 de mi-juin à mi-août), le samedi de 9 h à 14 h, le dimanche de 13 h à 16 h, le reste de l'année en semaine de 12 h à 14 h 30 – ☏ 73 50 12 12.

Erkebispegården – Ouvert du 1er juin au 18 août du lundi au vendredi de 9 h à 15 h, le samedi de 9 h à 14 h, le dimanche de 12 h à 15 h, fermé le reste de l'année – Visites guidées (30 mn) en français sur demande la veille – 12 NOK (enfants : 6) – ☏ 07 50 12 12.

Nordenfjeldske Kunstindustrimuseum – Du 20 juin au 20 août, ouvert de 10 h (12 h le dimanche) à 17 h, le reste de l'année de 10 h (12 h le dimanche) à 15 h (17 h le jeudi,16 h le dimanche) – 25 NOK (enfants : 10) – ☏ 73 52 13 11.

Ringve Museum – ♿. Visites guidées (75 mn) tous les jours du 20 mai au 30 septembre (en français à 12 h 30, 14 h 30 et 16 h 30 du 1er juillet au 10 août, à 12 h et 15 h du 11 au 31 août, à 14 h du 20 mai au 30 juin), le dimanche à 13 h 30 le reste de l'année – Fermé du 24 décembre au 1er janvier – 50 NOK (enfants : 20) – ☎ 73 92 24 11.

UTSTEIN

Kloster – D'avril à septembre, ouvert du mardi au vendredi de 10 h à 16 h, le samedi de 12 h à 17 h et fermé le dimanche et le lundi sauf à la Pentecôte, d'octobre à mai ouvert le dimanche seulement – Visites guidées (45 mn) en français sur demande – 25 NOK (enfants de 7 à 16 ans : 10) – ☎ 51 72 47 05.

UVDAL

Église – Ouverte de juin à août tous les jours de 9 h à 18 h.

Å

ÅL

Bygdamuseum – Ouvert de mi-juin à fin août tous les jours de 12 h à 16 h, fermé le reste de l'année – Les maisons ne sont ouvertes que durant les visites guidées – 20 NOK (enfants de moins de 12 ans : gratuit) – ☎ 32 08 17 70.

ÅLESUND

ℹ Rådhuset – 6025 – ☎ 07 12 12 02

Excursion

Église de Giske – Ouverte tous les jours de 12 h à 18 h.

W. Loubet/VISA

Le Kon-Tiki de Thor Heyerdahl,
Kon-Tikimuseet à Oslo

Suède

A

ABISKO

Turiststation – Village de vacances ouvert de mi-février à début mai et de juin à fin septembre – **Camp Abisko Susini**, Box 71, 980 24 ABISKO, ☏ 0980 401 48, fax 0980 402 10, organise des randonnées de ski de fond en Laponie suédoise, des safaris en motoneige et des randonnées en traîneau à chiens.

ALNÖ

Ancienne église – Ouverte de mi-juin à mi-août tous les jours de 9 h à 19 h, le reste de l'année seulement lors des services à 19 h le mercredi et à 11 h le samedi.

AMMARNÄS

Samegården – Ouvert de mi-juin à fin août.

Hembygdsgården – Ouvert de mi-juin à fin août.

ARJEPLOG

Torget – 930 90 – ☏ 0961 112 20

Silvermuseet – Ouvert tous les jours en été de 9 h à 18 h, le reste de l'année du lundi au vendredi de 10 h à 16 h et le samedi de 11 h à 15 h – 20 SEK – ☏ 0961 112 90.

Skeppsholmen Saamiland – Ouvert en été de 12 h à 18 h, le reste de l'année sur rendez-vous – Entrée libre – ☏ 0961 303 80.

ARVIDSJAUR

Garvaregatan 4 – 933 32 – ☏ 0960 175 00

Fornminnesgården – Ouvert de juin à août en semaine de 10 h à 19 h, le week-end de 16 h à 20 h, le reste de l'année de 8 h à 12 h et de 13 h à 16 h – ☏ 0960 124 28.

ARVIKA

Stadsparken – 671 32 – ☏ 0570 135 60

Rackstadmuseet – D'avril à septembre, ouvert de 11 h à 17 h tous les jours sauf le lundi, le reste de l'année, ouvert le mardi et le week-end de 11 h à 16 h – 30 SEK – ☏ 0570 809 90.

Trefaldighetskirka – Ouverte tous les jours de 8 h à 16 h.

Sågudden Friluftsmuseum – Ouvert de juin à mi-août de 13 h à 18 h – ☏ 0570 137 95.

Brunskog – *Ouvert la dernière semaine de juillet – 50 SEK (enfants de moins de 12 ans : gratuit) – ☏ 0570 522 08.*

B - D

BIRKA

Site et musée – Ouverts de début mai à mi-septembre tous les jours de 10 h à 17 h – 45 SEK (enfants de moins de 12 ans : 20) – ☏ 08 560 514 45.
L'île de Björko dispose d'une cafétéria et d'un port accueillant les plaisanciers de passage. De nombreuses excursions en bateau comprenant les visites guidées du site et du musée sont organisées. Au départ de Stockholm *(2 h de trajet à l'aller et au retour et 4 h sur l'île ; café et restaurant sur le bateau)*, se renseigner quant aux horaires et tarifs auprès de la compagnie Strömma Kanalbolaget, Skeppsbron 22, 111 30 STOCKHOLM, ☏ 08 23 33 75.
On peut aussi se rendre dans l'île de Björko depuis Västerås, Strängnäs, Södertälje notamment. Horaires et tarifs à demander auprès de :
- Mälarens Båttralik, ☏ 0171 860 73,
- Ånglartygel Ejdern, ☏ 08 550 110 20,
- Rederl AB Mälaren–Hjalmaren, ☏ 019 44 61 47.

BJURSÅS

Musée – Ouvert de mi-juin à fin juillet.

BORGHOLM

Hamnen/Mittpunkten, Box 115 – 387 22 – ☎ 0485 890 00

Slottsruin – Ouvert de mai à août de 10 h à 18 h, en septembre de 10 h à 16 h – 20 SEK (enfants de moins de 12 ans : gratuit) – ☎ 0485 123 33.

Parc de Solliden – *Ouvert de mai à juin de 13 h à 17 h – 30 SEK (enfants : gratuit).*

BUNGE

Friluftsmuseum – Ouvert de mi-mai à fin août de 10 h à 16 h (18 h de mi-juin à mi-août) – ☎ 0498 22 10 18.

DALHEM

Église – Ouverte tous les jours en été et le week-end le reste de l'année de 8 h à 20 h – ☎ 0498 380 01.

DROTTNINGHOLM

Château – Ouvert tous les jours de mai à août de 11 h à 16 h 30, en septembre de 13 h (12 h le week-end) à 15 h 30 – 40 SEK – ☎ 08 402 62 80.

Theatermuseum – Ouvert tous les jours de mai à septembre de 12 h à 17 h – ☎ 08 759 04 06.

Kinesiska Paviljongen – Ouvert tous les jours de mai à août de 11 h à 16 h 30, le reste de l'année de 13 h (12 h le week-end en septembre) à 15 h 30 – 40 SEK – ☎ 08 402 62 70.

E

EDEBO

Église – Visites sur demande – ☎ 0175 207 88.

EKETORP

Fort – Ouvert du 22 juin au 11 août de 9 h à 18 h, du 1er mai au 21 juin et du 12 au 31 août de 9 h à 17 h, du 1er au 15 septembre de 10 h à 17 h – 45 SEK (enfants : 20) – ☎ 0485 620 23.

ESKILSTUNA

Hamngatan 19 – 632 20 – ☎ 016 11 45 00

Rademachersmedjorna – *Ouvert tous les jours de 10 h à 16 h (18 h de juin à août), fermé le lundi de septembre à mars et le dimanche de décembre à mars – ☎ 016 10 13 71.*

Faktorimuseet – *Ouvert toute l'année de 11 h à 16 h, fermé le lundi – ☎ 016 10 23 75.*

ESRANGE

Centre de recherches spatiales – Visites guidées uniquement – Pour les visites de groupes, s'adresser à l'Office de tourisme de Kiruna (☎ 0980 188 00).

F

FALKENBERG

Stortorget, Box 293 – 311 23 – ☎ 0346 174 10

Skt Laurentii Kyrka – Ouverte de mai à mi-septembre en semaine de 8 h à 20 h, le week-end de 9 h à 17 h, de mi-septembre à fin avril en semaine de 8 h à 17 h, le week-end de 9 h à 17 h.

Törngrens Krukmakeri – Ouvert du lundi au vendredi de 9 h 30 à 12 h et de 13 h à 16 h – ☎ 0346 103 54.

Musée – Ouvert de juin à août du mardi au vendredi de 10 h à 16 h, le week-end de 12 h à 16 h, le reste de l'année du mardi au vendredi et le dimanche de 12 h à 16 h – ☎ 0346 861 25.

FALUN

Stora Torget – 791 83 – ☎ 023 640 04

Koppargruva – Ouvert tous les jours de mai à août de 10 h à 16 h 30, le week-end en mars, avril et de septembre à mi-novembre de 12 h 30 à 16 h 30 – Visites guidées (50 mn) tous les quarts d'heure (en français sur demande préalable) – Billet combiné avec la visite du Stora Museet : 55 SEK (enfants : 25) – ☎ 023 158 25.

Stora Museet – Mêmes conditions de visite que pour la mine de cuivre, ci-dessus.

Dalarnas Museum – Ouvert tous les jours de 10 h (12 h du vendredi au dimanche) à 17 h (21 h le mercredi de septembre à avril) – 20 SEK (enfants : 10) – ☏ 023 181 60.

Kristinekyrkan – ♿. Ouverte tous les jours de 10 h à 18 h en été, de 10 h à 16 h en hiver – ☏ 023 279 10.

FORSMARK

ℹ Stångörsgatan 10, Box 66 – 742 21 ÖSTHAMMAR – ☏ 0173 860 00

Forges – Musée ouvert du 25 juin au 7 août de 11 h à 17 h – 10 SEK – ☏ 0173 860 00.

FRÖJEL

Église – Ouverte de mi-mai à mi-septembre tous les jours de 8 h à 17 h – ☏ 0498 24 00 05.

G

GARDE

Église – ouverte tous les jours de mai à août de 8 h à 21 h – ☏ 0498 49 10 01

GRIPSHOLM

ℹ Rådhuset – 647 00 Mariefred – ☏ 0159 297 90

Château – Ouvert en juillet de 9 h à 17 h, en mai, juin et août de 10 h à 16 h, le reste de l'année de 10 h à 15 h et fermé le lundi – 40 SEK – ☏ 0159 101 94.

GRISSLEHAMN

Albert Engströms Ateljé – Ouvert de mi-juin au 25 août tous les jours de 11 h à 16 h, de début mai à mi-juin et de fin août à fin septembre le week-end de 12 h à 15 h – 20 SEK (billet combiné pour la visite du musée : 30) – ☏ 0175 308 90.

GULLHOLMEN

Skepparhuset – Ouvert du 25 juin au 15 août de 16 h à 19 h 30.

GÄLLIVARE/MALMBERGET

ℹ Stora Sjöfallet – 982 99 – ☏ 0973 400 70

Lappkyrka – Ouverte de juin à août du lundi au vendredi de 8 h à 16 h, le dimanche de 10 h à 19 h.

Hembygdsmuseet – Ouvert du lundi au vendredi de 11 h à 15 h 30 – ☏ 0970 153 75.

Hembygdsområdet – Ouvert de mi-juin à mi-août de 10 h à 22 h.

Visite de la mine – Visites guidées du lundi au vendredi de début juin à début août pour groupes (15 personnes minimum) sur inscription à l'Office de tourisme, où a lieu le départ, et comprenant celle du musée (Gruvmuseet) ou du quartier des mineurs (Kåkstan) – ☏ 0970 710 00.

Mine de fer et musée – Départ de la visite à 10 h (pas de visites la veille de la Saint-Jean ni en semaine 27 – enfants de moins de 12 ans non admis) – 160 SEK.

Mine de cuivre et quartier des mineurs – Départ de la visite à 13 h 30 – 135 SEK (enfants de moins de 12 ans : 100).

Kåkstan – Visite libre de mi-juin à mi-août de 11 h à 19 h – Visites guidées (10 SEK) une fois par jour en été – ☏ 0970 186 96.

GÖTEBORG

ℹ Kungsportsplatsen 2 – 411 10 – ☏ 031 10 07 40

Promenades en Paddan – Durée : 55 mn – Les bateaux naviguent de fin avril à mi-septembre de 10 h à 17 h (21 h du dernier dimanche de juin au premier dimanche d'août) – 65 SEK (enfants de moins de 15 ans : 45) – ☏ 031 13 30 00.

Ostindiefararen Götheborg III – Visite en semaine de 10 h à 17 h, le week-end de 11 h à 15 h – 40 SEK – ☏ 031 779 34 50.

Götheborgs-utkiken – Ouvert de mi-mai à août tous les jours de 11 h à 19 h, le reste de l'année le week-end de 11 h à 16 h – 25 SEK (enfants de moins de 15 ans : 10) – ☏ 031 80 07 50.

Göteborgs Opera – ♿. Le bureau de réservation est ouvert tous les jours sauf en juillet de 12 h à 18 h ou jusqu'au début des spectacles – Visites guidées uniquement (possibles en français) sur demande au ☏ 031 10 80 50.

Göteborgs maritima centrum – Ouvert tous les jours de 10 h à 16 h en mars, avril, septembre, octobre et novembre, à 18 h en mai, juin et août, à 21 h en juillet ; fermé de décembre à février – 45 SEK (enfants : 25) – ☏ 031 10 10 35.

Sjöfartsmuseet – Ouvert de mai à août du lundi au vendredi de 9 h à 16 h, le reste de l'année du mardi au vendredi de 9 h à 16 h (21 h le mercredi) – L'aquarium, qui ouvre les mêmes jours à 10 h, est seul ouvert le week-end de 10 h en été ou 11 h en hiver à 17 h – 35 SEK (enfants de moins de 16 ans : 10) – ☏ 031 61 29 02.

Sjömanstornet – Ouvert de début mai à mi-septembre de 11 h à 16 h – 10 SEK (enfants : 5).

Konstmuseet – Ouvert tous les jours de 11 h à 16 h (17 h le week-end) ; de septembre à avril, nocturne le mercredi jusqu'à 21 h et fermé le lundi – 35 SEK (enfants de moins de 16 ans : gratuit).

Röhsska Konstslöjdmuseet – Ouvert tous les jours de 12 h à 16 h, sauf le lundi de septembre à avril ; nocturne le mardi jusqu'à 21 h de septembre à avril – 35 SEK (enfants de moins de 16 ans : gratuit) – ☏ 031 61 74 30.

Etnografiska museet – Ouvert tous les jours de 11 h à 16 h (17 h le week-end), sauf le lundi de septembre à avril ; nocturne le mercredi jusqu'à 21 h de septembre à avril ; fermé les 24, 25 et 31 décembre – 35 SEK (enfants de moins de 16 ans : 10) – ☏ 031 61 24 30.

Stadsmuseum – Ouvert du lundi au vendredi de 12 h à 18 h, le week-end de 11 h à 16 h ; fermé le lundi, les 24, 25 et 31 décembre – 30 SEK (enfants de moins de 16 ans : 10) – ☏ 031 61 27 70.

Naturhistorika museet – Ouvert en semaine de 9 h à 16 h, le week-end de 10 h à 17 h ; de septembre à avril, nocturne le mercredi jusqu'à 21 h et fermé les lundis et week-ends ainsi que les 24, 25 et 31 décembre – 35 SEK (enfants de moins de 16 ans : 10) – ☏ 031 775 24 00.

Skansen Kronan – Ouvert les mardi et mercredi de 12 h à 14 h, les week-ends de 12 h à 15 h ; fermé les 24, 25 et 31 décembre – 20 SEK (enfants de moins de 16 ans : 10) – ☏ 031 14 50 00.

Bank museum – Ouvert le dimanche de 12 h à 15 h – 20 SEK – ☏ 031 14 56 19.

Volvo museum – Ouvert en juillet et août de 10 h à 17 h sauf le lundi, le reste de l'année du mardi au samedi de 11 h à 16 h – 30 SEK (enfants de moins de 12 ans : 10) – ☏ 031 66 48 14.

Liseberg – Ouvert tous les jours de mai à fin août, seulement le week-end pendant la deuxième quinzaine d'avril et en septembre – 35 SEK (enfants de moins de 7 ans : gratuit) – ☏ 031 40 01 00.

Trädgårdsföreningen – Ouvert toute l'année de 7 h à 18 h (21 h de mai à août) ; la **serre des palmiers** est ouverte de 10 h à 16 h (18 h de juin à août) et la **serre des papillons** de 10 h à 16 h (17 h de juin à août, 15 h d'octobre à mars) mais fermée tous les lundis – Parc : 10 SEK de mai à août ; serre des palmiers : 10 SEK ; serre des papillons : 25 SEK – ☏ 031 61 18 83.

Botaniska Trädgården – Ouvert de 9 h au coucher du soleil ; les serres, accessibles en semaine de 10 h à 15 h et durant les week-ends et vacances scolaires de 12 h à 16 h, ferment à 18 h de mai à août – Entrée du parc gratuite ; serres : 20 SEK.

Älvsborgs Fästning – Ouvert tous les jours de mai à septembre (accès en 30 mn par bateau depuis « Lilla Bommen ») – 60 SEK (enfants de moins de 15 ans : 45).

H

HABLINGBO

Petes Museigård – *Ouvert de juin à août tous les jours de 12 h à 18 h – 10 SEK – ☏ 0498 48 70 54.*

HALMSTAD

Österkans, Box 47 – 301 02 – ☏ 035 10 93 45

Skt Nicolai kyrka – Ouverte tous les jours de 8 h 30 à 19 h de juin à août (un guide est présent de 12 h à 19 h), de 8 h 30 à 15 h le reste de l'année.

Najaden – *Visite de juin à août les mardi et jeudi de 17 h à 19 h, le samedi de 11 h à 15 h.*

Musée – Ouvert tous les jours en été de 10 h à 21 h, le reste de l'année en semaine de 10 h à 16 h (nocturne le mercredi de 19 h à 21 h) et le week-end de 12 h à 16 h – 10 SEK – ☏ 035 16 04 00.

Miniland – Ouvert de début mai à début septembre de 10 h à 18 h (21 h de mi-juin à mi-août) – 50 SEK (enfants de moins de 12 ans : 35) – ☏ 035 10 84 60.

Excursions

Mjällby Konstgård – Ouvert de début mai à mi-août de 14 h à 18 h, sauf les lundi et jeudi, du 3 au 8 juin, la veille de la Saint-Jean et du 11 au 13 juillet – 40 SEK – ☎ 035 322 60.

Heagård Konst & Hantverk – *Ouvert du 20 mai à fin août de 13 h à 19 h – 10 SEK – ☎ 035 347 57 / 511 77.*

HELSINGBORG

Box 54 – 252 78 – ☎ 042 12 03 10

Kärnan – Ouvert de juin à août de 10 h à 19 h, en avril, mai et septembre de 9 h à 16 h, le reste de l'année de 10 h à 14 h – 10 SEK – ☎ 042 10 59 91.

Sankta Maria Kyrkan – Ouverte tous les jours de 8 h à 16 h.

HEMAVAN

Tärna Fjällpark – Ouvert du 12 février au 1er mai et du 20 juin au 20 septembre ; aux autres périodes, s'adresser à l'Office de tourisme de Tärnaby (☎ 0954 104 50).

HIMMELSBERGA

Friluftsmuseum – Ouvert de mi-mai à mi-septembre de 10 h à 18 h – ☎ 0485 510 11 / 510 00.

HÄRKEBERGA

Torggatan 2 – 745 31 ENKÖPING – ☎ 0717 41 40 45

Église – Ouverte du 1er avril au 1er octobre de 8 h à 18 h, du 2 octobre au 30 novembre de 10 h à 15 h et du 1er décembre au 31 mars seulement le week-end de 10 h à 15 h.

HÄRNÖSAND

Järnvägsgatan 2 – 871 45 – ☎ 0611 881 40

Cathédrale – Ouverte tous les jours de 10 h à 16 h – Possibilité de visites guidées – ☎ 0611 245 25.

Murberget – Ouvert du 5 juin au 11 août de 11 h à 17 h – Entrée libre.

HÖGANÄS

Triangelplatsen, Storgatan 43 – 263 37 – ☎ 042 34 97 93

Museum och Konstgalleri – Ouvert de mars à décembre de 13 h à 17 h tous les jours sauf le lundi, ouverture jusqu'à 19 h le mercredi en été – 10 SEK – ☎ 042 34 13 35.

Saltglaserat AB – Ouvert du lundi au vendredi de 9 h à 16 h toute l'année et le samedi de 10 h à 13 h de juin à août.

BodaNova – Höganäs Keramik AB – Ouvert de mai à août de 9 h à 18 h (17 h le week-end), le reste de l'année de 10 h à 18 h en semaine, de 11 h à 16 h le week-end.

HÖNÖ

Fiskemuseet – Ouvert de mi-mai à mi-août, en semaine de 10 h à 13 h et de 14 h à 18 h, le week-end l'après-midi seulement – 20 SEK – ☎ 031 96 89 94.

I - J

IDRE

Kommunalhuset – 790 91 – ☎ 025 32 07 10

JOKKMOKK

Stortorget 4, Box 124 – 962 23 – ☎ 0971 121 40

Ajtte Museum – Ouvert de mi-juin à fin août de 9 h (11 h le week-end) à 18 h (20 h le mercredi), le reste de l'année de 9 h (12 h le week-end) à 14 h – 40 SEK (enfants de moins de 16 ans : gratuit) – ☎ 0971 106 32.

Edvin « Sarek » Nilsson Naturfoto – Ouvert de mi-juin à mi-août de 11 h à 20 h (15 h le week-end) – ☎ 0971 117 65.

Atelier de Lars Pirak – Ouvert de juin à août de 11 h à 20 h (15 h le week-end) – ☎ 0971 106 32.

JUKKASJÄRVI

Marknadsvägen 63 – 981 91 – ☎ 0980 211 90

Église – Ouverte en semaine de 7 h à 15 h 30, le samedi de 7 h 30 à 17 h et le dimanche de 9 h 30 à 13 h 30.

JULITA GÅRD

Manoir et musée – Ouverts en semaine de 8 h à 16 h – 70 SEK (enfants de moins de 14 ans : 25) – ☎ 0150 912 90.

K

KALMAR

Larmgatan 6 – 391 20 – ☏ 0480 174 53

Kalmar Slott – Ouvert tous les jours de début avril à début octobre de 10 h à 16 h (18 h de mi-juin à mi-septembre), uniquement le week-end le reste de l'année de 11 h à 16 h – ☏ 0480 563 51.

Rådhus – Ouvert en semaine de 7 h 45 à 16 h 45 (15 h 30 le vendredi) – ☏ 0480 830 00.

Länsmuseet – ♿. Ouvert en été de 10 h à 18 h (12 h à 16 h le dimanche), en hiver de 10 h (12 h le week-end) à 16 h – Visites guidées (1 h) en français – 40 SEK (enfants : gratuit) – ☏ 0480 563 00.

KARLSHAMN

Ronnebygatan 1 – 374 81 – ☏ 0454 165 95

Kulturkvarter – Ouvert du 8 juin à mi-août de 12 h à 17 h – 10 SEK – ☏ 0454 165 95.

Excursions

Eriksbergs Naturreservat – Ouverte de juin à août de 12 h à 20 h – 60 SEK (enfants de moins de 12 ans : 30) – ☏ 0454 600 58.

KARLSKRONA

Stadsbiblioteket, Stortorget 15-17 – 371 31 – ☏ 0455 834 90

Fredrikskyrka – Ouverte du 6 juin au 28 août du lundi au vendredi de 10 h à 16 h, le samedi de 9 h à 14 h.

Trefaldighetskyrka – Mêmes horaires d'ouverture que Fredrikskyrkan.

Amiralitetskyrka – Visites sur demandes préalables – ☏ 045 51 03 56, du lundi au jeudi de 10 h à 12 h.

HMS Bremön – Visites de juin à août de 10 h à 16 h (18 h en juillet) – 10 SEK (enfants : 5) – ☏ 0455 840 00.

Marinmuseet – Ouvert en juillet de 10 h à 18 h, en juin et août de 12 h à 16 h – ☏ 0455 840 00.

Blekinge länsmuseum – Ouvert en juillet et août en semaine de 9 h à 19 h, le week-end de 11 h à 16 h, le reste de l'année en semaine de 9 h à 16 h (20 h le mercredi) et de 11 h à 16 h le week-end – Entrée libre – ☏ 0455 801 20.

KARLSTAD

Tage Erlandsgatan 10 – 651 84 – ☏ 054 14 90 55

Värmlands Museum – Ouvert de mi-juin à fin août tous les jours de 11 h à 17 h, le reste de l'année de 12 h à 16 h (20 h le mercredi) et fermé le lundi – ☏ 054 11 14 19.

Cathédrale – Ouverte les lundi et mercredi de 9 h à 16 h, les mardi et jeudi de 8 h à 19 h 30, le samedi de 9 h à 18 h 30 et le dimanche de 9 h à 18 h.

Excursion

Alsters Herrgård – Ouvert de mai à fin août de 11 h à 18 h, le reste de l'année sur rendez-vous – 25 SEK (enfants de moins de 16 ans : gratuit) – ☏ 054 83 40 81.

KIRUNA

Hjalmar Lundboholmsvägen 42, Box 113 – 981 22 – ☏ 0980 188 00

Église – *Ouverte de 10 h à 18 h.*

Stadshus – Ouvert de mi-juin au 20 août de 8 h (10 h le week-end) à 18 h, le reste de l'année de 8 h à 17 h – ☏ 0980 701 10.

Hjalmar Lundbohmsgården – *Ouvert de juin à août tous les jours de 10 h à 20 h, le reste de l'année du lundi au vendredi de 10 h à 16 h – ☏ 0980 701 10.*

Samegården – Ouvert de mi-juin à fin août de 10 h à 18 h, le reste de l'année de 8 h à 17 h – 10 SEK – ☏ 0980 170 29.

KLÄSSBOL

Linnevävari AB – Ouvert du lundi au vendredi de 8 h à 18 h, le samedi de 10 h à 15 h (aux mêmes horaires le dimanche de juin à août) – ☏ 0570 601 85.

KOSTA

Verreries Orrefors Kosta Boda AB – Ouvertes en semaine de 9 h à 18 h, le samedi de 10 h à 16 h et le dimanche de 12 h à 16 h – Visites guidées gratuites – ☏ 0478 345 00.

KRAPPERUP

Jardins – Ouverts tous les jours de 13 h à 19 h en juillet et août, les mardi, mercredi et jeudi de 15 h à 19 h et le week-end de 13 h à 18 h en juin, le mercredi de 15 h à 19 h et le week-end de 13 h à 18 h en mai et septembre – Accès libre au musée – Galerie d'art : 10 SEK.

KUNGÄLV

Fästningsholmen – 442 81 – ☎ 0303 992 00

Bohus Fästning – Ouvert du 1er mai au 23 juin de 10 h à 19 h, du 24 juin au 4 août de 10 h à 20 h, du 5 au 31 août de 10 h à 18 h, les week-ends de septembre de 11 h à 17 h, fermé la veille de la Saint-Jean et le reste de l'année – 15 SEK (enfants de moins de 16 ans : 10) – ☎ 0303 156 62.

Église – Ouverte tous les jours de début juin à mi-août de 10 h à 17 h, visite sur demande le reste de l'année – ☎ 0303 102 10.

KÄLLA

Ancienne église – Ouverte de mi-mai à fin août de 10 h à 17 h – ☎ 0485 270 17.

KÄLLUNGE

Église – Ouverte de mai à septembre tous les jours de 8 h à 17 h.

L

LEKSAND

Norsgatan 1, Box 52 – 793 22 – ☎ 0247 803 00

Kulturhus – Ouverte de mi-juin à mi-août en semaine de 11 h à 17 h, le samedi de 11 h à 16 h et le dimanche de 13 h à 16 h, le reste de l'année du mardi au vendredi de 11 h à 16 h et le samedi de 11 h à 13 h – ☎ 0247 802 45.

Église – Ouverte tous les jours mais visite sur demande préalable – ☎ 0247 108 48.

Excursion

Ljusbodarna – Ouvert de mi-juin à mi-août – ☎ 0247 930 80.

LIDEN

Église – Ouverte tous les jours de juin à août de 8 h à 19 h.

LIDKÖPING

Nya Stadens Torg, Box 2012 – 531 02 – ☎ 0510 835 00

Rörstrands porslinfabrik – Ouvert en semaine de 10 h à 18 h, le samedi de 10 h à 14 h et le dimanche de 12 h à 16 h – ☎ 0510 823 00.

Excursion

Läckö Slott – Visites guidées de mai à août à 10 h 15, 11 h 30, 13 h, 14 h 15, 15 h 30 et 16 h 40, en septembre à 11 h, 12 h et 13 h – 20 SEK (enfants : 5). De mi-juin à mi-août, en raison des spectacles, accès permanent de 10 h à 18 h – 60 SEK (enfants de moins de 15 ans : gratuit) – ☎ 0510 611 99.

LINKÖPING

Konserthuset, Konsistoriegatan 7 – 581 06 – ☎ 013 20 68 35

Östergötlands länsmuseum – Ouvert de 12 h à 16 h (21 h le mardi ainsi que les mercredi et jeudi de septembre à mai), fermé le lundi – 40 SEK (enfants 20) – ☎ 013 23 03 52.

Gamla Linköping – Toujours ouvert – Boutiques et ateliers ouverts en semaine de 10 h à 17 h, le week-end de 12 h à 16 h – Visites guidées possibles en s'adressant au ☎ 013 12 11 10.

LULEÅ

Rådhusgatan 9 – 971 85 – ☎ 0920 29 35 05

Norbottens Museum – Ouvert en été en semaine de 10 h à 18 h (20 h le mercredi), le week-end de 12 h à 18 h, en hiver en semaine de 10 h à 16 h (20 h le mercredi), le week-end de 12 h à 16 h – Entrée libre – ☎ 0920 22 03 55.

Teknikens Hus – Ouvert de mi-juin à mi-août tous les jours de 11 h à 17 h sauf le lundi, le reste de l'année de 9 h (11 h le week-end) à 16 h (20 h le mercredi) sauf le lundi – Entrée libre – ☎ 0920 722 00.

Cathédrale – Ouverte de 10 h à 15 h.

LUND

Kyrkogatan 11, Box 41 – 221 00 – ☎ 046 35 50 40

Historiska Museet – Ouvert du mardi au vendredi de 11 h à 13 h – 10 SEK (enfants de moins de 16 ans : gratuit) – ☎ 046 10 79 40.

Domkyrkomuseet – Mêmes conditions de visite que le Musée d'histoire ci-dessus.

LUND

Kulturen – Ouvert de mai à septembre tous les jours de 11 h à 17 h (21 h le jeudi), le reste de l'année de 12 h à 16 h (21 h le jeudi) et fermé le lundi – Fermé le Vendredi saint, le Samedi saint, la veille de la saint-Jean, les 24 et 25 décembre – 30 SEK (enfants de moins de 18 ans : gratuit) – ☎ 046 35 04 00.

Skissernas Museum – Ouvert du mardi au samedi de 12 h à 16 h, le dimanche de 13 h à 17 h – 20 SEK – ☎ 046 222 72 93.

LYCKSELE

Korpberget 1 – 921 00 – ☎ 0950 169 90

Zoo – Ouvert toute l'année – De mi-mai à mi-août : 80 SEK (enfants de moins de 17 ans : 45), le reste de l'année : 40 SEK (enfants : 25) – ☎ 0950 101 81.

Gammplatsen – Ouvert de juin à août tous les jours de 10 h à 18 h, le reste de l'année en semaine de 11 h à 17 h et le week-end de 10 h à 16 h.

LYE

Église – Ouverte tous les jours de mai à août de 8 h à 21 h – ☎ 0498 49 10 01.

LYSEKIL

Södra Hamngatan 6, Postboks 113 – 453 23 – ☎ 0523 130 50

Havets Hus – Ouvert tous les jours de 10 h à 16 h (20 h du 15 juin au 15 août) – 40 SEK (enfants de moins de 15 ans : 20) – ☎ 0523 165 30.

Vikarvet – Ouvert de mi-juin à mi-août de 16 h à 18 h, le reste de l'année le dimanche de 14 h à 16 h – ☎ 0523 137 20.

LÖVSTABRUK

Bureau d'information et église – Ouverts de mai à août de 10 h à 18 h, le reste de l'année de 11 h à 16 h – S'adresser à Valvet Café & Information, Stora Gatan, ☎ 0294 310 70, où l'on acquitte les droits d'entrée.

Village – Du 23 juin au 18 août visites guidées (1 h) tous les jours à 12 h – 30 SEK.

Manoir – Du 23 juin au 18 août visites guidées (1 h) tous les jours à 13 h et 14 h – 30 SEK.

Parc – 5 SEK.

M

MALMSTÄTT

Flygvapenmuseum – Ouvert de mi-mai à mi-septembre tous les jours de 11 h à 17 h, le reste de l'année de 12 h à 15 h (19 h le mercredi) et fermé le lundi – 20 SEK – ☎ 013 28 35 64.

MALMÖ

Skeppsbron 2 – 211 20 – ☎ 040 30 30 50

Centre de Design – Ouvert du mardi au vendredi de 11 h à 17 h (18 h le jeudi), le samedi de 10 h à 16 h et le dimanche de 12 h à 16 h – Fermé le dimanche en juillet – ☎ 040 10 36 10.

Sankt Petri Kyrka – Ouverte toute l'année de 8 h (10 h le dimanche) à 18 h.

Malmöhus Slott – Ouvert de juin à août tous les jours de 10 h à 16 h, le reste de l'année de 12 h à 16 h et fermé le lundi – 40 SEK pour l'ensemble des musées (enfants de moins de 16 ans : 10).

Konstmuseet – ☎ 040 34 10 00.

Naturmuseet – ☎ 040 34 44 04.

Teknik- och Sjöfartsmuseum – ♿. ☎ 040 34 44 38.

Rooseum – Ouvert de 11 h à 17 h, fermé le lundi – 30 SEK (enfants de moins de 16 ans : gratuit) – ☎ 040 12 17 16.

MARIEFRED

Rådhuset – 647 00 – ☎ 0159 297 90

MARSTRAND

(de juin à août) Hamngatan – 440 30 – ☎ 0303 600 87

Carlstens fästning – Ouvert en juillet de 12 h à 17 h, en juin et août de 12 h à 16 h – 20 SEK (enfants de moins de 12 ans : 12) – ☎ 0303 602 65.

MORA

Ångbåtskajen – 792 30 – ☎ 0250 265 50

Zorngården – Visites guidées uniquement de mi-mai à mi-septembre toutes les demi-heures de 10 h (11 h le dimanche) à 16 h, le reste de l'année à 12 h, 13 h, 14 h et 15 h en semaine, à 13 h, 14 h, 15 h et 16 h le dimanche – 30 SEK (enfants de moins de 15 ans : 10) – ☎ 0250 165 60.

Zornmuseet – Ouvert tous les jours de fin mai à mi-septembre de 9 h (11 h le dimanche) à 17 h, le reste de l'année de 12 h (13 h le dimanche) à 17 h – 25 SEK (enfants de moins de 15 ans : 5) – ☏ 0250 165 60.

Zorns Gammelgård och Textilkammare – Ouvert du 1er juin au 31 août tous les jours de 11 h à 17 h – 20 SEK (enfants de moins de 15 ans : 2) – ☏ 0250 165 60.

MÖRRUM

Laxens Hus – Ouvert tous les jours d'avril à septembre de 9 h à 17 h, en octobre de 9 h à 16 h – 40 SEK (enfants de 7 à 18 ans : 20) – ☏ 0454 501 23.

N

NORDENS ARK

Réserve – Ouverte du 17 juin au 4 août de 10 h à 18 h (20 h le mercredi), du 29 avril au 16 juin et du 5 au 25 août de 10 h à 17 h, le reste de l'année de 10 h à 15 h – 80 SEK (enfants : 30) – ☏ 0523 522 15.

NORDRINGÅ

Café Mannaminne – Du 1er au 20 juin, ouvert tous les jours de 12 h à 18 h, du 22 juin au 11 août tous les jours de 11 h à 21 h, le reste de l'année uniquement le week-end – ☏ 0613 202 90.

Villa Fraxinus – Ouverte de début mai à fin août de 11 h à 18 h – 40 SEK (enfants de moins de 12 ans : gratuit) – ☏ 0613 121 45.

NORRTÄLJE

Box 291 – 761 23 – ☏ 0176 137 00

Roslagens Museum – Ouvert du lundi au vendredi de 12 h à 16 h – 20 SEK – ☏ 0176 576 30.

NUSNÄS

Ateliers – Boutique ouverte en été en semaine de 8 h à 18 h, le week-end de 9 h à 17 h, en hiver en semaine de 8 h à 17 h, le samedi de 10 h à 14 h – ☏ 0250 372 00.

NYKÖPING

Stora Torget – 611 83 – ☏ 0155 24 82 00

Nyköpingshus – Ouvert du mardi au dimanche de 12 h à 16 h ainsi que le lundi en juillet – ☏ 0155 24 57 00.

Södermanlands Museum – Mêmes conditions de visite que le Nyköpingshus.

Tovastugan – Ouvert de mai à août – ☏ 0155 21 17 70.

O - R

ORREFORS

Cristallerie Orrefors Kosta Boda AB – Boutique ouverte toute l'année en semaine de 9 h à 18 h, le samedi de 10 h (9 h de début juin à mi-août) à 16 h et le dimanche de 12 h (11 h de début juin à mi-août) à 16 h, fermée les 1er et 6 janvier, Vendredi saint, veille de la Saint-Jean, 24, 25 et 31 décembre – Visites guidées (30 mn ou 1 h) gratuites de la cristallerie sur inscription préalable – ☏ 0481 340 00.

ORSA

Centralplan – 794 30 – ☏ 0250 521 63

Grönklitts Björnpark – Ouvert du 11 mai au 15 septembre de 10 h à 15 h (17 h du 3 juin au 20 août) – 55 SEK (enfants : 30) – ☏ 0250 462 00.

RONNEBY

Kulturcentrum, Kallingevägen 3 – 372 39 – ☏ 0457 176 50

Heliga Kors Kyrka – Ouverte tous les jours de mi-avril à mi-août de 10 h à 15 h (17 h en juin et juillet), le reste de l'année de 10 h à 12 h – ☏ 0457 178 50.

Möllebackagården – Ouvert de juin à août du mercredi au dimanche de 12 h à 16 h, le reste de l'année sur demande – ☏ 0457 134 64.

RÄTTVIK

ℹ Torget, Box 90 – 795 22 – ☏ 0248 702 00

Gammelgård – Ouvert de mi-juin à mi-août de 11 h (12 h le dimanche) à 18 h – 10 SEK – ☏ 0248 114 45.

Église – Ouverte de juin à mi-août de 9 h à 21 h (18 h le week-end), le reste de l'année de 9 h à 15 h.

Panorama – Accès à la tour de mi-mai à mi-août – 15 SEK.

S

SANDVIK

Väderkvarn – Ouvert de mi-juin à mi-août de 10 h à minuit, de mai à mi-juin et de mi-août à début septembre de 12 h à 20 h – ☏ 0485 261 72.

SIGTUNA

ℹ Drekegården, Stora Gatan 33 – 193 22 – ☏ 08 592 500 20

Musée – Ouvert tous les jours de 11 h à 16 h, fermé le lundi de septembre à mai – 15 SEK – ☏ 08 592 510 18.

Lundströmska Gården – Ouvert de 12 h à 16 h tous les jours de mai à août et le week-end en septembre – 5 SEK – ☏ 08 592 510 18.

SILJANSNÄS

Naturum – Ouvert tous les jours de mi-juin à fin juillet de 11 h à 20 h, en août de 11 h à 18 h, le week-end seulement de mi-mai à mi-juin et en septembre de 11 h à 16 h – 15 SEK (enfants : 10) – ☏ 0247 231 22.

SIMRISHAMN

ℹ Tullgatan 2 – 272 31 – ☏ 0414 160 60

Gösta Werners Museum – Ouvert en été de 12 h à 17 h sauf le lundi – 25 SEK (enfants : gratuit) – ☏ 0414 116 03.

Tannerymuseet – Ouvert de mi-juin à mi-août les lundi, mercredi, samedi et dimanche de 15 h à 17 h – 5 SEK – ☏ 0414 104 85.

Hafreborg – Ouvert de mi-juin à mi-août de 11 h (13 h le dimanche) à 18 h (16 h les samedi et dimanche), de début avril à mi-juin et de mi-août à fin septembre de 13 h à 16 h – 10 SEK – ☏ 0414 104 85.

Sankt Nicolai Kyrka – Ouverte en été tous les jours de 10 h à 18 h, en hiver sur demande – ☏ 0414 146 60.

SKELLEFTEÅ

ℹ Mossgatan – 931 40 – ☏ 0910 188 55

Landsförsamlings Kyrka – Ouverte de juin à août tous les jours de 8 h à 21 h, le reste de l'année tous les jours de 9 h à 17 h.

Musée – *Ouvert de 12 h à 19 h du lundi au jeudi, à 16 h du vendredi au dimanche – ☏ 0910 588 60.*

SKOKLOSTER

ℹ Ekholskrogs, E 18 – 753 10 – ☏ 0717 525 62

Château – Visites guidées (1 h) de mai à septembre d'heure en heure de 11 h à 16 h – Visites guidées en français possibles sauf en juillet – 50 SEK – ☏ 018 38 60 77.

Église – Visites guidées de mai à août de 12 h à 16 h.

Motormuseum – Ouvert tous les jours de 11 h à 17 h – 20 SEK – ☏ 018 38 61 00.

SKÄRET

Flickorna Lundgren – Ouvert de mai à août tous les jours de 10 h à 19 h – ☏ 042 34 60 44.

SKÄRHAMN

Sjöfartsmuseum – Ouvert en mai, juin et la première quinzaine d'août le week-end de 15 h à 18 h, en juillet en semaine de 17 h à 20 h et le week-end de 15 h à 18 h.

SMÖGEN

Marché aux poissons – *Ouvert du mardi au vendredi à partir de 7 h.*

SOFIERO

Jardins – *Conditions de visite non communiquées lors de la mise sous presse.*

SOLLERÖN

Fouilles – Visites du dernier dimanche de juin à fin juillet – ☏ 0250 225 67.

SORSELE

i Box 101 - 920 70 - ☏ 095 21 09 00

STOCKHOLM

i Hamngatan 27 - 103 93 - ☏ 08 789 24 90

Kungliga Slottet – ☏ 08 402 60 00.

Appartements royaux et **Rikssalen** – Visite de juin à août tous les jours de 10 h à 16 h, le reste de l'année de 12 h à 15 h sauf le lundi – Billet combiné : 45 SEK.

Livrustkammaren – Ouvert de 11 h à 16 h tous les jours, fermé le lundi de septembre à avril – 45 SEK – ☏ 08 666 44 75.

Skattkammaren – Ouvert de juin à août tous les jours de 10 h à 16 h, le reste de l'année de 12 h à 15 h sauf le lundi – 40 SEK.

Slottsmuseum – Réouverture prévue en mai 1997.

Slottskyrkan – Visite de 10 h (12 h le dimanche) à 16 h – Entrée libre.

Storkyrkan – Ouverte tous les jours de 9 h à 16 h (17 h en été) – 10 SEK (15 en été).

Tyska Kyrkan – Ouverte de 12 h à 16 h tous les jours de mai à septembre, le week-end d'octobre à avril.

Riddarhuset – Ouvert du lundi au vendredi de 11 h 30 à 12 h 30, fermé durant les vacances scolaires – ☏ 08 10 08 57.

Riksdagshuset – Visites guidées à 11 h, 12 h 30, 14 h et 15 h 30 du lundi au vendredi de fin juin à fin août, à 12 h et 13 h 30 le week-end le reste de l'année – ☏ 08 786 40 00.

Medeltidsmuseet – De juin à août, ouvert de 11 h à 18 h du mardi au jeudi, à 16 h du vendredi au lundi, le reste de l'année de 11 h à 16 h (18 h le mercredi) et fermé le lundi – 30 SEK – ☏ 08 700 05 93.

Vasamuseet – Ouvert du 10 juin au 20 août de 9 h 30 à 19 h, le reste de l'année de 10 h à 17 h (20 h le mercredi) – 45 SEK – ☏ 08 666 48 00.

Skansen – *Ouvert de mai à août de 9 h à 22 h, le reste de l'année de 9 h à 17 h – 50 SEK – ☏ 08 442 80 00.*

Strindbergsmuseet – Ouvert de 11 h (12 h le week-end) à 16 h (19 h le mercredi) – 25 SEK – ☏ 08 411 53 54.

Hallwylska Museet – Visites guidées seulement tous les jours sauf le lundi en été, uniquement le dimanche le reste de l'année – 50 SEK – ☏ 08 666 44 99.

Moderna Museet – Ouvert du mardi au jeudi de 12 h à 19 h, du vendredi au dimanche de 12 h à 17 h – 40 SEK – ☏ 08 666 43 76.

Nationalmuseum – Ouvert de 11 h à 17 h (20 h le mardi), fermé le lundi – 60 SEK – ☏ 08 666 42 50.

Stadshuset – Visites guidées uniquement, tous les jours à 10 h, 11 h, 12 h et 14 h de juin à août, à 10 h, 12 h et 14 h en septembre, à 10 h et 12 h le reste de l'année – 30 SEK – ☏ 08 785 90 74.
La tour est ouverte de mai à septembre de 10 h à 16 h 30 – 15 SEK.

Östasiatiska Museet – Ouvert de 12 h à 17 h (20 h le mardi), fermé le lundi – 30 SEK (gratuit le mercredi) – ☏ 08 666 42 50.

Stadsmuseum – Ouvert de 11 h à 17 h (le jeudi à 19 h de juin à août, à 21 h de septembre à mai), fermé le lundi – 30 SEK (enfants de moins de 18 ans : gratuit) – ☏ 08 700 05 00.

Historiska Museet – Ouvert de 11 h à 17 h sauf le lundi – La **salle d'Or** est en outre ouverte en hiver le jeudi de 17 h à 20 h – Visites guidées en français – 55 SEK (enfants de moins de 15 ans : 30) – ☏ 08 783 94 68.

Nordiska Museet – Ouvert de 11 h à 17 h (20 h le jeudi) sauf le lundi – 50 SEK – ☏ 08 666 46 00.

Liljevalchs Konsthall – *Ouvert de 11 h à 17 h (20 h les mardi et jeudi) sauf le lundi – 30 SEK – ☏ 08 14 46 35.*

Prins Eugens Waldemarsudde – Ouvert de juin à août de 11 h à 17 h (20 h les mardi et jeudi), de septembre à mai de 11 h à 16 h – Fermé le lundi – 40 SEK – ☏ 08 662 18 33.

Thielska Galleriet – Ouvert tous les jours de 12 h (13 h le dimanche) à 16 h – 40 SEK – ☏ 08 662 58 84.

Rosendals slott – Visites guidées d'heure en heure de 12 h à 15 h tous les jours sauf le lundi de juin à août, le week-end seulement le reste de l'année – 30 SEK – ☏ 08 789 85 00.

Kaknästornet – Ouvert de mai à août de 9 h à 22 h, de septembre à avril de 10 h à 21 h – 20 SEK.

Folkens Etnografiska Museum – *Ouvert du mardi au vendredi de 11 h à 16 h (20 h le mercredi), le week-end de 12 h à 17 h, fermé le lundi – 30 SEK –* ☎ *08 666 50 00.*

Tekniska Museet – *Ouvert tous les jours de 10 h (12 h le week-end) à 16 h – 25 SEK –* ☎ *08 663 10 85.*

Sjöhistoriska museet – Ouvert de 10 h à 17 h – ☎ 08 666 49 00.

Environs

Hagaparken – **Gustav IIIs Paviljong** – Visites guidées (1 h) uniquement à 12 h, 13 h, 14 h et 15 h tous les jours sauf le lundi de juin à août, le week-end seulement en septembre – 40 SEK (enfants : 25) – ☎ 08 402 60 00.

Millesgården – Ouvert tous les jours de mai à août de 10 h à 17 h, le reste de l'année de 12 h à 16 h et fermé le lundi ainsi que les 6 avril, 24, 25 et 31 décembre – Visites guidées (1 h) en français – 40 SEK (enfants : 15) – ☎ 08 731 50 60.

STORUMAN

Järnvägsgatan, Box 145 – 923 23 – ☎ 0951 105 00

Kåtakyrkan – Ouverte en été – ☎ 0951 203 15.

Järnvägshotellet – *Ouvert de 12 h à 18 h.*

Église de Stensele – Ouverte de mi-juin à fin août jusqu'à 16 h – ☎ 0951 203 15.

STRÄNGNÄS

🅸 Mälarturism Strängnäs–Mariefred – 645 80 – ☎ 0152 296 94

Cathédrale – Ouverte tous les jours de début mai à mi-septembre de 9 h à 17 h (19 h de fin juin à mi-août), le reste de l'année de 12 h à 15 h.

Musée – Ouvert de 12 h à 15 h (16 h le week-end), fermé le lundi – ☎ 0152 186 13.

Café Grassagården – En été, ouvert tous les jours de 11 h à 18 h et en soirée du mardi au jeudi – ☎ 0152 296 98.

STRÖMBERGSHYTTAN

Studioglas (Orrefors Kosta Boda AB) – Ouvert en semaine de 10 h à 18 h, le samedi de 10 h à 16 h et le dimanche de 12 h à 16 h (ouverture 1 h plus tôt tous les jours entre début juin et mi-août) – Fermé les 1er et 6 janvier, Vendredi saint, veille de la Saint-Jean, 24, 25 et 31 décembre – ☎ 0481 240 00.

STRÖMSHOLM SLOTT

🅸 Box 507 – 734 27 HALLSTAHAMMAR – ☎ 0220 241 86

Château – Ouvert tous les jours en juillet de 12 h à 17 h, en mai, juin et août de 12 h à 16 h, le week-end en avril et septembre de 12 h à 16 h – 20 SEK – ☎ 0220 436 34.

Vagnmuseet – Ouvert tous les jours de mi-mai à mi-septembre de 12 h à 17 h – ☎ 0220 436 34.

STRÖMSTAD

🅸 Norra Hamnen, Box 98 – 452 22 – ☎ 0526 130 25

Accès aux îles Koster – Pour horaires et tarifs, s'adresser à Kosterbåtarna, ☎ 0526 130 25, ou à Tidpunkten Kampenhof, ☎ 0522 140 30.

SUNDBORN

Carl Larsson-gården – Ouvert de mai à septembre tous les jours de 10 h à 17 h – 55 SEK (enfants : 20) – ☎ 023 600 53.

Carl Larssons porträttsamling – Ouvert de fin juin à mi-août tous les jours de 10 h (13 h le dimanche) à 17 h – 20 SEK (enfants de moins de 12 ans : gratuit) – ☎ 023 600 53.

Église – ♿. Ouverte tous les jours de mai à août de 9 h à 20 h, en semaine de septembre à avril de 9 h à 16 h.

SUNDBYHOLM

Sigurdristningen – Ouvert toute l'année de 12 h à 16 h et de 19 h à 21 h le jeudi, fermé le lundi – ☎ 016 10 28 54.

SUNDSVALL

🅸 Stora Torget – 852 30 – ☎ 060 61 42 35

Kulturmagasinet – Ouvert en semaine de 10 h à 19 h (18 h le vendredi), le week-end de 11 h à 16 h – ☎ 060 19 18 00.

SUNNE

Mårbacka – Visites guidées uniquement, toutes les demi-heures de 10 h à 17 h du 21 juin au 5 août, toutes les heures de 10 h à 16 h du 11 mai au 20 juin et du 6 août au 8 septembre – 40 SEK (enfants : 20) – ☏ 0565 310 27.

Rottneros – Ouvert de mai à août de 10 h à 18 h – 45 SEK (enfants de moins de 15 ans : 20) – ☏ 0565 602 95.

SÄRNA

Särnavägen 6 – 790 90 – ☏ 0253 102 05

Ancienne église – Ouverte de juin à août tous les jours de 8 h à 20 h.

T

TIBBLE

Alfvéngården – Ouvert de mi-juin à mi-août de 12 h à 16 h, fermé le lundi – 25 SEK – ☏ 0247 151 09.

TJOLÖHOLMS SLOTT

Château – Ouvert de 11 h à 16 h tous les jours de mi-juin à mi-août, seulement le week-end d'avril à mi-juin et de mi-août à fin septembre, uniquement le dimanche en octobre, sur demande aux autres périodes – 45 SEK (enfants de moins de 14 ans : 10) – ☏ 0300 442 00.

TÄLLBERG

Holensgammelgård – Ouvert de mi-juin à mi-août de 10 h à 18 h (16 h le samedi), fermé le dimanche.

TÄRNABY

Västra Strandvägen – 920 64 – ☏ 0954 104 50

Samegården – Ouvert du 20 juin à mi-août de 11 h à 17 h – 15 SEK (enfants de moins de 15 ans : 10) – ☏ 0954 104 40.

U

UDDEVALLA

Kampenhof – 451 81 – ☏ 0522 51 17 87

Bohusläns Museum – Ouvert de juin à août tous les jours de 10 h à 20 h (16 h le week-end), le reste de l'année du mardi au vendredi de 10 h à 20 h – ☏ 0522 65 65 00.

UGGLARP

Svedinos Bil- och Flygmuseum – Ouvert de mi-juin à fin août de 10 h à 19 h (17 h durant la deuxième quinzaine d'août) – 25 SEK – ☏ 0346 511 70.

ULRIKSDAL SLOTT

Château – Ouvert de mi-mai à mi-septembre de 12 h à 16 h sauf le lundi, de mi-avril à mi-mai et de mi-septembre à mi-novembre le week-end de 12 h à 16 h – 40 SEK (enfants de moins de 7 ans : gratuit) – Billet combiné avec la visite du musée de l'Orangerie et celle des Écuries : 70 SEK – ☏ 08 85 05 56.

Orangerimuseet – Mêmes horaires de visite que le château, mais des visites guidées à la torche électrique ont également lieu le dimanche de novembre à avril – Musée seul : 40 SEK.

Stallgården – Mêmes horaires de visite que le château – Écuries seules : 10 SEK.

Confidencen – Ouvert de mai à septembre du lundi au vendredi de 13 h à 16 h – ☏ 08 85 70 16.

UMEÅ

Renmarkstorget 15 – 903 26 – ☏ 090 16 16 16

Gammlia Friluftsmuseum – Ouvert de 10 h (12 h le week-end) à 17 h – ☏ 090 17 18 00.

Västerbottens Museum – Ouvert de juin à août tous les jours de 12 h à 17 h, le reste de l'année du mardi au vendredi de 9 h à 16 h (nocturne le mardi de 18 h à 20 h) et le dimanche de 12 h à 17 h – ☏ 090 11 86 35.

Église – Ouverte toute l'année de 8 h à 16 h (21 h en juillet).

UPPSALA

🅸 Fyristorg 8 – 753 10 – ☏ 018 27 48 00

Musée de la cathédrale – Ouvert de mi-mai à mi-septembre de 10 h (12 h 30 le dimanche) à 17 h – 10 SEK – ☏ 018 18 71 77.

Gustavianum – Ouvert tous les jours du 13 juin au 21 août de 11 h à 15 h, le week-end de mi-mars à mi-juin et de fin août à fin novembre de 12 h à 15 h – Accès à l'amphithéâtre d'anatomie : 10 SEK – ☏ 018 18 25 00.

Universitetshuset – Visites guidées de fin juin à fin août à 11 h, 13 h et 14 h – 25 SEK – ☏ 018 18 25 00.

Walmstedtska gården – Ouvert le week-end de 13 h à 15 h – Entrée libre – ☏ 018 16 91 07.

Upplandsmuseet – Ouvert de 12 h à 17 h – ☏ 018 16 91 00.

Carolina Rediviva – Ouvert de juin à mi-septembre du lundi au vendredi de 9 h à 19 h 30, le samedi de 9 h à 18 h, le dimanche de 13 h à 15 h 30 – Entrée libre sauf le samedi (5 SEK) – ☏ 018 18 39 00.

Slottet – Entrée sur présentation des « Vasa Vignettes » tous les jours du 22 juin au 11 août de 10 h à 17 h, du 19 avril au 20 juin et du 12 août au 1er septembre de 11 h à 16 h, le week-end seulement en septembre de 11 h à 16 h – « Vasa Vignettes » : 35 SEK.

Linnéträdgården – Ouvert de mai à août de 9 h à 21 h, en septembre de 9 h à 19 h – Musée : ouvert de juin à août de 12 h à 16 h sauf le lundi, du 14 au 31 mai et du 1er au 18 septembre de 12 h à 16 h le week-end seulement – **Jardins** : 20 SEK, **musée** : 10 – ☏ 018 10 94 90.

Bror Hjorts Hus – Ouvert de mi-juin à fin août de 12 h à 16 h sauf le lundi, le reste de l'année les jeudis et les week-ends de 12 h à 16 h – 20 SEK – ☏ 018 53 57 24.

Excursion

Linnés Hammarby – *Ouvert de mai à septembre de 12 h à 16 h sauf le lundi – 10 SEK – ☏ 018 32 60 94.*

V

VADSTENA

🅸 Rådhustorget, Box 127 – 592 80 – ☏ 0143 151 25

Des visites guidées combinées des trois monuments (durée : 1 h 30) ont lieu tous les jours à 15 h de mi-mai à début septembre sur inscription à l'Office du tourisme.

Klosterkyrkan – Ouverte tous les jours de 10 h à 19 h en juillet, de 10 h à 17 h en juin et août et de 10 h à 15 h le reste de l'année.

Bjälboättens Palats – *Ouvert tous les jours en juillet de 12 h à 16 h, le week-end en juin et durant la première quinzaine d'août de 13 h à 16 h – ☏ 0143 155 30 (hôtel).*

Slottet – Ouvert tous les jours en juillet de 11 h à 17 h, en juin et pendant la première quinzaine d'août de 12 h à 16 h, et les trois dernières semaines de mai de 13 h à 16 h.

VALLBY

Friluftsmuseum – Ouvert de 7 h à 22 h tous les jours en été, en semaine en hiver – Entrée libre – ☏ 021 35 76 74.

VAMLINGBO

Bottarvegården – Ouvert de mai à mi-septembre de 9 h à 16 h (18 h en juin et août, 21 h en juillet) – ☏ 0498 980 53.

VARBERG

🅸 Brunnsparken, Box 150 – 432 24 – ☏ 0340 887 70

Forteresse – Ouverte tous les jours de mi-juin à mi-août de 10 h à 19 h sauf la veille de la Saint-Jean, le reste de l'année de 10 h (12 h le week-end) à 16 h – L'intérieur de la forteresse ne se visite (durée : 1 h) qu'en compagnie d'un guide – Droit d'entrée incluant les visites du Kommunikationsmuseet et du musée de Varberg : 30 SEK (enfants : 5) plus 10 SEK pour la visite guidée – ☏ 0340 185 20.

VISBY

🅸 Hamngatan 4 – 621 25 – ☏ 0498 24 70 65

Kruttornet – Ouvert de mi-juin à mi-août tous les jours de 10 h à 18 h – 10 SEK – ☏ 0498 24 70 10.

Gotlands fornsal – Ouvert de mi-mai à fin août tous les jours de 11 h à 18 h, le reste de l'année de 12 h à 16 h et fermé le lundi – ☏ 0498 24 70 10.

Krusmyntagården – Ouvert de juin à août de 9 h à 18 h (20 h en juillet) – 20 SEK – ☏ 0498 29 69 00.

Lummelundagrottan – Ouverte de mai à mi-septembre de 9 h à 16 h (18 h en juin et en août, 21 h en juillet) – 30 SEK – ☏ 0498 27 31 36.

Kneippbyn Sommarland – Ouvert de début mai à début septembre de 10 h à 18 h – ☏ 0498 29 61 50.

VUOLLERIM

Vuollerim 6000 – Ouvert en semaine en hiver et tous les jours de juin à mi-septembre de 10 h à 18 h – Visites guidées (1 h 30) en français en été à 10 h, 11 h, 12 h, 13 h, 14 h, 15 h et 16 h – Démonstrations : 20 mn – 30 SEK (visite guidée incluse ; enfants de moins de 15 ans : gratuit) – ☏ 0976 101 65.

VÅMHUS

Sivarsbackens Hemgårdsmuseum – Ouvert du dernier dimanche de juin à fin juillet tous les jours de 12 h (13 h le dimanche) à 18 h – ☏ 0250 452 60.

VÄSTANVIK

Jobs Handtryck – Ouvert de juin à août de 10 h à 18 h (16 h le samedi), fermé le dimanche – Visites guidées de l'atelier à 11 h et 14 h – 25 SEK – ☏ 0247 122 22.

VÄSTERÅS

i Stora Gatan 40 – 721 87 – ☏ 021 10 37 00

Château et **Västmanlands museum** – Ouverts de 12 h à 16 h sauf le lundi – ☏ 021 19 54 80.

Konstmuseet – Ouvert du mardi au vendredi de 10 h à 17 h, le samedi de 11 h à 16 h et le dimanche de 12 h à 16 h – Fermé le lundi – ☏ 021 16 13 00.

Turbinhuset – *Ouvert de mai à août de 14 h à 15 h – ☏ 021 19 54 80.*

VÄXJÖ

i Kronobergsgatan 8, Box 1222 – 351 12 – ☏ 0470 414 10

Utvandrarnas Hus – Ouvert en semaine de 9 h à 16 h, le samedi de 11 h à 15 h et le dimanche de 13 h à 17 h – 25 SEK (enfants : 5) – ☏ 0470 201 20.

Smålands museum – Ouvert en semaine de 9 h à 16 h, le samedi de 11 h à 15 h et le dimanche de 13 h à 17 h – 20 SEK (enfants : gratuit) – ☏ 0470 451 45.

W - Y

WIRA

Forges – Visites de la Saint-Jean à début août tous les jours sauf le lundi de 11 h à 16 h, de début mai à la Saint-Jean et en août et septembre le week-end de 11 h à 16 h – **Musée** : 5 SEK – ☏ 08 543 530 30 (café) ou 08 543 531 03 (forgeron).

YSTAD

i Skt Knuts Torg – 271 42 – ☏ 0411 776 81

Sankta Mariakyrkan – Ouverte du 1er juin au 15 septembre de 10 h à 18 h, le reste de l'année de 10 h à 16 h.

Sankt Petrikyrkan – Ouverte de 10 h à 16 h 30 (de 12 h à 17 h lors d'expositions).

Musée municipal – Ouvert de 12 h à 17 h en semaine, à 16 h le week-end – 10 SEK – ☏ 0411 772 86.

Konstmuseum – Ouvert de 12 h à 16 h – 10 SEK – ☏ 0411 772 75.

Å – Ä

ÅFORS

Cristallerie Orrefors Kosta Boda AB – Ouverte en semaine de 10 h à 18 h, le samedi de 10 h à 16 h et le dimanche de 12 h à 16 h – ☏ 0471 412 80.

ÄLVDALEN

i Dalgatan 47 – 796 30 – ☏ 0251 802 90

Porfyrmuseet – Ouvert tous les jours en juillet et première semaine d'août de 10 h à 17 h, le reste de l'année du mardi au vendredi de 12 h à 17 h, le week-end de 10 h à 15 h – 30 SEK (enfants de moins de 12 ans : gratuit) – ☏ 0251 410 35.

Hagströmsamlingen – *Horaires et tarifs non communiqués lors de la mise sous presse.*

ÄNGSÖ

Château – Ouvert de mi-juin à mi-août de 13 h (12 h le dimanche) à 17 h sauf le lundi, de début mai à mi-juin et durant la deuxième quinzaine d'août le dimanche seulement de 12 h à 17 h – 30 SEK – ☎ 0171 44 40 20.

Naturreservat – Mêmes conditions de visite que le château.

Ö

ÖLAND

Box 74 – 386 21 FÄRJESTADEN – ☎ 0485 390 20

Träffpunkten – Ouvert d'avril à août tous les jours de 7 h à 19 h, de septembre à mars en semaine de 9 h à 16 h – 35 SEK (enfants de moins de 14 ans : gratuit) – ☎ 0485 390 20.

ÖSTERBYBRUCK

Vallonsmedjan – 740 63 – ☎ 0295 214 92

Forge wallonne – Ouverte tous les jours de juin à août de 11 h à 17 h, le week-end en mai de 12 h à 16 h – 20 SEK (enfants de moins de 12 ans : gratuit) – ☎ 0295 200 72.

Bruno Liljefors Studio – Ouvert tous les jours de juin à août de 12 h à 17 h, le week-end en mai de 12 h à 16 h – 20 SEK – ☎ 0295 200 72.

ÖSTERSUND

Rådhustorget 44 – 831 82 – ☎ 063 14 40 01

Jämtli Historieland – Ouvert de fin juin à mi-août de 11 h à 17 h – 50 SEK (enfants de moins de 14 ans : gratuit) – ☎ 063 15 01 00.

Jämtlands länsmuseum – Ouvert en semaine de 9 h à 16 h (21 h le mardi), le week-end de 12 h à 18 h – ☎ 063 15 01 00.

Excursions

Sommarhagen – Ouvert du 23 juin au 11 août de 11 h à 18 h, du 1er au 22 juin et du 12 au 25 août de 11 h à 15 h – 25 SEK (enfants de moins de 12 ans : gratuit) – ☎ 063 430 41.

Église de Frösö – Ouverte de juin à septembre de 8 h à 20 h, le reste de l'année de 8 h à 16 h.

Utkikstorn – Ouvert du 5 juin à mi-août de 9 h à 21 h, de mi-mai au 4 juin de 10 h à 18 h, de mi-août à mi-septembre de 12 h à 18 h – 8 SEK (enfants de moins de 14 ans : 3) – ☎ 063 11 57 67.

Arthur Spencer

Le tambour magique sâme

Finlande

A

ASKAINEN

Église – Ouverte sur demande – ☏ 023 14 709.

E - F

ECKERÖ

Postrotemuseet – Ouvert tous les jours de juin à août de 10 h à 16 h, sur rendez-vous le reste de l'année – ☏ 02 390 00.

Labbas Hembygds- och bankmuseum – Ouvert de fin juin à début août du lundi au vendredi de 12 h à 16 h – 7 FIM (enfants : gratuit) – ☏ 02 394 62.

EKENÄS

Musée – De juin à mi-août, ouvert de 11 h à 17 h sauf le lundi, le reste de l'année, ouvert les mardi, mercredi et jeudi de 18 h à 20 h – 10 FIM (enfants : 5) – ☏ 019 263 31 61.

Église – Ouverte tous les jours en été de 10 h à 18 h – ☏ 019 241 10 60.

ESPOO

ℹ Itäuulenkuja 11 – 02100 – ☏ 09 460 311

Église – Ouverte tous les jours, en été de 10 h à 20 h, le reste de l'année de 10 h à 18 h – ☏ 09 80 50 202.

Gallen-Kalellan museo – De mi-mai à août, ouvert du lundi au jeudi de 10 h à 20 h, du vendredi au dimanche de 10 h à 17 h ; le reste de l'année, ouvert de 10 h à 16 h (17 h le dimanche) et fermé le lundi – ☏ 09 513 388.

EVIJÄRVI

Väinöntalo – Ouvert de mi-mai à fin août, tous les jours de 11 h à 18 h – 10 FIM (enfants : 5) – ☏ 06 531 60.

FINSTRÖM

Sankt Mikaels kyrka – Ouverte de mai à septembre, du lundi au vendredi de 10 h à 16 h – Visite sur autorisation préalable – ☏ 02 423 80.

G - H

GETA

Église – Ouverte de mai à août, tous les jours de 10 h à 16 h – ☏ 02 495 82.

HAMINA

ℹ Rautatienkatu 8 – 494 00 – ☏ 05 749 52 51

HANKO

ℹ Bulevardi 10, B.P. 14 – 109 01 – ☏ 019 280 34 11

Musée – De mai à août, ouvert de 11 h à 16 h, fermé le lundi ; de septembre à avril, ouvert de 13 h à 15 h les mercredi, jeudi et dimanche, et de 18 h à 19 h le jeudi.

Vesitorni – Ouvert tous les jours de mi-juin à mi-août de 11 h à 19 h, de mi-mai à mi-juin et de mi-août à fin septembre de 11 h à 15 h.

Hauensuoli – Le *Marina* effectue une excursion quotidienne de début juin à fin août – 60 FIM (enfants : 30) – ☏ 019 220 34 11.

Neljän Tuulen tupa – Ouvert de mi-mai à mi-août – ☏ 019 248 14 55.

HARTOLA

Itä-Hämeen museo – Ouvert de mi-mai à mi-août, de 11 h à 18 h – ☏ 03 16 12 52.

Artcastle Hollola – Ouvert en été, de 11 h à 18 h – 40 FIM (enfants : 20), prix du café inclus – ☏ 03 788 14 66.

FINLANDE

HATTULA

Église – Ouverte tous les jours du 15 mai au 15 août de 11 h à 17 h, sur rendez-vous le reste de l'année – 15 FIM (enfants : 5) – ☏ 03 67 23 477.

HELSINKI

🅸 Pohjoisesplanadi 19 – 00100 – ☏ 09 169 37 57

Tuomiokirkko – De mai à septembre, ouvert du lundi au vendredi de 9 h à 19 h, le samedi de 9 h à 18 h, le dimanche de 12 h à 20 h ; le reste de l'année, ouvert du lundi au vendredi de 10 h à 16 h, le samedi de 10 h à 18 h, le dimanche de 12 h à 18 h – ☏ 09 65 63 65.

Sederholmin talo – *Conditions de visite non communiquées lors de la mise sous presse.*

Eduskuntatalo – Ouvert en juillet et août, du lundi au vendredi à 14 h, le samedi de 11 h à 13 h – ☏ 09 432 20 27.

Finlandia-talo – ♿. Visites guidées en français sur rendez-vous seulement – 20 FIM (enfants : 10) – ☏ 09 402 41.

Kansallisooppera – ♿. Visites guidées (1 h) en été du lundi au vendredi à 11 h, 12 h et 13 h, en hiver sur demande uniquement – Possibilité de visites en français – 25 FIM (enfants : 10) – ☏ 09 403 02 31.

Temppeliaukion kirkko – Ouverte les lundi, jeudi et vendredi de 10 h à 20 h, le mardi de 10 h à 12 h 45 et de 14 h 15 à 20 h, le mercredi de 10 h à 19 h, le samedi de 10 h à 18 h, le dimanche de 12 h à 13 h 45 et de 14 h 15 à 17 h 45 ; fermée pendant les offices et concerts – ☏ 09 49 46 98.

Ateneum, Suomen taiteen museo – De juin à août, ouvert de 10 h à 19 h (18 h le week-end) ; le reste de l'année, ouvert de 11 h à 18 h (17 h le week-end) ; fermé le lundi de novembre à mars – 20 FIM (enfants : 5) – ☏ 09 297 57 79.

Kansallismuseo – De juin à août, ouvert de 11 h à 17 h (20 h le mardi), le reste de l'année, ouvert de 11 h à 16 h (20 h le mardi) – Fermé le lundi – 10 FIM (enfants : 5) – ☏ 09 455 01.

Helsingin kaupunginmuseo – Ouvert de 9 h à 17 h, fermé le lundi – 10 FIM – ☏ 09 16 91.

Amos Andersonin taidemuseo – De juin à août, ouvert de 10 h à 17 h en semaine, de 11 h à 16 h le week-end ; le reste de l'année, de 11 h à 18 h (16 h le week-end) – 30 FIM (enfants de moins de 18 ans : gratuit) – ☏ 09 64 02 21.

Uspenskin katedraali – En été, ouvert en semaine de 9 h 30 à 16 h (18 h le mardi), le samedi de 9 h à 16 h, le dimanche de 12 h à 15 h ; en hiver, le mardi et le jeudi de 9 h à 14 h, le vendredi de 12 h à 16 h et le dimanche de 12 h à 15 h – ☏ 09 63 42 67.

Cygnaeuksen galleria – Ouvert le mercredi de 11 h à 19 h, du jeudi au dimanche de 11 h à 16 h, fermé les lundi et mardi – 10 FIM (enfants de moins de 18 ans : gratuit) – ☏ 09 65 69 28.

Mannerheim museo – Ouvert du vendredi au dimanche de 11 h à 17 h et sur rendez-vous – 20 FIM (enfants : gratuit) – ☏ 09 63 54 43.

Suomen Urheilumuseo – Ouvert en semaine de 11 h à 17 h, le week-end de 12 h à 16 h – 10 FIM (enfants : 5) – ☏ 09 40 70 11.

Taideteollisuusmuseo – Ouvert de 11 h à 17 h, fermé le lundi – 20 FIM (enfants : 5) – ☏ 09 17 44 55.

Sinebrychoffin taidemuseo – Ouvert de 9 h (11 h le week-end) à 17 h (21 h le mercredi), fermé le mardi – 10/45 FIM – ☏ 09 17 33 63 60.

Ruiskumestarin talo – Ouvert du mercredi au dimanche de 11 h à 17 h – 15 FIM – ☏ 09 135 10 65.

Excursions

Arabian museo – Ouvert en semaine de 10 h à 18 h (20 h le lundi), le week-end de 9 h à 15 h ; visite de la manufacture sur demande préalable – 10 FIM (enfants : 5) – ☏ 09 39 39 260.

Seurasaari – De juin à août, ouvert tous les jours de 11 h à 17 h (19 h le mercredi) ; durant les premières quinzaines de mai et de septembre, ouvert de 9 h à 15 h en semaine et de 11 h à 17 h le week-end – 10 FIM (enfants : 5) – ☏ 09 48 47 12.

Urho Kekkosen museo – Ouvert de 11 h à 17 h (19 h le jeudi en juillet et août), fermé le lundi de septembre à juin – 15 FIM (enfants de moins de 18 ans : gratuit) – ☏ 09 48 06 84.

Suomenlinna – Ouvert toute l'année de 12 h 30 à 14 h 30 – 20 FIM (enfants : 15) – ☏ 09 66 81 54.

HIRVIHAARA

Sepänmäen käsityömuseo – Ouvert de mi-mai à mi-août de 12 h à 18 h, fermé le lundi – 15 FIM (enfants : 5) – ☎ 019 68 88 047.

HOLLOLA

Église – Ouverte en été, tous les jours de 11 h à 18 h.

HOSSA

Centre d'information – Ouvert tous les jours de 8 h à 22 h 30 – ☎ 08 73 23 61.

HYVINKÄÄ

Hämeenkatu 3 D – 05800 – ☎ 019 459 12 75

Rautatiemuseo – De juin à août, ouvert tous les jours de 11 h à 18 h ; le reste de l'année, ouvert de 12 h à 15 h sauf le lundi – ☎ 019 456 42 41.

HÄMEENLINNA

Sibeliuksenkatu 5 A – 131 00 – ☎ 03 14 26 49

Hämeen Linna – Ouvert tous les jours, de 10 h à 18 h de mai à mi-août, de 10 h à 16 h de mi-août à avril ; fermé les 1er janvier, 5 et 6 avril, 21 juin, 6 décembre et du 24 au 31 décembre – 15 FIM (enfants : 10) – ☎ 03 675 68 20.

Sibeliuksen syntymätoki – Ouvert tous les jours de 10 h à 16 h de mai à août et de 12 h à 16 h le reste de l'année, fermé le 1er mai – 10 FIM (enfants : 5) – ☎ 03 612 56 98.

Excursions

Aulanko (belvédère) – Ouvert de début juin à mi-août tous les jours de 11 h à 19 h – 6 FIM (enfants : 3).

I

IISALMI

Kauppakatu 22 – 741 00 – ☎ 017 15 01 223

Evakkokeskus – Ouvert tous les jours de 8 h à 16 h (18 h de juin à août) – ☎ 013 164 41.

ILOMANTSI

Runonlaulajan Pirtti – Ouvert de juin à août tous les jours de 10 h à 19 h – 10 FIM (enfants : 5) – ☎ 013 212 48.

IMATRA

Liikekeskus Mansikkapaikka, B.P. 22 – 551 21 – ☎ 05 681 25 00

Imatrankoski – Ouvert du 7 juin au 8 août tous les jours de 10 h à 18 h (17 h le dimanche).

Kolmen Ristin kirkko – Ouvert tous les jours, de 9 h à 20 h de juin à septembre, de 10 h à 15 h d'octobre à mai. – ☎ 05 68 27 11.

INARI

Saamelaiskirkko – Ouvert tous les jours en été de 8 h à 20 h – ☎ 016 67 11 99.

Saamelaismuseo – Ouvert de juin à mi-août tous les jours de 8 h à 22 h, durant la dernière quinzaine d'août de 8 h à 20 h, pendant les trois premières semaines de septembre de 9 h à 15 h 30 – 15 FIM (enfants : 5) – ☎ 016 67 10 14.

INARIJÄRVI

Excursions en bateau – Départs tous les jours à 14 h en juin et août, à 10 h, 14 h et 18 h en juillet.

INGÅ

Église – Ouverte de 8 h à 16 h, tous les jours de mai à septembre, du lundi au vendredi le reste de l'année – ☎ 09 22 12 101.

Fagervik Museiväg – Visites guidées seulement – ☎ 09 29 51 51.

Pour organiser vous-mêmes vos itinéraires,
consultez tout d'abord les cartes au début de ce guide ;
elles indiquent les parcours décrits, les régions touristiques
les principales villes et curiosités.
Reportez-vous ensuite aux descriptions dans la partie descriptive.
Au départ des principaux centres, des buts de promenades sont proposés.

J

JOENSUU

Koskikatu 1 – 801 00 – ☏ 013 167 53 00

Ortodoksinen Pyhän Nikolaoksen kirkko – Ouvert de mi-juin à mi-août, du lundi au vendredi de 10 h à 18 h, le reste de l'année sur rendez-vous – ☏ 013 12 25 64.

Taidemuseo – Ouvert de 11 h à 16 h (20 h le mercredi), fermé le lundi – 15 FIM (enfants : 5), gratuit le mercredi – ☏ 013 267 53 91.

Pohjois-Karjalan museo – Ouvert du mardi au vendredi de 12 h à 16 h (20 h le mercredi), le dimanche de 11 h à 17 h, fermé les lundi et samedi – 15 FIM (enfants : 10), gratuit le dimanche – ☏ 013 267 53 84.

Tori – Ouvert de juin à août, du lundi au vendredi de 7 h à 17 h, le samedi de 7 h à 14 h.

JOMALA

Sankt Olofs kyrka – Ouverte de 13 h à 15 h 30, fermée le samedi – ☏ 02 310 04.

JOUTSA

Talomuseo – Ouvert en été de 12 h à 18 h, sur rendez-vous le reste de l'année.

JYVÄSKYLÄ

Vapaudenkatu 38 – 401 00 – ☏ 014 62 49 03

Alvar Alto museo – Ouvert de 11 h à 18 h, fermé le lundi – 10 FIM – ☏ 014 62 48 09.

Keski-Suomen museo – Ouvert de 11 h à 18 h, fermé le lundi – ☏ 014 62 49 30.

Suomen kotiteollisuusmuseo – Ouvert de 11 h à 18 h, fermé le lundi – 10 FIM – ☏ 014 62 49 46.

Kansallispukukeskus – Ouvert de 11 h à 18 h, fermé le lundi – 10 FIM – ☏ 014 62 68 40.

Belvédère de Vesilinna – Ouvert en juin et juillet de 11 h à 20 h, en mai et août de 11 h à 18 h – 5 FIM (enfants de moins de 16 ans : 3) – ☏ 014 62 67 01.

Laajavuori – Tour ouverte de juin à mi-août tous les jours de 11 h à 19 h – 5 FIM – ☏ 014 25 33 55.

Excursions

Kivikauden kylä (Site de l'âge de la pierre) – Ouvert de mi-mai à mi-août de 12 h à 19 h, fermé le lundi.

K

KAJAANI

Pohjolankatu 16, B.P. 133 – 871 01 – ☏ 08 15 58 45

Ruines du château et écluse « du goudron » – Ouvertes de mi-juin à mi-août – ☏ 08 61 55 410 en été, 08 61 55 407 en hiver.

Luterilainen kirkko – Ouverte tous les jours, de 10 h à 20 h de mi-juin à mi-août, de 17 h à 19 h le reste de l'année.

Kainuun museo – Ouvert de 12 h à 15 h les lundi, mardi et jeudi, de 12 h à 20 h le mercredi, de 12 h à 17 h le dimanche, fermé le samedi – 5 FIM (enfants : 2).

KANGASALA

Mobilia – *Réservations auprès de l'Office de tourisme de Tampere* – ☏ 03 212 66 52.

KASTELHOMS SLOTT

Château – Ouvert en juillet de 9 h 30 à 20 h, en mai, juin, août et septembre de 10 h à 17 h – 20 FIM (enfants de 8 à 15 ans : 14) – ☏ 019 438 12.

Vita Björns Prison museum – Ouvert tous les jours de mai à septembre de 9 h à 17 h – 10 FIM (enfants : 7) – ☏ 02 428 12.

KEMI

Kauppakatu 22 – 941 00 – ☏ 016 19 94 65

Brise-glaces Sampo – Visite tous les jours de mi-mai à août de 11 h à 20 h – ☏ 016 25 65 48.

Jalokivigalleria – Ouvert tous les jours, en été de 10 h à 20 h, en hiver de 10 h à 18 h – 30 FIM (enfants de 7 à 12 ans : 20).

KERIMÄKI

Église – Ouverte tous les jours du 1er juin au 18 août de 9 h à 20 h (18 h le samedi) et du 19 au 31 août de 10 h à 18 h – ☎ 015 54 13 80.

KEURUU

ℹ Multiantie 5 – 427 01 – ☎ 014 751 71 44

Ancienne église – Ouverte de juin à août, tous les jours de 10 h à 17 h – 5 FIM.

KOKKOLA

ℹ Mannerheiminaukio – 671 00 – ☎ 06 31 19 02

Historiallinen museo – Ouvert de 12 h à 15 h (17 h le week-end) et de 18 h à 20 h le jeudi, fermé le lundi.

Kaarlelan kirkko – Ouvert de mi-juin à fin juillet, tous les jours de 10 h à 14 h – ☎ 06 82 96 111.

KORPO

Église – Ouverte tous les jours en été, sur demande le reste de l'année – ☎ 02 46 31 236.

KOTKA

ℹ Keskuskatu 7 – 481 00 – ☎ 05 227 44 24

Église orthodoxe St-Nicolas – De juin à mi-août, ouverte de 12 h à 15 h, fermée le lundi.

Keisarillinen kalastusmaja (Pavillon de pêche impérial) – De mai à août, ouvert tous les jours de 10 h à 19 h, en septembre et octobre, ouvert le week-end – 15 FIM (enfants : 5) – ☎ 05 228 10 50.

KRISTINESTAD

ℹ Hovioikeudenpuistikko 11 – 651 01 – ☎ 06 325 11 45

Ulrika Eleonora kyrka – Ouverte de mi-mai à fin août, de 10 h à 17 h (14 h le samedi, 16 h le dimanche), fermée le lundi – ☎ 016 22 11 073.

KUHMO

ℹ Kainuuntie 82 – 889 01 – ☎ 08 655 63 82

Kuhmo-talo – Ouverture en fonction des concerts et des expositions – ☎ 08 655 67 50.

Église – Ouverte de juin à mi-août, tous les jours de 10 h à 18 h.

Kalevala-kylä – Ouvert de juin à août, tous les jours de 9 h à 18 h – 40 FIM (enfants : 20) – ☎ 08 56 44 11.

KUOPIO

ℹ Haapaniemenkatu 17 – 701 10 – ☎ 017 18 25 84

Ortodoksinen kirkkomuseo – De mai à août, ouvert de 10 h à 16 h, fermé le lundi ; de septembre à avril, ouvert tous les jours de 12 h à 15 h (17 h le week-end) – 15 FIM (enfants de 7 à 16 ans : 5) – ☎ 017 261 88 18.

Tuomiokirkko – Ouverte tous les jours de 10 h à 15 h (17 h en juin et juillet).

Tori – Fermé le dimanche et ouvert de 7 h à 17 h (14 h le samedi) de mi-avril à septembre, de 7 h à 14 h le reste de l'année.

Musée – Ouvert de 9 h à 16 h (20 h le mercredi) en semaine, de 11 h à 18 h le dimanche ; fermé le samedi en hiver – 15 FIM (enfants de moins de 16 ans : 7,50) – ☎ 017 18 26 03.

Musée de plein air – De mi-mai à mi-septembre, ouvert de 10 h à 17 h (de 17 h à 19 h le mercredi) : le reste de l'année, ouvert de 10 h à 15 h, fermé le lundi – 15 FIM (enfants de moins de 16 ans : gratuit) – ☎ 017 18 26 25.

J.V. Snellmanin kotimuseo – Ouvert de mi-mai à fin août tous les jours de 10 h à 17 h (19 h le mercredi) – 10 FIM (enfants de moins de 16 ans : gratuit) – ☎ 017 18 26 24.

Belvédère de Puijo – De juin à mi-août, ouvert tous les jours de 9 h à 22 h, en mai de 10 h à 18 h – 15 FIM (enfants : 5) – ☎ 017 261 48 41.

KUUSAMO

ℹ Torangintaival 2 – 936 00 – ☎ 08 850 20 10

Centre de Tourisme de Karhuntassu – De mi-juin à mi-août, ouvert tous les jours de 9 h à 19 h ; de mi-août à mi-septembre, ouvert du lundi au vendredi de 9 h à 17 h et le samedi de 10 h à 16 h ; le reste de l'année, ouvert du lundi au vendredi de 9 h à 17h – ☎ 08 850 29 10.

Excursions

Rukatunturi – S'adresser à l'Office de tourisme.

Parc national d'Oulanka (centre d'information) – Ouvert tous les jours en été – ☎ 08 86 34 53.

Juuma – S'adresser à l'Office de tourisme.

L

LAHTI

Belvédère – Ouvert de mai à août, tous les jours de 10 h à 18 h – 10 FIM (enfants : 5) – ☏ 03 733 01 03.

Hiihtomuseo – Ouvert de 10 h (11 h le week-end) à 17 h – 15 FIM (enfants : 7) – ☏ 03 818 45 23.

Ristin kirkko (Église de la Croix) – Ouverte tous les jours de 10 h à 15 h – ☏ 03 891 11.

LAPPEENRANTA

ℹ Gare routière, B.P. 113 – 531 01 – ☏ 05 415 68 60

Ratsuväkimuseo – De juin à fin août, ouvert de 10 h à 18 h en semaine, de 11 h à 17 h le week-end ; le reste de l'année, sur rendez-vous seulement – 20 FIM (enfants : 10) – ☏ 05 61 62 257.

Majurska – Ouvert de 11 h à 15 h ainsi que de 18 h à 20 h le mercredi, fermé le lundi, le Vendredi saint, le lundi de Pâques, la veille et le jour de la Saint-Jean, les 6, 24 et 25 décembre – 15 FIM (enfants de 7 à 16 ans : 5) – ☏ 02 26 54 494.

Église orthodoxe – Ouverte de juin à mi-août de 12 h à 16 h 30, fermée le lundi – ☏ 05 451 55 11.

Etelä-Karjalan taidemuseo – De juin à mi-août, ouvert de 10 h (11 h le week-end) à 17 h ; le reste de l'année, les mardi, mercredi, jeudi et samedi aux mêmes heures – 20 FIM (enfants : 10) – ☏ 05 61 62 256.

Etelä-Karjalan museo – Du 1er juin au 25 août, ouvert en semaine de 10 h à 18 h, le week-end de 11 h à 17 h ; le reste de l'année, de 11 h à 17 h et fermé les lundi et vendredi – 20 FIM (enfants de 7 à 16 ans : 10) – ☏ 953 616 22 55.

Tori – Ouvert de mi-mai à mi-août de 7 h à 19 h (13 h le samedi), fermé le dimanche.

Église de Lappeen – Ouverte tous les jours de juin à mi-août, de 9 h à 19 h – ☏ 05 61 26 354.

Excursion

Saimaan kanava (Canal de Saimaa) – Excursions possibles de mi-mai à mi-août, croisières à Vyborg et en Russie jusqu'à fin août – ☏ 05 415 68 63.

LAPPFJÄRD

Église – Ouverte de mai à août, de 10 h à 17 h – ☏ 016 22 21 106.

LAURITSALA

Église – Ouverte de juin à mi-août de 10 h à 17 h.

LEMMENJOKI

Parc national – Ouvert de juin à août tous les jours de 9 h à 19 h, en septembre tous les jours de 9 h à 17 h – ☏ 016 67 34 11.

LEMU

Église – Ouverte sur demande – ☏ 02 43 14 709.

LIEKSA

ℹ Pielisentie 7 – 817 00 – ☏ 013 520 24 00

Pielisen museo – Ouvert tous les jours de 10 h à 18 h de mi-mai à mi-septembre, du mardi au vendredi de 10 h à 15 h le reste de l'année – Été : 15 FIM (enfants : 5) ; hiver : 5 (enfants : 4) et gratuit le mercredi – ☏ 013 520 24 02.

Église – Ouverte tous les jours de mi-juin à mi-août de 11 h à 19 h – 25 FIM (enfants de 4 à 15 ans : 15) – ☏ 013 52 10 32.

LIETO

Église – Ouverte tous les jours en juin et juillet de 10 h à 18 h, sur demande le reste de l'année – ☏ 02 48 94 122.

LOHJA
ℹ Kalevankatu 4 – 08100 – ☏ 019 20 12 17

Pyhän Laurin kirkko – Ouvert du lundi au vendredi de 10 h à 19 h de juin à août, de 10 h à 15 h le reste de l'année – ☏ 019 20 12 17.

LOUHISAARI

Domaine – Ouvert tous les jours de mi-juin à fin août de 11 h à 17 h, sur rendez-vous en septembre pour groupes – 15 FIM (enfants de moins de 18 ans : gratuit), gratuit le 18 juin – ☏ 09 40 50 450.

LOVIISA
ℹ Mannerheiminkatu 4 – 079 00 – ☏ 019 53 32 12

Église – Ouverte tous les jours en été de 9 h à 19 h – ☏ 019 53 20 43.

M

MARIEHAMN
ℹ Storagatan 11 – 211 00

Sjöfartsmuseet – Ouvert tous les jours de 10 h à 17 h (9 h à 19 h en juillet) – 20 FIM (enfants de moins de 10 ans : gratuit) – ☏ 02 19 930.

Ålands museum et Ålands Konstmuseum – Ouvert tous les jours de 10 h à 16 h (20 h le mardi), fermé le lundi de septembre à avril – 15 FIM (enfants de 8 à 15 ans : 10) – ☏ 02 25 426.

Sankt Görans kyrka – Ouverte de mai à août du lundi au samedi de 10 h à 15 h.

Köpmannagården – Ouvert de mi-juin à mi-août, du lundi au vendredi de 13 h à 15 h, sur rendez-vous le reste de l'année – ☏ 019 238 66.

MASKU

Église – Ouverte sur demande – ☏ 02 43 29 505.

MIKKELI

Kivisakasti – Ouvert de juin à août de 11 h à 17 h.

Belvédère de Naisvuoren – Ouvert en juillet et août de 10 h à 22 h (20 h la dernière quinzaine d'août) – 5 FIM.

Päämajamuseo – Ouvert de mi mai à août de 11 h à 17 h – 10 FIM (enfants de moins de 18 ans : gratuit) – ☏ 015 19 44 27.

Jalkaväkimuseo – Ouvert de mi-juin à mi-août de 10 h à 17 h – 10 FIM (enfants de moins de 7 ans : 5).

MUURAME

Musée du sauna – Ouvert de juin à août, tous les jours de 10 h à 18 h – 10 FIM – ☏ 014 73 26 70.

MYNÄMÄKI

Église – Ouverte du 1er juin au 31 août de 8 h à 17 h en semaine, de 9 h à 16 h le week-end, le reste de l'année sur demande – ☏ 02 43 06 480.

MÄNTTÄ

Gösta Serlachiuksen taidesäätiö – De juin à août, ouvert de 11 h à 18 h, fermé le lundi ; de septembre à mai, ouvert le week-end de 12 h à 17 h, visites guidées (1 h) sur rendez-vous les autres jours – 30 FIM (enfants de 4 à 16 ans : 15), visites guidées : 150, supplément le dimanche – ☏ 03 474 55 00.

Les sites les plus importants sélectionnés dans ce guide sont mis en évidence :
– sur la carte des principales curiosités ;
– par le descriptif des villes et curiosités.
Mais l'examen des cartes, plans et schémas, le dépouillement du chapitre Manifestations touristiques, la consultation de l'index et la lecture de l'introduction donneront un surcroît d'intérêt à votre voyage.

N - O

NAANTALI

ℹ Kaivotori 2 – 211 00

Luostarikirkko – *Ouvert du lundi au vendredi de 11 h à 18 h.*

NAGU

Église – Ouverte de mai à mi-août de 10 h à 18 h – ☏ 02 56 161.

NOUSIAINEN

Église – Ouverte du 1er juin au 15 août de 12 h à 18 h, le reste de l'année sur demande – ☏ 02 43 18 549.

NUUTAJÄRVI

Musée – Ouvert tous les jours en été de 10 h à 18 h ; en hiver le week-end seulement de 10 h à 18 h. Visite guidée des ateliers sur demande. ☏ 37 54 96 501.

OULU

ℹ Torikatu 10 – 901 00 – ☏ 08 314 12 95

Tuomiokirkko – Ouverte tous les jours de 10 h à 18 h de juin au 20 août, de 12 h à 13 h le reste de l'année – fermée jusqu'au printemps 1997 pour travaux de restauration – ☏ 08 316 14 00.

Pohjois-Pohjanmaan museo – De juin à août, ouvert de 10 h (11 h le dimanche) à 18 h (16 h le samedi, 17 h le dimanche) ; le reste de l'année, de 10 h à 16 h (17 h le dimanche) et fermé le vendredi – 10 FIM (enfants : 3) – ☏ 08 37 52 00.

Taidemuseo – Ouvert de 11 h à 18 h (20 h le jeudi), fermé le lundi – 10 FIM (enfants de moins de 7 ans : gratuit), gratuit le mercredi de 16 h à 20 h – ☏ 08 314 39 00.

Excursion

Turkansaaren ulkomuseo – Ouvert tous les jours de juin à août de 11 h à 20 h, la première quinzaine de septembre de 11 h à 17 h – 10 FIM (enfants : 3) – ☏ 08 41 15 96.

P

PALTANIEMI

Église – Ouverte tous les jours en été de 10 h à 18 h, en hiver uniquement lors des visites guidées – ☏ 08 615 55 55.

PARGAS

Église – Ouverte sur demande – ☏ 02 45 44 448.

PIHLAJAVESI

Ancienne église – Ouverte de juin à août, le week-end de 12 h à 18 h – ☏ 014 75 33 02.

PORI

ℹ Hallituskatu 9A – 281 00 – ☏ 02 35 57 80

Mausolée Juselius – Ouvert de mai à mi-septembre tous les jours de 12 h à 15 h, le reste de l'année le dimanche uniquement de 12 h à 14 h – ☏ 02 623 87 46.

Satakunnan museo – Ouvert de 11 h à 17 h, fermé le lundi – 10 FIM (enfants de 7 à 17 ans : 3), gratuit le mercredi – ☏ 02 6321 10 63.

PORVOO

ℹ Rauhankatu 20 – 06100 – ☏ 019 58 01 45

Tuomiokirkko – De mai à septembre, ouverte de 10 h à 18 h du lundi au vendredi, de 10 h à 14 h le samedi, de 14 h à 17 h le dimanche ; le reste de l'année, de 10 h à 14 h en semaine, de 14 h à 16 h le dimanche, fermée le lundi – ☏ 019 189 11.

Historiallinen museo – De mai à août, ouvert tous les jours de 11 h à 16 h, le reste de l'année, du mercredi au dimanche de 12 h à 16 h – 15 FIM (enfants de moins de 16 ans : gratuit) – ☏ 019 58 05 89.

Edelfelt-Vallgren museo – De mai à août, ouvert tous les jours de 11 h à 16 h, le reste de l'année, du mercredi au dimanche de 12 h à 16 h – 15 FIM (enfants de moins de 16 ans : gratuit) – ☏ 019 58 05 89.

Vanha Kappalaisentalo – Ouvert toute l'année de 10 h à 17 h (16 h les vendredi et samedi) – 5 FIM – ☏ 019 52 300 52.

Runebergin koti – De mai à août, ouvert de 10 h à 16 h (11 h à 17 h le dimanche) ; le reste de l'année, du mercredi au samedi de 10 h à 16 h, le dimanche de 11 h à 17 h – 15 FIM (enfants : 7,50) – ☏ 019 58 13 30.

Walter Runebergin veistoskokoelma – Mêmes conditions de visite que ci-dessus – ☏ 019 58 21 86.

PUKKILA

Manoir – Ouvert du 1er juin au 15 août tous les jours de 11 h à 17 h, en mai et de mi-août à fin septembre pour groupes sur rendez-vous – 10 FIM (enfants de moins de 18 ans : gratuit) – ☏ 09 40 50 450.

PYHTÄÄ

Église – De juin à août, ouverte tous les jours de 9 h à 15 h, le reste de l'année, le dimanche de 9 h à 12 h (office à 10 h) – ☏ 05 343 19 21.

R

RAISIO

Église – Ouverte tous les jours de début juin à mi-août de 9 h à 20 h, sur demande le reste de l'année – ☏ 02 43 83 015.

RAUMA

ℹ Valtakatu 2 – 261 00 – ☏ 02 834 45 51

Pyhän Ristin kirkko – Ouverte du 1er juin au 31 août de 10 h (12 h le dimanche) à 17 h, le reste de l'année sur rendez-vous – ☏ 02 377 51.

Musée – Du 15 mai au 15 août, ouvert tous les jours de 10 h à 17 h ; le reste de l'année, de 10 h à 17 h (14 h le samedi), fermé le lundi – Fermé les 1er et 6 janvier, 5 et 7 avril, 1er mai, du 21 au 23 juin, les 2 novembre, 6, 24, 25 et 26 décembre – 10 FIM (enfants de moins de 18 ans : gratuit) – ☏ 02 83 43 525.

Marela – Mêmes conditions de visite que le musée.

RIIHIMÄKI

Suomen Lasimuseo – Ouvert tous les jours de 10 h à 18 h d'avril à septembre, d'octobre à décembre, en février et mars – 15 FIM (enfants : 5) – ☏ 019 74 14 94.

Suomen Metsästysmuseo – Ouvert tous les jours de 10 h à 18 h, fermé le lundi de septembre à avril ainsi que durant tout le mois de janvier – 15 FIM (enfants : 5) – ☏ 019 72 22 93.

ROVANIEMI

ℹ Aallonkatu 1 – 962 00 – ☏ 016 34 62 70

Arktikum – Ouvert tous les jours de 10 h à 18 h, fermé le lundi de septembre à fin avril – 45 FIM (enfants de 7 à 17 ans : 10) – ☏ 016 31 78 40.

Église – Visites guidées uniquement, en été de 9 h à 20 h, en hiver le dimanche et sur rendez-vous – ☏ 016 33 55 11.

Lapin metsämuseo – *Ouvert du 1er juin au 15 septembre sauf le lundi, de 12 h à 18 h – 10 FIM (enfants : 5) – ☏ 016 18 20 83.*

RUOTSINPYHTÄÄ

Musée de la forge (ruukkialue) – Ouvert de 8 h (10 h le week-end) à 18 h en été, de 8 h à 16 h du lundi au vendredi en hiver – 10 FIM (enfants de moins de 8 ans : gratuit) – ☏ 019 61 84 74.

S

SAARISELKÄ

Service d'accueil – ☏ 016 819 01.

SAVONLINNA

ℹ Puistokatu 1 – 571 00 – ☏ 015 27 34 92

Olavinlinna – Ouvert tous les jours de 10 h à 15 h (17 h du 1er juin au 15 août) – 20 FIM (enfants de 7 à 17 ans : 10) – ☏ 015 53 11 64.

Maakuntamuseo – Ouvert tous les jours de 10 h à 20 h en juillet, de 11 h à 17 h et fermé le lundi le reste de l'année – 15 FIM (enfants de 7 à 16 ans : 5) – ☏ 015 57 17 12.

Excursions

Rauhalinna – *Ouvert de juin à août – ☏ 015 52 31 19.*

Retretti Taidekeskus – Ouvert du 25 mai au 1er septembre tous les jours de 10 h à 18 h (19 h en juillet) – 65 FIM (enfants de 7 à 16 ans : 55) – ☏ 015 31 42 53.

SNAPPERTUNA

Raasepori – Ouvert de 10 h à 20 h – 5 FIM (enfants : 2) – ☏ 019 340 15.

Église – Ouverte de mai à septembre tous les jours de 7 h à 22 h, d'avril à octobre le dimanche seulement – ☏ 019 23 40 52.

SODANKYLÄ

Vieille église – De juin à mi-août, ouverte tous les jours de 9 h à 18 h ; durant la dernière quinzaine d'août, ouverte du vendredi au lundi de 10 h à 18 h – ☏ 016 61 10 18.

Galerie Alariesto – Ouverte de 10 h à 17 h en semaine, de 12 h à 16 h le week-end – 10 FIM (enfants : 5) – ☏ 016 286 43.

SOLF

Stundarsin käsityöläiskyla – Ouvert tous les jours de mi-mai à mi-août de 12 h à 18 h – 15 FIM, guide inclus – ☏ 06 344 02 83.

SUND

Johannes Döparens kyrka – Ouverte de juin à septembre tous les jours de 9 h à 16 h – ☏ 02 439 30.

SUOMENKYLÄNTIE

Savilinna – Ouvert toute l'année de 10 h à 18 h (16 h le samedi), de 11 h à 15 h le dimanche – ☏ 019 58 34 83.

SUOMUSSALMI

i in Ämmänsaari, B.P. 110 – 896 01 – ☏ 08 719 12 43

Église – Ouverte tous les jours en été de 10 h à 18 h.

Excursions

Croisière sur le lac Kianta – Du 24 juin au 18 août, départs à 11 h et 15 h (10 passagers minimum) – 40 FIM (enfants : 20) – ☏ 08 71 10 52 et 08 71 91 243.

Raatteen Portti – Ouvert du 1er juin au 15 septembre tous les jours de 10 h à 18 h, du 1er au 31 mai et du 16 septembre au 31 octobre du vendredi au dimanche de 11 h à 17 h – 20 FIM (enfants : 5) – ☏ 08 72 14 50.

SÖDERLÅNGVIK

Musée – Ouvert de mi-mai à mi-août tous les jours de 11 h à 18 h, fermé à la Saint-Jean – 20 FIM (enfants accompagnés : gratuit) – ☏ 02 56 62.

T - U

TAMPERE

i Verkatehtaankatu 2, B.P. 87 – 332 11 – ☏ 03 212 66 52

Tuomiokirkko – Ouverte tous les jours de 10 h à 18 h de mai à août, de 11 h à 15 h de septembre à avril – ☏ 03 219 07 05.

Tampere-talo – Fax : 03 243 41 99.

Kalevan kirkko – Ouverte tous les jours de 10 h à 18 h de mai à août, de 11 h à 15 h de septembre à avril – ☏ 03 219 07 05.

Église orthodoxe – Ouverte de mai à août du lundi au vendredi de 10 h à 15 h 30, aux autres périodes sur demande – ☏ 03 212 49 35.

Hämeen museo – Expositions temporaires, programme spécial à Noël et à Pâques.

Kirjasto – La bibliothèque est ouverte de 9 h à 18 h (15 h le samedi et 19 h du 1er juin au 31 août), fermée le dimanche – ☏ 03 22 63 33 et 03 30 003.

Särkänniemi – Le parc d'attractions et le zoo sont ouverts l'été, l'aquarium, la tour-belvédère, le planétarium, le dolphinarium et la galerie d'art Sara Hildén sont ouverts toute l'année.

Sara Hildénin taidemuseo – Ouvert tous les jours de 11 h à 18 h ; visites guidées possibles sur inscription auprès du bureau d'accueil – ☏ 03 214 31 34.

Amurin työläismuseo – *Ouvert de mi-mai à mi-septembre de 9 h (11 h le dimanche) à 17 h, fermé le lundi – ☏ 03 214 16 33.*

Lenin museo – Ouvert en semaine de 9 h à 17 h, le week-end de 11 h à 16 h – ☏ 03 212 73 13.

Excursions

Haiharan nukke-ja pukumuseo – De mai à août, ouvert de 10 h (12 h le dimanche) à 17 h, le reste de l'année de 12 h à 17 h, fermé le lundi et de mi-décembre à mi-février – 20 FIM (enfants de 7 à 15 ans : 5), visites guidées sur rendez-vous : 150.

Croisières lacustres – Bureaux de la Finnish Silverline ouverts de 8 h 30 à 17 h (13 h le samedi) du 4 juin au 18 août, fermés le dimanche ; de 9 h à 16 h et fermés le samedi et le dimanche le reste de l'année – ☏ 03 212 48 04.

TANKAVAARA

Parc national Urho Kekkonen : centre d'accueil – Ouvert tous les jours de 10 h à 16 h (19 h de juin à septembre) – ☏ 016 462 51.

Kultakylä (Village de l'or) – Ouvert tous les jours de 9 h à 18 h du 1er juin à mi-août, de 9 h à 17 h de mi-août à fin septembre, de 10 h à 16 h d'octobre à mi-juin – ☏ 016 62 61 58.

TURKU

Aurakatu 4 – 201 00 – ☏ 02 233 63 66

Tuomiokirkko – Ouverte tous les jours de 9 h à 19 h (20 h de mi-avril à mi-septembre) – ☏ 02 25 10 651.

Tuomiokirkkomuseo – Mêmes horaires que la cathédrale ci-dessus – 10 FIM (enfants : 5).

Sibelius museo – Ouvert de 11 h à 15 h sauf le lundi ainsi que de 18 h à 20 h le mercredi.

Museo Ett Hem – Ouvert du 1er mai au 30 septembre de 12 h à 15 h sauf le lundi, fermé le reste de l'année – Visites guidées (1 h) en français – ☏ 02 26 54 482.

Merenkulkumuseo – Ouvert tous les jours de 10 h à 18 h de mi-avril à mi-septembre, de 10 h à 15 h sauf le lundi le reste de l'année – ☏ 02 26 20 400.

Käsityöläismuseo – Ouvert tous les jours de 10 h à 18 h en été, de 10 h à 15 h et fermé le lundi en hiver – Fermé le Vendredi saint, le 1er mai, la veille de la Saint-Jean et les 7, 24 et 25 décembre – 15 FIM (enfants : 7,50) – ☏ 02 26 20 350.

Wäinö Aaltosen museo – ♿. Ouvert toute l'année de 11 h à 19 h, fermé le lundi – 10 FIM (enfants : 5) – ☏ 02 23 55 690.

Suomen Joutsen – Ouvert en été de 10 h à 18 h, fermé la veille et le jour de la Saint-Jean – 10 FIM (enfants : 5) – ☏ 02 26 20 401.

Museoalus Sigyn – *Visite du 10 mai au 15 août de 10 h à 18 h.*

Turun Linna – De mi-avril à mi-septembre, ouvert de 10 h à 18 h, le reste de l'année, de 10 h à 15 h (14 h à 19 h le lundi) ; fermé le 1er mai, les 6, 24 et 25 décembre – 20 FIM – ☏ 02 26 20 300.

Taidemuseo – Du 1er avril au 30 septembre, ouvert de 10 h à 16 h les mardi, vendredi et samedi, de 10 h à 19 h les mercredi et jeudi, de 11 h à 18 h le dimanche, fermé le lundi ; le reste de l'année, mêmes horaires sauf le mercredi (fermeture à 16 h) – 30 FIM (enfants : 20) – ☏ 02 23 30 954.

Apteekkimuseo – *Ouvert de 10 h à 15 h (18 h de mi-avril à mi-septembre).*

UUSI-VALAMO

Monastère – Ouvert tous les jours en été, pendant les offices et les visites guidées en hiver – ☏ 017 619 11.

V - Y

VAASA

Hovioikeudenpuisikko 11, B.P. 3 - 651 01 - ☏ 06 325 11 45

Église – Ouverte en semaine de début mai à fin août de 10 h à 18 h – ☏ 06 325 11 45.

Tikanojan taidekoti – Ouvert du mardi au samedi de 11 h à 16 h, le dimanche de 12 h à 17 h, fermé le lundi – 10 FIM – ☏ 06 325 39 16.

Pohjanmaan museo – Ouvert de 10 h à 20 h (16 h le lundi, 17 h le week-end) – 10 FIM – ☏ 06 325 38 00.

Bragen ulkomuseo – Ouvert du 1er au 31 août de 13 h à 18 h du mardi au vendredi, de 12 h à 17 h le week-end, fermé le lundi – 10 FIM (enfants : 5) – ☏ 06 317 22 71.

VARKAUS

Église – Ouverte de juin à août du lundi au vendredi de 9 h à 20 h – ☏ 017 55 22 555.

Mekaanisen musiikin museo – En juillet, ouvert tous les jours de 10 h à 20 h ; de mars à juin et d'août à novembre, de 11 h à 19 h, fermé le lundi ; fermé de décembre à février – 40 FIM (enfants : 20) – ☏ 017 55 80 643.

VISAVUORI

Emil Wikströmin museo – De mai à septembre, ouvert tous les jours de 11 h à 19 h (17 h le lundi) ; d'octobre à avril, ouvert de 13 h à 17 h et fermé le lundi – ☏ 02 365 28.

VRETA

Musée de Sagalund – Ouvert de juin à août de 12 h à 17 h sauf le lundi, fermé à la Saint-Jean – 15 FIM (enfants : 5) – ☏ 02 42 17 38.

VUONISJÄRVI

Eva Ryynäsen ateljee – ♿. Ouvert tous les jours de 13 h à 18 h de mi-mai à mi-juin, de 10 h à 19 h de mi-juin à mi-août, de 11 h à 18 h de mi-août à mi-septembre, fermé le reste de l'année – 25 FIM (enfants de 4 à 15 ans : 15) – ☏ 013 520 24 00.

YLÄMAA

Jalokivikylä (Village de la pierre précieuse) – *Ouvert du lundi au vendredi de 10 h à 18 h.*

Kansallismuseo

Fresques du *Kalevala*
Kansallismusco d'Helsinki

Index

Stockholm .... Villes, sites, curiosités et régions touristiques, suivies de l'abréviation (DK, FIN, N ou S) identifiant le pays de situation.

Ibsen, Henrik.............. Noms et termes faisant l'objet d'une explication.

Dans cet index, les lettres Æ, Ø, Å (et Aa), Ä et Ö sont classées selon l'ordre de l'alphabet scandinave, en fin de liste.

A

B

C

D

E

F

G

H

I

J

K

L

M

N

O

P

Q - R

S

T

U

V

W - Y - Z

Ø

Å (Aa)

Ä

Ö

E. Baret

Château de Frederiksborg - Détail du fronton

Notes

MANUFACTURE FRANÇAISE DES PNEUMATIQUES MICHELIN

Société en commandite par actions au capital de 2 000 000 000 de francs
Place des Carmes-Déchaux – 63 Clermont-Ferrand (France)
R.C.S. Clermont-Fd B 855 200 507

Dépôt légal janvier 1997 – ISBN 2-06-056701-7 – ISSN 0293-9436

Printed in the EU 10-97/1.1
Photocomposition : A.P.S., Tours – Impression et brochage : IFC - *Askréa*, Saint-Germain-du-Puy

Illustration de la couverture par Patricia HAUBERT